Angelo Diotti
Sergio Dossi
Franco Signoracci

RES ET FABULA

LETTERATURA
ANTOLOGIA
AUTORI LATINI

1

**DALLE ORIGINI
ALLA FINE
DELLA REPUBBLICA**

SOCIETÀ EDITRICE INTERNAZIONALE - TORINO

Coordinamento editoriale: Lia Ferrara
Progetto editoriale: Enrica Varaldi
Redazione: Enrica Varaldi
Copy editing: Chiara Mantegazza
Ricerca iconografica: Enrica Varaldi
Coordinamento tecnico: Michele Pomponio
Progetto e revisione grafica: Piergiuseppe Anselmo
Impaginazione: LIV - Cascine Vica (TO)
Coordinamento multimediale: Nicola Prinetti
Realizzazione filmati: Kinoetika, Torino
Copertina: Piergiuseppe Anselmo

Soggetto di copertina: L. Alma Tadema, *Il giocoliere* (part.), 1870, Collezione privata

07225

L'opera è frutto del lavoro comune degli autori.

In particolare, nel presente volume:
- Sergio Dossi ha curato la trattazione del capitolo sulle origini, le schede dei generi letterari relativi alla poesia epica, al teatro, alla poesia lirica, alla satira, alla retorica e oratoria, la parte letteraria, i commenti e gli apparati relativi ai seguenti autori: Livio Andronico, Nevio, Plauto, Cecilio Stazio, Terenzio, Ennio, Accio, Pacuvio, Lucilio, i poeti neoterici, Catullo, Lucrezio.
- Franco Signoracci ha curato tutte le rubriche *Gli eventi, la società, la cultura*, la scheda dei generi letterari relativa alla storiografia, la parte letteraria, i commenti e gli apparati relativi ai seguenti autori: Catone, Varrone, Cesare, Cicerone, Cornelio Nepote, Sallustio.

La rubrica *Le parole dell'arte* è curata da Lucia Franchi Vicerè; autrici dei percorsi *Filosofie a Roma* e *La religione dei Romani* sono rispettivamente Maria Monteleone e Mariachiara Giorda.

Si ringrazia Pierangela Petruzzi per la consulenza e il determinante contributo nella stesura delle seguenti rubriche: *Nozioni di prosodia e metrica, Glossario di retorica e stilistica, Repertorio di autori della letteratura greca.*

www.seieditrice.com

Prima edizione: 2012

Ristampa
8 9 10 11 12
2019 2020 2021

Sograte - Città di Castello (PG)

Indice

Il racconto di Roma

Res et fabula si presenta idealmente come prosecuzione e sviluppo di *Libera Lectio*, una letteratura latina che ha fatto dello "**specifico letterario**" il suo cuore e della **chiarezza espositiva** il suo metodo. Su questa linea intende porsi questa nuova opera, nella convinzione che l'antico - straordinariamente nuovo - della lingua e della letteratura latina è tuttora uno strumento unico per la formazione delle nuove generazioni, nonché un patrimonio di bellezza, storia e cultura che abbiamo in tasca... anche se spesso, purtroppo non sappiamo neppure di possederlo.
Perché abbiamo scelto come titolo dell'opera *Res et fabula*? Sono due parole quanto mai ricche di significati e sfumature nella lingua latina: ***res*** è la dimensione del fatto, dell'avvenimento, della piccola faccenda e del grande affare pubblico, o dell'impresa eroica; *res publica* è lo Stato; *res* è il mondo della realtà, la cosa che esiste. ***Fabula*** invece si ricollega - per la sua radice - all'atto del parlare; ma *fabula* è anche racconto: è novella e favola esopica, ma poi, più in alto, è teatro (tragedia e commedia) e, più in alto ancora, è mito. Unire idealmente *res* e *fabula* significa allora sintetizzare un modo di leggere la cultura e la letteratura latina: è l'universo di Roma raccontato dalla voce dei poeti e dei prosatori latini. Una voce ora squillante ora intima e profonda, ora esaltante ora angosciata, ma sempre limpida e inscindibilmente legata alla realtà da cui nasce. Questo è il percorso ideale che seguiamo nella ricerca e cerchiamo di proporre in classe, ai nostri studenti, nella prassi quotidiana dell'insegnamento. Questo è il mondo - una parte del nostro stesso mondo - che pensiamo valga la pena di conoscere.

In sintesi, questi punti essenziali dell'opera:

- il **profilo storico letterario** è organizzato **cronologicamente**, per grandi periodi, introdotti da una sezione *Gli eventi, la società, la cultura*, che presenta i caratteri essenziali del periodo preso in esame: la situazione storica, la condizione degli intellettuali e del pubblico, l'evoluzione della lingua. Nuova è l'attenzione ai **generi letterari** data da un quadro di sintesi che apre ogni sezione, in cui rispetto a ogni genere presente nel periodo preso in considerazione, si collocano gli autori e le opere che li rappresentano.
- Seguono gli **autori** trattati attraverso una presentazione della loro vicenda biografica (*L'autore*), dell'opera e delle tematiche presenti in essa (*L'opera*), dei caratteri propri dello stile (*Lo stile*) e della fama letteraria (*La fortuna*). Tutti gli autori maggiori presentano una **sezione antologica**, organizzata per **percorsi tematici**, con testi in latino (corredati di note e di schede lessicali), testi latino con traduzione italiana, testi in sola traduzione italiana.
- Gli **apparati didattici** sono così organizzati:
  - a. nella trattazione dell'autore ogni capitolo è riassunto in **quadri di sintesi** (*In sintesi*), che aiutano lo studente a fissare i punti essenziali del discorso letterario;
  - b. pagine di **Approfondimento** (di vario genere: letterario, filosofico, storico, stilistico ecc.) vengono fornite sia a corredo del discorso letterario, sia delle pagine antologiche;
  - c. esercizi sui testi costruiti secondo quattro categorie: **analisi del testo** (Lessico, Sintassi e stile, Contenuto), **confronto tra testi** a livello di contenuto (*Dentro il testo*), domande di **riepilogo al termine dei percorsi**, per riprenderne i contenuti essenziali (*Riepilogo del percorso*), domande di **raccordo tra gli autori maggiori e il genere letterario** maggiormente rappresentato nelle loro opere (*Il genere letterario*).

Come già la precedente edizione ogni volume contiene alcuni **contributi** che intendono arricchire il discorso letterario:

Le parole dell'arte Presentazione di un'opera di pittura, scultura o architettura nella quale è possibile "vedere" un tema che si è affrontato in letteratura (l'importanza dell'oratoria, la vittoria sui popoli stranieri, la grandezza di Roma ecc.), guidati dalle parole di una studiosa di storia dell'arte antica, Lucia Franchi, dell'Università Normale di Pisa. Dal libro si passa al digitale, con un **documentario** che riprende e amplia la trattazione del testo, permettendo agli studenti di "visualizzare" (anche in 3D), un'opera e conoscerne il valore nel tempo in cui è stata prodotta, con un filo conduttore che arriva talvolta fino ai giorni nostri.

ARTE

MEDIABOOK ▸

L'ETÀ IMPERIALE

Filosofie a Roma un percorso di approfondimento nelle correnti filosofiche giunte a Roma dopo la conquista dell'Oriente mediterraneo: quale "ragione" diede Roma allo studio del pensiero filosofico? Il percorso, che **ricorre nei tre volumi**, presenta nel primo l'ingresso della filosofia a Roma e la corrente epicurea, nel secondo un approfondimento dell'epicureismo negli autori maggiori (Virgilio e Orazio), nel terzo l'analisi dello stoicismo. Il testo è a cura di Maria Monteleone, dottorata dell'Università di Siena. Dal libro si passa a quattro brevi **documentari**, che possono essere visti a corredo dello studio del percorso,o durante lo studio degli autori (di volta in volta il link è segnalato con un'icona).

FILOSOFIA

MEDIABOOK ▸

EPICUREISMO

La religione dei romani Un percorso che presenta nelle linee essenziali il culto praticato a Roma, i suoi fondamenti (nel primo volume), i suoi riti (nel secondo), la sua capacità di assumere i culti stranieri (nel terzo). Lo studio è curato da Mariachiara Giorda, storica delle religioni all'Università di Torino. Anche per questo lavoro sono previsti tre brevi **documentari** che possono essere visti come sviluppo del testo, dalla lettura del percorso, oppure raggiunti da punti diversi del libro, nella trattazione degli autori o delle opere (il link è segnato da un'icona).

RELIGIONE

MEDIABOOK ▸

L'ETÀ CLASSICA

Il teatro a Roma Tre brevi **documentari** che mostrano la struttura di un teatro, la sua funzione, i trucchi di scena e degli attori (con una presentazione in 3D); i meccanismi del teatro comico plautino con particolare riferimento alla beffa e al rovesciamento di ruoli; la riflessione filosofica del teatro di Terenzio.

TEATRO

MEDIABOOK ▸

PLAUTO

Pareri a confronto Uno storico, Gianluca Solfaroli Camillocci e uno studioso di letteratura latina, Franco Signoracci, rispondono alle domande in una doppia intervista che chiarisce in modo sintetico i caratteri principali di un'età storica: quella della grande conquista del Mediterraneo, della guerra civile, dell'introduzione del principato, della fine dell'impero.

VOCI A CONFRONTO

MEDIABOOK ▸

LETTERATURA E STORIA A CONFRONTO

La conquista del mediterraneo

Roma al cinema tre documentari che mostrano come leggere un film d'ambientazione antica, secondo l'analisi condotta da Luisa Cotta Ramosino, critica cinematografica e sceneggiatrice. Dopo le linee generali, un esempio particolare, sul film *Il gladiatore* di R. Scott.

Milano, ottobre 2011

Gli Autori

Premessa

La trasmissione dei testi. Il lavoro filologico

Prima di affrontare lo studio della letteratura latina, non pare inopportuno dare qualche ragguaglio sul modo in cui i testi degli autori antichi sono pervenuti fino a noi, ossia fornire qualche notizia sulla **trasmissione dei testi**. Noi oggi siamo abituati a leggere libri stampati, ma occorre ricordare che la diffusione di opere a stampa inizia solo nel XV secolo, dopo l'invenzione di Gutenberg; prima le opere della classicità sia greca sia latina erano tràdite (da *trado* = trasmettere, tramandare) mediante la scrittura a mano su **papiri** – soprattutto per i testi della letteratura greca – e su **codici**. Addetti alla riproduzione erano i ***librarii*** nel mondo romano e gli **amanuensi** in quello medievale. Proprio perché affidata alla stesura manoscritta, la trasmissione dei testi – come è facile arguire – fu interessata per secoli dall'**errore umano**.

Le **tipologie di errori** sono diverse. In primo luogo bisogna considerare i cosiddetti "**errori meccanici**", dovuti a una "discontinuità dell'attenzione",[1] a un'involontaria distrazione del copista. Rientrano in questo ambito gli omoteleuti, le omissioni di parole – soprattutto se brevi – l'aplografia, ossia l'omissione di lettere identiche e consecutive, la dittografia, il contrario dell'aplografia, e infine gli errori che scaturivano da un'errata interpretazione dei segni di abbreviazione. Un secondo gruppo di errori era invece **provocato dalla precisa volontà dell'amanuense** che, solitamente dotato di un certo livello di cultura, interveniva talora sul testo per "sanare" quello che ai suoi occhi appariva sbagliato semanticamente o metricamente. Quanto più colto era il copista, tanti più danni poteva arrecare al testo. Oltre agli errori dei copisti, i codici potevano venire danneggiati in misura più o meno cospicua da una serie di **calamità** che nel corso dei secoli si sono abbattute su di essi. Si pensi agli incendi, alle alluvioni, ai roditori, alle muffe, che in taluni casi hanno provocato la distruzione di intere pagine del manoscritto, talvolta invece hanno eroso piccole porzioni, provocando delle **lacune** più o meno vaste.

Il compito di riportare il testo alla sua forma originaria, ossia alla forma voluta dall'autore, è affidato alla **filologia**, una vera e propria scienza nata nel III secolo a.C. in Grecia, quando poeti e dotti si proposero di salvaguardare il patrimonio culturale dell'antichità. Nel corso dei secoli questa scienza si è dotata di un **rigoroso metodo di lavoro**,

L. Alma Tadema, *Saffo*, 1881, Baltimora, Walters Art Gallery.

1. Così Louis Havet, *Manuel de critique verbale appliquée aux textes latins*, Parigi, 1911 (Roma, 1967), p. 128.

i cui momenti fondamentali sono rappresentati dalla ***collatio*** e dall'***emendatio***. La prima consiste nel confronto tra i vari manoscritti, la seconda nell'eliminazione degli errori commessi dai copisti e nella scelta fra le *variae lectiones* (i vari manoscritti possono a volte riportare lezioni diverse di uno stesso verso o di una parola). I criteri su cui si basa l'*emendatio* sono l'***usus scribendi*** dell'autore e la ***lectio difficilior***. Il primo induce a scegliere quella variante che risponde maggiormente allo stile dell'autore, il secondo si fonda sul principio che, dal momento che il copista era portato a banalizzare il testo, la "lezione più difficile" è quella che ha maggiori probabilità di essere esatta.[2] Il risultato finale di questo lavoro di ricostruzione del testo è l'**edizione critica** del testo stesso, un'edizione munita di prefazione, *Stemma codicum*, Sigla, testo con apparato critico e indici.

Resta ora da parlare dei "canali" attraverso i quali ci sono giunti i testi, che sono due: la **tradizione diretta** e la **tradizione indiretta**.

La **tradizione diretta** è costituita dai papiri – più antichi – e dai codici che dall'età tardo-antica e medievale sono giunti fino a noi e che riportano intere opere. Questo tipo di trasmissione dei testi è stato soggetto, soprattutto in epoca medievale, a criteri di selezione delle opere da trascrivere, con la conseguenza che alcuni testi considerati fondamentali per la civiltà cristiana o adatti all'uso scolastico sono stati conservati a discapito di altri, magari artisticamente più validi. Si pensi, ad esempio, all'*Hortensius* di Cicerone, che non ci è pervenuto o al *De republica* dello stesso autore, che fu ritrovato soltanto nel secolo scorso dal cardinale Angelo Mai, prefetto della Biblioteca Vaticana, in un palinsesto in cui il testo ciceroniano era stato sostituito da un commento di Agostino ai *Salmi*; invece è stato tramandato un gran numero di codici di alcuni autori cristiani. Sicuramente una buona parte di testi latini è comunque andata perduta.

La **tradizione indiretta** si fonda invece sulle citazioni di singoli termini particolarmente interessanti o desueti, di versi, di frasi che contengono una verità, un concetto, una *sententia*, da parte di grammatici, lessicografi che lavoravano su questi testi o di autori che si servivano degli stessi per avvalorare o ampliare il loro discorso. In questo modo la citazione viene inserita in un contesto diverso da quello originale, ma non per questo la testimonianza perde il suo valore, anzi a volte l'intervento di una citazione indiretta serve a colmare lacune presenti nella tradizione diretta o a fornire la lezione autentica di passi corrotti. Alcuni testi ci sono stati tramandati sia per via diretta sia per via indiretta, altri soltanto per tradizione indiretta. È il caso dei poeti latini arcaici Nevio, Ennio, Lucilio, di cui ci sono pervenuti solo frammenti in numero variabile, ma in taluni casi sufficientemente consistente da dare l'idea della poetica dell'autore.

Le collane dei classici

Esistono "collane" di classici, ossia **raccolte di classici latini in edizione critica**, frutto dell'annoso e impegnativo lavoro degli studiosi. Citeremo le più importanti e pregevoli dal punto di vista filologico: *Bibliotheca scriptorum Graecorum et Romanorum Teubneriana*, casa editrice Teubner, Lipsia e Stoccarda; *Scriptorum classicorum bibliotheca Oxoniensis*, Clarendon Press, Oxford; *Collection des Universités de France, publiée sous le patronage de l'Association "Guillaume Budé"*, casa editrice Les Belles Lettres, Parigi; *Corpus scriptorum Latinorum Paravianum*, casa editrice Paravia, Torino; *Loeb Classical Library*, Heinemann, Londra, e Harvard University Press, Cambridge, Mass.; *Corpus scriptorum ecclesiasticorum Latinorum* (CSEL), Vienna, relativo alla latinità cristiana.

2. Le altre fasi sono la *recensio*, ossia la raccolta di tutti i codici e le edizioni a stampa disponibili, che precede la *collatio*, l'*eliminatio codicum descriptorum*, che consiste nell'eliminazione di tutti i codici che sono evidenti copie di altri, e la classificazione delle famiglie di codici.

Le origini

Dalla fondazione di Roma allo scontro con Cartagine

VII a.C.

CARMINA PRE-LETTERARI

***Carmina* religiosi**
dal VI al IV secolo a.C.
Il verso saturnio viene utilizzato per la preghiera domestica pronunciata dal *pater familias* (***carmen lustrale***, preghiere domestiche ai Lari e Penati) e delle confraternite religiose (***carmen Saliare*** e ***Arvale***)

Carmina popularia
VI-IV secolo a.C.
Formule poetiche legate alla vita quotidiana: proverbi, formule di scongiuro, canti e cantilene, formule magiche, oracoli ecc.

PROSA PRE-LETTERARIA

Iscrizioni epigrafiche
VI secolo a.C.
Il **cippo del Foro**, il ***lapis Satricanus***, il **vaso di *Duenos***, la ***cista* Ficoroni** riportano le più antiche iscrizioni con un alfabeto latino arcaico: formule religiose, magiche, dedicatorie, in cui la scrittura non ha ancora una norma consolidata.

Commentarii
dal VI secolo a.C.
I magistrati romani registrano gli avvenimenti più significativi accaduti durante il loro mandato.

Fasti* e *annales
dal VI secolo a.C.
I pontefici *maximi*, che si tramandavano oralmente gli statuti e le regole di governo, scrivono i *fasti*, cioè gli elenchi dei giorni in cui si potevano amministrare gli affari pubblici, politici, militari, religiosi, distinguendoli dai *dies nefasti*.

ORATORIA PRE-LETTERARIA

Oratoria politica
dal VI secolo a.C.
L'oratoria politica e quella giudiziaria accompagnano fin dall'inizio della storia romana l'attività pubblica dei *cives*.

Oratoria celebrativa
dal VI secolo a.C.
Nel mondo aristocratico, le *gentes* celebrano la morte di uno dei loro membri con **orazioni funebri**, che ricordano le loro azioni pubbliche e private.

TEATRO

Fescennini
dal VI secolo a.C.
In occasione delle feste religiose collegate al lavoro dei campi, nascono i ***fescennini***, contrasti (scambi di battute), spesso molto volgari, accompagnati dalla mimica gestuale, con un evidente valore apotropaico.

Satira
IV secolo a.C.
Forma di rappresentazione teatrale che unisce danza, musica, comicità, mimica. Derivata dall'esperienza etrusca, dà origine anche in Roma a una professione attoriale (*hisitriones*).

O padre Marte, ti prego e ti scongiuro, perché tu sia favorevole e propizio a me, alla mia casa e alla nostra famiglia.

CATONE, *De agri cultura*, 141, trad. E. Bignone

IV a.C.

Poesia celebrativa
VI-IV secolo a.C.
Neniae, lamenti funebri in cui si esprimeva il rimpianto per il defunto.
Carmina convivalia in cui si celebravano le gesta eroiche degli antenati di una famiglia durante i banchetti: sono i prodromi della poesia epica.

Carmina trimuphalia, eseguiti dai soldati durante la celebrazione del trionfo con un carattere celebrativo e apotropaico.

A cura dei pontefice era anche la stesura degli *Annales*, registrazione anno per anno degli eventi maggiori avvenuti in Roma. Su questa base si costruisce il modello della prosa storiografica romana.

Leges
dal V secolo a.C.
Dopo le ***leges regiae***, in età monarchica, nel 451-450 vengono scritte le leggi delle **Dodici tavole**, primo esempio di *lex posita*, incisa su tavole bronzee nel Foro.

Fabula atellana
IV-III secolo a.C.
Recitata al termine della commedia greca, era una rappresentazione scenica con un intreccio ispirato alla vita quotidiana in cui agivano, improvvisando, quattro maschere fisse, *Maccus*, *Pappus*, *Bucco* e *Dossenus*.

I nodi della storia

"Fondazione" o "formazione"?

Tito Livio (53 a.C.-17 d.C.), grande storico dell'età augustea, ha tramandato nella sua opera molti dei miti che la tradizione conosceva intorno alla nascita della città; sulla base di questi racconti, egli fissò nel **753 a.C.** la **fondazione di Roma** da parte di Romolo, discendente del dio Marte. Attualmente gli storici, pur riconoscendo la ricchezza di indizi e informazioni posti negli antichi racconti sulle origini, preferiscono parlare di "**formazione**" di Roma, per indicare quel lento processo di aggregazione che ha portato un piccolo villaggio di capanne sorto sul Palatino a espandersi fino a controllare i guadi del Tevere (isola Tiberina), la via del sale, i traffici tra il sud greco e il centro-nord etrusco della penisola italiana. Il controllo romano sul Lazio, che portò Roma a diventare centro politico e religioso dell'area, non avvenne in maniera incruenta: furono lunghe le lotte che la città dovette sostenere all'inizio della sua ascesa prima di assumere una posizione di forza tra i popoli italici.

la fondazione di Roma

La monarchia

La prima forma di governo che Roma si diede fu quella monarchica, secondo la tipica evoluzione istituzionale dei popoli indoeuropei. Nell'età monarchica, che sarebbe durata all'incirca **250 anni**, si sarebbero alternati solo **sette re** (secondo quanto tramandano gli storici romani), che avrebbero contribuito alla formazione dei riti, delle istituzioni e delle regole che il popolo romano ritenne fondanti la propria cultura. D'altra parte gli stessi nomi dei sette re appaiono come "nomi parlanti", che sintetizzano le principali vicende e lo sviluppo delle istituzioni nell'epoca più antica: **Romolo**, per esempio, è il leggendario fondatore eponimo, che collega le origini della città alla divinità;[1] **Numa Pompilio** esalta le funzioni civili e sacerdotali del re (dal greco *nòmos*, «legge»); **Tullo Ostilio** è il re guerriero, che sconfigge i pericolosi vicini (nel suo nome è nascosto il termine *hostis*, «nemico»), e così pure **Anco Marzio** (da Marte, dio della guerra). I nomi degli ultimi tre re (**Tarquinio Prisco**, **Servio Tullio** e **Tarquinio il Superbo**) testimoniano, alla fine dell'età monarchica, un forte controllo esercitato su Roma da parte degli Etruschi, che contribuirono anche a trasformarla da villaggio rurale a città (promuovendo lo sviluppo urbanistico, commerciale e artigianale). La **caduta della monarchia** è fissata dai racconti tradizionali nel **509 a.C.**: una violenta rivolta avrebbe cacciato la dinastia etrusca e imposto una forma di governo repubblicana, saldamente controllata dall'aristocrazia. Anche in questo caso dobbiamo supporre alle spalle di questo evento un lento processo, che portò alla nascita della repubblica e che ebbe come motori la decadenza della potenza etrusca da una parte, l'ascesa dell'aristocrazia terriera romana dall'altra.

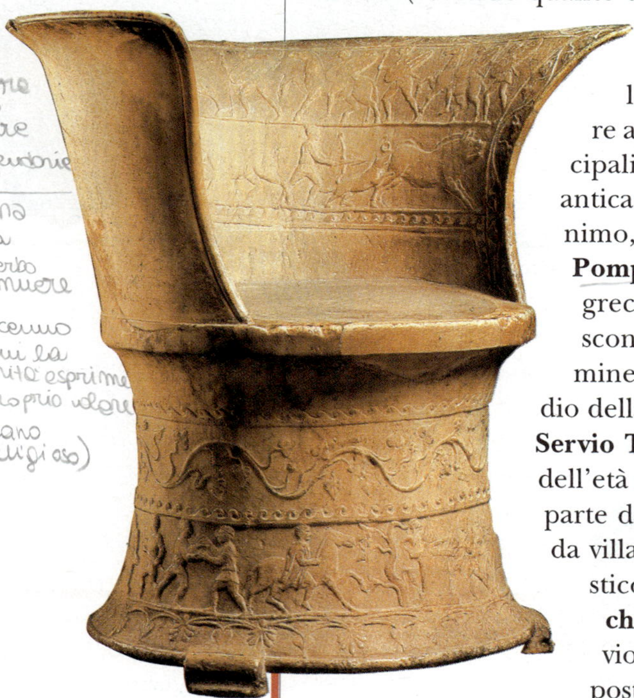

Trono detto "Corsini" da S. Giovanni in Laterano, I secolo a.C., Roma, Galleria Corsini.

1. In realtà il nome "Roma" deriva probabilmente o dall'antico greco *romè* («forza») o dall'etrusco *rumon* («fiume»).

le magistrature

Le magistrature repubblicane

Il passaggio dalla monarchia alla repubblica aristocratica portò all'istituzione di una serie di **magistrature a carattere collegiale**, la cui durata era limitata nel tempo (in modo da non conferire un potere eccessivo a una sola persona). Il supremo potere esecutivo e militare era assegnato ai **due consoli**, in carica per un anno; i **pretori** ebbero competenze essenzialmente giudiziarie; i **questori** si occupavano di questioni finanziarie; gli **edili** controllavano ordine pubblico, opere pubbliche e loro manutenzione; i **censori** calcolavano il censo dei cittadini a scopi fiscali e militari, ma avevano anche la possibilità di ammettere o espellere dal senato quanti erano ritenuti degni o indegni di farne parte. Magistratura straordinaria era poi la **dittatura**: in caso di grave pericolo per lo stato potevano essere conferiti a un solo cittadino poteri assoluti, per la durata di sei mesi. Unico organismo dell'ordinamento repubblicano a non avere una durata limitata nel tempo fu il **senato**, cui erano affidati l'attività legislativa, il controllo dell'erario e della politica estera: il suo ruolo fu centrale nella società romana.

Lastra di rivestimento in terracotta a stampo da Vallebi, 530 a.C. circa, Napoli, Museo Archeologico.

I mutamenti interni tra V e III secolo a.C.

Nell'ampio arco di tempo che va dal V secolo all'inizio del III secolo a.C. Roma vide prodursi al suo interno dinamiche sociali e politiche di grande portata; contemporaneamente fu protagonista della prima espansione nell'Italia centrale. Questi due fenomeni, in stretta correlazione, ne mutarono profondamente il volto. Dal punto di vista politico-sociale, vennero ridefinite le forme attraverso le quali i cittadini romani potevano partecipare alla vita politica, attraverso la **riforma centuriata**, che la tradizione attribuisce a Servio Tullio e gli storici invece collocano nella prima età repubblicana. Essa era basata su un principio timocratico (suddivisione della popolazione in sei classi, in base al censo) e serviva a potenziare l'esercito e regolamentare la partecipazione alla vita politica: **ogni classe doveva infatti fornire un certo numero di centurie** (compagnie di cento uomini) all'esercito e, nel contempo, ogni centuria aveva diritto a un voto nelle assemblee che eleggevano le massime cariche dello stato (comizi centuriati). La **prima classe**, composta dai cittadini più ricchi, disponeva della maggioranza dei voti (98 su 193), rendendo così evidente che il potere politico sostanziale rimaneva nelle mani della *nobilitas*. Nello stesso tempo la **plebe**, per rafforzare la propria posizione giuridicamente debole, cercò di attuare forme di lotta contro il potere aristocratico, prima attraverso la secessione (e il rifiuto di rispondere alla leva militare), poi riunendosi in assemblea ed eleggendo propri rappresentanti, i **tribuni della plebe**; a questi, dopo aspri contrasti, venne riconosciuto il diritto di aiuto (difesa dei plebei dai soprusi) e il diritto di veto (possibilità di opporsi alle decisioni dei magistrati). I passi successivi per ridurre il potere politico e giudiziario delle classi ricche furono la pubblicazione delle leggi scritte, l'abolizione

la riforma centuriata

le conquiste della plebe

del divieto di matrimonio tra plebei e patrizi, il freno posto alla schiavitù per debiti, l'accesso dei plebei al consolato, l'equiparazione dei plebisciti (decisioni dell'assemblea della plebe) alle leggi.

L'espansione in Italia Nello stesso arco di tempo, come si è detto, Roma fu protagonista di una **prima fase di espansione**, che la portò a confrontarsi in un primo tempo con le popolazioni latine circostanti, poi legate a sé con il *foedus Cassianum* del 493 a.C., quindi con la potente città di Veio, in una lunga guerra che portò all'espulsione dal Lazio della potenza etrusca. A questo punto una drammatica battuta d'arresto fu rappresentata dalla pesante sconfitta subita per l'**incursione dei Galli nel 390 a.C.**, che portò anche al saccheggio della città. Poco tempo dopo, tuttavia, l'espansione riprese, anzitutto contro la forte popolazione dei Sanniti, in una **serie di guerre che si conclusero solo nel 290 a.C.**; infine contro la potente colonia spartana di Taranto, alleata del sovrano ellenistico Pirro, re dell'Epiro. La vittoria in quest'ultimo conflitto portò Roma decisamente ad assumere il **controllo dell'Italia centrale e meridionale** (Magna Grecia compresa). Nei territori conquistati furono fondate colonie in posizione strategica, furono istituzionalizzati i rapporti con i municipi (città autonome, ma legate a Roma e al suo esercito) e furono stretti patti con gli alleati (*socii*), nella tessitura di una fitta rete di rapporti che si sarebbe rivelata assai utile nei momenti di pericolo.

Guerrieri galli saccheggiano un tempio, IV secolo a.C., Volterra, Museo Guarnacci.

IN SINTESI

- La **fondazione** della città di Roma si pone, secondo il dato trasmesso dalla tradizione, nel 753 a.C. Gli storici parlano di "formazione" della città, più che di fondazione, indicando con questo termine il lento processo che determinò il passaggio dal villaggio sul Palatino alla città che esercitò un controllo sull'area laziale tra il Tevere, la via del sale, le popolazioni italiche limitrofe, le città etrusche del nord e quelle della Magna Grecia nel sud.

- La prima **forma di governo** fu monarchica e durò circa 250 anni. A essa si avvicendò l'istituzione di una repubblica, governata da istituzioni di carattere collegiale con durata limitata nel tempo (consolato, pretura, edilato, questura, censura) e dal senato, che aveva invece un carattere stabile.

- I mutamenti interni e la prima espansione (tra il V e il III secolo a.C.) determinarono il passaggio da una repubblica aristocratica, controllata dai patrizi, a una **repubblica oligarchica**, controllata dai cittadini più facoltosi (attraverso l'ordinamento centuriato). La nuova classe dirigente, basata sul censo e composta dai patrizi e dai plebei più ricchi, prese il nome di ***nobilitas***.

- La plebe lottò (secessioni) per ottenere maggiore protezione giuridica e maggiore partecipazione al governo dello stato; ottenne così l'elezione dei **tribuni della plebe**, un codice di leggi scritte, la possibilità di contrarre matrimoni con i patrizi, l'ammissione al consolato, il conferimento di valore di legge ai plebisciti (decreti della plebe riunita in assemblea).

Società e cultura

Pater familias e struttura gentilizia Alla base dell'avvicendarsi di re, istituzioni, leggi, battaglie e federazioni dobbiamo porre naturalmente un'intera società e una cultura che hanno avuto in questo momento storico il loro punto di origine. Vogliamo porre anzitutto l'attenzione su alcuni dati particolari, importanti per capire non solo la società e la cultura di questo momento storico, ma anche di quella che da qui in avanti si svilupperà e che farà riferimento sempre a certe forme di comportamento e di pensiero, nate durante i primi secoli della sua storia. Si tratta dell'**istituzione delle *gentes***, sulla cui presenza si baserà l'intera struttura sociale romana, e della **formulazione dei *mores***, ovvero modelli di comportamento cui gli uomini latini, con aggiustamenti successivi, si riferiranno di qui in avanti; ma anche della costruzione di racconti tradizionali trasmessi attraverso l'oralità: immagini e forme che, pur non scritte, hanno costruito la mentalità e il gusto di un intero popolo.

le *gentes*

Roma era nata come **associazione di *gentes***, struttura sociale fondamentale per comprendere non solo istituzioni come quelle del senato o della clientela, ma anche molti comportamenti degli uomini o delle donne di cui parlano i testi della letteratura. La *gens* era una "casata", una famiglia allargata o meglio un gruppo di famiglie che riconoscevano un **antenato-fondatore comune**. Ogni *gens* tramandava al proprio interno il patrimonio accumulato dalla parentela da parte di padre e anche la tradizione di modelli di comportamento attraverso i quali si acquisivano i principi portanti dell'etica civile e del comportamento individuale; nella *gens* si riceveva la propria identità e si acquisiva il nome con cui si entrava a far parte della società stessa, il nome gentilizio appunto: quel nome portava con sé una storia nota a tutti, di quei padri che avevano avuto nella comunità un ruolo significativo, di generali, di consoli o, prima ancora, di re, dei quali bisognava dimostrarsi degni. Nella *gens* **si onoravano divinità private**, che erano i Mani, gli antenati, i Lari e i Penati, divinità protettrici della casa e delle persone della famiglia; un culto che approfondiva il senso della propria identità in relazione al passato della *gens*. L'appartenenza a un gruppo familiare, quindi, permise di organizzare **tanto l'esistenza privata, quanto l'ingresso nella vita pubblica**, che avveniva appunto in quanto *Fabii, Claudii, Iulii* e così via. Va detto ancora che nelle casate gentilizie aveva molta importanza la **parentela per via paterna** (*agnatio*), mentre tutta la famiglia acquisita per via materna (*cognatio*) aveva una posizione subordinata; per questo motivo la figura del capofamiglia (*pater familias*) aveva un ruolo determinante in tutto il gruppo gentilizio, avendo perfino diritto di vita e di morte sui figli e sulle donne.

Patrizio romano con i busti degli antenati, I secolo a.C., Roma, Musei Capitolini.

Anche al di fuori della *gens*, i *patres* avevano un ruolo di potere: nella riunione periodica dei *patres* si può infatti individuare il primo nucleo di quella che sarà un'istituzione fondamentale della Roma repubblicana, il senato (da *senex*, «anziano»). I componenti di queste famiglie, che godevano dei pieni diritti politici, erano chiamati **patrizi** e rappresentavano – come abbiamo visto – la vera classe dirigente, che gestiva la cosa pubblica secondo i propri interessi. Invece la gran massa della popolazione, la **plebe**, era esclusa da tali diritti e si trovava in posizione giuridicamente molto più debole. Questa situazione portò allo sviluppo del **fenomeno della clientela**: un legame personale, sulla base del quale il *cliens* (generalmente un plebeo) si poneva sotto la protezione di un patrizio (*patronus*), accettando di appoggiarlo e di rispettare alcuni obblighi nei suoi confronti.

Il *mos maiorum*

Ai *patres* si deve anche l'elaborazione di molta parte dei modelli di comportamento (*mores*) che i Romani tennero come riferimento sia individuale sia collettivo. A partire dall'epoca originaria, infatti, con un processo che non si interruppe nel corso dei secoli, si fissò il *mos*, quello che i Latini stessi, come ci informano i grammatici Varrone e Isidoro, definirono un *istitutum patrium* («un'istituzione che ci viene dai padri»), una *lex non scripta* («una legge non scritta»), una *vetustate provata consuetudo* («una consuetudine confermata dalla sua antichità»). Da quanto sappiamo, infatti, nella società di Roma antica si venne a stabilire e a ripetere un certo procedimento, attraverso il quale si costituirono **modelli di comportamento condivisi**.

gli elementi del *mos*

A partire da una scelta individuale (*iudicium animi*), un comportamento stabilito da uno dei *patres* a fronte di un certo problema, si poneva un modello, un certo indirizzo di comportamento, che, se ritenuto efficace, veniva poi ripetuto dall'intera comunità dei *patres* e infine dal popolo. Perciò, un comportamento individuale, attraverso il *consensus* di altri padri, poteva diventare un comportamento collettivo, tale da avere appunto il valore di una "legge non scritta". Inoltre, la ripetizione di un *mos* nel corso dei tempi, di generazione in generazione, ne determinava la fissazione e quindi la conferma definitiva, tanto è vero che Varrone definisce il *mos* come una "**consuetudine confermata dalla propria antichità**" cioè dalla propria ripetizione. Il *mos maiorum*, il complesso delle norme di comportamento individuate via via dai *patres*, condivise e ripetute nella società latina nel corso dei secoli, costituì quindi quel complesso di norme non scritte, cui era necessario riferirsi per rispondere in modo conforme all'etica riconosciuta dal proprio popolo. Elementi centrali furono il *consilium* («saggezza»), la *dignitas* («autorità, prestigio»), la *disciplina* («educazione» militare e civile), la *gravitas* («serietà» che dona autorevolezza), l'*honestas* («onestà con decoro»), la *pietas* («devozione» verso la famiglia, la patria, gli dèi), la *temperantia* («moderazione»), la *verecundia* («pudore», premessa necessaria per conseguire le altre virtù), la *virtus* («valore» militare in origine, poi «virtù» morale).

Rilievo con la lupa che allatta i gemelli.

Oralità e scrittura

In questa fase originaria della cultura romana in cui vennero elaborati modelli di comportamento e passaggi istituzionali di grande importanza non si trova tuttavia la presenza di una produzione letteraria scritta, ma piuttosto una **cultura che privilegia l'oralità**. Non è un'eccezione questa, ma anzi in Roma si riproponeva ciò che già era accaduto o stava accadendo in molte altre culture originarie. Gli antropologi parlano di cultura orale-aurale, dalla bocca all'orecchio, ovvero di una cultura che si diffonde e che si tramanda nel tempo senza usare la scrittura, servendosi invece dei racconti orali, della poesia, del canto, del discorso. Le culture che si affidano all'oralità fanno confluire in essa tutto ciò che ritengono importante per la propria identità, dalle norme di comportamento, ai principi dell'etica, alla memoria delle imprese più importanti compiute nel passato, alle storie degli dèi o degli eroi, alle informazioni pratiche utili per la costruzione di oggetti così come per la coltivazione dei campi e così via. Anche in Roma accadde questo; peraltro l'oralità continuò a essere importante anche quando venne introdotto l'uso della **scrittura** che, anzi, fu **usata per lungo tempo solo in alcuni ambiti ristretti**, come il commercio, la stesura delle leggi, la dedicazione di aree sacre alle divinità o di oggetti a qualche persona. Passarono secoli prima che i testi scritti venissero scelti come mezzo più efficace per raccogliere e tramandare la memoria degli eventi o la produzione artistica e ciò solo dopo che per lungo tempo scrittura e oralità vennero usate contemporaneamente.

dalla grecia nasce il primo alfabeto (di origine fenicia)

l'importanza dell'oralità

Per comprendere pienamente quale importanza abbia avuto la fase dell'oralità, dobbiamo pensare che attraverso di essa vennero elaborati e ricordati tutti i principi di valore del *mos*, costruiti i racconti che tramandavano i modelli di comportamento maschili e femminili dell'intera società romana, elaborate le formule attraverso le quali ci si doveva riferire alle divinità o individuate le modalità espressive della poesia, con la prevalenza di alcune particolari figure retoriche, che aiutavano la memorizzazione dei versi (parallelismi, omeoteleuti, allitterazioni ecc.). Senza questo patrimonio, nei contenuti e nelle forme, non si sarebbero formati né i dati costitutivi della cultura né del gusto latino a partire dai quali si svilupparono successivamente le forme letterarie scritte vere e proprie: il teatro plautino con la sua particolare comicità, gli accenti cupi della poesia epica, le note graffianti della satira e così via. Per quanto sfuggente e difficile da ricostruire, questa fu dunque una fase della cultura latina di fondamentale importanza.

IN SINTESI

- La struttura originaria della società e della cultura romana fu la ***gens***, un gruppo familiare allargato, che riconosceva un antenato comune. All'interno della *gens* era più forte la linea paterna di quella materna: si trasmettevano infatti di generazione in generazione il patrimonio, il nome e i culti propri della famiglia paterna. Punto di riferimento dotato di autorità assoluta all'interno del gruppo familiare fu il ***pater familias***. L'autorità dei *patres* vigeva anche all'esterno della *gens*: l'assemblea dei *patres* delle *gentes* più influenti formò il primo nucleo del senato. I componenti di queste famiglie, che godevano dei pieni diritti politici, erano chiamati **patrizi**; la gran massa della popolazione, la **plebe**, ne era esclusa. Questa situazione portò allo sviluppo del fenomeno della **clientela**: un legame personale tra *cliens* plebeo e *patronus* patrizio, che gli assicurava la sua protezione.

- Durante l'età arcaica si osserva la fissazione di un processo di particolare importanza che portò alla formazione di un patrimonio di consuetudini, il *mos*, universalmente rispettato all'interno della società romana. Il *mos* parte da una scelta individuale di fronte a un problema particolare (*iudicium animi*), scelta che determina un comportamento; se tale comportamento viene adottato da altri, perché ritenuto corretto (*consensus*), diviene patrimonio socialmente condiviso e se, ancora, viene ripetuto nel tempo (*vetustate provata consuetudo*) si attesta come *mos*. Nella società latina il *mos maiorum*, ovvero il patrimonio di *mores* determinato nel corso del tempo dai *patres*, costituisce un punto di riferimento equiparabile a leggi non scritte.

- La cultura latina originaria si tramanda attraverso l'oralità, non per mezzo della scrittura. Racconti, principi di valore, memoria degli eventi, consuetudini e tecniche passano attraverso la trasmissione dalla bocca all'orecchio (orale-aurale), in forme che diventeranno significative in seguito per la scrittura letteraria.

La lingua

gli elementi indoeuropei

Origini della lingua latina

I primi Romani svilupparono una **lingua di radice indoeuropea** chiamata "latino", su cui ebbero influenza alcune altre lingue parlate da popolazioni limitrofe, quali l'etrusco, l'osco, l'umbro e il greco delle colonie della Magna Grecia. Il latino, dunque, alle origini era l'**idioma parlato dalla piccola comunità di pastori che aveva dato vita a quel villaggio** ed era diverso, in maniera significativa, dagli idiomi degli abitanti degli altri villaggi laziali. Come tutte le lingue, esso andò lentamente sviluppandosi e organizzandosi dal punto di vista lessicale e grammaticale. Della radice indoeuropea, questa lingua conservava elementi fondamentali come la **quantità delle vocali** (breve o lunga), la **struttura delle declinazioni**, l'**apofonia.**[2] Inoltre faceva parte della matrice indoeuropea un **patrimonio lessicale** che comprendeva vocaboli appartenenti ai più svariati campi, da quelli denotanti fenomeni atmosferici (*dies, nox, ventus*) a quelli che indicavano parentela (*pater, mater, frater*), dai termini propri della religione o della politica (*deus, rex*) a quelli dell'organizzazione familiare e sociale (*dominus, sepelire*) a quelli riferiti agli aspetti fisici o intellettivi (*os, pes, genus, vivo, memini*).

il latino preletterario

Latino preletterario e latino arcaico

Questa prima fase del latino, coincidente con il periodo dei re e con i primi tempi della repubblica, viene definita "**latino preletterario**" e **durò fino al III secolo a.C.** Proprio in quanto preletterario, il latino di quell'epoca non ci è testimoniato da alcuna opera scritta; ne abbiamo conoscenza solo attraverso citazioni contenute in opere di autori dei secoli successivi o mediante uno scarso numero di iscrizioni ritrovate dagli archeologi.

Questa prima fase del latino si concluse agli inizi del III secolo a.C. Il primo autore latino di cui si conserva memoria fu **Livio Andronico**, che rappresentò la sua prima opera nel 240 a.C. Si trattava di un'opera teatrale (Cicerone la chiama infatti *fabula*), recitata durante i *ludi Romani.* **Con il 240 inizia ufficialmente la letteratura romana** e prende avvio anche la seconda fase linguistica del latino, denominata "**latino arcaico**". Questa fase ci è nota attraverso i frammenti dei testi composti dagli autori di quei secoli e da qualche opera che la sorte ha voluto conservarci, come ad esempio le commedie di Plauto e Terenzio o la prosa di Catone. Essa si conclude agli inizi del I secolo a.C., indicativamente con la morte di Silla e la fine della sua dittatura (78 a.C.). Di questa fase parleremo a partire dall'unità successiva.

Plastico ricostruttivo di capanna laziale del VII secolo a.C., Roma, Museo della Civiltà Romana.

2. L'apofonia (o alternanza vocalica) è la variazione di un fonema o di un gruppo di fonemi nell'ambito di un sistema morfologico: per es. *facio-feci, facio-efficio.*

L'ALFABETO LATINO

L'antenato più remoto dell'alfabeto latino fu quello fenicio, che già attorno alla fine del II millennio a.C. aveva compiuto il grande salto di qualità nel divenire alfabeto "fonetico": i Fenici infatti furono i primi a far corrispondere a ogni segno un fonema, cioè un'unità minima distintiva di suono all'interno di una lingua, creando così uno strumento agile e semplice, assai più degli alfabeti sillabici (in cui un segno rappresenta una sillaba) e ideografici (in cui un segno, o ideogramma, rappresenta una parola, come nell'alfabeto cinese). Il sistema fonetico ebbe rapida diffusione in Grecia e in tutto il Mediterraneo; in particolare l'alfabeto latino derivò da quello calcidese di Cuma, che era una colonia della Magna Grecia. La derivazione non fu però immediata, ma avvenne attraverso la mediazione etrusca, secondo lo schema a fianco riportato.

L'alfabeto latino, così come ci è stato tramandato dagli antichi grammatici, era dunque formato da 23 segni o lettere: **A B C D E F G H I K L M N O P Q R S T V X Y Z**, con queste precisazioni:

- la **U**, nella grafia che conosciamo, è un'innovazione apportata in tempi recenti; nell'antichità non c'era differenza di rappresentazione grafica tra **V** e **U**, per cui si scriveva *ivventvs*, laddove noi oggi scriviamo *iuventus*, o *vnvs*, dove noi oggi scriviamo *unus*;
- la **K** era usata nel periodo più antico, davanti ad *a* e ad *e*, poi venne soppiantata quasi ovunque dalla **C**; resta, anche nel periodo classico, in parole come *Karthago* («Cartagine»), o *Kalendae* («Calende»);
- la **C** era utilizzata al posto della **G** nelle abbreviazioni; ad esempio *C.*, stava per *Gaius* o *Cn.* per *Gnaeus* (si tratta in entrambi i casi di prenomi romani);
- **Y** e **Z** furono introdotte nell'alfabeto latino quando si diffusero a Roma nomi di origine greca, che non trovavano lettere adatte nella trascrizione in latino.

Le prime iscrizioni che ci sono rimaste, su cippi e oggetti, rivelano la mancanza di norme precise per la disposizione dei caratteri: si presentano infatti scritte indifferentemente da destra a sinistra o da sinistra a destra (e talvolta alternativamente, nella scrittura cosiddetta "bustrofedica"). Con la rapida diffusione della scrittura, il sistema si andò presto normalizzando.

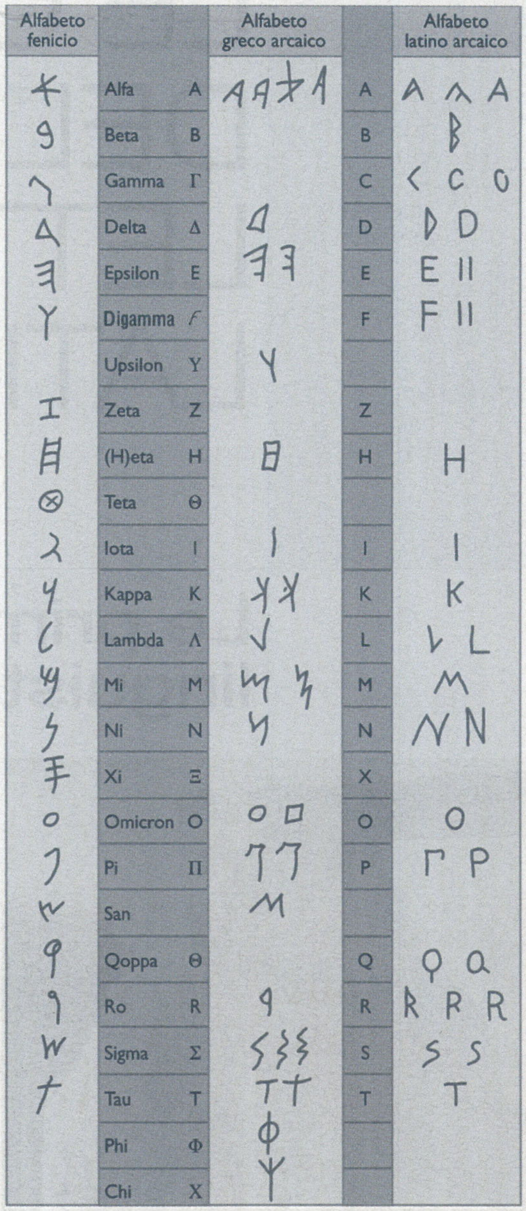

IN SINTESI

Il latino è una lingua di **radice indoeuropea**, su cui ebbero influenza alcune altre lingue parlate da popolazioni limitrofe, quali l'etrusco, l'osco, l'umbro e il greco delle colonie della Magna Grecia. Come tutte le lingue, esso andò lentamente sviluppandosi e organizzandosi dal punto di vista lessicale e grammaticale. Della radice indoeuropea, questa lingua conservava elementi fondamentali come la quantità delle vocali (breve o lunga), la struttura delle declinazioni, l'apofonia.

La prima fase del latino, coincidente con il periodo dei re e con i primi tempi della repubblica, viene definita "**latino preletterario**" e durò fino al III secolo a.C. Esso non ci è testimoniato da alcuna opera scritta, ma solo da citazioni contenute in opere di autori successivi o da qualche antica iscrizione.

MARS
PATER
TE
PRECOR
QUAESO
UTI
SIES
VOLENS
PROPITI

LE ORIGINI DELLA LETTERATURA LATINA

Le prime testimonianze linguistiche

Il cippo del Foro, con iscrizione del VI secolo a.C., Roma, Foro Romano.

Come accade per tutte le culture – abbiamo avuto modo di parlarne in precedenza (cfr. pp. 8-9) – anche in quella romana la comunicazione ebbe alle origini carattere esclusivamente orale; solo a partire dal VI secolo a.C. si incontrano le prime testimonianze scritte. Per esse non possiamo ancora parlare di letteratura vera e propria, si tratta piuttosto di documenti di carattere linguistico, cioè testi che consentono di conoscere la forma più antica della lingua latina.

Il più antico documento pervenutoci in alfabeto latino risale alla fine del periodo monarchico (575-550 a.C.) ed è di natura epigrafica (cioè inciso sulla pietra). Si tratta del cosiddetto **cippo del Foro**, ritrovato appunto nel Foro romano, sotto un tratto di pavimentazione in marmo nero (*lapis niger*), basamento circolare di un piccolo santuario dedicato a Vulcano, fondato – secondo la tradizione – dallo stesso Romolo. L'iscrizione è in un alfabeto arcaico e risente in modo evidente dell'influsso greco ed etrusco; poiché la pietra è molto rovinata, l'iscrizione è mutila e in gran parte illeggibile. Si riconoscono parole come *quoi*, che corrisponde a *qui*, *sakros* equivalente a *sacer*, *esed* che può essere interpretato come *erit*. La scrittura ha carattere bustrofedico, come spesso i più antichi documenti epigrafici,[1] vale a dire che le linee procedono alternativamente da sinistra a destra e viceversa, come i solchi tracciati dai buoi nell'ara-

1. In origine il verso della scrittura non fu sempre identico, presentandosi a volte sinistrorso, a volte destrorso, a volte, appunto, bustrofedico.

tura. Il senso generale non è chiaro: l'avvio fa pensare a una maledizione a chi viola il tempio, ma attualmente si ritiene che l'iscrizione contenesse un avvertimento ai passanti perché sciogliessero i buoi aggiogati, se l'araldo lo avesse ordinato: un augure infatti non doveva imbattersi in una coppia di animali legati.

Quoi hon ... sakros esed ... recei ... kalatorem ...
Iouxmenta kapia ... iouestod ...

Chi [avrà violato questo tempio] sarà maledetto ... al re ... l'araldo ...
prenda il bestiame ... giusto ...

il *lapis Satricanus*

Ancora al VI secolo a.C. risale il ***lapis Satricanus***, scoperto nel 1977 durante degli scavi nel sito archeologico del tempio dedicato alla *Mater Matuta* (la dea italica del Mattino o Aurora, al cui culto erano ammesse le vergini o le donne sposate una sola volta e non ancora vedove) nell'antica città latina di *Satricum.* Anche se molto frammentario, il testo fa intravedere una dedica votiva a Marte.

Iei steterai Popliosio Valesiosio
suodales Mamertei

I compagni di Publio Valerio dedicarono (?) a Marte

Carattere privato aveva la terza iscrizione pervenutaci, anch'essa databile al VI secolo a.C. Essa, nota con il nome di **vaso di *Duenos***, si trova scritta su un vaso di bucchero, formato da tre recipienti rotondi conglobati. Ritrovato a Roma nel 1880, in una località posta tra il Viminale e il Quirinale, l'iscrizione si presenta in tre righe sovrapposte, senza interruzione tra una parola e l'altra (*scriptio continua*), che corre da destra a sinistra. Probabilmente il vaso doveva servire a contenere un filtro magico e la scritta dettava istruzioni per l'utilizzo del contenuto.

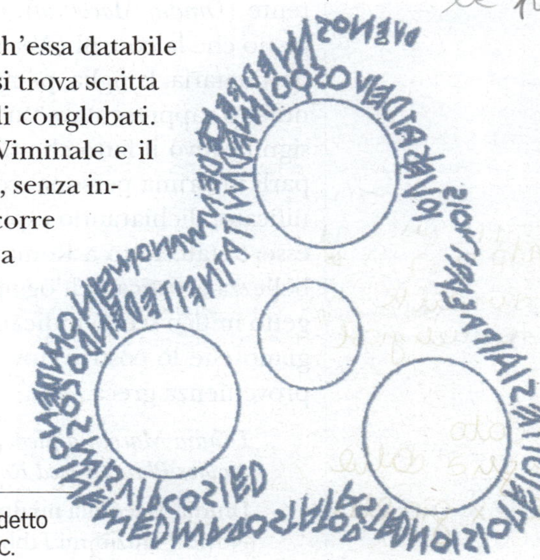

Scrittura continua nel cosiddetto vaso di *Duenos*, VI secolo a.C.

LA *FIBULA PRAENESTINA*

Iscrizioni come quelle del vaso di *Duenos* o della *cista Ficoroni* furono molto comuni nel mondo romano, al punto che risultava facile costruire un falso storico sulla base di quelli, cioè fabbricare ad arte un'iscrizione e spacciarla per autentica. È quello che accadde per la *fibula Praenestina*, una fibbia d'oro che si disse trovata nel 1871 in una tomba di Preneste e che riporta inciso sulla staffa un testo ritenuto a lungo la più antica testimonianza della lingua latina arcaica (sarebbe stato un manufatto del VII secolo a.C.). Già agli inizi del XX secolo, tuttavia, un orafo romano avanzò seri dubbi sull'autenticità del reperto e Margherita Guarducci, studiosa di epigrafia, riuscì a dimostrare che si trattava effettivamente di un falso.

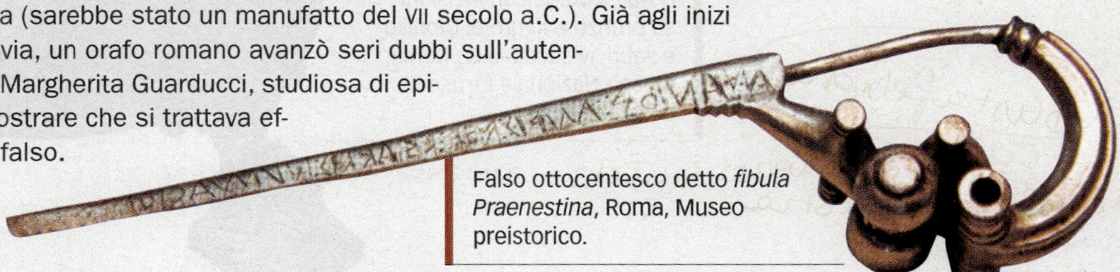

Falso ottocentesco detto *fibula Praenestina*, Roma, Museo preistorico.

Inizialmente il termine *Duenos* venne interpretato come il nome dell'artefice del vaso; oggi si tende a interpretare la parola come la forma arcaica dell'aggettivo *bonus*.

iouesat deivos quoi med mitat nei ted endo cosmis virco sied
astednoisiopetoitesiai pakari vois
duenos med feked en manom einom duenoi (?) ne med malo statod

[colui] che mi manda giura per gli dèi che se la ragazza non sarà carina con te...
... vuoi essere appagato
un uomo onesto mi ha fatto per un uso buono ... non capiti del male a causa mia

la *cista Ficoroni*

Un'altra antica iscrizione a carattere privato si trova su un recipiente cilindrico di bronzo, decorato con incisioni che rinviano al mito degli Argonauti e sormontato da tre statuette (Dioniso e due satiri), conservato nel Museo Nazionale Etrusco di Villa Giulia a Roma: è la ***cista Ficoroni***, dal nome dell'antiquario Francesco Ficoroni, che la scoprì nel '700 in un sepolcreto di Preneste. La *cista* – risalente al IV secolo a.C. – serviva a conservare gioielli o altri oggetti di toilette femminile e riporta sul coperchio una scritta costituita da due frasi, nelle quali vengono indicati il nome della committente (*Dindia Macolnia*), quello dell'artigiano che la costruì (*Novios Plautios*) e la destinataria, la figlia, per cui forse il manufatto rappresentava un dono di nozze. È significativo il fatto che nell'iscrizione il vaso parli in prima persona, come se fosse personificato, dichiarando esplicitamente di essere stato fatto a Roma; tuttavia la bellezza artistica dell'oggetto e il soggetto mitico scelto indicano che l'artigiano che lo costruì doveva essere di provenienza greca.

Dindia Macolnia fileai dedit.
Novios Plautios med Romai fecid.

Dindia Macolnia mi donò alla figlia.
Novio Plauzio mi fabbricò a Roma.

Cofanetto portagioielli, detto *cista Ficoroni*, con incisioni su bronzo e figure di Dioniso e satiri, IV secolo a.C., Roma, Museo Nazionale Etrusco di Villa Giulia.

usa la lingua diversamente dal parlato ↓ la abbellisce

Le testimonianze poetiche preletterarie

IN PROSA RITMATA

le forme preprosastiche e prepoetiche

A seguito di queste prime testimonianze scritte, mentre si definivano e affinavano la mentalità e i modelli di comportamento propri della civiltà latina, andarono lentamente elaborandosi anche le più antiche **forme** letterarie. In esse possiamo riscontrare un progressivo raffinarsi del linguaggio e dello stile e il fissarsi di regole espressive via via più complesse, che costituirono un precedente importante per le opere letterarie prodotte a partire dal III secolo a.C. Si tratta di forme che possiamo definire **preprosastiche**, cui appartengono i documenti ufficiali, le prime forme dell'annalistica o dell'oratoria, e **prepoetiche**, vale a dire i *carmina* (testi di genere vario, religioso, celebrativo o popolare) e la prima produzione teatrale.

I *carmina* Con il nome generico di *carmen* si designarono preghiere, canzoni popolari, composizioni conviviali, elogi funebri, canti celebrativi. L'etimologia di *carmen* si riconduce al verbo *cano* («cantare») e all'antica divinità italica detta *Casmena* o *Carmena* o *Camena*, che aveva una funzione del tutto simile alle Muse greche: ispirare ai poeti la composizione dei loro canti. Dal punto di vista formale il *carmen* era una forma espressiva a metà strada tra la prosa e la poesia; potremmo definirla una prosa ritmica o "commatica", cioè un componimento che era pronunciato con una cadenza, un ritmo che rendeva la memorizzazione più facile e l'ascolto più affascinante. Per ottenere questo effetto, nei *carmina* erano presenti due fenomeni in particolare: quello dell'**equivalenza**, secondo il quale si costruiva il verso con una rigida alternanza di sillabe lunghe e brevi (schema metrico quantitativo), e quello del **parallelismo**, che si riscontrava a livelli diversi e che consisteva nella ripetizione di figure di suono (come l'allitterazione e la rima), di figure morfologiche (come la ripetizione di radici e desinenze), di figure sintattiche (costruzione del verso per blocchi paralleli, detti *cola*). I *carmina*, grazie a questi mezzi espressivi, risultarono caratterizzati da effetti fonici molto particolari, che studi recenti stanno mostrando identici anche nelle formule della legge o della magia.

Clio, musa della storia, affresco della parete nord del triclinio di Moregine (Pompei), I secolo a.C.

MUSE E CAMENE

L'ispirazione che i poeti latini chiedono a Camena è assimilabile a quella che i loro colleghi greci chiedevano alle Muse. Nella mitologia greca le Muse erano figlie di *Mnemosýne*, dea della memoria, capace di conoscere il passato, il presente e il futuro. Attraverso l'intervento di queste divinità i poeti avevano la possibilità di "vedere" quanto era accaduto nel passato e di trasmetterlo ai loro ascoltatori, nelle corti e nelle piazze, perché fosse assunto come modello. Allo stesso modo nella mitologia latina le *Camenae* erano divinità collegate alla conoscenza del tempo – di ciò che è stato, è e sarà – e alla melodia del canto, come dice il loro stesso nome. Nate all'origine del mondo da Giano o da Fontus, le Camene (e Carmenta) erano ninfe, abitavano le acque dei fiumi e delle fonti, erano capaci di cantare un canto melodioso nelle grotte e nei boschi, potevano rivelare il futuro a chi le incontrava. Dunque i Greci come i Latini legarono la poesia alla conoscenza e questa al canto in modo indissolubile.

Il saturnio Rispondente a questi criteri di composizione poetica fu il **saturnio**, il più antico verso della poesia latina. Il nome significa semplicemente «italico», quasi a voler contrapporre questo verso a quelli di origine greca introdotti più tardi nella letteratura latina, e racchiude un riferimento alla remota età dell'oro, ai tempi mitici dei regni saturni. Esso può essere considerato la più originale creazione della letteratura arcaica per ciò che riguarda la metrica e fu utilizzato – come vedremo – da Livio Andronico per l'*Odusia* e da Nevio per il *Bellum Poenicum*; in saturni erano composti anche gli *elogia* sepolcrali di Lucio Cornelio Scipione, console nel 259 a.C., e di suo padre, console omonimo del 298 a.C. Attestato solo in ambito italico, non si sa per certo però se sia anche di origine italica. Come sconosciuta è l'origine, così risulta problematica la natura di questo verso. Le opinioni a proposito si possono riassumere in tre principali filoni. Secondo la prima ipotesi il saturnio sarebbe un metro assimilabile a quelli greci e pertanto avrebbe natura quantitativa; strutturalmente sarebbe formato da due unità (*cola*) divise da una pausa (dieresi). Le attestazioni più antiche, tuttavia, non sono completamente riconducibili a questo tipo di lettura metrica, per cui viene sostenuta da altri studiosi una seconda ipotesi, secondo cui il saturnio avrebbe natura ritmico-accentuativa. Infine una terza ipotesi, avanzata piuttosto recentemente, è quella del "ritmo verbale". Nel saturnio ci sarebbero blocchi di parole, non riconducibili a uno schema quantitativo o sillabico fisso, che costituirebbero delle vere e proprie unità ritmiche in grado di imprimere al verso il suo ritmo.

la natura del verso saturnio

RELIGIONE

MEDIABOOK ▸

UN'ORIGINE COMPLESSA

***Carmina* religiosi** Prima di subire l'influenza greca e di assorbire elementi propri del mito e del culto greci, i Romani avevano, a riguardo della religione, una visione concreta e utilitaristica. A ogni azione o situazione dell'esistenza umana corrispondeva una divinità, con un suo nome, un suo profilo e un suo culto. C'erano così dèi che presiedevano alla semina o al raccolto; dèi che proteggevano le nascite, i matrimoni, le morti; dèi che scongiuravano le malattie, la siccità o i danni al bestiame; dèi che assicuravano la pace. A ogni atto di culto corrispondeva un favore concesso dal dio e non ci si attendeva un favore, se prima non c'era stato un atto di culto. Secondo questa visione religiosa era importante avere a disposizione formule cultuali di cui avvalersi in caso di necessità o in determinati giorni dell'anno, quando ricorreva la festa della divinità. Queste formule o preghiere sono le prime forme di *carmina* di cui ci è giunta memoria.

Poiché il culto era pubblico o domestico, esistevano formule utilizzate dalla religione ufficiale, negli atti di stato o nelle grandi festività legate all'agricoltura (semina, raccolto, vendemmia) e preghiere pronunciate dal *pater familias* nella propria casa, a protezione della propria *gens*.

Lo storico Livio, che visse nell'età augustea, ha tramandato notizia di alcune formule adatte al culto ufficiale. Fra esse possiamo ricordare i **Feziali**, pronunciati dagli ambasciatori prima dell'assolvimento del loro compito, o la *devotio*, terribile preghiera formulata da un comandante prima della battaglia, con la quale egli offriva agli dèi inferi la propria vita insieme con quella dei nemici: in tal modo egli dava la sua vita alle divinità della morte, perché queste, prendendola, trascinassero negli inferi anche le vite dei nemici. Altre formule

Quattro armati intorno a un elemento di significato cultuale, coperchio bronzeo di *capsa*, VI secolo a.C., Pitino.

di cui abbiamo memoria sono quella di consacrazione di un tempio, pronunciata dagli àuguri, sacerdoti preposti a tale funzione, o quella di maledizione contro una città nemica, conservataci dal poeta Macrobio.

il carmen Saliare

Le preghiere più importanti in ambito religioso ufficiale sono costituite dal ***carmen Saliare*** e dal ***carmen Arvale***. Il primo era pronunciato dai *Salii*, sacerdoti di Marte e di Ercole, che costituivano due collegi, di dodici membri ciascuno: i *Salii palatini* e i *Salii quirinales* o *collini*. Il loro santuario, detto *curia Saliorum*, custodiva dodici *ancilia*, scudi bronzei che la tradizione voleva essere stati fatti per ordine del re Numa Pompilio. Si narrava infatti che durante il regno di Numa fosse caduto dal cielo un *ancile*, che il re considerò come un dono dello stesso Marte alla città di Roma per manifestarle la propria protezione e un futuro di potenza. Affinché lo scudo non venisse rubato dai nemici, il re ordinò di costruirne altri undici identici, in mezzo al quale quello autentico si sarebbe confuso, affidandone la custodia appunto ai *Salii*. Questi sacerdoti, il cui nome è da porre etimologicamente in relazione con il verbo *salio* («saltare»), eseguivano annualmente una danza guerriera rituale basata sul salto, detta *tripudium* (da *ter* e *pes*), perché caratterizzata dal ritmo ternario. Durante la cerimonia, che si svolgeva per le vie della città nel mese di marzo, i sacerdoti pronunciavano gli *axamenta*, invocazioni rituali alle divinità protettrici di Roma. La più importante preghiera dei *Salii*, detta appunto *carmen Saliare*, è stata conservata, seppur in forma frammentaria, dai grammatici e risulta formulata in una lingua così arcaica da non essere compresa nel suo significato neppure dagli stessi celebranti già durante l'età repubblicana. Il frammento che segue potrebbe rappresentare la parte iniziale del *carmen*.

Divom parentem cante! Divom deo supplicate!
Quome tonas, Leucesie, prae tet tremonti
quot ibe tet e nubi deiscunt tonare.

Cantate il padre degli dèi! Supplicate il dio degli dèi!
Quando tuoni, Signore della luce, davanti a te tremano
quanti dèi che lassù ti odono tuonare dalle nubi.

(trad. di S. Dossi)

Un'altra formula rituale era quella pronunciata dai *fratres Arvales*, un collegio sacerdotale costituito da dodici membri, collegato etimologicamente alla parola *arva*, «campi». Compito principale di questi sacerdoti era propiziare la fecondità dei campi, per la quale veniva celebrata annualmente all'inizio di maggio la festa degli *Ambarvalia*. Nei tre giorni in cui durava la festa venivano celebrati sacrifici, pronunciate

Marte, statua in bronzo di produzione etrusca (cosiddetto Marte di Todi), IV secolo a.C., Città del Vaticano, Museo Gregoriano Etrusco.

MARTE

Marte è originariamente una divinità legata alla terra e alla fertilità. A lui è dedicato un tempo nel calendario romano che segna l'apertura della primavera e delle nuove attività agricole, tempo che prende il suo stesso nome, Marzo. Signore del tuono e del fulmine, oltreché della capacità produttiva della terra, Marte è invocato, come testimoniano i testi riportati in queste pagine, sia per favorire le semine e i raccolti, sia per proteggere le terre, gli animali e gli uomini dalle calamità e dalle sciagure. Proprio dal legame con il rinnovo delle forze naturali deriva anche la sua protezione ai giovani, dediti all'attività militare, che all'apertura della nuova stagione prendono le armi per le campagne belliche; egli, divinità che guida, li porta alla guerra e li protegge nel conflitto per la difesa di uomini e terre.

apposite preghiere ed eseguite processioni. Gli scavi archeologici effettuati nel sito in cui sorgeva il santuario dei *fratres Arvales*, in una zona appartata lungo la via Campana, hanno portato alla luce una pietra che fa memoria delle cerimonie celebrate nel 218 d.C. Il testo conservato dalla lapide è tardo, ma riporta nella lingua originale gli *acta* dei sacerdoti per il rito di purificazione dei campi, compreso il testo del *carmen Arvale*, la preghiera principale del rito religioso. La lingua del *carmen* è fortemente arcaica, il testo è caratterizzato dalla ripetizione ternaria delle invocazioni e delle formule, secondo il già citato ritmo ternario del *tripudium*. Probabilmente la recita del *carmen* era accompagnata dalla musica e dalla danza; dal punto di vista metrico, risulta composto in saturni.

Enos Lases iuvate (da ripetere tre volte)
Neue lue, rue, Marmar, sins incurrere in pleores (da ripetere tre volte)
Satur fu, fere Mars, limen sali, sta Berber (da ripetere tre volte)
Semunis alternei advocapit conctos (da ripetere tre volte)
Enos, Marmor, iuvato (da ripetere tre volte)
Triumpe (da ripetere tre volte)
O Lari, aiutateci!
Non permettere, o Marmar, che peste e rovina si abbattano su tanti!
Sii sazio, o feroce Marte, balza sulla soglia, fermati Berber!
Invocherà a turno tutti quanti i Semóni.
O Marmor, aiutaci!
Trionfo!

(trad. di S. Dossi)

il culto privato

Sappiamo che la poesia religiosa era utilizzata anche per le **forme di culto privato**, il cui sacerdote era a tutti gli effetti il *pater familias*. Le preghiere relative a questo culto si concentravano sulla **devozione ai Lari**, protettori della famiglia, il cui fulcro era il focolare, simbolo di unità, continuità e calore degli affetti, **e ai Penati**, che erano forse, nella fase più antica della civiltà romana, i protettori della dispensa (*penus*) e furono considerati in seguito personificazione degli antenati. Inoltre, essendo la società romana arcaica quasi esclusivamente agricola, il ruolo cultuale del *pater familias* era collegato anche ai lavori dei campi. Catone nel suo trattato sull'agricoltura (*De agri cultura*), al capitolo 141, ha tramandato in una lingua latina riadattata a quella a lui contemporanea il testo di un ***carmen lustrale***, carme purificatorio (da *lustratio*, «purificazione»), recitato dal *pater familias* durante la processione nella festa degli *Ambarvalia*, che si teneva a maggio intorno ai confini del campo. A Marte, dio agreste, si sacrificavano un maiale, una pecora e un toro (*suovetaurilia*) per chiedere un abbondante raccolto.

Mars pater te precor quaesoque
uti sies volens propitius
mihi domo familiaeque nostrae;
quoius rei ergo
agrum terram fundumque meum
suovitaurilia circum agi iussi:
uti tu morbos visos invisosque
viduertatem vastitudinemque,
calamitates intemperiasque
prohibessis defendas averruncesque;
uti tu fruges frumenta vineta virgultaque
grandire dueneque evenire siris,
pastores pecuaque salva servassis;
duisque duonam salutem valetudinemque
mihi domo familiaeque nostrae:
harunce rerum ergo
fundi terrae agrique mei

lustrandi lustrique faciundi ergo,
sicut dixi,
macte hisce suovitaurilibus
lactentibus immolandis esto.
O padre Marte ti prego e ti scongiuro,
perché tu sia favorevole e propizio
a me alla mia casa e alla nostra famiglia
e per questa grazia
intorno al mio campo alla mia terra al mio fondo
i suovetaurilia ho fatto condurre
perché tu i mali visibili e invisibili
sciagura desolazione
calamità intemperie
impedisca difenda allontani
messi frumenti viti polloni
crescere e bene espandersi consenta
pastori e armenti conservi salvi
dia buona salute e prosperità
a me alla casa e alla nostra famiglia:
perché il mio fondo la mia terra il mio campo
io possa purificare e compiere il rito
come ho detto
sii tu onorato con questi suovetaurilia
di latte per te immolati.

(trad. di E. Bignone)

I *carmina popularia* Simili alla produzione popolare di ogni epoca e di ogni cultura, i ***carmina popularia*** sono espressione poetica legata intimamente alla vita quotidiana: proverbi, formule di scongiuro per allontanare il malocchio, formule magiche per guarire dalle malattie, canti che accompagnavano i lavori dei campi, oracoli, sentenze, precetti a carattere morale, ma anche cantilene e ninne-nanne, canti d'amore e filastrocche.

LE DIVINITÀ FAMILIARI

Nelle abitazioni dei Romani è sempre presente una zona sacra (larario) dedicata alle divinità che proteggono la famiglia e la casa.
Nel larario rappresentato nella foto i Lari, raffigurati come giovani che danzano con un corno delle libagioni in mano, stanno a fianco della figura centrale velata, il *pater familias*. Il serpente rappresenta probabilmente lo spirito protettore (genio) del luogo. I Lari talvolta erano uniti ai Penati, protettori della dispensa, e ai Mani, divinità legate agli spiriti dei morti. Ogni altare domestico svolgeva quindi il triplice compito di proteggere la *gens* dalla morte, di perpetuarne l'esistenza e di favorire le risorse necessarie al suo sostentamento.

Larario della casa dei Vetti, I secolo a.C., Pompei.

La poesia celebrativa Un ultimo ambito nel quale vediamo usata la forma del *carmen* è quello celebrativo, di cui sono esempi le *neniae*, i *carmina convivalia*, gli *elogia* e i *carmina triumphalia*.

le neniae

Le ***neniae*** erano canti eseguiti durante i funerali e accompagnati dal suono del flauto. In essi il rimpianto per il defunto era accompagnato dalla celebrazione delle sue virtù e da lodi generiche, secondo uno schema prefissato. Eseguite dai parenti o da prefiche (ovvero donne pagate per piangere durante i funerali), le *neniae* contribuirono alla formazione di un repertorio di leggende e miti collegati alla figura di personaggi importanti della storia romana o alle famiglie più in vista. Si può perciò pensare che le *neniae*, per questo loro carattere memorativo, abbiano contribuito alla formazione della tradizione epica latina, come pure i ***carmina convivalia***, anche se per l'una e per l'altra forma poetica non ci sono resti e sappiamo della loro esistenza solo attraverso la citazione generica di alcuni autori antichi.[2]

i carmina convivalia

I *carmina convivalia*, come si comprende dal nome stesso, erano eseguiti durante i banchetti, in cui venivano cantate le imprese degli antenati di famiglie illustri. I banchetti erano circostanze importanti per le famiglie e le cerchie di aristocratici, in cui si concludevano affari, si stringevano alleanze, si discuteva di questioni politiche, talora di primaria importanza. In queste occasioni veniva fatta memoria delle imprese, della saggezza, dell'abilità politica di qualche antenato e si usava la poesia per celebrarlo; era un modo per ribadire l'appartenenza alla *gens* e per dimostrare attraverso il ricordo di vicende private l'importanza dei *maiores* della propria famiglia anche in ambito pubblico.

All'ambito celebrativo vanno riferiti anche gli ***elogia***. Mentre sulle prime iscrizioni funerarie romane di epoca arcaica veniva scritto soltanto il nome del defunto con quello del padre (*titulus*), durante il III secolo a.C. si diffuse l'usanza di incidere sui monumenti sepolcrali iscrizioni più articolate, dette *elogia*, per lasciare ai posteri notizie significative in memoria dei defunti appartenenti alle famiglie più illustri e potenti. Questa consuetudine venne ripresa dall'epigrafia greca: abbiamo infatti testimonianze di iscrizioni sepolcrali greche in versi risalenti al VII secolo a.C. Inoltre lo stesso termine *elogium* deriva probabilmente dal vocabolo greco *euloghía* («lode»).

2. A dire il vero, la tradizione ci ha tramandato frammenti di due *carmina*, il *carmen Nelei* e il *carmen Priami*. Del primo restano alcuni senari giambici; del secondo un solo saturnio. Il problema è stabilire se si tratti di *carmina convivalia*, perché le notizie che abbiamo su di loro sono così scarse, da far permanere il dubbio che il primo sia in realtà un'opera teatrale e il secondo un antico poema epico.

Corteo funebre di donne danzanti, V secolo a.C., Ruvo di Puglia, conservato a Napoli, Museo Archeologico Nazionale.

Di questa tipologia poetica ci sono stati conservati due testi: l'**elogio di L. Cornelio Scipione Barbato**,[3] console nell'anno 298 a.C., e quello di **Lucio Cornelio Scipione**, figlio del precedente,[4] che fu console nel 259 a.C.

i carmina triumphalia

Alle *neniae* e agli *elogia* si possono affiancare per il contenuto celebrativo i ***carmina triumphalia***. Erano i canti eseguiti dai soldati che accompagnavano l'*imperator* (il «generale vittorioso») durante la celebrazione del trionfo lungo la *via Sacra*. Questi canti, però, non avevano solo un fine di esaltazione, ma anche una funzione apotropaica: mentre infatti una parte dei soldati inneggiava alle virtù del generale, gli altri lanciavano contro di lui insulti, scherni e versi licenziosi, mediante i quali si credeva che potesse venir allontanato il malocchio che colpisce sempre per invidia chi è all'apice del successo. Essi divenivano così anche un richiamo alla moderazione e alla misura, proprio nel momento in cui un uomo era esaltato quasi come un dio.

3. Cfr. *Corpus Inscriptionum Latinarum* (C.I.L.), I^2, 2, 7.
4. Cfr. C.I.L., I^2, 2, 8.

IN SINTESI

- Agli inizi della civiltà romana la comunicazione fu solo orale, come accade in tutte le culture. I primi documenti scritti sono di natura epigrafica e risalgono al VI secolo a.C. Si tratta del **cippo del Foro**, ritrovato nel Foro romano sotto il pavimento di un tempio, del ***lapis Satricanus***, scoperto nei resti del tempio di *Mater Matuta* a Satrico, presso Anzio, del **vaso di *Duenos*** e della ***cista Ficoroni***.

- Le prime forme preletterarie romane si suddividono in forme poetiche e forme in prosa. Alle prime appartengono i ***carmina***. La parola *carmen* designa una composizione a metà tra prosa e poesia: è una specie di prosa cantilenante, fondata su parallelismi, assonanze e allitterazioni. I *carmina* potevano essere composti in versi saturni, sulla cui natura metrica gli studiosi tuttora discutono; sembra ormai assodato che avesse natura quantitativa e si basasse sulla compresenza di due unità ritmiche divise da una pausa.

- L'ambito in cui si svilupparono soprattutto i *carmina* fu quello religioso. A Roma il culto era privato e pubblico. Il culto privato avveniva nelle case ed era presieduto dal *pater familias*. Oggetto di culto erano le divinità protettrici della casa: i Lari e i Penati. Altri *carmina* erano formule cultuali che accompagnavano i lavori dei campi, ad esempio il ***carmen lustrale***, con cui venivano purificati i campi durante la festa degli *Ambarvalia*.

- Preghiere inerenti agli atti ufficiali erano i **Feziali**, pronunciati dagli ambasciatori prima del loro incarico, e la ***devotio***, con cui il comandante offriva la sua vita per ottenere la vittoria dell'esercito sui nemici.

- I più importanti *carmina* di cui si ha memoria sono due preghiere ripetute annualmente in cerimonie di grande importanza per la religione romana: il *carmen Saliare* e il *carmen Arvale*. Il ***carmen Saliare*** era recitato dai *Salii* (un collegio sacerdotale adibito al culto di Marte ed Ercole); essi percorrevano le strade di Roma eseguendo una danza rituale, il *tripudium*, e recitando contemporaneamente questa formula sacra a protezione della città.

- Il ***carmen Arvale*** era invece la preghiera centrale delle feste degli *Ambarvalia*, celebrate a maggio per ottenere la fecondità dei campi e l'abbondanza dei raccolti. Era recitato dal collegio dei *fratres Arvales*, uno dei più antichi di Roma. Il *carmen Arvale* era scritto in saturni.

- Accanto alle formule religiose esistevano i ***carmina popularia***: ninne-nanne, proverbi, massime, sentenze, canti che accompagnavano i lavori agricoli, filastrocche, canti d'amore, simili agli stornelli. Una produzione varia, accomunata dalla sua dimensione quotidiana e popolare.

- Nel numero dei *carmina* rientrano anche le espressioni della poesia celebrativa: le ***neniae***, canti più o meno improvvisati, intonati dai parenti o dalle prefiche durante i funerali; i ***carmina convivalia***, eseguiti durante i banchetti per celebrare le imprese degli antenati delle famiglie illustri; gli ***elogia***, iscrizioni funerarie in cui si citavano le imprese dei membri delle famiglie potenti; i ***carmina triumphalia***, eseguiti dai soldati durante la celebrazione del trionfo del loro generale.

La prosa preletteraria

Sappiamo che nell'età arcaica distinguere nettamente tra prosa e poesia non è del tutto possibile, perciò si tende a considerare produzioni proprie della prosa quelle che in seguito si svilupparono come generi propri della letteratura in prosa, cioè, ad esempio, i trattati, le leggi, le orazioni, gli annali, i fasti, le *laudationes funebres*, nei quali si possono distinguere molti tratti originari dell'oratoria e della storiografia.

relazione che il magistrato scriveva al termine del proprio incarico (un anno di solito). Prima è privata poi diventa pubblica

Commentarii e fasti Nell'esercizio del suo mandato politico, ogni magistrato romano aveva il compito di registrare i provvedimenti più significativi della sua magistratura. All'origine queste note ebbero carattere privato e vennero conservate negli archivi familiari. Successivamente ebbero rilevanza pubblica e specialmente quelle riferite ai collegi sacerdotali furono custodite dai capi religiosi nelle loro sedi ufficiali. All'origine, questi documenti ebbero indifferentemente il nome di ***commentarii*** o ***libri***, poi il termine *commentarius* designò più precisamente la registrazione di avvenimenti, mentre con *liber* si indicò l'insieme di norme di carattere rituale, di protocolli e di statuti. A essi attinsero nei secoli storici e annalisti romani per documentare gli avvenimenti narrati nelle loro opere e da essi furono ricavate le liste dei consoli dette ***fasti consulares***. Queste liste, note con il nome di Fasti Capitolini, sono pervenute a noi in forma epigrafica e conservate ancora oggi in Campidoglio. Ai pontefici, da quanto viene tramandato dalle fonti storiografiche, era demandato il compito di conservare e aggiornare l'archivio ufficiale dello Stato.

i commentarii o libri

De bello gallico
" " civili
di Cesare

i fasti

i pontefici dovevano fare la tabula dealbata dove si annotavano i principali eventi

CALENDARIO CON I GIORNI FASTI (dei propizi) e NEFASTI x capire se si potevano intraprendere guerre ecc...

Appartenenti tutti alle famiglie patrizie, i pontefici, nella parte più antica della storia romana, si tramandavano oralmente statuti e regole concernenti il funzionamento dello Stato, istituendo tra potere politico e religioso un legame che si mantenne a lungo nella storia romana. A loro era affidata la compilazione del calendario, i cosiddetti ***fasti***, in cui annotavano scrupolosamente i *dies fasti*, cioè i giorni in cui si poteva amministrare la giustizia, trattare gli affari politici, militari e

Ricostruzione di un calendario romano.

commerciali, celebrare le festività religiose e i *ludi*, e i *dies nefasti*, considerati infausti per le diverse attività. Il *pontifex maximus*, inoltre, esponeva davanti alla propria residenza una tavola bianca (***tabula dealbata***), su cui annotava i consoli e gli altri magistrati dell'anno in corso e gli avvenimenti salienti dell'annata con la loro data. Rientravano nel numero degli eventi da registrare non solo guerre, paci e alleanze, ma anche fenomeni naturali come terremoti, eclissi o carestie. Questa registrazione divenne regolare a partire dal 249 a.C., dando origine agli ***annales***.

gli *annales*

Dal momento che le *tabulae dealbatae*, al termine dell'anno, venivano conservate negli archivi, verso il 123 a.C. il pontefice P. Mucio Scevola raccolse in 80 volumi gli *annales* dei precedenti 280 anni di storia romana. Questa raccolta venne denominata ***Annales maximi*** e fu la principale fonte degli avvenimenti storici dell'età repubblicana. Essa fu anche importante dal punto di vista letterario, perché fornì il modello a cui si sarebbero attenuti gli storici romani nella distribuzione della loro materia. È dagli *Annales maximi*, infatti, che derivò alla storiografia romana lo schema detto annalistico, perché la narrazione procedeva anno per anno, interrompendo e riprendendo il racconto di vicende distribuite su periodi maggiori di un anno.

Il diritto e le leggi

Nella fase più arcaica della storia romana e per un lungo periodo non vi furono leggi scritte. La giustizia infatti era amministrata secondo una prassi consuetudinaria, anche se occasionalmente era possibile venissero emanati provvedimenti scritti a carattere legislativo. Questi provvedimenti, che sono denominati genericamente ***leges regiae*** perché videro la luce al tempo della monarchia, secondo quanto scrive lo storico Pomponio sarebbero stati raccolti da un certo Gaio Papirio, pontefice massimo nella primissima età repubblicana, e avrebbero formato il cosiddetto ***ius Papirianum***. Oggi gli studiosi sono inclini a dar credito a tale testimonianza, anche sulla base degli studi linguistici effettuati sui più antichi documenti.

LE LEGGI SCRITTE

La parola *lex* deriva dalla stessa radice di *lego*, «leggere», e indica appunto la possibilità di "leggere" la norma a differenza di quelle forme di prescrizione che passavano attraverso altri mezzi, come la parola, la memoria, gli atti rituali. La legge quindi si differenziava dal *mos* (ciò che era decretato dalla tradizione), o dal *fas* (ciò che era indicato dalla volontà divina), proprio per l'uso delle lettere scritte, attraverso le quali si codificava il comportamento collettivo.

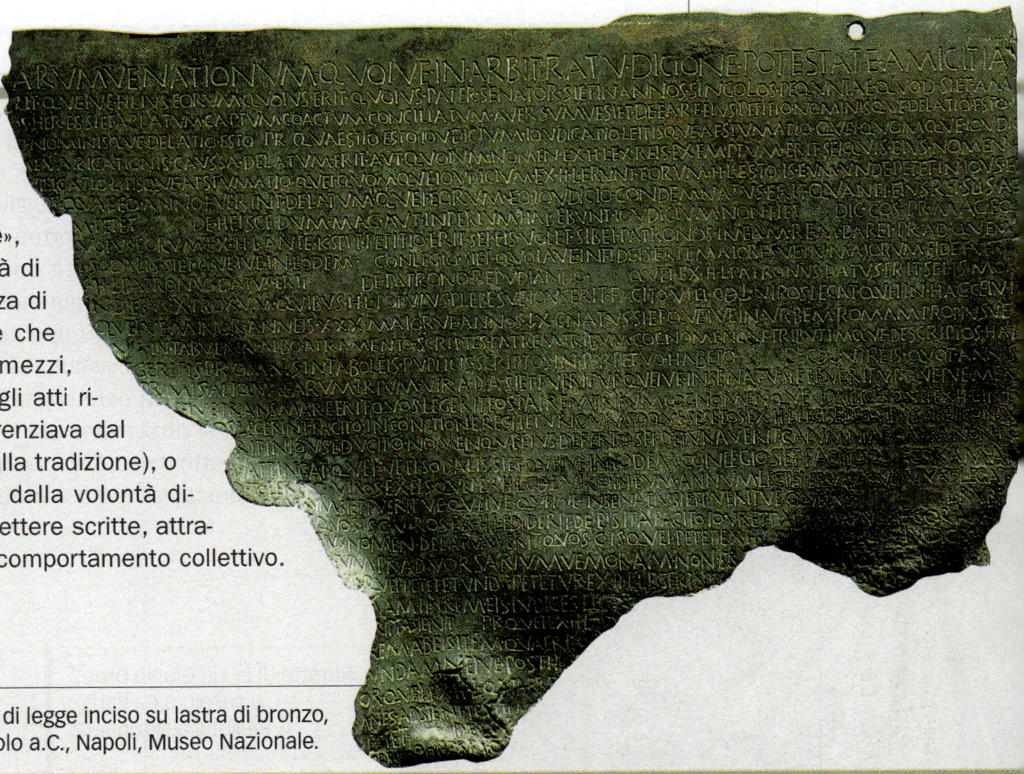

Testo di legge inciso su lastra di bronzo, II secolo a.C., Napoli, Museo Nazionale.

le leggi delle Dodici Tavole

parlano di tutela della proprietà privata e il principio della giustizia retributiva (occhio x occhio): ad ogni colpa c'è una pena

scolpite in bronzo e collocate nel foro romano così i bambini potevano impararle ma durò poco xke con l'incendio di Galli le tavole vennero fuse. ma poiché le sapevano tutti ci arrivano x mezzo di altri testi.

Un primo codice essenziale di leggi scritte, noto con il nome di leggi delle **Dodici Tavole**, fu sicuramente redatto negli anni 451-450 a.C., a opera di un organismo appositamente istituito, i *decemviri legibus scribundis* (*scribundis* è la forma arcaica per *scribendis*). La tradizione vuole che queste dodici tavole bronzee, andate distrutte in un incendio ai tempi della conquista dei Galli (390 a.C.), fossero esposte nel Foro e che i ragazzi romani le imparassero a memoria. Benché gli originali siano andati perduti, il contenuto delle leggi è stato citato moltissime volte da storici e giuristi delle epoche successive e quindi siamo in grado di ricostruirne i caratteri. Da sempre considerate base del diritto romano, le leggi delle Dodici Tavole rispecchiavano quanto già praticato dalla consuetudine a vantaggio dei patrizi, ma rappresentavano comunque una sicura conquista per i ceti più deboli, perché stabilivano la certezza equanime della pena contro l'arbitrio dei singoli giudici. Il testo che riportiamo qui di seguito (*Tabula* IV, 2) testimonia, ad esempio, la persistenza, nella legge, della consuetudine romana, riconfermando il tradizionale potere del padre sui figli: così tradizione e legge non si discostano tra loro, ma anzi la seconda è diretta conseguenza della prima.

> *Si pater filium ter venum duit, filius a patre liber esto.*
>
> Se un padre vende per tre volte un figlio, il figlio sia libero dalla patria potestà.

Lo stile in cui le leggi sono redatte si caratterizza per una prosa asciutta, essenziale, in cui risulta presente il fenomeno del parallelismo fonico e sintattico, particolarmente utile per la memorizzazione.

L'oratoria Nel mondo romano dell'età repubblicana l'oratoria ebbe un peso di gran lunga maggiore rispetto a quello che potrebbe avere nella società moderna. Chiunque avesse compiti legislativi, amministrativi o militari doveva essere un buon oratore, perché attraverso la propria capacità di convincere, di citare al

L'IMPORTANZA DELLA PARENTELA

L'importanza della *gens* nella società romana è davvero molto significativa, soprattutto nel tempo delle origini. Questo è evidente nelle pratiche funerarie, quando il *pater* appena defunto va a raggiungere i suoi predecessori e la *gens* lo celebra con loro, portandolo in corteo nella città fino al Foro, con una processione. Precedono il defunto molte persone che indossano una maschera di cera con le fattezze dei *patres* già morti, ricordando alla città quanto importante fosse (e fosse stato) quel gruppo gentilizio per tutta la comunità. Oltre a questo modo di celebrare la *gens* vissuto tra pubblico e privato, se ne ebbe un altro tutto privato, la festa della *cara cognatio*, nella quale i parenti di una *gens*, quelli più stretti, si ritrovavano sulle tombe dei morti per celebrarli e con questo atto rinsaldavano l'unità tra loro, la loro appartenenza reciproca, la loro ascendenza.

Ritratto di Lucio Giunio Bruto, IV secolo a.C., Parigi, Biblioteca Nazionale.

momento opportuno esempi, tratti dalla storia o dal *mos*, poteva portare l'opinione di chi lo ascoltava verso una posizione di *concordia*. Grazie allo stretto legame che esisteva tra eloquenza e vita nella Roma repubblicana, Cicerone fece nascere l'oratoria con la repubblica stessa, immaginando che uno dei primi oratori sia stato quel Bruto che, cacciato il re, assunse l'incarico di primo console di Roma.[5]

L'oratoria dovette avere quindi fin dalle origini scopi pratici, legati a eventi reali, non sempre di grande rilevanza politica, ma per i quali si rendeva necessaria l'espressione delle opinioni in un confronto immediato. Accanto a questa eloquenza di tipo politico e giudiziario, trovò posto un'eloquenza di carattere celebrativo, come la *laudatio funebris*. Si trattava di un discorso elogiativo, pronunciato al momento del *funus* di un patrizio; poteva avere carattere privato ed essere pronunciata da un membro della famiglia, oppure carattere pubblico ed essere sostenuta da un magistrato.

la *laudatio funebris*

Nell'ambito del mondo aristocratico, la *laudatio funebris* era l'occasione per esaltare, insieme con il singolo, l'intera casata nobiliare e si poneva a conclusione della cerimonia funebre. Essa non era improvvisata, come le *neniae*, ma era un vero e proprio discorso scritto, il cui testo veniva successivamente conservato negli archivi della famiglia. La situazione stessa nella quale esso veniva pronunciato voleva essere dimostrazione dell'importanza di quell'uomo non solo all'interno della *gens*, ma anche all'interno della città, della cui storia ognuno dei *maiores* di quella casata aveva fatto parte: le *imagines* lo dimostravano e lo evocavano alla memoria di tutti. La *laudatio* aveva quindi un carattere celebrativo, ma nel contempo aveva una vera e propria funzione sociale.

5. Cfr. CICERONE, *Brutus*, 53.

IN SINTESI

■ La prima prosa latina ebbe per lo più un uso ufficiale; a essa appartengono i ***commentarii***, cioè la registrazione degli avvenimenti salienti verificatisi durante una magistratura, i ***libri***, cioè l'insieme delle norme, dei protocolli e degli statuti necessari per l'esercizio del potere, i ***fasti***, con cui si intende sia l'elenco dei consoli e dei magistrati che si succedevano in Roma, sia il calendario (con l'annotazione dei *dies fasti* e dei *dies nefasti*), infine gli *annales*, raccolta del nome dei magistrati e degli eventi accaduti annualmente, operata dai pontefici. Importanti furono gli ***Annales maximi***, pubblicati a cura del pontefice P. Mucio Scevola nel 123 a.C.

■ Essendo il **diritto** una delle più importanti caratteristiche della mentalità romana e una delle più significative eredità della civiltà di Roma all'umanità, gran parte della produzione in prosa fin dall'età più remota è costituita da testi giuridici. Tra i primi testi giuridici vanno ricordate le ***leges regiae***, dette così perché videro la luce in età monarchica, raccolte, secondo quanto tramanda la tradizione, a cura di Gaio Papirio (***ius Papirianum***).

■ Di estrema importanza sono le **leggi delle Dodici Tavole**, primo esempio di legge scritta e pubblicata, per la cui stesura venne incaricato un apposito organismo, i *decemviri legibus scribundis*. Le leggi videro la luce nel 451-450 a.C., furono incise su tavole bronzee e affisse nel Foro. Improntate ancora a un rigido conservatorismo, esse sono tuttavia importanti perché limitarono l'arbitrio dei giudici e garantirono un trattamento equanime a tutti i cittadini.

■ Nella società romana ebbe enorme importanza sociale e politica l'**oratoria**. Le prime orazioni sono andate ovviamente perdute; di esse si ha traccia nei racconti degli storici delle età successive. Accanto a un'oratoria politica andò subito sviluppandosene una giudiziaria. Un posto di rilievo ebbe anche l'oratoria celebrativa, testimoniata dalle ***laudationes funebres***, discorsi saldamente strutturati, messi per iscritto e conservati negli archivi familiari, pronunciati in forma solenne durante i funerali dei cittadini appartenenti alle famiglie patrizie. Oltre a celebrare le qualità e le imprese del defunto, esse divenivano l'occasione per esaltare l'intera casta aristocratica.

Appio Claudio Cieco

la vita

Appio Claudio Cieco (IV-III secolo a.C.) fu uomo politico, scrittore e oratore. Prese parte da protagonista alle vicende più importanti del tempo, dalla guerra contro i Sanniti (326-304 a.C.) a quella contro gli Etruschi e gli stessi Sanniti (298-290 a.C.), poi a quella contro Taranto e Pirro (282-272 a.C.). Rivestì la carica di censore dal 312 al 307 a.C. e quella di console nel 307 e nel 296 a.C. Favorì costantemente i plebei e riformò le regole relative allo *status* civico, introducendo nel senato anche figli di schiavi liberati. Nel 312 a.C. fece costruire il primo tratto della via Appia, che collegava Roma a Capua. Celebre è l'orazione da lui pronunciata in senato – benché ormai ridotto a cecità dalla vecchiaia – contro le proposte di pace dell'ambasciatore di Pirro.

le opere

Di Appio sono stati conservati tre frammenti di una raccolta di proverbi (***Sententiae***), probabilmente in saturni, nella quale si mescolavano tratti propri della cultura sapienziale e popolare latina e caratteri derivati dalle massime greche. Fra di esse la più famosa è quella in cui si esalta l'uomo come unico arbitro della propria sorte: *faber est suae quisque fortunae* («ognuno è artefice del proprio destino»).

Oggi si ritiene che le massime raccolte da Appio Claudio non siano originali, ma siano state raccolte da lui a partire dalle opere del teatro comico greco. In età ellenistica, infatti, i personaggi chiudevano spesso le loro battute con frasi proverbiali, che trasmettevano un insegnamento.

In ambito giuridico vanno ricordate la composizione di un trattato dal titolo ***De usurpationibus*** e la pubblicazione, a cura del suo segretario, il liberto Cn. Flavio, dello ***ius Flavianum***, una raccolta di norme giuridiche, con la quale veniva sottratto ai pontefici l'antico privilegio di atti di prevaricazione.

Ad Appio risale anche una **riforma in campo ortografico**. La lingua latina era ancora in formazione, l'alfabeto non era completamente stabilizzato e Appio Claudio diede soluzione a un problema che si era affacciato a quei tempi, quello del rotacismo: la *-s-* in posizione intervocalica tendeva ad assumere un suono intermedio tra la *z* e la *r*. Appio Claudio introdusse definitivamente nell'alfabeto la lettera *r* ed eliminò la *z*, dando così soluzione al problema. Come si è potuto constatare, Appio Claudio ebbe una personalità versatile e poliedrica, proprio per questo appare come il primo "intellettuale romano" che presenti caratteristiche sufficientemente definite e del quale si possa tracciare un ritratto. Non a caso è ricordato come il primo prosatore latino storicamente attestato e il primo oratore divenuto celebre a Roma. Non sappiamo con certezza quante orazioni Appio Claudio Cieco abbia pronunciato o scritto in tutta la sua vita, tuttavia furono molto probabilmente assai numerose, visto che Cicerone nel *Brutus* (55) afferma:

> *possumus Appium Claudium suspicari disertum.*
>
> «possiamo immaginare Appio Claudio eloquente», ovvero «dotato di facilità di parola».

Coppia di domatori etruschi, VI secolo a.C., Tarquinia, Tomba delle Leonesse.

Il teatro italico delle origini

I *fescennini* Molto prima che si possa parlare di una vera produzione teatrale, nelle campagne italiche i latini diedero vita a **forme rudimentali di teatro** in occasione di festività religiose collegate ai lavori dei campi, soprattutto alla mietitura. Queste feste (*ludi*) erano un insieme di gare sportive, riti religiosi, processioni, sacrifici; al loro interno trovarono posto anche semplici messinscene teatrali. Particolare diffusione ebbero i *fescennini*, dei contrasti, cioè degli **scambi alterni di battute, spesso molto volgari**, di scherzi e insulti, **accompagnati da una mimica** accordata all'oscenità delle battute. Non va dimenticato che la mimica, nelle società contadine primordiali, equivaleva di fatto alla danza. Pur essendo improvvisati, i versi fescennini contenevano *in nuce* tutti gli elementi del futuro teatro romano: scambi di battute, danza, metrica e canti. Il nome etimologicamente va forse connesso con *Fescennia*, località tra l'Etruria e il Lazio (oggi Corchiano o Gallese, in provincia di Viterbo) che avrebbe dato origine a questa tradizione buffonesca e che forse ospitò una corporazione di attori comici. Secondo altri, invece, la parola *fescennini* era legata al termine *fascinum*, che designava contemporaneamente il malocchio e il fallo, considerato dalla società agreste il miglior rimedio contro il malocchio. Oltre a esprimere il cosiddetto *Italum acetum*, come dice Orazio in *Epistulae*, II, 1, 139 sgg., cioè la naturale predisposizione allo spirito motteggiatore propria delle popolazioni italiche, i *fescennini* avevano, dunque, anche un **valore apotropaico**. Non è un caso che si tenessero soprattutto in occasione della vendemmia o della mietitura, allorché erano celebrate feste centrate sul tema della fecondità. È per questo aggancio alla fecondità, che va preservata da ogni forma di calamità, che i *fescennini* trovarono una loro collocazione anche nelle cerimonie nuziali, per proteggere la fecondità della ragazza e la forza generativa dello sposo. Possiamo quindi parlare di una comicità rituale, che sta concettualmente alla base del teatro stesso, forma letteraria in cui si fondono comico e sacro, come testimonia la collocazione di tutte le rappresentazioni sceniche all'interno di un quadro di festa religiosa e insieme profana.

SCHERZO E VOLGARITÀ

Come mai nella festa, e per di più nella festa religiosa, si innesta un clima di volgarità con la presenza della battuta oscena, il riferimento esplicito al corpo e alle sue funzioni, al sesso e alla donna in particolare? L'antropologia spiega che nella festa si sospende la dimensione della quotidianità e si rende possibile tutto ciò che normalmente il comportamento ritenuto "corretto" esclude o reprime. Proprio della festa quindi è il tratto liberatorio del comportamento, sia nelle parole (che comprendono le volgarità, gli insulti, le allusioni), sia nei gesti (che ammettono l'eccesso, così come la danza e il gioco di abilità), riallacciando attraverso il riso e l'allegria un legame con la dimensione istintuale e naturale, altrimenti confinata nel divieto.

le origini

La satura

La connessione tra comico e sacro è testimoniata anche da un evento che si verificò nel 365 a.C. In quell'anno, racconta lo storico Livio (VII, 2), scoppiò una violenta carestia e le autorità romane furono indotte a celebrare un solenne *lectisternium*. Si trattava di una cerimonia religiosa in cui veniva imbandito un banchetto per le divinità maggiori, che venivano fatte partecipare facendo sdraiare le loro statue sugli appositi letti da tavola. A questa cerimonia si ricorreva in casi eccezionali e Livio vuole appunto ricordare come fosse considerato grave il momento. Nonostante il rito, però, la carestia non cessò e allora i Romani fecero venire dall'Etruria dei ballerini (*ludiones*), che avrebbero dovuto propiziare il favore divino con le loro danze accompagnate dal suono di un flauto. Anche questo espediente non dovette dare gran frutto, se è vero che la carestia imperversò per tutto l'anno seguente, ma l'evento, oltre a confermare quanto già affermato circa il **legame tra la sacralità e le forme teatrali di danza e mimica**, diede l'avvio a una nuova stagione del teatro romano: la ***satura***. I giovani romani, infatti, affascinati dalla grazia dei danzatori stranieri e sollecitati dalla novità della cosa, incominciarono a mescolare i versi fescennini e la mimica che li accompagnava con i movimenti eleganti che avevano visto eseguire dagli Etruschi, creando un nuovo genere di spettacolo, la *satura* appunto, che venne immediatamente inserita nei *ludi* e fu accolta da un grande favore popolare. La *satura* è l'**insieme di vari elementi**, musica, danza, recitazione, mimica, che inizialmente frutto di improvvisazione andò perfezionandosi ed evolvendosi in una forma scritta più elaborata, rappresentata da attori professionisti cui venne dato il nome di ***histriones***, dall'etrusco *hister*, che indicava appunto i mimi e i ballerini. È probabile che piuttosto presto si siano fondate delle scuole teatrali di attori e di musicisti e comunque è certo che la *satura* conquistò il pubblico romano agli spettacoli scenici e preparò la strada all'influsso della drammaturgia ellenistica.

Danzatrice etrusca con ricche vesti e monili, VI secolo a.C., Tarquinia, Tomba dei Giocolieri, Sopraintendenza Archeologica.

La fabula Atellana

Lo storico Livio, nel passo appena citato, afferma che quando da gioco improvvisato la *satura* si trasformò in *ars*, i giovani romani la lasciarono a professionisti e si volsero nuovamente alle primitive forme di comicità. Queste farse si intrecciarono con quelle originarie della città campana di Atella, dando vita alla cosiddetta ***fabula Atellana***, denominata *exodium Atellanum*, perché era recitata alla fine di una commedia alla greca (*exodium* significa infatti «spettacolo di uscita»). Si trattava di una **rappresentazione scenica** diffusa tra le popolazioni osche e tra quelle di cultura greca dell'Italia meridionale. Gli intrecci erano ispirati ad avvenimenti popolari di vita quotidiana (come lo schiavo punito per furto, il vecchio brontolone che ostacola un matrimonio, uno iettatore che lancia il malocchio...) e recitati da **quattro personaggi** che indossavano **maschere fisse** e improvvisavano le loro battute sulla base di un canovaccio prestabilito. Le maschere di questa farsa osca erano ***Maccus***, tipo dello sciocco sempre affamato, ***Pappus***, il vecchio rimbambito e vizioso, ***Bucco***, un ciarlatano millantatore e ***Dossennus***, il gobbo astuto e malvagio. L'*Atellana* sprigionava un'irresistibile *vis* comica, suscitando allegria e grande partecipazione emotiva tra gli spettatori, ai quali i personaggi e i loro stereotipati comportamenti erano molto familiari.

IN SINTESI

■ Tra i primi oratori romani va ricordato **Appio Claudio Cieco**. Egli, oltre che oratore, fu uomo politico, più volte console, generale vittorioso su Etruschi e Sanniti, autore di trattati giuridici, di proverbi in versi. Questa poliedrica personalità ebbe anche un ruolo importante in campo ortografico e nel compito di raccogliere in un *corpus* le norme giuridiche allora vigenti. È il primo caso in cui abbiamo la testimonianza di un autore e di un'opera a esso attribuita nel corso della letteratura latina.

■ Tra le prime espressioni dell'arte letteraria romana ci fu il **teatro**. Prima che si risentisse dell'influsso della drammaturgia greca, a Roma si svilupparono varie forme teatrali. Tra le più antiche vanno ricordati i ***fescennini***, rudimentali espressioni sceniche messe in atto in occasione di festività religiose collegate con i lavori agricoli, la cui origine è da collegarsi probabilmente con i riti a favore della fecondità.

■ Altra forma di rappresentazione teatrale arcaica fu la ***satura***, nella quale la mimica sfacciata e le battute oscene dei *fescennini* si armonizzarono con la danza.

■ Va infine ricordato l'***exodium Atellanum***, che prende il nome dalla città campana di Atella. Si trattava di una rappresentazione scenica diffusa tra le popolazioni osche, i cui intrecci si rifacevano a scene di vita quotidiana e nella quale recitavano quattro tipi fissi: *Maccus*, *Bucco*, *Pappus* e *Dossennus*.

Suonatore di doppio flauto, VI secolo a.C., Tarquinia, Tomba del Triclinio, Sopraintendenza Archeologica.

INDICAZIONI BIBLIOGRAFICHE

Le edizioni dei testi

G.B. PIGHI, *La poesia religiosa romana*, Bologna, Zanichelli, 1958.

A. DEGRASSI, *Inscriptiones Latinae liberae rei publicae*, Firenze, La Nuova Italia, 1963-1965.

B.F. FRIER, *Libri annales pontificum maximorum. The Origins of the Annalistic Tradition*, Roma, American Academy in Rome, 1979.

W. MOREL, *Fragmenta poetarum Latinorum epicorum et lyricorum praeter Ennium et Lucilium*, Lipsia, Teubner, edizione terza a cura di J. BLANSDORF, 1995.

Gli studi

P. FRASSINETTI, *Atellaneae fabulae*, Roma, Edizioni dell'Ateneo, 1967.

E. PERUZZI, *Le origini di Roma*, voll. I-II, Bologna, Patron, 1970-1973.

G. PASQUALI, *Storia della tradizione e critica del testo*, Firenze, Le Monnier, 1971[2].

P. MAAS, *Critica del testo*, trad. di N. MARTINELLI, Firenze, Le Monnier, 1972[3].

C. QUESTA, *Metrica latina arcaica*, in *Introduzione allo studio della cultura classica*, vol. II, Milano, Marzorati, 1973.

A. TRAINA, *L'alfabeto e la pronunzia del latino*, Bologna, Patron, 1973[4].

A.G. DUMÉZIL, *La religione romana arcaica*, trad. it. di F. JESI, Milano, Rizzoli, 1977.

AA.VV., *Lapis Satricanus*, Roma, 1980.

G. PASQUALI, *Preistoria della poesia romana*, Firenze, Le Monnier, 1981.

AA.VV., *Storia di Roma*, a cura di A. MOMIGLIANO - A. SCHIAVONE, vol. I, Torino, Einaudi, 1988.

M. SORDI, *Il mito troiano e l'eredità etrusca di Roma*, Milano, Jaca Book, 1989.

G. DEVOTO, *Storia della lingua di Roma*, Bologna, Cappelli, 1991.

A. CARANDINI, *La nascita di Roma*, Torino, Einaudi, 2002[2].

F. CUPAIOLO, *Bibliografia della lingua latina (1949-1991)*, Napoli, 1993, integrata dallo stesso Cupaiolo, *Rassegna bibliografica di studi di lingua latina (1992-2003)*, in «Bollettino di studi latini» 2003, pp. 620-23.

La poesia epica

Definizione e origini

La parola "epica" deriva dal termine greco *épos*, che significa semplicemente «discorso», «parola». Con il plurale *épe*, però, già i Greci designavano i versi dattilici tipici della forma di poesia più antica e più diffusa, l'epica, appunto. La poesia epica **raccontava** soprattutto vicende di dèi, eroi e uomini, essendo l'aspetto narrativo il suo principale tratto distintivo.

Accanto a queste storie, nell'epica trovarono da subito posto anche i racconti sull'origine del mondo, delle città e dei popoli; le prescrizioni di carattere morale o pratico, come le norme che regolavano i lavori agricoli o la navigazione; le riflessioni filosofiche; le avventure e i viaggi per terra e per mare; le scoperte geografiche. Insomma, un vastissimo campionario, gran parte del quale nei secoli successivi avrebbe ricevuto un'esposizione in prosa. L'epica non fu prerogativa dei Greci: quasi tutti i popoli usarono questo tipo di poesia per tramandare alle generazioni successive il patrimonio delle loro conoscenze e credenze.

La trasmissione e la sopravvivenza

Tutta questa massa di racconti inizialmente fu trasmessa solo in **forma orale**, per cui la maggior parte della produzione epica greca è andata irrimediabilmente perduta. Solo a partire **dai secoli VIII-VI a.C.** si procedette a una **tradizione scritta**. Vennero redatti cioè i **poemi epici** che si raccolsero intorno a un soggetto principale: se raccontavano le origini e le vicende degli dèi furono denominati Teogonie, Titanomachie, Gigantomachie; se parlavano delle imprese di Ercole, di Teseo o di altri eroi diedero origine alle Eracleidi o alle Teseidi e così via. Molti poemi furono incentrati sull'avventura degli Argonauti o sulle origini di città e di saghe familiari. Moltissimi raccontarono le vicende connesse con la guerra di Troia. Questi poemi arcaici tuttavia non sono arrivati fino a noi, se si eccettuano l'*Iliade* e l'*Odissea*, detti anche poemi omerici, perché la loro composizione fu attribuita tradizionalmente a Omero, un poeta ritenuto dalla tradizione greca di eccezionale bravura, ma dell'esistenza reale del quale non abbiamo alcuna notizia certa.

Guerrieri greci in combattimento con elmo, scudo e lancia, VI secolo a.C., Melbourne, National Gallery of Victoria.

Il ciclo epico

Nel corso della storia antica, i poemi epici furono considerati come "capitoli" di una gigantesca narrazione e perciò furono ordinati secondo un criterio tematico e, per così dire, cronologico. Diedero così vita al "**ciclo epico**". Una testimonianza di Proclo conferma l'esistenza di questo ciclo e il fatto che esso fosse unico.

All'interno del ciclo un posto centrale fu ricoperto dai poemi che avevano per tema la conquista di Troia. Oltre ai due sopravvissuti, l'*Iliade* e l'*Odissea*, si conoscono il titolo e il contenuto di altre sei opere, che raccontavano le vicende legate al mito di Troia a partire dal giudizio di Paride (che era all'origine del rapimento di Elena), per passare alla narrazione della guerra, alla caduta della città, al ritorno in patria degli eroi. A tutte queste storie attinsero nei secoli altri poeti epici, lirici e tragediografi per dar vita alle loro composizioni.

Iliade e *Odissea*: il filone "eroico"

L'***Iliade*** è un poema in 24 canti che racconta alcuni episodi collocabili nel nono anno della guerra combattuta dagli Achei contro i Troiani. I 24 canti si dividono in **tre sezioni** di otto canti ciascuna, di estensione quasi pari, tutte centrate sul tema del poema: l'**ira di Achille**. La vicenda ha dunque per protagonista Achille, irato con il suo capo Agamennone perché costui gli ha sottratto la schiava Briseide. Egli, che è l'eroe più valoroso di tutto il campo acheo, decide di non combattere più, determinando nel conflitto un progressivo prevalere dei Troiani. Preoccupato per l'esito della guerra, Agamennone invita Achille a rientrare in battaglia, ammettendo le sue colpe presso di lui, ma quello resiste. Sarà la morte di Patroclo, amico di Achille, a determinare il suo ritorno in guerra, riconciliato con il suo re, ma irato contro Ettore, il più valoroso principe troiano, per mano del quale era morto Patroclo. Achille sfida a duello Ettore e vince; inizialmente offende il suo cadavere, ma più tardi, cedendo alle preghiere del re Priamo, lo rende per gli onori funebri. Con il definitivo spegnersi dell'ira di Achille, si chiude il poema.

La struttura narrativa dell'*Iliade* è fondata sulla cosiddetta ***aristia***, cioè sulla celebrazione delle gesta compiute da un eroe. Il momento in cui l'eroe dimostra il suo valore, che è ciò per cui può conservare l'onore e la stima pubblici, è il **duello**. Anche se il duello non esaurisce tutti gli aspetti della guerra, è comunque il nerbo della narrazione e dell'ideologia del poema iliadico. Accanto al duello, l'eroe può dimostrare il suo valore con la saggezza dei suoi discorsi e dei suoi consigli; quindi oltre che la battaglia, l'agguato, l'assedio e la difesa, sono luoghi importanti per l'affermazione dei protagonisti anche le assemblee, le ambascerie, i banchetti o i sacrifici rituali.

Anche l'***Odissea*** è composta di 24 canti, ma risulta divisa in **due parti** simmetriche, ciascuna delle quali rappresenta come un cammino a ostacoli in cui il protagonista, Odìsseo (Ulisse è il nome che verrà dato all'eroe dai Romani), ha l'occasione di dimostrare la sua abilità, la sua intelligenza e la sua forza. Possiamo definire questo secondo poema omerico come il racconto del guerriero che viene progressivamente privato di tutto (compagni, navi, mezzi, potere, affetti familiari) e deve usare le sue risorse per riguadagnare progressivamente tutto. Se dunque nell'*Iliade* il centro della narrazione era l'ira, qui è l'**uomo**. Per questo possiamo affermare che l'*Odissea* è una forma particolare di epica eroica, perché non ha al suo centro l'*aristia*, la celebra-

Rappresentazione di un guerriero con elmo ricoperto da zanne di cinghiale, II millennio a.C., Nicene.

zione delle imprese belliche, ma il ritorno (in greco *nóstos*) dalla guerra. Anzi, l'*Odissea* si può definire un ***nóstos* paradigmatico**, perché il suo protagonista è la manifestazione esemplare delle doti dell'uomo: perseveranza, previdenza, inventiva, sopportazione. Attraverso la volontà e l'intelligenza Odisseo riesce a volgere a suo favore tutto ciò che il destino o il caso gli pone via via davanti come ostacolo.

Benché *Iliade* e *Odissea* siano diverse per contenuto, struttura e forme, la loro appartenenza al filone "eroico" è sancita dalla presenza di alcuni elementi comuni che risultarono fondamentali anche per la formazione di altre forme letterarie greche, come, ad esempio, la tragedia. Da questo punto di vista, dunque, il genere epico può essere considerato **fondante la letteratura occidentale**; la sua conoscenza consente di ripercorrere a ritroso la storia della nostra civiltà fino a raggiungere le sue **radici** culturali, contenute proprio nella produzione epica delle origini.

Il primo elemento caratterizzante l'epica eroica è la **materia mitico-storica**. Essa consiste nell'insieme di vicende di cui sono protagonisti dèi, eroi e personaggi nobili della storia umana, forniti di eccezionali doti morali e fisiche. Le loro imprese hanno funzione di modello presso i loro fruitori oppure di oggetto di riflessione, per poter dare risposta ai dubbi che da sempre assillano l'uomo: che cos'è il bene? in che cosa consiste la giustizia? quale rapporto si instaura tra dolore e colpa? qual è l'atteggiamento corretto dell'uomo di fronte al divino? quale spazio di manovra hanno le capacità umane di fronte al destino? L'**elevatezza stilistica** è ottenuta mediante un **apparato retorico** di cui fanno parte soprattutto similitudini, personificazioni ed epiteti esornativi. Alla **descrizione** minuziosa di luoghi, oggetti e persone si accompagnano la ripetizione di **formule** fisse e la presenza di motivi ricorrenti (***tópoi***): scene di battaglia, adunanze di dèi (concili) o di uomini (assemblee), interventi divini, rassegna di navi, eserciti e condottieri (cataloghi), sogni profetici con apparizioni di divinità o di defunti.

Il tempo è quello di un **passato** così remoto da confondersi con i primordi mitici dell'umanità. Questa distanza temporale consente al poeta una notevole libertà di azione e di invenzione nella narrazione delle vicende. Non va infatti dimenticato che il genere epico è fondamentalmente un genere **narrativo**. La collocazione nel passato dei fatti, però, favorisce un altro procedimento tipico dell'epica: la trasposizione a **livello simbolico** di personaggi e vicende, così da proiettare su un piano universale i valori che l'autore vuole comunicare agli uomini del suo tempo.

L'uccisione di Priamo, cratere a figure rosse, IV secolo a.C., Roma, Museo Nazionale Etrusco di Villa Giulia.

L'epica ellenistica

Nonostante le differenze, che sono anche di stile, oltre che di contenuto e concettuali, i due poemi omerici divennero unitariamente i modelli per la produzione epica di tutti i tempi. I Greci li utilizzarono come testi esemplari di morale e di cultura, oltre che di stile e di arte. Di tutto ciò che avvenne dopo Omero in campo epico, tuttavia, non abbiamo documentazione. Dobbiamo giungere all'età ellenistica per avere ancora materiale certo di natura epica. Gli alessandrini furono, prima che poeti, grammatici e studiosi di filologia. A loro dobbiamo studi e riflessioni su Omero e sulle sue opere; a loro risale l'apertura dell'annosa "questione omerica", su cui non è il caso qui di soffermarsi, che mise per la prima volta in dubbio la paternità di *Iliade* e

Odissea, almeno nelle forme in cui erano state tramandate.

Il più importante poeta dell'età ellenistica, anche come teorico, fu **Callimaco**. Vissuto tra il 320/15 e il 240 a.C., fu il poeta alessandrino che esercitò la più grande influenza sulla poesia romana. Autore di numerose opere, fu il sostenitore di una poetica fondata sulla **raffinatezza formale** ottenuta attraverso un assiduo *labor limae*, il gusto per la **mitologia** e per l'**erudizione**, la **brevità dell'opera** e la **preziosità delle scelte linguistiche e stilistiche**. Per queste scelte stilistiche Callimaco si trova agli antipodi della produzione omerica, che non rispondeva alle regole di semplicità ed eleganza in cui egli credeva. Con Callimaco vide la luce una variante del poema epico, definita attraverso il diminutivo di *épos*, cioè ***epýllion***: si trattava di un poema breve, estremamente raffinato, di argomento erotico-mitologico, che si fondava su un episodio mitologico marginale, non sviluppato dalla produzione epica o tragica precedente.

Odisseo resiste al canto delle Sirene, vaso a figure rosse, V secolo a.C., Londra, British Museum.

Un **ritorno alla struttura dei poemi omerici** si ha con **Apollonio Rodio**, che compose le *Argonautiche* mantenendosi fedele ai principi di brevità, raffinatezza formale e allusività del suo contemporaneo Callimaco.

Il racconto è di una linearità assoluta. In quattro libri Apollonio narra le vicende di Giasone che deve recarsi nella Colchide alla ricerca del vello d'oro. Raduna perciò i migliori eroi greci e si costruisce una nave, la prima della storia umana, cui dà il nome di *Argo*, da cui il termine di Argonauti. Grazie all'aiuto di Medea, una maga che si innamora di lui, l'eroe riuscirà nell'impresa. L'opera sintetizza i due poemi omerici: nei primi due libri il viaggio degli Argonauti si rifà all'*Odissea*; le imprese eroiche per la conquista del vello d'oro, nei successivi due libri, trovano la loro matrice nell'*Iliade*. Sotto questa linearità, tuttavia, si cela un'elaborata **triangolazione temporale**, in cui si incrociano il passato della vicenda, il presente in cui vive il poeta e il futuro dei vaticini. Da ciò si genera un continuo cambiamento prospettico, nel quale si fa strada un'originale concezione del tempo, come intreccio di storia e mito. Il collegamento tra i diversi piani temporali è ottenuto soprattutto attraverso l'**eziologia**, vale a dire la spiegazione delle origini o delle cause (*aítion* in greco significa «causa»). In tal modo viene superata la concezione omerica del tempo: nei testi di Omero c'era un tempo "assoluto", sprofondato in un passato senza possibile incontro con il presente; nel poema di Apollonio, invece, ogni realtà del presente trova una giustificazione e una spiegazione nel passato mitico, proprio attraverso la tecnica eziologica, e il mito si travasa continuamente nel presente storico. Centrale nel poema, anche dal punto di vista dello spazio concessole, è la storia d'amore tra Giasone e Medea, in cui emerge una **concezione assolutamente alessandrina dell'*eros*** come passione eminentemente umana, che riporta il mito alle dimensioni del quotidiano e descrive i sentimenti in maniera realistica e insieme estremamente attenta alla loro **evoluzione psicologica**. In tutto ciò si risente la presenza di modelli non solamente epici, ma anche appartenenti al teatro tragico.

Il poema di Apollonio avrà un enorme **ascendente sulla produzione latina**, influenzandone la riflessione sui rapporti tra mito e storia, tra poesia e quotidianità, tra erudizione e descrizione dei sentimenti. Soprattutto interessante sarà studiare come un elemento soggettivo, quale una vicenda d'amore nei suoi risvolti psicologici, trovi posto nelle pagine di una narrazione per sua natura oggettiva come è l'epica.

L'età arcaica

Dalle guerre puniche alla dittatura di Silla

240 a.C.
primo esempio di letteratura latina

270 a.C.

EPICA

Odusia
intorno al 250 a.C.
Livio Andronico
Traduce l'Odissea omerica con particolare attenzione lessicale e stilistica (usa il verso saturnio), "romanizzando" i contenuti propri della cultura greca.

Bellum Poenicum
dopo il 202 a.C.
Gneo Nevio
Scrive il primo poema epico d'argomento romano in esametri, raccontando le vicende della prima guerra punica. Propone il tema della *virtus* e dell'eroismo militare, il sacrificio individuale fatto per il bene comune.

TRATTATISTICA E STORIOGRAFIA

TEATRO

Tragedie *cothurnatae*
dal 240 a.C. al 100 a.C.
Livio Andronico
Geno Nevio
Quinto Ennio
Pacuvio
Accio
Cicerone riferisce che nel 240 a.C. è rappresentata la prima opera teatrale latina ad opera di Livio Andronico, a partire dalla quale vennero prodotte tragedie d'argomento e ambientazione greca da Andronico stesso, Nevio, Ennio, Pacuvio e Accio. Non abbiamo che frammenti di questi scritti, dai quali si può evincere il diverso tono usato da ognuno: la tensione filosofica di Ennio, il carattere drammatico di Pacuvio, la riflessione sul potere di Accio.

Tragedie *praetextae*
dal 222 a.C.
Gneo Nevio
Quinto Ennio
Pacuvio
Accio
Le tragedie d'argomento e ambientazione romana fanno sostanzialmente riferimento alla storia di Roma: la fondazione, le battaglie, i primi rapporti con gli altri popoli.

Commedie *palliatae*
dal 200 a.C. circa
Livio Andronico?
Gneo Nevio
Con Livio Andronico e Nevio siamo agli esordi del genere, che si caratterizza per essere dipendente da modelli comici greci, di cui riprende testi e personaggi; originale è la rielaborazione, che dai pochi frammenti rimasti riporta un gusto comico tutto romano. Grandi interpreti di questo tipo di commedia saranno Plauto e Terenzio.

SATIRA

La Grecia conquistata conquistò il duro vincitore e introdusse le arti nel Lazio ancora agreste.

ORAZIO, *Epistole*, II, 1, 156 sg.

100 a.C.

Annales
concluso nel 169 a.C.
Quinto Ennio
Racconta in un poema in esametri la storia di Roma dalle origini al suo tempo. Nel proemio (mostrando anche di aderire alla filosofia pitagorica) dice di essere la reincarnazione di Omero e, come tale, fondatore della poesia epica romana.

Origines
prima del 151 a.C.
Catone
Racconta dalle origini la storia di Roma, collocandola all'interno dei popoli italici e seguendo la sua evoluzione, basata non sul senso eroico individuale ma sulla dimensione collettiva.

De agri cultura
tra il 200 a.C. circa e il 149 a.C.
Catone
Tratta della conduzione di una *villa* patrizia, in campagna, con molti riferimenti interessanti alla vita materiale, alla considerazione dei servi, alla produttività dei fondi.

Libri ad Marcum filium
prima del 149 a.C.
Catone
Scrive un'opera didascalica dedicata al figlio per introdurlo alle diverse discipline e per metterlo in guardia rispetto alla cultura greca.

almeno 21 commedie (varroniane)
dal 215 circa a.C.
Tito Maccio Plauto
A partire dalle commedie greche d'età ellenistica, Plauto costruisce opere teatrali che risultano composte da un sapiente assemblamento di testi che provengono da originali greci (*contaminatio*). La trama si incentra su una beffa, fatta da chi normalmente non ha libertà e potere (i figli) ai danni di chi li tiene sottomessi e vincolati alla propria autorità (padri dispotici e avari). Mezzo indispensabile all'attuazione della beffa sono i servi, astuti e divertenti.

Andria
Hecyra
Heautontimorúmenos
Eunuchus
Phormio
Adelphoe
166-160 a.C.
Publio Terenzio Afro
Più attento a rispettare il modello della commedia greca, Terenzio scrive opere che intendono far sorridere sulla realtà umana, con le sue luci e le sue ombre. Rappresenta situazioni e personaggi verosimili, che permettono di riflettere sulla tradizione romana e sugli ideali filosofici greci, per trovare una via d'incontro tra le due culture.

272 a.C. → annessione di Taranto
IMPORTANTE perchè territorio della magna grecia
↳ da un grande apporto culturale

Satirae
132-102 a.C.
Lucilio
Scrive in esametri componimenti di argomento vario, con uno stile aggressivo e critico, privilegiando i principi della filosofia greca rispetto al *mos*, ma ugualmente cercando una mediazione tra le due culture.

I nodi della storia

VOCI A CONFRONTO

MEDIABOOK ▸

LETTERATURA E STORIA A CONFRONTO

La conquista del mediterraneo

Lo scontro con Cartagine

La vittoria su Taranto e il controllo delle città della Magna Grecia furono le premesse per una nuova, decisa fase di espansione, questa volta sul mare. Roma infatti puntò la propria attenzione sul Mediterraneo, dove allora dominava Cartagine, una potentissima città della costa africana fondata dai Fenici, con cui i Romani avevano stretto accordi fino dal VI secolo a.C. Da allora, infatti, le due città avevano stabilito le reciproche zone d'influenza senza grandi difficoltà, dal momento che a Roma interessava soprattutto il controllo della penisola italica, sulla terraferma, mentre a Cartagine importava avere quello sul mare. Tuttavia quando Roma acquisì le città greche del sud Italia, molto attive nei commerci marittimi, cambiarono gli equilibri e si rese inevitabile il conflitto. Alla dichiarazione di guerra Roma non arrivò in modo immediato: fino a quel momento i nemici di Roma erano stati popoli non particolarmente organizzati dal punto di vista militare, ma il caso di **Cartagine** si presentava assai diverso. La città africana **aveva una saldissima rete commerciale** dalla quale derivava ricchezza e potenza, oltre a **una forte flotta** con cui controllava il Mediterraneo occidentale. L'impegno in questa guerra si presentava quindi necessariamente più alto dal punto di vista tecnico – perché **Roma non aveva una flotta né esperienza di mare** – ed economico, perché il conflitto sarebbe potuto durare anni, tenendo lontano gli uomini dalle campagne e impoverendo così le popolazioni italiche. Anche sulla stessa prospettiva di uscire vincitori dal conflitto c'era dibattito a Roma, perché **sarebbe necessariamente cambiato il ruolo della città nel Mediterraneo sul piano economico e politico**. Così, non tutti erano d'accordo nel voler tentare quest'impresa e nel voler cambiare così radicalmente il volto originario della città. Tuttavia il partito favorevole alla guerra prevalse e si andò allo scontro sul terreno di confine tra le due potenze, ovvero la Sicilia. La **prima guerra punica**, combattuta **dal 264 al 241 a.C.**, si concluse con **esito favorevole a Roma**, consegnando alla città il dominio sulle tre isole maggiori del Mediterraneo. La trasformazione in potenza marittima, oltre che terrestre, le permise di intervenire anche **contro gli Illiri**, che dai loro porti della Dalmazia praticavano la pirateria e rendevano insicuri i commerci nell'Adriatico; mentre sul territorio italico Roma dovette **affrontare le popolazioni galliche stanziate nella pianura padana**. Anche in questo caso il confronto fu favorevole a Roma e portò all'acquisizione di gran parte della pianura, con alcuni centri urbani importanti, tra cui *Mediolanum* (Milano). Fu allora che si riaprì il fronte cartaginese: l'oligarchia mercantile della città africana, impoverita dalla sconfitta subita, spinse per aprire nuovi scali e controllare nuovi territori, soprattutto nella penisola iberica. I Romani guardarono quella mossa con sospetto e, quando il generale cartaginese Annibale pose l'assedio alla città di Sagunto (alleata dei Romani), iniziò un nuovo conflitto. La **seconda guerra punica**, con il passaggio delle Alpi da parte di Annibale e le sue fulminee e ripetute vittorie (culminate nella battaglia di Canne del 216 a.C.), mise in grave pericolo Roma:

l'espansione nel Mediterraneo

la prima guerra punica

Bassorilievo con trireme romana, I secolo a.C., Napoli, Museo Archeologico Nazionale.

solo facendo ricorso a tutte le sue energie, alla fedeltà di municipi e alleati, alla sua compattezza sociale la città riuscì a reagire e recuperare posizioni. La mossa vincente fu l'approvazione (non senza contrasti) della proposta di Cornelio Scipione, che sbarcò in Africa con un forte corpo di spedizione. Le sue prime vittorie spinsero i Cartaginesi a richiamare in patria Annibale: lo scontro decisivo avvenne a **Zama (202 a.C.), a sud di Cartagine**, e si concluse con la **vittoria romana**.

Stele cartaginese con incisione di elefante.

Espansionismo militare Negli anni seguenti alla seconda guerra punica **il raggio di azione della politica di Roma si estese notevolmente**. Da una parte essa mirò a rafforzare il dominio in Occidente, con la fondazione di nuove colonie nell'**Italia settentrionale**, come *Bononia* (Bologna), *Mutina* (Modena) e *Parma*, nonché la strategica *Aquileia* (nel 181 a.C.), per controllare il territorio dei Veneti e i valichi alpini; quindi sottomise i Liguri. Proseguì anche la faticosa penetrazione nella penisola iberica (che sarebbe terminata solo nel 133 a.C. con la distruzione di Numanzia). Tuttavia la novità più importante del dopoguerra fu l'interesse di Roma per le terre dell'oriente mediterraneo e il suo coinvolgimento diretto nelle vicende dei regni ellenistici, in particolare dei tre potenti regni di **Macedonia**, governata da Filippo V, **Siria**, su cui regnava Antioco III il Grande, ed **Egitto**, sottoposto alla dinastia dei Tolomei. Il senato romano temeva le mire espansionistiche di questi regni verso il Mediterraneo occidentale e nello stesso tempo ambiva al loro controllo: in circa mezzo secolo lanciò una serie di campagne militari vittoriose, che portarono Roma a sottomettere la Macedonia, a penetrare in **Grecia** e a sbarcare in **Asia Minore**. Dopo una prima fase di controllo "da lontano" di questi territori, in cui, conseguita la vittoria militare, l'esercito si ritirava, Roma colse poi alcune occasioni (ed altre ne suscitò ad arte) per passare all'occupazione e al dominio diretto delle nuove province: data importante per comprendere la quantità e l'importanza degli scontri che Roma stava sostenendo contemporaneamente è il **146 a.C.**, anno in cui **fu distrutta la rinata Cartagine** (terza guerra punica, dopo la quale venne istituita la provincia d'Africa) **e subì quasi la stessa sorte la città greca di Corinto**, dinamico centro commerciale, che si era ribellata a Roma. Oltre all'occidente mediterraneo, anche buona parte dell'oriente entrava così sotto il controllo romano.

la terza guerra punica

Problemi sociali Le grandi campagne militari che si svolsero rapidamente, nell'arco di un secolo, causarono conseguenze sociali di notevole portata. I contadini-soldati, che non erano ritornati durante gli inverni alle loro terre, come accadeva durante le guerre combattute sul suolo italico, ma erano stati lontani per anni, le ritrovarono devastate o abbandonate, cosicché non potevano più ricavare da esse il proprio sostentamento. I **terreni** vennero così **venduti**, se non svenduti, **ai grandi proprietari terrieri** che acquisirono latifondi sempre più estesi. D'altro canto il lavoro su queste grandi proprietà poteva essere garantito dagli **schiavi**, disponibili dopo le conquiste in grande quantità. Lentamente **la società andò trasformandosi**: ai vertici si trovava una sempre più **ricca aristocrazia terriera**, nelle cui mani erano latifondi enormi, mentre alla base si allargava una **popolazione nullatenente** che si riversava nelle città a cercare un lavoro che non c'era – almeno per così tante persone – e diventava pertanto una massa potenzialmente ribelle, al servizio delle clientele patrizie. Di fronte a questa situazione, rischiosamente esplosiva, vi furono **due tentativi**, **di Tiberio Gracco** prima (tribuno della plebe nel 133 a.C.), **di suo fratello Gaio** poi (eletto tribuno dieci anni dopo), **per operare un'ampia riforma**, i cui punti centrali erano la ridistribuzione ai contadini delle terre di proprietà dello Stato, suddivise in piccoli lotti, e il miglioramento delle condizioni di vita della plebe urbana. **Entrambi i tentativi** si scontrarono con gli interessi dei latifondisti o dei gruppi che detenevano il potere politico ed economico in Roma, e **si spensero nei disordini, con il sangue dei due tribuni**, primi esempi di omicidi politici nella storia della città.

la diffusione del latifondo

Un contadino spinge l'aratro trainato da una coppia di buoi aggiogati, II secolo a.C., Roma, Museo Nazionale Etrusco di Villa Giulia.

Mario e Silla Dopo la morte dei Gracchi, la classe dirigente romana si spaccò. **Una parte dell'aristocrazia pensava** che sarebbe stato **impossibile ormai continuare ad avere gli stessi privilegi** di un tempo e che bisognava venire incontro alle difficoltà delle classi subalterne, degli alleati, dei provinciali. Gli aristocratici che presero questo indirizzo politico si chiamarono ***populares***; a questi si legarono le classi emergenti degli imprenditori soprattutto appartenenti al ceto equestre (vedi oltre, p. 40). ***Optimates***, invece, si definirono quegli **aristocratici che intendevano mantenere inalterati i privilegi** e il potere che avevano da sempre nelle proprie mani. Tra la fine del II e l'inizio del I secolo a.C. l'iniziativa politica dei *populares* prese corpo nuovamente attraverso l'opera di due uomini, **Gaio Mario e Livio Druso**.

populares e optimates

Mario era un *homo novus* (cioè proveniente da una famiglia che non aveva mai ricoperto il consolato), un **generale di grande abilità** che risolse rapidamente la guerra contro Giugurta in Africa e in seguito la minaccia portata dalle tribù germaniche di

Cimbri e Teutoni, che premevano lungo i confini italici a nord. Mario riprese le prospettive di riforma dei Gracchi a favore dei nullatenenti introducendo la **possibilità dell'arruolamento volontario,** anche di Italici e alleati, **con uno stipendio militare**; in questo modo il soldato romano diventava un professionista e non più un cittadino che occasionalmente prendeva le armi.

Marco Livio Druso, invece, era un tribuno della plebe, che **cercò di allargare la cittadinanza romana agli Italici**, ovvero di dare loro la possibilità di votare nelle assemblee, porre la candidatura alle elezioni, entrare nel senato, arrivare potenzialmente ai vertici dello stato. La proposta di Druso, avanzata **nel 91 a.C.**, scatenò una reazione violenta, che portò al **suo omicidio**. Gli **Italici** allora **si ribellarono** e la rivolta dilagò rapidamente; dopo tre anni di conflitto **(guerra sociale)** si giunse a un accordo, che di fatto estendeva anche a loro la cittadinanza romana. La conclusione diplomatica della guerra sociale fu consigliata anche da un nuovo problema internazionale: Mitridate VI, re del Ponto, aveva aperto una campagna di espansione verso l'Asia Minore e la Grecia, finalizzata a reagire alla presenza di Roma, che stava sfruttando in modo capillare e sistematico quelle province. Il senato conferì l'incarico di guidare un esercito **contro Mitridate** a **Lucio Cornelio Silla**, un patrizio, già abile ufficiale di Mario durante la guerra giugurtina. Mario fece annullare la decisione, con atto illegale e Silla rispose con un altro atto illegale, tornando a Roma a capo delle sue truppe, convinte a sostenere le ragioni del loro comandante. Iniziava così la **guerra civile tra Mario** (sostenuto dai *populares*) **e Silla**, appoggiato dagli *optimates*, che si protrasse tra fortune alterne fino alla dura **dittatura di Silla (81-79 a.C.)**. Silla eliminò i suoi avversari politici attraverso liste di proscrizione e, con la libertà di manovra che la dittatura gli dava, attuò un **programma politico** che tendeva a **rendere inattaccabile e immodificabile il potere dell'aristocrazia senatoria**. Era il primo atto di quella lunga serie di lotte intestine che avrebbero portato, di lì a poco, alla fine della repubblica.

Mitridate, re del Ponto, moneta in argento, I secolo a.C.

la guerra civile tra Mario e Silla

IN SINTESI

■ Le prime due guerre puniche trasformarono Roma in **potenza marittima e mediterranea**; negli anni seguenti il **dominio romano si estese** ulteriormente comprendendo la Pianura Padana, l'Illiria, la Grecia, la Macedonia, l'Asia Minore. Tuttavia questi conflitti richiesero un grande sforzo e la struttura sociale tradizionale entrò in crisi.

■ A partire dal II secolo a.C. si acuirono **tensioni sociali** pericolose: i piccoli agricoltori persero le loro terre e confluirono nelle grandi città diventando plebe urbana disoccupata, l'aristocrazia aumentò di conseguenza l'estensione dei propri latifondi servendosi della manodopera servile, disponibile in enorme quantità dopo le guerre di conquista. Si creò una situazione di forte svantaggio economico e sociale per una larga fascia di popolazione. Alla situazione tentarono di porre rimedio con una radicale riforma agraria i fratelli Tiberio e Gaio Gracco, ma il loro sforzo fallì.

■ Dalle lotte politiche e sociali degli ultimi decenni del II secolo a.C. emersero due posizioni politiche contrapposte, quella degli ***optimates*** e dei ***populares***: i primi rappresentavano la volontà dell'aristocrazia di mantenere i propri privilegi, i secondi quella di migliorare le condizioni delle classi subalterne, degli alleati e dei provinciali. Due le mosse importanti dei *populares* tra la fine del II e l'inizio del I secolo a.C. La prima fu la riforma dell'esercito operata dall'*homo novus* **Gaio Mario**, grande generale, che rese **volontario l'arruolamento**, stipendiò i soldati, facendo diventare la partecipazione alla guerra una vera e propria professione. La seconda fu opera del tribuno **Livio Druso**, che voleva l'**estensione della cittadinanza romana agli Italici**; il risultato venne raggiunto, ma solo dopo l'omicidio del tribuno e tre anni di guerra (guerra sociale). A Mario l'aristocrazia oppose **Lucio Cornelio Silla**, suo luogotenente e generale vittorioso contro Mitridate; tra i due si scatenò una guerra civile, conclusa con la dittatura di Silla (81-79 a.C.), nella quale egli attuò un programma politico di eliminazione fisica dei suoi avversari e di ripristino dei privilegi dell'aristocrazia senatoria.

Società e cultura

Le province e le nuove classi sociali Uno scenario storico così complesso determinò dinamiche economiche e sociali altrettanto importanti. Le guerre combattute per tutto il III secolo a.C. avevano richiesto un grandissimo sforzo e la struttura sociale tradizionale era entrata in crisi: **era crollata la piccola proprietà contadina** (a causa della lunghezza del servizio militare lontano da casa), si era **esteso il latifondo** dei grandi proprietari terrieri, che potevano rilevare i terreni abbandonati dai contadini-soldati, ed era **aumentato il proletariato urbano**. Anche gli immensi territori conquistati fornirono motivo di **improvviso arricchimento** per alcuni, poiché, ad esempio, la **riscossione delle imposte**, in mancanza di un efficace apparato burocratico, fu data in appalto a privati cittadini, che seppero approfittare dell'occasione per accumulare ingenti ricchezze. Altri esempi si potrebbero citare a proposito di nuove fortune accumulate attraverso il **commercio** o l'**amministrazione delle province**. Dall'inizio del II secolo a.C. si assistette così alla prepotente **ascesa del ceto equestre**: in un primo tempo erano chiamati "cavalieri" quei rappresentanti dei comizi centuriati che formavano le fila della cavalleria (da cui il nome), poi vennero definiti in questo modo coloro che, pur non appartenendo all'ordine senatorio, erano stati abili ad accumulare grandi ricchezze attraverso gli appalti delle tasse, delle opere pubbliche e grazie al commercio. Spesso erano proprio costoro che, investendo nella terra, davano origine a nuovi latifondi, che si accostavano a quelli della *nobilitas*. Roma non solo si trovò quindi a fronteggiare una nuova situazione territoriale, ma più ancora politica, economica e sociale.

l'ascesa del ceto equestre

Testa di cavaliere con elmo, IV secolo a.C., Paestum, Museo Archeologico.

La svolta imperialistica Dopo la vittoria di Zama su Annibale (202 a.C.) la **politica estera** di Roma **assunse una connotazione espansionistica e imperialistica.** Probabilmente le ragioni di questa svolta furono molteplici: certamente fu determinante la **spinta di tutti gli affaristi e i mercanti** (dell'ordine equestre, ma non solo) che avevano accumulato ingenti capitali e vedevano nelle nuove campagne militari altrettante occasioni per arricchirsi con appalti, commerci e acquisto di terre. Ma non fu solo un motivo di natura economica a determinare la spinta espansionistica romana, dobbiamo infatti pensare anche a una chiara **volontà politica che si articolò in due fasi successive**: l'imperialismo difensivo e l'annessione diretta dei territori. È esemplare a questo proposito il comportamento verso l'oriente mediterraneo: il senato romano temeva effettivamente le mire espansionistiche di Filippo V di Macedonia e ancor più una sua possibile alleanza con Antioco III, che avrebbe posto Roma di fronte a forze preponderanti. Pertanto decise di intervenire con una serie di guerre preventive, per bloccare il rafforzamento dei regni ellenistici. Questa interpretazione del cosiddetto "**imperialismo difensivo**" è avvalorata dal fatto che, in un primo tempo, Roma **non mirò a occupare stabilmente territori in Oriente**, ma si ritirò dopo avere sconfitto e ridimensionato la potenza dei sovrani ellenistici. L'**annessione diretta dei territori avvenne solo in un secondo tempo**, dopo la metà del II secolo a.C., come evoluzione dell'espansionismo romano: «A determinare la **svolta imperialistica di Roma** fu perciò un intreccio di cause, tra cui l'accettazione della **guerra come metodo per la soluzione dei problemi**, la fiducia nella **superiorità del proprio apparato militare**, il desiderio di **arricchimento** presente tra le fila dell'aristocrazia e della plebe. A consolidare le conquiste effettuate contribuì poi in misura decisiva la **capacità di assimilare i popoli sottomessi**» (C. BARBERIS, *Storia antica*, Milano, Principato, 2000, p. 271).

l'imperialismo difensivo

La svolta imperialistica romana venne sostenuta anche dal dibattito degli intellettuali che cercarono di sostenere il consenso intorno ad alcuni **ideali** capaci di giustificare la guerra e le sue conseguenze vantaggiose. Possiamo conoscere alcuni passaggi importanti di tali riflessioni attraverso l'opera di **Polibio**, storico greco che fu portato a Roma dopo la definitiva annessione della Grecia; egli scrisse una *Storia di Roma* nella quale espose la sua personale valutazione della politica e del governo romano e raccolse in sintesi quella di altri intellettuali – greci e romani – che avevano ragionato prima di lui sulla potenza romana. Secondo la sua teoria, **Roma possedeva**, rispetto ai popoli contemporanei, **la migliore costituzione possibile e tale forma di governo la legittimava a espandere il proprio dominio** sugli altri popoli. Questa teoria, accolta soprattutto dagli intellettuali favorevoli alla cultura greca, fu alla base della **giustificazione della guerra** e dell'espansione a scopo di dominio che Roma condusse sistematicamente fino all'età imperiale. Sulla base di queste affermazioni anche popoli tradizionalmente liberi e portatori di una cultura antica qualitativamente più alta di quella romana – come ad esempio i Greci – accettarono la dominazione romana non nella logica della sopraffazione da parte del più forte, ma della sottomissione al "migliore". A questo proposito Emilio Gabba, uno studioso dell'imperialismo romano, afferma che: «fu singolarmente importante la necessità che la *gloria belli* trovasse una sua giustificazione morale in un ideale supe-

Ritratto di Antioco III, III-II secolo a.C., Parigi, Museo del Louvre.

riore di giustizia, nella piena legittimazione della guerra (*bellum iustum*), nella motivazione della difesa degli alleati (*salus sociorum*)» (E. GABBA, *L'imperialismo romano*, in G. CLEMENTE, F. COARELLI, G. GABBA (a cura di), *Storia di Roma*, 2/1, Torino, Einaudi, 1990, p. 194).

Scena di arruolamento, ara di Domizio Enobarbo, I secolo a.C., Parigi, Museo del Louvre.

Incontro, scontro e fusione con la cultura greca

Mentre si combattevano le battaglie dell'espansione romana nel Mediterraneo, un altro confronto importante si andava svolgendo tra le mura della Città. La secolare **cultura greca**, infatti, **era entrata in contatto con la civiltà romana** più giovane, ma in forte espansione: comprendere quali furono le modalità con cui la mentalità e le conoscenze di questi due popoli si incontrarono è nodale per mettere a fuoco il periodo storico culturale di cui ci stiamo occupando.

Certamente il **primo contatto** si ebbe all'inizio del III secolo a.C., quando Roma, dopo avere sconfitto Taranto e aver annesso il sud della penisola, intensificò la sua conoscenza della cultura, dell'arte e della letteratura greca, filtrate attraverso la **civiltà della Magna Grecia**. Non a caso, tra i primi autori di opere latine di cui abbiamo traccia, Livio Andronico (284 ca.-204 a.C.), maestro, poeta e traduttore, giunse come schiavo da Taranto conquistata e Gneo Nevio (275 ca.-201 a.C.), il primo autore di origine latina, provenne da una città dell'Italia meridionale, Capua, antica colonia greca.

la civiltà della Magna Grecia

Il modello greco, tuttavia, non azzerò la precedente cultura latina, anzi: pur essendo ben più antica e raffinata, la cultura greca venne accolta dal mondo culturale romano secondo il linguaggio, i gusti, i principi culturali ed etici che le erano propri e che aveva costruito lentamente nel corso di quattro secoli di vita.

L'incontro tra le due civiltà vide la sua fase più intensa nel secolo successivo (II secolo a.C.), quando Roma, a seguito della conquista dei regni ellenistici e della stessa Grecia, si **confrontò con la raffinata, complessa e ramificata cultura ellenistica**, ultimo esito della cultura greca dopo Alessandro Magno. A questo punto Roma visse un vero e proprio **processo di acculturazione**: i conquistatori rimasero abbagliati dallo splendore delle città ellenistiche, della loro arte e della loro cultura (*Graecia*

il processo di acculturazione

capta ferum victorem cepit, «La Grecia conquistata conquistò il duro vincitore», scriverà Orazio, grande poeta di età augustea); affluirono nell'urbe colti maestri greci, in un primo tempo come schiavi o ambasciatori, poi come liberi insegnanti; i giovani delle famiglie benestanti presero l'abitudine di completare la propria educazione (di qui in avanti si deve pensare a un'istruzione bilingue) con un viaggio-studio ad Atene o in altra capitale culturale, come Pergamo, Rodi, Alessandria. Tutto ciò portò a Roma il nuovo pensiero delle scuole filosofiche ellenistiche, una nuova retorica e oratoria (cioè un nuovo uso della parola), un'imponente quantità di opere espressione dei generi letterari più vari.

FILOSOFIA

MEDIABOOK ▶

LA FILOSOFIA ARRIVA A ROMA

Evento simbolo del travaso di cultura greco-ellenistica dentro la giovane potenza romana fu la presenza a Roma, nel 167 a.C., di mille ostaggi greci, ospitati da illustri famiglie patrizie: tra questi vi era proprio lo storico greco Polibio (cui abbiamo fatto cenno sopra), che fu accolto nella casa di Lucio Emilio Paolo (padre di Scipione Emiliano), dove incontrò l'ateniese Panezio, filosofo stoico, ospite degli Scipioni per alcuni anni, uno dei maggiori maestri dello stoicismo a Roma, corrente filosofica che più di altre influenzò la cultura latina e che Panezio stesso cercò di mediare appositamente per il mondo romano. Attorno a questo nucleo di intellettuali, grazie al forte interessamento per la cultura greca da parte di influenti famiglie della *nobilitas* (prima fra tutte, quella degli Scipioni), si formò una **corrente di pensiero filellenica**, che fu terreno fertile per la nascita di una nuova letteratura in lingua latina, ben rappresentata nei suoi valori e nelle sue modalità espressive dalle satire di Lucilio, dalle commedie di Terenzio, dall'epica di Ennio, autori che, non a caso, gravitavano intorno alla famiglia degli **Scipioni** (si parla tradizionalmente di "circolo degli Scipioni", ricalcando la definizione che un gruppo di studiosi tedeschi nell'inizio del Novecento diede agli intellettuali protetti dalla nobile famiglia romana).

la corrente filellenica

Il frutto più alto di questo processo fu l'idea di ***humanitas***: un nuovo modo di intendere la vita, il rapporto con se stessi e con gli altri, che fondeva il rigore del *mos maiorum* con la sensibilità, la raffinatezza, il gusto per il bello e per la cultura che derivavano dalla *paidéia* («educazione») greca, attraverso la valorizzazione della sfera dell'*otium*, ossia di un tempo dedicato allo studio e ai rapporti interpersonali, intesi in un senso quanto più simile alla *philanthropìa* («amore per gli altri») greca.

Tale mutamento di gusto, sensibilità e mentalità scatenò la **reazione dei conservatori**, cioè di coloro che si ergevano a strenui difensori del *mos maiorum*; essi temevano che questa "contaminazione" indebolisse le basi morali della società romana nella sua veste originaria e minasse lo spirito di sacrificio e l'impegno profuso nel *negotium*, inteso come lavoro nella sfera pubblica (attività politica) e

Gruppo di filosofi della scuola platonica, I secolo a.C., Napoli, Museo Archeologico Nazionale.

in quella privata (accrescimento della *res familiaris*, il «patrimonio familiare»). Guida di questa reazione, che fu anche dura e sostenuta in tutte le sedi, senato compreso (vedi l'affare "politico" dei baccanali, conclusosi nel 186 a.C.),[1] fu Catone il Vecchio, il quale però ben conosceva la cultura greca e consigliava al figlio di apprenderne i principi, pur mantenendo ben chiara la prevalenza della propria tradizione sulla "saggezza straniera".

Vittoria alata con tripode, I secolo a.C., Pompei, Magazzino archeologico.

1. I tribunali speciali della repubblica repressero duramente i riti misterici legati al dio Bacco, che si erano diffusi a Roma all'inizio del II secolo a.C.; dietro questo intervento vi erano però i conservatori, che non perdevano occasione per colpire gli influssi di una cultura greca ritenuta "corrotta": influssi di cui additavano negli Scipioni i colpevoli importatori.

IN SINTESI

■ Le conquiste ebbero anzitutto importanti **conseguenze sociali**. A partire dal III secolo a.C., insieme alla trasformazione dei piccoli proprietari terrieri in proletariato urbano e al rafforzamento dell'aristocrazia senatoria, si pone infatti la nascita di un nuovo ceto sociale. Quanti avevano accumulato grandi quantità di denaro attraverso gli appalti delle tasse, delle opere pubbliche e grazie al commercio nelle province di nuova istituzione formarono il cosiddetto **ceto equestre**, composto da coloro che, pur non appartenendo all'ordine senatorio, avevano acquisito notevoli fortune in poco tempo, contrapponendo la loro forza economica a quella che derivava dalla proprietà della terra, tradizionale fonte di ricchezza della società romana.

■ Seconda conseguenza significativa è di carattere **politico**. Dopo la vittoria di Zama su Annibale (202 a.C.) la politica estera di Roma assunse infatti una connotazione **espansionistica e imperialistica**, sulla spinta di tutti gli affaristi e i mercanti che vedevano in nuove campagne militari altrettante occasioni per arricchirsi. Inoltre il senato romano temeva le mire espansionistiche di alcuni sovrani ellenistici: contro di essi intervenne con guerre preventive (imperialismo difensivo) e solo in un secondo tempo ne occupò stabilmente i territori.

■ Terzo e ultimo nodo problematico è di carattere **culturale**. Il II secolo a.C. fu infatti un periodo cruciale per il rapporto tra la secolare cultura greca e la civiltà latina: dopo una prima fase di incontro con la civiltà della Magna Grecia (III secolo a.C.), la conquista di Macedonia, Grecia e Asia Minore portò al confronto con la raffinata **cultura ellenistica**.
Entrarono a Roma il pensiero delle scuole filosofiche ellenistiche, una nuova retorica e oratoria, nuovi generi letterari e si avviò per Roma un vero e proprio **processo di acculturazione**.
Si formò inoltre una **corrente di pensiero filellenica** (promossa in modo particolare dalla famiglia degli Scipioni), che fu terreno fertile per la nascita della letteratura in lingua latina (le satire di Lucilio, le commedie di Terenzio, l'epica di Ennio) e per la creazione dell'ideale di ***humanitas***: un nuovo modo di intendere il rapporto con se stessi e con gli altri, che fondeva il rigore del *mos maiorum* con la sensibilità della *paidéia* («educazione») greca.
La diffusione della cultura greca scatenò la **reazione dei conservatori**, strenui difensori del *mos maiorum*, per il timore che questa "contaminazione" indebolisse le basi morali della società romana nella sua veste originaria.

Pubblico, generi letterari e scrittori in età arcaica

Le conseguenze di una fruizione orale Quattro furono i generi letterari che dominarono nell'età arcaica della letteratura latina, anche se non furono gli unici che vi trovarono origine e sviluppo: il teatro (con la commedia e la tragedia), l'oratoria, l'epica e la storiografia. I primi tre erano caratterizzati da una fruizione prevalentemente orale, che non valorizzava il testo scritto. Ciò è comprensibile, se si pensa che per lungo tempo la capacità di leggere e scrivere fu privilegio di una ristretta *élite*, quella che deteneva anche il potere politico ed economico. Invece molto ampia doveva essere, a partire dal III secolo a.C., la partecipazione alle **rappresentazioni teatrali**, anzitutto **commedie**, ma anche **tragedie**. Il teatro infatti, con i suoi diversi linguaggi intrecciati (parola, gesto, musica, danza) poteva rivolgersi a tutta la popolazione, che in effetti partecipava alle rappresentazioni pubbliche e gratuite organizzate dagli edili, dando origine così a una sorta di "celebrazione collettiva" della società romana.

il teatro

Un pubblico abbastanza ampio e composito doveva essere anche quello che si fermava ad ascoltare le **orazioni**: sia le orazioni politiche, tenute di fronte al senato o nelle assemblee popolari, sia le orazioni giudiziarie, che attiravano piccole folle attorno ai processi più scottanti o coinvolgenti, tanto che i dibattimenti si tenevano spesso in luoghi spaziosi o all'aperto.

le orazioni

Se però commedia e tragedia prendevano le mosse da un testo scritto, che l'autore vendeva al capocomico o agli edili, le orazioni si basavano spesso sulla capacità di improvvisare da parte dell'avvocato o dell'uomo politico, che partiva di solito da una semplice traccia scritta in precedenza. Ecco perché restano unicamente testimonianze indirette dei grandi oratori dell'età arcaica: solo in tarda età repubblicana si curò la redazione completa e la pubblicazione delle orazioni, spesso sulla base di una revisione posteriore alla recita dell'orazione stessa.

La **poesia epica** (che nella letteratura latina oscillò sempre tra l'argomento mitico e la scelta di cantare grandi eventi storici) era presentata prevalentemente attraverso letture ad alta voce durante i banchetti, o in altre occasioni riservate alla ristretta cerchia aristocratica. Come pure era nelle mani della classe egemone la redazione delle prime **opere storiografiche** di impostazione annalistica (in cui cioè si narravano i fatti anno per anno): segno evidente che l'aristocrazia romana controllò la formazione del mito e della memoria storica nell'immaginario collettivo.

A causa della **comunicazione prevalentemente orale** delle opere letterarie, il supporto scritto in età arcaica ebbe diffusione piuttosto limitata. I fragili e scomodi rotoli di papiro (poi sostituiti dai più robusti codici, libri in pergamena simili a quelli moderni) circolavano solo a livello scolastico, per l'istruzione dei rampolli nelle famiglie ricche, e nella ristretta cerchia alfabetizzata.

Attore con maschera tragica, I secolo a.C., Napoli, Museo Archeologico Nazionale.

Gli "artigiani" delle lettere Se guardiamo invece la produzione dell'età arcaica dal punto di vista degli autori, dobbiamo ricordare che, con l'eccezione di oratori e storiografi appartenenti alla classe sociale più elevata, **gli scrittori** erano considerati poco più che artigiani ed **erano di solito uomini di condizione sociale inferiore**. Inoltre, tra questi solo i commediografi e i tragediografi percepivano un compenso per la cessione dei loro "copioni" teatrali, mentre gli altri scrittori avevano bisogno del **sostegno economico di un *patronus***: egli accoglieva il letterato, forniva mezzi di sostentamento e spesso curava la pubblicazione delle sue opere (attraverso il lavoro dei copisti); favoriva inoltre la diffusione delle opere stesse entro quel ristretto mondo che sapeva leggere e apprezzare la poesia. Il letterato ripagava il *patronus* istruendo i suoi figli e cantando nelle sue composizioni poetiche antenati e imprese della famiglia nobile; oppure, più semplicemente, forniva quei servizi quotidiani che rientravano nel normale rapporto di clientela tipico della società latina, per cui persone di livello sociale diverso potevano legarsi tra loro.

IN SINTESI

■ Quattro furono i generi letterari prevalenti in età arcaica: **il teatro** (commedia e tragedia), **l'oratoria**, **l'epica** e **la storiografia**. I primi tre erano caratterizzati da una fruizione prevalentemente orale, che non valorizzava il testo scritto: infatti solo una ristretta *élite* sapeva leggere e scrivere.

■ Commedia e tragedia prendevano le mosse da un **testo scritto**, che l'autore vendeva al capocomico o agli edili; ampia la partecipazione del pubblico alle rappresentazioni teatrali, che divenivano una sorta di "celebrazione collettiva" della società romana. Le orazioni si basavano spesso sulla **capacità di improvvisare** da parte dell'avvocato o dell'uomo politico, che partiva di solito da una semplice traccia scritta in precedenza; anche per questo genere bisogna immaginare un uditorio piuttosto vario ed esteso.

■ Tipici della classe egemone erano invece i generi della **poesia epica**, letta ad alta voce durante i banchetti o in altre occasioni riservate alla ristretta cerchia aristocratica e la redazione delle prime **opere storiografiche**.

■ In età arcaica **la produzione scritta ebbe diffusione piuttosto limitata**: i fragili rotoli di papiro (poi sostituiti dai più robusti codici in pergamena) circolavano solo per l'istruzione dei figli delle famiglie ricche e nella ristretta cerchia alfabetizzata.

■ Con l'eccezione di oratori e storiografi (appartenenti alla classe sociale più elevata) gli scrittori erano uomini di condizione sociale inferiore e avevano bisogno del sostegno economico di un *patronus*.

La lingua

Una lingua a strati Nell'accostarsi alla letteratura latina bisogna tenere presente il fatto che la lingua con cui essa si espresse non ebbe solo uno sviluppo e una mutazione diacronici (cioè nel corso del tempo), ma anche una stratificazione e una serie di differenze di natura sincronica (diversi livelli linguistici che convivono nello stesso tempo). Per capire questo concetto dobbiamo ricordare che una lingua non ha un'unica finalità, ma si esplica in differenti ambiti comunicativi. A seconda di questi ambiti, tende a mutare. Perciò se prendiamo una precisa fase storica e osserviamo il linguaggio dell'epoca, ci accorgeremo che il latino non si presentava con un aspetto compatto, ma era, per così dire, stratificato: a ogni livello comunicativo corrispondeva una diversa forma della lingua. Le differenze erano di natura lessicale e stilistica; variava cioè il cosiddetto registro espressivo. Vediamo più da vicino i principali strati presenti in ciascuna fase storica del latino.

il latino letterario

Va innanzitutto ricordata la **lingua letteraria**, quella utilizzata dai vari scrittori per comporre le opere in prosa o poesia: essa era fortemente stilizzata e cristallizzata in forme via via consacrate dalla tradizione. Non bisogna pensare però a una lingua letteraria compatta e uniforme: in realtà all'interno di questo strato linguistico si svilupparono varie differenze stilistiche. Naturalmente tra lingua della poesia e lingua della prosa esisteva una notevole distanza e a loro volta all'interno di questi due ambiti formali si differenziavano per stile i diversi generi: l'epica, la commedia, la tragedia, la satira, l'elegia, la lirica, l'oratoria, la storiografia, ecc.

le lingue tecniche

Un secondo strato, poi, era costituito dalle **lingue tecniche**, proprie delle arti, delle attività, dei mestieri, ciascuna con un suo lessico specifico. Così all'interno di questo gruppo potremmo identificare un linguaggio proprio dell'agricoltura, un altro tipico del mondo giuridico, uno adatto all'ambito militare, uno a quello religioso e cultuale, un altro ancora legato alla politica.

la lingua d'uso e il latino volgare

Vi era poi la cosiddetta **lingua d'uso**, vale a dire la lingua utilizzata per conversare, scrivere lettere private, comunicare quotidianamente con gli altri. Infine esisteva un **latino volgare**, parlato dal popolo, dagli schiavi e, in generale, dalle persone di scarsa cultura. Di questo strato linguistico non ci possono essere ovviamente testimonianze dirette; esso compare talora in iscrizioni, in citazioni di grammatici o in qualche passo di opere letterarie a carattere tecnico o antiquario. Si tratta, come si può notare, di testimonianze filtrate dalla tradizione scritta e perciò non sempre del tutto attendibili o aderenti in modo preciso alla realtà.

Gli strati linguistici cui abbiamo fatto cenno non devono essere considerati compartimenti stagni. Proprio per il fatto che la lingua è un organismo vivo e in perenne trasformazione, dobbiamo pensare che tra i diversi strati si verificava un ricambio continuo: i linguaggi letterari si rimescolavano tra loro, dal latino volgare vocaboli e modi di dire venivano accolti dagli uomini di cultura, entrando nella lingua letteraria e così via. A complicare ulteriormente le cose stavano i cosiddetti **substrati**. Il latino era la lingua di Roma, ma fu imposta fin dall'epoca arcaica a un numero sempre crescente di popoli conquistati, che a loro volta trasmisero lessico e modi linguistici loro propri alla lingua dei conquistatori. Il latino, così, seguì lo stratificarsi della società lungo l'arco della storia.

Una pollivendola vende a un acquirente la sua merce, II secolo d.C., Sopraintendenza dei Beni Archeologici di Ostia.

IN SINTESI

- Il latino, come tutte le lingue vive, presenta il fenomeno della **stratificazione** (con differenze lessicali e stilistiche), dovuta alle diverse finalità d'uso: accanto alla **lingua letteraria**, fortemente stilizzata ma con molte variabili, erano le **lingue tecniche**, proprie delle arti, delle attività, dei mestieri; poi la cosiddetta **lingua d'uso**, impiegata per conversare quotidianamente e scrivere lettere private; infine un **latino volgare**, parlato dal popolo, dagli schiavi e, in generale, dalle persone di scarsa cultura. Tra i diversi strati linguistici si verificava uno scambio continuo.
- Nelle regioni in cui il latino penetrava e si imponeva esistevano già lingue parlate precedentemente (**substrati**), che finirono per influenzare la lingua dei Romani.

VIRUM MIHI, CAMENA, INSECE VERSUTUM

LIVIO ANDRONÌCO

L'autore

Notizie biografiche

Il **240 a.C.** è l'anno in cui, secondo la tradizione, prende avvio la produzione letteraria latina, perché in quella data fu **messa in scena per la prima volta in Roma un'opera teatrale**, come afferma Cicerone nel *Brutus.*[1] Il suo **autore** fu **Livio Andronìco**, che viene considerato per questo motivo il primo autore della letteratura latina.

l'origine greca

Si pensa che Livio Andronico sia **nato** a **Taranto**, perché nel 272 fu uno degli schiavi condotti a Roma, dopo che Taranto venne conquistata da Q. Fabio Massimo.[2] Inizialmente al servizio della potente *gens Livia*, da cui evidentemente assunse il nome latino, dopo alcuni anni Livio venne affrancato e svolse la professione di *grammaticus*, cioè di «maestro di scuola». Divenuto famoso per le sue opere teatrali, nel **207 a.C.** venne incaricato di comporre un **inno propiziatorio a Giunone regina**, per scongiurare la minaccia dell'esercito di Asdrubale, che devastava l'Italia: l'inno venne poi cantato da un coro di 27 ragazze durante la solenne processione rituale. Dopo la vittoria romana sui Cartaginesi, come segno di riconoscimento e di venerazione nei confronti del poeta venne istituito il *collegium scribarum histrionumque* (la corporazione degli autori e degli attori), cui fu assegnato come sede il tempio di Minerva sull'Aventino e la cui direzione fu affidata allo stesso Livio.

Non conosciamo con esattezza la data in cui Livio Andronico morì, ma poiché nel 200 a.C. venne commissionata a un altro poeta la stesura di un carme propiziatorio per la città, si pensa che Livio sia scomparso prima di quella data.

La sua opera continuò comunque ad avere successo, come testimonia implicitamente Orazio, poeta dell'età augustea, che ricorda (*Epistulae*, II, vv. 71 sgg.) come il suo maestro Orbilio lo avesse costretto a suon di sberle a studiare a memoria l'*Odusia*: a due secoli di distanza il poema liviano continuava a essere un classico letto nelle scuole romane.

1. CICERONE, *Brutus*, 72: *primus fabulam ... docuit*.
2. Svetonio (*De grammaticis*, 1, 2) definisce Livio *semigraecus* (Taranto era una delle più importanti città della Magna Grecia). È certo sintomatico il fatto che, per avviarsi, la letteratura latina si serva di un autore «per metà greco»: fin dalle origini il mondo letterario greco esercitò la sua preponderante influenza su quello latino.

L'opera

Le opere teatrali Benché rimangano pochi versi della produzione teatrale di Livio Andronico, circa una ventina, di cui tre appartenenti a commedie, possiamo affermare che gli interessi del poeta furono rivolti prevalentemente al **genere tragico**. Così facendo egli introdusse un elemento di novità nel teatro latino che aveva preferito fino a quel momento la rappresentazione comica, anche nelle forme preletterarie che abbiamo esaminato (cfr. la *satura* o i *fescennini*). Di tutta la produzione tragica di Livio Andronico restano solo i titoli di otto **tragedie**, di cui cinque si rifanno al ciclo troiano (forse a voler testimoniare un legame particolare che già all'epoca stringeva Roma e Troia): *Achilles, Aiax mastigophorus, Equos Troianus, Aegisthus, Hermiona, Danae, Andromeda, Tereus.* Il testo di cui si è conservato il maggior numero di frammenti è l'*Aegisthus*, che riproponeva sulle scene la saga degli Atridi, particolarmente cara al pubblico romano per l'intreccio di adulteri, incesti, parricidi, tradimenti e per il tono generale improntato all'orrido e al raccapriccio. Una tendenza che non varierà nei secoli, accompagnando la tragedia latina fino all'età imperiale. Delle **commedie** restano unicamente due titoli certi, *Gladiolus* («La piccola spada») e *Ludius* («L'istrione» o «Il ballerino»). Il frammento conservato (fr. 1 Traglia) del *Gladiolus* riporta le battute di un soldato spaccone che si vanta delle sue imprese e viene invece accusato di aver combattuto solamente contro «pulci, cimici e pidocchi».

il genere tragico

le commedie

Pulicesne an cimices an pedes? Responde mihi.
Rispondimi: di pulci, di cimici o di pidocchi?

Il tono del frammento fa pensare che Livio Andronico fosse stato capace di cambiare radicalmente registro, da quello sostenuto della produzione tragica ed epica a quello comico, che si serve per la sua riuscita di un linguaggio realistico.

IL SOLDATO SPACCONE

Nella commedia di Livio Andronico vediamo comparire, per la prima volta nel teatro romano, la figura di un soldato che racconta imprese immaginarie, combattendo come un eroe contro nemici "pericolosi", come appunto pulci, cimici e pidocchi. Questa stessa tipologia di personaggio verrà ripresa in modo molto fortunato da Plauto che, come vedremo, ne farà il protagonista di una intera commedia (il *Miles gloriosus*). La figura del soldato vanaglorioso non era originale latina, ma veniva dal mondo greco, dalla commedia attica, dove era parodia dell'eroe grande nella forza e nell'animo che popolava le tragedie. Era una sorta di rovesciamento, di citazione grottesca di un modello di alto profilo, fatta con i toni che solo la commedia è capace di usare. Peraltro riuscì così divertente e così capace di adattarsi a epoche e messaggi diversi, da popolare la letteratura e il teatro di molti secoli a venire: da Rodomonte di Ariosto, Morgante e Margutte di Pulci, Capitan Fracassa di Gautier fino al "vantone" di Pasolini e molti altri.

Manifesto pubblicitario del film (1961) dedicato al personaggio di Capitan Fracassa, creato dalla penna di Théophile Gautier.

L'*Odusía* L'opera maggiore di Livio Andronico è la **traduzione in latino dell'*Odissea*** di Omero. L'opera, cui venne dato il nome di *Odusía*, fu composta in versi **saturni**. Nonostante l'immediato e duraturo successo, essa è andata in larghissima parte perduta: ne sono pervenuti solo quaranta versi.

Non si sa per quale motivo Livio abbia scelto, fra i poemi omerici, di tradurre l'*Odissea*; tuttavia possiamo formulare alcune ipotesi per spiegarlo. Innanzitutto Ulisse incarnava meglio di Achille o degli altri eroi achei un ideale di *virtus* più vicino alla mentalità del *mos maiorum* romano: non solo forza fisica da spendere nelle imprese militari, ma anche intelligenza, prudenza, fedeltà alla patria, alla famiglia e, in generale, a tutti i valori tradizionali. In epoca ellenistica, poi, l'*Odissea* aveva conquistato una notorietà maggiore rispetto all'*Iliade* grazie al clima di avventura e all'andamento romanzesco delle sue vicende. È probabile che tale fama fosse diffusa anche presso le popolazioni italiche, tanto più che Ulisse era un eroe sicuramente già conosciuto da tempo dagli Italici, come dimostra l'adattamento del suo nome dal greco *Odysséus* avvenuto in epoca molto antica attraverso forse la mediazione degli Etruschi. Inoltre per i suoi tratti e per le avventure per mare che lo avevano visto protagonista, Ulisse assomigliava molto all'eroe romano per eccellenza, Enea, e la tradizione voleva che, nelle sue peregrinazioni, egli fosse approdato anche in Italia.

• trama + avvincente
• ulisse
• valori importanti
• leggende su enea

Livio Andronico
fa una
↓
romanizzazione
acculturizzazione
↓
traspone un testo di una cultura definita ad un altra e lo adatta ad essa

La traduzione artistica Nell'opera di Livio Andronico si coglie la presenza del processo culturale in atto nel mondo latino, che abbiamo definito di **acculturazione** (si vedano pp. 42-43 e l'Approfondimento "Che cos'è l'acculturazione?" a p. 52). Livio Andronico, infatti, traducendo opere teatrali, tragiche e comiche, e l'intero poema dell'*Odissea*, aveva consegnato ai Romani modelli culturali, formali ed espressivi che avrebbero migliorato da allora in poi la loro qualità artistica.

LA VILLA DELL'ESQUILINO

Alla metà dell'Ottocento, durante una campagna di scavi sull'Esquilino, si ritrovò una casa appartenente a una ricca famiglia romana del I secolo a.C., nella quale una sala era affrescata con dieci scene (ora ne restano sette) tratte dal racconto dell'*Odissea*. Sono scene di ampio respiro, in cui è importante la presenza di un paesaggio piuttosto idealizzato e scenografico. Qui sotto si può vedere l'arrivo di Ulisse nel paese dei Lestrigoni.

Odisseo e i Lestrigoni, I secolo a.C., Roma, Villa dell'Esquilino.

La sua traduzione apriva «la strada dal lato tecnico alle forme più originali della letteratura latina» e «dimostrava che poteva esistere una poesia latina di ampia estensione capace di gareggiare con la greca».[3] Livio Andronico interpretò il tradurre nel senso di transcodificare, cioè di passare da un codice linguistico e culturale a un altro, e diede vita a quella che si definisce una **traduzione artistica**, un'opera in cui, oltre a curare l'aspetto formale e stilistico-retorico con grande attenzione, venivano adattati i contenuti sotto il profilo religioso, politico e culturale.

la romanizzazione di Omero

La pratica del *vortere*, della traduzione artistica, assunse quindi il significato di rielaborare il poema omerico in maniera che si adeguasse alla differente mentalità e ai gusti del pubblico di Roma, in una parola venisse "romanizzato". Seguendo questo progetto, Livio Andronico attuò un'opera di interpretazione «dominata da due direttive principali che spesso si fondono in una: avvicinare il testo il più possibile ai lettori latini, sia **spiegando** sia **romanizzando** Omero. Spiegando, cioè ora ampliando ora semplificando il testo là dove era oscuro o prolisso (e ciò giustifica l'apparente contrasto tra le due tendenze, che qualche critico ha rilevato); romanizzando, cioè operando una continua sostituzione di espressioni, concezioni, istituzioni greche con romane: in entrambe si rivela l'opera di un poeta grammatico egualmente padrone dei due mondi, linguistici culturali spirituali, da cui e in cui traduceva».[4]

Il primo verso del poema è riportato da Gellio (*Noctes Atticae*, XVIII, 9, 5) e ricalca l'*incipit* dell'Odissea omerica [*Ándra moi énnepe, Moûsa, polýtropon*], «l'uomo ricco di astuzie cantami, o Musa», rispetto al quale si può osservare una fedeltà quasi assoluta sia nel modo di collocare le parole sia nel lessico. Tuttavia si possono notare elementi di romanizzazione, primo fra tutti la sostituzione del greco Musa con l'italico Camena. Le *Camenae* erano ninfe delle fonti, dotate di qualità profetiche, che gli autori latini arcaici identificarono con le Muse della tradizione greca (cfr. p. 15). Fin dal proemio (fr. 1 Traglia) si può dunque parlare di una traduzione in equilibrio tra originale greco e adattamento alla mentalità romana: è la prassi della "traduzione artistica".

Virum mihi, Camena, insece versutum.

Cantami, o Camena, l'eroe dal multiforme ingegno.

(trad. di S. Dossi)

Un altro frammento (fr. 19 Traglia), il più lungo fra quelli pervenutici del poema, conserva un'espressione proverbiale: sono le parole pronunciate da Laodamante, figlio di Alcinoo, re dei Feaci, riguardo a Ulisse scampato alla tempesta. Confrontando il testo con il modello omerico (*Odissea*, VIII, vv. 138 sgg. «io dico infatti che nient'altro peggio del mare fiacca un uomo, anche se fosse molto forte»), si potrà notare che Livio Andronico ha optato per un'accentuazione del carattere sentenzioso, secondo il gusto romano, e per un'amplificazione dell'originale, secondo la tendenza alessandrina: siamo dunque ancora in presenza di quel tipo di operazione di adattamento dell'originale secondo le mutate esigenze culturali, di cui già si è detto.

Namque nullum peius macerat humanum
quamde mare saevum: vires cui sunt magnae
topper tamen confringent importunae undae.

E infatti nulla di peggio tormenta il genere umano
del mare crudele: anche colui che ha grandi forze
presto tuttavia spezzeranno le onde avverse.

(trad. di S. Dossi)

3. S. Mariotti, *Livio Andronico e la traduzione artistica*, Urbino, Edizioni Quattroventi, 1986^2, p. 51 sgg.

4. A. Traina, *Vortit barbare. Le traduzioni poetiche da Livio Andronico a Cicerone*, Roma, Edizioni dell'Ateneo, 1974, p. 11 sgg.

APPROFONDIMENTO

CHE COS'È L'ACCULTURAZIONE?

La storia e l'antropologia hanno discusso molto negli ultimi decenni sul processo di acculturazione, nello sforzo di definirlo e di vederne le conseguenze nel corso del tempo. Nel passo che segue si spiega tale processo sia dal punto di vista dell'etimologia, sia nella sua portata di movimento di interazione tra culture differenti.

Il termine "acculturazione" fin dagli inizi e ancora oggi, rimane ambiguo. [...] Formato dalla parola "cultura", il neologismo mette in causa quel vecchio termine in tutta l'estensione di significati in cui evidentemente può essere compreso, non escluso quello di "civiltà", poiché le due parole, vicine e nemiche, non cessano di scambiarsi, contraddirsi, completarsi, impensabili una senza l'altra. Beninteso: il termine "cultura" [...] designa un insieme di comportamenti originali, appresi, trasmessi a tutti i membri di un dato gruppo, più un insieme di idee, abitudini, valori, immagini, credenze, più una serie di oggetti, utensili, strumenti, tecniche, vesti e anche di procedimenti e di gusti architettonici... L'acculturazione sarà il movimento di un individuo, di un gruppo, di una società, e anche di una cultura verso un'altra cultura; dunque un dialogo, un insegnamento, un confronto, una mescolanza, e più spesso una prova di forza. Due culture o due civiltà sono presenti. La loro interazione – tutto ciò che esprime il prefisso *ad* – è acculturazione.

[...] Che cosa accade all'interno dei gruppi, degli individui, nel corso dello svolgimento del processo, che è per loro vita continuata, in cui ogni giorno conserva la memoria dello ieri e impegna il domani?

Se ogni dinamica è creazione, l'analisi delle forze interne in atto nell'acculturazione è indispensabile a quell'inventario del lessico, espresso o silenzioso, che elaborano, per l'intercomunicazione dei gruppi o delle società umane, gli incontri, gli urti, i rifiuti o i lenti sincretismi culturali. Senza una visione in continuità esterne o interne, l'acculturazione non è altro che un confronto di risultati statici, con tutte le conseguenze di cristallizzazione [...] derivanti da una simile riduzione di ciò che è vivente.

A. DUPRONT, *L'acculturazione*, Torino, Einaudi, 1966, pp. 35-36; 40-41 *passim*

Teatro di Eraclea Minoa, IV secolo a.C.; il teatro, diffuso in molte città romane è, come si vedrà, un chiaro esempio di acculturazione.

IN SINTESI

- Il **240 a.C.** e il **207 a.C.** sono le date fondamentali della vita di Livio Andronico. La prima corrisponde all'anno in cui mise in scena la **prima rappresentazione teatrale**, con la quale la tradizione dà avvio alla produzione letteraria latina. La seconda corrisponde all'**esecuzione dell'Inno a Giunone**, che valse a Livio la direzione del *collegium scribarum histrionumque*, istituzione appositamente fondata per formare artisti professionisti e collocata presso il tempio di Minerva sull'Aventino.

- Della vita di Livio Andronico sappiamo che venne a Roma come schiavo in seguito alla sconfitta della sua città natale, **Taranto**; fu al servizio della potente *gens Livia*, da cui mutuò il nome e a Roma – una volta affrancato – svolse la professione del *grammaticus*.

- Autore di opere teatrali, Livio predilesse la **tragedia**; della sua produzione tragica sono rimasti meno di venti versi e otto titoli, cinque dei quali fanno riferimento al ciclo troiano e quindi testimoniano la diffusione già all'epoca dei miti legati alla fondazione di Roma. Delle sue **opere comiche** restano solo due titoli certi.

- L'opera più famosa di Livio Andronico fu l'***Odusia***, vale a dire la traduzione in latino dell'*Odissea*, scritta in **saturni**. L'*Odusia* può essere definita una "**traduzione artistica**", nel senso che rese accessibile ai lettori romani il poema greco non volgendolo semplicemente in latino, ma adattandolo al diverso ambito culturale, alla mentalità e ai gusti del pubblico di Roma. Il motivo della scelta dell'*Odissea* anziché dell'*Iliade* non ci è noto. Possiamo supporre che il secondo poema omerico fosse **maggiormente in sintonia con la mentalità romana** attaccata ai valori tradizionali della patria e della famiglia e che l'atmosfera di avventure per mare avvicinasse Ulisse all'eroe nazionale romano, Enea. Inoltre l'*Odissea* aveva ottenuto grande successo nell'età ellenistica e la figura e i viaggi di Odisseo erano noti alle popolazioni italiche, come testimonia la versione latina del nome dell'eroe omerico, *Ulixes*, che indica un adattamento semantico piuttosto antico, passato forse attraverso la mediazione etrusca.

INDICAZIONI BIBLIOGRAFICHE

Le edizioni dei testi

O. RIBBECK, *Scaenicae Romanorum poesis fragmenta*, vol. I (*Tragicorum fragmenta*), Lipsia, Teubner, 1897; vol. II (*Comicorum fragmenta*), Lipsia, Teubner, 1898 (Hildesheim, 1962).

A. TRAGLIA, *Poeti latini arcaici, I: Livio Andronico, Nevio, Ennio*, Torino, UTET, 1986.

W. MOREL, *Fragmenta poetarum Latinorum epicorum et lyricorum praeter Ennium et Lucilium*, Lipsia, Teubner, edizione terza a cura di J. BLANSDORF, 1995.

Gli studi

S. MARIOTTI, *Letteratura arcaica e alessandrinismo*, in «Belfagor», XX (1965), pp. 34-48.

E. PERUZZI, *Le origini di Roma*, voll. I-II, Bologna, Patron, 1970-1973.

G. PASQUALI, *Storia della tradizione e critica del testo*, Firenze, Le Monnier, 1971[2].

P. MAAS, *Critica del testo*, trad. di N. MARTINELLI, Firenze, Le Monnier, 1972[3].

C. QUESTA, *Metrica latina arcaica*, in *Introduzione allo studio della cultura classica*, vol. II, Milano, Marzorati, 1973.

A. TRAINA, *L'alfabeto e la pronunzia del latino*, Bologna, Patron, 1973[4].

A. TRAINA, *Vortit barbare. Le traduzioni poetiche da Livio Andronico a Cicerone*, Roma, Edizioni dell'Ateneo, 1974[2].

G. PASQUALI, *Preistoria della poesia romana*, Firenze, Le Monnier, 1981.

AA.VV., *Storia di Roma*, a cura di A. MOMIGLIANO - A. SCHIAVONE, vol. I, Torino, Einaudi, 1988.

S. MARIOTTI, *Livio Andronico e la traduzione artistica. Saggio critico ed edizione dei frammenti dell'*Odyssea, Urbino, Edizioni Quattroventi, 1986[2].

M. SORDI, *Il mito troiano e l'eredità etrusca di Roma*, Milano, Jaca Book, 1989.

G. ARICÒ, *Livio Andronico*, in I. LANA - E.V. MALTESE (a cura di), *Storia della civiltà letteraria greca e latina*, vol. II, Torino, UTET, 1998, pp. 271-276.

A. CARANDINI, *La nascita di Roma*, Torino, Einaudi, 2002[2].

I PERIRE MAVOLU IBIDEM QUAM CUM STUPRO REDIRE

GNEO NEVIO

L'autore

Plenum superbiae Campanae

Così lo scrittore Aulo Gellio (130-180 d.C.) definì Gneo Nevio, in riferimento al fiero carattere del letterato, indipendente, orgoglioso di far parte di un popolo libero, disposto a rischiare di persona per non tacere di fronte alle prepotenze o alle ingerenze dei potenti.

l'origine latina

Nato a **Capua** intorno al **270 a.C.**, Nevio è il primo scrittore di **origine latina**; è un libero cittadino, anche se non ha pieni diritti civili, perché i Capuani non avevano diritto di voto nelle assemblee. Sappiamo che combatté nella prima guerra punica (264-241 a.C.) e probabilmente questa esperienza costituì un precedente importante per la composizione del poema epico, di cui parleremo.

l'impegno politico

Dopo la guerra, Nevio si stabilì a Roma, dove iniziò la sua attività di letterato come autore di teatro, mostrando nel contempo un manifesto impegno politico. **Osò attaccare la potente famiglia dei Metelli**, che nel 206 a.C. come consoli e pretori governavano la città. Nevio scrisse contro di loro un celebre verso saturnio: *fato Metelli Romae fiunt consules,* in cui giocava sull'ambiguità del termine *fatum,* che può significare sia «destino» sia «disgrazia». A seconda della diversa interpretazione di *fatum,* il verso cambiava così il suo significato: «Per destino di Roma i Metelli sono fatti consoli» oppure «Per disgrazia i Metelli sono fatti consoli a Roma».

Al suo attacco i Metelli risposero con un loro verso di sfida: *Malum dabunt Metelli Naevio poëtae* (I Metelli la faranno pagare al poeta Nevio!). Infatti in quello stesso anno, il 206 a.C., il poeta venne incarcerato per diffamazione.

L'attacco ai Metelli è da inquadrare all'interno delle tensioni politiche proprie di quegli anni (vedi *Gli eventi, la società, la cultura,* pp. 36 sgg.).

Da sempre vicino agli interessi della plebe, dopo la conclusione delle guerre puniche, Nevio paventò il sopravvento della classe aristocratica e lottò apertamente contro l'oligarchia. Gli scarsi frammenti della sua opera pervenuti fino a noi impediscono di comprendere in modo pieno il pensiero politico di Nevio, ma sicuramente anche i suoi versi furono messi al servizio della **causa antioligarchica**. Uomo di parte e strenuo difensore dei diritti dei plebei, Nevio fu costretto a concludere la sua vita in esilio. Morì infatti a Utica, terra africana da poco conquistata dai Romani, nel 201 a.C.

L'opera

Le opere teatrali

L'originalità di Nevio in ambito teatrale fu di aver composto non solo tragedie di ambientazione e di argomento greci (***fabulae cothurnatae***), ma, per la prima volta, anche ***praetextae***, nelle quali protagonisti erano eventi significativi della storia romana e personaggi storici. In questo modo Nevio utilizzò anche il teatro per continuare il suo impegno politico, come si evince dal ***Clastidium***, una *praetexta* in cui viene celebrata la vittoria romana a Casteggio sui Galli nel 222 a.C.; la scelta cadde su questo episodio della storia di Roma perché a vincere fu un console plebeo, M. Claudio Marcello.

le praetextae

Altra tragedia di ambientazione romana fu il ***Romulus***, dal titolo della quale si deduce che venisse trattata la leggendaria fondazione di Roma. Il quadro delle tragedie composte da Nevio si completa con le *cothurnatae*, di cui ci sono rimasti sei titoli e pochi frammenti: *Aesiona*, *Danae*, *Equos Troianus*, *Hector proficiscens*, *Iphigenia*, *Lucurgus*. Come si può notare, quattro titoli su sei rimandano al ciclo troiano, che al pubblico romano richiamava le origini mitiche della città. Particolarmente interessante appare il ***Lucurgus***, il cui argomento è connesso con il culto di Dioniso (Bacco per i Romani). Oggi non abbiamo dati per capire come si ponesse il poeta nei confronti del culto bacchico, che era diventato di grande attualità a Roma durante la seconda guerra punica, quando molte matrone ne subirono il fascino, tanto che, divenuti una questione di ordine pubblico, i baccanali furono proibiti con un senatoconsulto nel 186 a.C.

le cothurnatae

Oltre alle tragedie, la produzione drammatica di Nevio comprese anche **commedie**. Sono rimasti trentaquattro titoli, alcuni dei quali greci, come ad esempio *Astrologa* («La donna dal parlare civile»), *Colax* («L'adulatore»), *Agrupnuntes* («Gli insonni») e molti altri latini: *Tarentilla* («La ragazza di Taranto»), *Apella* («La donna di Puglia»), *Corollaria* («La fioraia»), *Guminasticus* («Il ginnasta»), *Hariolus* («L'indovino»), *Paelex* («La concubina»), *Figulus* («Il vasaio»), *Proiectus* («Il bambino esposto»). Se per le palliate (vedi p. 70) dai titoli greci è facile supporre un'aderenza stretta a temi e caratteri del teatro ellenistico, per quelle con il titolo latino possiamo ipotizzare una **mescolanza di elementi greci e italici**. Caratteristica propria della produzione drammatica neviana, almeno per quello che ci è dato di sapere, è infatti la fusione di elementi appartenenti a culture differenti: osca, greca, latina, etrusca. I materiali che servirono all'autore per comporre le sue palliate erano sicuramente di provenienza ellenistica, tanto più che conosciamo un viaggio del poeta in Sicilia, dove entrò in contatto con la cultura della Magna Grecia e si procurò numerosi copioni per i suoi lavori. Tuttavia l'elemento romano-italico, la sua stessa origine osca e il retroterra culturale in cui era nato l'*exodium atellanum* ebbero un ruolo altrettanto importante nella scrittura di Nevio. Pertanto il suo teatro comico ebbe i tratti di un intreccio di elementi culturali diversi.

Figurina in terracotta di danzatrice, III secolo a.C., Taranto, Museo Nazionale.

A riprova di ciò possiamo citare commedie come la *Personata* («La commedia delle maschere»), in cui è facile supporre che, pur essendo una palliata, fossero messe in scena le maschere tipiche dell'atellana. A Nevio va ricondotta anche la pratica della *contaminatio*, di cui – secondo le testimonianze antiche – egli fu l'iniziatore. Essa consiste nella fusione, in un unico copione, di parti provenienti da diverse commedie greche, in modo da dar vita a un intreccio del tutto nuovo.

i temi

Dagli scarsissimi frammenti che possediamo, possiamo ricavare alcuni dei **temi** trattati. Innanzitutto l'**amore**, visto nei suoi diversi momenti: dalla celebrazione della forza irresistibile di eros, che ritroviamo nel *Guminasticus* («Per Polluce, sebbene tu sia così piccolo, Cupido, sei fin troppo potente!»; e ancora: «tu frantumi e riduci in polvere rocce, boschi, pietre, monti»), alla smaliziata abilità con cui una ragazza si destreggia tra i molti corteggiatori (*Tarentilla*, fr. 63 Traglia).

Quasi pila
in choro ludens datatim dat se[se] et communem facit.
Alii adnutat, alii adnictat, alium amat, alium tenet.
Alibi manus est occupata, alii pervellit pedem;
anulum dat alii [ex]spectandum, a labris alium invocat,
cum alio cantat, attamen alii <suo> dat digito litteras.

Come se giocasse a palla in cerchio, a turno si dà e si concede a tutti. A uno fa un cenno, a un altro strizza l'occhio, accarezza quell'altro, abbraccia un altro ancora. La sua mano è occupata altrove, a un altro fa piedino; a un altro dà l'anello da guardare, un altro invita con il movimento della labbra, con quello canta, mentre a un altro traccia lettere col dito.

(trad. di S. Dossi)

Altro tema interessante, che troverà continuatori anche nei successivi autori di palliate, è quello del **servo astuto**. Nevio intuisce per primo la forza comica che può esservi nella figura di un servo in costume greco, che si permette sulla scena ogni tipo di libertà. Nel teatro neviano il servo diventa il **simbolo stesso della libertà** e, per certi versi, il doppio del poeta, sia perché emblema di quella libertà civile e politica che Nevio continuamente rivendicava contro i soprusi delle classi privilegiate, sia

APPROFONDIMENTO

MITO E STORIA IN NEVIO

Il poema epico greco trovò nel mito i racconti di riferimento e i suoi protagonisti: gli eroi, come Achille, Ettore, Odisseo, gli dèi, come Zeus, Apollo, Atena, le maghe o le ninfe, come Circe o Calipso, i personaggi straordinari, come i ciclopi o le sirene. L'epica latina, invece, puntò sull'argomento storico. Non rinunciò definitivamente al mito, ma non ne fece l'unica fonte d'ispirazione. Nevio, in questo senso, costituisce per noi un esempio importante, peraltro il primo da prendere in esame, perché Livio Andronico, iniziatore del genere epico in Roma, aveva tradotto l'*Odissea* omerica e non aveva creato quindi un'opera originale.
Partendo da Nevio, allora, vediamo di affrontare lo studio di questo tema – del rapporto tra il mito e la storia – che troveremo riproposto successivamente in altri poeti.
Come sempre accade per gli autori dell'età arcaica, la perdita delle loro opere e la scarsa documentazione rimasta a nostra disposizione limitano fortemente la possibilità di far discorsi che abbiano caratteri di assolutezza. Tuttavia dai frammenti che possediamo è possibile pensare con una certa attendibilità che secondo Nevio **mito e storia** fossero **nettamente separati** e che **il mito** intervenisse nella storia solo **in forma di digressione**. Vediamo ora di chiarire queste due affermazioni. Innanzitutto va detto che l'opera di Nevio – così come sarà per gli *Annales* di Ennio – ha natura eminentemente storica; l'autore parte dalle certezze della storia e del presente, per ricostruire a posteriori una catena che risale a

perché rappresentante della libertà creativa del poeta, che rimaneggia i copioni greci, riadattandoli a suo estro e secondo il gusto del pubblico. In questo senso, sicuramente Nevio si mosse con un'autonomia e una disinvoltura di gran lunga superiore a quella di Livio Andronico.

Il *Bellum Poenicum* Il capolavoro di Nevio è il ***Bellum Poenicum*** («La guerra punica»), un poema epico-storico incentrato sull'argomento della prima guerra romano-cartaginese alla quale il poeta aveva partecipato in gioventù. Quando Nevio scriveva, Roma stava vivendo drammaticamente le vicende della seconda guerra punica, con l'esercito di Annibale che imperversava in Italia; celebrando le imprese e la vittoria di Roma nel conflitto precedente, Nevio intendeva probabilmente indicare ai Romani l'esempio del passato per intervenire, attraverso il mezzo poetico, sul presente. L'opera in origine era un ***carmen continuum***, cioè non suddiviso in libri, di circa 6000 saturni (è rimasta circa una sessantina di versi). Solo nel secolo successivo, il grammatico Ottavio Lampadione divise il poema in sette libri e gli attribuì il titolo che conosciamo. Il *Bellum Poenicum*, che deve essere considerato il **modello** del poema epico latino, a cui attingeranno tutti i successivi autori, si apre con un proemio che contiene la tradizionale invocazione alle Muse:

> *Novem Iovis concordes filiae sorores*
>
> Nove figlie di Giove, sorelle concordi
>
> (trad. di S. Dossi)

Anche se non è certo che si tratti del primo verso del poema, come alcuni sostengono, il frammento (fr. 1 Traglia) assume come modello non Omero, ma Esiodo e precisamente il proemio della *Teogonia*, di cui Nevio contamina due versi, il v. 60 («nove concordi sorelle») e il v. 76 («nove sorelle, figlie del grande Zeus»).

ritroso nel tempo fino a sconfinare nel mito collegato alla fondazione di Roma: la vicenda di Troia e di Enea. Perché Nevio abbia sentito il bisogno di fare questo "tuffo" nel mito eneadico non è del tutto chiaro. Un'ipotesi suggestiva, che però non ha possibilità di essere confermata, è che Nevio avesse voluto creare un collegamento tra le vicende storiche della guerra punica, che vedeva contrapposte Roma e Cartagine, e quelle mitiche dell'incontro tra Enea, progenitore dei Romani, e Didone, la regina cartaginese che nella versione del mito tramandataci da Virgilio aveva giurato odio eterno ai discendenti dell'eroe troiano. Non pare però che nel poema neviano tra i due fosse nato l'amore. Comunque sia, il mito entra nella trama del poema come digressione, il che equivale ad affermare che Nevio sosteneva la centralità della storia nelle vicende umane e riteneva che il mito non vivesse di vita propria e reale, appartenendo al mondo della poesia: «Il mito è poesia che riceve dalla storia sostanza di verità».[1]
Mito e storia sono dunque realtà separate e appartenenti a mondi diversi, di cui solo quello della storia ha il marchio della verità, perché «la storia è verità la cui poesia è stata trasferita nel mito». La differenza e la separatezza di storia e mito, affermate sul piano ideologico, hanno una conseguenza anche su quello poetico, perché la trattazione dell'uno non può e non deve utilizzare lo stesso linguaggio usato per narrare le vicende storiche. Laddove infatti la storia «è realtà di aspre conquiste materiali e morali, che va comunicata con la maggiore immediatezza possibile», il mito parla invece «il linguaggio degli dèi e degli eroi».

1. Le citazioni sono riprese da M. Barchiesi, *Nevio epico*, Padova, CEDAM, 1962, p. 227.

Il poema prosegue poi con la narrazione dei fatti storici, centrata sul racconto della prima guerra punica, cui si aggiunge una sezione mitologica, la cosiddetta "archeologia", nella quale trovano posto le vicende mitiche di Enea.

il rapporto tra storia e mito

Il **rapporto tra storia e mito** è uno degli aspetti più interessanti della poetica neviana, anche in relazione agli sviluppi che avrebbe avuto nell'ambito dell'epica romana successiva (vedi Approfondimento "Mito e storia in Nevio" a pp. 56-57).
Altrettanto significativo è il rapporto che intercorre tra il poema di Nevio e la tradizione epica greca. Rispetto a Livio Andronico, che si limitò a tradurre un testo greco, sicuramente Nevio si pose in modo più originale, perché con la sua opera diede vita a una vera e propria **epica romana**. Ciò non significa che egli si sottrasse completamente agli influssi della cultura greca, soprattutto ellenistica, ma che seppe integrarli, adattandoli alla mentalità romana e al suo sistema di valori. In sintesi possiamo dire che Nevio concentrò in una sola opera la materia dei due poemi omerici (la guerra, l'onore, il viaggio, l'avventura, ecc.), ma cambiò radicalmente il codice di riferimento del suo *epos*. L'**eroe** neviano ha tutti i **tratti tipici di un uomo romano**: non è un essere superiore, che agisce in solitudine con il favore degli dèi o contro le loro decisioni, ma un uomo che trova nel servizio alla collettività la ragione della sua missione. Perfettamente integrato nella società in cui vive, egli combatte per tutti, si sacrifica per i suoi concittadini, muore per Roma. Sacrificarsi per la collettività è avvertito da lui come un dovere ineludibile, che non dà luogo a nessuna particolare forma di ricompensa. L'importante è che i Romani si mantengano fedeli ai modelli di comportamento perpetuati dal *mos maiorum*, che vedono nella ***virtus***, intesa come valore militare, e nella ***pietas***, precisa osservanza dei doveri religiosi, i due valori più alti, pegno di successo e di gloria per sé e per la civiltà romana. Altrettanto necessario, però, è che stiano lontani dalla peggiore delle infamie, la vergogna, significativamente denominata da Nevio ***stuprum***. Il frammento che segue (fr. 46 Traglia) celebra appunto l'eroismo dei soldati romani, che accettano con fermezza la morte, piuttosto che fuggire. La situazione è espressa in stile elevato attraverso l'antitesi *perire ... redire*, che costituisce anche un omoteleuto, e l'arcaismo *mavolunt*.

seseque i perire mavolunt ibidem
quam cum stupro redire ad suos populares.

ed essi preferiscono morire lì sul posto,
piuttosto che ritornare con disonore tra i loro concittadini.

(trad. di S. Dossi)

Publio Cornelio Scipione l'Africano, busto in bronzo, Napoli, Museo Archeologico Nazionale.

AUTORITÀ E VIRTÙ

Gli eroi di Nevio si comportano seguendo un codice morale alto, che impone di accettare la morte piuttosto del disonore e di preferire la salvezza di tutti alla propria. Gli uomini che incarnano nella storia questi ideali sono i generali e i soldati di Roma, soprattutto quelli coinvolti nella sanguinosa guerra con Cartagine. Eppure quegli stessi uomini sono resi ridicoli da Nevio nelle sue commedie. In un testo, ad esempio, Scipione l'Africano è sorpreso dal padre in casa di una donna e costretto ad andarsene di corsa, senza avere neppure il tempo di rivestirsi, con addosso il solo mantello. Così anche questo eroe celebrato per le sue gloriose imprese viene messo in ridicolo dalla penna di Nevio, in cui si alternano severità morale e pungolo satirico.

lo stile

Lo **stile** si conforma ai due piani del poema: quello del mito e quello della storia. Il primo vede il prevalere di uno stile di stampo omerico, ottenuto attraverso un uso estetizzante degli aggettivi, che contrasta con la quasi totale assenza di aggettivazione nella parte dedicata alla narrazione storica (per seguire ancora l'impronta omerica, molti degli aggettivi usati sono composti: *suoavisonus*, «dal suono dolce», *silvicola*, «abitante dei boschi»). Decisamente più scarno e semplice è lo stile della sezione storica, quasi privo di abbellimenti retorici, molto vicino all'asciuttezza linguistica dei più antichi documenti romani, quali gli *annales* dei pontefici. Solo a tratti Nevio si serve di una maggiore solennità, ottenuta con gli stessi artifici che si possono riscontrare negli antichi *carmina*: assonanze, allitterazioni, parallelismi, disposizione solenne dei vocaboli.

IN SINTESI

■ **Nato a Capua intorno al 270 a.C.**, Nevio è il primo scrittore di origine latina. Combatté nella prima guerra punica, quindi si trasferì a Roma, dove si dedicò alla carriera teatrale, componendo numerosi testi tragici e comici. Qui attaccò la famiglia dei Metelli, emblema ai suoi occhi della superbia e dei privilegi dell'oligarchia e per questo fatto subì il carcere. Morì in esilio, a Utica, nel 201 a.C.

■ Nevio fu autore di ***cothurnatae***, principalmente collegate al ciclo troiano, ma fu anche il primo tragediografo latino a mettere in scena due ***praetextae***. Autore anche di **34 palliate**, Nevio mescolò nelle sue commedie elementi derivati dal teatro ellenistico con altri tipicamente italici. Temi propri del teatro comico neviano furono **l'amore** e la **libertà**, impersonata nella figura del **servo**. Per la prima volta il servo assume un ruolo primario nella scena teatrale.

■ Il capolavoro di Nevio è il ***Bellum Poenicum***, un *carmen continuum* in saturni, che rappresenta il modello di tutti i poemi epici successivi. Con quest'opera Nevio dà avvio alla poesia epica romana. Nel poema neviano risulta originale la **diversa tipologia di eroismo**. I valori di questo eroe ossequioso della mentalità collettivistica del *mos maiorum*, che si sacrifica per la collettività senza nulla chiedere in cambio, sono la ***virtus***, intesa come valore militare, e la ***pietas***, ovvero la scrupolosa osservanza dei doveri religiosi. Il difetto peggiore, invece, risulta essere lo ***stuprum***, cioè la vergogna del disonore.

■ La compresenza di due piani, quello della storia e quello del mito, si rileva anche nello **stile**: nella sezione storica, infatti, il linguaggio è asciutto ed essenziale; nelle parti di argomento mitico, invece, lo stile si avvicina a quello omerico e diviene ricco di figure, arcaismi morfologici e aggettivi composti.

INDICAZIONI BIBLIOGRAFICHE

Le edizioni dei testi

M. Barchiesi, *Nevio epico. Storia, interpretazione, edizione critica dei frammenti del primo epos latino*, Padova, CEDAM, 1962.

A. Traglia, *Poeti latini arcaici, I: Livio Andronico, Nevio, Ennio*, Torino, UTET, 1986.

W. Morel, *Fragmenta poetarum Latinorum epicorum et lyricorum praeter Ennium et Lucilium*, Lipsia, Teubner, edizione terza a cura di J. Blänsdorf, 1995.

Gli studi

S. Mariotti, *Letteratura arcaica e alessandrinismo*, in «Belfagor», XX (1965), pp. 34-48.

C. Questa, *Metrica latina arcaica*, in *Introduzione allo studio della cultura classica*, vol. II, Milano, Marzorati, 1973.

A. Traina, *Vortit barbare. Le traduzioni poetiche da Livio Andronico a Cicerone*, Roma, Edizioni dell'Ateneo, 1974².

M. Barchiesi, *La «Tarentilla» rivisitata. Studi su Nevio comico*, in «Biblioteca di Studi antichi» XII, (1978), Pisa.

M. Sordi, *Il mito troiano e l'eredità etrusca di Roma*, Milano, Jaca Book, 1989.

V. Ferraro, *Mai chiamare Metello un Metello*, in *Forme della parodia, parodia delle forme nel mondo greco e latino*, Atti del Convegno, Napoli, 9 maggio 1995, a cura di L. Munzi, «Annali dell'Istituto Universitario Orientale di Napoli», XVIII (1996), pp. 73-84.

G. Aricò, *Nevio e il teatro*, in I. Lana - E.V. Maltese (a cura di), *Storia della civiltà letteraria greca e latina*, vol. II, Torino, UTET, 1998, pp. 276-281.

ARTE

MEDIABOOK

LA TOMBA FRAN

La tomba François, un manifesto anti romano

SCHEDA TECNICA

Denominazione: Fregio della tomba François o dei Saties
Data: 325 a.C., circa
Tecnica: Affresco
Collocazione: Roma, Villa Albani

Gli affreschi della tomba François, dal nome dell'archeologo fiorentino Alessandro François che la scoprì nella primavera del 1857, sono uno dei più significativi documenti dell'arte e della civiltà etrusca, e offrono agli studiosi un'interessante testimonianza del clima politico e culturale degli anni delle guerre di espansione di Roma, quando ancora la letteratura latina compiva i suoi primi passi. Se infatti tradizionalmente Livio Andronico è ritenuto il padre della letteratura latina, promotore grazie al successo delle sue tragedie e del suo poema del processo di acculturazione del mondo romano, questo processo si innesta in un'atmosfera culturale già fortemente sensibile agli stimoli provenienti dal mondo greco. All'interno di questo contesto la particolarità delle pitture della tomba François è il complesso gioco di intrecci e di scambi tra storia e leggenda, che anticipa per certi versi l'opera di Nevio, offrendo però una diversa chiave di lettura del mito greco, non più mezzo per celebrare le virtù romane, ma strumento per risvegliare gli animi di una nazione etrusca ormai soccombente di fronte alla politica romana.

Le pitture, che si datano all'ultimo quarto del IV secolo a.C., ornavano l'ampia sala centrale della grande tomba a tumulo, realizzata, non lontano dall'antica città di Vulci, per la ricca famiglia dei *Saties*. Nel 1863 furono staccate per entrare nelle collezioni della famiglia Torlonia ed oggi sono custodite a Villa Albani a Roma.

Il fregio principale, organizzato in diversi temi figurati non sempre di facile interpretazione, era immaginato come un'unica composizione, in cui personaggi mitici ispirati ai racconti omerici si contrappongono altrettanti quadri "storici" che narrano le gesta di eroi etruschi, con l'intento finale di celebrare le glorie della città di Vulci e con esse i nobili proprietari del sepolcro. Sono immagini piene di movimento e *pathos*, spesso raccapriccianti, un gusto che verrà trasmesso e si conserverà nella tragedia latina fino all'età imperiale, con effetti sottolineati nei riquadri più drammatici dall'uso del chiaroscuro e dello scorcio. Ogni scena è completata da una breve didascalia che chiarisce all'osservatore chi siano i personaggi dipinti.

Il racconto si apre con le pitture ai lati della porta di ingresso: quattro personaggi, ispirati al mito greco, tutti segnati da una sorte tragica e organizzati in coppie che mettono a confronto le figure positive di due grandi vati (la sacerdotessa Cassandra e l'indovino Anfiarao), che strenuamente cercano di opporsi ad un ingiusto destino, a due figure negative, celebri per la loro arroganza ed empietà e per questo punite con la morte e la vendetta divina (Aiace Oileo e Sisifo).

Al ciclo troiano si richiamano anche le due solenni figure che decorano il lato sinistro della sala: Fenice (il maestro di Achille) e Nestore (il saggio consigliere durante la guerra di Troia), entrambi vestiti di tunica e rossi mantelli. Ad esse fa da contraltare sulla parete opposta, quasi a voler ricreare una possibile discendenza, la composta immagine di *Vel Saties,* il fondatore della tomba, vestito da trionfatore con una ricca toga dipinta, pronto a trarre gli auspici dal volo di un uccello trattenuto con una cordicella dal suo piccolo schiavo.
L'intreccio tra mito e storia si accentua nell'ambiente finale della sala, il tablinio. L'ingresso al tablinio è decorato con due contrapposte scene di combattimento, una tratta dalla tragedia greca classica con la lotta all'ultimo sangue tra i due fratelli Eteocle e Polinice (evidente riferimento alle lotte allora in corso tra le città etrusche), l'altra ripresa dalle vicende storiche etrusco-romane con la cattura e uccisione di *Cneve Tarchunies Rumach* (forse Tarquinio Prisco, il quinto re di Roma). Ma ancora più interessanti sul piano della storia locale, anche per la perdita di tutta la letteratura etrusca, sono le scene delle pareti del tablinio: sulla parete di destra il condottiero etrusco Celio Vibenna, rappresentato come un prigioniero nudo, dai polsi legati, viene liberato da *Mastarna* (ovvero Servio Tullio, il sesto re di Roma), e più avanti il racconto ripercorre alcune azioni militari che vedono protagonisti guerrieri etruschi del VI sec. a.C., con una probabile allusione alle guerre della metà del IV secolo a.C., quando Roma dovette subire una sconfitta ad opera dell'esercito di Vulci condotto proprio da *Vel Saties.* Un ricordo delle glorie passate, a cui sembra ricollegarsi anche l'ultimo dipinto della tomba, l'uccisione dei prigionieri troiani voluta da Achille per onorare la memoria dell'amico Patroclo. Al sacrificio rituale assistono i due demoni etruschi della morte, *Charun,* con lungo martello, e *Vanth* dalle ali variopinte, e lo stesso Patroclo, sotto forma di ombra, che solo a seguito del sacrificio potrà finalmente varcare la soglia dell'Ade.
Si è ipotizzato che, per gli ideatori del ciclo pittorico della tomba, i Greci che uccidono i Troiani siano idealmente assimilabili agli Etruschi che sconfiggono i Romani, considerati discendenti dei Troiani, un tema quest'ultimo che verrà sviluppato nel primo poema epico latino il

Bellum Poenicum di Nevio. L'intero ciclo pittorico dovrebbe dunque leggersi come un invito all'unità della nazione etrusca e la condanna delle lotte interne, per fronteggiare un destino che sembra ormai inesorabile e vincere, come nell'eroico passato, il nemico comune, la crescente potenza romana.

PER SAPERNE DI PIÙ

La Tomba François di Vulci, Catalogo della Mostra organizzata in occasione del centocinquantesimo anniversario della fondazione del Museo Gregoriano Etrusco *(1837-1987),* a cura di Francesco Buranelli, Roma 1987.
Eroi etruschi e miti greci. Gli affreschi della Tomba François tornano a Vulci, Catalogo della mostra a cura di Anna Maria Moretti Sgubini, Firenze 2004), Roma 2004.
La Tomba François di Vulci, in *Forma Urbis, Itinerari nascosti di Roma antica,* anno IX, 1, gennaio 2004.

MEDIABOOK ▸
ORIGINI E FORME

Il teatro in Grecia

Le forme del teatro greco

Théatron presso i Greci significava «luogo dove si guarda» (derivava dalla radice del verbo *theàomai* «guardare»). Nell'Atene di Pericle, il teatro era un **luogo all'aperto**, nell'area del santuario di Dioniso, formato da uno spazio semicircolare, detto "orchestra", perché adatto alla danza (dalla radice del verbo *orchèo*, «far danzare»), e da un semicerchio di gradinate, dove si ponevano gli spettatori. Al centro dell'orchestra stava un altare dedicato a Dioniso e al centro della prima gradinata c'era il posto riservato al sacerdote del dio. Oltre l'orchestra stava la scena, che all'origine era una semplice pedana di legno. A chiusura della scena c'era un fondale fisso, rappresentato da un portico con una o tre porte. Mancavano sipario, quinte e scenografia. Conosciamo l'esistenza di **macchine teatrali** con cui si potevano sollevare gli attori o calare dall'alto un dio (era il celebre espediente del *deus ex machina*).

Le forme dell'arte drammatica greca erano tre: **tragedia**, **dramma satiresco** e **commedia**. Gli spettacoli erano rappresentati durante una delle **feste di Dioniso** (delle quattro feste annuali ben tre ospitavano spettacoli). Ogni rappresentazione era di fatto una gara (agone) in cui si sfidavano tre poeti tragici o cinque poeti comici (poi ridotti a tre durante la guerra del Peloponneso). Ciascun poeta tragico presentava tre tragedie e un dramma satiresco; i poeti comici presentavano invece una commedia ciascuno. Finito lo spettacolo, una giuria stabiliva il vincitore.

Sulla scena non potevano stare contemporaneamente più di tre personaggi, che dialogavano tra loro (o pronunciavano un monologo), accompagnati dal suono di uno strumento musicale, che poteva essere la lira o l'*aulós*, strumento a fiato simile al clarinetto o all'oboe. Non risulta che cantassero, attività che era riservata al **coro**. Gli attori avevano il volto coperto da una **maschera**, tragica, satiresca o comica, a seconda del tipo di spettacolo. La stessa cosa avveniva per i coreuti, cioè i membri del coro. L'unico che si presentava in scena senza maschera era il suonatore, che entrava alla testa del coro e si andava a mettere vicino all'altare di Dioniso. Il coro, che aveva un ruolo ben preciso nell'azione scenica, entrava nell'orchestra a passo di marcia e si disponeva in file. Era capeggiato da un **corifeo**, che dialogava con i personaggi in scena, danzava e, soprattutto, cantava.

Teatro di Epidauro, IV secolo a.C.

La tragedia

Le origini della tragedia

Nonostante l'enorme affermazione e diffusione che il teatro ebbe ad Atene, le sue origini paiono essere doriche e non attiche. Aristotele stesso accetta come etimologia del termine *dràma* il verbo *dràn*, che in dorico significava «fare». La parola *tragodìa* («tragedia»), invece, viene fatta derivare da *tragodòs* (nome che designava il membro di un coro tragico), in cui si riconoscono le parole greche che significano «capro» e «canto». In realtà non sappiamo esattamente perché i coreuti venissero designati con questo nome e di conseguenza non sappiamo esattamente a che cosa si connettano le origini della tragedia. Le fonti antiche di cui disponiamo, soprattutto Aristotele ed Erodoto, portano gli storici e i filologi contemporanei a orientarsi verso due ipotesi possibili. La prima è che **la tragedia troverebbe il suo primo nucleo nel culto di Dioniso**, al quale i fedeli partecipavano mascherati da capri. Nel canto in onore del dio, che prendeva nome di ditirambo, si dovrebbe individuare la prima forma tragica. Secondo Aristotele all'inizio essa dovette avere un carattere buffonesco, ma ben presto acquisì tratti seri e solenni. Se le cose sono andate così, è probabile che l'iniziale tono scherzoso e burlesco si sia mantenuto nel dramma satiresco (che anche nel nome conserva un aggancio molto saldo con i satiri e con l'ambiente dionisiaco), mentre la tragedia se ne differenziò completamente.

La seconda ipotesi, invece, connette la **nascita della tragedia con i culti eroici**, durante i quali venivano evocati i *pàthea*, le «dolorose vicende» degli eroi. Erodoto (*Storie*, V, 67) parla infatti di «cori tragici» usati per celebrare l'eroe Adrasto. Probabilmente, alla presenza del gruppo dei partecipanti al culto ci sarebbe stata una rievocazione in forma mimetica (di parola e movimento) della vita dell'eroe, per commemorarne le gesta. Questa forma di culto dedicata alla celebrazione degli eroi venne poi introdotta da alcuni tiranni del VI secolo a.C. nelle loro città, inserendola nel contesto delle feste in onore di Dioniso. A partire da questo nucleo originario sarebbero quindi derivate le tragedie come rievocazioni mimetiche delle vicende eroiche all'interno dei culti cittadini in onore di Dioniso.

Scena di teatro: la zona sotto il palco è nascosta da un drappo dipinto. V secolo a.C., Atene, Museo Archeologico Nazionale.

Significato della tragedia

Nell'Atene del V secolo a.C. i drammi non erano considerati spettacolo, come intendiamo noi oggi, ma avevano un **carattere pedagogico**. Tutta la città partecipava agli spettacoli; un fondo particolare aiutava chi non poteva pagare il biglietto d'ingresso, perché potesse prendere parte a questa sorta di "rito collettivo".

Durante la tragedia gli spettatori erano coinvolti profondamente dalle vicende in scena, immedesimandosi nei personaggi e vivendo il loro dramma. Aristotele nella *Poetica* (1449b) descrive questo processo, la partecipazione profonda degli spettatori presenti a quanto vissuto dai personaggi e l'effetto liberatorio che ne seguiva, definendolo come ***kàtharsis***, «purificazione». Una dinamica come questa aveva una forte valenza pedagogica, perché tutta la comunità presente a teatro, ponendosi di fronte a quanto rappresentato in scena, rifletteva su di esso con un coinvolgimento diretto e intenso. In questo modo il poeta e la città risultavano legati dal messaggio del dramma, politico, etico, religioso.

Maschera di una figura femminile con applicazione di una corona amovibile sulla fronte, IV secolo a.C., Lipari, Museo Archeologico Regionale Eoliano.

I personaggi protagonisti delle vicende tragiche erano ripresi dall'epica, così come le trame; pur essendo apparentata con l'epica, però, la tragedia aveva una sua precisa fisionomia che la differenziava da essa. È ancora Aristotele a studiare queste differenze: mentre l'epica raccontava le imprese degli eroi, la tragedia **rappresentava i conflitti**, i drammi interiori, metteva a fuoco gli errori, le colpe e conseguentemente i castighi che gli uomini devono sopportare nel loro doloroso destino. Così venivano passati in rassegna i grandi temi della giustizia, dei rapporti tra umano e divino, delle relazioni tra uomo e donna, giovani e anziani, singolo e collettività, re e sottoposti. La tragedia induceva a una riflessione sul significato dell'esistenza, chiedeva di prendere coscienza dei limiti invalicabili entro cui era necessario restare per non incorrere nel male e nella punizione divina; faceva pensare sui vari aspetti del diritto e della violazione della legge, sul rapporto tra il singolo e la collettività. Al termine dei drammi tragici, poi, il dramma satiresco – anch'esso d'argomento mitico o epico – con i suoi caratteri leggeri e buffoneschi alleggeriva gli spettatori dalla forte emozione che aveva procurato loro la vista dei drammi precedenti (il dramma satiresco seguiva sempre, come quarta rappresentazione, una trilogia tragica).

Struttura e autori della tragedia e del dramma satiresco

Nella sua forma più completa la tragedia era composta da cinque parti. La prima di esse era il **prologo**, nel quale i personaggi agivano sulla scena prima dell'entrata del coro, dando informazioni sugli antefatti della vicenda. Seguiva la ***pàrodos***, quando il coro entrava nell'orchestra a passo di marcia, si disponeva presso l'altare di Dioniso e cantava. Dopo il canto corale incominciava il primo **episodio**. Seguiva un nuovo canto, lo ***stásimos***, che vedeva ritornare il coro mentre tutti i personaggi uscivano di scena. L'alternanza episodio/stasimo continuava per tre o quattro volte. Alla fine l'**esodo**, cioè il canto finale del coro, concludeva il dramma. Dal prologo e dai quattro episodi si generarono i cinque atti del teatro europeo moderno.

Gli attori del coro, i **coreuti** erano dodici, quindici da Sofocle in poi, guidati da un **corifeo**, che rappresentava l'intero coro e, come un personaggio, dialogava con gli attori. Sulla scena, invece, recitavano due **attori** per volta, fino a quando nuovamente Sofocle ne elevò il numero a tre: protagonista, deuteragonista, tritagonista. Ogni attore recitava di fatto più parti, maschili e femminili, e, specialmente da Euripide in poi, poteva anche cantare monodie, duetti o terzetti. Gli attori calzavano i **coturni**, una specie di stivale con la suola alta, che elevava la statura, e indossavano anche una **maschera**, diversa per ogni personaggio; gli attori che recitavano più ruoli cambiavano la maschera, anche in scena. Molto importanti erano inoltre i **costumi**, soprattutto perché i personaggi erano riconoscibili proprio per particolari del loro abbigliamento (Apollo per l'arco, Mercurio per il caduceo e il copricapo, e così via). Ogni azione scenica aveva a disposizione un **tempo** e uno **spazio** precisi per la rappresentazione, relativamente limitati; ciò impose agli autori di concentrare l'azione e di circoscriverla temporalmente e spazialmente.

Aristotele sintetizzò questo procedimento nelle tre celebri unità di luogo, di tempo e di azione, che dal Rinascimento in poi furono interpretate in modo prescrittivo e furono alla base delle modalità compositive del moderno teatro europeo.

Il teatro tragico ateniese, che ebbe la sua maggiore fioritura nel corso del V secolo a.C. – il primo agone tragico di cui si ha notizia è del 534 o 533 a.C. –, è dominato dalla produzione di tre poeti: Eschilo, Sofocle, Euripide.

Eschilo è il poeta più rappresentativo della prima metà del V secolo a.C. Nato nel 525-524 a.C., partecipò alla guerra contro la Persia e visse in modo attivo le trasformazioni politiche della città di Atene, la cacciata del tiranno Ippia e l'instaurazione della democrazia. Sappiamo che venne invitato dai tiranni delle città siciliane e che probabilmente morì a Gela nel 456 a.C. Il suo teatro conosce una dimensione religiosa profonda: il divino è concepito come garante dell'ordine dell'universo attraverso l'opera di Zeus; di conseguenza gli uomini vivono in modo drammatico i temi della colpa e del castigo, del conflitto tra giustizia e ingiustizia, tra libertà e destino. I personaggi non sono in genere caratterizzati psicologicamente, ma valgono per la loro monolitica maestosità tragica. Come i personaggi, così risultano solenni il linguaggio e la metrica. Lontano dalla mentalità romana, i suoi drammi non influenzarono molto la produzione tragica latina.

Del molto che scrisse (si conoscono settantanove titoli) sono pervenute sette tragedie: *Persiani, Sette a Tebe, Supplici*, la trilogia *Agamennone, Coefore, Eumenidi*, detta *Orestea*, e *Prometeo incatenato* di dubbia autenticità.

Sòfocle, nacque a Colono tra il 497 e il 496 a.C., e morì ad Atene nel 406 a.C. Vissuto quasi sempre ad Atene, ricoprì, sotto Pericle, diverse cariche politiche. Della sua produzione restano solo sette tragedie (*Aiace, Antigone, Edipo re, Elettra, Trachinie, Filottete, Edipo a Colono*) e una parte del dramma satiresco *I cercatori di tracce*.

Sofocle innovò il dramma nella tecnica e nella struttura: introdusse sulla scena un terzo attore, aumentò il numero dei coreuti da dodici a quindici e trattò i drammi che costituivano la trilogia in modo che ciascuno costituisse un'opera in sé compiuta, slegata dall'argomento degli altri. Modificò anche la funzione del coro, che diventò espressione del pensiero e dei sentimenti del poeta, e diede una libera interpretazione del mito. Rese l'intreccio vario e dinamico, creando forti contrasti tra la volontà e i caratteri dei personaggi, che affrontano la vita con determinazione, pur coscienti dell'ineluttabilità del fato. Questa complessità dell'animo dei personaggi comportò anche l'ampliamento delle parti dialogiche della tragedia. Anche il linguaggio aderisce perfettamente ai caratteri e agli eventi vissuti dai personaggi e lo stile è classicamente composto. Probabilmente influenzò la tragedia romana arcaica, ma, data l'esiguità dei frammenti, non possiamo dire in qual misura.

Euripide è l'ultimo dei tre grandi tragici ateniesi del V secolo a.C.; della sua produzione rimane un buon numero di tragedie (17) e l'unico esempio di dramma satiresco pervenutoci interamente, *Il Ciclope*. Il suo teatro si avvicinò alle riflessioni razionalistiche della sofistica.

Nelle sue tragedie trattò argomenti di grande attualità come la guerra e la schiavitù (*Eraclidi, Supplici, Troiane, Ione*), nonché sentimenti come l'amore e la gelosia (*Ippolito, Medea*), rivelando grandi doti di introspezione psicologica, soprattutto dell'animo femminile. Le tragedie euripidee esercitarono la loro influenza sui poeti alessandrini, sui tragici romani arcaici, su Virgilio – la figura di Didone deve molto a Medea – su Seneca e Stazio.

Del tutto simile a quella della tragedia era la struttura del **dramma satiresco**. La differenza risiedeva soprattutto nel coro, che era tradizionalmente formato da sileni nudi, calvi, con orecchie e coda da cavallo, ai fianchi una pelle di capro, sul volto una maschera barbuta. Essi erano capeggiati da Sileno, incoronato di edera e con una pelle di pantera.

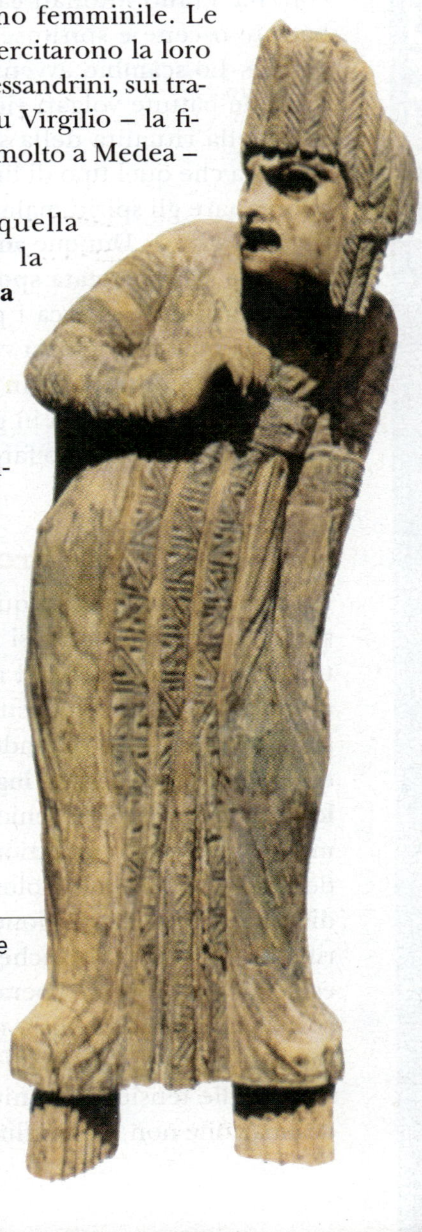

Statua in avorio di attore con costume di scena, maschera tragica e coturni (calzature con rialzo da terra), IV secolo a.C., Atene, Museo Archeologico Nazionale.

La commedia

Le origini della commedia

Non si hanno notizie certe neanche per l'origine della commedia: la fonte principale è la *Poetica* di Aristotele, il quale propone due etimologie. La prima fa derivare il termine *komodìa* da «canto del corteo»; la seconda da «canto del villaggio». Nel primo caso ci si rifà a una situazione di festa, ai cortei che partecipavano ai culti dionisiaci; nel secondo all'ambiente in cui sarebbe nata la commedia. Parrebbe più appropriata la prima ipotesi, che rimanda alle **falloforie**, processioni in onore di Dioniso nelle quali veniva trasportato un fallo, simbolo di fecondità, erano intonati canti e ci si scambiava battute oscene e spiritose con finalità apotropaiche. Lo scambio avveniva tra coro e spettatori e le battute volgari rientravano a pieno titolo nella ritualità della situazione, perché si riteneva che quel tipo di linguaggio riuscisse ad allontanare gli spiriti maligni e a favorire la fertilità dei campi. Dunque **anche per la commedia l'origine sarebbe stata spontanea**, come per la tragedia; tuttavia circa i passaggi attraverso i quali da queste origini si sviluppò la commedia e le forme più antiche in cui essa si strutturò neppure Aristotele era in grado di dare notizie e noi, quindi, possiamo fare unicamente supposizioni.

Significato del teatro comico

La commedia (almeno quella antica) lasciava spazio all'**attualità**, non si preoccupava di mettere in scena episodi del mito, ma proponeva eventi storici e politici strettamente connessi con la quotidianità. Tipica tendenza della commedia era quella di deformare, **ingigantire a fini comici le vicende** con cui gli Ateniesi convivevano al momento della rappresentazione. Carattere proprio della commedia era l'assoluta libertà di parola, la dissacrazione della religione, della politica, della riflessione filosofica. Anche nel teatro comico si esercitava la funzione liberatoria dalle passioni – così come nella tragedia – ma essa passava attraverso il riso (Aristotele, *Poetica*, 1449a-b). Lo sfogo delle tensioni avveniva mediante l'immedesimazione non nel conflitto interiore o nel dolore, ma nel comportamento assolutamente disinibito dei protagonisti e nell'osservazione di una realtà deformata e grottesca. Il legame con Dioniso poteva portare negli abissi dell'irrazionale così come nell'imprevedibile libertà della trasgressione.

Maschera teatrale grottesca, IV secolo a.C., Taranto, Museo Nazionale.

Tipologie, struttura e autori della commedia

Gli studiosi alessandrini, considerati i caratteri piuttosto diversi che la commedia assunse, distinsero nella sua storia tre età e tre tipologie differenti:

- **la commedia "antica"** (*archáia*), il cui massimo esponente fu Aristofane, caratterizzata da stretti legami con l'attualità e da attacchi personali a personaggi della politica o della cultura;
- **la commedia "di mezzo"** (*mése*), in cui si preferì evitare gli attacchi personali e l'attualità venne sostituita dal mito;
- **la commedia "nuova"** (*néa*), il cui rappresentante più importante fu Menandro, che possiamo definire una commedia di intreccio, con equivoci, sostituzione di personaggi, agnizioni (riconoscimenti). In essa muta la struttura stessa della commedia: le parti corali sono sostituite da intermezzi musicali tra gli atti; cessano di esistere parabasi, agone e coro.

Le feste in cui venivano messe in scena le commedie erano quelle di Dioniso: Lenee e, soprattutto, Grandi Dionisie.

Quanto alla **struttura**, se prendiamo in esame le commedie superstiti di Aristofane, soprattutto le più antiche, noi vediamo che esse risultano composte di due parti fondamentali. La prima parte consta del **prologo**, quasi sempre in trimetri giambici, in cui si espongono in forma dialogata gli antefatti, della ***párodos*** o canto d'ingresso del coro, costituito da 24 coreuti, che cantano, danzano o mimano figure di danza, e dell'**agone** o *contrasto*, in cui il protagonista lotta con un antagonista per il trionfo d'un suo progetto.

La seconda parte della commedia è costituita in generale da una serie di scene staccate, che hanno lo scopo di mettere in luce le conseguenze della vittoria riportata nell'agone. Queste scene sono spesso separate da canti del coro. Tra la prima e la seconda parte si ha la **parabasi**, ossia un canto in cui il coro, spogliandosi della truccatura e rompendo la finzione scenica, parla direttamente al pubblico a nome del poeta, difendendolo dalle critiche degli avversari e sostenendone le idee.

Fra tutti gli autori della **commedia "antica"** facciamo riferimento unicamente ad **Aristofane**. Vissuto tra il 445 circa e il 385 a.C. circa, scrisse una quarantina di commedie, undici delle quali sono pervenute intere. La prima fase della sua produzione è caratterizzata da una violenta satira politica; citiamo, ad esempio, *Gli Acarnesi* (425), contro i sostenitori della guerra; *Le nuvole* (423), in cui sono attaccati i sofisti e Socrate; *I calabroni* (422), in cui è messa in ridicolo l'attività giudiziaria degli Ateniesi. In seguito, quando la situazione di Atene divenne sempre più critica nella guerra del Peloponneso, la commedia di Aristofane si fece sempre meno aggressiva e lasciò maggior spazio alla vena fantastica. Risalgono a questa fase, ad esempio, *Gli uccelli* (414), impostata ancora sulla satira politica e sociale, ma proiettata verso il sogno di una città ideale; *Le rane*

Menandro e la sua musa, I secolo a.C., Città del Vaticano, Musei Vaticani.

(405), satira letteraria sulla funzione della poesia. Dopo la caduta di Atene, Aristofane sperimentò nuove forme: con le *Ecclesiazuse* (392) e con la seconda edizione del *Pluto* (388), per l'impoverimento delle parti corali e per la mancanza della parabasi, diede inizio alla commedia «di mezzo». La commedia di Aristofane è dunque strettamente legata alla vita della *pòlis*, dalla quale sono tratti i personaggi – demagoghi, generali guerrafondai, filosofi e popolo – che egli guarda con l'occhio del conservatore, sostenitore della pace. L'argomento delle commedie è sempre una vicenda che ha corrispondenza con il reale, per quanto trasfigurato. Le commedie di Aristofane non esercitarono una grande influenza sul teatro comico latino; piuttosto ne restano tracce nella satira arcaica.

Successivamente la commedia attica decadde e si trasformò, lasciando il posto alla *mése*, o **commedia "di mezzo"**. Finita la guerra del Peloponneso (404 a.C.) e caduta la democrazia d'Atene, ai poeti comici fu vietato prima di attaccare gli uomini di stato e poi anche i privati. Per poter vivere la commedia dovette trasformarsi e adattarsi ai nuovi tempi. Scomparve la parabasi e si ridusse il coro. Durata un cinquantennio, la commedia "di mezzo" vide tra i suoi protagonisti poeti quali Alessi, Embolo, Timocle.

Si approdò quindi alla **commedia "nuova"** (*néa*), che potremmo definire una commedia borghese, fondata sull'intreccio. Rispondente ai gusti d'una società raffinata e colta, questa commedia non era fatta per suscitare la grande risata. Essa appare il frutto della civiltà letteraria alessandrina, in cui prevale la riflessione critica. Tra i poeti comici di questo periodo ricordiamo Filemone, Difilo, Apollodoro e Posidippo, che fornirono modelli e materiale ai comici latini. Fra tutti va menzionato **Menandro**, il maggior poeta greco della commedia "nuova", vissuto ad Atene tra il 342 e il 291 circa a.C. Fu avviato all'arte drammatica dallo zio materno, il poeta Alessi, e studiò presso la scuola del filosofo aristotelico Teofrasto; conobbe anche Epicuro e fece parte del circolo letterario e artistico di Demetrio Falereo. Conosciuto soltanto per tradizione indiretta e attraverso i rifacimenti dei comici latini, solo recentemente (1957) sono stati rinvenuti papiri egizi riportanti alcune sue opere. Sono pervenuti circa tremila versi, contenuti in frammenti di varia lunghezza, appartenenti a una quindicina delle cento e più commedie composte dall'autore. Oltre al *Dýskolos* rinvenuto pressoché intero, ricordiamo gli *Epitrépontes*, («quelli che rimettono una contesa a un arbitro»), la *Tosata* (*Perikeiroméne*), in cui un geloso amante taglia la chioma alla sua donna, vedendola baciare un uomo, che risulterà poi suo fratello; la *Samía* («La donna di Samo»), che mette in rilievo la generosità di una meretrice. Le altre opere sono conosciute attraverso i rifacimenti di Plauto e soprattutto Terenzio: *L'Adulatore*, la *Donna di Perinto*, l'*Andria*, i *Fratelli* (*Adelphói*), il *Punitore di se stesso* (*Heautontimorúmenos*). In un'epoca come quella alessandrina in cui l'intellettuale si allontana dalla vita politica, l'interesse di Menandro si concentra sui buoni sentimenti e sulle vicende della vita borghese basate sull'amore e le avventure, dimostrando ottime capacità di introspezione psicologica. Oltre all'acutezza di osservazione e alla semplicità di linguaggio si rileva in lui la predilezione per le *sententiae*, che contengono i valori umani da lui sostenuti.

Terracotta raffigurante una danzatrice con crotali (sonagli) in mano, una lunga veste trasparente e i capelli raccolti, IV secolo a.C., Lipari, Museo Archeologico Regionale Eoliano.

Il teatro a Roma

L'origine e le tipologie

Sull'origine remota di forme primordiali di teatro in ambito italico si è già parlato a proposito dei *fescennini*, della *fabula Atellana* e della *satura*. La fase letteraria del teatro romano **ebbe inizio con Livio Andronico**, che nel 240 a.C. introdusse sulle scene la *fabula cothurnata*. Livio può essere considerato il modello di riferimento del teatro latino, perché ampliò il repertorio, indicò i soggetti, attribuendo la preferenza al cosiddetto ciclo troiano, assunse i metri greci, adattandoli al linguaggio latino, contribuì in modo fondamentale all'elaborazione di un linguaggio tragico. Nella stessa direzione, **Nevio** ampliò la gamma dei soggetti e migliorò la metrica, con particolare attenzione agli effetti musicali. Autori di tragedie, ma anche di commedie, i due poeti diedero di fatto l'avvio alla tradizione teatrale latina, in stretta dipendenza da quella greca. Materiali, copioni, idee, metri, struttura, soggetti, intrecci: tutto derivò da quel momento in poi dal teatro greco, con preferenza per Sofocle ed Euripide in ambito tragico e per Menandro e la *néa* in ambito comico. Certo quella degli autori latini non si limitò a essere un'imitazione. Essi infatti curarono adattamenti a vario titolo (linguistico, metrico, strutturale, concettuale); soprattutto in ambito comico fecero largo uso della ***contaminatio***, tecnica che consisteva nel fondere parti di commedie greche diverse in un unico intreccio. In taluni casi misero in scena testi con ambientazione e costumi greci; in altri diedero vita a opere con argomento romano. Nacquero così **quattro fondamentali tipi di *fabulae*** (con il termine *fabula* si indicava qualsiasi intreccio drammatico):

a) la ***fabula cothurnata***: era la tragedia di argomento greco. Gli attori indossavano il coturno, la calzatura a suola alta che era in uso nel teatro tragico greco, e abiti di foggia greca. Gli argomenti della *cothurnata* erano per lo più racconti mitologici desunti dalla tradizione attica;

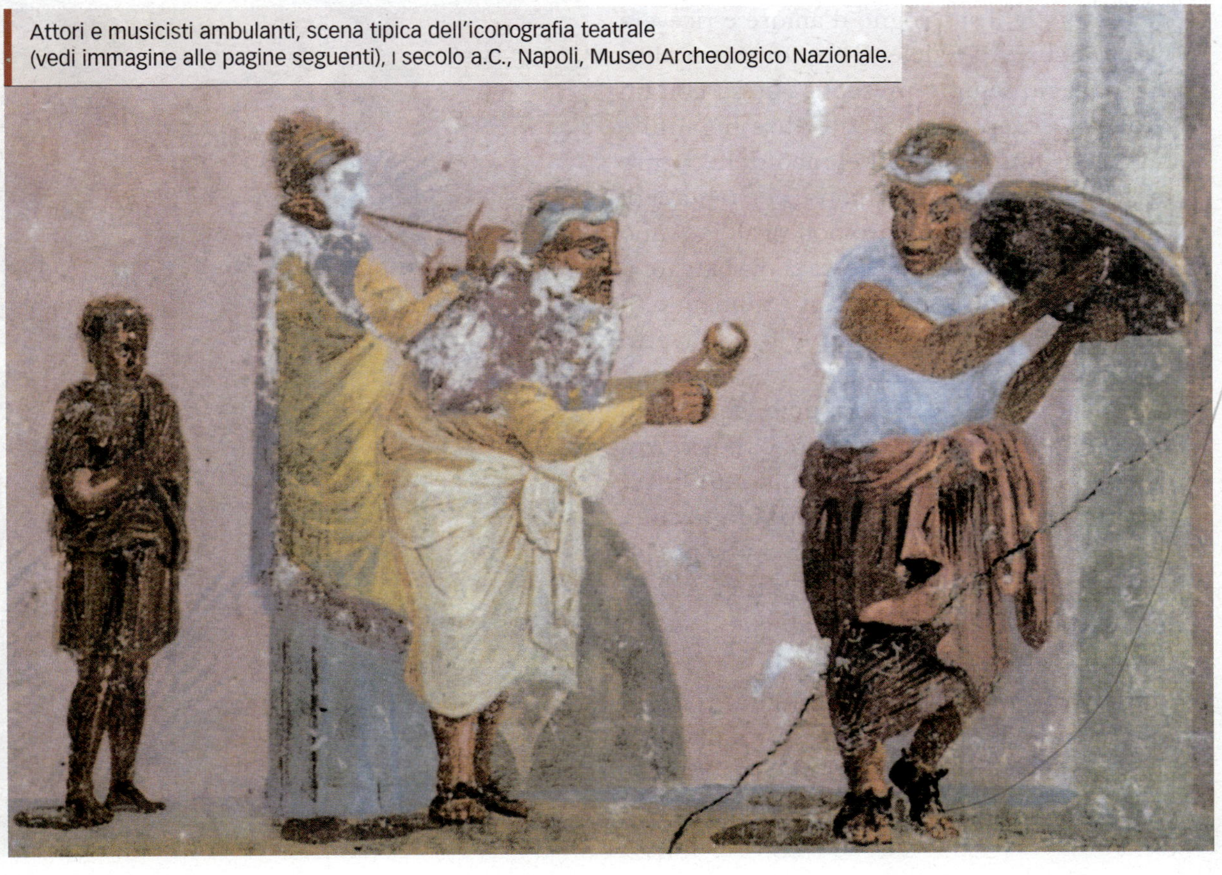

Attori e musicisti ambulanti, scena tipica dell'iconografia teatrale (vedi immagine alle pagine seguenti), I secolo a.C., Napoli, Museo Archeologico Nazionale.

b) la ***fabula praetexta***: era la tragedia di argomento romano. Gli attori in questo caso vestivano la toga bordata di porpora, detta appunto *praetexta*, usata dai magistrati nei momenti più solenni della vita pubblica. Gli argomenti delle *praetextae* erano per lo più connessi con vicende della storia romana;

c) la ***fabula palliata***: era la commedia di argomento greco. Gli attori indossavano il pallio, una mantellina squadrata in uso presso i Greci, da cui il nome di questo tipo di rappresentazione. Gli argomenti trattati erano simili a quelli delle commedie attiche dell'ultimo periodo: scambi di persona, raggiri, riconoscimenti, lieto fine. I personaggi non erano divinità o eroi, e non avevano nomi altisonanti. Si trattava di gente comune, ritratta nel divenire della vita quotidiana. La palliata, anzi, era caratterizzata dalla presenza di ruoli fissi e di intrecci abbastanza simili tra loro. Figure tipiche erano quella del vecchio (*senex*), avaro, ostile nei confronti del figlio, con una mentalità all'antica (una variante del quale era il vecchio vedovo, libertino e gaudente); opposto al vecchio stava l'*adulescens*, il giovane squattrinato, sempre innamorato, che lottava con il padre per coronare il suo sogno d'amore e riceveva l'aiuto del servo fedele. Il *servus* era un altro personaggio sempre presente, spesso con un ruolo di primo piano nell'ordire inganni e raggiri. Completavano l'elenco delle figure maschili il *leno*, cioè il ruffiano, che tentava di carpire quanto più denaro poteva all'ingenuo giovane, il parassita, che cercava di sbarcare il lunario offrendo i suoi servigi e adulando, il soldato spaccone, il cuoco e lo schiavetto (*puer*). L'universo femminile era rappresentato dalla *matrona*, con ricca dote, che spesso vessava il vecchio marito spilorcio, la *meretrix*, cioè la prostituta, che metteva in atto tutti i suoi artifici per spillare denaro al giovane, spesso innamorato di lei, la schiava (*ancilla*), solitamente al servizio della meretrice, e la *fidicina*, che rallegrava i banchetti con il suono della sua cetra;

d) la ***fabula togata***: era la commedia di argomento romano, denominata così dalla toga con cui erano rivestiti gli attori. Si trattava di una copia della palliata, che non ebbe mai grande affermazione. Il vantaggio della palliata, infatti, era la possibilità per l'autore di dare seguito a ogni forma di libertà creativa: sovvertire i costumi, attribuire al servo ruoli primari che nella società reale non poteva avere, fare riferimenti alle cose più strane e fantasiose. Tutto questo era consentito in un genere teatrale che, per convenzione, non era ambientato a Roma, ma in qualche lontana città greca. Nella togata, la cui ambientazione era Roma, cioè il mondo che tutti avevano sotto gli occhi quotidianamente, la stessa libertà non poteva certo avere luogo, con un'ovvia diminuzione della comicità dei testi.

Sia la tragedia sia la commedia, dopo la gloriosa stagione dell'età arcaica conobbero un **declino** irreversibile e lasciarono il posto a recitazioni private (tragedia) e al mimo (commedia), nel quale si mescolavano danza, musica, spogliarelli e scenette comiche più o meno improvvisate.

La struttura

Della tragedia romana prima di Seneca (scrittore che visse nell'età di Nerone) non ci sono rimasti che frammenti. Non è dunque possibile ricostruire in maniera precisa la struttura che possedevano i testi tragici.
Siamo più fortunati per la commedia, perché sono sopravvissute le opere di Plauto e Terenzio. Rispetto alla commedia "nuova" la palliata romana presentava diversità strutturali significative. Mancava la divisione in atti (le commedie plautine ci sono pervenute divise per intervento dei grammatici rinascimentali). Le rappresentazioni alternavano parti recitate (***deverbia***), in senari giambici e senza accompagnamento musicale, **recitativi** in settenari trocaici accompagnati dal suono del flauto, e parti cantate (***cantica***), in metri vari. A Roma tornò ad avere prevalenza l'elemento musicale che nella *néa* era scomparso e che tanta importanza aveva avuto nella commedia di Aristofane. Il coro era quasi del tutto assente. Aveva grande importanza il prologo, con funzioni per lo più informative, anche se talora divenne lo strumento di cui il poeta si serviva per difendere il proprio operato di fronte al pubblico.

Attori e musicisti ambulanti, I secolo a.C., Napoli, Museo Archeologico Nazionale.

Le occasioni degli spettacoli

Commedie e tragedie venivano rappresentate in occasione dei ***ludi publici*** (giochi pubblici, ossia indetti dallo stato), i più antichi dei quali furono i *ludi Romani* che si tenevano in settembre nel circo Massimo, in onore di Giove Ottimo Massimo, organizzati dagli edìli curuli. A partire dal 364 a.C. tali giochi presentarono, oltre alle corse di cocchi e alle lotte fra gladiatori, anche spettacoli teatrali. Nel **240 a.C.** fu deciso che una parte dei giorni destinati a spettacoli scenici ospitasse rifacimenti di tragedie e commedie greche (*ludi scaenici Graeco ritu*): a quell'anno e a quella circostanza la tradizione fa risalire **la prima rappresentazione teatrale** avvenuta a Roma, una *fabula cothurnata* (di argomento greco) scritta da Livio Andronico. I ***ludi*** che si tenevano in città durante l'anno si svolgevano in occasione di festività religiose, venivano finanziati e diretti da magistrati, di solito gli edìli, più di rado il pretore urbano. Tra i *ludi* che ospitavano spettacoli teatrali ricordiamo: i ***ludi Cereales*** o ***ludi Cereris***, che si tenevano dal 13 al 18 aprile in onore della dea Cerere (protettrice delle messi); i ***ludi Florales*** o ***Floralia***, indetti in onore di Flora (dea dei fiori e della primavera), e si celebravano dal 28 aprile al 2 maggio; i ***ludi Apollinares***, in onore di Apollo (dio della luce e della bellezza), dal 7 al 13 luglio; i ***ludi plebei***, in onore di Giove, celebrati il 15 novembre e i ***ludi Romani***, in onore di Giove Ottimo, dal 15 al 18 settembre.

L'ambiente scenico

A Roma i teatri più antichi erano costruzioni provvisorie di legno, montabili e smontabili, in quanto si riteneva che gli spettacoli leggeri potessero risultare moralmente pericolosi e indurre a un eccessivo *otium*. I teatri stabili in muratura comparvero alla fine del periodo repubblicano: soltanto nell'anno 55 a.C. venne inaugurato **il primo teatro in muratura**, costruito a spese di Pompeo. Sorgeva nei pressi dell'attuale Campo dei Fiori e nelle forme si ispirava a quelli greci: aveva pianta semicircolare, con un'alta parete di fondo, davanti alla quale si aprivano il palco, su cui recitavano gli attori, e un'area semicircolare a gradinate, per i posti a sedere, chiamata *cavea*. Le dimensioni erano imponenti, se è vero che il diametro della cavea era di 150 metri e le gradinate potevano contenere 40.000 spettatori, come riferisce Plinio.

In genere il teatro romano in muratura, ricco di marmi e colonne, differiva dal teatro greco, costruito su pendenze naturali del terreno, sia per la struttura portante, costituita da pilastri e volte, sia per lo spazio dell'orchestra, non più circolare, ma in forma di emiciclo, sia per il palcoscenico, che era una pedana molto più ampia. Quest'ultima novità riguardante il palcoscenico si comprende alla luce dei cambiamenti che erano intervenuti nel teatro romano rispetto a quello greco: abolito il coro, il palco era rimasto l'unico luogo deputato alla recitazione. Sullo sfondo stava il fondale: una facciata di palazzo o di casa a più livelli. Sul primo si aprivano tre porte, di cui la centrale era più ampia; sul secondo c'erano delle nicchie; ancora più sopra stava una tettoia o un cornicione. L'intera facciata era abbellita con statue, piante, pilastrini. Per riparare gli spettatori dalla pioggia o dal sole, sopra la cavea si stendevano i *velaria*, teloni di lino o di seta. A partire dal 133 a.C., secondo una testimonianza del grammatico Elio Donato, sarebbe stato introdotto il sipario. Era un grande telo rettangolare (*aulaeum*) che per mezzo di apposite aste calava all'inizio della rappresentazione e si alzava di nuovo alla fine (contrariamente a quanto siamo abituati a fare noi). Per entrare e uscire dalla scena gli attori utilizzavano le tre porte del fondale o degli accessi laterali. Era convenzione ereditata dal teatro ellenistico che l'uscita verso destra conducesse alla piazza della città, quella di sinistra alla campagna o al porto.

Il pubblico si sistemava nello spiazzo (*cavea*) antistante la scena e si portava direttamente da casa sgabelli o sedie, oppure si accomodava su **sedili provvisori** mobili (*subsellia*) che per un certo periodo furono vietati dal senato, per cui il pubblico assisteva in piedi. In compenso l'ingresso nel teatro era gratuito. Dal II secolo a.C. i posti a sedere sulle gradinate delle prime file della *cavea* vennero riservati ai senatori e ai cavalieri.

Ricostruzione di un teatro romano, con la scena fissa e l'orchestra semicircolare.

Gli attori e i costumi

Gli **attori** professionisti (*histriones*) erano ben poco considerati a Roma: il loro mestiere veniva relegato tra i più bassi della scala sociale. Erano tutti maschi, solitamente schiavi o liberti (ex-schiavi) che costituivano delle vere e proprie compagnie (*catervae o greges*) dirette da un capocomico o regista (*dominus gregis*) che acquistava la commedia dallo scrittore e, anche grazie al **finanziamento** degli edili, la metteva in scena. L'autore, a quel punto, perdeva i diritti sul copione, che apparteneva di diritto al capocomico. L'opera drammatica (commedia o tragedia) poteva anche venire acquistata direttamente dagli edili dopo un'audizione privata: in tal caso il rischio della censura preventiva era molto alto. D'altra parte i **costi** anche allora non erano da sottovalutare: oltre all'acquisto del copione, occorreva mettere in conto la retribuzione del capocomico e degli attori, l'affitto degli arredi e dei costumi di scena, nonché il compenso per il flautista, autore ed esecutore delle musiche.

Per quanto riguarda i **costumi**, gli attori recitavano indossando il pallio o la toga, a seconda che l'ambientazione fosse greca o italico-latina; così pure gli attori tragici calzavano i già citati *coturni* (stivaletti alti con stringhe), mentre quelli comici i *socci*, dei bassi sandali tipici già della commedia greca. Il grammatico Donato riferisce che i vestiti erano diversi a seconda dei personaggi: i vecchi indossavano un abito bianco, i giovani un vestito multicolore, gli schiavi una corta tunica, le ragazze vesti di foggia straniera, il ruffiano era coperto da un pallio con toppe di vario colore, le cortigiane portavano vesti di colore giallo. I colori e le fogge dell'abito distinguevano anche la condizione sociale: i ricchi vestivano di porpora, i soldati avevano la clamide purpurea, i poveri portavano abiti di colore rosso cupo, gli sfortunati indossavano stracci. A segnalare la presenza di un parassita contribuiva il mantello arrotolato sotto il braccio; la spada individuava un militare, il coltello un cuoco, il bastone un vecchio. La **maschera** era d'obbligo nelle tragedie, mentre è più incerta per le commedie, anche se gli ultimi studi al riguardo la ritengono probabile, almeno a partire dal II secolo a.C.: essa era infatti sicuramente utilizzata sia in Grecia sia in Etruria e consentiva veloci cambiamenti di ruolo per lo stesso attore (quando interpretava più parti) e la rappresentazione di vicende comiche basate sull'identità di aspetto di due personaggi (quando uno era il sosia di un altro). Venivano usate di norma anche **parrucche** variamente colorate (nere per i giovani liberi, rosse per gli schiavi, bianche per i vecchi), che alle origini del teatro probabilmente furono l'unica forma di travestimento scenico, in luogo delle maschere stesse.

ET NUNC VALETE ET NOBIS CARE PLAUDITE

PLAUTO

L’autore

Notizie biografiche

la vita

Nonostante Plauto sia stato il commediografo di maggior successo della letteratura latina e il primo di cui ci sia pervenuta sostanzialmente l’intera produzione, scarsissime sono le notizie che riguardano la sua vita. Sappiamo che **nacque a Sàrsina** (allora cittadina umbra, oggi in Romagna) fra il 255 e il 250 a.C. e che **morì a Roma nel 184 a.C.**, l’anno in cui divenne censore Catone. All’epoca in cui nacque Plauto, Sàrsina era da poco caduta sotto la dominazione di Roma, che l’aveva conquistata nel 266 a.C., e di lì a poco essa fu coinvolta nelle guerre che i Romani combatterono contro i Galli Insubri e Boi, terminate con la vittoria di Casteggio nel 222 a.C., a opera del console Claudio Marcello. È dunque assai probabile che lo stesso Plauto abbia militato nelle file romane e, analogamente a quanto era già accaduto per Nevio o Ennio, si sia trasferito a Roma alla conclusione delle guerre.

la tradizione

Tutte le altre **informazioni** in nostro possesso, tramandate da Aulo Gellio,[1] sono **costruite in modo assolutamente fantasioso**, in parte anche seguendo un procedimento tipico nel mondo antico, secondo cui si attribuiva all’autore ciò che era proprio dei personaggi letterari da lui costruiti. Riferisce dunque Gellio che, giunto a Roma, Plauto si guadagnò da vivere lavorando in una compagnia di attori comici e, messa da parte una discreta quantità di denaro, avviò un’attività commerciale. Gli affari, tuttavia, non gli andarono bene; perse ogni avere e per pagare i suoi debiti si ridusse a girare la macina di un mulino (*mola*), come uno schiavo. Fu proprio mentre era in questa drammatica situazione, che avrebbe avuto l’ispirazione di scrivere tre commedie: l’*Addictus* («Schiavo per debiti»), il *Saturio* («Uomo sazio») e una terza di cui Aulo Gellio non ricorda il titolo. Le commedie ebbero un enorme successo, tanto che Plauto poté guadagnare quanto gli serviva per affrancarsi. Da quel momento in poi il teatro assorbì l’intera sua esistenza e tutte le sue commedie furono coronate da grandissimo successo di pubblico.

1. Cfr. Aulo Gellio, *Noctes Atticae*, III, 3.

Il problema del nome Per restare nel campo della realtà, invece, non siamo certi neppure del suo vero nome. Il più antico codice che riporta le opere plautine, il *Palinsesto Ambrosiano*,[2] databile tra la fine del IV e l'inizio del V secolo d.C., attribuisce al commediografo i canonici *tria nomina*: *Titus Maccius Plautus*. Analizzandoli, però, ci si accorge che essi non costituiscono la successione normale *praenomen-nomen-cognomen*, ma sono il risultato di un accostamento tra un *praenomen* (*Titus*) e due *cognomina*. La cosa ha insospettito gli studiosi, tanto più che in *Maccius* è facile ravvisare l'aggiustamento del nome *Maccus*, che nella *fabula Atellana* era una delle maschere fisse e rappresentava lo Sciocco, e in *Plautus* già il lessicografo Festo aveva ipotizzato un riferimento a una «persona con i piedi piatti». Si potrebbe allora supporre che il secondo e il terzo nome che compaiono nel codice ambrosiano si riferiscano in realtà all'attività teatrale svolta da Plauto appena giunto a Roma: *Maccius* o *Maccus* rimanderebbe ai ruoli avuti come attore di Atellane; *Plautus* sarebbe da collegare con il termine *planipes*, che in gergo tecnico designava l'attore di mimo, cioè colui che in scena recitava a piedi nudi, senza i calzari prescritti per la commedia (*socci*) o la tragedia (*cothurni*). In entrambi i casi, comunque, ci sarebbe memoria degli inizi di Plauto nel mondo del teatro nel ruolo, probabilmente, di attore.

le ipotesi sul nome

2. Il *Palinsesto Ambrosiano* è un antico codice manoscritto, ritrovato nella Biblioteca Ambrosiana di Milano dal Prefetto, Angelo Mai, all'inizio del XIX secolo. Si ricorda che un palinsesto è un manoscritto su pergamena, in cui a una scrittura precedente raschiata è stato sovrapposto un nuovo testo.

MASCHERE DELL'*ATELLANA*

Pompei riserva da sempre sorprese interessanti: alla metà del '700, infatti, furono ritrovate quindici maschere di gesso, grottesche, deformate nei lineamenti e nelle espressioni. Che cosa potevano mai essere? In corrispondenza della bocca, in uno di essi si trovò scritto BVCO, ovvero Bucco, uno dei quattro personaggi della Atellana, lo spaccone. Gli archeologi hanno pensato che queste maschere fossero in realtà sagome preparatorie, predisposte da un artigiano perché i suoi clienti scegliessero quella che volevano, in modo da allestirla con capelli, barbe, sopracciglia al momento della vendita. Chissà, forse si trattava di un campionario esposto in bottega per giovani romani pronti a calcare le scene.

A sinistra maschera dell'*Atellana* con scritta *BVCO* all'interno della bocca; a destra maschera grottesca, I secolo a.C., Napoli, Museo Archeologico Nazionale.

L'opera

Le *fabulae Varronianae*

Plauto è il primo autore della letteratura latina che si sia dedicato a un unico genere. Anzi, per essere più precisi, egli fu autore esclusivamente di ***palliatae***. La grande fortuna incontrata fin dall'inizio dalle commedie plautine produsse un effetto che può apparire curioso, ma che accadde in molti casi nel mondo antico: scrittori mediocri, sperando di riempire il teatro di spettatori, spacciavano i loro testi come opere di Plauto, che era il nome di grido, sinonimo di successo assicurato. In tal modo a un secolo dalla morte di Plauto circolavano ben 130 commedie a lui attribuite. Ristabilire quali fossero quelle autentiche fu uno dei primi compiti che si attribuì la nascente filologia latina. Sia il grammatico Elio Stilone sia il tragediografo Accio si accinsero all'impresa – cui peraltro diedero il loro contributo molti altri filologi rimasti più o meno anonimi – stilando liste di commedie ritenute autenticamente plautine. L'intervento risolutivo fu però quello di Marco Terenzio Varrone (116-27 a.C.), che, analizzando l'intero *corpus*, individuò **21 commedie genuine**, 90 sicuramente spurie, 19 dubbie. Questa classificazione fu condivisa anche dai filologi successivi ed ebbe come immediata conseguenza che le

Terracotta con personaggio da commedia: una vecchia avara, IV secolo a.C., Lipari, Museo Archeologico Regionale Eoliano.

I CONTENUTI DELLE *COMOEDIAE*

Amphitruo («Anfitrione») → TEMA DEL DUBBIO

Giove è innamorato della virtuosa Alcmena, moglie di Anfitrione, generale tebano lontano da casa perché impegnato nella guerra contro i Teleboi. Per poterla amare, il dio assume le sembianze del marito Anfitrione, lasciando a guardia del palazzo reale il fido Mercurio, che a sua volta assume l'aspetto di Sosia, servo di Anfitrione. Quando quest'ultimo ritorna dalla guerra, manda innanzi Sosia, perché annunci il suo arrivo. L'incontro fra il vero e il falso Sosia, ovvero Mercurio, genera una serie di gustosi equivoci, che danno vita a scene di brillante comicità. Alla fine, Giove in persona, vero *deus ex machina*, confesserà la verità e Alcmena partorirà due gemelli, uno figlio del marito, l'altro, Ercole, figlio di Giove, che già compie prodigi.

Asinaria («La commedia degli asini»)

La vendita degli asini da cui la commedia prende il titolo permette ad Argirippo di comprare la donna che ama, Filenio, figlia dell'avida cortigiana Cleerete. All'azione del giovane contribuisce anche il padre Demeneto, che però subito dopo entra in competizione con il figlio per il possesso di Filenio, alla quale anche il vecchio è interessato. L'intervento della moglie di Demeneto vanifica i progetti del vecchio e riporta l'ordine: sarà il giovane Argirippo a ottenere l'amore di Filenio.

Aulularia («La commedia della pentola»)

È la famosa commedia dell'avaro Euclione, personaggio-tipo dell'avaro che avrebbe ispirato tante opere teatrali e tanti personaggi analoghi, compreso il celebre Arpagone de *L'avaro* di Molière. Il vecchio protagonista non si separa mai da una pentola (*aula*) piena d'oro che ha trovato, e che costituisce il tesoro e il tormento della sua vita, poiché teme che gli venga rubata. Strobilo, lo schiavo del giovane Licònide, il quale ama la figlia dell'avaro, riesce a sottrarre la pentola che alla fine restituirà a Euclione e di cui si servirà per ottenere la mano della ragazza.

Captivi («I prigionieri»)

È una commedia molto particolare nel panorama plautino perché la comicità lascia il posto a una vena malinconica e a toni smorzati. Protagonista è il vecchio Egione, che ha perso due figli: uno gli è stato rapito da bambino, l'altro, Filepomelo, è stato fatto prigioniero in guerra dagli Elei. Per poter riscattare questo figlio attraverso uno scambio, Egione acquista due prigionieri nemici, Filocrate e il di lui servo Tindaro. Alla fine non solo riottiene Filepomelo, ma scopre che Tindaro è il figlio che gli era stato rapito.

21 commedie sicuramente plautine oscurassero tutte le altre, comprese quelle dubbie, tanto che nel II secolo d.C. venivano lette ormai solo le cosiddette "varroniane". Tramandate e trascritte nei secoli su codici, esse sono pervenute fino a noi praticamente integre, a eccezione di alcune che presentano lacune (*Amphitruo, Aulularia, Bàcchides, Càsina*) e dell'ultima, la *Vidularia* di cui sono sopravvissuti solo un centinaio di versi. Difficile e complessa risulta la questione della datazione delle 21 commedie, anche se la prima sembrerebbe essere i *Menaechmi* (215 a.C.) e le ultime, intorno al 185 a.C., *Amphitruo* (189 a.C.), *Truculentus, Mercator* e *Rudens.* Eccone i titoli e – nel box – le trame:

Amphitruo («Anfitrione»), ***Asinaria*** («La commedia degli asini»), ***Aulularia*** («La commedia della pentola»), ***Captivi*** («I prigionieri»), ***Curculio*** («Il gorgoglione» [parassita del grano]), ***Casina*** («La ragazza del caso»), ***Cistellaria*** («La commedia della cesta»), ***Epidicus*** («Epidico»), ***Bacchides*** («Le due Bacchidi»), ***Mostellaria*** («La commedia degli spettri»), ***Menaechmi*** («I due Menecmi»), ***Miles gloriosus*** («Il soldato fanfarone»), ***Mercator*** («Il mercante»), ***Pseudolus*** («Psèudolo», ovvero «L'ingannatore»), ***Poenulus*** («Il piccolo cartaginese»), ***Persa*** («Il persiano»), ***Rudens*** («La gomena» [fune di canapa]), ***Stichus*** («Stico»), ***Trinummus*** («Le tre monete»), ***Truculentus*** («Lo zoticone»), ***Vidularia*** («La commedia del baule»).

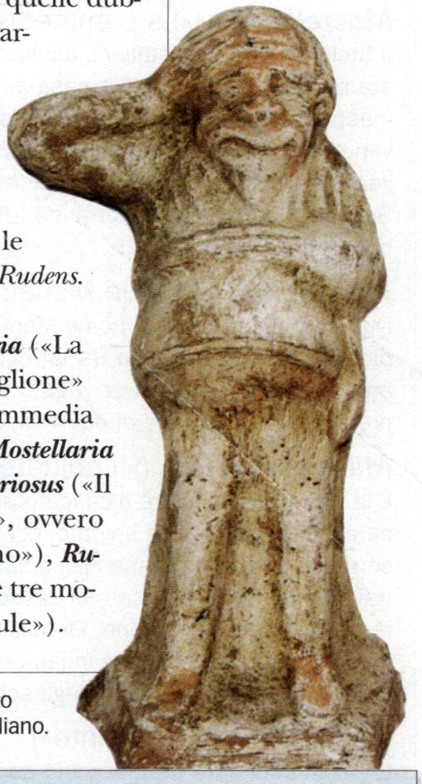

Terracotta con personaggio da commedia: uno schiavo che fa un gesto di disappunto, IV secolo a.C., Lipari, Museo Archeologico Regionale Eoliano.

↗ insetto parassita del grano

Curculio («Il gorgoglione» [parassita del grano])

Il titolo corrisponde al nome di un parassita furbo e avido del giovane Fèdromo, che riesce con l'inganno ad acquistare da un soldato una ragazza di nome Planesio, al fine di darla a Fèdromo, che ne è da tempo innamorato. Dopo equivoci e contrasti, si scopre che Planèsio è di nascita libera e per di più sorella del militare truffato, per cui può sposare Fèdromo.

Casina («La ragazza del caso»)

Il nucleo della storia è la rivalità in amore fra un padre, Lisidamo, e il figlio Eutinico per una trovatella di nome Càsina, che Cleòstrata, moglie di Lisidamo, ha allevato. Cleostrata scopre il piano del marito, che vorrebbe far sposare la ragazza a uno schiavo, tirandola a sorte (*casus*, da cui il titolo), in modo da poterne disporre, e lo punisce: il vecchio Lisidamo troverà nel suo letto un uomo anziché la giovane Càsina. Quando poi si scoprirà che Càsina è di nascita libera, si potranno celebrare le nozze tra i due giovani.

Cistellaria («La commedia della cesta»)

Il titolo deriva da una cesta (*cistella*) nella quale la protagonista, Selenio, allevata dalla cortigiana Melènide, era stata esposta da neonata e che contiene gli oggetti che ne consentiranno alla fine il riconoscimento. Di lei si innamora il giovane Alcesimarco, che dopo aver superato alcuni ostacoli potrà sposarla, quando si scoprirà che Selenio è la figlia del vicino di casa Demifone, e che era stata abbandonata perché frutto di un amore extraconiugale.

Epidicus («Epidico»)

La commedia prende il titolo dal servo che domina la scena. Il suo padrone si innamora prima di una suonatrice di cetra e poi di una schiava con conseguenze esilaranti. Alla fine l'agnizione risolve la situazione: si scopre infatti che la cortigiana è sorella del giovane, che può finalmente decidersi a sposare l'altra.

Bacchides («Le due Bacchidi»)

Protagoniste sono due sorelle gemelle, entrambe cortigiane, che generano una doppia serie di equivoci: due sono i giovani innamorati, due i padri che contendono le ragazze ai figli, dubbia è l'identità delle gemelle, e non manca il servo che asseconda i desideri dei giovani e risolve i problemi. Commedia degli equivoci, dunque, che si conclude con il solito lieto fine.

Mostellaria («La commedia degli spettri»)
Il titolo deriva da *mostellum,* diminutivo di *monstrum* («spettro», «fantasma»). Il giovane Filolachete sperpera le sostanze paterne invitando a casa amici e la cortigiana che ama, in assenza del padre Teopropide. Quando questi inaspettatamente ritorna, cerca di salvare la situazione il servo Tranione che fa credere al vecchio che la casa, divenuta improvvisamente silenziosa, sia d sabitata, perché infestata dai fantasmi. Arriva anche un creditore del giovane, e Tranione dice a Teopropide che il denaro speso dal padroncino è servito per l'acquisto di un'altra casa. Scoperto l'imbroglio, ci vorranno tutta l'eloquenza e l'abilità dell'amico Callidamante per indurre il vecchio a perdonare il figlio.

Menaechmi («I due Menecmi»)
Due fratelli, entrambi di nome Menecmc e del tutto simili fra loro, sono stati separati alla nascita. Uno, rapito da piccolo, è stato adottato da un ricco mercante di Epidamno, città nella quale vive e dove dispone di moglie e amante; l'altro, dopo aver vagato alla ricerca del fratello, giunge infine nella stessa città. Da questo momento prende avvio una serie di equivoci, che si conclude con l'incontro tra i due fratelli e la reciproca agnizione.

Miles gloriosus («Il soldato fanfarone»)
È la vicenda esemplare e caricaturale di un soldato smargiasso e spaccone, Pirgopolinìce, sempre assistito da un parassita, Artotrògo. Il soldato, convinto di essere irresistibile sia con i nemici sia con le donne, rapisce e porta con sé a Efeso la giovane Filocomàsio, amante di Pleusicle, che segue la sua innamorata e si incontra con lei attraverso un buco, praticato di nascosto nella parete della casa vicina. Grazie alle trame ingannevoli dell'astuto e fedele schiavo Palestrione, Pleusicle riesce a portar via con sé l'amata. Quando poi Pirgopolinice sarà adescato da una donna, che si finge innamorata di lui, in casa di costei troverà il suo finto marito, che lo riempirà di bastonate, tra le risate umilianti degli schiavi presenti.

Mercator («Il mercante»)
È il solito conflitto tra il vecchio padre e il giovane figlio – il mercante che dà il titolo alla commedia – per il possesso di una giovane donna che il figlic ha comprato e che il padre vuole per sé. Dopo una serie di intrighi, il padre viene smascherato dalla moglie e il giovane potrà avere la donna che ama.

Pseudolus («Psèudolo», ovvero «L'ingannatore»)
La cortigiana Fenicio, amante di Calidoro, è stata ceduta dal protettore Ballione a un soldato macedone, che, dopo aver pagato una parte del riscatto, manda il suo servo con il saldo della somma pattuita e una lettera di riconoscimento, per prelevare la giovane. Allora entra in scena Psèudolo, lo schiavo di Calidoro, che si finge l'emissario di Ballione e riesce a farsi consegnare la lettera, grazie alla quale alla fine, dopo altri inganni e scene comiche, potrà avere la ragazza.

La struttura

l'argomento

Così come ci sono state tramandate dai codici, le commedie plautine si presentano precedute da un ***argumentum***, cioè una breve sintesi del contenuto, il cui estensore sarebbe un grammatico vissuto nel I secolo a.C., L. Aurelio Opilio. All'*argumentum* segue un **prologo narrativo**, cioè una parte iniziale in cui viene esposto l'antefatto e anticipato qualche elemento dell'intreccio, oppure vengono dati ragguagli sull'originale greco da cui il testo latino è derivato e sui luoghi in cui è ambientata l'azione. A recitare il prologo è un personaggio, oppure un dio, un'entità allegorica, il Prologo stesso in forma personificata. Di lunghezza variabile, esso rappresenta una sezione narrativa argomentativa in cui Plauto talvolta parla anche di se stesso, come avviene nell'*Asinaria* (v. 11), nel *Mercator* (v. 6) e nel *Truculentus* (v. 1), si esprime con giochi di parole, frecciate polemiche all'indirizzo di altri autori, e cerca con una maliziosa *captatio benevolentiae* l'attenzione del pubblico esortandolo ad applaudire alla sua opera dopo averla ascoltata in silenzio e con attenzione.

il prologo

l'azione scenica

Al prologo segue l'**azione scenica**, che in Plauto si presentava senza divisione in atti (l'attuale suddivisione risale agli studiosi umanistici, che scelsero di frammentare i

Poenulus («Il piccolo cartaginese»)
In Grecia, un giovane vuole sottrarre a un lenone la ragazza amata. Dopo una serie di intrighi, si scopre che i due giovani sono cugini e furono rapiti a Cartagine da bambini. L'agnizione finale permette l'unione dei due innamorati.

Persa («Il persiano»)
È una commedia che vede protagonista uno schiavo che tenta di riscattare la cortigiana di cui è innamorato con l'aiuto di un altro servo, che si traveste da persiano per perpetrare uno dei soliti inganni.

Rudens («La gomena» [fune di canapa])
In un tempio dedicato alla dea Venere, sulla riva del mare presso Cirene, si rifugiano due ragazze, Palestra e Ampelisca, scampate a un naufragio e alle mire di un protettore. Ad aiutarle arrivano un vecchio vicino, Dèmone, e l'amante di Palestra, Plesidippo. Quando due schiavi recuperano dal mare un cofano, tirandolo a riva con una fune (*rudens*), si scopre che esso contiene gli oggetti personali che consentono di riconoscere che Palestra è figlia di Dèmone. Il finale con le nozze tra i due innamorati è scontato.

Stichus («Stico»)
Un uomo vorrebbe spingere al divorzio le sue due figlie sposate, i cui mariti da tempo sono lontani per affari. Alla fine i due uomini ritornano e, con l'aiuto del servo Stico, si organizzano allegri festeggiamenti.

Trinummus («Le tre monete»)
È questa una commedia più moraleggiante che comica. Un giovane, in assenza del padre, ha dissipato tutti gli averi. Càllicle, un vecchio e fedele amico del padre, gli viene in aiuto e fa in modo che la sorella del giovane possa sposarsi con la dote necessaria. Alla fine anche il giovane mette la testa a partito e sposa la figlia di Callicle.

Truculentus («Lo zoticone»)
Protagonista è una cortigiana, Fronesio, a cui Plauto attribuisce più malignità che ai soliti personaggi maschili. Infatti la giovane tiene a bada tre amanti contemporaneamente. Per ottenere doni, a uno di questi fa credere di averlo reso padre di un bambino, che in realtà è figlio di un altro dei suoi amanti e di un'altra donna.

Vidularia («La commedia del baule»)
Dai frammenti della commedia si evince che la vicenda è incentrata su un baule (*vidulum*) contenente gli oggetti che avrebbero permesso l'agnizione finale.

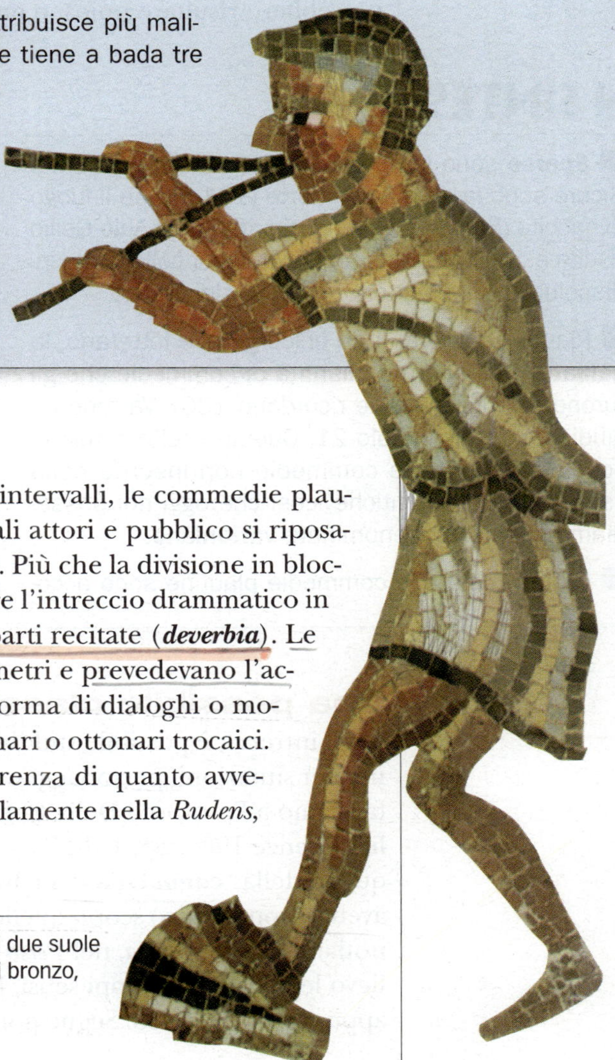

testi per esigenze editoriali). Non essendoci atti e intervalli, le commedie plautine prevedevano momenti di pausa, durante i quali attori e pubblico si riposavano e la scena era occupata da danzatori e flautisti. Più che la divisione in blocchi, infatti, a Plauto risultava congeniale predisporre l'intreccio drammatico in modo che a parti cantate (***cantica***) si alternassero parti recitate (***deverbia***). Le prime erano composte in una notevole varietà di metri e prevedevano l'accompagnamento musicale; le seconde, invece, in forma di dialoghi o monologhi, erano per lo più in senari giambici e settenari o ottonari trocaici. Grande assente della commedia di Plauto, a differenza di quanto avveniva nei modelli greci, era il coro, che è presente solamente nella *Rudens*, dove risulta composto da pescatori.

Flautista con *scabellum*, un sandalo provvisto di due suole mobili tra le quali erano fissati piccoli cembali di bronzo, che servivano a segnare il ritmo nella danza, III secolo d.C., Roma, Musei Vaticani.

Gli intrecci Mentre i prologhi plautini risultano vari per contenuto e linguaggio, non altrettanto si può dire per gli intrecci delle commedie, che si basano su canovacci ricorrenti, risultando così ripetitivi e stereotipati. Il *cliché* più frequente è quello di un **giovane di famiglia benestante** che **tenta** in ogni modo **di far sua una cortigiana** di cui si è innamorato e **che appartiene a un lenone** (il protettore) cinico e avaro. Naturalmente il giovane è squattrinato, sia perché scialacquatore sia perché si ritrova immancabilmente un padre avaro. Grazie però all'**aiuto di un servo fedele e scaltro**, egli riesce, dopo intrighi ed equivoci a non finire, a estorcere al padre (oppure al rivale in amore) la somma necessaria per **liberare la ragazza dal lenone**. In qualche caso la faccenda si risolve attraverso il procedimento dell'***agnitio***, ovvero del riconoscimento della vera identità della ragazza, che si scopre essere una giovane di buona famiglia e quindi sposabile senza disonore. Altri personaggi, poi, entrano nel gioco delle trame per movimentarne lo svolgimento: il sosia, il soldato smargiasso, il parassita avido ma stolto, il cuoco indaffarato e così via.

trama e ritmo narrativo

È evidente che Plauto attribuiva **scarsa importanza alla trama**, come si può constatare anche dalla disinvoltura con cui mescola continuamente elementi romani e greci, senza rispettare verosimiglianza e coerenza scenica. Anche il **ritmo narrativo** generale risulta **irregolare**: la vicenda procede, per così dire, a scatti. A condizionare tale ritmo è il gusto del pubblico, nel senso che se un episodio potrebbe risultare divertente viene prolungato per decine di versi, mentre altri passaggi vengono brutalmente abbreviati, in considerazione del fatto che agli occhi degli spettatori potrebbero risultare noiosi o monotoni.

IN SINTESI

- **Scarse** sono le notizie riferite alla vita di Plauto. Sicure sono la data della morte (184 a.C.) e il luogo di nascita (Sàrsina). Una notizia riferita da Aulo Gellio risulta essere piuttosto romanzata, pur collegando indissolubilmente l'autore al mondo del teatro.
- Plauto fu autore di un unico genere letterario, la **palliata**. Dell'enorme quantità di commedie che gli furono attribuite (se ne ricordano 130), Varrone ne giudicò autentiche solo 21. Questa scelta causò la "caduta" di tutte le commedie non inserite nella lista di quelle autentiche, così che oggi noi possediamo solo le 21 denominate **varroniane**.
- Gli **intrecci** delle commedie plautine sono accomunati dal fatto di essere ripetitivi. Il ritmo degli intrecci è irregolare, perché a episodi lunghi seguono parti eccessivamente abbreviate. Questa scelta era legata alla possibilità di maggiore o minore successo di pubblico cui andavano incontro le diverse parti di una commedia. Rispetto al modello greco, poi, le commedie plautine vedono l'assenza del coro (tranne che nel caso della *Rudens*) e l'alternarsi di parti recitate (*deverbia*) e parti cantate (*cantica*).
- Quasi tutte le commedie, nella forma in cui ci sono pervenute, presentano un *argumentum* e un prologo, che ha funzione abbastanza convenzionale, anche se ravvivato dalla *vis comica* plautina.

Una possibile classificazione Nonostante la relativa ripetitività degli intrecci, è possibile suddividere l'intero *corpus* plautino in sei gruppi, omogenei per situazioni, personaggi e nuclei fondamentali; per questa classificazione ci rifacciamo a Francesco Della Corte, nel suo saggio *Da Sarsina a Roma* (La Nuova Italia, Firenze 1967, pp. 171-273). Secondo la sua analisi, un primo tipo di intreccio è quello della "**commedia della beffa**", in cui il personaggio parla, agisce e si muove avendo come unico scopo quello di attirare su di sé le ire del destino. In essa, come notiamo nell'*Asinaria*, nel *Persa* e parzialmente nella *Casina*, trovano particolare rilievo le allusioni, i doppi sensi, le violenze fisiche, con un andamento più farsesco, appunto, che comico. Segue poi la "**commedia del romanzesco**", nella quale la beffa si combina con l'avventura, con lo scopo di abbellire la trama e darle colorito. La vicenda risulta complicata e nello spettatore si crea un clima di attesa, collegato con il ritardo temporale della beffa. *Mercator*, *Mostellaria*, *Trinummus* e *Stichus* sono esempi di questa tipologia comica.

Nella *Cistellaria*, come nel *Poenulus*, nel *Curculio* e nell'*Epidicus* entra in gioco il meccanismo dell'agnizione. La "**commedia dell'agnizione**" è quella in cui gli intrighi e i raggiri si sciolgono nel finale grazie al riconoscimento (in latino, appunto, *agnitio*) della reale identità di un personaggio chiave. Quando invece lo scambio di persone diventa il perno narrativo su cui si incardina l'intero intreccio, dando origine a continui scambi di persona che favoriscono la comicità e generano le avventure, si ha la cosiddetta "**commedia dei *simillimi***", giocata principalmente sul tema del doppio. È il caso dell'*Amphitruo*, dei *Menaechmi* e delle *Bacchides*.

Se è vero – come si vedrà tra breve – che i personaggi plautini mancano di qualsiasi scandaglio psicologico, riducendosi a "tipi" fissi, talora l'autore sembra appuntare la sua attenzione su qualcuno di essi, ponendone in evidenza gli aspetti negativi. In questa operazione non vi è alcun intento di carattere morale o di indagine psicologica, ma esclusivamente il desiderio di profilare un ritratto caricaturale. Per questo si parla di "**commedia della caricatura**" ed è il caso del *Miles gloriosus*, del *Truculentus* e dello *Pseudolus*. Infine riconosciamo l'esistenza di una "**commedia composita**", vale a dire di una tipologia comica che sfugge a tutte le classificazioni precedenti e che vede combinate in sé caricatura, avventura e beffa. *Aulularia*, *Rudens* e, soprat-

GESTI DI SCONGIURO

Uno schiavo, sulla sinistra, porta cattive notizie a due innamorati, che le accolgono con sorpresa e timore. Il giovane abbraccia la sua amata, con un gesto di protezione, mentre la donna ha un'espressione di timore. La scena è interessante per noi per via della mimica, che fa "vedere" con gli occhi di un artista romano abituato alla partecipazione agli spettacoli il movimento degli attori in scena. In particolare lo schiavo, con tanto di pancia, parrucca e maschera, esibisce il gesto delle corna che, rifacendosi ai culti di fertilità, ha un significato apotropaico, utile cioè ad allontanare un male incombente.

Scena teatrale comica, I secolo a.C., Napoli, Museo Archeologico Nazionale.

tutto, *Captivi* sono esempi di questa modalità narrativa più complessa, nella quale si riversa l'esperienza del commediografo.

I personaggi L'eroe assoluto del teatro di Plauto, il protagonista vero delle commedie è il **servo** astuto e tuttofare, devoto al suo giovane padrone e pronto a tutto pur di assecondarlo e trarlo d'impaccio. La centralità dello schiavo nel panorama dei personaggi plautini è legata all'ammirazione sincera che Plauto provava per la dote da lui considerata più importante: l'intelligenza unita alla scaltrezza. Non a caso il ***servus currens*** dà il nome a ben cinque commedie su ventuno (*Curculio, Epidicus, Pseudolus, Stichus* e *Truculentus*) e lo schiavo furbo, che con la sua spregiudicatezza e intraprendenza sa mettere in scacco lo stupido, anche se appartenente a un livello sociale ed economico più alto, diventa il perno dell'azione, in cui lo spettatore, spesso un plebeo privo di mezzi e di fortuna, poteva facilmente identificarsi. Così facendo, Plauto mostra anche la capacità di intercettare l'approvazione del pubblico, che trova soddisfazione quando la dabbenaggine del ricco privilegiato viene sconfitta dallo schiavo intelligente.

il servo

Per il resto, il panorama dei personaggi plautini – come abbiamo già osservato per i temi – risulta abbastanza monotono e prevedibile, limitato a una ristretta cerchia di "**tipi**" con tratti fissi e ricorrenti: il vecchio, la moglie brontolona, il giovane innamorato, il lenone spudorato, il parassita perennemente affamato, il soldato vanaglorioso, il cuoco prepotente e sfacciato, e così via. Derivati dalla commedia

altri "tipi" plautini

APPROFONDIMENTO

ATTORI E PUBBLICO IN PLAUTO

Cesare Questa, studioso del teatro latino e in particolare di Plauto, di cui è anche uno dei più importanti traduttori, racconta che cosa accadeva nello svolgimento di uno spettacolo, dando informazioni su pubblico e attori nello spazio del teatro.

Il teatro romano dell'età di Plauto, pur non avendo una sede stabile, non era, come impianto scenico e sistemazione del pubblico, poco più degno d'una compagnia di saltimbanchi. I prologhi di parecchie commedie di Plauto ci presentano – in passi sulla cui autenticità non si dubita più – un pubblico che siede a teatro e di pubblico che siede si parla anche nel corpo delle commedie stesse: supporre in questo secondo caso che Plauto conservi immutate frasi del modello greco senza tenere conto che i suoi spettatori, almeno di regole, o non stanno seduti o siedono su sgabelli di loro proprietà che si sono portati appresso per assistere alla rappresentazione, è davvero fuor di luogo. I prologhi plautini ci riferiscono meglio su quello che era il pubblico abituale del Sarsinate: sono schiavi e liberi, ma fra questi prevale di gran lunga la gente minuta: commercianti, donnette che cianciano e disturbano lo spettacolo, balie con bambini che frignano, ritardatari che arrivano al loro posto infastidendo tutti, cortigiane ecc. L'accenno a spettatori benestanti se non è scherzoso, è eccezionale e comunque nelle parti scherzose dei prologhi (quelle appunto in cui desumiamo notizie sul pubblico) mai sono nominati senatori o cavalieri. È però evidente che in questo caso Plauto o i suoi capocomici si autocensurano: sono le strutture stesse della società romana, fondamentalmente autoritarie e comunque implicanti sincera devozione per l'élite che guida lo stato, ad impedire frizzi e qualunque allusione men che rispettosa a quella parte del pubblico che pure dobbiamo supporre anch'essa fra gli spettatori di Plauto.
La commedia latina è uno spettacolo governato da un codice formale assai rigido. Gli attori portavano la maschera e la maschera non meno del costume, è fissa per ogni "tipo" scenico: vecchio, giovane, le-

nuova greca, i personaggi di Plauto sono **maschere caricaturali** che assumono una **fissità innaturale**, senza cambiamenti, evoluzione o sfumature. Poco importa l'ambiente in cui si muovono o l'incongruenza di avere usanze romane pur abitando in città greche: essi vivono per le battute scoppiettanti che strappano il riso e l'applauso di un pubblico che non cerca la caratterizzazione psicologica, ma trova irresistibilmente comiche le mosse del vecchio attaccato al suo denaro, del soldato che vanta imprese senza senso, del cuoco che rimesta tra pignatte e salsicce o dello spiantato perennemente alla ricerca di scroccare un pranzo.

Alcuni attori si preparano forse per un dramma satiresco, I secolo a.C., Napoli, Museo Archeologico Nazionale.

none, signora per bene, cortigiana, ragazza di buona famiglia, servetta, schiavo, parassita, soldato e così via, con possibili differenziazioni all'interno di ogni "tipo": vecchio benevolo o arcigno, giovane costumato o dedito ai piaceri... Stando così le cose, appena un personaggio entrava in scena, il pubblico riconosceva immediatamente, prima ancora ch'egli eventualmente lo facesse capire con versi indicanti la sua condizione o la sua parte nella vicenda, il "tipo" cui apparteneva. [...] Anche i nomi dei personaggi servono alla loro identificazione, ma in modo molto secondario: prova ne sia che nei prologhi, là dove Plauto espone l'antefatto e le linee generali della vicenda che sta per andare in scena (scioglimento compreso, ma al pubblico interessavano le peripezie e non il previsto lieto fine), i personaggi sono sempre menzionati usando la qualifica scenica, cui corrisponde una ben precisa maschera, e non i nomi, tra l'altro difficili da ricordare. Ciò influì in modo notevole sulla tecnica della recitazione e sulla struttura stessa della commedia. Da un lato infatti consentì a Plauto di lasciare senza nome proprio figure importantissime, il protagonista addirittura (*n.d.r.* per esempio i *Menaechmi* o il vecchietto protagonista della Casina); dall'altro permise che, proseguendo di nuovo un'usanza del teatro greco, un attore recitasse più parti (purché, naturalmente, l'attore avesse tempo sufficiente per ritirarsi e cambiare maschera e vesti) e persino che una parte venisse divisa fra due attori.

C. Questa, *Il teatro romano all'epoca di Plauto*, in Plauto, *Pseudolo*, Rizzoli, Milano 2006[12]

I rapporti con il mondo greco Plauto visse in un'epoca di radicali trasformazioni sociali, in cui ebbero un peso determinante i rapporti culturali e di costume con la Grecia. Da una parte la società romana si poneva in modo positivo verso la cultura greca con un atteggiamento esterofilo, dall'altra resistevano forme di conservatorismo, che portavano a disprezzare e deridere quella stessa cultura. Ciò è visibile anche nel teatro, che rifletteva gli atteggiamenti della società. Se da un lato la maggior parte della produzione drammatica latina si rifaceva a quella greca e ne riproponeva i modelli, rivelando il fascino che quel mondo lontano esercitava sull'animo dei Romani, dall'altro i personaggi ridicolizzati sulla scena (come il vecchio gabbato e raggirato dal servo) avevano tutte le caratteristiche degli uomini greci.

i modelli greci

La medesima **ambivalenza** si ritrova nei rapporti che intercorrono tra Plauto e i **modelli greci** a cui egli attinse. Tali rapporti risultano per noi problematici anche perché, non essendo pervenuto quasi nulla della produzione comica greca riferita alla *mése* e alla *néa*, è pressoché impossibile stabilire precisamente quanto Plauto dipenda dai commediografi greci. In generale, per quanto ne sappiamo, possiamo affermare che, per la stesura dei suoi intrecci drammatici, Plauto attingeva soprattutto alla *néa* e in particolare a Difilo e Filemone.

Quando consideriamo Plauto intento a rifarsi agli originali greci, non dobbiamo però pensare che la sua opera consistesse in una pura e semplice traduzione dei testi greci: era in realtà un'operazione più complessa, cui Plauto stesso si riferisce in due celebri prologhi, quello dell'*Asinaria* (v. 11) e quello del *Trinummus* (v. 19), definendola con l'espressione ***vortit barbare***. Se si considera che in altre circostanze (cfr. *Amphitruo*, v. 121 e *Mostellaria*, v. 218) Plauto utilizza il verbo *vortere* per indicare una «trasformazione», un cambiamento di aspetto, si può comprendere che la sua opera traduttiva non mirava solo a una trasposizione del modello originario in lingua latina, bensì a una riscrittura che interpretasse l'originale greco e lo adattasse alla cultura latina, creando una "traduzione letteraria" e non solo "linguistica". *Vortere* quindi è inteso come "reinterpretare" la tradizione comica greca sulla base della cultura latina, un'operazione che attribuisce a Plauto il diritto di modificare l'originale a tutti i livelli, dando vita a un testo nuovo, mutato e adattato alle esigenze del pubblico romano.

Presunto ritratto di Menandro, I secolo a.C., Pompei, Casa del Menandro.

Certo questo testo "nuovo", questa "versione reinterpretata" doveva apparire a un greco qualcosa di assolutamente strano. Perciò Plauto, assumendo l'ottica dei Greci, definisce il proprio lavoro del *vortere* con l'avverbio *barbare*; *barbarus* è infatti per i Greci tutto ciò che è straniero, alieno alla loro cultura, alla loro civiltà considerata il massimo della raffinatezza. C'è nell'avverbio usato da Plauto un velo di ironia, forse, ma anche la rivendicazione di un'opera che, pur affondando le radici nella tradizione ellenica, trova tratti di autentica originalità.

A proposito della rielaborazione degli originali greci, va ancora ricordata l'operazione che Plauto fece a livello di intreccio: non si mantenne fedele a un unico testo greco, ma mescolò parti di più commedie dello stesso autore o di autori diversi. Quest'arte di cucire insieme scene di diversa provenienza prese il nome di ***contaminatio***.

Inoltre nei copioni greci Plauto introdusse i *cantica*, di cui già si è detto, modificando sostanzialmente la struttura metrico-stilistica dell'opera e dando prova di notevoli doti di **sperimentalismo**. Anche l'**ampliamento** di dialoghi e monologhi rispetto al prototipo greco è un'innovazione importante, che tra l'altro consente all'autore latino di inserire nel testo elementi tipici della sua arte, come i giochi di parole o gli ammiccamenti metaforici, secondo i moduli espressivi dell'*Italum acetum*. Un ulteriore motivo di novità rispetto al modello greco è il cosiddetto **metateatro**, o teatro nel teatro. Si tratta del procedimento in base al quale all'interno dell'illusione scenica un personaggio allestisce una sua personale finzione, assumendo così il ruolo del drammaturgo. Nel caso di Plauto, a svolgere questa funzione è quasi sempre il servo, che, rivolgendosi direttamente al pubblico, gli rivela i retroscena della vicenda. Poiché questa messa in scena ha i tratti della *fabula Atellana* o dei *fescennini*, questa invenzione consente di innovare la struttura teatrale greca, inserendovi elementi tipici della tradizione scenica italica.

TEATRO

MEDIABOOK ▶

PLAUTO

Un mondo alla rovescia Gli intrecci prevedibili e ripetitivi del teatro plautino incontrarono il successo del pubblico, anche perché gli eterni contrasti padre-figlio, servo-padrone in essi contenuti erano in grado di intercettare le aspettative della società del tempo. La comicità di Plauto, come rileva in una interessante riflessione Maurizio Bettini (*Un'utopia per burla*, saggio introduttivo a Plauto, *Mostellaria, Persa*, Mondadori, Milano 1981, pp. 9-24), presentava al pubblico un rovesciamento dei rapporti sociali esistenti nella realtà, simile a quello di un'immagine nello specchio. Il "gioco" plautino starebbe proprio qui, in una divertente inversione della realtà, più che nell'autentica volontà che i subalterni riescano a farsi beffe del padre o del *dominus*. Questo gioco incontrava il gusto – e in qualche misura il bisogno – degli spettatori, perché rifletteva sulla scena quanto avveniva ogni anno in occasione della festa dei Saturnali.

il capovolgimento della realtà

Istituita ufficialmente il 17 dicembre del 217 a.C., la festa dei ***Saturnalia*** consentiva, anzi quasi obbligava, a indossare i panni dello schiavo affrancato (a partire dal

LE FESTE DEI FOLLI

Il rovesciamento dei ruoli e la sospensione della quotidianità, che le feste dei *Saturnalia* hanno messo in scena ogni anno nel mondo latino, trovano un motivo di continuità nelle feste dei folli del Medioevo europeo, in cui diceva Rabelais «una parte del mondo si travestirà per ingannare l'altra ed essi correranno per le strade come folli e fuori di senno». Durante questo tempo la burla, la beffa, il riso, l'abbondanza del cibo, la sospensione delle regole e delle norme morali tradizionali costituivano la nuova "legge" condivisa dal popolo di villaggi e città, che eleggevano per l'occasione un re per burla, il re del carnevale, spesso connotato dalla bruttezza e dall'emarginazione sociale. La festa, che poteva durare anche una settimana, si concludeva invariabilmente con la reintegrazione dell'ordine costituito, mostrando così tutta l'ambiguità del riso carnevalesco, che è tanto più sfrenato quanto più è consapevole della sua estemporaneità.

P. Bruegel, *Battaglia tra il Carnevale e la Quaresima* (*part.*), 1559, Vienna, Kunsthistorisches Museum.

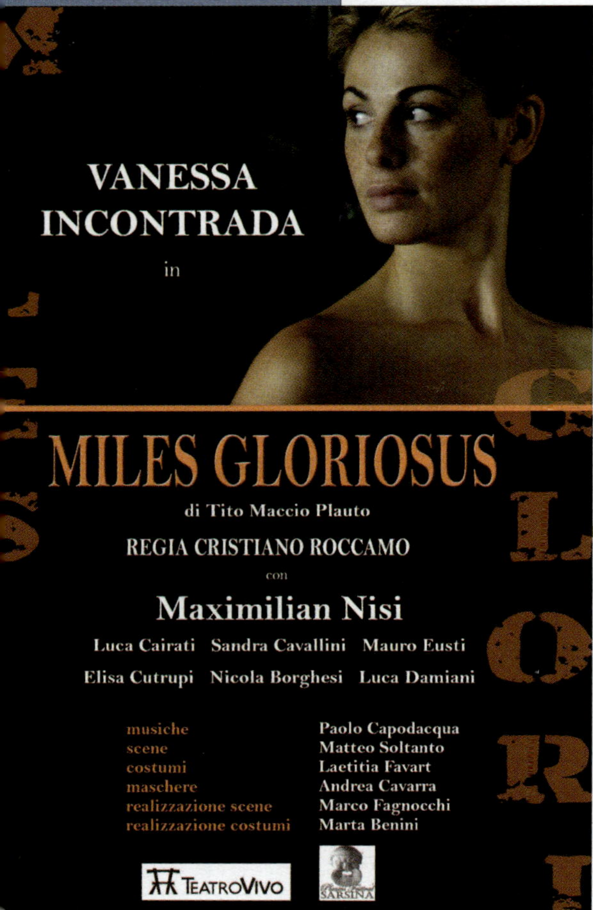

IL FESTIVAL DI SÀRSINA

Ogni anno a Sàrsina, in Emilia, dal 15 luglio al 15 agosto si tiene un festival di teatro dedicato alla figura di Plauto. L'iniziativa ha ormai più di mezzo secolo, essendo stata istituita nel 1956, e ha assunto un rilievo progressivamente maggiore, fino ad arrivare all'istituzione di *stages* specializzati nella comicità plautina, in cui si fa scuola di teatro. Da qualche anno a questa parte la rassegna prevede non solo opere di Plauto, ma più in generale di classici, sia del mondo antico sia della cultura europea.

Cartellone del *Miles gloriosus*, rappresentato al Festival di Sarsina nel luglio 2011.

pileus),[3] a bere e mangiare senza limiti, a scherzare e giocare a dadi. La festa aveva una grande portata liberatoria, data proprio dal capovolgimento della realtà e simboleggiata dal gioco dei dadi (vale a dire dal dominio assoluto del caso) e dal fatto che per un giorno i cittadini liberi vestivano come schiavi e gli schiavi sedevano a mensa con i padroni. **Era come se la realtà venisse sospesa e il mondo, appunto, si capovolgesse**. Tutto naturalmente durava il tempo della festa e tutto, subito dopo, riprendeva il corso di sempre, perché il capovolgimento aveva senso solo se provvisorio e immediatamente seguito dal **ristabilimento dell'ordine precedente**. Proprio come avveniva in questa festa, nelle palliate plautine schiavi, parassiti e *adulescentes*, cioè la porzione marginale della società che nella vita reale non aveva peso né importanza, si impadroniscono della scena e divengono i protagonisti indiscussi. La rottura dell'ordine stabilito consentiva ai personaggi di compiere azioni assolutamente inimmaginabili nella vita quotidiana reale: ai padri di insidiare le donne desiderate dai figli, a cittadini liberi di essere trattati come schiavi, a uomini sposati di contendere una donna a uno scapolo. Questa sovversione dei costumi era di fatto accettata dall'autorità politica e civile del tempo, ampiamente apprezzata dal pubblico e contribuiva alla riuscita comica dei testi plautini, a patto però che – al termine dell'azione – le cose tornassero tutte al loro posto.
Si può ancora aggiungere che la sovversione di cui abbiamo parlato (con il successivo, inevitabile ritorno alla "normalità") e la centralità assunta in nome di essa dal *servus* soprattutto, ma anche dal parassita e dall'*adulescens*, non consentivano alle commedie plautine di farsi portatrici di messaggi morali o di profonde riflessioni culturali. Per questo si è soliti parlare di una sostanziale **amoralità** dei testi di Plauto, nel senso che l'autore non intendeva trasmettere al suo pubblico alcun valore morale, ma neppure mettere realmente in dubbio i principi del *mos maiorum*, su cui si fondava il sistema etico romano.

La lingua plautina La *vis comica* di Plauto, che nasce da **situazioni di per sé comiche** (ottenute attraverso colpi di scena, scambio di personaggi, beffe ordite a danno degli altri, inganni e raggiri), dal **coinvolgimento diretto del pubblico** (ottenuto attraverso la rottura della finzione scenica e l'allocuzione di un perso-

3. Il *pileus* era il copricapo a forma conica di feltro che veniva indossato dagli schiavi affrancati.

naggio nei confronti degli spettatori), ha un terzo punto di forza nell'**uso di una lingua estremamente duttile**, che si avvale di neologismi, iperboli, doppi sensi, interiezioni, espressioni buffonesche, giochi di parole e accostamenti grotteschi di termini eleganti e di vocaboli rozzi.

L'estrema **vivacità** e la straordinaria **ricchezza espressiva** che caratterizzano la lingua di Plauto a tutti i livelli, lessicale, morfologico e sintattico, contribuiscono infatti in maniera determinante alla comicità dei testi. Il linguaggio di fondo utilizzato dal commediografo è il *sermo familiaris*, cioè la lingua parlata a Roma tra il III e il II secolo a.C. Su di esso, tuttavia, l'autore innesta, ogni volta che lo ritiene opportuno ai fini della resa scenica, elementi tratti dai registri linguistici più disparati. Si forma così una **lingua mista**, in cui vocaboli del linguaggio quotidiano sono accostati a termini del linguaggio letterario ed elegante, la lingua plebea e quella rustica convivono con espressioni del mondo giuridico o di quello religioso, tratti propri della farsa italica sono mescolati a elementi della tragedia o dei *carmina*. A rendere ancora più variegato, mobile, ricco, complesso e vivace il linguaggio concorrono inoltre figure retoriche, specialmente di suono (allitterazioni, assonanze, poliptoti, paronomasie), accumulazioni di sinonimi, neologismi, parole composte, giochi di parole. Ed ecco allora che troviamo frasi come questa, contenuta nell'*Aulularia*: *Occisissimus sum omnium* («Sono il più ucciso di tutti») o l'efficacissima risposta di Carmide nel *Trinummus*; al parassita che gli chiede: *Ergo ipsusne es?* («Dunque sei tu?»), l'altro risponde: *Ipsissimus!* («Sono io stessissimo!»). Altri esempi sono il neologismo superlativo *geminissimus* («gemello copia perfetta») del *Persa*; l'aggettivo pluricomposto *turpilucricupidus* («amante del turpiloquio») del *Trinummus*; sostantivi composti da un elemento greco unito a uno latino, come *pultifagus* («mangiatore di farinata», *Mostellaria* e *Poenulus*) o *inanilogista* («venditore di chiacchiere», *Pseudolus*).

una lingua mista

I testi plautini si possono dunque considerare come un enorme, geniale laboratorio di creazione linguistica di cui sono parte integrante i cosiddetti "**nomi parlanti**". Molti personaggi hanno infatti nomi che si collegano perfettamente con la funzione che svolgono o i vizi che li caratterizzano. Si pensi al Crìsalo delle *Bacchides*, così chiamato perché possiede la capacità di procurarsi monete d'oro («oro» in greco si dice *chrysòs*), o a Pseudolo, che deve il suo nome al nome greco *pseûdos* («menzogna»). Neppure il **gusto per l'esotico** sfugge a Plauto, che in talune commedie si inventa nomi stranieri fittizi, come accade nel *Persa*, o dà vita a veri e propri vocabolari pseudo-stranieri, come il cartaginese dal sapore maccheronico del *Poenulus*.

i "nomi parlanti"

A questo straordinario sperimentalismo linguistico corrisponde un'**estrema varietà metrica**. Già gli antichi riconoscevano come dote caratteristica dei testi plautini i *numeri innumeri*, vale a dire gli infiniti metri, con cui Plauto componeva i suoi *cantica*, testimonianza della sua grande e libera invenzione creativa. I modelli del teatro attico a cui si rifaceva non possedevano parti cantate ed erano caratterizzati da un uso "regolare" della metrica. Plauto avvertì l'esigenza di una musicalità che si sposasse pienamente con l'estro comico che egli immetteva nei suoi testi, perciò profuse il massimo impegno nell'invenzione di un apparato metrico-musicale che non fosse solo abbellimento della sua pagina. Questa ricchezza metrica è forse l'elemento più singolare della produzione plautina, come pare testimoniare il suo epitaffio:

la varietà metrica

Postquam est mortem aptus Plautus, Commedia luget,
Scaena est deserta, dein Risus, Ludus Iocusque
Et Numeri innumeri simul omnes conlacrimarunt

Da quando Plauto è morto, la Commedia piange,
la scena è abbandonata, lo Scherzo e il Gioco e
i Ritmi infiniti piangono tutti insieme

(trad. di S. Dossi)

La fortuna

presso i contemporanei Presso i contemporanei Plauto godette di enorme fortuna che continuò nei decenni successivi alla sua morte, come ci è dato capire dall'elevato numero di commedie a lui attribuite per garantire loro successo. **il declino** Il declino cominciò in età augustea, quando poeti come Orazio sostennero di non apprezzare né il contenuto né lo stile plautini (cfr. *Ars poetica*, vv. 270-273) e perdurò fino al II secolo d.C., durante il quale si riaccese l'interesse per il teatro di Plauto, oggetto dello studio erudito di alcuni retori.

nel Medioevo Una nuova eclissi si ebbe nel Medioevo, allorché furono di gran lunga preferiti i testi di Terenzio, finché nel 1424 venne scoperto a Colonia un codice di commedie plautine che riaccese l'interesse per il commediografo. **nel Rinascimento** A seguito di ciò gli umanisti e gli scrittori del Rinascimento tornarono a rappresentarlo nei teatri di corte, anche se non tutti furono d'accordo con la sua grandezza, tant'è che Erasmo da Rotterdam continuò a preferirgli Terenzio. La sua fortuna però ridivenne grande, tanto che molti testi drammatici incominciarono a ispirarsi alla sua opera: si pensi alla *Clizia* di Machiavelli, alla *Cassaria* di Ariosto, all'*Avare* di Molière, a *The comedy of errors* di Shakespeare, solo per citare alcune tra le opere più note. **nell'età romantica** Nell'età romantica, la maggior parte dei filosofi e dei letterati tornò a mettere in dubbio la validità dell'arte di Plauto, vedendolo come un maldestro imitatore dei Greci. Anche il Positivismo lo sottovalutò, a causa della componente farsesca presente nei suoi intrecci. **nel Novecento** Solo dalla metà del Novecento Plauto è tornato a essere apprezzato e soprattutto i suoi personaggi hanno fornito materia di creazione narrativa per moltissime opere moderne.

IN SINTESI

- Plauto si rifece costantemente a **modelli greci** della commedia *mése* e soprattutto *néa*, apportando però significative innovazioni, tra cui ricordiamo: la ***contaminatio***, l'uso dei ***cantica***, il **metateatro**, l'introduzione di strumenti espressivi che si rifacevano **all'*Italum acetum***. Anche la traduzione degli originali greci fu affrontata secondo il modulo che lo stesso Plauto definisce ***vortit barbare***, cioè non limitandosi a una traduzione linguistica, ma proponendo una traduzione letteraria, che tenesse conto delle esigenze culturali e della mentalità romane.

- È possibile **classificare le commedie** in sei categorie: commedia della beffa, commedia del romanzesco, commedia dell'agnizione, commedia dei *simillimi*, commedia della caricatura, commedia composita. I **personaggi** sono "tipi" fissi privi di spessore psicologico. Il personaggio chiave del teatro plautino è il servo, che conquista la simpatia dell'autore per le sue caratteristiche di astuzia e vivacità.

- Alla base del teatro plautino c'è il motivo del **carnevalesco**, cioè il capovolgimento degli assetti ordinari del vivere quotidiano. Il rovesciamento della realtà e la sospensione della quotidianità possono tuttavia sussistere in vista di una riaffermazione dei ruoli sociali, una volta chiusa la scena.

- Plauto dimostra un'enorme capacità creativa e un notevole sperimentalismo nella **lingua** e nella **metrica**. Da qui sorgono i *numeri innumeri*, da qui prende corpo un linguaggio misto, fatto di neologismi, artifici fonici, accumulazioni, giochi di parole, linguaggi di invenzione.

- Questi elementi stilistici contribuiscono non poco alla ***vis comica*** di Plauto, che si avvale anche del coinvolgimento diretto del pubblico, attraverso l'allocuzione e la rottura della finzione scenica, e della presentazione di situazioni farsesche, riprese dalla tradizione italica, in cui i personaggi ordiscono trame, inganni e raggiri. Le battute, gli scambi di persona, i doppi sensi e il capovolgimento paradossale delle gerarchie completano il quadro della comicità plautina.

- La fortuna di Plauto fu alterna nel corso dei secoli. Generalmente apprezzato, letto e rappresentato, egli trovò nei poeti dell'età augustea, nei medievali, in taluni umanisti come Erasmo da Rotterdam e nei romantici i suoi principali detrattori.

INDICAZIONI BIBLIOGRAFICHE

Le edizioni dei testi

W.M. LINDSAY, *T. Macci Plauti, Comoediae*, Oxford, Scriptorum Classicorum Bibliotheca Oxoniensis, 1904 e successive ristampe.

A. ERNOUT, *Plaute, Comédies*, Parigi, Les Belles Lettres, 1932-1961.

PLAUTO, *Le Commedie*, a cura di G. AUGELLO, Torino, UTET, 1972-1976², 3 voll.

PLAUTO, *Commedie*, a cura di C. CARENA, Torino, "Millenni" Einaudi, 1975.

PLAUTO, *Tutte le commedie*, a cura di E. PARATORE, Roma, Newton Compton, 1981², 5 voll.

PLAUTO, *Mostellaria - Persa*, a cura di M. BETTINI, Milano, A. Mondadori, 1981.

PLAUTO, *Il soldato fanfarone*; *La casa del fantasma*; *Pseudolo*; *I Menecmi*; *La pentola del tesoro*; *Casina*; *Le tre dracme*; *Asinaria*; *I prigionieri*, a cura di M. SCANDOLA, con introduzione di C. QUESTA, Milano, Rizzoli, 1984-1994.

PLAUTO, *Anfitrione*, a cura di R. ONIGA, con introduzione di M. BETTINI, Venezia, Marsilio, 1991.

PLAUTO, *Anfitrione*; *Bacchidi*; *Menecmi*; *Casina*; *Pseudolo*; *Aulularia*; *Miles gloriosus*; *Mostellaria*, a cura di V. FAGGI, M. RUBINO, Milano, "Grandi libri Garzanti", 1993-1996.

Gli studi

E. FRAENKEL, *Elementi plautini in Plauto*, trad. it., Firenze, La Nuova Italia, 1960.

F. DELLA CORTE, *Da Sarsina a Roma. Ricerche plautine*, Firenze, La Nuova Italia, 1967².

C. QUESTA, *Introduzione alla metrica di Plauto*, Bologna, Patron, 1967.

A. TRAINA, *Comoedia*, Padova, CEDAM, 1969³.

M. BARCHIESI, *Plauto e il "metateatro" antico*, "Il Verri", XXXI (1969), pp. 113-30.

A. MARZULLO, *Dalla satira al teatro popolare latino. Ricerche varie*, Milano, Ceschina, 1973.

G. PETRONE, *Morale e antimorale nella commedia di Plauto*, Palermo, Palumbo, 1977.

A. TRAINA, *Forma e suono*, Roma, Edizioni dell'Ateneo, 1977.

G. CHIARINI, *La recita. Plauto, la farsa, la festa*, Bologna, Patron, 1983².

C. QUESTA - R. RAFFAELLI, *Maschere, prologhi, naufragi nella commedia plautina*, Bari, Adriatica, 1984.

A. TRAINA, *Note plautine*, in *I poeti latini (e neolatini)*, vol. I, Bologna, Patron, 1986.

G. ALFÖLDY, *La trasformazione strutturale del II secolo a.C.*, in *Storia dell'antica Roma*, trad. di A. ZAMBRINI, Bologna, Il Mulino, 1987.

M. BETTINI, *Verso un'antropologia dell'intreccio e altri studi su Plauto*, Urbino, Quattroventi, 1991.

G. CHIARINI, *Introduzione a Plauto*, Roma-Bari, Laterza, 1991.

A.S. GRATWICK, *Plauto*, in AA.VV., *La letteratura latina della Cambridge University*, Milano, Mondadori, 1993², pp. 148-181.

G. ARICÒ, *Plauto*, in I. LANA - E.V. MALTESE (a cura di), *Storia della civiltà letteraria greca e latina*, vol. II, Torino, UTET, 1998, pp. 292-308.

R. BACCANELLI, *L'«amicitia» nelle commedie di Plauto: un'indagine antropologica*, Bari, Edipuglia, 1998.

Lecturae Plautinae Sarsinates. 1, Amphitruo, a cura di R. RAFFAELLI - A. TONTINI, Urbino, Quattroventi, 1998.

Lecturae Plautinae Sarsinates. 2, Asinaria, a cura di R. RAFFAELLI - A. TONTINI, Urbino, Quattroventi, 1999.

A. TRAINA, *Forma e suono. Da Plauto a Pascoli*, Bologna, Patron, 1999.

Lecturae Plautinae Sarsinates. 3, Aulularia, a cura di R. RAFFAELLI - A. TONTINI, Urbino, Quattroventi, 2000.

Lecturae Plautinae Sarsinates. 4, Bacchides, a cura di R. RAFFAELLI - A. TONTINI, Urbino, Quattroventi, 2001.

Lecturae Plautinae Sarsinates. 5, Captivi, a cura di R. RAFFAELLI - A. TONTINI, Urbino, Quattroventi, 2002.

Lecturae Plautinae Sarsinates. 6, Casina, a cura di R. RAFFAELLI - A. TONTINI, Urbino, Quattroventi, 2003.

G. PADUANO, *Il teatro antico. Guida alle opere*, Roma-Bari, Laterza, 2005.

Sitografia

Per Plauto non ci sono specifici siti.

Per il reperimento dei testi ci si può indirizzare ai siti più affermati:

http://www.thelatinlibrary.com/plautus.html (che riporta il testo latino in tutte le commedie).

http://www.perseus.tufts.edu/ (che propone il testo, l'analisi grammaticale, la traduzione in lingua inglese e le occorrenze dei singoli termini per tutte le commedie plautine, tranne la *Vidularia*).

http://www.readme.it/ (che riporta una selezione di 19 commedie).

ET NUNC VALETE ET NOBIS CARE PLAUDITE

PERCORSI ANTOLOGICI

I percorsi scelti per Plauto tendono a illustrare alcuni dei caratteri peculiari di quello che fu il primo autore latino a concentrarsi interamente sulla produzione di un solo genere letterario: la palliata. Privo di quella originalità a sfondo psicologico connessa ai principi dell'*humanitas*, che ritroveremo in Terenzio, Plauto si fa notare per l'originalità linguistica e per lo sperimentalismo metrico-stilistico, grazie ai quali varia i modelli greci cui pure fa costante riferimento nella stesura dei suoi intrecci. In una produzione in cui la monotonia degli intrecci fa il paio con la scarsa originalità dei personaggi, si è cercato di dare risalto alla figura del *servus*, cui va la simpatia dell'autore, unico tra i personaggi ad aver meritato l'attenzione artistica di chi lo ha creato.

Ne sono nati i seguenti percorsi:

1 L'autore e il suo pubblico
2 Il *servus* nelle sue tipologie ricorrenti
3 Ambienti e tipi del teatro plautino
4 La *vis comica* plautina

Modello di *frons scenae*, III-II secolo a.C., Napoli, Museo Archeologico Nazionale.

1 L'autore e il suo pubblico

Capita spesso che nelle commedie di Plauto i personaggi si rivolgano direttamente al pubblico per diversi motivi: invitare gli spettatori ad ascoltare, raccontare l'antefatto, riflettere sui meccanismi scenici. Ciò avviene frequentemente nei prologhi, che sono molto più convenzionali di quanto avverrà invece in Terenzio e consistono per lo più nell'esposizione dell'*argumentum* e nella *captatio benevolentiae.* Di lunghezza variabile, i prologhi possono essere anche i luoghi in cui Plauto parla di se stesso, come avviene nell'*Asinaria* (v. 11), nel *Mercator* (v. 6) e nel *Truculentus* (v. 1) o accenna alla tecnica usata per tradurre i testi dal greco (il celebre *vortit barbare*). Anche all'interno della commedia, però, avvengono delle improvvise interruzioni nello svolgimento dell'azione. Sono i momenti in cui un personaggio entra in diretta relazione con il pubblico per spiegare i meccanismi della messa in scena comica, dando vita a quello che viene definito "metateatro".

LAT/ITA	TESTO 1	*Asinaria*, vv. 1-15
ITA	TESTO 2	*Miles gloriosus*, vv. 79-98
LAT/ITA	TESTO 3	*Trinummus*, vv. 1-22
ITA	TESTO 4	*Amphitruo*, vv. 38-63
ITA	TESTO 5	*Curculio*, vv. 462-486
ITA	TESTO 6	*Pseudolus*, vv. 562-573b

TESTO 1

Che questo spettacolo porti bene a me e a voi

Asinaria, vv. 1-15

Nel caso dell'*Asinaria* a parlare in prima persona è il Prologo stesso. Le sue parole risultano per noi particolarmente interessanti perché in esse è contenuto l'accenno al *vortit barbare*, vale a dire ai procedimenti adottati da Plauto per trasporre il testo greco in ambito romano. A *scribere* il testo, cioè a comporre il copione originale, è stato infatti un certo Demofilo, mentre a Plauto è toccata l'operazione del *vortere*, del «tradurre» l'originale in lingua latina.
Particolare nel testo è anche il fatto che per indicare Plauto venga usato il nome *Maccus*, che – come si sa – era una maschera della *fabula Atellana*. Questa denominazione ha dato origine a interpretazioni differenti: alcuni infatti hanno voluto vedere in *Maccus* il nome della *gens* a cui Plauto sarebbe appartenuto, anche se in genere viene considerato poco probabile che – date le sue origini – Plauto potesse realmente possedere i *tria nomina* riservati ai cittadini romani; per altri, invece, qui Plauto ha voluto soltanto attribuire a se stesso in maniera scherzosa il nome di una famosa maschera del teatro osco per celare il proprio nome e insieme alludere al fatto di aver conquistato la sua notorietà proprio recitando come attore nel ruolo di *Maccus*.
Sul piano linguistico, al v. 3 si possono notare alcuni termini propri del mondo del teatro: *gregi ... dominis ... conductoribus*. La tecnica di accumulo di figure di suono (allitterazione, poliptoto e figura etimologica) presente nei vv. 9-10 (*dixi ... dicere ... dicam*) è in linea con una pratica molto diffusa in Plauto, finalizzata alla creazione di effetti comici.

Metro: senari giambici ⏓⏑́⏑, ⏓⏑́⏑, ⏓⏑́⏑, ⏓⏑́⏑, ⏓⏑́⏑, ⏑⏑́

PROLOGUS

Hoc agite sultis, spectatores, nunciam;
quae quidem mihi atque vobis res vertat bene
gregique huic et dominis atque conductoribus.
Face nunciam tu, praeco, omnem auritum poplum.
Age nunc reside: cave modo ne gratiis.
Nunc quid processerim huc et quid mihi voluerim
dicam: ut sciretis nomen huius fabulae.
Nam quod ad argumentum attinet, sane brevest.
Nunc quod me dixi velle vobis dicere,
dicam: huic nomen Graece Onagost fabulae;
Demophilus scripsit, Maccus vortit barbare;
Asinariam volt esse, si per vos licet.
Inest lepos ludusque in hac comoedia,
ridicula res est. Date benigne operam mihi,
ut vos <ut>item alias, pariter nunc Mars adiuvet.

PROLOGO

State attenti ora, vi prego, spettatori; e possa questo spettacolo risolversi in un successo per me, per voi, per questa compagnia, per i suoi proprietari e per coloro che l'hanno ingaggiata. A te, araldo: fa' che il pubblico sia tutto orecchi. (*L'araldo dà fiato alla tromba*). Sta bene, siediti adesso: bada soltanto che la tua opera non sia stata vana. (*Avanzandosi verso il pubblico*) Ora vi dirò perché son venuto qua e cosa mi sono proposto: volevo rendervi noto il titolo di questa commedia. Per quanto riguarda il soggetto, è assai breve. Vi dirò dunque quanto ho promesso di comunicarvi: questa commedia s'intitola in greco *Onagos*; ne è autore Demofilo; Macco l'ha tradotta in lingua straniera. Vorrebbe intitolarla *L'Asinaria*, se voi lo permettete. In questa commedia v'è spirito e buon umore; è uno spettacolo da ridere. Prestatemi la vostra benevola attenzione; e che Marte vi protegga oggi come già in passato.

(trad. di M. Scandola)

TESTO 2

Vi userò la cortesia di esporvi il soggetto di questa commedia

Miles gloriosus, vv. 79-98

La prima scena del II atto del *Miles gloriosus* costituisce il prologo «ritardato», cosa non desueta in Plauto, come pure nella commedia *néa*, secondo quanto attesta anche Donato, un grammatico e commentatore di testi comici. Egli avverte che se il compito del prologo è quello di precedere la vicenda vera e propria, tuttavia esso può comparire anche dopo l'inizio della commedia e cita a sostegno di quanto affermato proprio il *Miles gloriosus* plautino. La recita è affidata al servo Palestrione che, dopo aver citato il modello greco della commedia, *Alazón* («Fanfarone»), narra l'antefatto della vicenda. La scelta di Palestrione appare quanto mai significativa, tenuto conto che egli è il perno della storia e il punto focale dell'azione scenica, dato il suo ruolo di orditore di inganni.

Il racconto di Palestrione, che si presenta al pubblico nelle vesti di servo di Pirgopolinice, consente allo spettatore di venire a conoscenza dei dati necessari alla comprensione della vicenda successiva e contiene la citazione del luogo in cui è ambientata la commedia. Si osservino il modo in cui all'inizio il personaggio cerca di accattivarsi la simpatia del pubblico e le stoccate che lancia contro il suo padrone, di cui mette in ridicolo le spacconate.

PALESTRIONE

Vi userò la cortesia di esporvi il soggetto di questa commedia, se avrete la bontà d'ascoltarmi. Chi poi non volesse ascoltare, si alzi e vada fuori, in modo da lasciar il posto a chi vuole ascoltare. Ora, siccome è per tal ragione che siete venuti a sedervi in questo luogo di svago, vi dirò il soggetto e il titolo della commedia che stiamo per rappresentare. Essa s'intitola in greco *Alazón*; è quello che noi, in latino, chiamiamo un fanfarone. Questa città è Efeso; il militare che se n'è andato al foro è il mio padrone: uno smargiasso, sfacciato, schifoso, un collezionista di spergiuri e d'adultèri. A sentir lui, tutte gli corron dietro, e invece, dovunque passa, non ve n'è una che non si beffi di lui; basta guardare le cortigiane della città: quando lo baciano, le più storcono la bocca. Ora, non è molto che io sono il suo servo; e voglio che voi sappiate come gli sono capitato fra le mani, dopo esser stato al servizio di un altro. Fate attenzione: perché adesso comincerò a esporvi il soggetto.

(trad. di M. Scandola)

TESTO 3

Prima di tutto prestate attenzione

Trinummus, vv. 1-22

Il prologo del *Trinummus* è uno dei più belli del teatro plautino. Protagonisti sono due personaggi allegorici: *Luxuria* («Lussuria») e *Inopia* («Miseria»). La prima ha aiutato il giovane Lesbonico a dissipare il patrimonio di famiglia e ora si trova nella necessità di abbandonarlo perché egli non è più in grado di mantenerla. Perciò gli manda in casa la figlia *Inopia*. La commedia deriva – come attesta lo stesso autore – da un originale greco di Filemone, intitolato *Thesaurós* («Il Tesoro»). Plauto però ha mutato il titolo e con arguzia ha denominato la commedia *Trinummus*, vale a dire «Tre monete», alludendo al fatto centrale della *fabula*, cioè al prezzo pattuito per l'intervento di un servo che dovrà risolvere positivamente la situazione di ristrettezze economiche in cui versano Lesbonico e la sorella. Il cambiamento del titolo rispetto all'originale greco rientra in quei processi di trasformazione del modello attuati da Plauto e richiamati, in questo prologo come in quello precedente dell'*Asinaria*, dall'espressione *vortit barbare*, di cui già si è detto.

Rilevante nel testo è il fatto che vi compaia il nome proprio di Plauto (v. 8) come autore della commedia. È una circostanza che si ripete nell'intero corpo del teatro plautino solo in un'altra occasione (*Truculentus*, v. 1). Da notare anche come ricorrano più volte espressioni e termini che invitano gli spettatori all'attenzione: *si animum advortitis* (v. 7); *accipite et date vocivas aures* (v. 11); *adeste cum silentio* (v. 22). Ciò è rivelatore di un pubblico di livello sociale piuttosto basso, che era solito rumoreggiare e tardava a mettersi nel giusto atteggiamento di silenzio di fronte allo spettacolo e a porre attenzione a quanto stava accadendo sulla scena.

Metro: senari giambici ⏕⏑́⏑, ⏕⏑́⏑, ⏕⏑́⏑, ⏕⏑́⏑, ⏕⏑́⏑, ⏑⏑́

LUXURIA, INOPIA

LUX. Sequere hac me, gnata, ut munus fungaris tuom.
INOP. Sequor, sed finem fore quem dicam nescio.
LUX. Adest; em illae sunt aedes. I intro nunciam.
Nunc, ne quis erret vostrum, paucis in viam
deducam, si quidem operam dare promittitis.
Nunc igitur primum quae ego sim, et quae illaec siet
huc quae abiit intro, dicam, si animum advortitis.
Primum mihi Plautus nomen Luxuriae indidit;
tum hanc mihi gnatam esse voluit Inopiam.
Sed ea Huc quid introierit inpulsu meo,
accipite et date vocivas aures dum eloquor.
Adulescens quidamst, qui in hisce habitat aedibus;
is rem paternam me adiutrica perdidit.
Quoniam ei qui me aleret nil video esse relicui,

SCHEDA LESSICALE

I verbi latini che indicano l'opera del tradurre

Abbiamo osservato che i prologhi dell'*Asinaria* e del *Trinummus* contengono entrambi l'espressione *vortit barbare* con cui Plauto alludeva al lavoro di traduzione dal greco.
Vediamo ora l'elenco dei principali verbi latini che indicano l'azione del «tradurre», con il loro specifico significato:

converto (formato da *cum + verto*): «trasportare da una lingua a un'altra», «tradurre»; designa l'atto del tradurre non parola per parola, bensì di trasferire un testo cogliendone l'efficacia del contenuto (Cicerone, *De optimo genere oratorum*, 14);

explico: «tradurre liberamente»: in questa accezione lo usa ad esempio Cicerone (*Graecas orationes explicare*). Il verbo ha in realtà una gamma di significati più ampia, a partire dal senso proprio di «spiegare», «svolgere», «allargare», che poteva essere usato in riferimento a una vela, a un rotolo, a una tela, a tutto ciò che è piegato o avvolto e va disteso, e a quello immediatamente traslato di «spiegare», così come è inteso anche in italiano in riferimento a qualcosa di oscuro o sconosciuto che ci si appresta a illustrare;

exprimo (formato da *ex + premo*): «imitare», «riprodurre», «tradurre»; indica in senso proprio l'atto di imprimere il sigillo sulla cera e in senso figurato quello di riprodurre avendo cura di imitare fedelmente il modello; il tipo di traduzione a cui rinvia è perciò quello il più possibile letterale;

interpretor (da *inter + pretium*): «interpretare», «tradurre»; propriamente il verbo si ricollega al linguaggio economico e giuridico (come denuncia la radice di *pretium* in esso contenuta) e rimanda all'idea di «contrattare», di «fissare un prezzo», facendo riferimento all'arte della mediazione commerciale; in senso traslato quindi indica l'atto di «mediare» linguisticamente e rinvia a un tipo di traduzione "a senso";

reddo (da *re + do*): «ripetere», «riprodurre»; designa l'atto di imitare qualcosa, rispecchiando fedelmente l'originale, di far coincidere perfettamente le parti tra loro in riferimento alla riproduzione di azioni o forme artistiche; in ambito linguistico indica l'atto del tradurre un testo da una lingua a un'altra rendendolo del tutto simile all'originale; si ritrova nelle espressioni *reddere verbum verbo* (Orazio), «tradurre parola per parola», e *reddere verbum pro verbo* (Cicerone), «tradurre alla lettera»;

traduco (da *trans + duco*): «volgere», «derivare», «tradurre»; è il verbo da cui sono derivati, nelle lingue romanze, quelli che oggi indicano propriamente l'atto del tradurre inteso come passaggio da una lingua scritta a un'altra (si pensi all'italiano «tradurre»); in senso proprio il verbo indicava l'azione di «portare al di là», «far passare oltre»; in senso traslato quella di «trasportare» da una condizione a un'altra, di «derivare»; applicato all'ambito linguistico indicava perciò l'atto di passare da una lingua a un'altra, ponendo cura alla derivazione delle parole;

transfero (da *trans + fero*): «trasferire», «mutare», «trasformare»; indica l'azione del tradurre inteso come «trasportare un testo in un'altra lingua»; nella tarda latinità assunse anche il significato di «usare in senso metaforico» le parole (*verba traslata*); in questa accezione ha dato origine al termine italiano «traslato», che designa per l'appunto le espressioni il cui senso è «trasferito» dal livello proprio a quello figurato;

verto: «mutare», «trasformare»; è il verbo usato nella forma arcaica (*vorto*) da Plauto e in assoluto il termine più antico per indicare l'atto del tradurre, inteso come libera trasposizione dal modello; da questo verbo deriva il sostantivo *versus*, che prima di indicare «verso» designa la «riga» di scrittura al termine della quale si deve andare a capo.

dedi ei meam gnatam quicum aetatem exigat.
Sed de argumento ne exspectetis fabulae:
senes qui huc venient, i rem vobis aperient.
Huic Graece nomen est Thensauro fabulae:
Philemo scripsit, Plautus vortit barbare;
nomen Trinummo fecit. Nunc hos vos rogat
ut liceat possidere hanc nomen fabulam.
Tantum est. Valete, adeste cum silentio.

LUSSURIA, MISERIA

LUSS. Seguimi da questa parte, figlia mia, vieni ad assolvere il tuo compito.
MIS. Ti seguo; ma vorrei sapere quale sarà la nostra meta.
LUSS. Eccola qua: è questa casa (*indica la casa di Lesbonico*). Entra subito là dentro. (*Miseria entra nella casa*).

(*Venendo sul palcoscenico, al pubblico*) Ora, per evitare che qualcuno di voi sbagli strada, vi indirizzerò in due parole su quella giusta; a patto che promettiate di fare attenzione. Prima di tutto, dunque, vi dirò chi sono io e chi è quella che se n'è andata là dentro; sempreché mi diate retta. Cominciamo da me: Plauto mi ha messo nome *Lussuria*; quanto all'altra, ha voluto che fosse mia figlia e l'ha chiamata *Miseria*. Ascoltate adesso perché l'ho spinta a entrar là dentro. E sturatevi gli orecchi, mentre parlo. In quella casa abita un giovane; egli, col mio aiuto, ha dato fondo ai beni paterni. Allorché mi sono accorta che non gli restava più di che mantenermi, gli ho dato mia figlia, perché passasse la sua vita con lei... Ma quanto al soggetto della commedia, non aspettatevi ch'io ve ne parli. I vecchi che verranno qua, vi chiariranno la cosa. Questa commedia s'intitola in greco «Il tesoro»: ne è autore Filemone; Plauto l'ha tradotta in latino, intitolandola «Le tre dracme». Ora egli vi prega di permettere ch'essa porti questo titolo. Questo è quanto. Statevi bene, e ascoltate in silenzio.

(trad. di M. Scandola)

TESTO 4

Una commedia con un misto di tragedia

Amphitruo, vv. 38-63

L'inizio del prologo è decisamente convenzionale: attraverso il prologante, che in questo caso è il dio Mercurio, protagonista della palliata, il poeta chiede agli spettatori attenzione e silenzio, utilizzando il meccanismo della *captatio benevolentiae*. Il pubblico che assisteva alle rappresentazioni di Plauto era facile alla distrazione, chiassoso e caotico, anche perché – come si ricorderà – non esistevano ai tempi edifici adibiti a teatro, ma le commedie erano recitate all'aperto sui cosiddetti *pulpita*, palchi di legno smontabili, attorno ai quali si affollava la gente. Per questo motivo l'autore inseriva spesso nei suoi prologhi l'invito all'attenzione. L'originalità del testo proposto consiste non tanto nel fatto che sia un dio ad invitare gli spettatori all'ascolto, quanto nel modo in cui lo fa: Mercurio ricorda i meriti che lui e suo padre Giove si sono procurati presso i Romani e in nome di ciò chiede attenzione. Egli non vuole, tuttavia, che il pubblico abbia l'impressione di sentirsi rinfacciare i benefici ricevuti dai due dèi e perciò utilizza il meccanismo della *captatio benevolentiae*: sottolinea la naturale riconoscenza del popolo romano, costituito da persone perbene che non tratterebbero mai male dei benefattori. Estremamente interessante è poi il seguito del prologo, in cui l'autore cerca di far "digerire" a un pubblico un po' recalcitrante la dimensione quasi tragica dell'opera. Per farlo usa ancora il suo prologante, che essendo un dio può trasformare una tragedia in commedia. Nasce così un genere nuovo, un misto di tragedia e commedia, che terminologicamente dovremmo chiamare "tragicommedia". Va però ricordato che in Plauto esso non designa un testo teatrale in cui si mescolano serio e comico – come avverrà molti secoli più tardi nella produzione rinascimentale – ma piuttosto una mescolanza di personaggi "alti", adatti a una tragedia (dèi, eroi, ecc.) e di personaggi "bassi", propri della commedia.

MERCURIO

Adesso, dunque, fate tutti attenzione a ciò che vi dirò. Dovete stare dalla nostra parte: sia io che mio padre abbiamo molti meriti verso di voi e verso il vostro Stato. E perché mai, come ho visto fare ad altri nelle tragedie (Nettuno, la Virtù, la Vittoria, Marte, Bellona), che ricordavano i benefici a voi fatti, perché mai dovrei anch'io rievocare i benefici di cui mio padre, il re degli dei, è artefice per tutti? Ma lui, mio padre, non ha mai avuto l'abitudine di rinfacciare agli uomini perbene il bene che fa: pensa che voi gliene siate riconoscenti, e che i benefici che vi dà, siano meritati.

Per prima cosa, ora vi dirò il motivo per cui sono venuto qui a pregarvi: dopo di che, vi esporrò la trama di questa tragedia. Come mai avete corrugato al fronte? Perché ho detto che sarà una tragedia? Sono un dio, cambierò tutto! Farò in modo che diventi, se volete, da tragedia, commedia: con gli stessi identici versi. Volete che sia così o no? Ma che stupido, come se non sapessi che lo volete, io che sono un dio! So qual è la vostra opinione in materia. Farò in modo che sia una commedia con un misto di tragedia. Perché non mi par giusto far che sia una commedia, dall'inizio alla fine, un'opera dove compaiono re e dei. E allora? Visto che anche uno schiavo recita qui la sua parte, farò in modo che sia, come ho detto, una tragi-commedia.

(trad. di R. Oniga)

TESTO 5

Siamo in Grecia o a Roma? *Curculio*, vv. 462-486

All'inizio del quarto atto del *Curculio* si presenta sulla scena uno strano personaggio, definito dall'autore *choragus*. Non si sa bene chi egli sia in realtà, se un «impresario» o un «coreografo», ma capirlo non è importante. Ciò che risulta significativo è che egli non è un personaggio della commedia, non ha nulla a che vedere con la trama, è un elemento del tutto estraneo, che ha come scopo quello di elencare una serie di luoghi romani, in cui eventualmente cercare varie tipologie umane: spacconi, spergiuri, prostitute, bellimbusti, mariti ricchi e spendaccioni e così via. La descrizione di questa rassegna di tipi umani non ha nessun intento morale (in Plauto non c'è mai questa intenzione), ma una valenza esclusivamente comica. La cosa che appare interessante, però, è che l'episodio e il suo protagonista rappresentano un esempio di rottura della finzione scenica. La commedia dovrebbe essere ambientata in Grecia, eppure il *choragus* parla di reali luoghi di Roma. In questo modo due realtà, quella fittizia della finzione scenica e quella "vera" ben nota al pubblico, parallele e di per sé non comunicanti, entrano in collisione tra loro, frantumando l'illusione scenica.

IL TROVAROBE

Accidempoli, che bravo trappolone s'è saputo bravamente trovare Fedromo! Non saprei se sarebbe meglio chiamarlo intruglione o imbroglione. Comincio ad aver paura di non poter ricuperare il travestimento che gli ho affittato. Va bene che non ho da trattare con lui – perché la roba l'ho consegnata proprio a Fedromo; ma ad ogni modo farò buona guardia. Ma mentre lui si trattiene fuori, vi mostrerò in che posto potrete trovare ogni tipo d'uomo, così che non abbia a faticare troppo chiunque di voi voglia incontrare o uno vizioso o uno senza vizi, o un uomo onesto o uno disonesto. Chi vuole incontrare un impostore vada al comizio; chi un fanfarone che infilzi una bugia dietro l'altra, vada nei pressi del tempio di Cloacina. (I mariti ricchi e prodighi li cerchi verso la Basilica. Lì ci saranno anche le vecchie baldracche e gli spicciafaccende); quelli che corrono dietro ai banchetti, li trovi dalle parti della pescheria. Nella parte bassa del Foro vanno a passeggio le persone per bene e i ricchi; nella parte di mezzo, vicino al canale stanno i veri e propri bidonatori. Sopra il lago ci sono le facce toste, i pettegoli, i maligni, che hanno l'impudenza di crearti dal nulla una calunnia contro il prossimo, mentre son loro ad avercene d'avanzo materia per le critiche più giuste. Dietro le vecchie botteghe del Foro, ci stanno gli usurai e i loro clienti, e dietro il tempio di Castore quelli di cui faresti bene a non fidarti lì per lì. Nella via Tusca ci stanno le persone che fanno mercato del proprio corpo. E lì vicino, nel Velabro, puoi trovare i fornai, i macellai, gli aruspici, quelli che ti trasformano la mercanzia e quelli che offrono ad altri la mercanzia da trasformare. E altri mariti ricchi e prodighi li trovi presso Leucadia Oppia. Ma intanto c'è gente che batte alla porta per uscire; bisogna che mi metta il bavaglio.

(trad. di G. Paduano)

Iscrizione funeraria per Vipsanio Narciso, trovarobe di scena, I secolo d.C., Roma, Museo Nazionale Romano.

TESTO 6

Sulla scena si deve portare qualche nuova trovata

Pseudolus, vv. 562-573b

Il personaggio di *Pseudolus* (nome parlante che significa «bugiardo») si assimila a tal punto a un *inventor*, un poeta ideatore di novità, che si presenta al pubblico come se fosse egli stesso l'autore. Così facendo, racconta con grande enfasi l'intreccio che ha preparato per aiutare il suo padrone a strappare la ragazza da lui amata dalle mani di un lenone. Risultano interessanti il modo e il tono con cui il personaggio si rivolge direttamente agli spettatori, provocando una vera e propria rottura della convenzione scenica, oggi diremmo "abbattendo la quarta parete del teatro". È uno degli esempi più celebri del cosiddetto metateatro. Si osservi come nel suo breve monologo *Pseudolus* riveli la sua idea di teatro comico, sostenendo che esso trova il suo senso di esistere nella capacità di portare sulla scena qualche nuova trovata per divertire il pubblico. È inutile sottolineare come il pensiero del personaggio coincida con quello del suo autore. Al termine della scena dobbiamo immaginare che ci fosse un piccolo intervallo, in cui veniva suonata la *tibia*, una specie di oboe. Nella finzione scenica esso rappresentava il momento di riflessione di *Pseudolus* che raccoglieva le idee per congetturare il piano.

SIMONE, PSEUDOLO

SI. Io invece andrò al foro; sarò qua in un attimo.

PS. Torna immediatamente. (*Simone s'allontana per la via della piazza; Callifone entra in casa. Agli spettatori*) Ho il sospetto che ora voi sospettiate che io vi prometto simili imprese per divertirvi, fino a portare a termine questa commedia, e che non sia capace di fare quel che v'avevo promesso. Non mi ritratterò. Per altro, che io sappia, quanto al modo in cui io possa riuscirvi, non so ancor nulla di preciso; so soltanto che la cosa mi riuscirà. Chi si presenta sulla scena deve portare, in modo nuovo, qualche nuova trovata. Se non ne è capace, lasci il posto a chi ne è capace. Ho voglia di ritirarmi qualche istante in casa, il tempo di richiamare a raccolta nella mia testa le schiere dei miei intrighi. Ma uscirò subito, non vi farò aspettare. Nel frattempo il nostro flautista vi intratterrà.

(trad. di M. Scandola)

RIEPILOGO DEL PERCORSO

1 Chi recita il prologo nei testi riportati dal percorso? Devono essere necessariamente questi i personaggi che pronunciano le battute del prologo o potrebbero essere anche altri?

2 Quali precisi elementi utili alla comprensione delle vicende sono contenuti nei prologhi riportati? Ad esempio:
a quali dati sull'ambientazione vengono forniti?
b sono descritti i personaggi? Come?
c è raccontato l'antefatto? In che termini?

3 Sapresti individuare gli **elementi topici** dei prologhi plautini? Ad esempio:
a si riporta l'*argomento* della commedia?
b si indica il *nome dell'autore* e il *titolo dell'originale greco* di riferimento?
c viene citato il *nome dell'autore latino*? Se sì, sapresti costruire un breve commento in proposito?
d si cerca la *captatio benevolentiae* del pubblico?
e in quali modi e termini l'*autore* si rivolge al *pubblico* della commedia?

4 Nei testi si parla di rottura della finzione scenica:
a sapresti dire in che cosa consiste?
b quali sono gli elementi attraverso cui si verifica?
c quale sembra essere l'intento di Plauto, quando opera questo tipo di rottura?

2 Il *servus* nelle sue tipologie ricorrenti

Abbiamo più volte detto come nelle trame dei testi plautini lo schiavo sia la figura principale, il perno su cui viene fatta ruotare l'azione della commedia. Nei testi proposti si metteranno a fuoco per l'appunto le qualità dello schiavo quale personaggio centrale nel teatro plautino, attraverso la lettura dei suoi caratteri e le diverse tipologie con cui si presenta al pubblico.

ITA	TESTO 1	*Curculio*, vv. 280-295
ITA	TESTO 2	*Pseudolus*, vv. 394-414
ITA	TESTO 3	*Pseudolus*, vv. 574-594
ITA	TESTO 4	*Persa*, vv. 753-762

TESTO 1

Fatemi passare, fuggite tutti *Curculio*, vv. 280-295

La rassegna si apre con il *topos* più frequente del teatro plautino: il **servus currens**. Egli irrompe sulla scena all'improvviso e in modo affannato, facendosi largo rumorosamente, con lo scopo di portare un messaggio fondamentale per il seguito dell'azione drammatica. Spesso, nonostante tutta la sua fretta, il servo in questione si attarda a spiegare agli spettatori il contenuto della notizia che renderà nota agli altri personaggi e coglie l'occasione per mettere in atto una serie di scherzi. In ambito teatrale egli rappresentava la parodia del messaggero che nella tragedia era latore di messaggi luttuosi, riferiti a catastrofi avvenute fuori scena.

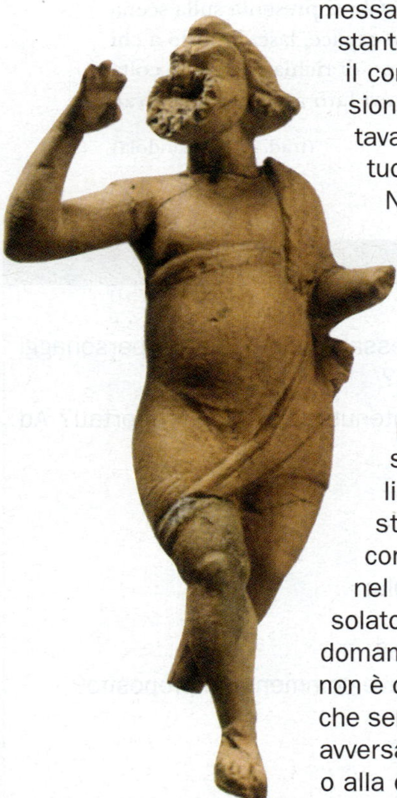

Attore comico nei panni del *servus currens*, II-I secolo a.C., Vienna, Kunsthistorisches Museum.

Nel brano riportato il *servus* è *Curculio* («Pidocchio») a cui l'autore affida un compito strano: esprimere l'umore antiellenico, che prima di essere di Plauto era proprio del pubblico romano di quei tempi. A ben vedere si tratta di una clamorosa rottura della finzione scenica: la commedia è ambientata a Efeso e – come tutte le palliate – ha costumi greci, tuttavia Pidocchio, di punto in bianco, parla da Romano a dei Romani, dimostrando di condividere la loro antipatia per i Greci, accusati di essere ubriaconi, poco socievoli e perdigiorno, e addirittura messi in ridicolo perché indossano il *pallium*, che era il costume normalmente usato dagli attori nelle palliate. Tutto ciò appare certamente strano, se si considera il forte legame esistente tra Plauto e il mondo ellenico, da cui il commediografo traeva continuamente elementi per il suo lavoro. Il probabile retroterra va ricercato nel clima politico che andò maturando nel 195 a.C., quando pervenne al consolato Catone, esponente di spicco del cosiddetto "partito antiellenico". Ci si è domandati se Plauto fosse vicino alle posizioni politiche catoniane. Rispondere non è ovviamente facile, anche se in altre commedie compaiono ulteriori elementi che sembrerebbero avvalorare questa ipotesi. Si pensi – ad esempio – all'opinione avversa all'abrogazione della *lex Oppia*, di cui vi è traccia in *Aulularia*, vv. 475 sgg., o alla questione dei Baccanali, cui si fa riferimento in *Casina*, v. 980, e ancora ai sentimenti antiellenici presenti, oltre che in *Curculio*, in *Asinaria*, v. 199, *Bacchides*, v. 743, *Captivi*, v. 284, *Rudens*, v. 986, *Stichus*, v. 22; troppe occorrenze per poter liquidare la questione come un episodio isolato e occasionale. Se non si vuole accettare l'idea di una condivisione da parte di Plauto degli ideali e del programma politico di Catone, si deve tuttavia ammettere che una certa sintonia esista, magari ricercandone i presupposti nella necessità di far propri i sentimenti diffusi nel pubblico romano, in particolare nei ceti popolari e in alcuni settori dell'aristocrazia, per catturarne il consenso.

PIDOCCHIO
Fatemi passare, conoscenti e sconosciuti, mentre compio il mio dovere: fuggite tutti, andatevene, allontanatevi dalla strada, affinché nella mia corsa non urti qualcuno con la testa o con il gomito o con il petto o con il ginocchio. Ora improvvisamente mi è capitato un affare urgente e inaspettato, e non c'è nessuno al mondo tanto potente da sbarrarmi la strada, né stratega né tiranno né magistrato né demarco[1] né capo di villaggio né dotato di tanta gloria da non cadere, da non fare un capitombolo sulla strada dal marciapiede. Questi Greci avvolti dal pallio, che passeggiano col capo coperto, che avanzano sovraccaricati di libri e di panieri, si fermano, chiacchierano fra loro, schiavi fuggiaschi, si piazzano davanti, fanno ostacolo, avanzano con le loro sentenze; li vedi sempre a bere nelle taverne, non appena hanno rubato qualcosa, bevono vino caldo con la testolina coperta, incedono accigliati e ubriachi: se me li troverò fra i piedi, farò uscire da ciascuno di loro un peto di polenta.

(trad. di S. Dossi)

1. Demarco è termine di derivazione greca, che designava il capo di un demo. Il demo era, a sua volta, la più piccola unità territoriale greca, fondamento dell'ordinamento sociale.

TESTO 2

E ora, Pseudolo, che hai intenzione di fare?

Pseudolus, vv. 394-414

Il ruolo assunto qui dal servo Pseudolo è quello di "orditore di inganni" per aiutare il suo padrone Calidoro a riscattare la giovane Fenicia di cui è innamorato perdutamente. Egli non ha alcun piano per trovare il denaro necessario e perciò si paragona a un poeta che «cerca ciò che non esiste in nessuna parte del mondo». La scena, in forma di monologo, è interessante proprio per questa assimilazione tra il bugiardo e il poeta, o per meglio dire tra le finzioni messe in atto dal mentitore e quelle operate dall'artista che dal nulla riesce a creare un'opera di poesia, la trama di una commedia; il lavoro del poeta sarebbe dunque dar corpo all'inesistente. Inoltre quello che Pseudolo si appresta a fare – ordire una beffa – non è dissimile dal lavoro stesso dell'artista, cioè comporre un'opera d'arte. Non a caso il nome Pseudolo, che come sempre in Plauto è un "nome parlante", trae origine dal verbo greco *pséudomai*, che significa appunto «fingere», «ingannare», con riferimento anche all'ambito della finzione poetica. Da rilevare come il ***servus poeta*** non si limiti a ordire i suoi raggiri, ma senta il bisogno di riflettere sul senso della sua azione, dando vita a una pagina di metateatro, in cui in realtà non lui ma il suo autore trova il modo di informare il pubblico sulla propria idea di poeta e di poesia, sulla propria concezione di teatro: una concezione – da quanto apprendiamo dal testo – non realistica, ma fantastica e illusionistica, fondata su quella che potremmo definire la "poetica della menzogna".

PSEUDOLO
Adesso ch'egli se n'è andato, sei qua solo, Pseudolo. Ebbene, cos'intendi fare, dopo aver generosamente elargito promesse al tuo padroncino? Su che cosa si fondano quelle promesse? Non hai niente di pronto: neppure l'ombra d'un piano sicuro, né un tantino di denaro... – Né ho un'idea di quel che devo fare! – Non sai da che punto cominciare a ordire la tua tela, né sai con certezza dove finirai di tesserla... – Sì, ma come il poeta, prese le sue tavolette, cerca ciò che non esiste in nessuna parte del mondo, e tuttavia lo trova, riuscendo a rendere verosimile quel ch'è menzogna, così farò io: diverrò poeta, e le venti mine che attualmente non esistono in nessuna parte del mondo finirò col trovarle. Del resto, gliel'avevo detto da un pezzo che gliele avrei date, ed era mia intenzione dar la stoccata al nostro vecchio; ma quello, non so come, ne ha avuto il presentimento... Ora però bisogna che io trattenga la voce e che la smetta di parlare; ecco il mio padrone Simone che arriva qui col suo vicino Callifone. Oggi caverò fuori da questo vecchio sepolcro venti mine, per darle al mio padroncino. Mi tirerò in disparte; da qui raccoglierò la loro conversazione.

(trad. di M. Scandola)

TESTO 3

Nella mia mente c'è un piano

Pseudolus, vv. 574-594

Il brano è di poco successivo – nello sviluppo dell'azione – a quello precedente, e vede ancora come protagonista Pseudolo, ritratto questa volta nelle vesti di un ***servus callidus***, che irrompe sulla scena vantando la propria astuzia e celebrando la propria intraprendenza. Rilevanti sono a proposito i termini che nel testo mirano a sottolineare questo ruolo di servo astuto ricoperto da Pseudolo (*meo in pectore conditumst consilium*, v. 575; *dolos, perfidias*, v. 580; *mea industria et malitia fraudulenta*, v. 582; *meis perfidiis*, v. 583). Nel passo il linguaggio della *calliditas* è incrociato con quello della sfera militare, di cui pure ricorrono numerosi termini ed espressioni (*oppidum admoenire ... legiones ... expugno ... praeda*). Non mancano deformazioni parodiche dello stile solenne dei dispacci ufficiali (*lepide ... prospereque*, v. 574), tipiche dello stile comico di Plauto, che grazie alla sua consumata capacità inventiva arriva a creare il neologismo *exballistabo* (v. 585) «sbalestrerò», prendendo spunto dal termine bellico *ballista* («macchina da guerra») e dal nome di Ballione, nemico di Pseudolo.

PSEUDOLO
Per Giove! Come mi riesce bene e felicemente tutto quel che faccio! Nella mia testa è riposto un progetto che non lascia luogo a dubbi o a timori. Eh sì; sarebbe una sciocchezza affidare una grande impresa a un cuore pavido. Perché ogni cosa acquista il suo valore a seconda del modo in cui la fai, a se-

APPROFONDIMENTO

GLI SCHIAVI NEL MONDO ROMANO

Quello della schiavitù è un fenomeno che risulta del tutto estraneo all'orizzonte culturale del nostro tempo. Eppure nel mondo antico la schiavitù era un'istituzione accettata e considerata normale; al tempo dei Romani, ad esempio, quasi tutti erano convinti che la natura stessa degli schiavi fosse diversa da quella degli uomini liberi. Osserviamo allora più da vicino questo fenomeno, la cui presenza nella società romana favorì senza dubbio l'economia dello stato e il veloce arricchimento di molte classi sociali. Il termine latino che designava lo schiavo era *servus*, legato al verbo *servare*, «salvare», «conservare»: i prigionieri di guerra, infatti, non venivano uccisi, ma «conservati in vita», «salvati» proprio per essere venduti o utilizzati direttamente come schiavi. Nella società romana una persona poteva essere schiava per nascita (*servus natus ex ancilla*) o da libera cadere in schiavitù a seguito di uno di questi tre casi: divenire schiavo per debiti che non si era stati in grado di pagare (*addictus*); essere un prigioniero di guerra venduto come schiavo (*captivus*); farsi vendere da un mercante di schiavi al fine di ottenere del denaro, trattenendo per sé una parte della somma ricavata.
Agli inizi della storia di Roma la condizione giuridica e, quindi, di esistenza degli schiavi era inumana: infatti non potevano possedere nulla, non potevano opporsi ai soprusi eventuali del padrone, non potevano sposarsi. Successivamente il trattamento degli schiavi migliorò, almeno in parte: potevano, ad esempio, tenere dei propri risparmi (*peculium*, da *pecus, -oris*, «bestiame») fino a raggiungere la somma necessaria per il riscatto e divenire così cittadini liberi. Potevano anche

Lucerna che raffigura un uomo ubriaco sorretto dal suo schiavo, II-I secolo a.C., Londra, British Museum.

conda dell'importanza che tu le attribuisci. Quanto a me, ho preparato prima nella mia testa le mie schiere, ho disposto su due, su tre file, i miei inganni e le mie perfidie, in modo che, ovunque m'abbia a scontrare col nemico, – lo dirò fidando nel valore dei miei antenati, nella mia intraprendenza e nella mia fraudolenta malizia, – io possa facilmente vincerlo, io possa facilmente spogliare i miei avversari grazie alle mie perfidie. Ora questo comune nemico, mio e di tutti voi, Ballione, io lo sbalestrerò per bene; prestate attenzione, soltanto. Voglio investire questa fortezza (*indica la casa di Ballione*), perché oggi sia presa, e condurrò qua le mie legioni; se la espugno – e io renderò facile quest'impresa ai miei concittadini – senza por tempo in mezzo condurrò subito il mio esercito contro quest'altra vecchia fortezza (*indica la casa di Simone*). Poi mi caricherò, mi rimpinzerò di bottino, e assieme a me i miei cooperatori, perché sappiano che io sono nato per gettare il terrore e lo scompiglio nei miei avversari. Da tale razza io sono nato: bisogna ch'io compia grandi imprese, che lascino di me una fama chiara e duratura... Ma chi sto vedendo? Chi è questo sconosciuto che si offre al mio sguardo? Son curioso di sapere cosa vuole con quella spada. Starò in agguato e spierò le sue mosse. (*Si trae in disparte*).

(trad. di M. Scandola)

Attore nei panni del servo astuto, I secolo d.C., Firenze, Museo Archeologico Nazionale.

sposare una donna scelta fra le schiave: in tal caso il matrimonio era definito *contubernium* e la moglie *conserva*. Esisteva anche una classificazione degli schiavi in relazione alla loro mansione:

- *servi publici*, appartenenti allo stato come i *praecones* («banditori»), i *lictores*, («littori», che precedevano con dei fasci di verghe gli alti magistrati, a titolo onorifico), gli *scribae* (segretari particolari o cancellieri dei magistrati), o ancora i *viatores* («messi statali»), o gli *aeditui* («custodi dei templi»);
- *familia rustica*, cioè schiavi che lavoravano in campagna nell'agricoltura, addetti pure alla cura del bestiame e a soddisfare le necessità di tutti i membri della *villa* (la fattoria) come preparare il pranzo, confezionare abiti, fare il pane e via dicendo;
- *familia urbana*, il gruppo degli schiavi di città; questi erano nettamente i più numerosi e si occupavano di mansioni diversissime. Alcuni erano medici, chirurghi, oppure barbieri, pasticcieri, camerieri; altri accompagnavano a scuola i figli del padrone, tenevano l'amministrazione del patrimonio (*dispensatores*), aiutavano i padroni nelle complesse operazioni del bagno; altri ancora, più colti, si occupavano dell'istruzione dei figli del padrone stesso (*paedagogi*), insegnavano la loro lingua madre, specialmente il greco (*grammatici*), copiavano lettere o documenti (*amanuenses*), leggevano libri ai membri della famiglia (*lectores*), stenografavano (*notarii*), curavano la biblioteca (*bibliothecarii*).

Per acquistare uno schiavo bisognava andare al mercato degli schiavi, in cui gli uomini, le donne o i bambini in vendita erano posti su un palco girevole (*catasta*) con un piede imbiancato con il gesso (*gypsati*) e con al collo il *titulus*, cioè un cartello con tutte le indicazioni utili al compratore (nome, paese di provenienza, doti fisiche e intellettuali, particolari abilità, eventuali difetti). Dalla schiavitù era possibile affrancarsi secondo tre possibili modalità: la *manumissio* («libertà») *per vindictam*, quando il patrocinatore della libertà di uno schiavo, d'accordo con il padrone, ne contestava il diritto di proprietà dinanzi a un magistrato e, dopo esserselo fatto assegnare, gli poneva sul capo un bastoncino (*vindicta*) dichiarandolo libero; la *manumissio censu*, quando il *dominus* faceva iscrivere lo schiavo nelle liste dei censori come cittadino romano; la *manumissio testamento*, atto testamentario con cui il padrone affrancava lo schiavo.

TESTO 4

Vinta la guerra, vi ringrazio signori del cielo

Persa, vv. 753-762

Se già nel passo precedente il *servus callidus* Pseudolo si presentava con i caratteri di un generale che arringa i suoi soldati prima di una battaglia, in questo testo tratto dal *Persa* gli elementi ripresi dal mondo militare risultano accentuati. Il protagonista, Tossilo, è ritratto come un generale che celebra il trionfo dopo una grande vittoria, nelle vesti di un vero e proprio ***servus imperator***. È chiaro l'intento parodico di Plauto, che trae spunto dallo stile e dal linguaggio delle "tavole trionfali" per deformarli con intento comico e caricaturale. Per ottenere il fine che si propone, il commediografo parte dalle espressioni linguistiche che intende parodiare e le amplifica usando la figura dell'iperbole; così nel testo si ritrovano ben sette ablativi assoluti collegati tra loro in una serie asindetica, cioè priva di congiunzioni (*Vinti ... salvi ... tranquillo*), arricchita da numerose allitterazioni. Tutto è in funzione della celebrazione del servo protagonista, che ha ottenuto in fondo un vero trionfo, essendo riuscito a conseguire gli scopi che si era prefisso. Così la commedia, si avvia alla conclusione, in un clima di comica euforia che riproduce nella finzione scenica la solenne festosità dei trionfi militari romani.

TOSSILO

Vinti i nemici, salvi i cittadini, tranquillo lo Stato, conclusa la pace, finita la guerra, ottenuta la vittoria, intatti l'esercito e i presìdi – poiché tu, o Giove, ci hai favoriti, e così voi, quanti altri dèi tutti, signori del cielo, a voi manifesto e rivolgo la mia gratitudine, perché ho tratto giusta vendetta sul mio nemico. Per tutto ciò, voglio ora dividere la preda facendone parte ai partecipi. Venite fuori! (*Agli schiavi di casa*) Voglio accogliere coi giusti onori i miei compagni qui, all'ingresso, davanti alla porta. Mettete qui i letti, e portate quel che ci vuole. Voglio che prima di tutto mi venga messa qui l'aquila (*fa depositare l'orcio del vino in mezzo alla scena, o sulla mensa*), in modo che io possa far diventare allegri, scherzosi e fonte di allegria tutti coloro che, con il loro aiuto, mi hanno reso più facile a farsi ciò che volevo fosse fatto. Perché chi sa ricevere benefici ma non sa renderne, è una canaglia.

(trad. di M. Bettini)

RIEPILOGO DEL PERCORSO

1 Individua le caratteristiche del ***servus currens***.
- **a** In quale modo entra in scena?
- **b** Quali compiti ha?
- **c** Incarico e attuazione dell'incarico seguono immediatamente l'uno all'altro? Perché?
- **d** Esiste una correlazione tra il *servus currens* e il messaggero nella tragedia greca?

2 Individua ora le caratteristiche del ***servus poeta***.
- **a** Quale significato ha essere "orditore d'inganni" per il servo e quale per il poeta?
- **b** La finzione è un elemento comune ai due ruoli?
- **c** Dal monologo di Pseudolo emerge una definizione del ruolo della poesia e del poeta?

3 Quali elementi topici definiscono il ***servus callidus***?
- **a** Quale caratteristica è propria del *servus callidus*? Attraverso quali mezzi si mette in atto?
- **b** Quali aspetti del linguaggio la definiscono?
- **c** Il linguaggio attraverso il quale si esprime Pseudolo per dimostrare le sue qualità mette in relazione il *servus callidus* con il ***servus imperator***: perché?

4 Il ruolo dello schiavo nella commedia plautina è davvero preponderante: sapresti spiegare la relazione esistente tra l'utilizzazione di questa figura e il tema del *capovolgimento della realtà* proprio del teatro comico?

5 In uno dei testi del percorso compare un *cenno antiellenico*: sapresti riportare in sintesi i termini della discussione critica su quel riferimento alla cultura greca?

3 Ambienti e tipi del teatro plautino

Come è risaputo, i personaggi delle commedie plautine non brillano per originalità e l'autore non dedica loro particolari attenzioni quanto a studio dei caratteri e scavo psicologico. Seguendo i tratti tipici della comicità di Plauto, i suoi personaggi valgono per i tratti comici che li delineano. Essi li inchiodano a una fissità certamente poco realistica, ma proprio per questo estremamente divertente agli occhi di un pubblico non abituato ad andare a teatro per riflettere sui casi umani e sulle sfumature problematiche delle relazioni interpersonali. Il percorso presenta alcune di queste tipologie, forse le più note e le più amate dal pubblico: il soldato fanfarone, il parassita adulatore, il lenone, il vecchio avaro. Alcune di esse hanno avuto particolare fortuna in ambito letterario, costituendosi come prototipi di una lunga serie di personaggi analoghi che hanno popolato le pagine di romanzi o gli intrecci drammatici nel corso dei secoli. Interessante è anche vedere gli ambienti in cui questi personaggi si muovono. A parte l'esempio "alto" dell'ultimo testo, in cui protagonista è addirittura un dio, in genere lo sfondo delle commedie plautine è rappresentato dalle piazze. Nel primo testo proposto, tratto dall'*Aulularia*, siamo in un mercato.

Una scena di teatro (forse dall'*Arbitrato* di Menandro) in cui un vecchio con il suo schiavo si allontanano da una giovane donna sposata sulla porta di casa, I secolo a.C., Pomepi, Casa dei Dioscuri.

ITA	TESTO 1	*Aulularia*, vv. 371-397
ITA	TESTO 2	*Miles gloriosus*, vv. 1-78
ITA	TESTO 3	*Menaechmi*, vv. 77-109
ITA	TESTO 4	*Rudens*, vv. 125-126; *Curculio*, vv. 494-504
LAT	TESTO 5	*Aulularia*, vv. 40-66
ITA	TESTO 6	*Amphitruo*, vv. 271-309; 350-374

TESTO 1

Al mercato *Aulularia*, vv. 371-397

In genere le palliate di Plauto hanno come sfondo le piazze delle città greche in cui è ambientata l'azione. Talora – come in questo caso – l'ambiente è il mercato o il foro romano. I versi che contengono riferimenti a questi luoghi appaiono interessanti perché offrono uno spaccato della vita quotidiana nella Roma del tempo, rivelando aspetti che sono veri e propri documenti storici, sociali, antropologici ed economici di quella realtà. Nel passo presentato, il vecchio Euclione, l'avaro protagonista della commedia, si reca al mercato per fare acquisti in vista del banchetto di nozze della figlia. Alla fine, però, non compera nulla perché – si lamenta – i prezzi sono eccessivi. Certamente l'affermazione del vecchio può trovare significato nel fatto che egli è avaro, ma può anche essere una spia della situazione che si era verificata a Roma agli inizi del II sec. a.C., all'indomani della seconda guerra punica, quando si assisté a un generale incremento dei prezzi, conseguente a una diffusa agiatezza. Il testo è anche esempio di quello scollamento che di tanto in tanto compare nelle commedie di Plauto tra l'ambientazione greca e la presenza nei versi di elementi del tutto romani: luoghi, abitudini, merci, istituzioni. È la tipica incongruenza plautina, che fa collidere il piano della finzione scenica con quello della realtà, quasi sempre con finalità comiche.

TIENICHIUSO, CUOCIGROGNO

TI. Oggi volevo sollevare un po' il mio povero cuore, fare un po' di bisboccia dato che mia figlia si sposa. Me ne vado al mercato, domando quanto costa il pesce. Caro arrabbiato! Cara la carne d'agnello, cara la carne vaccina, quella di vitello, il tonno, il maiale, tutto caro. E tanto più mi sembrava cara la roba, perché soldi in tasca non ne avevo. Perciò me ne vado via incacchiato, per mancanza di quattrini. Così tutti quei farabutti li ho fatti fessi. Ma poi per al strada ho cominciato a pensare fra me e me, che se cominci a scialacquare in un giorno di festa poi ti tocca soffrire la fame nei giorni successivi, se non sei stato sparagnino, dopo aver fatto questo bel discorsetto alla pancia e al cervello, spinsi l'animo mio a questa decisione, di celebrare le nozze di mia figlia con la più minuscola spesa possibile. Perciò ho comperato questo granello d'incenso e queste coroncine di fiori: le appenderò sul focolare in onore del nostro Lare, perché porti bene alle nozze di mia figlia. Ma com'è che vedo aperte le porte di casa? E cos'è quel chiasso lì dentro? O povero me! M'hanno già spogliato?

CUO. (*da dentro*) Va' a prendere, se puoi, una pentola più grossa dal vicino. Questa è piccola, la roba non ci cape dentro.

TI. O Dio, son fottuto! Mi stanno fregando l'oro, mi stanno buscherando la pentola! Sono morto, se non mi precipito là dentro. Apollo, ti supplico, soccorrimi, aiutami, inchioda con le tue saette i ladri del tesoro, se già in una simile occasione hai fatto sentire il tuo aiuto. Ma che indugio a correre, che aspetto prima che mi abbiano rovinato del tutto? (*Si precipita in casa*)

(trad. di G. Paduano)

TESTO 2

Il soldato fanfarone e il parassita adulatore

Miles gloriosus, vv. 1-78

Nella prima scena del *Miles gloriosus* vengono presentati i caratteri del personaggio che dà il titolo all'opera, cioè Pirgopolinice, tipico esemplare di soldato sbruffone, che si vanta di imprese compiute solo nella sua fantasia, e del suo compagno Artotrogo. Già i nomi dei due personaggi mettono sull'avviso lo spettatore riguardo alle loro caratteristiche. Pirgopolinice, infatti, deriva etimologicamente da tre elementi greci che significano rispettivamente: «torre» (*pýrgos*), «città» (*pólis*) e «vittoria» (*níke*); un campionario di termini militari che nel loro complesso vorrebbero attribuire a Pirgopolinice il significato di «vincitore di torri e città». Anche Artotrogo è nome derivato dalla combinazione di due termini greci: *ártos* («pane») e *trógo* («mangio»); perciò il nome suonerebbe «mangiatore di pane»: come si vede un tipico nome da parassita.

Pirgopolinice fin dall'inizio fa apparire il suo carattere borioso attraverso un vivace dialogo con Artotrogo, un parassita che sta appiccicato al soldato nella speranza di ricavare vantaggi materiali. Dal momento che conosce il carattere di Pirgopolinice e le sue debolezze, vale a dire il suo bisogno di essere blandito e lusingato, Artotrogo è prodigo di adulazioni; così, mentre il fanfarone inventa e racconta le sue spacconerie, egli rincara la dose, completando con nuovi particolari le fantasiose imprese dell'altro.

Per la focalizzazione del carattere del personaggio di Artotrogo appaiono significativi due passaggi del brano. Nel primo si registra un istante di rottura della finzione scenica nel quale il personaggio stringe con gli spettatori una sorta di scommessa "retorica", sicuro di vincerla («Se qualcuno avrà visto un uomo più spergiuro di questo, o più vanaglorioso di quanto non sia quello, mi prenda per sé, io mi consegnerò come schiavo»); nel secondo si apre una specie di monologo interiore rivelatore della triste condizione del parassita, costretto a venire a patti con la sua coscienza pur di riempire lo stomaco («È il ventre che crea tutte queste tribolazioni: con le orecchie è necessario bere fino in fondo tutte queste cose, affinché i denti non crescano, e si deve compiacere a tutte le bugie che racconterà costui»). Da questi squarci è possibile per il lettore capire che il personaggio conosce molto bene la vera identità di Pirgopolinice (che cioè egli è fanfarone e borioso) e intende servirsi di ciò per i suoi fini. Egli è dunque fornito di furbizia e accortezza, le doti apprezzate da Plauto e solitamente attribuite alla figura del servo. Si può pertanto affermare che Artotrogo è assimilabile al tipo del servo, dominante nelle commedie plautine, anche se rispetto a esso la sua figura è connotata in modo meno positivo.

Interessante è altresì il "catalogo" che si trova nella parte conclusiva dell'atto. In esso Artotrogo, da bravo profittatore, elenca con estrema precisione le imprese militari del suo padrone, non tralasciando di ricordare gli apprezzamenti rivolti dalle donne, affascinate dalla sua somiglianza con Achille e dalla sua capigliatura. Così raggiunge il suo completamento l'arte adulatoria del parassita e Pirgopolinice abbandona la scena tronfio e pienamente appagato dalle lusinghe. Dal punto di vista letterario questo catalogo è significativo perché rappresenta la matrice a cui si è ispirato un altro celebre catalogo: quello compilato dal servo Leporello e riferito alle imprese amatorie di Don Giovanni nel libretto di Da Ponte musicato da Mozart. Nell'opera mozartiana Leporello legge a donna Elvira l'elenco delle donne amate dal suo padrone nelle diverse contrade d'Europa, un numero – volutamente esagerato – di ben 2065, conosciute in Italia, Germania, Francia, Turchia e Spagna.

PIRGOPOLINICE, ARTOTROGO

PI. (*uscendo di casa e parlando all'interno*) Mi raccomando: il mio scudo deve brillare più dei raggi del sole, quando il cielo è terso. Voglio che in caso di bisogno, nel pieno della battaglia, esso abbagli la vista ai nemici... Ma ora consoliamo questa mia spada, che non si lamenti né si perda d'animo, se da troppo tempo me la porto oziosa al fianco. Poveretta, muore dalla voglia di far salsicce dei nemici... Ma dov'è Artotrogo?

AR. Eccolo qua, al fianco di un eroe forte e fortunato, dall'aspetto regale. Marte non oserebbe asserire di esser altrettanto battagliero, né oserebbe paragonare le sue prodezze alle tue.

PI. Vuoi dire quello che ho salvato nei campi gorgoglionei, dov'era comandante in capo Bumbomachide Clutumistaridisarchide, nipote di Nettuno?

AR. Ricordo; alludi a quel tale dalle armi d'oro, di cui tu disperdesti le legioni con un soffio, come fa il vento con le foglie o con le canne dei tetti.

PI. Ma questo non è niente, per Polluce!

AR. Certo, questo non è niente – per Ercole! – a paragone di quel che potrei dire delle altre prodezze... (*tra sé*) che non hai mai fatto. (*Piano, al pubblico*) Se qualcuno dovesse trovare un uomo più impostore e più borioso di costui, mi tenga per sé: sarò il suo schiavo. Non c'è che una cosa: da lui si mangiano certi pasticci d'olive che ci si impazzisce dietro.

PI. Dove sei?

AR. Eccomi. Quell'elefante per esempio, là in India. Per Polluce! come hai fatto a spezzargli un braccio con un pugno?

PI. Come un braccio?

AR. Volevo dire una coscia!

PI. Eppure fu un colpetto da niente.

AR. Per Polluce! se ce l'avessi messa tutta, col braccio gli avresti sfondato la pelle a quell'elefante, e attraverso le budella gli sarebbe uscito dalla bocca.

PI. Non ho voglia di parlar di queste cose, adesso.

AR. Per Ercole! non val la pena che tu mi racconti le tue prodezze; le so a memoria. (*Tra sé*) È il ventre che mi crea tutti questi fastidi; devo allungar le orecchie, se non voglio che mi si allunghino i denti, devo passar per buone tutte le fandonie che mi racconta.

PI. Che cosa volevo dirti?

AR. Eh, lo so già quel che vuoi dire. È vero – per Ercole! – ricordo bene.

PI. Che cosa?

AR. Tutto quel che vuoi.

PI. Hai?...

AR. Vuoi chiedere le tavolette? Le ho, e anche lo stilo.

PI. Con che prontezza sai uniformare il tuo pensiero al mio!
AR. È mio dovere studiare le tue intenzioni e aver cura di subodorare ogni tuo desiderio.
PI. Ti ricordi?...
AR. Mi ricordo: centocinquanta in Cilicia, cento in Scitolatronia, trenta di Sardi, sessanta Macedoni: tanti sono quelli che hai ucciso in un sol giorno.
PI. Quanto fa in totale?
AR. Settemila.
PI. Dev'essere così tu sai far bene i conti.
AR. Eppure non ho preso nessun appunto; ma ricordo ugualmente ogni cosa.
PI. Per Polluce! hai una gran bella memoria.
AR. (*tra sé*) Me la rinfrescano i manicaretti.
PI. Se continuerai a comportarti come hai fatto sinora, non ti mancherà mai da mangiare; per te, ci sarà sempre un posto alla mia tavola.
AR. E là in Cappadocia?... Se non ti si fosse spuntata la spada, ne avresti uccisi cinquecento in un sol colpo!
PI. Ma, siccome erano niente più che fanterucoli, li lasciai vivere.
AR. Che vuoi che ti dica? Lo sanno tutti che di Pirgopolinice, al mondo, ce n'è uno solo, e che il tuo valore, la tua bellezza, le tue imprese non hanno eguali! Sono tutte innamorate di te; e non hanno torto, bello come sei! Per esempio, quelle che ieri m'han tirato per il mantello...
PI. Che cosa ti hanno detto?
AR. Mi han fatto un mucchio di domande. «Ma, è Achille?» mi diceva una. «No» le risposi «è suo fratello». E allora un'altra: «È ben bello, per Càstore!» mi fa «e che distinzione! Guarda come gli sta bene quella pettinatura! Son davvero fortunate le donne che vanno a letto con lui!».
PI. Così dicevano dunque?
AR. Non m'hanno supplicato tutt'e due di farti passare oggi di là, come si fa con la processione?
PI. È una vera disgrazia esser troppo bello!
AR. Eh sì, è proprio così. Come sono fastidiose: pregano, brigano, scongiurano di poterti vedere; vogliono che ti conduca da loro; al punto che non ho più modo di occuparmi che dei tuoi affari.
PI. Mi sembra che sia tempo d'andare al foro, per dar la paga a quei soldati che ho arruolato qui ieri. Infatti re Seleuco mi ha pregato caldamente di assoldargli un po' di mercenari, e ho deciso di dedicare al re questa giornata.
AR. Sù, andiamo allora.
PI. (*chiamando all'interno*) Guardie, seguitemi. (*S'allontana col parassita e con le guardie per la via della piazza*)

(trad. di M. Scandola)

TESTO 3

Il parassita affamato

Menaechmi, vv. 77-109

Siamo nel primo atto della commedia. La scena è occupata dal monologo di *Peniculus*, un parassita che, come quasi sempre avviene in Plauto, porta un "nome parlante" (*Peniculus*, infatti, significa «Spazzola»), in stretta connessione con il ruolo del personaggio. Che il cibo e il bisogno di mangiare siano gli oggetti dell'interesse preponderante di *Peniculus* e quindi il fulcro del suo monologo è cosa abbastanza scontata. Il percorso, però, contiene anche un'articolata metafora che vuole illustrare gli stretti legami di dipendenza che intercorrono tra il parassita e il suo *patronus*. È stato giustamente detto che, tra i diversi tipi che popolano le scene delle commedie plautine, il parassita affamato è quello che maggiormente si avvicina al prototipo della comicità italica, come risulterà chiaro nel breve passo critico riportato al termine del brano.

SPAZZOLA

I giovani m'han messo nome Spazzola, perché quando io mangio pulisco la tavola. Chi incatena i prigionieri, chi mette i ceppi agli schiavi fuggiaschi fa una gran sciocchezza, a mio modo di vedere. Perché quando uno sventurato vede aggiungersi alla sua disgrazia un'altra disgrazia, si sente maggiormente invogliato a fuggire e a commettere bricconate: in qualche modo riesce a sciogliersi dalle catene, e se ha i ceppi, o taglia l'anello con una lima, o fa saltare il chiodo con una pietra: son bazzecole, queste. Se vuoi far buona guardia su qualcuno e impedirgli di fuggire, devi incatenarlo con la pappatoia e con un buon bicchiere; al tuo uomo, legagli il becco a una tavola piena: purché tu gli dia da mangiare e da bere a volontà, fino alla sazietà, tutti i giorni, non scapperà mai – per Polluce! – nemmeno se avrà commesso un delitto capitale. Ti sarà facile sorvegliarlo, purché tu lo leghi con catene del genere; sono ben malleabili codeste catene mangerecce: quanto più le allenti, tanto più stringono. Perciò io me ne vado qua da Menecmo, al quale da lungo tempo appartengo: ci vado da me, perché mi metta quelle catene. Gli uomini, quello, non li nutre soltanto, ma li ingrassa, li rimpolpa: non v'è medico più bravo di lui. Il nostro giovane è fatto così: pappatore formidabile di per se stesso, offre pranzi di Cerere:[1] v'apparecchia certe tavole, v'ammannisce certe sfilze di piatti...! Bisogna rizzarsi in piedi sul letto,[2] se si vuol prendere quello in cima. Ma adesso c'è stata una sosta, che dura ormai da parecchi giorni: in questo frattempo sono stato costretto in casa di continuo coi... miei cari; perché io non mangio né compero se non ciò che è più caro. Per di più, non faccio a tempo a disporli, questi cari, che si squagliano. Adesso vado a trovarlo. Ma s'apre la porta. Ecco giusto Menecmo che esce.

(trad. di M. Scandola)

1. In onore di Cerere a Roma c'era l'abitudine di offrire banchetti al popolo.

2. Per «letto», si intende quello della sala da pranzo, su cui stavano sdraiati i commensali.

APPROFONDIMENTO

IL TIPO PLAUTINO DEL PARASSITA

Il breve passo critico delinea i caratteri della figura del parassita, così come emergono nelle commedie plautine, e i suoi legami con la tradizione comica italica.

Tra tutti i tipi plautini, il parassita affamato è quello più specificamente italico: quando è in scena, allora ricorrono le allusioni più precise alla realtà quotidiana, e non solo in materia alimentare. È questo un personaggio che usa frasi e immagini elaborate; abile retore, non si interessa però della *res publica*, sebbene giunga a proporre il proprio modo di vivere come una vera filosofia o un'onorevole professione a vita. Nei rapporti con il patrono è sleale, ma la sua tanto decantata autosufficienza è una violenta parodia, che passa dal compiacimento iniziale alla frustrazione e al rifiuto. Libero come uomo, è schiavo nello spirito: esattamente il contrario del leale *servus callidus*. Ecco perché, dietro la maschera del parassita, ben difficilmente si coglie la voce dello schiavo-commentatore: la sua gretta dedizione al cibo eguaglia quella del *leno* al profitto e ne fa quindi una figura ambigua.

A.S. Gratwick, *Teatro*, in *La letteratura latina della Cambridge University*, vol. I, Milano, Mondadori, 1993², p. 172

Vaso di frutta, I secolo a.C., Napoli, Museo Archeologico Nazionale.

TESTO 4

Il lenone *Rudens*, vv. 125-126; *Curculio*, vv. 494-504

Maschera per il personaggio del lenone, con espressione grottesca e barba folta, IV secolo a.C., Lipari, Museo Archeologico Regionale Eoliano.

Considerandolo il più spregevole tra i personaggi delle sue commedie, Plauto assegna al lenone il ruolo costante del "cattivo" assoluto. Sfruttatore di donne, di cui diventa proprietario, per amore di denaro, egli è brutto non solo per le sue caratteristiche morali, non solo per la pessima reputazione di cui gode presso gli altri personaggi, ma anche nell'aspetto fisico.

I due brevi brani riportati, tratti rispettivamente dalla *Rudens* e dal *Curculio*, sono la prova di quanto abbiamo detto. Il primo, infatti, è un ritratto insieme fisico e morale, in cui si accumulano tratti negativi. Il profilo fisico è quasi il correlativo oggettivo della deformità interiore. Il secondo si configura come un giudizio stroncante di *Curculio*, nel quale non trova posto nessun elemento di positività e sembra quasi annullarsi ogni parvenza di umanità.

IL RITRATTO *Rudens*, vv. 125-126

PL. Rispondi a questa domanda: t'è capitato di vedere un uomo coi capelli crespi, canuto, un farabutto, uno spergiuro, tutto piaggeria?

(trad. di G. Augello)

IL GIUDIZIO *Curculio*, vv. 494-504

GOR. Eh, dovrei accettar garanzie giusto da un lenone, che non ha nulla all'infuori della lingua per impastocchiare con gli spergiuri i gonzi che si fidano? Voi non siete padroni né di quelli che vendete, né di quelli che affrancate, né di quelli a cui date ordini; nessuno è disposto a far avallo per voi, come voi non siete disposti a farlo per gli altri. A dirla come la penso, la genia dei lenoni mi ha l'aria di quella delle mosche, delle zanzare, delle cimici, delle pulci, dei pidocchi: odiosa, rovinosa, seccante, incapace di fare un filo di bene. Non c'è un galantuomo che s'azzardi in piazza a imbrancarsi con voi: se uno vi abborda, si grida allo scandalo, lo si guarda con sospetto, lo si biasima; si dice, anche quando non è vero, che sta facendo scempio del patrimonio o dell'onore.

(trad. di G. Augello)

TESTO 5

L'avaro *Aulularia*, vv. 40-66

La scena presenta l'ambientazione consueta delle palliate: una città greca (in questo caso Atene), la casa di Euclione, quella di Megadoro, in mezzo il tempio della dea *Fides* e più avanti, proprio al centro del palcoscenico, l'altare dedicato ad Apollo. L'uscita di destra porta verso il foro, cioè l'agorà greca; quella di sinistra verso la campagna.

La scena ha lo scopo di presentare il carattere di Euclione, il vecchio avaro protagonista della commedia. In apertura egli è impegnato a cacciare di casa la vecchia serva Stafila – cosa che si ripeterà più volte nell'intreccio – per avere libertà di controllare, senza essere visto, se la pentola dell'oro si trovi sempre al suo posto. Al centro di tutto campeggia, come nel resto della commedia, la figura di Euclione, un avaro tratteggiato straordinariamente bene da Plauto. Tale figura avrebbe avuto successivamente grande fortuna; soprattutto nel periodo umanistico-rinascimentale essa fungerà da modello per molti personaggi comici. Chi però – in ambito letterario – si sarebbe avvicinato più di ogni altro all'avaro plautino è Arpagone, il protagonista dell'*Avaro* di Molière, commedia rappresentata per la prima volta nel 1668 a Parigi.

Già il nome del personaggio – come accade quasi sempre in Plauto – è indice del suo carattere; esso infatti nasce dalla combinazione di due termini greci: l'avverbio *eû* («bene») e il verbo *kléo* («chiudo a chiave») e quindi allude in modo evidente al compito che questo vecchio sembra essersi affidato: tenere ben chiuso, nascosto, il suo tesoro. È in questo scopo vissuto con un'ossessione maniacale che si riassume infatti l'intera esistenza di Euclione. Egli esiste nella misura in cui c'è il suo tesoro; egli vive con l'unico fine di assaporare la presenza della pentola dell'oro e di essere l'unico a conoscere questo segreto (per un approfondimento sul personaggio, si veda l'Approfondimento a p. 112).

Stafila invece richiama già nel nome i tratti di una vecchia amante della... bottiglia; infatti in greco *staphylé* significa «grappolo d'uva». È una figura tipizzata, che ubbidisce allo stereotipo della serva indolente, lenta e beona, molto diffuso nella tradizione comica non solo plautina.

Metro: senari giambici ⏓⏑́⏑, ⏓⏑́⏑, ⏓⏑́⏑, ⏓⏑́⏑, ⏓⏑́⏑, ⏑⏑́

EUCLIO, STAPHYLA

EUC. Exi, inquam, age exi! exeundum hercle tibi hinc est foras,
circumspectatrix cum oculis emissiciis!
STA. Nam cur me miseram verberas?
EUC. Ut misera sis,
atque ut te dignam mala malam aetatem exigas.
STA. Nam qua me nunc causa extrusisti ex aedibus?
EUC. Tibi ego rationem reddam, stimulorum seges?

40. Exi ... foras: «Esci, ti dico, avanti esci! Devi uscire fuori da lì, per Ercole!». Euclione si presenta alla sua apparizione nella commedia con i caratteri che lo contraddistinguono: l'aggressività verbale si adatta infatti alla sua natura di avaro e alla grettezza morale che ne consegue. La scena sarà imitata da Molière nel suo *Avaro* (I, 3), quando Arpagone scaccia di casa il servo Freccia. *Exi ... exi*: ripetizione dello stesso termine all'inizio e alla fine di un enunciato (epanadiplosi); *exi* forma inoltre con il successivo *exeundum* un poliptoto. *Age* sarebbe propriamente l'imperativo del verbo *ago*; qui però è un imperativo cosiddetto "irrigidito" e in tal senso ha valore di interiezione, secondo un uso abbastanza corrente in latino. Valore di interiezione ha anche il successivo *hercle*, forma sincopata per *Hercule*: usata anticamente come formula di giuramento, ha assunto in seguito il significato di una semplice interiezione («per Ercole»), molto frequente nei comici. *Foras*: avverbio di moto a luogo, distinto da *foris*, che indica invece lo stato in luogo.

41. circumspectatrix: «spiona»; si tratta di un *hapax* formato dall'unione di *circum* + *specto* («guardare intorno»). – **emissiciis:** «che guardano dappertutto»; è un neologismo plautino ed è in genere un aggettivo raro. Risulta formato dal participio passato *emissus* + il suffisso *-icius*; si tratta dunque di uno di quegli aggettivi che indicano una posizione giuridica di persone. Poiché il verbo *emittere* (da cui il participio *emissus*), nel suo significato di «mandar fuori» era detto soprattutto dei soldati che vanno all'attacco o in avanscoperta, l'uso che ne fa qui Plauto deve essere inteso nel senso che Stafila è presentata come un soldato che va all'attacco dei segreti di Euclione.

42-43. Nam: ha il valore di particella interrogativa che va a rafforzare l'avverbio interrogativo *cur*; propria del linguaggio popolare, essa esprime meraviglia. – **Ut misera sis ... exigas:** «Perché tu sia infelice e passi una cattiva vecchiaia degna di te, cattiva». *Te*: è ablativo retto da *dignam*. *Mala malam*: la ripetizione dello stesso aggettivo in poliptoto conferisce maggiore forza espressiva al discorso; è una figura di suono abbastanza frequente fin dall'età arcaica per ravvivare l'espressione e produrre un effetto comico. Si ricordi che l'espressione *mala aetas*, nella commedia, equivale a *senectus* («vecchiaia»).

44. Nam: cfr. nota al v. 42.

45. Tibi ego ... seges?: «E dovrei rendere conto io a te, schiena da frustate?». *Tibi ego*: antitesi che, mediante l'accostamento dei pronomi personali, sottolinea le differenze sociali tra il padrone e la serva. *Reddam*: congiuntivo dubitativo. *Stimulorum seges*: lett. «messe di pungoli», è una metafora che ricorre in più passi del teatro plautino – anche in forma variata – e allude al fatto che con i pungoli oltre a stimolare i buoi si punivano gli schiavi pigri o ribelli. In modo efficace qui la schiena di Stafila è paragonata a un campo in cui, in luogo di spighe, stanno conficcati *stimuli*: evidentemente la serva era spesso insubordinata e perciò degna di punizioni. Queste immagini tratte dal mondo agricolo sono piuttosto frequenti in Plauto, così come la tendenza a esagerarle per ottenere un effetto comico.

illuc regredere ab ostio! illuc sis. Vide,
ut incedit! At scin quo modo tibi res se habet?
Si hercle hodie fustem cepero aut stimulum in manum,
testudineum istum tibi ego grandibo gradum.
STA. Utinam me divi adaxint ad suspendium
potius quidem quam hoc pacto apud te serviam!
EUC. At ut scelesta sola secum murmurat!
Oculos hercle ego istos, improba, ecfodiam tibi,
ne me observare possis, quid rerum geram.
Abscede etiam nunc, etiam nunc, etiam... ohe,
istic astato. Si hercle tu ex istoc loco
digitum transvorsum aut unguem latum excesseris
aut si respexis, donicum ego te iussero,
continuo hercle ego te dedam discipulam cruci. –

46. Illuc: avverbio di moto a luogo, formato dalla radice *ille* + la particella enclitica *-ce* apocopata. Forma con il seguente *illuc* un'anafora. – **sis:** equivale a *si vis*, con caduta della *-v-* intervocalica (si trova anche la forma *sultis* = *si vultis*, per il plurale); è propriamente una formula di cortesia, che nella commedia viene correntemente usata come interiezione per rafforzare il comando in unione con l'imperativo.

46-47. Vide, ut incedit!: «Guarda là come cammina!»; *ut incedit* è un'interrogativa indiretta, in cui si ha l'indicativo al posto del congiuntivo perché viene considerata una costruzione paratattica secondo un uso proprio della lingua parlata. Il verbo *incedere* indica un'andatura solenne, maestosa, lenta ed è usato qui evidentemente con valore sarcastico riferito a una serva, di cui si vuol soprattutto sottolineare la lentezza dei movimenti dovuta all'indolenza. – **scin:** forma arcaica equivalente a *scisne* (*scis-ne*) con apocope della *e* finale e caduta della *s*. – **quo modo tibi res se habet:** «come va a finire per te questa storia»; è di nuovo un'interrogativa indiretta con l'indicativo; cfr. sopra.

48. hercle: per l'uso di questa forma di interiezione cfr. la nota al v. 40.

49. testudineum ... gradum: «ti farò allungare codesto passo di tartaruga». *Testudineum*: il termine richiama con effetto comico l'*incedit* del v. 47. *Tibi ego* ripropone la stessa antitesi del v. 45. *Grandibo gradum* è una paronomasia, cioè un accostamento di parole dal suono simile ma dal diverso significato; *grandibo* è una forma di futuro arcaico equivalente a *grandiam*.

50. Utinam ... ad suspendium: «O se gli dèi mi dessero la forza d'impiccarmi». *Adaxint* è un congiuntivo ottativo e rappresenta una forma arcaica per *adegerint* dal verbo *adigo*. L'espressione *adigere ad suspendium* significa «spingere all'impiccagione».

51. hoc pacto: «in questo modo»; l'ablativo *pacto* già in età arcaica vale «modo» specificato dall'aggettivo da cui è accompagnato: ad es. *nullo pacto* significa «in nessun modo»; *quoquo pacto* «in ogni modo»; *aliquo pacto* «in qualche modo», ecc.

52. ut: ha valore esclamativo ed equivale a «ma guarda un po'». – **scelesta sola secum:** allitterazione.

53-54. Oculos ... geram: «Per Ercole, io te li strapperò codesti occhi, sfacciata, affinché tu non possa vedere quello che faccio». *Hercle*: cfr. v. 40. *Ecfodiam*: in epoca classica *effodiam*. *Me*: da un punto di vista logico sarebbe il soggetto della subordinata, ma è stato anticipato e inserito nella reggente, nel caso che gli compete, secondo un uso abbastanza frequente in Plauto. *Quid rerum geram*: lett. «quale delle cose io faccia»; siamo in presenza di una subordinata che in realtà è giustapposta alla reggente, con funzione di apposizione del pronome *me*.

55-56. Abscede ... astato: «Allontanati ancora, ancora, anco... ehi, fermati là!». Il testo ricalca in modo puntuale il movimento che si svolge sulla scena. Si noti l'anafora *etiam nunc, etiam nunc*, che ha il compito di sottolineare l'incalzare dell'azione. *Istic* è avverbio di stato in luogo, derivato dalla radice di *iste* + l'enclitica *-ce* in forma apocopata. *Astato* è imperativo futuro del verbo *adsto* e ha valore durativo: ha quindi maggior forza rispetto al presente.

56-57. Si hercle ... excesseris: «Se, per Ercole, ti sposterai da quel luogo quanto è grosso un dito o larga un'unghia». *Hercle*: cfr. v. 40; si noti l'uso reiterato di questa interiezione, segno dell'agitazione di Euclione. *Istoc*: ablativo singolare di *iste* con l'aggiunta dell'enclitica *-ce* apocopata. *Digitum ... unguem* sono accusativi di estensione.

58. respexis: propriamente si tratta di una seconda persona del congiuntivo perfetto da *respicio* che nel latino arcaico era usato come futuro anteriore, al posto di *respexeris*. – **donicum ego te iussero:** «prima che io te lo avrò ordinato». *Donicum* è forma arcaica per *donec*.

59. continuo ... cruci: «subito ti consegnerò alla croce per imparare l'educazione». *Dedam discipulam cruci*: la personificazione della croce, oggetto di per sé inanimato, rafforza l'efficacia espressiva della frase; si tratta di un detto popolare pressoché intraducibile in italiano arricchito dalla fantasia poetica di Plauto. La croce era lo strumento di supplizio per gli schiavi; i cittadini romani invece non potevano essere mandati a morte tramite crocifissione.

Scelestiorem me hac anu certo scio
vidisse numquam, nimisque ego hanc metuo male,
ne mihi ex insidiis verba inprudenti duit,
neu persentiscat, aurum ubi est absconditum;
quae in occipitio quoque habet oculos, pessima.
Nunc ibo ut visam, sitne ita aurum ut condidi,
quod me sollicitat plurimis miserum modis.

60. anu: è ablativo di paragone; si osservi la strana costruzione della frase, in cui il sostantivo *anus* non viene impiegato – come sarebbe più consueto – come oggetto di *vidisse* concordato con *scelestiorem*.

61-62. nimisque ego ... duit: «e temo assai fortemente che questa mi inganni senza che me ne accorga». *Nimisque*: nei comici ha valore rafforzativo e significa «assai» e non «troppo», come nel latino classico. *Ego hanc*: si noti la distribuzione a coppie dei pronomi in questo e nel verso precedente (*me hac*). In Plauto e Terenzio l'avverbio *male* ha spesso il valore di «fortemente». *Ne ... verba ... duit*: nella completiva compare una forma arcaica del congiuntivo del verbo *do*, equivalente a *det*. L'espressione *dare verba*, che significa propriamente «dare parole», cioè incantare uno con bugie, burlarsi di qualcuno, appartiene al linguaggio popolare e ricorre con una certa frequenza nei comici.

63. neu persentiscat: «e abbia a fiutare». – **ubi est absconditum:** di nuovo un'interrogativa indiretta con l'indicativo in luogo del congiuntivo (cfr. v. 47). *Est absconditum* è un perfetto logico: esprime un'azione compiuta nel passato i cui effetti perdurano nel presente.

64. in occipitio: «dietro la nuca». L'immagine è particolarmente vivace e sembra ripresa dalla raffigurazione di qualche mostro mitologico.

65-66. Nunc ... modis: «Ora andrò a vedere se sta come l'ho nascosto l'oro, che mi angoscia in mille modi, povero me!». *Me ... miserum*: iperbato. *Plurimis ... modis*: ha valore di locuzione avverbiale, come sempre quando *modus* è in unione con aggettivi, e significa «moltissimo».

ANALISI DEL TESTO *Aulularia*, vv. 40-66

Lessico

1 Individua tutti gli arcaismi presenti nel testo.

2 Sono presenti nel testo vocaboli ed espressioni che hanno la funzione di accentuarne la comicità. Sapresti riconoscerli?
In particolare:
- **a** Quali termini presuppongono una solennità nell'azione? Perché danno vita a una situazione comica?
- **b** Quali espressioni sono tratte da detti popolari?
- **c** Quali vocaboli hanno a che fare con il linguaggio militare? Che effetto producono?
- **d** Quali termini sono propri del mondo agricolo?

3 Al v. 41 dell'*Aulularia* è presente l'aggettivo *emissicius*, che appartiene al gruppo di aggettivi formati con il suffisso *-icius*.
- **a** Che cosa indicano solitamente?
- **b** Sapresti ricostruirne la derivazione?
- **c** Sapresti ricercare, con l'aiuto del vocabolario, altri aggettivi appartenenti al medesimo gruppo, esercitandoti a individuarne la valenza di significato?

Sintassi e stile

4 Al v. 40 è presente una figura retorica piuttosto rara:
- **a** Di che cosa si tratta?
- **b** Sapresti spiegarne le caratteristiche?
- **c** Quali altre figure simili conosci?

5 Il passo è interessante anche per la presenza di significative forme verbali.
- **a** Riconosci i congiuntivi dubitativi presenti.
- **b** Riconosci i congiuntivi ottativi.
- **c** Ci sono altri tipi di congiuntivo indipendente?

6 Quali figure retoriche di suono sai riconoscere all'interno del passo? Sapresti fornire per ciascuna la definizione?

Contenuti

7 Sulla base delle battute presenti nel testo, che rapporti ti sembra intercorrano tra Euclione e Stafila?

8 Dalle battute di Stafila quale carattere emerge?

9 Perché si può affermare che nel passo emergono le manie del protagonista? Di quali manie si tratta?

APPROFONDIMENTO

EUCLIONE: IL PROTOTIPO DELL'AVARO

Nel generale panorama plautino, l'*Aulularia* rappresenta un'eccezione per due fondamentali motivi: il primo è che si discosta nell'intreccio dallo schema rigido e sempre uguale a se stesso delle altre palliate; il secondo che il suo protagonista (Euclione) offre l'unico esempio in Plauto di un certo studio del carattere. È noto che l'arte plautina non si preoccupa di delineare i caratteri dei personaggi comici e che preferisca mettere in scena dei "tipi" abbastanza stereotipati, rivolgendo tutto il proprio interesse alla costruzione dell'azione e alla *vis comica*. Plauto si dedica con grande impegno a plasmare la lingua, ricavandone tutte le potenzialità di suono tramite giochi di parole, doppi sensi, metafore, poliptoti, omoteleuti, paronomasie, allitterazioni, figure etimologiche; aggiunge poi la metrica dei ritmi vivacissimi e multiformi (*numeri innumeri*), volta a inserire nel testo vere e proprie esplosioni festose e trionfanti di suoni. Nel tratteggio dei personaggi, o per meglio dire dei loro caratteri, invece, il commediografo appare latitante, tranne qualche rarissimo caso, tra cui – come si è detto – quello di Euclione, che assume peculiari caratteristiche, tali da differenziarlo dal "tipo" dell'avaro tradizionalmente presente nella Commedia.
A dire il vero, questo "tipo" era già patrimonio della tradizione greca, non solo comica. Essendo l'avarizia uno dei vizi umani oggetto dei maggiori attacchi, non c'è da stupirsi che esso divenisse argomento di studio della filosofia morale. Si pensi – a tale proposito – a Teofrasto (IV secolo a.C.), che dedicò all'avaro un capitolo dei suoi *Caratteri*, o alla diatriba stoico-cinica di età ellenistica, che influenzò la satira romana e favorì l'interesse dei suoi cultori (Lucilio, Varrone e Orazio) per questa tipologia caratteriale. Ovviamente non poteva sfuggire al fascino dell'avaro la commedia greca, prima quella "antica" con Aristofane (cfr. lo Strepsiade delle *Nuvole*) e poi, soprattutto, la "nuova", che espresse grande attenzione per lo studio psicologico dell'essere umano. Nella *néa*, in genere, i tratti dell'avaro sono attribuiti a figure di vecchi, in opposizione a giovani prodighi (quasi la registrazione di un conflitto generazionale). È proprio nell'ambito della commedia nuova che l'avaro assume tutto il contorno di un "tipo", a opera soprattutto di Menandro, che ci ha lasciato esempi significativi sotto questo punto di vista; molti sono andati perduti, ma ci è stata conservata la figura dello Smicrine dell'*Aspis*, una straordinaria mescolanza di avidità, ipocrisia e malvagità.
Quando l'avaro "greco" perviene a Plauto ha ancora tutti i tratti generici di una figura "tipizzata". È merito di Plauto se esso finisce per acquisire quel carattere sviluppato che si nota nel personaggio di Euclione. Egli è in tutti i sensi il protagonista dell'*Aulularia*; la sua figura è al centro degli eventi e li domina. Così facendo assume il carattere dominante del cosiddetto "eroe comico", già presente nell'*ar-*

TESTO 6

Un personaggio inconsueto: il dio Mercurio

Amphitruo, vv. 271-309; 350-374

All'interno del panorama comico plautino l'*Amphitruo* ricopre un ruolo particolare a partire dal fatto che nell'intreccio si ha la presenza di un dio. La cosa è inusuale in un testo comico, perché in genere le divinità agivano nella tragedia. D'altra parte della tragedia l'*Amphitruo* possiede i personaggi – un dio e un eroe – e lo sfondo di avvenimenti mitici: la nascita di Ercole, frutto di uno degli amori terreni di Giove. Della particolarità di questo testo comico ci è testimone lo stesso Plauto, che nel prologo dell'*Amphitruo* fa dire a Mercurio, a proposito della tipologia della *fabula*: «io la trasformo da tragedia *cháia* greca. Avaro per appartenenza familiare, come rivela nel prologo il Lare domestico, che in riferimento a suo nonno dice che *ita avido ingenio fuit* (v. 9), Euclione assomma in sé dei caratteri che potrebbero essere riassunti così: un'avarizia maniacale, spinta all'eccesso tanto da giungere a esiti grotteschi, addirittura surreali, e una condizione di umanità dolente che convive con questa smodata avarizia. Proprio questa miscela alquanto particolare impedisce a Euclione di essere cinico, gaglioffo o spaccone come spesso invece sono i personaggi di Plauto e in genere della palliata. Egli è un vecchio che soffre a causa del suo tesoro, fonte per lui di infinita felicità e insieme di angosce mai finite per il timore di doversene separare. L'amore assoluto che lo lega alla sua pentola colma d'oro lo porta a diffidare di tutti, a isolarsi, a concentrarsi solo su questo affetto, a non vedere altro oltre alla sua ossessione. Da questo deriva alla commedia un'atmosfera di umorismo che avvolge il personaggio ed evita che egli sia vittima di quei tratti di superbia, malvagità o volgarità tipici invece degli altri personaggi plautini. Ne esce a sbalzo, dunque, una figura a suo modo simpatica, antesignana di un lungo elenco di avari, rintracciabili nella letteratura di tutti i tempi. Vogliamo qui ricordare solo i più famosi: l'usuraio Shylock del *Mercante di Venezia* di Shakespeare, Arpagone dell'*Avaro* di Molière, i personaggi delle tre commedie goldoniane *Il vero amico, L'avaro fastoso* e Il *geloso avaro*, fino a giungere a un eroe dei moderni fumetti, il disneyano Paperon de' Paperoni.

in commedia» (vv. 54-55) e poi ancora: «ne farò una miscela; sarà una tragicommedia» (v. 59). La presenza divina tuttavia non ha come conseguenza un innalzamento di tono o un allontanamento dal consueto registro comico; proprio i caratteri di Mercurio, infatti, la sua figura arrogante, prepotente e bugiarda finiscono anzi per sortire un effetto di abbassamento comico del mito. Così se sfondo e personaggi appartengono al livello tragico, intreccio e azione drammatica sono tipici della commedia. Rileva a tal proposito il Traina (1969[3], p. 44): «Grazie al dato mitico, l'*Amphitruo* fonde la commedia degli equivoci come i *Menaechmi*, dove la perfetta somiglianza dei due gemelli è uno scherzo della *Týche*, e la commedia del servo con i suoi inganni e le sue beffe, come lo *Pseudolus*».

La scena, riportata qui solo in parte, è la più lunga e famosa dell'intero teatro plautino.

È notte. Sosia, inviato da Anfitrione ad annunciare il suo arrivo ad Alcmena, si imbatte in un altro se stesso che fa la guardia alla casa e gli impedisce l'entrata. Si tratta di Mercurio che ha assunto le sue fattezze per aiutare il padre Giove. Poiché il dio sa che il servo è di indole paurosa, decide di mi-

nacciarlo per lo spasso suo e degli spettatori. Dopo diversi vani tentativi di entrare in casa, Sosia deve cedere e allontanarsi.
La situazione è abbastanza tipica dell'arte plautina, giocata com'è su quella particolare forma dell'equivoco che è costituita dallo scambio di persona. Tre commedie di Plauto ci propongono questo tema: *Amphitruo*, *Menaechmi* e *Bacchides*. Tuttavia in questo caso la perfetta uguaglianza dei due personaggi è una manifestazione dell'azione divina e risulta inquietante perché non si colloca al termine dell'azione scenica, come fattore di riconoscimento e quindi di scioglimento dell'intreccio, ma all'inizio e perciò tende a complicare gli eventi e a insinuare il dubbio e la paura.
La comicità della scena nasce dal contrasto tra l'atteggiamento sprezzante e aggressivo di Mercurio e il timore e lo sconcerto di Sosia, in modo che la falsità del dio assuma i caratteri della verità, e al contrario le verità di Sosia siano respinte come menzogna. La chiave della comicità – a ben vedere – risiede nella condizione di superiorità degli spettatori, nel fatto cioè che essi conoscono la verità, sconosciuta invece ai personaggi in scena, e possono perciò ridere dei loro errori.
Il testo è caratterizzato da una lunga serie di battute "a parte", in cui Mercurio parla ad alta voce senza rivolgersi direttamente a Sosia ma sapendo che l'altro in realtà lo ascolta, ed è giocato su un fitto intreccio di giochi di parole, doppi sensi, figure di suono, metafore, parodie e invenzioni verbali, cui doveva aggiungersi una gestualità accentuata. Insomma, un capolavoro dell'arte comica plautina, che ha garantito il successo all'opera sia presso i contemporanei sia presso i posteri, tant'è vero che il nome del protagonista (Sosia) è diventato in italiano un sostantivo comune per indicare i casi di somiglianza perfetta. Anche a livello letterario questo tema comico ha avuto molta fortuna ed è stato assai spesso ripreso; si pensi – ad esempio – alla *Commedia degli errori* e a *La dodicesima notte* di Shakespeare o a *I due gemelli veneziani* di Goldoni.

Mercurio, I-II secolo d.C., da un originale greco del V secolo a.C., Roma, Palazzo Altemps.

SOSIA, MERCURIO

SO. Davvero, per Polluce, se c'è una cosa che credo e so per certo, credo proprio che questa notte il dio Notturno si è addormentato sbronzo: le sette stelle dell'Orsa non si muovono da nessuna parte nel cielo, la luna non si sposta da quando è sorta, né Orione né la stella della sera né le Pleiadi tramontano. Così, immobili, le stelle stanno ferme al loro posto e la notte non cede per nulla il passo al giorno.

ME. (*a parte*) Continua, o Notte, come hai iniziato! Asseconda mio padre! Stai prestando nel migliore dei modi il miglior servizio al migliore degli dèi: fai un prestito conveniente!

SO. Credo di non aver mai visto una notte più lunga di questa, se non una: quella in cui, dopo essere stato frustato, sono rimasto appeso per tutto il tempo. Ma anche quella, per Polluce, questa qui la supera di molto in lunghezza! Credo proprio, per Polluce, che il Sole stia dormendo, e dopo una bella bevuta. C'è da stupirsi se non se l'è spassata un po' troppo a cena!

ME. (*a parte*) Dici davvero, faccia da schiaffi? Pensi che gli dèi siano simili a te? Per Polluce, a causa di queste tue parole e malefatte, pendaglio da forca, io ti preparerò una bella accoglienza: dài, prova soltanto a venire qui, e ti capiterà un bell'incidente!

SO. Ma dove sono i puttanieri, quelli che da soli dormono controvoglia? Ecco, questa è la notte giusta, per mettere sotto la puttana pagata a caro prezzo!

ME. Secondo le parole di costui, ora mio padre agisce bene e con furbizia: lui che, abbracciato ad Alcmena, se ne sta a letto e fa l'amore, soddisfando il proprio desiderio.

SO. Andrò a riferire ad Alcmena quello che il padrone mi ha ordinato. (*finalmente si accorge della presenza di Mercurio, ma è convinto di non essere visto*) Ma chi è quell'uomo, che vedo davanti a casa a quest'ora di notte? Non mi piace.

ME. (*a parte*) Non esiste un fifone come lui.

SO. Adesso capisco: questo qua, oggi, mi vuol dare una bella pettinata!

ME. (*a parte*) Il nostro uomo ha paura: mi prenderò gioco di lui.

SO. Sono finito! Ho già un senso d'irritazione ai denti: certo, al mio arrivo, costui mi farà trattare come un ospite... in un incontro di pugilato! Ma sì, è un animo pietoso: il padrone mi ha costretto a stare sveglio, e lui adesso, a suon di pugni, mi metterà a dormire! Sono completamente spacciato. Pietà, per Ercole: com'è grande e grosso!

ME. (*a parte*) Parlerò ad alta voce verso di lui, perché ascolti quel che dico: e così gli crescerà ancor più la paura in corpo. (*ad alta voce*) Forza, pugni! È già da tanto che non mi date di che riempire la pancia! Mi sembra sia passato un secolo, da quando ieri ne avete spogliati e messi a dormire quattro!

SO. Ho una brutta paura di dover cambiare nome, e diventare, da Sosia, Quinto. Dice di averne messi a dormire quattro: temo di dover aumentare quella cifra.

ME. (*come se si preparasse al pugilato*) Ecco dunque, così adesso!

SO. Si rimbocca le maniche: certo si sta preparando.

ME. (*a parte*) Non riuscirà a cavarsela senza prenderle!

SO. Ma chi?

ME. (*a parte*) Chiunque verrà qui, assaggerà dei pugni!

[...]

ME. Cosa ci fai davanti a questa casa?

SO. Cosa ci fai tu, piuttosto!

ME. Il re Creonte mette sempre delle sentinelle notturne.

SO. Fa bene: siccome noi eravamo all'estero, ha preso misure di sicurezza in patria. Ma adesso va' pure, annuncia che sono arrivati i familiari.

ME. Non so quanto tu sia familiare: ma se non te ne vai subito, mio caro familiare, farò in modo che tu sia accolto in modo non proprio familiare!

SO. Abito qui, ti dico, e sono schiavo dei padroni di qui!

ME. Ma sai che succede? Ti farò arrivare in alto, se non te ne vai.

SO. In che modo?

ME. Te ne andrai a spasso in lettiga, non potrai andartene con le tue gambe, se metterò mano a un bastone!

SO. Ma se ti sto dicendo a chiare lettere che sono un famiglio di questa famiglia!

ME. Vedi piuttosto fra quanto poco tempo vuoi farti bastonare, se non te ne vai subito!

SO. Tu pretendi d'impedirmi di entrare in casa, a me che ritorno da fuori?

ME. Sarebbe questa la tua casa?

SO. Sì, ti dico!

ME. Chi è dunque il tuo padrone?

SO. Anfitrione, quello che comanda l'esercito tebano, che ha per moglie Alcmena.

ME. Cosa dici? Qual è il tuo nome?

SO. I Tebani mi chiamano Sosia, generato dal padre Davo.

ME. Certo oggi sei venuto qui per tua sventura, cima di sfrontatezza, con questa trama di menzogne intessuta di trucchi!

SO. Ma io, veramente, vengo solo con la tunica intessuta, non con le menzogne!

ME. E continui a mentire: di certo vieni con le gambe, e non con la tunica!

SO. Sì, certo.

ME. E allora, certo, prèndile per questa bugia!

SO. No, certo, per Polluce, non voglio!

ME. Sì, certo, per Polluce, anche se non vuoi! (*sferrandogli un pugno*) Almeno questo «certo» è sicuro, non è in discussione!

SO. Ti supplico, pietà!

ME. Tu osi dire di essere Sosia, che invece sono io?

SO. Sono morto!

(trad. di R. Oniga)

RIEPILOGO DEL PERCORSO

1 Considera il tipo del **soldato spaccone**.
- **a** Quale personaggio lo rappresenta?
- **b** Quali tratti del comportamento lo caratterizzano?
- **c** Quale relazione esiste tra il *miles gloriosus* e l'eroe epico-tragico? Per quale fine è perseguita?
- **d** Quale sviluppo ha avuto la figura del soldato fanfarone? Ne hai trovato qualche eco in storie (letterarie, filmiche, teatrali) che conosci direttamente?

2 Soffermati sul tipo del **parassita**.
- **a** Quale personaggio lo rappresenta?
- **b** Quali tratti del comportamento lo caratterizzano?
- **c** Quali aspetti lo accomunano allo schiavo?
- **d** La relazione con il corpo e con il cibo tipiche di questo personaggio hanno un particolare significato nella commedia plautina?

3 Osserva il tipo del **lenone**.
- **a** Quali tratti fisici lo descrivono?
- **b** Aspetto fisico e morale hanno una corrispondenza? Di quale tipo?
- **c** Quale ruolo ha questo personaggio nell'intreccio della commedia?
- **d** Il lenone è antitesi del ruolo di un altro personaggio tipico della commedia plautina: sapresti dire quale, argomentando la tua risposta?

4 Rileggi i passi dedicati al tipo dell'**avaro**.
- **a** Quale personaggio lo rappresenta?
- **b** Quali tratti del comportamento lo caratterizzano?
- **c** Nella figura del *senex* avaro si trova uno dei ruoli più tipici del teatro plautino: la sua presenza quale dinamica innesca? In quali personaggi? Per quale fine?
- **d** A differenza di molti altri "avari" che la commedia italiana con Goldoni, quella francese con Molière, quella inglese con Shakespeare hanno ripreso da Plauto, Euclione non rappresenta un mercante: quali caratteristiche umane e social definiscono il personaggio plautino? Perché è possibile indicarlo come il prototipo letterario dell'avaro?
- **e** Nella scena in cui va al mercato quali sentimenti prova? Quali sono gli elementi verso cui si dirige l'attenzione del personaggio? Si possono ricavare dal passo elementi per conoscere meglio la realtà sociale del tempo? Quali?

5 Considera ora il personaggio del dio **Mercurio**.
- **a** È abituale la presenza di un dio all'interno di una commedia?
- **b** Quali tratti di comportamento definiscono la figura di Mercurio? Ne sminuiscono l'aspetto divino?
- **c** La figura del "doppio" quale effetto produce all'interno dell'intreccio e nella risoluzione stessa del personaggio?

6 Ritorna ancora su alcuni aspetti del **linguaggio** o su alcuni **procedimenti scenici** che si trovano nei passi che hai letto e definisci, riconducendoli ai testi in cui si trovano:
- **a** i "nomi parlanti";
- **b** l'uso delle interiezioni;
- **c** la parodia del tragico;
- **d** l'uso dell'allocuzione;
- **e** l'uso degli "a parte";
- **f** la beffa;
- **g** l'equivoco.

4 La *vis comica* plautina

La comicità è il tratto peculiare delle palliate di Plauto, è l'elemento per cui esse incontrarono uno straordinario successo e sopravvissero nei secoli. Prive di originalità a livello di intrecci, non sempre congruenti e lineari nel ritmo narrativo e nello sviluppo dell'azione scenica, popolate di personaggi senza spessore psicologico, queste commedie hanno nella straordinaria *vis comica* che le caratterizza l'elemento di maggior pregio. Essa nasce fondamentalmente da tre fattori: la situazione comica, ottenuta attraverso colpi di scena, scambio di personaggi, beffe ordite a danno degli altri, inganni e raggiri; il coinvolgimento diretto del pubblico, attraverso la rottura della finzione scenica; l'uso di una lingua estremamente duttile. Il percorso che segue vuole illustrare proprio il legame tra linguaggio e comicità mediante la presentazione di alcuni pezzi di bravura, fondati ora sulla parodia, ora sull'accumulo verbale, ora sul gusto dell'insulto fine a se stesso. Essi sono emblematici della poetica del commediografo, che si serve di queste pagine, vere e proprie interruzioni dell'azione drammatica, per dare sfogo alla sua creatività, fondata soprattutto sugli aspetti fonici del linguaggio.

LAT	TESTO 1	*Aulularia*, vv. 713-726
LAT/ITA	TESTO 2	*Cistellaria*, vv. 203-224
LAT/ITA	TESTO 3	*Persa*, vv. 405-426
LAT/ITA	TESTO 4	*Pseudolus*, vv. 359-369

Maschera comica appoggiata sul palco, I secolo a.C., Napoli, Museo Archeologico Nazionale.

TESTO 1

Il tesoro perduto

Aulularia, vv. 713-726

Il passo rappresenta il punto della commedia in cui la tensione drammatica raggiunge il suo vertice e contemporaneamente una pagina di intensa comicità. Si tratta di un *canticum*, cioè di una parte cantata, ed è uno degli esempi più importanti della produzione comica latina in cui poter osservare in atto il procedimento della parodia dello stile tragico. Plauto ne fa un uso abbastanza insistito, proprio perché ritrova in questo procedimento delle enormi potenzialità comiche, adatte al suo modo di fare teatro. L'effetto comico di tale espediente scaturisce dalla sproporzione tra il fatto in sé (in questo caso il furto della pentola dell'oro di cui si è appena accorto Euclione) e la reazione del personaggio (Euclione si abbandona a invocazioni e lamenti, culminanti nel desiderio di chiudere in fretta un'esistenza resa inutile dal venir meno del suo unico fine: possedere e custodire il tesoro), nonché dall'utilizzo di mezzi espressivi di un genere elevato (tragedia o genere sacro), che contrastano in maniera stridente con la dimensione "quotidiana" in cui è immerso il personaggio della commedia. Si osservi qui la ripresa – particolarmente evidente ai vv. 721-726 – delle lamentazioni proprie del genere tragico di derivazione greca (*cothurnatae*), di cui vengono riproposti lessico, stile e metro (i versi del brano sono anapesti, un metro tipico dei canti funebri).

Il testo è significativo anche perché offre un esempio del procedimento dell'allocuzione. Nelle commedie plautine capita abbastanza frequentemente che un personaggio interrompa l'illusione scenica e si rivolga direttamente al pubblico con scopi diversi. In questo caso Euclione invoca prima tutti gli spettatori (vv. 715-716, 718-719), poi uno in particolare (vv. 717, 720), perché gli siano di aiuto nel rintracciare il ladro della pentola.

La parte conclusiva del passo riprende lo stile paratragico, sostenuto da una serie fittissima di figure di suono, di interrogative ed esclamative con evidente intento patetico.

Metro: ottonari anapestici (vv. 713-719; 721-725); settenario anapestico (v. 720); dimetro anapestico catalettico (v. 726).

EUCLIO

Perii, interii, occidi! Quo curram? quo non curram? Tene, tene! Quem? quis?
Nescio, nihil video, caecus eo atque equidem quo eam, aut ubi sim, aut qui sim,
nequeo cum animo certum investigare. Obsecro ego vos, mi auxilio,
oro, obtestor, sitis et hominem demonstretis quis eam abstulerit.

713. Perii, interii, occidi!: «Sono perduto, sono morto, sono ucciso !». La scena si apre con un efficacissimo *tricolon*, che ha lo scopo di affermare il disastro totale, il fallimento completo della vita di Euclione di fronte alla perdita della pentola. I tre verbi, per la loro disposizione, collegati per asindeto, determinano l'effetto di *climax*. – **Quo ... quo:** anafora. – **Tene, tene!:** epizeusi. – **Quem? quis?:** poliptoto. L'accumulo di tutti questi artifici retorici ha l'evidente scopo di conferire rapidità al discorso, così da rappresentare l'affannosa concitazione del personaggio.

714-715. Nescio ... investigare: «Non so, non vedo nulla, vado cieco e certamente non riesco a stabilire per certo dove vado, o dove sono, o chi sono». La perdita del tesoro ha annullato la personalità di Euclione, che si rappresenta completamente smarrito. Questa condizione psicologica, causata solitamente da un forte dolore, è motivo ricorrente nel teatro greco, sia tragico sia comico. Si noti un nuovo *tricolon* (*quo eam, ... ubi sim, ... qui sim*), disposto secondo una gradazione discendente (*climax* discendente), all'interno del quale è possibile notare la presenza combinata di anafora ed epifora (*aut ... sim, aut ... sim*). *Qui* è forma arcaica per *quis*. *Certum*: è un accusativo neutro con funzione predicativa rispetto al verbo *investigare*.

715-716. Obsecro ... oro, obtestor: «Vi scongiuro, ... vi prego, vi supplico». Ancora un *tricolon* asindetico, formato da sinonimi e arricchito dall'allitterazione. Prende avvio da questo verso il procedimento dell'allocuzione, tipico del teatro plautino che lo derivò dalla tradizione greca (cfr. introduzione al testo). – **mi auxilio:** costruzione del doppio dativo. – **sitis ... demonstretis:** uso del congiuntivo paratattico, con l'omissione cioè della congiunzione subordinante; in tal modo queste forme verbali sono assimilabili a congiuntivi esortativi. – **hominem ... quis eam abstulerit:** siamo in presenza del solito costrutto paratattico già notato sopra (cfr. p. 110, v. 54); *hominem* è anticipato nella reggente, dove acquista il caso dovuto ai legami sintattici; segue poi l'interrogativa indiretta in forma epesegetica rispetto allo stesso *hominem*. – **eam:** si riferisce

Quid ais tu? tibi credere certum est; nam esse bonum ex voltu cognosco.
Quid est? quid ridetis? novi omnis: scio fures esse hic complures,
qui vestitu et creta occultant sese atque sedent quasi sint frugi.
<H>em, nemo habet horum? occidisti. Dic igitur, quis habet? nescis?
Heu me misere miserum, perii! male perditus, pessime ornatus eo,
tantum gemiti et mali maestitiaeque hic dies mi optulit, famem et pauperiem!
Perditissimus ego sum omnium in terra. Nam quid mi opust vita? tantum auri
perdidi quod concustodivi sedulo! Egomet me defraudavi
animumque meum geniumque meum; nunc ergo alii laetificantur
meo malo et damno. Pati nequeo.

evidentemente alla pentola dell'oro (*aula*), anche se sull'uso di questo pronome femminile si innesterà il gioco degli equivoci successivo, che vedrà lo scambio tra *aula* e *Phaedra* (la figlia di Euclione), reso possibile dall'appartenenza allo stesso genere grammaticale (femminile) dei due nomi.

717. tibi credere certum est: «voglio crederti». Letteralmente *certum est* significa «è stato deciso», sott. «da me». – **esse bonum:** si noti l'assenza del soggetto dell'oggettiva (*te*), secondo l'uso colloquiale.

718-719. novi omnis ... frugi: «vi conosco tutti: so che qui ci sono parecchi ladri, che si nascondono sotto la veste imbiancata a creta e siedono come fossero uomini onesti». Euclione si rivolge agli spettatori seduti nelle prime file, occupate dai cittadini più ragguardevoli di Roma. Alla posizione sociale ed economica elevata di costoro, d'altra parte, fa riferimento l'espressione *vestitu et creta*, dal momento che le toghe dei ricchi e dei nobili erano rese candide appunto con la creta. La battuta malevola contro costoro ha lo scopo di suscitare il riso dei cittadini appartenenti alle classi più basse, che erano soliti vestire con toghe scure e a teatro sedevano nelle file più lontane dal palcoscenico. *Vestitu et creta* è un'endiadi. *Sedent*: l'uso di tale verbo sembrerebbe comprovare che al tempo di Plauto alle rappresentazioni teatrali si poteva assistere stando seduti. Poiché il primo teatro in muratura venne costruito in Roma da Pompeo nel 55 a.C., bisogna dunque supporre che gli spettatori assistessero agli spettacoli servendosi di sedili mobili. *Frugi* è un aggettivo indeclinabile, di derivazione agricola; etimologicamente sarebbe il dativo del sostantivo *frux* nell'accezione di «campo che dà buon frutto»; per traslato ha assunto quindi il senso di «onesto», «buono» in senso morale.

720. <H>em: «Ehi»; è un'interiezione molto usuale nella commedia. – **horum:** si riferisce agli spettatori; possiamo renderlo con «dei presenti». – **Dic ... habet?:** «Di' dunque, chi ce l'ha?» è nuovamente una costruzione paratattica, vicina al linguaggio colloquiale, al posto dell'interrogativa indiretta.

721. me misere miserum: si osservi l'allitterazione molto forte e in *misere miserum* una figura etimologica, cioè la ripresa di una parola in forma variata grammaticalmente. *Me ... miserum* è un accusativo esclamativo. Ha inizio a questo punto il monologo di Euclione, rivolto allo spettatore e sospeso tra il comico e il patetico. – **perii! ... eo:** «Sono morto! sono completamente rovinato, conciato malissimo». Prosegue l'uso delle figure di suono già presenti nel primo emistichio (*perii ... perditus*: figura etimologica; *perii ... perditus, pessime*: allitterazione), con l'aggiunta di un omoteleuto (*perditus ... ornatus*) e del parallelismo *male ... pessime* in *climax*. Per il significato dell'avverbio *male* cfr. v. 61. *Eo* corrisponde nel significato a *sum*.

722. tantum ... pauperiem!: «quanto pianto, male e tristezza mi ha portato questo giorno, e fame e povertà!». *Gemiti ... mali ... maestitiaeque* sono tre genitivi partitivi retti da *tantum* e disposti a *tricolon*; *gemiti* è una forma arcaica di genitivo in luogo del classico *gemitus*. *Mi* è forma contratta per *mihi*. *Optulit* è grafia arcaica per *obtulit*.

723-724. quid ... sedulo!: «che bisogno ho più della vita, io che ho perso tutto quell'oro che con tanta cura avevo custodito?». *Quid mi opust* è forma arcaica per *quid mihi opus est*, con *quid* accusativo di relazione. In *opust* si nota l'aferesi, resa possibile dal fatto che nel latino arcaico nelle desinenze *-is* e *-us* la *s* finale tendeva a cadere nella pronuncia. Questo fenomeno – proprio della lingua parlata – finì per avere influenza anche nella lingua scritta. Così *opus* era pronunciato *opu'* e incontrandosi in poesia con *est*, consentiva il realizzarsi dell'aferesi, vale a dire della caduta della e iniziale. *Auri* è un genitivo partitivo. *Concustodivi* è un neologismo plautino; nel tono a metà tra il comico e il patetico del discorso di Euclione questo termine contribuisce a conferire una sfumatura affettiva, a ricordare che la pentola dell'oro era per l'avaro come una figlia da proteggere. *Sedulo* è avverbio di modo (*se* = *sine* + *dolo* «senza inganno», quindi «con zelo», «con cura»).

724-726. Egomet ... damno: «Io ho derubato me stesso, il mio animo, il mio genio; ora sono altri a godere del mio malanno e della mia sventura». Nella parte conclusiva del monologo di Euclione dominano ormai le note patetiche su quelle comiche. *Egomet* è forma rafforzata del pronome personale di prima persona. Il *Genius* era il nume che presiedeva alla nascita di ogni uomo e che custodiva la sua vita. Etimologicamente il termine deriva da *geno*, forma arcaica del verbo *gigno*. Era usanza presso i Romani festeggiare con un solenne banchetto il giorno natalizio sacro al proprio Genio. Si notino l'omoteleuto e il parallelismo nell'espressione *animumque meum geniumque meum*. *Meo ... damno*: ablativi strumentali dipendenti dal *verbum affectuum laetificantur*, che ha qui valore mediale.

ANALISI DEL TESTO *Aulularia*, vv. 713-726

Lessico

1 Individua nel testo il lessico relativo alla sofferenza e alla rovina: si può dire che questo tipo di linguaggio sia proprio di un altro genere letterario che non è quello comico? Quale? Perché Plauto se ne serve?

2 Sapresti spiegare il significato di *creta* (v. 719) e di *genius* (v. 725)?

3 Rintraccia le interiezioni presenti nel testo e spiegane la funzione.

Sintassi e stile

4 Con quale figura sintattica si apre la scena? Riconosci la stessa struttura qualche verso dopo?

5 Facendo riferimento ancora ai versi di apertura, sapresti dare definizione e fornire uno o più esempi delle figure retoriche elencate qui di seguito?

a *climax*;
b anafora;
c epizeusi;
d poliptoto;
e brachilogia;
f ellissi.

6 Quale effetto produce la ripetizione di esclamative e interrogative così frequente e ravvicinato come accade in questo testo?

Contenuti

7 La figura dell'avaro Euclione viene presentata in questa scena in modo particolarmente comico: sapresti individuare gli elementi che producono questo effetto? In particolare:

a qual è la condizione psicologica con cui appare in scena Euclione?
b quale scopo ha la battuta malevola dei vv. 718-719?
c qual è il tono del monologo che il protagonista avvia a partire dal v. 721? Quali aspetti stilistici e retorici vi contribuiscono?

8 Il riferirsi direttamente agli spettatori per coinvolgerli nella disperata ricerca della pentola costituisce un esempio di rottura dell'illusione scenica che prende nome di ....; per quale fine viene introdotta in questo monologo?

TESTO 2

Amore è un carnefice

Cistellaria, vv. 203-224

Il testo è uno dei più straordinari esempi di espressionismo linguistico del teatro di Plauto. Si tratta di un *canticum* introdotto da tre versi in settenari trocaici, recitati con il sottofondo musicale di un flauto, e innalzato dal protagonista della commedia, Alcesimarco, perdutamente innamorato di Selenio. La situazione è tra le più convenzionali del teatro plautino: un ragazzo si innamora di una ragazza, di cui è sconosciuta la vera identità, cresciuta da una cortigiana.
Grazie agli oggetti appartenuti a lei bambina e contenuti in una cesta (da qui il titolo della commedia) verrà riconosciuta attraverso il meccanismo della *agnitio* e i due potranno coronare il loro sogno d'amore. Se la situazione è consueta, insolita e straordinariamente originale è invece l'invenzione linguistica a cui dà vita Plauto. Allitterazioni, anafore, figure etimologiche (*feror, differor*), omoteleuti, sinonimi in funzione di iperbole (*supero, antideo*), parodie del linguaggio tragico (*cruciabilitatibus*), metafore formano un intreccio scoppiettante e strepitoso, anche a causa della velocità funambolica con cui le espressioni verbali si inseguono.
Quello che dovrebbe essere il tradizionale lamento di un ragazzo innamorato che non riesce a realizzare il suo desiderio si trasforma così in uno dei "pezzi" più incredibili della *vis comica* plautina. La nostra immaginazione di lettori moderni può solo parzialmente ricreare la situazione di vorticoso divertimento a cui nell'originale concorrevano la musica (perché ovviamente il monologo era cantato dal protagonista) e l'enfasi di una mimica sicuramente al limite del grottesco.

ALCESIMARCHUS

Credo ego Amorem primum apud nomine carnificinam commentum. Hanc ego de me coniecturam domi facio, ni foras quadra, qui omnis nomine supero, antideo cruciabilitatibus animi.

Iactor, crucior, agitor,
stimulor, vorsor
in amori' rota, miser axanimor,
feror, differor, distrahor, diripior;
ita nubilam mentem habeo.
Ubi sum, ibi non sum,
ubi non sum, ibi est animus.
Ita mi omina sunti ingenia.
Quod lubet, non lubet iam id continuo.
Ita me Amor lassum animi ludificat,
fugat, agit, appetit, raptat, retinet,
lactar, largitur.
Quod dat non dat; deludit.
Modo quod suasit dissuadet;
Quod dissuasit, id ostentat.
Maritumis morisbu' mecum expetitur:
ita meum frangit amantem animum,
neque, nisi quia miser non eo pessum,
mihi ulla abest perdito pernicies.

CAPOCORAGGIO

Io credo che per gli uomini Amore sia stato il primo a escogitare il mestiere del carnefice. Questo lo posso immaginare da me per esperienza, senza andare a cercare prove fuori, io che supero e vado avanti a tutti gli uomini, per lo strazio del mio cuore.

Son straziato, sbattuto, agitato
trapassato, su e giù rigirato
dalla ruota d'amore, tirato
da più parti, agguantato, sfinito
dai dolori, squartato, trinciato
a pezzetti, ho il cervello infrollito.
Dove sono, non sono; la mente
proprio dove non sono è presente.
Guazzan tutti i pensieri ugualmente.
Una cosa mi va, poi d'un tratto
non mi va più. Così Amore sfottente
mi fa andare qua e là come un matto,
ora mi caccia, or m'insegue, m'afferra,
mi trattiene, m'alletta, mi serra,
mi fa doni, ma poi mi fa guerra.
Si fa gioco di me; se m'accende
un miraggio, lo spegne; se in terra
più non brilla, di nuovo lo tende.
Si scatena di nuovo con me come un mare
in tempesta, mi fa innamorare
per squassarmi, e per farmi ingoiare
dai suoi flutti, e se non son calato
proprio a fondo, non viene a mancare
nessun guaio per me disgraziato.

(trad. di G. Paduano)

TESTO 3

Una gara di insulti

Persa, vv. 405-426

Le gare di insulti ricorrono con una certa frequenza nel teatro plautino. È anche attraverso questi espedienti che trova la sua forma espressiva la comicità di Plauto. Qui è proposto uno degli esempi più vividi di tale comicità, basata su un accumulo verbale che rasenta l'inverosimile.

La scena è occupata da Tossilo, un *servus callidus* di quelli che popolano spesso le commedie plautine, e da Dordalo, un lenone sfacciato. I due litigano per una questione di denaro e danno vita a una coloritissima gara di insulti costituita da due serie di ingiurie, equilibrate tra loro e fondate su un immaginario che potremmo definire "corporeo". L'insieme delle ingiurie che si susseguono con un ritmo incalzante interrompe lo sviluppo dell'azione drammatica; la scena vive come in un istante di isolamento assoluto, in cui Plauto si sbizzarrisce confezionando una serie iperbolica di espressioni allitteranti e omoteleutiche (*inpure, inhoneste, iniure, inlex ... procax, rapax, trahax ... edax, furax, fugax*).

Metro: senari giambici ⏓⏑́⏑, ⏓⏑́⏑, ⏓⏑́⏑, ⏓⏑́⏑, ⏓⏑́⏑, ⏑⏑́

TOXILUS, DORDALUS

TO. Curate isti intus; iam ego domum me recipiam.
DO. Oh,
Toxile, quid agitur?
TO. Oh, lutum lenonium,
commixtum caeno sterculinum publicum,
inpure, inhoneste, iniure, inlex, labes popli,
pecuniae accipiter avide atque invide,
procax, rapax, trahax – trecentis versibus
tuas inpuritias transloqui nemo potest –
accipin argentum? Accipe sis argentum, inpudens.
Tene sis argentum; etiam tu argentum tenes?
Possum te facere ut argentum accipias, lutum?
Non mihi censebas copiam argenti fore,
qui nisi iurato mihi nihl ausu's credere?
DO. Sine respirare me, ut tibi respondeam.
Vir summe populi, stabulum servitricium,
scortorum liberator, suduculum flagri,
compedium tritor, pistrinorum civitas,
perenniserve, lurco, edax, furax, fugax,
cedo sis mi argentum, da mihi argentum, inpudens.
Possum a te exigere argentum? Argentum, inquam, cedo.
Quin tu mi argentum reddis? Nilne te pudet?
Leno te argentum poscit, solida servitus,
pro liberanda amica ut omnes audiant.

TOSSILO, DORDALO

TO. (*parlando ai servi di casa*) Datevi da fare, là dentro, voialtri. Tornerò a casa fra un momento.

DO. Oh, Tossilo, che si fa?

TO. Oh, melma ruffianica, letamaio pubblico impastato di sudiciume, zozzone, svergognato, traditore, fuori legge, rovina della gente, sparviero voglioso e invidioso dei nostri soldi, procace rapace strappace – non si potrebbero elencare tutte le tue porcherie neppure in trecento versi – li vuoi prendere i soldi? (*Gioca con la borsa, presentandola ogni volta al ruffiano che tenta di afferrarla*). Prendi i soldi, se li vuoi, svergognato. Tieni i soldi, coraggio (*l'altro tocca la borsa, ma Tos-*

silo subito gliela strappa): ma insomma li vuoi tenere o no questi soldi? Posso avere il bene di vederti prendere questi soldi, melma? Non credevi che avessi denaro a disposizione, eh, tu che ti sei azzardato a farmi credito solo sotto giuramento!

DO. Lasciami respirare, e ti rispondo! O grand'uomo, rifugio d'ogni servitù, affrancatore di puttane, tu che fai sudare le sferze e logorare le catene, cittadino della città delle macine, servo perpetuo, pappone, sbafatore, rapinatore, disertore, me li vuoi dare questi soldi (*lo stesso gioco di prima*), dammi i soldi, svergognato! Posso avere il bene di riscuotere da te questi soldi? Avanti, dammi i soldi. Perché non mi dai i soldi? Non hai un po' di vergogna? Il ruffiano ti chiede i soldi, pura schiavitù distillata, per liberare la ragazza: (*urlando*) voglio che tutti sentano!

(trad. di M. Bettini)

APPROFONDIMENTO

L'INSULTO LIBERATORIO

Maurizio Bettini, nello studio di cui abbiamo già parlato in precedenza a proposito del "mondo rovesciato" delle commedie plautine, trova anche nel linguaggio una manifestazione di quel processo di inversione che sta alla base di tutto il teatro comico in Plauto. L'insulto, come il riferimento al corpo, alle percosse, al cibo, l'ingordigia linguistica e alimentare fanno parte del carnevalesco, sono il rovescio della medaglia che l'ordine sociale normalmente accettato pone in una condizione di subordine e di invisibilità e a cui il teatro offre l'occasione di essere visibile.

Anche il linguaggio, questo linguaggio plautino così ricco, corposo, quasi fisico, il metaforeggiare sfrenato, il libero scomporsi e ricomporsi delle parole e il loro riecheggiarsi in un universo apparentemente senza ordine e senza confini – tutto ciò rassomiglia troppo al "carnevalesco" di Rabelais per non dover essere iscritto nel medesimo orizzonte letterario. [...]

Anche l'insulto (insieme con la beffa) trova naturalmente posto in questo universo rovesciato e trionfante. Bachtin ci ha insegnato molto bene la funzione del linguaggio di piazza – con la sua riduzione al "basso" materiale e corporeo di ogni oggetto che capiti a tiro – nella liberazione carnevalesca. In questo mondo rovesciato la terra, gli escrementi (*trait d'union* fra l'uomo e la terra), così come certe parti "basse" del corpo umano (basse rispetto alla testa, la "parte sovrana", potremmo dire con gli Stoici), non solo rientrano dall'esilio culturale cui sono normalmente condannate, ma assumono una funzione dominante: ciò che era rimosso si fa addirittura regola, diventa un paradigma capace di ricodificare (rovesciando l'"alto" col "basso") la realtà. Di qui il carattere anche liberatorio, quasi fecondante dell'insulto che "abbassa". Viene subito alla memoria la filza di ingiurie che Tossilo e il lenone Dordalo si scambiano nel *Persa* [...]. È vero, c'è qualcosa di forte, di liberatorio, di fecondante in questo "abbassamento" con cui i due contendenti assoggettano le proprie persone in maniera assolutamente gratuita (dopo un momento parleranno nuovamente da buoni amici). È un abbassamento ma anche, per paradosso, un innalzamento contestuale, la sporcizia e l'insulto danno vita: rammentano all'uomo la sua corporeità e la esaltano.

M. Bettini, *Un'utopia per burla*, cit., pp. 18-22 *passim*

TESTO 4

Furcifer! *Pseudolus*, vv. 359-369

Il testo vede sulla scena il giovane innamorato Calidoro e il suo servo Pseudolo che intessono una vera e propria gara di insulti coloritissimi per colpire il lenone Ballione, l'autentico protagonista dell'episodio. Fedele al suo mondo di valori, che pone il denaro sopra ogni cosa, Ballione si mostra assolutamente imperturbabile di fronte all'attacco degli altri due. Quelli che dovrebbero essere recepiti come insulti vengono invece ricevuti da lui come altrettanti riconoscimenti delle sue qualità professionali: nessuna ingiuria riesce a far breccia, così che Calidoro e Pseudolo devono battere in ritirata, dichiarandosi sconfitti.

La gara orchestrata da servo e padrone costituisce un secondo esempio (rispetto a quello tratto dal *Persa* del brano precedente) di questa particolare espressione del comico in Plauto. Le modalità sono diverse, perché qui la gara si fonda su battute brevissime e rapidissime, ma l'esito non è molto difforme: un momento di comicità fine a se stessa, isolato dal resto dell'azione drammatica, un divertimento in cui l'autore sembra appagarsi di sé e della propria arte inventiva. Questo delle ingiurie, infatti, è uno dei campi in cui meglio si esprime la fantasia di Plauto in ambito lessicale e la sua abilità nel creare neologismi o nell'avvalersi di metafore e figure di suono.

Se quasi sempre a pronunciare gli insulti sono dei servi, può capitare che anche altri personaggi siano coinvolti in queste scaramucce verbali, che gli antichi denominavano *velitationes*. La loro matrice è duplice: da un lato il modello greco della commedia nuova; dall'altro *l'Italum acetum*, vale a dire l'innata propensione italica alla contumelia, agli atteggiamenti ingiuriosi, all'uso di epiteti offensivi, che si ritrova nella produzione teatrale e in particolar modo nei *fescennini*.

Metro: settenari trocaici ⏑́⏑⏓, ⏑́⏑⏓, ⏑́⏑⏓, ⏑́⏑⏓, ⏑́⏑⏓, ⏑́⏑⏓, ⏑́⏑⏓, ⏑́

BALLIO, CALIDORUS, PSEUDOLUS

<CA.> Ingere mala multa.
PS. Iam ego te differam dictis meis.
Inpudice!
BA. Itast.
PS. Sceleste!
BA. Dicis vera.
PS. Verbero!
BA. Quippini?
PS. Bustirape!
BA. Certo.
PS. Furcifer!
BA. Factum optume.
PS. Sociofraude!
BA. Sunt mea istaec.
PS. Parricida!
BA. Perge tu.
CA. Sacrilege!
BA. Fateor.
CA. Periure!
BA. Vetera vaticinamini.
CA. Legirupa!
BA. Valide.
PS. Permities adulescentum!
BA. Acerrume.

CA. Fur!
BA. Babae.
PS. Fugitive!
BA. Bombax.
CA. Fraus populi!
BA. Planissume.
PS. Fraudulente!
CA. Inpure leno!
PS. Caenum!
BA. Cantores probos!
CA. Verberavisti patrem atque matrem.
BA. Atque occidi quoque
potius quam cibum praehiberem. Num peccavi quippiam?
PS. In pertussum ingerimus dicta dolium; operam ludimus.

BALLIONE, CALIDORO, PSEUDOLO

<CA>. Scagliagli un sacco d'ingiurie!
PS. (*a Ballione*) Adesso ti farò a pezzi con le mie parole. Svergognato!
BA. (*senza scomporsi*) Ma certo.
PS. Scellerato!
BA. Esatto.
PS. Arnese da frusta!
BA. Perché no?
PS. Saccheggiatombe!
BA. Sicuro.
PS. Pendaglio da forca!
BA. Ottimamente.
PS. Traditore dei tuoi amici!
BA. Son mie prerogative.
PS. Parricida!
BA. (*a Calidoro*) Continua tu.
CA. Sacrilego!
BA. Lo ammetto.
CA. Spergiuro!
BA. State ricantando una vecchia canzone.
CA. Trasgressore delle leggi!
BA. Forza!
PS. Rovina dei giovani!
BA. Su, energia!
CA. Ladro!
BA. Bah!
PS. Schiavo fuggiasco!
BA. Pum!
CA. Truffatore del popolo!
BA. Senz'altro.
PS. Truffaldino!
CA. Sozzo lenone!
PS. Feccia!
BA. Che bravi cantori!
CA. Hai bastonato tuo padre e tua madre!
BA. E li ho anche uccisi, piuttosto di dover dar loro da mangiare. Ho forse commesso una colpa?
PS. (*a Calidoro*) Stiamo versando le nostre ingiurie in una botte forata; è fatica sprecata, la nostra.

(trad. di M. Scandola)

SCHEDA LESSICALE

Le interiezioni in Plauto

È frequente nella commedia latina l'uso di interiezioni cosiddette "improprie", con valore asseverativo, o di giuramento, o di imprecazione, come pure dei cosiddetti "imperativi irrigiditi" (*age*, *cedo*, *cette*), ridotti anch'essi al rango di semplici interiezioni.
Quelle che utilizzano **nomi divini** o di **antichi eroi** divinizzati erano in origine formule di giuramento, in cui la divinità o l'eroe erano invocati per nome come testimoni e garanti dell'atto che si intendeva compiere. Successivamente tali invocazioni hanno perso la loro valenza sacrale e sono entrate nel linguaggio comune in forma di interiezioni e come tali sono presenti in Plauto e Terenzio.
Vediamo ora più da vicino le più frequenti interiezioni che utilizzano nomi di divinità o di eroi.
Ecastor e *mecastor*: erano usate esclusivamente dai personaggi femminili e derivavano dal nome di Castore. La prima è di fatto il vocativo di *Castor* preceduto dal prefisso *e*-; nella seconda il prefisso è *me*, equivalente all'accusativo del pronome personale di prima persona. Perciò tale interiezione va considerata come una formula di invocazione volta a ricevere aiuto, più che una formula di giuramento; equivarrebbe a «Castore (aiuta)mi».
Anche il gemello di Castore, Polluce, compare in questo tipo di interiezioni con le formule *pol* ed *edepol*. La prima è abbreviazione del vocativo *Pollux*; la seconda è formata invece dal prefisso *e*- cui segue *de*- (forse vocativo di *deus*) e infine *pol* (sempre accorciamento di *Pollux*). Entrambe erano pronunciate indifferentemente da personaggi maschili e femminili.
Un altro nutrito gruppo di interiezioni faceva capo al nome di un semidio: Ercole. Esse sono: *hercules*, *hercule*, *hercle*, *mehercules*, *mehercule*, *mehercle*. Erano usate prevalentemente da personaggi maschili e sono proba-

RIEPILOGO DEL PERCORSO

1 Attraverso i testi del percorso si possono rintracciare alcuni **meccanismi tipici della comicità** plautina.
- **a** Si registra una sproporzione tra i fatti che accadono e le reazioni dei personaggi che le compiono?
- **b** Ha un effetto comico la relazione con altri generi della letteratura (ad esempio la tragedia, la poesia lirica...)?
- **c** In che cosa consiste la parodia? Quali esempi tratti dal percorso puoi citare?

2 L'**uso del linguaggio** è uno dei principali strumenti della *vis comica* plautina:
- **a** A quale ambito appartengono le figure retoriche presenti nei testi che hai letto? Giustifica la tua risposta attraverso alcuni esempi a tuo parere significativi, tratti dai testi.
- **b** Quale effetto esse producono?
- **c** Quale funzione hanno le interiezioni?
- **d** Che cosa si intende per "nomi parlanti"?
- **e** Dove si coglie e in che cosa si manifesta il gusto per l'esotico?

3 Prova a ragionare ora sul linguaggio degli **insulti**.
- **a** Leggi la pagina critica di M. Bettini: quale significato antropologico ha l'insulto?
- **b** Trova tutti gli insulti legati alla sfera del denaro.
- **c** Trova tutti gli insulti legati alla sfera della terra e della sozzura.
- **d** Trova tutti gli insulti legati alla sfera della schiavitù e della percosse.
- **e** Sulla base del tuo lavoro, sapresti giustificare in quale modo in questi testi si realizza il processo di rovesciamento?

4 Rifletti infine sui **valori di riferimento** dei personaggi.
- **a** Si può dire che Ballione e Dordalo abbiano valori di riferimento comuni?
- **b** Quale mentalità rivelano invece gli schiavi protagonisti degli episodi?
- **c** In che cosa consiste l'universo affettivo di Euclione? Quali sono i suoi valori?

5 In alcune occasioni si è sottolineato che il linguaggio comico è tale perché "rovescia" quello tragico:
- **a** in quali testi hai visto capitare questo fenomeno? Puoi rintracciare alcuni esempi?
- **b** questo processo linguistico influisce anche sulla caratterizzazione dei personaggi?

bilmente tutte derivate dal vocativo di *Hercules*, a cui, negli ultimi tre casi elencati, si è aggiunto il prefisso *me*, che indica una richiesta di aiuto in modo del tutto affine a quanto già rilevato a proposito di *mecastor*. Infine al re e alla regina degli dèi facevano riferimento le interiezioni *Iuppiter* ed *eiuno*. La prima, che potremmo rendere con un «per Giove», compare non solo nella commedia, ma anche nell'epica e nella poesia lirica. La seconda invece («per Giunone») è una forma molto rara, quanto a costruzione affine a *ecastor*.

Per quanto riguarda gli altri tipi di interiezioni improprie, dal verbo *ago* derivano le forme *age*, *agedum* e *agite*. Si tratta, nel primo e nel terzo caso, delle seconde persone singolare e plurale dell'imperativo presente; nel secondo caso dell'imperativo *age* rafforzato dalla particella *dum*. Il significato di tutte queste forme di "imperativo irrigidito" è «orsù», «via», «suvvia». Anche *cedo* e le forme apparentate (*cedite*, *cette*) erano in origine imperativi. *Cedo* deriva dalla particella dimostrativa *ce* + l'imperativo arcaico *do* (= *da*) dal verbo *dare*; *cedite* e *cette* derivano conseguentemente da *ce* + *date*. Pur avendo mantenuto un significato verbale, sono spesso utilizzate come interiezioni nel senso di «da' qui», «dammi», «suvvia», «orsù». Altra forma verbale "prestata" all'ambito delle interiezioni è *perii*, associata talvolta ai verbi *interii* e *occidi*, da intendersi come «ahimé, sono perduto!».

Sono infine particelle interiettive:

ne, *nae*, ricalcate sul greco *né*, *nái*, a indicare un «sì» deciso e convinto;

vah, equivalente a un'espressione di sdegno, di incredulità, di dolore, di gioia («ma va'», «perbacco!»);

vae, ripreso dal greco *ouái*; accompagnato dal dativo o dall'accusativo del vocabolo a cui si collega, indica ira dolorosa e sdegnata: «guai...!», «ahi!».

IL GENERE LETTERARIO

Plauto e la commedia

Le opere di Plauto sono tutte *palliatae*. Dopo la lettura dei testi tratti dalle diverse commedie, ritorna alla scheda sul Teatro in Grecia e a Roma (pp. 62-73) e rispondi alle domande che seguono:

1 Il teatro comico greco è solito essere diviso in tre gruppi:
- **a** quale elemento concorre a tale divisione (la cronologia, le tematiche...)?
- **b** a quali di questi gruppi del teatro greco si rifà Plauto per comporre i suoi testi?
- **c** quali caratteri del teatro greco si ritrovano nei testi plautini?
- **d** ricordi il nome di qualche commediografo greco a cui Plauto si rifà?

2 Rispetto al modello greco di riferimento come si comporta Plauto? Per rispondere prova a ricordare:
- **a** da dove deriva il termine *palliata*;
- **b** in che cosa consiste la *contaminatio*;
- **c** che cosa si intende per *vortit barbare*;
- **d** a che proposito si parla di metateatro.

3 Le commedie greche avevano una loro precisa struttura:
- **a** ti ricordi qual era questa struttura?
- **b** ti sembra che Plauto la rispetti?
- **c** sai dire in che cosa eventualmente se ne distacca?
- **d** ricordi quali sono le parti più originali delle commedie plautine?

4 Riporta alla memoria il ruolo culturale e sociale che aveva il teatro greco e poi rispondi:
- **a** c'era differenza in Grecia tra il ruolo culturale e sociale della commedia e quello della tragedia? In che cosa consisteva l'eventuale differenza?
- **b** a quali eventi religiosi o cultuali era legato il teatro greco?
- **c** ripensando alle caratteristiche del teatro di Plauto, ti sembra che esso abbia le stesse finalità di quello greco? Perché?
- **d** ci sono delle feste a cui il teatro di Plauto si può idealmente associare, al di là di quelle in cui avvenivano le rappresentazioni teatrali a Roma? In che cosa consiste questa ideale associazione?

VIVAS UT POSSIS, QUANDO NON QUIS UT VELIS

CECILIO STAZIO

L'autore

Notizie biografiche A parte i casi clamorosi di Plauto e Terenzio, Cecilio Stazio è l'unico commediografo di epoca arcaica di cui resta qualcosa di più che il semplice nome. Egli anzi, ad ascoltare alcuni giudizi degli antichi, era un autore di valore, apprezzato dal pubblico, almeno da un certo punto della sua vita in avanti.

le origini

Cecilio Stazio **nacque presso *Mediolanum***, l'odierna Milano, capitale del territorio dei Galli Insubri, **verso il 230 a.C.**: è dunque il primo letterato proveniente dall'Italia settentrionale, conquistata dai Romani nel 222 a.C. dopo la battaglia di Casteggio (*Clastidium*). Probabilmente giunse a Roma come schiavo o prigioniero di guerra, qui fu affrancato e assunse il nome del suo patrono (Cecilio).

la fortuna

Le sue commedie in un primo tempo stentarono ad affermarsi presso il pubblico romano, che continuava a prediligere le opere plautine: pare infatti che Cecilio fosse ritenuto troppo serio e raffinato. Ambivio Turpione – attore e impresario teatrale di successo (*dominus gregis*), che scoprì anche Terenzio – si accorse, però, del valore delle sue commedie, le mise in scena e le portò al successo. Da quel momento Cecilio incominciò a frequentare gli ambienti letterari dell'epoca e **divenne amico del poeta Ennio**, con il quale, secondo le notizie riportate da Girolamo, condivise l'abitazione, forse proprio presso quel *collegium scribarum histrionumque*, al tempio di Minerva, che era stato fondato ai tempi di Livio Andronico. La data della sua morte si colloca probabilmente nel **168 a.C.**, solo un anno dopo quella dell'amico Ennio, accanto al quale fu sepolto. Secondo Svetonio, biografo di età imperiale, invece, Cecilio Stazio sarebbe stato ancora vivo nel 166 a.C. In quella data, infatti, venne rappresentata la prima commedia di Terenzio, l'*Andria*, e Svetonio afferma che Cecilio fu l'esperto di teatro cui si rivolsero gli edili per la messinscena della commedia terenziana. La notizia appare comunque poco attendibile e risponde all'esigenza, sentita dagli studiosi antichi, di collegare tra loro i principali autori dei vari generi letterari, quasi per un ideale passaggio di consegne.

L'opera

I titoli delle commedie Di Cecilio Stazio sono pervenuti i **titoli di una quarantina di commedie**, tutte palliate, e una serie di **frammenti per quasi 300 versi**. L'esiguità del materiale rimasto non consente osservazioni approfondite in merito, tuttavia la lettura dei titoli delle opere rende possibile qualche ipotesi su come Cecilio si sia orientato rispetto ai modelli greci: alcuni si presentano come semplici traslitterazioni in latino del titolo greco (*Hymnis*, «Innide»; *Harpazòmene*, «La fanciulla rapita»; *Plocium*, «La collana»; *Epìcleros*, «L'ereditiera»; *Synephebi*, «I compagni di gioventù», la sua opera migliore secondo Cicerone); altre commedie, invece, hanno la doppia titolazione (*Hypobolimaeus sive Subditivos*, «Il figlio sostituito»; *Obolaster sive Faenerator*, «L'usuraio»), altre ancora il titolo solo in latino (*Epistula*, «La lettera»; *Meretrix*, «La cortigiana»; *Pugil*, «Il pugile»). Come è stato notato, ben sedici di questi titoli **derivano da opere di Menandro** (vedi p. 68): la predilezione mostrata da Cecilio per questo autore è evidente, e pare inoltre che egli l'avesse seguito in maniera più precisa rispetto a Plauto, senza l'impiego della *contaminatio* e con un'attenzione maggiore all'unitarietà e all'organicità della vicenda drammatica.

i modelli greci

Il *Plocium* La commedia di Cecilio Stazio oggi meglio conosciuta è il *Plocium* («La collana»): una vicenda intricata attorno alle nozze di un giovane benestante, risolta da un riconoscimento (agnizione) attraverso una collana e impreziosita dalla vivace presenza di una *uxor dotata* (donna fornita di una ricca dote, qui la madre del giovane), bruttissima e dal carattere impossibile, di cui il marito fa le spese. Aulo Gellio, un erudito del II secolo d.C., in un passo delle sue *Noctes Atticae* istituisce un interessante confronto tra alcuni brani della commedia di Cecilio e il modello menandreo. Il giudizio che ne deriva è piuttosto severo nei confronti del commediografo latino, a causa delle innovazioni introdotte rispetto al testo greco. In effetti, ciò che emerge dal raffronto è una certa **autonomia e libertà inventiva** da parte di Cecilio, che amplifica il modello (pur rispettandolo sostanzialmente) e sostituisce al tono misurato e ironicamente garbato di Menandro un linguaggio più farsesco ed esuberante, che presenta anche iperboli colorite di gusto plebeo, come le considerazioni sulla pesantezza d'alito della *uxor* e sulle spiacevoli conseguenze che ne derivano:

il giudizio di Aulo Gellio

Nil peccat de savio:
ut demoveas volt quod foris potaveris.

Non sbaglia a baciarti:
vuole che vomiti quello che hai
bevuto fuori casa.

(trad. di S. Dossi)

Collana d'oro con perle e smeraldi, I secolo d.C., Napoli, Museo Archeologico Nazionale.

i temi dell'*humanitas*

Nella commedia di Cecilio è presente anche la **riflessione morale**, frequente già nella commedia nuova, come si nota dai due frammenti che seguono. La meditazione su temi esistenziali testimonia l'apertura del poeta verso i temi dell'*humanitas* e si esprime sotto forma di *sententiae*. Il primo degli esempi (v. 177 Ribbeck) è tratto ancora una volta dal *Plocium*: forse un saggio *senex* si rivolge al marito che si lamenta per la moglie bisbetica. Il secondo frammento (v. 265 Ribbeck) anticipa il tema della solidarietà e dell'attenzione dell'uomo nei confronti dei suoi simili, che sarà proprio della cultura scipionica e di Terenzio.

Vivas ut possis, quando non quis ut velis.
Vivi come puoi, se non puoi vivere come vuoi.
Homo hominis deus est, si suum officium sciat.
L'uomo è come un dio per l'uomo, se sa qual è il suo dovere.

(trad. di S. Dossi)

APPROFONDIMENTO

UN'ANTICA *TOP TEN*

Un grammatico del II secolo a.C. di nome Volcacio Sedigito compilò un canone comprendente i dieci autori di palliate che, a suo parere, erano più meritevoli di fama, distribuendoli secondo una graduatoria discendente: una vera e propria classifica, che agli occhi di noi moderni appare senza dubbio singolare. In questa specie di "top ten" dell'antichità Cecilio Stazio occupa il primo posto, precedendo non solo Terenzio, che sappiamo essere un commediografo non molto amato dai Romani dell'epoca, ma persino Plauto, che invece era indiscutibilmente apprezzato dai suoi contemporanei, sia dal pubblico sia dagli autori di commedie. A Ennio è riservato l'ultimo posto e solo «in virtù della sua antichità»; il nome di Livio Andronico non viene neppure citato, mentre compaiono commediografi che per noi sono unicamente nomi. Il primato di Cecilio Stazio forse fu dovuto all'apprezzamento dato dagli antichi ai suoi intrecci drammatici, come ci rivela Varrone nel frammento di una *Satira Menippea* (fr. 399 Astbury) in cui si dice che Cecilio aveva il primato *in argumentis* («negli intrecci»), mentre a Plauto era riconosciuto il primo posto *in sermonibus* (vale a dire nella vivacità del linguaggio). Vediamo allora questo canone nella sua completezza:

1. Cecilio Stazio
2. Plauto
3. Nevio
4. Licinio Imbrice
5. Atilio
6. Terenzio
7. Turpilio
8. Trabea
9. Luscio Lanuvino
10. Ennio

Un servo siede sull'altare per sfuggire alle ire del padrone, I secolo d.C., Roma, Museo Nazionale Romano.

Facciamo seguire il testo di Volcacio Sedigito che contiene questa "classifica", tratto dal suo *De poetis*, così come lo tramanda Aulo Gellio (*Noctes Atticae*, XV, 24), ricordando che l'idea di compilare un canone di autori appartenenti a un dato genere letterario è operazione tipica della tradizione alessandrina: «Abbiamo visto molti discutere incerti su questa questione: a quale poeta comico attribuire il primo posto. Io ti risolverò quel dubbio secondo il mio giudizio, così che se qualcuno dissente finisca per non sentire più nulla. Do il primo posto al "mimico" Cecilio Stazio. Plauto supera facilmente gli altri come secondo. Poi, al terzo posto è Nevio che arde. Se ci sarà un quarto posto, sarà assegnato a Licinio. Quindi faccio seguire a Licinio Atilio. Seguirà questi, al sesto posto, Terenzio. Turpilio ottiene il settimo e Trabea l'ottavo; al nono posto ritengo facilmente esservi Luscio. Come decimo aggiungo Ennio e solo in virtù della sua antichità».

Un commediografo "di passaggio"? Le osservazioni sui titoli e sui pochi versi rimasti hanno spinto alcuni critici a porre Cecilio Stazio in una posizione intermedia, quasi di passaggio, tra la grande libertà del *vortere* plautino e un maggior rispetto del modello greco, che prevarrà negli sviluppi immediatamente successivi del genere.

i giudizi presso gli antichi

Purtroppo la perdita dei testi ne ha oscurato la fama presso i moderni, mentre **i giudizi critici degli antichi erano lusinghieri**, pur con qualche distinguo. Come abbiamo visto (Approfondimento a p. 130), il grammatico **Volcacio Sedigito** lo colloca addirittura al primo posto in un'ideale classifica di autori di commedie; lusinghiero è pure il giudizio comparato espresso dal filologo **Varrone** nelle sue *Saturae Menippeae*, in cui scrive che *in argumentis Caecilius poscit palmam, in ethesin Terentius, in sermonibus Plautus* («Cecilio merita la palma del primato per la scelta degli intrecci, Terenzio per lo studio dei caratteri, Plauto per la lingua»). **Cicerone** lo apprezza, ma sottolinea qualche suo difetto linguistico forse derivato dalla sua origine gallica, definendolo *malus auctor Latinitatis*; infine **Orazio**, nelle *Epistulae*, ne loda la *gravitas*, cioè la solennità che deriva da alcune sue massime morali.

IN SINTESI

- **Cecilio Stazio** nacque presso *Mediolanum* (Milano), capitale del territorio dei Galli Insubri, verso il 230 a.C.; probabilmente giunse a Roma come schiavo o prigioniero di guerra dopo la battaglia di Casteggio, qui fu affrancato e assunse il nome del suo patrono. Scrisse commedie, ritenute troppo **serie e raffinate** che, in un primo tempo, stentarono ad affermarsi; quando però Ambivio Turpione (attore e impresario teatrale di successo) si accorse del loro valore, ne decretò il successo. Cecilio divenne **amico del poeta Ennio**, con il quale condivise l'abitazione, e gli sopravvisse un solo anno, morendo nel 168 a.C.
- Di lui sono pervenuti i titoli di una quarantina di commedie, tutte palliate, e una serie di frammenti per quasi 300 versi. Ben sedici di questi titoli derivano da opere di Menandro. La predilezione mostrata da Cecilio per questo modello è evidente, e pare inoltre che esso fosse seguito in maniera più precisa rispetto a Plauto, **senza l'impiego della *contaminatio*** e con un'attenzione maggiore all'unitarietà e all'organicità della vicenda drammatica.
- La commedia di Cecilio Stazio oggi meglio conosciuta è il *Plocium* («La collana»); Aulo Gellio, un erudito del II secolo d.C., in un passo delle sue *Noctes Atticae* istituisce un interessante confronto tra alcuni passi della commedia di Cecilio e il modello menandreo.
- Alcuni critici indicano in Cecilio Stazio un **autore di passaggio**, tra la grande libertà del *vortere* plautino e un maggior rispetto del modello greco, che prevarrà negli sviluppi immediatamente successivi del genere.

INDICAZIONI BIBLIOGRAFICHE

Le edizioni dei testi

T. GUARDI, *Titinio e Atta. Fabula togata. I frammenti*, Milano, Jaca Book, 1985.

F.H. SANDBACH, *Il teatro comico in Grecia e a Roma*, trad. it., Roma-Bari, Laterza, 1985.

Gli studi

A. TRAINA, *Comoedia*, Padova, CEDAM, 1969[3], pp. 94-106.

E. PERUZZI, *Le origini di Roma*, voll. I-II, Bologna, Valmartina, 1970-1973.

R. REGGIANI, *Sulla morte di Cecilio Stazio. Una messa a punto del problema*, in «Prometheus» III (1977), pp. 69-74.

P. FRASSINETTI, *Cecilio Stazio e Menandro*, in «Studi di poesia latina in onore di Antonio Traglia», Roma, 1979, pp. 77-86.

P. GRIMAL, *Il secolo degli Scipioni*, trad. di D. PLATAROTI, Brescia, Paideia, 1981.

G. ALFÖLDY, *La trasformazione strutturale del II secolo a.C.*, in *Storia dell'antica Roma*, trad. di A. ZAMBRINI, Bologna, Il Mulino, 1987.

HOMO SUM: HUMANI NIHIL A ME ALIENUM PUTO

PUBLIO TERENZIO AFRO

L'autore

Notizie biografiche

Della vita di Publio Terenzio Afro abbiamo **notizie scarse e controverse**, che derivano da una biografia scritta da Svetonio all'inizio del II secolo d.C. (*Vita P. Terentii Afri*), tramandata dal grammatico Elio Donato (IV secolo d.C.) che la inserì nel suo commento alle commedie. In base a quanto scrive Svetonio sappiamo che Terenzio fu **originario dell'Africa settentrionale** e nacque molto probabilmente a Cartagine nel **185 a.C.**, anche se taluni fanno risalire la sua nascita ad alcuni anni prima. Nulla di preciso si sa sulla sua etnia: il cognome lo assimilerebbe agli *Afri*, abitanti della regione di Cartagine di stirpe Numida, ma è possibile anche si trattasse di un *Poenus*, cioè di un cartaginese, o del figlio di uno schiavo libico vissuto a Cartagine; in circostanze che non è possibile chiarire venne **condotto schiavo a Roma** dal senatore Terenzio Lucano, che lo apprezzò per le sue doti intellettuali, lo fece educare da maestri greci e infine lo affrancò. Come era consuetudine, il giovane **liberto** assunse il nome del patrono.

le origini

Presunto ritratto di Terenzio, dal Codice Vat. Lat. 3868, Città del Vaticano, Biblioteca Apostolica Vaticana.

Ben presto Terenzio entrò in amicizia con i più potenti personaggi politici romani, come Scipione Emiliano, Gaio Lelio e altri membri della sua cerchia. Tuttavia gli stretti **legami con il cosiddetto "circolo" scipionico** procurarono a Terenzio accuse di non poco conto, come ad esempio quella di essere il prestanome dei suoi potenti protettori. Poiché, infatti, ai membri della *nobilitas* era interdetta l'attività di autore drammatico, ritenuta moralmente sconveniente, essi avrebbero fatto rappresentare le commedie da loro composte sotto il nome di Terenzio. Il giovane autore dovette così difendersi, servendosi dei prologhi delle commedie, per rivendicare l'autenticità delle sue opere. Nonostante queste vicende di carattere privato, va comunque ricordato che Terenzio fu da un lato il principale **esponente della cultura filellenica** che stava prendendo piede nella società romana a cavallo tra le due ultime guerre puniche e, dall'altro, un importante interlocutore di quelle cerchie di intellettuali impegnate ad avvicinare sempre più la cultura romana a quella greca. Dopo il 160, Terenzio **partì per la Grecia**, forse per procurarsi materiale utile per la composizione di altre commedie. Da questo viaggio non tornò più. Le cause della sua **morte, collocata da Svetonio nel 159 a.C.**, non sono chiare. Alcuni sostengono che sia stato vittima di un naufragio; altri che sarebbe morto per il dolore di aver perduto il bagaglio contenente i testi dei suoi nuovi lavori.

L'opera

Cronologia e contenuti delle commedie

Tra il 166 e il 160 a.C. Terenzio compose sei commedie *palliatae*, di cui possiamo ricostruire la cronologia attraverso le didascalie che le introducono.

le *palliatae*

La prima fu ***Andria*** («La ragazza di Andro»), rappresentata ai *ludi Megalenses* del 166 a.C. L'anno seguente, ancora in occasione dei *Megalenses*, venne messa in scena ***Hécyra*** («La suocera»). Nonostante l'interpretazione fosse affidata al più celebre capocomico del tempo, Ambivio Turpione, la commedia fu un insuccesso: il pubblico preferì uno spettacolo di funamboli e pugili. Riproposta nel 160, durante i giochi funebri per Lucio Emilio Paolo, dallo stesso Turpione, la *fabula* andò incontro a un secondo scacco: gli spettatori abbandonarono il teatro quando, dopo il primo atto, venne annunciato l'inizio di uno spettacolo di gladiatori. Turpione la riportò in scena nello stesso 160, forse a settembre in concomitanza con i *ludi Romani*, conducendola finalmente al successo. Nell'aprile del 163 a.C. venne rappresentato ***Heautontimorúmenos*** («Il punitore di se stesso»), nei *Megalenses* del 161 ***Eunuchus*** («L'eunuco») e nei *ludi Romani* dello stesso anno ***Phormio*** («Formione»). L'ultima commedia terenziana, ***Adelphoe*** («I fratelli»), fu messa in scena insieme alla seconda rappresentazione dell'*Hécyra* nei giochi funebri per Lucio Emilio Paolo, di cui già si è detto.

Giovane acrobata in equilibrio sulle braccia, IV secolo a.C., Taranto, Museo Archeologico Nazionale.

PREFERIVANO GLI ACROBATI

«La suocera è il titolo di questa commedia. Quando fu rappresentata la prima volta, le capitò una disgrazia imprevedibile, sicché non la si poté né vedere né apprezzare, tanto il pubblico, stupidamente eccitato, si era lasciato prendere da un funambolo», Terenzio, *Hecyra*, 1-3.

Così recita il prologo della commedia di Terenzio, citando gli *akrobàtes*, cioè coloro che camminano sulla punta dei piedi, come dice la parola greca. Essi erano, in realtà, equilibristi e funamboli, contorsionisti e danzatori che si esibivano in spettacoli di abilità come la ragazza rappresentata qui a fianco su un vaso tarantino.

L'esercizio consisteva nell'alzarsi in verticale sulle braccia muovendo le gambe per avere contrappeso. In genere questi acrobati si esibivano nei banchetti, ma si sa anche di compagnie itineranti che facevano performances nei teatri e per le strade.

Tradizione e innovazione Dal rapido esame degli intrecci, si sarà notato come il teatro terenziano resti sostanzialmente **fedele al modello della *néa*** e, quindi, alla tradizione comica latina **nelle trame e nei personaggi**: schiavi indaffarati che cercano di venire in aiuto dei propri giovani padroni; amori contrastati dai genitori; scambi di persona ed equivoci; contrasto tra le generazioni; finale riconoscimento (agnizione) che conduce al lieto fine. Eppure, nei testi di Terenzio c'è un radicale cambiamento rispetto ai modelli della tradizione comica. Nelle sue commedie, infatti, nasce l'**interesse per la psicologia del personaggio**, intesa non tanto come il tentativo di evidenziare i tratti psicologici di un singolo individuo, quanto quelli di un "tipo". Quegli stessi tipi che abbiamo incontrato nel teatro plautino e, più in generale, in tutto il teatro comico latino – il vecchio padre, il giovane innamorato, la prostituta – vengono puntualmente riportati sulla scena da Teren-

I CONTENUTI DELLE *COMOEDIAE*

Andria («La ragazza di Andro»)

Modello principale è l'*Andria*, contaminata con la *Perinthia*, entrambe commedie di Menandro. Glicerio è la ragazza di Andro, abbandonata da piccola e allevata da una cortigiana, Crìside. Di lei è innamorato Panfilo, che però, per volere del padre, deve sposare Filùmena, figlia di Cremete. La scoperta della relazione tra il giovane e Glicerio fa infuriare Cremete, che impedisce le nozze. Per di più Filùmena è innamorata, contraccambiata, del giovane Carino. A ciò si aggiungono gli sforzi vani di Davo, lo schiavo di Panfilo, di aiutare il suo padrone. La vicenda si risolve con l'agnizione: quando sembra che il matrimonio progettato si debba attuare, un parente di Crìside rivela che Glicerio era sorella adottiva di lei, ma in realtà è la figlia di Cremete, scampata miracolosamente a un naufragio. Cremete non si oppone più alle nozze di Glicerio e Panfilo e Filùmena, a sua volta, può sposare Carino.

Hécyra («La suocera»)

Modello è l'omonima commedia di Apollodoro di Caristo, contaminata con gli *Epitrèpontes* di Menandro. Panfilo, figlio di Lachète e di Sostrata, pur amando la cortigiana Bacchide, accetta di sottomettersi alla volontà del padre e di sposare Filùmena, figlia del vicino di casa Fidippo. I primi tempi Panfilo tratta male Filùmena, ma a poco a poco viene attratto dalla dolcezza e dalla remissività della fanciulla fino a innamorarsene. Dovendo partire per una questione di eredità, il giovane lascia a casa Filùmena con Sostrata, ma al suo ritorno non trova più la moglie, che si è rifugiata in casa della propria madre, Mìrrina. Si vocifera che la giovane se ne sia andata per colpa di dissapori con la suocera. Al suo ritorno, Panfilo corre a casa di Filùmena, dove scopre che ella sta per partorire un bambino concepito – è Mìrrina che gli rivela il segreto – prima del matrimonio, in seguito a un atto di violenza subito dalla giovane a opera di uno sconosciuto. Panfilo promette a Mìrrina di non svelare il segreto, ma è deciso a rompere il matrimonio e a esporre il bimbo. Mentre Lachète e Fidippo insistono perché il matrimonio si salvi, Panfilo, irremovibile, avvalora la tesi dei contrasti tra suocera e nuora. A questo punto Sostrata, addolorata per la vicenda, dichiara al figlio di voler tornare a vivere in campagna con il marito per lasciar liberi i giovani. Intanto Filùmena partorisce e il bambino viene accolto da Fidippo, che con Lachète cerca, ancor più di prima, di ricomporre il matrimonio. Temendo che il figlio non voglia più riconciliarsi con la moglie a causa dell'amore per Bacchide, Lachète si reca dalla giovane, che gli assicura di aver interrotto da tempo i rapporti con Panfilo e, a conferma di ciò, è disposta a recarsi da Filùmena per cercare di sanare la situazione. Durante l'incontro, Mìrrina riconosce l'anello che Bacchide porta al dito come quello che sua figlia portava quando fu violentata. Le cose dunque si chiariscono: Panfilo aveva portato quell'anello a Bacchide dopo averlo strappato alla giovane che aveva violentato mentre era sotto l'effetto del vino. Dunque è stato lui a far violenza a Filùmena e suo è il bambino che è nato. Tutto si ricompone: Sostrata viene riabilitata e i due giovani, proprio grazie a Bacchide, ritornano insieme.

Heautontimorúmenos («Il punitore di se stesso»)

Modello è un'omonima commedia di Menandro. Il vecchio Menedemo lavora duramente giorno e notte in campagna per autopunirsi del fatto di aver persuaso il figlio Clinia ad arruolarsi nelle milizie mercenarie dell'Asia, in seguito ai duri e continui rimproveri nei suoi confronti, dovuti all'amore del ragazzo per la bella ma povera Antifila. Ma la vicenda trova una felice soluzione: il giovane Clinia, tornato in patria, è ospitato a casa del vecchio Cremete, zio, ma diventano l'oggetto del suo studio, della sua attenzione, il mezzo attraverso cui il commediografo vuole comunicare una sensibilità nuova, diretta a comprendere il comportamento umano. Così a ciascuno di loro sono attribuiti tratti fino a quel momento sconosciuti, come la preoccupazione dei genitori per la felicità dei propri figli e il tormento per non essere stati in grado di assicurargliela, oppure slanci di altruismo, che normalmente

Edicola per riporre le maschere teatrali, Codice Vat. Lat. 3868, Città del Vaticano, Biblioteca Apostolica Vaticana.

amico del padre Menedemo. Grazie all'espediente dell'anello, si scopre che Antifila è figlia dello stesso Cremete, che l'aveva abbandonata, d'accordo con la moglie, a causa di gravi problemi finanziari. Clinia può così coronare il suo sogno d'amore e sposare Antifila, tra la felicità delle due famiglie.

Eunuchus («L'eunuco»)

Modelli sono la commedia omonima e il *Kolax* di Menandro. La cortigiana Tàide, pur essendo concubina del soldato Trasone, è però innamorata di Fedria. Trasone cede in dono a Tàide la sua schiava Pànfila, di cui si innamora il giovane Chèrea, fratello di Fedria. Chèrea, travestitosi da eunuco, riesce a farsi affidare la custodia della ragazza, ma viene smascherato. Alla fine, quando si scoprirà che Pànfila discende da una libera e ricca famiglia ateniese e, dopo essere stata rapita dai pirati e aver affrontato varie peripezie, era stata venduta a Trasone, si verificherà il solito lieto fine con la messa in scena delle nozze tra Chèrea e Panfila, mentre Fedria resterà con Tàide e Trasone rimarrà solo.

Phormio («Formione»)

Modello è l'*Epidikazómenos* («Il pretendente») di Apollodoro di Caristo. Dovendo assentarsi da casa, i due fratelli Cremete e Demifone affidano i figli Fedria e Antifonte allo schiavo Geta, che favorisce le tresche amorose dei due cugini. Con l'aiuto del parassita Formione, Geta riesce a fare sposare Antifonte con Fanio, un'orfana attica priva di dote, e a procurare a Fedria una bella citarista. Al suo ritorno, Demifone, padre di Antifonte, si irrita per la situazione che si è creata, ma tutto si risolve con l'agnizione: si scopre che Fanio è una ragazza libera e per giunta figlia di Cremete, dunque cugina di Antifonte. Formione, inoltre, convince i due fratelli Cremete e Demifone a riscattare la suonatrice di cetra di cui è innamorato Fedria.

Adelphoe («I fratelli»)

La commedia contamina l'opera omonima di Menandro con i *Synapothnèskontes* di Difilo. L'argomento è l'educazione dei figli, che i due fratelli Dèmea e Micione hanno allevato secondo criteri differenti: il primo, molto severo e di principi conservatori, ha educato in modo rigoroso il figlio Ctesifone, e ha dato in adozione l'altro figlio Eschino al fratello Micione, uno scapolo di idee liberali e di abitudini cittadine, che lo ha educato con tolleranza e libertà. Quando Dèmea scopre che Eschino ha sottratto a un lenone la giovane suonatrice Bacchide, accusa il fratello di aver rovinato il giovane con il suo lassismo, ma in realtà il rapimento è stato compiuto per conto di Ctesifone, che il padre crede irreprensibile. Da parte sua Eschino ha una relazione con Panfila, una ragazza povera e modesta che sta per dargli un figlio, accettato volentieri anche da Micione. Alla fine il vecchio Dèmea constata amaramente il fallimento del suo metodo educativo e si propone di cambiare la sua linea di condotta. La commedia si conclude con le nozze fra Panfila ed Eschino e la previsione di un altro matrimonio, favorito dalla nuova liberalità di Dèmea, quello fra Micione e la madre di Panfila, mentre Ctesifone ha la sua Bacchide.

non venivano attribuiti a una prostituta, o ancora rappresentazioni particolarmente tenere e appassionate dell'amore.

Dietro questa scelta sta sicuramente la svolta culturale e sociale che si verificò in Roma dopo Pidna (168 a.C.), vero spartiacque della civiltà e della storia romana dell'età arcaica. La conquista della Grecia avvicinò ancor più di quanto non fosse avvenuto prima i due mondi, apportando cambiamenti importanti nei costumi, nei gusti, nella mentalità, nei modelli letterari, culturali e ideologici romani. È il fenomeno dell'**ellenizzazione**, attraverso il quale in Roma, a partire da una ristretta *élite* di intellettuali, si diffusero i principi dell'***humanitas*** e più in generale l'attenzione, fino a quel momento sconosciuta, all'uomo, ai suoi bisogni, ai suoi interessi, alla sua psicologia. Terenzio, in stretto contatto con i circoli culturali filellenici, fu uno dei primi scrittori latini ad assorbire la nuova mentalità e a esprimere nei suoi testi una nuova sensibilità.

i principi dell'*humanitas*

Il suo teatro, dunque, risponde a un preciso progetto culturale: mantenere vivi i canovacci tradizionali, ma immettervi contenuti nuovi, che conducessero a riflettere sull'uomo; mantenersi sostanzialmente fedele alla tradizione, ma rinnovarla nel profondo; costruire personaggi che non vivessero per la loro comicità verbale o farsesca, ma esprimessero nei loro gesti e nei loro discorsi profondi significati incardinati sulle tematiche fondamentali della condizione umana. È forse anche per questo che i personaggi terenziani risultano **anticonvenzionali**, cioè non seguono i *clichés* della tradizione comica. Per esempio, la suocera protagonista dell'omonima commedia non ha i tratti consueti di questo tipo comico: non è bisbetica, arcigna e brontolona nei confronti della nuora, ma anzi appare preoccupata della sua felicità e ha tratti di pensosità mai riscontrati prima d'ora. Anche le prostitute si comportano in modo nobile e altruistico, lontane dai tratti di volgarità e avidità che il pubblico era abituato a vedere in loro.

TERENZIO E MENANDRO

Cicerone e Cesare paragonarono Terenzio a Menandro. Il primo sostenne che solo Terenzio fu in grado di rendere in latino la raffinatezza dell'autore greco, grazie al suo animo pacato e alla dolcezza della lingua. Il secondo, invece, definì Terenzio *dimidiatus Menander* («Menandro dimezzato»), espressione che potrebbe sembrare offensiva (visto che si riferiva alla mancanza di *vis comica*, all'andamento un po' grigio e dimesso della pagina terenziana), ma che era riscattata dal giudizio che seguiva, con il quale Cesare riconosceva la superiorità di Terenzio per la purezza della lingua.

Cammeo con scena comica, forse dall'*Andria* di Terenzio, II-I secolo a.C., Ginevra, Musée de L'Art et de L'Histoire.

Una commedia *stataria* Il prezzo che i testi terenziani pagarono all'approfondimento psicologico dei personaggi fu la drastica diminuzione dell'elemento comico e ciò, come vedremo, determinò lo scarso successo delle commedie di Terenzio. Il fatto è che a Terenzio poco interessavano la comicità fine a se stessa, i colpi di scena, il gioco verbale estroso, le battute a effetto. Egli preferiva un linguaggio piano, un'espressione misurata, un intreccio lineare, senza tanti intrighi o equivoci, in modo tale che le sue storie risultassero **aderenti alla realtà**, capaci di portare lo spettatore a cogliere gli stati d'animo dei personaggi, i loro caratteri, la loro evoluzione attraverso vicende verosimili e a identificarsi in essi. Più che al riso l'azione scenica doveva spingere alla riflessione.

l'aderenza alla realtà

Commedie di questo tipo furono definite ***statariae***, vale a dire «statiche», nel senso che erano fondate sui dialoghi più che sul movimento. Oggi potremmo tradurre la definizione *fabula stataria* con l'espressione «**commedia di carattere**». Proprio su questo aspetto si può misurare la distanza tra la commedia di Plauto e quella di Terenzio: la prima era basata sulla comicità immediata, ottenuta attraverso tutti gli artifici che abbiamo già evidenziato (battute pronte, scambi di personaggi, *numeri innumeri*, linguaggio estremamente duttile, rapido muoversi dei personaggi sulla scena), era dinamica e vivace, così da essere definita commedia ***motoria***; la seconda, invece, preferiva puntare sull'indagine dell'uomo, sviscerandone pensieri, tormenti, desideri, progetti, offrendo le proprie riflessioni alla meditazione degli spettatori.

Se Plauto, inoltre, aveva costruito intrecci ripetitivi e stereotipati, attribuendo scarsa importanza alla trama, mescolando in modo incongruente elementi romani e greci, con un ritmo narrativo irregolare e senza rispetto della verosimiglianza, Terenzio si collocò esattamente agli antipodi. Curò la **linearità dell'intreccio**, fece in modo che le singole scene fossero stese con accuratezza e precisione, puntò sulla **verosimiglianza** delle situazioni e dei personaggi, pose attenzione alla **consequenzialità** logica e cronologica degli avvenimenti. Più che seguire i gusti del pubblico, cercò di prevenirli ed educarli, sebbene gli esiti di tale operazione non siano stati conformi alle sue aspettative. Si è accennato al mancato successo dell'*Hécyra*, clamorosamente rifiutata dagli spettatori per due volte. Anche le continue accuse di cui fu oggetto e da cui si difese nei prologhi, come si vedrà, sono il segnale della difficoltà cui andò incontro questo nuovo tipo di commedia. Evidentemente la società romana non era in grado di apprezzare una forma di teatro così lontana dalla dinamica comicità plautina. D'altra parte lo stesso Terenzio, se si esclude l'*Heautontimorúmenos*, unica commedia interamente *stataria*, dovette venire a patti con i gusti del suo pubblico: l'*Eunuchus* infatti è una commedia *motoria* e le altre quattro si possono definire *mixtae*, con una presenza preponderante dell'azione nel *Phormio*.

le novità

Le **novità** introdotte da Terenzio si possono cogliere anche nell'**impianto strutturale** dei suoi testi, in cui i **dialoghi**, le **parti liriche** e la **presenza dei personaggi in scena** sono usati diversamente rispetto a Plauto. Se quest'ultimo aveva trovato nei monologhi un banco di prova della sua abilità compositiva, Terenzio sentì più adatti alla commedia *stataria* i **dialoghi**, perché consentivano il confronto delle idee e la messa a fuoco dei caratteri dei singoli personaggi, che emergevano proprio attraverso la contrapposizione dialogica. Dire che Terenzio trovò i dialoghi più consoni alla sua idea di teatro non significa affermare, però, che il monologo scomparve dalle sue scene; basti pensare all'apertura degli *Adelphoe* con il monologo di Micione o a quello pronunciato da Bacchide alla fine dell'*Hécyra*. Tuttavia esso venne usato più per presentare un punto di vista personale che come un'occasione di divertimento fine a se stessa. In questo modo di intendere e utilizzare i dialoghi, Terenzio si trovò in sintonia con **Menandro**, autore greco della *néa*, con il quale condivise anche la ricerca della verosimiglianza, cardine della poetica di entrambi i commediografi, e, sul piano formale, la riduzione delle parti musicali e l'equilibrata distribuzione dei personaggi in scena.

Menandro, infatti, aveva annullato nelle sue commedie le parti cantate (vedi p. 68), attribuendo loro una funzione di intermezzo e relegandole agli intervalli tra un atto e l'altro; il testo vero e proprio della commedia era solo recitato, tutt'al più con parti accompagnate dal suono di uno strumento musicale. Rifacendosi al suo modello, Terenzio **ridusse di molto le parti liriche**, dando spazio quasi esclusivamente a quelle recitate (in senari giambici) e ai recitativi (in settenari trocaici o giambici e in ottonari giambici). Così egli si collocò vicino al modello greco, ma lontano da Plauto, che aveva insistito – anche dal punto di vista quantitativo – sulle parti liriche. Lo stesso avvenne per la durata della **presenza dei personaggi** sulla scena. Sappiamo, infatti, che nelle commedie plautine un personaggio poteva restare in scena moltissimo, anche per più di 500 versi (Mercurio nell'*Amphitruo* o Pseudolo nell'omonima commedia). Ciò era collegato al modo di Plauto di interpretare la comicità, per cui se un personaggio era considerato carico di *verve* comica, occupava la scena il più possibile. In Terenzio, invece, un personaggio non stava sulla scena per più di 150 versi consecutivi, in obbedienza a un criterio di aderenza al vero e di misura, in base al quale risulta fondamentale l'avvicendarsi di più personaggi. Il sapiente dosaggio di elementi umani diversi consentiva all'autore di mettere a fuoco le reazioni dei singoli personaggi all'interno di determinate situazioni e soprattutto nel confronto con altri. Solo la compresenza sulla scena di personaggi sempre diversi e il loro continuo alternarsi permetteva di mettere alla prova l'educazione, la mentalità, gli interessi e i sentimenti di ciascuno.

Personaggi di scena dall'*Eunuchus*, Codice Vat. Lat. 3868, Città del Vaticano, Biblioteca Apostolica Vaticana.

Il discorso è invece diverso quando si parla del **numero dei personaggi** compresenti in scena; in ciò Terenzio si discostò tanto da Plauto quanto da Menandro. Non essendo vincolati al limite di tre personaggi come invece accadeva nel teatro attico, i commediografi latini erano soliti far recitare contemporaneamente quattro, cinque, talora sei attori (già Plauto aveva sperimentato questa possibilità). Terenzio aumentò ancora il numero dei personaggi delle sue commedie, anche rispetto a quanto aveva fatto Plauto. Se la media plautina dei personaggi di una commedia è di dieci/undici, Terenzio giunse a quattordici. I motivi sono gli stessi di cui già si è detto a proposito della volontà di utilizzare gli intrecci comici come mezzo per studiare i caratteri dei diversi tipi umani. Proprio per questo spesso le commedie terenziane presentano personaggi paralleli, o addirittura coppie di personaggi paralleli (si pensi alla coppia Carino – giovane innamorato – e Birria, suo servo, cui corrisponde quella formata da Panfilo e Davo), separati da diversità caratteriali.

IN SINTESI

- **Scarse** e controverse sono le notizie della vita di Terenzio, scritte da Svetonio in una biografia dell'autore e tramandate dal grammatico Elio Donato: originario dell'Africa settentrionale, nacque probabilmente a Cartagine nel 185 a.C. (o alcuni anni prima), fu condotto a Roma come schiavo dal senatore Terenzio Lucano, che gli diede **un'istruzione raffinata** e lo affrancò. Amico di Scipione Emiliano e di Lelio, fu soggetto ad **accuse e attacchi personali**, come quella di essere prestanome dei suoi protettori, i quali sarebbero i reali autori delle sue commedie. Dopo il 160 Terenzio **partì per la Grecia**, forse per procurarsi materiale utile alla composizione di nuove commedie, ma non fece più ritorno a Roma. **Morì** infatti nel **159 a.C.**

- Terenzio compose sei commedie ***palliatae*** tra il 166 e il 160 a.C.: *Andria* (166 a.C.), *Hécyra* (165), *Heautontimorúmenos* (163), *Eunuchus* (161), *Phormio* (161) e *Adelphoe* (160).

- Gli **intrecci** delle commedie terenziane sono fedeli a quelli della commedia *néa* e del teatro comico latino: schiavi indaffarati ad accontentare i loro padroni, amori di giovani contrastati dai genitori; scambi di persona ed equivoci, contrasto generazionale, agnizione finale.

- La **novità** delle commedie terenziane consiste nell'**attenzione alla psicologia** dei personaggi, che assumono tratti di umanità completamente nuovi. Alla base di questo cambiamento c'è quel fenomeno di **ellenizzazione** della cultura romana che fu avviata proprio dal "circolo" degli Scipioni cui Terenzio apparteneva. Il teatro fu il mezzo attraverso il quale Terenzio diffuse questa nuova visione del mondo che **poneva al centro l'uomo**, colto nella sua dimensione quotidiana. Per ottenere questo Terenzio attinse a modelli greci, ma li adattò al mondo romano in modo da mettere in luce e confrontare fra loro sistemi di valori, idee, modelli di comportamento ispirati ai nuovi valori dell'*humanitas.*

- L'attenzione all'**approfondimento psicologico** dei personaggi determinò la **riduzione della comicità** e quindi lo scarso successo delle commedie di Terenzio rispetto a quelle di Plauto. Scopo di Terenzio non era far ridere lo spettatore, ma indurlo a riflettere attraverso la messa in scena di vicende realistiche in cui egli potesse rispecchiarsi. Tali commedie si definiscono ***statariae***, ossia statiche, basate più sui dialoghi che sul movimento, al contrario delle commedie plautine, dette ***motoriae***.

- Terenzio curò la **linearità dell'intreccio**, la **verosimiglianza** delle situazioni e dei personaggi, la **consequenzialità** logica e cronologica degli avvenimenti, e privilegiò i **dialoghi** rispetto ai monologhi, in quanto favorivano il confronto delle idee. In queste scelte Terenzio si accostò a Menandro, anche se, a causa di una *vis comica* più spenta rispetto al suo modello, Terenzio fu definito da Cesare *dimidiatus Menander*.

- A differenza di Plauto, Terenzio operò una **riduzione** drastica dei *cantica,* limitò la presenza di un personaggio sulla scena e **ampliò il numero di personaggi** di una commedia, per meglio studiare i vari tipi umani.

la funzione del prologo

I prologhi Nella tradizione teatrale latina, e prima ancora greca, il prologo era inteso come uno spazio espositivo, in cui l'autore dava informazioni sull'antefatto, anticipava parte dello sviluppo, faceva cenni sui principali snodi della vicenda ed eventualmente sull'agnizione finale. Anche Plauto si pose in continuità con questa prassi. Terenzio invece utilizzò lo spazio del prologo per anteporre allo svolgimento vero e proprio alcune **riflessioni artistiche** o **repliche difensive contro i suoi accusatori**, il principale dei quali fu un certo Luscio Lanuvino, un commediografo minore, definito da Terenzio *vetus malevolus poeta*. Terenzio aveva agito in questo modo originale, rinunciando alla funzione informativa del prologo, sia per ricavare uno spazio particolare di dialogo con il pubblico, sia per non anticipare elementi di contenuto e puntare così sull'effetto sorpresa nello svolgimento successivo dell'azione.

Vediamo ora in dettaglio in che cosa consistevano le accuse di cui si parla nei prologhi e come si difese Terenzio.

La prima critica rivoltagli dal *vetus malevolus poeta* – Terenzio ne parla nei prologhi dell'*Andria* e dell'*Heautontimoroúmenos* – è quella relativa all'uso della ***contaminatio***. Luscio Lanuvino disprezzava il *contaminare*, cioè lo scrivere una commedia non rimanendo fedeli al modello greco da cui si attingeva; Terenzio invece sosteneva il contrario e, anzi, diceva di preferire la *neglegentia* dei suoi predecessori – Nevio, Plauto, Ennio –, ovvero la loro libertà nel trattare gli originali greci, piuttosto che la *diligentia* di Luscio. Il *malevolus poeta*, scrivendo in modo troppo aderente ai testi originali, risultava incomprensibile al pubblico romano, che vedeva svolgersi sulla scena situazioni per lui assurde, in quanto riproducevano il mondo greco, molto distante dalle proprie abitudini di vita. La *diligentia* di Luscio diventava così agli occhi di Terenzio assolutamente *obscura* (*Andria*, 21). Affermando ciò, inoltre, il nostro autore faceva una vera e propria dichiarazione di poetica a favore del cri-

L'AUTORITÀ DI *PROLOGUS*

Al prologo Terenzio assegna un valore particolare, utile a trasmettere riflessioni artistiche o repliche difensive sull'originalità del suo lavoro. Al personaggio del Prologo, che compariva in scena prima che incominciasse l'intera vicenda, veniva dato quindi un compito autorevole, diverso da quello dei personaggi e separato dalla vicenda comica. Non stupisce allora che nel Codice Vaticano, che illustra il teatro di Terenzio, la figura di Prologo compaia con il gesto tipico dell'oratore, con il braccio teso in avanti e le due dita distese, gesto nel quale gli antichi e i medievali leggevano l'autorità di chi parla, come se attraverso un solo movimento del corpo si comunicasse a chi ascolta un messaggio implicito: «ciò che sto dicendo è vero, lo garantisco personalmente».

Figura del Prologo, premessa agli *Adelphoe*, Codice Vat. Lat. 3868, Città del Vaticano, Biblioteca Apostolica Vaticana.

terio di verosimiglianza. Per lui infatti era irrinunciabile la corrispondenza tra la realtà e ciò che veniva proposto sulla scena ed era perciò fondamentale tenersi lontano dalle incongruenze e dalle contraddizioni tipiche anche del teatro plautino, in cui spesso elementi greci e latini si mescolavano e all'effetto comico si sacrificava la credibilità.

Più complesso è il problema posto dalla seconda accusa dalla quale Terenzio si discolpa nei prologhi, ovvero la presunta **collaborazione di membri del "circolo" degli Scipioni alla stesura delle sue commedie**; il poeta se ne occupò nei prologhi dell'*Heautontimorúmenos* e degli *Adelphoe*, in un modo, però, meno chiaro e deciso del precedente. L'accusa nasceva da dicerie che circolavano a Roma, secondo le quali Gaio Lelio e Scipione Emiliano sarebbero stati i reali autori delle commedie. Non abbiamo notizie precise in proposito; per quanto ne sappiamo, non è da escludersi che gli amici del "circolo" scipionico avessero potuto rivedere il testo del poeta, secondo una prassi diffusa all'epoca. Di fatto la difesa di Terenzio in proposito fu piuttosto debole; egli sostenne come fosse per lui un grande onore il fatto che il suo nome venisse accostato a quello di grandi uomini amati dal popolo, segno che egli era stimato da questi personaggi potenti e ammirati da tutti. Probabilmente, come sottolineò Svetonio, Terenzio si difese debolmente, «poiché sapeva che a Lelio e a Scipione non era sgradita una tale diceria».

la collaborazione con il "circolo" scipionico

Ultima difesa, presente nei prologhi dell'*Eunuchus* e degli *Adelphoe*, fu quella relativa al ***furtum*** (plagio) di cui Terenzio viene accusato. Per *furtum* i Romani intendevano il riproporre una scena o un personaggio che fossero già stati rappresentati in un'altra opera sulle scene romane. Nel prologo dell'*Eunuchus*, dopo una serie di attacchi a Luscio, Terenzio affermò che l'avversario aveva fatto di tutto per assistere a una prova dell'*Eunuchus*, per poter poi urlare che l'autore aveva commesso un plagio, riproponendo un testo, l'*Adulatore*, che era stato già portato sulle scene da Nevio e da Plauto e che da quello erano stati tratti i personaggi del parassita e del soldato. Terenzio si discolpò, sostenendo di non sapere affatto che il *Colax* di Menandro, a cui ammise di aver attinto, fosse già stato tradotto in latino e affermando (*Eunuchus*, 41) che tutti gli autori di teatro ricorrevano agli stessi modelli, sicché «non c'è nulla da dire che non sia già stato detto prima» (*nullumst iam dictum quod non dictum sit prius*).

il *furtum*

TEATRO

MEDIABOOK ▸

TERENZIO

L'interpretazione del teatro terenziano

Dice Alfonso Traina, storico della letteratura latina, che, leggendo Terenzio, si avverte come perfino lo stile sia «il segno della sua *sunpátheia*, cioè della sua partecipazione alla vicenda dei personaggi, altrettanto lontana dal distacco di Menandro e dalla beffa di Plauto: il segno appunto del suo interesse per l'uomo» (A. TRAINA, *Vortit barbare*, Roma, Ateneo, 1970, p. 169). Questo aspetto, di fatto, costituisce il punto di partenza più significativo per comprendere il teatro di Terenzio e giungere, in conclusione del nostro discorso, a costruire un quadro di sintesi sulla concezione terenziana del comico, individuando a quali principi si rifacciano le trame, i personaggi, i dialoghi, le conclusioni interlocutorie delle vicende in scena.

la concezione terenziana del comico

Abbiamo più volte rilevato come il mondo comico di Terenzio sia **espressione di misura, di equilibrio e di aderenza al reale**. Le vicende non sono esagerate e caricate di una comicità paradossale; i personaggi non sono soggetti alla legge dell'eccesso e non hanno profili inverosimili. I padri, gli schiavi, i giovani spasimanti, le ragazze innamorate e le prostitute non hanno sulla scena tratti diversi da quelli che gli spettatori riscontravano ogni giorno nella vita reale. I personaggi venivano umanizzati, riducendo di molto le differenze tra uno e l'altro, tra un padrone e uno schiavo, oppure tra una matrona e una prostituta, in modo tale da esprimere confronto tra Plauto e Terenzio

più le articolate sfumature della natura umana che un carattere stereotipato, come, ad esempio, faceva Plauto. Ciò è dovuto al diverso modo di concepire l'opera drammatica nei due autori. **Per Plauto il teatro aveva una funzione catartica**: liberare mediante lo scatenarsi del riso, che scaturiva dalla forza comica dei testi, le tensioni del pubblico, a livello sia individuale sia sociale. **Per Terenzio, esso ha prevalentemente il compito di rappresentare la realtà** nel modo più veritiero possibile, per rendere credibile la riflessione sul mondo e sull'uomo che egli porta in scena.

La verosimiglianza, in questo modo, è premessa indispensabile alla presentazione dell'**infinita varietà dei sentimenti umani** e provoca nello spettatore un **processo di immedesimazione** con quanto avviene sulla scena e con lo stato d'animo del personaggio. Solo così, attraverso cioè la piena immedesimazione con i personaggi, si può comprendere che essi sono portatori di un profondo, partecipato **senso di umanità**; esprimono il **rispetto**, che l'autore ha e che vorrebbe avessero anche gli spettatori, **per l'uomo**; incarnano le preoccupazioni, i desideri, le paure di ciascun essere umano, e lo fanno senza differenze evidenti di età o di ruoli sociali. Il cambiamento rispetto al precedente non poteva essere più radicale: addirittura il *servus callidus*, che nel teatro plautino era stato il cardine dell'azione scenica, in Terenzio diviene una figura scialba e poco rappresentata; anziché approfittare delle sventure dei padroni, ora mostra partecipazione e, quasi, affetto per loro. Anche i padri plautini, vecchi libertini o avari guastatori dei piani amorosi dei figli, lasciano il posto a genitori preoccupati della felicità dei figli stessi.

Attore nei panni di un giovane uomo, I secolo a.C., Parigi, Museo del Louvre.

Sullo sfondo di tutto ciò sta, come si può facilmente comprendere, l'**adesione di Terenzio ai principi dell'*humanitas***, che viene resa esplicita nel verso più celebre del suo teatro: *homo sum: humani nihil a me alienum puto* («Sono un uomo: non considero estraneo a me nulla di ciò che riguarda l'uomo»), divenuto l'emblema stesso dell'umanesimo terenziano. Questa battuta rivela chiaramente che la riflessione sull'uomo proposta da Terenzio affonda le sue radici in quel processo di integrazione tra le filosofie greche e la tradizione romana che egli aveva fatto proprio attraverso la partecipazione al "circolo" scipionico e che intendeva proporre alla riflessione del pubblico per mezzo del teatro. Anzi, proprio le potenzialità che offriva la scena, così realistica e verosimile, permettevano di rendere più pragmatico il messaggio filosofico greco, incontrando maggiormente i caratteri propri della mentalità latina, meno astratta e speculativa di quella greca. Il teatro di Terenzio presenterà così il confronto tra il vecchio e il nuovo, tra la mentalità romana tradizionale e quella sempre più influenzata dalla civiltà greca. È un contrasto tra due sistemi di valori, ma anche tra due modelli educativi differenti. Per questo, quello di Terenzio può essere definito un **teatro pedagogico**, perché si offre come luogo di dibattito non teorico, ma ancorato alla realtà quotidiana, su temi importanti per la società del tempo.

IL CONTRASTO TRA PADRI E FIGLI

Dice Donatella Puliga: «Occorre riflettere anche sulle implicazioni politiche della *patria potestas*: il conflitto generazionale tra padre e figlio non si esaurirebbe all'interno della *familia* ma si manifesterebbe nelle tensioni civili. Il *pater familias*, infatti, rappresenterebbe tutti i *patres* (anche i *patres conscripti* cioè i senatori), mentre il *filius* rappresenterebbe l'elemento che resta escluso dal sistema gentilizio (il tribuno della plebe, ad esempio, o comunque la frangia progressista e alternativa). Nel complicato gioco di equilibrio del potere, l'odio conflittuale tra padri e figli rifletterebbe in realtà i timori e le apprensioni dei *patres* [...] verso certi tentativi di insubordinazione politica che [...] costituivano pericolose minacce al sistema gentilizio» (*Percorsi della cultura latina*, Roma, Carocci, 2003, p. 241).

Medaglione con ritratto maschile (forse un filosofo?), I secolo a.C., Museo Archeologico Nazionale.

Ancora su questo argomento, d'altro canto, va precisato che sarebbe fuorviante pensare che Terenzio voglia presentare in modo schematico e semplicistico due posizioni contrapposte (tradizionalisti contro filellenici) e nemmeno che voglia discutere i ruoli sociali tradizionali in modo rivoluzionario: la sua commedia vuole portare alla riflessione nel modo più aperto e critico possibile. Paradigmatico, a tale proposito, è il **contrasto generazionale** tra padri e figli. Terenzio affronta il problema delle scelte pedagogiche, viste non in modo astratto e disancorato dal quotidiano, ma all'interno del reale rapporto padre-figlio.

sistemi educativi a confronto

Così facendo, di fatto Terenzio mette a confronto **due sistemi educativi** tra loro antitetici: quello del *pater familias*, del *dominus* che ha potere assoluto sui figli e che vuole applicare un modello fondato sul *metus*, in rispetto del *mos maiorum*, e quello del padre che tratta *humanitus* (umanamente) i figli e cerca di educarli facendo leva sull'*amicitia*. È il tema attorno a cui si svolge tutta l'azione dell'*Heautontimorúmenos*. Sarebbe sbagliato attribuire al commediografo un ruolo di difesa di un modello pedagogico piuttosto che di un altro. Lo si può vedere bene negli *Adelphoe*, l'ultima opera terenziana, che ha fatto del tema dell'educazione il motivo di indagine programmatico fin dalle prime battute. Proprio la conclusione di questa commedia sembra voler comunicare il messaggio che nessuno dei due sistemi educativi ha funzionato completamente. Lo **scopo del teatro di Terenzio, più che trovare soluzioni**, sembrerebbe essere quello di **offrire validi spunti di riflessione, perché lo spettatore non accetti acriticamente quanto la tradizione gli ha trasmesso**, ma piuttosto provi a metterla in discussione nei diversi casi che gli si presenteranno.

scopi della commedia

Sostrata, Geta e la Nutrice, Codice Vat. Lat. 3868, Città del Vaticano, Biblioteca Apostolica Vaticana.

Dunque il teatro terenziano sembra suggerire un nuovo modo di vivere, fondato sulla confidenza reciproca e sul rispetto delle inclinazioni di ciascuno, senza sotterfugi, costrizioni ed eccessivi cedimenti a convenzioni e tradizioni. Per porsi in questa prospettiva, che i Greci chiamavano con il nome di *philanthropìa*, Terenzio mostra che bisogna andare al di là delle apparenze, entrare nella logica del comportamento e del pensiero altrui, pensando che non sia dominante nel rapporto con gli altri ciò che insegna la tradizione né ciò che la nega, ma piuttosto la ricerca di ciò che, caso per caso, produce la migliore condizione possibile per ognuno. Il suo teatro insegna che non esiste una soluzione sola ai casi della vita, ma piuttosto quella migliore, che bisogna cercare attraverso la propria sensibilità e intelligenza, approdando più a un **relativismo etico** che a una rigida applicazione di una norma, tradizionale o filosofica che sia. Di fronte alla sorte, al suo muoversi cieco e imprevedibile, ogni uomo risponde con la fragilità del suo giudizio e la fallibilità delle sue scelte.

relativismo etico

La sola possibilità di opposizione al caso sta nella solidarietà umana, nella tolleranza, nella capacità di comprensione, che rende la vita migliore e più umano l'uomo che la vive.

Lo stile e la lingua

Se la cifra interpretativa delle pagine di Terenzio è la **misura**, che ritroviamo nei gesti dei personaggi, nei dialoghi, nell'utilizzo della lingua e degli artifici retorici, anche lo **stile** del suo teatro risulterà **piano**, pacato, volto a sviscerare l'interiorità dei personaggi. La gestualità buffonesca lascia il posto alla serietà pensosa dei monologhi; l'elemento musicale subisce una drastica riduzione; il farsesco, su cui si fondava la comicità di Plauto, viene sostituito da dialoghi molto vicini alla quotidianità. Anche le componenti che parevano irrinunciabili in un testo comico, come i proverbi, i motti di spirito, le massime, sono utilizzate da Terenzio raramente, così come è parsimonioso il ricorso ad asindeti, allitterazioni e antitesi. Il risultato è uno stile di grande **eleganza**, fondato sull'equilibrio dei toni e sulla sobrietà. Non a caso già gli antichi riconoscevano nel *purus sermo* una delle doti terenziane più apprezzabili. Questa «lingua pura», pur rinunciando agli eccessi che avevano fatto la fortuna di Plauto, come neologismi, giochi verbali, doppi sensi, battute scurrili e insulti, non risulta però privata degli elementi tipici del *sermo colloquialis*, come diminutivi, interiezioni, ellissi. Nel suo insieme è scorrevole e semplice, più vicina ai modi del parlare comune e alle nuove esigenze della società romana, sempre più influenzata dagli ideali dell'*humanitas*.

il *purus sermo*

La fortuna

presso i Latini

Nonostante gli insuccessi di pubblico cui andò incontro, il teatro di Terenzio ebbe attestati favorevoli già da parte dei contemporanei, se prestiamo fede a quanto ci ha tramandato Svetonio. Sia **Cecilio Stazio** sia **Lucio Afranio**, che fu importante autore di *togatae* della seconda metà del II secolo a.C., considerarono Terenzio il più grande poeta comico latino. Su quest'onda si collocò anche **Cicerone**, che di Terenzio elogiò la lingua elegante e il modo originale di riproporre in latino le commedie di Menandro. **Cesare** apprezzò la purezza linguistica (è sua l'espressione *purus sermo*, che abbiamo riportato più sopra), anche se si rivolse al poeta con quella celebre espressione (*dimidiatus Menander*), di cui abbiamo già avuto modo di dire. L'eleganza espressiva e la raffinatezza furono l'oggetto delle lodi di **Orazio** e **Quintiliano**. In età imperiale, **Frontone**, che fu esponente della corrente dell'arcaismo, preferì Plauto, ma tutti gli altri scrittori conobbero e celebrarono solo Terenzio, tanto che Plauto finì per divenire un semplice nome.

per gli autori cristiani

Nel panorama degli autori cristiani, **Girolamo** ebbe modo di evidenziare l'umanità di Terenzio, mentre **Agostino** lo attaccò in modo aspro nelle *Confessiones*, a causa della scena dell'*Eunuchus*, in cui Cherea racconta il suo tentativo riuscito di sedurre Tàide. Ad Agostino evidentemente non piacquero i particolari contenuti nel testo e portò il passo come esempio negativo degli eccessi a cui era potuta giungere la letteratura pagana. Questo giudizio stroncante non interruppe tuttavia la fama di Terenzio, la cui pulizia formale fu per lo più intesa nel Medioevo come segno di una più profonda pulizia interiore. Ciò garantì al commediografo africano il ruolo di scrittore adatto alle scuole e venne ininterrottamente studiato in tutta Europa, come testimonia la monaca e poetessa tedesca **Rosvita**, vissuta alla corte degli Ottoni (secoli X-XI), che a lui si ispirò per comporre le sue sei commedie edificanti. Anche poeti italiani, come **Dante** e **Petrarca** furono conquistati dagli scritti terenziani. Apertamente sostenuto da **Erasmo da Rotterdam**, che amò la semplicità e l'eleganza della sua lingua, Terenzio andò ulteriormente accrescendo la sua fama in epoca rinascimentale, anche perché i suoi testi vennero riproposti sulle scene del rinato teatro e offrirono spunti per nuove composizioni. Si pensi, a tale proposito, all'*Andria*, che venne ripresa integralmente da Machiavelli, o alle tre commedie ariostesche (*La Cassaria*, *I suppositi* e *La scolastica*), in cui riecheggiano motivi terenziani, ripresi soprattutto dall'*Heautontimorúmenos*. Particolare successo ebbe Terenzio in Francia. **Michel de Montaigne** (1533-1592) non si limitò a inserire la celebre frase dell'*Heautontimorúmenos* tra le 57 sentenze con cui aveva abbellito la biblioteca del suo castello, ma si ispirò a Terenzio nel capitolo VIII del secondo libro degli *Essais*, dedicato al motivo dei rapporti tra padre e figlio. Nel Seicento, **Molière** si ispirò agli *Adelphoe* per scrivere *La scuola dei mariti* e al *Phormio* per comporre *Le furberie di Scapino*. La figura del punitore di se stesso è infine all'origine di una lirica di **Baudelaire** contenuta nella sua raccolta *Les fleurs du mal*. A essa si ispirò **Guido Gozzano**, che si autorappresentò nella figura di Totò Merùmeni (evidente deformazione del titolo terenziano *Heautontimorúmenos*), un uomo che si chiude in un volontario isolamento, rinunciando ai rapporti con il resto dell'umanità e alla pienezza vitale dell'esistenza.

Albrecht Durer, *Rosvita consegna la sua opera all'imperatore Ottone I*, miniatura, 1501, edizione curata da C. Celtius.

IN SINTESI

I **prologhi** delle commedie terenziane assumono una funzione nuova rispetto a quelli della tradizione e a quelli plautini: non hanno più funzione informativa, ma diventano il luogo privilegiato dall'autore per **fare affermazioni programmatiche** e per **difendersi dalle accuse**. Nei prologhi dell'*Andria* e dell'*Heautontimorúmenos* si difende dall'accusa di ***contaminatio***, affermando di preferire la *neglegentia* dei suoi predecessori che avevano già impiegato tale procedimento (Nevio, Plauto ed Ennio) alla *diligentia* di Luscio Lanuvino. Nei prologhi dell'*Heautontimorúmenos* e degli *Adelphoe* si difende, in maniera piuttosto debole, dall'accusa di **non essere l'autore** delle proprie commedie, ma solo un prestanome degli Scipioni. Nei prologhi dell'*Eunuchus* e degli *Adelphoe* si difende dall'accusa di ***furtum***, affermando di non sapere che il *Colax* di Menandro cui aveva attinto fosse già stato tradotto in latino.

Il mondo comico di Terenzio è **espressione di equilibrio e di aderenza al reale**. Scopo dell'autore è di portare sulla scena le sfumature dei sentimenti umani in modo che lo spettatore possa immedesimarsi nei personaggi. Ciò è dovuto all'adesione di Terenzio ai principi dell'***humanitas***, di origine greca, ma sintetizzati in modo ottimistico e pragmatico in accordo con la mentalità latina. I testi propongono modelli educativi su cui lo spettatore è chiamato a riflettere; perciò quello terenziano è un **teatro pedagogico**.

La **misura** propria delle commedie di Terenzio si manifesta nello **stile piano**, pacato, teso a esprimere l'interiorità dei personaggi, dunque **elegante** e **sobrio**, **scorrevole** e **semplice**.

Nonostante non sempre abbia riscosso successo presso il pubblico, Terenzio fu apprezzato sia dai contemporanei sia da autori successivi. Alcune figure del suo teatro hanno influenzato la produzione poetica europea dal Medioevo fino al Novecento.

INDICAZIONI BIBLIOGRAFICHE

Le edizioni dei testi

R. Kauer - W.M. Lindsay, *Terence-Comoediae*, Oxford, Clarendon Press, 1926 (rivista da O. Skutsch, 1961²).

J. Marouzeau, *Térence-Comédies*, Parigi, Les Belles Lettres, 1942-49.

Terenzio, *Le commedie*, a cura di A. Ronconi, Milano, Garzanti, 1977.

Terenzio, *Le commedie*, vol. I a cura di F. Bertini, vol. II a cura di V. Faggi, Milano, "Grandi libri Garzanti", 1989.

Terenzio, *Commedie di Publio Terenzio Afro*, a cura di O. Bianco, Torino, UTET, 1993.

Traduzioni di singole opere

D. Del Corno, *I fratelli*, Milano, Rizzoli, 1987.

M. Cavalli, *La suocera*, Milano, Rizzoli, 1989.

G. Gazzola, *Il punitore di se stesso*, Milano, Rizzoli, 1990.

G. Zanetto, *Formione*, Milano, Rizzoli, 1991.

G. Zanetto, *Andria*, Milano, Rizzoli, 1998.

G. Zanetto, *Eunuco*, Milano, Rizzoli, 1999.

S. Beta, *La donna di Andro*, Torino, Einaudi, 2001.

Gli studi

D. Bo, *Genitori e figli nelle commedie di Terenzio*, Torino, Giappichelli, 1976.

L. Perelli, *Il teatro rivoluzionario di Terenzio*, Firenze, La Nuova Italia, 1979².

G. Alföldy, *La trasformazione strutturale del II secolo a.C.*, in *Storia dell'antica Roma*, trad. di A. Zambrini, Bologna, Il Mulino, 1987.

A. Minarini, *Studi terenziani*, Bologna, Patron, 1987.

G. Cupaiuolo, *Terenzio: teatro e società*, Napoli, Loffredo, 1991.

A.S. Gratwick, *Terenzio*, in Aa. Vv., *La letteratura latina della Cambridge University* (1982), trad. di L. Simonini, Milano, Mondadori, 1993, vol. I, pp. 184-201.

M. von Albrecht, *Terenzio*, in id., *Storia della letteratura latina. Da Livio Andronico a Boezio*, trad. di A. Setaioli, Torino, Einaudi, 1995, vol. I, pp. 215-241.

D. Nardo, *Terenzio*, in I. Lana - E. V. Maltese (a cura di), *Storia della civiltà letteraria greca e latina*, II, Torino, UTET, 1998, pp. 369-389.

G. Paduano, *Il teatro antico. Guida alle opere*, Roma-Bari, Laterza, 2005.

Sitografia

Per Terenzio non ci sono specifici siti.
Per il reperimento dei testi ci si può indirizzare ai siti più affermati:
http://www.intratext.com/ (contiene tutte le commedie, suddivise scena per scena).
http://www.thelatinlibrary.com/ter.html (riporta il testo latino di tutte le commedie).
http://www.readme.it/ (contiene il testo di *Heautontimorúmenos, Hécyra* e *Adelphoe*).
http://www.liberliber.it/biblioteca/t/terentius/index.html (è presente il teso latino con traduzione italiana dell'*Andria*).

PERCORSI ANTOLOGICI

HOMO SUM: HUMANI NIHIL A ME ALIENUM PUTO

I percorsi scelti hanno lo scopo di mettere in risalto l'originalità del teatro terenziano sia rispetto a Plauto, sia rispetto alla tradizione comica precedente. La diffusione dei principi dell'*humanitas*, che rappresentarono un'autentica novità all'interno della società romana dei tempi di Terenzio, trova riscontro nei suoi testi drammatici. Ciò comportò un radicale capovolgimento nel modo di trattare i personaggi e una nuova impostazione delle trame, fondate sulla riflessione e sull'adesione al vero. Queste novità non incontrarono i consensi di tutti; numerose e insistite furono le critiche e le accuse. I percorsi, qui di seguito indicati, cercano di dar conto di queste straordinarie novità apportate da Terenzio al teatro comico latino:

1 Terenzio e il suo pubblico
2 I personaggi di Terenzio tra tradizione e innovazione
3 Genitori e figli
4 Terenzio e l'*humanitas*

Dall'*Eunuchus*, Fedria raccomanda a Parmenone di consegnare la schiava etiope e l'eunuco a Taide, Codice Vat. Lat. 3868, Città del Vaticano, Biblioteca Apostolica Vaticana.

1 Terenzio e il suo pubblico

I rapporti tra Terenzio e il pubblico furono in genere difficili. Abituati alla *verve* comica di Plauto, infatti, gli spettatori mal digerivano i testi terenziani, più riflessivi e aderenti alla realtà. Clamoroso è il caso dell'*Hécyra*, la cui rappresentazione fallì per ben due volte. A ciò si aggiungono le aperte accuse mosse dai suoi detrattori, primo fra tutti il *vetus malevolus poeta*, mai chiamato per nome da Terenzio e identificato con Luscio Lanuvino, un commediografo estimatore di Cecilio Stazio, che nel canone dei dieci poeti comici latini stilato da Volcacio Sedigito nel *De poetis* occupa il nono posto. Di queste difficoltà sono testimoni soprattutto i prologhi delle commedie, a cui l'autore affida un compito diverso rispetto a quanto avevano fatto Menandro, suo modello principale, e Plauto. Mentre, infatti, i prologhi menandrei e plautini sono legati alla trama della commedia, quelli terenziani non hanno alcun rapporto con essa, se non per l'indicazione del titolo della commedia e del suo modello greco. È lo stesso autore, nei prologhi, a informare il pubblico – non senza un certo compiacimento per la novità della cosa – di non aspettarsi la trama della commedia, perché questa emergerà a poco a poco dalle parole e dalle azioni dei personaggi sulla scena (cfr. prologo degli *Adelphoe*). I suoi prologhi hanno uno scopo diverso: sono, infatti, il luogo privilegiato dall'autore per trattare questioni di critica letteraria e per difendersi dalle accuse che vengono mosse alle sue opere. Di qui scaturisce il tono polemico, che ricorda la commedia greca antica, nella quale esisteva uno spazio – la parabasi – in cui i poeti si rivolgevano direttamente al pubblico con accenti aspri.

ITA	TESTO 1	*Hécyra, Prologus I*, vv. 1-8; *Prologus II*, vv. 9-57
ITA	TESTO 2	*Eunuchus*, vv. 19-45
LAT/ITA	TESTO 3	*Andria*, vv. 1-27
LAT/ITA	TESTO 4	*Heautontimorúmenos*, vv. 1-52
ITA	TESTO 5	*Adelphoe*, vv. 1-25
ITA	TESTO 6	*Phormio*, vv. 1-34

TESTO 1

La storia di un insuccesso

Hécyra, Prologus I, vv. 1-8; *Prologus II*, vv. 9-57

L'*Hécyra*, come recita la didascalia, fu rappresentata per la prima volta nel 165 a.C., in occasione dei *ludi Megalenses* e fu un fiasco, perché venne disertata dal pubblico che preferì andare a vedere dei pugili e un saltimbanco. Riproposta nel 160 a.C., durante i giochi funebri in onore di Lucio Emilio Paolo, le fu preferito uno spettacolo di gladiatori. Solo al terzo tentativo, la commedia riuscì a essere recitata fino in fondo. Della prima rappresentazione non è stato conservato il prologo; delle altre due, sì; e sono i testi che vengono ora proposti. Oltre a

Gladiatore con elmo, scudo, schinieri, pugnale, I secolo d.C., Napoli, Museo Archeologico Nazionale.

essere testimonianza dell'insuccesso clamoroso a cui fu esposta la palliata e dunque dei difficili rapporti sempre intercorsi tra Terenzio e il pubblico romano, i versi sono un interessante documento sui rapporti fra la committenza e un autore di opere teatrali e sulla qualità degli spettatori di questo genere letterario. Su questi ultimi basterà dire che il testo terenziano conferma quanto già emergeva in quelli di Plauto: il pubblico degli spettacoli teatrali era estremamente eterogeneo e costituito in gran parte da gente distratta, chiassosa, caotica, difficilmente disposta a prestare una silenziosa attenzione a commedie come quelle di Terenzio, in cui erano prevalenti la riflessione e l'analisi introspettiva dei personaggi. Circa il rapporto tra autore e committenza, i due prologhi fanno intendere che gli edili curuli (rappresentanti dello stato, che era il committente delle commedie) stanziavano dei fondi per l'acquisto della commedia, ma lo facevano solo per la prima rappresentazione; se questa fosse andata male, come fu il caso dell'*Hécyra*, l'autore non avrebbe avuto più nessun compenso. È dunque comprensibile che Terenzio, visto il disinteresse del pubblico, abbia interrotto per due volte la rappresentazione, per poter ripresentare come nuova la commedia e riceverne il compenso. Interessante è anche il ruolo del capocomico (in questo caso si tratta dell'allora famosissimo Ambivio Turpione), a cui non solo l'autore demanda il compito di far ben riuscire la rappresentazione o addirittura di difendere la commedia quasi come un avvocato, ma che nella consuetudine dell'epoca era spesso un intermediario tra autore ed edili: acquistava un'opera, allestiva una compagnia di attori (*grex*), metteva in scena il testo, recitando egli stesso, e infine – di fronte al successo – rientrava da tutte le spese percependo il compenso statale.

PRIMO PROLOGO

La suocera è il titolo di questa commedia. Quando fu rappresentata per la prima volta, successe per la prima volta un disastroso incidente, tanto che non si potè vederla né giudicarla: perché il pubblico, fuori di sé dall'entusiasmo, era tutto preso da un funambolo. Adesso è proprio come se fosse nuova: l'autore non ha voluto che se ne desse allora un'altra recita, per poterla rimettere in vendita oggi. Ne conoscete già due di commedie: adesso, vi prego, state attenti a questa.

SECONDO PROLOGO

Sono l'avvocato della difesa, ma mi presento a voi in veste di prologo[1]: lasciate che io faccia la mia arringa, perché possa valermi, ora che sono vecchio, dello stesso privilegio che avevo da giovane, quando riuscii a far andare avanti per anni delle commedie che alla prima rappresentazione erano state fischiate, così che non scomparisse, insieme al poeta, anche il suo lavoro. Quando recitai per la prima volta le novità di Cecilio, con qualcuna fui fischiato, con altre riuscii a stare in piedi a stento. Ma siccome sapevo che le fortune sceniche sono mutevoli, per una speranza poco sicura mi sono preso sulle spalle una fatica sicura. E mi sono messo a rappresentare di nuovo le stesse commedie, per poterne poi recitare delle altre del medesimo autore, impegnandomi a non scoraggiare il suo impegno. Riuscii a far venire il pubblico: e quando le ebbero conosciute, queste commedie piacquero. Così restituii credito a un poeta che l'ingiustizia degli avversari aveva quasi allontanato dal suo impegno, dalla sua fatica, dall'arte drammatica. Se avessi disprezzato i suoi copioni senza pensarci su e mi fossi preso la briga di scoraggiarlo, in modo da farlo oziare piuttosto che lavorare, ci sarei riuscito facilmente, e di commedie non ne avrebbe più scritte. E adesso, per riguardo a me, ascoltate con animo imparziale quello che voglio da voi. Vi presento *La suocera*, che non sono mai riuscito a recitare con un po' di silenzio, a tal punto fu gravata dalla sventura. Ma questa sventura verrà placata dalla vostra intelligente attenzione, se mi vorrà dare una mano nell'impegno che ho assunto. La prima volta che la rappresentai ci fu il tifo per i pugili (e ci si aggiunse anche l'entusiasmo per un funambolo), e tutti quelli che li accompagnavano, e il chiasso delle donne, che mi costrinsero a interrompere la recita prima della fine. E così ripresi la mia vecchia consuetudine con questa nuova commedia, per far la prova: e la misi in scena una seconda volta. Nel primo atto[2] ho successo; ma ecco intanto si sparge la voce che ci sarà un'esibizione di gladiatori, e il pubblico ci vola di corsa, in mezzo al caos, alle urla, ai pugni per prendere posto! E io intanto non riuscii a difendere il mio, di posto! Ma adesso confusione non ce n'è, tutto è calma e silenzio: io ho l'occasione opportuna per recitare e voi la possibilità di fare onore agli

1. A parlare è Ambivio Turpione (nei panni del Prologo), il capocomico che portò la commedia di Terenzio al successo, pur con una certa fatica.

2. La traduzione con «primo atto» intende in realtà la prima parte del dramma; come è noto, infatti, non c'era divisione vera e propria in atti e scene.

spettacoli drammatici. Non lasciate che per colpa vostra l'arte delle scene si riduca a privilegio per pochi; fate che la vostra autorevole competenza aiuti e favorisca la mia. Se è vero che non ho mai dato la mia arte a un prezzo esoso, e anzi sono sempre stato convinto che il guadagno più grande l'avrei trovato nel venire incontro ai vostri interessi il meglio possibile, concedetemi che questo poeta, il quale ha affidato alla mia protezione il suo lavoro e alla vostra obiettività la sua persona, non sia ingiustamente preso a bersaglio da ingiusti detrattori. Per riguardo a me fate vostra questa causa, e state in silenzio, così che altri abbiano voglia di scrivere e io ci guadagni a recitare ancora nuove commedie, pagate di mia tasca[3].

(trad. di M. Cavalli)

3. Il capocomico poteva acquistare di tasca propria la commedia; sembra che le commedie di Terenzio fossero state sempre acquistate dagli edili preposti ai giochi e l'allusione di Ambivio Turpione si dovrebbe riferire al fatto che fu lui a fissare il prezzo dell'opera nella trattativa tra l'autore e l'edile.

TESTO 2

Un ladro, non un poeta, ha scritto la commedia

Eunuchus, vv. 19-45

Nel prologo dell'*Eunuchus* Terenzio si difende dall'accusa di *furtum* (plagio). Per *furtum* i Romani intendevano il riproporre in un'opera una scena o un personaggio facenti già parte di testi latini. La materia (*materies*), infatti, era patrimonio comune, mentre la forma era individuale ed è questa che doveva essere nuova, originale. Si poteva dunque riproporre la materia, ma non la forma; più autori latini poteno rifarsi a una stessa commedia greca, ma senza ripetere gli stessi versi. Il *furtum* consisteva nel riprodurre materia e forma. È di questo che Luscio Lanuvino accusa precisamente Terenzio, dopo essere stato ammesso ad assistere a una prova della commedia. Qui la difesa di Terenzio sembra un po' debole, come si può constatare leggendo la seconda parte del passo. All'inizio, invece, vengono di nuovo citati gli edili, sul cui ruolo di committenti di testi teatrali si è già detto a proposito dell'*Hécyra*.

PROLOGO

Dopo che gli edili ebbero acquistato la commedia che oggi rappresenteremo, l'*Eunuco* di Menandro, costui ha tanto brigato, che ha ottenuto il permesso di vederla in scena. La rappresentazione è incominciata, alla presenza delle autorità: egli grida «che un ladro, non un poeta ha dato quel lavoro, ma che non è riuscito a farla franca: che vi è una vecchia commedia di Nevio e di Plauto, l'*Adulatore*, e che i personaggi del parassita e del soldato provengono di là». Se questo è un peccato, il nostro poeta ha peccato per inavvertenza, non per aver voluto di proposito commettere un furto. Che le cose stiano realmente così, voi potrete ora constatare.

Vi è una commedia di Menandro, l'*Adulatore*; in essa si trovano un parassita adulatore e un soldato smargiasso; il nostro autore non nega di aver trasferito dalla commedia greca nel suo *Eunuco* questi personaggi: ma nega assolutamente di aver saputo che queste commedie fossero già state fatte prima in latino. Che se a lui non è concesso il diritto di utilizzare i medesimi personaggi, quale maggior diritto si potrebbe avere di rappresentare un servo che corre, di raffigurare delle oneste matrone, delle meretrici disoneste, un parassita mangione, un soldato fanfarone, un bimbo sostituito, un vecchio gabbato da un servo, e l'amore, l'odio, il sospetto? Insomma, ormai non c'è un detto che non sia già stato detto prima. Per cui è giusto che voi conosciate la cosa e riconosciate agli autori nuovi il diritto di fare quello che ripetutamente hanno fatto i vecchi. Assisteteli, state attenti e silenziosi, per venire a conoscere che cosa voglia per sé questo Eunuco.

(trad. di G. Zanetto)

TESTO 3

Contaminari non decere fabulas *Andria*, vv. 1-27

Nel prologo dell'*Andria* Terenzio si difende dall'accusa di *contaminari ... fabulas* e lo fa chiamando in causa gli autori che hanno adottato la tecnica della *contaminatio* prima di lui: Nevio, Plauto ed Ennio. Interessante appare l'espressione *obscuram diligentiam*, che compare al v. 21 e che getta una luce sulle modalità con cui Terenzio si rifaceva ai modelli greci. Egli era consapevole che se avesse tradotto parola per parola l'originale greco, molte espressioni sarebbero risultate oscure per il pubblico romano. Che senso avrebbe avuto, ad esempio, riportare precise località geografiche dell'Attica? Terenzio dunque, deliberatamente, sceglie di adattare i testi originali, magari tralasciando alcuni passaggi. È anche di ciò che il *vetus malevolus poeta* (identificato con Luscio Lanuvino) lo accusa. Egli ribatte alle accuse sostenendo di preferire il proprio modo di operare piuttosto che quello del suo detrattore, che evidentemente risultava incomprensibile al pubblico con le sue traduzioni fedelissime, ma pedanti. Non a caso l'aggettivo *obscurus* indicava qualcosa che era comprensibile solo a una ristretta cerchia di iniziati.

Metro: senari giambici ⏓⏑́⏑, ⏓⏑́⏑, ⏓⏑́⏑, ⏓⏑́⏑, ⏓⏑́⏑, ⏑⏑́

PROLOGUS

Poeta quom primum animum ad scribendum adpulit,
id sibi negoti credidit solum dari,
populo ut placerent quas fecisset fabulas.
Verum aliter evenire multo intellegit;
nam in prologis scribundis operam abutitur,
non qui argumentum narret, sed qui malevoli
veteris poetae maledictis respondeat.
Nunc quam rem vitio dent quaeso animum adtendite.
Menander fecit Andriam et Perinthiam;
qui utramvis recte norit ambas noverit;
non ita dissimili sunt argumento, et tamen
dissimili oratione sunt factae ac stilo.
Quae convenere in Andriam ex Perinthia
fatetur transtulisse atque usum pro suis.
Id isti vituperant factum atque in eo disputant
contaminari non decere fabulas.
Faciuntne intellegendo ut nil intellegant?
Qui quom hunc accusant, Naevium, Plautum, Ennium
accusanti quos hic noster auctores habet,
quorum aemulari exoptat neglegentiam
potius quam istorum obscuram diligentiam.
Dehinc ut quiescant porro moneo et desinant
maledicere, malefacta ne noscant sua.
Favete, adeste aequo animo et rem cognoscite,
ut pernoscatis ecquid spei sit relicuom,
posthac quas faciet de integro comoedias,
spectandae an exigendae sint vobis prius.

PROLOGO

In principio, quando l'autore[1] si è messo a scrivere, ha creduto che il suo compito fosse semplicemente quello di far commedie che riuscissero gradite al popolo. Ma ora egli si accorge che le cose stanno molto diversamente: infatti deve spendere la sua fatica nello scrivere prologhi, e non per raccontare l'argomento della commedia, ma per rispondere alle calunnie di un vecchio poeta malevolo. Adesso, vi prego, state a sentire di che cosa gli fanno colpa: Menandro ha scritto un'«Andria» e una «Perinzia»: chi conosca bene una delle due, conosce anche l'altra, perché l'argomento non ne è poi così diverso: però sono di struttura differente, quanto al dialogo e allo stile. L'autore riconosce di aver trasferito dalla *Perinzia* in questa *Andria* tutto quello che gli è sembrato adatto, e di essersene servito come di cosa sua. Questo gli rimproverano costoro, e discutono per stabilire se sia o no conveniente contaminare le commedie. Col loro gran capire, finiscono forse per non capire più nulla? Accusando lui, accusano Nevio, Plauto, Ennio: tutti questi il nostro autore ha per maestri, e la sua ambizione è di emulare piuttosto la loro negligenza che la oscura diligenza di quei tali. D'ora innanzi, dunque, io li avverto che se ne stiano quieti e la finiscano colle maldicenze, se non vogliono esser costretti a riconoscere le proprie malefatte. Siateci benigni, ascoltate con animo sereno e prendete in esame l'oggetto della disputa, per stabilire se ci possa ancora essere qualche speranza che le commedie nuove, che l'autore farà in avvenire, possano meritare la rappresentazione; oppure, se debbano essere da voi respinte in precedenza.

(trad. di G. Zanetto)

1. Terenzio non parla mai di sé in prima persona, ma si riferisce a se stesso con il nome di poeta o con il pronome *hic* o con espressioni simili. Ciò perché il prologo era recitato da un attore giovane o, in pochi casi, dal capocomico.

TESTO 4

Non date retta ai discorsi dei maligni

Heautontimorúmenos, vv. 1-52

Nel prologo dell'*Heautontimorúmenos* Terenzio si difende dalle accuse di *contaminatio*, di essere un prestanome e di comporre commedie *statariae*. Lo fa per bocca del capocomico Ambivio Turpione, che nel prologo assume il ruolo di avvocato difensore di Terenzio, lo stesso che abbiamo già visto nell'*Hécyra*. Ambivio Turpione era il capocomico più in vista del tempo e nel testo si assume la responsabilità del fatto che la commedia sia *stataria*: egli è vecchio, non è più in grado di correre e il commediografo ha voluto venire incontro alle sue esigenze. In realtà sappiamo che gli aggettivi *motoria* e *stataria* designavano due modalità profondamente diverse di commedia. Sarebbe riduttivo tradurre il termine *stataria* semplicemente con «statica». Il termine infatti indicava un tipo di commedia non tanto basata sul farsesco, quanto sui caratteri dei personaggi. Per questo Turpione non si limita a parlare del *servus*, che nel teatro plautino era solito correre, ma tira in ballo una serie di personaggi che erano il cardine del teatro di Plauto nella loro fissità tipologica, e che non possono essere più i personaggi del teatro di Terenzio radicalmente riformato (vedere in proposito i vv. 37-40 del passo).

Metro: senari giambici ⏓ ⏑́⏑, ⏓ ⏑́⏑, ⏓ ⏑́⏑, ⏓ ⏑́⏑, ⏓ ⏑́⏑, ⏑ ⏑́

PROLOGUS

Ne cui sit vostrum mirum cur partis seni
poeta dederit quae sunt adulescentium,
id primum dicam; deinde quod veni eloquar.
Ex integra Graeca integram comoediam
hodie sum acturus Heautontimorumenon,
duplex quae ex argomento facta est simplici.
Novam esse ostendi et quae esset: nunc qui scripserit

et quoia Graeca sit, ni partem maxumam
existimarem scire vostrum, id dicerem.
Nunc quam ob rem has partis didicerim paucis dabo.
Oratorem esse voluit me, non prologum:
vostrum iudicium fecit; me actorem dedit.
Sed hic actor tantum poterit a facundia
quantum ille potuit cogitare commode
qui orationem hanc scripsit quam dicturus sum.
Nam quod rumores distulerunt malevoli
multas contaminasse Graecas dum facit
paucas Latinas, factum id esse hic non negat,
neque se pigere et deinde facturum autumat.
Habet bonorum exemplum, quo exemplo sibi
licere id facere quod illi fecerunt putat.
Tum quod malevolus vetus poeta dictitat,
repente ad studium hunc se adplicasse musicum,
amicum ingenio fretum, haud natura sua:
arbitrium vostrum, vostra existumatio
valebit. Quare omnis vos oratos volo
ne plus iniquom possit quam aequom oratio.
Facite aequi sitis; date crescendi copiam
novarum qui spectandi faciunt copiam
sine vitiis. Ne ille pro se dictum existumet
qui nuper fecit servo currenti in via
decesse populum: quor insano serviat?
De illius peccatis plura dicet quom dabit
alias novas, nisi finem maledictis facit.
Adeste aequo animo; date potestatem mihi
statariam agere ut liceat per silentium,
ne semper servos currens, iratus senex,
edax parasitus, sycophanta autem inpudens,
avarus leno adsidue agendi sint seni
clamore summo, cum labore maxumo.
Mea causa causam hanc iustam esse animum inducite,
ut aliqua pars laboris minuatur mihi.
Nam nunc novas qui scribunt nil parcunt seni:
si quae laboriosast, ad me curritur;
si lenis est, ad alium defertur gregem.
In hac est pura oratio. Experimini
in utramque partem ingenium quid possit meum.
[Si numquam avare pretium statui arti meae
et eum esse quaestum in animum induxi maxumum,
quam maxume servire vostris commodis,]
exemplum statuite in me, ut adulescentuli
vobis placere studeant potius quam sibi.

PROLOGO

Nessuno di voi si meravigli che l'autore abbia affidato a un vecchio una parte da giovane: ve lo spiegherò per prima cosa. Poi vi dirò il motivo per cui sono venuto.

La commedia che rappresenterò oggi, *Il punitore di se stesso*, è tratta da una greca non ancora imitata, ed è nuova anch'essa, in quanto da un intreccio semplice ne è derivato uno duplice. Vi ho annunziato un lavoro nuovo e ne ho indicato il genere: ora, di chi sia quella greca e chi l'abbia scritta in latino, ve lo direi anche, se non pensassi che voi lo sapete già quasi tutti. E adesso, in poche parole, vi esporrò il motivo per cui mi sono assunto questa parte. L'Autore ha voluto che io fossi non il Prologo, ma l'interprete suo: a voi ha affidato la parte dei giudici; a me quella dell'avvocato difensore. Ma l'avvocato, pur con tutta la sua facondia, non potrà riuscire efficace se non in tanto, in quanto avrà potuto pensare egregiamente chi ha scritto il discorso che io mi accingo a pronunziare. Perché, quanto alle dicerie che i maligni fanno circolare, cioè che egli abbia manomesso molte commedie greche per farne poche latine, egli non nega d'averlo fatto; anzi, sostiene che non se ne rammarica e che in futuro lo farà di nuovo. Ha per sé l'esempio di autori valenti e, con simili esempi, crede che gli sia lecito fare ciò che hanno fatto essi. Su quello poi che un vecchio poeta malevolo va dicendo, cioè che il nostro si è dato a coltivar le Muse da un momento all'altro, contando sull'ingegno degli amici e non sulla propria inclinazione naturale, il vostro giudizio, il vostro apprezzamento farà legge. Perciò voglio che tutti siate pregati di non dar retta ai discorsi dei maligni più che a quelli degli onesti: procurate d'essere imparziali: date la possibilità di far sempre meglio a chi vi offre l'occasione di vedere lavori nuovi e senza difetti. Non prenda per sé queste mie parole quel tale che di recente ha rappresentato il popolo in atto di far largo a un servo che corre per la strada: perché mai si scomoderebbe per un insensato? Sugli spropositi di colui avrà da intrattenersi anche di più l'autore quando darà altri lavori nuovi; a meno che colui la finisca colle maldicenze. Assistete allo spettacolo con animo sereno; date a me la possibilità di recitare senza essere disturbato una commedia che non è di movimento. Ch'io non abbia sempre da fare il servo che corre, il vecchio rabbioso, il parassita ghiottone, il sicofante spudorato, il mezzano rapace: sono vecchio, e il continuo gridare mi costa enorme fatica.

Questa è una causa giusta; persuadetevene, anche per riguardo a me, affinché mi venga alleggerita in parte la fatica. Perché quelli che oggi scrivono commedie nuove non risparmiano nulla al vecchio attore. E se ce n'è una faticosa, si ricorre a me, se invece è leggera, viene affidata a un'altra compagnia. In questa, non c'è che puro dialogo: mettete alla prova il mio talento, quale sia nell'un genere e nell'altro. [Se non mi sono mai dimostrato avido nel mettere un prezzo alla mia arte, e se mi sono cacciato bene in testa che il vantaggio più importante è quello di servire il vostro interesse], fate di me un esempio, in modo che gli attori si studino di piacere a voi più che a se stessi.

(trad. di G. Gazzola)

Maschera comica, I secolo a.C., Napoli, Museo Archeologico Nazionale.

TESTO 5

Una terribile accusa o una grande lode?

Adelphoe, vv. 1-25

Nel prologo degli *Adelphoe* Terenzio indica il modello della commedia e si difende dalle accuse di essere un prestanome di personaggi influenti nella Roma del tempo. È un'accusa che abbiamo già riscontrato nel prologo dell'*Heautontimorúmenos* e, come là, anche qui la difesa di Terenzio è evasiva. Forse il poeta non voleva alienarsi l'appoggio dei suoi illustri patroni, fatto sta che si limita ad affermare di essere onorato per l'accostamento del suo nome a quello di personaggi così importanti. Per capire la portata di questa accusa, bisogna ricordare che ai cittadini romani, e in particolar modo agli aristocratici, era proibito esercitare l'attività di commediografo e quindi rappresentare *fabulae* sulla scena. L'insinuazione, dunque, è che i potenti protettori di Terenzio scrivessero testi comici e poi li facessero rappresentare sotto il nome di Terenzio. Quanto poi al problema di chi fossero realmente questi potenti personaggi, la questione è ancora aperta. Già gli antichi avevano a proposito opinioni contrastanti. L'ipotesi che circolò con maggiore insistenza è che si trattasse di Scipione e Lelio, ma un filologo vissuto nel I secolo a.C. di nome Santra annotò che ciò non poteva essere vero. Terenzio infatti parla di uomini graditi al popolo per i loro meriti militari e politici, mentre Scipione e Lelio erano all'epoca troppo giovani per potersi identificare con uomini di tale levatura. Cicerone, da parte sua, in un'epistola (*Ad Att.* 7, 3, 10) riportò la notizia che per la loro *elegantia* le commedie di Terenzio sembrava fossero state scritte da Lelio, mentre altre fonti antiche pensavano piuttosto al colto console Gaio Sulpicio Gallo, sotto il cui consolato Terenzio aveva rappresentato le sue *fabulae*. Quintiliano, infine, si limitò a scrivere che «le commedie di Terenzio erano attribuite a Scipione».

PROLOGO

Poiché il poeta ha notato che le sue opere sono bersaglio di critici malevoli e che i suoi avversari mettono in cattiva luce la commedia che stiamo per rappresentare, esporrà lui stesso l'accusa che gli tocca: sarete voi a giudicare se il suo procedimento debba essere considerato un merito o un difetto.

C'è una commedia di Difilo intitolata *Synapothnescontes*; da essa Plauto ha derivato il suo dramma *Commorientes*. Nell'originale greco c'è un giovane, il quale proprio all'inizio della commedia rapisce una meretrice al lenone. Questo passo Plauto l'ha trascurato per intero; l'autore l'ha messo a partito per i suoi *Adelphoe*, e l'ha trasferito qui traducendolo parola per parola. Questa è la novità che noi stiamo per rappresentare: giudicate se a vostro parere si tratti di un plagio, oppure della ripresa di una scena che era stata deliberatamente lasciata da parte.

Quanto poi alle dicerie di certi maldicenti, ossia che ad aiutare il poeta siano dei nobili che regolarmente collaborano con lui nel comporre queste commedie, ciò che costoro reputano essere un'accusa gravissima egli lo considera la lode più grande: dal momento che è caro a uomini che sono cari a voi tutti e all'intero popolo di Roma, e della cui opera ciascuno si è avvalso in guerra, nella vita privata e in quella pubblica secondo quanto richiedevano le circostanze, senza sentirsene sminuito.

Per concludere, non aspettatevi l'argomento della commedia: i due vecchi che compariranno in scena all'inizio ne racconteranno una parte, e il resto vi riuscirà chiaro nel seguito dell'opera. Fate che la vostra imparzialità accresca l'impegno del poeta a scrivere in futuro.

(trad. di D. Del Corno)

TESTO 6

Evitare l'*obscura diligentia*

Phormio, vv. 1-34

Ancora una volta incombe sulla commedia la presenza cupa di Luscio Lanuvino, di cui Terenzio riporta le accuse riguardanti lo stile e la capacità di stendere gli intrecci. La parte più interessante del prologo, però, è quella in cui l'autore giustifica il fatto di aver dato alla commedia un titolo (*Phormio*) completamente diverso da quello greco (*Epidikazómenos*). Per comprendere il senso di questa scelta dobbiamo ancora una volta rifarci alle modalità traduttive di Terenzio e alla volontà di evitare l'*obscura diligentia*, di cui già aveva parlato nel prologo dell'*Andria*. Mantenere il titolo originale, infatti, avrebbe voluto dire costringere gli spettatori romani a conoscere l'istituto greco dell'*epidikasía*, da essi completamente ignorato. Era norma, per i Greci, che il parente più prossimo di un'orfana si prendesse cura di fornirla di dote e la sposasse. Il protagonista della commedia, che in latino si chiama *Phormio*, si avvale proprio di questo diritto-dovere e sostiene davanti ai giudici che, essendo il parente più prossimo di Fania, intende sposarla in virtù della nota consuetudine. Poiché il termine *Epidikazómenos* sarebbe risultato oscuro al pubblico, Terenzio preferì sostituirlo con il nome proprio del protagonista.

PROLOGO

Il vecchio poeta, poiché non riesce ad allontanare dallo studio e a ridurre all'inazione il Nostro, cerca di distoglierlo dallo scrivere col dire corna delle sue commedie.
Quelle scritte prima di questa, colui va ripetendo che hanno un dialogo poco efficace e uno stile privo di forza; già, perché in nessun luogo egli ha scritto di un giovinetto impazzito, che vede fuggire una cerva e i cani inseguirla, e lei piangere e implorare che egli le venga in aiuto. Se si capacitasse che quando – tempo fa – la sua nuova commedia riuscì a star in piedi, ciò fu dovuto al merito del capocomico più che non al suo, aggredirebbe gli altri con molto minor petulanza di quanto ne usi adesso nell'aggredirli. Oggi, se c'è qualcuno che dica o pensi in questo modo: «Supponiamo che il poeta vecchio non avesse attaccato per primo: il nuovo non sarebbe riuscito a tirar fuori un prologo, non avendo da dir male di qualcuno», colui si prenda questa risposta: la palma della vittoria è messa pubblicamente alla portata di tutti quelli che praticano l'arte del poetare. Quel tale si è proposto di strappare il Nostro al suo lavoro per affamarlo, e questi ha voluto rispondere, non provocare. Se l'altro fosse sceso in campo con parole buone, ne avrebbe ascoltate di buone; quello che lui ha dato, se lo metta bene in testa, gli è stato restituito. E adesso, smetterò di parlare di lui, anche se lui non la smette di cadere in errore. Ora fate attenzione a ciò che voglio dirvi: vi porto una nuova commedia, che i Greci chiamano *Epidicazómenos*, i Latini *Formione*, perché ne sarà protagonista il parassita Formione, dal quale in sostanza verrà condotta l'azione; a patto, sempre, che il poeta si sia guadagnata la vostra benevolenza. State attenti, assisteteci con animo ben disposto, in silenzio, perché non ci tocchi la sorte che già c'è toccata una volta, quando la nostra compagnia ha dovuto sgombrare la scena in mezzo al tumulto; ora la bravura del capocomico ce l'ha restituita, col concorso della vostra bontà e del vostro amore di giustizia.

(trad. di G. Zanetto)

RIEPILOGO DEL PERCORSO

1 Leggendo i testi proposti quale idea ti sei fatto del pubblico che assisteva agli spettacoli teatrali nella Roma del II sec. a.C.? Che rapporti sussistevano tra autore e committenza? Qual era il ruolo del capocomico in tale ambito?

2 Passando in rassegna i testi riportati, sapresti dire chi concretamente recita di volta in volta il prologo? Si tratta sempre di un personaggio ben identificato?

3 Nei prologhi si parla più volte di un *vetus malevolus poeta*; ricordi di chi si tratta? A che cosa sono dovute le sue critiche? A quale ambiente culturale apparteneva?

4 Le accuse da cui dovette difendersi Terenzio sono varie.
- **a** Nell'*Andria* si difende dall'accusa di *contaminari fabulas*: in che cosa consiste precisamente? Come si difende il poeta? È un'accusa che ricorre anche in altri prologhi? Quali?
- **b** Nell'*Heautontimorúmenos* Terenzio si difende da tre accuse: quali sono? Inoltre, quale ruolo ha il capocomico nella difesa dell'autore?
- **c** Negli altri prologhi riportati a quali accuse si fa cenno? Come si discolpa di volta in volta Terenzio?

5 Nei testi ricorrono due aggettivi importanti per l'individuazione dei caratteri delle commedie terenziane: *stataria* e *motoria*. Spiega il significato di ciascuno di essi, sia in senso proprio, sia in riferimento all'arte di Terenzio.

2 I personaggi di Terenzio tra tradizione e innovazione

I passi proposti testimoniano l'operazione che Terenzio mise in atto nel tratteggio dei personaggi delle sua palliate. In gran parte essi sono profondamente diversi rispetto a quelli della tradizione, addirittura capovolti, perché il poeta non mira tanto a creare stereotipi, ma personaggi più aderenti alla realtà, con sentimenti "veri", ricchi di sfumature, sottoposti a cambiamenti in base allo svolgersi delle vicende. È il caso di Bacchide, la cortigiana presente nell'*Hécyra*, una donna di notevole finezza interiore, pronta a farsi da parte perché l'uomo amato sia felice. È un personaggio assai adatto a questa *fabula*, giocata su toni sommessi e sulla finezza dei sentimenti, che si presta bene per studiare il modo con cui Terenzio tratteggiava i personaggi dei suoi intrecci.
Anche quando la situazione appare molto simile a quella convenzionale, consacrata dal teatro di Plauto, come nel dialogo tra due giovani innamorati, Terenzio insinua nuovi schemi narrativi, più reali e pieni di toni riflessivi.
Terenzio però, accanto a questi personaggi dai tratti innovativi, conserva nei suoi intrecci alcuni tipi amati dal pubblico, come si può notare soprattutto nell'*Eunuchus*, dove compaiono le figure tradizionali del parassita e del soldato fanfarone.

ITA	TESTO 1	*Hécyra*, vv. 816-840
ITA	TESTO 2	*Phormio*, vv. 153-178
ITA	TESTO 3	*Eunuchus*, vv. 232-264

Momento culminante dell'*Andria*: Cremete chiede notizie a Misis del bambino esposto davanti alla sua porta; sarà Davo, che sopraggiunge, a rispondere per lui, Codice Vat. Lat. 3868, Città del Vaticano, Biblioteca Apostolica Vaticana.

TESTO 1

Una cortigiana fuori dagli schemi

Hécyra, vv. 816-840

Il passo riporta il monologo di Bacchide, la cortigiana amata un tempo da Panfilo. Esso costituisce un ulteriore esempio di come Terenzio trasformi i personaggi tradizionali e stereotipati della commedia in figure cariche di umanità. Bacchide, infatti, è pronta a sacrificare il proprio amore per favorire l'unione di Panfilo e Filùmena, anzi, il suo amore è così profondo e nobile da indurla a gioire per le nozze dei due giovani. Il personaggio diventa così espressione del valore della filantropia cui si ispira il teatro di Terenzio. A esso sono sottomessi anche gli espedienti tipici della commedia, come l'agnizione, che avviene qui fuori scena attraverso il messaggio che il servo Parmenone deve riferire a Panfilo da parte di Bacchide e poi mediante i riferimenti contenuti nel monologo della donna stessa. In questo modo l'attenzione non si incentra sul meccanismo topico dell'agnizione, ma sugli effetti che essa produce nell'animo di Bacchide. Il personaggio acquista quindi una dimensione patetica, resa stilisticamente attraverso l'impiego di proposizioni esclamative e di rapidi passaggi temporali dal presente al passato.

BACCHIDE

Quanta gioia ho dato oggi a Pànfilo colla mia venuta! Quante novità piacevoli gli ho portato! Quante preoccupazioni gli ho tolto! Gli restituisco un figlio, che era andato a rischio di perdere per colpa sua e di queste donne; gli rendo la moglie, che egli ha creduto di non poter più tenere con sé; il motivo per cui suo padre e Fidippo lo sospettavano, l'ho tolto di mezzo. Ed è stato questo piccolo anello a dar modo di scoprire tutte queste cose. Io mi ricordo bene, infatti, che circa dieci mesi fa Pànfilo venne tutto ansante a cercare rifugio da me, sul far della notte, senza compagnia e mezzo ubriaco, con questo anello. Sul momento, ebbi paura: «Pànfilo mio, gli dico, per carità, come ti sei ridotto così, senza fiato? O donde viene codesto anello? Dimmi!» E lui, a fingere di avere altro per la testa. Nel vedere questo, io ho avuto non so che sospetto, e insistevo sempre più perché parlasse; allora il mio uomo mi confessa di aver fatto violenza per via ad una sconosciuta e di averle tolto l'anello, mentre si divincolava. Io ora l'avevo in dito, e Mirrina l'ha riconosciuto! Mi domanda donde m'è venuto; io racconto tutto questo, per cui si viene a scoprire che la ragazza violata è Filumena, e che così è nato il bambino. Io sono felice che tutte queste liete notizie gli siano giunte per mio mezzo: anche se altre meretrici la penserebbero diversamente, perché non è nel nostro interesse che un amante sia felice nel matrimonio... Ma, per Càstore, io non potrei mai indurmi a fare una cattiva parte per amore di guadagno. Finché gli è stato consentito, egli mi ha trattata amabilmente, con affabilità e con garbo. Che si sia sposato, è un fatto che mi ha dato pena, lo confesso: ma, per Pollùce! io ritengo di avere agito in modo da non meritare che ciò m'avvenisse. Insomma, quando abbiamo ricevuto da qualcuno molti agi, è giusto che si sopportino per lui anche dei disagi.

(trad. di A. Ronconi)

TESTO 2

Un dialogo tra amici

Phormio, vv. 153-178

Fedria e Antifone, amici e cugini, dialogano tra loro mettendo a confronto le loro condizioni esistenziali. Il primo è infelice, perché la citarista di cui è innamorato non ricambia il suo sentimento. Il secondo ha sposato la donna che ama all'insaputa del padre, mentre questi era lontano, grazie alla complicità del suo servo Formione, il protagonista della commedia. La situazione ha tutti gli elementi del teatro comico tradizionale, quelli che avevano fatto la fortuna di Plauto; tuttavia il modo in cui Terenzio fa dialogare i personaggi è nuovo. Il tono patetico dei loro discorsi, il carattere serio che emerge nel tratteggio delle due figure giovanili, la malinconia che pervade l'intera scena, il sentimento di innocente invidia reciproca inducono lo spettatore a riflettere sull'umanità dei personaggi, più che a lasciarsi trascinare dagli aspetti comici. Si assiste così a un approfondimento psicologico, che è tipico di Terenzio e che allontana il personaggio dallo stereotipo in cui lo aveva fissato la tradizione precedente.

ANTIFONE, FEDRIA

AN. Vedi tu a che mi sono ridotto, Fedria: ho paura di mio padre, la persona che più mi vuole bene al mondo, al pensiero del suo ritorno! Se non fossi stato sconsiderato, adesso lo aspetterei come è naturale che sia...

FE. Ma che c'è?

AN. Me lo chiedi proprio tu, che mi sei complice in questa pazzia? Non gli fosse mai venuto in mente, a Formione, di suggerirmi una bravata simile, e non mi avesse spinto – ardevo di passione – a quello che è l'origine dei miei guai! Certo, non l'avrei ottenuta... avrei passato male qualche giorno, ma adesso non avrei quast'ansia continua che mi soffoca...

FE. Capisco...

AN. ...intanto che sto qui in attesa, a domandarmi quand'è che arriva quello che metterà fine alla mia relazione...

FE. Gli altri stanno male perché non hanno la persona che amano, mentre tu ti lamenti perché ce l'hai! Antifone, tu hai amore in abbondanza, e la tua vita – per Ercole – è proprio una vita da desiderare e da augurarsi. Volesse il cielo che potessi io godere così a lungo del mio amore! Sarei pronto a pagare con la morte, mi andrebbe bene! Pensa piuttosto al resto: a quel che ottengo io – che sono senza la mia donna – rispetto a te che ce l'hai quando vuoi, e senza contare che tu te ne sei procurata una di nascita libera, di buona famiglia, senza sborsare un soldo. Che ti sei sposato, come tu volevi, alla luce del sole e senza disonore. Potresti essere felice, se non ti mancasse una sola cosa, la capacità di accettare tranquillamente questa situazione. Te ne accorgeresti, se ti toccasse di vedertela con quel parassita con cui ma la vedo io! Ma siamo fatti tutti così, che non siamo mai contenti di quel che abbiamo.

AN. Invece sei tu, quello che mi sembri fortunato, perché puoi decidere tutto quello che vuoi: tenerla, amarla, rinunciarci. Io, povero me, sono arrivato al punto che non possso né tenerla né lasciarla. Ma che succede? Non è Geta quello che sta arrivando di corsa? Sì, è proprio lui. Aiuto! Ho paura che mi porti una cattiva notizia!

(trad. di M. Bonfanti)

TESTO 3

Un parassita orgoglioso del proprio ingegno

Eunuchus, vv. 232-264

L'*Eunuchus* è la commedia che più di ogni altra assomiglia alla tradizione plautina. In essa Terenzio torna a schemi narrativi, artifici comici, trovate sceniche, ritmi e tipologia di personaggi simili a quelli che avevano decretato il grande successo di Plauto presso il pubblico. Nella *fabula* è possibile individuare, in particolare, due tipi che avevano avuto fortuna nel teatro precedente: il soldato fanfarone e il parassita. Il primo è rappresentato da Trasone, un *miles* smargiasso e millantatore, che nella commedia trova un momento di personale epopea quando minaccia l'assedio alla casa della cortigiana Taide, che si ostina a non restituirgli Panfila, una giovane schiava su cui il soldato vanta diritti di proprietà (vv. 771-886). Il parassita è invece Gnatone, che viene presentato nel passo proposto. Nella commedia è la "spalla" di Trasone e possiede tutti i tratti tipici del parassita: smaccato adulatore, avido scroccone, incallito orditore di inganni alle spalle di sprovveduti. Nei versi riportati egli si produce in un "a solo", strepitoso per i contenuti comici e insieme amari, che la dicono lunga sulla disinvoltura morale di certi personaggi, presenti non solo al tempo di Terenzio. Orgoglioso di sé e della propria intelligenza, Gnatone si vanta delle proprie azioni e intesse un grandioso elogio della propria professionalità, arrivando a sperare che, da lui in poi, gli adulatori vengano denominati "gnatonici", come avviene nelle scuole filosofiche.

GNATONE, PARMENIONE

GN. (*entrando in scena*) Santissimi numi! Che differenza fra un uomo e un altro! Che abisso, fra uno che è fesso e un drittone! È il pensiero che mi è venuto oggi nel mentre che venivo qui, quando ho incontrato un tizio tale e quale a me, per nascita e per condizione: un uomo per bene, uno che come me si è mangiato il patrimonio di famiglia. Lo vedo tutto sporco, malconcio, malato, vestito di stracci, invecchiato. «Ehi,» gli faccio «ma com'è che stai combinato

Il parassita Gnatone e il servo Parmenione, Codice Vat. Lat. 3868, Città del Vaticano, Biblioteca Apostolica Vaticana.

così?» E lui: «Ho perso tutto quello che avevo, povero me, e guarda come mi sono ridotto! Mi scansano tutti, amici e conoscenti». Allora l'ho guardato dall'alto in basso: «Brutto fannullone che non sei altro,» gli ho detto «ma come sei arrivato a non avere più fiducia in te stesso? Ti sei bevuto il cervello insieme ai soldi? Guarda me: io vengo da una famiglia come la tua, ma guarda come sono tutto lustro e colorito, e come vesto bene, e che bell'aspetto che ho! Ho tutto anche se non ho niente; sono senza un soldo, ma non mi manca nulla». «Sì, ma io sono sfortunato e non sono capace di fare il buffone e di farmi prendere a legnate». «Ma perché, pensi davvero che si faccia ancora così? Sei fuori strada, questo era il sistema di una volta, quello dei nostri nonni; adesso c'è un nuovo modo di andare a caccia; anzi, sono io che l'ho inventato. Ci sono degli uomini che vogliono essere primi in tutto, ma non lo sono: io gli vado dietro, e gli sto alle calcagna, e non è che li faccio ridere; però rido alle loro battute, e mi congratulo per il loro spirito, e approvo tutto quello che dicono; anche il contrario, se poi dicono l'opposto: se uno dice di no, io dico di no, se dice di sì, io dico di sì. Insomma, gli vado dietro in tutto, come regola di vita. Al giorno d'oggi, è questo il modo migliore per guadagnarsi da vivere».

PA. (*a parte*) Accidenti, che dritto! Questo qui, uno sciocco se lo mangia e lo fa diventar matto, garantito!

GN. Mentre discorriamo così arriviamo al mercato. Mi corrono incontro, cordiali, tutti i bottegai: i pescivendoli, i macellai, i salumieri, i pescatori, tutta gente a cui, ricco o povero che fossi, ho sempre fatto e faccio guadagnare un sacco di soldi. Mi salutano, mi invitano a cena, mi fanno festa. Quando quel morto di fame vede tutti questi riguardi e capisce che per me è davvero facile avere di che campare, allora comincia a pregarmi e a strapregarmi di insegnargli il sistema. Io gli ho detto di venirmi dietro, perché se la cosa va avanti, un giorno i parassiti potrebbero chiamarsi gnatonici, proprio come succede per le scuole filosofiche, che prendono il nome dal caposcuola...

(trad. di M. Bonfanti)

RIEPILOGO DEL PERCORSO

1 Il passo dell'*Hécyra* (vv. 816-840) è un monologo.
- **a** Chi ne è protagonista?
- **b** Qual è il contenuto del monologo?
- **c** Facendo attenzione a ciò che dice, di che cosa diventa espressione il personaggio?
- **d** Perché si può affermare che il tradizionale meccanismo dell'agnizione perda importanza nella conclusione di questa commedia?

2 Osservando il dialogo tra i due ragazzi protagonisti della scena tratta dal *Phormio* (vv. 153-178) prova a rispondere a queste domande.
- **a** Chi ne sono i protagonisti?
- **b** Quali caratteri assume ciascuno di loro? Sono uguali o diversi da quelli incontrati in analoghi personaggi plautini? Perché?
- **c** Sullo sfondo del dialogo si percepisce la presenza di un padre e di un servo: quali ne sono i ruoli? Ti sembra che rappresentino una continuità o una rottura con la precedente tradizione?

3 In generale, prendendo in considerazione tutti i passi proposti, che cosa si può dire dei personaggi terenziani e del modo di costruirli, da parte dell'autore? Sono sempre diversi da quelli di Plauto? E se sì, in quale senso lo sono? A che cosa è dovuta tale differenza?

4 Sul piano delle relazioni che si instaurano tra i personaggi, soprattutto all'interno del nucleo familiare, che cosa cambia tra Terenzio e Plauto?

3 Genitori e figli

Il contrasto generazionale è uno dei temi più ricorrenti del teatro comico, non solo latino, e trova il suo naturale terreno di sviluppo proprio all'interno della famiglia. Il modo in cui esso veniva rappresentato nella palliata obbediva a una tipizzazione consacrata dalla tradizione, in cui la madre era sempre vecchia, bisbetica e arcigna, il padre aveva sempre i caratteri fissi dell'austero e avaro conservatore, mentre il figlio era scapestrato e spendaccione, perennemente alla ricerca di denaro per soddisfare le sue esigenze e le sue passioni amorose.
Anche le situazioni in cui si giocava tale rapporto erano abbastanza fisse e indirizzate alla resa comica della scena. Con Terenzio questo tema acquisisce elementi nuovi, in sintonia con le esigenze dell'*élite* culturale romana dell'epoca e con la volontà dell'autore di condurre un'indagine a tutto campo sulla natura umana e i suoi comportamenti.

TESTO 1

Un quadro di intimità familiare

Hécyra, vv. 577-606

La scena è un toccante dialogo fra madre (Sostrata) e figlio (Panfilo), in cui emerge lo spirito di sacrificio della donna, decisa a ritirarsi in campagna per lasciare che il figlio e sua moglie vivano soli e rinsaldino il loro legame. Dal passo emergono i toni affettuosi con cui Sostrata si rivolge a Panfilo (nel testo latino *gnate mi*, «figlio mio», all'inizio, e poi ancora, in conclusione, *mi gnate, mi Pamphile*), grazie ai quali ella assume quasi una dimensione tragica. Sostrata non ha più nulla dei caratteri che la tradizione comica latina assegnava alle vecchie madri e suocere. Lungi dall'essere una donna bisbetica e arcigna, ella risulta comprensiva e preoccupata della felicità del figlio e della nuora. Si noti come l'autore dapprima concentri la propria attenzione sulla commozione della madre nei confronti del figlio, che si è sempre mostrato devoto a lei; poi riveli la profonda intimità che esiste tra i due, attraverso un accumulo di pronome e possessivi di prima e seconda persona. Tratteggiata con finezza e con tinte delicate, Sostrata diventa così l'emblema di un nuovo modo di far teatro, che investe non solo i personaggi, ma anche le dinamiche che si instaurano tra di loro. Come risoluzione del personaggio, infatti, Sostrata dimostra come Terenzio sia capace di uscire dal meccanismo della tipizzazione, per dare ai personaggi un profilo più vivo e articolato. Sul piano delle dinamiche, è interessante osservare come i rapporti che si instaurano all'interno del nucleo familiare non sono più improntati alla diffidenza reciproca, all'inganno, al tentativo di prevaricazione, ma impostati su un senso profondo di umanità che costituisce la principale ricchezza dell'azione scenica terenziana.

SOSTRATA, PANFILO

SO. Figlio mio, anche se fai ogni sforzo per tenermi nascosto il tuo pensiero, io so benissimo che tu mi sospetti d'essere stata io, colle mie maniere, la causa per cui tua moglie se n'è andata di casa. Ma così possano gli dei proteggermi e farmi ottenere da te quello che desidero, come è vero che, in tutta coscienza, io non ho mai meritato di essere presa in odio da lei. Quanto a te, poco fa mi hai dato conferma di quello che pensavo, cioè del tuo affetto verso di me: tuo padre infatti mi ha raccontato un momento fa, in casa nostra, come tu abbia anteposto me al tuo stesso amore. Ora io sono ben decisa a dimostrarti la mia gratitudine, in modo che tu sappia che da parte mia c'è un contraccambio alla tua devozione. Pànfilo mio, ecco che cosa credo sia conveniente alla mia reputazione e alla vostra: ho fermamente deciso di andarmene a stare in campagna con tuo padre, perché la mia presenza non vi sia di ostacolo e non rimanga assolutamente nessun motivo per cui la tua Filumena non ritorni a te.

PA. Per carità! che decisione è questa? tu dovresti esiliarti dalla città in campagna per darla vinta alla sua stoltezza? Non lo farai, né io permetterò a chi ci vuol male di poter dire che questo è avvenuto per colpa della mia cocciutaggine, non per merito del tuo senso di discrezione. E poi, io non voglio che per causa mia tu lasci le tue amiche e le tue parenti e le tue giornate di festa.

SO. Oh, per Pollùce! di codeste cose ormai io non provo più gran piacere; ne ho goduto abbastanza quando la mia età lo comportava. Ormai, di codesti gusti m'ha presa una certa sazietà; adesso la mia preoccupazione maggiore è che il prolungarsi della mia vita non sia d'impiccio ad alcuno, che nessuno aspetti con impazienza la mia morte. Qui mi vedo mal sopportata, pur senza averlo meritato: è ora ch'io me ne vada. Penso che così troncherò nel migliore dei modi, e per tutti, ogni pretesto di litigio, mi libererò da questo sospetto e avrò assecondato la volontà di quelli. Lascia, ti prego, che io sfugga a quel che comunemente si dice delle donne.

PA. Ah, come sarei fortunato in tutto il resto, avendo una madre e una moglie come queste, se non ci fosse quell'unica cosa...

SO. Ti prego, Pànfilo mio: non puoi proprio adattarti al pensiero di tollerare una molestia per quella che è? Se tutto il resto è come vuoi tu, e lei è quale io ritengo che sia, figlio mio, concedimi questa grazia: riprendila con te!

PA. Ah, come sono disgraziato!

SO. E io, allora? Perché questa faccenda mi addolora non meno di te, figlio mio!

(trad. di A. Ronconi)

APPROFONDIMENTO

IL CARATTERE DI SOSTRATA

Sul personaggio di Sostrata si sofferma L. Perelli, storico della letteratura latina, che individua nel patetico il tratto peculiare della donna e illustra gli elementi che concorrono a costruirlo.

Sostrata, Codice Lat. Vat. 3868, Città del Vaticano, Biblioteca Apostolica Vaticana.

Personaggio patetico in sommo grado è Sòstrata [...]: in lei la pateticità non nasce da un contrasto intimo, ma dalla sua condizione di vittima passiva e dalla sua capacità di sacrificio. I suoi discorsi sono brevi, battute di stupore e di sorpresa di fronte alle accuse. Abbondano le invocazioni agli dèi, che non sono, come per altri personaggi, semplici intercalari, ma esprimono lo stato d'animo della donna che non trovando comprensione tra gli uomini ricorre agli dèi per rendere credibili le sue affermazioni. Abbondano le interrogative, che esprimono incertezza, ansia, stupore, le esclamazioni che esprimono infelicità, i vocativi che esprimono il suo affetto per i familiari. Il patetico nel caso di Sòstrata viene ottenuto con grande semplicità di mezzi stilistici, come si addice alla sua umile figura. Soltanto quando manifesta la sua intenzione di ritirarsi in campagna (vv. 577-606), cioè l'unica volta in cui prende l'iniziativa, il suo discorso assume una forma più organizzata sintatticamente e logicamente, ma rimane pur sempre asciutto e spezzato, e il patetico in questo caso viene ottenuto proprio con questa forma stilisticamente dimessa.

L. Perelli, *Il teatro rivoluzionario di Terenzio*, Firenze, La Nuova Italia, 1979², pp. 223-24.

TESTO 2

Una discussione per ragioni d'amore

Andria, vv. 872-903

Panfilo è desolato perché costretto a nozze non desiderate, Codice Lat. Vat. 3868, Città del Vaticano, Biblioteca Apostolica Vaticana.

Già nella prima commedia di Terenzio trova posto il tema dello scontro tra padre e figlio. Simone (il padre) e Panfilo (il figlio) si sono sempre comportati in modo esemplare nei loro rapporti reciproci: Panfilo è sempre stato rispettoso verso il padre, Simone indulgente di fronte ai desideri del figlio. A un certo punto, però, Panfilo si innamora di Glicerio, una giovane straniera e sorella di una cortigiana, che secondo i decreti periclei egli – cittadino ateniese – non potrà mai sposare. Questo amore fa scatenare l'ira di Simone. A nulla vale la testimonianza di un anziano forestiero giunto ad Atene, secondo cui Glicerio è cittadina attica e quindi potrebbe sposare Panfilo. Simone non presta fede alla notizia e anzi crede di essere stato raggirato dal figlio e dal suo schiavo Davo, che avrebbero inventato la circostanza per ingannarlo. L'episodio proposto presenta proprio la discussione tra padre e figlio su questo problema. Anche se la scena sembra rinviare a quelle tipiche delle *palliatae*, in realtà, a ben vedere, le cose stanno in modo diverso. Il padre si lamenta del comportamento del figlio, manifestando però con le sue parole un profondo affetto per lui e mostrandosi solo amareggiato di aver malriposto la sua fiducia nel figlio. A sua volta, il figlio dichiara il suo amore profondo e sincero per Glicerio, ma vuole far capire al padre che non ha mai avuto intenzione di ingannarlo, né di rattristarlo. Anzi, Panfilo si mostra un figlio affettuoso e desideroso di trovare una soluzione che non innalzi barriere tra lui e Simone. Interessante anche il ruolo di Cremete, cui spetta di chiudere l'episodio con una battuta chiarificatrice del pensiero terenziano sui rapporti che dovrebbero intercorrere tra padre e figlio: «Per una colpa anche grave è sufficiente a un padre una punizione leggera».

Metro: senari giambici (vv. 872-895) ⏓⏑́⏑, ⏓⏑́⏑, ⏓⏑́⏑, ⏓⏑́⏑, ⏓⏑́⏑, ⏑⏑́;
settenari trocaici (vv. 896-903) ⏑́⏑⏓, ⏑́⏑⏓, ⏑́⏑⏓, ⏑́⏑⏓, ⏑́⏑⏓, ⏑́⏑⏓, ⏑́⏑⏓, ⏑́

PAMPHILUS, SIMO, CHREMES

PA. Quis me volt? Perii, pater est.
SI. Quid ais, omnium...?
CH. Ah
rem potius ipsam dic ac mitte male loqui.
SI. Quasi quicquam in hunc iam gravius dici possiet!
Ain tandem? Civis Glyceriumst?

872. volt: arcaismo per *vult*. – **Perii:** propriamente è il perfetto di *pereo* e significa «sono rovinato», ma nella commedia assume il valore di interiezione e vale perciò «ahimé». Può valere a proposito il discorso fatto nella Scheda lessicale "Le interiezioni in Plauto" a p. 126. – **Quid ais, omnium...?:** la frase rimane in sospeso e si può rendere con «Che dici, grandissimo...?».

873. rem ... loqui: «piuttosto vieni al sodo e tralascia di offendere». Il verbo *mitto* è costruito con l'infinito secondo un uso poco frequente.

874. Quasi ... possiet!: «Come se si potesse ormai dire qualcosa di troppo pesante contro costui». L'uso di *quicquam* è motivato dal fatto che la frase ha senso negativo. *Gravius* è comparativo assoluto. *Possiet* è forma arcaica per *possit*.

875. Ain tandem?: «Parli, infine?»; *ain* sta per *aisne*, vale a dire la seconda persona di *aio* + l'enclitica interrogativa *ne*. – **Civis Glyceriumst?:** per *civis* si intende «cittadina dell'Attica». Secondo quanto disposto da un decreto pericleo (450 a.C.) che riservava la cittadinanza ateniese ai

PA. Ita praedicant.
SI. «Ita praedicant»? O ingentem confidentiam!
Num cogitat quid dicat? Num facti piget?
Vide num eius color pudoris signum usquam indicat?
Adeo inpotenti esse animo ut praeter civium
morem atque legem et sui voluntatem patris
tamen hanc habere studeat cum summo probro!
PA. Me miserum!
SI. Hem, modone id demum sensti, Pamphile?
Olim istuc, olim cum ita animum induxti tuom,
quod cuperes aliquo pacto efficiundum tibi,
eodem die istuc verbum vere in te accidit.
Sed quid ego? Quor me excrucio? Quor me macero?
Quor meam senectutem huius sollicito amentia?
An ut pro huius peccatis ego supplicium sufferam?
Immo habeat, valeat, vivat cum illa.
PA. Mi pater!
SI. Quid «mi pater»? Quasi tu huius indigeas patris.
Domus uxor liberi inventi invito patre;
adducti qui illam hinc civem dicant: viceris.
PA. Pater, licetne pauca?
SI. Quid dices mihi?
CH. At
tamen, Simo, audi.
SI. Ego audiam? quid audiam,
Chreme?
CH. At tandem dicat.

soli figli nati da entrambi i genitori ateniesi, i cittadini di Atene non potevano sposare donne straniere; nelle commedie terenziane emerge spesso l'eco di questa disposizione. Essa, così come il nome della donna (*Glycerium*), evidente trascrizione dal greco, ricorda la relazione del teatro di Terenzio con i modelli greci da cui traeva la materia scenica. In realtà, alla fine della commedia si verrà a sapere che Glicerio non è straniera, ma figlia di Cremete, rapita da bambina. L'espediente dell'agnizione, molto diffuso nelle palliate e nelle commedie della *néa*, consentiva lo scioglimento positivo dell'azione. *Glyceriumst:* aferesi per *Glycerium est*.

876. confidentiam: «sfacciataggine»; è un accusativo esclamativo.

877. quid dicat: interrogativa indiretta. – **facti piget:** regolare costruzione del verbo *piget* (assolutamente impersonale).

879. Adeo ... animo: «essere di un'indole così sfrenata»; esse è infinito esclamativo. *Animo* è ablativo di qualità. – **ut:** introduce la consecutiva (*studeat*). – **praeter:** «contro», è preposizione con l'accusativo (*morem*).

882. Hem ... sensti: «Ehi, finalmente ora te ne sei accorto». *Hem* è interiezione. In *modone* si notano l'avverbio di tempo (*modo*) e l'enclitica interrogativa *-ne*. *Sensti* è forma colloquiale per *sensisti*.

883. istuc: forma arcaica del pronome dimostrativo di genere neutro (*istud*) + enclitica rafforzativa apocopata -ce. – **cum ... induxti:** proposizione temporale; *induxti* equivale a *induxisti*. – **tuom:** forma arcaica per *tuum*.

884. quod ... tibi: «che tu dovevi fare a ogni costo quello che desideravi». Si rilevi la perifrastica passiva con la forma arcaica *efficiundum* e la relativa prolettica al congiuntivo (*quod cuperes*).

885. eodem die: «da quello stesso giorno». – **istuc ... accidit:** «ti meriti veramente questa parola».

886. Quor: avverbio interrogativo arcaico (= *cur*).

888. ut ... supplicium sufferam: proposizione finale «per ... sopportare la punizione».

889. Immo: «Piuttosto»; subito dopo tre verbi che si susseguono con ritmo incalzante e sferzante.

890. Quasi ... patris: «come se tu avessi bisogno di questo padre». Il verbo *indigeo* è regolarmente costruito con il genitivo.

891. invito patre: «contro la volontà paterna».

892. adducti qui: l'espressione corrisponde a *adduxisti eos qui*, «hai portato qui quelli che». – **qui ... dicant:** è una relativa con sfumatura consecutiva. – **viceris:** congiuntivo concessivo.

895. Age ... sino: «Orsù, che parli, lo permetto».

SI. Age dicat, sino.
PA. Ego me amare hanc fateor; si id peccarest, fateor id quoque.
Tibi, pater, me dedo: quidvis oneris inpone, impera.
Vis me uxorem ducere? hanc vis [a]mittere? Ut potero feram.
Hoc modo te obsecro, ut ne credas a me adlegatum hunc senem:
sine me expurgem atque illum huc coram adducam.
SI. Adducas?
PA. Sine, pater.
CH. Aequom postulat: da veniam.
PA. Sine te hoc exorem!
SI. Sino.
Quidvis cupio, dum ne ab hoc me falli comperiar, Chreme.
CH. Pro peccato magno paullum supplici satis est patri.

897. quidvis ... impera: «imponi qualsiasi fardello, ordina». *Oneris* è genitivo partitivo retto dal neutro *quidvis*.

898. Ut potero feram: «(lo) sopporterò come potrò».

899. Hoc ... senem: «Di questo solo ti scongiuro, che tu non creda che questo vecchio sia stato incaricato da me». Le parole di Panfilo si riferiscono al convincimento del padre circa il fatto che il vecchio forestiero, venuto a portare la notizia che Glicerio era cittadina attica, fosse in realtà un mentitore indotto a ciò da Panfilo stesso e dal suo servo Davo. *Hoc* ha valore prolettico rispetto alla completiva successiva (*ut ne credas*); nel latino classico in luogo di *ut ne* avremmo avuto *ne*.

900. sine me expurgem: «lascia che io mi discolpi». Le due proposizioni (*sine* ed *expurgem*) sono accostate in modo paratattico. – **huc coram:** «qui davanti»; si tratta di due avverbi locativi.

901. Aequom postulat: «Chiede il giusto». *Aequom* è arcaismo per *aequum*.

902. dum ... comperiar: «pur di non scoprire che sono stato ingannato da costui». *Comperiar* è congiuntivo di *comperior*, forma deponente di uso arcaico e raro.

903. Pro ... patri: «Per una colpa anche grave è sufficiente a un padre una punizione leggera». *Supplici* è genitivo partitivo retto da *paullum*.

ANALISI DEL TESTO *Andria*, vv. 872-903

Lessico

1. Individua nel testo i vocaboli che si riferiscono al campo semantico della trasgressione.
2. Segnala i termini e le espressioni che rivelano in Panfilo la volontà di assoggettarsi all'autorità paterna.
3. Sapresti spiegare il significato del termine *amentia* (v. 887) a partire dalla sua derivazione etimologica?
4. A quale ambito semantico appartengono i verbi e le espressioni verbali *obsecro*, *postulat*, *da veniam*, *sino*? In quale parte del testo si ritrovano? Perché?

Sintassi e stile

5. Benché in Terenzio le figure retoriche di suono non siano frequenti, il brano ne contiene alcune; sapresti individuare almeno tre assonanze e sette allitterazioni?
6. Quale figura retorica ricorre ai vv. 877 e 898?
7. Nel v. 889 prevale l'asindeto o il polisindeto?
8. Quale tipo di proposizioni è presente nei vv. 875-877? Quale effetto producono?

Contenuti

9. La scena presenta uno scontro generazionale tra padre e figlio: ti sembra che il tono sia comico? Motiva la tua risposta sulla base del contenuto.
10. Le parole di quale personaggio prevalgono nel testo?
11. Come ti sembrano le argomentazioni addotte dai personaggi?
    a Ispirate alla naturalezza.
    b Eccessivamente patetiche.
    c Eccessivamente ironiche.
    d Tendenzialmente caricaturali.
    Motiva la scelta con riferimenti al testo.
12. A quale conclusione pervengono Simone e Panfilo?
13. Quale funzione riveste il personaggio di Cremete nella discussione tra Simone e Panfilo?
14. Come viene giudicato da Cremete il comportamento di Simone?

TESTO 3

Iniqui sunt patres

Heautontimorúmenos, vv. 213-229

Il passo presenta il monologo di Clitifone, giovane figlio di Cremete e Sostrata, che si sfoga denunciando il modo ingiusto in cui i padri in genere, e il suo in particolare, trattano i figli. Egli rimprovera loro di essere *iniqui iudices* (v. 213), perché nel giudicare partono dalla loro mentalità e non si ricordano di quanto hanno compiuto nella loro giovinezza. La scena offre pertanto un apporto alla riflessione sul tema, spesso presente nel teatro terenziano, dei rapporti tra padri e figli e conseguentemente del modello pedagogico da applicare; nella seconda parte del brano, infatti, Clitifone si prefigura nel ruolo di padre e traccia le linee di comportamento che secondo lui sono opportune nel modo di educare i figli.

Metro: ottonari giambici ⏓⏑́⏑, ⏓⏑́⏑, ⏓⏑́⏑, ⏓⏑́⏑, ⏓⏑́⏑, ⏓⏑́⏑, ⏓⏑́⏑, ⏑⏑́

CLITIPHO

Quam iniqui sunt patres in omnis adulescentis iudices!
qui aequom esse censent nos a pueris ilico nasci senes
neque illarum adfinis esse rerum quas fert adulescentia.
Ex sua lubidine moderantur, nunc quae est, non quae olim fuit.
Mihi si umquam filius erit, ne ille facili me utetur patre;
nam et cognoscendi et ignoscendi dabitur peccati locus:
non ut meus, qui mihi per alium ostendit suam sententiam.
Perii! Is mi, ubi adbibit plus paullo, sua quae narrat facinora!

213. Quam ... iudices!: si tratta di una proposizione esclamativa. *Omnis adulescentis* è accusativo plurale (= *omnes adulescentes*). In *iniqui ... iudices* si notino l'iperbato e l'allitterazione che servono a rimarcare con forza l'avvio del discorso di Clitifone.

214. aequom: è una forma arcaica per *aequum*; *aequom esse* dipende da *censent* e regge a sua volta la successiva soggettiva (*nasci*). Si noti l effetto contrastante che si crea tra *aequom* e *iniqui* del v. precedente, tenuto anche conto che i due aggettivi formano una paronomasia. – **a pueris ... senes:** è un'antitesi che rafforza ulteriormente il contrasto voluto da Clitifone, il cui discorso è interamente giocato sulle opposizioni verbali. *Ilico* è avverbio, in questo caso con valore temporale: «subito».

215. quas fert adulescentia: «che porta con sé la giovinezza». Clitifone esprime qui un concetto che si ritrova frequentemente nelle commedie terenziane e che di solito è posto in bocca ai padri, generalmente comprensivi; è l'idea che i comportamenti umani siano relativi all'età e che alcuni di essi, inammissibili negli adulti, siano peculiari della giovinezza e per ciò stesso perdonabili.

216. Ex sua lubidine: «A loro piacere»; *lubidine* è forma arcaica per *libidine*. L'espressione è ripresa e ampliata nel seguito del verso, in cui si nota l'antitesi tra *nunc* e *olim*, un'opposizione temporale tra presente e passato che sembra indicare anche un'insanabile opposizione generazionale tra giovani e vecchi.

217. Mihi ... patre: «Se avrò mai un figlio, egli troverà in me un padre indulgente». *Mihi* è dativo di possesso. *Si* introduce la protasi di un periodo ipotetico della realtà. *Me ... patre* è ablativo strumentale retto da *utetur*. Si notino il poliptoto *mihi ... me* e l'antitesi *filius ... patre*.

218. cognoscendi et ignoscendi: gerundivi dipendenti da *locus*, costituiscono una paronomasia. *Cognoscere* e *ignoscere* («perdonare») sembrano i capisaldi della teoria educativa tratteggiata da Clitifone.

219. per alium: «per mezzo d'altri»; complemento di mezzo.

220. Perii!: propriamente è il perfetto di *pereo*, e significa «sono rovinato», ma nella commedia assume il valore di interiezione e vale perciò «ahimé». Cfr. a proposito *Andria*, v. 872 e la Scheda lessicale "Le interiezioni in Plauto", a p. 126. – **Is ... facinora!:** «Lui, quando ha bevuto un po' di più, che razza di imprese mi racconta!». *Mi*: forma contratta per *mihi*. *Ubi* introduce una temporale. *Sua quae*: anastrofe. L'intera proposizione è un'esclamativa.

Nunc ait: «Periclum ex aliis facito, tibi quod ex usu siet».
Astutus! Ne ille haud scit quam mihi nunc surdo narret fabulam!
Mage nunc me amicae dicta stimulant: «Da mihi!» atque «Adfer mihi»:
quoi quod respondeam nil habeo; neque me quisquamst miserior.
Nam hic Clinia, etsi is quoque suarum rerum satagit, attamen
habet bene et pudice eductam, ignaram artis meretriciae.
Meast potens, procax, magnifica, sumptuosa, nobilis;
tum quod dem ei «Recte» est; nam nil esse mihi religiost dicere.
Hoc ego mali non pridem inveni; neque etiamdum scit pater.

221. Periclum: forma sincopata per *periculum*; il vocabolo qui significa «prova», «esperienza». – **facito:** imperativo futuro di *facio*. – **tibi ... siet:** «che ti sia di utilità». *Tibi quod* è anastrofe. *Siet* è forma arcaica per *sit*; in origine era un ottativo formato con il suffisso *-ie*, in maniera del tutto analoga al greco, ma già in Plauto e Terenzio la forma è equivalente al congiuntivo *sit* e si alterna a esso per ragioni metriche.

222. quam ... fabulam!: «quanto ora io sia sordo alle sue solfe!»; *quam ... narret* è interrogativa indiretta; *surdo* è predicativo di *mihi* (lett. «quanto racconti a me sordo la favola!»).

223. Mage: forma arcaica per *magis*.

224. quoi ... habeo: «e io non ho nulla da risponderle»; *quoi*: forma arcaica per *cui*. *Quod respondeam*: relativa con congiuntivo caratterizzante. – **me ... miserior:** «nessuno è più infelice di me». *Me*: ablativo di paragone. In *quisquamst* si riconosce l'aferesi (*quisquam est*).

225. etsi: introduce una concessiva all'indicativo (*satagit*). – **satagit:** da *sat* + *ago*, significa «essere preoccupato», «darsi da fare»; qui è costruito con il genitivo.

226. ignaram artis meretriciae: «ignara del mestiere di prostituta».

227. Meast ... nobilis: gli aggettivi che qualificano l'amica di Clitifone concorrono a dare un quadro decisamente negativo della donna; ella infatti è «prepotente, sfacciata, altera, fastosa, superba». *Meast*: aferesi.

228. quod ... est: «quel che posso darle è un "Sta' bene"». Il ragazzo confessa che stenta a far fronte alle sfacciate richieste dell'amica, non avendo a disposizione denaro; perciò usa la tattica del guadagnare tempo promettendo quel che sa di non poter mentenere, anche per la tirchieria del padre. – **religiost dicere:** «ho scrupolo di dir(le)», ovviamente che non ha denari. *Religiost*: aferesi.

229. mali: genitivo partitivo retto da *hoc*, «questo malanno». – **non pridem:** «non da molto tempo». – **etiamdum:** «non ancora».

SCHEDA LESSICALE

Pater e filius

Il sostantivo ***pater*** deriva dalla radice indoeuropea **pa-* e non indica di per sé la paternità in senso fisico, per la quale i Latini ricorrevano ai termini *parens* e *genitor*, ma il ruolo sociale del padre. Da *pater* derivano l'aggettivo *patrius* (propriamente «che è del padre») e il termine *patria*, che corrisponde al femminile dello stesso aggettivo, sottinteso al quale sta il vocabolo *terra*; *patria* pertanto significa «terra dei padri». Significativo che nel vocabolario latino non vi sia un aggettivo corrispondente a *patrius* riferito a *mater*; questo fatto si giustifica proprio perché la madre non aveva in Roma il ruolo sociale, le funzioni, le prerogative e il potere attribuiti al padre.

Il nome ***filius*** si riconnette invece alla radice indoeuropea **fe-*, che ha il significato di «generare», «allattare», ed è attestata con questa accezione nell'area slava, germanica e indiana. Essa ha dato origine a una vasta famiglia di vocaboli latini, tra cui va ricordata innanzitutto la parola *femina/foemina* («femmina», «donna» indicante propriamente «colei che nutre», «che allatta»); allo stesso ambito ristretto appartengono *fetus* («feto») e *fecundus* («fecondo»). Secondo alcuni studiosi si può collegare alla stessa radice l'aggettivo *fertilis*, di significato affine a *fecundus*. Anche l'aggettivo *felix*, che ha l'originario valore di «abbondante», «nutriente», appartiene alla medesima famiglia etimologica. Giungiamo così a *filius*, che è da considerarsi un ampliamento della stessa radice e che in origine significava «lattante», quindi «generato», «allevato» e poi assunse l'accezione nota di «figlio».

TESTO 4

Due modelli pedagogici a confronto

Adelphoe, vv. 26-81

Gli *Adelphoe* sono l'ultima commedia di Terenzio; in essa l'autore affronta il tema dell'educazione dei figli in maniera programmatica fin dalla prima scena, quella proposta nel passo scelto. Essa funge di fatto da prologo, ma non ha più il ruolo tradizionale di mettere il pubblico al corrente dell'antefatto, quanto quello di presentare i due modelli pedagogici incarnati da Micione e da Demea, tra loro in contrasto. È una situazione per molti versi simile a quella dell'*Heautontimorúmenos*, se non che qui il dialogo è solo immaginato: vi è infatti un lungo monologo in cui Micione si prefigura di dover affrontare il risentimento di suo fratello Demea. Il contrasto tra i due nasce dal fatto che Micione ha adottato un figlio del fratello e lo ha naturalmente educato secondo i propri principi. Ora egli espone per l'appunto il suo modello pedagogico, basato su un rapporto di fiducia, sulla liberalità, la tolleranza e l'indulgenza, mentre Demea si rifà a un tipo di educazione all'antica, fondata sull'autorità paterna e sulla paura del castigo. Dietro il contrasto tra le due concezioni educative c'è anche l'opposizione tra *urbanitas* e *rusticitas* (cfr. vv. 42-46): Micione vive in città, ama il lusso, la vita mondana, i divertimenti; Demea conduce un'esistenza austera, in campagna, dedito esclusivamente al lavoro dei campi. È evidente dunque che la commedia è riflesso delle trasformazioni in atto nella società romana, del passaggio da una cultura arcaica e moralistica, che ha il suo modello in Catone, a una più colta e moderna, che trova il suo riferimento negli ambienti filellenici e il suo fondamento nella morale stoica e nei principi costitutivi dell'*humanitas*.

Eschine e Micione, Denea e Siro in dialogo tra loro, Codice Lat. Vat. 3868, Città del Vaticano, Biblioteca Apostolica Vaticana.

Metro: senari giambici ⏓⏑́⏑, ⏓⏑́⏑, ⏓⏑́⏑, ⏓⏑́⏑, ⏓⏑́⏑, ⏑⏑́

MICIO

Storax! – Non rediit hac nocte a cena Aeschinus
neque servolorum quisquam qui advorsum ierant.
Profecto hoc vere dicunt: si absis uspiam
aut ibi si cesses, evenire ea satius est
quae in te uxor dicit et quae in animo cogitat

26. Storax: è il nome del servo, qui chiamato dal padrone, che durante l'intera commedia non comparirà mai in scena. Egli è l'accompagnatore di Eschino, il nipote di Micione da lui adottato.

27. servolorum: sono i giovani schiavi che Micione aveva mandato per riportare a casa Eschino e per scortarlo con le fiaccole nella notte e che, come lui, non sono ancora rientrati. Si tratta di un genitivo partitivo; il diminutivo è proprio del linguaggio colloquiale. – **qui advorsum ierant:** «che gli erano andati incontro»; l'avverbio *advorsum* dà origine al sostantivo *advorsitores*, che erano gli schiavi incaricati di accompagnare i padroni di sera, con le fiaccole.

28-29. Profecto ... vere: dei due avverbi, il primo indica una certezza soggettiva, il secondo oggettiva. – **si absis ... cesses:** «se vai da qualche parte o se ti trattieni là». Si tratta di due protasi di periodo ipotetico (l'apodosi è rappresentata da *satius est*) espresse con il congiuntivo, perché esprimono un fatto eventuale. Si noti l'uso del *tu* generico. – **satius est:** «è preferibile».

irata, quam illa quae parentes propitii.
Uxor, si cesses, aut te amare cogitat
aut tete amari aut potare atque animo obsequi,
et tibi bene esse soli, quom sibi sit male.
Ego quia non rediit filius quae cogito et
quibus nunc sollicitor rebus! ne aut ille alserit
aut uspiam ceciderit aut praefregerit
aliquid. Vah! Quemquamne hominem in animo instituere aut
parare quod sit carius quam ipse est sibi!
Atque ex me hic natus non est, sed ex fratre. Is adeo
dissimili studio est iam inde ab adulescentia:
ego hanc clementem vitam urbanam atque otium
secutus sum et, quod fortunatum isti putant,
uxorem numquam habui. Ille contra haec omnia:
ruri agere vitam; semper parce ac duriter
se habere; uxorem duxit: nati filii
duo; inde ego hunc maiorem adoptavi mihi:

31. parentes propitii: sono i «genitori amorevoli», soggetto di un *cogitant* sottinteso.

32-33. aut ... amari: «pensa o che tu ami qualcuna o che tu sia amato (da qualcuna)». Vengono elencate delle supposizioni riguardanti l'assenza del marito secondo l'ottica della moglie; esse sono espresse sintatticamente con delle infinitive aventi per soggetto un tu generico e disposte secondo una *climax* discendente (dalla causa ritenuta più grave a quella meno importante). Si può osservare, nelle parole di Micione, una certa misoginia, generalmente presente nelle pagine letterarie latine, ma qui un po' accentuata, probabilmente in relazione al personaggio, un gaudente non sposato. – **animo obsequi:** propriamente significa «assecondare i propri desideri».

34. et tibi ... male: «e che te ne stia bene da solo, mentre lei sta male». Se *tibi* viene unito a *soli*, la frase indicherebbe la solitudine della moglie. *Quom*: forma arcaica per *cum*. *Tibi bene esse ... sibi sit male*: parallelismo intrecciato al chiasmo (*bene esse / sit male*).

35-36. Ego: il pronome di prima persona è posto in forte rilievo in *incipit* di verso e vuole costituire una contrapposizione con i *parentes* del v. 31. – **quae cogito ... rebus!:** «che cose penso e da quali pensieri sono agitato!». *Quibus ... rebus*: iperbato. La proposizione è un'esclamativa. – **alserit:** preceduto da *ne*, come i successivi *ceciderit* e *praefregerit* può essere inteso come il verbo di una proposizione completiva retta dai *verba timendi* contenuti nella precedente esclamativa oppure come un congiuntivo ottativo. *Alserit* è il perfetto di *algeo*, «aver freddo».

37. aut uspiam ... praefregerit: «o sia caduto da qualche parte o si sia rotto (qualcosa)». *Praefregerit*: perfetto congiuntivo di *praefringo*, verbo formato da *prae* («davanti») + *frango* («rompere»); il concetto che esprime è dunque quello di «rompere qualcosa davanti», in riferimento alla testa o agli arti anteriori.

38-39. Vah!: è un'interiezione frequente in Terenzio; non esprime un sentimento specifico ma si adatta a rendere ora espressioni di gioia, ora di sdegno, di stupore, di incredulità, di preoccupazione; si può rendere con «ma va'», «perbacco!». – **Quemquamne ... parare:** «Che un uomo debba fissarsi nell'animo o procurarsi qualcosa». Si tratta di due proposizioni esclamative rese con l'infinito; *-ne*, normalmente enclitica interrogativa, qui è impiegata con significato esclamativo. *Parare* allude al procurarsi figli (naturali o adottivi).

41. dissimili studio: «di gusti assai diversi (da me)». Si tratta di un ablativo di qualità. Incomincia qui la descrizione fatta da Micione della diversità di *modus vivendi* che intercorre tra lui e il fratello, cui si collega anche la diversa visione pedagogica.

42. clementem: l'aggettivo si riferisce alla vita in città, che viene definita «dolce» ed è, insieme con il sostantivo *otium* presente poco più avanti nel verso, parola chiave per delineare i tratti dell'*urbanitas* contrapposta alla *rusticitas* del *mos maiorum*.

43. quod ... putant: «cosa che costoro reputano una fortuna». Per l'interpretazione si veda la Scheda di approfondimento "Un inciso 'scandaloso', p. 173".

44. Ille ... omnia: «Egli tutto al contrario». Si tratta di una proposizione ellittica di verbo, dopo la quale si snoda una serie di dieci brevi proposizioni indipendenti, asindetiche e spesso disposte a chiasmo. Le prime due (*ruri agere ... se habere*) sono rese con l'infinito storico, le altre sono all'indicativo.

45. ruri: è un locativo, «in campagna».

46. duxit: dopo i due infiniti storici si ha un perfetto indicativo, opportunamente usato dall'autore, perché mentre l'azione espressa da *agere* e *se habere* è durativa, in *uxorem duxit* viene indicato un atto avvenuto una sola volta.

47. inde: è avverbio di moto da luogo, qui riferito ai due figli di Demea e pertanto corrispondente a *ex iis*; quest'uso è proprio del linguaggio colloquiale.

eduxi a parvolo, habui, amavi pro meo;
in eo me oblecto, solum id est carum mihi.
Ille ut item contra me habeat facio sedulo:
do, praetermitto, non necesse habeo omnia
pro meo iure agere; postremo alii clanculum
patres quae faciunt, quae fert adulescentia,
ea ne me celet consuefeci filium.
Nam qui mentiri aut fallere insuerit patrem aut
audebit, tanto magis audebit ceteros.
Pudore et liberalitate liberos
retinere satius esse credo quam metu.
Haec fratri mecum non conveniunt neque placent.
Venit ad me saepe clamans: «Quid agis, Micio?

48. eduxi: «(lo) educai»; il verbo è perfetto da *educere*; la forma *educare* è piuttosto rara nell'età arcaica. – **habui, amavi:** asindeto, il più efficace di quelli presenti nella serie.

49. in eo me oblecto: «in lui provo gioia»; *in eo* potrebbe intendersi anche come un neutro, anziché un maschile, come porterebbe a pensare l'*id* immediatamente successivo (*solum id est carum*, dello stesso verso); in tal caso il significato sarebbe «in ciò (vale a dire in tutto quello che è stato precedentemente elencato) provo gioia». L'elenco delle azioni e dei sentimenti di Micione è disposto secondo un crescendo che, a ben vedere, sottolinea più il compiacimento del personaggio per il suo metodo educativo che un reale amore verso il nipote adottato; lo si può notare anche considerando che in tre soli versi (gli ultimi che comprendono la serie delle proposizioni asindetiche) per ben cinque volte compare in forma esplicita il pronome personale di prima persona e in cinque casi è presente in modo implicito.

50. Ille ... sedulo: «Faccio di tutto perché egli abbia gli stessi sentimenti nei miei confronti». Si noti la posizione enfatica di *ille*, in *incipit* di verso, che serve a spostare l'attenzione sul ragazzo, anche se sempre in relazione all'azione educativa di Micione. *Ut ... habeat*: completiva volitiva retta da *facio*. *Sedulo*: avverbio derivato dall'aggettivo *sedulus*, che indica l'applicazione volontaria a qualcosa; pertanto l'espressione *facio sedulo* contiene l'idea di un atto voluto, non legato all'istinto.

51-52. do ... agere: il verso contiene i presupposti del comportamento di Micione, improntato alla tolleranza e apertamente in contrasto con quello della morale tradizionale che si rifaceva al *mos maiorum*. Rispetto infatti alla tendenza tipica dei padri alla *avaritia* nei confronti dei figli, atteggiamento così diffuso da diventare un *topos* della commedia latina (si pensi a Plauto), Micione si vanta di essere propenso a soddisfare ogni richiesta di denaro e a perdonare ogni trasgressione commessa dal figlio adottivo. Particolarmente rilevante è quanto affermato in chiusura di battuta: «non ritengo necessario agire sempre secondo il mio diritto», che mette radicalmente in discussione il ruolo tradizionale del *pater familias*, aprendo spazi di autonomia decisionale da lasciare alla gestione individuale del figlio, anche se, a ben vedere, l'uso dell'aggettivo *omnia* lascia intendere che Micione non ha completamente abdicato al suo diritto di esercitare la *patria potestas*. *Do* e *praetermitto* sono accostati per asindeto. – **clanculum:** diminutivo di *clam*, usato come preposizione con l'accusativo; l'avverbio *clam* nella commedia è usato anche come preposizione con l'accusativo o l'ablativo «di nascosto (dai padri)».

53. quae faciunt: la proposizione relativa è prolettica del successivo *ea* (v. 54); «quelle cose che gli altri fanno (di nascosto dai padri)». – **quae fert adulescentia:** «che porta con sé la giovinezza». I padri di Terenzio sono per lo più comprensivi; in essi è sempre presente l'idea che i comportamenti umani sono relativi all'età, perciò certi comportamenti (inammissibili da adulti) risultano perdonabili in quanto legati alla giovinezza.

54. ea ne ... filium: «ho abituato mio figlio a non tenermele nascoste». *Ne ... celet*: completiva volitiva; il verbo *celo* è costruito regolarmente con l'accusativo della persona.

55-56. Nam ... ceteros: «Infatti chi avrà preso l'abitudine di mentire o ingannare il padre o oserà (farlo), tanto più avrà il coraggio (di ingannare) gli altri». *Insuerit* (= *insueverit*): è futuro anteriore dal verbo incoativo *insuesco*. *Ceteros* è oggetto di un *fallere* sottinteso. Viene qui espresso un principio pedagogico e morale notevole: l'educazione familiare deve saper proporre modelli di comportamento validi per il vivere civile.

57-58. Pudore ... metu: «Sono convinto che sia meglio tenere a freno i figli con il senso dell'onore e la nobiltà dei sentimenti che con il timore». *Liberalitate liberos*: paronomasia. Per l'uso del termine *liberalitas* nel verso ci sono due possibili interpretazioni: se si riferisce al padre (come intende Donato), allora acquista il senso di «indulgenza», con un valore traslato che tuttavia non risulta ancora attestato ai tempi di Terenzio; se invece si intende, come *pudor*, riferito al figlio, allora acquista un valore più generico, di «nobiltà di sentimenti».

59. Haec ... placent: «Su questi metodi mio fratello non è d'accordo con me, non gli piacciono». *Haec*, pronome neutro plurale, si riferisce alle cose dette prima da Micione, ai suoi principi e metodi pedagogici.

Quor perdis adulescentem nobis? Quor amat?
Quor potat? Quor tu his rebus sumptum suggeris?
Vestitu nimio indulges; nimium ineptus es».
Nimium ipse est durus praeter aequomque et bonum,
et errat longe, mea quidem sententia,
qui imperium credat gravius esse aut stabilius
vi quod fit, quam illud quod amicitia adiungitur.
Mea sic est ratio et sic animum induco meum:
malo coactus qui suom officium facit,
dum id rescitum iri credit, tantisper cavet;
si sperat fore clam, rursum ad ingenium redit.
Ille quem beneficio adiungas ex animo facit,

61. Quor ... nobis?: «Perché ci rovini il ragazzo?». È la prima di una serie di interrogative dirette che suonano come altrettante accuse a Micione da parte del fratello, per nulla d'accordo con i metodi educativi usati nei confronti del figlio. *Quor*: forma arcaica per *cur*, avverbio interrogativo. Si noti l'anafora di questo avverbio che ha lo scopo di accentuare il rimprovero di Demea. *Perdis* ha il valore di «mandare in rovina». *Nobis*: è un dativo etico, tramite il quale Demea vuole in qualche modo ribadire l'appartenenza affettiva di Eschino anche a sé.

62. sumptum suggeris: «sostieni le spese». Si noti l'allitterazione.

63. Vestitu nimio indulges: «Sei troppo accondiscendente per il suo abbigliamento». *Vestitu*: antico dativo da *vestitus, -us* dipendente da *indulges*. *Nimio* costituisce un poliptoto con il successivo *nimium*. A completare il quadro degli accorgimenti stilistici le assonanze tra i termini *indulges* e *ineptus es*. – **Nimium ineptus es:** «Sei troppo debole». È la conclusione del discorso di Demea, che riassume l'accusa di lassismo rivolta al fratello circa il suo modo di educare Eschino; all'aggettivo *ineptus* si contrappone *durus* del verso successivo, che riassume invece la convinzione di Micione riguardo al metodo del fratello.

64. Nimium: l'anafora sottolinea la contrapposizione tra i due metodi pedagogici di Demea e Micione. – **praeter aequomque et bonum:** «al di là di ciò che è giusto e buono». La sovrabbondanza delle congiunzioni conferisce al discorso un timbro giuridico e sacrale. D'altra parte alla sfera del diritto appartengono i termini *aequom* e *bonum*, come pure i successivi *imperium* (v. 66), *vi* e *amicitia* (v. 67); il loro impiego è dovuto evidentemente all'intento di allargare la riflessione dall'ambito strettamente familiare e privato a una dimensione politica e universale. In questo senso il discorso di Micione si fa scopertamente portatore dei programmi etico-politici degli Scipioni. A proposito di *aequom* c'è da aggiungere che il concetto di *aequitas* rinviava al sentimento di giustizia naturale, mentre *ius* designava la giustizia codificata.

65. mea quidem sententia: «a mio parere», è espressione idiomatica latina.

66. qui ... credat: la relativa ha il congiuntivo perché è presente una sfumatura eventuale. – **gravius:** comparativo di *gravis*; nell'aggettivo è insita l'idea di qualcosa di «pesante», di «solido».

67. vi quod fit: «(l'autorità) fondata sulla violenza»; propriamente l'espressione, riferita a *imperium*, è «che si fa con la violenza». *Vi quod*: anastrofe. – **quam ... adiungitur:** «di quella che si stabilisce con l'amicizia»; proposizione comparativa.

68. Mea ... meum: «questa è la mia opinione e di questo sono convinto». *Mea ratio / animum ... meum*: chiasmo; la costruzione enfatica della frase puntualizza la soggettività dell'opinione di Micione. Il termine *ratio* ha una gamma molto vasta di significati (cfr. a proposito la Scheda lessicale *"Ratio"*, p. 172); in questo caso vale «opinione», «principio».

69. malo ... facit: «chi fa il suo dovere costretto dalla paura del castigo». *Suom* sta per *suum*. Si fa strada nel discorso di Micione una nuova e per certi versi rivoluzionaria idea di educazione, fondata sulla necessità di fornire ai figli gli strumenti per fare il proprio dovere sempre, indipendentemente dalla necessità di un controllo da parte di qualcuno e di un conseguente castigo in caso di errore. Chi infatti è indotto a compiere il proprio dovere solo dalla minaccia di castigo, secondo Micione, agirà bene solo quel tanto che sa di essere controllato, dopo di che si abbandonerà alle sue inclinazioni (*ingenium*, v. 71), buone o malvagie che siano. Chi invece giungerà a un comportamento sano tramite una personale convinzione, sarà corretto sempre.

70. dum ... iri: «finché crede che ciò sarà risaputo». *Dum* introduce una temporale in correlazione con *tantisper*. *Rescitum iri*: è infinito futuro passivo del verbo *rescisco*, composto di *re* + l'incoativo di *scio*. – **tantisper cavet:** «solo per quel tempo sta in guardia».

71. fore clam: «che rimarrà nascosto»; si tratta di un'infinitiva simmetrica a *rescitum iri* con il soggetto (*id*) sottinteso. – **ingenium:** «indole»; il vocabolo si connette alla radice *gen-* del verbo «generare» e indica pertanto le inclinazioni naturali di una persona, la sua indole profonda, che difficilmente viene scalfita dall'educazione.

72. Ille ... adiungas: «Colui che leghi a te con la benevolenza». Viene ribadito il concetto base del principio pedagogico di Micione. *Quem ... adiungas* è una relativa con valore caratterizzante. – **ex animo facit** (sott.: *officium*): «compie il suo dovere di buon animo».

studet par referre, praesens absensque idem erit.
Hoc patriumst, potius consuefacere filium
sua sponte recte facere quam alieno metu:
hoc pater ac dominus interest. Hoc qui nequit
fateatur nescire imperare liberis.
Sed estne hic ipsus de quo agebam? Et certe is est.
Nescioquid tristem video: credo, iam ut solet
iurgabit. Salvom te advenire, Demea,
gaudemus.

73. studet par referre: «si sforza di contraccambiare»; *studeo* ha in sé il valore di «sforzarsi», «adoperarsi». – **praesens absensque:** i due participi sono riferiti al soggetto; nella loro accezione originaria indicano «vicino» e «lontano» da qualcuno.

74. Hoc patriumst: «Questo è il dovere di un padre». *Patriumst*: aferesi. – **consuefacere:** «abituare»; l'infinito è epesegetico di *hoc* e regge a sua volta l'infinito *recte facere* (v. 75). Tra *consuefacere* e *facere* si instaura un gioco fonico.

76. hoc ... interest: «questa è la differenza tra un padre e un padrone»; nel verso sono contenuti i termini *pater* e *dominus*, che sintetizzano le opposte visioni in campo pedagogico dei due fratelli. *Hoc*: ablativo di limitazione; l'anafora (v. 74 e v. 76) enfatizza le parole di Micione. Qui *interest* non ha il significato di «importare», con il conseguente costrutto, ma quello di «essere diverso», ed è costruito con *ac* e il caso del primo termine (*ac dominus*). – **Hoc qui nequit:** «Chi non sa far questo».

77. fateatur: «confessi»; si tratta di un congiuntivo esortativo. – **nescire:** allitterante con *nequit* del verso precedente; il soggetto dell'infinitiva (*se*) è sottinteso.

78. Sed ... agebam?: «Ma è proprio lui quello di cui parlavo?» L'interrogativa serve a rivelare al pubblico la comparsa in scena di Demea. *Ipsus* (= *ipse*) è usato spesso, come qui, da Terenzio in maniera enfatica.

79-81. Nescioquid ... video: «Lo vedo parecchio triste». *Nescioquid*: accusativo avverbiale. – **credo ... iurgabit:** il costrutto è paratattico, come nel linguaggio colloquiale. *Iurgabit*: futuro, con il significato di «attaccherà briga». – **Salvom ... gaudemus:** era il saluto normalmente riservato a chi giungeva da lontano.

SCHEDA LESSICALE

Pudor e *liberalitas*: due parole chiave del modello pedagogico terenziano

Pudor in latino non aveva il significato che ha in italiano «pudore»; il termine italiano infatti si riferisce quasi esclusivamente all'ambito sessuale. Derivando dalla stessa radice di *pudet*, il termine *pudor* indicava «riservatezza», «rispetto di sé», senso della propria «dignità» e in ultima analisi coincideva con il concetto di coscienza morale.

Liberalitas indicava all'origine le qualità morali di un uomo libero nel loro complesso, in opposizione allo schiavo. Pertanto faceva riferimento a una serie di comportamenti quali la tolleranza, l'indulgenza, la disposizione ad aiutare qualcuno. Talvolta poteva designare un tipo di generosità strumentale, tesa a procurarsi appoggi politici o economici, divenendo in tal caso quasi sinonimo di *largitio*.

Ratio

Ratio si connette alla radice *rat-*, la stessa presente nel participio *ratus*, dal verbo *reor* («calcolare», «pensare»). Rispetto al verbo, il sostantivo *ratio* rappresenta il corrispondente astratto, formato con il suffisso *-tio*. Il termine ha un'area semantica ampia, che va da «calcolo», «bilancio», «conto», fino a «modo», «condizione», «natura». Altri significati assai diffusi sono: «ragione», «ragionamento», «giudizio», «intelletto», «motivo», «stima», «riguardo», «interesse», «vantaggio», «congettura», «opinione», «dottrina», «scienza», «progetto», «proposito», «decisione». In italiano ha originato il nome «ragione», che a sua volta ha due valori semantici, uno attinente all'ambito logico-filosofico, l'altro a quello della scienza economica (si pensi a «ragioneria», appartenente alla stessa famiglia semantica). In ambito retorico *ratio* era utilizzata nelle orazioni giudiziarie con il significato di «prova» ricavata attraverso il procedimento sillogistico, e in ciò si differenziava da *argumentum* che era invece la «prova schiacciante». Tra le frasi più comuni che contengono la parola *ratio* ricordiamo:

- *rationem reddere*: «render conto»;
- *rationem habere alicuius*: «tener conto di qualcuno»;
- *rationem facere*: «agire ragionevolmente»;
- *rationem subicere*: «dare una spiegazione».

APPROFONDIMENTO

UN INCISO "SCANDALOSO"

L'inciso che si trova al v. 43 degli *Adelphoe* (*quod fortunatum isti putant*) presenta qualche difficoltà interpretativa. La gran parte dei commentatori lo riferisce concettualmente al fatto che Micione non abbia preso moglie, ma alcuni preferiscono connetterlo solo con *uxorem*, nel qual caso la frase suonerebbe così: «e ciò che molti ritengono una fortuna, la moglie, io non ce l'ho mai avuta». La prima interpretazione sembrerebbe ricevere conferma dall'originale menandreo, conservatoci da Donato; il verso greco, infatti, nella ricostruzione operata dal Koerte (*Menandri quae supersunt*, vol. I, 1938)[3] dice «e cosa che rappresenta una fortuna, <dicono>, non ho moglie». Tuttavia a far nascere il dubbio sta il fatto che un'affermazione come questa doveva apparire scandalosa presso i Romani, in quanto le nozze legali erano uno dei fondamenti del *mos maiorum*. Si potrebbe pensare, per risolvere la questione, che Terenzio abbia tradotto fedelmente il modello greco ma, accorgendosi dell'indigeribilità dell'affermazione per la mentalità romana, abbia contemporaneamente cercato di smorzarne la portata con un ironico ammiccamento al pubblico maschile – specialmente di giovane età – che in privato non condivideva pienamente i principi del *mos maiorum* in fatto di vita coniugale e dimostrava anzi una certa riottosità alle nozze, come testimonia un discorso del censore Q. Cecilio Metello Numidico, risalente al 131 a.C., cioè a pochi decenni dopo la morte di Terenzio. L'ammiccamento di cui si diceva consiste in quell'*isti* contenuto nell'inciso. Anche questo pronome è stato variamente interpretato dai critici, ritenendolo alcuni un residuo dell'originale greco e quindi riferito genericamente agli Ateniesi, altri un vero tentativo di coinvolgimento degli spettatori. È vero che in Terenzio sono pressoché assenti gli episodi di metateatro, cioè di rottura della finzione scenica, molto frequenti invece in Plauto, ma qui potrebbe presentarsi da parte del commediografo un timido tentativo di questo tenore, che consenta una via d'uscita all'*impasse*.

RIEPILOGO DEL PERCORSO

1 Rileggendo il passo dell'*Hécyra* (vv. 577-606) riportato, individua i caratteri dei due personaggi coinvolti nel dialogo.
- **a** Qual è il proposito di Sostrata?
- **b** Come reagisce Panfilo alle parole della madre?
- **c** Quali elementi concorrono a delineare il carattere di Sostrata?
- **d** In che cosa ella appare diversa rispetto allo stereotipo plautino della madre e della suocera?

2 Individua i caratteri che assumono i padri nei passi riportati. Ti sembra che siano univoci? Quali preoccupazioni li coinvolgono?

3 Osserva ora i figli. Hanno tutti gli stessi caratteri? Quali esigenze esprimono? Come si pongono nei confronti dei padri?

4 Nei passi proposti vengono messi a confronto due modelli pedagogici che riflettono due diverse concezioni del mondo. Quali sono gli elementi concettuali su cui i due modelli sono fondati e quali termini lessicali coinvolgono? Quale posizione assume esplicitamente Terenzio sull'argomento?

4 Terenzio e l'*humanitas*

È soprattutto nel teatro che il concetto di *humanitas* trova la sua più compiuta espressione. La commedia, il genere più popolare, più comunicativo della Roma arcaica, trasferisce sulla scena temi e moduli provenienti dalla Grecia. A giungere sulle scene di Roma, soprattutto attraverso Terenzio, è la commedia *néa*, che rappresenta vicende quotidiane di persone comuni, in cui il pubblico può riconoscersi costantemente e di cui può condividere affetti, sofferenze, moti d'animo, dove la convenzionalità degli intrecci è compensata dalla profondità dell'introspezione psicologica. È dunque la *néa* a penetrare in Roma e a determinare, nei suoi esiti più profondi, attraverso la figura del servo e gli altri personaggi delle palliate, una dissacrazione di quelle virtù, come la *gravitas*, che legano i Romani al passato e a favorire, attraverso il riso, l'apertura al cosmopolitismo, l'attenzione al prossimo e alle sue sofferenze, un atteggiamento, insomma, filantropico e umano. Il percorso dà conto di questi mutamenti attraverso due passi significativi, in cui protagonisti sono, più che i personaggi, i *rapporti* che si stabiliscono tra loro. Nel primo passo i rapporti sono quelli tra un padrone e un servo; nel secondo quelli tra due vicini, entrambi padri di famiglia. È in questo secondo testo che risuona il verso più famoso di Terenzio (*Heautontontimorúmenos*, v. 77) *Homo sum, humani nihil a me alienum puto* («sono un uomo e non considero estraneo a me niente che sia umano»); esso riassume la nuova visione dell'uomo che Terenzio cercò di diffondere tra i Romani del suo tempo e che riuscirà a valicare l'epoca in cui visse, come testimonia, per esempio Aulo Gellio. Nelle *Noctes Atticae* (XIII,17,1), egli precisa che il termine *humanitas* nella cultura romana ha due fondamentali accezioni, le stesse che riecheggiano nei testi terenziani proposti: *philanthropía* cioè una generica *benevolentia* nei confronti degli uomini, e *paidéia*, concetto più ampio, che ingloba l'educazione e l'esercizio delle arti liberali.
(Per un ulteriore approfondimento si vedano le schede "L'*humanitas*" a p. 192 e "Cicerone e l'ideale dell'*humanitas*", a p. 515).

ITA	TESTO 1	*Andria*, vv. 28-50
LAT	TESTO 2	*Heautontimorúmenos*, vv. 53-120

Dialogo tra Cremete e Menedemo, Codice Vat. Lat. 3868, Città del Vaticano, Biblioteca Apostolica Vaticana.

TESTO 1

Un padre si confida con il suo servo fedele

Andria, vv. 28-50

L'*Andria* è la prima commedia scritta da Terenzio. La prima scena, tecnicamente, avrebbe solo la funzione di informare il pubblico sull'antefatto, ma in realtà essa punta l'attenzione dello spettatore sul clima di umanità, quasi di complicità, che esiste tra il padrone, Simone, e il suo servo, Sosia, che non è più uno schiavo, ma ha ricevuto dal padrone il dono della libertà ed è quindi un liberto. La stranezza della presenza sulla scena di un liberto è stata oggetto di un'interessante riflessione critica di Italo Lana, a cui rimandiamo per un approfondimento sul tema (si veda p. 176). In questa sede, invece, basti ricordare come il testo riportato, così come il seguito della scena, non abbia un intento di comicità, ma sia dominato dall'ideale totalmente nuovo della *philantropía*, evidenziato dal rapporto di confidenza e liberalità che lega un uomo libero a uno di origine servile. Coinvolto in questo clima nuovo, anche il servo perde i tratti tipici del teatro di Plauto e diventa un essere umano che partecipa con affetto alle preoccupazioni del padrone e dialoga con lui con pari dignità.

SIMONE, SOSIA

SI. (*arrivando dalla parte della piazza, ai servi che portano le provviste*) Voi portate dentro questa roba. Forza, muovetevi! (*I servi entrano in casa di Simone*) (*A Sosia*) Tu, Sosia, fermati un secondo: voglio dirti un paio di cosette.

SO. Lo so già. Vuoi che tutto sia preparato a dovere, no?

SI. No, non è questo.

SO. No? E che cos'altro puoi chiedere di più alla mia arte?

SI. Oggi non ho bisogno della tua arte: mi servono la tua fedeltà e la tua discezione, le doti che ti ho sempre riconosciuto.

SO. Eccomi a tua disposizione.

SI. Da quando sei entrato in casa mia, ancora piccolo, sei sempre stato trattato con giustizia e bontà, lo sai bene. Vedendo che mi servivi come un galantuomo, t'ho fatto diventare liberto da schiavo che eri: t'ho dato il premio più grande che avevo.

SO. Me ne ricordo.

SI. E non me ne pento per nulla

SO. Ascolta, Simone: io sono ben contento, se ho fatto e se faccio qualcosa che ti piaccia, e ti sono riconoscente per l'apprezzamento che mi hai dimostrato. Però mi da un po' fastidio che tu me lo rinfacci: sembra quasi che voglia rimproverarmi per la mia ingratitudine. Perciò, non sarebbe meglio che mi dicessi, senza tanti giri, che cosa vuoi da me?

SI. Giusto. Ma c'è un punto che voglio chiarire subito: queste non sono vere nozze come pensi tu.

SO. E perché questa messinscena, allora?

SI. Meglio che ti racconti tutto dall'inizio: così ti spiegherò il comportamento di mio figlio e il mio progetto, e capirai qual è la tua parte nella faccenda. Tu sai, Sosia, che quando ha concluso il periodo dell'efebia e ha avuto la possibilità di vivere in modo più indipendente (prima, come si faceva a sapere il suo carattere? Era condizionato dall'età, dalla paura, dai maestri!)...

SO. Proprio così.

SI. ... Sai come fanno quasi tutti i ragazzi, no? Si scelgono un passatempo e si appassionano: allevano cavalli o cani da caccia, oppure si dedicano alla filosofia. Beh, lui si interessava un po' a tutte queste cose, ma senza entusiasmarsi per nessuna in particolare. E io ero ben contento.

SO. Avevi ragione. Mai strafare: questa è la regola più utile nella vita, credo.

(trad. di G. Zanetto)

APPROFONDIMENTO

SOSIA: UN LIBERTO SULLA SCENA

*In un suo studio critico, Italo Lana cerca di mettere a fuoco l'inusuale presenza di un liberto, il Sosia dell'*Andria, *in una palliata e ipotizza che l'autore, ai suoi esordi teatrali con quella commedia, abbia voluto ritrarre se stesso in quel personaggio. Nel frattempo mette in luce i caratteri del personaggio stesso, allineati a quella svolta ispirata all'*humanitas *che Terenzio impresse nei suoi intrecci.*

Virtù precipue del liberto Sosia, riconosciutegli dal patrono, sono la *fides* e la *taciturnitas,* la lealtà nei rapporti con il patrono e la discrezione, il saper mantenere il silenzio; il liberto si caratterizza come persona di fiducia, a cui il patrono può confidare e affidare pensieri e progetti delicati. [...]
Sosia è l'unico liberto che compare nel teatro terenziano; Sosia nell'*Andria* non svolge alcuna funzione, non vi compare più, dopo la scena iniziale [...].
Ma c'è di più: in tutto il teatro di Plauto non c'è alcun liberto, tra i personaggi, in nessuna delle sue commedie. Ciò conferma la singolarità ed eccezionalità del personaggio: ed autorizza a ritenere che, in Sosia, Terenzio abbia inteso presentare se stesso, attribuendo a se stesso le qualità della *fides e* della *taciturnitas,* del *servire liberaliter* (come Simone testimonia per Sosia: v. 38).
In quest'ossimoro, *servire,* vivere nella condizione di schiavo, e pur tuttavia *liberaliter,* con l'animo di chi è libero, sta *in nuce* la novità del modo terenziano di considerare e rappresentare i rapporti interpersonali. Al di là, e più in profondità, dei rapporti formali, legali, tra le persone, dei rapporti che possiamo definire «dovuti», egli si propone di figgere lo sguardo nell'intimo di chi agisce: per cui vediamo da lui rappresentato e analizzato l'uomo, non tanto in ciò che fa, ma per quello che è; ciò che importa è come l'uomo fa le cose che fa, con quali intenzioni le fa. [...]. D'un solo balzo sono superati il formalismo, la considerazione giuridica, l'esteriorità dei ruoli, la vieta definizione della commedia come «specchio» e «imitazione» della vita. Ad un ordine sociale fondato sulla legge, sul rispetto dei vincoli e delle convenzioni, viene sostituendosi l'attenzione all'intimo dei cuori, ai moti segreti delle persone. Alla vita che si vede, che si può dunque riflettere in uno specchio, che si può imitare e riprodurre nella vita e sulle scene, subentra un'avventura sotterranea, che si svolge nell'intimo: è la segreta trama dei rapporti di ciascuno con se stesso che condiziona la trama dei rapporti di ciascuno con gli altri, e specialmente dei padri con i figli e dei figli con i padri.

I. Lana, in AA.VV., *Teatro e pubblico nell'antichità,* Atti del Convegno Nazionale A.I.C.C., Trento, 25-27 aprile 1986, pp. 153-154

TESTO 2

Homo sum — *Heautontimorúmenos,* vv. 53-120

Si tratta di una delle scene più famose del teatro terenziano e presenta il protagonista della commedia, Menedemo, una figura dolente di vecchio padre, che ha ostacolato l'amore del figlio per una ragazza di modeste condizioni e ora, pentito, punisce se stesso (da qui il titolo dell'opera), costringendosi al lavoro nel suo campo da mattina a sera. Il suo vicino, Cremete, vorrebbe conoscere il motivo di tanto accanimento ma viene seccamente zittito da Menedemo, che respinge il dialogo accusandolo di essere indiscreto. La scontrosità di Menedemo potrebbe condurre al fallimento del tentativo di Cremete, ma una battuta di quest'ultimo, divenuta uno dei versi più famosi della commedia latina (*Homo sum: humani nihil a me alienum puto*), rimette tutto in discussione e provoca un cambiamento nell'interlocutore, che si dispone a raccontare l'antefatto, ad aprirsi alla confidenza.

Cremete calma Menedemo dopo lo sfogo contro il figlio, Codice Lat. Vat. 3868, Città del Vaticano, Biblioteca Apostolica Vaticana.

A questo punto il discorso di Menedemo acquista particolare rilievo, perché centrato su uno dei temi cari a Terenzio: l'educazione dei figli; quella di Menedemo è risultata fallimentare: l'eccessiva durezza, infatti, ha indotto il figlio ad allontanarsi da casa e a interrompere – ormai da tre mesi – i rapporti con il padre. Interessante appare l'autocritica di Menedemo, che denuncia un comportamento diffuso nella Roma di allora, ma ritenuto ora sbagliato dal personaggio, in quanto privo di umanità e comprensione. Nella commedia trovano così posto i fondamenti dell'*humanitas*.
Il passo consente anche una prima valutazione del linguaggio di Terenzio: apparentemente esso è dimesso, quasi scialbo se paragonato a quello plautino. In realtà, a ben vedere, risulta caratterizzato da fini effetti stilistici che conferiscono raffinatezza al testo. Per esempio, all'inizio del testo le formule ossequiose usate da Cremete celano sotto la grazia formale l'invadenza del personaggio, dissimulata dal sottile gioco linguistico.

Metro: senari giambici ⏓⏑́⏑, ⏓⏑́⏑, ⏓⏑́⏑, ⏓⏑́⏑, ⏓⏑́⏑, ⏑⏑́

CHREMES, MENEDEMUS

CH. Quamquam haec inter nos nuper notitia admodumst,
inde adeo quod agrum in proxumo hic mercatus es,
nec rei fere sane amplius quicquam fuit,

53-55. Quamquam ... fuit: «Benché questa conoscenza tra noi sia molto recente, precisamente da quando hai comperato questo podere vicino, e (benché) in verità non ci sia stato quasi nulla di più». Le battute iniziali del dialogo presentano un Cremete ossequioso e diplomatico e rappresentano un esempio significativo dell'arte retorica di Terenzio, basata su sottili artifici stilistici; infatti qui il periodo risulta particolarmente elaborato, teso intorno alle parole-chiave *quamquam* e *tamen* e infarcito di formule di cortesia che hanno lo scopo di nascondere l'invadenza del personaggio nei confronti del vicino. Lo stato d'animo di Cremete, incerto tra la curiosità e l'imbarazzo, è ben reso dall'autore attraverso la struttura complessa del periodo: all'inizio, come detto, in posizione forte la congiunzione *quamquam*, che introduce due concessive tra loro coordinate, fra cui si interpone un inciso (*inde ... mercatus es*); poi un accumulo di avverbi (*nuper ... admodumst, inde adeo, in proxumo, fere sane*), che tende a ritardare la comunicazione e a rendere a livello stilistico l'impaccio del personaggio. Le concessive introdotte da *quamquam* sono rappresentate dai verbi *est* e *fuit*. *Haec ... notitia* e *nuper ... admodumst*: doppio iperbato; *nos nuper notitia*: allitterazione. *Admodumst*: aferesi. L'avverbio *admodum*, usato di fatto con valore aggettivale, va riferito a *nuper* che ha funzione predicativa. L'avverbio dimostrativo *inde* ha valore temporale ed è correlato con la congiunzione *quod*, anch'essa temporale. Nel latino classico avremmo avuto *cum*. *Rei* è genitivo partitivo retto da *quicquam*. *Amplius* è un comparativo intensivo dell'avverbio *ample*.

tamen vel virtus tua me vel vicinitas,
quod ego in propinqua parte amicitiae puto,
facit ut te audacter moneam et familiariter
quod mihi videre praeter aetatem tuam
facere et praeter quam res te adhortatur tua.
Nam, pro deum atque hominum fidem, quid vis tibi?
Quid quaeris? Annos sexaginta natus es,
aut plus eo, ut conicio; agrum in his regionibus
meliorem neque preti maioris nemo habet;
servos compluris: proinde quasi nemo siet,
ita attente tute illorum officia fungere.
Numquam tam mane egredior neque tam vesperi
domum revertor, quin te in fundo conspicer
fodere aut arare aut aliquid ferre. Denique
nullum remittis tempus neque te respicis.

56. vel ... vel: la correlazione serve a segnare la distinzione tra due realtà ugualmente valide e non a marcare la scelta fra due opposti, come invece accade in *aut ... aut*; ciò avviene in coerenza con l'etimologia della congiunzione *vel*, derivata dall'antica seconda persona singolare del verbo *volo* (**vels*). – **vel virtus ... vel vicinitas:** i due vocaboli *virtus* e *vicinitas* sono posti in forte rilievo dall'allitterazione e dall'anafora *vel ... vel*. Il concetto – espresso nei versi successivi, secondo cui la *vicinitas* in ambiente agreste dà vita a un rapporto prossimo all'amicizia si ricollega al sistema di valori della civiltà contadina. – **me:** l'iperbato di questo pronome, oggetto del *facit* del v. 58, consente a Terenzio di costruire il nesso *tua me* interposto tra *virtus* e *vicinitas*; prosegue dunque la struttura complessa del periodo tesa a rappresentare a livello lessicale l'intenzione di Cremete di voler stabilire un rapporto confidenziale con il vicino.

57. quod: il pronome relativo neutro si riferisce a *vicinitas* del verso precedente («situazione che io penso...»).

58. ut ... moneam: proposizione completiva, dipendente da *facit*, il cui soggetto è divenuto oggetto della reggente (*me*), secondo un procedimento non raro in Terenzio. Si osservi la posizione del verbo, interposto tra gli avverbi *audacter* e *familiariter*: continua a livello stilistico il procedimento descrittivo del comportamento di Cremete.

59-60. quod ... tua: «poiché mi sembra che tu lavori troppo rispetto alla tua età e oltre quello che ti richiede la tua situazione economica». *Videre* è la forma arcaica della seconda persona singolare del presente indicativo di *videor*; il verbo è qui costruito personalmente.

61. Nam: la congiunzione crea un legame logico tra i due periodi e indica che Cremete intende portare argomenti inconfutabili a sostegno della sua tesi (che cioè Menedemo lavori in modo esagerato rispetto all'età e ai mezzi economici). – **pro deum atque hominum fidem:** «per la fede degli dèi e degli uomini»; l'espressione è propria del linguaggio parlato. *Deum* è genitivo plurale (= *deorum*). – **quid vis tibi?:** «che cosa pretendi da te?». *Tibi* è un dativo di vantaggio.

62. Annos sexaginta natus es: «Hai sessant'anni»; *annos sexaginta* è un complemento d'età.

63. aut plus eo: «o di più». *Eo* è un ablativo di genere neutro e funge da secondo termine di paragone dopo il comparativo *plus*. – **ut conicio:** propriamente «come presumo».

64. preti maioris: genitivo di stima, «di maggior valore». Cremete sta puntualmente elencando tutti i motivi per cui è assurdo che il vicino lavori tanto; tra questi occupa un posto privilegiato la ricchezza di Menedemo, che si ricava dal fatto che egli possiede il podere più grande e di maggior valore.

65. servos compluris: *compluris* è accusativo plurale (= *complures*); i due accusativi sono retti da *habet*. – **proinde quasi nemo siet:** «eppure, come se non ne avessi nessuno»; *quasi nemo siet* è una comparativa ipotetica in cui è sottinteso il dativo possessivo *tibi*. Per *siet* cfr. v. 221 a p. 167. *Nemo* rappresenta un'antitesi rispetto a *compluris*.

66. ita ... fungere: «così attentamente tu svolgi i loro compiti». *Ita attente tute*: allitterazione. *Tute* è pronome rafforzato di seconda persona singolare. *Fungere* è una seconda persona singolare del presente indicativo con desinenza arcaica (= *fungeris*). Il verbo è qui costruito con l'accusativo, secondo un uso frequente nel latino arcaico, anziché con l'ablativo strumentale. Anche *utor*, *fruor* e *vescor* nel latino arcaico sono transitivi.

67. tam mane ... tam vesperi: propriamente «tanto presto al mattino ... tanto tardi la sera». *Vesperi* è locativo di *vesper* con valore temporale.

68. domum: complemento di moto a luogo. – **quin:** corrisponde a *qui non* e introduce una proposizione relativa con sfumatura consecutiva, il cui verbo è *conspicer* («che io non veda»). Dal verbo *conspicer* dipendono i tre infiniti *fodere*, *arare* e *aliquid ferre* del verso successivo, che individuano le tre attività fondamentali dell'agricoltore: «zappare», «arare» e «trasportare qualcosa».

69-70. Denique ... respicis: «Insomma non ti riposi un attimo e non ti riguardi». *Nullum ... tempus*: accusativo di tempo continuato. Il verbo *remittere* significa solitamente «allentare», ma qui è usato intransitivamente con il significato di «smettere».

Haec non voluptati tibi esse satis certo scio. «At
enim, dices, quantum hic operis fiat paenitet».
Quod in opere faciundo operae consumis tuae,
si sumas in illis exercendis, plus agas.
ME. Chreme, tantumne ab re tuast oti tibi,
aliena ut cures, ea quae nihil ad te attinent?
CH. Homo sum: humani nihil a me alienum puto.
Vel me monere hoc vel percontari puta:
rectumst, ego ut faciam; non est, te ut deterream.
ME. Mihi sic est usus; tibi ut opus factost face.

71. Haec ... scio: «So per certo che queste cose non sono per te motivo di piacere». *Voluptati tibi*: doppio dativo, di effetto e di vantaggio, con il verbo esse.

72. quantum ... paenitet: «io non sono soddisfatto dello scarso lavoro che viene fatto qui». *Quantum ... fiat* è una proposizione interrogativa indiretta retta da *paenitet*. *Hic*: avverbio di stato in luogo. *Operis*: genitivo partitivo dipendente da *quantum*. Si ricordi il costrutto di *paenitet*, verbo assolutamente impersonale, che qui ha sottinteso l'accusativo *me*.

73-74. Quod ... agas: «Se tu adoperassi, nel far lavorare quelli, quella fatica che consumi nel lavorare tu stesso, guadagneresti di più». *Faciundo* è un gerundivo concordato con *opere* e presenta la desinenza arcaica in *-undus*. *Opere ... operae* e *consumis ... sumas*: paronomasie. *Opere* deriva da *opus*, che individua l'attività lavorativa nella sua concretezza o il suo prodotto; *operae* invece deriva da *opera*, che indica il processo lavorativo e la fatica necessaria per la sua realizzazione. *Operae ... tuae*: genitivo partitivo retto da *quod*. *Si sumas ... plus agas*: periodo ipotetico della possibilità.

75-76. Chreme ... attinent?: «Cremete, hai tanto tempo libero dalle tue occupazioni, da curarti degli affari altrui, che non ti riguardano per nulla?». La reazione di Menedemo è scontrosa e si concretizza in una domanda brusca che non lascia molto spazio per la replica. Sul piano retorico l'atteggiamento seccato di Menedemo è efficacemente reso attraverso la prolungata allitterazione della *-t-* (*tantumne ... tuast oti tibi*; e ancora: *ad te attinent*). *Chreme* è vocativo di *Chremes, -etis*. L'enclitica *-ne* (*tantumne*) ha valore interrogativo. *Tuast*: aferesi. *Oti*: genitivo partitivo retto da *tantum*. *Tibi*: dativo di possesso dipendente da *est* (*tuast*). *Ut ... cures* è una consecutiva.

77. Homo ... puto: «Sono un uomo: non considero estraneo a me nulla di ciò che riguarda l'uomo». È il più celebre verso di Terenzio, in cui si riflette l'ideale dell'*humanitas*, così come si era venuto precisando nel "circolo" scipionico. Anche se nel corso della commedia lo stesso Cremete non riuscirà a tener fede a questo principio ora enunciato, non per questo esso viene intaccato nella sua portata profondamente innovativa di solidarietà tra gli uomini.

78. Vel ... puta: «Fa' conto che io ti dia un consiglio o ti faccia una domanda». L'imperativo *puta* regge le due oggettive *me monere* e (*me*) *percontari*.

79. rectumst ... deterream: del verso sono possibili due diverse interpretazioni. La prima considera le due proposizioni (*ut faciam ... ut deterream*) come indipendenti ottative; in tal caso sarà da intendersi: «è giusto (quel che fai e dici): che io faccia come te; non è giusto: che io ti convinca a smettere». La seconda ipotesi interpreta le due proposizioni come finali dipendenti da *monere* e *percontari*; allora il senso sarebbe: «affinché, se ciò che fai è giusto, io agisca come te; se non è giusto, che io ti convinca a smettere», con le proposizioni *rectumst* e *non est* intese come protasi di due periodi ipotetici, le cui apodosi sarebbero appunto *monere* e *percontari*.

80. Mihi ... face: «A me va bene così; tu agisci come ti conviene fare». La risposta di Menedemo è di nuovo secca, centrata sull'antitesi *mihi ... tibi*. Così vengono negate quelle relazioni di vicinato su cui si era costruito il discorso di Cremete. *Usus* ha in sé il concetto di «abitudine», «consuetudine» e insieme di «vantaggio», «comodità». *Ut* conserva l'antico valore di avverbio relativo («nel modo in cui»). *Opus est* è accompagnato da participio perfetto in ablativo (*facto*): si tratta di un costrutto arcaico che sarà usato anche in epoca classica (ad esempio da Sallustio). *Face* è l'antica forma di imperativo, seconda persona, non apocopata.

SCHEDA LESSICALE

Homo

Homo si connette etimologicamente alla stessa radice da cui deriva *humus* (terra) e ha pertanto l'originario significato di «essere terreno» in opposizione agli dèi, che sono invece i «celesti». *Humus* è uno dei vocaboli più antichi e fondamentali del lessico latino; da esso deriva l'aggettivo *humilis*, che ha il valore proprio di «rasente la terra», quindi «basso», ma ha acquisito nel corso del tempo una serie cospicua di significati traslati, raggruppabili in cinque ambiti principali:

– bassezza;
– modestia di origini;
– scarsa importanza;
– spregevolezza;
– scoraggiamento.

CH. An quoiquam est usus homini, se ut cruciet?
ME. Mihi.
CH. Siquid laborist, nollem. Sed quid istuc mali est?
Quaeso, quid de te tantum meruisti?
ME. Eheu!
CH. Ne lacruma, atque istuc, quidquid est, fac me ut sciam.
Ne retice, ne verere, crede, inquam, mihi:
aut consolando aut consilio aut re iuvero.
ME. Scire hoc vis?
CH. Hac quidem causa qua dixi tibi.
ME. Dicetur.
CH. At istos rastros interea tamen
adpone, ne labora.
ME. Minime.
CH. Quam rem agis?
ME. Sine me vocivom tempus nequod dem mihi
laboris.

81. quoiquam ... homini: *quoiquam* è forma arcaica per *cuiquam*; l'uso di *quisquam*, attributo di *homini*, aggettivo indefinito usato in frasi di senso negativo si giustifica qui per il valore dell'interrogativa retorica che presuppone risposta negativa. La domanda di Cremete riprende, fin nei termini, quanto affermato da Menedemo. – **se ut cruciet?:** si tratta di una proposizione completiva dipendente da *usus est*. L'intera interrogativa risulta: «Forse a qualche uomo va bene tormentarsi?».

82. Siquid ... nollem: «Se qualcosa (ti) tormenta, mi dispiacerebbe». L'interpretazione di *laborist* non è univoca: potrebbe infatti trattarsi di un genitivo partitivo dipendente da *quid*, nel qual caso il senso sarebbe «non vorrei che fosse una questione di lavoro (a tormentarti)», oppure di un dativo che con un *tibi* sottinteso darebbe luogo a un costrutto di doppio dativo (l'interpretazione fornita qui segue la seconda ipotesi). *Nollem* è un ottativo irreale (propriamente «non lo vorrei»). – **Sed ... est?:** «Ma in che cosa consiste questo dolore?». *Mali* è genitivo partitivo retto da *istuc*, a sua volta forma arcaica del pronome dimostrativo di genere neutro (*istud*) + enclitica rafforzativa apocopata -*ce*.

83. Quaeso: è formula di cortesia, «Ti prego»; qui indica la partecipazione affettiva di Cremete al dolore di Menedemo. – **quid ... meruisti?:** «perché hai meritato una punizione così grande?». L'espressione *de aliquo merere* vale «meritare nei confronti di qualcuno».

84. Ne lacruma: «Non piangere»; si noti la forma arcaica del verbo (= *lacrima*). In questo e nel verso successivo compaiono alcuni imperativi negativi resi con *ne* + l'imperativo, secondo un uso colloquiale che si conserva anche in età classica. – **fac me ut sciam:** si tratta di una completiva; per il costrutto cfr. v. 58.

85. Ne retice ... mihi: «Non trattenerti, non aver paura, affidati, ti dico, a me». Per l'uso di *ne* + imperativo cfr. verso precedente.

86. aut consolando ... iuvero: la congiunzione *aut* non indica qui un rapporto di esclusione, ma serve solo a isolare i tre termini (*consolando* ... *consilio* ... *re*), che a loro volta rappresentano il segno della solidarietà di Cremete verso il vicino, di natura psicologica e concreta. I tre ablativi hanno valore strumentale. *Consolando* ... *consilio*: allitterazione. *Iuvero*: futuro anteriore, usato nel linguaggio parlato per presentare un'azione che deve ancora avvenire come già avvenuta; il verbo è in posizione di rilievo, in conclusione di verso e di periodo. Tipico del linguaggio colloquiale è anche l'interrogativa del verso successivo (*Scire hoc vis?*) non introdotta da particelle interrogative.

87. Hac quidem ... tibi: «Certamente, per la ragione che ti ho detto». Il relativo *qua* è in ablativo anziché in accusativo, per attrazione esercitata dall'antecedente (*Hac* ... *causa*).

90-91. Sine ... laboris: «Lascia che io non mi conceda neppure un istante libero dalla fatica». *Sine* è imperativo e regge la completiva paratattica *tempus* ... *dem*. *Vocivom*: forma arcaica per *vocivum*, aggettivo che si riconnette alla radice di *vaco*, nel senso di «vuoto», «libero» e corrisponde perciò al classico *vacuus*; regge il genitivo *laboris*.

SCHEDA LESSICALE

Credo

L'etimologia del verbo risale all'indoeuropeo e in latino aveva un'accezione più intensiva rispetto a quella che ha conservato in italiano. Etimologicamente deriva dalla radice **kred*, corrispondente al latino *cor(d)* e al greco *-kard-*, seguita dal lessema -**dho*, che si ritrova in verbi composti latini quale *con-do* («metto insieme», «metto da parte», «fondo»). Poiché la radice rimanda al «cuore» e il lessema aveva il significato di «porre», «fare», il senso originario del verbo è «pongo il cuore», «mi fido», «mi affido» a qualcuno. Questo significato nel suo valore intenso permane in italiano solo in ambito religioso (si pensi al *Credo* della liturgia cattolica).

CH. Non sinam, inquam.
ME. Ah non aequom facis.
CH. Hui tam gravis hos, quaeso?
ME. Sic meritumst meum.
CH. Nunc loquere.
ME. Filium unicum adulescentulum
habeo – ah, quid dixi? Habere me? Immo habui, Chreme;
nunc habeam necne incertumst.
CH. Quid ita istuc?
ME. Scies.
Est e Corintho hic advena anus paupercula;
eius filiam ille amare coepit perdite,
prope iam ut pro uxore haberet: haec clam me omnia.
Ubi rem rescivi, coepi non humanitus
neque ut animum decuit aegrotum adulescentuli
tractare, sed vi et via pervolgata patrum.
Cottidie accusabam: «Hem, tibine haec diutius
licere speras facere me vivo patre,
amicam ut habeas prope iam in uxoris loco?
Erras, si id credis, et me ignoras, Clinia.
Ego te meum esse dici tantisper volo,
dum quod te dignumst facies; sed si id non facis,

92. tam gravis hos: l'espressione si riferisce ai rastrelli (*hos* = *rastros*) e potrebbe essere un accusativo esclamativo oppure un complemento oggetto retto da un *habes* sottinteso. La battuta di Cremete presuppone il gesto abbastanza plateale di sollevare i rastrelli.

93. adulescentulum: il diminutivo conferisce al termine una forte connotazione affettiva.

94. habeo ... habui: si noti il gioco dei tempi verbali che sottolinea l'angoscia del padre per la perdita del figlio; anche questo rientra nei sottili artifici stilistici propri di Terenzio.

95. nunc ... incertumst: «ora è incerto se lo abbia ancora o no». *Habeam necne*: interrogativa indiretta disgiuntiva retta in forma paratattica da *incertumst*. *Incertumst*: aferesi. – **Quid ita istuc?:** «Come è possibile ciò?». *Quid* ha il valore dell'avverbio «perché». Per *istuc* cfr. v. 82.

96. Est ... paupercula: ha inizio il racconto di Menedemo, che ripropone una delle situazioni classiche della commedia *néa*, compresa l'ambientazione greca. In particolare nell'atteggiamento di Menedemo, avverso alle due donne provenienti da Corinto, si avverte un'eco dell'editto pericleo (450 a.C.) che riservava la cittadinanza ateniese ai soli figli nati da entrambi i genitori ateniesi. È un dato del costume greco passato convenzionalmente dal modello al testo terenziano. *E Corintho*: complemento di origine.

98. ut ... haberet: proposizione consecutiva. – **clam me:** «di nascosto da me» (per l'uso di *clam*, cfr. anche *Heautontimorúmenos*, v. 52 a p. 170).

99. Ubi rem rescivi: «Non appena venni a sapere la cosa»; *ubi* introduce una subordinata temporale. – **humanitus:** «umanamente», è una delle parole chiave, collegata al modello educativo ispirato ai principi dell'*humanitas*; a essa si oppongono i termini *vi* e *via pervolgata patrum* (v. 101) che invece si rifanno al sistema pedagogico tradizionale, legato al *mos maiorum*.

100-101. ut animum ... tractare: «come sarebbe stato adatto trattare un animo malato di ragazzo». Compare di nuovo (cfr. v. 93) il diminutivo *adulescentuli* con forte carica affettiva. – **vi ... patrum:** «con la violenza e il metodo diffuso dei padri»; i termini sono legati da una forte allitterazione della *-v-* e, come detto, rimandano al modello educativo tradizionale romano, quello in cui il *pater familias* aveva potere di vita e di morte sui figli. È evidente che Terenzio propende invece per il modello nuovo, di provenienza greca, basato sui principi dell'*humanitas*. In *vi et via pervolgata* è possibile vedere un'endiadi.

102-104. Hem, tibine ... loco?: «Ehi, speri che ti sia consentito continuare a comportarti così, mentre io, tuo padre, sono vivo, ad avere cioè un'amante ormai quasi per moglie?». *Tibine* è formato dal pronome *tibi* + l'enclitica *-ne*, che conferisce alla frase intonazione interrogativa; *tibi* è retto da *licere*. *Diutius*: comparativo di *diu*; propriamente la frase suona «a fare più a lungo queste cose». *Me vivo patre*: ablativo assoluto con ellissi del verbo *esse*. *Amicam* nel linguaggio della commedia e più in generale in quello amoroso indica l'«amante». Clinia, figlio di Menedemo, non può aspirare a sposare Anifila, che è straniera, secondo quanto disposto dal decreto pericleo (cfr. sopra v. 96) e deve rassegnarsi a tenere la donna come amante. *Ut habeas*: proposizione completiva epesegetica di *haec* (v. 102).

106-107. tantisper ... dum: «fino a quando» – **te dignumst facies:** «farai ciò che è adatto a te». *Te*: ablativo retto da *dignum*. *Dignumst*: aferesi.

ego quod me in te sit facere dignum invenero.
Nulla adeo ex re istuc fit nisi ex nimio otio.
Ego istuc aetatis non amori operam dabam,
sed in Asiam hinc abii propter pauperiem atque ibi
simul rem et gloriam armis belli repperi».
Postremo adeo res rediit: adulescentulus
saepe eadem et graviter audiendo dictus est;
putavit me et aetate et benevolentia
plus scire et providere quam se ipsum sibi;
in Asiam ad regem militatum abiit, Chreme.
CH. Quid ais?
ME. Clam me profectus; mensis tris abest.
CH. Ambo accusandi; etsi illud inceptum tamen
animi est pudentis signum et non instrenui.

108. ego ... invenero: «io troverò ciò che è giusto che faccia nei tuoi confronti». L'intreccio verbale consente di porre l'uno accanto all'altro i pronomi personali di prima e seconda persona (*me in te*). Per il valore del futuro anteriore *invenero* cfr. v. 86.

109. Nulla ... otio: «Tutto ciò avviene per nessun altro motivo se non l'eccessivo ozio». *Ex re* ed *ex nimio otio* sono complementi di origine. Per *istuc* cfr. v. 82. *Otium* è, nell'accezione più alta, il tempo libero da dedicare all'attività intellettuale; qui è evidente invece una connotazione negativa, equivalente a «tempo sprecato». Le parole di Menedemo ripropongono un altro *topos* della commedia: le lamentele del vecchio padre per la vita scioperata dei figli, a cui indirettamente ha contribuito egli stesso dato che, con i propri sacrifici, ha accumulato un patrimonio che consente al figlio un tenore di vita agiato. Al *modus vivendi* degli adolescenti i padri contrappongono il loro, come avviene anche qui (cfr. il resto del discorso di Menedemo nei vv. 110-112).

110. Ego ... dabam: «Io alla tua età non sprecavo il tempo con le donne». *Aetatis*: genitivo partitivo retto da *istuc*; l'espressione vale propriamente «a codesta età». Per *istuc* cfr. v. 82: qui l'accusativo indica tempo continuato.

111. hinc: «da qui», è avverbio di moto da luogo, così come il successivo *ibi* è avverbio di stato in luogo: «lì».

112. rem ... repperi: «trovai ricchezza e onore combattendo». *Armis belli* significa propriamente «con le armi della guerra», espressione in cui *armis* è ablativo strumentale. *Repperi* è perfetto raddoppiato da *reperio* (composto di *pario*).

113. res rediit: allitterazione. – **adulescentulus:** stesso termine già trovato ai vv. 93 e 100, con la medesima connotazione.

116. plus scire ... sibi: «(pensò che io) ne sapessi di più e fossi capace di provvedere a lui meglio che se stesso». *Sibi*: è dativo retto dal verbo *providere*. La decisione di Clinia di partire non è – come si può constatare – dettata da volontà di ribellione, ma anzi dal desiderio di obbedire e di compiacere il padre. Poiché spesso Menedemo gli aveva ricordato il proprio passato glorioso in Asia, dove si era conquistato fama e ricchezza combattendo, il ragazzo decide di seguire le orme paterne e se ne va a sua volta a combattere come mercenario negli stessi luoghi di Menedemo.

117. ad regem: è per antonomasia il re di Persia, che i Greci chiamavano semplicemente «re»; nel testo terenziano si avverte nuovamente l'intromissione di un luogo convenzionale greco, derivato dal modello, questa volta a livello linguistico. D'altra parte anche quella di lasciare la propria città e andare ad arruolarsi come mercenari nell'esercito persiano del re o di qualche satrapo è un'usanza greca, del periodo tardo, e nulla ha a che vedere con i costumi romani. – **militatum:** è supino attivo con valore finale, «per combattere».

118. Clam me: per l'espressione e il significato cfr. v. 98. – **mensis tris:** accusativo plurale, indicante tempo continuato (= *menses tres*).

119. accusandi: sott. *estis*, è un gerundivo «siete da rimproverare (entrambi)». – **etsi:** «anche se», congiunzione concessiva costruita con l'indicativo (*est*). – **illud inceptum:** «quella decisione».

120. animi ... pudentis: «è proprio di un animo sensibile»; *animi pudentis* è un genitivo di pertinenza, come il successivo *instrenui*. In *non instrenui* si riconosce la litote; propriamente l'espressione significa «non senza vigore».

SCHEDA LESSICALE

Adulescens

Secondo Varrone, dopo la *pueritia*, che durava fino ai quindici anni, si entrava nell'*adulescentia* che andava dai sedici ai trent'anni, dopo i quali si era *iuvenis*, fino ai quarantacinque anni. In realtà questa distinzione non va intesa in modo rigido, perchè autori diversi riportano scansioni non identiche delle varie età della vita. Il motivo della discrepanza è semplice: non tutti sono d'accordo nel privilegiare lo stesso criterio nella distinzione di tappe nella crescita dell'individuo, andando da quello più nettamente biologico a quello psichico, a quello politico-civile. L'estendersi dell'*adulescentia* e della *iuventia* era in relazione all'esercizio della *patria potestas*, dato che i *patres* esercitavano lungamente la loro autorità giuridica sui figli, prolungando la loro subalternità per molto tempo.

RIEPILOGO DEL PERCORSO

1 Dopo aver letto il dialogo tra Simone e Sosia, prova a rispondere:
a Quale clima si instaura da subito tra i due personaggi?
b Perché – a tuo parere – Simone si confida con il suo servo?
c Quale atteggiamento ha Sosia nei confronti del padrone?
d In che cosa consiste la "stranezza" della presenza di un liberto sulla scena comica?

2 Osserva con attenzione il dialogo tra Menedemo e Cremete e poi formula le tue considerazioni.
a Quali sono gli elementi portanti del dialogo?
b Come si pone Cremete nei confronti del vicino?
c Qual è l'iniziale reazione di Menedemo?
d Quali considerazioni conducono a un mutamento di rapporto tra i due?
e Perché si può dire che il dialogo è in relazione agli ideali dell'*humanitas*?

IL GENERE LETTERARIO

Terenzio e la commedia

Le opere di Terenzio sono *palliatae*. Dopo la lettura dei testi tratti dalle diverse commedie, ritorna alla scheda sul Teatro in Grecia e a Roma (pp. 62-73) e rispondi alle domande che seguono:

1 Il teatro comico greco è diviso secondo una scansione cronologica:
a ricordi in quanti periodi?
b sai dire come viene denominato ciascuno di essi?
c a quale o a quali di questi periodi si ispira il teatro di Terenzio?
d ricordi il nome di qualche commediografo greco a cui si rifà Terenzio?

2 Rispetto al modello greco di riferimento come si comporta Terenzio? Per rispondere prova a ricordare:
a i titoli che vengono assegnati dall'autore alle sue commedie;
b l'accusa di *contaminari fabulas* rivolta a Terenzio;
c l'espressione *dimidiatus Menander*;
d l'espressione *obscuram diligentiam* che compare nel prologo dell'*Andria.*

3 Dopo aver ricordato la portata culturale e sociale del teatro comico greco nei suoi diversi momenti, rispondi:
a quale principale ruolo ebbe la commedia di Aristofane?
b a quali eventi sociali rimandava il teatro di Menandro e più in generale della *néa*?
c a quale dei due precedenti poeti si avvicina maggiormente Terenzio? Perché?
d quali sono le tematiche trattate da Terenzio, che non trovano riscontro nei modelli greci?

4 Rispetto ai personaggi del teatro terenziano e alla loro presenza sulla scena:
a ti sembra che Terenzio utilizzi criteri analoghi a quelli usati da Menandro?
b rispetto a Plauto, Terenzio si comporta in modo analogo o no?
c a quali principi di poetica si rifà Terenzio nella scelta di permanenza in scena di un personaggio?
d per Terenzio sono più efficaci i monologhi o i dialoghi? Perché?

5 Anche Plauto si è rifatto agli stessi modelli greci che leggeva Terenzio, tuttavia gli esiti sono stati molto differenti:
a come è stata usata dai due autori la tecnica della *contaminatio*?
b come è stata intesa la finalità della comicità dai due commediografi?
c gli intrecci sono stati risolti nello stesso modo?
d la rottura dell'illusione scenica (metateatro) è stata utilizzata dai due autori?
e esiste un criterio di verosimiglianza nel teatro comico latino?

La lingua delle maschere: il Terenzio Vaticano

MEDIABOOK
IL TERENZIO VATICANO

SCHEDA TECNICA

Denominazione: Terenzio Vaticano (Vaticano Latino 3868)
Data: IX secolo d.C.
Tecnica: Codice miniato in pergamena
Collocazione: Città del Vaticano, Biblioteca Apostolica Vaticana

Il *Terenzio Vaticano*, dal nome della biblioteca che lo conserva (la Biblioteca Apostolica Vaticana), è un elegante codice manoscritto di 92 pagine, redatto intorno all'825 d.C. ad Aquisgrana presso la corte carolingia dell'imperatore Luigi il Pio. È un libro di lusso, come rivelano il materiale usato, la pergamena di vitello anziché di pecora, la cura nella scrittura, gli ampi margini e le quasi 150 illustrazioni che lo ornano, opera di tre diversi artisti che per realizzarle ricopiarono un codice più antico, ora perduto, composto a Roma intorno al 400 d.C.
Se Terenzio fu infatti un autore non molto amato dai suoi contemporanei e l'accoglienza inizialmente riservata alle sue opere, rappresentate sulla scena nel momento di massima celebrità di Plauto, fu piuttosto tiepida, la purezza della lingua, la metrica, l'eleganza nello stile lo resero ben presto un modello di buon latino, un testo canonico dell'insegnamento, tanto da entrare con Virgilio, Cicerone e Sallustio nella quadriga degli autori studiati già in antico nelle scuole. Così quando nell'età imperiale le rappresentazioni teatrali, sostituite dagli spettacoli di mimo e pantomimo, divennero progressivamente sempre meno frequenti, anche per la netta opposizione dei primi autori cristiani che giudicavano questi spettacoli immorali e degradanti, Terenzio, il poeta dell'*humanitas* che si era sforzato di far pensare i suoi spettatori più che di preoccuparsi di farli ridere, continuò ad essere copiato, anche se ormai i suoi testi erano destinati alla lettura e non più alla scena. Quale dovesse essere la forma e la struttura di queste prime edizioni lo possiamo intuire dal codice vaticano.

Il manoscritto vaticano è organizzato in sei parti corrispondenti alle sei commedie terenziane. Il codice si apre con il ritratto a tutta pagina dell'autore, rappresentato come un'*imago clipeata* (vedi p. 133), ovvero come un'immagine a mezzo busto incorniciata da un medaglione all'interno di una sorta di arazzo, poggiato su una base. L'arazzo è sorretto lateralmente da due attori che indossano maschere che nelle commedie individuano gli schiavi. La presenza del ritratto ricorda un uso tipico delle biblioteche romane dove i ritratti degli autori ornavano gli armadi che ne conservavano le opere, offrendo un aiuto visivo ai lettori per rintracciare rapidamente i testi desiderati. In maniera simile il codice terenziano si presentava come una piccola biblioteca portatile.
Non diversamente dai moderni testi teatrali, ogni commedia si apre con la presentazione dei personaggi fatta attraverso le loro maschere, che sono disposte in maniera ordinata sui ripiani di armadi ogni volta di foggia diversa. Le maschere stesse cambiano da un armadio all'altro e la loro

disposizione riflette l'ordine di comparsa dei personaggi.

L'uso di maschere sceniche è una caratteristica del teatro di Terenzio e rispecchia il gusto filellenico dell'autore. Nel teatro greco infatti gli attori recitavano sempre con la maschera, in questo modo si potevano mettere in scena anche personaggi femminili, in quanto la professione teatrale era proibita alle donne; un attore poteva recitare più parti; inoltre la maschera con i suoi tratti somatici fortemente marcati in rapporto ai diversi ruoli permetteva agli spettatori, anche da grandi distanze, di riconoscere facilmente il personaggio e rendeva più agevole seguire la trama. Ad esempio i ruoli femminili avevano maschere di colore chiaro, i ruoli maschili tinte più scure, e vi erano distinzioni in base all'età, allo stato sociale ed anche allo stato d'animo. Ogni personaggio inoltre aveva la sua parrucca e un preciso costume di scena, che lo identificava. Nel teatro latino invece l'impiego di maschere era obbligatorio solo per le *atellane*, dove gli attori non mostravano il loro volto, neanche a fine spettacolo; negli altri tipi di rappresentazione teatrale la situazione era più fluida e si ritiene che gli attori delle commedie plautine recitassero truccati, ma a viso scoperto.

Subito dopo l'armadio con le maschere, ogni commedia del codice vaticano presenta l'argomento, un riassunto della trama, quindi il testo, la cui lettura era facilitata dalla presenza di illustrazioni che fissano con grande efficacia i diversi momenti dell'azione drammatica. Le singole scene teatrali sono infatti rappresentate da disegni dai vivaci colori, che mostrano i personaggi "in azione", riproducendo con particolare attenzione gli accessori di scena, i costumi, le espressioni, ma soprattutto i gesti degli attori, con una vivacità e una gamma straordinariamente ampia di movimenti, in particolare nei disegni del primo artista carolingio, il più fedele al modello antico, che ridà vita alle antiche maschere. Al contrario la rappresentazione dell'ambiente è estremamente scarna e si limita a un leggero accenno ai dislivelli del terreno, per creare un effetto di profondità, alle porte, raffigurate come semplici rettangoli chiusi da tende, e a qualche oggetto di scena.

La disposizione di questi disegni all'interno della pagina è piuttosto irregolare e rivela che prima ancora di decorare il codice tardo antico, alcune

di queste illustrazioni dovevano probabilmente ornare dei libri la cui forma era il rotolo di papiro, uno per commedia. Quando intorno al 400 d.C. si procedette alla realizzazione del codice in pergamena, il contenuto dei sei rotoli venne trascritto in un unico volume, garantendo così la sopravvivenza dei testi terenziani.

L'ultimo dettaglio delle illustrazioni del manoscritto vaticano sono le didascalie in rosso che poste sopra ogni personaggio ne forniscono il nome e a volte anche il ruolo, destinate a un pubblico di lettori ormai non più capace di comprendere il linguaggio delle maschere.

PER SAPERNE DI PIÙ

SESTO PRETE, *La tradizione del testo di Terenzio nell'antichità*, in *Studi Italiani di Filologia Classica*, NS 25 (1951), pp. 111-134.

CLAUDIO VILLA, *La lectura Terentii*, I: *Da Ildemaro a Francesco Petrarca*, Padova, Antenore, 1984.

DAVID H. WRIGHT, *Terenzio, Commedie*, in M. Buonocore (a cura di), *Vedere i classici. L'illustrazione libraria dei testi antichi dall'età romana al tardo Medioevo*, catalogo della mostra, Roma, Fratelli Palombi, 1996, pp. 168- 176.

MEMINI ME FIERE PAVUM

QUINTO ENNIO

L'autore

Il poeta dai «tre cuori» *Q. Ennius tria corda habere sese dicebat, quod loqui Graece et Osce et Latine sciret* («Quinto Ennio diceva di avere tre cuori, poiché sapeva parlare in greco e in osco e in latino»).

le tre lingue di Ennio

Così riferisce, a proposito di Ennio, Aulo Gellio nelle *Noctes Atticae* (XVII, 17). Affermando di avere «tre cuori» per il fatto che conosceva **tre lingue** (l'osco della sua terra di origine, il greco, normalmente parlato nella regione in cui era nato, e il latino), Ennio faceva intendere che la sua formazione culturale e linguistica si radicava non soltanto nella cultura romana, ma anche nelle tradizioni italiche e nella secolare civiltà greca. Con quella metafora egli alludeva alla sua aspirazione a una cultura che oltrepassasse lo stretto orizzonte municipale, divenisse sintesi di realtà culturali diverse e si aprisse a nuove istanze. Per questo possiamo affermare che la grandezza di Ennio, considerato dai Romani il principale fondatore della loro letteratura, come testimonia l'appellativo di *pater Ennius* che gli attribuirono, è strettamente connessa con la sua capacità di fondere lingua e cultura italiche, latine e greche. In particolare, l'attenzione rivolta al mondo greco fece di Ennio uno dei più significativi esponenti dell'**orientamento filellenico** e un **precursore del progetto scipionico** di fondere valori tradizionali e cultura greca.

Cavaliere italico, I secolo a.C., Napoli, Museo Archeologico Nazionale.

Notizie biografiche Quinto Ennio **nacque a *Rudiae***, antica città messapica della penisola salentina, **nel 239 a.C.** Possiamo dire che la sua vita seguì la falsariga di quella di Nevio; prima di dedicarsi alla poesia, infatti, Ennio esercitò la professione di **soldato**. Combatté, forse a Taranto, tra i soldati fedeli ai Romani nella seconda guerra punica (218-201 a.C.). Dopo un decennio di permanenza in Sardegna, nelle truppe ausiliarie di stanza in quella provincia, nel 204 a.C. fu condotto a Roma da Catone il Censore, che ne aveva apprezzato le qualità poetiche. Era il periodo in cui

Nevio, in polemica con i Metelli, aveva abbandonato la capitale e si può dunque supporre che Catone progettasse di fare di Ennio il nuovo poeta della romanità contro le spinte filelleniche che si stavano manifestando in seno alla società. Ennio però, dopo essersi stabilito in una casa modesta sull'Aventino, entrò presto in contatto con gli **Scipioni** che, come abbiamo visto, stavano promuovendo l'avvicinamento della cultura romana a quella greca e che trovarono nel giovane Ennio un attento e interessato interlocutore. Grazie, forse, alla sua attività di **maestro di grammatica**, che affiancò a quella di **autore teatrale**, egli si fece apprezzare da alcune famiglie nobili della città e strinse amicizia con Scipione l'Africano, Scipione Nasica e Marco Fulvio Nobiliore. Sappiamo che nel 202 a.C. compose un carme encomiastico (*Scipio*) a celebrazione dei trionfi di Scipione l'Africano sui Cartaginesi e che Marco Fulvio Nobiliore, quando nel 189 a.C. iniziò la spedizione contro gli Etòli in Grecia, lo portò con sé perché celebrasse le sue gesta. Il poeta non disattese le aspettative del console e, dopo la sua vittoria ad Ambracia, gli dedicò una *fabula praetexta*, intitolata proprio *Ambracia*, suscitando lo sdegno dei tradizionalisti come Catone. Nel 184 a.C., fu accanto a Quinto Fulvio Nobiliore, figlio di Marco, nell'atto di fondazione delle colonie di Pesaro e Potenza Picena e nello stesso anno, per volontà del suo patrono, venne solennemente insignito della **cittadinanza romana**. Di questo evento egli andò sempre fierissimo, come appare dal celebre verso degli *Annales* (v. 377 Vahlen):

l'attività letteraria

> *Nos sumus Romani, qui fuimus ante Rudini.*
>
> Noi che un tempo fummo cittadini di *Rudiae*, siamo ora cittadini di Roma.
>
> (trad. di S. Dossi)

Morì a settant'anni, nel 169 a.C.; fu onorato con una statua collocata nel sepolcro degli Scipioni sulla via Appia.

L'opera

Le opere minori

Ennio non fu solo autore di teatro e di epica; scrisse moltissimo, praticando generi letterari diversi, dalla poesia didascalica alla filosofia, agli *elogia*, e fu anche iniziatore della satira. Di tutta questa sua intensa produzione, tuttavia, restano pochi frammenti e non di tutte le opere; un rapido inventario può servire a prendere atto dell'ampiezza dei suoi interessi e dei suoi scritti.

Scipio

La rassegna può aprirsi con il già citato ***Scipio***, *elogium* scritto in onore dell'Africano, vincitore a Zama; in esso Ennio voleva forse porsi in continuità con i poeti greci che avevano celebrato Alessandro Magno e poi i suoi successori, i sovrani ellenistici, seguendoli, appunto, nelle loro imprese.

le *Saturae*

Seguono le ***Saturae***, in quattro o sei libri, di cui restano solo 34 versi in 18 frammenti. La loro perdita quasi integrale risulta grave, soprattutto perché esse rappresentano il primo esempio di questo genere letterario nell'ambito della letteratura latina. Gli scarsi frammenti conservati confermano caratteristiche che si ritroveranno puntualmente nella produzione satirica successiva, fino almeno all'età augustea; principale fra queste è certamente la **varietà**, che si riscontra sia a livello metrico (i metri utilizzati furono esametri, senari giambici e settenari trocaici), sia negli argomenti (bozzetti di vita quotidiana, favole, confessioni personali, spunti autobiografici).

gli *Hedyphagètica*

Gli ***Hedyphagètica*** (letteralmente «Il mangiar bene»), poi, furono un'opera didascalica, che si ispirava a un poemetto greco del IV secolo a.C., composto da Archestrato di Gela. L'argomento, come si deduce dal titolo, è di natura gastronomica. Dagli 11 versi che sono sopravvissuti sappiamo che era scritta in **esametri**, cosa che assume

Cacciagione, uova, stoviglie, I secolo a.C., Napoli, Museo Archeologico Nazionale.

particolare importanza se, come vuole la tradizione, essi furono redatti prima degli *Annales*. In questo caso saremmo di fronte al primo testo latino che utilizza la forma metrica dell'esametro, derivandolo dalla Grecia.

Sota

Piuttosto singolare è il ***Sota***, un testo in versi chiamati appunto "sotadei", dal nome del loro inventore, Sotade di Maronea, vissuto alla fine del III secolo a.C. I cinque versi superstiti non consentono di conoscere l'argomento dell'opera, che potrebbe aver avuto carattere parodico, con accenti osceni, com'è proprio della poesia che utilizza quel particolare metro.

Euhèmerus

Epicharmus

Protrèpticus

Infine vengono tre **opere di carattere filosofico**. La prima di esse, scritta probabilmente in prosa, era l'***Euhèmerus*** e si configurava come la traduzione della *Sacra iscrizione* di Evemero di Messina (IV-III secolo a.C.), il filosofo messinese che aveva immaginato di trovare su un'isola misteriosa un'iscrizione, secondo cui gli dèi sarebbero stati all'origine semplici uomini, innalzati al rango divino dalla riconoscenza degli altri uomini in virtù dei loro meriti. La seconda, composta in settenari trocaici, era l'***Epicharmus***, per certi versi simile alla precedente. Prendeva il titolo dal nome del poeta e filosofo greco Epicarmo, vissuto nel V secolo a.C. e noto per i suoi testi comici. Probabilmente nel poemetto Ennio trattava della natura del mondo, composto dai quattro elementi di ascendenza empedoclea: terra, acqua, aria e fuoco. Non è improbabile che si delineassero anche teorie vicine al pitagorismo, corrente di cui Epicarmo era stato seguace. Chiude la breve rassegna delle opere di portata filosofica il ***Protrèpticus***, in tetrametri trocaici, di cui non abbiamo alcun frammento. Dal titolo, che significa «discorso di esortazione», possiamo pensare che contenesse un invito a praticare la filosofia.

i modelli

Il teatro

Ennio fu l'ultimo drammaturgo latino a scrivere sia commedie sia **tragedie**, dimostrando una maggiore versatilità in quest'ultimo genere. I modelli di riferimento furono i tre tragici attici del V secolo a.C., con una netta preferenza per **Euripide**, a cui fu accomunato dall'interesse per l'approfondimento psicologico, dalla predilezione per i toni patetici, dal bisogno di indagare razionalmente e filosoficamente le pieghe dell'esistenza umana e dalla particolare attenzione alla caratterizzazione delle figure femminili. Questa tendenza alla dimensione drammatica può essere ben esemplificata dal frammento che riporta il lamento di Andromaca, appartenente alla tragedia omonima (*Andromaca aechmalòtis*, fr. 40 Traglia), in cui la principessa manifesta la sua disperazione, paragonando la sua sorte a quella della città perduta. Il testo è costruito con allitterazioni, paronomasie, omoteleuti, che hanno lo scopo di rendere più drammatico e patetico il discorso della protagonista.

Quid petam praesidi aut exequar; quove nunc
Auxilio exili aut fugae freta sim?
Arce et urbe orba sum. Quo accidam, quo applicem,
cui nec arae patriae domi stant, fractae et disiectae iacent
fana flamma deflagrata, tosti alti stant parietes
deformati atque abiete crispa.

Che difesa potrei chiedere o cercare; su quale aiuto
potrei contare ora per l'esilio e la fuga?
Sono privata della rocca e della città. Da chi andare, chi supplicare,
visto che non sono più in piedi in patria gli altari dei miei antenati, che giacciono [infranti e dispersi?
I templi sono divorati dalle fiamme, stanno in piedi le alte pareti bruciate
deformate e con le travi contorte.

(trad. di S. Dossi)

Un'altra prerogativa del teatro enniano risiede nella propensione per la **riflessione filosofica**, come risulta evidente, ad esempio, in un passo del *Telamo*, in cui il protagonista si pronuncia a favore della dottrina epicurea sugli dèi.
Ulteriori valutazioni sul teatro tragico enniano risultano impossibili a causa dello scarso numero di frammenti che ci è pervenuto. Di tutte le ***cothurnatae***, infatti, sopravvivono circa 400 versi e venti titoli, di cui moltissimi riferiti al **ciclo troiano**: *Achilles* («Achille»), *Aiax* («Aiace»), *Alexander* («Alessandro»), *Andromacha aechmalòtis* («Andromaca prigioniera»), *Hectoris lutra* («Il riscatto di Ettore»), *Hecuba* («Ecuba»), *Iphigenia* («Ifigenia»), *Telamo* («Telamone»), *Telephus* («Telefo»). Allo stesso ciclo rinviano, almeno parzialmente, altre tragedie, come *Eumènides* («Eumenidi»), *Phoenix* («Fenice»), *Thyestes* («Tieste»).
La preferenza accordata agli argomenti del ciclo troiano era perfettamente in linea con i gusti del pubblico romano, che amava vedere rappresentate vicende connesse con le mitiche origini di Roma: il legame tra la storia di Roma e quella di Troia attraverso Enea era materia evidentemente nota ai Romani. L'elenco delle coturnate si conclude con una serie di drammi che sono riconducibili ai più celebri miti greci: *Alcmeo* («Alcmeone»), *Andromeda* («Andromeda»), *Athamas* («Atamante»), *Cresfontes* («Cresfonte»), *Erechteus* («Eretteo»), *Medea exul* («Medea esule»), *Melanippa* («Melanippe»), *Nemea* («I giochi Nemei»).
Ennio compose, però, anche due ***praetextae***: l'*Ambracia*, cui già si è accennato, che celebrava la vittoria di M. Fulvio Nobiliore sugli Etóli, e le *Sabinae*, in ricordo del leggendario "ratto" a opera di Romolo e dei primi abitanti di Roma.

Agamennone sottrae Briseide ad Achille, V secolo a.C., Parigi, Museo del Louvre.

Fedele ai suoi modelli per quanto riguarda le fondamentali strutture drammatiche, Ennio appare invece notevolmente **originale nella scelta linguistico-stilistica** molto solenne e magniloquente, con cui cercò di produrre una vera e propria «traduzione artistica», una libera resa latina del modello originario. Per ottenere effetti patetici, rimarcare gli stati di allucinazione e gli eccessi emotivi dei personaggi e rappresentare anche attraverso lo stile e il linguaggio le furiose passioni che popolavano i suoi drammi, Ennio privilegiò allitterazioni e omoteleuti, antitesi e parallelismi, poliptoti e asindeti, scegliendo anche procedimenti retorici poco utilizzati come paronomasie o isosillabismi. Così facendo, diede vita a uno stile tragico che rimase il modello di riferimento del teatro latino fino all'epoca di Seneca.

le commedie

Benché con minore successo, Ennio compose anche **commedie**. Restano pochissimi frammenti e due titoli: la *Caupuncola* («L'ostessa») e il *Pancratiastes* («L'atleta del pancrazio»).

L'esiguità del materiale rimasto è probabilmente da collegarsi alla **scarsa considerazione** di cui il teatro comico di Ennio godette già presso i suoi contemporanei. Non è un caso che Volcacio Sedigito, nel famoso canone dei poeti comici (p. 130), collochi Ennio all'ultimo posto, salvandolo, oltre tutto, solo in considerazione della sua antichità. Nel suo insieme, la produzione teatrale enniana non si fa apprezzare per l'originalità degli argomenti, ma resta valida per **l'attenzione rivolta all'uomo** e ai suoi dolori, studiati nella loro misteriosa relazione con il destino a ciascuno assegnato. Si sente, in altre parole, la presenza di quei principi dell'*humanitas* che stavano penetrando nella società romana e che Ennio per primo portò nella produzione teatrale.

Gli *Annales*: l'impianto generale

Nel poema, destinato a diventare il suo capolavoro, Ennio progettò di narrare in 12 libri (che nell'edizione definitiva divennero 18) la **storia di Roma** dalle origini ai suoi giorni, seguendo la successione cronologica, vale a dire raccontando i fatti anno per anno, secondo il modello degli *Annales maximi.* Sebbene non abbiamo notizie sull'epoca della sua composizione, è facile supporre che al poema Ennio dedicò gli anni della sua piena maturità, anche perché gli ultimi sei libri videro la luce tra il 172 e il 169 a.C., anno della morte del poeta. È anche ipotizzabile che l'opera sia stata pubblicata a triadi (gruppi di tre libri alla volta) o a esadi (gruppi di sei libri). Più precisamente i primi dodici libri sembrerebbero pubblicati in due distinte esadi, tenuto conto che nel proemio del VII libro si riprendono e si mettono in discussione le critiche indirizzate al proemio

Statua bronzea della Lupa capitolina, V secolo a.C., Roma, Musei Capitolini.

FONDARE LA CITTA'

In ogni civiltà il mito di fondazione, quello che conserva la memoria dei personaggi, dei luoghi e del tempo dell'inizio, è sempre molto importante ed è conosciuto e ricordato dagli appartenenti a un popolo come significativo per la propria identità. Nella letteratura latina, tuttavia, la tradizione dei miti delle origini è stranamente poco praticata e non è nemmeno univoca. Ci sono racconti che riguardano l'origine del popolo latino, che risalgono a Enea, e quelli sulla fondazione della città, che si riferiscono a Romolo e Remo, alla loro personale vicenda e a quella del fatidico solco. Ennio è tra le poche voci nella letteratura d'età arcaica a riportare le storie dell'origine della città, altrimenti note solo dai racconti d'età augustea e imperiale.

del I libro, mentre gli ultimi sei potrebbero essere stati scritti e pubblicati insieme o in due triadi successive.
Del poema, formato da circa **18.000 esametri**, sono **sopravvissuti**, più o meno, **600 versi**; è su di essi che fondiamo la ricostruzione della struttura generale. I **primi tre libri** prendevano l'avvio dalla **leggenda di Enea** e passavano in rassegna il periodo dei **sette re**. Del primo libro possediamo ampi frammenti del proemio e il racconto del sogno di Ilia, che negli *Annales* è la madre di Romolo e Remo. La **successiva triade** era dedicata alla **conquista dell'Italia**, fino alla guerra combattuta contro Pirro. È probabile che adeguato spazio abbiano avuto le figure dei condottieri e dei grandi personaggi, celebrati in modo drammatico ed enfatico. I **libri VII-XII** si concentravano sulle **guerre puniche**, dando maggiore risalto alla seconda: ad Annibale, infatti, e alla sua avventura bellica era dedicato l'intero IX libro. Il tema era poi arricchito da un *excursus* sulle origini di Cartagine. Questa sezione del poema era infine conclusa dalla trattazione delle guerre macedoniche. Gli **ultimi sei libri** prendevano **avvio dalla guerra contro il re Antioco** e trattavano **argomenti contemporanei** all'autore, il quale non perse l'occasione di esaltare (libro XV) il suo potente protettore Fulvio Nobiliore.

La novità degli *Annales*

Dopo le prove di Livio Andronico e di Nevio, il primo con la traduzione artistica di Omero, il secondo con un'opera che fondava l'*epos* nazionale attraverso il racconto di un'impresa bellica latina, Ennio scelse di dare al genere epico un aspetto, per certi versi, nuovo. Non rinunciò alla dimensione celebrativa della storia romana, ma la coniugò con la **sensibilità greca**. Ogni scelta di Ennio va in questa direzione: cultura greca e tradizione romana dovevano essere fuse in un *epos* nuovo, che si configurasse come *monumentum* alla grandezza di Roma. Così, se da un lato il titolo – *Annales* – rimanda in modo esplicito alla più antica tradizione storiografica romana e sembra collocarsi, sulla scia di Nevio, nella dichiarata volontà di fare degli eventi storici il contenuto dell'opera, dall'altro il metro non è più il saturnio dei due predecessori, ma il più elegante **esametro** di derivazione ellenica. Inoltre, come insegnava la tradizione ellenistica, il poema è **suddiviso in libri** (si ricordi che il poema di Nevio era un *carmen continuum*) e mostra un'evidente influenza della **filosofia**, disciplina a cui i Romani avevano riservato fino ad allora diffidenza e ostilità. Se ne vede una traccia significativa fin dal proemio, quando il poeta racconta un sogno, che ha a che vedere con la teoria pitagorica della metempsicosi, o trasmigrazione delle anime. Racconta dunque il poeta di aver avuto una visione: Omero, apparsogli, gli aveva rivelato che la sua anima, dopo la morte, si era reincarnata prima in un pavone e poi in Ennio stesso.

un nuovo *epos*

Anche il modo di descrivere gli eventi, specie quelli più significativi per la narrazione epica, come le battaglie, cambia notevolmente rispetto al passato: mentre Nevio aveva puntato su resoconti freddi e impersonali, in modo meno tradizionale e meno convenzionale Ennio trattò il tema dell'eroismo mirando a un forte coinvolgimento emotivo, ottenuto attraverso una serie di accorgimenti stilistici. Se, infatti, in Nevio era prevalso il senso della *virtus* romana, intesa come forza collettiva di un popolo ancorato ai tradizionali valori del *mos maiorum*, Ennio cercò di dare risalto maggiormente alle gesta del **singolo individuo**, a cui appaiono sempre più legati i destini, non solo militari, di Roma. Come l'individuo non appare più subordinato completamente alla collettività, così agli antichi valori della *pietas* e della *virtus* militare vanno affiancandosene di nuovi derivati dalla cultura greca, come l'amicizia, la filosofia e la cultura. È la rivoluzione dell'*humanitas* che sta dando i suoi primi frutti e che, insinuandosi anche all'interno del genere epico, sostiene la perfetta parità tra il *negotium* civile, politico e militare e l'*otium* letterario e filosofico.

il valore dell'individuo

i proemi

La chiave interpretativa del poema

Lo strano racconto del sogno con cui Ennio decide di aprire il suo poema ci consente una riflessione interessante sul modo in cui l'opera può essere interpretata. Il poema è dotato di due proemi, uno all'inizio del I libro e un altro all'inizio del VII, detto "proemio al mezzo". Secondo la riflessione poetica alessandrina, i proemi erano i luoghi in cui l'autore poteva interloquire con i lettori e affrontare problemi filologici o di altra natura.

Ecco perché possiamo affermare che i due **proemi** degli *Annales* rappresentano la chiave di volta per interpretare il poema e, più in generale, per giudicare l'arte di Ennio. Nel primo (frr. 2-3; 13 Traglia), come già abbiamo detto, l'autore racconta il suo sogno immaginario.

somno levi placidoque revinctus
visus Homerus adesse poeta
....
memini me fiere pavum.

APPROFONDIMENTO

L'*HUMANITAS*

Gli *Annales* di Ennio costituiscono un esempio di rilettura della storia romana secondo i principi dell'*humanitas*. Sappiamo che a seguito delle conquiste il *civis Romanus* uscì, grazie all'apporto del pensiero greco, dai limiti della *civitas* e si protese verso un mondo dagli orizzonti più ampi, universali, aprendosi a un atteggiamento filantropico, tollerante, umano. ***Humanitas*** è il termine che individua il carattere di questo nuovo uomo romano, che **fonde il *mos maiorum* con la *paideia* greca** e si interessa all'esistenza stessa dell'individuo, al suo mondo interiore. È un gruppo di intellettuali che ruota intorno alla figura di Scipione Emiliano – Gaio Lelio, Furio Filo, Rutilio Rufo e i più significativi letterati del tempo, Ennio, Terenzio, Pacuvio e Lucilio – a favorire il processo di fusione fra pensiero greco e pensiero romano. All'interno di questa cerchia viene teorizzato il concetto di *humanitas* a opera di **Panezio di Rodi**, filosofo stoico. Il termine *humanitas*, quanto mai complesso, ingloba l'idea di "civiltà", di *cultus*, quell'insieme di elementi (cultura, filantropia, *pietas* nei confronti degli uomini e degli dèi) che distingue l'uomo dagli altri esseri viventi. L'attenzione al mondo interiore dell'uomo permette anche di spostare il fulcro dell'esistenza dal *negotium*, proprio del *civis* del passato, all'*otium*, agli studi, all'attività letteraria, che può costituire l'occupazione precipua dell'individuo.

Elemento essenziale per la formazione dell'uomo, secondo gli ideali dell'*humanitas*, è la cultura, riconosciuta come valore autonomo. Ciò significa che l'**individuo può realizzarsi pienamente anche mediante il ricorso all'*otium***

Giardino dipinto nella Casa del Bracciale d'Oro, I secolo a.C., Pompei, Sopraintendenza Archeologica.

avvolto da un sonno leggero e tranquillo
mi parve che il poeta Omero fosse presente
....
mi ricordo di essere diventato un pavone.
(trad. di S. Dossi)

Al di là dell'adesione alle teorie pitagoriche già accennate, alla cui conoscenza probabilmente Ennio giunse attraverso la mediazione di Epicarmo, la cosa che ci interessa sul piano poetico è che Ennio non sostiene che Omero sia stato l'ispiratore dei suoi versi, ma afferma che egli rivive in lui, dopo essersi reincarnato in un pavone, animale sacro ai pitagorici ed emblema di immortalità. Il messaggio che l'autore vuole comunicarci è dunque questo: la poesia di Omero è immortale ed egli se ne è appropriato nel momento stesso in cui ha assimilato in sé lo spirito dell'antico poeta. Si tratta di un'**appropriazione culturale** attraverso la quale il poeta di *Rudiae* è divenuto tutt'uno con Omero. Non siamo dunque in presenza di un semplice evento letterario, in base al quale potremmo dire che Ennio si è ispirato alla poesia

letterario. Si afferma, inoltre, il **valore del singolo**, che si distingue dalla collettività grazie alla sua *virtus*, la quale comprende ora non solo le virtù belliche, ma anche e soprattutto le doti morali di saggezza, temperanza, eloquenza. L'affermazione della piena autonomia della persona umana e la libertà per ciascuno di sviluppare le proprie inclinazioni può essere considerata la base dell'ideale dell'*humanitas*. Da essa derivano due conseguenze: la prima è la considerazione che l'**attività culturale è autonoma e gode di una dignità pari all'attività politica**; la seconda, proprio a livello politico, è l'affermarsi di una **visione più personalistica e meno collettivistica nella gestione della cosa pubblica**. Il pericolo insito in questo cambiamento della mentalità politica è chiaro, soprattutto se consideriamo le innumerevoli guerre civili a cui di fatto esso condusse nell'ultimo scorcio del periodo repubblicano. A mitigare i possibili eccessi di tale tendenza politica stava l'affermazione del **principio di uguaglianza tra tutti gli uomini**, dal quale discendeva sul piano naturale il dovere della filantropia, su quello politico il dovere di porsi disinteressatamente al servizio dell'umanità. Proprio da quest'ultimo principio deriva il concetto di "guerra giusta". A Roma spetta il compito di garantire pace, giustizia e civiltà a tutti i popoli. Tale compito si realizza in primo luogo attraverso la conquista degli altri popoli, su cui i Romani eserciteranno il proprio potere o con il consenso dei sottomessi o attraverso l'imposizione violenta.

Per un ulteriore approfondimento dell'argomento si veda l'introduzione al percorso "Terenzio e l'*humanitas*", a p. 174 e "Cicerone e l'ideale dell'*humanitas*", a p. 515.

di Omero, oppure che Ennio si è fatto in Roma imitatore di Omero. Siamo in presenza di un processo infinitamente più profondo, che si colloca a livello esistenziale e che conduce Ennio a una specie di assimilazione totale con Omero. Dal momento che Omero rivive in lui, Ennio è veramente il segno vivente della **fusione di culture diverse** e l'affermazione riguardante i *tria corda* si sostanzia di un significato pieno.

Particolare con pavone dagli affreschi della Villa di Poppea, I secolo a.C., Oplonti (Torre Annunziata), Sopraintendenza Archeologica.

Nel secondo proemio (vv. 213-217 Vahlen[2]) il tema del sogno è nuovamente ripreso, anche se il livello non è più quello esistenziale, ma quello della critica letteraria.

... scripsere alii rem
versibus quos olim Fauni vatesque canebant,
cum neque Musarum scopulos...
... nec dicti studiosus quisquam erat ante hunc.
Nos ausi reserare...

.... scrissero altri di storia
con versi che un tempo cantavano i Fauni e i vati,
quando nessuno (aveva scalato) le rocce delle Muse...
... e nessuno c'era studioso appassionato di sapere poetico prima di me.
Noi osammo aprire...

(trad. di S. Dossi)

In questo testo Ennio si difende da chi ironizzava pesantemente sulla sua pretesa di essere un *alter Homerus*, cioè un secondo Omero, ed esprimeva dubbi sulle capacità divinatorie dei suoi sogni. Quasi volesse chiarire il senso del messaggio implicitamente contenuto nel primo proemio, Ennio esce allo scoperto e rivendica a sé il merito di aver portato nella letteratura latina la ricchezza di quella greca, attaccando nel contempo i modi di poetare di chi lo aveva preceduto. Autentico ponte tra la cultura latino-italica e quella greca, egli si autodefinisce ***dicti studiosus***, espressione latina che rappresenta un calco del greco *philólogos*, cioè di quell'artista di stampo alessandrino che unisce in sé doti di poeta, di filosofo, di scienziato e di appassionato studioso della realtà umana e naturalistica, aperto ai diversi campi del sapere e agli interessi più vari.

Lingua, metrica e stile

l'esametro

L'innovazione più evidente di Ennio è sicuramente l'adozione dell'**esametro**. Pur presentando una certa rigidità e un eccessivo sperimentalismo, che saranno superati nelle età successive, il verso di Ennio fissò le leggi fondamentali dell'esametro latino.

i nuovi termini

L'adozione del nuovo verso ebbe come conseguenza la necessità di introdurre nel lessico epico **nuovi termini**, se non altro per esigenze metriche. Dovendo operare in tal senso, Ennio fece riferimento al **repertorio linguistico greco** e così anche questa operazione si trasformò in uno strumento per avvicinare mondo greco e mondo latino. Furono creati molti termini, come veri e propri **calchi** di parole greche (ad esempio *aer*), e sul modello greco furono foggiati **composti** come *altivolantum, bellipotente, suaviloquenti.* Ricalcato sull'omerico *-oio* risultò il genitivo singolare della seconda declinazione in *-eo.*

gli arcaismi

I grecismi non esauriscono, tuttavia, le innovazioni apportate da Ennio. Un altro aspetto interessante è l'uso degli **arcaismi** morfologici (come la desinenza del genitivo singolare della prima declinazione in *-ai,* o addirittura in *-as*), lessicali (come

sapsa per *ipsa*; *sam* per *eam*; *sum* per *eum*; la preposizione *indu* per *in*, come si nota nel termine *induperator* per *imperator*) e stilistici.
Tra questi ultimi va segnalato sicuramente il ricorso all'**allitterazione**, figura retorica molto utilizzata anche negli antichi *carmina*, di cui però Ennio seppe fare un uso diverso: egli le affidò, infatti, un compito quasi **fonosimbolico**, per creare effetti sonori che corrispondessero all'atmosfera della narrazione. In questo modo l'allitterazione – che talora sfociava nella vera e propria onomatopea, come nel celebre verso *at tuba terribili sonitu taratantara dixit* (fr. 83 Traglia) – serviva a Ennio per imprimere di volta in volta il tono giusto al racconto. Tale tono **variava** continuamente, a seconda che si descrivesse una battaglia o un momento tranquillo della vita quotidiana.
I versi di seguito riportati (frr. 62; 83; 191; 265; 366 Traglia) sono altrettanti esempi dello sperimentalismo enniano, di una cura formale che rasenta l'eccesso.

O Tite tute Tati tibi tanta turanne tulisti.
Tu, o re Tito Tazio, sopportasti per parte tua tanto grandi sventure.

At tuba terribili sonitu taratantara dixit.
Ma la tromba con suono terribile suonò "taratantara".

Africa terribili tremit horrida terra tumultu.
L'orrida terra d'Africa tremò per il terribile tumulto.

si luci, si nox, si mox, si iam data sit frux
se di giorno, se di notte, se subito dopo, se già fosse data la buona sorte

Macina multa minax minitatur maxima muris.
La grandissima macchina si innalza molto minacciosa sulle mura.

(trad. di S. Dossi)

Ai passi solenni, in cui Ennio faceva sfoggio di tutti quegli artifici linguistici e retorici cui si è accennato, oltre che di **metafore** ardite (si pensi all'espressione *marmor flavum*, «marmo dorato», usata per descrivere la superficie marina illuminata dai raggi solari), si alternavano parti più piane, dominate da un'estrema semplicità lessicale, che in alcuni passaggi ricorreva alle interiezioni proprie del parlato (ne portiamo a esempio una: *pol*, «per Polluce»). In queste parti del poema anche i periodi erano più fluidi e tendevano a valicare il confine del verso per espandersi attraverso il gioco degli *enjambements*.

Giovane con rotolo e corona di lauro, I secolo a.C., Napoli, Museo Archeologico Nazionale.

PERCHÉ ENNIO SI DEFINISCE *DICTI STUDIOSUS*

L'espressione *dicti studiosus*, traduzione latina del greco *philólogos*, era un termine usato dai letterati ellenistici per indicare il «poeta dotto», che doveva essere in grado di spaziare dalla mitologia alla scienza, dalla filosofia alla grammatica, oltre a essere un fine conoscitore dei poeti che lo avevano preceduto. Il vocabolo che meglio rappresentava questo "poeta enciclopedico" era per l'appunto *philólogos*. In sintonia con il mondo ellenistico, Ennio si concepisce quindi diverso dai precedenti poeti latini e intende evidenziare tale distanza, interpretandola come un segno di superiorità.
D'improvviso tutta la produzione latina fino a Nevio viene avvertita come "arcaica" e giudicata inferiore; al contrario, quella di derivazione ellenistica, di cui Ennio si presenta come l'iniziatore, viene considerata moderna e per ciò stesso migliore: un decisivo passo avanti verso l'ellenizzazione di Roma.

APPROFONDIMENTO

IL "SOGNO SIMBOLICO" IN ENNIO

Il sogno è una componente costante dell'opera enniana, come testimoniano anche i frammenti che abbiamo riportato, molti dei quali hanno al loro centro proprio il racconto di un'esperienza onirica. Tralasciando i sogni riferiti nel prologo degli *Annales* e nell'*Epicharmus*, vorremmo concentrarci su due testi che paiono significativi per illustrare i caratteri e il retroterra letterario di quella particolare tipologia onirica che potremmo definire "sogno simbolico".
Cominceremo con il passo dell'*Alexander* (*Scenica* 38-49 Vahlen^2), che contiene il **sogno di Ecuba**.

Alla madre Ecuba incinta parve in sogno
di partorire un'ardente fiaccola, perciò il padre
Priamo, il re stesso, colpito nell'animo dal timore per il sogno,
afferrato dagli affanni sospirosi,
faceva continui sacrifici con vittime belanti.
Poi, cercando la pace, domandò ad Apollo
una spiegazione, scongiurando di rivelargli
dove conducessero così gravi presagi di sogni.
Allora con voce divina dal suo oracolo Apollo
affermò che si astenesse Priamo dall'allevare il bambino
che per primo gli fosse da lì in poi nato;
egli sarebbe stato rovina per Troia, peste per Pergamo.

(trad. di S. Dossi)

Si tratta, come si può facilmente dedurre dalla lettura dei versi, di un tipico sogno **profetico e simbolico**, simile a quelli che si trovano nella tragedia greca; e la tragedia greca è precisamente il retroterra letterario a cui il sogno di Ecuba rinvia. In forza della sua qualità profetica, questa tipologia di sogni aveva il compito di rivelare elementi fondamentali del futuro, spesso dolorosamente drammatici, come è il caso in questione. Tale compito era però svolto in modo enigmatico: il contenuto del sogno era infatti avvolto in un'atmosfera misteriosa, inquietante, solenne e l'elemento centrale – quello che conteneva il messaggio profetico – era posto in grande rilievo e presentato in modo che alludesse a una data realtà nel momento stesso in cui la celava, così che la rivelazione del messaggio potesse avvenire solo a seguito di un'interpretazione oracolare. Si osservi, ad esempio, nel passo in esame come l'elemento centrale sia la fiaccola ardente, che a Ecuba incinta sembra di dover partorire; è evidente che la cosa in sé è destituita di fondamento logico e si comprende solo per la forza allusiva che l'immagine contiene: il bambino che Ecuba si accinge a dare alla luce è Alessandro Paride, che col suo giudizio in favore di Venere e il successivo rapimento di Elena rappresenta *in fieri* la rovina di Troia. Il sogno però rivela già, seppur in forma enigmatica, che la fine della città avverrà per mezzo del fuoco, di cui Paride è per così dire il tizzone iniziale: egli *è* la fiaccola ardente che appiccherà l'incendio mortifero della sua patria. Come si può constatare, tutta questa lunga spiegazione è già contenuta, insieme nascosta e svelata, in una sola immagine, breve e potentemente concentrata: in questo sta la sublimità drammatica del sogno simbolico.
Una situazione analoga può essere rinvenuta nel **sogno di Ilia** (*Annales*, fr. 32 Traglia): anche qui infatti siamo in presenza di un sogno simbolico e premonitore.

E quando con mani tremanti la vecchia portò veloce un lume,
allora (Ilia), riscossasi dal sonno, lacrimando, ricorda tali cose:
«O figlia di Euridice, che nostro padre amò,
ora le forze e la vita abbandonano completamente il mio corpo.
Infatti mi sembrò che un uomo bello mi trascinasse per deliziosi
salici e rive e luoghi sconosciuti; così poi, o sorella,
mi sembrava di andare vagando sola,
e di seguire a fatica le tue tracce e di cercarti, e di non poterti
prendere col cuore; nessun sentiero rendeva il piede sicuro.

Poi mi sembra che il padre mi chiami
con queste parole: "O figlia, tu devi dapprima sopportare
sofferenze, poi la fortuna verrà a te dal fiume".
Detto ciò, o sorella, il padre rapidamente sparì,
e non si offrì alla mia vista, pur desiderato dal cuore,
benché piangendo più volte tendessi le mani
alle azzurre regioni del cielo e lo chiamassi con dolce voce.
A mala pena mi lasciò il sonno col mio cuore angosciato».

(trad. di S. Dossi)

Rispetto a quello precedente, tuttavia, l'ambito di riferimento questa volta non è più solo la tragedia greca, qui c'è qualcosa di più e di diverso. L'emozione che solitamente accompagna la narrazione di un sogno simbolico risulta accentuata. La protagonista del sogno, Ilia, non è solo una spettatrice passiva, ma diventa **soggetto attivo**, perché ciò che vede in sogno rappresenta un'esperienza destinata a concretizzarsi nella sua vita, anzi è l'esperienza fondamentale della sua esistenza. Anche questo tipo di sogno è allusivo: personaggi, vicende e paesaggio in esso contenuti sono altrettanti simboli che rimandano a una realtà ancora misteriosa ma che si percepisce pronta a realizzarsi; la sua realizzazione, però, coinvolge in modo profondo la protagonista, crea in lei sentimenti di turbamento e smarrimento, provoca nel suo animo uno stato insieme di desiderio e di ripulsa. Si pensi, a tale proposito, all'immagine del *locus amoenus*, che allude alla prima esperienza amorosa di Ilia, e al coagulo di sentimenti che inevitabilmente essa produce. Proprio per questo coinvolgimento profondo della sfera psicologica e per la tecnica drammatica con cui viene esplicitato narrativamente, il sogno di Ilia rinvia – oltre che al mondo della tragedia greca – all'epica ellenistica. Si confronti, a proposito, il sogno di Medea contenuto nelle *Argonautiche* di Apollonio Rodio (III, 616 sgg.), che con quello di Ilia ha molti punti in comune, non ultimo quello di rappresentare un sogno di realizzazione del desiderio:

Un sonno alleviò dai suoi mali la giovane distesa sul letto. Subito sogni funesti, ingannatori la tormentavano, quali quelli che sogliono turbare chi è afflitta. Le sembrava che lo straniero[1] affrontasse la prova, non desiderando portar via il vello d'oro, né che fosse venuto per questo motivo presso la reggia di Eeta, ma per condurla nella sua casa come sposa legittima. Vedeva se stessa combattere con i tori e sopportare agevolmente la lotta; ma i suoi genitori venivano meno alla promessa, poiché non alla giovane ma a lui[2] avevano affidato l'incarico di aggiogare i tori; e sorse tra il padre e gli stranieri una lite dagli esiti incerti; entrambe le parti si rivolgevano a lei: sarebbe stato così come avesse desiderato col suo cuore; lei subito scelse lo straniero abbandonando i genitori; un enorme dolore colse loro e gridarono furenti. Il sonno l'abbandonò insieme col grido.

(trad. di S. Dossi)

Marte e Faustolo scoprono i gemelli, figli di Ilia, allattati dalla lupa capitolina, I secolo d.C., Arezzo, Museo Archeologico.

1. Lo straniero è Giasone, impegnato in Colchide nella conquista del vello d'oro.
2. Si fa sempre riferimento a Giasone.

La fortuna

La fama di Ennio fu legata soprattutto alla sua opera di poeta epico. Gli epiteti che abbiamo già ricordato, come *pater Ennius* o *alter Homerus*, testimoniano che gli scrittori latini gli riconobbero il ruolo di vero iniziatore dell'*epos* latino. Certo egli non fu oggetto solo di elogi. Lucilio gli rimproverò di aver scritto versi inadeguati all'altezza dei contenuti. Lucrezio lo elogiò per la sua grandezza poetica, ma lo criticò per le teorie sull'oltretomba, che egli, di impostazione epicurea, non poteva condividere. I *poetae novi* lo avvertirono come un modello superato, soprattutto a causa della scelta del genere epico, troppo ampio e retorico per i loro gusti ellenistici, della scarsa raffinatezza della sua lingua e della rigidità del suo verso. I poeti

IN SINTESI

■ L'affermazione riportata da Gellio: *Q. Ennius tria corda habere sese dicebat*, esprime l'intento del poeta di fondere tre culture, quella italica, quella romana e quella greca, cui sentiva di appartenere, confermando il processo di **ellenizzazione** della cultura romana promosso dagli esponenti del cosiddetto partito filellenico.

■ Ennio nacque a ***Rudiae***, città messapica della penisola salentina, **nel 239 a.C.** Dopo aver combattuto nelle truppe fedeli ai Romani nella seconda guerra punica, fu nelle truppe ausiliarie di stanza in Sardegna, da dove, nel 204 a.C., lo condusse a Roma Catone il Censore, che ne apprezzava le doti poetiche. Qui Ennio entrò in contatto con gli Scipioni, in particolare con Scipione l'Africano, Scipione Nasica e Marco Fulvio Nobiliore, ai quali dedicò scritti celebrativi (*Scipio* e *Ambracia*). Nel 184 a.C. fu insignito della **cittadinanza romana**. **Morì nel 169 a.C.**

■ Ennio spaziò tra tutti i generi letterari. Tra le opere minori, pervenute frammentariamente, ricordiamo: lo ***Scipio*** in onore di Scipione l'Africano, vincitore a Zama; le ***Saturae***, primo esempio a Roma di questo genere letterario, caratterizzato da varietà di metri e di argomenti; gli ***Hedyphagètica***, opera didascalica di argomento gastronomico in esametri sul modello di un poemetto di Archestrato di Gela; il ***Sota***, un testo di carattere parodico in versi "sotadei"; opere filosofiche come l'***Euhèmerus*** e l'***Epicharmus*** e il ***Protrèpticus***.

■ Ennio predilesse, tra le opere teatrali, la **tragedia**. Modello privilegiato fu Euripide, forse per la tendenza all'approfondimento psicologico e l'analisi dei sentimenti. Compose ***cothurnatae*** di cui sono pervenuti venti titoli, moltissimi dei quali riferiti al ciclo troiano, cui si collegavano le origini mitiche di Roma, e due ***praetextae***, l'*Ambracia* e le *Sabinae*. Le tragedie si caratterizzano anche per l'**originalità delle scelte linguistico-stilistiche.** Compose inoltre **commedie**, di cui restano due titoli e pochissimi frammenti.

■ L'opera più importante di Ennio sono gli ***Annales***, poema in 18 libri che narra la storia romana dalle origini ai suoi giorni, secondo il metodo annalistico. Le **novità** del poema enniano si possono così riassumere: uso dell'**esametro**; **suddivisione del poema in libri**; introduzione della **filosofia**; **coinvolgimento emotivo**; esaltazione del **singolo individuo,** secondo i dettami dell'*humanitas*.

■ Un tratto singolare del poema è la presenza di due **proemi**, uno all'inizio dell'opera, in cui il poeta racconta il sogno in cui Omero gli rivela di essersi reincarnato in lui, e uno all'inizio del VII libro, in cui si definisce ***dicti studiosus***, ossia poeta filologo: con il primo proemio Ennio si propone come colui che incarna la fusione di cultura latina e greca; con il secondo si definisce artista di stampo alessandrino che unisce in sé doti di poeta, filosofo, scienziato studioso della realtà umana.

■ L'adozione **dell'esametro** comportò anche conseguenze a livello stilistico: l'introduzione di **neologismi**, **calchi** di parole greche, termini **composti**, **arcaismi**, a cui si associa un uso abbondante di **allitterazioni** con valore fonosimbolico.

■ La fama di Ennio è legata soprattutto alla sua attività di poeta epico, che ne ha fatto l'Omero latino. Tuttavia non tutti i successori lo apprezzarono: tra questi Lucilio, Lucrezio e i *poetae novi*. Suo grande estimatore fu Cicerone e Virgilio gli fu debitore per la composizione dell'*Eneide*.

dell'età augustea, in genere, ne apprezzarono l'*ingenium* ma non la tecnica compositiva, ritenendola ancora rozza. Il più grande estimatore di Ennio fu certamente Cicerone, a cui dobbiamo la conservazione della maggior parte dei versi superstiti. Virgilio gli fu debitore per la composizione dell'*Eneide*, poema con il quale divenne il successore di quello che, fino ai suoi tempi, era stato considerato il poeta nazionale di Roma.

L'IMMAGINE SCOMPARSA

Sappiamo che, quando Ennio morì, gli Scipioni vollero rendergli onore dandogli sepoltura nella loro stessa tomba: era un onore molto alto, considerando l'importanza della *gens* degli Scipioni. La facciata della tomba era concepita come la scena di un teatro ellenistico, una "finzione" che collocava il poeta latino per sempre nell'atto di recitare pubblicamente. Pur essendo importanti sia il poeta sia il luogo in cui fu sepolto, la sua statua non fu mai ritrovata. Si sono fatte ipotesi per dare un volto al poeta, attribuendogli effigi diverse nel corso del tempo. Una delle più recenti è questo volto sofferente (talvolta identificato con Seneca), spesso ritrovato insieme a quello di Virgilio. L'espressione dolorosa, darebbe forma a quella tradizione secondo la quale Ennio sarebbe riuscito a poetare solo in condizione di particolare sofferenza fisica.

Busto in bronzo di Ennio (Seneca), I secolo d.C., dalla Villa dei Papiri di Ercolano, Napoli, Museo Archeologico Nazionale.

INDICAZIONI BIBLIOGRAFICHE

Le edizioni dei testi

L. VALMAGGI, *I frammenti degli* Annali, Torino, Loescher, 1900.

J. VAHLEN, *Ennianae Poesis Reliquiae*, Lipsiae, Teubner, 1903², rist. anastatica Amsterdam, 1967.

O. SKUTSCH, *The Annals of Quintus Ennius*, Oxford, Clarendon Press, 1985.

A. TRAGLIA, *Poeti latini arcaici, I: Livio Andronico, Nevio, Ennio*; Torino, UTET, 1986, vol. I, pp. 273-515.

Gli studi

A. MARASTONI, *Studio critico su Ennio minore*, «Aevum», XXXV (1961), pp. 1-27.

A. GRILLI, *Studi enniani*, Brescia, Paideia, 1965.

S. MARIOTTI, *Lezioni su Ennio*, Urbino, Quattroventi, 1969².

P. FRASSINETTI, *Gli* Annali *di Ennio*, Genova, Tilgher, 1975.

M. BETTINI, *Studi e note su Ennio*, Pisa, Giardini, 1979.

R. REGGIANI, *I proemi degli* Annali *di Ennio: programma letterario e polemica*, Roma, Edizioni dell'Ateneo, 1979.

P. GRIMAL, *Il secolo degli Scipioni*, trad. di D. PLATAROTI, Brescia, Paideia, 1981.

G. ALFÖLDY, *La trasformazione strutturale del II secolo a.C.*, in *Storia dell'antica Roma*, trad. di A. ZAMBRINI, Bologna, Il Mulino, 1987.

A. BARCHIESI, *L'epos*, in AA.VV., *Lo spazio letterario di Roma antica, I: La produzione del testo*, Roma, Salerno Editrice, 1989, pp. 115-141.

A.S. GRATWICK, *Gli «Annales» di Ennio*, in *La letteratura latina della Cambridge University* (1982), trad. di L. SIMONINI, Milano, Mondadori, 1991, vol. I, pp. 99-127.

S. MARIOTTI, *Lezioni su Ennio*, Urbino, Quattroventi, 1991².

G. ARICÒ, *Ennio*, in I. LANA - E.V. MALTESE (a cura di), *Storia della civiltà letteraria greca e latina*, II, Torino, UTET, 1998, pp. 309-325.

FORTUN INSANA ESSE ET CAECAM ET BRUTAM

LA TRAGEDIA ARCAICA

Il "secolo d'oro" della tragedia

Durante tutto il II secolo a.C. si alternarono sulla scena tragica autori di grande rilievo, che seppero richiamare a teatro il pubblico romano attraverso opere ricche di drammaticità, di dialoghi patetici, di colpi di scena imprevisti, di finali a effetto. Ennio, Pacuvio e infine Accio si passarono il testimone nello sviluppo del genere drammatico, in modo tale che, a buona ragione, questo può essere definito "il secolo d'oro" della tragedia latina.

le tappe

Le **tappe** che portarono a questa fioritura passano attraverso l'opera di autori che già in precedenza avevano praticato lo stesso genere in Roma e avevano introdotto i fondamenti del gusto per il tragico. Nel ripercorrerli brevemente, troviamo innanzitutto **Livio Andronico**, con la prima rappresentazione di una ***fabula cothurnata*** tradotta dal greco (240 a.C.); egli aveva impostato il linguaggio tragico latino, attingendo a quello solenne delle leggi, dei *carmina*, degli *annales* e aveva individuato alcune caratteristiche del genere, quali l'argomento mitico greco, con preferenza per il ciclo troiano (legato alle origini della città, alla sua storia, al destino degli eroi che intorno a essa hanno combattuto).

Gneo Nevio, poi, aveva allargato i soggetti delle tragedie ad altri miti attinti dai tragediografi greci del V secolo a.C. (per esempio, quelli legati al culto di Bacco) e soprattutto aveva introdotto la **storia romana** come soggetto per il genere tragico (***fabula praetexta***), scrivendo *Romulus*, e soprattutto *Clastidium* («Casteggio»), che celebrava l'importante vittoria conseguita sui Galli nel 222 a.C.

Addio di Ettore e Andromaca, particolare della volta nella *Domus Aurea*, I secolo d.C., Roma, Soprintendenza Archeologica.

Ennio infine – siamo ormai nel II secolo a.C. – con la sua autorevolezza di "padre" della letteratura latina legava ancor più lo **sviluppo della tragedia** a quello del genere epico, ne fissava il linguaggio, i metri da impiegare, i toni che tendevano al magniloquente, imponeva la ricerca dell'effetto patetico che avrebbe segnato la storia del genere fino all'età imperiale. Inoltre, ribadì l'apertura all'argomento storico romano, che era già stato proprio di Nevio, mettendo in scena alcune *praetextae* (l'*Ambracia* e le *Sabinae*). Ormai anche la tragedia era divenuta un genere importante nel panorama della letteratura latina, un genere che **contribuì a creare il mito romano** e il senso di appartenenza a una civiltà.

Pacuvio

Un artista poliedrico Marco Pacuvio esercitò la propria attività artistica in campi diversi: oltre a essere un abile letterato, fu **pittore** (Plinio il Vecchio, erudito del I secolo d.C., descrive un suo dipinto nel tempio di Giove) ed esperto **musicista**, se è vero che egli compose anche la musica delle sue tragedie. **Nato nel 220 a.C.**, forse da una sorella di Ennio, e **morto a Taranto nel 130**, Pacuvio fu in stretto contatto con il **"circolo" filellenico degli Scipioni**, conobbe sia l'Africano, sia i più giovani Lucio Emilio Paolo e suo figlio Scipione Emiliano. Nonostante la sua longevità, conosciamo i titoli di sole **13 tragedie** da lui composte. Dodici sono *cothurnatae*, d'argomento mitologico, ispirate alle opere dei tragediografi greci Sofocle ed Euripide (fra le quali ricordiamo *Antìopa, Hermìona, Ilìona, Atalanta, Niptra*, cioè «Il bagno», dedicata al ritorno di Ulisse a Itaca e alla sua morte); l'ultima invece è una *praetexta*, ovvero una tragedia di ambientazione e argomento romano, *Paulus*, che celebrava la vittoria di Emilio Paolo a Pidna (168 a.C.). Essa venne probabilmente rappresentata in occasione del trionfo del generale romano.

***Pathos* e sperimentalismo linguistico** Attraverso i titoli delle sue opere e i pochi frammenti che rimangono (circa 400 versi), possiamo riconoscere in Pacuvio i caratteri di uno scrittore magniloquente, dallo stile barocco, che accentua il ***pathos* tragico**, costruisce scene di **forte drammaticità** e dà all'azione **sviluppi romanzeschi**: per mezzo di questi accorgimenti egli intendeva colpire il pubblico soprattutto sul piano emotivo. Forte è la "visualità" di alcune scene (caratteristica sulla quale i critici hanno ipotizzato avesse influito la sua attività di pittore), come l'agonia di Ulisse fra atroci sofferenze, narrata nel *Niptra*, o l'apparizione dello spettro di Deifilo alla madre dormiente nella *Iliona*. In questo secondo caso, nella descrizione che Deifilo fa del suo corpo martoriato (vv. 197-201 Ribbeck), emerge anche il gusto per il macabro che percorrerà tutta la letteratura tragica fino a Seneca e attraverso questo giungerà al teatro del Cinquecento.

il *pathos*

Mater, te appello, tu quae curam somno suspensam levas
neque te mei miseret, surge et sepeli natum <tuum> prius
quam ferae volucresque...
neu reliquias semiesas sireis denudatis ossibus
per terram sanie delibutas foede divexarier.

Madre, ti invoco, tu che nel sonno allevii la pena angosciosa
e non hai pietà di me, alzati e seppellisci tuo figlio, prima che le fiere e gli uccelli...
e non permettere che i miei resti semidivorati, con le ossa denudate
e impregnate di putredine, siano turpemente dispersi per terra.

(trad. di S. Dossi)

i personaggi tragici

I personaggi tragici di Pacuvio sono **eroi che lottano fieramente contro il destino**, uomini di spicco, magnanimi e impassibili anche di fronte alle sventure e al dolore, esempi della *gravitas* romana e delle altre virtù del *mos maiorum*. Scrive a tale proposito Luciano Perelli: «Con Pacuvio prende inizio quella stilizzazione letteraria e morale delle virtù eroiche, che tanto seguito avrà non soltanto nel teatro tragico, ma in tutte le forme della letteratura latina, e che tanto contribuirà a formare della cultura latina un'immagine retorica e falsa» (*Storia della letteratura latina*, Torino, Paravia, 1977, p. 60). Non sfuggono a questo modello anche le figure femminili cui Pacuvio dedicò, pare, grande spazio: più di metà dei titoli delle sue opere, infatti, è dedicata a personaggi femminili del mito.

i temi

Un aspetto interessante del teatro di Pacuvio è il riferimento alla religione e soprattutto alla filosofia intorno a temi di grande portata, come il perenne divenire delle cose, l'unità dell'essere del mondo nonostante l'infinita varietà degli esseri, l'incidenza della Fortuna, fino alla discussione razionalista delle pratiche divinatorie. Sulla discussione del concetto di Fortuna riportiamo un ampio frammento del *Chryses* (vv. 366-376 Ribbeck), in cui Pacuvio approda a conclusioni razionalistiche, seguendo il metodo del confronto tra due teorie contrapposte: una considera la Fortuna *insana, caeca, bruta* e artefice dei casi umani; l'altra sostiene che niente al mondo avviene per opera della Fortuna, ma tutto dipende dal caso (vedi l'Approfondimento "Il concetto di Fortuna in Pacuvio").

Fortunam insanam esse et caecam et brutam perhibent philosophi
saxoque instare in globoso praedicant volubili:
quia quo id saxum inpulerit fors, eo cadere Fortunam autumant.
Insanam autem esse aiunt, quia atrox incerta instabilisque sit:
caecam ob eam rem esse iterant, quia nil cernat quo sese adplicet,
brutam, quia dignum atque indignum nequeat internoscere.
Sunt autem alii philosophi qui, contra, Fortuna negant
ullam miseriam esse; temeritate omnia geri autumant.

APPROFONDIMENTO

IL CONCETTO DI FORTUNA IN PACUVIO

Gli scarsi frammenti delle tragedie di Pacuvio non consentono di fare affermazioni definitive sulla posizione assunta dal tragediografo latino in merito ai temi del *Fatum* e della *Fortuna*. Tuttavia, soprattutto se ci si riferisce al *Chryses*, sembrerebbe di intravedere una polemica sulla divinazione: Pacuvio non mostra di nutrire grande simpatia per i vati, che a suo parere sarebbero privi di credibilità. Propone quindi una visione razionalistica e panteistica della realtà, per certi versi non dissimile da quella di Ennio. Il lungo passo del *Chryses* che abbiamo riportato, in particolare, avvalora questa impressione, affrontando nei termini di cui si è detto il problema della fortuna.

Se la personale posizione di Pacuvio è incline al razionalismo e portata a sottrarre al divino ogni compito di organizzazione e ordinamento del mondo, ne consegue la tendenza a considerare l'universo in preda all'imprevisto e all'imprevedibile: un groviglio confuso di accidenti casuali. È precisamente l'opinione che l'autore esprime nel brano del *Chryses*, nel quale si domanda se il mondo sia in mano alla Fortuna «pazza e cieca e ottusa» e ancora «folle, poiché crudele, incerta e instabile», o al puro caso. A ben vedere sembra trattarsi di disquisizioni di carattere puramente terminologico, perché tra il caso e la sua personificazione in Fortuna non passa molta differenza.

Id magis veri simile esse usus reapse experiundo edocet:
velut Orestes modo fuit rex, factust mendicus modo
naufragio; nempe ergo id fluctu, hau forte aut Fortuna optigit.

I filosofi dicono che la Fortuna è pazza e cieca e ottusa e sostengono che stia su di un sasso rotondo girevole: affermano che dove la sorte ha spinto quel sasso, là la fortuna va a cadere; dicono poi che è folle, poiché è crudele, incerta e instabile: ripetono che è cieca per questo motivo, perché non vede per niente dove si accosti, ottusa, perché non sa distinguere il degno dall'indegno. Vi sono però altri filosofi che, al contrario, dicono che nessuna sventura avvenga per la Fortuna, e affermano che ogni evento è prodotto dal caso. In realtà, l'esperienza insegna che ciò è più verosimile: come Oreste, che ora fu re, ora divenne mendico per un naufragio; certamente ciò gli capitò a causa dei flutti, non per sorte o per Fortuna.

(trad. di S. Dossi)

Anche le problematiche etiche che la filosofia discuteva dovevano essere entrate nelle sue tragedie, condensandosi, come spesso accadeva nel teatro, in massime morali.

la lingua

Sul piano linguistico la ricerca dell'erudizione e dell'effetto portò Pacuvio a un eccessivo sperimentalismo, fino alla costruzione di audaci neologismi basati sul modello greco; tale operazione da una parte permise l'ampliamento del lessico poetico latino, dall'altra si attirò la critica degli autori successivi, come il poeta satirico Lucilio (II secolo a.C.) e il grande maestro di età imperiale Quintiliano, i quali criticarono la sua lingua impura e ironizzarono su perifrasi astruse e pesanti come *Nerei repandirostrum incurvicervicum pecus* («il gregge di Nereo muso-all'insù e collo-incurvato»), per indicare un branco di delfini.

Tyche (Sorte) di Antiochia, nella tipica posa di donna seduta su una roccia (segno di stabilità a fronte della sua imprevedibilità), III secolo a.C., Città del Vaticano, Musei Vaticani.

Si è dunque alla presenza di un testo interessante, sotto il profilo ideologico, perché – come opportunamente sostiene il Paduano – esso contiene la testimonianza di «un mondo in cui la recessione del divino è arrivata al gradino più basso, un mondo in cui non è neppure in discussione l'arbitrarietà caotica del reale, ma solo la terminologia, [...] in questo problema verbale sta racchiuso il problema umanistico della reazione dell'uomo alle forze che lo sovrastano e la conquista della coscienza del proprio condizionamento».[1]

1. G. PADUANO, *Il mondo religioso della tragedia romana*, Firenze, Sansoni, 1974, p. 12.

IN SINTESI

■ Il II secolo a.C. può essere definito **"il secolo d'oro" della tragedia latina**: dopo l'inaugurazione del genere da parte di Livio Andronico e le innovazioni introdotte da Nevio ed Ennio (nascita della *fabula praetexta*), Pacuvio e Accio proseguono con apporti personali il genere tragico e conseguono un notevole successo.

■ **Marco Pacuvio**, oltre che letterato, fu anche pittore ed esperto musicista (compose la musica che accompagnava i suoi drammi): nato nel 220 a.C. e morto a Taranto nel 130, Pacuvio fu in stretto contatto con gli ambienti filellenici. Conosciamo i titoli di sole **13 tragedie** da lui composte. Dodici sono d'argomento mitologico, mentre l'ultima è una *praetexta* (*Paulus*), che celebrava la vittoria di Emilio Paolo a Pidna (168 a.C.).

■ Pacuvio fu **scrittore magniloquente**, **dallo stile barocco**, che accentuava il *pathos* tragico e amava gli sviluppi romanzeschi dell'azione. I suoi eroi lottavano fieramente contro il destino, erano personaggi magnanimi e impassibili di fronte alle sventure. Interessante è anche il suo tentativo di ampliare e modernizzare i problemi affrontati, con accenni a tematiche religiose e filosofiche. Sul piano linguistico Pacuvio tese allo **sperimentalismo** anche attraverso la formazione di audaci neologismi e costrutti basati sul modello greco.

Accio

Un intellettuale orgoglioso e prolifico

Una fitta aneddotica, riportata da autori successivi, mostra Lucio Accio come consapevole prosecutore dell'opera di Pacuvio (nei confronti del quale ebbe però un atteggiamento piuttosto superbo), un vero dominatore della scena teatrale e un attivo protagonista della vita letteraria di Roma, nell'età che conobbe i fatti violenti legati alla politica dei Gracchi e l'affermazione di Mario.

la vita

Lucio Accio **nacque a Pesaro**, colonia romana, nel **170 a.C.**; era figlio di un ricco liberto e vide probabilmente la sua affermazione culturale come una rivincita sul piano sociale rispetto alla nascita non illustre. La comparsa dei suoi drammi sulla scena romana è testimoniata a partire dal 140 a.C. con un successo che oscurò ben presto quello dell'anziano Pacuvio.

Sul piano politico-culturale **si schierò con la corrente tradizionalista**. Si legò in particolare a Decimo Giunio Bruto, che sconfisse i Lusitani nel 138 a.C. e in onore del quale il poeta scrisse una *praetexta* (*Brutus*), dedicata al suo più famoso antenato. **Morì dopo l'86 a.C.**, anno in cui il giovane Cicerone testimonia ancora di averlo conosciuto personalmente.

l'attività letteraria

Accio sostenne la sua attività teatrale attraverso un ampio lavoro letterario: si occupò di **grammatica, filologia e critica**, e ancora in età giovanile si recò in Asia Minore per compiere un viaggio di perfezionamento culturale. Proprio nelle città della Ionia venne a contatto con la scuola retorica "asiana", che insegnava uno stile artificioso, mirante a ottenere effetti patetici: uno stile particolarmente adatto, quindi, alle sue tragedie.

Compose gli *Annales* in esametri, forse sul modello di Ennio, i *Didascalica* (nove libri che affrontavano questioni letterarie) e altre opere di minore importanza. Certo è nel genere tragico che egli ebbe il maggiore successo: mise in scena infatti oltre **cinquanta tragedie**. Fu un autore **orgoglioso, convinto della propria abilità** e **prolifico**, del quale purtroppo restano i titoli di molte opere, pochi frammenti (circa 750 versi), ma neppure un'opera intera.

La tragedia del potere Per comporre i suoi drammi Accio attinse ai racconti eroici e mitologici greci: in gran parte si ispirò al **ciclo troiano** (quella lunga catena di eventi mitici che parte dal reclutamento degli eroi per la guerra d'assedio e si conclude con i *nóstoi* – racconti del ritorno – degli eroi), poi alle truculente storie dei Pelopidi, al ciclo tebano e ad altri miti ancora. Citiamo i titoli di alcune tra le sue opere più conosciute: *Atreus* («Atreo»), *Bacchae* («Le baccanti», legata al culto dionisiaco, sul modello euripideo), *Epinausimache* («La battaglia presso le navi»), *Medea sive Argonautae* («Medea, o gli Argonauti»), *Achilles, Armorum iudicium* («Il giudizio sulle armi» di Achille), *Clytaemnestra* («Clitemnestra»), *Phoenissae* («Le donne fenicie»), *Philoctéta* («Filottete»), *Tereus* («Tereo»).

i temi

Accio compose anche due *praetextae*: *Aeneadae sive Decius* («Gli Eneadi, o Decio») dedicata al console che, durante le guerre sannitiche, si era offerto agli dèi inferi per ottenere la vittoria dei Romani, e soprattutto *Brutus* («Bruto»), in cui esaltava l'antico patrizio Lucio Giunio Bruto, protagonista della cacciata dell'ultimo re da Roma, nonché progenitore del suo protettore Decimo Giunio Bruto.

Dominano nelle tragedie di Accio **figure grandiose e isolate**, capaci di ergersi a veri eroi sia del bene sia del male, attraverso le quali il poeta proponeva una riflessione sul tema del potere e del suo esercizio. Non a caso alcuni studiosi hanno attribuito il perdurare del successo di Accio (quando invece la commedia già iniziava la sua rapida decadenza) alla sua capacità di suscitare l'interesse degli spettatori intorno a temi che trovavano riscontro nelle vicende della realtà storica: le violente lotte politiche e sociali che preparavano la strada alla guerra civile vera e propria facevano infatti apparire all'orizzonte, come nube minacciosa, il rischio della tirannia, che così frequentemente Accio scelse come argomento dei suoi drammi. Emblematica a proposito è l'esclamazione di Atreo, tiranno assetato di potere, che troviamo nella tragedia omonima: *oderint, dum metuant* («mi detestino pure, purché mi temano»). Una battuta non a caso rimasta proverbiale.

i protagonisti

Il passo che segue è tratto dal *Brutus* (vv. 17-38 Ribbeck), tragedia in cui Accio pone in scena il momento storico del passaggio dalla monarchia, ormai degenerata in ti-

Ai piedi di Atena si vota per l'assegnazione delle armi di Achille, V secolo a.C., Vienna, Kunsthistorisches Museum.

rannide per via del comportamento dell'ultimo re Tarquinio, alla repubblica che renderà grande il popolo romano.

Nel frammento Tarquinio riferisce un sogno inquietante a un indovino, che ne fornisce una spiegazione: è naturale che l'uomo sogni ciò che fa durante la giornata, ma è anche vero che i sogni sono profetici e quello di Tarquinio presagisce per lui sventure e per Roma un avvenire grandioso. Lo stile è elevato e, soprattutto nella risposta dell'indovino, acquista una solennità oracolare, sottolineata dal probabile accompagnamento del suono del flauto.

> TA. Poiché, al cadere della notte, diedi il corpo al riposo, placando nel sonno le membra stanche mi sembrò di vedere in sogno un pastore, che spingeva verso di me un gregge di pecore di straordinaria bellezza; che poi venissero scelti due arieti gemelli e che io ne immolassi uno, il più bello. Dopo mi sembrò che suo fratello puntasse le corna, mi incornasse e per quel colpo io cadessi. In seguito, prostrato a terra, gravemente ferito, riverso, osservassi in cielo un evento grandioso e stupefacente: il disco fiammeggiante e raggiante del sole si dileguava a destra, seguendo una nuova direzione.
>
> IN. O re, non c'è da meravigliarsi se appaiono in sogno quelle cose che in vita gli uomini fanno, pensano, curano, vedono e quelle che compiono e meditano da svegli, ma gli dèi in una situazione così importante non a caso offrono un prodigio tanto singolare. Bada quindi che quello che tu pensi sia ebete come un animale non abbia un animo egregiamente munito di saggezza e ti espella dal regno; infatti quello che ti è stato mostrato dal sole rivela che ci sarà per il popolo un imminente sovvertimento dello Stato. Che ciò abbia un esito felice per il popolo! Infatti che l'astro più potente abbia mosso la sua orbita da sinistra a destra è un ottimo auspicio che sommo sarà lo Stato romano.

lo stile

I toni aulici e magniloquenti del suo stile non sono dissimili da quelli di Pacuvio: risultano dominanti **il patetico e l'orrido**, con una nutrita presenza di scene stranianti, come **apparizioni di spettri, incubi, sogni e prodigi**. Anche Accio amò le sentenze proverbiali, creò neologismi e tese allo sperimentalismo linguistico, puntando a stupire lo spettatore. **Ampio è l'utilizzo delle figure retoriche** tipiche di tutta la poesia arcaica: anafore, omoteleuti, accumulazioni, paronomasie, figure etimologiche.

SOGNO O REALTÀ?

Nel sogno non solo comparivano «le cose che in vita gli uomini fanno», ma anche presenze ritenute più inquietanti, spettri, fantasmi, animali parlanti e così via. Per il nostro modo di vedere, esse sarebbero tutte proiezioni della nostra mente, ma per gli antichi esse erano invece presenze che l'animo, uscendo dal corpo durante il sonno, incontrava "realmente", ottenendo da esse messaggi importanti, presagi, anticipazioni del futuro o spiegazioni del passato, talvolta in forma enigmatica, che persone specializzate in questo – gli oneiromanti – erano in grado di spiegare.

Immagine di visione in sogno, il sogno di Giuseppe, VI secolo d.C., Vienna, Biblioteca Nazionale Austriaca.

Il declino del teatro letterario

Decadenza della commedia I due generi teatrali maggiori, commedia e tragedia, vissero la loro stagione migliore tra il III e il II secolo a.C., ma andarono incontro a un rapido declino.

La commedia, dopo Terenzio, non ebbe altri autori di rilievo e, d'altra parte, proprio lo stesso realismo e l'attenzione all'interiorità voluti dal teatro terenziano non facilitarono l'adesione del pubblico romano agli spettacoli.

Alcuni autori continuarono stancamente a comporre commedie per tutto il II secolo a.C., ma dovettero fare i conti con il prepotente ritorno di altri generi teatrali più popolari e salaci, come l'atellana e il mimo. L'unica forma originale di produzione comica si ebbe nella seconda metà del secolo con la ***fabula togata***, una **commedia di ambientazione romana**, che visse un effimero periodo di successo con **Titinio**, **Afranio** e **Atta**, autori di cui abbiamo poco più che i nomi e qualche testimonianza indiretta. Le loro opere si presentano come copie della *palliata*, ma ben più deboli sia nella struttura sia nelle potenzialità comiche: in un'ambientazione romana, ad esempio, il servo, elemento di forza della commedia palliata di Plauto, non poteva certo permettersi di apparire più abile e scaltro del suo padrone, nemmeno all'interno della finzione scenica!

fabula togata

La tragedia dalla scena alla lettura Per quanto riguarda la tragedia, sappiamo che vennero **replicate** a lungo le **rappresentazioni** delle opere scritte da Ennio, Pacuvio e Accio. Per incontrare nuovamente una produzione originale e letterariamente significativa bisognerà attendere la fine dell'età classica e la prima età imperiale, con Ovidio (I secolo a.C.), la cui perduta *Medea* era considerata un capolavoro, e soprattutto con Seneca (I secolo d.C.).

L'involuzione della tragedia in un primo tempo passò attraverso la produzione di spettacoli che puntavano sulla **grandiosità degli allestimenti** – con anche centinaia di comparse e animali in scena – costruiti apposta per un pubblico sempre più disinteressato alla riflessione sui drammi umani. L'uso di questa **spettacolarizzazione** spinta all'eccesso rivela che il genere, in crisi, per sopravvivere cercava di passare attraverso mezzi spuri, che non erano propri del tragico e che ne decretarono una volta di più la fine.

In un secondo tempo, la tragedia si ritirò nelle **recitazioni antologiche**, veri e propri *recital* tenuti da attori che esibivano la loro bravura davanti a un ristretto pubblico di intenditori.

Questa forma di spettacolo, dal punto di vista degli autori tragici, si trasformò in esercizio letterario per le classi colte, perdendo così il contatto vivo con la scena e con il pubblico più vasto.

Possiamo dunque dire che il genere tragico andò incontro alla **decadenza** per via della sua **rigidità strutturale**, che non gli permise di parlare un linguaggio nuovo, adatto ai tempi mutati, per di più non rappresentando un genere "di massa" per il pubblico romano, meno abituato e meno interessato di quello ateniese alle rappresentazioni di vicende centrate intorno a problemi morali e religiosi. In Roma, infatti, la grande

Particolare di un mosaico raffigurante una flautista durante uno spettacolo teatrale, II secolo a.C., Napoli, Museo Archeologico Nazionale.

folla di spettatori si riversava su altre forme di spettacolo e intrattenimento, sportive o violente, come le gare ippiche e i cruenti giochi del circo, i quali, originari dell'Etruria o forse della Campania, penetrarono a Roma già nel III secolo a.C. ed ebbero subito enorme successo.

Dietro questa involuzione dei generi teatrali letterari si pone una progressiva **diva-**

IN SINTESI

■ **Lucio Accio**, prosecutore dell'opera di Pacuvio, dominò la scena teatrale e fu protagonista della vita letteraria dell'epoca. **Nato a Pesaro nel 170 a.C.**, figlio di un ricco liberto, Accio rappresentò i suoi drammi a partire dal 140 a.C.; si legò alla **corrente tradizionalista**, in particolare a Decimo Giunio Bruto, al quale dedicò una *praetexta*. Morì probabilmente dopo l'86 a.C.

■ Accio si occupò anche di **grammatica, filologia e critica**; ancora in età giovanile approfondì nelle scuole di retorica dell'Asia Minore lo stile "asiano". Oltre alla scrittura di opere varie, di cui restano solo i titoli, Accio fu autore soprattutto nel genere tragico: mise in scena oltre cinquanta tragedie, di cui restano circa 750 versi. Attinse in gran parte al ciclo troiano, ma si ispirò anche al ciclo tebano e ad altri miti ancora. Compose anche due *praetextae*: *Aeneadae sive Decius* («Gli Eneadi, o Decio») e *Brutus* («Bruto»).

■ Dominano nelle tragedie di Accio **figure grandiose e isolate**, veri eroi sia del bene sia del male cui l'autore collega una riflessione sul tema del potere e del suo esercizio. I **toni aulici e magniloquenti** sono simili a quelli di Pacuvio: risultano dominanti il patetico e l'orrido, con apparizioni di spettri, incubi, sogni e prodigi. Anche Accio tese allo sperimentalismo linguistico e all'uso di neologismi, puntando a stupire lo spettatore.

■ I due generi teatrali maggiori, commedia e tragedia, vissero la loro stagione migliore tra il III e il II secolo a.C., ma andarono incontro a un **rapido declino**. La commedia vide ancora un periodo di successi, nella seconda metà del secolo, grazie al diffondersi della ***fabula togata***, di ambientazione romana. La tragedia invece passò in un primo tempo attraverso una **spettacolarizzazione spinta**, con allestimenti scenici grandiosi; in un secondo tempo invece fu dedicata a un ristretto pubblico di intenditori, senza contatto vivo con la scena.

■ Le cause della **decadenza della tragedia** sono da individuare nella sua rigidità strutturale, ma anche nel fatto che essa non fu mai un genere "di massa". La grande folla di spettatori si riversava su altre forme di spettacolo e intrattenimento, sportive o violente, come le gare ippiche e i cruenti giochi del circo. Dietro questa involuzione dei generi teatrali letterari vi è dunque una **progressiva divaricazione** tra il gusto dell'***élite* culturale e quello della massa della plebe romana**, dentro una città che stava divenendo capitale di un grande stato.

ricazione tra il gusto dell'*élite* culturale, che iniziò a sentire questo linguaggio scenico come arcaico e superato, e la massa della plebe romana, più interessata a spettacoli immediati e brutali, che generavano una facile emotività. È questo uno dei segni del profondo **cambiamento sociale** che stava maturando in Roma, città che da forte centro regionale si stava trasformando in una capitale.

il cambiamento sociale

Combattimenti tra gladiatori, II secolo a.C., Tripoli, Museo della Jamahiriya.

INDICAZIONI BIBLIOGRAFICHE

Le edizioni dei testi

O. RIBBECK, *Scaenicae Romanorum poesis fragmenta*, vol. I (*Tragicorum fragmenta*), Lipsia, Teubner, 1897².

G. D'ANNA, *M. Pacuvi fragmenta*, Roma, Edizioni dell'Ateneo, 1967.

A. RESTA BARRILE, *Accio, Frammenti*, Bologna, Zanichelli, 1969.

V. D'ANTÒ, *L. Accio. I frammenti delle tragedie*, Lecce, Milella, 1980.

T. GUARDI, *Titinio e Atta.* Fabula togata. *I frammenti*, Milano, Jaca Book, 1985.

F.H. SANDBACH, *Il teatro comico in Grecia e a Roma*, trad. it., Roma-Bari, Laterza, 1985.

Gli studi

I. MARIOTTI, *Introduzione a Pacuvio*, Urbino, S.T.E.U., 1960.

E. PERUZZI, *Le origini di Roma*, voll. I-II, Bologna, 1970-1973.

A. MARZULLO, *Dalla satira al teatro popolare latino. Ricerche varie*, Milano, Ceschina, 1973.

A. TRAINA, Vortit barbare. *Le traduzioni poetiche da Livio Andronico a Cicerone*, Roma, Edizioni dell'Ateneo, 1974².

G. PADUANO, *Il mondo religioso della tragedia romana*, Firenze, Sansoni, 1974.

R. TABACCO, *Il problema della* togata *nella critica moderna*, «Bollettino di studi latini», V (1975), pp. 33-57.

F. CASACELI, *Lingua e stile in Accio*, Palermo, Palumbo, 1976.

G. D'ANNA, *La* doctrina *di M. Pacuvio*, in G. D'ANNA, *Problemi di letteratura latina arcaica*, Roma, Lucarini, 1976, pp. 173-197.

A. LA PENNA, *Funzione e interpretazione del mito nella tragedia arcaica latina*, in ID., *Fra teatro, poesia e politica romana*, Torino, Einaudi, 1979, pp. 5-14.

P. GRIMAL, *Il secolo degli Scipioni*, trad. di D. PLATAROTI, Brescia, Paideia, 1981.

AA. VV., *Storia di Roma*, a cura di A. MOMIGLIANO - A. SCHIAVONE, vol. I, Torino, Einaudi, 1988.

G. BARABINO, *Il tema del sangue nei frammenti tragici di Accio*, Atti del II Seminario di studi sulla tragedia romana, in «Quaderni di cultura e di tradizione classica», VI-VII (1988-89), pp. 41-53.

M. SORDI, *Il mito troiano e l'eredità etrusca di Roma*, Milano, Jaca Book, 1989.

L. NOSARTI, *Medo, Medea e il doctus Pacuvio*, Atti del V Seminario di studi sulla tragedia romana, in «Quaderni di cultura e di tradizione classica», XI (1993), pp. 21-44.

ORATOR EST, MARCE FILI, VIR BONUS DICENDI PERITUS

CATONE E LA STORIOGRAFIA ANNALISTICA

L'autore

Homo novus* e conservatore** Catone **nacque nel 234 a.C. a *Tusculum, in territorio sabino, dove trascorse la giovinezza coltivando la piccola proprietà paterna. Dopo avere combattuto nella seconda guerra punica, **iniziò la carriera politica** con l'appoggio dell'aristocratico conservatore Lucio Valerio Flacco (appoggio indispensabile, data la sua condizione di *homo novus*): nel 204 fu eletto questore e percorse rapidamente i gradi del *cursus honorum*; nel 191 combatté in Grecia e svolse una missione diplomatica ad Atene e in altre città; raggiunse il consolato nel 195, carica nella quale ebbe come collega proprio Valerio Flacco: per i successi militari da lui ottenuti in Spagna gli fu concesso l'onore del trionfo. Ancora con Valerio Flacco fu eletto censore nel 184: furono diciotto mesi durante i quali egli esercitò con rigore un'attività di moralizzazione della vita pubblica romana, giungendo a prendere posizioni estreme, come l'interdizione da una candidatura per il senatore Publio Manlio, perché costui aveva baciato la moglie in pubblico e davanti alla figlia, contravvenendo alle prescrizioni del *mos*. Tale condotta gli fece guadagnare l'epiteto di "Censore" per antonomasia.

l'attività politica

le "battaglie"

Tutta la sua attività fu improntata da un'**accesa battaglia sia contro la diffusione in Roma della cultura greca sia contro la potente famiglia degli Scipioni**, che appoggiava l'orientamento filoellenico: una battaglia condotta sul duplice fronte culturale e politico. Esemplare fu nel 195 a.C. la sua tanto strenua quanto vana opposizione all'abrogazione della *lex Oppia,* che limitava l'uso di gioielli e in genere il tenore di vita delle donne di ricca famiglia; altrettanto velleitaria fu l'opposizione nel 181 a.C. alla revoca di un'altra legge suntuaria (ossia limitatrice di spesa), la *lex Orchia.* Catone, nella sua lunga esistenza, accusò ripetutamente in tribunale Scipione l'Africano (il vincitore di Annibale e fautore di una politica imperialistica in tutto il Mediterraneo) e gli avversari aristocratici in un'estenuante serie di processi intentati loro per cattiva amministrazione del denaro pubblico, appropriazione indebita e corruzione. Contemporaneamente promosse una serie di **provvedimenti moralizzatori**, contro il lusso eccessivo e la corruzione, in difesa del *mos maiorum* con i suoi costumi sobri e austeri. Catone, data la sua vita frugale e moralmente esemplare, non esitava ad additare se stesso come esempio: «io non ho né vasellame né vesti di preziosa fattura; né servo raffinato né ancella», e ancora: «mi criticano perché sono povero di molte cose; ma criticabili sono loro, perché non sanno essere poveri» (*De sumptu suo*, «Sul proprio tenore di vita», fr. 174 Malcovati).

La lotta culturale Nell'anno 155 a.C. **condannò duramente in senato la presenza a Roma dei tre filosofi-ambasciatori inviati da Atene**, Carneade, Diogene e Critolao: secondo il vigile custode della tradizione, i tre personaggi, con le loro dissertazioni, potevano insinuare pericolosi dubbi sulla validità del *mos maiorum* e della morale degli avi. In particolare lo colpirono le due conferenze tenute da Carneade, il quale, secondo l'espediente della *oratio in utramque partem* («orazione pro e contro»), prima sostenne l'esistenza di un diritto naturale, poi smentì la stessa tesi. Un tale uso "relativistico" della parola e dei suoi strumenti poteva minare, secondo Catone, la fedeltà dei giovani romani alle leggi e ai magistrati. In quella occasione egli riuscì a ottenere la delibera della loro espulsione dalla città.

FILOSOFIA

MEDIABOOK ▸

LA FILOSOFIA ARRIVA A ROMA

Catone e la Grecia

In realtà, in età avanzata, **Catone studiò personalmente sia la lingua sia la letteratura greca**, soprattutto per esigenze legate alla sua attività di oratore e di scrittore. Inoltre anche la sua posizione antiscipionica si ammorbidì, tanto da autorizzare le nozze tra suo figlio e una sorella di Publio Cornelio Scipione Emiliano. Il clima culturale, nella parte finale della sua lunga vita, stava mutando: si imponeva l'ellenizzazione della cultura latina; si diffondeva la nuova letteratura, di cui era massimo rappresentante quell'Ennio che proprio Catone aveva condotto a Roma, ma che poi si era avvicinato al "circolo" degli Scipioni. Tuttavia la sua opera non fu senza conseguenze: egli era riuscito a rendere ancora più saldo il robusto albero del *mos maiorum*, aveva posto dei limiti morali, segnati dal rispetto della tradizione, di cui le generazioni successive avrebbero dovuto tenere conto.

GIOIELLI O AUSTERITÀ?

La lotta contro l'uso dei gioielli, l'eccessivo tenore di vita, il lusso non sono solo espressione di un'intransigente applicazione del *mos maiorum*, ma una vera mossa politica. Catone vedeva bene il divario sempre più grande che si stava aprendo nella società romana: da un lato l'aristocrazia che – con i mezzi provenienti dalle conquiste – tendeva a imitare la bellezza e la raffinatezza delle corti ellenistiche e dall'altro lo stato dei piccoli proprietari terrieri, che dalle guerre erano stati invece profondamente danneggiati. Per questo Catone insistette nella sua opera politica e letteraria sulla gestione della media proprietà terriera, fondamento della ricchezza e della società stessa nell'occidente mediterraneo.

Ritratto di matrona con orecchini e collana, I secolo a.C., Napoli, Museo Archeologico Nazionale.

Negli ultimi anni di vita si dedicò a speculazioni finanziarie, a commerci di schiavi e, secondo alcuni, anche all'usura. **Nel 157 a.C. fu inviato in Africa**, in qualità di mediatore fra Cartaginesi e Numidi: in quell'occasione si rese conto che la città di Cartagine, nonostante le guerre, poteva diventare di nuovo una minaccia per Roma, soprattutto dal punto di vista mercantile, oltre che politico-militare: divenne allora un accanito **sostenitore della sua distruzione**, fino all'ossessione. Sostenne la sua tesi in particolare un mattino in senato, portando un cesto di fichi appena arrivato da Cartagine. Se i fichi giungevano freschi da quella lontana città era evidente la sua forza commerciale pericolosa per Roma. La soluzione, ai suoi occhi, non poteva che essere una: *delenda Carthago!*, «Cartagine dev'essere distrutta!». Catone **morì nel 149 a.C.**, a 85 anni, senza riuscire a vedere la caduta dell'odiata città, avvenuta tre anni dopo.

Come emerge, dunque, dall'esame delle tappe fondamentali della sua vita, Marco Porcio Catone fu uno dei protagonisti di una fase storica particolarmente importante per Roma, la conquista del Mediterraneo, e fu l'esponente più rappresentativo di una delle due anime politiche e culturali che si confrontarono in senato e nella città all'inizio del II secolo a.C.: quella conservatrice. Inoltre – merito non ultimo – egli rappresentò anche, sulla scena politica latina, **la più importante figura di *homo novus* antecedente a Cicerone**: non a caso uno degli scopi che si prefisse fu proprio quello di rinnovare moralmente l'aristocrazia senatoria e rianimarla con il sangue nuovo di chi era in grado di costruirsi il successo economico e politico grazie al proprio valore.

Cesto di fichi, I secolo a.C., Oplontis, Villa di Poppea, Sopraintendenza Archeologica.

IN SINTESI

- **Nato nel 234 a.C. a *Tusculum***, in territorio sabino, trascorse la giovinezza coltivando la piccola proprietà paterna. Dopo avere combattuto nella seconda guerra punica, **iniziò la carriera politica** con l'appoggio dell'aristocratico conservatore Lucio Valerio Flacco (appoggio indispensabile, data la sua condizione di *homo novus*): nel 204 fu eletto questore; nel 191 combatté in Grecia e svolse una missione diplomatica ad Atene e in altre città; raggiunse il consolato nel 195 e **fu eletto censore nel 184**: carica con la quale portò avanti con rigore la **moralizzazione della vita pubblica romana**.

- Tutta la sua attività fu improntata da un'accesa battaglia **contro la diffusione della cultura greca** e del suo stile di vita e **contro la potente famiglia degli Scipioni**, dichiaratamente filoellenici: una battaglia condotta sul duplice fronte culturale e politico e che si svolse sia in senato sia in tribunale. Promosse una serie di provvedimenti moralizzatori, contro il lusso eccessivo e la corruzione, in difesa del *mos maiorum*.

- Nell'anno 155 a.C. **condannò** duramente in senato **la presenza a Roma dei tre filosofi-ambasciatori inviati da Atene**, Carneade, Diogene e Critolao: secondo Catone, con le loro dissertazioni, essi potevano insinuare pericolosi dubbi sulla validità del *mos maiorum*. Ne ottenne l'espulsione.

- In realtà, in età avanzata, **Catone studiò personalmente sia la lingua sia la letteratura greca**, soprattutto per esigenze legate alla sua attività di oratore e di scrittore.

- Negli ultimi anni di vita si dedicò a speculazioni finanziarie, a commerci di schiavi e, secondo alcuni, anche all'usura. Nel 157 a.C. fu inviato in Africa, in qualità di mediatore fra Cartaginesi e Numidi: in quell'occasione nacque la sua **opposizione alla città di Cartagine**, da lui ritenuta una minaccia commerciale per Roma. **Morì nel 149 a.C.**, a 85 anni, senza vedere la caduta della città africana, avvenuta tre anni dopo.

Le opere

Orazioni e opere didascaliche

le orazioni

Inserirsi nel dibattito politico significò per Catone **fare uso dei discorsi pubblici**, pronunciati in senato o nel foro: Cicerone, nel secolo successivo, dichiarava di conoscere i testi di ben 150 orazioni; oggi possediamo unicamente i **titoli di circa 80 discorsi** e qualche frammento. Si trattava di orazioni deliberative, cioè discorsi politici pronunciati di fronte al senato o al popolo, oppure giudiziarie, strumenti per combattere nei numerosi processi in cui fu coinvolto come accusato o come accusatore. Tra le più documentate, oltre alla già citata ***De sumptu suo***, ricordiamo il ***De consolatu suo***, un'orazione pronunciata nel 191 a.C., in cui Catone aveva difeso il suo operato durante le spedizioni militari in Spagna e in Oriente. I frammenti testimoniano la forza polemica dell'uomo politico, la sua arguzia e il rigore espositivo, espressi attraverso un'eloquenza essenziale, solo apparentemente disadorna e priva di accorgimenti retorici: il disinteresse mostrato da Catone nei confronti della retorica greca, più ostentato che reale, cela invece una notevole cura nella costruzione dei discorsi, come dimostra anche l'uso delle figure retoriche (paratassi, anafore, allitterazioni, figure tipiche dello stile arcaico). Catone dunque conosceva i trattati greci di retorica e se ne era servito per la stesura dei suoi discorsi. D'altra parte egli stesso, riferendosi alla produzione letteraria greca, aveva affermato che era necessario *eorum litteras inspicere, non perdiscere* («dare uno sguardo alla loro letteratura, non studiarla a fondo», fr. 1 Jordan). Tuttavia questo frammento, tratto dai *Libri ad Marcum filium*, insieme ad altri, mostra come agli insegnamenti della retorica greca Catone affiancasse gli orientamenti della tradizione: anzitutto è ribadita la **centralità del contenuto rispetto alla forma**, sintetizzata nella massima *rem tene, verba sequentur* («sii padrone del contenuto, le parole verranno da sé», fr. 15 Jordan); inoltre emerge la salda concezione di un'**oratoria posta al servizio di un'azione politica moralmente irreprensibile** e finalizzata al bene dello stato, come si arguisce dalla definizione dell'oratore-uomo politico ideale quale *vir bonus dicendi peritus* («uomo onesto, esperto nel parlare», fr. 14 Jordan): una sintetica descrizione che tanto successo avrà nella riflessione retorica latina delle generazioni successive.

La stessa insistenza sui principi portanti della tradizione latina e anche un'identica tendenza a esprimerli attraverso sentenze e precetti si trova nelle **opere didascaliche** di Catone, sulle quali sappiamo davvero poco. I ***Libri ad Marcum filium*** (o *Praecepta ad filium*) erano probabilmente una **raccolta di insegnamenti**, articolata per sezioni e finalizzata alla formazione del perfetto cittadino romano, che non doveva essere affidata – secondo Catone – a precettori greci, ma doveva essere impostata sul tradizio-

Busto di Catone e della moglie Porzia con l'unione delle destre, I secolo a.C., Città del Vaticano, Museo Pio Clementino.

nale rapporto educativo tra *pater familias* e figlio. I *Libri* avevano un carattere enciclopedico e contenevano anche suggerimenti pratici, come ad esempio ricette mediche artigianali per la famiglia e gli schiavi.
Anche il ***Carmen de moribus*** (in prosa, nonostante il titolo: ma qui il termine *carmen* è riferito all'antica prosa ritmica) doveva essere una **raccolta di massime morali e riflessioni**, una sorta di decalogo conservatore rivolto al figlio: *Vita humana prope uti ferrum est: si exerceas, conteritur; si non exerceas, tamen rubigo interficit* («La vita dell'uomo è pressappoco come il ferro: se lo usi, si consuma; se non lo usi, allora è la ruggine a corroderlo», fr. 3 Jordan).

Il *De agri cultura*

La fama di Catone in veste di scrittore è legata soprattutto a un'opera dalle caratteristiche particolari, che ha avuto il merito di inaugurare la prosa tecnica latina: il trattato *De agri cultura.* Nel quadro complessivo delle opere di Catone forse il *De agri cultura* non aveva una posizione centrale, ma il fatto che questa sia **la più antica opera in prosa che ci sia giunta per intero** la rende eccezionale e degna di attenzione sotto diversi punti di vista.

la destinazione

Essa si presenta come un **manuale pratico** che, in 162 brevi capitoli non sistematici, affronta il mondo della produzione agricola, fornendo un'immagine della campagna dominata dalla logica economica della produzione e del guadagno. È **rivolto ai proprietari terrieri** – non tanto ai piccoli agricoltori, quanto alla classe dirigente, che continua a investire nella terra e gestisce ampi latifondi – e vuole insegnare come amministrare la *villa rustica,* fornendo una serie di indicazioni pratiche sulla vita dell'agricoltore e della sua famiglia, sui rapporti con il fattore (il *villicus,* di solito un servo di fiducia) e con gli schiavi, sulle colture stagionali, l'attrezzatura necessaria e la coltivazione delle piante, sull'allevamento del bestiame, con consigli di medicina veterinaria. Nella prospettiva offerta dal trattato, l'**esaltazione dell'agricoltura, unica attività degna di un uomo**, ha risvolti politici ed economici: si fonda sulla convinzione che solo l'attività agricola forgia buoni cittadini e forti soldati; gli

VITA IN *VILLA*

Nella *villa* si distingueva una parte urbana e una rustica, la prima ad uso del *dominus*, la seconda per gli schiavi, gli animali, gli attrezzi e i raccolti. Nel corso del tempo la parte urbana divenne sempre più complessa, con un'architettura riconoscibile, articolata in appartamenti privati e parti pubbliche, con portici su uno o più lati che aprivano gli appartamenti privati sui giardini e sulla campagna. «Le ville sono microcosmi cittadini in campagna, luoghi di vita privata dignitosi come edifici pubblici, aziende romane entro regge preziosamente rivestite e ornate di oggetti d'antiquariato e di volumi, epicentri di vita culturale e di iniziativa economica» A. Carandini, *La villa padronale e la piantagione schiavistica*, in E. Gabba – A. Schiavone (a cura di), *Storia di Roma*, 4 vol, Torino, Einaudi, 1989, p. 108

Villa romana con portico in due ordini sovrapposti e giardino antistante, I secolo a.C., Pompei, Sopraintendenza Archeologica.

agricoltori offrono garanzia di equilibrio politico e l'azienda, con opportuni investimenti, permette guadagni sicuri e una solida posizione sociale.
Particolarmente importante per la comprensione delle finalità del trattato catoniano appare la prefazione dell'opera (*De agri cultura, praefatio*, 1-4). Attraverso poche frasi sintetiche e sentenziose, Catone presenta l'attività agricola come la vera fucina del *civis* e del *miles* romano (significativo è il riferimento iniziale agli «antenati»).
Attraverso l'agricoltura, infatti, non solo si ottiene un guadagno sicuro e onesto, ma si sviluppano quelle qualità morali che devono costituire il nerbo della civiltà latina, come la *duritia* e l'operosità. Da notare, però, che il trattato assume il punto di vista del proprietario terriero, che viene minutamente istruito nella sua attività di gestione e amministrazione della villa rustica: la grande fattoria, una vera e propria industria di produzioni integrate. Pertanto le finalità dell'opera sono anche e soprattutto pratiche e mirano al guadagno, attraverso uno sfruttamento intensivo e ottimale di terreni, animali e uomini: moralità e pragmatismo si fondono nei 162 capitoli del *De agri cultura*, come in tutta l'opera letteraria e l'attività politica di Catone.

> In determinate circostanze dedicarsi al commercio porterebbe ad aumentare il proprio patrimonio, se solo l'attività non fosse così pericolosa; lo stesso il prestare a usura, se solo fosse attività onesta. Ma i nostri antenati decisero e stabilirono per legge che il ladro fosse condannato a pagare il doppio e l'usuraio il quadruplo; da questo si può facilmente capire quanto stimassero l'usuraio peggior cittadino del ladro. Invece, quando elogiavano un uomo valente, usavano questa lode: buon agricoltore e buon colono. E chi riceveva questo elogio, si riteneva che ricevesse la massima lode. D'altra parte io considero il mercante coraggioso e impegnato a fondo nella ricerca di guadagno ma, come ho detto sopra, lo considero anche sottoposto a pericolo e incertezze. Invece dagli agricoltori nascono gli uomini più forti e i soldati più valorosi, e si ottiene un guadagno assai onesto e del tutto sicuro, per nulla soggetto all'invidia altrui: infine, non può avere alcun cattivo pensiero chi si dedica a questa occupazione. Ora, per tornare all'argomento centrale, inizierò la trattazione che ho promesso.
>
> (trad. di F. Signoracci)

Di questa visione utilitaristica della vita in campagna sono vittime i lavoratori e gli schiavi, considerati alla stregua di strumenti, cui però bisogna fornire vitto e vestiario; per questo motivo cibo e abiti per i servi sono accuratamente misurati da Catone in base al periodo dell'anno, ai lavori da svolgere e alla loro produttività, fino a giungere al consiglio di sbarazzarsene presto, quali peso improduttivo, se diventano anziani o si ammalano: *cum servi aegrotarint, cibaria tanta dari non oportuisse* («Quando gli schiavi si erano ammalati, non occorreva dare loro tanto da mangiare», 2, 1-4).
Consigli come questi fanno intendere che il *De agri cultura* non si presenta come opera prettamente letteraria, bensì come un *vademecum*: un manuale sintetico, incisivo e di facile consultazione, destinato ai proprietari terrieri che vivevano abitualmente nell'Urbe e si trovavano nella necessità di sfruttare al meglio le proprie *villae* di campagna. Rispecchia perciò una **mentalità concreta e utilitaristica**, che non indulge per nulla all'esaltazione della vita agreste e alla contemplazione della natura. Per ottenere uno sfruttamento ottimale della *villa rustica*, Catone disegna un progetto di fattoria rigidamente organizzata, nella quale il padrone è chiamato a una costante opera di sorveglianza e di stimolo dei lavoratori. La fattoria è un'industria, la sua regola è il profitto, come testimonia il testo che segue (*De agri cultura* 2, 1-4):

> Quando il padrone di casa si reca alla fattoria, dopo aver reso omaggio al lare familiare, faccia il giro del fondo il giorno stesso, se è possibile, altrimenti il giorno successivo. Dopo avere verificato in che modo il terreno sia stato coltivato e quali lavori siano stati compiuti e quali omessi, il giorno successivo convochi il fattore e chieda quanto lavoro sia stato fatto, quanto ne rimanga, se i lavori siano stati effettuati in tempo, se possano essere portati a termine quelli che restano, e quale quantità si sia raccolta di vino, di grano, e di tutti gli altri prodotti. Una volta appurato tutto ciò, deve fare il conto degli operai e delle giornate lavorative. Se il conto del lavoro non gli torna e il fattore sostiene di aver lavorato onestamente per la sua parte, ma che alcuni servi hanno avuto problemi di salute, che il tempo è stato inclemente, che alcuni servi sono scappati, che egli ha dovuto lavorare per conto dello Stato, quando dunque il fattore avrà addotto questi e molti altri motivi a giustificazione, riportalo al conto dei lavori e degli operai. Nel caso di tempo piovoso, nei momenti di pioggia avrebbero potuto compiersi i seguenti lavori: lavare le botti, spalmarle con la pece, far la pulizia della fattoria, cambiare di posto il grano, portar fuori il letame e ammucchiarlo, mondare le sementi, riparare le corde e farne di nuove; inoltre sarebbe stato necessario che i servi si aggiustassero le coperte e i mantelli a cappuccio. Nei giorni festivi si sarebbe potuto ripulire le fosse vecchie, provvedere alla manutenzione della strada pubblica, tagliare gli sterpi, zappare l'orto, ripulire il prato, legare le ramaglie, roncare le spine, pestare il farro, fare le pulizie generali; in caso di malattia dei servi, non si sarebbe dovuto dare loro porzioni troppo abbondanti.
>
> (trad. di P. Cugusi - M.T. Sblendorio Cugusi)

Nel quadro delle disposizioni e dei suggerimenti forniti da Catone, emergono anche moderne intuizioni di economia agricola: la considerazione attribuita alla presenza di efficaci vie di comunicazione nei pressi del podere e di mercati che possano assorbirne la produzione; le indicazioni sul rendimento dei diversi tipi di terreno; i suggerimenti per la selezione e conservazione dei prodotti; la misurazione del diverso fabbisogno alimentare dei lavoratori nei vari periodi dell'anno agricolo.
Proprio per il suo fine pratico, il *De agri cultura*, è anche **opera originale nel panorama della letteratura latina arcaica**: rappresenta davanti ai nostri occhi uno spaccato di vita nella campagna romana, senza le idealizzazioni presenti nella letteratura successiva, assumendo un interesse di carattere anche antropologico.
Ci rivela infatti usi, costumi, abitudini alimentari e di vestiario, ricette di cucina, nonché indicazioni mediche e veterinarie proprie della vita romana del II secolo a.C.; inoltre contiene citazioni di antichi *carmina* e formule di preghiera o scongiuro che si collocano tra la sfera del sacro e quella del magico: *Thure, vino Iano Iovi*

Iunoni praefato, prius quam porcum feminam immolabis. Iano struem ommoveto sic: Iane pater, te hac strue ommovenda bonas preces precor, uti sies volens propitius mihi liberisquemeis domo familiaeque meae («Prima di sacrificare la scrofa, invocherai con offerte di incenso e vino Giano, Giove, Giunone. A Giano dedicherai il mucchio di focacce così: O padre Giano, con questo mucchio di focacce ti rivolgo preghiere propiziatorie, affinché tu sia benevolo e propizio verso di me, verso i miei figli, la mia casa e la mia servitù», 134, trad. di F. Signoracci).

La storiografia annalistica Giunto in età avanzata, Catone decise di dedicarsi alla storiografia e compose i **sette libri delle *Origines***, di cui restano un centinaio di frammenti e il riassunto scritto dallo storico Cornelio Nepote (I secolo a.C.): materiale sufficiente a disegnare un profilo dell'opera e coglierne gli elementi di novità. Per comprendere i tratti originali di questo studio storico, dobbiamo però aprire una breve parentesi sulla cosiddetta "storiografia annalistica" precedente e coeva rispetto a Catone.

Alla fine della seconda guerra punica, quando la potenza politico-economica di Roma si stava affermando sempre più nel bacino del Mediterraneo, i Romani sentirono l'esigenza di giustificare presso tutti i popoli le ragioni del loro espansionismo. Questa necessità appariva particolarmente urgente anche per rispondere allo spirito antiromano di certa storiografia greca, come era emerso, per esempio, nella narrazione della prima guerra punica curata da Filino di Agrigento (intellettuale aristocratico greco del III secolo a.C.). Si assunsero tale compito storiografico alcuni importanti esponenti del mondo politico romano, il più famoso dei quali fu **Quinto Fabio Pittore**, che combatté fra il 225 e il 222 a.C. contro i Galli, in un conflitto sviluppatosi fra la prima e la seconda guerra punica.

STORICI NOBILI

A proposito dei primi storiografi che precedono Catone si può osservare che furono tutti di estrazione nobiliare, a differenza dei primi poeti, che invece erano tutti di provenienza servile. «La nobiltà, che disdegna di scrivere poesia, non si ritrae affatto dallo scrivere storia: continua così ad assolvere ad altro livello letterario, uno dei compiti del pontefice massimo; e infatti per oltre un secolo quasi solo dei nobili scriveranno storia. Considerazioni analoghe valgono anche per la giurisprudenza: anche qui solo in questo periodo si passò dai responsi orali al testo scritto e l'uso si affermò poi lentamente. La narrazione storica, quindi, si fonda su una certa competenza politica, giuridica, militare» A. La Penna, *La cultura letteraria*, in E. Gabba - A. Schiavone, *Storia di Roma*, vol. 4, Torino, Einaudi, 1989, p. 784.

Saccheggio di un santuario ad opera di guerrieri galli, II secolo a.C., Ancona, Museo Nazionale delle Marche.

Pittore, come l'altro storico annalista **Lucio Cincio Alimento** (di famiglia plebea, ma divenuto senatore e magistrato), scrisse in greco perché questa era la lingua internazionale di quel tempo, scelta che consentiva di far conoscere la grandezza di Roma al mondo ellenizzato e di replicare alle opere anti-romane che i Greci avevano scritto, fornendo una versione alternativa dei fatti storici. Inoltre, l'uso del greco dimostrava l'adesione a modelli narrativi nuovi e, attraverso il confronto con l'illustre tradizione della storiografia greca ed ellenistica, il superamento della schematicità angusta degli *annales*, compilati dal *pontifex* in carica; dagli *annales*, tuttavia, si attingevano ancora le fonti per la stesura delle opere e si derivava la cadenza della narrazione, scandita ancora anno per anno.
Nel secolo successivo vi furono **altri storiografi** che seguirono l'impostazione degli annalisti, spostandosi però sulla lingua latina, oramai affermata anche a livello internazionale: tra essi ricordiamo Celio Antipatro, Claudio Quadrigario, Valerio Anziate, Sempronio Asellione, Sempronio Tuditano, Pisone Frugi.

La novità delle *Origines*

le novità

Le *Origines* di Catone, forse il suo scritto di maggiore impegno, presentano **forti elementi di novità** rispetto alla linea espressa dalla storiografia annalistica: primo fra tutti, la **scelta di impiegare la lingua di Roma** invece del greco, in secondo luogo il **superamento dello stesso schema annalistico**. Catone, infatti, narrò la storia di Roma a partire dalle origini fino ai suoi giorni in senso diacronico, ma diede risalto solo alle vicende che gli sembravano di maggiore rilievo. In uno dei frammenti dell'opera, prendendo polemicamente le distanze dalla storiografia annalistica, Catone scriveva: *Non lubet (libet) scrivere quod in tabula apud ponteficem maximum est, quotiens annona cara, quotiens lunae aut solis lumine (lumini) caligo aut quid obstiterit* («Non mi piace scrivere ciò che c'è sulla tavola presso il pontefice massimo, quante volte si sono alzati i prezzi, quante volte una nebbia ha oscurato la luce del sole o della luna», fr. 77 Peter), facendo così intuire la sua volontà di organizzare il racconto secondo un criterio nuovo. Dal punto di vista metodologico, Catone si rifiutò infatti di intendere la storia come cronaca di avvenimenti ordinari o straordinari, e preferì un'**indagine rigorosa e critica dei fatti**, attenta alle loro cause e alle loro conseguenze.

i contenuti

Abbiamo un breve riassunto dell'opera riportato, come dicevamo, da Cornelio Nepote, un biografo del I secolo a.C., nella *Vita di Catone*: in sette libri le *Origines* narrano la storia di Roma, dalla mitica fondazione fino al 151 a.C., anno della pretura di Sulpicio Galba, vincitore in Spagna contro i Lusitani. Il titolo stesso è significativo, se letto alla luce del tradizionalismo catoniano e della sua metodologia storica: per comprendere a fondo una comunità e le istituzioni che essa elabora, bisogna conoscerne le origini, che ne hanno condizionato lo spirito e lo sviluppo successivo; solo così se ne può conservare e rispettare la natura più profonda.
Lo sguardo spinto indietro fino alle origini di Roma portò Catone a **valorizzare anche la presenza e il ruolo dei popoli italici**, tra i quali si collocava la nascita stessa della città. Una ricostruzione così ampia e non circoscritta all'ottica romana, volta anche a dare risalto all'apporto degli Italici nell'opera di conquista, aveva una precisa rispondenza nell'azione politica di Catone, che mirava a raccogliere attorno a sé la classe dei possidenti terrieri provinciali.
La **celebrazione del popolo romano** come artefice della gesta e delle vittorie di Roma era anche diretta conseguenza dell'avversione di Catone nei confronti dei circoli aristocratici e del culto della personalità in essi diffuso. In questa direzione egli giungerà a scelte estreme e curiose nella sua narrazione, come quella di non riportare i nomi propri dei magistrati e dei generali, perché la storia di Roma non era frutto dell'azione di personaggi illustri e famosi, ma era creazione collettiva di un

popolo; al contrario, egli registrava i nomi di sottufficiali e di umili soldati che si erano comportati valorosamente.
A titolo di esempio riportiamo un frammento che è stato tramandato da Aulo Gellio, erudito latino del I secolo d.C. nella sua opera *Noctes Atticae* (3, 7), in cui Catone racconta un episodio che vede come protagonista un umile tribuno militare, capace di sacrificarsi per salvare il console e l'esercito caduto in un'imboscata. Al termine del testo non manca una stoccata nei confronti dei Greci, pronti a esaltare in maniera eccessiva i propri eroi: infatti il racconto di questo oscuro episodio siciliano della prima guerra punica è volutamente costruito sul modello della famosa battaglia delle Termopili (480 a.C.), dove lo spartano Leonida e i suoi trecento spartiati fermarono per tre giorni l'esercito persiano, facendosi uccidere fino all'ultimo uomo.

> Marco Catone, nei suoi libri sulle origini, ci ha lasciato il racconto di una magnifica impresa, o buoni dèi, degna della grande oratoria greca, che riguarda il tribuno militare Quinto Cedicio. Il racconto è narrato circa con queste parole: «Durante la prima guerra punica, in Sicilia il generale cartaginese avanza contro l'esercito romano e per primo occupa i colli e le posizioni favorevoli. Per come si è messa la situazione, i soldati romani penetrano in un territorio favorevole all'agguato e alla strage. Il tribuno si reca dal console e gli mostra il grave rischio che deriva dallo svantaggio della posizione, circondata dai nemici. Dice: "Penso che, se vuoi salvare la situazione, devi ordinare che quattrocento soldati salgano su quella escrescenza del terreno – così infatti Catone chiama un luogo elevato e di difficile accesso – e devi esortare che la occupino. Certamente, quando i nemici vedranno ciò, tutti i loro uomini migliori e più pronti si scaglieranno contro di loro e saranno impegnati solo in quella azione: e senza dubbio tutti quei quattrocento soldati saranno massacrati. Allora, mentre i nemici saranno occupati nella strage, avrai tempo di condurre l'esercito fuori da questo luogo. Non vi è altra via di salvezza se non questa." Il console risponde al tribuno che quel suggerimento gli sembra veramente valido, ma chiede: "Chi mai ci sarà che vorrà condurre codesti quattrocento soldati in quel luogo, incuneato tra i nemici?". Il tribuno risponde: "Se non trovi nessun altro, impiega pure me per questa impresa rischiosa; io offro questa mia vita a te e allo stato." Il console rivolge ringraziamenti e lodi al tribuno. Il tribuno e i quattrocento uomini partono incontro alla morte. I nemici ammirano la loro audacia e restano in attesa di vedere dove si dirigano. Ma quando è oramai chiaro che la marcia tende a occupare quell'escrescenza del terreno, il generale cartaginese manda contro di loro i fanti e i cavalieri più coraggiosi del suo esercito. I soldati romani vengono circondati e, pur accerchiati, resistono. A lungo si sviluppa una battaglia dall'esito incerto. Infine il numero ha la meglio. Tutti i quattrocento uomini, con quel solo comandante, cadono trafitti dalle

CURIOSITÀ NELLE *ORIGINES*

Alcuni frammenti delle *Origines* testimoniano, oltre all'interesse per l'etnografia (per esempio i costumi dei Galli), il gusto di registrare i *mirabilia*, cioè curiosità e stranezze che sconfinano nell'incredibile (monti di sale, maiali immensi, capre che compiono salti mirabolanti...) e che costellavano la storiografia ellenistica, giunta fino alle terre meravigliose dell'India sulla scia delle conquiste di Alessandro Magno.

Pigmei a pesca sul Nilo, II secolo a.C., Priverno, Museo Archeologico.

Legionari romani in assetto di guerra con scudo e *gladium*, I secolo a.C.

spade o coperti di dardi. Frattanto il console, mentre si combatte in quel luogo, si mette in salvo in luoghi sicuri ed elevati. (...) Lo spartano Leonida, che aveva compiuto un'impresa simile presso le Termopili, ricevette onori e gloria per il suo valore da parte di tutta la Grecia attraverso monumenti di grande fama: essa mostrò di avere apprezzato moltissimo quel sacrificio attraverso busti, statue, elogi pubblici, opere storiche e di altro tipo; invece il tribuno militare, che aveva compiuto un sacrificio simile e aveva salvato la situazione, ricevette una piccola lode per la sua impresa».

(trad. di F. Signoracci)

L'impegno politico di Catone si distingue chiaramente nell'opera ancora per un fatto: negli ultimi libri, in cui sono narrati gli eventi più recenti, l'autore **inserisce i testi di orazioni da lui pronunciate** in momenti chiave della storia contemporanea, per conferire maggiore drammaticità all'azione, ma anche con un pizzico di autocelebrazione.

Forse, con questa scelta Catone voleva aderire agli stilemi della storiografia greca ed ellenistica, che inserivano nel racconto della storia i discorsi politici che avevano influenzato lo svolgersi degli eventi; oppure, più probabilmente, intendeva insistere sulle sue posizioni politiche e appoggiarle sulla base dei fatti della storia. Di fatto la continuità tra impegno politico, attività di storico e interpretazione degli eventi narrati, attraverso le *Origines* di Catone, si fissò come **tratto tipico del genere storiografico latino**: l'impostazione politica della storiografia e la lettura morale dei fatti saranno, d'ora in poi, dati irrinunciabili nel racconto della storia.

IN SINTESI

■ Tutta l'attività politica di Catone fu costellata da **discorsi** pronunciati di fronte al senato o al popolo. La sua concezione di oratoria è bene riassunta da due famose sentenze: *rem tene, verba sequentur* («sii padrone del contenuto, le parole verranno da sé») che esprime la **preminenza del contenuto rispetto alla forma** e *vir bonus dicendi peritus* («uomo onesto, esperto nel parlare») che presenta un **ritratto di uomo politico** che tanto successo avrà nella riflessione retorica successiva. Poco altro ci resta delle opere didascaliche e pedagogiche di Catone, quali i *Libri ad Marcum filium* e il *Carmen de moribus*.

■ È giunto per intero il **trattato *De agri cultura***: un **manuale pratico** che affronta il mondo della produzione agricola. Esso è **rivolto ai proprietari terrieri** e vuole insegnare come amministrare la *villa rustica*. Nella prospettiva offerta dal trattato, l'**esaltazione dell'agricoltura**, unica attività degna di un uomo, ha risvolti politici ed economici: infatti solo l'attività agricola forgia buoni cittadini e forti soldati. Vittime di questa visione utilitaristica della vita in campagna sono i lavoratori e gli schiavi, considerati alla stregua di strumenti.

■ In età avanzata Catone **si dedicò alla storiografia**, componendo i sette libri delle ***Origines***. Quest'opera presenta **notevoli innovazioni** rispetto alla storiografia annalistica (scritta in greco) di autori di poco precedenti o contemporanei a Catone. Le *Origines* narrano (in latino) la **storia della città**, dalla mitica fondazione fino al 151 a.C., attraverso uno schema non più annalistico (i fatti sono raccolti attorno agli eventi principali) e **allargando la prospettiva alla storia dei popoli italici**. L'intero popolo romano è celebrato come artefice della gesta e delle vittorie, perché la storia di Roma per Catone non è frutto dell'azione di personaggi illustri e famosi, ma è **creazione collettiva**, e in essa tutti si devono riconoscere.

Una prosa asciutta ed essenziale Sallustio, storico del I secolo a.C., ha scritto di lui: *multa paucis absolvit*, ovvero «ha affrontato, con poche parole, molti argomenti». In effetti lo stile di Catone è sostanzialmente omogeneo in tutta la sua produzione e rispecchia il carattere austero del personaggio, divenendo efficace strumento espressivo della sua ideologia conservatrice. **La sua prosa è diretta, asciutta ed essenziale**, l'espressione concisa; il dettato è perentorio, segnato da espressioni rituali e formulari, ma anche da efficaci e argute sentenze tratte dal linguaggio popolare e contadino. Frequenti sono le **figure retoriche di suono**, tipiche dei testi arcaici: anafore, allitterazioni, omoteleuti; spesso è impiegata anche l'enumerazione.

Una patina di solennità viene conferita soprattutto dall'**utilizzo di arcaismi** sia fonici (come ad esempio *caudex* per *codex*, *siet* per *sit*) sia lessicali, e da un **andamento paratattico** tipico delle leggi e dei riti religiosi, tanto che l'opera di Catone diverrà punto di riferimento per tutti gli scrittori arcaicizzanti delle epoche successive: l'imperatore Adriano (76-138 d.C.) e l'arcaista Frontone (II secolo d.C.) lo riterranno addirittura superiore a Cicerone per il purismo linguistico e la proprietà lessicale. Rispetto ai frammenti delle orazioni e delle *Origines*, che mostrano una maggiore cura retorica, il trattato sull'agricoltura rifugge da ogni abbellimento letterario: le frasi sono ancora più brevi, spesso sono introdotte da congiuntivi esortativi e imperativi (presenti e futuri); il lessico è segnato da tecnicismi e termini popolari e contadineschi, che ben testimoniano il fine pratico dell'opera.

La fortuna

Catone idealizzato La figura di Catone il Censore subì un processo di **idealizzazione**, che prese le mosse quando l'uomo politico era ancora in vita, per arrivare fino alla tarda antichità e al Medioevo, quando era ammirato come moralista attraverso i *Disticha Catonis*, una raccolta di massime a lui attribuite. Grazie alla sua posizione politica e culturale e alla sua figura austera, segnata dalle qualità del *mos maiorum* quali *abstinentia* («disinteresse»), *parsimonia, duritia, industria*, egli venne a incarnare una vera e propria categoria antropologica, quella della «preminenza culturale del passato» (M. Bettini, in *Cultura e letteratura a Roma*, Firenze, La Nuova Italia, 1996, p. 151).

Tale idealizzazione si sviluppò **sia sul piano morale sia su quello stilistico**: Cicerone la riassume bene in un famoso passo del *De oratore* (3, 13), dove presenta le sue doti di uomo di Stato e di cultura. Gli storici Sallustio e Livio ne furono ammiratori sinceri, come anche Plinio il Vecchio, che lo definì *omnium bonarum artium magister* («maestro di ogni onesta attività», *Nat. hist.* 25, 4). In epoca

Catone, discute con Lelio, Scipione e Attico, XV secolo, Chantilly, Museo Condé.

imperiale gli autori arcaicizzanti (più di altri Frontone e Gellio) e lo stesso colto imperatore Adriano anteposero addirittura la sua prosa a quella di Cicerone, e così venne studiato dai grammatici delle età successive, quale autentica testimonianza della latinità arcaica.
La fama vulgata di saggio censore e austero castigatore dei costumi corrotti è giunta fino a oggi ed è penetrata nel linguaggio comune, attraverso la figura retorica dell'antonomasia, che ci porta a definire ogni severo moralista «un vero Catone»!

IN SINTESI

■ Lo stile di Catone rispecchia il **carattere austero** del personaggio, quale efficace strumento espressivo della sua ideologia conservatrice. **La sua prosa è diretta, asciutta ed essenziale**, l'espressione concisa segnata da espressioni rituali e formulari, ma anche da sentenze tratte dal linguaggio popolare. In particolare, **il trattato sull'agricoltura rifugge da ogni abbellimento letterario**: le frasi sono ancora più brevi, spesso sono introdotte da congiuntivi esortativi e imperativi; il lessico è segnato da tecnicismi e termini popolari e contadineschi, che ben testimoniano il **fine pratico** dell'opera.

■ La figura di Catone il Censore subì un **processo di idealizzazione**: grazie alla sua figura austera, segnata dalle qualità del *mos maiorum*, egli incarnò una vera e propria categoria antropologica, quella della «preminenza culturale del passato».

■ Tale idealizzazione si sviluppò **sia sul piano morale sia su quello stilistico**: Cicerone e gli storici Sallustio e Livio ne furono ammiratori sinceri, come anche Plinio il Vecchio. In epoca imperiale gli autori arcaicizzanti anteposero addirittura la sua prosa a quella di Cicerone. La fama di saggio censore e austero è giunta **fino a oggi**.

INDICAZIONI BIBLIOGRAFICHE

Le edizioni dei testi

H. JORDAN, *M. Catonis praeter librum de re rustica quae exstant omnia*, Lipsia, Teubner, 1860 (rist. 1967).

E. MALCOVATI, *Oratorum Romanorum Reliquiae*, Lipsia, Teubner, 1914[2].

M.T. SBLENDORIO CUGUSI, *Catonis orationum reliquiae*, Torino, Paravia, 1976[4].

Lo sfondo storico

A. PIGANIOL, *Le conquiste dei Romani*, Milano, Il Saggiatore, 1921.

E. PERUZZI, *Le origini di Roma*, voll. I-II, Bologna, Patron, 1970-1973.

P. GRIMAL, *Il secolo degli Scipioni*, trad. di D. PLATAROTI, Brescia, Paideia, 1981.

G. ALFÖLDY, *La trasformazione strutturale del II secolo a.C.*, in *Storia dell'antica Roma*, trad. di A. ZAMBRINI, Bologna, Il Mulino, 1987.

AA. VV., *Storia di Roma*, a cura di A. MOMIGLIANO - A. SCHIAVONE, vol. I, Torino, Einaudi, 1988.

M.H. CRAWFORD, *Roma nell'età repubblicana*, Bologna, Il Mulino, 1995.

A. CARANDINI, *La nascita di Roma*, Torino, Einaudi, 1997.

Gli studi

R. TILL, *La lingua di Catone*, Roma, Edizioni dell'Ateneo, 1968.

F. DELLA CORTE, *Catone Censore. La vita e la fortuna*, Firenze, La Nuova Italia, 1969[2].

S. BOSCHERINI, *Lingua e scienza greca nel «De agri cultura» di Catone*, Roma, Edizioni dell'Ateneo, 1970.

D. TIMPE, *Le «Origini» di Catone e la storiografia latina*, Atti e memorie dell'Accademia Patavina di Scienze, Lettere e Arti, LXXXIII (1970), pp. 5-33.

G. CALBOLI, *I modelli dell'arcaismo: M. Porcio Catone*, in «Aion», VIII (1986), pp. 37-69.

S. BOSCHERINI, *Dizionario degli scrittori greci e latini*, alla voce *Catone*, Milano, Marzorati, 1987, vol. I, pp. 399-410.

M.T. SBLENDORIO CUGUSI, *Oratoria e retorica in Catone*, in "Atti dell'Accademia delle Scienze di Torino", Classe Scienze Morali, CXXI (1987), pp. 23-61.

F. PARODI SCOTTI, *Ethos e consenso nella teoria e nella pratica dell'oratoria greca e latina*, Bologna, Pitagora, 1997.

FILOSOFIE A ROMA

L'AUTRICE

Maria Monteleone è dottore di ricerca in Antropologia del Mondo Antico presso l'Università di Siena. Ha studiato in particolare secondo la prospettiva della pragmatica linguistica i riti di giuramento nella Roma arcaica. Si è interessata al mito nella tradizione romana pubblicando *Miti romani* per Einaudi nel 2010. Si occupa delle forme del pensiero, della prassi politica e religiosa nella società romana d'età arcaica.

LA FILOSOFIA ARRIVA A ROMA

LEZIONI PERICOLOSE

Nel 155 a.C., multata per il saccheggio della città di Oropo, Atene inviò un'ambasceria a Roma per ottenerne il condono. Gli ambasciatori erano tre famosi filosofi: l'accademico Carneade, lo stoico Diogene, il peripatetico Critolao. In attesa che il Senato romano deliberasse in merito alla loro richiesta, i tre tennero discorsi pubblici e 'lezioni' che entusiasmarono l'uditorio, in special modo i giovani. Grande successo riscosse in particolare **Carneade** col suo **doppio discorso sulla giustizia**. In esso sostenne dapprima l'esistenza di un principio di giustizia universalmente valido, poi al contrario la sua assurdità. A dimostrazione di questa seconda tesi il filosofo portò l'esempio della potenza romana: se Roma voleva agire secondo giustizia avrebbe dovuto restituire i beni sottratti alle città conquistate, ma in tal caso si sarebbe ridotta in povertà, agendo contro il proprio utile. Era un'affermazione molto pericolosa, questa, perché se non esiste un criterio di giustizia valido di per sé, ma ogni popolo cerca il proprio utile, allora l'intera conquista romana sarebbe stata conseguenza non della naturale espansione di un dominio giusto – il più giusto tra quelli esistenti –, ma piuttosto il frutto di una particolare sete di dominio. Veniva così negata la giustificazione etica del dominio di Roma sugli altri popoli, ma anche, più in generale, quella dell'ordine giuridico interno alla *civitas* stessa, basato sul principio di un diritto naturale e assoluto. Allarmato dal potenziale sovversivo e di una simile tesi e di una pratica retorica capace di dimostrare tutto e il contrario di tutto, Catone il Censore convinse il Senato a deliberare urgentemente intorno all'ambasceria e rimandare quanto prima i tre filosofi in Grecia.

LA VOCE DELLE FONTI

PLUTARCO *Vita di Catone 22* (tace però c presenza di Critolao) **trad. it. di C. Carena**

Era (Catone) ormai vecchio quando giunsero basciatori a Roma da Atene il filosofo accader Carneade e lo storico Diogene. Scopo della sione era di chiedere il condono di un'amme di 50 talenti, che il popolo ateniese era stato dannato a pagare su istanza degli Oropi per c sione dei Sicioni. I giovani romani che più a vano le discussioni filosofiche si gettar immediatamente sui due ambasciatori, si rac sero intorno ad essi ed ascoltarono ammir loro insegnamenti. La grazia di Carneade spe mente, che aveva un fascino irresistibile e f non minore, conquistò larghe e devote mass discepoli. Come una folata di vento mise a more tutta la città. Si sparse la voce che un straordinario e portentoso, il quale sapeva in tare e soggiogare chiunque, aveva infuso nei vani una violenta passione: essi avevano ab donato gli altri piaceri e passatempi per d come invasati alla filosofia. I Romani in gener rallegrarono di questo fatto e videro con com cimento la gioventù assorbire la cultura elle e frequentare la compagnia di uomini univer mente ammirati. Non così Catone. Fin dall'ir egli si dolse che questo interesse per le dis sioni si infiltrasse in città, temendo che i gio rivolgessero ad esse le loro ambizioni e aspi sero a una gloria fondata sull'eloquenza piutto che a quella derivante dalle imprese militari.

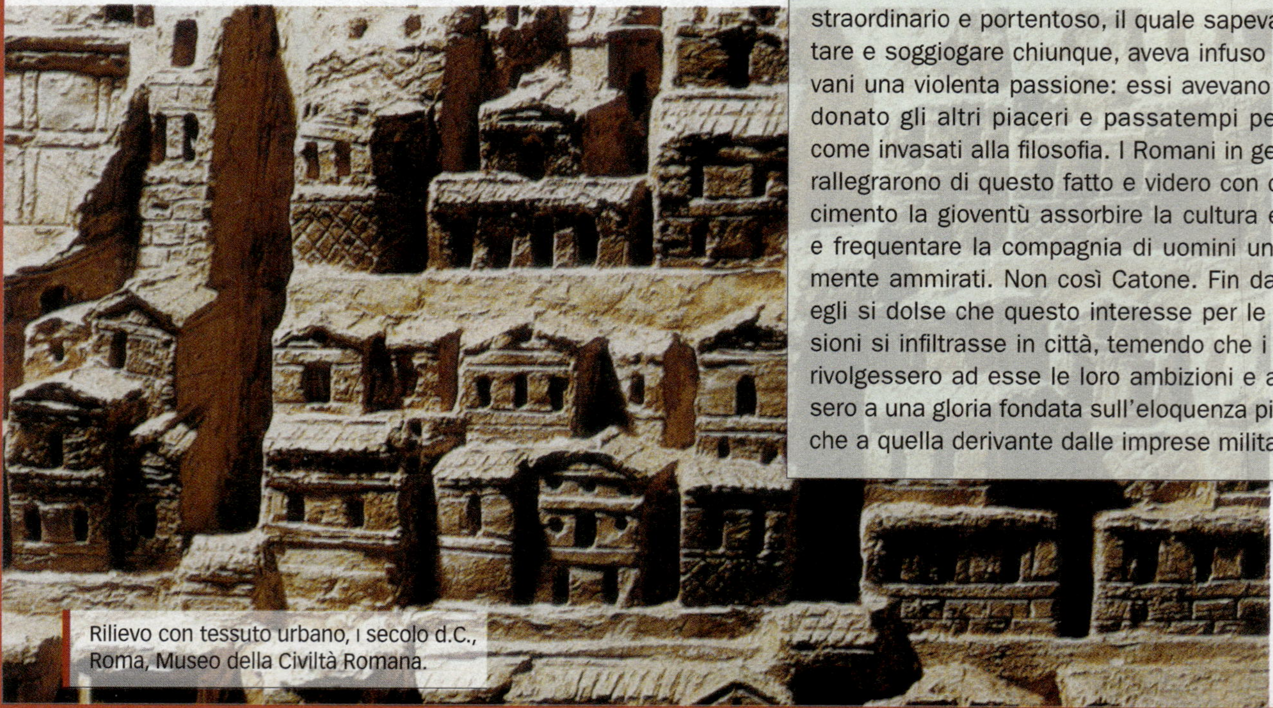

Rilievo con tessuto urbano, I secolo d.C., Roma, Museo della Civiltà Romana.

VALENZA POLITICA DELLA FILOSOFIA

A ragioni analoghe si dovettero altri provvedimenti: nel 161 a.C. un Senatoconsulto vietò la residenza romana a retori e filosofi greci per impedire che insegnassero in pubblico; nel 154 a.C. (o forse ancora prima nel 173 a.C.) il Senato espulse dalla città i due epicurei Alceo e Filisco; nel 92 a.C. un altro censore, Crasso, fece chiudere la scuola di retorica in latino. Simili episodi sono emblematici delle modalità di ingresso della filosofia greca a Roma e della problematicità della sua ricezione da parte dei Romani. Se da un lato infatti la 'necessità' di contenere e addirittura espellere i filosofi testimonia la diffusione e l'**attrattiva** che i loro insegnamenti esercitavano sui cittadini, dall'altro la preoccupazione della classe dominante verso certe dottrine pone l'accento sulla **forte marca politica** che la filosofia assunse a Roma. Vediamo più da vicino questi aspetti.

La musa Calliope, II secolo a.C., Roma, Museo Nazionale Romano.

MAESTRI E VIAGGI

Con la conquista della Macedonia (168 a.C.) e della Grecia (146 a.C.) si verificò un grande afflusso in Italia di ostaggi, schiavi e ambasciatori. Basti pensare ai mille ostaggi greci che nel 167 a.C. ricevettero ospitalità presso famiglie patrizie. Fra loro, lo storico Polibio si legò in particolare alla **famiglia degli Scipioni** che, aperti alla cultura greca, ne favorirono la diffusione e diventarono il centro intorno al quale gravitarono molti intellettuali del tempo, greci e romani, dando vita a quello che in età moderna è stato definito il 'circolo degli Scipioni'.[1]

Gli schiavi greci invece furono impiegati in gran numero per l'**insegnamento scolastico**, mentre un **viaggio di soggiorno-studio in Grecia** diventò per i giovani aristocratici romani la tappa conclusiva della loro formazione: Metello Numidico, console nel 109 a.C., aveva seguito le lezioni di Carneade ad Atene; Mucio Scevola l'augure aveva studiato filosofia greca presso lo stoico Panezio; Cicerone, nelle sue opere, fa più volte riferimento al fatto di avere studiato ad Atene e seguito le lezioni, fra gli altri, di Posidonio di Apamea a Rodi; come Cicerone, studiarono in Grecia suo fratello Quinto, il loro cugino Lucio e diversi loro amici, fra cui i più noti Attico e Bruto; Varrone seguì le lezioni di Antioco di Ascalona e ancora il figlio di Cicerone e il poeta Orazio ascoltarono le conferenze di Cratippo. E questi non sono che alcuni fra i tanti nomi di cui abbiamo testimonianza.

"CORTI" PRIVATE

Avvenne per questa via che molti filosofi greci allacciarono rapporti con uomini politici e nobili Romani, soggiornarono presso di loro e alcuni li seguirono persino nei loro viaggi e in battaglia: lo stoico Panezio fu per anni ospite degli Scipioni, come Polibio; l'accademico Antioco di Ascalona accompagnò Licinio Lucullo nelle campagne in oriente; il fratello di Antioco, Aristo, anche lui filosofo, visse presso Bruto; lo stoico Atenodoro soggiornò in casa di Catone il giovane; Cicerone ospitò a lungo lo stoico Diodoto; l'epicureo Filodemo costituì addirittura una comunità epicurea presso la villa di Ercolano di Calpurnio Pisone.

1. Per le notizie storiche, vedi p. 43.

UNA QUESTIONE POLITICA

Nel periodo che seguì la vittoria romana, all'inizio di quel processo di **acculturazione**[2] con cui la Grecia a sua volta 'conquistò' Roma permeando in ogni campo la cultura latina, l'interesse dei Romani si concentrò sulla retorica: la filosofia, o meglio le filosofie ellenistiche, aldilà dei contenuti, insegnavano a 'ben parlare', a discutere di qualunque questione e argomentare le proprie tesi in modo convincente e persuasivo. E dato che, per intraprendere con successo il *cursus honorum*, il cittadino romano doveva essere innanzitutto un buon oratore, alla retorica fu demandato il compito di formare i *cives* e prepararli alla carriera. Almeno agli inizi della sua penetrazione nella cultura latina dunque la filosofia greca assolse una **finalità 'pratica'**, come strumento **al servizio della politica**.

L'USO DELLA RETORICA

La sua utilità si rivelò tuttavia un'arma a doppio taglio per quegli stessi aristocratici che per primi vi avevano fatto ricorso e che finirono per osteggiarne la diffusione. Come successe in occasione dell'ambasceria dei tre filosofi: Catone era un grande oratore, si era formato lui per primo sui testi greci, ma era altresì consapevole che l'**uso indiscriminato della retorica** come arma di persuasione poteva rivelarsi molto **pericoloso per l'ordine sociale** e indurre il popolo a mettere in discussione la legittimità tanto della classe di governo quanto delle leggi stesse. Assunse allora un'importanza centrale il contenuto delle tesi sostenute dalle singole scuole filosofiche. La loro **maggiore o minore compatibilità con la realtà della *res publica*** infatti, con le tradizioni e i valori di Roma, con i suoi *mores*, **determinò il favore o l'ostilità** che ciascuna dottrina incontrò presso l'oligarchia senatoriale. È il caso, lampante, delle due filosofie che maggiormente influenzarono la cultura latina, Epicureismo e Stoicismo.

2. Per le notizie storiche, vedi pp. 42; 52.

Rilievo con Socrate e Diotima, I secolo a.C., Napoli, Museo Archeologico Nazionale.

EPICUREISMO

ITALIAM TOTAM OCCUPAVERUNT[3]

Cicerone racconta che al tempo dell'ambasceria dei tre filosofi, mentre i Romani praticavano la *bene vivendi disciplina* – ovvero l'etica – non per mezzo di opere scritte, bensì con il comportamento, **Gaio Amafinio** pubblicò libri in latino nei quali esponeva la filosofia epicurea di cui era seguace, guadagnando a quella dottrina una *multitudo* di lettori, anche presso la plebe. Le **idee semplici**, la **grossolanità dell'esposizione**, la teoria per cui il **sommo bene coincide con il piacere** costituirono, secondo Cicerone, la grande attrattiva dell'opera. Dopo Amafinio anche altri epicurei – a noi sono giunti i nomi di Cazio e Rabirio – scrissero opere filosofiche in latino e *Italiam totam occupaverunt*, 'invasero' l'Italia intera. È questo il quadro della penetrazione dell'epicureismo in Italia che emerge dalle opere ciceroniane e fu questa probabilmente la *communis opinio* di buona parte degli aristocratici Romani colti, vuoi al tempo di Catone vuoi di Cicerone. L'idea dominante era cioè quella di un **Epicuro 'maestro di piaceri'** – non si dimentichi che Alceo e Filisco furono espulsi con l'accusa di aver introdotto nel popolo 'costumi licenziosi'. È vero, in effetti, che Amafinio, Cazio e Rabirio erano dei **volgarizzatori della dottrina**, senza rigore intellettuale, e che il loro fu per lo più un **pubblico ignorante**, incapace di leggere i testi della 'vera' filosofia epicurea in greco, e allettato solo dalla prospettiva disimpegnata ed edonista proposta da quelli.

AMARA DISCIPLINA

Essi non esauriscono però il panorama dell'epicureismo romano e non è a loro che si deve il fatto che fino alla seconda metà del I a.C. l'epicureismo fu la scuola di pensiero di maggior successo in Italia. I veri filosofi epicurei si rivolsero a tutt'altro pubblico, patrizi, uomini illustri e politicamente impegnati, che non seguivano la filosofia facile, ma quella che Lucrezio definì 'amara',[4] l'ardua dottrina che libera dalle false credenze. È il caso dei tre maggiori esponenti dell'epicureismo in Italia: i greci Filodemo di Gadara e Sirone, e il latino Lucrezio.

LA VOCE DELLE FONTI

CICERONE *Tusculanae Disputationes* IV, 3, 5-7

Lo studio della sapienza, ovvero filosofia, è certamente antico presso di noi (Romani), però non riesco a trovare nomi da citare per il periodo anteriore a Lelio e Scipione. Quando questi erano giovani, mi risulta che furono mandati dagli Ateniesi, come ambasciatori presso il Senato, lo stoico Diogene e l'accademico Carneade; essi non si erano mai occupati di politica, uno era di Cirene e l'altro babilonese: certamente non sarebbero stati tolti al loro insegnamento e scelti per quell'incarico, se in quei tempi certi nostri personaggi in vista non avessero dimostrato interesse per la cultura filosofica. Essi però affidavano allo scritto gli altri loro studi, chi il diritto civile, chi i propri discorsi, chi le memorie degli antenati: ma preferirono attendere a questa dottrina (la filosofia) che insegna a vivere bene ed è la più nobile di tutte le arti, con la loro vita più che con i loro scritti. Pertanto quella vera e ottima filosofia che, iniziata da Socrate, trovò finora i suoi continuatori nei Peripatetici ed anche negli Stoici che sostenevano le stesse idee in modo diverso, mentre gli Accademici facevano da arbitri nelle loro controversie, non è rappresentata da quasi nessuno o da ben poche opere in latino, sia perché l'impresa era grande e gli uomini troppo affaccendati, sia anche perché pensavano che tali studi non potevano essere apprezzati da gente del tutto profana. Frattanto, mentre quelli (i Romani) tacevano, prese la parola Gaio **Amafinio**, e la *plebs* sotto l'influsso dei libri da lui pubblicati si rivolse soprattutto a quella dottrina, sia perché era molto facile da capire, sia perché le dolci attrattive del piacere erano invitanti, sia anche perché, non essendosi prodotto nulla di meglio tenevano quel che c'era. Dopo Amafinio molti seguaci della medesima dottrina lo imitarono scrivendo molte opere, e invasero tutta l'Italia; e mentre la miglior prova della grossolanità di quelle idee sta nel fatto che sono così facilmente apprese e approvate dagli ignoranti, essi credono che questo confermi la verità della loro dottrina.

3. "Hanno invaso l'Italia intera" (Cicerone, *Tusculanae Disputationes* IV, 7).

4. Vedi pp. 577-578.

I CIRCOLI NAPOLETANI In seguito alla morte del suo maestro Zenone di Sidone, nel 78 a.C., **Filodemo di Gadara** si trasferì in Italia, stabilendosi in Campania. Qui, presso la **villa di Ercolano** di Lucio Calpurnio Pisone, console nel 58 a.C. e futuro suocero di Cesare, egli costituì una vera e propria comunità epicurea, un circolo di intellettuali e uomini colti legati da salda amicizia, che **condividevano la vita** e si intrattenevano insieme in **letture** e **discussioni filosofiche**. Di Filodemo ci sono giunte diverse opere, tutte in greco, salvatesi nei papiri carbonizzati ritrovati nella villa dei Pisoni insieme a una **ricca biblioteca** di testi epicurei, probabilmente messa insieme dallo stesso Filodemo. Molti suoi scritti erano la trascrizione e il commento alle lezioni del suo maestro Zenone, e costituirono una delle maggiori fonti sulla dottrina epicurea già per i suoi contemporanei, tanto che da essi attinsero certamente anche Lucrezio e Cicerone.

IL TETRAFARMACO A Filodemo si deve invece la creazione originale del termine greco *tetrapharmakon*, per riassumere i quattro ingredienti della 'medicina' filosofica di Epicuro:

1) Non avere paura della divinità: gli dèi non si curano degli uomini;
2) Non avere paura della morte: se c'è la morte non c'è l'uomo e viceversa;
3) Raggiungere il piacere (non quello effimero del facile edonismo, ma l'*ataraxia*, l'assenza di turbamento) è facile;
4) Il dolore è breve.

L'impostazione dell'insegnamento di Filodemo si focalizzò dunque sull'aspetto terapeutico dell'epicureismo, che si presentava come un **rifugio** e una **cura dai mali della vita** contemporanea. In ciò poggiò largamente il successo, schiacciante rispetto alle altre scuole filosofiche, che l'epicureismo ri-

Il laureto nel viridario della Villa di Livia, I secolo d.C., Roma, Museo Nazionale Romano.

scosse almeno fino alla metà del I a.C. Ad esso aderirono infatti molti Romani stanchi delle lotte civili, trovandovi la giustificazione per ritirarsi dalla politica, come fece proprio Pisone dopo aver tentato invano di scongiurare lo scontro fra Cesare e Pompeo – e analogamente T. Albucio si ritirò dalla politica, Tito Pomponio Attico se ne tenne sempre lontano, come Lucio Saufeio che si trasferì addirittura ad Atene. Far parte del *contubernium*, della 'compagnia' degli epicurei, significava **liberarsi dai falsi valori** su cui si basava la vita della *res publica* e **allontanarsi dalla politica e dai *negotia***, per realizzare, nella comunità di amici, un **ideale di serenità e concordia attraverso il libero confronto, la letteratura e la poesia**. Filodemo stesso fu poeta e i suoi epigrammi in distici elegiaci, raccolti nella *Anthologia Palatina*, influenzarono poeti latini come Orazio – il quale, come lui stesso scrive, fece parte del 'gregge' epicureo[5] – Catullo, Properzio, Tibullo e Marziale.

UN "GIARDINO" PERFETTO

Importanza decisiva sulle opere degli intellettuali latini che furono allievi di Filodemo ebbe del resto anche l'altro grande maestro epicureo, **Sirone**. Di lui e della scuola che istituì presso la sua villa a Napoli, ai piedi della collina di Posillipo, sappiamo poco e quasi tutto ciò che sappiamo lo dobbiamo al fatto che suo allievo e pupillo fu Virgilio, il quale trascorse lì buona parte della vita – alla morte del maestro ne ereditò addirittura il podere. Nei papiri di Ercolano Filodemo fa più volte riferimento ai convegni e alle discussioni fra il suo gruppo e quello di Sirone, citando, oltre al nome di Virgilio quello di altri poeti, intimi amici del poeta mantovano e suoi sodali nella scuola napoletana, Vario Rufo, Quintilio Varo e Plozio Tucca.

5. Orazio si definisce tale in *Epistolae* 1,4,10.

LUCREZIO: LA LIBERAZIONE DALLA *RELIGIO* E DALL'ORDINE COSTITUITO

Se è vero che Filodemo e Sirone giocarono un ruolo importante nella diffusione dell'epicureismo rigoroso e impegnato, è vero anche che da loro non uscì alcun tipo di divulgazione in latino, restando così gli insegnamenti di Epicuro relegati nella **stretta cerchia di intellettuali** che potevano accedere ai **testi greci**, come fu per l'appunto nel caso di Orazio e Virgilio. In questo senso dunque non v'è dubbio che il maggior esponente dell'epicureismo a Roma, che ha rivolto invece la sua opera ai Romani scrivendola in latino, sia Lucrezio.

LA VOCE DELLE FONTI

LUCREZIO *De rerum natura,* I, 931-950 (trad. it. di O. Cescatti, BUR)

Impartisco grandi insegnamenti e mi sforzo di liberare lo spirito dagli stretti legami della superstizione; su un argomento oscuro compongo versi luminosi, ornando tutto della grazia delle Muse. Questo mio metodo non è assurdo: quando i medici vogliono dare ai bambini il ripugnante assenzio, guarniscono prima i bordi della coppa di uno strato di miele biondo e zuccherato, e quell'età imprevidente, le labbra sedotte dalla dolcezza, inghiotte nello stesso tempo l'amaro infuso e, ingannata ma non vittima, ne riceve forza e salute. Così io: e se la nostra dottrina sembra troppo amara a chi non l'ha affatto praticata, e la folla indietreggia con orrore davanti ad essa, ho voluto esportela nell'armoniosa lingua delle Muse, ornata del dolce miele della poesia.

Coppa con rami e frutti d'olivo, I secolo a.C., Napoli, Museo Archeologico Nazionale.

LA FISICA ALLA BASE DEL COSMO

Con i sei libri del *De rerum natura* Lucrezio intese offrire all'*élite* colta romana - non a caso l'opera è dedicata all'aristocratico Memmio – una via d'uscita dalla crisi politica e dalle guerre civili fornendo loro l'unica salvezza possibile: la conoscenza e la comprensione del reale che, sola, libera l'umanità dalle false credenze, e dai tormenti e dagli errori che da queste derivano. A fondamento di tale conoscenza Lucrezio pose la fisica epicurea. L'**atomismo** di Epicuro infatti comportava che il reale, ovvero tutta la natura – ogni cosa e ogni essere vivente – incluso l'uomo, null'altro fosse che quel che è: un'aggregazione di atomi che si costituisce a partire dalla materia, infinita e indistruttibile, in un'infinità di modi e mondi possibili.

LIBERARSI DALLE PAURE

L'atomismo implicava di conseguenza due principi fondamentali: 1) se l'**uomo** nasce con l'aggregazione di atomi, la morte altro non è che la loro disgregazione; 2) come l'uomo anche la **società umana** – e così la giustizia e così il diritto – è una realtà 'positiva', storica, un prodotto dell'uomo e dell'attività umana. Né la natura e i fenomeni naturali, né l'uomo, la società, le sue leggi e la sua storia obbediscono dunque ad una qualche legge o necessità data *a priori* o ad un ordine superiore e divino, giacché **gli dèi stessi nessuna influenza esercitano sul mondo**. La consapevolezza di ciò, nell'intento programmatico di Lucrezio, avrebbe liberato i Romani dalle paure inutili, prima fra tutte quella degli dèi inculcata dalla religione ufficiale, che il poeta rubricò come mera superstizione; ma li avrebbe **liberati anche dalla ricerca di beni e piaceri** apparenti – ricchezza, potere, gloria – e dalle passioni – desideri, ansie, sofferenze – implicate in quella ricerca.

EQUILIBRIO INDIVIDUALE E RIFIUTO DELLA POLITICA

Unico scopo ragionevole per l'uomo, meta del percorso filosofico suggerito da Lucrezio era piuttosto il 'vero' piacere: la felicità, ovvero **l'assenza di turbamento**, prodotta non dall'adeguamento ad un ordine precostituito, ma dalla comprensione, volta per volta, del reale. Un piacere insomma, quello lucreziano, ovvero epicureo, lontano dai 'costumi licenziosi' e dall'edonismo superficiale che certa parte dei Romani ascriveva ai seguaci dell'epicureismo. Non per questo la pur rigorosa dottrina delineata nel *De rerum natura* risultò più gradita, ché al contrario suscitò non poca diffidenza nell'oligarchia senatoria e nei sostenitori degli antichi valori romani e dei *mores* come era Cicerone, confermando i timori che i Romani tradizionalisti già nutrivano verso questa filosofia. Ai loro occhi essa **minacciava la stabilità della *res publica***: **distraeva i *cives* dall'impegno politico**, invitandoli a distaccarsi dai *negotia* per isolarsi in ristrette comunità di amici; affermando l'idea di un **ordine** e una **giustizia creati dagli uomini e non obbedienti ad una realtà superiore**, incoraggiava chiunque ne avesse avuto i mezzi a violarli per procurarsi potere personale; più di tutto, negando l'intervento degli dèi nelle cose umane e riducendo la religione tradizionale e tutto l'apparato di culto ufficiale a semplice invenzione dei *maiores* e *instrumentum regni* dei governanti, **toglieva qualunque giustificazione al sistema politico e istituzionale dello Stato che sulla *religio* fondava la propria legittimità**.

In questa prospettiva non sembra un caso dunque, né che l'epicureismo raggiunse l'acme nel decennio delle lotte civili e della crisi della *res publica*, quando poco o nulla sembrava essere rimasto degli antichi *mores* e delle istituzioni di Roma; né che, con l'avvento al potere di Augusto, a prevalere su tutte le scuole filosofiche fu la diretta antagonista dell'epicureismo, appunto, lo stoicismo.

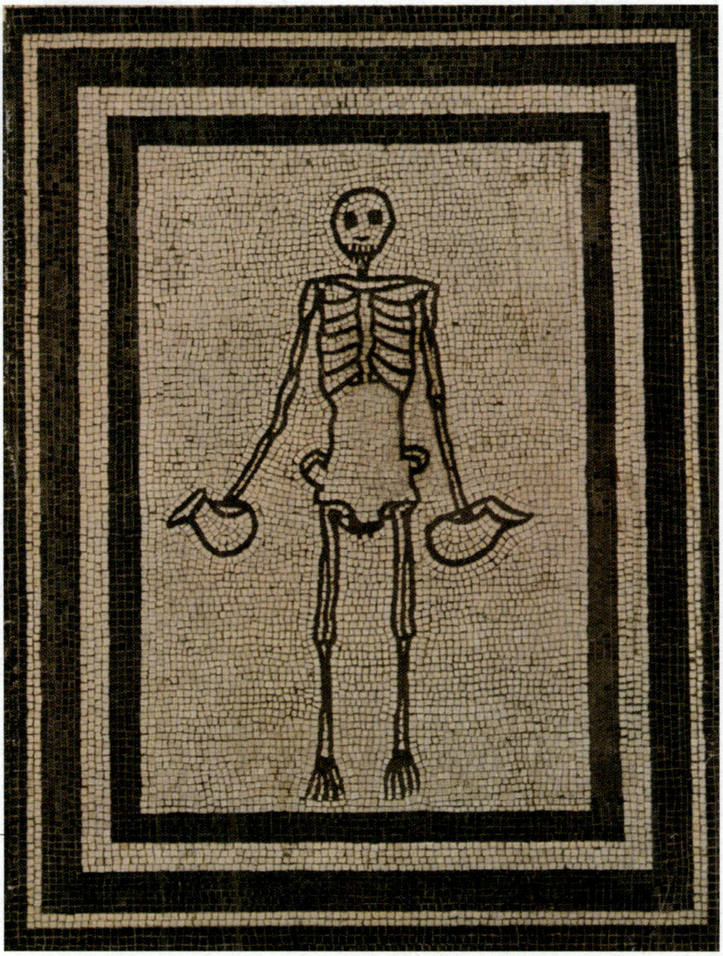

Scheletro e anfore, immagine simbolica di *memento mori*, I secolo a.C.; Napoli, Museo Archeologico Nazionale.

I GENERI LETTERARI

La satira

Satiro danzante con canestro d'uva, II secolo a.C., Atri, Museo Archeolo

Origine

La satira è l'unico dei generi letterari latini che **non ha corrispondente nell'ambito della letteratura greca**, secondo la celebre affermazione di Quintiliano (*satura quidem tota nostra est*) [1], con la quale l'oratore dell'età flavia rivendicava alla cultura romana l'originalità assoluta in tale campo. Questa peculiarità, se da un lato accentua l'interesse degli studiosi moderni per quella che è l'unica creazione originale nell'ambito della letteratura latina, dall'altro crea non pochi problemi di inquadramento e classificazione di questa forma poetica.
Circa le origini del genere, allo stato attuale, le tendenze principali della critica risultano due. La prima propende per un'**origine completamente autoctona** e cerca di connettere il genere con le forme della *satura* preletteraria; la seconda ricerca invece un **legame con la letteratura greca**, pensando di ritrovarlo nei *Giambi* di Callimaco. Poiché tuttavia questi ultimi hanno caratteri profondamente diversi dalla produzione satirica latina e della *satura* preletteraria non abbiamo riscontri significativi, di fatto il problema rimane.

Etimologia

Circa l'etimologia del nome, che in latino può assumere la forma di *satura*, *satira* o *satyra*, Diomede (grammatico del IV secolo d.C.), dopo aver fornito una chiara definizione di questa forma poetica come di un carme usato per deridere con ironia i vizi degli uomini secondo quanto avveniva nella commedia greca antica (*archáia*) e composto di più parti in vario metro, propone quattro possibili interpretazioni della parola. Essa, secondo il grammatico, sarebbe da porre in rapporto con:

a) *sàtyroi*, termine con cui i Greci designavano esseri mitici, dall'aspetto in parte umano e in parte equino o caprino, connessi con il culto di Dioniso, dal comportamento selvatico, grottesco e licenzioso;
b) *lanx satura*, vale a dire il «piatto ricolmo» di varie primizie che gli antichi erano soliti offrire agli dèi in determinate festività religiose;
c) *lex satura*, una specie di legge-polpettone comprendente molteplici e svariate disposizioni;
d) *satura* nel senso di *farcimen* («salsiccia»), secondo quanto aveva già affermato Varrone nei suoi studi etimologici.

Come si può osservare, le quattro possibili etimologie presentano **tratti comuni**: da una parte l'idea della varietà, della mescolanza, della pie-

1. QUINTILIANO, *Institutio oratoria*, 10, 1, 93.

nezza, dall'altra il carattere festoso e mordace, che trova ragione soprattutto nel riferimento ai *sàtyroi*. È evidente che la testimonianza di Diomede identifica come elementi essenziali della *satura* la **critica aggressiva del costume** contemporaneo e la **struttura composita** a livello di contenuti e forme. D'altra parte, se consideriamo la produzione di Ennio, primo autore di satire letterarie, essa non contraddice affatto la tesi di Diomede, che trova una puntuale conferma anche nel vero primo grande compositore di satire, vale a dire Lucilio. Nell'opera del primo Diomede ravvisa la presenza soprattutto dell'elemento della varietà; in quella del secondo la preponderanza del tono aggressivo.

Quanto affermato da Diomede ha consentito la formulazione di un'ipotesi avanzata da studiosi moderni circa l'**origine folclorico-cultuale** della satira. Essa sarebbe da porre in relazione con il culto greco di Demetra, e con quello di Cerere, che di Demetra era la corrispondente romana. Nel suo rituale comparivano lo scherzo audace e osceno, ma anche il ciceone, un intruglio di farina d'orzo, formaggio, vino e miele, il cui uso era di fatto analogo a quello della *lanx satura*. La forma letteraria della satira sarebbe dunque da connettersi all'ambito di festività religiose del mondo agricolo, celebrate in occasione dei raccolti, e il termine *satura* sarebbe derivato dalla condizione di «sazietà» dei partecipanti che, eccitati dal vino e dall'abbondanza del cibo, si scambiavano sferzanti battute di spirito.

I caratteri

Se Varrone e Diomede si soffermano soprattutto su problemi etimologici, Quintiliano studia i caratteri letterari del genere, individuando **due fondamentali filoni** della satira latina: quello **esametrico** e quello **menippeo**. Il primo, il cui iniziatore fu Lucilio, si avvale esclusivamente della forma poetica degli esametri. Il secondo, il cui nome è collegato alla produzione di Menippo di Gadara, fu avviato da Varrone e si concretizza in componimenti misti di prosa e versi (prosimetri).

Per ciò che riguarda i **contenuti** e i caratteri peculiari del genere satirico, essi si possono riassumere nel modo che segue.

1. L'oggetto della rappresentazione non è il passato mitico e storico, come avviene nell'epica e nella tragedia, ma il **mondo contemporaneo**, rappresentato in modo diretto, immediato e provocatorio. Ciò dà origine spesso a toni villani e a modi espressivi grossolani.
2. Strettamente connessa con la rappresentazione realistica del mondo è la **varietà dei temi**, suggeriti di volta in volta dalla quotidianità. Si va dalla discussione politica e di costume alla polemica letteraria; dall'aneddoto occasionale, come può essere un banale episodio della vita quotidiana, un incontro o un viaggio, all'attacco personale; dall'invettiva moraleggiante alla riflessione filosofica. Sono spesso oggetto di descrizione e di derisione le manie di personaggi eccentrici, i difetti di ambienti e persone, i mestieri o le classi sociali, i vizi morali (ad esempio lussuria, avarizia, ambizione). Tutto è rappresentato con **accenti caricaturali**, tesi a rendere goffi e ridicoli i bersagli dell'autore satirico.
3. L'atteggiamento con cui viene descritta l'attualità quotidiana è **libero, anticonformistico, critico** verso le consuetudini e la cultura tradizionale, spesso denigratorio e cinico, improntato a un'invettiva smascheratoria dell'ipocrisia e delle censure sociali o politiche. Tale audacia **coinvolge la struttura compositiva dei testi**, che spesso è priva di norme di coerenza, non segue un ordine prestabilito e appare imprevedibile nella sua casualità.
4. Gli autori satirici tendono a rifiutare l'unità dello stile, tipica di altri generi letterari, come la tragedia, la lirica e l'epica. Ne consegue che **anche il linguaggio si presenta vario**, a tratti sperimentale: una commistione di espressioni gergali, parole straniere, neologismi, arcaismi, che si affiancano alle strutture canoniche del linguaggio codificato, frantumandole.
5. Alla pluralità di stile e linguaggio fa riscontro quella dei **metri** (almeno nella fase iniziale, perché poi ci si uniformò sull'esametro) e quella dei **toni** e dei livelli narrativi: dal tragico al comico, dall'epico all'elegiaco, dal sublime all'umile.

VIRTUS EST HOMINI SCIRE ID QUOD QUAEQUE HABEAT RES

GAIO LUCILIO

L'autore

Notizie biografiche

le origini

A differenza di tutti gli autori latini incontrati finora, Lucilio proveniva da una **famiglia illustre** e molto agiata, che godeva della cittadinanza romana e possedeva vaste proprietà nell'Italia meridionale. Appartenente al **ceto equestre**, Lucilio aveva avuto un parente senatore (Manio Lucilio), ed egli stesso fu prozio del celebre Pompeo, nato da una sua nipote mentre il poeta viveva ancora. Nonostante i nobili natali, Lucilio **sdegnò sempre la vita politica**, preferendo dedicarsi alla letteratura e godere degli agi che gli erano consentiti dalla sua posizione sociale ed economica. Questo atteggiamento si conforma agli ideali dell'*humanitas* e al pensiero **filellenico del "circolo" scipionico**, con cui fu in contatto, frequentando personaggi come Scipione Emiliano, Lelio e Panezio.

La sua vita, a quanto ci è dato di sapere, fu povera di eventi. Nato a ***Suessa Aurunca*** (oggi Sessa Aurunca, in provincia di Caserta) intorno al 180 a.C., partecipò come *eques* all'assedio di Numanzia, nel 134-133 a.C., al seguito di Scipione Emiliano. Il potente generale emulava forse, con la presenza di Lucilio al suo fianco, il gesto di Fulvio Nobiliore che, durante la presa di Ambracia, aveva condotto con sé il poeta Ennio. Per il resto, come si è detto, evitò ogni impegno pubblico. Fu così geloso della sua autonomia, che pare avesse rinunciato anche al matrimonio. Tra i **viaggi** che intraprese, uno ebbe come meta la Sicilia, come ricordano i frammenti di una sua satira; un altro, probabilmente, Atene. A Roma acquistò una casa sontuosa, che era stata edificata una cinquantina d'anni prima per il figlio di Antioco, re di Siria. Una seconda casa, molto ricca, aveva a Napoli, dove, quando **morì nel 102 a.C.**, gli fu tributato un solenne funerale a spese dello stato.

L'opera

Le satire: genesi e ordinamento Lucilio scrisse **30 libri di satire** – di cui restano circa 1300 versi – tra il 132 e il 102 a.C., dopo il suo ritorno dalla Spagna. Nel 129 ne pubblicò una parte, caratterizzata metricamente dai versi propri del teatro comico: senari giambici e settenari trocaici. A questa prima edizione premise una dichiarazione programmatica, in cui esprimeva la sua intenzione di non dare vita né a una poesia tragica, né a una poesia epica e neppure a una trattazione storica in versi. In altre parole, cercò di marcare l'originalità della sua opera, distinguendosi dagli scrittori che lo avevano preceduto.

l'ordinamento dei libri

Se consideriamo però l'edizione definitiva delle satire di Lucilio, fatta dopo la sua morte, ci accorgiamo che nasce un problema. I primi 21 libri e il trentesimo risultano scritti in esametri dattilici, le satire dei libri 22-25 erano probabilmente in distici elegiaci, e infine dal libro ventiseiesimo al ventinovesimo i metri usati erano quelli del teatro comico, cui abbiamo già accennato. Ciò significa, evidentemente, che l'ordinamento avuto dai libri dopo la morte del poeta non corrisponde all'ordine di composizione. Pertanto i libri che occupano le posizioni dalla 26 alla 29 sono da considerarsi cronologicamente i primi; seguono quelli in distici, per finire con quelli esametrici. Forse il trentesimo venne pubblicato a parte. Questa alternanza di metri testimonia l'**evoluzione stilistica di Lucilio, che approdò** dopo diverse fasi **all'adozione definitiva dell'esametro**, da qui in avanti usato come il metro proprio del genere satirico.

i versi rimasti

Si è detto che dell'intera produzione luciliana sono sopravvissuti circa 1300 versi. Di per sé la quantità non è scarsa, però se consideriamo la mole dell'opera di Lucilio, il fatto che quasi sempre i frammenti sono di estrema brevità (talvolta non superano un verso) e che neppure una satira è pervenuta intera, dobbiamo concludere che è impossibile ricostruire in modo significativo la portata e il senso dell'opera luciliana. Allo stesso modo risulta impossibile tentare di ricostruire i singoli libri e tracciare una panoramica attendibile su contenuti e cronologia.

VIAGGIO LETTERARIO IN SICILIA

Da Lucilio in poi, la poesia scritta a commento di un viaggio ebbe molta fortuna. Si può ricordare a questo proposito l'*iter Brundisinum* di Orazio (*Sermones* I, 5), in cui il poeta, sulle orme di Lucilio, descrive le tappe del suo viaggio a Brindisi, riecheggiando alcune situazioni già presenti nel racconto del suo predecessore. Più tardi il tema del viaggio sarà ripreso da Persio (I secolo d.C.), da Ausonio (IV secolo d.C.), da Rutilio Namaziano (V secolo d.C.), fino a giungere a Goethe, che nel suo *Viaggio in Italia* ripercorre in parte l'itinerario di Lucilio.

Antonio Ioli, *La pineta dei templi di Paestum, vista da Levante*, 1750, Collezione privata.

Gli argomenti Come già detto, l'idea che possiamo farci del contenuto dei diversi libri è quanto mai approssimativa. Ci vengono in aiuto le testimonianze degli antichi commentatori, grazie alle quali riusciamo a ricostruire parzialmente la mappa dell'opera. Così sappiamo da Porfirione, antico commentatore di Orazio, che il XVI libro era dedicato a **Collyra, una donna amata dal poeta**. Nel XXVI libro, probabilmente il primo scritto da Lucilio, sarebbero state contenute tre satire, tra le quali merita un cenno, oltre a quella programmatica, di cui si è detto, quella **contro la legge matrimoniale** voluta da Quinto Metello Macedonico, interpretata generalmente come una presa di posizione contro l'istituto matrimoniale *tout court*.
Il III libro era interamente occupato da una satira in cui Lucilio descriveva il suo **viaggio in Sicilia**. È il celebre *iter Siculum*, a cui – secondo il solito Porfirione – Orazio si sarebbe ispirato per raccontare il suo viaggio a Brindisi nella quinta satira del I libro. Il viaggio, la cui meta era Messina, si snoda per via di terra fino a Pozzuoli, toccando anche Capua, dove il poeta assiste a un comico alterco fra buffoni. Prosegue poi per mare fino a Palinuro, dove il poeta sbarca e trova ospitalità in una locanda in cui alla bellezza dell'ostessa non corrispondono la bontà dei cibi e la pulizia delle posate. L'ostessa si dimostra insensibile alla profferte del poeta, anzi sembra «una cavalla di un anno, selvaggia, indomita» e serve, in luogo di «ostriche, murici, peloridi» o asparagi, un piatto, per giunta sporco, di foglie di ruta o di cavolo, ben difficile da digerire. Il mattino dopo il viaggio riprende, forse per mare, fino alla Sicilia, avendo tra le tappe Vibo Valentia e Milazzo.
Si propongono qui alcuni frammenti (vv. 127; 128; 132; 134-135; 136 Marx) che evidenziano il realismo con cui Lucilio descrive l'argomento: alla situazione quotidiana corrisponde il *sermo familiaris*, che non disdegna termini triviali come *ructus* (v. 136).

hinc media remis Palinurum pervenio nox.
di qui a remi giungo a Palinuro a mezzanotte.

caupona hic tamen una Syra
tuttavia qui un'ostessa sira

PESCE O POLENTA?

Catone parlava di tavole imbandite con polenta di farro e foglie di cavolo inzuppate nell'aceto, ricordando abitudini di un passato magro di agricoltori e allevatori dell'agro romano; ma in realtà già dalla fine del III secolo a.C. dopo l'avvio della conquista romana, si diffuse uno stile di vita più ricco e le tavole presentavano cibi ben più vari. Anzi, il cibo che venne via via scelto con più frequenza e apprezzato anche dai ricchi fu il pesce, che comparve sotto forma di molluschi, aragoste, sogliole, murene, cozze, triglie, imbandito sulle tavole delle case patrizie così come nelle taverne sulle coste del sud, protagonista di pasti più modesti, come di feste private, con ricette e intingoli di cui anche la letteratura conserva memoria.

Natura morta con diverse specie di pesci e conchiglie, I secolo a.C., Napoli, Museo Archeologico Nazionale.

ostrea nulla fuit, non purpura, nulla peloris

non c'era nessuna ostrica, né murici, nessun peloride[1]

nam mel regionibus illis
incrustatus calix rutai caulis habetur.

infatti in quelle regioni è considerato prelibato un piatto, anche sporco, di foglie di ruta o di cavolo.

exhalas tum acidos ex pectore ructus

emetti allora dal petto acidi rutti

(trad. di S. Dossi)

le invettive personali

Alcune satire erano di **soggetto letterario**, contro lo stile magniloquente e ampolloso dei poeti tragici, Pacuvio e Accio compresi; altre puntavano più genericamente a costruire qualche **attacco contro la sorte umana, le donne, i parassiti, le prostitute**. Non mancano le **invettive personali**. Nel I libro, ad esempio, bersaglio delle frecciate del poeta è Lucio Cornelio Lentulo Lupo, del quale gli dèi, riuniti a concilio, devono stabilire la sorte. Lupo era stato *princeps senatus* negli anni 131-126 a.C. ed era un acerrimo avversario dell'ambiente scipionico, Lucilio compreso. La satira si configura come una parodia del ***concilium deorum*** di ascendenza epica. Come in un'adunanza del senato, gli dèi, per salvare Roma da Lupo, vera peste della città, deliberano di farlo morire di indigestione.

Nel frammento che segue (vv. 4-17 Marx) Lucilio ironizza su un uso molto in voga nella Roma dei suoi tempi e non solo nelle classi elevate (e il pensiero va ovviamente alla cerchia degli Scipioni e al loro atteggiamento filellenico): la mania di parlare in greco anche per definire gli oggetti più comuni, che era stata adottata anche dai ceti meno colti. Nei versi Lucilio crea un gustoso impasto linguistico, in cui lo stesso Romolo, che prende la parola, proprio mentre critica i costumi attuali dei Romani usa il grecismo *semnós*, con evidente effetto comico.

Consilium summis hominum de rebus habebant.
Quo populum atque urbem pacto servare potissit
amplius Romanam.
Si non amplius, at lustrum hoc protolleret unum
munus tamen fungi et muros servare potissint.
«O curas hominum! O quantum est in rebus inane!».
[...] *et mercedimerae legiones*
famam inhonestam autem turpemque odisse popinam
praetextae hac tunicae, Lydorum opus, sordidulum omne,
psilae atque amphitapae, villis ingentibus, molles
[...] *miracla ciet tylyphantas*
porro «clinopodas» «lychnos»que ut diximus semnos
ante «pedes lecti» atque «lucernas»
«arutaenae»que, inquit, aquales.

Tenevano un consiglio su affari di somma importanza degli uomini. In che modo potesse salvare il popolo e la città di Roma più a lungo. Se non più a lungo, almeno prolungare di un solo lustro; e in che modo potessero attuare il progetto e salvare le mura. «O preoccupazioni degli uomini! O quanto vuoto c'è nelle cose!» [...] e legioni avide di guadagno ma odiavano la cattiva reputazione e la turpe taverna; le toghe e le tuniche, opere dei Lidi, ogni cosa infima, tappeti semplici e col vello da entrambe le parti, col pelo folto, morbidi [...] fa miracoli il materassaio; insomma, quelli che una volta chiamavamo «piedi del letto» e «lucerne», ora magnificamente definiscono «clinopodi» e «licni» [...] e «arutene», disse, le brocche d'acqua. (trad. di S. Dossi)

1. Il peloride è una specie di ostrica, di valore tuttavia inferiore. Nel frammento i tre frutti di mare sono citati secondo un ordine decrescente quanto a pregio.

Nel II libro Lucilio attacca Tito Albucio che ostenta costumi greci e una pronuncia scopertamente ellenizzante. È evidente che gli argomenti della satira luciliana furono molto diversi tra loro: notizie autobiografiche, viaggi, amori, simpatie e antipatie politiche, massime morali e piccoli aneddoti; così facendo Lucilio si poneva in continuità con la poesia satirica enniana, prima espressione del genere, in cui la principale caratteristica era stata la varietà d'argomento.

Caratteri della satira luciliana

l'aggressività

La novità più evidente della pagina di Lucilio, vero e proprio elemento distintivo della sua arte, è **l'aggressività**. Dai frammenti che possediamo emerge un tipo di satira fortemente caratterizzata dall'invettiva. È un'aggressività che si indirizza indifferentemente all'ambito politico come a quello letterario, alla società e alle categorie come ai singoli individui. Anzi, sembra di cogliere un compiacimento pungente da parte dell'autore proprio negli attacchi personali, dai quali erano esenti solo coloro che potevano vantare con lui un legame di amicizia.

D'altra parte la poesia luciliana nasce proprio all'interno di un particolarissimo gruppo di persone (l'*entourage* scipionico), amiche tra loro, che condividevano idee, valori, modo di vivere. Essa è specchio fedele di questi gusti condivisi e soprattutto di quello per un *otium* fatto di intrattenimenti colti. Lucilio e i suoi amici amavano radunarsi e trascorrere ore in conversazioni sulla poesia, sulla filosofia o sull'arte, in una cornice fatta di maniere raffinate, banchetti, scherzi e ironie.

Sempre più lontana dal *mos maiorum*, la pagina di Lucilio poneva al vaglio i modelli comportamentali della tradizione romana, fondati su *virtus*, *gravitas* e *pietas*, alla luce di quanto affermato dalla filosofia greca. È una riflessione a tutto campo, che consente a Lucilio di sintetizzare anche una nuova sensibilità etica. Proponiamo, a proposito, la celebre definizione della virtù che è contenuta in un frammento (vv. 1326 sgg. Marx), nella quale agli aspetti tradizionali quale il sacrificio di sé per la patria e i genitori viene anteposta la conoscenza del bene, dell'utile e dell'onesto.

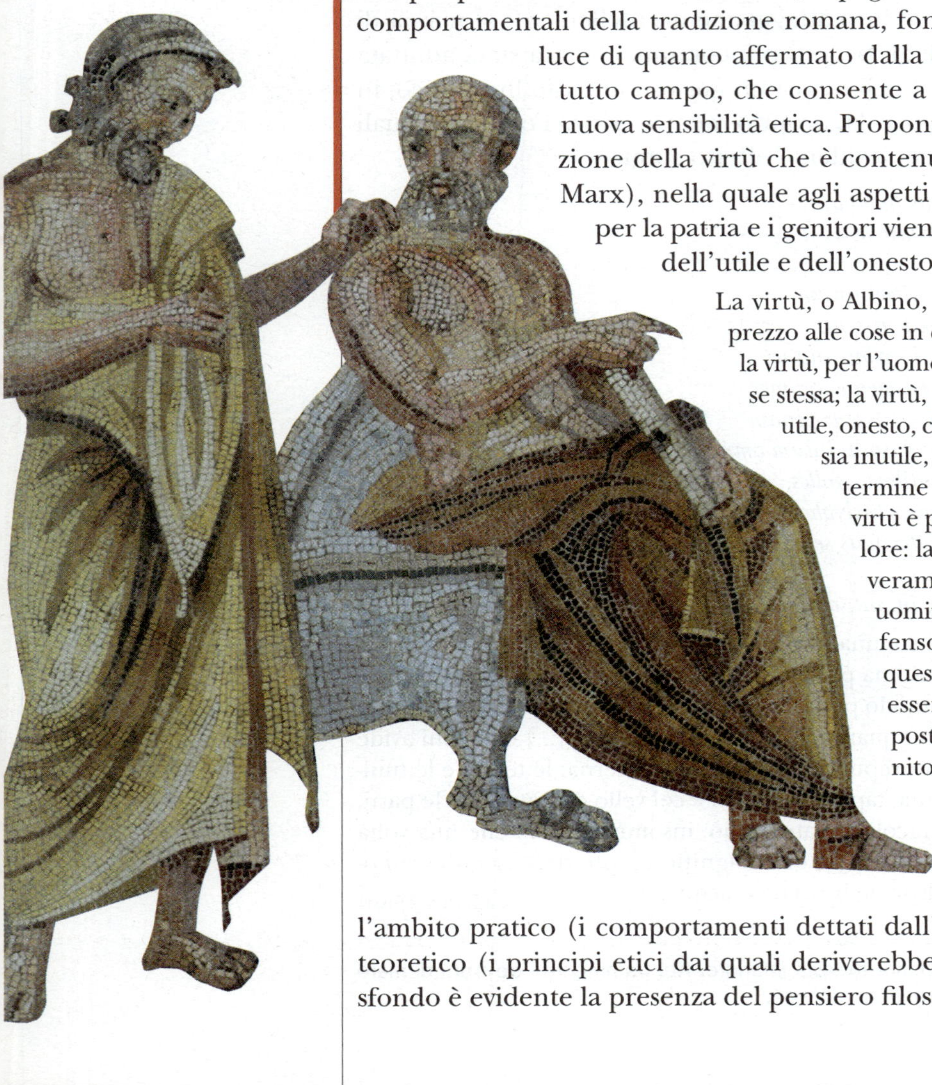
Colloquio tra filosofi, II secolo a.C., Napoli, Museo Archeologico Nazionale.

> La virtù, o Albino, consiste nel poter assegnare il giusto prezzo alle cose in cui ci troviamo, alle cose fra cui viviamo; la virtù, per l'uomo, è sapere quanto vale ciascuna cosa per se stessa; la virtù, per l'uomo, è sapere che cosa sia giusto, utile, onesto, che cosa sia bene, che cosa male, che cosa sia inutile, turpe, disonesto; la virtù è saper porsi un termine e un limite nel cercare il guadagno; la virtù è poter assegnare alla ricchezza il giusto valore: la virtù è dare agli onori ciò che lo merita veramente; essere nemico e avversario degli uomini e dei costumi malvagi, al contrario difensore degli uomini e dei costumi buoni; questi stimare, a questi voler bene, di questi essere amico; inoltre considerare al primo posto il bene della patria, poi quello dei genitori e come terzo e ultimo il nostro.
>
> (trad. di S. Dossi)

È una vera rivoluzione, che sposta l'attenzione del lettore dall'ambito pratico (i comportamenti dettati dall'adesione al *mos maiorum*) a quello teoretico (i principi etici dai quali deriverebbero i singoli comportamenti). Sullo sfondo è evidente la presenza del pensiero filosofico greco.

Seconda caratteristica portante dell'arte di Lucilio è il **realismo**. Probabilmente il genere satirico era inteso da Lucilio anche così: strumento che consentisse di affrontare cose nuove, in aderenza con la realtà che stava intorno. Non più dunque la finzione dell'epica, non più solitarie figure di eroi e celebrazione dell'eccezionalità, ma registrazione di ciò che avviene nel mondo reale. È la vita quotidiana a entrare prepotentemente nei versi della satira, che pullulano di personaggi appartenenti a tutte le categorie e a tutti i ceti sociali. Dal punto di vista letterario e antropologico questa rivoluzione fu di straordinaria importanza, perché la descrizione realistica degli uomini portava con sé anche un **nuovo modo di parlare dell'uomo**. Oltre al modello "teorico" della speculazione filosofica e al tradizionale *civis*, esempio del *negotium* romano, si fa strada un tipo di uomo più aderente alla concretezza del vivere comune, più vivo, anche se appartenente ai livelli bassi della società. Di lui Lucilio traccia un ritratto fisico, psichico e morale, lo osserva immerso nel vissuto quotidiano e crea un profilo nuovo sia agli occhi della riflessione morale, sia nella letteratura, abituata a descrizioni ben più astratte e idealizzate.

Non più inchiodata agli schemi fissi del teatro o dell'epica, la satira sembra muoversi all'improvviso in un orizzonte diverso, fatto di varietà e mutevolezza. Questa è la satira per Lucilio. E della satira, per i motivi che abbiamo detto, Lucilio si può considerare il vero iniziatore.

Ritratto maschile da El Fayyum, II secolo d.C., Monaco, Staatliche Antikensammlungen.

La lingua e lo stile Strettamente collegati al realismo di Lucilio sono lo stile e il linguaggio, caratterizzati da **varietà**, **mescolanza** e **libertà**. Mantenendosi fedele alla realtà, il poeta si trova necessitato a differenziare continuamente lessico e gradazioni di stile, passando dal registro aulico a quello gergale, dal linguaggio tecnico a quello parlato dal popolo. In questo modo la lingua luciliana è un vero spaccato del **lessico latino nei suoi diversi settori** e livelli: incontriamo vocaboli gastronomici, scientifici, medici, fisiologici, sessuali, come anche termini retorici, giuridici, politici. Moltissimi sono i **grecismi**, numerosi anche i **neologismi** o le neoformazioni morfologiche. Tra i primi, vi sono termini filosofici, come *atomus* («atomo»), o letterari, come *poesis* («poesia»); ma anche parole di livello basso o ingiurioso, come *mastigias* («canaglia»). Molti neologismi sono **termini derivati**, come *deargentare* («privare del denaro»), o **composti** dal suono comico, come *cibicida* («ammazza-cibo»), *contemnificus* («disprezza-fico»), *vinibua* («assorbi-vino»). In queste creazioni Lucilio sembra gareggiare con la fantasia comica di Plauto. Nello stile luciliano si assiste a un **uso moderato delle figure di suono**, che popolano invece le pagine dei precedenti autori latini. Con questa scelta Lucilio sembra collocarsi a cavallo tra l'età arcaica e quella successiva, in cui si avvertirà l'esigenza di maggiore sobrietà stilistica. Nonostante ciò, il suo modo di scrivere non piacque alle raffinate orecchie del poeta augusteo Orazio, che lo definisce *lutulentus* («fangoso») come un fiume in piena. Il rimprovero riguarda la mancanza di *labor limae*, vale a dire la scarsa rifinitura e la prolissità dei versi luciliani, così lontani dalla perfezione e dall'armonia oraziane. Eppure proprio l'adozione del *sermo cotidianus* e la maggiore linearità nella formulazione dell'esametro sono elementi stilistici nuovi e vincenti su cui si fonderà la satira di Orazio, con il suo andamento pacato e colloquiale. Anche nello stile, Lucilio è stato un iniziatore.

APPROFONDIMENTO

SATIRA E REALISMO IN LUCILIO

Il punto di partenza della satira luciliana è rappresentato dall'intenzione del poeta di andare alla scoperta degli esclusi, per recuperare sul piano culturale coloro che fino a quel momento erano stati solo comparse o immagini simboliche. Mettendo in primo piano servi, liberti, prostitute e dovendo assegnare loro un ruolo non secondario o "figurale", Lucilio si trova nella necessità di adottare un linguaggio incisivo, a volte violento, in cui la parola corrisponda alla realtà. Questo sforzo linguistico si rifà evidentemente alla personale concezione di cultura propria del poeta, secondo la quale per comprendere la realtà a livello profondo non può bastare la *doctrina* che, a suo parere, non ha strumenti efficaci e sufficienti per indagarla. Il *sapiens*, infatti, per Lucilio non può essere solo chi conosce, comprende e apprezza quanto cade sotto la percezione dei sensi, ma viene inteso come l'uomo che sa aprirsi a tipi e livelli di umanità diversi, con il fine di leggere nella profondità dell'animo umano. Rompere con gli schemi tradizionali a livello stilistico e lessicale significa dunque rompere con le forme cristallizzate dell'etica tradizionale, per tentare il recupero di una moralità più autentica e rivolgersi provocatoriamente a un pubblico nuovo (per questo egli utilizza l'espressione *nec doctissimis scribo*) rispetto a quello cui è in genere rivolta la produzione letteraria latina. In questa linea si muove buona parte della produzione satirica di Lucilio, come si può osservare anche dai versi 716-7 Marx, che presentano una comparazione decisamente inusuale e in certo qual modo "irriverente" tra due ambiti culturali e sociali nettamente separati:

Cocus non curat caudam insignem esse illam, dum pinguis siet.
Sic amici quaerunt animum, rem parasiti ac ditias.

Il cuoco non si preoccupa che la coda sia bella, purché (l'uccello) sia grasso.
Così gli amici cercano l'anima, gli sfruttatori invece i mezzi e la ricchezza.

La comparazione tra il *cocus*, che sa scegliere bene gli animali, e l'uomo che sa scegliere bene gli amici, badando alla concretezza e non all'apparenza, è volutamente provocatoria. L'opposizione fra sostanza e apparenza, realisticamente e concretamente raffigurata dalla scelta operata dal *cocus*, si riflette nella coppia *animum / rem ac ditias*, vale a dire in un ambito che non può più dirsi "culinario", ma che appartiene alla sfera etica. Attraverso quest'esempio provocatorio Lucilio vuole comunicare che *sapiens* può essere anche un cuoco, se *sapiens* è colui che sa riconoscere ciò che è meglio; avendo anche il cuoco facoltà di giudizio, egli può fregiarsi del titolo di *doctus*. Chi sa orientarsi nelle realtà materiali può farlo anche tra i valori morali, perché, secondo Lucilio, un unico criterio presiede a un'operazione "tecnica" e a una etica. Sullo sfondo di questo atteggiamento stanno i rivolgimenti sociali e politici che caratterizzarono la storia romana del II secolo a.C. e che ebbero un riflesso anche sulla cultura. Lucilio vedeva l'avanzata delle forze sociali nuove, osservava il loro scontrarsi con il sistema chiuso della *nobilitas* e riteneva che la letteratura dovesse prendere atto di queste trasformazioni, superare la fase di imitazione del mondo ellenistico, allargando i propri orizzonti e adottando una modalità di raffigurare il mondo più realistica. Così la rappresentazione dell'uomo non doveva ridursi a schemi precostituiti, ma ampliarsi a comprendere gli aspetti fisici e psichici, il mondo del lavoro, gli strumenti, le suppellettili, i cibi, e così via: superare la convenzionalità e far affiorare il mondo concreto in cui si affermava l'individuo in ogni sua manifestazione.

La moglie del proprietario di una taverna spilla il vino da una botte, I secolo d.C., Mérida, Museo Nazionale dell'Arte Romana.

IN SINTESI

■ Nato a ***Suessa Aurunca* intorno al 180 a.C.** da una famiglia illustre appartenente al ceto equestre, Lucilio non partecipò alla vita politica, ma si dedicò esclusivamente alla letteratura. Al seguito di Scipione Emiliano fu presente all'assedio di Numanzia nel 134-133 a.C. Intraprese alcuni **viaggi**, uno dei quali in Sicilia, un altro ad Atene. Morì nel 102 a.C.

■ Lucilio scrisse **30 libri di satire**, di cui restano circa 1300 versi. Nella dichiarazione programmatica che premise alla prima edizione della sua opera, Lucilio sottolineò la **novità** dei suoi scritti, che non rientravano né nel genere epico, né in quello tragico, né in quello storico. L'ordine in cui i libri sono stati organizzati dopo la morte del poeta non corrisponde all'**ordine cronologico** di composizione: infatti i libri dal 26 al 29, che seguono la polimetria della commedia, sono da considerarsi cronologicamente i primi; seguono i libri 22-25, in distici elegiaci, e infine si collocano i libri 1-21 e 30, in esametri.

■ Non è facile stabilire il **contenuto** delle satire di Lucilio, se non con l'aiuto di antichi commentatori: da Porfirione sappiamo, ad esempio, che il XVI libro era dedicato a Collyra, donna amata dal poeta; fra le tre satire del XXVI libro ricordiamo quella programmatica; il III libro narra il **viaggio in Sicilia**; nel I libro va segnalata la satira contro Lucio Cornelio Lentulo Lupo, *princeps senatus* avversario degli Scipioni, condannato dal ***concilium deorum*** a morire di indigestione per salvare Roma da una pestilenza, in considerazione del fatto che la vera peste è lui.

■ La cifra della satira luciliana è l'**aggressività**, che si appunta soprattutto contro i nemici dell'*entourage* degli Scipioni. La poesia di Lucilio è infatti molto vicina alle idee e al gusto della cerchia scipionica, che esaltava l'ideale dell'*otium* e faceva propri i principi della filosofia greca, distaccandosi dai valori del *mos maiorum*.

■ Altra caratteristica della satira di Lucilio è il **realismo**. La poesia diventa registrazione di ciò che avviene nel mondo reale, i cui protagonisti sono personaggi di tutti i ceti sociali soggetti a vari tipi di esperienze.

■ Lucilio è il vero **iniziatore** del genere letterario della **satira**, a cui conferisce caratteristiche che si trasmetteranno in futuro. Lo stile e il linguaggio della satira di Lucilio sono caratterizzati da **varietà**, **mescolanza** e **libertà**. Il **lessico** è tratto da **diversi settori** (vocaboli gastronomici, medici, sessuali, retorici, giuridici), **grecismi**, **neologismi**, **termini derivati** e **composti**.

INDICAZIONI BIBLIOGRAFICHE

Le edizioni dei testi

F. MARX, *C. Lucilii carminum reliquiae*, Lipsia, Teubner, 1904-1905, rist. Amsterdam, Hakkert, 1963.

E. DIEHL, *Poetarum Romanorum veterum reliquiae*, Bonn, Marcus e Weber, 1911.

L. CANALI (a cura di), *Antologia della poesia latina*, con la collaborazione di A. FO e M. PIZZICA, Milano, Mondadori, 1993 (con la traduzione dei frammenti).

Gli studi

A. PIGANIOL, *Le conquiste dei Romani*, Milano, Il Saggiatore, 1921.

I. MARIOTTI - F. DELLA CORTE - W. KRENKEL, *L'età di Lucilio*, in «Maia», XX (1968), pp. 254-270.

A. PENNACINI, *Funzioni di rappresentazione del reale nella satira di Lucilio*, «Atti dell'Accademia delle Scienze di Torino», Classe di Scienze morali, storiche e filosofiche, CIII (1968), pp. 311 sgg.

A. RONCONI, *Lucilio critico letterario*, in *Interpretazioni letterarie nei classici*, Firenze, Le Monnier, 1972.

R. ZUCCHELLI, *L'indipendenza di Lucilio*, Brescia, Queriniana, 1977.

U. KNOCHE, *La satira romana*, Brescia, Paideia, 1979[2].

P. GRIMAL, *Il secolo degli Scipioni*, trad. di D. PLATAROTI, Brescia, Paideia, 1981.

G. GARBUGNO, *Il XXX libro di Lucilio*, in AA. VV., «Studi Noniani», X (1985), pp. 45-174.

G. ALFÖLDY, *La trasformazione strutturale del II secolo a.C.*, in *Storia dell'antica Roma*, trad. di A. ZAMBRINI, Bologna, Il Mulino, 1987.

AA. VV., *Storia di Roma*, a cura di A. MOMIGLIANO - A. SCHIAVONE, vol. I, Torino, Einaudi, 1988.

M. CITRONI, *Musa pedestre*, in AA. VV., *Lo spazio letterario di Roma antica*, I, Roma, Salerno Editrice, 1989, pp. 324-327.

G. GARBUGNO, *Il XXVI libro di Lucilio*, in AA. VV., «Studi Noniani», XIII (1990), pp. 129-236.

A.S. GRATWICK, *Le satire di Ennio e Lucilio*, in AA. VV., *La letteratura latina della Cambridge University* (1982), trad. di L. SIMONINI, Milano, Mondadori, 1991, vol. I, pp. 257-282.

C. MORO, *La varietà e la norma: i frammenti giambico-trocaici di Lucilio fra versificazione drammatica e alessandrinismo*, Padova, Imprimitur, 1995.

M.H. CRAWFORD, *Roma nell'età repubblicana*, Bologna, Il Mulino, 1995.

L’età di Cesare

La crisi della repubblica dalla morte di Silla all’affermazione di Ottaviano

60 a.C.

POESIA

Preneoterici
100-60 a.C. circa
Primo tentativo di riprodurre a Roma una poesia elegante di stampo alessandrino.

Neoterici
60-40 a.C.
Elvio Cinna, Varrone Atacino, Licinio Calvo, **Valerio Catullo** (*Liber*) e altri autori legati d’amicizia fondano una poesia di circolo, basata sull’*otium* letterario.

De rerum natura
60 a.C.?
Tito Lucrezio Caro
scrive un poema didascalico per introdurre in Roma la filosofia epicurea, riflettendo sul tema della felicità umana, della vita e della morte, della natura del mondo, della ragione e della religione.

STORIOGRAFIA

De bello Gallico
50 a.C.
Gaio Giulio Cesare
scrive il resoconto della sua campagna di conquista in Gallia, raccontando con ambigua esattezza storica, anno dopo anno, in sette l l’annessione di un popolo.

ORATORIA

Pro Roscio Armerino
80 a.C.
Cicerone
Esordio dell’oratore.

Verrinae
73-71 a.C.
Cicerone
Sette orazioni contro un clamoroso reato di concussione.

Discorsi consolari
De imperio C. Pompei **66 a.C.**
De lege agraria **63 a.C.**
Catilinariae **63 a.C.**
Pro Murena **63 a.C.**
Durante il suo consolato, Cicerone esprime in senato la sua voce, sostenendo insieme una battaglia politica e personale.

Pro Archia **62 a.C.**
De domo sua **57 a.C.**
Pro Sestio **56 a.C.**
Pro Celio **56 a.C.**
Pro Milone **52 a.C.**
Orazioni pronunciate in tribunale ma con affondi sulla politica e la cultura contemporanea.

TRATTATISTICA

Brutus
56 a.C.
Cicerone
Nella villa tusculana di Cicerone, un dialogo immaginario fra dotti amici sulle forme dell’oratoria, dai Greci fino a Cicerone stesso.

De oratore
55 a.C.
Cicerone
Nella forma di un dialogo platonico, Cicerone discute sulle tecniche e i princìpi dell’arte del dire.

De republica
54-51 a.C.
Cicerone
Trattato di filosofia politica in cui Cicerone discute sulla migliore forma di governo e sulle forme della giustizia.
La conclusione del trattato, il *Somnium Scipionis* circolò autonoma, per indicare ad ogni uomo di stato il fine etico della politica.

EPISTOLOGRAFIA

Epistulae ad Atticum
ad familiares
ad Quintum fratrem
ad Marcum Brutum
68-43 a.C.
Cicerone
Lettere personali, ma raccolte in vista di una pubblicazione: riflettono i caratteri sia pubblici sia privati di un’intera epoca.

Per questa città lunga sia l'età
e il dominio sul mondo
e siano sotto di lei
l'Oriente e l'Occidente.

OVIDIO, *Fasti*, IV, 831-832

50 a.C.

40 a.C.

Opere perdute in poesia di Cicerone
Marius
De consolatu suo
De temporibus suis
Glaucus
Limon
Uxorius
(traduzione artistica dei *Fenomena* di Arato di Soli)

De bello civili
47 a.C.
Gaio Giulio Cesare
giustifica davanti al senato romano la sua guerra contro Pompeo, volendo convincere della sua fedeltà alla Repubblica.

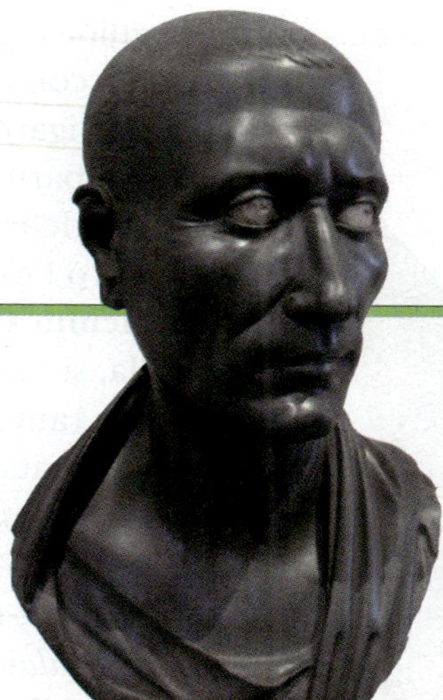

De Catilinae coniuratione
43 a.C.
Sallustio
L'episodio della congiura di Catilina viene raccontato da Sallustio per riflettere sulla crisi dello stato a partire da un evento particolare.

Bellum Iugurthinum
40 a.C.
Sallustio
La guerra contro Giugurta è occasione per Sallustio di riflettere sui mali di Roma.

Orazioni cesariane
***Pro Marcello* 46 a.C.**
***Pro Ligario* 46 a.C.**
***Pro rege Deiotario* 45 a.C.**
Cicerone tenta un bilancio della guerra civile, da poco conclusa.

***Philippicae* 44-43 a.C.**
Orazioni infuocate pronunciate in senato o nel foro, contro Antonio, subito dopo la morte di Cesare. L'ultima battaglia politica di Cicerone.

Orator
46 a.C.
Cicerone
Un trattato sullo stile dell'oratoria, perché ogni oratore sappia quale registro e quale scopo dare al suo discorso.

Opere filosofiche
45-44 a.C.
Cicerone
Paradoxa stoicorum
Hortensius
Definibus bonorum et malorum
Tusculanae disputationes
De divinatione
De fato
De officiis
Cato maior, de senectute
Lelius, de amicitia
Nel corso di un anno, Cicerone scrive un gruppo di opere che, toccando aspetti diversi del sapere, vogliono convincere gli intellettuali romani della necessità dello studio filosofico, come formazione necessaria all'azione politica.

Imagines
45 a.C.
Marco Terenzio Varrone
Settecento ritratti di uomini illustri, accompagnati da ritratti pittorici.

Antiquitates
43-42 a.C.
Marco Terenzio Varrone
Raccolta delle tradizioni civili e religiose della cultura latina, con una attenta prospettiva antropologica.

VOCI A CONFRONTO

MEDIABOOK ▸

LETTERATURA E STORIA A CONFRONTO

La guerra civile

I nodi della storia

Forze destabilizzanti

le tensioni interne

La mossa politica della "costituzione sillana", che mirava a restituire una condizione di privilegio all'aristocrazia senatoria e svantaggiava fortemente cavalieri e *populares*, non poteva certo equilibrare le tensioni sociali presenti in Roma. Così dopo la morte di Mario e Silla, continuò di fatto l'**opposizione tra i mariani e i sillani**, culminata nell'episodio della guerra di Spagna dove, guidata da Sertorio, ex ufficiale di Mario, si sollevò la popolazione locale contro il potere centrale. Anche sul territorio italico la tensione si fece evidente con la **rivolta degli schiavi e dei gladiatori**, che tennero impegnate le legioni romane per tre anni. Una simile situazione, tesa e in continua evoluzione, favorì l'emergere di nuove figure di uomini politici che risultarono determinanti per il successivo sviluppo degli eventi e per le sorti della costituzione romana.

i nuovi uomini politici

Anzitutto **Gneo Pompeo** (106-48 a.C.), ex seguace di Silla, appoggiato dall'aristocrazia senatoria, dopo avere combattuto e vinto in Spagna coloro che avevano seguito Sartorio nella sua secessione, compiendo un primo voltafaccia politico, attraverso il sostegno degli affaristi e della plebe, ottenne la guida della guerra contro i pirati; in seguito si alleò con Cesare e Crasso per indebolire proprio l'oligarchia senatoria, che lo aveva appoggiato in partenza, salvo poi presentarsi come il paladino della legalità e del senato nella lotta finale contro l'ex alleato Cesare. In secondo luogo, **Marco Licinio Crasso** (115-53 a.C.): anch'egli vicino a Silla, si era arricchito enormemente grazie a speculazioni (anche illecite, nei confronti dei proscritti) e si presentava come autorevole esponente del ceto affaristico equestre. Infine, ma determinante, **Gaio Giulio Cesare** (100-44 a.C.): di famiglia patrizia, imparentato con Mario, era stato esiliato da Silla per il suo appoggio ai *populares*; rientrato sulla scena politica romana, attraversò il *cursus honorum* fino a diventare pontefice massimo e propretore in Spagna (61 a.C.), dove si arricchì notevolmente. Abilissimo giocatore sulla scacchiera politica, egli cercò la sua base di sostegno nei *populares*, ma quando ottenne il potere tentò di recuperare l'appoggio dell'aristocrazia senatoria, mostrandosi tollerante e moderato e tenendo a freno le richieste dell'ala estremista della sua fazione.

Gladiatore armato con elmo, scudo e spada, I secolo d.C.

La congiura di Catilina

Mentre Pompeo si trovava in Oriente, impegnato in quelle campagne militari vittoriose che portarono i Romani a sconfiggere definitivamente Mitridate e a penetrare in Arabia e Palestina (conquista di Gerusalemme), nella capitale fu scoperta una pericolosa **congiura**, non la prima peraltro, né l'unica di quel periodo. Nel 63 a.C. **Lucio Sergio Catilina**, un aristocratico ex seguace di Silla, dopo avere tentato inutilmente di farsi eleggere console, progettò di prendere violentemente il potere alla guida di un gruppo di rivoltosi, (ex sillani e nobili indebitati, agricoltori impoveriti, criminali comuni). **Marco Tullio Cicerone** – colui che aveva sconfitto Catilina alle elezioni per il consolato e che diverrà con i suoi scritti una figura centrale della cultura latina – **attaccò violentemente i congiurati in senato**, represse il loro tentativo e ne ottenne la condanna a morte, nonostante le perplessità di una parte di senatori. Le fonti che ci informano minutamente su questo episodio (le orazioni dello stesso Cicerone e il *De Catilinae coniuratione* di Sallustio) sono ostili a Catilina, ma permettono di intuire che la congiura era espressione manifesta di un **diffuso disagio sociale**, al quale la classe dirigente non riusciva a rispondere, se non arroccandosi a difesa dei propri privilegi.

l'intervento di Cicerone

L'accordo segreto

La repressione della congiura aveva **rinvigorito il prestigio del senato**, che volle imporsi sullo stesso Pompeo, al ritorno dalle sue vittoriose campagne in Oriente, richiamandolo al rispetto dell'ordinamento repubblicano; in questo modo i senatori volevano contrastare le tendenze personalistiche che si stavano affermando sulla scena politica. Per questi motivi non avallarono le decisioni prese da Pompeo in Oriente, sostenendo che la politica estera era materia esclusiva del senato, e rallentarono la distribuzione delle terre ai suoi veterani. La posizione rigida assunta dal senato spinse **Pompeo** a cercare un accordo con gli altri due "uomini forti" del momento, il ricco e influente **Crasso** e **Cesare**. Nel 60 a.C. i tre si accordarono per un'azione politica comune, che avrebbe portato vantaggi a tutti loro: Cesare chiese l'elezione al consolato, promettendo a Pompeo una legge per la distribuzione delle terre ai suoi veterani e a Crasso facilitazioni finanziarie per gli appaltatori. I seguaci dei tre influenzarono pesantemente le assemblee elettorali (anche con minacce) e **Cesare fu eletto console** per il 59 a.C., dando esecuzione agli accordi presi con Pompeo e Crasso: il suo collega nel consolato, Bibulo, tentò di opporsi, ma fu ridotto all'impotenza. L'accordo dei tre uomini potenti (il cosiddetto **primo triumvirato**) fu definito da Varrone, un intellettuale dell'epoca, «un mostro a tre teste»: in effetti rappresentava una grave lesione della struttura repubblicana, poiché era un accordo privato, senza alcuna base giuridica, fra tre cittadini potenti e autorevoli, che si spartivano il potere. Tuttavia la natura di questo accordo si rivelava puramente tattica, perché non aveva alla base una nuova e comune visione dello stato: ciascuno dei tre usava strumentalmente il potere degli altri due per ottenere vantaggi personali, in attesa di restare da solo al comando.

Statua funeraria di guerriero aristocratico celtico con collare, corazza, scudo e spada, v secolo a.C., Darmstad, Hessisches Landesmuseum.

Cesare in Gallia

Terminato il consolato, Cesare ottenne per sé il proconsolato della Gallia Cisalpina, dell'Illirico e della Gallia Narbonese (la Francia meridionale, dalle Alpi ai Pirenei), perché vedeva in quell'area la possibilità di un intervento militare e di ricche conquiste. A tale fine, su sollecitazione di Pompeo, ottenne dal senato altre legioni, in aggiunta a quelle già dislocate in zona. Egli colse l'occasione offerta dalla migrazione degli Elvezi per **intervenire nella Gallia** e conquistare un territorio vasto, ricco, evoluto, culturalmente omogeneo ma non strutturato come stato unitario, bensì suddiviso in numerose tribù (e quindi più debole militarmente): un territorio che stava subendo anche notevoli pressioni da parte dei Germani lungo il confine naturale del Reno. Nel 57 a.C., forzando la situazione reale, Cesare annunciò al senato che la conquista era ultimata: in realtà si era accorto che sia il senato sia i suoi alleati-rivali si muovevano per sottrargli il comando. Perciò egli tornò rapidamente in Italia e propose a Crasso e Pompeo di rinnovare il loro patto, cosa che avvenne durante un incontro tenutosi a Lucca, nell'estate del 56 a.C. Lo stato oramai era nelle loro mani, il senato appariva esautorato dai suoi poteri. **A Cesare fu prorogato il proconsolato** in Gallia per altri cinque anni; **Pompeo e Crasso divennero consoli**, con la prospettiva di altri due prestigiosi proconsolati: in Spagna il primo, in Siria il secondo. Mentre Pompeo adottò l'astuta mossa di governare la Spagna attraverso suoi luogotenenti, per rimanere a controllare la situazione a Roma, Crasso invece guidò una spedizione contro i Parti, desideroso di eguagliare quella gloria militare che accompagnava i due colleghi: ma qui fu pesantemente sconfitto (battaglia di Carre, 53 a.C.) e perse la vita. La sua morte spezzò anche il precario equilibrio che si era formato: ben presto Cesare e Pompeo sarebbero arrivati allo scontro diretto per il potere.

la morte di Crasso

La guerra civile

Il secondo proconsolato di Cesare fu anche più impegnativo del primo: egli procedette nelle conquiste e giunse a organizzare **due spedizioni in Britannia** (tra il 55 e il 54 a.C.) dove ottenne alcune vittorie, ma nessuna occupazione definitiva. Dovette poi affrontare una vasta **ribellione dei popoli gallici**, che avevano trovato una momentanea unione attorno al capo Vercingetorìge, il quale sconfisse ripetutamente le legioni romane. Cesare si riprese prontamente, vinse il nemico nella cruciale battaglia di Alesia e completò la conquista della Gallia tra il 52 e il 51 a.C. Pompeo nel frattempo a Roma rafforzava il proprio potere personale: riavvicinatosi al senato e agli *optimates*, ottenne la carica di console unico per l'anno 52 a.C., al fine di sedare i continui tumulti che tormentavano la vita politica, ed ebbe di nuovo il proconsolato della Spagna per altri cinque anni: carica importante, che gli permetteva di tenere ai suoi ordini un esercito.

Ritratto di Gneo Pompeo, I secolo a.C., Copenhagen, Museo Nazionale.

A questo punto Cesare, giunto al termine del suo mandato, avrebbe dovuto deporre le insegne del comando e tornare a Roma come privato cittadino: ma ciò era pericoloso per lui, visto che grande era il potere di Pompeo nell'Urbe. Egli allora chiese *in absentia* il consolato, ma ottenne un deciso rifiuto: la frattura non era più sanabile e la crisi precipitò verso la guerra civile.

Nel **49 a.C.** Cesare scese verso sud e attraversò con le legioni il **Rubicone**, il fiume romagnolo che segnava il limite fra l'Italia e la Gallia Cisalpina: nella capitale fu proclamato lo stato d'assedio e indetta la chiamata alle armi. Cesare avanzò velocemente con il suo esercito, si impadronì di Rimini, Arezzo e Gubbio. Pompeo, i consoli e i senatori repubblicani abbandonarono Roma e s'imbarcarono a Brindisi per l'Oriente. Cesare conquistò il Piceno, poi scese fino a Brindisi da dove, visto che l'esercito pompeiano era già salpato per Durazzo, partì per Roma. Quindi si spostò in Spagna, dove sconfisse le cinque legioni guidate dai legati di Pompeo, Afranio e Petreio. Nominato console, Cesare salpò da Brindisi con sette legioni e sulla costa dell'Epiro aggiunse alla spedizione altre cinque legioni condotte dall'Italia dal suo luogotenete Antonio. La battaglia decisiva avvenne il 9 agosto del 48 a.C. in Tessaglia, nella pianura di **Farsàlo**: qui **le 80 coorti cesariane ebbero la meglio sulle 110 pompeiane**, che contarono ben 15000 caduti. Pompeo cercò rifugio presso Tolomeo XIV d'Egitto ma il re, temendo le ritorsioni dei Romani, lo fece uccidere nella barca che lo stava trasportando a riva. Cesare giunse ad Alessandria, dove apprese della morte del rivale: depose allora Tolomeo e mise sul trono dell'Egitto la sorella Cleopatra, suscitando forti disordini nel paese. La guerra contro le resistenze degli ultimi pompeiani continuò fino al 45 a.C., prima in Africa, poi in Spagna, dove essi furono definitivamente sconfitti.

La dittatura e la morte di Cesare Il senato non poté più opporsi alla volontà del vincitore: **Cesare fu nominato dittatore**, con il compito di riformare lo stato; inoltre divenne contemporaneamente console, comandante supremo, capo religioso e tribuno della plebe: il suo potere, insomma, prendeva connotazioni monarchiche, anche se rimanevano formalmente in vigore le cariche repubblicane. Raggiunto il comando, egli non si abbandonò alle vendette, ma impiegò un'accorta politica della *clementia* per recuperare consenso e ricompattare la società romana: ampliò il senato e ne ridimensionò i compiti, cercò di sostenere i ceti più bassi (calmierando i prezzi degli affitti) e di tranquillizzare quelli più abbienti, non toccando la proprietà privata e il possesso delle terre.
Diede impulso a numerose **opere civili** e al processo di **romanizzazione delle province**, potenziandone i centri urbani. Inoltre, in qualità di *pontifex maximus*, attuò un'importante **riforma del calendario** (fino a quel momento basato sui mesi lunari), fissando la durata dell'anno in 365 giorni e introducendo l'anno bisestile. Nonostante queste sue azioni e la ricerca di vasto consenso, il nuovo capo di Roma aveva però sottovalutato il peso delle tradizioni repubblicane e si era creato molti nemici nell'ambito dell'aristocrazia della capitale: **il 15 marzo del 44 a.C. venne assassinato** a seguito di una congiura ordita da numerosi membri della *nobilitas* senatoria.

Ritratto di Giulio Cesare, I secolo a.C., Città del Vaticano, Musei Vaticani.

Dalla guerra civile al principato La sua morte non bastò tuttavia a fermare il processo di trasformazione dello stato romano, che vedeva ormai la *res publica* prossima a tramontare di fronte al **principato autocratico**. Cicerone cercò con la sua azione politica di restaurare la vecchia costituzione repubblicana, ma dovette fare i conti con coloro che si presentavano come eredi di Cesare e disponevano inoltre della forza militare. Primo fra tutti **Marco Antonio**, da tempo fedele cesariano, che unì le proprie legioni a quelle di **Marco Emilio Lepido**. A loro si aggiunse, dopo una prima fase di ostilità, anche il giovane **Ottaviano**, pronipote di Cesare e suo figlio adottivo, per formare un **triumvirato** (nel novembre del 43 a.C. a Bologna): non più un patto privato, ma un accordo che ebbe un riconoscimento giuridico. Infatti ai tre fu attribuita una carica consolare per cinque anni, con il compito di riformare lo stato. Fra le prime decisioni prese dai triumviri vi furono le proscrizioni e l'assassinio degli oppositori (fra cui Cicerone). Nel 42 a.C. Ottaviano e Antonio sconfissero gli uccisori di Cesare, Marco Giunio Bruto e Gaio Cassio Longino, a **Filippi**, in Macedonia. Allora **i triumviri si divisero il controllo dell'impero**: Ottaviano ebbe l'Italia e l'Occidente, Antonio ottenne l'Oriente e Lepido l'Africa. Ottaviano cercò l'aiuto di quest'ultimo nella guerra contro Sesto Pompeo (il figlio di Pompeo Magno), ma Lepido cercò di accaparrarsi personalmente la Sicilia, con il risultato che venne privato della sua provincia e del suo ruolo all'interno del triumvirato (36 a.C.). Alla morte di Sesto Pompeo, il comando dell'impero gravitante sul Mediterraneo rimase una questione privata fra Ottaviano (che aveva nel frattempo rafforzato notevolmente la sua posizione in Occidente) e Antonio. Con la **vittoria di Azio**, nel 31 a.C., e il **suicidio di Antonio**, Ottaviano estese il suo dominio anche in Oriente (29 a.C.), divenendo in tal modo il solo padrone di tutti i territori di Roma. La lunga e irreversibile crisi delle istituzioni repubblicane, iniziata fin dall'epoca dei Gracchi nel II secolo a.C., era compiuta: per lo stato romano iniziava l'**età del principato**.

Ritratto di Marco Antonio, I secolo a.C., Parigi, Biblioteca Nazionale.

IN SINTESI

■ Anche dopo la morte di Mario e Silla continuarono le tensioni presenti a Roma. Questa situazione favorì l'emergere di **nuovi uomini politici**: **Gneo Pompeo**, appoggiato dall'aristocrazia senatoria, **Marco Licinio Crasso**, esponente del ceto equestre, e **Gaio Giulio Cesare**, sostenuto dai *populares*.

■ Mentre Pompeo si trovava in Oriente, nella capitale fu scoperta una **congiura**, capeggiata da **Lucio Sergio Catilina**, un aristocratico ex seguace di Silla. **Cicerone attaccò violentemente i congiurati in senato** e ne ottenne la condanna a morte.

■ Il senato, rinvigorito dalla repressione della congiura, cercò di contrastare le tendenze personalistiche di Pompeo. **Pompeo** trovò allora un accordo con **Crasso** e **Cesare**. Cesare chiese l'elezione al consolato, promettendo a Pompeo una legge per la distribuzione delle terre ai suoi veterani e a Crasso facilitazioni finanziarie per gli appaltatori. L'elezione di Cesare al **consolato** (59 a.C.) diede vita al **primo triumvirato**: ciascuno dei tre usò strumentalmente il potere degli altri per ottenere vantaggi personali, in attesa di restare da solo al comando.

■ Terminato il consolato, Cesare ottenne il proconsolato della Gallia Cisalpina, dell'Illirico e della Gallia Narbonese. L'**intervento militare nella Gallia** gli permise di conquistare un territorio vasto. Nel 57 a.C., accortosi che il senato e i suoi alleati-rivali si muovevano per sottrargli il comando, tornò in Italia e propose a Crasso e Pompeo di rinnovare il loro patto (56 a.C.). **A Cesare fu prorogato il proconsolato** in Gallia; **Pompeo e Crasso divennero consoli**. Crasso guidò una spedizione contro i Parti, ma fu sconfitto a Carre (53 a.C.), dove perse la vita.

■ Durante il secondo proconsolato Cesare organizzò **due spedizioni in Britannia** (55-54 a.C.) e affrontò una vasta **ribellione dei popoli gallici**, guidati da Vercingetorìge. Cesare vinse il nemico ad Alesia e completò la conquista della Gallia tra il 52 e il 51 a.C.

■ Nel frattempo Pompeo ottenne la carica di console unico per l'anno 52 a.C. Cesare, giunto al termine del suo mandato, chiese *in absentia* il consolato, ma ottenne un deciso rifiuto. Nel **49 a.C.** attraversò allora con le legioni il **Rubicone**, che segnava il limite fra l'Italia e la Gallia Cisalpina. Pompeo, i consoli e i senatori repubblicani fuggirono in Oriente. La battaglia decisiva avvenne il 9 agosto del 48 a.C. a **Farsalo**, in Tessaglia: qui **le 80 coorti cesariane ebbero la meglio sulle 110 pompeiane**. Pompeo cercò rifugio presso Tolomeo XIV d'Egitto ma il re, temendo le ritorsioni dei Romani, lo fece uccidere. La guerra contro gli ultimi pompeiani continuò fino al 45 a.C., prima in Africa, poi in Spagna, dove essi furono definitivamente sconfitti.

■ **Nominato dittatore**, **Cesare** impiegò un'accorta politica della *clementia* per recuperare consenso: ampliò il senato e ne ridimensionò i compiti, cercò di sostenere i ceti più bassi e di tranquillizzare quelli più abbienti. Diede impulso a numerose **opere civili** e al processo di **romanizzazione delle province**. Inoltre attuò un'importante **riforma del calendario**. Nonostante ciò, **il 15 marzo del 44 a.C. venne assassinato** a seguito di una congiura, ordita da numerosi membri della *nobilitas* senatoria.

■ La morte di Cesare non bastò a fermare il processo di trasformazione dello stato romano. **Marco Antonio**, **Marco Emilio Lepido** e **Ottaviano**, pronipote di Cesare e suo figlio adottivo, formarono un **triumvirato** (43 a.C.). Ai tre fu attribuita una carica consolare per cinque anni. Nel 42 a.C. Ottaviano e Antonio sconfissero gli uccisori di Cesare, Marco Giunio Bruto e Gaio Cassio Longino, a **Filippi**. **I triumviri si divisero poi l'impero**: Ottaviano ebbe l'Italia e l'Occidente, Antonio ottenne l'Oriente e Lepido l'Africa.

■ Ottaviano cercò l'aiuto di Lepido nella guerra contro Sesto Pompeo, ma Lepido, che aveva cercato di accaparrarsi la Sicilia, venne privato della sua provincia e del ruolo all'interno del triumvirato (36 a.C.). Alla morte di Sesto Pompeo, il comando dell'impero gravitante sul Mediterraneo rimase una questione fra Ottaviano e Antonio. Con la **vittoria di Azio**, nel 31 a.C., e il **suicidio di Antonio**, Ottaviano estese il suo dominio anche in Oriente (29 a.C.), divenendo così padrone di tutti i territori di Roma: per lo stato romano iniziava l'**età del principato**.

Società e cultura

La figura di Cesare: un bilancio

Per quanto arbitrario sia ogni taglio imposto al *continuum* della storia, è vero che il periodo che intercorse tra la morte di Silla (78 a.C.) e la battaglia di Azio (31 a.C.) fu dominato da **forti figure individuali**, che determinarono le vicende collettive, e fu imperniato in particolare sull'azione politica di Cesare: per questo si è soliti parlare di "età cesariana". Indubbiamente egli contribuì ad accelerare e portare a maturazione il **processo di crisi della vecchia *res publica***, da decenni già in atto, e a imprimere una svolta al futuro di Roma.

la crisi della *res publica*

Infine, quale bilancio è possibile stilare dell'azione politica di Cesare? Nel rileggere le vicende che l'hanno visto protagonista, alcuni punti risultano ben chiari: il piano di riforme che egli intendeva attuare, una volta conseguito il potere, si ispirava a una **nuova e organica concezione dello Stato**, che superava le vecchie strutture, ormai inadeguate a gestire la complessa realtà dell'Urbe e dell'impero nel I secolo a.C. Attraverso l'apertura del senato ai nuovi ceti, la concessione allargata della cittadinanza, la fondazione di numerose colonie nelle province, Cesare intendeva **ampliare la compagine sociale**, indebolendo la vecchia oligarchia senatoria. Accanto a questo progetto *in fieri*, già appariva realizzato l'**accentramento del potere nelle mani di un solo individuo**, capace di decidere e agire con la rapidità necessaria: in tale ottica deve essere letta la sua proclamazione a dittatore perpetuo.

un potere autocratico

Fino a questo punto gli storici sono generalmente d'accordo; ma i pareri si differenziano quando ci si interroga sulla coloritura che stava per assumere il potere autocratico di Cesare. Secondo alcuni studiosi (tra cui lo storico H. Pirenne) Cesare si stava avviando verso una monarchia di tipo orientale, sul modello ellenistico dei Tolomei, nella quale il potere supremo assumeva anche una connotazione sacra (divinizzazione del potere). Altri invece ritengono che non vi siano prove tali da giustificare questa previsione, anche perché proprio le monarchie ellenistiche avevano mostrato la loro debolezza nel confronto con la nuova potenza romana.

Certo è che l'uccisione di Cesare, ordita da un'oligarchia senatoria che non aveva progetti alternativi da proporre, se non il ritorno al vecchio *status quo*, fece precipitare ancora una volta Roma nella **guerra civile**, cavalcata dai nuovi "potentati militari".

La crisi dei valori tradizionali e il rifugio nell'*otium*

Le vicende convulse che caratterizzarono lo scontro tra Cesare e Pompeo, quindi la lotta per il potere scatenatasi alla morte del dittatore, ebbero importanti conseguenze anche sul piano sociale. Nel I secolo a.C. si accelerò il processo di svuota-

Spada romana con fodero, I secolo a.C., Roma, Museo della Civiltà Romana.

mento e **distacco nei confronti delle strutture tradizionali della *res publica*** e di quel sistema di valori su cui si reggeva (*mos maiorum* e religione tradizionale). Si attenuò lo spirito comunitario e nazionale, la vita politica si frantumò in contrasti tra fazioni, che rappresentavano gruppi di interesse raccolti attorno a forti personalità (Pompeo, Crasso, Cesare, Antonio, Ottaviano...). Si accentuò di conseguenza anche l'antico fenomeno del **clientelismo**, capace oramai di influenzare in maniera pesante l'elezione dei magistrati. Tale situazione produsse in campo culturale una sorta di **ripiegamento verso la dimensione dell'*otium***, inteso ora come disimpegno dalla sfera politica, fuga dalla triste realtà sociale, rifugio in una dimensione intimistica.

Filosofie ellenistiche e culti misterici

la diffusione della filosofia greca

Fu questo il terreno ideale per un'ampia **diffusione della filosofia greca**, in particolare delle scuole filosofiche post-aristoteliche sviluppatesi in epoca ellenistica: infatti il loro insegnamento, attraverso un cammino personale e interiore, offriva una risposta al bisogno di strumenti razionali per interpretare una realtà sempre più caotica, e per colmare quel vuoto interiore che si era creato con il crollo dei valori tradizionali e di quella "religione di stato" tutta esteriore, alla quale nessun uomo colto credeva più.
Tali scuole filosofiche erano già da tempo conosciute a Roma, ma proprio nel I secolo a.C. ebbero una capillare diffusione negli ambienti acculturati, grazie soprattutto alla presenza nella città (e nei centri vicini della Campania) di **maestri di origine greca**, non più respinti come pericolosi corruttori, ma accolti e ospitati per lungo tempo nelle case patrizie, dove potevano tenere veri e propri cenacoli filosofici.

l'epicureismo

Fra tutte le scuole di pensiero, ebbero maggiore successo l'**epicureismo** e lo stoicismo. Il primo fu alimentato dall'insegnamento di filosofi come Sirone e Filodemo, che tennero i loro cenacoli a Roma e in Campania ed ebbero tra i loro discepoli personalità come il giovane Virgilio, Orazio probabilmente, sicuramente Tito Pomponio Attico, il grande editore e amico di Cicerone. L'epicureismo penetrò in ampi

Banchetto con coppie di ospiti su triclini mentre fanno libagioni, I secolo a.C., Pompei, triclinio della Casa dei Casti Amanti, Soprintendenza Archeologica.

Giardino come spazio di perfezione, particolare con fontana e colombe, I secolo a.C., Pompei, Casa dei Vetti, Sopraintendenza Archeologica.

strati della popolazione, aristocratici e "borghesi", nonostante apparisse come una filosofia pericolosa e corrosiva nei confronti dei valori civili tradizionali: infatti essa si basava su una **concezione materialistica e razionalistica della natura**, che relegava gli dèi in una dimensione del tutto distaccata dalla vita umana (gli *intermundia*) e giungeva a criticare duramente la religione tradizionale, accusandola di essere una crudele superstizione. La dottrina di Epicuro voleva condurre l'uomo sulla **via della libertà interiore e della felicità attraverso la conoscenza della verità e la soddisfazione equilibrata dei piaceri**, invitandolo ad astenersi da tutto ciò che poteva turbare la sua serenità interiore (*atarassia*), come l'attività politica: così il modello di vita raccolta e disimpegnata proposto da Epicuro era **in netto contrasto con la figura tradizionale del *civis* romano**, attivamente impegnato in politica e pronto a sacrificarsi per il bene collettivo. È significativo il fatto che proprio questa dottrina, così poco "romana" nel suo spirito, trovò in questo secolo uno straordinario cantore nel poeta **Lucrezio** con il suo poema *De rerum natura.*

Accanto all'epicureismo, e spesso in contrasto con esso, si diffuse lo **stoicismo**, già introdotto a Roma nel secolo precedente da Panezio (ospite d'onore presso il cosiddetto "circolo degli Scipioni") e ora predicato dal suo discepolo Posidonio, maestro e amico di Cicerone. Anche questa dottrina muoveva da una lettura della realtà illuminata dal *lògos* razionale, ma proponeva all'individuo una **ricerca della libertà interiore e della felicità** non attraverso il piacere, bensì **attraverso il perseguimento della virtù**, ricollegandosi così per qualche aspetto ai valori fondamentali del *mos maiorum.* Lo stoicismo, inoltre, non era così fortemente individualistico come l'epicureismo, ma favoriva l'**impegno del singolo entro la società**, verso cui ognuno aveva dei doveri morali: in tal modo sembrava corrispondere anche all'idea tradizionale del cittadino impegnato nella vita politica della città.

Aderirono allo stoicismo molti illustri personaggi, tra cui quel **Marco Porcio Catone** (pronipote di Catone il Censore) uomo di punta dell'oligarchia senatoria, che combatté tra le fila pompeiane e si suicidò in Utica (46 a.C.), pur di non cadere sotto il tiranno Cesare: l'idealizzazione della sua figura di saggio stoico e supremo difensore della libertà iniziò con Cicerone (che scrisse su di lui un trattatello, andato perduto), trovò il suo compimento in epoca neroniana (nel *Bellum civile* di Lucano) e prolungò la sua eco fino al *Purgatorio* di Dante, in pieno Medioevo.

Non è tutto: bisogna ricordare, infine, che nel I secolo a.C. la religione e il sistema di valori tradizionali furono corrosi anche dal **diffondersi di altre dottrine**

Oggetti per il culto e animali sacri a Iside, I secolo a.C., Napoli, Museo Archeologico Nazionale.

misticheggianti, come il neopitagorismo di Nigidio Figulo (98-45 a.C.), che prometteva la salvezza al termine di un cammino esoterico, e di altri culti misterici di origine orientale (come quello di Cibele, o di Iside e Osiride, oppure di Serapide), che attecchirono anche a livello popolare. Tali dottrine, basate su segreti che potevano essere comunicati solo a iniziati, si ponevano in alternativa al culto ufficiale e miravano a rispondere alle domande sul senso dell'esistenza e sul destino individuale.

IN SINTESI

■ Il periodo che intercorse tra la morte di Silla (78 a.C.) e la battaglia di Azio (31 a.C.) fu dominato da forti figure individuali e fu imperniato in particolare sull'**azione politica di Cesare**: egli si ispirava a una nuova e organica concezione dello Stato, che superava le vecchie strutture e, indebolendo la vecchia oligarchia senatoria, **accentrava il potere nelle mani di un solo individuo**, capace di decidere e agire con la rapidità necessaria. La sua uccisione fece precipitare ancora una volta Roma nella **guerra civile**, cavalcata dai nuovi "potentati militari".

■ Nel I secolo a.C. in campo culturale si assiste a una sorta di **ripiegamento verso la dimensione dell'*otium***, inteso come disimpegno dalla sfera politica e rifugio in una dimensione intimistica.

■ Su questo terreno **si diffusero le filosofie ellenistiche**: il loro insegnamento colmava il vuoto lasciato dal crollo dei valori tradizionali. Fra tutte le scuole di pensiero, prevalsero l'**epicureismo** e lo **stoicismo**.

■ L'**epicureismo** si affermò sebbene apparisse come una filosofia pericolosa nei confronti dei valori civili tradizionali: infatti esso si basava su una **concezione materialistica e razionalistica della natura** e voleva condurre l'uomo sulla via della libertà interiore e della felicità attraverso la **conoscenza di verità filosofiche** e il **raggiungimento dell'atarassia**, invitandolo ad astenersi da tutto ciò che poteva turbare la serenità interiore, come l'attività politica.

■ Accanto all'epicureismo, e spesso in contrasto con esso, si diffuse lo **stoicismo**. Anche questa dottrina muoveva da una lettura della realtà illuminata dal *lògos* razionale, ma proponeva all'individuo una **ricerca della libertà interiore e della felicità** non attraverso il piacere, bensì **attraverso il perseguimento della virtù**, ricollegandosi ai valori fondamentali del *mos maiorum*. Lo stoicismo, inoltre, non era così fortemente individualistico come l'epicureismo, ma favoriva l'**impegno del singolo entro la società**, verso cui ognuno aveva dei doveri morali.

■ Nel I secolo a.C. la religione e il sistema di valori tradizionali furono corrosi anche dal **diffondersi di dottrine misticheggianti**, come il neopitagorismo, e dei culti misterici di origine orientale (come quello di Cibele, o di Iside e Osiride, oppure di Serapide), che attecchirono anche a livello popolare.

Pubblico, generi letterari e scrittori nell'età di Cesare

dall'*otium* all'impegno politico

Gli intellettuali di fronte alla crisi Varie ed estreme furono le posizioni che gli intellettuali assunsero nei confronti della scena politica e dei suoi rapidi cambiamenti: vi fu una forte oscillazione tra la posizione di chi ostentava un **assoluto disimpegno** e si rifugiava nell'*otium* letterario, esaltato per motivi diversi dall'epicureo Lucrezio ma anche dai *poetae novi* («Non mi importa troppo, o Cesare, di volerti piacere, né di sapere se sei un uomo bianco o nero», scrive provocatoriamente Catullo nel carme 93), e di chi invece, al limite opposto, concepiva la cultura come **strumento per potenziare il proprio impegno politico**. Questa fu la posizione assunta dall'intellettuale più rappresentativo dell'epoca, Marco Tullio Cicerone, che curò esplicitamente l'avanzamento culturale dei *boni cives*, la classe possidente romana e italica, di cui ambì a essere la guida e nelle cui mani desiderò fino all'ultimo che rimanesse il controllo del potere.

In tutti questi scrittori emersero però, a ben vedere, **elementi comuni**: la coscienza, definitivamente acquisita, del valore che ha per l'individuo l'attività intellettuale e letteraria; l'assorbimento oramai ampio e profondo della cultura greca, filosofica e poetica, che portò con sé una nuova passione per la cura e l'eleganza formale; l'esaltazione dell'individualismo in campo culturale, così come avveniva in campo politico.

Cambiamenti nei generi letterari La crisi dei modelli culturali precedenti fu accompagnata dalla spinta verso l'innovazione e la **sperimentazione di generi letterari nuovi**. La **poesia** in particolare, dopo il tramonto del teatro letterario, abbandonò anche l'epica storica e patriottica (quel filone reso illustre da Nevio ed Ennio), spezzò il suo legame con la politica e **accentuò le sue caratteristiche aristocratiche ed elitarie**, ponendosi come fatto privato, tutto risolto nella sfera dell'*otium*, e rivolto a una piccola cerchia di intenditori: da queste premesse fiorì la produzione soggettiva e raffinata dei ***poetae novi*** e di **Catullo**, così come il poema didascalico di **Lucrezio** che proponeva il messaggio filosofico epicureo a un pubblico attento alla riflessione speculativa.

la poesia

La **prosa** mantenne forse un maggior legame con l'attività politica, ma **ampliò il proprio spettro**: storiografia e oratoria, infatti, furono intese come mezzi per dibattere intorno alle questioni più cogenti della politica o per indagarne gli aspetti critici. L'**attività oratoria**, da sempre centrale nel dibattito forense e politico, toccò vertici alti, soprattutto con **Cicerone**, che ne approfondì le forme anche dal punto di vista teorico; la **storiografia** assunse caratteristiche sempre più militanti dal momento che lo studio della storia venne compiuto in modo da portare sostegno alla propria fazione politica. Furono sperimentate le vie originali della **memorialistica** (i *commentarii* di **Cesare** a difesa del proprio operato) e della **monografia storica** (**Sallustio**). I **trattati** (anche sotto forma di dialogo), inaugurati in campo retorico, si allargarono a toccare argomenti politici e filosofici, soprattutto grazie a Cicerone, che dedicò la parte finale della sua vita alla divulgazione del pensiero greco nella cul-

la prosa

Donna che tiene tra le mani un volume aperto, I secolo a.C., Napoli, Museo Archeologico Nazionale.

tura latina. Accanto a questi generi "maggiori", **Cornelio Nepote** sperimentò quello della **biografia**: un genere tutto ellenistico, perché aveva come archetipo la vita di Alessandro Magno. **Varrone** invece cercò risposte alla crisi spirituale dell'epoca e allo svanire della tradizione proprio attraverso un monumentale **recupero antiquario ed erudito della tradizione** stessa.

Dunque, cultura e letteratura, nei diversi aspetti dell'impegno politico, della ricerca poetica e speculativa, divennero in questo periodo espressione di un mondo complesso e raffinato, di una capitale in cui i punti di vista si moltiplicarono in un confronto rapido e vivace, dando origine a testi che costituirono, insieme a quelli d'età augustea, il canone della classicità.

Un pubblico nuovo: i salotti e le donne Destinatario privilegiato di una produzione così ampia, variegata e specialistica non poteva più essere l'ampio uditorio nazional-popolare del teatro plautino o dell'epica nazionalistica: si produceva oramai una letteratura elitaria, che richiedeva strumenti culturali e linguistici più raffinati per essere compresa, quindi si rivolgeva a un **pubblico più ristretto e colto**, composto da "iniziati" che sapevano leggere e ascoltare le nuove opere.

Spesso l'occasione per la fruizione di opere letterarie si creava nei circoli e nei "salotti" ospitati nelle *domus* più ricche e culturalmente aperte, dove si discuteva con competenza di filosofia, letteratura e arte, e dove si assisteva al fenomeno – nuovo per la mentalità latina – di donne colte e raffinate che prendevano pienamente parte a questa vita culturale, destando lo scandalo dei tradizionalisti: pensiamo a quanto si discostasse dalla matrona tradizionale la figura della Lesbia-Clodia catulliana, o l'affascinante Sempronia, di cui Sallustio ci ha lasciato un indimenticabile ritratto (vedi a p. 655).

La lingua

Nuove acquisizioni La lingua letteraria in età cesariana si arricchì in due direzioni particolari, grazie al contributo di alcuni tra i migliori scrittori dell'epoca. La prima di esse fu tracciata dalla ricerca filosofica. Lo straordinario lavoro compiuto da Lucrezio nel *De rerum natura* sulla filosofia epicurea portò a "inventare" un vero e proprio **lessico filosofico latino**, attraverso la creazione di neologismi oppure impiegando lo strumento del calco lessicale, che permetteva di conferire accezioni nuove a termini già esistenti nel lessico latino. Accanto a Lucrezio si pose l'opera di Cicerone, che dovette affrontare lo stesso problema per la stesura dei suoi trattati e dialoghi filosofici: egli preferì evitare la via dell'impiego di grecismi e neologismi (introdotti solo in casi eccezionali) e adottò piuttosto il metodo dell'ampliamento del valore semantico di molti termini latini preesistenti.

il sermo cotidianus

Una seconda via di arricchimento della lingua scritta fu percorsa ancora una volta da Cicerone che, grazie al suo epistolario non fittizio, ma composto da lettere autentiche, inviate a familiari, amici e altri uomini politici, ampliò il lessico letterario latino nella direzione del ***sermo cotidianus***. Le sue lettere fanno ricorso a uno stile

medio, semplice e piano, per lo più colloquiale, ricco però di grecismi, tipici dei testi non ufficiali, e del gergo impiegato tra amici colti. Compaiono qui anche numerosi neologismi e molti diminutivi con valore affettivo-sentimentale. Egli stesso si rendeva conto di ciò, e scriveva a un amico: «Come ti sembro nelle mie lettere? Non mi rivolgo forse a te con la lingua della gente comune (*plebeio sermone*)? Nelle lettere facciamo uso delle parole di ogni giorno» (*Ad fam.*, IX, 21, 1). Uno spaccato di vita, dunque, che riversa la sua freschezza nel lessico degli scrittori.
Su questa linea è importante anche il contributo dello stesso Catullo: l'originalità della sua lingua, infatti, risiede in primo luogo nell'uso che egli fece, da persona colta, del *sermo familiaris* (o *vulgaris*), cioè del lessico popolare di base, in cui però inserì spesso, in un gioco raffinato, grecismi e vocaboli ricercati, oltre ad arcaismi e neologismi. Dunque, un lessico ambivalente, vario e vivace, caratterizzato ancora una volta dalla presenza di numerosi diminutivi, impiegati con valore psicologico-affettivo.

Gli studi sulla lingua Le nuove acquisizioni linguistiche, che corrispondevano a un ampliamento dei generi letterari, resero gli scrittori latini sempre più forti e consapevoli di avere tra le mani uno strumento espressivo che oramai poteva spaziare su ogni argomento e consentiva loro di competere con la grande tradizione greca. Forse fu proprio questa consapevolezza a spingere per la prima volta alcuni studiosi ad **affrontare le questioni legate alla lingua** (la sua origine, le sue regole e le eccezioni, la morfologia e la sintassi, il lessico e l'etimologia) in modo ampio e organico, attraverso alcuni contributi che culmineranno nel monumentale ***De lingua latina*** dell'erudito **Gaio Terenzio Varrone**.

IN SINTESI

- Elementi comuni per gli intellettuali dell'età di Cesare furono: la coscienza del **valore assunto dall'attività intellettuale e letteraria**; l'**assorbimento** ampio e profondo **della cultura greca**, filosofica e poetica, che portò con sé una nuova passione per la cura e l'eleganza formale; l'**esaltazione dell'individualismo** in campo culturale, così come avveniva nell'arengo politico.
- Vi furono innovazioni e **sperimentazioni nei generi letterari**: la **poesia** spezzò il suo legame con la politica e accentuò le sue **caratteristiche aristocratiche** ed elitarie, ponendosi come fatto privato, o rivolto a una piccola cerchia di intenditori: da queste premesse fiorì la poesia soggettiva e raffinata dei *poetae novi* e di Catullo, ma anche il grande insegnamento filosofico di Lucrezio.
- La **prosa** mantenne un **maggior legame con l'attività politica** e ampliò il proprio spettro: l'**oratoria** toccò il suo vertice con Cicerone; la **storiografia** assunse caratteristiche sempre più militanti con i *commentarii* di Cesare e le monografie storiche di Sallustio. I **trattati** si allargarono a toccare argomenti politici e filosofici, soprattutto grazie a Cicerone.
- Destinatario di una produzione così variegata e specialistica fu un **pubblico più ristretto e colto**, composto da "iniziati" che sapevano leggere e ascoltare le nuove opere.
- Spesso la fruizione di opere letterarie avveniva nei circoli e nei "**salotti**" delle famiglie più ricche e culturalmente aperte, dove si assisteva anche al fenomeno (nuovo per la mentalità latina) di **donne colte e raffinate** che prendevano parte a questa vita culturale.
- La **lingua letteraria** in età cesariana si arricchì in due direzioni particolari: Lucrezio e Cicerone inventarono un vero e proprio **lessico filosofico latino**, mentre Cicerone stesso (con il suo epistolario) e Catullo (con il suo *liber*) ampliarono il lessico letterario latino nella direzione del ***sermo cotidianus***.
- Le nuove acquisizioni linguistiche resero gli scrittori latini sempre più forti e consapevoli di avere tra le mani uno strumento espressivo che oramai poteva spaziare su ogni argomento, e li spinse ad affrontare le **questioni legate alla lingua** in modo ampio e organico (*De lingua latina* dell'erudito Gaio Terenzio Varrone).

La poesia lirica greca

Definizione e caratteri del genere

Mentre per noi moderni il termine *lirica* individua una poesia a carattere soggettivo e affettivo, espressione dello stato d'animo di un autore, per gli antichi esso indicava invece una **composizione poetica accompagnata dal suono di uno strumento a corda, la *lýra*** soprattutto, da cui deriva il nome *lirica.* Poiché inoltre questo tipo di poesia era espressa attraverso il canto, *lirica* divenne sinonimo di *melica* (dal greco *mélos,* «canto»). In quanto cantata e musicata con strumenti a corda, la lirica si distingueva da altre forme poetiche come l'*elegia,* che invece era accompagnata da strumenti a fiato (ad esempio l'*aulós*), e il *giambo* o l'*epigramma,* che non erano cantati.

A sua volta la lirica fu più tardi distinta in una **lirica monodica** (un canto «a solo») e in una **lirica corale** (cantata da un coro o da un'alternanza tra solista e coro). Il primo a compiere in maniera generica tale distinzione fu Platone, ma dobbiamo ai filologi alessandrini la separazione netta dei due generi. Nei paragrafi seguenti ne esamineremo le rispettive prerogative.

Un poeta canta con l'accompagnamento della lira, V secolo a.C., Atene, Museo Archeologico Nazionale.

A partire dal IV secolo a.C., la produzione lirica venne classificata in diversi generi, tra i quali si possono ricordare: l'**inno**, che era una forma poetica utilizzata nelle feste religiose, in cui il poeta si rivolgeva direttamente alla divinità; il **partenio**, vale a dire un testo poetico intonato da un coro di fanciulle; l'**epitalamio**, composizione scritta in occasione di nozze e rivolta direttamente agli sposi; il **treno**, canto funebre; il **ditirambo**, inno in onore di Dioniso; l'**epinicio**, scritto in onore del vincitore di qualche gara sportiva.

Dal punto di vista cronologico, **la produzione lirica greca si dispone secondo tre segmenti temporali**: il primo, risalente al VII secolo a.C., comprende giambo ed elegia; il secondo (VI secolo a.C.) vede affermarsi la lirica monodica, prendere avvio quella corale e svilupparsi l'elegia; il terzo, coincidente con il V secolo a.C., è proprio dei grandi poeti lirici corali.

Ciò che accomuna la produzione lirica greca è il fatto che **l'autore parla in prima persona**, a differenza di quanto avveniva nell'epica, e discorre di fatti e riflessioni personali, di sentimenti e pensieri individuali. Quanto dice, però, non ha una dimensione puramente privata ma è un insieme di contenuti condivisi dal pubblico, di cui il poeta è – per così dire – l'interprete e il portavoce. A partire dal VII secolo a.C. questi contenuti non furono più quelli già affrontati dall'epica, vale a dire quelli connessi con il tema dell'eroismo, ma soprattutto quelli legati alla vita quotidiana, alle vicende politiche locali, al mondo militare, alle convinzioni religiose ed etiche della comunità e ai momenti chiave della vita familiare e comunitaria, quali nozze, funerali, celebrazioni di vittorie o cerimonie di culto.

Sia che gli argomenti fossero nuovi, sia che fossero quelli tradizionali dell'epica la prospettiva con cui la lirica li trattava era decisamente nuova. Anziché celebrare il passato eroico, si **proponeva una riflessione** – anche critica – **sul presente**, **rivolgendosi** non più a un pubblico indifferenziato ma **a precisi gruppi di persone accomunate da interessi comuni**, politici o sportivi, militari o di

Satiro seduto mentre suona un *aulós*, flauto a doppia canna, V secolo a.C., Parigi, Museo del Louvre.

casta, religiosi o ideologici. In questo sta il carattere innovativo della lirica nel panorama culturale e letterario della Grecia antica. Vediamo ora più nel dettaglio come si caratterizzano e distinguono tra loro i tre grandi generi della lirica: il giambo, la lirica monodica, la lirica corale.

La poesia giambica

Sono definiti poeti giambici, o **giambografi, gli autori di versi ingiuriosi, osceni o faceti, che si avvalsero del metro giambico**, da cui derivarono la denominazione. Il giambo è un metro dal ritmo ascendente, utilizzato con lo scopo di esprimere la maldicenza, l'oscenità e il ridicolo. Esso era collegato con il culto di Dioniso e di Demetra, come sembra indicare l'etimologia (la parte finale del termine, *-ambos*, è da porre in connessione con *thríambos*, corrispondente al latino *triump(h)us* e con *dithýrambos*, epiteti di Dioniso e termini che designavano canti in suo onore). Si narra infatti che quando Demetra era muta e addolorata per il rapimento della figlia Persefone, una donna di nome Iambe riuscì a farla ridere con i suoi lazzi. D'altra parte maldicenza, oscenità e ilarità erano caratteristiche strettamente collegate con il mondo dei campi e della produzione agricola, cui rinviano le due divinità menzionate, dove svolgevano la duplice funzione di allontanare dai raccolti il malocchio (apotropaica) e di favorire la fecondità.

La poesia giambica è l'esatto opposto di quella celebrativa: mentre infatti la poesia celebrativa proponeva dei modelli positivi da imitare, questa presenta modelli negativi da evitare. Il pubblico a cui si rivolsero i giambografi fu prevalentemente cittadino e il prodotto che essi seppero confezionare era decisamente elevato sotto il profilo formale: ricchezza di metri, raffinatezza di forme, varietà di tematiche.

Il primo e più celebre poeta giambico fu **Archìloco**, originario dell'isola di Paro. Da alcune citazioni dei suoi frammenti è possibile collocare la sua nascita nella prima metà del VII secolo a.C. Il padre era il nobile Telesicle, che fondò una colonia sull'isola di Taso. Oggetto della sua poesia d'invettiva fu soprattutto Licambe, che in un primo tempo aveva promesso la figlia Neobule in sposa al poeta e poi si era rimangiata la parola. Fa parte della leggenda che circonda Archiloco la notizia che a seguito delle ingiurie ricevute Licambe si suicidò. Dopo aver vissuto a Paro e a Taso esercitando la professione di soldato, morì combattendo contro Nasso e – secondo la leggenda – il suo uccisore fu cacciato dal tempio di Apollo in Delfi dal dio in persona, che gli intimò di uscire da quel luogo sacro perché aveva ucciso un servo delle Muse.

La **diffamazione e l'irruenza passionale** sembrano essere i caratteri distintivi della poesia archilochea. Se la prima è indirizzata contro i ne-

mici, della seconda si avvale per descrivere l'esperienza d'amore. Alla tensione e all'irruenza corrispondono l'intensità e la forza dell'espressione, costruita con poche parole concentrate, prive di retorica e di sbavature sentimentali.
Attacco e scherno però non esauriscono la tematica della poesia di Archiloco, in cui anzi trovano posto la denuncia di molti aspetti distorti della società del suo tempo e la critica costruttiva dei vizi finalizzata all'affermazione dei valori. Significativi, ad esempio, sono i versi in cui condanna l'invidia per le ricchezze di Gige, lodando invece la modestia, o quelli in cui esorta l'animo a non abbattersi nelle avversità e a non esaltarsi nella fortuna, ponendo le basi di quel concetto di *metriótes* («misura»), base dell'etica greca per secoli.
Ben più marcato è il tratto della poesia di **Ipponatte**, autore attivo nella seconda metà del VI secolo a.C. Nato a Efeso e cacciato dalla sua patria a opera dei tiranni Atenagora e Coma, egli visse a Clazomene. Autore di coliambi, o giambi scazònti, così detti per l'andamento "zoppicante" attribuito loro dal metro, fu descritto dalla tradizione come un nobile decaduto e ridotto a tale livello di povertà da morire di fame. Piccolo, gobbo, irascibile, violento, pitocco e sboccato: il ritratto poco entusiasmante che di Ipponatte ci è stato tramandato è evidentemente costruito a posteriori sulla sua poesia. È come se i grammatici avessero voluto attribuire al poeta il profilo dei suoi versi, che spesso trattano di un **mondo di miserabili**, abitato da straccioni e poco di buono, continuamente attraversato da **insulti** e avvelenato da **violenze** e **soprusi**. Resta il dubbio: Ipponatte apparteneva integralmente a quel mondo o si limitava a osservarlo dall'alto? È un dubbio che la critica – continuamente oscillante – non ha saputo ancora sciogliere.

La melica monodica

Per lirica monodica i grammatici alessandrini intendevano un tipo di poesia intonata da un unico soggetto, una specie di «canto a solo», sempre accompagnata dalla melodia di uno strumento a corda; il canone che gli stessi alessandrini avevano stabilito a proposito dei lirici monodici comprendeva tre poeti: Alceo, Saffo, Anacreonte.

Scena di simposio, con suonatrice di flauto e convitato che usa la lira per poetare, V secolo a.C., Monaco, Antiekensammlung.

Nella lirica monodica non trova necessariamente espressione il sentimento individuale del poeta, ma piuttosto il **riflesso dei pensieri e dei sentimenti del gruppo sociale in cui l'autore è inserito**. Patria della melica monodica è considerata l'isola di Lesbo. Abitata da Greci di stirpe eolica, interessata a una fitta rete di commerci con le città del vicino Oriente, Lesbo godette di un alto livello economico, che favorì lotte interne tra gli aristocratici – tesi a conservare i propri privilegi – e i nuovi ricchi – che aspiravano a ottenere le cariche pubbliche – in un clima di faziosità crescente di cui c'è traccia nei versi dei poeti locali. Abbiamo definito la melica monodica una poesia di gruppo perchè essa nacque tra persone appartenenti a uno stesso gruppo e si diresse principalmente a quelle.

«**Saffo** canta i vari aspetti dell'amore all'interno di un gruppo di ragazze, il *thìasos*, da lei diretto sotto il segno di Afrodite: la sua poesia non fu solo sfogo personale, ma espressione individuale di una sensibilità e di una concezione della vita a cui aspiravano anche le ragazze del gruppo. Una ragazza che avesse conformato la sua mente e il suo animo alla legge di Afrodite cantata da Saffo nelle sue odi avrebbe acquistato, nel sentire e nel pensare, nel parlare, nell'ornarsi e nel vestire, nei gesti, nello sguardo e nel muoversi, la grazia elegante, l'ardente dolcezza, l'amorosa suasività di cui era un assoluto paradigma la dea» (G.A. PRIVITERA - R. PRETAGOSTINI, *Storia e forme della letteratura greca, età arcaica e classica*, vol. I, Milano, Einaudi Scuola, 1997, p. 111).

La stessa riflessione si può fare per **Alceo**, vissuto all'incirca tra il 630 e il 550 a.C. a Mitilene, appartenente al ceto aristocratico e impegnato in prima persona nelle lotte politiche della sua patria, in opposizione ai tiranni che si succedettero al potere. Esiliato due volte, il poeta viaggiò per l'Oriente, la Sicilia e l'Egitto. Riammesso in patria, lottò al fianco di Pittaco contro gli Ateniesi e raccontò di aver abbandonato lo scudo in battaglia per fuggire, esattamente come aveva fatto Archiloco. Alceo si rivolge agli aristocratici della propria consorteria, esortandoli alla lealtà, denunciando il tradimento di alcuni, esaltando i valori aristocratici e invitando i suoi amici a bere nel simposio. La sua pertanto è poesia di gruppo, caratterizzata da immagini e termini che solo il gruppo poteva intendere in maniera compiuta. Il terzo lirico monodico, **Anacreonte**, presenta una situazione leggermente diversa dal punto di vista sociale e culturale. La sua poesia è sì di gruppo, ma si rivolge anche alla città, in una situazione politica in cui la vecchia aristocrazia si era sgretolata e i tiranni stavano tentando di dare un nuovo assetto alle comunità cittadine. Per far ciò organizzavano agoni e feste a cui invitavano uomini di cultura, che discutevano e cantavano – durante i simposi a corte – delle tematiche attuali, nella consapevolezza che quanto da loro affermato avesse come destinatari non solo i presenti ma l'intera città, che guardava alla corte come a un modello ideale. Anacreonte partecipò a queste attività a Samo, ad Atene e in altre località greche.

Dioniso barbato e incoronato con diadema intrecciato, V secolo a.C., Modena, Galleria Estense.

La melica corale

Per melica corale si intende una **composizione poetica destinata all'esecuzione pubblica curata da un coro danzante o da un solista, cui rispondeva un coro**. Il canone stilato dagli alessandrini comprendeva sei grandi poeti corali: Alcmane, Simonide, Bacchilide, Pindaro, Stesicoro e Ibico. La lirica corale ebbe la sua naturale fioritura a Sparta e nel Peloponneso e affondò le sue radici nelle tradizioni religiose e nel sentimento del popolo di quelle terre. Da qui deriva uno stile tendenzialmente elevato, il carattere corale delle composizioni, i continui riferimenti al mito, anche con valore moraleggiante, la grande importanza attribuita alla musica, la relativa lunghezza delle liriche, la cura nell'elaborazione metrica e ritmica. Scritte originariamente in dialetto dorico, le liriche corali erano per lo più **composte su commissione** e i loro **autori ricevevano compensi** anche cospicui per la loro opera.

Una poetessa (forse Saffo) intenta alla lettura, V secolo a.C., Atene, Museo Archeologico Nazionale.

Se giambografi, elegiaci e lirici monodici potevano esprimere sentimenti, lanciare invettive e dare consigli, compito dei melici corali fu invece quello di elogiare e di esprimere valori apprezzati dalla comunità. Anche quando il poeta parlava di sé, intendeva sempre affermare cose che avevano a che fare con il suo ruolo pubblico. Perciò il poeta non manifestava mai spontaneamente la sua critica o i suoi pensieri, come facevano invece gli autori degli altri generi lirici, ma componeva su commissione e veniva ricompensato per la sua opera.

Legata strettamente alla religione, **la melica corale celebrava le occasioni solenni di festa, le vittorie negli agoni, le celebrazioni pubbliche e private**. Secondo una distinzione tradizionale, la produzione lirica corale **comprende tre grandi categorie**: le odi in onore della divinità, quelle che celebrano uomini e quelle miste.

1) **In onore della divinità** erano innalzati inni, peani e ditirambi.

Gli **inni** erano canti intonati a una qualsiasi divinità. Ne furono autori Alcmane, Pindaro, Bacchilide e molti altri.

Per **peana** si intende invece un inno indirizzato ad Apollo, che trae la sua etimologia dal termine Peana, con cui inizialmente si designava un dio guaritore e che successivamente divenne un epiteto dello stesso Apollo. Particolarmente vivo nei luoghi in cui era forte il culto di Apollo, il peana fu talvolta composto anche per altre divinità, sempre però facenti parte della stessa sfera apollinea, e veniva intonato in momenti cruciali della vita militare: prima di una battaglia o subito dopo per celebrare lo scampato pericolo e la vittoria. Pindaro e Bacchilide furono i più grandi compositori di questo genere poetico.

Ditirambo invece era il nome dell'inno dedicato a Dioniso, che rifletteva la natura vitalistica e gioiosa della divinità per cui era composto. «Era caratterizzato da immagini ardite e da aggettivi composti (doppi e tripli), aveva al centro la narrazione di un mito eroico, era cantato in armonia frigia e sull'*aulós* dal coro disposto in cerchio (coro ciclico)» (*Ibid.*, p. 132) ed era accompagnato da una danza che imitava la sfrenatezza dell'orgia bacchica. Già conosciuto da Archiloco nella sua forma primitiva, il ditirambo ricevette una canonizzazione letteraria all'inizio del VI secolo a.C. e raggiunse forme artistiche perfette con Simonide, Pindaro e Bacchilide.

Lamento funebre per una defunta, v secolo a.C., Atene, Museo Archeologico Nazionale.

2) Alla seconda grande categoria di liriche corali, quella **in onore di uomini**, appartenevano encomi, treni ed epinici.

L'**encomio** era un canto intonato da un corteo di cittadini che intendevano così celebrare un uomo distintosi per qualche azione lodevole.

Il ***thrênos*** era invece un lamento o un canto funebre. Era intonato sull'*aulós* da un coro in vesti nere, che accompagnava il canto con passi di danza lenti e cadenzati.

Per **epinicio** si intendeva invece un canto innalzato per la vittoria in un agone. Commissionato in genere da chi era risultato vincitore in qualche gara sportiva a carattere locale o panellenico, l'epinicio era intonato da un coro durante una festa cittadina o in ricorrenze simili. Gli strumenti che ne accompagnavano l'esecuzione erano diversi. I più celebri autori di epinici furono Bacchilide, Pindaro e Simonide.

Accanto ai tradizionali generi appartenenti alla categoria di odi celebrative di uomini vanno ricordati anche imenei e epitalami. L'**imeneo** era il canto nuziale intonato da un coro di ragazze e ragazzi alla sera del giorno delle nozze, quando il corteo nuziale si avviava verso la casa dello sposo. Traeva il suo nome da quello del dio *Ymén*, protettore dei matrimoni. Anche l'**epitalamio** era un canto nuziale. Il termine individua precisamente il canto che veniva eseguito davanti alla stanza nuziale. La più celebre autrice di epitalami fu Saffo.

3) Vi era poi – come detto sopra – una terza categoria di liriche corali, definite **miste**. Essa comprendeva i seguenti generi: iporchemi, parteni e prosodi.

L'**iporchema** era un canto di natura gioiosa, accompagnato da una danza, appartenente principalmente alla sfera cultuale di Apollo. Eseguito con accompagnamento di cetra o aulo, ebbe tra i suoi principali autori Simonide e Pindaro, che ne fu indicato come l'inventore, data la perizia dimostrata.

Il **partenio** invece era un'ode composta per essere eseguita da un coro di ragazze. Era accompagnato da auli speciali, detti "verginali", e annoverò tra i suoi principali autori Alcmane, Simonide, Pindaro e Bacchilide.

Il **prosodio**, infine, era un canto processionale intonato da ragazzi o ragazze, che muovevano verso l'altare con passo di danza. Non era destinato a una divinità particolare, anche se la maggior parte di quelli conosciuti sono in onore di Apollo. Pindaro e Bacchilide ne furono i principali autori.

ZMYRNA MEI CINNAE, NONAM POST DENIQUE MESSEM QUAM COEPTAS NONAM

LA POESIA NEOTERICA

Caratteri generali

Lo sfondo storico-culturale alla nascita del fenomeno neoterico Nel I secolo a.C. si verifica la fioritura di un genere letterario nuovo per il mondo romano, la **lirica**, che diventa espressione della **mutata sensibilità** culturale intervenuta in seno alla società. Il genere lirico, a Roma, attecchisce attraverso il fenomeno della poesia neoterica, la cui nascita, destinata a rivoluzionare la tradizione letteraria latina, si lega a vari fattori di ordine sociale (il mutamento del pubblico), politico (la potenza romana si rivolge al Mediterraneo orientale come territorio di conquista) e culturale (l'apertura alla cultura greca soprattutto ellenistica).

i mutamenti sociali

In campo sociale si facevano sentire i contrasti tra classi, le lotte di parte, la corruzione pubblica e privata. Questi fenomeni allontanano i Romani dalla *gravitas* (severità catoniana) e dalla *civitas* (il senso civico che spingeva all'impegno politico), favorendo l'**individualismo**. Fenomeno tipico delle classi elevate, l'individualismo contribuisce ad allontanare il singolo cittadino dal *negotium* per farlo concentrare su se stesso. I rivolgimenti sociali **mutano** però **anche il pubblico** che fruiva delle opere letterarie. Al termine delle guerre di conquista, infatti, un ceto popolare di modesta estrazione sociale e culturale è spinto dalla scomparsa della piccola proprietà terriera, inglobata nei latifondi, a riversarsi su Roma dalle campagne. È questo il nuovo pubblico romano, che, privo di mezzi culturali, in un'epoca in cui la spinta nazionalistica dell'epica si è esaurita e il teatro è in piena decadenza dopo la morte di Accio (85 a.C.), preferisce rivolgersi a nuovi strumenti di divertimento e li trova negli spettacoli di gladiatori e nei mimi.

nuovi generi letterari

La letteratura reagisce alla crisi dando vita a **generi nuovi, elitari**, destinati ai membri delle classi elevate che – come si diceva sopra – si vanno disaffezionando alla vita politica e coltivano in modo individualistico i loro gusti raffinati dedicandosi all'*otium*, consentito dalla loro condizione privilegiata. È grazie a questo nuovo ceto sociale e culturale, estimatore di quegli ideali di *humanitas*, già teorizzati dai circoli filellenici del secolo precedente, che la mentalità e i gusti greci si vanno espandendo e in Roma penetrano forme artistiche e letterarie più raffinate e più moderne rispetto a quelle tradizionali. Nacque così il fenomeno neoterico, che si configurò come una vera e propria **rivoluzione** di ordine etico e poetico.

Caratteri del neoterismo In primo luogo con i neoterici cambia il tipo di intellettuale che si dedica alla poesia: egli non è più il *civis*, impegnato nella vita politica, ma **l'uomo libero di dedicarsi all'*otium***, ossia allo studio delle lettere e alla soddisfazione dei piaceri e dei bisogni individuali. A radicare questo nuovo atteggiamento aveva contribuito la diffusione della **filosofia epicurea**, che predicava l'allontanamento dalla vita pubblica, dai *negotia*, per poter raggiungere l'atarassia, la condizione di serenità dell'animo lontano dai turbamenti. Va messa in luce, però, una differenza tra epicureismo e poeti neoterici: se per l'epicureismo l'**amore** è una passione da bandire in quanto turba profondamente l'animo, per i neoterici, e per Catullo in particolare, esso è al centro del mondo poetico e reale.

il disimpegno politico

Il distacco dall'attività politica nei neoterici è totale e anche quando qualcuno di questi poeti, come Catullo e Calvo, compone epigrammi «politici», non assume di fatto una posizione precisa e indirizza i propri strali indifferentemente alle più disparate correnti politiche. Qualche critico ha tentato di spiegare il «disimpegno» politico dei *neoteroi* con il fatto che, provenendo quasi tutti dalla Gallia Cisalpina, si sentono esclusi e compensano questo senso di frustrazione con una poesia raffinatissima e fine a se stessa, che spesso attinge al mito.

Per lo stesso motivo tra i poeti si instaurano **legami di amicizia**. Quella neoterica è infatti una **poesia di circolo**, destinata alla ristretta cerchia di amici che condividono gli stessi gusti e gli stessi interessi culturali, compongono poesie e gareggiano fra loro: sono essi stessi committenti e fruitori delle loro poesie.

BIBLIOTECHE PRIVATE

Lo studio della letteratura greca che conducono gli intellettuali di questo tempo non è affatto superficiale. Sappiamo che dopo le guerre mitridatiche era nato uno spostamento straordinario di uomini e beni culturali dall'Oriente greco verso Roma. Per fare un esempio, Lucullo, dopo la sconfitta di Mitridate, aveva portato nella sua villa di Tusculo l'intera biblioteca del re, adattando i locali della villa ad assomigliare a quelli della biblioteca di Alessandria.

Così, tra le righe delle poesie di Catullo, nelle lettere di Cicerone o negli scritti di Varrone si trovano infiniti riferimenti ai libri consultati nella propria o nelle altrui biblioteche e agli uomini di cultura incontrati nelle case di amici intellettuali, senza i quali nessuno di quegli autori riteneva più possibile lavorare alle proprie opere.

Figura alata con fiori, I secolo a.C., Stabia, Museo Archeologico.

Gli influssi della poetica callimachea Sotto l'aspetto più propriamente poetico, la poesia neoterica assume come modello fondamentale la **poetica callimachea**.

il modello callimacheo

Callimaco, uno dei più importanti e fecondi poeti alessandrini, ha illustrato la sua poetica nel prologo degli *Aitia*, che costituisce un vero e proprio manifesto programmatico:

> [*Da ogni dove*[1]] i Telchini[2] gracidano contro il mio canto,
> ignari della Musa, cui non nacquero cari,
> perché non un unico poema continuo ho concluso
> o i re in molte migliaia di versi [*celebrando*]
> [*o gli antichi*] eroi, ma solo per breve tratto [*volgo*] il mio carme,
> come un bambino, e non ho pochi decenni.
> Ma ai Telchini questo io [*rispondo*]: «Razza (...)[3]
> che sa rodere [*solo il suo*] fegato [...]
> Andate in malora, progenie di Malocchio funesta: da ora con l'arte
> la poesia [*giudicate*], e non con lo scheno persiano.[4]
>
> (trad. di G.B. D'Alessio)

brevitas, labor limae doctrina, individualismo

Alla prolissità dei poemi Callimaco oppone la sua scelta di componimenti brevi (***brevitas***), ma estremamente curati sotto il profilo formale attraverso un accurato ***labor limae***; a ciò si aggiungono un atteggiamento ludico, che allude al disimpegno che caratterizza questa poesia, intesa come *lusus*, gioco, divertimento, e il rifiuto di un tono magniloquente e grandioso.
Tali principi della poetica callimachea vengono fatti propri dai neoterici romani, che danno vita a una poesia dai caratteri ben precisi, riassumibili in quattro punti: la ***brevitas*** dei componimenti, che deriva dalla convinzione che solo una poesia breve possa essere curata fino a diventare raffinatissima e preziosa; l'esercizio assiduo del ***labor limae***, vale a dire della rifinitura formale (ad esempio la *Zmyrna* di Cinna fu rielaborata per 9 anni); la ***doctrina***, ossia la conoscenza di tutto un patrimonio di conoscenze mitologiche, letterarie, geografiche, linguistiche del mondo greco; la piena conquista dell'**individualismo**. Secondo quest'ultimo principio i *neoteroi* tendono ad astrarsi dalla vita politica (*negotium*) e a concentrarsi su se stessi, sul proprio mondo interiore (*otium*). Ciò portò all'affermazione del proprio io e conseguentemente a **una manifestazione esplicita dei sentimenti più intimi**. La poesia assunse un carattere privato e disimpegnato (***lusus***), avendo come tema dominante l'amore, ma anche faccende private, fatterelli quotidiani, inviti a cena, scambi di regali: tutto quello che accade in un orizzonte privato.

nuove forme poetiche

A tutto ciò si aggiunge l'introduzione di **forme poetiche nuove**, costituite da epigrammi (poesie brevi in distici elegiaci), idilli (bozzetti campestri), epilli (poemetti di argomento erotico-mitologico), epitalami (canti che venivano intonati dal corteo nuziale durante la *deductio*), epicedi (componimenti che commemoravano la morte di un animaletto domestico), elegie erotiche (componimenti in distici ele-

1. La prima parola è perduta. Fra le integrazioni proposte c'è quella scelta dal traduttore. Meglio ancora sarebbe integrare con «spesso».

2. I Telchini erano una favolosa stirpe di maghi e fabbri dalla natura maligna, gelosi della loro arte e facili a gettare il malocchio. Callimaco utilizza questo nome per individuare i suoi detrattori, coloro che non comprendevano le novità apportate dal poeta alla sua opera.

3. È probabile che qui il testo vada integrato con l'aggettivo «empia».

4. Lo *scheno* era un'unità di misura lineare equivalente a circa 10 chilometri. L'esortazione risentita di Callimaco è quella di valutare un'opera letteraria in base alle rifiniture formali, che implicano una sostanziale brevità del manufatto, e non sulla base della sua lunghezza.

giaci di argomento amoroso), *ludicra* (componimenti scherzosi), *erotopaegnia* (scherzi d'amore).
A rimarcare il fervore di novità che investe i circoli neoterici sta anche l'introduzione di forme metriche nuove. Ispirandosi alla polimetria alessandrina e avendo cura di adattare il verso alla varietà di sentimenti e all'effetto che si intendeva suscitare, i poeti neoterici importarono nel mondo romano metri nuovi, che trovarono in Catullo la loro massima applicazione.
Il panorama letterario latino, finora ancorato a pochi generi poetici consacrati dalla tradizione e a un numero esiguo di forme metriche, fu così investito da una tempesta di novità.
La novità riguarda anche il linguaggio poetico. È evidente infatti che quello tradizionale non avrebbe potuto reggere l'impatto con le innovazioni introdotte, perciò i neoterici dovettero creare un **linguaggio poetico nuovo**, un ***sermo lyricus*** adatto al nuovo genere poetico. La soluzione trovata fu quella di accostarsi alla lingua parlata, facendo propria in certa misura la lezione di Lucilio.

un nuovo linguaggio

Decoro con amorini che creano gioielli, I secolo a.C., Pompei, Casa dei Vetti, Sopraintendenza Archeologica.

I poeti

I poeti che abbracciano questi nuovi moduli poetici si possono suddividere in **tre gruppi**: i preneoterici, tra cui possiamo annoverare Lutazio Catulo, Valerio Edituo, Porcio Licino, Volcacio Sedigito, Levio; i neoterici veri e propri, come Valerio Catone, Cinna, Varrone Atacino, Calvo e soprattutto Catullo; gli epigoni, tra cui vanno citati Cornelio Gallo, il giovane Virgilio e il giovane Cicerone, che poi rinnegherà queste esperienze giovanili.

Lutazio Catulo

I preneoterici

Lutazio Catulo costituisce un anello di congiunzione tra l'antico e il nuovo mondo culturale romano. Nato intorno al 150 a.C., fu console con Mario nel 102 e con lui sconfisse i Cimbri a Vercelli, prima di diventare suo avversario ed essere da lui perseguitato. Morì suicida nell'87 a.C. Proveniva dall'ambiente del "circolo degli Scipioni", da cui aveva assorbito il culto dell'*humanitas*, l'amore per la cultura greca e il gusto del bello. Autore di opere storiche e autobiografiche, raffinato oratore, riunì intorno a sé un circolo letterario del quale facevano parte, oltre ai poeti Porcio Licino e Valerio Edituo, anche due poeti greci, l'epigrammista Antipatro di Sidone e Archia di Antiochia, lo stesso che Cicerone difese nel 62 a.C. contro coloro che volevano negargli il diritto alla cittadinanza romana. In questo ambito si riscontra il primo tentativo di riprodurre a Roma poesia *leptòn* di stampo alessandrino. Lutazio compose epigrammi di vario genere; nel

APPROFONDIMENTO

LE DEFINIZIONE DEI POETI NEOTERICI

Tre sono gli appellativi che ebbero i poeti neoterici: ***cantores Euphorionis***, ***poetae novi*** e ***neoteroi***; tutti furono attribuiti loro da Cicerone. Nel terzo libro delle *Tusculanae*, Cicerone, ricordando Ennio come fa spesso nelle sue opere, lo chiama con ammirazione *poetam egregium* e si lamenta del fatto che non sia stimato e rispettato come dovrebbe dai poeti contemporanei, anzi che venga da loro disprezzato:

> *O poetam egregium, quamquam ab his cantoribus Euphorionis contemnitur.*
>
> (Cic. *Tusculanae disputationes* III, 45)
>
> O grande poeta, benché sia disprezzato da questi imitatori di Euforione.

Tenuto conto che Euforione fu il più oscuro e cerebrale dei poeti alessandrini, è evidente che nell'espressione è insita la critica di Cicerone verso i neoterici, definiti addirittura «maldestri imitatori» di uno che certo più che imitato andrebbe dimenticato.
Che Cicerone non avesse in gran simpatia questa cerchia di poeti si può notare anche dagli altri due epiteti che egli affibbia loro, entrambi accomunati da un tono ironico e sarcastico. Il primo, *poetae novi*, si trova nell'*Orator* (48, 161). Mentre discorre delle trasformazioni che avvengono nelle parole per ragioni eufoniche, Cicerone accenna al fenomeno dell'*obtruncatio*, cioè dell'elisione della *s* davanti a parole inizianti per consonante, e afferma che quest'uso ha un che di contadinesco, ma che era frequente negli autori arcaici come Ennio, a differenza di quanto avvenga oggi presso i neoterici:

> *Quin etiam, quod iam subrusticum videtur, olim autem politius, eorum verborum, quorum eaedem erant postremae duae litterae, quae sunt in "optumus", postremam litteram detrahebant, nisi vocalis insequebatur. Ita non erat ea offensio in versibus, quam nunc fugiunt poetae novi.*

testo che segue (fr. 2 Morel) viene esaltata in modo elegante e dipendente da famosi modelli greci la bellezza del giovane Roscio (metro: distico elegiaco):

Constiteram exorientem Auroram forte salutans,
cum subito a laeva Roscius exoritur.
Pace mihi liceat, caelestes, dicere vestra:
mortalis visus pulchrior esse deo.

Mi ero fermato per caso a salutare l'Aurora che sorgeva, quando improvvisamente, a sinistra, sorge Roscio. Con vostra pace mi sia lecito dirlo, o dèi: il mortale mi sembrò più bello di un dio.

Valerio Edituo

Molto poco si sa di **Valerio Edituo**, che probabilmente faceva parte del cosiddetto "circolo" di Lutazio Catulo. Fu attivo tra la fine del II e gli inizi del I secolo a.C. Restano di lui due epigrammi erotici, dallo stile estremamente raffinato. In quello che riportiamo qui di seguito (fr. 1 Morel) si fa riferimento al tema della sofferenza d'amore che ha per modello la poetessa greca Saffo e che verrà ripreso anche da Catullo (metro: distico elegiaco):

Dicere cum conor curam tibi, Pamphila, cordis,
quid mi abs te quaeram, verba labris abeunt,
per pectus manat subito subido mihi sudor;
sic tacitus, subidus, dum pudeo, pereo.

Quando mi sforzo di esprimerti, o Panfila, la pena del mio cuore, e che cosa io desideri da te, le parole fuggono via dalle labbra, gronda un sudore improvviso nel petto, avvampando; così muto, stordito, mentre mi vergogno, muoio.

Ritratto di Paquio Proculo, I secolo a.C., Napoli, Museo Archeologico Nazionale.

Ed anzi, cosa che ora sembra un po' contadinesca, mentre una volta era piuttosto elegante, toglievano l'ultima lettera di quelle parole le cui ultime due lettere erano le stesse che ci sono in *optumus*, se non seguiva una vocale. Così nei versi non c'era quell'inciampo che ora i *poetae novi* evitano.

Nel 50 a.C. Cicerone, scrivendo ad Attico (*Ad Atticum* VII, 2), non perde occasione di criticare l'abuso del verso spondaico fatto dai *neoteroi*; anche in questo caso il tono con cui parla dei poeti neoterici è sarcastico:

Brundisium venimus VII *Kal. Dec.[...] ita belle nobis "flavit ab Epiro lenissimus Onchesmites" (hunc σπονδειάζοντα si cui voles τῶν νεωτέρων pro tuo vendito).*

Siamo arrivati a Brindisi il 25 novembre [...] tanto opportunamente per noi "soffiò dall'Epiro mitissimo il vento Onchesmite" (questo verso spondaico vendilo pure come tuo a chi vuoi tra i neoterici).

Il termine *neoteroi* qui usato da Cicerone per indicare i poeti della nuova generazione era già noto presso gli Alessandrini, dove denotava tecnicamente i poeti omerici che imitarono maldestramente l'autore dell'*Iliade*. Successivamente passò a indicare poeti di cattivo gusto.

In tutti e tre i casi, dunque, Cicerone vuole esprimere la sua avversione verso questo movimento poetico. Il motivo di ciò va ricercato nel fatto che i neoterici rappresentavano un ideale artistico opposto a quello ciceroniano: Cicerone è difensore delle vecchie tradizioni letterarie romane e accorda la sua preferenza all'epica e alla tragedia. La tendenza dei *neoteroi* è invece lirica e risponde al gusto del ripiegamento su se stessi, teso ad affermare il proprio *io*, il proprio mondo interiore con i suoi affetti (amore, amicizia, gioia, dolore, cruccio, odio) e concretizzato in una poesia lontana dall'impegno civile e politico, in cui si riflette la nuova cultura epicurea che stava prendendo piede in Roma.

Volcacio Sedigito

Volcacio Sedigito è ricordato per il suo *Liber de poetis*, una sorta di storia della letteratura di cui è rimasto un frammento contenente il canone dei poeti comici latini (si veda l'Approfondimento a p. 130).

Levio

Levio è il più importante degli autori di questo gruppo, da identificare forse con il Levio Melisso citato da Svetonio (*De Grammaticis* 3,5). Poeta raffinato, compose almeno sei libri di carmi dal titolo *Erotopaegnia* («Scherzi d'amore»), in cui si ispirava ai miti della tradizione epica e tragica greca, come Alcesti, Adone, Ino, Elena, Protesilao e Laodamia, le sirene e Circe, i Centauri. Le caratteristiche di Levio sono appunto la scelta di argomenti particolarmente toccanti e patetici trattati con estrema eleganza, e la varietà dei metri, che secondo alcuni studiosi deriva dalla polimetria dei *cantica* plautini e secondo altri, invece, direttamente dai moduli alessandrini. Questo gusto per il virtuosismo metrico è evidente anche nei *carmina figurata*.

Valerio Catone

I neoterici Levio può considerarsi il più immediato predecessore dei poeti neoterici veri e propri, tra i quali occupa un posto importante **Valerio Catone**. Nato nella Gallia Cisalpina, venne a Roma e si dedicò agli studi prima in condizioni di agiatezza e poi, in vecchiaia, in estrema povertà in seguito a un dissesto finanziario. Fu *grammaticus*, ossia filologo, maestro di letteratura, come lo definisce Svetonio che ci dà sue notizie, e poeta, autore di due opere, una intitolata *Lydia*, una raccolta di poesie d'amore, e l'altra *Díctynna*, un epillio che narrava la leggenda della ninfa Díctinna, che per sfuggire all'inseguimento di Minosse si gettò in mare e venne catturata dalla rete di alcuni pescatori. Il nome è collegato con il termine greco *díktyon*, «rete».

G. Elvio Cinna

G. Elvio Cinna fu una delle figure più significative del cenacolo neoterico. Nativo della Gallia Cisalpina, venne presto a Roma. Partecipò alle campagne mitridatiche, che si conclusero nel 63 a.C., e durante la permanenza in Bitinia conobbe il poeta Partenio di Nicea, che condusse con sé a Roma, probabilmente come prigioniero di guerra. Partenio ebbe poi un ruolo fondamentale nella diffusione a Roma della poetica ellenistica. Un ruolo altrettanto importante ebbe la copia dei *Fenomeni* di

Arato di Soli, che Cinna recò con sé dall'Oriente e che costituiva un esempio della nuova poesia. Compose *Ludicra* ed *Epigrammata*. La fama di Cinna è legata a un epillio, *Zmyrna*, in cui si narra l'amore incestuoso di *Zmyrna* (o Mirra) per il padre Cinira, re di Cipro. La fanciulla verrà poi trasformata in mirra. L'argomento, già trattato in ambito ellenistico, verrà rielaborato da Ovidio nelle *Metamorfosi* e da Vittorio Alfieri, che comporrà sulla vicenda una tragedia delicata e potente.

La nascita di quest'opera fu celebrata da Catullo nel c. 95 (vv. 1 sgg. «La *Zmyrna* del mio Cinna dopo nove estati e nove inverni da che fu iniziata, finalmente è stata pubblicata [...] Le età future incanutiranno sfogliando il volume della *Zmyrna*»), in cui il poeta mise in evidenza la lunga elaborazione dell'opera, segno di un accuratissimo *labor limae*. Alla *Zmyrna* avrebbe fatto riferimento anche Orazio nell'*Ars Poetica* (v. 386 sgg.), quando consigliava di tenere nel cassetto un'opera per nove anni prima di pubblicarla. L'epillio fu subito oggetto di commenti e critiche: Svetonio, ad esempio, tramanda un epigramma anonimo in cui con ironia e con doppi sensi si allude alla necessità di decifrare la *Zmyrna*, impresa ardua in cui riuscì solo il grammatico Crassicio. Il testo di Cinna è composto nel rispetto dei canoni della poetica neoterica: l'argomento è erotico, il *labor limae* raffinato, la *doctrina* evidente, l'espressione ricercata, a partire dal titolo, in cui Cinna usa il prezioso *Zmyrna* in luogo del più comune Mirra. Dell'opera restano solo due frammenti.

Nel frammento che segue (fr. 6 Morel) è rappresentato forse il triste girovagare di Mirra espulsa dalla casa paterna dopo l'incesto: si rilevi la preziosità stilistica conferita dal grecismo *Eous* e dal più raro e raffinato *Hesperus* in luogo di *Vesper*, nonché dall'iterazione di *flentem* (metro: esametro dattilico):

Te matutinus flentem conspexit Eous
et flentem paulo vidit post Hesperus idem.

Te vide piangere al mattino Eoo, l'astro del mattino, te vide piangere poco dopo il medesimo, diventato Espero.

Fregio del porticato del tempio di Iside, con animali esotici, I secolo a.C., Napoli, Museo Archeologico Nazionale.

Varrone Atacino

Varrone Atacino, originario di Atax, nella Gallia Narbonense, compose opere tradizionali, come il poema storico *Bellum Sequanicum*, che trattava della campagna di Cesare del 58 a.C., e un libro di *Saturae* sul modello di Lucilio, ma si cimentò anche nei nuovi moduli poetici in una raccolta di elegie amorose intitolata *Leucadia* dal nome della donna amata. Di notevole rilievo è la sua traduzione delle *Argonautiche* di Apollonio Rodio, in cui si evidenzia la preferenza per storie d'amore tormentate, che consentono l'introspezione psicologica dei personaggi. Da ricordare anche una *Ephemeris*, che conteneva una descrizione poetica dei segni premonitori della pioggia e che sarà riecheggiata da Virgilio nelle *Georgiche*.

Licinio Macro Calvo

Nato a Roma, figlio di un importante uomo politico, **Licinio Macro Calvo** fu un grande oratore di tendenza atticista, arguto e mordace, citato da Cicerone nel *Brutus*, da Seneca Retore nelle *Suasoriae* e nelle *Controversiae*, e nel *Dialogus de oratoribus* attribuito a Tacito. Fu inoltre caro amico di Catullo, che a lui si rivolge nel carme 14 e nel carme 96. La sua attività poetica si lega ad alcuni epigrammi politici contro Cesare e Pompeo, ai *Ludicra*, a epitalami non privi di raffinatezza, a un epicedio per la morte della moglie Quintilia e soprattutto a un epillio, *Io*, di argomento erotico-mitologico. Esso narra la storia della giovane figlia di Inaco, re di Argo, amata da Giove e per questo perseguitata da Era, che la trasforma in giovenca e la fa sorvegliare da Argo. Quando Argo è ucciso da Ermes inviato da Zeus e la sfortunata ragazza riesce a fuggire, la dea Era la fa inseguire da una furia che la costringe a errare per il mondo, finché, giunta in Egitto, riacquista le sembianze umane e dà alla luce Epafo, che diventerà re e fonderà Menfi.

Il frammento che segue (fr. 10 Morel) si riferisce al presentimento delle sventure di Io, successive alla metamorfosi imposta da Era.

Si noti l'estrema raffinatezza propria dello stile di Calvo, che è ottenuta mediante la disposizione perfettamente simmetrica delle parole e il gioco degli iperbati: a *mens mea* (in cui si può rilevare anche un'allitterazione) corrisponde *vaecors*, a *dira* corrisponde *omnia*; al centro del verso è collocato il verbo, in forma di participio, con valore concessivo (metro è l'esametro dattilico):

Mens mea dira sibi praedicens omnia vaecors.

Stolta la mia mente, pur presagendo ogni sorta di sventura.

Io e Argo, I secolo a.C., Roma, Casa di Livia, Sopraintendenza Archeologica.

IN SINTESI

- Nel I secolo a.C. si verifica a Roma la nascita di un genere letterario nuovo per il mondo romano, la **lirica**, espressione di una mutata sensibilità. Tale genere si manifesta attraverso la poesia neoterica, che rivoluziona la tradizione letteraria latina e si lega a fenomeni di ordine sociale, politico e culturale.

- I contrasti in campo sociale favorirono l'**individualismo**, che si diffuse nelle classi elevate e spinse il singolo individuo ad allontanarsi dal *negotium* per rivolgersi all'*otium*, assimilando le teorie provenienti dalla Grecia.

- Cambia anche il tipo di intellettuale che si dedica alla poesia: non più il *civis* soldato impegnato nella vita politica, ma **l'uomo libero di dedicarsi all'*otium***, ossia allo studio delle lettere e alla soddisfazione dei piaceri individuali. In questo si avverte l'influsso della **filosofia epicurea**, da cui i neoterici si discostano nel fare dell'amore il centro della loro poesia e, spesso, della loro vita.

- I neoteroi sono «**disimpegnati**» dal punto di vista politico e instaurano fra loro **legami di amicizia**. Quella neoterica è infatti una **poesia di circolo**, destinata alla cerchia di amici poeti che gareggiano fra loro e sono essi stessi committenti e fruitori della loro poesia.

- La poesia neoterica assume come modello fondamentale la **poetica callimachea**, fondata su questi principi:
1) la ***brevitas*** dei componimenti;
2) il ***labor limae***;
3) la ***doctrina***;
4) l'**individualismo**.

- A ciò si aggiunge l'introduzione di forme poetiche e forme metriche nuove di origine greca.

- Anche il **linguaggio poetico** deve modificarsi in relazione alle innovazioni: nasce così un *sermo lyricus* che attinge alla lingua colloquiale.

- I poeti neoterici si possono suddividere in due gruppi:
1) i **preneoterici**, tra cui ricordiamo Lutazio Catulo, Valerio Edituo, Volcacio Sedigito e Levio;
2) i **neoterici**, tra cui ricordiamo Valerio Catone, G. Elvio Cinna, Varrone Atacino, Licinio Macro Calvo e soprattutto Catullo.

INDICAZIONI BIBLIOGRAFICHE

Le edizioni dei testi

C. BÜCHNER, *Fragmenta Poetarum Latinorum epicorum et lyricorum praeter Ennium et Lucilium, post W. Morel novis curis adhibitis*, Lipsia, Teubner, 1982.
A. TRAGLIA, *Poetae novi*, Roma, Ateneo, 1974².

Gli studi

L. ALFONSI, *Poetae novi. Storia di un movimento poetico*, Como, Marzorati, 1945.
R. SYME, *La rivoluzione romana*, trad. it. a cura di M. MANFREDI, Torino, Einaudi, 1962.
J.M. ANDRÉ, *L'otium dans la vie morale et intellectuelle romaine des origines à l'époque augustéenne*, Paris, Presses Universitaires de France, 1966.
E. CASTORINA, *Questioni neoteriche*, Firenze, La Nuova Italia, 1968.
P.A. BRUNT, *Classi e conflitti sociali nella Roma repubblicana*, trad. it. a cura di V. CLAVANI - M. FOLADORE, Bari, Laterza, 1972.
A. TRAINA, *Poeti latini e neolatini*, Bologna, Patron, 1986².
G. MAGGIULLI, *Neoterici*, in F. DELLA CORTE (a cura di), *Dizionario degli scrittori greci e latini*, II, Milano, Marzorati, 1987, pp. 1419-1424.
AA. VV., *Storia di Roma*, a cura di A. MOMIGLIANO - A. SCHIAVONE, Torino, Einaudi, 1988.
E. NARDUCCI, *Le risonanze del potere*, in *Lo spazio letterario di Roma antica. La circolazione del testo*, Roma, Salerno Editrice, 1989, pp. 533-577.
M.H. CRAWFORD, *Roma nell'età repubblicana*, Bologna, Il Mulino, 1995.
M. CITRONI - P. FEDELI - G. PADUANO - A. PERUTELLI, *La poesia latina*, Roma, La Nuova Italia Scientifica, 1995.
G.G. BIONDI, *I* poetae novi, in I. LANA - E.V. MALTESE (a cura di), *Storia della civiltà letteraria greca e latina*, Torino, UTET, 1998, pp. 448-460.

ODI ET AMO, QUARE ID FACIAM, FORTASSE REQUIRIS, NESCIO, SED FIERI

GAIO VALERIO CATULLO

L'autore

Il problema delle date Nel *Chronicon* di Girolamo si legge che nell'anno 87 a.C. *Gaius Valerius Catullus scriptor lyricus Veronae nascitur* («nasce a Verona il poeta Gaio Valerio Catullo»); trent'anni più tardi, sotto l'anno 57 a.C., si trova la notizia della sua morte (*Catullus tricesimo aetatis anno moritur*, «Catullo muore a trent'anni»). Un'attestazione così certa, tuttavia, viene contraddetta da alcuni carmi dello stesso Catullo nei quali compaiono riferimenti a fatti storici avvenuti dopo il 57 a.C., come il secondo consolato di Pompeo (55 a.C.) e la spedizione di Cesare in Britannia (55-54 a.C.). Per queste ragioni, si deve mettere in dubbio la data della morte riferita da Girolamo e si deve spostarla almeno al 54 a.C. (oltre a questo anno, infatti, nei carmi non compaiono altri riferimenti a fatti storici). Se riteniamo vera, infine, la notizia che la sua vita durò trent'anni, **si può pensare che Catullo sia vissuto tra l'84 e il 54 a.C.**, ma non si può andare oltre una fondata ipotesi.

La vita Quanto alle vicende della sua vita, è lo stesso poeta che talvolta fornisce notizie.

le origini

Catullo **nacque a Verona da una famiglia probabilmente di origine romana**, come dimostrano il nome gentilizio e il *cognomen Catullus*, che godeva di un certo prestigio, se è vero che ospitò Giulio Cesare, come attesta Svetonio (*Vita di Giulio Cesare*, 73), e aveva possedimenti nella Gallia Cisalpina, a Verona e a Sirmione, nonché a Tivoli. Negli anni veronesi il poeta ricevette un'educazione molto raffinata sotto la guida di illustri maestri.

il trasferimento a Roma

Intorno al 66 a.C. Catullo **si trasferì a Roma**, dove strinse legami di amicizia con i poeti della cerchia neoterica, come Licinio Calvo ed Elvio Cinna, e con personaggi di rilievo come Asinio Pollione, Ortensio Ortalo, Gaio Memmio e Cornelio Nepote, il dedicatario del suo *Liber*. La vita della capitale fu per Catullo occasione di incontri, di affetti, di attività culturale e mai politica, dal momento che rifiutò di avviarsi al *cursus honorum* e si dimostrò sempre sprezzante nei confronti dell'attività pubblica o dei personaggi di spicco impegnati in essa.

l'incontro con Clodia

Risale probabilmente a questo primo soggiorno romano l'**incontro con una donna**, con la quale – se crediamo ai suoi carmi – intrecciò una relazione sentimentale. Il nome con cui questa donna compare nel *Liber* è Lesbia, ma esso è uno pseudonimo letterario, che richiama la poetessa greca

Saffo, originaria dell'isola di Lesbo. Secondo una testimonianza di Apuleio, autore del II secolo d.C., (*Apologia*, 10), il nome autentico di Lesbia fu Clodia, che buona parte della critica identifica ormai con la moglie di Quinto Cecilio Metello Celere, nonché sorella del tribuno Publio Clodio Pulcro, acerrimo nemico di Cicerone. Costei, più anziana di Catullo di circa dieci anni, era donna di straordinario fascino e grande intelligenza, appartenente alla nobiltà patrizia, spregiudicata protagonista di intrighi amorosi e politici dell'alta società del tempo. Il ritratto di lei tracciato da Cicerone nella *Pro Caelio* la descrive come una donna pericolosa e corrotta.

La storia d'amore tra Catullo e Lesbia fu alterna e appassionata, interrotta non per volontà di Catullo e perciò, da un certo momento in avanti, dolorosa e sofferta. Non sappiamo tuttavia ricostruire le fasi e la durata di questo legame, perché nel *Liber* l'ordine dei carmi che riguardano Lesbia non segue una cronologia, né una logica: potrebbe essersi trattato di una storia lunga anni così come di un periodo brevissimo. Va comunque detto che se fu davvero Clodia la donna amata da Catullo, la loro relazione risultò sbilanciata, dal momento che per il giovane poeta proveniente dalla provincia romana ella rappresentò molto, mentre per lei, donna potente e colta dell'alto patriziato romano, fu solo un legame tra i tanti.

gli ultimi anni

Tra il 60 e il 58 a.C., a causa della morte del fratello, **Catullo fu costretto a tornare a Verona** e negli anni seguenti, 57-56, partì per un viaggio al seguito di Gaio Memmio incaricato del proconsolato in Bitinia. Fu in questa occasione che poté visitare la tomba del fratello nella Troade, come testimonia il carme 101. A dopo il suo ritorno possiamo forse far risalire il più fecondo periodo della produzione di Catullo, ma dal 54 a.C. si perdono le tracce del poeta.

Veduta d'insieme degli scavi della *villa* romana forse appartenuta a Catullo, I secolo a.C., Sirmione.

IN SINTESI

■ Le informazioni che Girolamo riporta sulla vita di Catullo sono contraddittorie. Dagli studi fatti l'ipotesi più attendibile è che il poeta **sia nato nell'84 e sia morto nel 54 a.C.** all'età di trent'anni.

■ Proveniente da una **famiglia veronese** che godeva di prestigio, ricevette un'educazione molto raffinata sotto la guida di illustri maestri.

■ **Intorno al 66 a.C. si trasferì a Roma**, dove si legò ai poeti della cerchia neoterica, come Licinio Calvo ed Elvio Cinna e a personaggi di rilievo, come Cornelio Nepote, il dedicatario del suo *Liber*. **Qui conobbe anche Clodia**, moglie di Quinto Cecilio Metello Celere, cantata dal poeta con il nome di Lesbia in omaggio alla poetessa Saffo, e con la quale intrecciò una relazione burrascosa.

■ **Tra il 60 e il 58 a.C. Catullo tornò a Verona** a causa della morte del fratello. Nel 57-56 andò in Bitinia al seguito del pretore Memmio; durante il viaggio potè visitare la tomba del fratello.

■ Tornato a Roma, si dedicò alla poesia; **dopo il 54 a.C. si perdono le sue tracce**.

L'opera

Il *Liber* e la sua struttura

La produzione di Catullo giunta fino a noi è tutta raccolta in un *liber* che **comprende 116 carmi**, ordinati in base a criteri metrici. Con ogni probabilità questo ordine non risponde alle reali intenzioni del poeta che forse, a causa di una morte prematura, non riuscì a curare personalmente l'edizione definitiva della sua opera.

nugae, carmina docta ed epigrammi

Così come lo possediamo noi oggi, il *Liber* catulliano **si suddivide in tre sezioni**: un primo gruppo di liriche, le cosiddette ***nugae***, in polimetri, comprendente il carme proemiale e i carmi 2-60; un secondo gruppo, comprendente i carmi 61-68, i cosiddetti ***carmina docta***, dei quali i primi quattro sono polimetrici, mentre gli altri sono in distici elegiaci; un terzo gruppo, dal carme 69 al 116, comprendente componimenti in distici elegiaci, che per il metro e per il contenuto possono essere considerati **epigrammi**.

Il *Liber* nel suo insieme contiene 2300 versi circa, un'ampiezza davvero notevole che contrasta con l'epiteto con cui Catullo presenta il suo lavoro all'amico Cornelio Nepote nel carme dedicatorio. È difficile infatti che, data la sua estensione, la raccolta possa essere definita come *libellus* ed essere contenuta in un unico *volumen*. Inoltre, anche il termine *nugae*, usato dall'autore nello stesso carme in riferimento alle sue composizioni, mal si adatta ai *carmina docta* che pure sono parte integrante dell'opera. Si deve perciò concludere che la dedica del *libellus* si doveva probabilmente riferire a un'opera più snella, forse proprio a quei componimenti che successivamente sono confluiti nella prima sezione del *Liber*, tanto più che l'edizione a noi pervenuta – come già detto – non fu curata dallo stesso autore.

La prima sezione del *Liber*

varietas e *brevitas*

I criteri che regolano la prima parte del *Liber* sono quelli della ***varietas*** – vale a dire la varietà dei metri, degli argomenti, dello stile e del tono – e della ***brevitas***, cioè della brevità del componimento, unita alla raffinatezza formale. Il termine con cui tradizionalmente sono definiti i testi di questa prima parte del *Liber* è *nugae*, che deriva dallo stesso Catullo (cfr. c. 1, 4). Già in questa prima sezione del *Liber* risulta evidente l'influenza della poesia ellenistica, che possiamo ritenere il modello più importante per la composizione dei carmi, sia nelle forme sia nei contenuti.

i principi programmatici

I principi programmatici di questa produzione, elaborati ed espressi dal suo principale poeta, Callimaco, nel prologo degli *Aitia*, possono essere riassunti in questi termini: sul piano formale è dominante il principio del *labor limae*, cioè della **rifinitura stilistica** a cui il poeta sottopone l'opera d'arte, avendo di mira la perfezione assoluta della forma. Ciò assume particolare rilievo, se si tiene conto che sul piano dei contenuti e delle strutture l'arte callimachea, e in generale quella ellenistica, si era pronunciata per un rifiuto del poema epico e di qualsiasi forma di poesia di ampie dimensioni a favore di componimenti agili e brevi. La perfezione formale perciò si imponeva per compensare in certo qual modo la ***brevitas***. Infine, l'arte ellenistica puntava su forme poetiche esili e scherzose – come fanno a Roma i *neoteroi* –, sull'eleganza dell'artista e sulla sua capacità di introdurre **temi originali ed eruditi (*doctrina*)**.

La poetica catulliana seguì quindi i precetti di derivazione callimachea adottati dai poeti neoterici, ma non si esaurì in essi. «Un Catullo esclusivamente alessandrino sarebbe rimasto un dotto poeta, pasto ghiotto di eruditi di tutte le epoche; a salvarlo, oltre alla sua natura, fu la tendenza [...] della poesia latina al soggettivismo, per cui egli non dà mai l'impressione di ripetere aridamente uno schema letterario, ma di ampliarlo e modificarlo, rendendo vivi e sentiti anche gli elementi convenzionali» (P. FEDELI, *Introduzione a Catullo, cuore senza fine*, Torino, 1990[2], p. XXXVI). Oltre alla *brevitas*, al *labor limae* e alla *doctrina*, quindi, ciò che rese davvero innovativa e interessante la poesia di Catullo è il **carattere soggettivo, quasi intimistico,** delle *nugae*, in cui Catullo trasferisce sia il suo mondo – quello di un uomo che vive in modo consapevole e profondo affetti e antipatie – sia gli ideali dei circoli letterari della capitale, frequentati da uomini il cui stile di vita coincide con gli ideali poetici, in cui vita e arte si mescolano e in cui i principi estetici si fondono con quelli etici.

il carattere soggettivo

APPROFONDIMENTO

REGOLE ARTISTICHE E PRINCIPI ETICI

I principi poetici ispiratori dell'estetica catulliana sono indissolubilmente intrecciati con il suo codice di comportamento, con la sua etica, che è poi di fatto coincidente con quella neoterica. Essi si possono riassumere in tre termini, che compaiono a più riprese nei carmi: *lepos*, *venustas* e *urbanitas*. Sono i nuovi valori che, nel loro insieme, regolano i rapporti tra le persone, soprattutto all'interno della cerchia letteraria, e dettano contemporaneamente le regole artistiche che si rifanno al gusto dei *poetae novi*. Il tratto comune ai tre concetti è l'eleganza dei modi, la raffinata sensibilità che si riflette nel comportamento e nel gusto estetico. In particolare, poi, ***lepos*** acquista il significato di «grazia leggiadra» e indica quell'amabilità, quel garbo che sa contemperare l'arguzia dello spirito con la piacevolezza dei modi. ***Venustas*** è sostantivo astratto, derivato da *Venus* e significa «bellezza», «eleganza», «leggiadria». Sul piano fisico sta a indicare doti di fascino e di eleganza proprie sia delle donne sia degli uomini, soprattutto di quelli appartenenti alla cerchia neoterica. Sul piano estetico rinvia al concetto di finezza, di decoro, di piacevolezza nel modo di parlare e nello stile. Il concetto di ***urbanitas***, infine, indica l'«eleganza» nei modi e nel vestire, l'arguzia dello spirito, il comportamento cortese e affabile, la dizione elegante, che non tradisce inflessioni provinciali. È evidente che come retroterra culturale e ideologico di tutti e tre questi concetti sta l'ideale dell'*humanitas*.

Copia romana della statua di Venere che si allaccia un sandalo, I secolo a.C., Napoli, Museo Archeologico Nazionale.

La seconda sezione: i *carmina docta* I carmi 61-68 del *Liber Catulli* costituiscono i cosiddetti *carmina docta*. Il nome con cui vengono designati è desunto dall'*incipit* del carme 65, in cui Catullo parla delle *doctae virgines*, le Muse ispiratrici della sua poesia. Si tratta di **componimenti "impegnati"**, secondo la concezione poetica alessandrina e neoterica, che si distinguono dalle *nugae* per ampiezza, temi e stile, benché ripropongano la stessa materia personale ed esprimano la stessa sensibilità.

il carme 61

Il **carme 61** è un epitalamio, composto per le nozze di Manlio Torquato e Vibia Aurunculeia. Gli epitalami (propriamente «canti per le nozze», vedi p. 261) erano poesie di occasione, comuni alla tradizione latina e a quella greca (vi sono esempi di questo genere letterario anche nella produzione di Saffo). Elementi tradizionalmente presenti erano l'invocazione agli dèi tutelari del matrimonio, la descrizione dei due sposi, le espressioni beneauguranti. Per la composizione di questo epitalamio è probabile che Catullo abbia tenuto presente un modello greco. La cosa che appare interessante, però, è che il poeta non si è limitato a riprendere il modello greco, ma lo ha variato in modo che i moduli stilistici greci si fondessero con il patrimonio culturale italico. Se ne ha traccia nel momento della *deductio*, cioè del corteo che accompagnava la sposa alla casa dello sposo e al talamo nuziale. Qui infatti si riscontrano riflessi di scherzi rituali, con valenza apotropaica, che affondano le loro radici nella tradizione dei fescennini.

il carme 62

Anche il **carme 62** è un epitalamio. Composto in esametri, è un carme "a contrasto", cioè costruito in modo che il canto sia intonato alternativamente da un coro di fanciulli e da uno di fanciulle. Non è dedicato a personaggi specifici, ma contiene motivi topici relativi a questo genere poetico: da una parte le fanciulle denunciano gli aspetti negativi del matrimonio, che costringe le donne a perdere la verginità

IL CULTO DI CIBELE

Cibele era una divinità anatolica, il cui culto era legato alla natura, agli animali e ai luoghi selvatici. È una delle prime divinità straniere a entrare a Roma e ad avere un culto cui si attribuisce la potenza della Città. I sacerdoti del culto di Cibele erano chiamati Galli e praticavano effettivamente, così come dice il carme 63 di Catullo, l'evirazione rituale. Era un atto sacrificale e iniziatico al tempo stesso, attraverso il quale si dava alla divinità la propria capacità virile. I sacerdoti erano noti, poi, per il loro abbigliamento molto vistoso e colorato e per il trucco con cui erano soliti modificare l'aspetto del loro volto. A capo della congregazione dei sacerdoti di Cibele era l'Archigallo, che aveva – come si vede nell'immagine – un copricapo fatto a forma di cinta turrita.

Archigallo, capo dei sacerdoti di Cibele, III secolo a.C., Ostia antica, Museo Ostiense.

per un legame deciso dai genitori; dall'altra i giovani esaltano gli effetti positivi del matrimonio, che giova anche alle donne, e pongono l'accento sul tema della procreazione.

Il **carme 63** è un epillio, ossia un componimento piuttosto esteso di argomento erotico-mitologico, che nella poetica callimachea e neoterica sostituisce il poema epico. Narra del mito di Attis che, invasato dal culto della dea Cibele, si evira e si unisce ai sacerdoti Galli, seguaci di quel culto; ma, al sorgere del nuovo giorno, riprende coscienza e, rivolgendosi alla patria, prorompe in un doloroso lamento.

Arianna piangente vede allontanarsi la nave di Teseo, I secolo a.C., Napoli, Museo Archeologico Nazionale.

Il tratto più evidente del poemetto è il virtuosismo con cui l'autore riesce a trattare la materia, un'abilità che coinvolge sia l'ambito formale, sia quello contenutistico. Anche la lingua diviene un duttile strumento nelle mani di Catullo per riprodurre la condizione psicologica di Attis: significativo il passaggio dal maschile al femminile, che marca la condizione di straniamento da sé del protagonista e la radicale trasformazione a cui egli si è volontariamente sottoposto. La finezza dell'analisi psicologica e la sottolineatura dei toni patetici presenti nel carme di Attis si ritrovano anche nel successivo **carme 64**, in esametri. È forse il più celebre dei *carmina docta*; è sicuramente il più lungo dell'intero *Liber*. Vi si cantano le nozze di Peleo e Teti, ma parallelamente viene svolta la narrazione della vicenda d'amore di Arianna e Teseo. Il nesso narrativo è costituito dal ricamo della coperta nuziale della prima coppia, in cui compare appunto la storia drammatica di Arianna, che dopo aver aiutato Teseo a vincere e uccidere il Minotauro, viene sedotta dall'eroe ateniese e poi abbandonata sull'isola di Nasso. La storia della seconda coppia si intreccia dunque con quella della prima mediante la tecnica alessandrina dell'*ékphrasis*: è una «descrizione», presentata come una digressione. In realtà sotto questo legame di natura narrativa si trova un collegamento ben più significativo. Le due storie sono infatti disposte in modo che l'una sia il contrario dell'altra: alla felicità del legame tra Peleo e Teti si contrappone la sfortunata vicenda di Arianna. A rendere fortunato l'esito della prima unione stanno, secondo Catullo, due fattori vincenti: la regolarità del patto (*foedus*) e la fedeltà reciproca (*fides*) dei due innamorati. A essi si contrappongono invece il tradimento di Teseo e il patto violato. Così il mito proiettava a livello universale uno dei concetti-chiave della poetica catulliana, trasportando con sé la vicenda personale tra Catullo e Lesbia.

il carme 64

APPROFONDIMENTO

MILLE BACI

Eva Cantarella in un suo recente lavoro parla dell'amore al tempo dei Romani, passando in rassegna le fonti letterarie e quelle giuridiche, mettendo in evidenza il modo diverso di porsi di fronte all'amore. Nel passo che segue vengono messi in luce la natura dei baci e i differenti modi di nominarli.

Particolare dal ritratto di una donna, II secolo a.C., Parigi, Museo del Louvre.

Ci sono tanti modi per baciarsi. C'erano anche a Roma, ovviamente. E i romani, più precisi di noi, usavano parole diverse per indicare diversi tipi di baci. Tre parole, per l'esattezza: *osculum, savium* e *basium.* Ma per quanto più articolato del nostro, neppure il loro vocabolario era sufficiente a individuare specificamente le numerosissime categorie in cui si distinguevano i baci: quello di saluto tra i famigliari, per esempio, quello di congedo, quello che ci si scambia quando ci si incontra dopo una separazione; e poi, ancora, il bacio funebre, quello di riconciliazione, quello di felicitazione, quello di ringraziamento...
Troppo complesso, il discorso sui baci romani. Accontentiamoci di capire a quali di essi si riferissero i tre termini di cui sopra. *Osculum* e *savium* sono i più antichi e appaiono, rispettivamente, di regola, il primo in contesti familiari, il secondo in contesti erotici, spesso riferito a rapporti con prostitute. Ma questa differenza tende a confondersi, fino a sparire progressivamente, mentre si afferma una differenza nell'uso sociale dei due termini: *osculum* è un termine corretto, *savium* è volgare. Il terzo, *basium,* compare con Catullo: i mille baci che chiede a Lesbia sono *basia,* appunto, e sul loro valore erotico non c'è alcun dubbio. Ma i poeti epici, tragici, lirici ed elegiaci (Virgilio, Orazio, Tibullo, Properzio e Lucano, per esempio) non usano questo termine, considerato volgare, e usano raramente anche *savium.* In Ovidio, in particolare, i due termini non compaiono mai.
E torniamo, adesso, perché merita qualche parola in più, al bacio la cui etimologia riconduce a bocca: *osculum,* da *os* ("bocca", appunto): il bacio d'amore, per noi, ma non per i romani, che usavano *osculum* per indicare il bacio che i parenti davano alle matrone, incontrandole. E che non aveva alcun rapporto con l'erotismo. Era, invece, il bacio con cui si controllava la loro virtù.
Più specificamente, baciando sulla bocca le donne di casa, gli uomini controllavano che queste non avessero bevuto vino, bevanda drasticamente e rigorosamente vietata al sesso femminile nei primi secoli della città. Infrangere questo divieto era così grave, per una donna onesta, che una legge attribuita a Romolo concedeva al marito di uccidere la moglie sorpresa nella cantina, dove il vino era conservato. Il "diritto al bacio" insomma, consentiva ai parenti di controllare l'alito delle donne della famiglia, per accertarsi che non avessero bevuto. [...] Con il passare del tempo – ritenevano i romani, o quanto meno alcuni di essi – le donne avevano preso a usarlo però come pretesto per dare baci erotici, altrimenti proibiti. Così, se non altro avrebbe fatto Cinzia, secondo l'accusa del suo amante Properzio, e Svetonio ritiene che lo stesso facesse Agrippina: i romani, insomma, avevano smesso di fidarsi delle donne. Queste non erano più delle Lucrezie, non si comportavano più come una volta e come si continuava a insegnare loro.

E. CANTARELLA, *Dammi mille baci. Veri uomini e vere donne nell'antica Roma,* Feltrinelli, Milano 2009

il carme 65

Il **carme 65** è la breve dedica, in distici elegiaci, della traduzione della *Chioma di Berenice* di Callimaco all'amico Ortensio Ortalo. Quest'ultimo aveva esortato Catullo a trovare nella composizione di versi un motivo di consolazione alla perdita del fratello. Il poeta risponde che la profonda sofferenza legata al lutto recente gli toglie ogni vena poetica e per questo gli invia la traduzione della *Chioma di Berenice*, che nel *Liber* costituisce il **carme 66**.

il carme 66

La regina egizia Berenice, perché il marito Tolomeo III Evergete torni salvo dalla spedizione militare in cui è impegnato, sacrifica agli dèi la propria treccia, che scompare e viene identificata dall'astronomo di corte Conone nella nuova costellazione apparsa in cielo, la “Chioma di Berenice”, appunto. La morale della vicenda conferma la tematica centrale del pensiero catulliano: gli dèi apprezzano l'amore coniugale e la fedeltà, tanto da concedere i loro favori (il re torna a casa) agli innamorati fedeli. Ancora una volta il mito serve al poeta per proiettare su vasta scala la sua ideologia.

diventano una costellazione

EZIOLOGICO → spiega l'origine di un fenomeno

il carme 67

Il **carme 67** è un *paraklausíthyron* (letteralmente «lamento davanti a una porta chiusa»), ossia un'elegia in distici, che vede un dialogo tra il poeta-viandante e la porta della casa bresciana di un certo Cecilio. Questa rivela i molteplici tradimenti perpetrati dalla moglie ai danni del poco vigoroso marito. Il tema dell'infedeltà, caro alla poetica catulliana, ritorna anche in questo testo, seppure in una tonalità leggera.

Il **carme 68**, in distici elegiaci, è particolarmente complesso. La prima parte comprende la dedica all'amico Allio, o Mallio, che, in un momento particolarmente triste della sua vita, chiede a Catullo *munera et Musarum ... et Veneris* («doni delle Muse e di Venere»). Il poeta rifiuta perché anch'egli afflitto a causa della perdita del fratello e impedito dal fatto di trovarsi a Verona, mentre tutti i suoi libri sono a Roma, dove abitualmente si svolge la sua vita. Ricompaiono dunque anche qui temi cari a Catullo, come il dolore per la morte del fratello, l'amicizia, l'amore. La seconda parte narra il mito di Protesilao e Laodamia, una storia d'amore esemplare, che si intreccia con la storia tra Lesbia e Catullo e il motivo del compianto funebre. Infatti il mito è introdotto dall'accostamento della bellezza fulgente di Lesbia a quella di Laodamia; procede poi con il racconto della vicenda, che culmina nella morte di Protesilao, il primo dei caduti sotto le mura di Troia. A questo punto Catullo interrompe il racconto ed esprime il suo dolore per la morte del fratello, spentosi proprio nella Troade. Torna quindi nuovamente al mito di Laodamia, per concludere l'elegia nel modo in cui l'aveva iniziata: lode di Lesbia e ringraziamento all'amico Allio. Il carme, per la sua struttura e per i temi, che proiettano vicende personali su uno sfondo mitico, è considerato un archetipo dell'elegia latina, che troverà più tardi il suo massimo esponente in Properzio.

Architettura a *trompe l'œil* con porta semiaperta, I secolo a.C., tablino della casa di Marco Lucrezio Frontone, Pompei, Sopraintendenza Archeologica.

Lo stile dei *carmina docta* è molto curato e certamente più aulico rispetto ai polimetri e agli epigrammi, ma non è raro trovare un lessico comune. Soprattutto, come si può ricavare da quanto detto, non c'è forte distacco fra i temi specifici della poesia catulliana – amore, amicizia, dolore, *foedus* e *fides* – e quelli dei *carmina docta*, in cui, nonostante il ricorso all'erudizione e i riferimenti dotti, il mito è trattato in maniera personale e soggettiva.

VENERE E GIUNONE

Nei testi di Catullo si fa spesso riferimento alla dea Venere, che viene evocata in relazione alle vicende d'amore, sia felici sia tristi. Venere – corrispondente all'Afrodite greca – era una divinità femminile che presiedeva alla fecondità, proteggendo tutto ciò che la favorisce e la induce: la seduzione, il corteggiamento, la bellezza, la grazia, l'eleganza, fino all'atto sessuale. Tutto l'aspetto della fertilità, della maternità e del parto era invece protetto da un'altra divinità, Giunone nel mondo latino ed Era in quello greco. L'una e l'altra erano retaggio delle antiche divinità femminili – le dee madri – che riassumevano in sé tutte le qualità proprie del femminile, poi differenziate in diverse divinità.

Venere Esquilina, I secolo a.C., Roma, Museo dei Conservatori.

La terza sezione: gli epigrammi La terza sezione del *Liber Catulli* è costituita da componimenti in distici elegiaci, tradizionalmente denominati **epigrammi**, anche se alcuni di essi sembrano avvicinarsi maggiormente alla forma dell'elegia. La tecnica epigrammatica era fondata su **concisione e allusività** e tali sono le caratteristiche dell'ultima parte del *Liber*, che raccoglie **composizioni di vario tipo**: epigrammi sul tema della *fides*, caratterizzati da solennità epigrafica; funebri, molto vicini al genere dell'epitaffio e della lamentazione; celebrativi di un'opera letteraria, che enunciano il programma poetico ed estetico del neoterismo, come il carme 95, dedicato alla *Zmyrna* di Cinna; scommatici, vale a dire a carattere sarcastico, corrispondenti alla medesima tipologia dell'epigramma alessandrino.

concisione e allusività

Si diceva che alcuni carmi di questa terza sezione, più che all'epigramma, sembrano avvicinarsi all'elegia. L'accostamento è dovuto al fatto che queste composizioni hanno tratti ed elementi tipici del genere elegiaco: il metro (distico elegiaco), l'atmosfera struggente, la tonalità malinconica, la tematica esistenziale. I componimenti catulliani che più si avvicinano all'elegia sono il **carme 76**, che rappresenta l'avvio dell'esperienza elegiaca di Catullo, e il **carme 109**, che del precedente costituisce il nucleo generatore; di dimensioni epigrammatiche quest'ultimo, decisamente più ampio il primo. Come si è già avuto modo di vedere, il genere elegiaco non è esclusivo della terza sezione del *Liber*, ma compare anche tra i *carmina docta* (carmi 65, 66, 67, 68), connotato da altri elementi propri dell'elegia alessandrina: i contenuti mitologici, gli elementi eruditi, l'eziologia.

IN SINTESI

■ Catullo è autore del ***Liber***, una **raccolta di 116 carmi** per un totale di circa 2300 versi. È però probabile che la dedica a Cornelio Nepote facesse riferimento soltanto alla prima sezione del *Liber*, ossia alle cosiddette *nugae*.

■ Il *Liber* si divide in **tre sezioni**:
- il primo gruppo comprende i **carmi 1-60**, ossia le *nugae*;
- il secondo gruppo comprende i **carmi 61-68**, ossia i *carmina docta*;
- il terzo gruppo, dal carme **69 al 116**, comprende gli epigrammi.

■ La **prima sezione** del *Liber* è caratterizzata dalla *varietas*, ossia dalla varietà dei metri, degli argomenti, dello stile e del tono. Il termine *nugae* con cui vengono designate le poesie di questa prima parte è termine tecnico che indica una poesia leggera, intesa come ***lusus***, «divertimento», caratterizzata dalla ***brevitas***, dal ***labor limae***, secondo i precetti della poetica callimachea, a cui la posia catulliana, come quella neoterica, si rifaceva.

■ La **seconda sezione** del *Liber* comprende i *carmina docta*, componimenti impegnati e di più ampio respiro rispetto alle *nugae*. I carmi 61 e 62 sono **epitalami**, il carme 63 è un epillio sul mito di Attis, il carme 64, in esametri, celebra le nozze di Peleo e Teti, ma con la tecnica dell'*ékphrasis* vi inserisce la vicenda di Arianna abbandonata da Teseo. Il carme 65 è la dedica, in distici elegiaci, della traduzione della *Chioma di Berenice* di Callimaco all'amico Ortensio Ortalo. Il carme 66 è costituito dalla traduzione stessa. Il carme 67 è un'elegia in distici in cui la porta di una casa bresciana racconta al poeta i tradimenti perpetrati dalla moglie del padrone di casa ai danni del marito. Il carme 68, in distici elegiaci, comprende nella prima parte la dedica all'amico Allio o Mallio, nella seconda il mito di Protesilao e Laodamia. Lo **stile** dei *carmina docta* è molto curato e più aulico rispetto alle altre parti del *Liber*, a cui tuttavia essi si legano per le tematiche.

■ La **terza sezione** comprende gli epigrammi di argomenti vari, che spaziano dalla *fides* alla commemorazione funebre, dalla celebrazione di un'opera letteraria alla parodia. Alcuni epigrammi, per l'ampiezza, il metro e la tonalità malinconica, si avvicinano all'elegia.

I temi Temi fondamentali della poesia catulliana sono l'amore, gli affetti familiari, le amicizie e le inimicizie del poeta.

L'amore è il centro del mondo poetico catulliano e assume un ruolo nuovo rispetto a quello che la morale tradizionale romana gli aveva sempre assegnato. Per i Romani l'amore non era altro che una debolezza giovanile, da tollerare purché non intaccasse certe convenzioni sociali: il ruolo preminente dell'uomo nella società e nell'ambito familiare, il suo impegno di *civis*, la fedeltà coniugale e l'assenza di passione. Per Catullo, invece, l'amore è l'unico valore che possa confortare l'uomo, consapevole della brevità della vita e dello scorrere del tempo. L'amore, così come lo intende Catullo, si fonda su due principi: il *foedus* e la *fides*. L'area semantica di tali vocaboli, insieme a quelli a essi collegati (*fidus, amicitia, ius, iniuria*) rimanderebbe al linguaggio giuridico e politico, mentre Catullo li riferisce alla tematica amorosa. La loro presenza implicita domina l'intero *corpus* catulliano. La ***fides*** è un'antica virtù della morale tradizionale romana, garante dei rapporti interpersonali e fondamento del diritto e del sentimento religioso. Affermare

Vestizione nuziale di una giovane donna, I secolo a.C., Napoli, Museo Archeologico Nazionale.

che il rapporto che lo lega a Lesbia è basato sulla *fides*, per Catullo significa uscire dal ristretto ambito della passionalità e rivestire la sua relazione erotica con i caratteri della fedeltà di stampo matrimoniale. Ne consegue che tra i due si dovrebbe stabilire un vero e proprio patto d'amore (***foedus***), un legame giuridico e religioso, regolato da leggi precise e inviolabili, che andrebbe a conferire al rapporto amoroso i caratteri tipici delle *nuptiae*. I due termini, che hanno tra loro anche un legame etimologico, derivando entrambi dalla radice del verbo *fido* («avere fiducia»), nobilitano così la concezione catulliana dell'amore e innalzano la relazione erotica a un livello superiore, di patto eterno sancito religiosamente (cfr. carme 76, 3 e carme 109, 6). Il tema della *fides* è senza dubbio centrale nella visione dell'amore di Catullo, come viene confermato dai numerosi carmi che denunciano la rottura del *foedus* da parte di Lesbia e dagli stessi *carmina docta*, in cui l'amore esemplare di Peleo e Teti fornisce un archetipo mitico del *foedus* che si sostanzia della *fides* e si contrappone al tema del *foedus* spezzato esecrato nella vicenda di Teseo e Arianna.

il *foedus*

La relazione con Lesbia, così come la conosciamo attraverso le poesie del *Liber*, si nutre di accenti di passione e di sconforto, rivelando di volta in volta uno stato

APPROFONDIMENTO

FU DAVVERO UNA RIVOLUZIONE?

La riflessione che Mario Labate porta in questo testo si incentra sulla relazione tra valori tradizionali e quelli affermati dalla cerchia neoterica. A suo giudizio sarebbe errato pensare che la "rivoluzione" neoterica volesse sovvertire o sostituire i principi tradizionali, perché questo sarebbe stato impossibile; piuttosto i neoterici avviarono un processo di crisi, cioè di cambiamento, cercando di trasformare dall'interno quegli stessi valori.

La poesia catulliana (quando parla dell'esperienza personale-soggettiva, ma anche nell'affrontare l'astrazione e l'universalità dei personaggi del mito) non sa accantonare antiche e prestigiose virtù (*fides, pietas, castitas, amicitia* e altre ancora). Queste virtù occupano anzi nel mondo assiologico di Catullo un posto non meno centrale di quello che era loro assegnato nell'ambito del *mos maiorum*. Il recupero di valori appartenenti a un sistema ideologico complessivamente rifiutato comporta la necessità di sottoporre quei valori stessi a un processo di transcodificazione (il codice tradizionale offriva a ciascuno un sistema di riferimento in grado di definire con esattezza funzioni e contenuti): applicandosi a contenuti nuovi le virtù vengono come rifondate. È soprattutto importante disegnare le nuove costellazioni, definire i rapporti con valori eterogenei o addirittura contrapposti. [...]
L'amore per Lesbia è (soprattutto negli epigrammi) il polo attorno a cui la transcodificazione opera più sistematicamente: la *liaison* libertina è immaginata come un patto da rispettare altrettanto religiosamente quanto il *foedus* garantito dagli dèi che è alla base del rapporto matrimoniale. Ma questa esigenza riguarda, con sfumature diverse, il rapporto con gli amici, le relazioni cortesi, il mondo della vita neoterica nel suo complesso: una richiesta così poco "tradizionale" come è quella dei *munera Musarum et Veneris* («un dono di poesia, un dono d'amore») può essere ricondotta ai concetti di *officium* e di *hospitium*. [...]
Non meno significativa dell'esigenza di sottoporre i valori a un ripensamento profondo è l'attenzione di Catullo per la sensibilità e la delicatezza del mondo femminile, in cui risiede una capacità di vivere i rapporti umani secondo principi diversi rispetto a quelli suggeriti dalla morale degli uomini. Le *virtutes* degli antichi eroi, rappresentate sulla coperta di Peleo e Teti, non escludono l'infedeltà, il tradimento, la colpevole dimenticanza. [...] Significativamente, Catullo convoglia l'identificazione verso le

d'animo particolare che scaturisce dagli atteggiamenti della donna, da cui Catullo a volte vuole difendersi, rinunciando all'illusione di averla per sé (si veda, ad esempio, il carme 8, in cui il poeta esorta se stesso a smettere di inseguire una donna che non lo vuole), di cui a volte esalta il ritorno insperato (vedi il carme 107), e dalla quale spera di ricevere finalmente amore eterno (carme 109). Lesbia, tuttavia, è anche colei che lo tradisce ripetutamente e allora Catullo non esita a ritrarla in maniera cruda mentre abbraccia i suoi innumerevoli amanti (vedi carme 11, considerato l'addio definitivo del poeta a Lesbia). Insomma amore e odio verso la donna sono i sentimenti che occupano l'animo di Catullo, non solo alternativamente, come spesso accade anche nei modelli cui il poeta fa riferimento, ma addirittura contemporaneamente (vedi carme 85), con un'intensità sconvolgente.

Alla relazione d'amore sono dedicati anche alcuni carmi per un ragazzo, di nome Giovenzio, verso il quale sono indirizzati innamoramento, desiderio di baci, sentimento di gelosia verso altri uomini, preferiti al poeta. In questo caso, tuttavia, i sentimenti d'amore e fedeltà appaiono del tutto convenzionali, aderenti più a un modello poetico (il tema è topico, infatti, nella poesia greca) che a un sentimento reale.

sfortunate protagoniste femminili (Arianna, Laodamia, lo stesso Attis), verso coloro cioè che soffrono dell'incertezza e dell'incoerenza che sembrano sconvolgere il mondo morale.

Non risulta da questa nuova sensibilità un'immagine coerente dei valori, quanto piuttosto un diffuso senso di disagio, che porta per lo più a un atteggiamento problematico (la consapevolezza che le cose del mondo non sono semplici, e che un punto di vista differente può comportare differenze profonde di interpretazione e giudizio, sarà ereditata dalla grande poesia augustea); ma talvolta il disagio si risolve in una denuncia della corruzione del tempo presente che condivide gli schematismi del moralismo romano.

M. Labate, *Forme della letteratura immagini del mondo*, in G. Clemente, F. Coarelli, E. Gabba (a cura di), *Storia di Roma*, 2/I, Torino, Einaudi, 1990, pp. 932-934 *passim*

Venere e Marte con amore che gioca con le armi, I secolo a.C., Napoli, Museo Archeologico Nazionale.

Pilade e Oreste (esempio mitologico di amicizia), I secolo a.C., Napoli, Museo Archeologico Nazionale.

Gli stessi valori che Catullo attribuisce all'amore, come la *fides*, diventano essenziali anche nel rapporto di **amicizia**, intesa come un patto di fedeltà a cui il poeta non viene mai meno. Ad alcuni amici, con i quali si era instaurato probabilmente un legame più confidenziale, sono dedicati più carmi: è il caso dei carmi 9, 13, 28 e 47, dedicati a Fabullo e Veranio, e dei carmi 14, 50 e 96, dedicati a Licinio Calvo. Di altri amici, invece, il poeta rimprovera la slealtà o l'indifferenza mostrata in talune occasioni (ad esempio i carmi 30 e 38) ed è significativo che lo faccia usando toni e lessico del tutto simili a quelli utilizzati in altre occasioni per i tradimenti d'amore.

Se nei rapporti con gli amici prevale l'affetto e, anche quando deve rimproverarli, il tono è gentile, nei confronti dei **nemici** Catullo sa usare parole di feroce **aggressività**. In queste occasioni anche il lessico si adegua e diviene estremamente esplicito, offensivo e scurrile. Un buon gruppo di personaggi al cui indirizzo il poeta invia i suoi versi sferzanti appartiene alla cerchia di Cesare, che il poeta detestava, come ci fa sapere nel carme 93. Nella prima sezione del *Liber* l'aggressività assume la forma dell'invettiva e si colora di minacce e offese. Alla vittima dei suoi attacchi Catullo dedica un numero abbastanza alto di versi, organizzando il discorso in un crescendo che si serve dell'accumulazione come principale strumento retorico. Nella terza sezione, invece, l'attacco è contenuto in pochi distici, talora anche in uno solo, e tende a risolversi in una battuta fulminante. Strettamente connesso al tema degli amici e dei nemici è quello della **poesia**, intesa sia come annuncio di nuovi lavori poetici, portati a termine da Catullo stesso o da qualcuno della sua cerchia (si pensi al carme 95, dedicato alla pubblicazione della *Zmyrna* dell'amico Cinna), sia come enunciazione dei gusti e dei principi ispiratori della propria poetica, sia come condanna senza appello dei cattivi poeti, cioè di coloro che non condividono le novità importate dai neoterici, come accade nei carmi 14, 22, 36 e, ancora, nel 95.

i viaggi

Il discorso sul mondo degli affetti non sarebbe concluso, se, oltre a parlare degli amici, non dicessimo che una parte, seppur esigua, dei carmi è dedicata ai **viaggi** (carmi 31 e 46, ad esempio) o al dolore per la morte prematura del fratello. I due temi si intrecciano malinconicamente nel carme 101, in cui il poeta rievoca il suo viaggio nella Troade, per portare il suo compianto al fratello, che era morto laggiù e là riposava nella sua tomba.

Lo stile

La novità apportata dalla poesia neoterica nel panorama letterario romano è riscontrabile anche nella lingua. I carmi catulliani ce ne offrono un esempio significativo, presentandoci una lingua in cui si mescolano eleganza ed erudizione, utilizzo di preziosismi e di termini volgari, descrizioni realistiche di oggetti e situazioni quotidiane e rappresentazioni di stati d'animo e di sentimenti intimi.

Proprio per questa varietà, la lingua di Catullo nasce dalla combinazione di elementi che provengono dai diversi livelli del latino letterario e di quello parlato. Tra i molteplici aspetti della lingua catulliana, vorremmo soffermarci sui due che sembrano più peculiari: l'uso dei diminutivi e il *sermo familiaris*.

l'uso dei diminutivi

Procedimento linguistico molto rappresentativo dei carmi catulliani è l'impiego dei **diminutivi** (si vedano – a titolo esemplificativo – i carmi 1, 3, 31), dovuto all'intento dell'autore di forgiare una lingua capace di assorbire anche vocaboli e modi propri di un registro poco elevato. Se da un lato i diminutivi servono a designare oggetti di piccole dimensioni, infatti, dall'altro si caricano di una valenza affettiva e perciò sono più adatti alla lingua parlata che a quella letteraria. Catullo li introduce nei suoi componimenti proprio perché esprimono questa dimensione di affetto, di familiarità, talvolta un po' leziosa, e perché conferiscono alla lingua una gamma espressiva più ampia rispetto a quella in uso nella tradizione letteraria romana.
Grazie ai diminutivi, infatti, il poeta riesce a caratterizzare meglio i sentimenti di commiserazione, di tenerezza o di affetto, ad accentuare il sarcasmo o a stemperare ironicamente il tono del discorso. Molto numerosi nelle *nugae* (dove 45 diminutivi ricorrono per 95 volte), i diminutivi si fanno più rari nei *carmina docta* (27, per una ricorrenza pari a 36 volte), per scomparire quasi negli epigrammi (7, utilizzati 9 volte).

il *sermo familiaris*

Per nulla in contraddizione con l'impiego dei diminutivi è la tendenza catulliana a servirsi di una lingua molto vicina a quella parlata, la cosiddetta "**lingua d'uso**", cioè di un registro linguistico collocato a metà strada tra la prosa d'arte, o lingua letteraria, e la lingua volgare, parlata dalle persone senza cultura. In particolare, la lingua catulliana è assai vicina al ***sermo familiaris***, cioè alla lingua usata dalle persone colte per le loro conversazioni quotidiane. Non mancano però nel *Liber* esempi delle altre varietà linguistiche del parlato, come il *sermo vulgaris* (la lingua parlata dall'uomo comune) e il *sermo plebeius* (la lingua parlata dal popolino), con tracce anche di *sermo castrensis*, della lingua, cioè, utilizzata dai militari e infarcita di oscenità e vocaboli ingiuriosi. Una **commistione** di livelli stilistici, dunque, che conferisce ai testi catulliani una straordinaria **espressività**.

UNA POESIA "LEGGERA"

L'etimologia del termine *nugae* è spiegata dai filologi latini Ernout e Meillet come «semi di zucca» ed equivale al greco *pàignia*, «scherzi». Diventa termine tecnico della poesia neoterica per indicare una poesia leggera, intesa come *lusus* («svago», «divertimento») fra amici, contrapposta alla poesia impegnata e in particolare al poema epico.

Amorini corrono su bighe trainate da capre, affresco, Pompei, Casa dei Casti Amanti, Sopraintendenza Archeologica.

La fortuna

L. Alma Tadema, *Catullo legge le sue poesie a Lesbia*, 1870, Collezione privata.

nell'antichità

Il successo di Catullo fu immediato e di vasta portata. I poeti dell'età augustea, in modo particolare gli elegiaci, subirono il suo influsso in maniera determinante. **Virgilio** si rifece al carme 64, in particolare ai versi comprendenti il lamento di Arianna, per comporre gli esametri del dolore di Didone. Anche in età imperiale la sua poesia ebbe consensi e seguaci. **Marziale**, poeta epigrammatico del I secolo d.C., affermò di considerare Catullo il punto di riferimento della propria poesia, mentre **gli eruditi del II secolo d.C.** apprezzarono il linguaggio di Catullo e la sua *doctrina.*

nei secoli successivi

Scarsissima fu invece la sua conoscenza nei secoli successivi. Scomparsi nel Medioevo, i suoi carmi rividero la luce grazie al ritrovamento di un codice a opera del vescovo di Verona **Raterio** (IX secolo). Scomparvero di nuovo, per ritornare alla luce nel XIII secolo. Da quel momento la fama di Catullo fu senza ombre. Amato e imitato da **Petrarca**, ammirato dagli scrittori umanisti, Catullo venne continuamente letto e studiato. **Ariosto** e **Tasso** ripresero in diversi passi immagini e temi catulliani. **I classicisti tardosettecenteschi** (Goethe) e **i preromantici** (Keats, Shelley) se ne mostrarono interessati. **Foscolo** si ispirò al carme 101 per un suo celebre sonetto e ne tradusse la *Chioma di Berenice* in italiano. **Pascoli** lo celebrò come uno dei più grandi poeti.

IN SINTESI

- La **poetica** catulliana segue i precetti callimachei della *brevitas*, del *labor limae* e della *doctrina*, a cui si associa l'individualismo, che ne fa un tipo di poesia intimistica. Termini chiave della poetica catulliana sono ***lepos***, ***venustas*** e ***urbanitas***, che sono contemporaneamente principi etici ed estetici.
- Al centro della poesia catulliana si trova l'**amore**, inteso come passione totalizzante che contraddice i principi della morale tradizionale romana. L'amore per Catullo si fonda su due principi: il *foedus* e la *fides*, che conferiscono alla relazione erotica un valore elevato e un'impronta coniugale. La relazione con Lesbia è segnata da momenti di esaltazione e di sconforto, di gioia e di odio e tali sentimenti si alternano nei vari carmi.
- Gli stessi valori che Catullo attribuisce all'amore, come la *fides*, sono essenziali anche nell'**amicizia.** Nei confronti dei nemici Catullo rivela accenti di feroce aggressività, diventando addirittura scurrile.
- Al tema dell'amicizia è spesso strettamente legato quello della **poesia**, inteso tanto come riflessione sui principi poetici che ispirano l'azione di Catullo stesso e degli altri neoterici suoi amici (il cui riferimento è la poesia di Callimaco e degli alessandrini), quanto nel senso della polemica verso chi compone versi considerati ormai completamente superati.
- Un ultimo argomento è quello dei **viaggi**, che però compare in misura minore.
- Lo **stile** e la **lingua** rappresentano una novità nel panorama della poesia latina, scegliendo di accostare il livello aulico e quello basso, legato alla lingua parlata.
- Tipicamente catulliani sono l'uso dei **diminutivi** (che hanno valenza affettiva e familiare) e l'uso del ***sermo familiaris*** (ovvero della **lingua d'uso**, un registro linguistico a metà strada tra la lingua letteraria e la lingua volgare, parlata dalle persone senza cultura).
- La **commistione** di livelli stilistici diversi, dal *sermo vulgaris* al *sermo plebeius* al *sermo castrensis* conferisce ai testi catulliani una straordinaria **espressività**.

INDICAZIONI BIBLIOGRAFICHE

Le edizioni dei testi

I. Cazzaniga, *Catulli Veronensis Liber*, Torino, Paravia, 1941.

R.A.B. Mynors, *C. Valeri Catulli Carmina*, Oxford, Clarendon Press, 1958.

H. Bardon, *Catulli Veronensis Carmina*, Stoccarda, Teubner, 1973.

G.B. Pighi (a cura di), *Il libro di Gaio Valerio Catullo e i frammenti dei poeti nuovi*, Torino, UTET, 1996.

Traduzioni recenti sono:

Gaio Valerio Catullo, *Le poesie*, trad. di V. Guarracino, Milano, Bompiani, 1991.

Gaio Valerio Catullo, *Le poesie*, a cura di F. Della Corte, Milano, Mondadori, 1992.

Gaio Valerio Catullo, *Poesie*, trad. di L. Canali, Firenze, Giunti, 1997.

Gaio Valerio Catullo, *Le poesie*, intr. e trad. di G. Paduano, Torino, Einaudi, 1997.

Gaio Valerio Catullo, *I canti*, trad. di E. Mandruzzato, Milano, Rizzoli, 1999.

Gli studi

L. Alfonsi, *Poetae novi. Storia di un movimento poetico*, Como, Marzorati, 1945.

A. La Penna, *Problemi di stile catulliano*, in «Maia», VIII (1956), pp. 141-160.

R. Syme, *La rivoluzione romana*, trad. it. a cura di M. Manfredi, Torino, Einaudi, 1962.

A. Salvatore, *Studi catulliani*, Napoli, Loffredo, 1965.

J.M. André, *L'otium dans la vie morale et intellectuelle romaine des origines à l'époque augustéenne*, Paris, Presses Universitaires de France, 1966.

F. Della Corte, *Personaggi catulliani*, Firenze, La Nuova Italia, 1976^2.

P. Grimal, *Il secolo degli Scipioni*, trad. di D. Plataroti, Brescia, Paideia, 1981.

A. Traina, *Introduzione a Catullo, I canti*, Milano, Rizzoli, 1982.

G.B. Conte, *Memoria dei poeti e sistema letterario. Catullo Virgilio Ovidio Lucano*, Torino, Einaudi, 1985^2.

A. Ronconi, *Studi catulliani*, Brescia, Paideia, 1986^2.

A. Traina, *Poeti latini e neolatini*, Bologna, Patron, 1986^2.

G. Alföldy, *La trasformazione strutturale del II secolo a.C.*, in *Storia dell'antica Roma*, trad. di A. Zambrini, Bologna, Il Mulino, 1987.

V. Ciaffi, *Il mondo di Gaio Valerio Catullo e la sua poesia*, Bologna, Pitagora, 1987.

Aa. Vv., *Storia di Roma*, a cura di A. Momigliano - A. Schiavone, vol. I, Torino, Einaudi, 1988.

P. Fedeli, *La poesia d'amore*, in *Lo spazio letterario di Roma antica*, I: *La produzione del testo*, Roma, Salerno Editrice, 1989, pp. 143-153.

E. Narducci, *Le risonanze del potere*, in *Lo spazio letterario di Roma antica. La circolazione del testo*, Roma, Salerno Editrice, 1989, pp. 533-577.

P. Fedeli, *Introduzione a Catullo*, Roma-Bari, Laterza, 1990.

M.H. Crawford, *Roma nell'età repubblicana*, Bologna, Il Mulino, 1995.

M. von Albrecht, *Catullo*, in *Storia della letteratura latina*, I, Torino, UTET, 1995, pp. 333-357.

G.G. Biondi, *I poetae novi*, in I. Lana - E. V. Maltese (a cura di), *Storia della civiltà letteraria greca e latina*, II, Torino, UTET, 1998, pp. 461-484.

Sitografia

I siti che riguardano Catullo sono abbastanza numerosi, anche se non tutti ugualmente precisi.

Tra i tanti si segnalano:

http://www.vroma.org/~abarker/catulluslinks.html (che può essere considerato un buon punto di partenza per ulteriori ricerche di siti dedicati al poeta veronese).

Per il reperimento dei carmi catulliani:

http://www.perseus.tufts.edu (che contiene tutti i testi catulliani).

http://www.negenborn.net/catullus/ (con una sintetica biografia del poeta, il testo latino di tutti i carmi e la traduzione in diverse lingue).

http://www.asc.upenn.edu/usr/rcardona/catullus.htm (che contiene i testi di alcuni carmi).

http://www.thelatinlibrary.com/catullus.html (che riporta l'intero *Liber*).

http://ulisse.provincia.parma.it/scuola/progetti2000/www.latino/catullo (con tutti i testi e alcuni studi su temi catulliani, quali l'amicizia, l'amore e la politica).

ODI ET AMO, QUARE ID FACIAM, FORTASSE REQUIRIS, NESCIO, SED FIERI

PERCORSI ANTOLOGICI

I temi trattati nel *Liber* catulliano si possono condensare intorno a tre poli fondamentali: l'amore per Lesbia; i rapporti con il mondo circostante (amici, nemici, parenti); la poesia. I percorsi individuati ripercorrono questi ambiti. Alla riflessione su che cosa sia la poesia, sulle novità apportate alla tradizione letteraria latina, sui legami con la cultura alessandrina è dedicato il primo di questi percorsi, che coinvolge inevitabilmente anche il tema dell'amicizia, perché la poesia neoterica fu soprattutto poesia di circolo. Catullo è consapevole che l'esperienza neoterica non fu solo un nuovo modo di concepire la poesia sotto il profilo stilistico e metrico, ma rappresentò una vera e propria rivoluzione di carattere estetico ed etico: è ciò che indaga il secondo percorso. Segue poi la vicenda d'amore tra il poeta e Lesbia, che coinvolge un gran numero di carmi e si intreccia ai temi trattati negli altri percorsi. A essa è dedicato in particolare il terzo percorso, benché tracce di questa vicenda facciano la loro comparsa anche negli altri. L'ultimo percorso, infine, getta uno sguardo sul mondo del poeta, sui suoi affetti, e sul modo in cui si poneva nei confronti della politica e di chi gli stava antipatico.

1 Poesia e amicizia
2 Una morale controcorrente
3 *Odi et amo*: le alterne vicende dell'amore
4 Il poeta e il suo mondo: affetti e antipatie

Scena di banchetto, particolare della suonatrice di lira e vecchio Sileno, II secolo a.C., Torino, Museo di Antichità.

1 Poesia e amicizia

La poesia ebbe per Catullo due irrinunciabili punti di riferimento: da un lato la ripresa dei modelli greci e il rispetto dei canoni fissati da Callimaco, dall'altro la cerchia degli amici, all'interno della quale si discute di poesia, si giudicano i propri lavori, si criticano quelli degli altri, si scherza, perché per i neoterici la poesia è soprattutto *lusus.* Il percorso cerca di indagare tutto ciò, a partire dal modo in cui Catullo si poneva di fronte alla poesia. Consapevole delle novità che l'esperienza neoterica aveva apportato al panorama letterario romano, il poeta segnala nei suoi versi i caratteri di tale novità. Lo si vede, per esempio, nel carme proemiale, in cui l'accento cade su aggettivi quanto mai significativi: *lepidum, novum, expolitum, laboriosis, doctis.* L'esempio dei poeti alessandrini seguito da Catullo e dai suoi amici viene tuttavia disatteso da altri autori contemporanei, che egli giudica con disprezzo, mentre loda la cura e la raffinatezza dei neoterici. Spingendosi oltre il mondo alessandrino, poi, Catullo vuole recuperare anche la lezione di Saffo, che aveva cantato la potenza dell'amore, e lo fa con la traduzione di una delle più celebri liriche della poetessa di Lesbo.

LAT	TESTO 1	*Carmina*, 1
LAT	TESTO 2	*Carmina*, 50
LAT/ITA	TESTO 3	*Carmina*, 95
ITA	TESTO 4	*Carmina*, 14
ITA	TESTO 5	*Carmina*, 35
LAT	TESTO 6	*Carmina*, 51

TESTO 1

Cui dono lepidum novum libellum *Carmina*, 1

Il primo dei 116 carmi della raccolta poetica catulliana costituisce il proemio dell'opera, contenente la dedica a Cornelio Nepote. Nonostante l'apparente semplicità, esso è in realtà piuttosto complesso. Trattandosi di un carme proemiale, ha carattere fortemente allusivo e nasconde, al di là del suo valore letterale, significati metaforici. Ci si accorge di ciò, osservando i termini lessicali che, se da un lato descrivono l'aspetto esteriore del libro, dall'altro alludono contemporaneamente al suo contenuto poetico. In particolare vanno tenuti presenti gli aggettivi *lepidus*, *novus* ed *expolitus*. Il primo vuole innanzitutto affermare che il *libellus* è bello nel suo aspetto esteriore, appena uscito com'è dalla bottega libraria, ma insieme rimanda alla bellezza della nuova poesia, fondata sulla grazia, lo spirito, il buon gusto, l'eleganza, insomma su quel *lepos* che caratterizza tutta la poesia dei *neoteroi*, che fanno di questo uno dei loro valori fondamentali, insieme con la *venustas*. Il libro è definito anche *novus*, perché è appena pubblicato, ma insieme è pure un esempio di quella poesia neoterica, «nuova» in quanto ricca di moduli innovativi. Esso è infine *expolitus*, ossia ben rifinito ai margini, ma anche straordinariamente raffinato dal *labor limae*, in conformità allo stile *levis*, *leptós* della poetica callimachea e neoterica. Il poeta dunque, servendosi della duplice valenza dei termini, descrive il *libellus* nella sua concretezza e nel suo contenuto.

Dedicatario del *Liber* è Cornelio Nepote, autore dei *Chronica*, cui allude Catullo nel carme stesso, un'opera (oggi perduta) in tre libri, forse in versi, che aveva per argomento la storia di Roma. Cornelio era un personaggio molto in vista a Roma. Nato, come Catullo, nella Gallia Cisalpina, era in rapporti di amicizia con personaggi influenti, tra cui Cicerone e soprattutto Tito Pomponio Attico, importante editore. Non è del tutto infondata l'ipotesi del Della Corte che lo stesso Cornelio, amico e protettore di letterati, collaboratore di T. Pomponio Attico e a sua volta editore, sia stato l'editore del *Liber Catulli*.

Metro: endecasillabi faleci ⏓⏓, –⏑⏑, –⏑, –⏑, –⏓

Cui dono lepidum novum libellum
arida modo pumice expolitum?
Corneli, tibi: namque tu solebas
meas esse aliquid putare nugas
iam tum, cum ausus es unus Italorum
omne aevum tribus explicare cartis
doctis, Iuppiter, et laboriosis.
Quare habe tibi quidquid hoc libelli
qualecumque, quod, <o> patrona virgo,
plus uno maneat perenne saeclo.

1. Cui dono: *Cui* è dativo del pronome interrogativo; l'indicativo *dono* pone il primo problema esegetico: si tratta di un indicativo vero e proprio o di un indicativo in luogo del congiuntivo dubitativo, secondo un uso popolare ma molto più espressivo? La seconda ipotesi è la più diffusa: si tratta di una finzione retorica, in quanto il poeta sa già perfettamente a chi dedicare il *Liber.* Di questo verso catulliano si trova traccia negli *Epigrammi* di Marziale (III, 2): *cuius vis fieri, libelle, munus?*, «di chi vuoi diventare regalo, o mio libretto?». – **lepidum novum:** i due attributi sono privi di coordinazione; il primo rimanda all'aspetto formale del libro (la bellezza esteriore del *libellus*); il secondo aggettivo, *novum*, significa «fresco di pubblicazione, inedito» (perché la raccolta veniva pubblicata solo allora). Tuttavia non si può tralasciare di trovare nei due aggettivi un riferimento arguto sia alla grazia (*lepos*) della nuova poesia sia all'originalità e alla novità poetica della scuola neoterica. – **libellum:** è il diminutivo di *liber:* è questo il primo di una lunga serie di diminutivi; la loro presenza nei carmi di Catullo è collegata alla scelta di un registro linguistico volutamente vicino alla lingua d'uso.

2. arida ... pumice expolitum: «levigato con la ruvida pietra pomice»; i margini circolari (*frontes*) del papiro arrotolato (*volumen*) venivano levigati con la pomice per pareggiare le sfrangiature. Il termine *pumex* di solito è maschile; qui invece Catullo lo usa al genere femminile. – *expolitum*: anche in questo terzo aggettivo si può cogliere un riferimento alle caratteristiche della poesia neoterica, oltre che all'aspetto esteriore del libro. Se si considera il valore di *expolire* («pulire», «nettare»), risulta evidente che Catullo vuol significare la rifinitura ottenuta con il *labor limae*.

3-4. Corneli, ... tu solebas: è ovviamente sottinteso il verbo *dono*. *Corneli* è vocativo singolare. Il personaggio a cui il poeta intende dedicare il suo *Liber* è Cornelio Nepote, storico e biografo contemporaneo di Catullo, dal quale Catullo stesso dichiara di aver ricevuto un sostegno quando era solo agli inizi della carriera poetica. – *tu*: collocato in posizione di rilievo, da tradurre con «proprio tu». – *solebas*: l'imperfetto sottolinea che l'ammirazione non è occasionale, ma ribadita con consuetudine. – **meas ... nugas:** «che le mie bazzecole avessero qualche valore» (si veda a p. 285).

5. iam tum, cum: «sin da quando». L'accumulo di particelle temporali dà un tono di apparente trascuratezza. Il *cum* introduce una proposizione temporale. – **unus Italorum:** il vanto dell'unicità o almeno del primato era un tratto tipico della poesia ispirata a fonti alessandrine.

6. omne aevum ... cartis: «svolgere in tre libri (lett.: «rotoli») la storia universale». *Aevum*, corrispondente al greco *aión,* è termine poetico che indica genericamente il tempo nella sua estensione, mentre *aetas*, derivato dalla stessa radice, indica il tempo individuale della vita di un uomo. *Omne aevum* significa «ogni età». *Explicare* ha qui il duplice senso, letterale e metaforico, di svolgere il *volumen* e di «trattare per ordine», «esporre». Il termine arcaico *carta* (divenuto poi *charta* con l'aspirazione) designava già in greco la striscia formata dai fogli di papiro, incollati insieme e arrotolati a formare il *volumen*. Solitamente il «rotolo di papiro» conteneva un libro di un'opera, per cui *tribus cartis* equivale a «in tre libri». È molto probabile che qui Catullo voglia mettere in rilievo la capacità di Cornelio di trattare la storia universale di Roma in soli tre *volumina*, secondo il principio neoterico della *brevitas*.

7. doctis ... et laboriosis: gli attributi fanno un chiaro riferimento ai precetti neoterici della *doctrina* («erudizione», conoscenza della letteratura greca) e del *labor limae*.

8-9. Quare ... qualecumque: il verso è sintatticamente contorto, ma il senso è il seguente. «Perciò eccoti questo libretto, qualunque esso sia e quale ne sia il valore». *Habe tibi* è un'espressione colloquiale. *Libelli* è genitivo partitivo dipendente da *hoc* più che da *quidquid.* L'espressione *hoc libelli* ha valore riduttivo, accresciuto da *quidquid* e *qualecumque*, pronomi relativi indefiniti, che indicano rispettivamente l'identità e la qualità. – **<o> patrona virgo:** *<o>* è integrazione presente in qualche codice umanistico ma mancante nei codici più autorevoli. L'espressione *patrona virgo* è un *unicum*. Nonostante la *patrona* sia stata identificata da taluni con Minerva, è in realtà la Musa, cui i poeti si rivolgevano con l'appellativo di *virgo* o *virgines*; il plurale (riferito alle Muse in generale) si giustifica tenendo presente che la "specializzazione" delle Muse si verifica in età tarda. Singolare l'uso del termine *patrona*, che instaura tra il poeta e la Musa lo stesso rapporto esistente nella società romana tra il *cliens* e il *patronus*, come ci conferma Svetonio quando sostiene che i poeti scrivono versi *sub clientela Musarum* (*De grammaticis et rhetoribus*, 6).

10. plus uno ... saeclo: «sopravviva (lett.: «rimanga duraturo») per più di una generazione». *Maneat:* congiuntivo desiderativo. *Perenne* (da *per* + *annus* «anno per anno») è predicativo di *quod*. *Saeclum* è forma della lingua popolare, in luogo del letterario *saeculum* e significa «generazione». Catullo invoca la Musa perché la sua opera possa sopravvivergli per qualche generazione.

ANALISI DEL TESTO *Carmina*, 1

Lessico

1 Di ciascuno dei termini sotto riportati indica il significato proprio, riferito all'aspetto fisico di un libro, e quello traslato, indicante le qualità della poetica neoterica:
a *lepidum*
b *novum*
c *expolitum*

2 Quale significato può avere il fatto che all'interno del carme ricorra più volte il termine *libellus*?

3 Rintraccia nel testo tutte le espressioni lessicali che mirano a presentare il lavoro di Catullo come qualcosa di modesto.

4 Il carme è un esempio della commistione di linguaggi tipica del lessico catulliano. A quali ambiti appartengono i termini e le espressioni seguenti?
a *libellum* (v. 1)
b *Iuppiter* (v. 7)
c *plus uno maneat perenne saeclo* (v. 10)

Sintassi e stile

5 Quale valore ha, sintatticamente, il verbo *dono* del v. 1?

6 Perché si può affermare che nel carme è presente la tendenza a disporre le frasi a *climax*?

7 Nel carme prevale una discorsività colloquiale e di ampio respiro sintattico. Quali elementi lo confermano? Per rispondere osserva:
a la disposizione delle proposizioni nel periodo centrale del carme (vv. 3-7)
b l'uso dei diminutivi
c la presenza dell'interrogativa iniziale

Contenuti

8 Da quali elementi è possibile capire che il carme ha carattere proemiale?

9 Il tema dell'omaggio poetico non è proprio solo di Catullo; sapresti riportare esempi analoghi?

10 Quali caratteri dell'opera di Cornelio Nepote vengono apprezzati da Catullo? Come si accorda questo apprezzamento con i principi poetici neoterici?

11 Prova a ricostruire la portata delle novità introdotte dal neoterismo a partire dai seguenti termini ed espressioni presenti nel carme:
a *arida ... pumice expolitum*
b *nugas*
c *doctis et laboriosis*

12 Spiega il significato dell'espressione *patrona virgo* (v. 9), da una parte in relazione alla consuetudine di iniziare un'opera poetica con un'invocazione, dall'altra alla luce della mentalità romana.

TESTO 2

Amicizia e poesia *Carmina*, 50

Catullo e Licinio Calvo si incontrano a casa di quest'ultimo e improvvisano per scherzo versi leggeri in metri vari, ma raffinati nella forma. Catullo resta tanto impressionato dalla bravura dell'amico, che non dorme e a stento riesce a comporre qualche verso per esprimere le sue sensazioni. Calvo dovrà prendere in seria considerazione il suo stato d'animo, altrimenti la dea Nemesi potrebbe vendicarsi. Sotto l'apparente giocosità di questa scena si manifesta una visione della vita del tutto nuova, che è quella della cerchia dei poeti neoterici, legati da vincoli di amicizia e da uno stesso gusto letterario che privilegia carmi brevi, raffinatissimi, di argomento prevalentemente amoroso, visto che l'amore, con la poesia, costituisce il centro dei loro interessi e l'oggetto del loro *otium*. Non è casuale il fatto che Catullo utilizzi, nel carme, la terminologia che pertiene alla sfera erotica (*lusimus*, *incensus*, *miserum*, *furore*, *versarer*, *dolorem*): amore, amicizia e poesia sono indissolubilmente legati in questi giovani dagli ideali aristocratici, capaci di tradurre in finissima poesia le loro storie individuali. La cifra del carme è l'ironia, che traspare dal tono, dal linguaggio, dalle iperboliche minacce conclusive.

Metro: endecasillabi faleci ⏒⏒, –́⏑⏑, –́⏑, –́⏑, –́⏑

Hesterno, Licini, die otiosi
multum lusimus in meis tabellis,
ut convenerat esse delicatos:
scribens versiculos uterque nostrum
ludebat numero modo hoc modo illoc,
reddens mutua per iocum atque vinum.
Atque illinc abii tuo lepore
incensus, Licini, facetiisque,
ut nec me miserum cibus iuvaret
nec somnus tegeret quiete ocellos,
sed toto indomitus furore lecto
versarer, cupiens videre lucem,
ut tecum loquerer, simulque ut essem.
At defessa labore membra postquam
semimortua lectulo iacebant,
hoc, iucunde, tibi poema feci,
ex quo perspiceres meum dolorem.

1-2. Hesterno ... die: «ieri». – **Licini:** è Licinio Calvo, nato a Roma nell'82 a.C., tra i più significativi esponenti della poesia neoterica. Fu legato da profonda amicizia a Catullo, che gli dedicò anche i carmi 14 e 96. I nomi dei due poeti sono associati anche da Properzio, Orazio e Ovidio in virtù della loro amicizia. – **otiosi:** «liberi da impegni». L'*otium* per Catullo e la sua cerchia è dedicato alla poesia e all'amore. – **lusimus:** «molto ci siamo divertiti a comporre poesia». *Ludere, lusus* sono termini tecnici per indicare la poesia del disimpegno, leggera, secondo i canoni poetici neoterici. Si consideri però che gli stessi termini hanno anche valenza erotica, a suggerire implicitamente l'affinità tra amore e poesia. – **in meis tabellis:** «sulle mie tavolette»: si tratta dei *pugillaria*, le tavolette con la superficie cerata su cui si scriveva incidendo la superficie con lo *stilus*. Pare che Catullo avesse portato con sé le sue tavolette a casa di Calvo, dove sembra che sia avvenuto l'incontro.

3. ut ... delicatos: «come ci si era accordati di essere delicati». La scelta di questo aggettivo non è casuale: *delicatus* (da *deliciae*) ha infatti una duplice sfumatura, dal momento che significa «raffinato» e «voluttuoso», unisce cioè la raffinatezza, la grazia dello stile poetico alla licenziosità dei versi, di contenuto erotico.

4-5. scribens ... illoc: «Ciascuno di noi si divertiva scrivendo versi leggeri ora in un metro ora in un altro». Per *ludebat* cfr. nota al v. 2. L'espressione *modo hoc modo illoc* non è nuova in Catullo, ma compare anche nei carmi 3, 9 e 10, 21. *Illoc* è composto da *illo* + c(e), suffisso rafforzativo del pronome dimostrativo, usato per creare un parallelismo fonico con *hoc*.

6. reddens ... vinum: «scambiandoci le parti tra gli scherzi e il vino». I due poeti alternativamente scrivono poesie e le leggono l'uno all'altro. L'espressione *per iocum atque vinum* è presente anche nel carme 12, 2.

7-8. Atque ... facetiisque: «E poi me ne sono andato di lì, infiammato dalla tua grazia e dal tuo spirito, o Licinio». *Incensus* è termine del linguaggio amoroso. *Lepos* e *facetiae* sono spesso accostati per esprimere l'uno la grazia, la raffinatezza e l'altro lo spirito, arguto ma mai volgare. Tutto il carme è costellato di termini che racchiudono l'ideale di vita di una ristretta cerchia di letterati un po' *dandy*, lontani tanto dalle noie della vita politica quanto dalla morale tradizionale.

9-10. ut ... ocellos: «tanto che né il cibo poteva ristorare me infelice né il sonno poteva chiudere questi poveri occhi». *Ut* introduce una proposizione consecutiva. *Miser* è propriamente l'infelice per amore: ancora un termine della sfera amorosa. Il diminutivo *ocellos* è tipico del linguaggio catulliano: qui ha un tono di ironica autocommiserazione.

11-12. sed ... lucem: «vinto dalla smania mi rigiravo per tutto il letto, desiderando vedere la luce». *Indomitus furore*: l'enallage – ci si aspetterebbe *indomito furore* – evita la successione di ablativi ed eleva lo stile.

13. ut ... essem: «per parlare con te e per stare insieme a te». I due *ut* introducono due proposizioni finali disposte secondo la figura retorica dello *hýsteron próteron*. *Simulque ut essem* è forma del linguaggio parlato.

14-15. At ... iacebant: «Ma dopo che le mie membra sfinite dalla fatica giacevano mezze morte nel letto». *At* segna il passaggio all'ultima parte del componimento. *Postquam*, in anastrofe, introduce una proposizione temporale. *Semimortua* è termine della lingua colloquiale molto raro, coniato da Catullo. *Lectulo* è un diminutivo che contrasta con la solennità dei versi precedenti, ripresi dall'epica.

16-17. hoc ... dolorem: «o amabile, ho composto per te questa poesia, dalla quale tu potessi arguire la mia pena». *Iucunde*: è colui la cui compagnia è amabile, piacevole; lo stesso Calvo è definito *iucundissime* in 14, 2. *Poema* non indica necessariamente un poema, può riferirsi anche a una poesia breve, come in questo caso. *Ex quo* introduce una relativa con sfumatura finale-consecutiva.

Nunc audax cave sis, precesque nostras,
oramus, cave despuas, ocelle,
ne poenas Nemesis reposcat a te.
Est vemens dea: laedere hanc caveto.

18-20. Nunc ... a te: «Ora, ti preghiamo, bada di non essere arrogante, bada di non disprezzare le nostre preghiere, o luce dei miei occhi, affinché Nemesi non ti faccia pagare il fio». L'atteggiamento qui riprende ironicamente quello dell'amante che teme di essere respinto dall'amata. Da *cave* dipende il congiuntivo paratattico. *Preces*: non si specifica quali siano queste preghiere, ma probabilmente esprimono il desiderio di incontrare di nuovo l'amico. *Nemesis* è la dea della vendetta, che punisce soprattutto l'arroganza degli uomini. Nella poesia erotica greca la dea era invocata dagli amanti respinti, qui è invocata in nome dell'amicizia, con tono ironico.

21. Est ... caveto: «È una dea terribile: bada di non offenderla». *Vemens*: = *vehemens*. L'ultimo verso è perentorio, con l'iterazione di *caveto* e l'uso dell'imperativo futuro, ma il tono è, ancora una volta, scherzoso.

ANALISI DEL TESTO *Carmina*, 50

Lessico

1 Rintraccia nel testo tutti i termini che appartengono alla sfera amorosa e spiega per ciascuno il significato.

2 Spiega il significato dei seguenti termini:
a *versiculi* (v. 4)
b *numeri* (v. 5)
e di' in quale relazione si pongono nei confronti della poetica catulliana.

3 Trova nel carme i termini collegati con la poetica alessandrina a cui si rifà quella catulliana.

4 Individua i termini e le espressioni che attribuiscono al testo un tono ironico.

Sintassi e stile

5 Quale funzione sintattica riveste l'aggettivo *otiosi* (v. 1)?

6 Quale figura retorica è *toto ... lecto* (v. 11)?

7 Nei vv. 18-21 osserva e spiega i diversi costrutti in cui è implicato il verbo *cavere*.

Contenuti

8 Sono presenti nel carme riferimenti al mito e all'epica: rintracciali ed elencali.

9 Leggendo il carme, quale idea ti sei fatto dei legami che intercorrono tra Catullo e Calvo? Su che cosa ti sembra fondata la loro amicizia?

TESTO 3

La vera poesia secondo Catullo *Carmina*, 95

Il carme annuncia la pubblicazione del poemetto di Elvio Cinna, la *Zmyrna*, e lo fa con toni di acceso entusiasmo. L'elogio del lavoro dell'amico, che condivideva con Catullo gli ideali neoterici, diventa un'occasione per ribadire i principi di fondo dell'esperienza neoterica, primi fra tutti la *doctrina* e il *labor limae*. La *Zmyrna* è frutto di un lungo lavoro, durato nove anni. Questa elaborazione così complessa è prova del meticoloso lavoro di rifinitura e insieme garanzia di perfezione formale e si accompagna al solido impianto erudito, che dà prova della *doctrina* dell'autore. Tutto ciò rappresenta esemplarmente la nuova poetica neoterica, fatta per raffinati intenditori. Chi è rozzo e superficiale si potrà invece accontentare degli *Annali* di Volusio o dei gonfi versi di Antimaco. In tal senso, dunque, il componimento appartiene al gruppo dei carmi programmatici, in cui vengono declinati i caratteri che deve possedere una composizione poetica, secondo i dettami dell'alessandrinismo callimacheo, e la poesia neoterica viene opposta polemicamente ai difensori della tradizione epica arcaica.

Quasi a voler ribadire anche a livello formale i principi del neoterismo, il carme presenta una grande ricercatezza stilistica. Si notino i numerosi iperbati che attraversano tutto il testo (*nonam ... messem*, v. 1; *nonamque ... hiemem*, v. 2; *cavas ... ad undas*, v. 5; ecc.), l'anafora con poliptoto (*Zmyrna*, v. 1; *Zmyrna*, v. 5; *Zmyrnam*, v. 6), la metonimia *messem*. A completare il quadro, oltre alla bipartizione del carme, in modo che ciascuna parte incominci con la parola *Zmyrna* (v. 1 e v. 5) sta il dettaglio erudito (si vedano il riferimento al Satraco, fiume dell'isola di Cipro, che ha dato il nome anche a una città e le citazioni di scrittori romani e greci, utilizzate in forma di antonomasia per indicare un tipo di scrittura trasandata, prolissa ed enfatica).

Metro: distici elegiaci ´∪∪, ´∪∪, ´∪∪, ´∪∪, ´∪∪, ´∪,
´∪∪, ´∪∪, ´||´∪∪, ´∪∪, ∪

Zmyrna[1] mei Cinnae, nonam *post* denique messem
quam coeptast nonamque edita post hiemem,
milia cum interea quingenta Hortensius[2] uno
.... [3]
Zmyrna cavas Satrachi[4] penitus mittetur ad undas,
Zmyrnam cana diu saecula pervoluent.
At Volusi[5] annales Paduam morientur ad ipsam
et laxas scombris saepe dabunt tunicas.
Parva mei mihi sint cordi monumenta <sodalis>,
at populus tumido gaudeat Antimacho.[6]

Dopo nove inverni e nove estati di lavoro
finalmente la Zmyrna del mio Cinna è pubblicata,
mentre Ortensio mezzo milione di versi scrive
all'anno [...].
La Zmyrna arriverà sino alle acque profonde
del Sàtraco e ancora in secoli lontani sarà letta.
Gli Annali di Volusio invece moriranno a Padova
o forniranno cartaccia per avvolgere gli sgombri.
Mi rimanga dunque in cuore la sua esile poesia
e i profani si godano pure l'enfasi di Antìmaco.
(trad. di M. Ramous)

1. La *Zmyrna* era un epillio, cioè un breve poema epico, composto da Elvio Cinna, amico di Catullo e come lui neoterico. Il testo narrava l'amore incestuoso di Smirna (detta anche Mirra) per il padre Cinira e la nascita di Adone.

2. *Hortensius*: è Q. Ortensio Ortalo, famoso oratore e poeta al quale Catullo dedicò il carme 66, traduzione della *Chioma di Berenice* del poeta ellenistico Callimaco. Autore di carmi brevi, che trovarono l'approvazione di Catullo, egli scrisse anche voluminosi *Annales*, oggetto della critica del poeta veronese.

3. Dopo il v. 4 è caduto interamente un pentametro, in cui probabilmente si parlava della prolissità di Ortalo.

4. Satraco era il nome di un fiume e di una città di Cipro, in cui si svolgeva la vicenda del poemetto.

5. Volusio è un poeta di incerta identificazione, autore di *Annales* alla maniera enniana.

6. Antimaco di Colofone fu poeta epico vissuto tra il V e il IV secolo a.C., citato da Catullo come esempio di una poesia ampollosa ed enfatica.

TESTO 4

Un'antologia da buttare *Carmina*, 14

Ricorre la festa dei Saturnali, quando i Romani erano soliti scambiarsi dei doni. Anche Catullo riceve un dono dal suo amico Licinio Calvo. Si tratta di un'antologia di poesie, giudicate da Catullo così brutte, che egli minaccia di ricambiare allo stesso modo un regalo così orribile. Dietro il tono scherzoso è possibile cogliere tracce della polemica letteraria in cui i neoterici erano continuamente coinvolti. Se infatti essi erano bersaglio dei tradizionalisti, a loro volta ribattevano vivacemente contro modelli poetici ritenuti superati o rozzi. Pur non essendo facile individuare i poeti contro cui si scaglia Catullo nel carme, possiamo supporre che si tratti di personaggi appartenenti alla generazione precedente, ma anche ai suoi tempi, tuttavia, i poetastri che scrivevano versi scadenti non dovevano essere pochi (cfr. v. 18).

Se non ti amassi più degli occhi miei,
o mio amatissimo Calvo, dopo il regalo che m'hai inviato,
io ti dovrei odiare di un odio vatiniano.[1]
Ma cosa ho commesso, cosa ho pronunciato,
perché tu mi dovessi ammazzare con tanti cattivi poeti?
Gli dèi tempestino di malanni il capo del cliente,
che t'ha inviato in regalo una tale nefandezza.
Se poi, come credo, la strana invenzione
è l'omaggio che ti rende quel maestrucolo di Silla,[2]
per me non fa un grinza, anzi ne sono lieto e felice,
perché la tua fatica non è andata in fumo.
O dèi del cielo, che orrendo, esecrabile libretto!
E tu – si capisce – lo hai mandato all'amico Catullo,
perché cessasse subito di vivere nel giorno stesso,
fra tutti il più felice, sacro ai Saturnali.
Imbroglione, tu no, non pensare di passarla liscia;
non appena sarà giorno, andrò di corsa
alle botteghe dei librai, farò incetta dei Cesi, degli Aquini
e di Suffeno,[3] ogni sorta di veleni;
e con questi scocciatori mi potrò sdebitare con te.
Ma a voi, per il momento, il mio addio: via di qua
tornate là donde avete mosso il vostro esecrabile passo,
flagelli della mia generazione, infimi fra tutti i poeti!
(trad. di F. Della Corte)

Raffinato decoro con leopardo e cavalli marini, I secolo a.C., Pompei, Casa dei Vetti, Sopraintendenza Archeologica.

1. Vatinio era un protetto di Cesare, nemico di Catullo e di Calvo, che lo aveva accusato in più processi.

2. Silla è il cliente di cui si parla al v. 6, che aveva avuto la malaugurata idea di regalare a Calvo l'antologia di poetastri. Esso è definito, nel testo latino, *litterator*; era cioè un maestro che, insegnando i primi rudimenti della lingua, non si intendeva molto di letteratura.

3. Cesio e Aquino dovevano essere poeti dell'età di Catullo, che non sono facilmente individuabili. Il fatto che il poeta li citi al plurale vuol far capire che si tratta di poeti dozzinali. Suffeno compare invece nel carme 22. Di lui si dice che apparteneva al bel mondo romano e che amava pubblicare i suoi scritti in vesti eleganti e costose. I suoi versi, tuttavia, sembravano scritti da un capraio o da uno zappatore.

TESTO 5

All'amico Cecilio *Carmina*, 35

L'interpretazione che solitamente viene data del carme è che il poeta si rivolga al papiro, vale a dire al foglio su cui sta scrivendo i suoi versi, perché esso, quasi personificato secondo l'uso alessandrino, rivolga a sua volta un pressante invito al poeta Cecilio, amico di Catullo. Il contenuto di tale invito è facilmente deducibile dal testo: raggiungere il poeta a Verona in tutta fretta, lasciando la sua città natale, Como. A conferire una nota melodrammatica al carme contribuisce lo struggente quadretto della donna amata da Cecilio, che non vorrebbe lasciarlo andare e mille volte lo trattiene e bacia. Dubbi su questa interpretazione tradizionale sono stati sollevati abbastanza recentemente da Giuseppe Gilberto Biondi, che in suo studio apparso su «Materiali e discussioni per l'analisi dei testi classici» (n. 45, 2000, pp. 133-6) si è concentrato sulla citazione della *Magna Mater* presente nell'ultimo verso del carme. La tesi dello studioso è la seguente: non risulta che il Cecilio protagonista del testo abbia mai composto un poemetto sul mito di Cibele, mentre sappiamo che Catullo lo ha fatto (carme 63). Da qui sorge un chiaro sospetto: per farsi bello agli occhi della sua innamorata, Cecilio si sarebbe appropriato del lavoro di Catullo, usandolo come strumento di seduzione. Il poeta veronese, saputolo, vuole offrire all'amico una decorosa via di uscita, a patto che egli si precipiti da lui e restituisca il maltolto. Così si capirebbe il tono scherzosamente minaccioso proprio del carme, che risulta interessante per alcuni altri motivi. Intanto offre uno spaccato di quel mondo di raffinati poeti, caratterizzati dalla delicatezza e dalla sensibilità tenera cui allude l'*incipit* del carme, e di *doctae puellae*, pronte a esaltarsi di fronte alla bellezza delle poesie e a cadere follemente innamorate dei poeti stessi. Inoltre contiene in sé elementi utili per la datazione. Ai vv. 3-4, infatti, le parole *Novi ... Comi* riferite alla città lariana consentono di collocare la composizione del carme dopo il 59 a.C., anno in cui Cesare denominò *Novum Comum* la colonia stabilita in quel luogo.

Voglio che tu dica, papiro,
al mio amico e dolce poeta Cecilio,
che venga a Verona, lasciando
Como e le rive del Lario,
e ascolti qualche riflessione
di un amico suo e mio. Se ha cervello,
divorerà la strada, anche se mille volte
lo richiamerà, mentre già è in via, la sua bellissima
ragazza e, gettandogli al collo ambedue
le braccia, lo implorerà di restare.
Quella che, se è vero ciò che mi dicono,
si consuma per lui di un amore immenso:
da quando ha letto il poema incominciato
sulla signora del Dindimo,[1] la poverina
ha dentro un fuoco che le brucia il midollo.
Ti capisco, ragazza più colta
di Saffo: è davvero bellissimo
l'inizio di Cecilio sulla Grande Madre.

(trad. di G. Paduano)

1. Il Dindimo è un monte della Frigia, legato al culto di Cibele, detta anche *Magna Mater*, che da questa località derivava l'epiteto di Dindimene. Questa dea era considerata, nel mondo antico, "la dea" per eccellenza, una specie di essere supremo femminile, una dea sovrana, identificata con la Terra-Madre e simbolo della fecondità e della maternità universali.

TESTO 6

Ille mi par esse deo videtur: l'inizio dell'amore

Carmina, 51

Coppia di dei che si libra in volo, I secolo a.C., Pompei, Casa dei Vetti, Soprintendenza Archeologica.

Il carme costituisce la traduzione, così come la intendevano i Romani, della celeberrima ode 31 V. (= 31 L.-P., = 2 D.) di Saffo, di cui di seguito si riporta la traduzione:

«Mi sembra essere pari agli dèi quell'uomo che davanti a te siede e da vicino ti ascolta mentre parli dolcemente e sorridi amabilmente, cosa che mi fa veramente sussultare il cuore nel petto; infatti appena ti vedo non mi è più possibile neppure parlare, ma la lingua si spezza, un fuoco sottile subito scorre per le membra, con gli occhi non vedo niente, ronzano le orecchie, un sudore freddo mi gronda, un tremito mi prende tutta, sono più verde dell'erba, mi sento poco lontana dall'essere morta. Ma tutto si deve sopportare poiché ...»

Catullo adotta nel suo rifacimento la tecnica dell'*aemulatio*, parte cioè dal modello per staccarsene alla fine, dando al carme un tocco di originalità. A causa dell'apparente diversità tra le prime tre strofe e la quarta, alcuni critici hanno preferito considerare la quarta strofa un componimento a sé stante, ma il testo non giustifica tale intervento e il moto psicologico non appare incoerente (si veda nota ai vv. 13-16). Molto si è discusso sull'interpretazione sia dell'ode saffica sia del carme catulliano. Senza soffermarci sul testo della poetessa di Lesbo, per il quale rimandiamo alle note, osserviamo che affine è la concezione dell'amore, inteso dai due poeti come forza travolgente e sconvolgente, la cui fenomenologia trova espressione nel testo in forme simili, pur con qualche variante che lascia intravedere in Catullo una maggiore letterarietà. Non sembra da scartare l'ipotesi avanzata da alcuni studiosi, secondo cui questo carme costituisce la dichiarazione d'amore di Catullo a Lesbia; non è un caso che questo carme e il carme 11, che segna l'addio definitivo alla donna amata, siano in strofe saffiche, in omaggio alla poetessa di Lesbo, alludendo alla quale Catullo ha voluto celare l'identità della sua amata.

Metro: strofe saffiche –́∪–́⏓, –́∪∪, –́∪–́∪,
–́∪–́⏓, –́∪∪, –́∪–́∪,
–́∪–́∪, –́∪∪, –́∪–́∪,
–́∪∪, –́⏓

Ille mi par esse deo videtur,
ille, si fas est, superare divos,
qui sedens adversus identidem te
spectat et audit

1. Ille ... videtur: «Quello mi sembra che sia pari agli dèi». *Mi* sta per *mihi*, per caduta dell'-*h*- intervocalica e contrazione delle due *i*. Questo verso traduce il primo dell'ode saffica, ma mentre Saffo mette in *incipit* di verso, e quindi in posizione di rilievo, il verbo «pare», Catullo vi colloca *ille*, ripetuto nell'anafora.

2. ille ... divos: «e che quello, se è possibile, superi gli dèi». Tale verso, che non compare nella poesia di Saffo, sembra sottolineare la felicità del rivale in contrasto con la condizione di sofferenza e turbamento del poeta. *Si fas est* sottintende *superare*. *Fas* è tutto ciò che è lecito secondo le leggi degli uomini e degli dèi.

3-4. qui ... audit: «che, sedendo di fronte a te, continuamente guarda e ascolta». *Adversus* ha funzione di aggettivo (= «rivolto verso di te»). Catullo ha aggiunto, rispetto a Saffo, l'idea del guardare, che sottolinea l'immagine dell'uomo sereno, e l'avverbio *identidem* («incessantemente»), che sottolinea la continuità dell'azione.

dulce ridentem, misero quod omnis
eripit sensus mihi: nam simul te,
Lesbia, aspexi, nihil est super mi
* * * * *

5-6. dulce ridentem: «te che dolcemente sorridi»; *dulce* è accusativo neutro con valore avverbiale; *ridentem* si ricollega al *te* del v. 3, di cui è participio predicativo. Catullo riduce l'espressione saffica «che dolcemente parli e amabilmente sorridi». – **misero:** *miser* indica l'infelice in amore. – **quod:** riprende alla lettera il pronome relativo già presente in Saffo ed è fondamentale per l'interpretazione del testo sia saffico sia catulliano. Alcuni infatti riferiscono il *quod* al *dulce ridentem*: in tal caso sarebbero la dolcezza e il fascino della ragazza a suscitare il turbamento di Catullo; altri estendono il valore del *quod* a tutta l'immagine rappresentata nella strofa precedente; in questo modo sarebbe la gelosia il motivo del turbamento del poeta. – **omnis ... sensus:** si noti la desinenza dell'accusativo plurale in *-is*, nonché l'iperbato in *enjambement*. *Eripit*: *eripio* significa «strappar via» e, in unione con *omnis sensus*, dà l'idea del «venir meno». – **simul:** sta per *simul ac* e introduce una proposizione temporale.

7. aspexi: il perfetto indica l'azione ripetuta. – **nihil est super mi:** = *nihil mihi superest*; si notino la tmesi e l'anastrofe. Segue una lacuna, che rappresenta l'intero v. 8 e che viene diversamente integrata dai vari critici. Tutti concordano, sulla base del confronto con Saffo, sulla necessità di inserire il termine *vocis*. Tra le ipotesi avanzate ci sono quella del Doering (*vocis in ore*), quella del Lenchantin De Gubernatis (*tum quoque vocis*) e quella del Della Corte (*postmodo vocis*).

APPROFONDIMENTO

SAFFO, MODELLO DI CATULLO E LUCREZIO

L'ode di Saffo a cui si ispirò Catullo per la composizione del carme 51 ci è stata tramandata come l'esempio più alto di descrizione poetica ispirata al *pathos*. Non ci addentriamo nei numerosi problemi che pongono a livello filologico il testo di Saffo, nonché il carme catulliano. Rimane il fatto che in Catullo Saffo ha saputo suscitare una forte suggestione e che il poeta veronese ha adattato alla sua personale vicenda la descrizione dei sintomi del delirio amoroso compiuta dalla poetessa di Lesbo.
Anche un poeta contemporaneo di Catullo, Lucrezio, subisce in modo evidente il fascino del medesimo testo saffico. Lo si nota quando, nel Libro III del *De rerum natura* (vv. 152-158), per dimostrare come ciò che colpisce la mente ha un immediato riflesso sul corpo, Lucrezio utilizza quasi le stesse espressioni di Saffo:

Particolare dalla megalografia della Villa dei Misteri, I secolo a.C., Pompei, Soprintendenza Archeologica.

Verum ubi vementi magis est commota metu mens,	Quando però la mente è sconvolta da una paura più forte,
consentire animam totam per membra videmus,	vediamo che l'anima tutta ne partecipa attraverso le membra,
sudoresque ita palloremque existere toto	così sudore e pallore si manifestano da tutto
corpore, et infringi linguam, vocemque aboriri,	il corpo, e la lingua si paralizza, viene meno la voce,
caligare oculos, sonere auris, succidere artus,	gli occhi si velano, le orecchie ronzano, si piegano le gambe,
denique concidere ex animi terrore videmus	infine vediamo spesso cadere gli uomini per il terrore
saepe homines [...].	dell'animo [...].

Lingua sed torpet, tenuis sub artus
flamma demanat, sonitu suopte
tintinant aures, gemina teguntur
lumina nocte.
Otium, Catulle, tibi molestum est,
otio exultas nimiumque gestis;
otium et reges prius et beatas
perdidit urbes.

9-12. lingua ... nocte: «ma la lingua si intorpidisce, una fiamma sottile mi scorre per le membra, le orecchie mi ronzano di un suono interno, gli occhi sono avvolti da una duplice notte». Inizia qui la rassegna degli effetti provocati dalla passione amorosa. – *Lingua sed*: anastrofe. In Saffo l'immagine è più forte: «la lingua si spezza». – *Tenuis ... flamma*: iperbato in *enjambement*. *Sonitu suopte*: Catullo dilata l'immagine saffica con l'aggiunta dell'ablativo di causa. *Suopte* è un rafforzativo dell'aggettivo possessivo attraverso l'enclitica *-pte*. – *Tintinant*: la voce onomatopeica ricorre solo qui, in luogo del comune *tintinnant*. – *Gemina ... nocte*: iperbato in *enjambement*; si rilevi che *gemina* per enallage si riferisce a *nocte*, mentre logicamente si riferirebbe a *lumina*. Altre figure presenti sono: la metafora *nocte* per «buio» e l'ossimoro *lumina nocte*. L'accumulo di artifici retorici genera un'immagine preziosamente letteraria, che sostituisce l'espressione intensamente emotiva attraverso cui Saffo descrive l'esperienza della gelosia, fino a giungere a una sensazione prossima alla morte («mi sento poco lontana dalla morte»). Accrescono la letterarietà della strofe il chiasmo (*lingua ... torpet, ... flamma demanat / tintinant aures, ... teguntur lumina*) e le allitterazioni.

13-16. Otium ... urbes: «L'ozio, Catullo, ti danneggia, nell'ozio troppo esulti e ti ecciti; l'ozio in passato ha portato alla rovina re e città fiorenti». *Otium* è la parola chiave della strofe, sottolineata dall'anafora e dal poliptoto. È da intendere come vita lontana dai doveri pubblici e dedita ai piaceri, primo fra tutti l'amore, quindi dissipata (per la concezione dell'amore nel mondo romano si veda il carme 5). Era concetto diffuso nella storiografia greca di età ellenistica che una vita di tal genere portasse alla rovina degli Stati, la cui solidità era invece garantita da un comportamento basato sul sacrificio e l'operosità. A ciò allude Catullo negli ultimi due versi: la passione amorosa rovina il singolo e la comunità. La strofa conclusiva è del tutto indipendente dal modello saffico, di cui peraltro non ci è pervenuta l'ultima parte, che comunque sicuramente non coincideva con i versi catulliani. Il trapasso di tono in Catullo è molto rapido, ma non incomprensibile: dopo aver analizzato gli effetti sconvolgenti dell'amore su di sé, il poeta, rivolgendosi a se stesso, come farà nel carme 8, si esorta a non lasciarsi trasportare dall'ozio-amore, per non andare in rovina come è già successo a re e Stati.

RIEPILOGO DEL PERCORSO

1 Sappiamo che la poesia neoterica riprende i criteri della poesia alessandrina:
- **a** quali sono i principi fondamentali di tale poetica?
- **b** In quali testi tra quelli proposti nel percorso essi vengono enunciati? Riprendi le espressioni che li riguardano e utilizzale all'interno della tua risposta.

2 Quali sono i motivi per cui Catullo, nel carme 14, dimostra tanto disprezzo nei confronti di alcune composizioni poetiche? Che cosa pensa dei loro autori? Di quale epoca sono tali poeti?

3 Nel carme 95 viene celebrata la pubblicazione della *Zmyrna* di Cinna.
- **a** Che cosa apprezza di quest'opera Catullo?
- **b** Con chi invece "se la prende" e perché?
- **c** Perché il carme può essere assunto come uno di quelli che contengono i principi di fondo del neoterismo?
- **d** In che cosa consistono questi principi?

4 Il carme 51 è un significativo esempio di arte allusiva.
- **a** Che cosa si intende con l'espressione "arte allusiva" o *aemulatio*?
- **b** In che termini Catullo si mantiene fedele al modello originale (Saffo)?
- **c** Rispetto all'originale, invece, quali sono le principali variazioni? Perché sono state operate da Catullo?
- **d** Ti sembra che la concezione dell'amore in Saffo e in Catullo sia la stessa? Perché?

5 Perché quando si rivolge agli amici Catullo utilizza spesso un lessico più adatto all'ambito amoroso? In quale dei carmi del percorso riscontri ciò?

2 Una morale controcorrente

Coppia di sposi, I secolo a.C., Napoli, Museo Archeologico Nazio

Una delle caratteristiche fondamentali della poesia di Catullo è l'aver portato alle estreme conseguenze la rivoluzione neoterica in campo di novità etiche. All'interno dei carmi catulliani sono numerose le spie che rivelano ciò, a cominciare proprio dalla relazione tra il poeta e Lesbia. Secondo la morale tradizionale romana, il cosiddetto *mos maiorum*, l'amore era un'esperienza relegata all'età giovanile, che non aveva e non poteva avere seguito nel momento in cui un uomo, soprattutto se di elevata condizione sociale, decideva di farsi una famiglia e avviava i *negotia* tipici dell'età adulta, primo fra tutti la carriera politica. Catullo non è solo il primo poeta latino che parla pubblicamente di una relazione sentimentale, rifacendosi in qualche modo al modello ellenistico, ma supera questo modello, perché la donna di cui è innamorato non è una cortigiana, bensì una donna di alto lignaggio e per di più sposata. Nella nuova morale catulliana, poi, trovano posto elementi considerati frivoli dai tradizionalisti di allora, come la sottolineatura – valida sia per le donne, sia per gli uomini – dell'eleganza, della bellezza fisica. Così facendo, Catullo sostiene l'idea che l'estetica contribuisca in maniera decisiva all'etica. Completamente nuovi e stravaganti per i benpensanti del tempo sono poi l'avversione alla politica o l'affidamento alle donne di ruoli e situazioni ritenuti a dir poco sconvenienti, come testimoniano, per esempio, i carmi 93 e 27.

LAT	TESTO 1	*Carmina*, 5
ITA	TESTO 2	*Carmina*, 7
ITA	TESTO 3	*Carmina*, 93
LAT/ITA	TESTO 4	*Carmina*, 27

TESTO 1

Vivamus, mea Lesbia, atque amemus — *Carmina*, 5

L'invito a godere delle gioie della vita, tra le quali occupa un posto preminente l'amore, in considerazione della brevità e precarietà della vita stessa, è un tema molto frequente nella letteratura greca e latina, ma in Catullo acquista una nota nuova. Da questo punto di vista il carme offre un esempio significativo del modo in cui Catullo sa rielaborare i motivi tipici della poesia d'amore greca: se ne appropria, li pone in relazione con la personale vicenda esistenziale, conferisce loro, tramite il *labor limae*, una forma poetica che pare improntata a naturalezza e spontaneità, mentre forte è la dipendenza dai modelli.

Il tema centrale del carme, enunciato subito, ad apertura di componimento, è l'identificazione tra *vivere* e *amare*, ossia la scelta di fare dell'amore la ragione fondamentale di vita; è un tema non solo letterario, ma rivelatore anche della visione del mondo del poeta. Il concetto sconvolge la morale tradizionale romana, che individua nell'attività politica e nella cura del patrimonio l'ideale del *civis Romanus* e nella cura della casa e della famiglia l'occupazione della matrona; la passione amorosa altro non è se non una licenza giovanile. A ciò sono dovuti i mormorii dei *senes severiores*, che Catullo ostentatamente trascura.

Il testo è articolato in quattro sequenze fondamentali:

– l'esortazione a vivere e amare, trascurando i brontolii dei «conservatori» (vv. 1-3);
– la considerazione amara e sofferta della precarietà dell'esistenza, che induce a vivere intensamente ogni attimo (vv. 4-6);
– l'ebbrezza dei baci (vv. 7-9);
– il proposito di rimescolare il conto dei baci per ingannare gli invidiosi e stornarne il malocchio (vv. 10-13).

Particolarmente significativi appaiono i vv. 4-6, perché vi si trova un'anticipazione del tema oraziano del *carpe diem*, vissuto però qui in una dimensione non ancora universale, bensì individuale: quella di una coppia di amanti che annegano nella frenesia dei baci il timore del domani.

Metro: endecasillabi faleci

Vivamus, mea Lesbia, atque amemus,
rumoresque senum severiorum
omnes unius aestimemus assis.
Soles occidere et redire possunt:
nobis, cum semel occidit brevis lux,
nox est perpetua una dormienda.
Da mi basia mille, deinde centum,

1. Vivamus ... amemus: congiuntivi esortativi. *Vivere* ha qui il senso pregnante di «vivere pienamente», «godersi la vita». *Mea Lesbia*: compare per la prima volta nel *Liber* lo pseudonimo della donna amata dal poeta, che evoca Saffo, poetessa lirica del VII secolo a.C., vissuta sull'isola di Lesbo. Va rilevato, però, che alle molte invocazioni del poeta alla donna amata non corrisponde mai una risposta di Lesbia riportata dal poeta nei versi.

2. rumores: sono «le critiche», «i brontolii malevoli» degli anziani «troppo moralisti» (*severiores* è comparativo assoluto) che bisbigliano sottovoce, legati all'austera tradizione del *mos maiorum*. Si noti l'allitterazione sillabica *senum severiorum* e l'omoteleuto in *-um*. Forse l'effetto fonico mira a rendere il maligno bisbiglio dei vecchi in modo onomatopeico.

3. omnes: ha valore predicativo e si riferisce a *rumores*. – **unius aestimemus assis:** «valutiamoli un soldo»; *unius aestimare assis* (con il genitivo di stima) era una frase idiomatica del *sermo familiaris* rimasta viva ancor oggi nell'italiano contemporaneo. L'*as* (o *assis*) era una moneta di bronzo di scarso valore, pari – all'epoca di Catullo – a 13,64 grammi di peso. In *unius* si nota l'abbreviamento della *-i-* per esigenze metriche. *Aestimemus* è un congiuntivo esortativo.

4. Soles: è metonimia per *dies* e costituisce il primo termine di una lunga metafora che si estende fino al verso successivo, comprendendo anche *occidere*, *redire* e *lux*. Essa sta a indicare il contrasto tra la breve vita dell'uomo e quella della natura che continuamente e regolarmente si rinnova. – **occidere:** da *ob* + *cado*: «tramontare». S'insinua qui l'idea della brevità della vita. Il verbo *occidere* (v. 4) è ripreso con *occidit* al v. 5 in poliptoto insistendo sul tema del tramonto della vita.

5-6. nobis ... dormienda: «noi, una volta che sia tramontata la nostra breve luce, dovremo dormire una notte eterna»; *nobis* è dativo d'agente dipendente dalla perifrastica passiva *est dormienda*, ma potrebbe essere contemporaneamente anche dativo di svantaggio dipendente da *occidit*. *Lux*: clausola monosillabica, molto rara, che suggerisce la violenza, la brusca rottura che conclude la breve giornata dell'uomo. Si contrappone al *nox* del v. 6, collocandosi, come quest'ultimo, in posizione enfatica. Si noti inoltre il chiasmo *brevis lux, / nox ... perpetua*. *Nox*: fin da Omero è immagine topica per indicare la morte. *Perpetua una*: certamente voluto l'effetto cupo delle due *u* che si incontrano tramite la sinalefe al centro del verso.

7. Da mi basia mille: la constatazione amara della fugacità della vita e dell'ineluttabilità della morte suscita un desiderio vitale incontenibile, espresso stilisticamente mediante l'anafora (*dein ... dein ... deinde ... deinde ... Dein*) e l'allitterazione con il *Da* iniziale. *Mi* sta per *mihi*. *Basia*: termine di origine probabilmente celtica appartenente alla lingua popolare e non attestato in poesia prima di Catullo. Si suppone che Catullo l'abbia scelto in quanto semanticamente intermedio tra *osculum*, termine letterario, e *savium*, termine dalla forte carica erotica, come attesta Servio (si veda in proposito l'Approfondimento "Il lessico catulliano dell'amore" a p. 314-315). Proprio *basium* è entrato nell'uso delle lingue romanze.

dein mille altera, dein secunda centum,
deinde usque altera mille, deinde centum.
Dein, cum milia multa fecerimus,
conturbabimus illa, ne sciamus
aut ne quis malus invidere possit,
cum tantum sciat esse basiorum.

9. usque: è avverbio di tempo: «senza interruzione», «continuamente».

10. cum milia multa fecerimus: «quando avremo sommato molte migliaia». Si tratta di proposizione temporale in cui viene rispettata la legge dell'anteriorità (*fecerimus* è futuro anteriore, rispetto al futuro semplice *conturbabimus*). *Facere* è qui usato come termine tecnico del calcolo, nel significato di «totalizzare», «fare una somma». *Fecerimus* ha la *-i-* lunga per esigenze metriche.

11-12. conturbabimus illa ... possit: «li confonderemo per non sapere quanti sono o perché nessuna persona malevola possa gettarci il malocchio». *Conturbare* nel linguaggio tecnico dell'economia significa «imbrogliare i conti» o «fare bancarotta». *Invidere* ha il significato di «gettare il malocchio», «fare una fattura contro qualcuno», derivante dall'originario valore di «guardare qualcuno con atteggiamento ostile».

13. cum tantum ... basiorum: «sapendo che esistono tanti baci». *Cum* introduce una proposizione circostanziale, con valore intermedio tra temporale e causale. *Basiorum* è genitivo partitivo dipendente da *tantum*; l'espressione corrisponde a *tot basia*. L'idea che la conoscenza esatta dei beni susciti invidia e arrechi danno ai beni stessi è comune a molti proverbi (si ricordi il proverbio francese *brébis comptées le loup les mange* («pecore contate, il lupo se le mangia»). Se gli invidiosi non conoscono il numero esatto di baci, non potranno danneggiare gli amanti con il malocchio. Con questa nota ironica si chiude il carme.

ANALISI DEL TESTO *Carmina*, 5

Lessico

1 I temi della vita e della morte costituiscono i due poli semantici del carme 5:
- **a** individua i termini che appartengono all'ambito della vita;
- **b** procedi allo stesso modo con quelli che hanno attinenza con la morte;
- **c** raccogli, per ciascun campo semantico, i termini, distinti nelle diverse categorie morfologiche (nomi, aggettivi, verbi).

2 Alcuni termini del carme appartengono al linguaggio della finanza: individuali e spiega la ragione della loro presenza nel testo.

3 Nei vv. 4-5 quali parole sono dominanti? A quale immagine rinviano?

4 Al v. 5 del carme troviamo il sostantivo *lux*; dopo aver ricercato altri termini derivati dalla stessa radice (come *lucidus*), ricostruisci la corrispondente famiglia lessicale italiana.

5 Leggi l'Approfondimento *Mille baci* a p. 266 e scrivi un breve commento all'uso della parola *basium* ripetuta nel testo.

6 Quale significato ha il verbo *conturbare* e quale valenza ha nella chiusura del testo?

Sintassi e stile

7 Quale figura retorica è prevalente nel v. 2? Con quale scopo viene utilizzata dall'autore?

8 Con quali termini è ottenuta l'antitesi contenuta nei vv. 4-6?

9 Quale effetto produce la sinalefe del v. 6?

10 Riconosci all'interno del brano un'anafora?

11 Elenca i congiuntivi esortativi presenti nel carme.

12 Nei vv. 1-9 del carme prevale la paratassi o l'ipotassi? E dopo?

Contenuti

13 Qual è il tema dei primi tre versi del carme?

14 Nei vv. 4-6 qual è il sentimento che si affaccia alla mente del poeta?

15 Come si giustifica l'insistenza sul tema del bacio nei vv. 7-9?

16 Quale tono prevale negli ultimi quattro versi del carme?

17 Ricostruisci la struttura del carme attraverso le antitesi presenti.

TESTO 2

I baci non bastano mai *Carmina*, 7

Strettamente connesso con il precedente, questo carme ripropone il tema dei baci e, conseguentemente, della passione amorosa che lega il poeta alla sua donna. Identico è anche il riferimento al malocchio e alla necessità di confondere i curiosi con un numero elevatissimo di baci. Tutto appare però qui accentuato e iperbolicamente proiettato a livello cosmico. Il numero dei baci che l'amante vorrebbe ricevere, infatti, viene paragonato a quello delle stelle e dei granelli di sabbia del deserto. Così, implicitamente, Catullo comunica che il suo amore è bollente come la temperatura dei deserti africani e splendido come gli astri del cielo. A complicare ed elevare ulteriormente il discorso è poi la presenza della *doctrina*. Il poeta infatti impreziosisce il carme con note geografiche erudite, che si concentrano sulla Libia, attraverso la citazione della città libica di Cirene e del suo mitico fondatore, del tempio di Giove Ammone e del profumo emanato da una pianta del luogo. Secondo i moduli alessandrini, ancora una volta, vicenda personale e pratica poetica dotta si intrecciano in un nodo inestricabile.

Mi chiedi quanti tuoi baci
o Lesbia mi bastino e avanzino.
Quanto grande è il numero dei granelli
di sabbia nel deserto di Libia disteso
intorno a Cirene che nutre aroma di silfio[1]
fra l'oracolo di Giove[2] infocato e l'antico sepolcro di Batto,[3]
o quante le stelle che spiano
nel silenzio notturno i furtivi amori degli uomini,
con altrettanti baci baciarti è abbastanza
a Catullo impazzito d'amore,
tanti che i curiosi non possano
contarli né gettare il malocchio con parole d'invidia.

(trad. di L. Canali)

1. Il silfio è una pianta aromatica, usata per confezionare farmaci e come condimento. Il suo habitat è la Cirenaica, regione libica intorno alla città di Cirene.

2. Propriamente si trattava dell'oracolo di Ammone, la più importante divinità libica, poi identificata dai latini con Giove. Il suo tempio si trovava nell'oasi di Siva, tra Egitto e Libia.

3. Batto è il mitico fondatore di Cirene; la sua tomba era in città.

TESTO 3

L'insofferenza verso Cesare *Carmina*, 93

Il tema del carme è l'indifferenza verso Cesare e, più in generale, verso la politica. In ciò Catullo dimostra di essere perfettamente allineato con gli altri poeti neoterici, che perseguivano gli ideali dell'*otium* letterario e, sulla base degli insegnamenti epicurei, si disinteressavano della politica. Nel carme, però, sembra di cogliere qualcosa in più. L'indifferenza nei confronti di Cesare, infatti, è volutamente marcata, ha quasi la forma del disprezzo. Non è la prima volta che Cesare e personaggi a lui legati sono fatti oggetto degli strali di Catullo. Si veda, ad esempio, il carme 54, in cui Cesare viene apostrofato come *unice imperator*, o i carmi 29 e 57, in cui uno dei favoriti di Cesare, Mamurra, viene sottoposto ad attacchi feroci. Che Cesare non gradisse queste prese di posizione del poeta veronese è comprensibile, così come è ipotizzabile che abbia cercato un riavvicinamento, tanto più che era legato alla famiglia di Catullo da vincoli di ospitalità. Il carme, allora, potrebbe essere la sprezzante risposta del poeta a queste manovre di riconciliazione. Il distico non sembrerebbe conciliarsi, invece, con la notizia riportata da Svetonio (*Vita di Cesare* 73), secondo cui Catullo dovette scusarsi con Cesare, su incitamento del padre, amico, come detto, dell'uomo politico. Il tema più rilevante del distico resta comunque la professione di disimpegno di Catullo, che, con la sua cerchia di poeti neoterici, professava un aristocratico distacco nei confronti dell'ambiente politico del suo tempo. Per esprimersi, l'insofferenza catulliana utilizza un'ampia litote, su cui è costruito l'intero distico, e il registro dell'ironia, accentuata dal tono categorico del pentametro, che ha forma di proverbio.

Non ho per niente voglia di piacerti, o Cesare,
né m'importa di saperti bianco o nero.

(trad. di V. Guarracino)

APPROFONDIMENTO

UNA MORALE NUOVA PER UNA POESIA NUOVA

I carmi 5 e 7 in particolare sono rivelatori di una morale nuova, che sconvolge quella tradizionale del mos maiorum. *La pagina di Paolo Fedeli individua i presupposti di questo rivoluzionario modo di interpretare la relazione d'amore, le modalità con cui i nuovi valori si coniugano in Catullo con la sua poesia e gli ambiti di coinvolgimento di Lesbia.*

Un aspetto di novità della poesia di Catullo risiede proprio nel conflitto della sua esperienza di vita e di poesia con la morale del tempo. Catullo resta per noi il primo esempio di poeta che decise di rendere di pubblico dominio, affidandole a un canzoniere, le vicende della sua relazione erotica con una donna d'alto lignaggio, per di più sposata. Lesbia non è una cortigiana, come le donne cantate dai predecessori ellenistici, e l'innamorato invece di condurre il giuoco è in balìa dei capricci della donna amata: Catullo, quindi, rovescia i rapporti convenzionali e nel conferire alla donna un ruolo centrale nell'ambito della sua poesia le accorda al tempo stesso una dignità sinora sconosciuta. In campo letterario la tradizione romana conosceva gli amori della palliata: ma non a caso si trattava sempre di amori per cortigiane, che si concludevano spesso con un matrimonio felice, a patto però di un prodigioso riconoscimento finale della giovane come libera di nascita. L'etica della palliata, d'altronde, è espressa a chiare note nei vv. 37-38 del *Curculio* di Plauto: «purché ti tenga lontano dalle donne sposate, dalle vedove, dalle vergini, dai giovani e dai fanciulli di nascita libera, puoi fare all'amore con chi vuoi» (Plauto, *Curc. 37-38*).

Ma la Clodia amata da Catullo era una matrona romana sposata, e poco importa che essa sia rimasta vedova poco dopo l'inizio della relazione con Catullo; l'essere vedova non la dispensava dall'obbligo morale di rimanere fedele al ricordo del marito. [...]

Sappiamo bene che la fedeltà coniugale femminile anche al tempo di Catullo era al centro dei valori sui quali si fondava l'organizzazione familiare, tanto che l'adulterio veniva ferocemente perseguito e represso dalla legge. Di fronte a tale realtà ci imbattiamo in un poeta che non solo si dedica al canto d'amore, ma che non si fa scrupolo di rendere di pubblico dominio il suo adulterio con una matrona. In questo suo atteggiamento di rifiuto del *vir gravis* della tradizione quiritaria Catullo sarà maestro per la generazione degli elegiaci: prese di posizione come la sua, che acquistano per di più un significato programmatico grazie all'identificazione di scelta di vita e scelta di poesia, si collocano agli antipodi della morale tradizionale romana: d'ora in poi diventa convenzionale per i poeti d'amore sostituire l'impegno politico, la superiorità indiscussa dell'uomo sulla donna, il distacco dalla passione con atteggiamenti di segno contrario (il disimpegno politico, l'accettazione delle pene d'amore), che assurgono addirittura a elementi privilegiati del canto.

Ma accanto a Catullo si colloca Lesbia, con il suo atteggiamento che sarebbe troppo facile liquidare con l'epiteto di licenzioso. Dell'atteggiamento dei rappresentanti della morale ufficiale resta a noi una preziosa testimonianza nella valanga di accuse infamanti che Cicerone scaraventò su Clodia quando dovette difendere il suo ex-amante M. Celio Rufo dall'accusa di veneficio: senza dubbio l'uditorio avrà accolto con soddisfazione parole come queste:

> «Supponiamo che una donna senza marito abbia spalancato la sua casa alle voglie di tutti, che si sia messa apertamente a condurre vita da puttana, a frequentare bagordi di uomini a lei del tutto estranei; supponiamo che si comporti così in città, nei giardini, nell'affollata stazione balneare di Baia; supponiamo infine che non solo l'incedere, ma pure il modo d'agghindarsi e il genere di persone che l'accompagna, non solo il dardeggiare degli occhi e la libertà di linguaggio, ma pure gli abbracci, lo sba-

ciucchiarsi, i festini sulle spiagge, le gite in battello, i banchetti la rivelino per una puttana; anzi, per una puttana sfrontata e provocante» (Cicerone, *Cael.* 49, nella traduzione di A. Cavarzere).

Queste e altre esagerazioni, dal punto di vista pratico legate alla necessità d'infamare Clodia per difendere Celio, tendono a configurarne il comportamento come quello d'una cortigiana: per i contemporanei si tratta, quindi, di un modo di vivere "alla greca", estraneo in quanto tale alla società romana e per questo motivo condannabile. C'è da chiedersi se fosse concepibile una reazione di altro tipo, a livello ufficiale, nei confronti di una donna "diversa", che costituiva una trasgressione nei confronti del modello di donne esemplari, quali Lucrezia Virginia Volumnia o Veturia Cornelia Marzia: nel I secolo a.C. la donna romana media non sarà stata molto diversa da Lucrezia o da Cornelia: basta considerare che gli elogi di donne nelle iscrizioni funerarie sottolineano quali loro doti il fatto d'essere state *lanificae, piae, pudicae e castae*, si tratta di aggettivi che denunciano in modo chiaro la salda sopravvivenza di un modello.

P. FEDELI, *Introduzione a Catullo*, Roma-Bari, Laterza, 1990, pp. 89-91

Giovane donna aiutata da un'ancella mentre si sta acconciando i capelli, I secolo a.C., Pompei, Villa dei Misteri, Sopraintendenza Archeologica.

TESTO 4

Un simposiarca inusuale *Carmina*, 27

L'argomento del carme è decisamente tradizionale: un simposio allegro e scherzoso, al centro del quale sta il brindisi con uno dei vini più pregiati del tempo, il Falerno. Proprio perché si tratta di un vino di gran classe, esso – dice il poeta – non sopporta nessuna contaminazione con acqua. L'apparente solennità del testo, che in realtà accentua il clima di festoso eccesso tipico del momento di maggiore eccitazione di un simposio (*commissatio*), si iscrive in una tradizione poetica che trova le sue radici in Alceo e in Anacreonte. Proprio a due frammenti di quest'ultimo (frr. 33 e 58 Gentili) si rifà il carme catulliano, che si conclude con l'esortazione all'acqua a emigrare, secondo il procedimento che nelle odi greche era rivolto alle sciagure e si denominava *apopompé*. Eppure emerge nel testo una novità di non poco conto. A fungere da *magister* del convito non è, come ci si potrebbe attendere, un ragazzo, ma una donna. Si tratta di una certa Postumia, identificabile con la moglie di Servio Sulpicio Rufo, che fu addirittura console nel 51 a.C. Le regole severe del *mos maiorum* impedivano alle donne di partecipare a queste forme di festa, tanto più se, come è il caso in questione, si trattava di donne di alto lignaggio. Il carme rappresenta quindi un esempio significativo della volontà catulliana di contrastare la morale comune (qui rappresentata dai *severos* del v. 6), volontà rafforzata dal fatto che non solo Postumia partecipa come "regina" al simposio, ma è raffigurata anche ubriaca. Se si pensa che l'ebbrezza era considerata per una donna la colpa più grave dopo l'adulterio, si comprende la portata rivoluzionaria dell'operazione di Catullo.

Metro: endecasillabi faleci ⏓⏓, –́⏑⏑, –́⏑, –́⏑, –́⏓

Minister vetuli puer Falerni,
inger mi calices amariores,
ut lex Postumiae iubet magistrae
ebrioso acino ebriosioris.
At vos quo libet hinc abite, lymphae,
vini pernicies, et ad severos
migrate: hic merus est Thyonianus.

Ragazzo che versi il vecchio Falerno,
mescimi bicchieri più forti,
come impone la legge della regina Postumia,
più ebbra di un acino ebbro.
E voi andatevene dove vi pare,
acque che rovinate il vino, andatevene
dalle persone serie. Qui Bacco è schietto.
(trad. di G. Paduano)

RIEPILOGO DEL PERCORSO

1 Quali erano i presupposti della morale tradizionale romana, legata al *mos maiorum*? In particolare:
a in ambito pubblico
b in ambito familiare

2 Perché l'amore dà un significativo contributo allo scardinamento della morale tradizionale? Per rispondere si rifletta:
a sulla figura di Lesbia
b sul tipo di relazione che si instaura tra il poeta e Lesbia
c sul valore che il poeta attribuisce all'amore a livello esistenziale (c. 5)

3 In quale relazione si poneva Catullo nei confronti della politica e degli uomini politici del suo tempo? A che cosa obbediva questa sua scelta?

3 *Odi et amo*: le alterne vicende dell'amore

Per la prima volta nella produzione poetica romana assistiamo, con Catullo, al racconto di una vicenda d'amore, con tutti gli elementi tipici di quello che era destinato a divenire un vero e proprio genere letterario nell'ambito dell'elegia latina dell'età augustea. Questi elementi, che diverranno veri e propri *topoi* dell'elegia erotica, si ritrovano puntualmente nei testi del percorso: gelosie, rancori, tristi ripiegamenti su se stesso del poeta tradito, esortazioni a troncare una relazione in cui la donna non sembra avere alcun interesse a mantenere la *fides* e in cui il *foedus* è continuamente infranto. Il percorso mette in luce anche la concezione dell'amore di Catullo, uno degli elementi di maggiore novità nel panorama culturale e poetico del tempo. A differenza di quanto sosteneva la morale tradizionale romana, l'amore è sentito da Catullo come il valore centrale dell'esistenza, l'unico che possa consolare l'uomo posto di fronte al rapido venir meno della vita e dare senso alla vita stessa.

LAT	TESTO 1	*Carmina*, 2
LAT	TESTO 2	*Carmina*, 3
LAT	TESTO 3	*Carmina*, 8
LAT	TESTO 4	*Carmina*, 70
LAT	TESTO 5	*Carmina*, 72
LAT	TESTO 6	*Carmina*, 85
LAT/ITA	TESTO 7	*Carmina*, 109
LAT	TESTO 8	*Carmina*, 11

Scena di banchetto, particolare di due convitati, II secolo a.C., Torino, Museo di Antichità.

TESTO 1

Passer, deliciae meae puellae

Carmina, 2

Con il carme 3 questo è il più celebre carme di Catullo, tanto che il *Liber Catulli* era talora indicato come il *Liber* del *passer*. Carmi di elogio o di rimpianto per la morte di animaletti da compagnia sono abbastanza frequenti nella letteratura greca, dall'età ellenistica in poi. In Catullo però è evitata quella vena leziosa che talora appariva in essi e l'attenzione si sposta quasi subito dall'animaletto alla sua padrona, con un fine di omaggio galante. Nella conclusione il carme contiene una confessione personale, così che il protagonista non è più né il *passer* né Lesbia, ma Catullo con le sue *tristes curae*. Non mancano tuttavia coloro che vedono nel carme non lo struggimento dell'autore, ma il gioco elegante, raffinato e ironico del poeta colto.

Il carme contamina due componimenti di Meleagro (*Antologia Palatina* VII, 195 e 196) e uno alla maniera di Riano (*Antologia Palatina* XII, 142). Da Meleagro viene ripresa la richiesta di essere liberato dalle pene d'amore. Dallo pseudo-Riano, invece, il desiderio di essere l'animaletto (merlo) per poter stare a contatto con la persona amata.

Si noti la salda struttura del carme: l'esclamazione finale (vv. 9-10) si imposta su un'ampia base di otto versi, simmetricamente ripartita in due metà (vv. 1-4 e 5-8).

Il carme ricorda la struttura di un inno e pertanto comprende le seguenti parti:

1) apostrofe (invocazione) a un ente che solitamente è una divinità, ma dall'età ellenistica può essere rivolta a un animale o a un oggetto;
2) qualificazioni (qui espresse con le proposizioni relative), che ricordano le azioni del dio (o dell'animale);
3) preghiera finale.

C'è corrispondenza di termini e concetti tra l'inizio e la fine: l'apostrofe iniziale (*passer*) è ripresa, dopo le qualificazioni in terza persona, nel *tecum* finale, con il ritorno alla seconda persona; *ludere* compare nel v. 2 e nel v. 9 e la sua collocazione è perfettamente simmetrica.

Il linguaggio del carme è evocativo e rimanda alla sfera erotica: *ludere*, *adpetere* («avventarsi»), *desiderium* («rimpianto»), *iocari*, *dolor*, *ardor*, *curae* sono infatti termini propri del repertorio amoroso.

Metro: endecasillabi faleci ⏓⏓, –́⏑⏑, –́⏑, –́⏑, –́⏓

Passer, deliciae meae puellae,
quicum ludere, quem in sinu tenere,
cui primum digitum dare adpetenti
et acris solet incitare morsus,

1. Passer: il passero era uccello sacro alla dea Venere, il cui carro era trainato da passeri, come testimonia anche la poetessa greca Saffo (VI secolo a.C.), che scriveva nell'*Inno ad Afrodite*: «Ti conducevano i bei passeri veloci sulla terra nera, / battendo rapidamente le ali, dal cielo, / attraverso l'aria leggera». Plauto testimonia anche che i fidanzati si scambiavano appellativi del genere. – **deliciae:** uno dei *pluralia tantum* della prima declinazione, è apposizione del vocativo *passer* ed è termine del linguaggio familiare usato per persone o cose care o animaletti domestici. La sua etimologia è connessa con l'aggettivo *delicatus* e deriva da un verbo *lacio* che ha valore originario di «attrazione che svia», «seduzione». – **meae puellae:** nel carme Lesbia non è mai nominata direttamente; in questo caso viene indicata con l'epiteto *puella* che nella letteratura erotica latina designava la donna amata, anche se sposata. Si noti il triplice omoteleuto in *-ae* (*deliciae meae puellae*).

2. quicum: equivale a *quocum*; *qui* è un'antica forma di ablativo singolare del pronome indefinito interrogativo *quis, quid*. Le tre relative sono disposte secondo la struttura retorica, frequente in latino, dei cosiddetti *cola crescentia*, ossia di membri che sono di volta in volta uno più ampio dell'altro. La relativa introdotta da *quicum*, come le successive che iniziano con *quem* e *cui*, ha per predicato verbale *solet* (v. 4), che a sua volta regge gli infiniti *ludere*, *tenere*, *dare*, *incitare*. Di questi quattro termini *ludere* è il più generico e viene perciò collocato al primo posto della serie, quasi spiegato e illustrato dai verbi successivi. – **in sinu:** *sinus* è la piega della veste.

3. primum digitum: «la punta del dito»; funge da complemento oggetto sia di *dare* sia di *adpetenti*. L'aggettivo *primum* è usato in funzione predicativa. – **adpetenti:** è participio congiunto di *cui*. In *adpetere* è presente una sfumatura di aggressività (cfr. v. 4 *acris ... morsus*), che non intacca però l'atmosfera ludica, elegante e raffinata.

4. et acris (= *acres*)**:** l'accusativo plurale in *-is* dei temi in *-i* è usato fino a Properzio. – **incitare morsus:** si deve integrare a senso un *cuius* riferito al *passer*: «di cui è solita provocare...». Si origina così un anacoluto, figura tipica della lingua familiare e del teatro.

cum desiderio meo nitenti
carum nescio quid lubet iocari,
et solaciolum sui doloris,
credo, ut tum gravis acquiescat ardor:
tecum ludere sicut ipsa possem
et tristis animi levare curas!

5. desiderio meo nitenti: dativo retto da *lubet* (= *libet*). Il sostantivo *desiderium* indica in latino il rimpianto per qualcosa che si è perduto o non è presente. Da ciò si potrebbe dedurre che i due amanti sono lontani. *Desiderium* per indicare la persona amata è una metonimia di uso colloquiale (cfr. Cicerone, *Ad familiares* XIV, 2, 2: *mea lux, meum desiderium*, rivolto alla moglie; Petronio, *Satyricon* 139, 4: *tu desiderium meum, tu voluptas mea*). L'aggettivo *nitens* indicava spesso il canone di una bellezza femminile risplendente. Il termine deriva da *niteo* e non da *nitor*.

6. carum nescio quid: è oggetto interno di *iocari*; «piace inventare non so che simpatico gioco».

7. et solaciolum: *et* ha valore epesegetico. Il diminutivo affettivo *solaciolum* (da *solacium*) compare qui per la prima volta e non è attestato nella letteratura latina se non in una tarda epigrafe di un anonimo imitatore di Catullo; è concordato con *carum nescio quid*. – **sui doloris:** si tratta della sofferenza provocata dalla passione d'amore, che dopo Catullo i poeti elegiaci designeranno proprio con questo termine.

8. credo: è parentetico. – **ut tum ... ardor:** «perché si plachi allora, almeno credo, la sua sofferta passione (d'amore)».

9. tecum: si collega al vocativo iniziale *passer*. – **sicut ipsa:** «come lei», oppure «come la tua padrona». *Ipse* e *ipsa*, nel senso di «padrone» e «padrona», ricorrono nella commedia, mentre nella poesia erotica *ipsa* assume il senso pregnante di «amante». – **possem:** equivale a *utinam possem* (ottativo dell'irrealtà) come nell'epigramma dello pseudo-Riano, citato nell'introduzione. È il verbo reggente dell'unico periodo da cui è formato l'intero carme.

10. tristis (= *tristes*) **... curas:** «e alleviare i tristi affanni dell'animo».

TESTO 2

Lugete, o Veneres Cupidinesque — *Carmina*, 3

Si tratta di un epicedio per la morte del *passer* celebrato nel carme precedente. Con questo componimento Catullo riprende un filone tradizionale della poesia alessandrina, che commemorava con epigrammi funerari la morte di animaletti: un grillo, una lepre, una cicala. Il settimo libro dell'*Antologia Palatina* contiene un gran numero di epicedi, il più famoso dei quali è quello della poetessa Anite di Tegea (fine del IV secolo a.C.) dedicato a un grillo e a una cicala. Gli epicedi alessandrini erano caratterizzati da un lezioso patetismo, che a volte sconfinava nell'ironia, scaturita dal divario tra la solennità del tono e l'occasione futile che l'aveva generato. Catullo tratta l'argomento con un tocco di originalità: innanzitutto inserisce nel carme tratti della poetica neoterica, che si avvertono nei rapidi trapassi di tono – dal solenne al patetico al lezioso – accentuati dall'accostamento di espressioni auliche e termini quotidiani.
Inoltre conferisce al carme una straordinaria naturalezza attraverso l'uso di iterazioni, apostrofi, esclamazioni, anafore. Infine trasforma

Giardino fiorito con animali, I secolo a.C., Pompei, triclinio della Casa del Bracciale d'Oro, Sopraintendenza Archeologica.

il motivo ispiratore del carme in un pretesto per un ulteriore omaggio a Lesbia, turbata dal dolore e dal pianto.

Il carme ha una struttura circolare, come si può rilevare dalla ripresa dei termini *lugete* e *flendo* (vv. 1 e 18), *meae puellae* (vv. 3 e 17), *passer* (vv. 3 e 16), *oculi* e *ocelli* (vv. 5 e 18). Vi compare anche la contrapposizione temporale, tipica dell'epicedio alessandrino, tra il *tum* e il *nunc*.

Metro: endecasillabi faleci ⏓́⏓, –́∪∪, –́∪, –́∪, –́⏓

Lugete, o Veneres Cupidinesque
et quantum est hominum venustiorum.
Passer mortuus est meae puellae,
passer, deliciae meae puellae,
quem plus illa oculis suis amabat:
nam mellitus erat suamque norat
ipsam tam bene quam puella matrem,
nec sese a gremio illius movebat,
sed circumsiliens modo huc modo illuc
ad solam dominam usque pipiabat.
Qui nunc it per iter tenebricosum
illuc, unde negant redire quemquam.

1. Lugete: *lugeo* indica una sofferenza che si manifesta anche esternamente (cfr. *luctus* dalla stessa radice). Fin dall'inizio l'intonazione del carme è quella del lamento funebre. – **Veneres Cupidinesque:** «Veneri e Amorini». La formula, che ricorre anche nel carme 13, 12, a p. 325 suscita qualche perplessità. Mentre il plurale *Cupidines* si spiega facilmente considerando il corteo di Amorini che accompagnava Venere, il plurale *Veneres* si può giustificare o per analogia con *Cupidines* o, secondo alcuni, facendo riferimento alla concezione platonica (*Simposio* 180d) delle due Veneri, quella celeste e quella terrena, ripresa dai poeti alessandrini, come Callimaco, e da Cicerone. Altri filologi interpretano *Veneres* come un plurale ellittico (*Venus et Amor*) oppure come allusione a Venere e alle tre Grazie del suo séguito.

2. quantum est: è aferesi. – **hominum:** genitivo partitivo, dipendente da *quantum est*, secondo l'uso colloquiale ricorrente anche altrove in Catullo. – **venustiorum:** comparativo assoluto dovuto, forse, a esigenze metriche; «e quanti sono gli uomini dall'animo un po' gentile». Significativa la scelta dell'aggettivo *venustus* (della stessa radice di *Venus*), «grazioso, gentile», che richiama l'ideale della *venustas* perseguito, insieme con il *lepos* e l'*urbanitas*, dalla cerchia neoterica e indicante non la bellezza fisica ma la raffinatezza, l'eleganza come scelta di vita.

3-4. Passer ... deliciae meae puellae: si rilevino l'anafora (*Passer ... passer*), l'epifora (*meae puellae ... meae puellae*), nonché l'allitterazione (*passer ... puellae*). Per *puella* cfr. il carme 2 (v. 1 a p. 308).

5. plus ... oculis suis: espressione proverbiale, presente sia in greco sia in latino, tratta dal linguaggio popolare, come testimonia anche l'uso di *plus* in luogo di *magis*, come accade anche in altri carmi catulliani. *Oculis suis* è ablativo di paragone.

6. mellitus: (da *mel, mellis*, «miele»): «dolcissimo», «dolce come il miele»; è usato come vezzeggiativo affettuoso. – **norat:** forma sincopata per *noverat*, ha valore di imperfetto in quanto derivante da *novi*, perfetto logico.

6-7. suamque ... ipsam: «e conosceva la sua padrona»; per *ipsa* cfr. il carme 2, 9 a p. 297. – **quam:** introduce una proposizione comparativa.

8. nec sese a gremio ... movebat: richiama il v. 2 del carme precedente, per sottolineare il contrasto tra il passato felice e il rimpianto attuale. *Illius*: con la *i* breve nella penultima sillaba, come avviene quasi sempre in Catullo per esigenze metriche.

9. modo huc modo illuc: l'espressione riproduce fonicamente i saltelli del passero. *Huc* e *illuc* sono avverbi di moto a luogo.

10. usque pipiabat: «continuamente pigolava». *Usque* è avverbio di tempo. *Pipiare* è verbo onomatopeico ed è un neologismo catulliano. Tertulliano afferma che il verbo veniva utilizzato a proposito dei bambini: in tal caso il poeta considererebbe l'uccellino come una vera e propria creatura umana.

11. Qui nunc ... tenebricosum: il tono del discorso si incupisce e si fa drammatico, secondo i moduli dell'epicedio greco; si avverte tuttavia una sfumatura parodica. *Qui* è nesso relativo. *Nunc* indica il presente del rimpianto. *Tenebricosum:* dopo la successione di termini brevi (quasi tutti monosillabici), una parola lunga e cupa; neologismo catulliano coniato sulla base di *bellicosus*, con le sue cinque sillabe conferisce al verso particolare solennità, forse non priva di una certa sfumatura ironica. *It ... iter*: figura etimologica.

12. illuc, unde ... quemquam: «là, da dove affermano che nessuno ritorni», cioè nell'Ade, il mondo sotterraneo diviso in due parti, l'Eliso per i beati e il Tartaro per i malvagi; chi invece non era stato né buono né cattivo vagava nel prato degli asfodéli. Ancora un'espressione solenne sulla scia di poeti alessandrini.

At vobis male sit, malae tenebrae
Orci, quae omnia bella devoratis:
tam bellum mihi passerem abstulistis.
O factum male! o miselle passer!
Tua nunc opera meae puellae
flendo turgiduli rubent ocelli.

13-14. vobis male sit: formula di imprecazione rivolta alle forze dell'Ade secondo i moduli della poesia funeraria. – **malae tenebrae Orci:** «malvagie tenebre dell'Orco»; da Ennio in poi il termine *Orcus* nel linguaggio aulico designava per metonimia gli Inferi, e non il solo dio dell'Averno, Plutone. Tra *tenebrae* e *Orci* si rilevi il forte *enjambement*. – **omnia bella:** «ogni cosa graziosa»; *bellus* etimologicamente è diminutivo di *bonus*, passato attraverso l'avverbio *bene* e il suo aggettivo-diminutivo *ben<o>lus*. A livello del lessico familiare esso è sinonimo di *pulcher*, aggettivo che Catullo utilizza molto raramente. – **male ... malae:** l'accostamento dei due termini costituisce una paronomasia.

15. tam bellum ... passerem: «un passerotto tanto grazioso». – **abstulistis:** perfetto di *aufero*: «avete rapito», cioè «avete fatto morire».

16. O factum male!: «O che sventura!»; è un'integrazione testuale dei filologi umanisti, di fronte a un'espressione incomprensibile dei codici: *bonum factum male bonus ille passer*. L'eccessiva enfasi stilistica, sproporzionata rispetto alla esilità del contenuto (la morte di un passerotto), denota molto probabilmente un'intenzione ironica. – **o miselle passer!:** «O povero passerotto!»; *misellus* è diminutivo affettivo di *miser*, usato comunemente per persone morte, come testimoniano Tertulliano (*De testimonio animae* 4), Petronio, Apuleio. Si noti lo iato tra *male!* e *o*.

17. Tua ... opera: ablativo di causa: «Ora per colpa tua».

18. flendo turgiduli ... ocelli: «gli occhietti della mia donna un po' gonfi per il pianto sono arrossati». *Flendo* è ablativo del gerundio, con valore causale. *Flere*, a differenza di *lugere*, indica «piangere con lacrime». Ancora una volta troviamo dei diminutivi-vezzeggiativi, *turgidulus* da *turgidus*, e *ocellus* da *oculus*. *Turgiduli* è termine squisitamente catulliano; *ocellus* da Catullo in poi sostituisce nel linguaggio poetico il classico *oculus*, perdendo la sfumatura vezzeggiativo-affettiva. Alla fine l'intonazione del carme attenua la drammaticità e tende allo scherzo galante. L'attenzione si sposta nuovamente su Lesbia e sul suo dolore, a indicare che è appunto Lesbia il centro ispiratore della poesia.

DENTRO IL TESTO *Carmina*, 2 e 3

Leggere il testo

1 Individua le espressioni identiche che ricorrono nei due carmi:
a in quale posizione si trovano all'interno di ciascun carme?
b hanno la stessa funzione in entrambi?

2 Osserva la struttura dei due carmi:
a obbedisce al medesimo schema compositivo?
b si serve degli stessi elementi sintattici e metrici?
c in quale dei due passi ti sembra più geometrica? In quale più mossa?

3 I personaggi dei due carmi sono gli stessi:
a hanno lo stesso ruolo in entrambi?
b come agisce Lesbia?
c come si comporta invece Catullo?

Riflettere sul testo

4 Perché si può dire che nel carme 2 Lesbia sia solo apparentemente la protagonista? Chi è invece il vero protagonista?

5 Osserva il lessico del carme 3; perché si può affermare che esso offre un esempio del repertorio tipico di Catullo? Guarda ad esempio a termini come: *venustiorum, deliciae, mellitus, bella, micelle, turgiduli, ocelli*.

Individuare nodi problematici

6 Tenendo presenti stile, lessico, occasione della composizione e finalità, spiega in che senso i due carmi esemplificano la fusione di *lepos* e *venustas*, elementi tipici della poesia neoterica.

TESTO 3

Smettila di impazzire
Carmina, 8

L'arte di Catullo si rivela qui in tutta la sua grandezza, in quanto il carme dà l'impressione di un'assoluta spontaneità, mentre a un'analisi attenta denota una tecnica raffinatissima. L'intonazione del carme non è patetica, come è stato detto da qualcuno, ma ironica. Prova di ciò è il metro, lo scazonte o coliambo, già usato dal giambografo greco Ipponatte (secolo VI a.C.), poeta parodico per eccellenza. Secondo il Klingner, Catullo, seguendo il costume delle cerchie neoteriche, ha voluto rappresentare se stesso ai suoi amici, operando una sorta di autoparodia, forse nel momento in cui la sua relazione con Lesbia attraversava un periodo critico. Il componimento è un discorso che, con una specie di sdoppiamento, il poeta rivolge a se stesso. Significativo a questo proposito è il *nobis* del v. 5.
Catullo ha voluto creare un'atmosfera di straordinaria naturalezza: è quasi del tutto assente il linguaggio aulico, mentre predomina quello comune (di qui notevoli punti di contatto con la commedia), mancano gli *enjambements*, ogni verso è compiuto in se stesso.
Il componimento si può dividere in due parti:
1) vv. 1-8, in cui il poeta ricorda la felicità passata;
2) vv. 9-19, in cui viene descritta l'infelicità presente e immaginata quella futura.
Il carme è ricco di richiami, che hanno l'aspetto di veri e propri ritornelli; essi accrescono l'impressione di spontaneità conferita dall'autore al testo. Si ritrovano ai vv. 3 (*Fulsere quondam candidi tibi soles*) e 8 (*fulsere vere candidi tibi soles*), e ai vv. 11 (*sed obstinata mente perfer, obdura*) e 19 (*At tu, Catulle, destinatus obdura*). Non mancano tuttavia reminiscenze preziose di molti autori della poesia greca, come Saffo, Teocrito, Callimaco.
Metro: trìmetri giambici scazonti (o coliambi) ⏓–⏑–, ⏓–⏑–, ⏑––⏓

Miser Catulle, desinas ineptire,
et quod vides perisse, perditum ducas.
Fulsere quondam candidi tibi soles,
cum ventitabas quo puella ducebat
amata nobis, quantum amabitur nulla!
Ibi illa multa tum iocosa fiebant,

1. Miser Catulle: «Povero Catullo». Il poeta inizia il colloquio con se stesso. *Miser* è l'infelice in amore, come si rappresenta appunto Catullo. – **desinas ineptire:** «smettila di fare lo sciocco»; *desinas* è congiuntivo esortativo, come il seguente *ducas*; *ineptire* deriva invece da *in* privativo + *aptus*. L'*ineptus*, secondo la definizione che ne dà Cicerone nel *De Oratore* (II, 17), è *qui tempus quid postulet non videt* («colui che non vede che cosa richiedano le circostanze»).

2. et quod ... ducas: «e considera perduto ciò che vedi perduto». Si tratta di una specie di espressione proverbiale, presente anche in Plauto *Trinummus*, v. 1026: *quin tu quod periit perisse ducis?*, «perché quello che è perduto non pensi che è perduto?». Si noti in *perisse perditum* la paronomasia allitterante.

3. Fulsere ... soles: «Brillarono un tempo per te giorni felici». *Fulsere*: forma secondaria della terza persona plurale del perfetto indicativo. L'avverbio *quondam*, composto da *quom* + la particella epidittica *-dam*, appartiene alla famiglia degli indefiniti ed è più indeterminato rispetto a *olim*, perciò indica genericamente «un tempo». *Candidus* equivale ad «abbagliante, splendente» e in senso traslato a «splendido, felice». Per i Romani anche il *calculus*, il «sassolino» con cui si segnavano i giorni felici era *candidus*. *Soles* per metonimia corrisponde a *dies*; il termine viene scelto sia perché il sole caratterizza il giorno sia perché la luce del sole si identifica con la gioia.

4. cum ventitabas ... ducebat: «quando eri solito recarti dove ti conduceva la tua donna, amata da noi quanto nessun'altra mai lo sarà». *Cum* introduce una proposizione temporale. *Ventitabas* è verbo frequentativo di *venio* e sta a denotare una consuetudine. *Quo*: avverbio di moto a luogo, introduce una proposizione relativa. *Puella* è termine comune presso gli elegiaci per indicare la donna amata.

5. amata nobis ... nulla: *nobis* è dativo d'agente, usato spesso in unione con il participio passato. Interessante è il valore di tale pronome: il Catullo che prima si rivolgeva a se stesso in seconda persona, ora si ricongiunge con il suo *alter ego*.

6. Ibi ... fiebant: «Là avvenivano quei molti giochi d'amore»; si noti la delicatezza con cui Catullo rievoca i suoi incontri amorosi con Lesbia. *Ibi* è avverbio di luogo e si ricollega al *quo* del v. 4, non avverbio di tempo come alcuni sostengono. *Multa ... iocosa* è un eufemismo: *iocari*, *iocus*, *iocosus* e *iocosum* (neutro sostantivato) hanno un'evidente implicazione erotica.

quae tu volebas nec puella nolebat.
Fulsere vere candidi tibi soles.
Nunc iam illa non vult: tu quoque, inpotens, noli
nec quae fugit sectare, nec miser vive,
sed obstinata mente perfer, obdura.
Vale, puella. Iam Catullus obdurat,
nec te requiret nec rogabit invitam.
At tu dolebis, cum rogaberis nulla:
scelesta, vae te! Quae tibi manet vita?
Quis nunc te adibit? Cui videberis bella?
Quem nunc amabis? Cuius esse diceris?
Quem basiabis? Cui labella mordebis?
At tu, Catulle, destinatus obdura.

7. quae ... nolebat: «che tu volevi e la fanciulla non rifiutava»; l'impiego della litote *nec ... nolebat* («tu dicevi di sì ed ella non diceva di no») risulta acuto dal punto di vista psicologico e pregnante nel significato.

8. vere: «davvero»: è l'unica variante del v. 3, di cui sostituisce il *quondam*, riconfermando con convinzione la felicità del passato.

9. Nunc ... noli: la maggior parte degli studiosi attribuisce a *inpotens* valore concessivo («benché incapace di dominarti»), ma non è da escludere anche un'interpretazione causale («poiché non puoi farci niente»), dal momento che *inpotens* significa «colui che non ha potere su qualcosa», quindi anche «colui che non ha potere su se stesso» e «colui che non ha potere in assoluto». Il termine in ogni caso si accosta al significato di *ineptire* del v. 1. Si noti la contrapposizione tra questo e il v. 7: il comportamento dei due amanti è rovesciato.

10. nec ... sectare: imperativo negativo di uso arcaico e poetico di *sector*, intensivo di *sequor*, come il successivo *nec ... vive*, in luogo di *ne* + congiuntivo perfetto («e non rincorrere lei che fugge e non vivere infelice»). *Sectare* riprende il *ventitare* del v. 4 e assume la valenza di «correr dietro» per amore, cioè «corteggiare». *Quae fugit* sta per *eam, quae fugit*. L'immagine della donna che fugge è molto frequente, già a partire dalla poesia greca. – **nec miser vive:** riprende il v. 1; *vivo* ha qui il significato di *sum*, secondo l'uso popolare.

11. obstinata mente: «incrollabilmente» (Pascoli). Si nota qui l'origine della formazione degli avverbi delle lingue romanze, a riprova del carattere colloquiale che Catullo ha voluto dare alla lingua di questo carme. – **perfer, obdura:** «resisti, tieni duro». *Perfer* è composto da *per* («fino in fondo») + *fero* («sopporto»). Il nesso *perfer, obdura* è abbastanza comune e ricorre più volte in Ovidio (*Amores* III, 11, 17 e *Ars amatoria* II, 178). Qui i verbi sono collegati per asindeto e costituiscono una *climax*.

12. Vale, puella: «Addio, signora». *Vale* segna il congedo definitivo; il poeta nel congedarsi dalla donna amata mostra un certo distacco. – **obdurat:** riprende, nella stessa posizione, *obdura* del verso precedente, ma nella terza persona singolare dell'indicativo.

13. rogabit: il verbo ha valenza erotica («non ti implorerà»). – **invitam:** predicativo dell'oggetto (riferito al pronome precedente *te*) con valore condizionale, più che causale: «se tu non lo vorrai».

14. cum rogaberis nulla: «quando non sarai più cercata»; *nulla*, corrispondente alla negazione *non*, costituisce un altro colloquialismo. Nota il poliptoto *rogabit-rogaberis*.

15. scaelesta ... vita?: «sventurata, povera te, che vita ti è riservata?». Tra le due accezioni che *scaelesta* può assumere, «scellerata» o «sventurata», forse la seconda è quella che meglio si adatta al contesto ed esprime la commiserazione di Catullo per il triste destino che attende Lesbia, ora che è lontana da lui. L'interiezione *vae* di solito è seguita dal dativo, molto più raramente dall'accusativo.

16. Quis ... bella?: «Chi verrà da te? A chi sembrerai carina?». Per il valore di *bellus* si veda nota al carme 3, 14, a p. 311.

17. Cuius esse diceris?: «Di chi si dirà che sei?»; si noti la costruzione personale di *dicor*. Il ritmo incalzante delle domande testimonia che la passione del poeta è ancora viva.

18. Quem basiabis? Cui labella mordebis?: «Chi bacerai? A chi morderai le labbra?». Per *basiabis* cfr. nota al carme 5, 7 a p. 301. *Labella* è diminutivo vezzeggiativo di *labia*, «labbra», secondo un uso vicino alla lingua parlata frequente in Catullo.

19. At tu ... obdura: «Ma tu, Catullo, deciso, resisti». L'avversativa *at* tradisce, dopo le considerazioni precedenti, l'incertezza dei propositi del poeta. Di qui l'autoesortazione a perseverare nelle sue decisioni. Il verso riprende, con qualche variazione, il v. 11. Infatti *destinatus* richiama semanticamente *obstinata* di quel verso.

APPROFONDIMENTO

IL LESSICO CATULLIANO DELL'AMORE

Buona parte dei 116 carmi che compongono il *Liber* catulliano hanno per oggetto la vicenda amorosa che lega Catullo a Lesbia e ne raccontano le alterne vicende. Non stupisce dunque se preponderante nei testi del poeta veronese è il lessico amoroso, che nella sua varietà denota in modo particolareggiato le diverse sfumature del sentimento erotico e rivela la concezione che dell'amore aveva Catullo. Da questo punto di vista i termini che sembrano in certo qual modo contrapporsi sono quelli che si ritrovano nella chiusa del carme 72, dove all'*amare* è opposto il *bene velle*. L'*amor*, per Catullo, è essenzialmente un'esperienza fisica, che rinvia ai baci, ai giochi d'amore, ai momenti di abbandono appassionato e intenso, tante volte celebrati nei carmi catulliani. Alla base dell'*amor* c'è infatti un desiderio che potremmo definire carnale, una passione che brucia, ben rappresentata dall'espressione *impensius uror* (carme 72, 5). *Bene velle* è invece formula che indica quegli aspetti del rapporto con Lesbia che trascendono il puro *amare* e rimanda a sentimenti quali l'affetto e la stima, che superano il livello puramente fisico.

Vediamo ora in sintesi le principali voci di questo lessico amoroso usate da Catullo nel *Liber*.

amica: è un eufemismo erotico, molto comune anche nelle lingue romanze, con sfumatura spregiativa; già nella commedia latina indicava l'«amante».

amo: derivato probabilmente dall'indoeuropeo **am*(*ma*), «mamma», è il verbo che – nell'ambito della sfera erotica – presenta la più ampia gamma di significati: «amare», «essere riconoscente», «amare se stessi», «essere egoista». In Catullo rinvia, come già sopra accennato, prevalentemente all'aspetto fisico dell'amore. Dalla stessa radice si originano numerosi vocaboli, quali *amabilis, amicitia, amicus, amor, inimicus, inimicitia*, ecc.

ardor: in senso proprio significa «calore», «fuoco», in senso traslato «desiderio vivo», «splendore». In ambito amoroso è usato da Catullo con il significato di «passione», «desiderio ardente». Nel carme 2, l'accostamento con l'aggettivo *gravis* attribuisce al termine una sfumatura dolente.

basium: «bacio»; termine di origine probabilmente celtica appartenente alla lingua popolare e non attestato in poesia prima di Catullo. Si suppone che Catullo l'abbia scelto in quanto semanticamente intermedio tra *osculum*, termine letterario, e *savium*, termine dalla forte carica erotica, come attesta Servio (IV d.C.) nel commento a *Aeneis* I, 260: «*osculum* è proprio del rituale, *savium* del piacere, nonostante alcuni dicano che si dà un *osculum* al figlio, un *basium* alla moglie, un *savium* alla prostituta». Da *basium* si sono originati nelle lingue romanze «bacio» (italiano), «baiser» (francese), «beso» (spagnolo), «beijo» (portoghese). In Catullo si trova anche il verbo *basio*, derivato dalla stessa radice.

bene velle: l'espressione si può rendere con «voler bene» e indica un sentimento complesso, articolato, fatto di stima, amicizia, affetto, tenerezza. In Catullo è contrapposta all'*amare*, inteso come amore sensuale.

cupidus: al tempo di Catullo l'aggettivo ha una notevole pregnanza, che si stempererà con il trascorrere degli anni; se dunque in autori successivi può voler significare «desideroso», in Catullo conserva il valore semantico forte di «pieno di voglia», «eccitato».

cura: «attenzione», «affanno», «cura»; in ambito amoroso indica lo «spasimo d'amore».

deliciae: uno dei *pluralia tantum* della prima declinazione in senso proprio indica «piaceri», «divertimenti»; nel linguaggio familiare il termine è usato per persone o cose care o animaletti domestici, applicato alla sfera erotica assume il senso traslato di «gioia», «delizia» in riferimento all'oggetto del desiderio. La sua etimologia è connessa con l'aggettivo *delicatus* e deriva da un verbo *lacio* disusato nella forma semplice, ma vivo nei suoi composti *allicio, illi-*

Amorino con arco, I secolo a.C., Pompei, Villa dei Misteri, Soprintendenza Archeologica.

cio e ha valore originario di «attrazione che svia», «seduzione». Al singolare si trova talvolta in Plauto e quindi nella lingua arcaica.

desiderium: come il verbo *desidero* si riconnette con *sidus, -eris* («stella») e indica letteralmente il «cessare di contemplare le stelle a scopo augurale», quindi «bramare», «desiderare», così il sostantivo *desiderium* indica in latino il rimpianto per qualcosa che si è perduto o non è presente. In ambito amoroso *desiderium* per indicare la persona amata è una metonimia di uso colloquiale (cfr. Cicerone, *Ad familiares* XIV, 2, 2: *mea lux, meum desiderium*, rivolto alla moglie).

diligo: il verbo, composto da *dis* + *lego*, significa propriamente «scelgo fuori» e perciò indica più che un amore sensuale, l'amore frutto di una scelta, in cui all'*ardor* amoroso si mescola la tenerezza premurosa, lo stesso sentimento che il padre ha per i figli e i mariti delle figlie. In tale accezione il termine assume il significato di «onorare», «aver caro», «stimare». Dal participio presente *diligens* derivano gli italiani «diligente» e «diligenza».

dolor: propriamente «dolore»; il termine nel linguaggio erotico designa la pena d'amore, il tormento collegato con la lontananza della persona cara o con i suoi tradimenti.

nosse: propriamente «conoscere»; in Catullo assume un'implicazione erotica, anche se non è semplice stabilirne la reale portata semantica, tanto più che in latino non è molto frequente il caso in cui il verbo abbia il senso di «conoscere carnalmente».

odi: il verbo, che è un perfetto logico ed esprime quindi gli effetti nel presente di un'azione compiuta nel passato, nel suo significato di «odiare» si contrappone ad *amo*.

puella: propriamente «ragazza»; il termine è usato da Catullo come un'antonomasia enfatica per indicare Lesbia, che raramente è nominata nei carmi. Nella letteratura erotica latina il vocabolo designava la donna amata, anche se sposata.

solaciolum: è diminutivo affettivo di *solacium* e significa propriamente «piccolo conforto»; compare per la prima volta nel carme 2 e non è attestato nella letteratura latina se non in una tarda epigrafe di un anonimo imitatore di Catullo.

uror: forma mediale da *uro, -ere*, propriamente significa «brucio», «ardo»; applicato all'ambito amoroso indica l'infuriare della passione sensuale, un desiderio ardente che infiamma e consuma e assume il significato figurato di «essere travagliato» per le pene d'amore.

ANALISI DEL TESTO *Carmina*, 8

Lessico

1 Quali sono le espressioni di tipo proverbiale presenti nel carme?

2 Nel carme vengono riproposti elementi lessicali spesso utilizzati da Catullo. Individua:
a i diminutivi;
b le forme del *sermo familiaris*;
c i termini del linguaggio erotico.

3 Sapresti dire perché l'aggettivo *candidi* (v.3) viene utilizzato con l'accezione che ha nel carme (per rispondere pensa alla tradizione romana)?

Sintassi e stile

4 Per dare maggiore coesione al carme il poeta utilizza alcuni accorgimenti: sapresti dire quali e individuarli precisamente all'interno del testo?

5 Al v. 1 c'è la forma *desinas* là dove ci saremmo aspettati un imperativo: sapresti giustificare questa scelta?

6 Sostando ora su altri aspetti formali, prova a dar ragione di queste affermazioni:
a l'utilizzo prima di congiuntivi esortativi e poi di imperativi conferisce al carme una varietà di toni;
b le interrogative retoriche presenti nel carme attribuiscono un ritmo concitato al testo;
c l'effetto di spontaneità e immediatezza del testo presuppone una lunga e accurata elaborazione.

Contenuti

7 Per il carme si può parlare di soliloquio, ma si possono condurre delle riflessioni. Ad esempio:
a Come interpreti il diverso uso della seconda persona singolare (ora riferito al poeta, ora alla donna)?
b Perché si può comunque affermare che nell'insieme il carme ha l'aspetto del soliloquio?

8 Osserva le due parti in cui è divisibile il carme, che presentano analogie e differenze:
a quale sentimento sembra dominare nella prima, collegato con il tema del ricordo?
b qual è invece il motivo dominante della seconda parte?
c quale scopo hanno le insistite domande che occupano la parte terminale del carme?

9 Nel carme il poeta attribuisce a Lesbia quelli che in realtà sono i suoi sentimenti:
a individua i passi precisi in cui ciò avviene;
b ritrova nel testo l'opposizione tra dimensioni temporali diverse, anche riprendendo le parole significative in tal senso;
c inserisci questa riflessione nell'ambito più vasto della relazione tra i due amanti.

TESTO 4

Promesse al vento *Carmina*, 70

Le promesse di Lesbia non sono affidabili: occorre scriverle sul vento e sull'acqua. L'immagine non è originale e Catullo sicuramente ha presenti dei modelli letterari. In particolare un epigramma di Callimaco (*Antologia Palatina* v, 6, 1-4): «Callignoto ha giurato a Ionide che non le avrebbe preferito né un amico né un'amica. Giurò; ma dicono la verità quanti affermano che i giuramenti d'amore non giungono alle orecchie degli immortali», e uno di Meleagro (*Antologia Palatina* v, 8): «Notte sacra e te lucerna, nessun altro ma voi scegliemmo come testimoni dei giuramenti; giurammo lui di amarmi e io di non lasciarlo mai ... Ma ora egli dice che tali promesse si scrivono sull'acqua, e tu lucerna lo vedi nelle braccia di altre».
Da Callimaco Catullo riprende il contenuto (l'affermazione che i giuramenti d'amore non vengono mantenuti) e la struttura: quello che in Callimaco è «Ha giurato ... / ha giurato, ma», in Catullo diventa «*dicit ... / dicit: sed*». Alla constatazione del primo distico segue, nel secondo, introdotta dall'avversativa, la correzione, che assume il carattere di una massima generale (*oportet*). Da Meleagro invece mutua l'immagine dell'acqua che porta via i giuramenti, peraltro già presente in Sofocle e in Platone.

La novità apportata da Catullo in queste immagini, che erano comunque diventate proverbiali, consiste nell'aver associato per la prima volta il vento e l'acqua che portano via le promesse d'amore. Il tema ricorre anche nel carme 64, 139-148, nel lamento di Arianna abbandonata da Teseo. L'elemento che accomuna i due carmi è la *fides* che Catullo e Arianna rispettano e che Lesbia e Teseo sono pronti a rinnegare. Come si è già detto il tema della *fides* ha particolare forza nella poetica catulliana, cosicché questo carme insieme a quelli che riprendono la questione della fedeltà, rappresenta un indice significativo del suo quadro assiologico.

Metro: distici elegiaci ´∪∪, ´∪∪, ´∪∪, ´∪∪, ´∪∪, ´∪,
´∪∪, ´∪∪, ´||´∪∪, ´∪∪, ∪́

Nulli se dicit mulier mea nubere malle
   quam mihi, non si se Iuppiter ipse petat.
Dicit: sed mulier cupido quod dicit amanti,
   in vento et rapida scribere oportet aqua.

1-2. Nulli ... petat: «La mia donna dice che non preferirebbe unirsi a nessuno se non a me, neppure se la volesse Giove stesso». *Nulli* sta per *nemini*, secondo un uso molto raro in prosa, più frequente in poesia per esigenze metriche. *Dicit* è ripreso nel v. 3 in anafora. L'uso di *mulier* invece del solito *mea puella* è giustificato in primo luogo dalla volontà di creare un parallelismo con il secondo distico, in cui *mulier* si adatta perfettamente al tono sentenzioso, e in secondo luogo perché si inserisce nel linguaggio di ambito matrimoniale volutamente adottato da Catullo per rappresentare il suo legame con Lesbia, che invece matrimoniale non era. Il verbo *nubere* significa non soltanto «sposarsi», ma anche «unirsi» e in questa accezione è impiegato nella commedia latina. L'attribuzione di un lessico matrimoniale al suo rapporto con Lesbia indica che Catullo voleva o avrebbe voluto conferirgli tale valore. Si noti il gioco delle allitterazioni della *-l-* (*nulli, mulier, malle*), della *-m-* (*mulier, mea, malle*) e del gruppo nasale + *u* (*nulli, nubere*), a testimonianza dell'estremo *labor limae* impiegato da Catullo in questo carme. *Non si* sta per *ne si quidem*, secondo un uso poetico che solo più tardi si estenderà anche alla prosa. Si tratta di un periodo ipotetico della possibilità. *Iuppiter*: il riferimento agli amori di Giove era topico tanto da diventare proverbiale. Si rilevi ancora il gioco allitterante della *-p-* e della *-t-*.

3-4. Dicit ... aqua: «Dice: ma quello che una donna dice all'amante desideroso bisogna scriverlo nel vento e sull'acqua che porta via». *Dicit:* riprendendo Callimaco, Catullo ripete in anafora il *dicit* del v. 1. L'aggettivo *cupidus* ha un significato pregnante, in riferimento alla voglia d'amore ed è messo in risalto dall'iperbato e dalla collocazione al centro del verso. *Quod* è prolessi del relativo. Nell'ultimo verso Catullo per la prima volta associa le immagini del vento e dell'acqua in relazione alla promessa. *Rapidus*, dalla radice di *rapio*, esprime la forza dell'acqua che trascina via tutto, anche le promesse d'amore. L'iperbato pone l'immagine in netto risalto.

TESTO 5

Le diverse gamme dell'amore *Carmina*, 72

Questo carme è strettamente collegato con il carme 70, come dimostrano il riferimento a Giove, l'impiego di una terminologia erotica e matrimoniale, nonché il contenuto del primo distico: lì Lesbia prometteva di non voler amare nessun altro se non Catullo, qui la stessa Lesbia ha già rotto quella promessa e violato il *foedus*, provocando la sofferenza del poeta. Questo componimento contiene però un elemento nuovo, la distinzione o, si potrebbe dire, la contrapposizione tra vari tipi d'amore: *diligere*, *amare*, *bene velle*. *Diligere* si colloca in margine e designa il genere di sentimento che Catullo ha provato per Lesbia e che comprende la stessa tenerezza e l'affetto che caratterizzano i rapporti domestici, segno che Catullo avrebbe voluto inserire la sua relazione con Lesbia nell'ambito degli affetti familiari. Si contrappongono nettamente, invece, *amare* e *bene velle*. Il primo termine esprime l'intensità della passione, a cui afferiscono alcuni termini chiave del carme: *amantem, amicam, uror*. Il secondo indica invece un sentimento più complesso, più articolato, fatto di stima, amicizia, affetto, che Catullo avrebbe voluto instaurare con Lesbia, ma che si è rivelato impossibile.

Metro: distici elegiaci –́⏑⏑, –́⏑⏑, –́⏑⏑, –́⏑⏑, –́⏑⏑, –́⏑,
–́⏑⏑, –́⏑⏑, –́||–́⏑⏑, –́⏑⏑, ⏓

Dicebas quondam solum te nosse Catullum,
Lesbia, nec prae me velle tenere Iovem.
Dilexi tum te non tantum ut vulgus amicam,
sed pater ut gnatos diligit et generos.
Nunc te cognovi: quare etsi impensius uror,
multo mi tamen es vilior et levior.
«Qui potis est?» inquis. Quod amantem iniuria talis
cogit amare magis, sed bene velle minus.

1. Dicebas: è un "imperfetto di consuetudine" e indica un'azione ripetuta nel passato. – **quondam:** per l'etimologia dell'avverbio si veda il carme 8, 3 a p. 312. Alfonso Traina ha rilevato che quasi sempre nella poesia catulliana questo avverbio si lega alla nostalgia per un passato lontano, ma sentito ancora come vicino e dunque fonte di rimpianto. – **nosse:** infinito sincopato (= *novisse*); il verbo *nosco* ha qui significato erotico, come pure il *tenere* del verso successivo.

2. Lesbia: il vocativo è collocato in posizione enfatica. – **nec prae ... Iovem:** «e di non voler avere al mio posto neppure Giove». Il riferimento a Giove collega strettamente questo carme al carme 70, 2 qui sopra, al quale si rimanda. *Prae me* corrisponde al *quam mihi* del carme 70, 2.

3. Dilexi tum te non tantum: per il verbo *diligo*, vedi Approfondimento "Il lessico catulliano dell'amore", a p. 314. – **ut vulgus amicam:** «come la gente ama l'amante». Catullo sottolinea l'eccezionalità del suo amore per Lesbia.

4. sed: sottintende *etiam* ed è in correlazione con il precedente *non tantum*. – **pater ut:** è anastrofe per *ut pater*: «come un padre ama i suoi figli e i generi». – **gnatos:** è arcaismo per *natos*. L'immagine espressa in questi versi testimonia la tendenza di Catullo a paragonare il rapporto amoroso agli affetti familiari. Si noti infine nel distico l'allitterazione delle dentali e delle nasali.

5. Nunc ... uror: *Nunc* corrisponde al *quondam* del v. 1 e al *tum* del v. 3; al rimpianto del passato si sostituisce la sofferenza del presente. *Cognovi* è perfetto logico e si contrappone al *nosse* del v. 1: ora Catullo conosce veramente Lesbia e la sua miseria morale. *Etsi* introduce una proposizione concessiva. *Impensius* è comparativo avverbiale di *impense*. Il verbo *uror* indica l'infuriare della passione sensuale.

6. multo ... levior: «tuttavia per me sei molto più vile e vali molto meno». *Mi* è la forma contratta di *mihi* ed è un dativo del giudicante. *Multo*, ablativo di misura, è forma normale dinanzi a comparativi. Si noti la sua collocazione in *incipit* di verso. I due aggettivi *vilior* e *levior* sono scelti, oltre che per il loro significato, anche per la valenza fonica.

7. Qui potis est?: «Come è possibile?». *Qui* è ablativo singolare arcaico di *quis, quid* ed equivale a *quomodo*. *Potis, -e* è aggettivo a due uscite che nel I secolo a.C. è considerato sia arcaismo sia colloquialismo. Catullo usa qui il genere maschile anziché il neutro, secondo un uso abbastanza comune. – **inquis:** l'interlocutrice potrebbe essere Lesbia o anche un interlocutore fittizio, forse lo stesso Catullo. – **Quod:** introduce una proposizione causale. – **iniuria:** da *in* + *ius*, è l'offesa contro il diritto (*ius*), che regola i rapporti umani. Qui è la violazione del *foedus*, il patto che unisce i due amanti.

8. cogit ... minus: Catullo contrappone *amare* e *bene velle*, l'amore sensuale e quello che comprende anche la stima, l'affetto, l'amicizia. Il carme si chiude con un distico epigrafico che assume la funzione di una *sententia* universale.

TESTO 6

Odi et amo Carmina, 85

Si tratta di un carme di straordinaria concentrazione epigrafica, che trova la sua premessa nel carme 72, incentrato sullo stesso tema. Svariati sono i modelli greci, da Anacreonte (VI secolo a.C.), fr. 79 D. («Io ti amo e insieme non ti amo più, sono pazzo e non sono pazzo»), a Saffo, fr. 130 L.-P. («Eros che scioglie le membra ancora una volta mi scuote, dolceamaro animale»), a Teognide, *Elegie*, vv. 91 sgg. e vv. 1091 sgg., a Sofocle, *Elettra* v. 1363 («ti ho amato e ti ho odiato nello stesso giorno») e soprattutto a Filodemo, *Antologia Palatina* v. 24 («La mia anima mi raccomanda di fuggire l'amore di Eliodora, conoscendo le mie lacrime e la gelosia. Così dice, ma io non ho la forza di fuggire: essa, vile, mi ordina di fuggire mentre si strugge d'amore») e 107. Ma la novità fondamentale, come già rilevò il Pasquali, scaturisce dal fatto che in nessuno dei modelli si trova nello stesso soggetto la compresenza dei due

opposti sentimenti rivolti allo stesso oggetto. E in nessuno è presente lo stupore impotente del poeta di fronte a questa lacerazione sentimentale irrazionale e sconcertante. Si tratta di una riflessione che il poeta rivolge a un interlocutore fittizio che, ancora una volta, potrebbe essere Catullo stesso.
La struttura del carme è molto sorvegliata. Nel primo verso si individuano tre membri: *odi et amo / quare id faciam / fortasse requiris*, e altrettanti nel secondo verso: *nescio / sed fieri / sentio et excrucior*. *Odi et amo* richiama chiasticamente *sentio et excrucior*, così come *fortasse requiris* trova corrispondenza in *nescio*. Al centro di entrambi i versi i verbi *faciam* e *fieri*, con *fieri* che si oppone al suo attivo *faciam*.

Metro: distico elegiaco –́ ∪∪, –́ ∪∪, –́ ∪∪, –́ ∪∪, –́ ∪∪, –́ ∪,
–́ ∪∪, –́ ∪∪, –́ || –́ ∪∪, –́ ∪∪, ∪́

Odi et amo. Quare id faciam, fortasse requiris.
Nescio, sed fieri sentio et excrucior.

1. Odi et amo: i due verbi, usati assolutamente, costituiscono un ossimoro, che acquista un rilievo ancora maggiore in quanto collocato in *incipit* di verso. *Odi* è perfetto logico, quindi esprime gli effetti nel presente di un'azione compiuta nel passato. – **Quare ... faciam:** è proposizione interrogativa indiretta che riproduce le movenze della lingua colloquiale. – **fortasse requiris:** un interlocutore fittizio rivolge la domanda.

2. Nescio, sed fieri sentio: Catullo risponde in prima persona ed esprime, attraverso l'uso del verbo *fieri*, uno stato di cui non è responsabile, ma che sopporta passivamente. – **excrucior:** il verbo recupera il suo valore etimologico di «levare su in croce» (lo stesso che ricorre nel carme 76, 10) ed esprime un tormento profondo.

TESTO 7

Un amore eterno? *Carmina*, 109

È l'ultimo componimento del *Liber* in cui compare Lesbia. Catullo riporta l'offerta, da parte di Lesbia, di un amore felice ed eterno, ma poiché non è sicuro che questo momento gioioso possa durare, invoca gli dèi perché siano garanti della *fides*. Ricompare dunque un tema centrale del *Liber*: la *fides* – la lealtà nei rapporti tra i due amanti – che con il *foedus* – il patto che proprio sulla *fides* si fonda – costituisce il fondamento del rapporto tra il poeta e Lesbia, a cui Catullo vorrebbe dare la stessa stabilità di un legame matrimoniale. Il tono del carme sembra serio e a conferma di tale interpretazione si riporta un passo di Lucano, *Pharsalia* II, 352 sgg., in cui sono descritte le nozze di Catone e Marcia e che riecheggia nella terminologia il carme catulliano: «Piace solo il patto e le formule giuridiche (pronunciate dai contraenti) privi della vana pompa, e ammettere come testimoni ai riti soltanto gli dèi».

Metro: distici elegiaci –́ ∪∪, –́ ∪∪, –́ ∪∪, –́ ∪∪, –́ ∪∪, –́ ∪,
–́ ∪∪, –́ ∪∪, –́ || –́ ∪∪, –́ ∪∪, ∪́

Iucundum, mea vita, mihi proponis amorem
hunc nostrum inter nos perpetuumque fore.
Di magni, facite ut vere promittere possit
atque id sincere dicat et ex animo,
ut liceat nobis tota perducere vita
aeternum hoc sanctae foedus amicitiae.

Mi prometti, mia vita, un amore reciproco,
e che questo amore sarà eterno.
Grandi dèi, fate sì che la promessa si avveri,
e dica sincere parole dettate dal cuore,
e a noi sia concesso per tutta la vita serbare
questo pegno di eterno e inviolabile affetto.
(trad. di L. Canali)

TESTO 8

L'addio definitivo

Carmina, 11

Come il carme 51 rappresenta la dichiarazione d'amore a Lesbia, così questo carme viene riconosciuto come il congedo definitivo del poeta dalla sua donna: entrambi utilizzano Saffo come modello, a partire già dalla metrica. Il carattere di congedo del carme e il fatto che esso si colloca al termine della vita del poeta sono confermati dai riferimenti cronologici presenti nel testo, che alludono ad avvenimenti del 55-54 a.C.: il Nilo e l'Egitto richiamano le manovre di Aulo Gabinio per rimettere sul trono Tolomeo Aulete; i Britanni le imprese di Cesare in Gallia e in Britannia.

La struttura del carme ha suscitato perplessità nei critici, che hanno voluto metterlo a confronto con l'Ode II, 6 di Orazio, in cui compare il tema – peraltro piuttosto frequente – della disponibilità degli amici ad accompagnare il poeta in luoghi lontani. In particolare è stata osservata la prolissità del carme catulliano rispetto a quello oraziano, che trova la sua giustificazione nell'intonazione. Il tono delle prime quattro strofe è elevato e solenne, come appare da alcuni elementi:

- esse sono costituite da un unico periodo, cosa non comune nelle *nugae*;
- compare la serie anaforica *sive ... seu ... sive*, tipica dello stile innografico;
- sono presenti epiteti di ascendenza omerica (*longe resonante*) ed enniana (*caelites*), arcaismi (*ut* per *ubi*) e il polisindeto *-que ... -que*.

Un tono così solenne contrasta però con la banalità della richiesta di Catullo ai due amici. I *pauca ... non bona dicta* che Catullo chiede di riferire a Lesbia costituiscono il fulcro del carme e spiccano proprio in virtù della loro sproporzione con quanto precede. Solo a questo punto appare evidente la natura del carme, che sotto la patina solenne sembra celare un'amara ironia.

Le ultime due strofe sono di tenore molto diverso fra loro: la prima è estremamente volgare, sprezzante, la seconda, che conclude il carme, fonde invece fraseologie e immagini della saggezza popolare con reminiscenze saffiche, creando un intarsio di grande naturalezza.

Senza entrare nel merito delle varie ipotesi formulate dai critici circa i personaggi di Furio e Aurelio, basti dire che essi sono bersaglio di violenti strali da parte di Catullo in tutto il *Liber* (nei carmi 15, 16, 21 e 23) e ciò potrebbe derivare o dall'estrema familiarità del poeta con loro o da una sua aperta ostilità.

Metro: strofe saffiche
–∪–⏓, –∪∪, –∪–∪,
–∪–⏓, –∪∪, –∪–∪,
–∪–∪, –∪∪, –∪–∪,
–∪∪, –⏓

Furi et Aureli, comites Catulli,
sive in extremos penetrabit Indos,
litus ut longe resonante Eoa
 tunditur unda,

sive in Hyrcanos Arabasve molles,
seu Sagas sagittiferosve Parthos,

1. Furi ... Catulli: «Furio e Aurelio, disposti ad accompagnare Catullo». Il vocativo iniziale si collega con l'imperativo *nuntiate* del v. 15, a confermare la struttura complessa e sospesa del carme. *Comites* è una forma nominale formata da *cum* + *ire*.

2. sive ... Indos: «sia che si spinga tra gli Indiani che stanno in capo al mondo». *Sive ... seu ... sive*: si tratta di un'espressione formulare tipica dello stile innologico. L'elenco delle località comincia con i confini orientali del mondo, abitati dagli Indiani e dove solo Alessandro Magno si era spinto, e terminerà con i remoti Britanni. *Extremos* deriva da *extra* («fuori»).

3-4. litus ... unda: «dove la costa è battuta dall'onda orientale risonante da lontano». *Litus ut*: anastrofe; *ut* sta per *ubi*. *Longe resonante*: l'avverbio si lega all'aggettivo. *Eoa* è un grecismo e sta per «orientale». *Tundo* è verbo raro, più frequenti sono i suoi composti *contundo*, *ottundo* ecc. Si rilevi l'effetto onomatopeico ottenuto attraverso la ricchezza di dentali (*t ... d ... t ... d*) alternate e della vocale cupa *u*, che rende il fragore delle onde, mentre la ripresa del suono iniziale *tund- ... und-* suggerisce la ripetitività dell'azione.

5-8. sive ... Nilus: «sia tra gli Ircani e gli Arabi effeminati, sia fra i Sagii e i Parti armati di frecce, sia alle distese di

sive quae septemgeminus colorat
aequora Nilus,

sive trans altas gradietur Alpes,
Caesaris visens monimenta magni,
Gallicum Rhenum, hórribilesque ulti
mosque Britannos,
omnia haec, quaecumque feret voluntas
caelitum, temptare simul parati,
pauca nuntiate meae puellae
non bona dicta.

Cum suis vivat valeatque moechis,
quos simul complexa tenet trecentos,
nullum amans vere, sed identidem omnium
ilia rumpens:

acqua marina che il Nilo dalle sette foci tinge». *Hyrcanos*: popolazione che abitava le coste meridionali del Mar Caspio. In *Arabasve* è presente la desinenza dell'accusativo plurale alla greca, mentre *-ve* è particella disgiuntiva enclitica. L'epiteto *molles* è del tutto convenzionale in riferimento agli Arabi: poiché dall'Arabia provenivano unguenti e profumi il cui uso a Roma era considerato segno di lusso e di mollezza, *molles* erano definiti gli Arabi che li producevano. *Sagas:* i Sagii erano nomadi, talora identificati con gli Sciti, e abitavano le regioni settentrionali della Persia. *Sagittiferosve* è aggettivo composto di caratura epica, derivato dalla straordinaria abilità nell'uso dell'arco che i Parti dimostravano in guerra. La sperimentò proprio in quegli anni il triumviro Licinio Crasso, a capo della spedizione contro i Parti che, iniziata nel 55 a.C., si sarebbe conclusa infelicemente nel 53 a.C., con la sconfitta di Carre e la morte dello stesso Crasso. La particella *-ve* è disgiuntiva enclitica. *Parthos*: i Parti erano una popolazione iranica, il cui regno si estendeva dall'Eufrate all'Indo. *Quae* è prolessi del relativo, riferito ad *aequora*. *Aequora* (da *aequus* «piano») può intendersi come le pianure egizie fertilizzate dal limo o, più probabilmente, come il mare colorato di scuro dal limo stesso. *Septemgeminus* è epiteto composto di stampo epico, forse coniato da Catullo sul modello dei poeti greci. Anche l'Egitto era argomento di scottante attualità: proprio nel 55 a.C. Aulo Gabinio aveva rimesso sul trono egizio Tolomeo Aulete.

9. trans ... gradietur: costituisce una tmesi, ulteriore elemento dello stile elevato proprio del carme. – **altas ... Alpes:** iperbato.

10. Caesaris ... magni: «per visitare le testimonianze del grande Cesare». *Visens* è participio presente di *viso*, desiderativo di *video*, e ha valore finale. La forma *monimenta* si alterna a *monumenta*: secondo la definizione di Quintiliano, il suono *i/u* davanti a *-m* era *sonus incertus* (così *optimus / optumus*). Si rilevi l'iperbato a cornice *Caesaris ... magni*.

11-12. Gallicum ... Britannos: «il Reno gallico e gli orribili e remoti Britanni». Il Reno segnava il confine tra la Gallia e la Germania. *Rhenum*, *Gallicum* e *Britannos* indicano il teatro delle operazioni militari di Cesare nella campagna gallica. Si noti lo iato tra *horribilesque* e *ultimosque*. Con i Britanni «remoti», collocati all'estremità nord-occidentale del mondo conosciuto, si chiude la serie dei luoghi in cui Furio e Aurelio sarebbero pronti ad accompagnare Catullo. L'aggettivo *horribiles* allude al terrore che le popolazioni britanniche, abituate a colorarsi il volto di azzurro in battaglia (Cesare, *De bello Gallico* V, 14, 2), dovettero incutere ai Romani.

13-14. omnia ... parati: «visto che siete pronti a esplorare con me tutti questi paesi, qualunque cosa porti la volontà degli dèi». *Omnia haec* riprende tutto quanto elencato precedentemente. *Caelitum*: termine aulico già presente in Ennio. Il verbo *temptare* ha il valore di «affrontare», «spingersi fino a». *Parati* + infinito è costrutto poetico.

15-16. pauca ... dicta: «riferite alla mia donna poche non benevole parole». C'è un forte contrasto fra la totale disponibilità dei *comites* a favorire Catullo e la pochezza della richiesta di quest'ultimo: portare un messaggio pieno di astio, quello della rottura definitiva del suo legame con Lesbia. La litote finale ha tutto l'aspetto di un *aprosdóketon*.

17. Cum ... moechis: «Viva e stia bene con i suoi amanti». *Vivat valeatque* è una formula di saluto che equivale a un distacco definitivo. *Moechus* è un grecismo popolare che significa «adultero»; si trova nella commedia e conferisce al discorso un tono molto pesante.

18. quos ... trecentos: «che tutti insieme abbracciandoli si tiene stretti nel numero di trecento». *Complexa* è participio congiunto (dal verbo *complector*) concordato con il soggetto sottinteso. *Trecentos* è un numero indeterminato, iperbolico. Si noti l'allitterazione *tenet trecentos*, che rende ancor più cruda l'immagine.

19-20. nullum ... rumpens: «senza amarne veramente nessuno, ma rompendo a tutti le reni senza tregua». *Nullum* si contrappone a *trecentos* del verso precedente e a *omnium* dell'*explicit* dello stesso verso. *Omnium* costituisce sinafia. *Amans*: per il significato del verbo *amare* in Catullo si veda il carme 72, a p. 318. Per l'uso dell'avverbio *identidem*, si veda nota al carme 51, 3 a p. 297.

nec meum respectet, ut ante, amorem,
qui illius culpa cecidit velut prati
ultimi flos, praetereunte postquam
tactus aratro est.

21. nec ... amorem: «e non guardi più, come prima, al mio amore». *Respectet* è congiuntivo esortativo di *respecto*, frequentativo di *respicio*. Il verbo *respicio* ha il significato di «voltarsi indietro a guardare», detto spesso della divinità che si volta a guardare chi la invoca. Da ciò si potrebbe dedurre che Catullo vede ancora in Lesbia una sorta di divinità.

22-24. qui ... aratro est: «che, per colpa di lei, è caduto come sul ciglio di un prato un fiore, dopo che è stato toccato dall'aratro che passa e va oltre». Chiude il carme un'immagine delicatissima, che rappresenta un vero e proprio *topos* letterario, comparendo già in Omero e venendo a più riprese utilizzata da poeti e scrittori di ogni secolo (per un approfondimento sul tema si veda la scheda che segue). *Illius culpa*: la colpa ricade su Lesbia che ha rotto il *foedus*. In *illius* la *-i-* è breve (sistole). Tra *prati* e *ultimi* c'è sinafia. *Praetereunte ... aratro* è ablativo di causa efficiente.

APPROFONDIMENTO

IL *TOPOS* LETTERARIO DEL FIORE RECISO

Il carme 11 si chiude su un'immagine delicatissima, che Catullo probabilmente costruisce combinando insieme un proverbio romano attestato da Paolo Festo (*tam perit quam extrema faba* «va distrutto come l'ultima fava», che era per lo più calpestata) e il fr. 105 L.-P. di Saffo:

come sui monti i pastori con i piedi calpestano il giacinto,
e giace a terra il fiore purpureo,

a sua volta mutuato da Omero (*Iliade* VIII, 308):

Come un papavero piega su un lato la testa, nell'orto,
appesantito dal frutto o dalle piogge primaverili,
così su un lato reclinò la testa, appesantita dall'elmo.

Un'immagine simile si trova anche in un altro carme catulliano (62, 39 sgg.), a rappresentare la purezza della fanciulla.

Come un fiore nascosto nasce in giardini recintati,
sconosciuto al bestiame, non divelto da alcun aratro [...]

La similitudine sarà ripresa da Virgilio a proposito della morte di Eurialo in *Aeneis* IX, 435 sgg.:

come quando il fiore purpureo, reciso dall'aratro
languisce morendo o reclinano il capo i papaveri
sullo stanco collo, quando sono appesantiti dalla pioggia

e avrà un seguito anche nella letteratura italiana. Ariosto (*Orlando Furioso* XVIII, 153) utilizza il passo virgiliano nella descrizione della morte di Dardinello:

Come purpureo fior languendo muore,
che 'l vomere al passar tagliato lassa;
o come carco di superchio umore
il papaver ne l'orto il capo abbassa [...]

Manzoni se ne ricorda a proposito della morte di Cecilia (*Promessi sposi*, cap. 34):

come il fiore già rigoglioso sullo stelo cade insieme col fiorellino ancora in boccia,
al passar della falce che pareggia tutte l'erbe del prato.

ANALISI DEL TESTO *Carmina*, 11

Lessico

1 Una delle particolarità del carme 11 è il tono solenne che caratterizza le prime strofe: quali elementi del lessico contribuiscono a generare questo effetto? Per esempio:
a nel v. 2 quale formula tipica dello stile innologico compare?
b quali sono i composti presenti nel carme? quale origine hanno?
c a quale ambito appartiene il termine *caelitum* (v. 14)?

2 Il carme può essere assunto come esempio della commistione lessicale tipica del linguaggio catulliano. Accanto infatti alle parole solenni cui si è già fatto cenno nella domanda 1, vi sono termini appartenenti ad altri livelli linguistici. Rintraccia e trascrivi:
a termini tipici del linguaggio popolare;
b grecismi;
c arcaismi.

Sintassi e stile

3 Studia la sintassi generale del carme.
a Ti sembra che l'ampiezza dei periodi sia equilibrata all'interno del testo?
b Nella prima parte che tipo di struttura sintattica prevale? Come si connette con il tono del discorso?
c Che considerazioni puoi fare, invece, sulla sintassi dell'ultima parte del carme?

4 Nel carme sono numerose le figure retoriche. Sapresti definire e fornire esempi, presenti nel testo, delle figure retoriche elencate qui di seguito?
a Tmesi
b Litote
c Onomatopea
d Allitterazione

Contenuti

5 Il testo è interamente costellato di riferimenti dotti ed eruditi.
a Secondo quali coordinate geografiche viene condotto l'immaginario viaggio del poeta?
b Quali sono i riferimenti a eventi storico-politici di attualità per i tempi di Catullo?
c Come vengono descritti i diversi popoli citati?

6 In che cosa differiscono tra loro il tono della quinta e quello della sesta strofa? Come si distinguono queste due strofe dal resto del carme?

7 In quale senso (e in quale ambito del carme) si può parlare di presentimento della morte?

RIEPILOGO DEL PERCORSO

1 Rileggendo i carmi presenti nel percorso spiega il diverso modo di intendere l'amore, tenendo presenti:
a il concetto di *amare* contrapposto a quello del *bene velle* (carme 72);
b la contrapposizione temporale tra un "prima" e un "dopo", che nei carmi è segnalata anche dalla presenza di avverbi quali *tum* e *nunc*;
c il passaggio dall'idea di amore come *lusus* a quella di amore come *morbus*.

2 Quale tipo di riflessione compie Catullo a proposito del suo amore per Lesbia? Per esempio:
a quale valore ha avuto quel legame per il poeta?
b quale pensa sia stato invece il valore che gli ha attribuito Lesbia?
c emerge nei passi letti l'intensità dei sentimenti del poeta? Dove?
d che significato hanno i termini *fides* e *foedus*, spesso utilizzati dal poeta in relazione alla sua vicenda d'amore?

3 Alla fine del rapporto che legava Catullo a Lesbia, il poeta esprime la sua delusione e la sua amarezza per il comportamento tenuto dalla donna. Rintraccia nei carmi i sostantivi e i verbi che ti sembra possano esprimere in modo significativo lo stato d'animo dell'autore.

4 Rintraccia nei carmi riportati i termini propri del lessico d'amore catulliano e scrivi accanto a ciascuno il significato che riveste nel contesto.

5 I diversi carmi illustrano momenti più o meno felici della vicenda d'amore tra Catullo e Lesbia:
a ciò che il poeta scrive è immediatamente trasferibile nella sua vita reale? Perché?
b che ruolo rivestono i modelli letterari nella descrizione della vicenda d'amore tra il poeta e Lesbia?

4 Il poeta e il suo mondo: affetti e antipatie

Intrecciato con i temi dell'amore per Lesbia e delle scelte poetiche sta nel *Liber* il motivo dell'amicizia. L'amicizia riveste agli occhi di Catullo un'importanza fondamentale, tanto da essere collocata allo stesso livello dell'amore, come indica il lessico utilizzato. Gli amici sono i confidenti delle pene d'amore del poeta, sono quelli con cui è possibile dibattere di poesia e condividere sofferenze e gioie quotidiane. Talora gli amici sembrano tradire la fiducia di Catullo e il poeta li rimprovera. Accanto a loro, con la stessa intensità affettiva, Catullo colloca gli affetti familiari, protagonisti di alcuni suoi carmi. Sono le liriche dedicate alla nostalgia della casa lontana, alla gioia del ritorno, al lutto per la morte prematura del fratello. Poi ci sono i nemici, gli avversari, le persone che suscitano l'antipatia del poeta. Essi sono spesso il bersaglio di violenti invettive, in cui emerge la gamma tonale di un linguaggio crudo e volgare. Un mosaico di sentimenti diversi e contrastanti, che concorrono a completare il profilo di un poeta e del suo mondo.

Scena di simposio, III secolo a.C., Tomba di Agios Athan…

ITA	TESTO 1	*Carmina*, 13
ITA	TESTO 2	*Carmina*, 38
ITA	TESTO 3	*Carmina*, 96
LAT/ITA	TESTO 4	*Carmina*, 26
LAT	TESTO 5	*Carmina*, 49
LAT	TESTO 6	*Carmina*, 46
LAT	TESTO 7	*Carmina*, 31
LAT	TESTO 8	*Carmina*, 101

TESTO 1

Un invito originale *Carmina*, 13

Il carme rappresenta un singolare invito a cena, a cui l'invitato dovrà giungere rifornito di tutto il necessario, poiché Catullo è privo di denaro. Si tratta di una poesia ironica che culmina nell'*aprosdóketon* finale, con l'immagine di Fabullo che pregherà gli dèi di diventare tutto naso per poter gustare meglio il profumo dell'unguento che la stessa Venere ha donato a Lesbia. Il carme trova il suo modello in un epigramma greco (Filodemo, *Antologia Palatina* XI, 44), ma la situazione che Catullo presenta è tipica dell'ambiente in cui vive: ne sono prova l'espressione *venuste noster* (resa nella traduzione di L. Canali con «bellezza mia») che compare al v. 6 e che è legata al principio etico ed estetico della *venustas*, l'amicizia sincera che lega gli ospiti e l'atmosfera elegante del banchetto, sottolineata dall'accenno alle Veneri e agli Amorini. Il carme, insomma, rispecchia perfettamente la poetica neoterica del *lusus*.

«Bene cenerai da me, o mio Fabullo,
tra pochi giorni, se gli dèi ti assistono,
se porterai con te una buona cena
abbondante, non senza una fanciulla
splendida, e vino e sale, e tante risa.
Bellezza mia, se porti ciò che dico,
potrai cenare bene: il borsellino
del tuo Catullo infatti abbonda solo
di ragnatele. Avrai in cambio sincero
affetto, e quanto v'è di più dolce
e raffinato. Ti darò infatti un profumo,
dono di Venere e degli Amorini alla mia bella.
Quando lo odorerai, Fabullo, pregherai
gli dèi di farti diventare tutto naso».

(trad. di L. Canali)

TESTO 2

Una richiesta di conforto *Carmina*, 38

Non sempre gli amici sono come vorremmo. Il carme registra il rimprovero di Catullo all'amico Cornificio, che sembra disinteressarsi della condizione psicologica del poeta. Il carme può essere diviso in tre parti:

– vv. 1-3: Catullo rivela la sua condizione di grave malessere;
– vv. 4-6: Catullo si lamenta per l'indifferenza dell'amico;
– vv. 7-8: Catullo richiede qualche parola di conforto.

I motivi del malessere del poeta non vengono rivelati. Forse la sofferenza è causata dall'infedeltà di Lesbia, forse siamo nel periodo di lutto per la perdita del fratello, forse il poeta incomincia ad avvertire i sintomi della malattia che lo condurrà prematuramente alla morte. Al di là di ciò, l'importanza del carme sta nel tema dell'amicizia, che ha qui risvolti diversi da quelli incontrati nei carmi 14 e 95. Il poeta, infatti, non coinvolge l'amico su tematiche di natura poetica o letteraria, ma ne cerca la solidarietà a livello esistenziale. Anche il tono, pertanto, risulta diverso. A dominare non sono la gioia e la scanzonata spensieratezza di quando si mettono alla berlina i poetastri da strapazzo, si deridono canoni poetici ritenuti superati o inadeguati, si festeggia la pubblicazione di un nuovo lavoro di qualche amico della cerchia neoterica, ma la triste malinconia di chi si sente abbandonato nel momento del bisogno. Anche l'amicizia ha le sue regole e Catullo le richiama, rimproverando Cornificio in tono garbato ma fermo, con uno stile semplice e colloquiale, che sa andare diretto allo scopo.

Sta male, o Cornificio,[1] il tuo Catullo,
sta male, mio dio, e peggiora
ogni giorno, ogni ora che passa.
E tu nemmeno una parola di conforto,
che è una cosa da nulla, che non costa!
Sono in collera con te. È così che
mi vuoi bene? Una minima parola basterebbe,
purché più mesta di un verso mesto di Simonide.[2]

(trad. di V. Guarracino)

1. Cornificio fu un oratore appartenente alla cerchia neoterica. Di lui sappiamo che era cesariano e che morì nel 41 a.C.

2. Simonide di Ceo fu un lirico greco, vissuto tra il VI e il V secolo a.C. Fu celebre soprattutto per i suoi canti funebri, particolarmente tristi e cupi.

TESTO 3

La consolazione dell'amico Licinio Calvo

Carmina, 96

L'epigramma si inserisce nel genere della *consolatio*, un tipo di scritto rivolto a chi ha perduto una persona cara. Destinatario è Licinio Calvo, amico di Catullo e appartenente alla cerchia dei poeti neoterici, che aveva perso l'amata moglie Quintilia e le aveva dedicato dei componimenti poetici, probabilmente delle elegie. Il tema è quello dell'amore che sopravvive alla morte; i motivi topici della morte prematura e della possibilità che i defunti possano ascoltare i lamenti dei vivi e recepire il loro dolore sono rivestiti di una tensione e una partecipazione personalissime.

Se ai muti sepolcri può riuscire grato
e ben accetto il nostro dolore
(con quel rimpianto rinnoviamo gli antichi affetti
e piangiamo le amicizie d'un tempo ora perdute)
certo non tanto la sua morte immatura addolora
Quintilia, quanto è il tuo amore a darle gioia.

(trad. di L. Canali)

TESTO 4

Una casetta esposta a un vento insolito

Carmina, 26

Protagonista del carme non è tanto l'amico-nemico Furio, a cui Catullo dedica in più di un'occasione versi scherzosi o insolenti, quanto la villetta che l'uomo si era costruita. Se la osserviamo da un punto di vista strettamente geografico, essa ha la fortuna di essere – come si dice – bene esposta, in quanto costruita al riparo dal soffio dei più fastidiosi venti che spirano da ogni quadrante. Disgraziatamente, però, l'edificio è esposto al vento... dell'ipoteca. Si tratta di una cifra abbastanza contenuta, 15.200 sesterzi, che però risulta elevata per quel morto di fame di Furio, che non ha neppure quel po' di denaro per far fronte ai debiti. L'intero carme è giocato sul doppio senso del termine *opposita* (v. 2), riferito alla *villula*, che può significare sia «esposta», ovviamente ai venti, sia «ipotecata». Nella sua struttura epigrammatica conclusa con il meccanismo dell'*aprosdóketon*, il testo sembra anticipare l'arte satirica del poeta di età imperiale Marziale.

Metro: endecasillabi faleci

Furi, villula vestra non ad Austri[1]
flatus opposita est neque ad Favoni
nec saevi Boreae aut Apheliotae,
verum ad milia quindecim et ducentos.
O ventum horribilem atque pestilentem!

La vostra casetta, Furio, non è esposta
al vento di Scirocco o di ponente,
né d'una tramontana gelida o di Euro,
ma a quello di quindicimila sesterzi
ed è vento tremendo, non perdona.

(trad. di M. Ramous)

1. Per dare maggiore efficacia alle sue parole, il poeta indica il nome di un vento per ogni punto cardinale: l'Austro per il Sud; il Favonio per l'Ovest; la Borea per il settentrione e infine l'Afeliota per l'Est.

TESTO 5

Un ironico ringraziamento a Cicerone *Carmina*, 49

Il carme costituirebbe un ringraziamento rivolto da Catullo a Cicerone in non si sa quale occasione, ma le lodi iperboliche, il tono eccessivamente solenne in rapporto all'occasione e l'umiliazione a cui, per contrasto, si sottopone Catullo, nonché la scelta lessicale e l'andamento sintattico inducono a considerare ironica l'intonazione del carme.
Non sappiamo quali rapporti esistessero realmente tra Catullo e Cicerone, ma è lecito pensare che ci siano stati fra i due motivi di attrito: l'atteggiamento autoelogiativo di Cicerone, che si presentava al pubblico come depositario dei valori tradizionali e *pater patriae*, contrastava con l'atteggiamento distaccato di Catullo e della sua cerchia dalla vita politica attiva e dall'adesione ai valori della morale tradizionale romana; l'attacco di Cicerone a Lesbia nella *Pro Caelio* del 56 a.C., in cui la donna amata dal poeta viene dipinta con toni molto aspri e crudi, potrebbe non aver fatto piacere a Catullo; infine Cicerone aveva dimostrato disprezzo nei confronti della poesia neoterica, che in gioventù aveva abbracciato per poi rinnegarla. Meno convincenti sono le argomentazioni a sostegno dell'intonazione seria del carme: la difesa della poesia sostenuta da Cicerone nell'orazione *Pro Archia* e il ringraziamento all'oratore da parte di Catullo per aver svergognato Lesbia nella *Pro Caelio*.
La solennità del carme potrebbe anche, come è stato proposto da qualcuno, parodiare lo stile magniloquente di Cicerone.

Metro: endecasillabi faleci

Disertissime Romuli nepotum,
quot sunt quotque fuere, Marce Tulli,
quotque post aliis erunt in annis,
gratias tibi maximas Catullus
agit pessimus omnium poeta,
tanto pessimus omnium poeta,
quanto tu optimus omnium patronus.

1. Disertissime Romuli nepotum: «il più abile nel parlare dei nipoti di Romolo». *Disertissime* apre una serie di superlativi con valore ironicamente celebrativo; il tono parodico è accentuato dall'uso dell'aggettivo *disertus* che significa propriamente «abile nel parlare», ma di un'abilità non indirizzata dall'educazione. Diverso è invece il significato di *eloquens*; l'*eloquentia*, qualità tipica del perfetto oratore secondo la distinzione operata dallo stesso Cicerone nell'*Orator* (18) si produce infatti allorché le qualità innate del soggetto vengono coltivate dallo studio e dalla disciplina. *Romuli nepotum*: perifrasi solenne per indicare i Romani, che però acquista una sfumatura ironica se si considera che l'Arpinate era un *homo novus* proveniente dalla provincia.

2-3. quot ... in annis: «di quanti ce ne sono e di quanti ce ne furono, o Marco Tullio, e di quanti ce ne saranno negli anni futuri». *Fuere* è forma arcaica e poetica per *fuerunt*. L'uso dei tre verbi che riassumono il passato, il presente e il futuro, proprio del tono solenne delle formule liturgiche, rende ancora più evidente l'intenzione ironica del poeta, accresciuta dal vocativo che comprende il *praenomen* e il *nomen*, secondo l'uso del linguaggio ufficiale, fuori luogo in un componimento del genere. *Post* = *postea*. L'iperbato *aliis ... in annis*, l'anafora di *quot* e il polisindeto elevano il tono. Un'espressione simile è presente anche nei carmi 21, 2 sgg. e 24, 2 sgg., sempre con intento ironico-sarcastico.

4-5. gratias ... agit: «ti ringrazia moltissimo». È il ringraziamento di Catullo, che apparentemente costituisce l'occasione del carme. *Gratias* è in posizione enfatica, in *incipit* di verso.

6. pessimus omnium poeta: «il peggiore poeta di tutti»; l'espressione, reiterata, di falsa modestia richiama immediatamente il successivo giudizio, *per contrarium*, su Cicerone, formulato con tono ironico e sottolineato dalla triplice iterazione di *omnium*. – **tanto ... quanto:** avverbi correlativi di misura, con desinenza ablativale in -*o* davanti a comparativi e superlativi relativi.

7. optimus omnium patronus: «tu il migliore di tutti gli avvocati». Per analogia con i versi precedenti, *omnium* dovrebbe essere genitivo partitivo dipendente da *optimus*, ma l'espressione *omnium patronus* potrebbe anche avere un doppio senso e intendersi come «il miglior avvocato di tutti»: in tal caso Catullo alluderebbe alla disponibilità opportunistica di Cicerone ad assumere le difese di personaggi moralmente discutibili o che erano stati suoi nemici. Catullo potrebbe riferirsi a Vatinio, suo nemico, prima accusato e poi difeso da Cicerone. La formula però potrebbe anche riprendere l'espressione *amica omnium* che Cicerone aveva riferito a Lesbia nella *Pro Caelio* (13, 22).

TESTO 6

L'impazienza del ritorno *Carmina*, 46

Questo carme è strettamente collegato al carme 31. Trascorso l'anno di permanenza in Bitinia, al seguito del pretore Memmio, l'arrivo della primavera segna il momento della partenza. Il viaggio verso la patria sarà allietato dalla sosta nelle città più belle e più celebrate dell'Asia Minore e ciò, insieme con l'ansia del ritorno, rende il poeta impaziente di partire. L'unica nota di nostalgia riguarda lo scioglimento della compagnia di amici che ha allietato il soggiorno di Catullo, che non pare aver dato altri frutti (si veda l'introduzione al carme 31 a pag. 329) se non stanchezza e preoccupazioni.
Un modello di questo carme potrebbe essere un epigramma di Leonida di Taranto (*Antologia Palatina* X, 1), poeta greco del III sec. a. C., che associa l'avvio della primavera alla ripresa della navigazione. Catullo tuttavia elimina ogni elemento convenzionale e conferisce al carme una personale e fresca spontaneità.

Metro: endecasillabi faleci ⏒⏒, –́⏑⏑, –́⏑, –́⏑, –́⏓

Iam ver egelidos refert tepores,
iam caeli furor aequinoctialis
iocundis Zephyri silescit auris.
Linquantur Phrygii, Catulle, campi
Nicaeaeque ager uber aestuosae:
ad claras Asiae volemus urbes.
Iam mens praetrepidans avet vagari,
iam laeti studio pedes vigescunt.
O dulces comitum valete coetus,

1. egelidos ... tepores: «i tepori non freddi»; l'aggettivo *egelidos* è formato da e con valore privativo e l'aggettivo *gelidus*.

2. iam: l'anafora dell'avverbio sottolinea la gioia del poeta dovuta sia all'arrivo della primavera, sia al ritorno in patria. – **caeli furor aequinoctialis:** «la furia del clima equinoziale»; il poeta allude alle tempeste (*furor*) e agli sbalzi climatici caratteristici del periodo a ridosso dell'equinozio di primavera (21 marzo).

3. iucundis ... silescit aureis: «si placa alle dolci brezze di Zefiro». *Zephyrus* è il nome greco del vento di primavera, in latino *Favonius* (derivante etimologicamente dal verbo *favere*, «favorire», perché favorisce la crescita dei prodotti agricoli), da cui l'italiano «favonio». La presenza di questo vento è un *topos* nelle raffigurazioni della primavera. *Silesco* è verbo incoativo. *Aureis*, ablativo di causa, è forma arcaica per *auris*.

4. Linquantur: congiuntivo esortativo: «Si lascino». Per l'uso di *linquo* cfr. nota al carme 31, 6 a pag. 330. – **Phrygii ... campi:** «le pianure della Frigia». Il termine *Phrygia* è usato per indicare genericamente le regioni dell'Asia Minore; propriamente la Frigia è situata a sud della Bitinia, dove allora si trovava Catullo. *Frigia minor* era tuttavia chiamata la parte meridionale della Bitinia. – **Catulle:** apostrofe del poeta a se stesso, segno di intensa partecipazione emotiva (cfr. carme 8).

5. Nicaeaeque ... aestuosae: «e il fecondo territorio dell'infuocata Nicea». Nicea era un'importante città della Bitinia in territorio fertile, ma dal clima torrido e malsano in estate, come confermato dal geografo greco Strabone (*Geografia* XII, 5, 6, 4).

6. ad claras ... volemus urbes: anche *volemus* (come *linquantur*) è congiuntivo esortativo (di *volare*): «corriamo veloci verso le famose città dell'Asia». Nel viaggio di ritorno il poeta si fermerà nelle famose città (Pergamo, Efeso, Mileto, Mitilene e Rodi) della costa occidentale dell'Asia Minore e delle isole vicine. Il verbo *volemus* esprime l'ansia per la partenza, cui si associa l'eccitazione per la visita di luoghi famosi ed incantevoli.

7. mens praetrepidans: «l'animo impaziente»; il prefisso *prae-* dell'aggettivo anticipa e accentua l'entusiasmo per il viaggio ancor prima del suo inizio. Il termine è probabilmente un neologismo catulliano. – **avet vagari:** «arde dal desiderio di intraprendere il viaggio». *Avet* è verbo raro, di uso poetico e privo di perfetto. Secondo i grammatici antichi riunisce in sé il significato di *cupere* e *gaudere*: esprime quindi un desiderio gioioso.

8. iam: si rilevi l'anafora di *iam* come nei primi due versi. – **laeti ... pedes vigescunt:** «i piedi smaniosi dal desiderio riprendono vigore»: dopo l'animo anche il corpo freme dalla voglia di partire. *Laeti pedes* è un'enallage che trasferisce il sentimento di gioiosa eccitazione dalla mente ai piedi. *Vigesco* è verbo incoativo.

9. O dulces ... coetus: «O care compagnie di amici, addio». L'amicizia dei compagni partiti con Catullo al seguito di Memmio è stato l'unico elemento piacevole del soggiorno del poeta in Bitinia.

longe quos simul a domo profectos
diversae variae viae reportant.

10. longe quos ... profectos: «che partiti insieme dalla patria per terre lontane», subordinata relativa. L'avverbio *longe* è da collegare con *profectos*.

11. diversae variae viae reportant: «strade diverse e varie riportano a casa». *Diversae viae* crea un'antitesi con il precedente *simul*: gli amici, partiti tutti insieme al seguito di Memmio, prendono ora direzioni diverse. I due aggettivi *diversae* e *variae* e l'allitterazione *variae viae* sottolineano il rimpianto dei giorni trascorsi in compagnia e la tristezza del distacco. I due aggettivi *diversae* e *variae* non sono una ripetizione superflua: *diversae* infatti indica i differenti itinerari del ritorno, mentre *variae* i diversi tipi di viaggio per terra o per mare.

TESTO 7

Il ritorno a casa *Carmina*, 31

Il carme celebra la gioia del ritorno dal viaggio in Bitinia, iniziato nel 57 a.C. al seguito del pretore Memmio, lo stesso a cui Lucrezio dedica il suo poema *De Rerum Natura*. Non si sa con certezza se Catullo avesse intrapreso questo viaggio nella speranza di ottenere qualche guadagno economico (nei carmi 10 e 28 Catullo considera inutile tale viaggio sotto l'aspetto finanziario) o se fosse stato spinto dal desiderio di allontanarsi da Roma e da Lesbia, che – dopo la morte del marito – era diventata l'amante di Celio Rufo, o semplicemente perché rientrava nelle usanze che i pretori si recassero nelle province con un seguito di protetti privi di un incarico politico o militare. Certamente lo scopo di Catullo non era di ottenere qualche incarico politico, dal momento che la politica non sembrava interessarlo (si veda in proposito il carme 93, rivolto a Cesare, a p. 303). La visita in Bitinia gli consentì anche di visitare la tomba del fratello scomparso (cfr. carme 101, a p. 332).
Il viaggio non suscita in Catullo interessi etnologici, ma solo *curae*, *onus* per le fatiche e i pericoli che comporta. Ecco perché il ritorno a Sirmione viene esaltato con un'enfasi e una gioia che coinvolgono, oltre al poeta, anche la sua villa e la natura circostante, che acquista vita e umanità grazie alla felice scelta lessicale. Il carme ha una struttura tripartita: al gioioso saluto iniziale alla patria (vv. 1-6) segue una pausa di riflessione sulle fatiche sostenute, che rendono ancora più lieto e desiderato il ritorno (vv. 7-11) e – a conclusione (vv. 12-14) – una nuova invocazione a Sirmione e al lago invita tutta la natura a partecipare alla felicità del poeta.

Metro: trimetri giambici scazonti (o coliambi) ⏓–́⏑–́, ⏓–́⏑–́, ⏑–́–́⏓

Uomo con volume in mano, identificato tradizionalmente con Catullo, I secolo a.C., Sirmione, Scavi delle "Grotte di Catullo".

Paeninsularum, Sirmio, insularumque
ocelle, quascumque in liquentibus stagnis
marique vasto fert uterque Neptunus,

1-3. Paeninsularum ... ocelle: «O Sirmione, gemma delle penisole e delle isole». Sirmione è definita *paene insula*, perché, collocata sulle sponde meridionali del lago di Garda, è una penisola collegata alla terraferma da una sottile lingua di terra, spesso sommersa dalle acque. L'avverbio *paene* raramente, come in questo caso, può unirsi a un sostantivo. *Ocelle* è un diminutivo-vezzeggiativo tipico del linguaggio poetico catulliano che umanizza l'oggetto e fa sentire tutta la carica affettiva del poeta. – **liquentibus:** participio dal verbo *liqueo*, equivale all'aggettivo *liquidis* («limpidi»). – **quascumque ... fert uterque Neptunus:** proposizione subordinata relativa: «tutte quelle che l'uno e l'altro Nettuno sorreggono». Il verbo *fert* richiama l'immagine di Nettuno che sostiene le isole come

quam te libenter quamque laetus inviso,
vix mi ipse credens Thyniam atque Bithynos
liquisse campos et videre te in tuto.
O quid solutis est beatius curis,
cum mens onus reponit, ac peregrino
labore fessi venimus larem ad nostrum
desideratoque acquiescimus lecto.
Hoc est, quod unum est pro laboribus tantis.
Salve, o venusta Sirmio, atque ero gaude:
gaudete vosque, o Lydiae lacus undae:
ridete, quidquid est domi cachinnorum.

se galleggiassero. L'espressione *uterque ... Neptunus* è collegata alla tradizione secondo cui Nettuno era divinità sia dei mari sia delle acque interne, come i laghi. Meno plausibili altre interpretazioni, come di chi pensa che Catullo qui voglia riferirsi al Mar Tirreno e all'Adriatico, oppure al Mar Mediterraneo e all'Oceano. Si noti il chiasmo tra *liquentibus stagnis* e *marique vasto*.

4. quam ... laetus inviso: «con quale piacere e con quanta gioia torno a vederti»; *inviso* è formato dal prefisso verbale *in* + *viso*, intensivo di *video*. L'esclamativa esprime l'emozione del ritorno, sottolineata dal nesso allitterante *libenter ... laetus*, e dal verbo intensivo.

5. vix ... credens: espressione proverbiale propria del linguaggio familiare e della commedia: «non credendo ai miei occhi», oppure «credendo a stento a me stesso». – **Thyniam atque Bithynos** (campos): la Tinia e la Bitinia sono regioni circostanti il Mar Nero (*Pontus Eusinus*), abitate, secondo lo storico greco Erodoto (V secolo a.C.), da popolazioni di origine tracia. La Bitinia comprendeva anche la Tinia, ma qui Catullo distingue le due terre con l'intento di dilatare l'immagine. Si noti l'*enjambement* tra *Bithynos* e *campos*.

6. liquisse: l'uso di *linquo* per *relinquo* è proprio della lingua poetica (cfr. anche il carme 46, 4). L'infinito perfetto seguito da un infinito presente (*videre*) crea un'antitesi tra il pericolo ormai passato e la felicità presente scaturita dal ritorno alla propria terra. Presso i popoli antichi il viaggio era infatti considerato sempre un'avventura rischiosa. – **in tuto:** «al sicuro», con un'allusione anche alla sicurezza ritrovata.

7. O quid ... curis: «Che cosa c'è di più bello dell'essersi liberati dagli affanni?»; *solutis curis* è ablativo di paragone dipendente da *beatius*.

8-9. cum mens onus reponit: «allorché l'animo depone il peso»; *cum* introduce tre subordinate temporali; *onus* indica il «peso» dell'ansia e dell'angoscia. – **peregrino labore fessi:** «stanchi per la fatica sopportata in terra straniera»; *peregrino labore* è ablativo di causa. Si rilevi il forte *enjambement* tra *peregrino* e *labore*. *Peregrino* inoltre si contrappone a *nostrum* collocato nella stessa posizione nel verso successivo. – **venimus:** perfetto resultativo, da tradurre con il presente «arriviamo». – **larem:** (= *domum*) propriamente la divinità protettrice della casa, indica per metonimia la casa stessa. I Lari erano gli spiriti dei morti della famiglia, venerati nei "larari" domestici o in tempietti edificati agli incroci (*compita*) delle strade. Si noti l'anastrofe *larem ad*.

10. desiderato ... acquiescimus lecto: sott. *in*: «troviamo riposo nel letto sospirato»: espressione di pace ritrovata, tipica del linguaggio colloquiale. In latino il verbo *desiderare* indica «sentire la mancanza» di qualcuno o qualcosa, mentre *desiderium* equivale a «rimpianto, nostalgia» di qualcosa che non c'è o non si ha più. L'iperbato a cornice mette in rilievo l'espressione. *Acquiesco* è un verbo incoativo, ossia esprime l'inizio di un'azione.

11. Hoc est ... tantis: «Questa è l'unica cosa che possa compensare tante fatiche». La gioia del ritorno basta a compensare le fatiche e i pericoli sopportati. *Quod* introduce una proposizione subordinata dichiarativa.

12. o venusta Sirmio: «o graziosa Sirmione»; per il valore dell'aggettivo *venustus* in Catullo si veda il carme 3, 2. La terra, personificata anche dall'uso dell'attributo, è oggetto di un saluto affettuoso espresso dal *Salve* in *incipit* di verso. – **ero gaude:** «rallégrati per il tuo padrone». L'invito alla gioia per il ritorno è rivolto non solo alla villa del poeta, ma a tutta la natura circostante chiamata a condividere il sentimento di Catullo.

13. Lydiae lacus undae: «onde lidie del lago»; enallage per *Lydii lacus undae*. Le acque del lago di Garda (o Benàco) sono chiamate «lidie» perché la regione era abitata dagli Etruschi prima dell'invasione celtica del IV secolo a.C. e, secondo Erodoto, gli Etruschi sarebbero stati discendenti dei Lidi, popolazione originaria delle coste dell'Asia Minore. L'epiteto erudito impreziosisce il testo.

14. ridete, ... cachinnorum: «ridete, quanti sorrisi siete in casa»; ricorre qui la costruzione, frequente in Catullo, del pronome neutro con il genitivo partitivo, equivalente a *ridete cachinni quotquot domi estis*. Meno probabile appare l'interpretazione che fa di *quidquid* un complemento oggetto di *ridete*, il cui soggetto sarebbe rappresentato sempre dalle *undae*. *Domi* è caso locativo.

APPROFONDIMENTO

UN BILANCIO SULL'ESPERIENZA ESISTENZIALE E POETICA DI CATULLO

Nella sua edizione dei carmi di Catullo Luca Canali premette un breve testo che offre una sintesi dell'esperienza poetica ed esistenziale del poeta. Significativo è il titolo della sezione da cui è tratto il testo che segue: Naufragio nel viaggio verso Citera, *l'isola di Afrodite, dell'amore e della passione, che costituì per Catullo un viaggio di rara intensità.*

Cos'è in sostanza il *Liber* catulliano? È una sorta di saltuario, disordinato, contraddittorio, allegro e disperato diario di bordo redatto nel viaggio verso l'isola di Citera, dive Afrodite-Venere nacque dalla schiuma del mare. Catullo viaggiava spensierato, cantando o piangendo, forse nel *phaselus* che ispirò uno dei suoi carmi (IV). Era in compagnia di giovani amici: erano esclusi i vecchi e i bambini (Catullo non amava i vecchi, sempre rappresentati tremuli come le Parche, forse neanche suo padre e sua madre, di cui non v'è mai un accenno nel *liber*-vascello; ma adora il fratello, lo piange disperatamente morto nella Troade, e con gli stessi amici ha frequenti litigi, eternamente diviso fra odio e amore, fra tenerezza e stizza). Ma non approda mai, travolto dai flutti della vita, giacché egli non volle mai procacciarsi e usare gli strumenti meschini o perversi necessari alla traversata.

Il *liber* è dunque il diario di un naufragio, il canto ora gioiosamente spiegato, ora disperato e sommesso, ora sconciamente rissoso, ora religiosamente riflessivo: espressione sempre di un'irrimediabile e adolescenziale ma sublime "immaturità" che ebbe, come unico conforto, un ostentato e autodistruttivo disordine esistenziale, e alcuni momenti di felicità concessi da Clodia-Lesbia a quel giovane e "promettente" poeta che le dedicava intensi carmi d'amore e proclamava di amarla non come un uomo la sua amante, ma come un padre i suoi figli e i suoi generi. [...] Questa fu la sorte d Catullo, come forse lo è di tutte le creature morbosamente sensibili, le quali pretendono che gli altri (gli amici, ad esempio) siano capaci di ricambiare sentimenti intensi ed esclusivi con la stessa esclusiva intensità.

[...] Nell'amicizia come nell'amore Catullo non riesce a sopportare gli screzi, e nemmeno i mezzi toni. Tutto deve essere pieno, solare, senza incrinature né stanchezze. Forse sotto questa fragilissima estrema sensibilità doveva celarsi anche un'assoluta incapacità di adattamento e un prepotente impulso all'affermazione personale.

L. CANALI, *La multicorde poesia catulliana*, introduzione a CATULLO, *Poesie*, Giunti, Firenze 1997, pp. XIII-XV

Paesaggio marino, I secolo a.C., Sirmione, scavi delle "Grotte di Catullo", Soprintendenza Archeologica.

TESTO 8

Sulla tomba del fratello

Carmina, 101

Il carme è stato scritto dopo la visita alla tomba del fratello che Catullo ebbe modo di compiere in occasione del viaggio in Bitinia al seguito del pretore Memmio, nel 57-6 a.C.

Gli affetti familiari sono l'altro tema fondamentale dei carmi catulliani: essi prendono corpo soprattutto nelle forme dell'amore per il fratello scomparso, che trova espressione nel carme 65 – in cui Catullo spiega all'amico Ortensio Ortalo che la morte del fratello lo ha gettato nell'angoscia e lo ha distolto dalla poesia – e nel carme 68. In questo testo il tema ritorna in due passi: nel primo, ai vv. 19-26, Catullo spiega come la perdita lo abbia privato di ogni felicità e dell'ispirazione poetica; nel secondo, ai vv. 89-100, all'interno della narrazione del mito di Protesilao e Laodamia, inserisce la sua vicenda privata, di cui parla con accenti commossi.

Nel presente carme all'espressione del dolore si associa la celebrazione del rito funebre, che prevedeva libagioni di acqua, miele, latte, olio e sangue di vittime, e si concludeva con la *conclamatio*, l'ultimo addio al defunto.

Il tema del compianto sulla morte è tipico anche della poesia ellenistica, ma in Catullo la leziosità e la convenzionalità tipiche di quella poesia sono sostituite da un tono assorto e riflessivo, da un linguaggio sobrio ed essenziale. Il carme si colloca, per le sue connotazioni, in una fase intermedia tra l'asciuttezza dell'epigramma e l'ampiezza malinconica dell'elegia. Sarà riecheggiato dal Foscolo nel sonetto *In morte del fratello Giovanni*.

Metro: distici elegiaci ´∪∪, ´∪∪, ´∪∪, ´∪∪, ´∪∪, ´∪,
´∪∪, ´∪∪, ´||´∪∪, ´∪∪, ∪́

Multas per gentes et multa per aequora vectus
advenio has miseras, frater, ad inferias,
ut te postremo donarem munere mortis
et mutam nequiquam adloquerer cinerem,
quandoquidem fortuna mihi tete abstulit ipsum,
heu miser indigne frater adempte mihi.

1. multas ... vectus: «dopo aver viaggiato tra molte genti e per molti mari». L'iterazione e il poliptoto sottolineano l'idea della fatica del viaggio compiuto per terra e per mare. G.B. Conte ha rilevato nell'avvio del carme un riecheggiamento dell'*incipit* dell'*Odissea*: simile a quello di Ulisse è il viaggio di Catullo quanto a dolori e fatiche. *Aequora* è termine poetico per indicare la distesa del mare. *Vectus* è participio perfetto di *veho* con valore mediale e con il senso di «farsi trasportare», dunque «viaggiare». Si noti il doppio iperbato (*Multas per ... multa per*).

2. advenio ... ad inferias: «giungo, o fratello, a queste tristi esequie». *Advenio* è un perfetto resultativo («sono venuto fin qui», dunque «sono qui»), e perciò regge i due successivi imperfetti *donarem* e *adloquerer*. Il vocabolo *inferiae* (derivato dalla radice di *fero*) indica la cerimonia delle libagioni di vino, latte, miele, fiori sulla tomba del defunto. *Ad inferias* ha valore finale. Si rilevino l'anastrofe e l'iperbato (*miseras ... ad inferias*), nonché l'omoteleuto.

3. ut ... mortis: «per renderti il dono supremo di morte». *Ut ... donarem* è proposizione subordinata finale; il verbo *dono* è costruito con l'accusativo della persona e l'ablativo strumentale della cosa. Si noti l'allitterazione della lettera *m*.

4. et mutam ... cinerem: «e parlare invano al tuo cenere muto». *Nequiquam* sembra sottolineare tristemente la vanità del colloquio con il fratello, che non otterrà risposta. *Cinis*, di norma maschile, qui è invece femminile: si tratta di un preziosismo stilistico frequente nei neoterici. Si rilevi l'iperbato che incornicia il verso.

5. quandoquidem ... ipsum: «dal momento che la sorte mi ha strappato te, proprio te». *Quandoquidem* introduce una proposizione subordinata causale. Il sostantivo *fortuna* è una *vox media*, dal momento che indica tanto la «buona sorte» quanto la «sorte avversa». *Tete* è raddoppiamento intensivo di *te*, accentuato ancora più dal seguente *ipsum* e contrapposto a *mutam cinerem*: perso il fratello, al poeta resta solo il suo cenere muto.

6. heu ... mihi: «o infelice fratello, indegnamente strappato a me». I termini *heu miser indigne*, oltre a manifestare il dolore, sono anche un accorato rimprovero al destino crudele che ha prematuramente stroncato una vita nel fiore della giovinezza, secondo il *topos* della poesia sepolcrale. Si noti il chiasmo *mihi ... abstulit / adempte mihi* con intento rafforzativo. Le stesse parole ricorrono nel carme 68, vv. 20 e 92.

Nunc tamen interea haec prisco quae more parentum
tradita sunt tristi munere ad inferias,
accipe fraterno multum manantia fletu,
atque in perpetuum, frater, ave atque vale.

7. Nunc tamen interea: «Almeno ora intanto»; l'accumulo degli avverbi ha sapore arcaico. Il nesso avversativo sottolinea la volontà del poeta di celebrare comunque (*tamen*) le esequie, nonostante la loro inutilità di fronte alla morte. – **haec:** complemento oggetto di *accipe* (v. 9); indica le offerte funebri ed è antecedente del relativo *quae* («accetta queste tristi offerte, che...»). – **prisco ... more parentum:** «secondo l'antica usanza dei padri».

8. tradita sunt ... ad inferias: «ti sono state porte come triste dono per le esequie». *Tristi munere* è ablativo di modo. *Ad inferias* ha valore finale. Si noti l'epifora con il v. 2.

9. accipe: «ricevi». – **fraterno ... fletu:** «molto grondanti di pianto fraterno»; *manantia* è participio presente riferito a *haec*. L'uso dell'avverbio *multum* davanti al participio è proprio del linguaggio colloquiale.

10. atque ... vale: «e addio, o fratello, addio per sempre»; sono i *novissima verba*, le ultime parole rivolte al defunto al momento della *conclamatio* finale. *In perpetuum*: Catullo sa che non tornerà più sulla tomba del fratello.

APPROFONDIMENTO

IL *TOPOS* LETTERARIO DEL COMPIANTO FUNEBRE

Il tema del compianto funebre rappresenta un vero e proprio *topos* letterario, che prende avvio nell'età ellenistica e giunge fino ai nostri giorni. Riportiamo una sintetica carrellata di testi esemplificativi di questo genere poetico.

Sacrificio di Ifigenia, particolare di donna in lutto, I secolo a.C., Napoli, Museo Archeologico Nazionale.

La rassegna ha inizio con la presentazione di un epigramma tombale di Leonida tratto dall'*Antologia Palatina* (VII, 665):

Non fidarti, navigando, di una nave lunga e profonda.
Il vento signoreggia unico su ogni nave.
Un solo soffio di vento uccise anche Promaco,[1]
e un'onda spinse i marinai insieme nel concavo mare.
Eppure il destino non fu del tutto maligno; ma ottenne
sulla terra patria una tomba e onori funebri
dalle mani dei parenti, poiché il mare violento
pose la salma sulla spiaggia aperta.

1. Lo sconosciuto protagonista dell'epigramma funebre.

Nella seconda parte del suo *Canzoniere*, Petrarca raccolse le rime in morte di Laura. Proponiamo il sonetto CCC, in cui con tono elegiaco il poeta esprime il suo lamento per la morte dell'amata. La lirica si fa notare soprattutto per la consumata capacità espressiva dell'autore, che utilizza con estrema perizia una vasta gamma di espedienti retorici e stilistici (anafore, ripetizioni, frasi esclamative, antitesi, parallelismi ecc.).

Quanta invidia io ti porto, avara terra,
ch'abbracci quella cui veder m'è tolto,
e mi contendi l'aria del bel volto,
dove pace trovai d'ogni mia guerra!

Quanta ne porto al ciel, che chiude e serra
e sì cupidamente ha in sé raccolto
lo spirto da le belle membra sciolto,
e per altrui sì rado si diserra![1]

Quanta invidia a quell'anime ch'in sorte
hanno or sua santa e dolce compagnia
la qual io cercai sempre con tal brama!

Quant'a la dispietata e dura Morte,
ch'avendo spento in lei la vita mia,
stassi[2] ne' suoi begli occhi, e me non chiama!

1. *si diserra*: si apre ad accogliere.
2. *stassi*: se ne sta.

Il sonetto di Foscolo *In morte del fratello Giovanni* è la composizione poetica che più di ogni altra si avvicina al modello catulliano, a partire già dal primo verso, che ricalca l'*incipit* del carme 101. Comuni alle due liriche sono la motivazione compositiva (la morte dei fratelli dei due poeti) e il tono meditativo, anche se ciascuno dei due componimenti si distingue per l'originale riproposta dei temi peculiari dei rispettivi autori. In particolare, il sonetto foscoliano presenta tutti i temi cari al suo autore: l'esilio, la morte, la grandezza del poeta-eroe perseguitato dal Fato, il nodo di affetti familiari, l'amor di patria.

Un dì, s'io non andrò sempre fuggendo
di gente in gente, mi vedrai seduto
su la tua pietra, o fratel mio, gemendo
il fior de' tuoi gentili anni caduto.[1]

La madre or sol, suo dì tardo traendo,[2]
parla di me col tuo cenere muto;
ma io deluse a voi le palme tendo;
e se da lunge[3] i miei tetti saluto,

sento gli avversi Numi, e le secrete
cure[4] che al viver tuo furon tempesta,
e prego anch'io nel tuo porto quïete.

Questo di tanta speme[5] oggi mi resta!
Straniere genti, l'ossa mia rendete
allora al petto della madre mesta.

1. *il fior de' tuoi gentili anni caduto*: la tua giovinezza stroncata.
2. *suo dì tardo traendo*: trascinando la sua stanca vecchiaia.
3. *da lunge*: da lontano.
4. *le secrete cure*: le intime angosce.
5. *speme*: speranza.

RIEPILOGO DEL PERCORSO

1 Qual è l'atteggiamento di Catullo nei confronti della sua casa? Per rispondere rileggi i carmi 31 e 46 e osserva:
a il sentimento che accompagna il ritorno a casa nel carme 31;
b la valutazione del suo soggiorno in Asia Minore;
c il saluto rivolto a Sirmione al termine del carme 31; il modo in cui si rivolge alle onde del Benaco;
d l'impazienza di partire espressa nel carme 46.

2 Attraverso i carmi letti è possibile ricostruire il mondo in cui si muoveva il poeta:
a era un mondo popolato solo di uomini o vi erano anche donne?
b quali erano gli interessi attorno a cui ruotavano le amicizie del poeta?
c quale spazio trovano in questo mondo di amicizie i principi dell'eleganza e della bellezza?

3 Non sempre gli amici erano solidali con il poeta ed egli talora li rimprovera.
a In quali carmi hai trovato questa evenienza?
b Che cosa sai dire sul fatto che Catullo esporti nel campo dell'amicizia i concetti di *fides* e *foedus*, normalmente utilizzati in ambito amoroso?

4 Prova a elencare alcuni dei nemici citati e per ciascuno di loro traccia un ideale ritratto.

5 I motivi che fanno scaturire sentimenti di ostilità sono tanti:
a che cosa viene sottolineato a proposito di Furio (c. 26)?
b quali elementi conducono Catullo a provare antipatia per Cicerone (c. 49)?
c qual è il tono che normalmente utilizza il poeta per descrivere i suoi avversari?
d questo tono è riservato solo agli avversari?

IL GENERE LETTERARIO

La poesia lirica e Catullo

Dopo la lettura dei carmi dal *Liber*, ritorna alla scheda sulla Poesia lirica greca (pp. 256-261) e rispondi alle domande che seguono:

1 Fin dai tempi dei grammatici alessandrini, la produzione lirica greca è stata suddivisa in diverse parti:
a Sapresti elencarle, spiegando per ciascuna le principali caratteristiche?
b Si tratta di una suddivisione di carattere cronologico, tematico, metrico o di altro tipo?
c Rivedendo i carmi di Catullo, sapresti individuare quali di essi appartengono al genere epigrammatico, quali a quello dell'elegia e spiegare il perché?

2 Hai potuto vedere che la produzione lirica greca ha avuto caratteristiche diverse nel periodo arcaico e in quello alessandrino:
a Quali elementi principali separano i due momenti?
b A quale delle due diverse produzioni si rifà principalmente Catullo?

3 Sapresti ricordare quali temi Catullo riprende dai modelli greci? Per esempio:
a È presente nei suoi carmi il tema simposiaco? A quale lirico greco si rifà?
b Per il tema dell'amore ha una fonte greca privilegiata? Quale?
c Nella ripresa del mito a quali autori e testi guarda con maggiore interesse?

4 Per la prima volta con i poeti neoterici e con Catullo vengono introdotti a Roma metri nuovi e nuove forme liriche:
a Sapresti elencare le principali forme liriche adottate da Catullo nella sezione dei *carmina docta* e nella terza sezione del *Liber* e dire quali autori greci le avevano praticate?
b Nella prima sezione del *Liber* a che proposito si parla di polimetri?
c Nella produzione catulliana sono presenti forme liriche corali? Perché? Quali poeti greci le avevano praticate? Con quale scopo?

La storiografia

Definizione e premesse

Se le *res gestae* furono le **imprese che resero grande Roma**, l'*historia* **è il racconto che si occupò di tramandarle** e di conferire loro una precisa **chiave di lettura**. La storiografia raccolse fin dalle origini, in forme letterarie diverse, la memoria dei fatti storici fornendo loro una particolare interpretazione, di carattere etico o politico e fu percepita come un genere strettamente legato all'oratoria e all'attività politica, a lungo prerogativa quasi esclusiva della classe senatoria. Dal nostro attuale punto di vista la produzione storiografica permette di comprendere l'immagine che i Romani avevano della loro storia e fornisce la prospettiva a partire dalla quale essi hanno interpretato lo sviluppo della loro civiltà e l'espansione dell'impero.

Soldato scita con faretra e tipico abbigliamento leggero, VI secolo a.C., Londra, British Museum.

Per affrontare le opere storiche prodotte in Roma a partire dal I secolo a.C., dobbiamo tuttavia fare due premesse. La prima pone ancora una volta il problema della **relazione tra produzione latina e modello greco**, in quanto i Greci già da secoli avevano sviluppato un metodo per indagare e raccontare la storia e a esso ancora una volta Roma si riferì. Peraltro, abbiamo già avuto modo di vedere che l'esigenza di difendere l'espansionismo militare di Roma di fronte al mondo ellenistico (a partire dalla conquista della Sicilia nel III secolo a.C.) aveva spinto gli annalisti latini a comporre in greco le prime storie della loro città, prendendo spunto dall'impostazione annalistica con cui i *pontifices* riassumevano gli accadimenti principali, ma ampliandone la portata attraverso il confronto con modelli tanto più avanzati (vedi p. 217). A partire da queste prime esperienze, la riflessione sul genere storiografico e la relazione con i modelli greci si ampliò e si approfondì molto, portando alla composizione di opere di ben più grande portata e complessità.

La seconda premessa riguarda il **metodo** e le **finalità della storiografia** che, nel mondo antico, erano molto differenti rispetto a quanto accade negli studi storici contemporanei. Nei testi classici, infatti, a partire da una narrazione in cui si fondevano fantastico e reale, mito e storia, si giunse allo sviluppo di un metodo di indagine più razionale e critico; ma la composizione e l'inserimento da parte degli storici di fittizi discorsi diretti, attribuiti a questo o quel protagonista, oppure la riduzione della storia a eventi "eccezionali" e memorabili, attorno ai quali coagulare tutta l'indagine, o anche la mancanza di prospettiva sociale ed economica, a tutto vantaggio di una storia giocata quasi solo sul piano politico-militare, fanno sì che essa sia più un fatto letterario che scientifico. **La storiografia antica non partì da premesse di rigorosa scientificità** alle quali oggi gli storici ambiscono, **ma scelse finalità diverse**, ad esempio **letterarie o etiche, filosofiche, narrative**. Non si può, quindi, attribuire al genere le stesse prerogative della nostra attuale disciplina, ma anzi occorre leggerla a partire dalle sue specifiche peculiarità e per far questo bisogna tracciare un breve percorso, che conduca dalle origini della storiografia greca alle soglie del secolo che stiamo affrontando.

L'*historía* e i logografi

Il termine stesso *historia* deriva dal greco, significa «ricerca» ed è ricollegabile alla radice indoeuropea *vid-* «vedere». Nell'età arcaica della cultura greca la tradizione orale e la poesia avevano affidato la rielaborazione del tema delle origini e del passato al racconto mitico: ne sono testimonianza i poemi omerici e le opere del grande poeta Esiodo (VIII-VII secolo a.C.), come la *Teogonia* e *Le opere e i giorni.* I primi a tentare un'indagine realistica del passato furono i cosiddetti **logografi** (letteralmente «scrittori in prosa»), che operarono nel VI secolo a.C. nella Ionia, un'area di colonizzazione greca nell'Asia Minore: si ricordano i nomi di Ecateo e Cadmo di Mileto, Xanto di Lidia, Carone di Lampsaco. Di loro restano pochissimi frammenti, dai quali riusciamo a cogliere l'esigenza di distinguere i fatti dai miti e la necessità di interrogarsi su temi come l'origine e la migrazione dei popoli, i rapporti tra le città e con le colonie. Infatti le loro opere dovevano essere un incrocio tra lo studio della storia e quello della etnogeografia: a ciò erano spinti dalla loro origine in una regione anticamente aperta e multiculturale, ricca di traffici marittimi e terrestri, posta a cavallo tra il mondo greco e quello orientale. Sui logografi non possiamo però dire molto di più, se non che furono gli anticipatori (e in parte anche le fonti) del primo storico dell'antichità, Erodoto di Alicarnasso.

Erodoto, *pater historiae*

Così Cicerone definisce quello che a buon diritto può essere considerato il padre della storiografia. Con Erodoto (484-425 a.C. circa) la narrazione e l'esame dei fatti storici compirono un deciso passo in avanti, perché egli partì dalla felice intuizione di far gravitare la storia attorno a un evento da lui ritenuto cruciale: le guerre persiane, che videro contrapposta la piccola Grecia (a tratti quasi la sola Atene) a uno dei più grandi imperi dell'antichità. Questa scelta fece emergere un criterio di giudizio sulla storia: egli infatti, nell'inaspettata vittoria greca sul gigante persiano, lesse una conferma della superiorità della libertà greca, in particolare del modello ateniese, sul dispotismo orientale (visione ideologica). In verità, dei 9 libri che compongono le sue *Storie* (così suddivisi dai grammatici alessandrini), solo la seconda metà presenta una narrazione compatta delle vicende, i primi quattro libri invece raccontano con spiccato interesse etnografico, geografico e antropologico di popoli "barbari", ovvero stranieri, come ad esempio i Persiani, i Lidi, gli Egizi, gli Sciti, ecc. La diversità d'argomento delle due parti è evidente (si sono fatte molte ipotesi sull'unità o meno dell'opera) ma il metodo e le finalità sono identici. Il **metodo erodoteo** consisteva in **tre fasi** di lavoro: innanzitutto l'**osservazione diretta**, il guardare con i propri occhi (*autopsìa*) ciò di cui si voleva parlare, in seguito raccogliere con l'**ascolto** (*akòe*) il racconto di chi è stato testimone di fatti, infine **porre a confronto** la propria osservazione e le fonti raccolte **attraverso la propria razionalità** (*gnòme*), presentando ai lettori ciò che può sembrare più verosimile o

Oplita in corsa con scudo, lancia ed elmo, VI secolo a.C., Atene, Museo dell'Acropoli.

lasciando al pubblico la scelta di ciò che possa sembrare più credibile. Pur presentando molti limiti, ad esempio nell'arbitrarietà della raccolta delle informazioni o della loro lettura, questo metodo superava di molto la tradizione precedente, se non altro per il fatto che intorno a un evento o a un popolo si organizzavano un'osservazione diretta, una ricerca e una valutazione critica.

Finalità della ricerca storica erodotea era impedire che il tempo facesse cadere ogni cosa nella **dimenticanza** e si perdesse la memoria collettiva di eventi, luoghi, uomini. La prospettiva del racconto storico divenne così quella delle generazioni future, andò oltre la fruizione momentanea e circoscritta, si pose come patrimonio comune e universale del mondo greco in quanto "sopravvivenza della memoria".

Tucidide, il grande modello

Una generazione dopo Erodoto, l'ateniese Tucidide (466-399 a.C. circa) raggiunse con la sua opera un risultato straordinario di ricerca e interpretazione dei fatti nel tempo, tanto da essere considerato il più grande storico dell'antichità, in grado di rappresentare un modello con cui tutti i successori si sono confrontati. Anch'egli prese le mosse dall'indagine attorno a un evento storico che ritenne cruciale: la guerra del Peloponneso tra Sparta e Atene, che segnò il culmine della conflittualità tra le *póleis* greche e l'inizio della loro decadenza. Di questa guerra indagò anzitutto le cause remote, risalendo allo studio dei 50 anni precedenti e ricollegandosi così alla lotta contro la Persia narrata dal suo predecessore. Raccontò poi minuziosamente i primi 21 anni del conflitto, dei quali fu spettatore e in parte attore (probabilmente il racconto si interruppe per la sua morte). La consapevolezza della sua indagine storica fu altissima, ne dà ragione nella parte iniziale dell'opera (proemio) in cui dichiara intenti e finalità del suo lavoro. Prendendo le distanze da Erodoto, che individuava nella storia un luogo in cui agiscono uomini e dèi, Tucidide afferma che i fatti storici sono indagabili in quanto tali, appartenenti cioè a un orizzonte tutto umano, regolati da un logico succedersi di cause ed effetti. **Compito dello storico è** saper **individuare con oggettività gli avvenimenti**, scegliendo la **documentazione** più attendibile, meglio se derivata dall'**osservazione diretta**. Unica deroga, la ricostruzione dei discorsi degli uomini politici, che può avvenire secondo un criterio di verosimiglianza e non di verità.

Si guarderà così alla storia umana cercando in essa le **cause remote** e poi **quelle recenti** dei fatti, i **segni** con i quali la situazione si presenta nel-

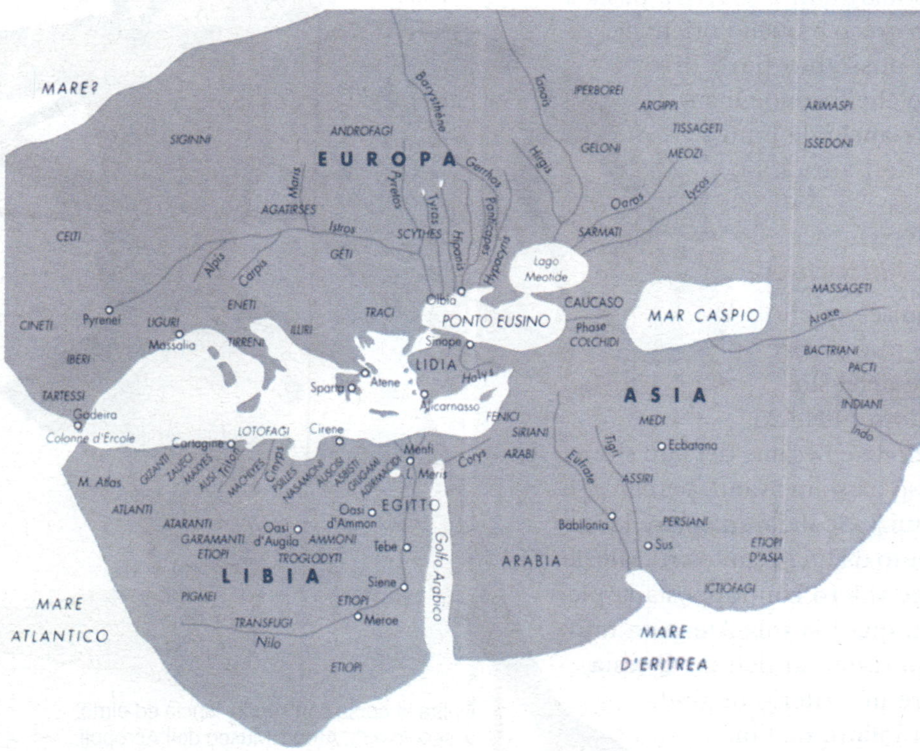

La carta del mondo secondo Erodoto.

Opliti che si armano con corazza, elmo e schinieri, V secolo a.C., Vienna, Kunsthistorisches Museum.

l'immediato e le **conseguenze** che ne derivano. La descrizione accurata degli eventi **ha** infatti **la finalità di fornire** agli uomini che sono impegnati nella gestione dello Stato (cioè ai politici) **esempi utili per governare** nel presente. Tucidide, infatti, è convinto che la storia sia espressione della complessa natura umana e che per questo non possa che ripetersi, perché le azioni degli uomini, in quanto espressione della loro natura intrinseca, non possono cambiare: osservare, descrivere, raccogliere nell'opera storica i fatti degli uomini, allora, avrà il compito di prevenire l'errore. Qualora si ripresenti una situazione simile al passato, i politici potranno non ripetere gli eventuali errori commessi e correggere il presente. In questo senso, dice Tucidide, la storia è «possesso per sempre» (*ktèma èis aièi*). L'unico correttivo alla prevedibilità assoluta dei fatti umani che l'indagine storica sembra suggerire è la presenza della *Tyche*, il Destino, che interviene in modo imponderabile e limita le azioni degli uomini. Anche rappresentando la più grande casistica degli avvenimenti umani, la storia non può quindi che dichiarare il suo limite intrinseco di doversi fermare di fronte al fatto che, se la natura umana è prevedibile, non lo è il futuro in sé. Infine, ma questo non è l'ultimo merito, le *Storie* di Tucidide sono scritte con uno stile potente ed efficace, che tende a raccontare i nudi fatti senza facili coloriture retoriche.

I continuatori di Tucidide e la storiografia ellenistica

Nel IV secolo a.C. alcuni autori proseguirono il genere storiografico secondo la strada tracciata dai due precursori, in particolare da Tucidide: ad esempio **Eforo** (405-330 a.C. circa), **Teopompo di Chio**, le ***Elleniche di Ossirinco*** (dal luogo di ritrovamento dell'ampio frammento). Tra i continuatori di Tucidide spicca la figura di **Senofonte** (430-350 a.C.), che prolunga la narrazione del maestro nelle sue *Elleniche* fino a giungere al 362 a.C. Egli però, pur essendo un abile narratore, capace di costruire scene vivaci e coinvolgenti, non dimostra di avere la profondità e l'acume critico di Tucidide. Piuttosto, la sua fama è legata ad altre opere minori, quali l'*Anabasi*, dove narra una spedizione di Ciro il Giovane durante una guerra dinastica e l'avventuroso rientro in patria di un esercito mercenario greco: cronaca asciutta e avvincente, in presa

diretta, di una vicenda alla quale anch'egli prese parte. Accanto a questa bisogna ricordare almeno la *Ciropedia*, una biografia fortemente romanzata dell'educazione di Ciro il Vecchio, il futuro imperatore persiano, visto da Senofonte come modello ideale di sovrano.
Con l'opera di Senofonte si giunge orami alle soglie dell'**età ellenistica** (Alessandro nasce nel 365 a.C.), nella quale avvenne un mutamento significativo nel genere storiografico. Gli autori ellenistici con la propensione all'universalismo e la nuova attenzione prestata al sottogenere della biografia (che avrà grande successo proprio attorno alla figura di Alessandro Magno) infatti rivelano la necessità di superare una visione della storia centrata solo sull'esperienza delle *póleis* greche, aprendosi a racconti avventurosi di uomini coraggiosi, di luoghi e di popoli lontani, allo stravagante e al meraviglioso, rendendo in conclusione il testo storiografico più avvincente che veritiero.
La storiografia di età ellenistica, così, risultò da un lato strettamente legata all'**epopea di Alessandro**, le cui imprese furono registrate e narrate da storici di corte al seguito dell'esercito (i cosiddetti "storici di Alessandro"), dall'altro rinnovò l'**interesse etnografico per i nuovi popoli e le nuove terre** con cui l'esercito macedone veniva a contatto (Indiani, Persiani, Ebrei, Babilonesi, Egiziani). Si tratta però, in generale, di narrazioni che tendono a ricercare maggiormente il dato esotico e fantastico, che si colorano di **romanzesco**, e perdono di spessore quanto a documentazione e analisi storica. Tale propensione si accentuò negli scrittori attivi sotto i regni dei diversi diadochi (i successori di Alessandro che si spartirono l'impero), fino a inaugurare il filone della cosiddetta "storiografia drammatica" (Duride di Samo, Filarco), che si poneva lo scopo non di indagare i fatti e le loro cause, ma di rappresentarli in modo da colpire il lettore attraverso una narrazione romanzesca, patetica, commovente, spesso centrata sul meccanismo della «peripezia» (repentino cambiamento di situazione).

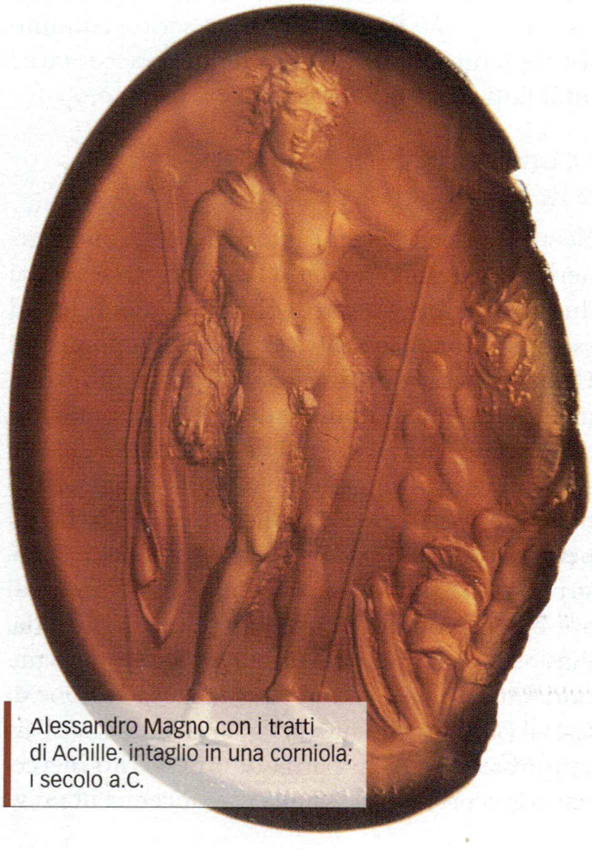

Alessandro Magno con i tratti di Achille; intaglio in una corniola; I secolo a.C.

La storiografia greca di fronte a Roma: Polibio

Tra i più importanti storiografi di età ellenistica si colloca l'originale esperienza umana e culturale di **Polibio**, che rappresenta uno snodo nella storiografia antica e incise profondamente sia sulla nascente storiografia latina, sia su quella successiva in lingua greca.
Originario di Megalopoli e vissuto tra il 200 e il 118 a.C. circa, Polibio giunse a Roma come prigioniero di guerra, uno dei mille ostaggi deportati dopo la vittoria su Perseo, a Pidna, nel 168 a.C. Divenne amico di Scipione Emiliano e, grazie alla sua cultura, fu accolto negli ambienti filoellenici della nobiltà romana (il cosiddetto "circolo degli Scipioni", vedi anche p. 43): questa condizione privilegiata gli permise di conoscere a fondo Roma, le sue dinamiche, la sua forza espansiva, e riconobbe in essa il nuovo centro della storia occidentale. Polibio compose le *Storie*, un'opera in 40 libri (restano i primi 5 e ampi brani degli altri), che raccontava la storia di Roma e ne esaltava la superiorità sia politica sia militare. La sua riflessione sullo stato romano e soprattutto sulla sua forza di governo mirava a giustificare la **superiorità sugli altri popoli** e in particolare su quello greco. Sottomettersi alla nascente potenza romana equivaleva quindi a cedere a un popolo migliore, non solo al più forte.
Quella di Polibio fu quindi un'**operazione politica e culturale**, che tentò di favorire l'accettazione dell'impero romano da parte del mondo greco ed ellenistico. Il pubblico cui si rivolgeva era rappresentato dagli uomini politici, per i

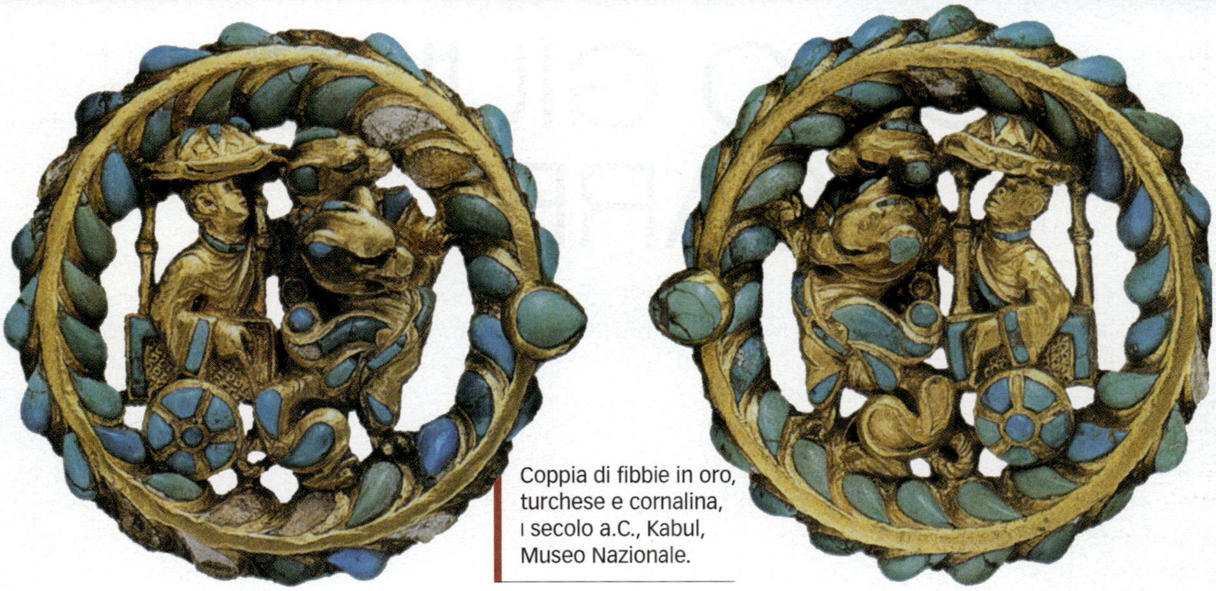

Coppia di fibbie in oro, turchese e cornalina, I secolo a.C., Kabul, Museo Nazionale.

quali lo studio della storia è insegnamento e palestra per la prassi di governo. Strumenti di ricerca privilegiati furono per lui le fonti scritte (le opere degli storici precedenti, ma anche documenti di vario genere), la conoscenza personale dei luoghi (secondo l'insegnamento dell'*autopsía* di Erodoto) e soprattutto una competenza politica e militare, di cui egli rinfaccia la mancanza agli altri storici di età ellenistica (in questo senso egli definì la sua storiografia "pragmatica"). Per questo motivo, particolare attenzione è da lui posta nei confronti della **costituzione degli Stati**, in rapporto al loro successo e alla loro durata: su questi aspetti poggia l'esaltazione di Roma e della sua costituzione "mista", che integra tra loro le forme tradizionali della monarchia, dell'aristocrazia e della democrazia attraverso il potere incrociato di consoli, senato e plebe (espresso, quest'ultimo, tramite i comizi e i tribuni della plebe).

Le prime tappe della storiografia latina

L'acquisizione del modello greco e la produzione romana volutamente filoitalica, distante dall'esperienza greca, giunsero finalmente nel corso del I secolo a.C. a determinare la stesura di testi che attingevano a entrambe le esperienze. Tuttavia, il turbolento periodo che intercorre tra l'età dei Gracchi e la dittatura di Silla segnò ulteriori tappe nello sviluppo della storiografia latina, spostandola su un **piano fortemente politico e militante**. Nacquero nel corso di questo periodo storico opere che introdussero riflessioni importanti sia nella metodologia storica, sia nell'uso delle fonti, o nell'interpretazione degli eventi. Non possediamo che pochi frammenti di questa produzione, tuttavia in essa è possibile vedere la nascita di alcune riflessioni metodologiche come quelle di **Sempronio Asellione** sulla funzione della storiografia a differenza dell'analistica, così come alcune nuove forme di narrazione storiografica, quali la **monografia** (Celio Antipatro) o la **memorialistica** nei *commentarii* composti da uomini politici o generali (come P.E. Scauro, Lutazio Catulo, P. Rutilio Rufo).

Eredità greca e originalità latina

In sintesi, si può affermare che gli storici romani ereditarono dalla storiografia greca anzitutto alcuni **aspetti strutturali**, come i lunghi proemi di impostazione filosofica, l'inserimento dei discorsi diretti, i medaglioni con cui vengono descritti i protagonisti delle vicende, nonché le coloriture romanzesche, ma anche un'approfondita riflessione sulle cause e le conseguenze delle vicende e sul legame tra il recente passato e il presente (secondo la lezione di Tucidide).

Tutto latino è invece il riferimento costante al patrimonio di valori rappresentato dal *mos maiorum*, inteso come **metro per giudicare moralmente fatti e personaggi**, come anche l'assoluta centralità del popolo romano e della sua storia, cui gli altri popoli forniscono una necessaria cornice. Fu propria della cultura latina quella concezione della storia, impostata da Polibio e ben riassunta da Cicerone, intesa come *opus oratorium*: l'attività storiografica è un'attività di natura letteraria, connessa alla preparazione culturale dell'uomo politico di Roma.

EIUS ADVENT EX COLORE VESTITU COGNITO HOSTES PROELIU COMMIT

CAIO GIULIO CESARE

L'autore

L'ascesa La famiglia in cui, nel 100 a.C., nacque Cesare, la *gens Iulia*, apparteneva all'antico patriziato romano, anche se, in quel momento, non poteva essere annoverata tra le più potenti. Cesare crebbe educato da retori importanti (studiò anche a Rodi, alla scuola di Apollonio Molone, lo stesso maestro di Cicerone) ed esordì in politica opponendosi all'allora dittatore Silla, infatti egli era imparentato con Mario e legato agli esponenti più influenti dei *populares*. Il clima teso e sfavorevole alla sua parte gli consigliò però di allontanarsi da Roma e di rientrare dopo la morte del dittatore; solo allora iniziò la sua vera e propria **carriera politica**, il *cursus honorum*: questore nel 68 a.C., edile nel 65 a.C., pretore nel 62 a.C. e propretore in Spagna nel 61 a.C. A queste cariche si sommò la prestigiosa elezione a *pontifex maximus* nel 63 a.C. La brillante ascesa di Cesare, che era stata **sostenuta dai *populares***, era arrivata al suo culmine, perché la sua famiglia, pur aristocratica, non apparteneva alla nobiltà consolare e dunque Cesare non avrebbe potuto ricoprire l'ultima carica rimasta, cioè quella di console (e di proconsole).

gli esordi della carriera politica

Accordi con Pompeo e Crasso Nel 60 a.C. tuttavia si verificò una situazione politica molto particolare, che ebbe conseguenze determinanti per la vita di Cesare: Pompeo, tornato vittorioso dall'Oriente, chiedeva una distribuzione di terre per ricompensare i suoi veterani ma il senato, timoroso del potere da lui accumulato, gliela negò. Pronto a un atto di forza contro il senato, Pompeo accettò un incontro con Cesare, che voleva accedere al consolato, e con Crasso, uomo ricco e potente che godeva dell'appoggio degli *equites*. Si verificò allora un accordo privato (quello che passa sotto il nome di "primo triumvirato"), che sostenne l'**elezione di Cesare al consolato** per il 59 a.C., carica dalla quale Cesare poté accordare le terre ai veterani di Pompeo e favorire gli affari di Crasso. Con questo atto tre uomini, appoggiati dalle tre classi sociali in cui si divideva la società romana del momento (Cesare dai *populares*, Pompeo dagli *optimates*, Crasso dagli *equites*), mostravano di poter pilotare la politica dello Stato in modo conseguente ai propri interessi: sempre più evidente appariva oramai la debolezza delle istituzioni repubblicane.

il primo triumvirato

La guerra in Gallia I fatti recenti della storia romana avevano mostrato che il potere politico si fondava sull'appoggio dell'esercito ottenuto attraverso vittorie militari (soprattutto dopo la riforma dell'esercito operata da Mario); Cesare allora si fece assegnare per il 58 a.C. il **proconsolato nella Gallia Cisalpina**, sicuro di poter innescare da lì una guerra di conquista contro il popolo gallico, stretto a est dalle pressioni dei Germani e a sud dalla presenza dei Romani stessi. La campagna militare che seguì fu rapida, brillante, geniale e si concluse **nel 56 a.C.**; in quello stesso anno – rinnovando l'accordo privato con Pompeo e Crasso – Cesare ottenne la proroga del proconsolato per altri cinque anni, tempo che gli servì per domare una vasta rivolta in Gallia, che mirava a recuperare l'indipendenza perduta, e per tentare alcune sortite nella Germania occidentale e nella Britannia meridionale.

il proconsolato della Gallia

La guerra civile Nel frattempo, però, in Roma gli equilibri politici erano cambiati. Crasso era morto in Oriente, in una campagna contro i Parti (a Carre nel 53 a.C.) e Pompeo cominciava a percepire come pericoloso il potere di Cesare. La situazione precipitò al punto che **Pompeo fece dichiarare dal senato Cesare nemico pubblico**, lasciando intendere che egli non combatteva la guerra in Gallia per la gloria di Roma, ma per acquisire potere personale, cosa che rappresentava una minaccia per lo Stato. Cesare così si trovò costretto a ritornare in Italia. Se tuttavia fosse rientrato a Roma da solo, avrebbe rischiato di consegnarsi al senato ostile senza possibilità ragionevole di difesa, cosicché non gli restò che **entrare in armi in Italia**, varcando il fiume Rubicone (oltre il quale non si poteva procedere con un esercito) e dirigersi verso Roma.

il contrasto con Pompeo

GUERRA O TRIBUNALI

«Cesare sapeva bene che una delle soluzioni estreme per chi fosse assediato dai debiti era la guerra civile. Quando giovani del suo ceto, totalmente rovinati dai debiti chiedevano il suo aiuto, se non era possibile in qualche modo trarli d'impaccio, Cesare rispondeva loro con durezza e realismo "per il vostro caso il rimedio è la guerra civile". Battuta a prima vista paradossale, ma che mette bene in luce una connessione, nella mente di Cesare, immediata: la guerra come risposta al grande indebitamento e alla rovina economica da parte di gruppi della classe dirigente caduti in grave difficoltà. Non è così lontano da questo ordine di idee il pensiero che Asinio Pollione attribuiva a Cesare, detto ai suoi intimi al cospetto dei vinti di Farsalo: "L'hanno voluto loro! Se io non fossi ricorso all'aiuto dei miei soldati, sarei stato trascinato ai tribunali e condannato!" [...] A significare, evidentemente, che lo stesso Cesare era stato uno di quei giovani per i quali il ricorso alla guerra civile era l'arma estrema per venire fuori da gravissime difficoltà personali».

L. Canfora, *Giulio Cesare, il dittatore democratico*, Laterza, Roma-Bari, 2003[3]

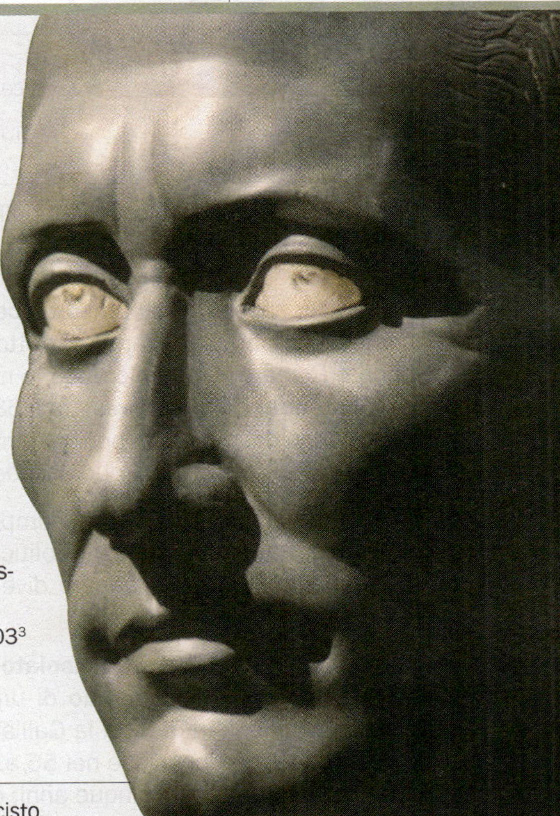

Giulio Cesare, busto ritratto in scisto verde con occhi in marmo, I secolo a.C., Berlino, Staatliche Museum.

Con questo atto si apriva la **guerra civile**. Pompeo, allora, lasciò l'Italia e si diresse verso Oriente: la sua strategia era quella di intrappolare Cesare tra la Spagna e l'Oriente, regioni che gli erano fedeli per via delle sue azioni militari. Tuttavia il piano non ebbe successo; in uno scontro diretto tra i due generali, a Farsàlo nel 48 a.C., **Cesare sconfisse Pompeo**, che cercò la fuga rifugiandosi in Egitto. Qui il re Tolomeo XV lo uccise decapitandolo e consegnando la testa a Cesare che lo inseguiva. Indignato per l'atteggiamento arbitrario del re, Cesare lo detronizzò, sostituendolo con la sorella Cleopatra, di cui peraltro divenne amante (e dalla quale ebbe un figlio, Cesarione).

Cleopatra VII, regina d'Egitto, I secolo a.C., Roma, Musei Capitolini.

La congiura Tornato a Roma, Cesare venne eletto **dittatore a vita** e adottò un atteggiamento di *clementia* verso la parte politica avversa, per avviare un processo di pacificazione dello Stato da anni lacerato dalla guerra civile, nonché una serie di riforme che ne avrebbero mutato la struttura amministrativa. Le forze politiche aristocratiche, tuttavia, preoccupate che Cesare volesse diventare re e modificare l'impianto di governo di Roma da repubblica a monarchia assoluta – sul modello dei regni d'Oriente – organizzarono una **congiura** per sopprimerlo, poiché risultava impossibile ormai ostacolarlo politicamente. Il piano ebbe successo: **Cesare fu ucciso** a colpi di pugnale **nel 44 a.C.**, alle idi di marzo, durante una seduta in senato.

IN SINTESI

■ Cesare **nasce nel 100 a.C.**, rampollo della *gens Iulia*, appartenente all'antico patriziato romano, ma non alla nobiltà consolare. Fornito di raffinata educazione retorica, ancora giovane **esordisce in politica**, opponendosi al potente Silla; è costretto però ad abbandonare Roma e torna solo dopo la morte del dittatore. **Sostenuto dai *populares***, tra il 68 e il 61 a.C. brucia le tappe del *cursus honorum*, fermandosi alla soglia del consolato (cui non può accedere).

■ Un accordo privato tra Cesare, Pompeo e Crasso porta vantaggi ai tre personaggi politici: è il cosiddetto "**primo triumvirato**"; Cesare diventa **console nel 59 a.C.**

■ Ottiene per il 58 a.C. il **proconsolato nella Gallia Cisalpina**, per avere il comando di un esercito e muovere alla conquista di tutta la Gallia: la rapida e brillante campagna si concluse nel 56 a.C.; la carica gli viene prorogata per altri cinque anni: doma una rivolta nei territori occupati ed estende l'influenza romana verso la Britannia e la Germania.

■ Crasso è ucciso dai Parti nel 53 a.C.: gli equilibri politici si rompono, **Pompeo fa dichiarare dal senato Cesare nemico pubblico**, cioè una minaccia per la *res publica* romana. Cesare torna in Italia e passa in armi il Rubicone: si apre la **guerra civile**. Pompeo abbandona l'Italia e si dirige in Oriente.

■ Lo scontro cruciale avviene **a Farsàlo, nel 48 a.C.: Cesare sconfigge Pompeo**, che si rifugia in Egitto; ma qui è fatto uccidere dal re Tolomeo XV.

■ Tornato a Roma, Cesare è eletto **dittatore a vita**: inaugura la politica della *clementia* nei confronti degli sconfitti, per avviare un processo di pacificazione dello Stato. Le forze politiche aristocratiche, tuttavia, leggono nella sua azione politica mire monarchiche e organizzano una **congiura** per sopprimerlo: Cesare viene ucciso a colpi di pugnale **alle idi di marzo del 44 a.C.**

L'opera

interessi molto vari

Un uomo colto Sappiamo che gli interessi di Cesare sul piano culturale furono molti e vari; per fare qualche esempio, possiamo citare la sua esperienza nel campo dell'**astronomia**, che si concretizzò nella riforma del calendario romano; o ancora i suoi studi nella **retorica**, in cui era famoso per un trattato, il *De analogia* (vedi p. 353), ma soprattutto per le sue **orazioni** stringenti e incisive, che tuttavia noi non possediamo più. Sappiamo anche che Cesare si dedicò alla **poesia** (con risultati non brillanti, a detta dei contemporanei), scrivendo un poema, le *Laudes Herculis*, e una tragedia, l'*Oedipus*. Egli quindi fu un uomo che **seppe coniugare politica e cultura**, come era d'obbligo per i patrizi romani, che concepivano la vita come alternanza tra *otium* e *negotium*.

I *Commentarii* Due sono le opere maggiori di Cesare, i *Commentarii* sulla guerra gallica e sulla guerra civile. Il *commentarius* rientra nel più ampio genere della storiografia (vedi pp. 336-341): non è un'opera di alto profilo, ma non è neppure una semplice raccolta di appunti. *Commentarius* significa diario, memoriale, e intende offrire un **resoconto di fatti accaduti senza interpretazioni** né morali né religiose. Nella letteratura latina delle origini erano così chiamati i prontuari redatti dai collegi religiosi o dai magistrati per ricordare particolari situazioni e la loro soluzione. In testi come questi non si trovano – se non raramente – discorsi, scene drammatiche, lunghe digressioni, approfondimenti morali o psicologici, come potrebbe avvenire in un'opera storiografica tradizionale. Piuttosto, come voleva lo storico greco Polibio, si vede nei *Commentarii* una **storiografia "pragmatica"**, fatta di azione politica e militare, agita e descritta da un tecnico del mestiere, un generale e un politico, per l'appunto. Non si deve però immaginare la prosa dei *Commentarii* come l'equivalente di uno scarno bollettino militare; Cesare è infatti famoso già tra i suoi contemporanei per avere scritto un'opera limpida, accurata, lucida ed elegante; capace di descrivere azioni e uomini con sorprendente rapidità e completezza.

CESARE RIFORMA IL CALENDARIO

All'epoca di Cesare il calendario era basato sull'anno lunare di 355 giorni, con il risultato che, nonostante alcuni aggiustamenti fatti occasionalmente da qualche pontefice massimo – che aveva ufficialmente il compito di controllare e pubblicare il calendario –, l'anno era "rimasto indietro" di circa novanta giorni. Sulla base degli studi degli astronomi alessandrini, Cesare riformulò il calendario romano, innanzitutto inserendo tre mesi straordinari e poi stabilendo che la durata dell'anno doveva essere di 365 giorni con un giorno intercalare ogni quattro anni. Non era ancora una formulazione senza errori; essa, infatti, venne ulteriormente perfezionata da Gregorio XIII nel 1582, per restare in vigore fino ai giorni nostri.

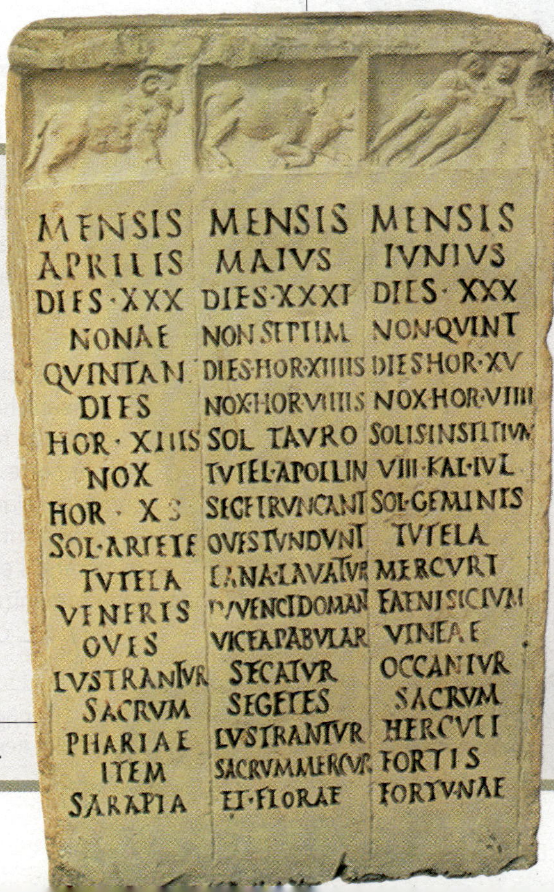

Menologio rustico di aprile, maggio, giugno.

Finalità del *De bello Gallico* e del *De bello civili* I *Commentarii* di Cesare, di cui diremo dettagliatamente tra poco, avevano inoltre un preciso scopo. Scritti per essere resoconto essenziale delle sue azioni di guerra, **avevano per destinatario soprattutto il senato**, al quale egli doveva rendere conto della correttezza del suo agire. Non va dimenticato che sul capo di Cesare pesava l'accusa di aver combattuto la guerra in Gallia per fondare il suo potere personale (e non per Roma) e inoltre di essersi rivoltato contro il senato e la repubblica, scatenando una guerra civile. I *Commentarii* servivano a dimostrare attraverso i fatti che le azioni di Cesare nell'una e nell'altra guerra erano state, invece, assolutamente corrette. Nel caso della guerra in Gallia, Cesare tendeva a mostrare come ogni attacco fosse sempre stato conforme al diritto di guerra romano; nel caso della guerra civile, faceva intendere come la sua posizione fosse sempre stata di difesa della repubblica e delle sue istituzioni, a differenza di Pompeo, che egli presentava come un apparente difensore degli ideali tradizionali, ma in realtà teso a conquistare un potere personale.

una difesa personale

Una storiografia di parte? A questo punto si innesta la questione che tanto ha fatto discutere gli studiosi: l'opera di Cesare deve essere letta come un racconto storiografico imparziale e oggettivo o è piuttosto una manipolazione dei fatti accaduti, per giustificare la posizione dell'autore agli occhi di chi lo accusava? Certo, Cesare voleva spiegare le ragioni che lo avevano spinto ad agire in un determinato modo ma, nonostante questo scopo autodifensivo, non si può dire che la sua narrazione sia del tutto falsificata o addirittura propagandistica.
Sicuramente la sua fu una **storiografia di parte** – la *sua* parte – scritta da chi aveva valutato, agito, scelto di volta in volta il da farsi; non senza qualche artificio che aumentasse la sua credibilità, come ad esempio la scelta di raccontare tutto in terza persona («Cesare disse, ordinò, decise...») per conferire un maggiore effetto di oggettività alla narrazione, o quella di tacere alcuni fatti per dare risalto ad altri, o ancora di modificare cronologicamente alcuni avvenimenti, per renderli legali

IL "LIBRO NERO" DELLA CONQUISTA

«Il "libro nero" della conquista romana della Gallia lo scrisse Plinio il Vecchio. Nel settimo libro della *Storia naturale* (91-99). [...] "Bisogna ricordare – scrive Plinio - il milione e 200.000 morti massacrati da Cesare al solo fine di conquistare la Gallia. Io non posso porre – dice Plinio – tra i suoi titoli di gloria un così grave oltraggio da lui arrecato al genere umano". E accusa Cesare di avere per giunta occultato le cifre del grande massacro: "non rivelando l'entità del massacro causato dalle guerre civili, Cesare ha riconosciuto l'enormità del suo crimine". (VII, 92). [...] Naturalmente la romanizzazione della Gallia è fenomeno di tali proporzioni storiche da imporre la domanda se la contabilità dei morti proposta da Plinio con estrema chiarezza (e con l'accusa bruciante a Cesare di aver nascosto le cifre) non debba tuttavia cedere il passo, in sede di bilancio storico, a quello che può considerarsi l'evento cruciale della formazione dell'Europa medievale e poi moderna: la romanizzazione dei celti, dovuta appunto alla conquista cesariana».

L. CANFORA, *Giulio Cesare, il dittatore democratico*, Laterza, Roma-Bari 2003[3], 136-138 *passim*

Prigioniero gallo incatenato, I secolo a.C., Saint Rémy de Provence, Museo Archeologico.

secondo le prescrizioni del diritto romano. Insomma, la sua fu una **sottile deformazione di alcuni eventi** a fronte di una visione politica e bellica molto complessa e di ampio respiro. Cesare ha raccontato la *sua* guerra e con essa le *sue* ragioni; aspettarsi da lui una totale imparzialità e neutralità sarebbe un'utopia.

una sottile deformazione

Il *De bello Gallico* Passiamo ora a esaminare sinteticamente le due opere. Il *De bello Gallico* è composto da **otto libri**, uno per ogni anno della guerra (dal 58 al 50 a.C.), sette dettati da Cesare al suo luogotenente Aulo Irzio, e l'ottavo scritto dallo stesso Irzio, per raccontare gli avvenimenti che saldano la campagna di Gallia con la guerra civile. Sinteticamente il contenuto del *De bello Gallico* è il seguente:

I CONTENUTI DEL *DE BELLO GALLICO*

Libro I (58 a.C.): Descrizione geografica della Gallia. Guerra contro gli Elvezi di Ariovisto e loro sottomissione.

Cesare impedisce il passaggio del Rodano agli Elvezi che, sotto la guida di Orgetorige, tentavano di attraversare il fiume a Ginevra per emigrare nella Gallia occidentale: ma gli Elvezi penetrano comunque in Gallia, grazie all'appoggio dei Séquani, e devastano i campi degli Edui, da tempo riconosciuti ufficialmente "amici del popolo romano"; Cesare allora li affronta, li sconfigge e li rimanda in patria, per opporre una barriera all'aggressività del re degli Suebi, Ariovisto, da tempo stanziato su una parte del territorio dei Séquani. In una battaglia campale combattuta in Alsazia, Ariovisto viene battuto e costretto a passare il Reno con pochi superstiti.

Libro II (57 a.C.): Campagna militare contro i Belgi e i Nervii.

La tribù gallica settentrionale dei Belgi crea un'alleanza contro Cesare e sollecita l'intervento dei Germani: i Remi defezionano, passando dalla parte dei Romani, e Cesare interviene in loro aiuto con gli Edui: attraversa l'Axona (Aisne) e batte separatamente i Belgi, i Suessioni, i Bellovaci, gli Ambiani, i Nervii, gli Aduatuci e gli Atrebati. Nel settembre del 57 Cesare invia al senato un resoconto sulla sua campagna gallica e a Roma si decreta una cerimonia di ringraziamento agli dèi.

Libro III (57/56 a.C.): Campagne contro i Veneti (a sud della Bretagna), Aquitani, Morini e Menapi (tra Calais e il Mare del Nord).

Nel 56 avviene la ribellione delle tribù che già si erano sottomesse a Publio Crasso, per istigazione dei Veneti della Bretagna. Cesare allora dalla Cisalpina ordina la costruzione di un gran numero di navi lunghe, scende attraverso la Loira e distrugge la maggior parte delle navi nemiche in una località della costa brétone. I suoi luogotenenti Titurio Sabino e Crasso sottomettono gli Unelli (stanziati tra Bretagna e Normandia, a nord della Gallia) e altre genti dell'Aquitania. Contro i Morini e i Messapi si dirige Cesare stesso, senza riuscire tuttavia a ottenere significativi successi a causa della guerriglia nemica.

Libro IV (55 a.C.): *Excursus* sui Germani, primo passaggio del Reno e massacro di Usìpeti e Téncteri. Prima spedizione in Britannia.

Le popolazioni germaniche degli Usipeti e Tencteri, premute da Suebi e Ubii, riescono ad attraversare il Reno nell'anno 55. Cesare, coadiuvato dai cavalieri belgi, riesce a ricacciarli al di là del fiume e a fare una spedizione dimostrativa al di là del Reno, dove i fuggitivi avevano trovato l'appoggio dei feroci Sigambri. In soli dieci giorni fa costruire un ponte sul Reno, devasta in Germania i villaggi di Usipeti, Sigambri e Tencteri, obbligandoli a rifugiarsi nelle foreste. Dopo venti giorni torna in Gallia e decide una ricognizione nella Britannia meridionale, poiché dall'isola talora giungevano aiuti ai Galli della costa. Salpa con due legioni e sbarca faticosamente, ostacolato dalla cavalleria e dai carri da guerra nemici: i Britanni vengono respinti e chiedono la pace, ma Cesare, visto che la flotta romana ha subìto ingenti danni per le tempeste e la marea, decide di rientrare e tornare in Britannia in settembre.

Libro V (54 a.C.): *Excursus* etnogeografico sulla Britannia, dove Cesare compie una seconda spedizione. Domata la ribellione degli Eburoni di Ambiorìge.

Nel 54 viene ritentata la spedizione in Britannia con 628 navi. I Romani sbarcano senza incontrare resistenza, guadano il Tamigi e disperdono le tribù britanniche guidate da Cassivellauno. Ottenuti degli ostaggi e imposto un tributo annuo, il generale torna nella Gallia, dove nel frattempo è scoppiata la rivolta fra i Belgi: ben 15 coorti romane erano cadute in un'imboscata di Ambiorìge, re degli Eburoni, che con Aduatuci, Nervii e altre tribù aveva assediato l'accampamento invernale di Quinto Cicerone, fratello minore dell'oratore; Cesare accorre e disperde gli assedianti. Allora anche i Treviri, capeggiati da Induziomaro, che stavano assediando il campo di Labieno, rientrano nel loro territorio e Induziomaro è poi ucciso in un successivo scontro bellico.

Libro VI (53 a.C.): Secondo passaggio del Reno. Costumi dei Galli.
Cesare, contando ormai su un esercito di dieci legioni, attraversa per la seconda volta il fiume Reno per dissuadere i Suebi dall'entrare in territorio gallico. Poi, tornato in Gallia, attacca gli Eburoni che si nascondono nella selva Ardenna e nelle paludi alla foce della Schelda. I Sigambri tuttavia passano ancora il Reno e sconfiggono due coorti che Q. Cicerone aveva mandato a far provviste di grano: allora interviene personalmente Cesare che fa volgere in ritirata i Sigambri e saccheggia poi il territorio degli Eburoni. Quindi passa nella Cisalpina.

Libro VII (52 a.C.): Rivolta generale capitanata da Vercingetorìge. Assedio e conquista di Alesia.
I Carnuti nell'inverno del 52 attaccano militarmente *Cenabum* (l'odierna Orléans) e uccidono molti mercanti romani: incoraggiato da tale avvenimento Vercingetorìge, re della potente tribù degli Arverni, conquista la città fortificata di Gergovia e si pone a capo di una sollevazione generale di tribù galliche contro i Romani. Subito Cesare si precipita in Gallia da Ravenna, assedia e conquista *Cenabum*, *Noviodunum* (l'odierna Nouan o Nevers) e *Avaricum* (oggi Bourges) dove fa strage dei 40000 abitanti. Vercingetorige non cede, e si procura nuove alleanze, ma Cesare si ricongiunge con Labieno e, disponendo di dieci legioni, marcia verso Narbona: Vercingetorige lo affronta allora in battaglia campale, ma viene sconfitto e decide di ritirarsi nella piazzaforte di Alesia (Alise-Sainte-Reine, sul monte Auxois). I Romani pongono l'assedio alla roccaforte con una doppia linea di fortificazioni, respingono le truppe galliche di rinforzo che li attaccano alle spalle e finalmente costringono alla resa Vercingetorige e le sue truppe, ridotte drammaticamente alla fame. È la fine della resistenza gallica e il successo dell'intera campagna militare di Cesare.

Un **ottavo libro** (aggiunto a opera del luogotenente di Cesare **Aulo Irzio**, per raccordare le vicende galliche con l'inizio del *De bello civili*) espone gli avvenimenti degli anni 51-50, ossia la campagna contro i Bellòvaci (della Gallia Belgica) e l'antefatto della guerra civile con Pompeo.

due civiltà a confronto

Un racconto di guerra

Il racconto storico **pone a confronto due civiltà**, quella dei Romani e quella dei Galli, entrambe antiche ed evolute, ma diverse per modalità di vita, di conoscenza, di espressione. Cesare descrive innanzitutto la guerra che li vede su fronti opposti e sulla guerra in ogni sua forma pone un'attenzione particolare: al valore di *tutti*, Romani e nemici, al coraggio, all'eroismo, all'abilità, all'astuzia egli dedica uno sguardo di rispetto e di ammirazione. Nei Romani, in più, premia la dedizione e la fedeltà a Roma e a sé, in quanto loro generale, facendo intendere l'importanza politica di questo legame.
Descrive anche la **differenza tattica dei due popoli**, contrapponendo la prassi dell'assalto tipica dei Galli (e anche dei Germani), che egli giudica poco razionale ed efficace, alle tecniche sofisticate dell'esercito romano, educato da un lungo addestramento a muoversi seguendo gli ordini degli ufficiali, a usare le armi e le macchine, a costruire ponti e fortificazioni, navi e accampamenti. A tutto questo complesso scenario di guerra, dunque, Cesare lascia lo spazio maggiore della narrazione, cosicché la storia di quel particolare conflitto diventa per noi un mezzo importante per figurarci la forza bellica di Roma, che conquistò nell'arco di un secolo e mezzo tutte le terre affacciate sul Mediterraneo. In questo modo, narrando i nudi fatti che lo videro trionfatore, Cesare costruisce in modo abile un'**opera di autoesaltazione**.

l'osservazione di altri popoli

Una prova di etnogeografia

Tuttavia, nella descrizione di questo conflitto, una lunga parentesi nel VI libro (e una breve nel V) propone uno **sguardo attento ai popoli con cui Cesare combatteva**: quello gallico soprattutto, ma anche quello dei Germani e dei Britanni. Era normale per un'opera che trattava di un popolo sconosciuto descriverne le abitudini, l'organizzazione sociale, i luoghi, le conoscenze: era quanto insegnava l'etnogeografia, un genere letterario che faceva capo alla cultura greca, secondo il quale sulla base di fonti precedenti (in questo caso si trattava dei greci Polibio e Posidonio, II-I secolo a.C., vedi anche p. 328) e dell'osservazione diretta si descrivevano i luoghi e i popoli nuovi (*ethnos* in greco significa «popolo»). Tuttavia le osservazioni di Cesare sui Galli e sui Germani (che egli per primo distingue nettamente) non sono dettate da un interesse etnogeografico "scientifico", ma hanno una **finalità precisa**, quella di raccogliere e riportare informazioni sulla struttura sociale, sulle istituzioni militari e religiose, utili per sconfiggere militarmente quei popoli e per dominarli successivamente.

Romani e barbari

Per capire più in profondità, inoltre, con quale mentalità Cesare descriveva quei popoli, bisogna ancora fare riferimento a una distinzione fondamentale nell'atteggiamento di Roma verso i popoli stranieri. Per un romano il mondo conosciuto si divideva in due parti, i Romani e i barbari: questo, di fatto, coincideva con la distinzione tra **civiltà e inciviltà**, tra evoluzione e arretratezza. Roma combatteva le sue guerre di conquista a partire da questa convinzione, di essere cioè portatrice di una cultura e di una forma di governo superiori a quelle degli altri popoli. In tal senso la conquista appariva come un'esportazione positiva di un modello di vita più evoluto.

Sulla base di questa concezione, che aveva sostenitori illustri anche negli storici e filosofi greci venuti a Roma, primo tra tutti il già nominato Polibio, Roma sostenne la necessità, o almeno la **legittimità della conquista**, come se la guerra prima e la dominazione poi fossero strumenti di progresso civile, politico, culturale, tecnico per il popolo conquistato, che sarebbe passato così da una condizione di barbarie a una di civiltà. Questo pensiero, che ha motivato e sostenuto le guerre di conquista romane (si trattò della teoria del *bellum iustum*, «guerra giusta»), è stato determinante nella conquista definitiva di Cartagine, della Grecia e dell'Oriente, dell'Iberia e, ovviamente, della Gallia, della Germania e della Britannia.

Elmo celtico in oro, bronzo, corallo e ambra, IV secolo a.C., Agoulême, Museo Archeologico e Storico.

Conquista e romanizzazione

Conseguenza della guerra di conquista era la **romanizzazione**, ovvero l'imposizione al popolo conquistato del proprio sistema di governo, della propria organizzazione del territorio, della società e infine del culto alle proprie divinità. Così **si perdeva gran parte dell'originalità culturale dei popoli conquistati**, costretti ad assimilarsi ai Romani conquistatori. Per questo motivo scomparvero in Gallia la struttura sociale originaria – quella che Cesare osservò e descrisse arrivando in quelle terre – l'uso del territorio, le conoscenze dei druidi, la trasmissione orale del sapere, gran parte degli dèi tradizionali, per fare spazio a città e villaggi romanizzati, acquedotti, ponti, templi, palazzi e *villae*. Conquista e romanizzazione furono ingredienti fondamentali dell'espansione del potere di Roma; ma opere come quella di Cesare ci permettono di ricostruire parzialmente la qualità culturale, sociale, religiosa dei popoli che Roma incontrò e sottomise prima che venissero trasformati dal dominio romano stesso. Curiosamente, proprio nel descrivere i popoli che conquistò, Cesare, che voleva dimostrare quanto fossero "barbari" e quindi quanto fosse "giusta" la conquista, permette a distanza di secoli di osservare una società che in quei termini non esistette mai più.

Suonatore di tromba, I secolo a.C., Praga, Národní Muzeum.

IN SINTESI

- Efficace oratore, **Cesare fu uomo colto** e dai molteplici interessi; seppe conciliare la dimensione dell'*otium* con la sua notevole attività politica e militare.
- Le sue due opere maggiori (le uniche rimaste per intero) sono i ***Commentarii* sulla guerra gallica e sulla guerra civile.** Il *commentarius* è un sottogenere della storiografia: un memoriale che offre un asciutto resoconto di fatti accaduti, esempio di **storiografia "pragmatica"**. Scopo dei *Commentarii*, indirizzati anzitutto al senato, era l'**autodifesa** della propria azione politica e militare, contro l'accusa di aver combattuto in Gallia per fondare il suo potere personale e soprattutto contro l'accusa di avere scatenato una guerra civile.
- La sua è **storiografia di parte**, scritta con artifici che tendono ad aumentare la credibilità (per esempio, l'utilizzo della terza persona), con qualche omissione o lieve modifica cronologica; questi interventi, però, non compromettono la **sostanziale veridicità** dei fatti narrati.
- Il ***De bello Gallico*** è un racconto di guerra che **pone a confronto due civiltà** antiche ed evolute, quella dei Romani e quella dei Galli. Cesare sottolinea il valore di *tutti*, Romani e nemici, ma rivendica la **superiorità tattica** romana: la prassi dell'assalto, tipica dei Galli (e anche dei Germani), è poco efficace e perdente di fronte alle tecniche sofisticate dell'esercito romano, addestrato, ben armato e supportato da un forte corpo di genieri.
- Il *De bello Gallico* presenta **ampie descrizioni etnogeografiche**: luoghi, usi e costumi dei popoli con cui Cesare si scontra (Galli, Germani e Britanni). Lo scopo di tali osservazioni non è solo "scientifico" o letterario, egli intende raccogliere informazioni su popoli che devono essere sconfitti e colonizzati.
- Alla base del *De bello Gallico* sta l'identificazione operata dai Romani tra civiltà (che corrisponde alla loro) e barbarie (che corrisponde a un mondo straniero, visto come incivile e arretrato): Roma combatte le sue guerre convinta di essere portatrice di una cultura e di una forma di governo superiori. La teoria del ***bellum iustum***, della guerra giusta, fu sviluppata anche da storici e filosofi greci venuti a Roma, primo tra tutti Polibio. Conseguenza della guerra di conquista fu la **romanizzazione delle Gallie**.

Il *De bello civili* L'opera è divisa in **tre libri**, che si riferiscono alla guerra combattuta tra il 48 a.C. (libro I e II) e il 47 a.C. tra Cesare e Pompeo. È chiaramente **incompiuta**, tanto che alcuni pensano che sia stata pubblicata dopo la sua morte; altri invece sostengono che sia stata pubblicata da Cesare stesso intorno al 46 a.C. In breve il contenuto può essere così sintetizzato:

I CONTENUTI DEL *DE BELLO CIVILI*

Libro I: La crisi politica a Roma: discussione in senato delle proposte di Cesare. Avanzata di Cesare in Italia e guerra in Spagna contro Afranio e Petreio.

Il 7 gennaio dell'anno 49 a.C. il senato romano sostituisce Cesare al governo della Gallia Transalpina: allora i tribuni del generale fuggono da Roma tra le minacce dei pompeiani. È proclamato lo stato d'assedio e indetta la chiamata alle armi per tutta la penisola. Cesare allora sfida apertamente il senato: varca il Rubicone, fiume romagnolo che segnava il limite fra l'Italia e la Gallia Cisalpina, e avanzando velocemente si impadronisce di Rimini, Arezzo e Gubbio. Pompeo, i consoli e i senatori repubblicani abbandonano Roma e s'imbarcano a Brindisi per l'Oriente. Cesare conquista il Piceno, poi scende fino a Brindisi da dove, visto che l'esercito pompeiano è già salpato per Durazzo, parte per Roma: da qui si dirige alla volta della Spagna, dove, dopo una brillante campagna militare, sconfigge le cinque legioni dei legati di Pompeo, Afranio e Petreio.

Libro II: Assedio di Marsiglia e resa di Varrone in Spagna. Sconfitta e morte del cesariano Curione in Africa.

Dopo la resa di Marsiglia, che ospitava una flotta di Pompeo, e di Varrone Reatino in Spagna, il luogotenente di Cesare in Africa, Curione, è ucciso con quasi l'intero suo contingente di due legioni dal generale pompeiano Varo.

Libro III: Guerra in Epiro, in Illiria e scontro finale in Tessaglia a Farsàlo. Fuga e morte di Pompeo in Egitto.

Nominato console, Cesare salpa da Brindisi con sette legioni e sulla costa dell'Epiro aggrega alla spedizione cinque nuove legioni condotte dall'Italia da Antonio; provoca difficoltà di vettovagliamento ai pompeiani, che tuttavia riescono a spezzare l'assedio. Si arriva alla battaglia decisiva: il 9 agosto del 48 a.C. in Tessaglia, nella pianura di Farsàlo circondata da alcune colline, si schierano i due eserciti per la resa dei conti. Le 80 coorti cesariane hanno alla fine la meglio sulle 110 pompeiane, che conteranno ben 15 000 caduti. Pompeo cerca rifugio presso Tolomeo XIV d'Egitto, ma il re, temendo le ritorsioni dei Romani, lo fa barbaramente uccidere nella barca che lo sta trasportando a riva. Cesare giunge ad Alessandria, ove apprende della morte del rivale. Egli interviene nelle questioni dinastiche per il trono d'Egitto fra Tolomeo e la sorella Cleopatra, ma un cortigiano di nome Potino trama contro di lui e incita il generale egiziano Achilla a marciare su Alessandria: comincia in tal modo la cosiddetta "guerra alessandrina".

Elmo in bronzo usato in fanteria, I secolo a.C., Roma, Musei Capitolini.

un intento politico

Guerra e politica Se nel *De bello Gallico* abbiamo visto prevalere l'aspetto bellico e l'abilità militare di Cesare, in questo conflitto invece diventa **preponderante l'aspetto politico**. Cesare attraverso queste pagine mira a convincere l'opinione pubblica e quella del senato di non essere stato un rivoluzionario e di non avere portato il paese alla guerra civile per cercare di ottenere il potere per sé. Spiegando come il senato fosse stato manipolato da Pompeo, Cesare dimostra che non gli è stato possibile agire in altro modo per riuscire a eliminare da Roma chi la stava corrompendo. La responsabilità della guerra civile, in questo modo, deve ricadere interamente su Pompeo. Attraverso una serie di considerazioni, Cesare dimostra che Pompeo aveva messo in moto la guerra civile per eliminare il suo oppositore e potersi poi ritrovare padrone assoluto di Roma. Emblematica, in questo senso, è la descrizione – certo immaginaria – dell'accampamento di Pompeo prima della battaglia di Farsàlo, nella quale i generali, sicuri della vittoria, si spartiscono in anticipo le cariche che l'indomani sarebbero state libere per la sconfitta dei cesariani: con ciò l'autore vuole svelare chiaramente l'**intenzione dei pompeiani di impadronirsi dello stato** e non di ricondurlo alla sua originaria libertà repubblicana.

una *clementia* ambigua

La *clementia* di Cesare Anche a riguardo delle stesse azioni di guerra, Cesare non dimostra di avere lo stesso rispetto che aveva mostrato verso i Galli; i soldati pompeiani (soprattutto gli ufficiali), che sono Romani come lui, ma corrotti, non sono degni di rispetto, si macchiano di azioni indegne, massacrano, fuggono. Nei loro confronti, così come verso gli avversari politici, Cesare alla fine del conflitto terrà un **atteggiamento di *clementia***, ovvero di perdono e di reintegrazione, atteggiamento ambiguo perché, se da una parte poneva fine a una catena di vendette e di conseguenze sanguinose, dall'altra significava considerare i suoi avversari politici **alla stessa stregua dei popoli nemici** sconfitti e sottomessi. La *clementia* infatti si applicava ai nemici vinti, non ai Romani: la *clementia* di Cesare quindi aveva l'ambiguo volto di una pace sociale ricomposta e di una umiliazione inflitta.

LA MORTE DI POMPEO

Così Plutarco, biografo greco del II secolo d.C., descrive il momento drammatico della morte di Pompeo: «Ma in quel preciso istante, mentre Pompeo prendeva la mano di Filippo per potersi alzare in piedi più agevolmente, Settimio lo trafisse per primo alle spalle con la spada, quindi Salvio e poi Achilla sguainarono la daga e lo imitarono. Pompeo si trasse con ambedue le mani la toga sul volto, senza dire una parola o compiere un gesto che fossero indegni di lui. Sopportò fermamente i colpi, emettendo un gemito solo. [...] Tagliata la testa di Pompeo, gettarono il troncone del corpo, nudo, fuori dalla barca e ve lo lasciarono per chi desiderasse vedere un così triste spettacolo» (trad. C. Carena). Solo il suo liberto Filippo, più tardi, non visto da nessuno ne bruciò il corpo secondo le usanze romane.

Paesaggio con imbarcazione su fondo nero, I secolo a.C., Napoli, Museo Archeologico Nazionale.

Verità o giustificazione? Anche nel caso del *De bello civili* possiamo porci le stesse domande circa l'attendibilità e l'imparzialità del racconto che abbiamo avanzato a proposito del *De bello Gallico*; naturalmente la risposta si pone negli stessi termini. Cesare ha indubbiamente falsato alcuni dati a suo favore, per dare alla sua posizione più credibilità e valore. Attraverso quanto racconta, Cesare **vuole convincere della sua fedeltà allo Stato**, mostrando come sia stato trascinato nella guerra civile e come attraverso essa abbia però cercato di riportare lo Stato alla sua originaria forma, credendo nella repubblica che, secondo il parere dei suoi oppositori, egli avrebbe invece finito per distruggere.

Il *corpus Caesarianum* e le opere perdute Alcuni collaboratori di Cesare, di solito militari non privi di una qualche preparazione retorica (sia pure talvolta molto superficiale), vollero dare un seguito alla sua produzione storica, componendo dei *commentarii* che si collegano all'opera del loro comandante, formando il cosiddetto *corpus Caesarianum*.

Due soldati con corazza e spada, I secolo a.C.

Anzitutto ricordiamo il già citato **Aulo Irzio** che, oltre a scrivere il libro VIII del *De bello Gallico*, è con tutta probabilità anche l'autore del ***Bellum Alexandrinum***, opera che narra la guerra condotta da Cesare in Egitto contro Farnace, nel 48 a.C. Egli è anche l'autore del *corpus* che più si avvicina allo stile limpido ed equilibrato di Cesare. Di livello inferiore – poco più che testimonianze storiche – sono invece il ***Bellum Africum*** (attribuito a Lucio Munazio Planco, un alto ufficiale di Cesare), che racconta la vittoria sui pompeiani a Tapso (46 a.C.) e il ***Bellum Hispaniense*** (guerra di Spagna e vittoria di Munda, 45 a.C.), quest'ultimo scritto in una lingua che si avvicina al *sermo* parlato dai ceti inferiori.

La lingua e l'oratoria di Cesare, tra analogia e atticismo Come abbiamo accennato sopra, diverse sono le opere di Cesare che sono andate perdute (per esempio, tutta la produzione poetica); ma almeno alcune meritano un cenno particolare, anche perché contribuiscono a gettare una luce più chiara sulle scelte dello scrittore. Cesare infatti ha coltivato anche gli **studi linguistici**, giungendo a pubblicare un'opera dal titolo *De analogia*, dedicata a Cicerone, di cui ci restano pochissimi frammenti. In questo lavoro Cesare prendeva una chiara posizione sui problemi legati alla lingua: infatti, a differenza degli "anomalisti", che sostenevano la tesi che la lingua fosse segnata da continue eccezioni e variazioni, egli **adottò la tesi "analogista"**, secondo la quale ogni aspetto di un sistema linguistico deve essere sottoposto a regole precise e non modificabili: dal lessico, che seleziona l'uso delle parole ed evita accuratamente i neologismi, fino alla sintassi, che prevede un periodare ordinato e controllato. Tale teoria linguistica, che ben si adatta al dettato dei *commentarii*, permette anche di intuire quali fossero le caratteristiche dell'oratoria cesariana, tutta perduta, tranne alcuni titoli e pochi frammenti: secondo le testimonianze dei contemporanei (anche dello stesso Cicerone, che pure era suo avversario politico), i discorsi di Cesare erano nello stesso tempo chiari, incisivi e vigorosi, secondo gli insegnamenti della scuola "atticista" (vedi p. 398).

De analogia

IN SINTESI

■ Il ***De bello civili*** è diviso in **tre libri**, che narrano la guerra civile **tra Cesare e Pompeo**, combattuta tra il 48 a.C (libro I e II) e il 47 a.C. (libro III). L'opera è incompiuta.

■ Fondamentale è lo **scopo politico** del commentario: Cesare vuole convincere senato e opinione pubblica di non essere stato un rivoluzionario e di non avere portato il paese alla guerra civile per cercare di ottenere il potere per sé: a suo dire, Pompeo avrebbe manipolato il senato e reso inevitabile lo scontro.

■ **Le forze avverse sono descritte con ironia**, talvolta sarcasmo: sono i pompeiani, corrotti, violenti e vili, a voler sopprimere la *libertas* repubblicana per ridurre lo stato sotto il loro dominio.

■ Al termine del conflitto Cesare adotta un **atteggiamento di *clementia***, ovvero di perdono e di reintegrazione degli sconfitti; ma in questo modo **li umilia** anche, perché li tratta alla stessa stregua dei popoli nemici che venivano sottomessi. La *clementia* infatti si applicava ai nemici vinti, non ai Romani.

■ L'autore ha **falsato alcuni dati a suo favore**, per dare più credibilità alla sua veste di difensore dello Stato: ma anche il *De bello civili* è **sostanzialmente attendibile** nello sviluppo della vicenda.

■ Alcuni collaboratori di Cesare diedero un seguito alla sua produzione storica, componendo dei *commentarii* che formano il cosiddetto ***corpus Caesarianum***: Aulo Irzio (già autore del libro VIII del *De bello Gallico*) scrive il ***Bellum Alexandrinum***, sulla guerra contro Farnace, ed è l'autore stilisticamente più controllato e curato del *corpus*; di livello inferiore – poco più che testimonianze storiche – sono il ***Bellum Africum*** (attribuito all'ufficiale Lucio Munazio Planco), che racconta la vittoria sui pompeiani a Tapso (46 a.C.) e il ***Bellum Hispaniense*** (guerra di Spagna e vittoria di Munda, 45 a.C.), quest'ultimo scritto in una lingua che si avvicina al *sermo* parlato dai ceti inferiori.

■ Gli **studi linguistici** di Cesare sono confluiti in un'opera (perduta, tranne pochi frammenti) dal titolo ***De analogia***: in essa Cesare sosteneva la tesi secondo cui ogni aspetto di un sistema linguistico deve essere sottoposto a regole precise e non modificabili (teoria "analogista").

■ Come i suoi *commentarii*, anche le **orazioni** di Cesare (tutte perdute, tranne pochi frammenti) erano **chiare, incisive e vigorose**, secondo le testimonianze dei suoi contemporanei.

Moneta con motto «Veni, vidi, vici», I secolo a.C., Roma, Musei Capitolini.

Lo stile

Chiarezza ed efficacia

Sulla base delle teorie linguistiche e stilistiche cui ha aderito, Cesare ha costruito uno **stile asciutto e di tono medio**: come da una parte evita un registro basso (i dialettismi, i barbarismi del linguaggio colloquiale), così dall'altra rifiuta il lessico troppo aulico ed elevato, rinunciando a grecismi, arcaismi o termini troppo tecnici. *Nudi, recti, venusti*: «semplici, schietti e pieni di grazia»: così Cicerone nel *Brutus* definisce i *commentarii* cesariani. Quintiliano nell'*Institutio oratoria* formula questo giudizio, riferito alla perduta oratoria cesariana ma estensibile anche ai *commentarii*: «Se Cesare si fosse dedicato solo all'eloquenza, accanto a Cicerone non potremmo citare nessun altro dei nostri. Egli ha una tale forza espressiva, tanta raffinatezza e tanto calore che parlava con la stessa energia con la quale combatteva le guerre; eppure abbellisce tutte queste doti con una straordinaria eloquenza linguistica, qualità di cui fu grande studioso» (X, 114).

La sua prosa è, in effetti, quasi sempre rapida e sintetica, e ricorre a un **lessico selezionato di sobria e limpida eleganza**, che non conta più di 1300 vocaboli, fra i più comuni del linguaggio dei cittadini colti della capitale (*sermo cotidianus urbanus*). Infatti, da buon analogista, egli optava sempre per termini d'uso comune: Gellio (I, 10, 4) ci tramanda che Cesare consigliava: *Tamquam scopulum sic fugias inauditum atque insolens verbum!* («Evita come uno scoglio un termine raro e inusitato!»).

la sintassi

La sua sintassi è prevalentemente paratattica: ben più numerose sono le proposizioni indipendenti rispetto alle secondarie e queste ultime sono preferibilmente collegate alla principale con un nesso coordinativo più che subordinativo. Tuttavia molte sono le oggettive, le finali, le consecutive; massiccia è la presenza degli ablativi assoluti (come *his rebus confectis, his rebus cognitis, confecto proelio, tuba signo dato, concilio convocato*...) e dei participi congiunti, cui egli ricorre spesso anche per esprimere il valore relativo, temporale o causale di un'azione. Questa tecnica stilistica riconferma la massima concisione della sua lingua e l'obiettivo – potremmo dire – della massima efficacia ottenuta con il minimo sforzo, come quando, narrando quell'evento determinante per lui che fu la morte del grande rivale Pompeo, si limita a scrivere: *Alexandriae de Pompei morte cognoscit* («Ad Alessandria viene a conoscenza della morte di Pompeo»); o come quando, nel 47 a.C., annunciò a un amico di Roma la sua vittoria sul re del Ponto, Farnace, con il telegrafico *Veni, vidi, vici*. **L'*oratio obliqua*** (il discorso indiretto) **è molto frequente** nei *commentarii*, a testimoniare l'apparente oggettivo distacco dell'autore dai fatti narrati e la volontà di esprimere i concetti con la massima rapidità possibile.

Una lingua "pura" Quella sorta di "purismo lessicale" sostenuto da Cesare nel *De analogia* ha dunque trovato coerente applicazione nei suoi *Commentarii*, dove **non vi è quasi traccia di volgarismi o arcaismi o neologismi**. Ad esempio, egli non usa la forma sincopata in *-ere* (anziché *-erunt*) della 3ª persona plurale dell'indicativo perfetto (*pugnaverunt*, non *pugnavere*); rifiuta *forem, fores*... prediligendo il più regolare *essem, esses*...; preferisce *itaque* anziché *igitur*, fa ricorso a *flumen* (e non usa né *amnis* né *fluvius*); preferisce *timere* al più dotto *metuere*.
Indubbiamente, per tutti i suoi meriti di scrittore, il ruolo di Cesare nella storia letteraria latina ebbe lo stesso rilievo di quello mostrato dall'uomo politico lungimirante e dal generale quasi sempre vittorioso.

La fortuna

un simbolo di suprema autorità

Un protagonista della storia La figura di Cesare ha assunto una tale rilevanza storica che risulta difficile ragionare su di lui in termini di pura e semplice fortuna letteraria. Basti pensare che il suo stesso nome è diventato sinonimo di sovrano assoluto (questo già a Roma, subito dopo la sua morte), e si è riversato in molte lingue a indicare il detentore di un potere autocratico, come *Kaiser* in Germania o *Zar* (da *Czar*) in Russia: tanta ammirazione ma anche, all'opposto, tanta avversione ha suscitato quell'uomo «con li occhi grifagni»,[1] che ha impresso una tale impronta sulla storia!
A lui si sono variamente ispirati, nel corso dei secoli, altri sovrani e condottieri, come Francesco I, Enrico VIII, Federico il Grande, ma soprattutto Napoleone I, che elaborò il concetto di "cesarismo", e Napoleone III, che lo sfruttò: per loro Cesare divenne addirittura il **simbolo di una suprema autorità** che, con la sua decisa azione, si occupa di salvare idee democratiche e rivoluzionarie (così Napoleone amava dipingere se stesso, quale vero erede della rivoluzione francese). Alle sue gesta e ai suoi scritti si sono rivolti storici, pensatori e filosofi (come Montaigne e Nietzsche), ma anche poeti come Herder, Goethe, fornendone **letture spesso contrastanti**.
Bene ha evidenziato B. Riposati come già Cicerone, suo avversario politico, avesse in qualche modo profetizzato la sicura ma contrastata fama di Cesare presso i posteri, quando scrisse nell'orazione *Pro Marcello*: «Non si deve considerare vita tua

1. DANTE, *Inferno* IV, 123.

quella che risulta dall'unione dell'anima e del corpo; altra, io dico, è la tua vera vita, quella che vivrà nella memoria dei secoli, che i posteri alimenteranno e che l'eternità stessa custodirà (...). Ma anche tra i posteri sarà, com'è tra noi, grande dissenso: poiché gli uni leveranno al cielo le tue gesta, altri troveranno invece che vi manca qualcosa». [2]

2. La traduzione del brano della *Pro Marcello* (9, 28) è tratta da B. Riposati, *Storia della letteratura latina*, Milano-Roma, Dante Alighieri, 1985, p. 252; su questa orazione ciceroniana vedi anche p. 412.

Cesare oggetto di studio e personaggio letterario

Gli storici latini assunsero la sua opera, se non come modello, almeno come ineludibile **punto di riferimento**, a partire dal coevo Sallustio, per arrivare a Livio e Tacito, oramai in piena età imperiale; Svetonio fa partire da lui le sue biografie degli imperatori. Altri autori **lo attaccarono per motivi politici**: Lucano per esempio, che in epoca neroniana scrisse un poema in cui condannava la figura di Cesare come distruttore della repubblica ed esaltava in Catone l'Uticense un martire della libertà. Anche molti storici di lingua greca lo impiegarono come fonte (Plutarco, Appiano, Cassio Dione, Nicola Damasceno), fino ad arrivare al monaco bizantino Massimo Planude, che ne tradusse in greco i *commentarii*. Nel Medioevo l'opera e la figura di Cesare godettero di **notevole attenzione**, testimoniata anche dalla considerazione che ebbe per lui il filoimperiale Dante. In età umanistica, invece, dominò la scena letteraria il grande modello di Cicerone, ma la sua luce non valse a nascondere la fama di Cesare, che continuò a essere letto e commentato: Petrarca stesso, padre dell'Umanesimo, ne redasse una minuziosa biografia. Invece Machiavelli, in pieno Rinascimento, ne diede una lettura riduttiva.

Cesare rappresentato come vecchio re cristiano, con corona, scettro e globo sormontato da una croce, 1420 circa, Cuneo, Castello della Manta.

Da allora l'attenzione sulla sua figura di generale, politico e scrittore non è mai calata.

Testimonianza ulteriore di tale centralità è la presenza del personaggio di Cesare nella narrativa e sulla scena teatrale moderna e contemporanea: a partire dallo spregiudicato tiranno ritratto da Shakespeare (contrapposto agli idealisti repubblicani Bruto e Cassio, nella tragedia *Giulio Cesare* del 1599-1600) per giungere alla lettura fortemente politicizzata che opera Bertolt Brecht nel romanzo incompiuto *Gli affari del signor Giulio Cesare* (1949).

IN SINTESI

- Sulla base delle teorie linguistiche e stilistiche cui ha aderito, Cesare ha costruito uno **stile asciutto e di tono medio**. La sua sintassi è prevalentemente paratattica; forte è la presenza di costrutti rapidi come ablativi assoluti e participi congiunti. L'*oratio obliqua* (il discorso indiretto) è molto frequente nei *commentarii*, per acuire l'effetto di oggettivo distacco dell'autore dai fatti narrati.

- La figura di Cesare ha assunto una tale rilevanza storica che il suo stesso nome è diventato in molte lingue **sinonimo di potere autocratico** (come *Kaiser* in Germania, o *Zar* in Russia): a lui si sono variamente ispirati, nel corso dei secoli, sovrani e condottieri, storici, pensatori e filosofi, ma anche poeti come Shakespeare, Herder, Goethe, fornendone **letture spesso contrastanti**.

- Gli storici latini assunsero la sua opera come ineludibile **punto di riferimento**, a partire dal coevo Sallustio, per arrivare a Livio e Tacito, oramai in piena età imperiale. Altri autori lo attaccarono per motivi politici (Lucano). Anche molti storici di lingua greca lo impiegarono come fonte. La fama sua e della sua opera ha attraversato ininterrotta i secoli per giungere fino a noi.

INDICAZIONI BIBLIOGRAFICHE

Le edizioni dei testi

Guerre des Gaules, a cura di L.A. CONSANS, Parigi, Le Belles Lettres, 1947.
Guerre civile, a cura di G. FABRE, Parigi, Le Belles Lettres, 1947.
Bellum civile, a cura di A. KLOTZ, Lipsia, Teubner, 1957[3].
Bellum Gallicum e *Bellum civile, cum libris incertorum auctorum, de Bello Alexandrino, Africo, Hispaniensi*, a cura di R. DU PONTET, Oxford, Oxoniensis, 1958-59.
Bellum Gallicum, a cura di O. SEEL, Lipsia, Teubner, 1961.
Cesare (testo e traduzione dell'intero *corpus* cesariano), a cura di R. CIAFFI - L. GRIFFA, Torino, UTET, 1973.
De bello Gallico, a cura di F. BRINDESI, Milano, Rizzoli, 1974.
La guerra civile, a cura di M. BRUNO, Milano, BUR Rizzoli, 1986.
Bellum Gallicum, a cura di W. HERING, Lipsia, Teubner, 1987.
De bello Gallico, a cura di A. BARABINO, Milano, Garzanti, 1989.
La guerra civile, a cura di F. SOLINAS, Milano, Mondadori, 1989.
La guerra gallica, a cura di C. CARENA, Milano, Mondadori, 1992.
La guerra gallica, a cura di A. PENNACINI, Torino, Einaudi, 1996.
De bello civili, a cura di A. ZAFFAGNO, Milano, Garzanti, 1996.

Lo sfondo storico

M. ROSTOVZEV, *Storia economica e sociale dell'impero romano*, Firenze, La Nuova Italia, 1953.
R. SYME, *La rivoluzione romana*, trad. it. a cura di M. MANFREDI, Torino, Einaudi, 1962.
J.M. ANDRÈ, *L'otium dans la vie morale et intellectuelle romaine des origines à l'époque augustèenne*, Paris, Presses Universitaires de France, 1966.
P.A. BRUNT, *Classi e conflitti sociali nella Roma repubblicana*, trad. it. a cura di V. CALVANI, M. FOLADORE, Bari, Laterza, 1972.
E. GABBA, *Esercito e società nella tarda repubblica romana*, Firenze, La Nuova Italia, 1973.
AA. VV., *Storia di Roma*, a cura di A. MOMIGLIANO - A. SCHIAVONE, Torino, Einaudi, 1988.
E. NARDUCCI, *Le risonanze del potere*, in *Lo spazio letterario di Roma antica. La circolazione del testo*, Roma, Salerno editrice, 1989, pp. 533-577.
M.H. CRAWFORD, *Roma nell'età repubblicana*, Bologna, Il Mulino, 1995.

Gli studi

M. RAMBAUD, *L'art de la déformation historique dans les Commentaires de César*, Paris, Les Belles Lettres, 1953.
G. PASCUCCI, *I mezzi espressivi e stilistici di Cesare nel processo di deformazione storica dei Commentarii*, in «Studi classici e orientali», VI, 1957, pp. 134-187.
L. CANALI, *Personalità e stile di Cesare*, Roma, Ateneo, 1963.
G. PERROTTA, *Cesare scrittore*, in *Cesare, Catullo, Orazio e altri saggi*, Roma, Ateneo, 1972.
A. LA PENNA, *Tendenza e arte nel* Bellum civile *di Cesare*, in *Aspetti del pensiero storico latino*, Torino, Einaudi, 1978, pp. 145-185.
J. CARCOPINO, *Giulio Cesare*, Milano, Rusconi, 1979.
B. GENTILI - G. CERRI, *Storia e biografia nel pensiero antico*, Roma, Bari, Laterza, 1983.
G. CIPRIANI, *Cesare e la retorica dell'assedio*, Amsterdam, Gieben, 1987.
G. ZECCHINI, *Cesare*, in *Dizionario degli scrittori greci e latini*, Milano, Marzorati, 1988, pp. 443-462.
AA. VV., *La cultura in Cesare*, Università di Macerata, Roma, Il calamo, 1993.
C. MEIER, *Giulio Cesare*, Milano, Garzanti, 1993.
L. CANFORA, *Giulio Cesare: il dittatore democratico*, Roma-Bari, Laterza, 1999.

Sitografia

Alcuni siti che presentano opere di Cesare, ma anche altre informazioni o link utili:

Gaio Giulio Cesare (veni, vidi, vici) (**http://digilander.libero.it/jackdanielspl/Cesare.htm**): oltre al testo originale e alla traduzione italiana e inglese dei due *Commentarii*, presenta una biografia e un elenco di link correlati (sito curato da studenti).

IntraText (**www.intratext.com/y/LAT0151.htm e www.intratext.com/y/LAT044.htm**): presenta il testo originale delle due opere maggiori con concordanze, liste di parole, indici di frequenza.

Montclair Electronic Text Archive (**//plan9.montclair.edu/latintexts/caesar/index.html**): testo originale con concordanze delle due opere maggiori e di *Bellum Alexandrinum*, *Africum* e *Hispaniense*.

The Julius Caesar Home Page (**www.perseus.tufts.edu/JC**): oltre al testo (con traduzione inglese) del *De bello Gallico*, vi sono collegamenti ad altri autori e materiale vario.

Caesar (**http://virgil.org/caesar/**): presenta una serie di link utili allo studio dell'autore e del personaggio storico.

EIUS ADVENT EX COLORE VESTITU COGNITO HOSTES PROELIU COMMIT

PERCORSI ANTOLOGICI

I *Commentarii* di Cesare sono un'opera straordinaria sotto molti punti di vista. Come sappiamo non si trattò solo di memorie scritte da un uomo di stato per illustrare le proprie imprese (come quelle presenti a Roma già a partire dall'epoca di Silla), ma di testi che riassumono l'azione di una delle figure chiave della storia romana, principale attore di un cambiamento epocale. Quindi, oltre alla cura storiografica nel raccogliere, ordinare e presentare le vicende e i loro protagonisti, è lecito leggere tra le righe una difesa della propria azione in politica estera e interna. Oltre a ciò, lo stile sobrio, lucido, razionalmente controllato anche nella narrazione dei momenti più concitati delle vicende belliche (in Gallia e sugli scenari, assai più drammatici, della guerra civile), incarna uno degli esempi più significativi della teoria linguistica "analogista" e dello stile "atticista".
Tutto questo abbiamo cercato di esemplificare attraverso tre percorsi che mettono in rilievo l'abilità di Cesare come uomo politico e generale, nonché le sue doti di osservatore e narratore:

1 Alesia, il grande assedio
2 I popoli di Cesare
3 La fine di Pompeo

Centurioni romani, I secolo a.C.

1 Alesia, il grande assedio

Siamo nell'anno 52 a.C. e la situazione in Gallia si fa improvvisamente drammatica. Proprio quando Cesare, attraverso un grande sforzo suo e dei suoi legionari, è riuscito a porre sotto controllo quasi tutto il territorio gallico, ha respinto gli assalti dei Germani, ricacciandoli oltre il Reno, e addirittura, per ben due volte, è sbarcato in armi in Britannia, nel cuore della Gallia esplode una grande rivolta, che presto incendia tutta la regione. Probabilmente essa è stata fomentata dai druidi, i potenti e influenti sacerdoti dell'antico culto celtico, da sempre avversi al dominio romano. Inoltre, i Galli avevano trovato in Vercingetorige un condottiero abile, forte, ambizioso e, soprattutto, un militare che conosceva bene i Romani e il loro modo di combattere. Vercingetorige ottenne l'appoggio di quasi tutte le popolazioni galliche (anche degli ex alleati dei Romani), che raccolsero gli armati sotto il suo comando, sia pure in maniera ancora litigiosa e non incondizionata. Le sue prime azioni furono brillanti e rivelarono la sua conoscenza dell'arte militare romana, nonché i lusinghieri risultati ottenuti nella formazione di un esercito fedele e assai disciplinato (almeno per gli standard abituali dei Galli, che erano soliti condurre le campagne militari in modo impetuoso, ma estemporaneo). Alcune vittorie parziali, come quella sotto le mura di Gergovia, diffusero euforia tra i suoi e fiaccarono l'animo dei Romani: erano in serio pericolo non solo le conquiste recenti, ma anche la permanenza degli stessi Romani in territorio gallico, nonché la sopravvivenza di interi eserciti e di schiere di coloni e mercanti.
Cesare, alle prime avvisaglie della rivolta, era tornato precipitosamente dalla Gallia Cisalpina (dove si era recato a svernare, per essere più vicino alle vicende politiche dell'Urbe): a un tratto, però, si trovò isolato in mezzo a una nazione in rivolta, e fu in difficoltà sul piano militare. Tuttavia egli «non era mai così pericoloso come dopo essere stato vinto» (G. ZECCHINI, *Vercingetorige*, Roma-Bari, Laterza, 2002, p. 62): con una serie di abili mosse riunì le sue truppe con quelle del luogotenente Labieno, che stava conducendo una brillante campagna nella zona di Lutetia (l'attuale Parigi). Così, forte di un esercito completo di dieci legioni, costrinse i Galli alla difensiva sotto le mura di Alesia. Qui si giocò la partita decisiva.

LAT/ITA	TESTO 1	*De bello Gallico* VII, 4
ITA	TESTO 2	*De bello Gallico* VII, 68-71
LAT	TESTO 3	*De bello Gallico* VII, 75, 1; 76, 4-6
ITA	TESTO 4	*De bello Gallico* VII, 77
LAT	TESTO 5	*De bello Gallico* VII, 78
ITA	TESTO 6	*De bello Gallico* VII, 79, 1-3; 84-85
ITA	TESTO 7	*De bello Gallico* VII, 86-87
LAT/ITA	TESTO 8	*De bello Gallico* VII, 88
LAT	TESTO 9	*De bello Gallico* VII, 89
LAT/ITA	TESTO 10	*De bello Gallico* VII, 90

TESTO 1

Uno spietato avversario

De bello Gallico VII, 4

Prima di affrontare l'episodio cruciale della guerra gallica, esaminiamo la comparsa sulla scena, all'inizio della rivolta, dell'antagonista di Cesare: Vercingetorige.
Grande avversario dell'ultimo anno di guerra, il giovane principe probabilmente già nel 57/56 a.C. era stato accanto a Cesare – insieme ad altri giovani nobili galli – come suo alleato, nelle prime azioni che

Moneta recante l'effige e il nome di Vercingetorige, I secolo a.C., Saint Germain en Laye, Museo Nazionale d'Antichità.

avevano segnato un'iniziale conquista quasi incruenta della Gallia. A quell'epoca il giovane principe aveva compiuto presso il generale romano il suo apprendistato militare. I rapporti tra i due presto si erano guastati: «Quando il proconsole cominciò nel 55/54 a nominare re alcuni dei nobili gallici a lui fedeli, Vercingetorige vagheggiò, e forse cercò di ottenere, quel titolo di re degli Arverni che a suo avviso gli spettava [...]. Cesare non prese però in considerazione la candidatura di Vercingetorige e preferì non mutare i delicati equilibri della società arverna piuttosto che soddisfare le aspirazioni di un giovane frustrato; lo rese così un suo acerrimo nemico: la prima molla, che fece di Vercingetorige l'eroico condottiero della libertà gallica, fu il risentimento personale» (G. ZECCHINI, *Vercingetorige*, Roma-Bari, Laterza, 2002, p. 27). Il testo che presentiamo qui di seguito costituisce l'ingresso di Vercingetorige nel contesto della guerra: la caratterizzazione del personaggio avviene attraverso il suo modo di agire deciso, spregiudicato e rapido. Egli infatti sarà tra i primi a trasformare in azione il giuramento anti-romano prestato da quasi tutte le popolazioni galliche in un concilio segreto.

(**1**) Simili ratione ibi Vercingetorix Celtilli filius, Arvernus summae potentiae adulescens, cuius pater principatum totius Galliae obtinuerat et ob eam causam quod regnum adpetebat, a civitate erat interfectus, convocatis suis clientibus facile incendit. Cognito eius consilio ad arma concurritur. (**2**) Prohibetur a Gobannitione patruo suo reliquisque principibus qui hanc temptandam fortunam non existimabant, expellitur ex oppido Gergovia. (**3**) Non desistit tamen atque in agris habet dilectum egentium ac perditorum. Hac coacta manu, quoscumque adit ex civitate, ad suam sententiam perducit: (**4**) hortatur ut communis libertatis causa arma capiant, magnisque coactis copiis adversarios suos a quibus paulo ante erat eiectus, expellit ex civitate. (**5**) Rex ab suis appellatur. Dimittit quoque versus legationes; obtestatur ut in fide maneant. (**6**) Celeriter sibi Senones Parisios Pictones Cadurcos Turonos Aulercos Lemovices Andes reliquosque omnes qui Oceanum attingunt, adiungit; omnium consensu ad eum defertur imperium. (**7**) Qua oblata potestate omnibus his civitatibus obsides imperat, certum numerum militum ad se celeriter adduci iubet, (**8**) armorum quantum quaeque civitas domi quodque ante tempus efficiat constituit; in primis equitatui studet, (**9**) summae diligentiae summam imperii severitatem addit; magnitudine supplicii dubitantes cogit. (**10**) Nam maiore commisso delicto igni atque omnibus tormentis necat, leviore de causa auribus desectis aut singulis effossis oculis domum remittit, ut sint reliquis documento et magnitudine poenae perterreant alios.

(**1**) Allo stesso modo Vercingetorige, figlio di Celtillo Arverno, giovane di grandissima potenza, il cui padre aveva avuto la supremazia su tutta la Gallia e che era stato ucciso dal popolo, perché aspirava al regno, convocò colà tutti i suoi clienti e facilmente li animò. Conosciuto il suo progetto, tutti corsero alle armi. (**2**) Gli frappose ostacoli Gobannizione, suo zio, ed altri capi che non ritenevano opportuno che si dovesse correre quest'alea; perciò venne scacciato dalla città di Gergovia. (**3**) Tuttavia egli non desistette dal suo proposito e fece leve in tutte le campagne di uomini indigenti e rotti ad ogni rischio. Formato questo primo gruppo trascinò al suo intento tutti quelli del suo popolo che riuscì ad avvicinare (**4**) li esortò a prendere le armi per la comune libertà e dopo aver raccolto un forte esercito, espulse dalla città i suoi avversari dai quali poco prima era stato scacciato. (**5**) I suoi lo acclamarono re. Mandò quindi delle ambascerie in ogni luogo: chiedeva che tutti mantenessero la parola data. (**6**) Presto aggregò a sé i Senoni, i Parisii, i Pictoni, i Cadurci, i Turoni, gli Aulerci, i Lemovici, gli Andi e tutti gli altri popoli che abitano presso l'Oceano; gli fu conferito col consenso di tutti il comando supremo della guerra. (**7**) Ottenuto questo potere, ordinò a tutte le popolazioni di dargli ostaggi e di portargli al più presto un numero stabilito di soldati (**8**) e stabilì quante armi dovesse costruire in patria ogni popolo ed entro qual tempo dovesse fornirle. In primo luogo ebbe cura della cavalleria. (**9**) Aveva somma diligenza e grandissima severità di comando; con la severità delle pene costringeva all'ubbidienza i dubitosi. (**10**) Infatti per chi commetteva delitti un po' gravi, comminava la pena di morte con rogo e con ogni genere di tormenti; per mancanze più lievi spediva a casa i colpevoli dopo aver tagliato loro le orecchie o sfondato un occhio, affinché fossero di ammonimento a tutti gli altri e incutessero terrore con l'atrocità della pena ricevuta.

(trad. di R. Ciaffi)

DENTRO IL TESTO *De bello Gallico*, VII, 4

Leggere il testo

1 Individua nel capitolo come si caratterizzi l'azione del giovane capo gallico.
- **a** Quali rapporti intrattiene con gli altri capi del suo popolo?
- **b** In quale modo reagisce di fronte ai primi ostacoli che si frappongono alla sua azione?
- **c** Quale atteggiamento assume nei confronti degli alleati? Li tratta da pari a pari o pretende da loro un atteggiamento quasi di sudditanza (vedi, per es., i verbi che caratterizzano il par. 5)?
- **d** Quale tipo di disciplina applica ai soldati sottoposti al suo comando?

2 Esamina ora l'azione degli altri personaggi che compaiono nel testo.
- **a** Come reagisce il popolo di fronte all'azione di propaganda operata da Vercingetorige?
- **b** Come si comportano gli altri capi degli Arverni?
- **c** Vi sono persone dubbiose o esitanti nelle forze che si radunano attorno a lui?

Riflettere sul testo

3 A tuo parere perché Cesare ricorda (a inizio capitolo) l'episodio della sfortunata ascesa del padre di Vercingetorige?

4 Sulla base del racconto di Cesare, quali sono le motivazioni che guidano il comportamento del giovane comandante nei confronti dei suoi oppositori, dei suoi alleati e del suo esercito?

Individuare nodi problematici

5 Muovendo dalle osservazioni fin qui raccolte, prova a illustrare le ragioni che hanno spinto Cesare a presentare in questo modo il suo avversario; in particolare:
- **a** il "ritratto in azione" esalta o sminuisce Vercingetorige?
- **b** quali aspetti dell'agire di Vercingetorige Cesare, da esperto generale e uomo politico, mette in rilievo?

TESTO 2

Sotto le mura di Alesia *De bello Gallico* VII, 68-71

Cesare ha superato la fase più difficile della campagna militare: è riuscito a congiungersi alle altre legioni comandate da Labieno e, dopo una vittoria della sua cavalleria, da inseguito è diventato inseguitore. Vercingetorige è costretto ad arroccarsi a difesa in un campo fortificato presso la città di Alesia (l'attuale Alise-Sainte-Reine, in Borgogna), situata sul monte Auxois. Cesare si sofferma a descrivere con cura il sito della città gallica: la morfologia del territorio infatti gioca un ruolo importante nello sviluppo del duplice assedio, di cui i Romani furono contemporaneamente protagonisti e vittime. Dal punto di vista militare è interessante sottolineare due aspetti. In primo luogo, la grande abilità con cui i genieri romani (corpo fondamentale nell'esercito di Cesare) conducono il lavoro di circonvallazione della città assediata, soprattutto se confrontata alla rozzezza delle opere difensive dei

Alesia sorge su una rocca circondata da alture per 3 lati

l'esercito romano è intorno ad alesia e deve combattere con i galli sia dentro che fuori

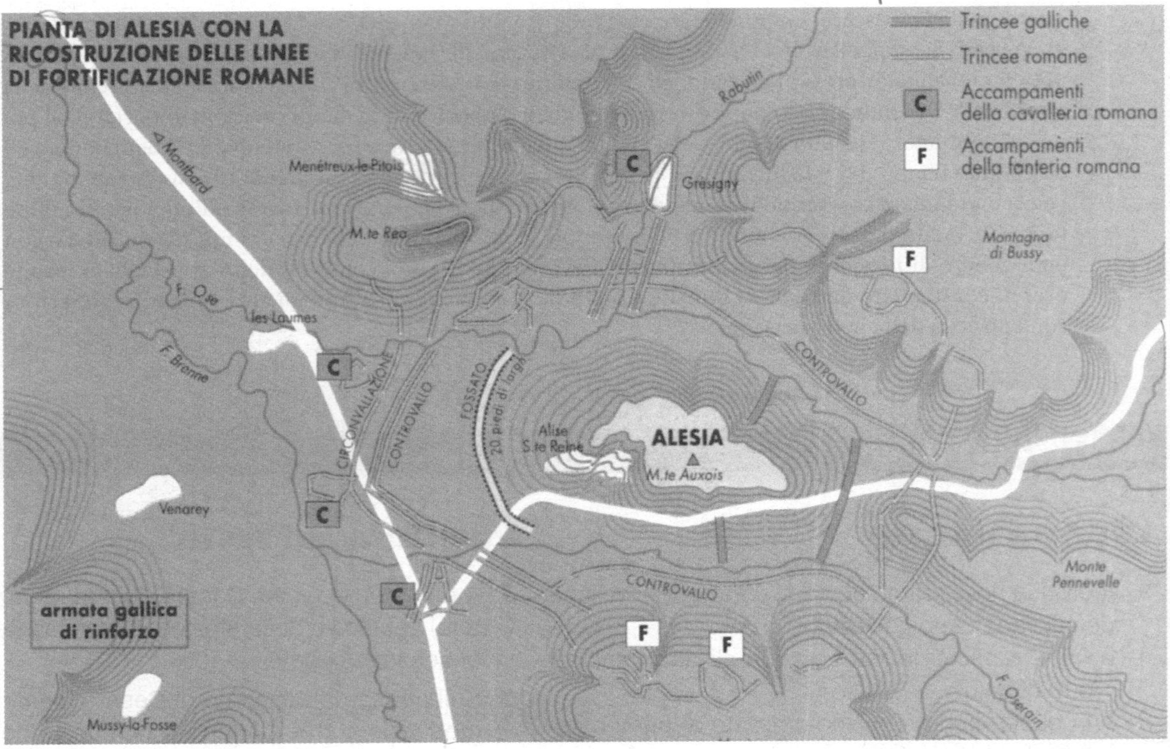

Galli (un fossato e un basso muro di pietre accatastate): infatti le strutture realizzate permetteranno ai Romani di resistere alle sortite interne e al contemporaneo assalto esterno dell'esercito che giungerà in soccorso a Vercingetorige e ai suoi uomini assediati. In secondo luogo, il fatto che il generale romano impieghi come pedine importanti del suo schieramento i cavalieri germanici: infatti un loro contingente era stato arruolato per porre rimedio alla superiorità della cavalleria gallica.
Dopo un ennesimo scontro di cavalleria sotto le mura di Alesia, dall'esito disastroso per i Galli, Vercingetorige prende due drastiche decisioni: abbandona il campo costruito a ridosso delle mura e si rifugia con la fanteria entro la città stessa, per una difesa a oltranza. Quindi congeda la cavalleria, incaricandola però di un compito ben preciso.

(**68**) Quando vide tutta la sua cavalleria volta in fuga, Vercingetorige ritirò l'esercito, così come si trovava, dinanzi all'accampamento e subito marciò con esso verso Alesia, città dei Mandubi, lasciando l'ordine di portar via in fretta dall'accampamento i bagagli e di seguirlo. Cesare, dal canto suo, portò le sue salmerie su un colle vicino, vi lasciò di presidio due legioni e, inseguendo i nemici quanto poté nel corso di quella giornata, dopo averne uccisi circa tremila della retroguardia, il giorno dopo si accampò presso Alesia. Dopo aver fatto un accurato studio della posizione, mentre i nemici erano avviliti per la sconfitta della loro cavalleria, in cui avevano riposto la più grande fiducia, esortò i soldati alla nuova fatica e cominciò a costruire un vallo tutt'intorno alla città.
(**69**) La città di Alesia era sulla sommità di un colle in una posizione molto elevata, tanto che appariva chiaro che non si poteva espugnare senza assedio; ai piedi di questo colle scorrevano da due parti due fiumi. Dinanzi a questa città si stendeva una pianura per la lunghezza di tre miglia; da tutte le altre parti alcuni colli, posti a breve distanza tra loro e a pari altezza, cingevano la città. Sotto le mura, dalla parte del colle che è rivolta ad oriente, le truppe galliche avevano occupato tutto quel luogo e avevano costruito un fosso e un muro a secco, alto sei piedi. Il giro della circonvallazione, costruita dai Romani, misurava dieci miglia. Gli accampamenti erano posti in posizione favorevole <in otto postazioni unite tra loro da opere di fortificazioni> ed ivi furono costruiti ventitré fortini, nei quali di giorno si ponevano dei corpi di guardia, perché non avvenisse nessuna sortita all'improvviso; di notte erano difesi da sentinelle e da saldi presidi.
(**70**) Dopo che fu costruita l'opera di fortificazione, avvenne un combattimento di cavalleria, in quella pianura che libera da colli si stendeva, come abbiamo detto, per una lunghezza di tre miglia. Si combatté da ambo le parti con accanimento. Poiché i nostri si trovavano a mal partito, Cesare mandò in aiuto i Germani e schierò dinanzi all'accampamento le legioni, per impedire qualche irruzione improvvisa della fanteria nemica. Sentendosi più sicuri per la presenza delle legioni i nostri si rianimarono, mentre i nemici volti in

fuga si accalcavano in massa e in disordine alle porte del muro troppo anguste. I Germani li incalzarono fino alle difese con grande impeto. Ne seguì una grande strage: alcuni abbandonavano i cavalli, cercavano di passare la fossa e di salire sul muro. Cesare ordinò alle legioni che aveva disposte dinanzi all'accampamento di avanzare un poco. Non meno dei cavalieri si turbarono i Galli che erano dentro le difese e ritenendo che presto sarebbero giunti i nostri, si misero tutti a gridare alle armi; alcuni atterriti si precipitarono dentro la città. Ma Vercingetorige comandò di chiudere le porte, perché l'accampamento non rimanesse privo di difensori. Dopo aver ucciso molti nemici e aver catturato parecchi cavalli, i Germani si ritirarono. **(71)** Veringetorige, prima che i Romani compissero l'opera di circonvallazione, decise di mandar via di notte tutta la cavalleria. Mentre i cavalieri stavano per partire, diede loro incarico di andare ciascuno nei propri paesi e di costringere a venire in guerra tutti coloro che per età potevano portare le armi. Ricordò i suoi benefici verso di loro, li esortò a provvedere alla sua salvezza e a non consegnarlo alla crudeltà dei nemici, dopo che egli si era adoprato tanto per la libertà comune. Fece poi loro presente che, se avessero avuto poca cura di questa esigenza, insieme con lui sarebbero morti 80000 dei migliori guerrieri; fece poi considerare che egli aveva frumento per appena trenta giorni, ma che diminuendo le razioni poteva resistere poco di più. Dopo aver dato questo incarico, fece uscire verso le nove di sera in silenzio la cavalleria per i punti dove la nostra opera di circonvallazione era interrotta. Diede ordine che gli fosse portato tutto il frumento, comminando la pena di morte per coloro che non ubbidissero, distribuì a ciascuno il bestiame di cui i Mandubi avevano mandato grande quantità; con parsimonia invece e a poco a poco fece assegnazioni di frumento. Ritirò nella città tutte le truppe che aveva collocato dinanzi alla città stessa. Con questi provvedimenti, aspettando l'aiuto della Gallia, si preparò a sostenere ad oltranza la guerra.

(trad. di R. Ciaffi)

TESTO 3

L'esercito di soccorso

De bello Gallico VII, 75, 1; 76, 4-6

Cesare viene a conoscenza, attraverso disertori e prigionieri, della missione che Vercingetorige ha affidato ai suoi cavalieri in fuga. Temendo l'arrivo di un nuovo esercito gallico, che prenda i suoi uomini alle spalle mentre sono impegnati nelle operazioni di assedio, il comandante fa rafforzare enormemente le opere di circonvallazione di Alesia (attraverso terrapieni, fossati colmi d'acqua, foreste di pali appuntiti); ammassa grano e provviste vicino ai campi fortificati e infine, con un grande sforzo operativo, ordina ai suoi genieri e alle sue truppe di costruire un'identica linea fortificata, a una certa distanza dalla prima, che sia rivolta verso l'esterno, per frenare un improvviso attacco da tergo (capp. 72-74). Tutto l'esercito romano è raccolto tra queste due linee. Intanto i Galli riescono a formare un imponente esercito di soccorso, che si muove verso Alesia: interessante notare come Cesare tenda a sottolinearne la grandezza attraverso un lungo elenco di nomi di tribù e di comandanti, ma insinui anche dubbi sulla sua governabilità. Questo, come sappiamo, è il punto debole di tutti gli eserciti gallici, soprattutto se contrapposti all'efficiente organizzazione delle legioni romane.

(75, 1) Dum haec apud Alesiam geruntur, Galli concilio principum indicto non omnes eos qui arma ferre possent, ut censuit Vercingetorix, convocandos statuunt, sed certum numerum cuique ex civitate imperandum, ne tanta multitudine confusa nec moderari nec discernere suos nec frumentandi rationem habere possent (...).

75, 1. Dum ... geruntur: «Mentre vengono compiute queste operazioni sotto Alesia», si tratta del completamento delle due linee fortificate (una rivolta verso la città, per stringerla d'assedio, l'altra rivolta verso l'esterno, a protezione da eventuali attacchi). – **non omnes eos ... convocandos:** subordinata oggettiva (sottinteso *esse*) dipendente da *statuunt*: «che non devono essere convocati tutti coloro»; a differenza di quanto aveva richiesto Vercingetorige, che spingeva per una sollevazione generale di tutta la Gallia, i capi delle diverse popolazioni ritengono più efficace un esercito costituito da un contingente scelto e prefissato da imporre a ogni popolo. – **sed certum ... imperandum:** (sottinteso esse), altra subordinata oggettiva dipendente da *statuunt*, ancora segnata dalla presenza della perifrastica passiva («ma che debba essere imposto un numero prefissato a ogni popolo»). – **tanta multitudine confusa:** «a causa di una massa così grande e caotica». – **frumentandi rationem habere:** «provvedere ai rifornimenti di grano». Segue il lungo elenco (qui non riportato) delle popolazioni della Gallia che inviano contingenti per formare l'imponente esercito di soccorso.

(**76, 4**) Commio Atrebati, Viridomaro et Eporedorigi Aeduis, Vercassivellauno Arverno, consobrino Vercingetorigis, summa imperi traditur. His delecti ex civitatibus attribuuntur, quorum consilio bellum administraretur. (**5**) Omnes alacres et fiduciae pleni ad Alesiam proficiscuntur, (**6**) neque erat omnium quisquam qui aspectum modo tantae multitudinis sustineri posse arbitraretur, praesertim ancipiti proelio, cum ex oppido eruptione pugnaretur, foris tantae copiae equitatus peditatusque cernerentur.

76, 4. Commio ... Arverno: sono i capi cui è affidato il comando dell'esercito che muove verso Alesia; da notare la presenza del cugino di Vercingetorige, Vercassivellauno, ma soprattutto di Commio (il primo della lista), capo degli Atrebati, che era stato fedele alleato di Cesare nella sua spedizione in Britannia: anch'egli (come osserva Cesare nel cap. 76, 2) fu coinvolto nel «consenso di tutta la Gallia per recuperare la libertà e riconquistare la gloria guerriera» e abbandonò il vecchio alleato. Peraltro, proprio la vicinanza a Cesare di questi capi gallici ha reso possibile la speranza di riuscita della rivolta, poiché essi conoscevano da vicino le sue tattiche. – **delecti ex civitatibus:** «delegati delle popolazioni», sono consiglieri (e controllori) affiancati ai comandanti per condurre la guerra.

5. alacres et fiduciae pleni: l'ottimismo con cui l'esercito di soccorso muove verso Alesia è giustificato dai numeri: secondo quanto afferma Cesare (che tende comunque a ingigantire le forze avversarie) si trattava di 250 000 fanti e 8000 cavalieri.

6. neque ... quisquam: «e fra tutti non c'era nessuno», *omnium* è genitivo partitivo. – **qui ... arbitraretur:** subordinata relativa con sfumatura consecutiva, che ingloba una oggettiva (*adspectum ... sustineri posse*) traduzione: «che pensasse che potesse essere sostenuta anche solo la vista di un esercito così immenso»; i Galli dunque si illudono che basti la vista dello sterminato esercito di soccorso per mettere in fuga i Romani. – **praesertim ... proelio:** «soprattutto in una battaglia su due fronti». – **cum ... cernerentur:** «quando, combattendo contro una sortita dalla città, i Romani vedessero truppe così ingenti di cavalleria e fanteria» (attenzione: letteralmente la frase è passiva).

ANALISI DEL TESTO *De bello Gallico*, VII, 75,1; 76, 4-6

Lessico

1 Nel contesto della civiltà gallica, evoluta ma assai diversa da quella romana, come può essere tradotto il termine *civitas* (par. 1)?

2 *Frumentandi rationem habere*: a quale fondamentale operazione di supporto per l'esercito si riferisce questa espressione?

3 Quale significato letterale e quale significato figurato assume l'espressione *summa imperi*?

4 Tra i molti significati del termine *consilium*, quale ti sembra rendere bene la funzione ambigua degli "ispettori di guerra" indicati nel par. 4 (*quorum consilio bellum administraretur*)?

5 Nell'espressione *ancipiti proelio* appare l'aggettivo *anceps*: sapresti ricostruire da quali elementi sia formato e quale sia il suo significato originario?

Sintassi e stile

6 Nella prima parte del passo proposto (75, 1) è molto significativo l'uso di pronomi (o aggettivi pronominali), che servono a differenziare le decisioni dei capi gallici rispetto alle richieste di Vercingetorige: individuali, classificali e spiega la loro funzione sintattica.

7 Il periodo finale (*Omnes alacres ... cernerentur*) è piuttosto articolato: ricostruisci la struttura sintattica e spiega come mai, a tuo parere, in questo passaggio il periodare di Cesare si faccia più complesso.

Contenuti

8 Per quale motivo i capi dei Galli non aderiscono all'accorata richiesta di sollevazione generale inviata da Vercingetorige?

9 Attraverso quali espressioni Cesare sottolinea la baldanza dell'esercito gallico in partenza? Quali sono i motivi di tale ottimismo?

10 I dubbi sulla possibilità di controllare un esercito molto numeroso lasciano trapelare una condotta militare ben diversa da quella della disciplinatissima legione romana: sulla base dei tuoi studi e delle letture fin qui effettuate, prova a illustrare il metodo di combattimento tenuto dai Galli.

TESTO 4

Una drammatica assemblea: il discorso di Critognato

De bello Gallico VII, 77

Il capitolo 77 del libro VII del *De bello Gallico* rappresenta un documento straordinario, nonché una notevole pagina retorica: qui infatti Cesare, impiegando uno degli espedienti retorici tipici della storiografia antica (vedi anche p. 336), inserisce "in presa diretta" il discorso di uno dei comandanti gallici rinchiusi in Alesia con Vercingetorige. Ovviamente si tratta di un'invenzione, dal momento che Cesare non poteva essere presente al momento in cui il discorso fu pronunciato.

Galata morente, I secolo a.C. - I secolo d.C., copia romana, Roma, Musei Capitolini.

Il mese prospettato dal comandante supremo come termine estremo di resistenza (causa la penuria di cibo) è oramai trascorso; dell'esercito atteso in aiuto non si vede neppure l'ombra; il malumore serpeggia tra le fila dei Galli: in assemblea vengono espressi diversi e contrastanti pareri; qualcuno accenna addirittura alla resa. Prende allora la parola Critognato ed esprime, attraverso un discorso duro e di ampio respiro, la necessità della resistenza a oltranza. Le sue parole muovono da realistiche considerazioni sulla politica espansionista dei Romani e sulla loro volontà di imporre una dominazione diretta, a fronte di altri popoli – compreso il loro – che non avevano mai avuto questa prospettiva. In questo passaggio – divenuto giustamente famoso – Cesare mostra con notevole abilità retorica di voler ricostruire le ragioni del nemico, non per aderirvi, né per equità, ma anzi per dimostrare la diversità culturale dei due popoli, uno legato ancora a una condizione di barbarie, alla guerra di razzia, mentre l'altro, quello romano, capace di usare la guerra come mezzo di affermazione imperialistica. La crudeltà insita nelle parole di Critognato, la coscienza della diversità di prospettiva nell'agire dei due popoli che egli esprime non è quindi solo un pezzo di bravura retorica, ma un'efficace riflessione sull'imperialismo romano.

Ma quelli che erano assediati in Alesia, passato il giorno in cui aspettavano gli aiuti dei loro alleati, avendo consumato tutto il frumento e non sapendo che cosa avvenisse tra gli Edui, tennero un consiglio di guerra per consultarsi sul modo di porre termine alla loro disgraziata situazione. Furono esposte varie opinioni; una parte sosteneva la resa, un'altra di fare una sortita mentre le forze erano integre; ma mi sembra di non dover passare sotto silenzio l'orazione di Critognato per la sua singolare e nefanda crudeltà. Era nato costui da nobile stirpe in Arvernia ed era ritenuto uomo di grande autorità. Egli così parlò: «Io non dirò nulla della proposta di coloro che chiamano col nome di resa una vergognosissima schiavitù e giudico che essi non siano da considerare come cittadini e che non si debbano neppure ammettere al consiglio. Io sto con costoro che propongono di fare una sortita: nel consiglio di costoro mi sembra che sia il consentimento di voi tutti e il ricordo dell'antico valore. Il non poter sopportare per poco l'indigenza è frutto di mollezza d'animo, non di valore. È più facile trovare chi affronti decisamente la morte, che chi sopporti pazientemente il dolore. E io approverei questa decisione, tanto può in me il senso dell'onore, se non vedessi altra perdita che quella della nostra vita; ma nel prendere una decisione dobbiamo tener presente tutta la Gallia che noi abbiamo chiamato in nostro aiuto. Quale coraggio credete che possano avere i nostri parenti e consanguinei, dopo l'uccisione in un sol luogo di ottantamila uomini, se saranno costretti a combattere quasi su quegli stessi cadaveri? Non private del vostro aiuto costoro che per la vostra salvezza trascurarono il loro pericolo; per stolta temerarietà o per debolezza d'animo non portate alla rovina tutta la Gallia, riducendola a perpetua schiavitù. Forse perché non sono giunti nel giorno stabilito, dubitate della loro fedeltà e del loro coraggio? Che dunque? Credete che i Romani s'affatichino per divertimento ogni giorno in quei lavori di circonvallazione? Se non potete essere avvertiti con messaggeri dai nostri compagni, perché ogni accesso è precluso, abbiate i Romani stessi come testimoni che i nostri stanno per arrivare e sono vicini; vedeteli come, assillati dal terrore, stanno al lavoro notte e giorno. Dunque, qual è il mio consiglio? Fare ciò che i nostri antenati fecero nella guerra, non certo pari a questa, dei Cimbri e dei Teutoni; essi respinti nelle città e costretti alla penuria di viveri come adesso, si mantennero in vita pascendosi dei corpi di coloro che per l'età erano inutili alla guerra e non si arresero ai nemici. Se non avessimo un tale esempio, tuttavia giudicherei cosa bellissima che per la libertà lo si cominciasse a fare adesso e lo si tramandasse ai posteri. Infatti, che cosa ebbe di simile quella guerra a questa? I Cimbri, dopo aver devastata la Gallia e portata grande rovina, se ne uscirono una buona volta dal nostro territorio e si volsero ad altre terre, lasciandoci il nostro diritto, le nostre leggi, i campi, la libertà. E i Romani, spinti come sono dall'invidia, che cosa altro cercano, che cosa altro vogliono che insediarsi nei campi e nelle città di coloro che hanno conosciuto, per fama, nobili e potenti in guerra, e sottometterli a perpetua schiavitù? Essi infatti non per altro scopo hanno intrapreso alcuna loro guerra. Ché se ignorate ciò che avviene ai popoli lontani, guardate la Gallia a noi confinante che, ridotta in provincia, ha cambiato istituzioni e leggi e, sottoposta alle scuri del littorio, geme in perpetua schiavitù.»

(trad. di R. Ciaffi)

APPROFONDIMENTO

LE RAGIONI DEGLI ALTRI

Il discorso di Critognato, riportato da Cesare in forma diretta – come si è visto – e rielaborato dal punto di vista retorico, è un interessante documento riguardo le idee e la volontà dei Galli che si sono ribellati al dominio romano; così ne commenta il contenuto lo storico Giuseppe Zecchini:

Particolare del volto del cosiddetto Galata morente, I secolo a.C., I secolo d.C., Roma, Musei Capitolini.

«Se da un lato Cesare vuole sottolineare, attraverso la proposta avanzata da Critognato di nutrirsi tramite antropofagia, la ferina disumanità di questi combattenti per la libertà gallica, dall'altro lato egli li mostra consapevoli che la conquista romana sarebbe stata duratura, che avrebbe implicato per i vinti la rinuncia a ogni forma d'indipendenza, che infine la natura stessa del potere di Roma non tollerava l'esistenza di popoli liberi e forti in prossimità del suo dominio. Il fatto che tali riflessioni siano attribuite a un avversario presentato come un feroce selvaggio e che Cesare ovviamente non le condivida, non diminuisce il valore della capacità romana di cogliere le ragioni degli altri e di registrarle con fredda obiettività; quanto Cesare fa dire in questo discorso a Critognato è sviluppato da Sallustio nella lettera (fittizia) di Mitridate ad Arsace inserita nelle sue *Storie*, da Pompeo Trogo in un discorso attribuito ancora a Mitridate, infine da Tacito con fervido *pathos* nel grande discorso del capo calédone Calgaco nell'*Agricola*: comunque si giudichi a riguardo, va sempre ricordato che, se noi moderni dibattiamo sulle ragioni e sui torti del cosiddetto imperialismo romano, lo dobbiamo anche e soprattutto al materiale di riflessione, che ci è stato conservato e trasmesso dai Romani stessi».

G. ZECCHINI, *Vercingetorige*, Roma-Bari, Laterza, 2002, p. 72

DENTRO IL TESTO *De bello Gallico*, VII, 77

Leggere il testo

1 Ripercorri con attenzione il discorso di Critognato e ricostruiscine lo schema argomentativo, sulla base della "scaletta" proposta:
- **a** respinge la proposta di... (con quale atteggiamento?)...
- **b** accetta la proposta di..., con le seguenti argomentazioni...
- **c** incoraggia i suoi commilitoni circa l'arrivo dei soccorsi utilizzando la seguente prova...
- **d** ricorda una simile situazione di pericolo corsa dai Galli durante...
- **e** sostiene che l'invasione romana si caratterizza per...
- **f** esorta a impiegare come cibo... in nome di...
- **g** conclude richiamando l'attenzione dei suoi sulla condizione di...

Riflettere sul testo

2 Dalle parole del capo gallico si deduce che sono emerse diverse posizioni nella drammatica assemblea svoltasi all'interno di Alesia: sapresti individuarle?

3 Nella parte finale del suo discorso, Critognato accenna a un confronto tra l'invasione che i Galli dovettero subire da parte delle popolazioni germaniche dei Cimbri e dei Teutoni e l'occupazione attuale a opera dei Romani: quali sono le differenze che egli sottolinea?

Individuare nodi problematici

4 A tuo parere, quali sono i motivi per cui Cesare ha inserito nello sviluppo delle vicende un discorso così "forte", che sembra lanciare una dura accusa all'imperialismo romano?

5 Sulla base degli studi fin qui effettuati (vedi anche la scheda sul genere storiografico alle pp. 336-341), spiega a quale esigenza risponda l'uso di inserire discorsi diretti nella trattazione degli eventi da parte degli storiografi antichi, quindi rispondi: sono gli stessi motivi che spingono Cesare a inserire discorsi come quello di Critognato?

TESTO 5

Crudeltà verso gli inermi

De bello Gallico VII, 78

I capi degli assediati decidono di resistere ma, prima di accettare la disumana proposta di Critognato (vedi Testo 4, cap. VII, 77), provano a liberarsi di tutti i cittadini inermi di Alesia, che avrebbero consumato provviste destinate ai combattenti. Li cacciano quindi verso le linee romane; Cesare però vieta di accoglierli, abbandonandoli a una drammatica fine, di cui il comandante romano non parla, ma che ci è testimoniata da altri storici, come Cassio Dione (uno storico greco, vissuto a Roma tra il II e il III secolo d.C.), il quale narra la loro morte per consunzione tra le due linee avversarie.

(1) Sententiis dictis constituunt ut ei qui valetudine aut aetate inutiles sunt bello oppido excedant, atque omnia prius experiantur, quam ad Critognati sententiam descendant: (2) illo tamen potius utendum consilio, si res cogat atque auxilia morentur, quam aut deditionis aut pacis subeundam condicionem.

1. Sententiis dictis: «Dopo che furono esposti i diversi pareri», ablativo assoluto con valore temporale (si riferisce alle diverse proposte dei comandanti durante l'assemblea di guerra svoltasi dentro Alesia, tra le quali spiccava quella, terribile, di Critognato, che esortava a resistere a oltranza, anche cibandosi delle carni di coloro che, per età, fossero inabili al combattimento). – **oppido excedant:** la decisione finale modera la proposta di Critognato ma, come vedremo, l'esito sarà ugualmente infausto. – **atque ... descendant:** «e di fare ogni tentativo prima di accettare il parere di Critognato»; la completiva *atque ... experiantur* dipende da *constituunt* (come la precedente *ut ... excedant*).

2. illo tamen ... condicionem: tutto il periodo dipende da *constituunt* del paragrafo iniziale (discorso indiretto); il verbo esse sottinteso completa le due perifrastiche passive *utendum* e *subeundam*; *si res ... morentur* è subordinata condizionale che esprime possibilità.

(3) Mandubii, qui eos oppido receperant, cum liberis atque uxoribus exire coguntur. (4) Hi, cum ad munitiones Romanorum accessissent, flentes omnibus precibus orabant, ut se in servitutem receptos cibo iuvarent. (5) At Caesar dispositis in vallo custodibus recipi prohibebat.

3. Mandubii, qui ... receperant: Cesare sottolinea la crudeltà dei Galli, pronti a sacrificare proprio quella popolazione (o meglio, i suoi cittadini inermi) che aveva loro offerto asilo nella città di Alesia. Nella struttura del breve periodo forte è l'opposizione tra i due predicati *receperant* ed *exire coguntur*.

4. flentes: participio congiunto al soggetto *Hi*. – **ut ... iuvarent:** completiva dipendente da *orabant*: «di sfamarli, dopo averli accolti in servitù» (*cibo iuvarent*, lett. «aiutare con il cibo»); ma il participio congiunto *receptos* può anche essere sviluppato in una coordinata: «di accoglierli in servitù e di sfamarli».

5. La risposta di Cesare è secca: dal punto di vista militare la difficile situazione dei Romani, presto assaliti dall'esercito esterno, rendeva forse pericoloso accogliere quella massa di persone affamate, ma certo tale decisione non è meno crudele nei confronti di quei civili inermi.

ANALISI DEL TESTO *De bello Gallico*, VII, 78

Lessico

1 *Valetudine aut aetate*: qual è il significano di questi due termini? Rendi espliciti i criteri che individuano le persone "inutili al combattimento", da espellere dalla città.

2 Evidenzia nel capitolo i vocaboli che rientrano nell'area semantica della "decisione". Tra questi, quanti sono riferiti ai Galli e quanti a Cesare?

3 Quali espressioni suscitano un senso di pietà verso questi inermi, cacciati tra le due linee fortificate?

Sintassi e stile

4 Svolgi l'analisi del periodo del primo paragrafo, evidenziando in particolare la posizione equilibrata dei predicati al suo interno.

5 Nel periodo *Mandubii ... coguntur* (3) è il gioco dei predicati a contrapporre l'accoglienza degli abitanti di Alesia nei confronti degli altri Galli e il trattamento che da loro subiscono: evidenzia la loro posizione e il loro significato.

6 Ti sembra significativa, al termine del capitolo, la ripetizione dello stesso predicato (*receptos ... recipi*)?

7 Quale effetto produce la brevità dei periodi e l'asciuttezza dello stile in questo capitolo?

Contenuti

8 In quale modo Cesare, nel suo racconto, tenta di scaricare solo sui Galli la responsabilità della morte innocente dei fuoriusciti da Alesia?

9 L'ultima immagine del breve capitolo è quella delle sentinelle romane che impediscono agli abitanti di Alesia di accostarsi alle fortificazioni, poi è silenzio sulla loro sorte. A tuo parere, per quale motivo Cesare è così reticente? Perché il capitolo si chiude in modo così brusco? È solo un espediente stilistico?

10 Cesare decide di non accogliere quella massa di affamati (condandandola così a morte sicura): quali sono, a tuo parere, i motivi di questa scelta?

TESTO 6

I Romani, da assedianti ad assediati

De bello Gallico VII, 79, 1-3; 84-85

Quando gli uomini di Vercingetorige sono oramai allo stremo delle forze, giunge nei pressi di Alesia l'esercito gallico di soccorso. Subito i comandanti lo schierano nella pianura, per esibire il numero e la potenza delle proprie truppe; grande è l'entusiasmo in città e anche Vercingetorige prepara i suoi uomini per una sortita, in modo da prendere i Romani tra due fuochi. Da questo momento si susseguono combattimenti sui due lati delle fortificazioni e i Romani a fatica resistono alla doppia pres-

sione, grazie anche al valido aiuto della cavalleria germanica arruolata da Cesare per fare fronte alla superiorità di quella gallica. Particolarmente cruento è un combattimento notturno, durante il quale, a causa dell'oscurità, i colpi scagliati alla cieca dalle macchine da guerra e dai soldati causano una vera e propria strage in entrambi gli schieramenti. I Galli, respinti per due volte con gravi perdite, decidono di giocare d'astuzia e preparano un grosso contingente di sessantamila uomini, al comando del capo Vercassivellauno, per attaccare uno degli accampamenti romani, collocato in posizione sfavorevole sulle pendici di un colle. Con questi avvenimenti (narrati nei capp. 80-83, qui non riportati), si arriva così alla battaglia cruciale per le sorti della guerra. Il primo tempo di questo scontro si chiude con una fine annotazione di Cesare, che diventa osservazione universale sull'animo umano. Infatti il generale romano è sempre attento al morale dei combattenti, perché sa quanto esso conti nei momenti di massimo rischio.
A questo punto si scatena l'assalto al campo posto sul colle, accompagnato da una pressione esercitata dai Galli su tutta la linea difensiva romana; l'azione mette in crisi i soldati di Cesare, che non dispongono di molte riserve. Il momento è grave, i Romani sono a un passo dalla sconfitta. Cesare osserva tutto dall'alto di una collina.

Divinità gallica guerriera con elmo, scudo e corazza, I secolo a.C., Beauvais, Museo dipartimentale dell'Oise.

(**79, 1-3**) Intanto Commio e gli altri comandanti, a cui era stato affidato il comando supremo, giunsero con tutto l'esercito ad Alesia ed occupato un colle esterno si accamparono a non più di un miglio dalle nostre fortificazioni. Il giorno dopo condussero fuori dall'accampamento la cavalleria, occupando tutta la pianura che, come abbiamo detto, si stende per una lunghezza di tre miglia e disposero su alcune alture le forze di fanteria, in posizione un po' più appartata da quel luogo. Dalla città di Alesia la vista poteva dominare il campo. Vedendo gli aiuti venire, accorrono tutti, si congratulano tra loro e gli animi si abbandonano alla gioia. [...]
(**84**) Vercingetorige, scorgendo i suoi alleati dalla rocca di Alesia, uscì dalla città e fece portare avanti graticci, pertiche, muscoli,[1] falci e tutto ciò che aveva preparato per la sortita. Si combatté contemporaneamente in tutti i luoghi e non si lasciò nulla d'intentato; dove la nostra posizione sembrava meno salda, ivi lo scontro si faceva più violento. Le schiere romane si assottigliavano divise in così vaste linee di difesa e non era facile tener fronte in più luoghi. Ad atterrire i nostri molto contribuiva il clamore che si levava alle spalle dei combattenti, perché vedevano che il proprio pericolo dipendeva dal valore dei compagni,[2] infatti sono le cose non viste che turbano di più le menti umane.
(**85**) Cesare, trovata un'altura adatta, seguiva attentamente le operazioni e il luogo in cui esse si svolgevano: dove la resistenza era più debole, inviava rinforzi. Romani e Galli comprendevano che quello era il momento in cui soprattutto occorreva combattere: i Galli, se non spezzavano la linea di fortificazione, perdevano la speranza di salvezza; i Romani dalla vittoria si aspettavano la fine di tutti i loro travagli. Soprattutto le cose volgevano a male presso le fortificazioni sulle alture dove, come abbiamo detto, era stato mandato Vercassivellauno. La pendenza del colle, sfavorevole ai Romani, presentava la maggiore difficoltà. Alcuni lanciavano dardi, altri avanzavano formando una testuggine; a quelli già stanchi succedevano a turno quelli freschi di forze. Tutti i Galli gettavano materiali d'ogni genere nelle fosse e coprivano le insidie che i Romani avevano occultato in terra e così potevano avere l'accesso al vallo; né le armi, né le forze sostenevano più i nostri.

(trad. di R. Ciaffi)

1. Muscoli: erano baracche di legno o di graticci, coperte, che servivano di riparo ai soldati che scavavano fosse o le riempivano; servivano altresì ad altri lavori d'assedio.

2. I soldati romani dovevano combattere su due fronti; quindi i clamori alle spalle li ponevano in particolare agitazione, perché non vedevano ciò che si svolgeva dietro di loro, e immaginavano il pericolo maggiore, perché non visto, e la loro salvezza riposta solo nel valore dei compagni.

TESTO 7

Le decisioni di Cesare

De bello Gallico VII, 86-87

Anche Cesare, vista la situazione critica, inizia a muovere le sue pedine sulla scacchiera; quindi scende tra i combattenti per rincuorarli e incitarli a resistere nel momento determinante della battaglia. Finalmente, dopo avere sostenuto i suoi soldati in difficoltà con l'invio di molte truppe fresche, egli interviene di persona, nel punto in cui Labieno si trova in grave pericolo: allestisce così una trappola per i Galli. Le vicende sono narrate secondo una precisa architettura, in modo da formare un crescendo, una sorta di *climax* tesa verso l'evento-chiave della battaglia, che fa apparire Cesare stesso come vero e proprio *deus ex machina*.

(**86**) Cesare, resosi conto di questa situazione, mandò in aiuto ai nostri in pericolo Labieno con sei coorti; gli ordinò che, se non poteva resistere, facendo uscire le sei coorti dal vallo, affrontasse il combattimento con una sortita; però doveva far ciò solo se costretto dalla necessità. Egli poi andò presso gli altri combattenti e li esortò a non lasciarsi piegare dalla stanchezza; in quel giorno, anzi in quel momento, era riposto il frutto di tutte le passate battaglie. I nemici dall'interno, non avendo più speranza di conquistare le linee romane di pianura per la grandezza delle fortificazioni, <si dirigono verso> colli scoscesi e attaccano dall'alto; ivi portano i materiali che avevano preparato. Scacciano i difensori dalle torri con una fitta pioggia di proiettili, riempiono con materiali e con graticci le fosse, con le falci sconvolgono il vallo e il rivestimento.

(**87**) Cesare dapprima manda in aiuto il giovane Bruto con alcune coorti, dopo il luogotenente Caio Fabio con delle altre, in ultimo vi accorre lui stesso con truppe fresche, poiché il combattimento era troppo accanito. Volte le sorti della lotta a proprio favore, respingendo i nemici si porta verso la posizione dove aveva mandato Labieno; fa uscire da un vicino fortilizio quattro coorti; ordina ad una parte dei cavalieri di seguirlo, a un'altra parte di girare intorno alla linea esterna delle fortificazioni e di assalire i nemici alle spalle. Labieno intanto vedendo che né il terrapieno né le fosse potevano contenere l'impeto dei nemici, radunati [...] una delle quaranta coorti che erano state ritirate dai vicini presidi e che il caso gli aveva offerte, manda messi a Cesare per avvertirlo di quanto era necessario fare. Cesare allora si affretta per esser presente a questo combattimento.

(trad. di R. Ciaffi)

TESTO 8

La vittoria

De bello Gallico VII, 88

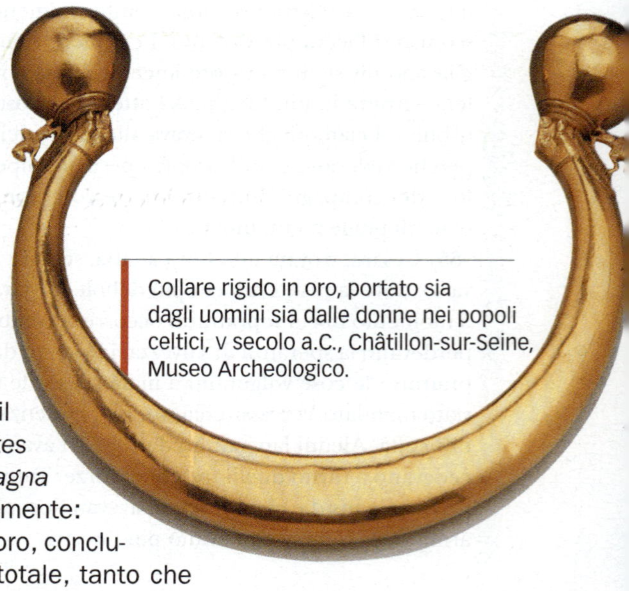

Collare rigido in oro, portato sia dagli uomini sia dalle donne nei popoli celtici, V secolo a.C., Châtillon-sur-Seine, Museo Archeologico.

Le milizie galliche, riconosciuto il comandante romano dal colore rosso del suo mantello, si scagliano contro le postazioni che egli è accorso ad aiutare: lo scontro diviene un feroce corpo a corpo. A questo punto scatta la trappola di Cesare e avviene una grande strage: è la fine della rivolta di un intero popolo. Poche, secche frasi registrano il repentino crollo di un esercito così numeroso: *hostes terga vertunt; fugientibus equites occurrunt. Fit magna caedes*. Gli eventi successivi sono registrati rapidamente: rappresentano solo le conseguenze di un lungo lavoro, conclusosi con una contromossa geniale e una vittoria totale, tanto che «se i soldati non fossero stati sfiniti per i continui interventi nel combattimento e per il travaglio di una intera giornata, tutto l'esercito dei nemici avrebbe potuto essere annientato» (6).

(**1**) Eius adventu ex colore vestitus cognito, quo insigni in proeliis uti consueverat, turmisque equitum et cohortibus visis quas se sequi iusserat, ut de locis superioribus haec declivia et devexa cernebantur, hostes proelium committunt. (**2**) Utrimque clamore sublato excipit rursus ex vallo atque omnibus munitionibus clamor. Nostri omissis pilis gladiis rem gerunt. (**3**) Repente post tergum equitatus cernitur; cohortes illae adpropinquant. Hostes terga vertunt; fugientibus equites occurrunt. Fit magna caedes. (**4**) Sedullus dux et principes Lemovicum occiditur; Vercassivellaunus Arvernus vivus in fuga comprehenditur; signa militaria LXXIIII ad Caesarem referuntur; pauci ex tanto numero incolumes se in castra recipiunt. (**5**) Conspicati ex oppido caedem et fugam suorum desperata salute copias a munitionibus reducunt. (**6**) Fit protinus hac re audita ex castris Gallorum fuga. Quod nisi crebris subsidiis ac totius diei labore milites essent defessi, omnes hostium copiae deleri potuissent. (**7**) De media nocte missus equitatus novissimum agmen consequitur; magnus numerus capitur atque interficitur, reliqui ex fuga in civitates discedunt.

(**1**) Conosciuto il suo arrivo dal colore del mantello che egli soleva portare come insegna nei combattimenti, e alla vista degli squadroni di cavalleria e delle coorti cui egli aveva ordinato di seguirlo, poiché si scorgeva dalle alture ciò che avveniva nella valle e su per il pendio, i nemici attaccarono battaglia. (**2**) Dalle due parti si leva il clamore; ne risponde un altro dal vallo e da tutta la linea di fortificazioni. I nostri, messe da parte le aste, dànno di piglio alle spade. (**3**) All'improvviso si scorge alle spalle dei nemici la nostra cavalleria; altre coorti avanzano. I nemici volgono le spalle; fuggendo si trovano di fronte ai nostri cavalieri. Avviene un'immensa strage. (**4**) Sedullo, duce e capo dei Lemovici, è ucciso; Vercassivellauno d'Arvernia è preso vivo, mentre fuggiva; settantaquattro insegne militari vengono portate a Cesare; ben pochi di una sì grande massa riescono a ritirarsi incolumi nel loro accampamento. (**5**) Gli altri, vedendo dalla città la strage e la fuga dei loro alleati, senza più speranza di salvezza, ritirano le truppe dalle fortificazioni. (**6**) A questa notizia, i Galli esterni si dànno a fuggire dall'accampamento. Che se i soldati non fossero stati sfiniti per i continui interventi nel combattimento e per il travaglio di una intera giornata, tutto l'esercito dei nemici avrebbe potuto essere annientato. (**7**) Verso la mezzanotte la cavalleria mandata all'inseguimento raggiunge la retroguardia dei nemici; un gran numero viene preso ed ucciso; gli altri, fuggendo, se ne vanno ai loro paesi.

(trad. di R. Ciaffi)

DENTRO IL TESTO *De bello Gallico*, VII, 79; 84-85; 86-87; 88

CIAO

Leggere il testo

1 Illustra la situazione rischiosa in cui si vengono a trovare i Romani all'inizio della battaglia descritta nei tre brani proposti.

2 Qual è lo stato d'animo dei legionari in questo frangente?

3 Ricostruisci le mosse dei due eserciti gallici.

4 Centra ora la tua attenzione sulla figura del generale romano:
- **a** a quale punto del racconto (cap. 85) l'occhio del narratore si sposta su Cesare-personaggio?
- **b** dove si trova il comandante romano?
- **c** come si sviluppa la sua azione (è rapida o lenta, decisa o titubante, razionale o dettata dall'emotività, lucida o confusa...)?
- **d** quali sono le conseguenze della sua comparsa sul campo di battaglia (cap. 88)?

Riflettere sul testo

5 Cesare entra in gioco di persona nella battaglia e impone una peripezia (cioè un mutamento improvviso) alla vicenda: a tuo parere per quale motivo, dopo il suo intervento diretto, gli eventi giungono a una rapida soluzione?

6 Perché, dopo tanto dinamismo, l'ultima immagine del comandante romano è di immobilità (infatti egli appare mentre vengono portate a lui le insegne militari dei nemici sconfitti)?

Individuare nodi problematici

7 Individua ora le motivazioni che hanno spinto Cesare a dare di sé una tale rappresentazione: si può parlare in questo caso di personaggio-eroe?

TESTO 9

Le ultime parole di Vercingetorige

De bello Gallico VII, 89

In Alesia gli sconfitti tengono un'ultima adunanza: la situazione è compromessa, l'esercito esterno è stato pesantemente sconfitto e la resistenza nella città è oramai impossibile. È la fine di un sogno. Il generale dei Galli prende per l'ultima volta la parola: ricorda i motivi per cui ha combattuto e si dichiara pronto ad accettare la decisione dei suoi. Si offre, insomma, come capro espiatorio, da vero comandante. *Vercingetorix deditur, arma proiciuntur* (2): così, in modo secco, quasi con una registrazione anonima, si conclude una durissima guerra, segnata da battaglie campali, assedi, azioni crudeli. Da questo momento Cesare non nomina più il comandante nemico, destinato a diventare, nel corso dei secoli, una sorta di mito e di eroe nazionale francese. Sappiamo però da Cassio Dione (lo storico greco già ricordato) che il capo della rivolta gallica fu tenuto in prigione per sei anni e partecipò al grande trionfo organizzato da Cesare nell'estate del 46 a.C. per celebrare le vittorie sui Galli, sugli Alessandrini, su Farnace del Ponto e Giuba della Numidia. Subito dopo venne ucciso, probabilmente strangolato nel carcere Mamertino, come era già accaduto ad altri nemici.

(**1**) Postero die Vercingetorix concilio convocato id bellum se suscepisse non suarum necessitatum, sed communis libertatis causa demonstrat, et quoniam sit fortunae cedendum, ad utramque rem se illis offerre, seu morte sua Romanis satisfacere seu vivum tradere velint. (**2**) Mittuntur de his rebus ad Caesarem legati. Iubet arma tradi, principes produci. Ipse in munitione pro castris consedit; eo duces producuntur; Vercingetorix deditur, arma proiciuntur. (**3**) Reservatis Aeduis atque Arvernis, si per eos civitates reciperare posset, ex reliquis captivis toto exercitui capita singula praedae nomine distribuit.

Capo gallico armato, I secolo a.C., Avignone, Museo Calvet.

1. id bellum ... velint: le parole di Vercingetorige sono sintetizzate in questo periodo, costruito come discorso indiretto dipendente dal predicato principale *demonstrat*. – **non suarum necessitatum:** «non per propri interessi», il genitivo dipende dal successivo *causa* (complemento di causa finale). – **quoniam ... cedendum:** «poiché ci si deve piegare alla sorte», affermazione assai significativa, che mostra (sia pure attraverso le parole del nemico sconfitto) l'attenzione di Cesare per il ruolo che gioca la *fortuna* nelle vicende umane (a tale proposito, vedi in particolare l'Approfondimento "Il pessimismo di Cesare tra *fortuna* e *virtus*", a p. 362); la causale presenta il congiuntivo obliquo. – **ad utramque ... offerre:** «si consegna a loro per una delle due soluzioni». – **seu morte ... tradere velint:** sono le due subordinate ipotetiche che rendono esplicite le due possibili soluzioni prima accennate: «sia che vogliano dare soddisfazione ai Romani con la sua morte, sia che lo vogliano consegnare vivo».

2. de his rebus: «per trattare queste condizioni» (lett. «circa queste condizioni»). – **Iubet:** ora il soggetto è Cesare. – **in munitione pro castris:** «sulla fortificazione, davanti all'accampamento». – **eo ... proiciuntur:** la scena della resa è tragica e solenne: Cesare, in posizione elevata, vede i capi dei ribelli ai suoi piedi, e le armi gettate a terra; anche l'orgoglioso Vercingetorige è consegnato. La consueta brevità, la simmetria delle frasi, l'assenza di ogni commento da parte del narratore, ampliano la solennità dell'episodio.

3. Reservatis ... Arvernis: «Sono risparmiati gli Edui e gli Arverni», tribù forti e in precedenza alleate con Roma: Cesare non si lascia travolgere dal desiderio di vendetta, ma calcola freddamente quali tribù, fra tutte quelle galliche, possano essere subito recuperate alla causa romana. – **si ... posset:** subordinata ipotetica, che sottintende un'intenzionalità da parte di Cesare: «(per vedere) se potesse recuperare (l'amicizia di) quelle popolazioni tramite loro».

ANALISI DEL TESTO *De bello Gallico*, VII, 89

Lessico

1 Nel respingere l'accusa di avere scatenato una guerra per interesse personale, Vercingetorige (nel resoconto di Cesare) impiega il termine *necessitas*: quale gamma di significati ricopre questo vocabolo?

2 Nel paragrafo 2 è impiegato il termine *principes*.
a Qual è il significato originario di *princeps* e quale significato assume in questo contesto?
b Da quale altro vocabolo è sostituito nel periodo successivo?
c Possono essere considerati sinonimi?

3 Durante la resa dei Galli, Cesare si ritrae come perno fisso di una scena in movimento: evidenzia i predicati che indicano la sua stasi e quelli che indicano il movimento degli altri soggetti.

Sintassi e stile

4 Dal punto di vista sintattico, il capitolo appare nettamente diviso in due parti.
a In quale passaggio avviene il cambio di stile (e di velocità nella narrazione)?
b Quali caratteristiche sintattiche segnano la prima parte e quali la seconda?

5 Nel capitolo esaminato parlano sia Vercingetorige sia Cesare.
a Le loro parole sono riportate attraverso il meccanismo del discorso diretto o indiretto?
b Quali sono, a tuo parere, i motivi di tale scelta?

Contenuti

6 Il discorso della resa tenuto da Vercingetorige di fronte all'assemblea è breve ma denso di implicazioni.
a Quale concetto egli sottolinea con forza, a difesa delle proprie decisioni e del proprio operato?
b A suo parere, qual è la causa ultima della sconfitta subita?
c Quali soluzioni alternative propone ai suoi compagni d'arme, e perché?

7 Sposta ora la tua attenzione su Cesare.
a Quali sono i primi obblighi che impone agli sconfitti?
b Per quale motivo egli rispamia le tribù degli Edui e degli Arverni? La sua *clementia*, in questo caso, a quale preciso scopo risponde?

TESTO 10

Le condizioni della resa e la conclusione della campagna

De bello Gallico VII, 90

Il vincitore detta ora le sue condizioni alle popolazioni ribelli e ripristina un controllo capillare del territorio attraverso i suoi legati, quindi si ritira a svernare a Bibracte, capitale degli Edui, per restare ancora per qualche tempo in zona a controllare la situazione. A Roma si indice un ringraziamento solenne per la vittoria. Così terminano anche le parole scritte da Cesare nel suo primo commentario (come abbiamo detto, il libro VIII del *De bello Gallico* è stato aggiunto dal suo luogotenente Aulo Irzio, quale raccordo tra quest'opera e il *De bello civili*): lo stile è asciutto, le annotazioni pressoché tecniche, come spesso accade a Cesare dopo che la vicenda ha raggiunto il suo culmine e ha preso un corso per lui positivo.

(**1**) His rebus confectis in Haeduos proficiscitur; civitatem recipit. (**2**) Eo legati ab Arvernis missi: quae imperaret, se facturos pollicentur. Imperat magnum numerum obsidum. (**3**) Captivorum circiter XX milia Haeduis Arvernisque reddit. Legiones in hiberna mittit. (**4**) Titum Labienum cum duabus legionibus et equitatu in Sequanos proficisci iubet; huic Marcum Sempronium Rutilum attribuit. (**5**) Gaium Fabium [legatum] et

Lucium Minucium Basilum cum legionibus duabus in Remis conlocat, nequam a finitimis Bellovacis calamitatem accipiant. (**6**) Gaium Antistium Reginum in Ambivaretos, Titum Sextium in Bituriges, Gaium Caninium Rebilum in Rutenos cum singulis legionibus mittit. (**7**) Quintum Tullium Ciceronem et Publium Sulcipium Cavilloni et Matiscone in Haeduis ad Ararim rei frumentariae causa conlocat. Ipse Bibracte hiemare constituit. (**8**) Huius anni rebus <ex Caesaris> litteris cognitis Romae dierum viginti supplicatio redditur.

(**1**) Così terminata quest'impresa, partì per il paese degli Edui, dove accettò la resa di quella popolazione. (**2**) Colà furono mandati ambasciatori da parte degli Arverni che promisero di fare ciò che egli avesse ordinato. Egli comandò di dargli un gran numero di ostaggi. (**3**) Restituì agli Edui e agli Arverni circa ventimila prigionieri; quindi mandò le legioni negli accampamenti d'inverno. (**4**) Ordinò a T. Labieno di partire con due legioni e la cavalleria per il paese dei Sequani e gli aggiunse come aiutante M. Sempronio Rutilo. (**5**) Collocò [i luogotenenti] Caio Fabio e Lucio Minucio Basilio con due legioni nel paese dei Remi, affinché questi non dovessero subire alcuna vendetta da parte dei vicini Bellovaci. (**6**) Mandò Caio Antistio Regino nel paese degli Ambivariti, Tito Sestio nel paese dei Biturigi e Caio Caninio Rebilo nel paese dei Ruteni, ciascuno con la propria legione. (**7**) Collocò Quinto Tullio Cicerone e Publio Sulpicio a Cavillone e a Matiscone, nel paese degli Edui, presso l'Arar, per la requisizione di frumento. Egli poi stabilì di svernare a Bibracte. (**8**) Quando dalla relazione <di Cesare> furono conosciuti gli avvenimenti di quest'anno a Roma, si resero grazie con sacrifici agli dèi per venti giorni.

(trad. di R. Ciaffi)

APPROFONDIMENTO

IL PESSIMISMO DI CESARE, TRA *FORTUNA* E *VIRTUS*

La sconfitta del valoroso Vercingetorige, la sobrietà con cui Cesare annuncia la propria vittoria e il controllo recuperato su tutte le Gallie, la capacità di comprendere ed esporre anche le ragioni degli avversari fanno certamente dei commentarii *un'opera straordinaria, dalla quale traspare una visione del destino dell'uomo legata al concetto di fortuna e al ruolo imprevedibile che essa gioca nella storia individuale e collettiva, proprio a partire da quel* quoniam sit fortunae cedendum *(VII, 89) con cui Vercingetorige chiude amaramente la sua avventura.*
Così F. Semi approfondisce il tema in una pagina critica:

«Cesare parla in terza persona perché il suo inconscio sa che l'artefice di tutte le cose forse non è l'uomo, ma è la fortuna: quella fortuna che è accompagnata di preferenza col verbo *possum*, a indicare la signoria effettiva delle cose degli uomini, o col verbo *videor*, a indicarne l'inafferrabilità; e spesso con *experior, patior, periclitor, tempto* e altri verbi che indicano la volontà vana dell'uomo di misurarsi con lei o la passività di fronte a lei. Solo questo è certo: *fortunae cedendum*, che è posto proprio alla fine del *De bello Gallico*, come suggello di tutta un'esperienza, quasi ne derivasse una conclusione filosofica: non solo, ma avviandosi alla fine del *De bello civili* si ripete quell'*habendam fortunae gratiam* che già verso il termine dei precedenti commentari (VII, 20) era stata l'espressione di ossequio a questa incontrollabile e tuttavia reale potenza che domina tutto e tutti, contro la quale non è saggio andare.
Il vocabolo e il costrutto consentono qui di misurare la struttura dell'animo di Cesare: il quale fin dall'infanzia, probabilmente, aveva dimenticato che un Giove o una Giunone o una Minerva presiedevano alle cose dei Romani, e s'era convinto che solo questa misteriosa potenza della fortuna domina la vita

RIEPILOGO DEL PERCORSO

1 La battaglia di Alesia è l'atto conclusivo della grande rivolta gallica del 52 a.C. contro l'occupazione romana.
a Attraverso quali fasi si è sviluppato questo evento bellico?
b Quale importanza ha avuto la natura dei luoghi dove si sono svolti i fatti? Ti sembra che Cesare nella narrazione presti attenzione alla morfologia del territorio?
c Nel duplice assedio quale ruolo hanno giocato le infrastrutture militari (valli, fortini, bastioni, macchine da guerra)? Cesare sottolinea la loro importanza?

2 Metti ora a confronto i due comandanti avversari. Sia Cesare sia Vercingetorige sono uomini di forte personalità: prova a tracciarne un breve ritratto, prendendo spunto soprattutto dal loro modo di agire.

3 Ogni evento di guerra porta con sé un carico di violenze e orrori, di cui è vittima soprattutto l'inerme popolazione civile: in questa lunga battaglia qual è l'episodio più significativo a questo proposito?

4 A tuo parere, Cesare è in grado di comprendere le ragioni degli avversari? A tale proposito, quale ruolo giocano i discorsi dei capi nemici, riportati dal generale romano (vedi per es. i discorsi di Vercingetorige, fino alle sue ultime parole, e la Scheda di approfondimento "Le ragioni degli altri", a p. 353, che analizza il discorso di Critognato).

5 A parere di Cesare, quale ruolo gioca la *virtus* e quale la *fortuna* nell'esito di un tale scontro e, più in generale, nello sviluppo delle vicende umane (vedi la Scheda di approfondimento "Il pessimismo di Cesare, tra *fortuna* e *virtus*", a p. 362)?

6 La narrazione di Cesare, sempre chiara ed efficace, subisce però a tratti accelerazioni e rallentamenti. Sapresti individuare alcuni punti significativi di questo cambio di ritmo?

7 In sintesi, puoi evidenziare che cosa abbia rappresentato la battaglia di Alesia dal punto di vista dei Galli e dal punto di vista dei Romani?

umana. E non è certamente possibile ricavarne una concezione ottimistica della vita. Soltanto per la consapevolezza di questa realtà, Cesare comprese (ben diversamente da Livio per cui dèi e buona sorte erano al servizio di Roma) che anche gli altri popoli possono avere i loro diritti, possono aspirare alla libertà: *omnes homines natura libertati studere* (*De b.G.* III, 10): qui non è il *regere imperio populos* di Virgilio, perché Cesare non è né il poeta né il profeta, ma è l'uomo esperto della vita.
Alla *fortuna* si oppone la *virtus*. Gli umanisti danno alla seconda perpetua vittoria sulla prima, finché non interverrà il richiamo machiavelliano a precisare che metà appena delle cose umane dipendono dalla *virtus*. Inutile enumerare i richiami cesariani alla *virtus*, l'esaltazione che egli ne fa a ogni occasione davanti ai soldati. L'associazione di *virtus* con aggettivi come *egregia, excellens, esimia, incredibilis, magna, pristina* è di per se stessa eloquente. L'appello al valore, il riconoscimento del passato valore sono elementari motivi psicologici di tutti i generali di ogni tempo; e troppo gran fascino tale appello e riconoscimento esercitano perché un comandante possa trascurarli: soltanto così si ottiene che i soldati non ritengano *nihil adeo arduum quod non virtute consegui possent* (*De b.G.* VII, 47): effetto ancor meglio raggiunto se alla *virtus* dei propri si oppone l'*inscientia* e il *dolus* degli avversari. E non solo l'antitesi a termini opposti, ma anche l'associazione con termini di eccellenza concorre a illuminare l'importanza attribuita da Cesare alla *virtus*: *audacia et virtus, virtus atque animi magnitudo, animus ac virtus*, ecc. Ma perché funzioni, questa *virtus* ha sempre bisogno di essere evocata, di essere svegliata: soltanto dopo felici battaglie, dopo che la *fortuna* lo ha assistito, Cesare parla della *virtus* come qualcosa di innato, di proprio, di certo. Se ne ricava che Cesare crede fino a un certo punto alla *virtus*, cioè fino al punto in cui la *fortuna* le concede di funzionare. E questo è pure un fattore della sua tristezza intima, del suo pessimismo».

F. SEMI, *Il sentimento di Cesare*, Padova, Liviana, 1966, p. 156

2 I popoli di Cesare

Come abbiamo già avuto modo di osservare, nel *De bello Gallico* si trovano alcuni *excursus* (digressioni) di carattere etnogeografico. Cesare si sofferma a descrivere territori di residenza, usi e costumi, credenze religiose, struttura sociale e comportamento in battaglia dei diversi popoli con i quali si è confrontato nelle sue campagne militari: grande attenzione è dedicata in particolare ai Galli; ma anche i Germani e i misteriosi Britanni attirano un interesse che, se risponde all'intento pratico di conoscere il nemico, il suo territorio e la sua organizzazione, rivela anche curiosità, desiderio di conoscere, capacità di analizzare uomini e società e di costruire confronti.
Bisogna però ricordare anche quelli che erano i limiti dell'etnografia antica, ben evidenti negli *excursus* di Cesare: essa, a differenza della moderna scienza dell'etnologia, si limitava di solito a registrare e descrivere quanto di curioso, strano, diverso si individuava nel *modus vivendi* dei popoli stranieri, senza approfondire le cause né tentare di comprendere la diversa mentalità che stava alla base di particolari usi e comportamenti. Una tale impostazione, da parte dei Greci prima e dei Romani poi, aveva come presupposto una presunta superiorità dei popoli considerati "civili" su quelli barbari. Tale convinzione sta alla base anche dello sguardo che Cesare getta su popoli che pure, per alcuni aspetti, sono oggetto di ammirazione da parte sua (vedi per esempio le considerazioni sul valore militare dei Germani).
Modello e fonte degli *excursus* cesariani su Galli e Germani è l'etnografia greca, in particolare gli inserti etnografici reperibili nelle *Storie* di Posidonio, che fu tra i primi a distinguere i due popoli e a trattarli separatamente; ma certo una grande quantità di informazioni gli derivarono dall'osservazione diretta, dalla viva voce di collaboratori e prigionieri e, nel caso dei Britanni, dalle informazioni riferite dai mercanti che trattavano affari con gli abitanti dell'isola.
Il percorso intende dunque mostrare le capacità di Cesare come geografo ed etnografo, piuttosto che come invincibile generale.

LAT	TESTO 1	*De bello Gallico* I, 1
LAT/ITA	TESTO 2	*De bello Gallico* VI, 11
ITA	TESTO 3	*De bello Gallico* VI, 13-15
LAT	TESTO 4	*De bello Gallico* VI, 16
LAT	TESTO 5	*De bello Gallico* VI, 17
ITA	TESTO 6	*De bello Gallico* VI, 21-23
LAT	TESTO 7	*De bello Gallico* VI, 24
ITA	TESTO 8	*De bello Gallico* V, 12; 14

Divinità celtica, in bronzo con occhi di ceramica, I secolo d.C., Saint Germain en Laye, Museo Archeologico Nazionale.

TESTO 1

Descrizione della Gallia

De bello Gallico I, 1

Il *De bello Gallico* si apre con la famosa descrizione della Gallia e dei suoi abitanti al tempo di Cesare: chiaro è l'intento di tracciare subito lo scenario naturale e umano in cui si svolsero le vicende narrate nel commentario. La partizione del territorio avviene infatti tramite l'indicazione dei fiumi della Gallia (grandi ostacoli naturali, quindi confini spesso difficili da valicare) e soprattutto attraverso l'elenco delle diverse popolazioni che lo abitano. Punto di riferimento è quella fetta meridionale di territorio gallico, che collegava l'Italia ai domini della penisola iberica fin dai tempi della seconda guerra punica: questa regione costiera, caratterizzata dalla presenza di fiorenti colonie greche fino dal VI secolo a.C. (la più importante delle quali era Massalia, l'attuale Marsiglia) era già provincia romana dalla fine del II secolo a.C. e veniva chiamata semplicemente Provincia (da cui l'attuale nome di Provenza). Essa giocò un ruolo importante nel mettere in contatto l'antica popolazione celtica con le evolute civiltà del Mediterraneo, ma, agli occhi di Cesare, ebbe anche il ruolo di dirozzare e rendere militarmente più deboli le tribù galliche circostanti con la sua «raffinata civiltà» (*cultu atque humanitate*).

(1) Gallia est omnis divisa in partes tres, quarum unam incolunt Belgae, aliam Aquitani, tertiam qui ipsorum lingua Celtae, nostra Galli appellantur. Hi omnes lingua institutis legibus inter se differunt. (2) Gallos ab Aquitanis Garumna flumen, a Belgis Matrona et Sequana dividit. Horum omnium fortissimi sunt Belgae, propterea quod a cultu atque humanitate provinciae longissime absunt minimeque ad eos mercatores saepe commeant atque ea quae ad effeminandos animos pertinent important proximique sunt Germanis qui trans Rhenum incolunt, quibuscum continenter bellum gerunt.

1. omnis: «nel suo complesso». – **est ... divisa:** il perfetto indica il risultato di vicende passate ed è quindi da tradurre con un presente. I Belgi abitavano l'attuale Belgio, parte della Francia, dell'Olanda e della Germania occidentale; gli Aquitani occupavano i territori tra la Garonna e i Pirenei; i Galli (Celti) occupavano il centro del paese; l'attuale Svizzera era abitata invece dagli Elvezi. – **institutis:** «ordinamenti» (ablativo di limitazione).

2. Matrona et Sequana: sono gli attuali fiumi Marna e Senna. – **propterea quod:** «per il fatto che», introduce una subordinata causale. – **a cultu atque humanitate provinciae:** «dalla cultura e dalla civiltà della provincia» (o meglio, in endiadi: «dalla raffinata civiltà della provincia»); Cesare si riferisce a quella parte della Gallia (l'attuale Provenza) già controllata dai Romani. – **minimeque ... saepe:** «assai raramente». – **commeant:** «si recano» (lett. «vanno e vengono»). – **ea quae ... pertinent:** «i beni che portano a indebolire gli animi», cioè merci di lusso (*ad effemminandos animos* è una finale costruita con l'accusativo del gerundivo retto da *ad*); emerge chiaramente qui l'ammirazione di Cesare per un popolo vigoroso e incorrotto (che sarà poi ripresa polemicamente da un altro grande storico di età imperiale, Tacito, nella *Germania*) e contro il lusso che infiacchisce.

(**3**) Qua de causa Helvetii quoque reliquos Gallos virtute praecedunt, quod fere cotidianis proeliis cum Germanis contendunt, cum aut suis finibus eos prohibent aut ipsi in eorum finibus bellum gerunt. (**4**) Eorum una pars, quam Gallos obtinere dictum est, initium capit a flumine Rhodano, continetur Garunna flumine Oceano finibus Belgarum, attingit etiam ab Sequanis et Helvetiis flumen Rhenum, vergit ad septentriones. (**5**) Belgae ab extremis Galliae finibus oriuntur, pertinent ad inferiorem partem fluminis Rheni, spectant in septentrionem et orientem solem. Aquitania a Garunna flumine ad Pyenaeos montes et eam partem Oceani quae est ad Hispaniam pertinet; spectat inter occasum solis et septentrionem.

3. Qua de causa: «Per questo motivo» (*qua* è nesso relativo). – **cum aut ... aut:** «o quando ... o quando». – **prohibent:** «tengono lontani».

4. quam ... dictum est: «che si è detto essere occupata dai Galli» (lett. «che i Galli occupano»); troviamo qui uniti strettamente una soggettiva (*quam Gallos obtinere*) e un *verbum dicendi* costruito impersonalmente. – **continetur:** «è delimitata». – **ab Sequanis et Helvetiis:** «dalla parte dei Sequani e degli Elvezi». – **septentriones:** «settentrione»; il Nord è indicato dai *septem triones*, i sette buoi da trebbiatura, che si riferiscono alle sette stelle dell'Orsa Maggiore.

5. Belgae ... oriuntur: «I Belgi hanno inizio...» (o meglio: «Il territorio dei Belgi ha inizio...»). – **pertinent:** in senso geografico «estendersi». – **inter ... septentrionem:** «verso Nord-Est».

Testa di divinità in pietra, II secolo a.C., Praga, Národní Muzeum.

APPROFONDIMENTO

I CELTI

Qui ipsorum lingua Celtae, nostra Galli appellantur. così esordisce Cesare nel I libro del *De bello Gallico.* Chi furono i Celti, antica popolazione dell'Europa, chiamati Galli dai Romani?

Gli studiosi definiscono con questo nome un insieme di popolazioni che appartenevano linguisticamente all'area indoeuropea e che lasciarono le loro prime testimonianze lungo il corso superiore del Danubio e nella Francia orientale. A partire dall'età del bronzo, essi si diffusero a ondate in gran parte dell'Europa, e non solo: le prime migrazioni li portarono dall'area danubiana verso l'Europa sud-occidentale, in Italia e nei Balcani; tra il VII e il VI secolo a.C. occuparono la zona del Reno, il Belgio e la Francia centro-settentrionale, successivamente raggiunsero le isole britanniche e buona parte della penisola iberica (dando origine alla popolazione detta celtibera).

La prima civiltà interamente celtica, risalente all'età del ferro, fu quella detta di La Tène (dal nome di un sito di ricchi ritrovamenti archeologici, nei pressi del lago di Neûchatel); essa esercitò per secoli una certa egemonia nell'Europa centrale e fu in contatto con il mondo greco ed etrusco attraverso la colonia greca di Massalia (Marsiglia) e i valichi aperti sulle Alpi.

Attorno al 400 a.C. i Celti furono protagonisti di una nuova fase espansiva nei Balcani e nella penisola italica: a questi movimenti si deve ricollegare ad esempio l'episodio del sacco di Roma nel 390 a.C. Sappiamo inoltre che i Celti vennero in contatto con i regni ellenistici, ai quali fornirono anche milizie mer-

ANALISI DEL TESTO *De bello Gallico*, I, 1

Lessico

1 Cesare si sofferma a presentare le diverse traduzioni di una particolare parola all'inizio del capitolo: di quale parola si tratta? Questo genere di annotazione si ripete in altri casi all'interno del capitolo proemiale?

2 L'autore descrive il territorio gallico suddividendolo sulla base di diverse caratterizzazioni, geografiche e antropologiche:
- **a** evidenzia anzitutto i vocaboli che appartengono al lessico geografico (per esempio, i fiumi);
- **b** raccogli quindi i nomi dei popoli citati, accostando a loro le caratteristiche di volta in volta accennate da Cesare;
- **c** prova a spiegare a quali ambiti si riferisca Cesare attraverso i tre termini *lingua institutis legibus* (significativamente accostati per asindeto nel par. 1)?

3 Nella parte finale del par. 5 quale significato assume il verbo *spectat*?

Sintassi e stile

4 Quale tipo di proposizione subordinata è maggiormente presente (e per quale motivo)?

5 L'impressione di grande equilibrio che deriva dalla lettura del capitolo è data dalla presenza di strutture che si ripetono identiche, a tutti i livelli (dal lessico alla sintassi): sapresti individuare alcuni esempi significativi?

Contenuti

6 I Belgi sono considerati da Cesare i più forti tra tutti i popoli celtici elencati.
- **a** Per quale motivo? Quale ruolo gioca la lontananza dalla Provincia?
- **b** Quale influsso ha su di loro la vicinanza ai bellicosi Germani? Sono accomunati in ciò ad altri popoli gallici?

7 In queste osservazioni noti da parte di Cesare una velata critica rivolta ai costumi di vita delle zone di più antica romanizzazione?

cenarie: ma un loro tentativo di espansione verso la Macedonia e la Grecia fu fermato; solo alcune tribù, i Galati, riuscirono a stanziarsi in una regione dell'Asia Minore, che da loro prese il nome (Galazia).

La **società celtica** era caratterizzata da forti legami familiari e tribali, ma era suddivisa sull'ampio territorio in tanti piccoli gruppi sparpagliati in insediamenti rurali. Le federazioni tra i vari gruppi furono piuttosto deboli e sporadiche, legate a particolari situazioni, come la necessità di combattere un nemico comune o la momentanea supremazia di una tribù che assoggettava a sé le altre. All'interno delle tribù dominava una forte aristocrazia militare, i cui esponenti ricevevano prestigio e autorità in base al numero di schiavi e di uomini liberi che li circondavano, questi ultimi dopo avere stretto un rapporto di tipo clientelare. Le decisioni più importanti, anche se all'apparenza erano prese "democraticamente" in un'assemblea di uomini liberi in armi, in realtà erano preventivamente fissate dai capi (anche Cesare ci dà testimonianza di ciò).
La **religione celtica** venerava la personificazione di forze naturali e il culto era amministrato dalla potente casta sacerdotale dei druidi, che controllavano anche l'educazione dei giovani e l'amministrazione della giustizia (ma a questo proposito vedi l'Approfondimento "I misteriosi druidi" a p. 372); i druidi svolgevano anche un ruolo di collegamento (forse il più efficace e ascoltato) tra le diverse tribù.
I Celti produssero anche **un'arte originale**, prevalentemente legata alla fabbricazione di gioielli e monili, nonché alle armi e alle monete (ma in alcune aree renane e nel mezzogiorno della Francia sono state trovate tracce di statuaria celtica): caratteristica di tale arte è la deformazione dell'elemento naturale in direzione dell'ornamento fantastico e magico-simbolico.

TESTO 2

L'organizzazione sociale dei Galli

De bello Gallico VI, 11

Quasi all'inizio del libro VI Cesare inserisce la lunga parentesi etnografica che permette di confrontare l'organizzazione e i costumi dei Galli con quelli dei Germani. Nel primo capitolo appartenente a questo *excursus* emerge la forte frammentazione interna del mondo gallico, ribadita attraverso un ossessivo uso di vocaboli come *factiones*, *factionum*, *partis* e attraverso la drastica immagine finale. Bisogna tenere presente, però, che tale frazionamento, legato al sistema clientelare, era una forma di assicurazione per i più deboli contro i soprusi dei potenti: dunque lo stesso fenomeno che Cesare registrava con stupore, se visto in positivo, rappresentava una forte necessità di aggregazione a ogni livello (da quello familiare a quello politico), per garantire la protezione dell'individuo.

Carro rituale con idolo femminile centrale e figure umane e animali, VII secolo a.C., Graz, Landes Museum Joanneum.

(**1**) Quoniam ad hunc locum perventum est, non alienum esse videtur de Galliae Germaniaeque moribus et, quo differant hae nationes inter sese, proponere. (**2**) In Gallia non solum in omnibus civitatibus atque in omnibus pagis partibusque, sed paene etiam in singulis domibus factiones sunt, (**3**) earumque factionum sunt principes qui summam auctoritatem eorum iudicio habere existimantur, quorum ad arbitrium iudiciumque summa omnium rerum consiliorumque redeat. (**4**) Idque eius rei causa antiquitus institutum videtur, nequis ex plebe contra potentiorem auxilii egeret. Suos enim quisque opprimi et circumveniri non patitur neque, aliter si faciat, ullam inter suos habet auctoritatem. (**5**) Haec eadem ratio est in summa totius Galliae, namque omnes civitates in partes divisae sunt duas.

(**1**) Poiché siamo giunti a questo punto, non sembra fuori luogo esporre quali siano i costumi della Gallia e della Germania e quali differenze passino tra questi due popoli. (**2**) Nella Gallia vi sono partiti politici non solo in tutte le popolazioni, in tutti i villaggi e in ogni classe del popolo, ma quasi anche in ogni famiglia: (**3**) di questi partiti sono capi coloro che nell'opinione dei Galli hanno più prestigio, ai quali spetta regolare, a loro parere ed arbitrio, tutti gli affari e tutte le deliberazioni. (**4**) Sembra che questa istituzione vi si trovi fin dall'antichità, affinché nessuno della plebe manchi d'aiuto contro i più potenti, infatti ognuno di essi non sopporta che i suoi siano oppressi o ingannati e se facesse altrimenti non avrebbe più alcuna autorità fra i suoi. (**5**) Questo costume regna in generale in tutta la Gallia e perciò tutte le popolazioni sono divise in due parti.

(trad. di R. Ciaffi)

APPROFONDIMENTO

IL LESSICO DI CESARE "ETNOGRAFO"

Nell'affrontare le descrizioni di terre, popoli e costumi incontrati nel corso delle sue campagne militari, Cesare si trova spesso costretto a lottare con un lessico che non presentava espressioni adatte a illustrare al lettore realtà profondamente diverse da quella di Roma e della sua civiltà.

La soluzione che Cesare adotta è quella di "latinizzare" nomi propri, strutture sociali, religiose e militari, permettendo così al pubblico dei suoi *Commentarii* di individuare punti di riferimento e parametri sicuri per una prima identificazione: si tratta, come ha evidenziato qualche critico, di un'operazione di *interpretatio Romana*, che permette inoltre a Cesare di evitare vocaboli tecnici e dissonanti all'interno di uno stile armonico, lineare e dominato dal principio dell'analogia.

Solo raramente riporta e discute termini non latini, per lo più filtrati attraverso i testi greci, come avviene per esempio all'inizio della famosa descrizione della Gallia (I, 1) per quanto concerne l'alternanza del nome *Celtae/Galli*.

Vediamo ora alcuni esempi:

- termini come *factiones* e *partes* («fazioni, partiti politici»: termini mutuati dalla vita politica di Roma) sono impiegati per definire le divisioni interne alle tribù galliche, per lo più dipendenti da rapporti di sangue e clientelari (libro VI, cap. 11);
- nello stesso capitolo la *climax* discendente *solum in omnibus civitatibus atque in omnibus pagis partibusque, sed paene etiam in singulis domibus* intende definire unità politico-territoriali sempre più piccole, che i traduttori moderni rendono in vario modo, come «stato, tribù» (*civitas*); «cantone, distretto» (*pagus*); «villaggio, frazione» (*pars*); «famiglia, clan familiare» (*domus*);
- caratteristico è anche l'utilizzo di *principes* e *plebs* per indicare «capi fazione» e «popolo»;
- per definire le classi privilegiate all'interno della società gallica, Cesare alterna termini di origine celtica (*druides*, da antica radice indoeuropea, sono i sacerdoti; più avanti *ambacti*, termine celtico per definire i vassalli di grandi guerrieri) a termini mutuati dalla società romana, come *equites*, per definire la casta privilegiata di origine militare, e il successivo *clientes* (libro VI, cap. 13 e sgg.);
- i nomi degli dèi vengono sistematicamente sostituiti con quelli ben più conosciuti dell'olimpo romano, sulla base di talune caratteristiche simili: così Beal diviene Apollo, Esus diviene Marte, Tarran è Giove (libro VI, cap. 17);
- il vocabolo *magistratus* – che a Roma indicava una magistratura o un pubblico funzionario – viene usato in unione con *principes* per indicare genericamente le autorità presso i Germani; il primo termine, probabilmente, è riferito a cariche civili, il secondo a cariche militari (libro VI, cap. 22).

Raffigurazione della dea Epona, associata alla fertilità, protettrice di cavalli e muli, II secolo d.C., Budapest, Szépmuvészeti Muzeum.

TESTO 3

I druidi e i cavalieri presso i Galli

De bello Gallico VI, 13-15

Accanto alla classe dei nobili (di solito i capi fazione), un posto privilegiato è riservato nella società gallica ai druidi, i sacerdoti, che presiedono ai riti sacri, fungono da giudici nelle controversie e istruiscono i giovani: nelle loro mani, quindi, confluisce il potere religioso (particolarmente rispettato), quello giuridico e il compito dell'educazione. I privilegi dei druidi – quali l'esenzione dal servizio militare, dai tributi e da ogni altro obbligo – spingono molti giovani alla loro scuola, dove è impartito un insegnamento orale e mnemonico. Oggetto dell'insegnamento sono principi religiosi (l'immortalità dell'anima e la sua trasmigrazione in nuovi corpi, i poteri degli dèi), ma anche nozioni di fisica e astronomia. I cavalieri – seconda classe privilegiata presso i Galli – rappresentano il potere militare; sono circondati da servi e compagni, in una struttura gerarchica legata alla fedeltà personale, che anticipa la struttura feudale del Medioevo.

Al di sotto vi è la plebe: la grande massa della popolazione, in condizione quasi servile.

Subito si nota la sproporzione tra lo spazio di trattazione dedicato ai druidi e quello, assai inferiore, dedicato ai cavalieri (cioè alla classe nobiliare): questo è un segno evidente del fatto che Cesare

APPROFONDIMENTO

I MISTERIOSI DRUIDI

Particolare del calde
rituale di Gundestrup
raffigurante un uomo
cavallo di un pesce c
i baffi, II secolo a.C.,
Copenhagen, Museo
Nazionale.

Figure chiave per comprendere le peculiarità della cività gallica – e la sua alterità rispetto a quella romana – sono i druidi, misteriosi sacerdoti e giudici dei Celti.

Cesare stesso se ne rese ben conto se, nel libro V del *De bello Gallico*, decise di lasciare il più antico e completo resoconto su di loro e sulle loro funzioni. I druidi infatti erano anzitutto i sacerdoti di un culto legato alle forze naturali e all'Albero della Vita (secondo alcune ipotesi, il nome stesso di druido deriverebbe dall'antico termine celtico che indicava la quercia): intermediari tra gli uomini e gli dèi, la loro presenza era necessaria affinché un rito o un sacrificio religioso fossero validi. A loro si attribuisce anche un culto particolare legato al vischio, un vegetale parassita delle querce, la cui presenza indicava la sacralità di un bosco. Accanto alla funzione sacerdotale, i druidi erano anche investiti del potere di giudicare su controversie e reati. Custodi della tradizione, educatori, guide morali e talvolta politiche, essi ricoprivano dunque un ruolo fondamentale di intermediari non solo tra la sfera umana e quella divina, ma anche, a livello orizzontale, tra tutte le tribù e le popolazioni celtiche, che proprio attorno al culto druidico trovavano un fattore di unità (per altri versi invece scarsa). Talvolta, prima degli scontri armati fra tribù, i druidi si frapponevano tra le schiere dei contendenti, per cercare di mediare una tregua *in extremis* e scongiurare la battaglia.

Casta non ereditaria, ammetteva alla propria scuola giovani liberi, che dovevano affrontare un lungo e duro periodo di apprendimento, basato sulla trasmissione orale di antichi saperi e sulla loro memorizzazione. Quali fossero le materie oggetto di tale studio è frutto di ipotesi: infatti l'integrale oralità della cultura druidica[1] (sulla quale insiste lo stesso Cesare) causò la perdita totale del loro sistema di saperi,

1. I druidi – a quanto sostiene Cesare – si servivano dell'alfabeto greco solo per trascrizioni riguardanti l'amministrazione spicciola: la notizia è plausibile, visto il contatto dei Celti con colonie greche come Marsiglia.

aveva colto la centralità di queste figure nella società gallica, l'importanza delle molteplici funzioni che essi assumevano, il loro ruolo di raccordo tra le diverse tribù celtiche. Si può dire anche che ciò era avvenuto a sue spese, se consideriamo che la rivolta gallica del 52 a.C. (quella capitanata da Vercingetorige), vide come promotori proprio i druidi (a tale proposito, vedi anche l'introduzione del percorso precedente, a p. 359, e l'Approfondimento a p. 382).

(13) In ogni parte della Gallia due sono le classi di uomini che hanno qualche potestà ed onore; infatti i plebei sono quasi tenuti in conto di schiavi e non osano far nulla da sé, né sono chiamati a nessun consiglio; la maggior parte essendo oppressi dai debiti o dalla gravezza dei tributi o dalle angherie dei potenti, si pongono al servizio dei nobili; su di essi gravano tutti gli stessi diritti che i padroni hanno sugli schiavi. Di queste due classi, una è dei Druidi, l'altra dei cavalieri. I Druidi attendono alle funzioni religiose, provvedono ai sacrifici pubblici e privati, interpretano i dogmi: ad essi accorrono in gran numero gli adolescenti per apprendere la dottrina e sono tenuti in grande onore. Infatti essi deliberano in tutte le controversie pubbliche e private e se avviene qualche misfatto, se vien commesso un delitto, se sorge qualche contesa o per eredità o per limiti di proprietà, sono essi che giudicano e dànno premi e pene; chi poi, uomo privato o comunità, non sta al loro giudizio, viene escluso dai sacrifici. Presso di essi questa pena è gravissima. Coloro che sono stati così esclusi dalle funzioni religiose, sono tenuti in conto di empi e di scellerati; tutti si scostano da loro per via, nessuno li accoglie in casa o rivolge loro la parola, nel

nel momento in cui furono contrastati e poi soppressi dai Romani (che non potevano ammettere la presenza nelle province di figure dotate di una tale autorità e di poteri giuridici) e in un secondo tempo dagli stessi cristiani, che finirono per assimilare e cristianizzare certe loro usanze.[2] Oltre ai precetti religiosi, si pensa però che gli aspiranti druidi studiassero anche astronomia, medicina, formule per preghiere e incantesimi, norme per la divinazione. Terra sacra per i druidi era la Britannia, culla del culto druidico secondo Cesare: probabilmente il duplice sbarco del generale romano sull'isola (nel 55 e nel 54 a.C.) fu percepito anche come un affronto alla religione celtica. Altri luoghi particolari per i druidi furono l'isola di Anglesey,[3] dove pare esistesse una "scuola druidica" e, sul continente, il territorio dei Carnuti (a sud di *Lutetia*, oggi Parigi, nel cuore del territorio gallico): qui i druidi erano soliti riunirsi una volta all'anno in un bosco sacro; non a caso questa fu una delle ultime zone di resistenza all'occupazione romana e fu definitivamente conquistata solo nel 51 a.C. Il druidismo fu sempre percepito dai Romani come una realtà profondamente diversa, aliena rispetto alla loro mentalità e cultura, potenzialmente pericolosa, pertanto fu duramente osteggiato: Augusto vietò ai cittadini romani di praticare riti druidici; sotto Tiberio i druidi furono addirittura soppressi con un decreto del senato, che venne poi ribadito anche dall'imperatore Claudio. Infine la progressiva conversione al cristianesimo delle popolazioni portò – come si è detto – alla definitiva scomparsa del druidismo antico.

2. Si pensa che feste come Halloween o altre usanze legate ai riti del raccolto derivino dall'antico culto druidico.
3. Anglesey (chiamata *Mona* dai Romani) è un'isola nel mare d'Irlanda, molto vicina alle coste del Galles.

timore di ricevere dal loro contatto qualche contaminazione; se chiedono giustizia, non viene loro resa; non si dà loro nessuna carica pubblica. A capo di tutti questi Druidi sta un sol uomo, il quale ha presso di loro somma autorità. Se questi muore, gli succede chi eccelle sugli altri per dignità, e, se sono parecchi di ugual grado, viene eletto chi abbia il maggior numero di voti dei Druidi; talvolta anche per questo primato contendono con le armi. Costoro in un determinato tempo dell'anno si radunano in un luogo consacrato nel paese dei Carnuti; poiché ritengono che questa regione sia nel mezzo di tutta la Gallia. Qui convengono da ogni parte tutti coloro che hanno delle controversie e ubbidiscono ai loro giudizi e ai loro decreti. Si crede che la dottrina dei Druidi sia nata in Britannia e che di qui sia stata portata in Gallia ed ora coloro che vogliono conoscerla più profondamente vanno per lo più colà per impararla.

(**14**) I Druidi di solito non partecipano alla guerra né pagano come gli altri alcun tributo; godono dell'esenzione dal servizio militare e da ogni altra prestazione. Spinti da tanti vantaggi e molti di spontanea volontà, accorrono ad imparare questa dottrina; altri vi sono mandati dai loro genitori e dai parenti. Si dice che in quella scuola imparino un gran numero di versi. Perciò alcuni vi rimangono venti anni per questo apprendimento. Non credono però lecito di trascrivere i dogmi della loro scienza, mentre per quasi tutte le altre faccende e per le norme pubbliche e private si servono della scrittura greca. Mi pare che abbiano stabilito questo per due ragioni e perché non vogliono che si diffonda tra il volgo la loro dottrina e perché i novizi, fidando nella scrittura, non siano meno diligenti nell'apprenderla; infatti ai più suole accadere che per l'aiuto degli scritti si mostrino più trascurati nell'imparare e nell'uso della memoria. In primo luogo essi vogliono persuadere che l'anima non muore, ma che dopo la morte passa in altri e stimano che questa convinzione sia soprattutto di sprone al valore, soffocando il timore della morte; inoltre discutono molto degli astri e dei loro movimenti, della grandezza del mondo e della terra, della natura delle cose, della potenza e della maestà degli dèi immortali e di tutto ciò ammaestrano i giovani.

(**15**) L'altra classe è dei cavalieri. Costoro quando c'è necessità o quando sorge qualche conflitto – ciò che prima dell'arrivo di Cesare soleva accadere ogni anno, o per portare offesa, o per respingere un attacco – vanno tutti in guerra, e secondo che ciascuno è potente per nascita o per mezzi, ha intorno a sé molti servi stipendiati e clienti. Questo è per essi il solo segno di distinzione e di potenza.

(trad. di R. Ciaffi)

DENTRO IL TESTO *De bello Gallico*, VI, 11; 13-15

Leggere il testo

1 I capp. 11, 13-15 del libro VI presentano alcuni aspetti dell'organizzazione sociale dei Galli.
a Agli occhi di Cesare, la società gallica appare unita e solidale o frazionata?
b Quale spiegazione è proposta dall'autore come causa del sistema clientelare così capillarmente diffuso tra i Galli?

2 In quali classi è suddivisa la società gallica e quale tra queste colpisce maggiormente l'attenzione di Cesare?

3 I druidi svolgono funzioni di grande importanza per la vita delle loro comunità: sapresti elencarle e illustrarle?

4 Leggi l'Approfondimento alle pp. 382-383 e prova a integrare quanto Cesare dice nel testo citato dal *De bello Gallico*: trovi discrepanze o integrazioni utili a comprendere meglio la funzione di questi uomini?

5 Qual è la principale funzione dei cavalieri?

Riflettere sul testo

6 Quali sono gli aspetti della figura dei druidi che più colpiscono Cesare, in quanto lontani dalla mentalità latina?

7 Per quale ragione ti sembra che l'autore si soffermi sulla dimensione orale della dottrina druidica? Quali spiegazioni adduce a proposito della scelta dei druidi di non trascrivere la loro antica sapienza?

Individuare nodi problematici

8 La società gallica, secolare ed evoluta, si presenta agli occhi di Cesare con pochi tratti simili a quella romana e molti che la differenziano; sulla base delle tue conoscenze, prova a operare un sintetico confronto sui seguenti punti:
a le classi sociali e il rapporto clientelare;
b l'amministrazione della giustizia;
c il culto e la casta sacerdotale;
d l'educazione.

TESTO 4

I sacrifici agli dèi presso i Galli

De bello Gallico VI, 16

Come per molti popoli antichi, tra le pratiche religiose dei Galli era presente il sacrificio di vite umane, in occasione di eventi particolari o in situazioni di pericolo; questa usanza cultuale, che verrà via via sostituita dal sacrificio di animali, colpisce l'attenzione di Cesare, che la descrive qui con dovizia di particolari. Bisogna però ricordare che tale pratica rituale non era sconosciuta né al mondo greco arcaico né a quello romano, se pensiamo che solo nel 97 a.C. un decreto del senato vietò ufficialmente il rito, peraltro già caduto in disuso da tempo.

(**1**) Natio est omnis Gallorum admodum dedita religionibus, atque ob eam causam, qui sunt adfecti gravioribus morbis quique in proeliis periculisque versantur, aut pro victimis homines immolant aut se immolaturos vovent, administrisque ad ea sacrificia druidibus utuntur, (**2**) quod pro vita hominis nisi hominis vita reddatur, non posse deorum immortalium numen placari arbitrantur, publiceque eiusdem generis habent instituta sacrificia. (**3**) Alii immani magnitudine simulacra habent, quorum contexta viminibus membra vivis hominibus complent; quibus succensis circumventi flamma exanimantur homines. (**4**) Supplicia eorum qui in furto aut latrocinio aut aliqua noxia sint comprehensi, gratiora dis immortalibus esse arbitrantur. Sed cum eius generis copia deficit, etiam ad innocentium supplicia descendunt.

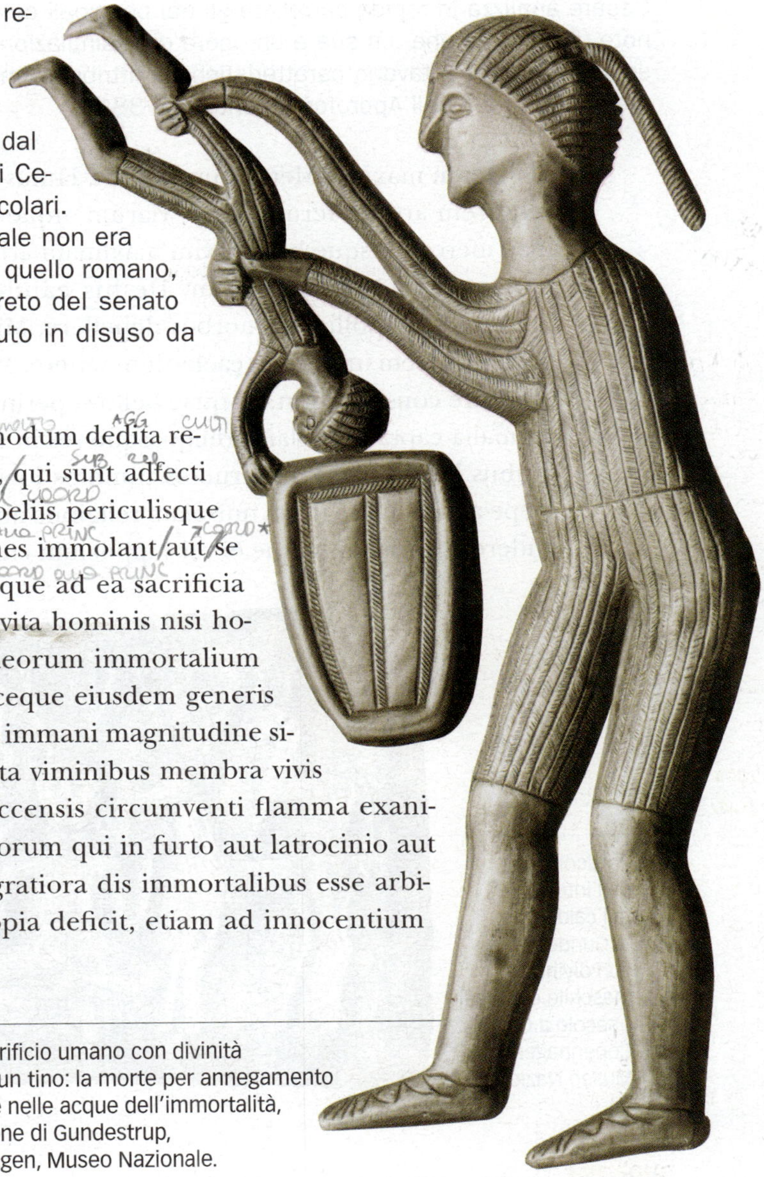

Probabile scena di sacrificio umano con divinità che pone la vittima in un tino: la morte per annegamento prefigura l'immersione nelle acque dell'immortalità, particolare dal calderone di Gundestrup, II secolo a.C., Copenhagen, Museo Nazionale.

1. religionibus: «alle pratiche religiose». – **qui:** *ii qui*. – **gravioribus:** «piuttosto gravi», comparativo assoluto. – **versantur:** «si trovano in mezzo» a guerre o pericoli. – **pro victimis:** «come vittime». – **se immolaturos:** subordinata oggettiva dipendente da *vovent*: «che ne immoleranno». – **administris:** «come esecutori», predicativo di *druidibus*.

2. quod ... arbitrantur: subordinata causale. – **nisi ... reddatur, non posse ... placari:** periodo ipotetico della realtà con apodosi all'infinito (*non posse placari*); è presente un forte chiasmo, a sottolineare la dura convinzione dei Galli (*pro vita hominis, nisi hominis vita*). – **habent instituta sacrificia:** «praticano sacrifici istituiti ufficialmente» (*publice*): dal costrutto di *habeo* + participio passato nascerà il passato prossimo italiano (qui indica la conseguenza presente di un'azione compiuta nel passato).

3. Alii: «altre popolazioni». – **simulacra:** «fantocci». – **quorum ... membra:** «le cui membra intrecciate di vimini», cioè fatte di vimini intrecciati. – **quibus succensis:** ablativo assoluto con nesso relativo.

4. qui ... sint comprehensi: relativa al congiuntivo, che esprime una sfumatura eventuale: «che siano stati colti sul fatto» (da notare la differenza tra *furtum*, furto con destrezza, e *latrocinium*, rapina a mano armata). – **copia:** «disponibilità». – **etiam ... descendunt:** «giungono addirittura a sacrificare innocenti».

TESTO 5

Gli dèi adorati dai Galli

De bello Gallico VI, 17

Cesare analizza in rapida carrellata gli dèi principali del *pantheon* dei Galli, attribuendo loro nomi di note divinità romane. La sua è un'opera di assimilazione delle divinità straniere a quelle, ben conosciute, che presentavano caratteristiche e attributi simili (vedi a tale proposito il concetto di *interpretatio Romana* nell'Approfondimento a p. 381).

(**1**) Deum maxime Mercurium colunt. Huius sunt plurima simulacra, hunc omnium inventorem artium ferunt, hunc viarum atque itinerum ducem, hunc ad quaestus pecuniae mercaturasque habere vim maximam arbitrantur. (**2**) Post hunc Apollinem et Martem et Iovem et Minervam. De his eandem fere quam reliquae gentes habent opinionem: Apollinem morbos depellere, Minervam operum atque artificiorum initia tradere, Iovem imperium caelestium tenere, Martem bella regere. (**3**) Huic, cum proelio dimicare constituerunt, ea quae bello ceperint plerumque devovent: cum superaverunt, animalia capta immolant, reliquasque res in unum locum conferunt. (**4**) Multis in civitatibus harum rerum extructos tumulos locis consecratis conspicari licet, (**5**) neque saepe accidit ut neglecta quispiam religione aut capta apud se occultare aut posita tollere auderet, gravissimumque ei rei supplicium cum cruciatu constitutum est.

Particolare dell'interno del calderone di Gundestrup con divinità maschile e animali, II secolo a.C., Copenhagen, Museo Nazionale.

1. Deum: genitivo plurale arcaico (= *deorum*) con valore partitivo. – **Mercurium:** probabilmente identificabile con il dio celtico Teutates. – **hunc ... ferunt:** *hunc* è oggetto di *ferunt*. – **vim maximam:** «la massima influenza».

2. Post hunc: sottinteso *colunt*. – **Apollinem et Martem et Iovem et Minervam:** identificabili, rispettivamente, con gli dèi celtici Beal, Esus, Tarran («spirito dei tuoni», attributo in comune con Giove), Belisana. – **eandem ... habent opinionem:** «hanno le stesse credenze»; da *opinionem* dipendono le quattro oggettive che seguono (con valore epesegetico). – **operum atque artificiorum initia:** «i principi dei mestieri e delle arti».

3. cum ... constituerunt ... cum superaverunt: sono subordinate temporali con valore iterativo («ogni volta che»); l'uso del perfetto rispetta la legge dell'anteriorità. – **quae bello ceperint:** relativa al congiuntivo con sfumatura eventuale (si può tradurre con l'espressione «il bottino di guerra»); anche in questo caso la presenza del perfetto è giustificata dalla legge dell'anteriorità. – **animalia:** «gli esseri viventi», sia uomini sia animali.

4. harum ... tumulos: «mucchi innalzati con gli oggetti del bottino» (lett.: «mucchi di queste cose innalzati»). – **locis consecratis:** ablativo di stato in luogo.

5. neque saepe: «e raramente» (è una litote). – **ut ... auderet:** subordinata completiva introdotta da *accidit*. – **neglecta ... religione:** «messi da parte gli scrupoli religiosi», ablativo assoluto. – **capta:** participio passato neutro plurale, con funzione di sostantivo: «le prede catturate» (come il successivo *posita*: «le offerte»). – **gravissimum ... cum cruciatu:** «la pena di morte (lett.: il supplizio più grave) tra terribili torture (*cum cruciatu*)».

ANALISI DEL TESTO *De bello Gallico*, VI, 16-17

Lessico

1 Individua e raccogli tutti i vocaboli che, nel cap. 16, sono collegati all'area semantica della religione e del culto.

2 Precisa quale significato particolare assumano i seguenti termini:
– *religionibus* (par. 1)
– *administris* (par. 2)
– *numen* (par. 3)

3 Tra i condannati che vengono impiegati per i sacrifici umani, quale diverso grado di reato esprimono i termini *furtum, latrocinium* e *noxia*?

4 Le caratteristiche attribuite agli dèi adorati dai Galli sono espresse in termini comprensibili ai lettori latini e assimilabili agli dèi del loro *pantheon*; in quest'ottica, precisa quale significato particolare assumano i seguenti sintagmi:
– *inventorem artium* (par. 1)
– *operum atque artificiorum initia* (par. 2)
– *bella regere* (par. 2)

Sintassi e stile

5 La prima parte del cap. 16 (parr. 1 e 2) presenta una struttura sintattica abbastanza articolata: evidenzia i predicati e ricostruisci l'analisi del periodo (principale, coordinate, subordinate di diverso grado e genere).

6 Metti ora in evidenza (all'interno degli stessi paragrafi) gli elementi che, raddoppiandosi, conferiscono al discorso un andamento equilibrato (per es. *qui ... quique*).

7 Quale figura retorica si può individuare nel seguente passaggio (par. 2): *pro vita hominis nisi hominis vita reddatur*?

8 Nei paragrafi iniziali del cap. 17 vi è un elemento ripetuto con insistenza: di quale elemento si tratta? A quale figura retorica dà origine?

9 Attraverso quale disposizione degli elementi sintattici al par. 2 è conferito uno sviluppo ordinato e ripetitivo?

10 Analizza ora la struttura sintattica della parte finale del cap. 17 (parr. 4 e 5): quali tipi di subordinate vi si trovano?

11 Quale figura retorica è presente nel seguente passaggio (par. 5): *neque saepe accidit*?

Contenuti

12 In generale, quale atteggiamento hanno le tribù galliche nei confronti della religione?

13 Nel cap. 16 Cesare si dilunga a descrivere la pratica del sacrificio umano:
a quale opinione hanno i Galli riguardo a questo tipo di sacrificio agli dèi?
b in quali situazioni lo ritengono necessario?
c chi viene sacrificato di solito?
d quale atteggiamento sembra assumere Cesare di fronte a questa pratica religiosa? Da quali elementi lo si deduce?

14 Attraverso quale espediente Cesare rende il *pantheon* gallico familiare al lettore romano? Perché, a tuo parere, sente una tale esigenza?

15 Come trattano i Galli il bottino di guerra? In base alle tue conoscenze, noti qualche differenza rispetto all'uso romano (pensa, per esempio, all'opportunità che veniva concessa ai legionari di saccheggiare le città o gli accampamenti conquistati...)?

TESTO 6

I Germani *De bello Gallico* VI, 21-23

Al cap. 21 del libro VI, quando è narrato il secondo attraversamento del Reno da parte delle legioni, si apre un *excursus* che imposta un confronto tra gli usi e i costumi dei Galli e quelli dei Germani, di cui Cesare mette in evidenza la religione meno evoluta (nonché l'assenza di una casta sacerdotale) e i rapporti tra i giovani. Fin da queste prime battute emerge l'immagine di un popolo barbaro, ma ancora forte e fiero, lontano dalla corruzione: un nemico temibile, quindi, che sta per essere affrontato.

Essi non si dedicano alla coltivazione della terra e vivono per lo più dei prodotti dell'allevamento; anche la gestione del territorio subisce una rotazione annua, affinché non subentri nel popolo il desiderio di sedentarietà, possesso e ricchezze e si indebolisca così l'esercizio delle armi. Al termine della trattazione, Cesare analizza rapidamente anche i rapporti fra le tribù (e la particolare identificazione, presso i Germani, tra l'idea di potenza e la condizione di isolamento), nonché i rapporti interni alle singole tribù, la nomina di magistrati pubblici e le regole che governano la sacra ospitalità.
Il generale romano affrontò i Germani solo in due incursioni al di là del Reno, quindi poté conoscere la loro civiltà in modo meno approfondito rispetto a quella gallica: pertanto raccolse una quantità inferiore di notizie non tutte attendibili, secondo gli studi storici più recenti. Tuttavia egli lascia trasparire una certa simpatia per un popolo considerato barbaro e feroce ma anche coraggioso e valoroso in combattimento: ricordiamo che Cesare, per reprimere la ribellione gallica del 52 a.C. si avvalse anche di un forte contingente di cavalieri germanici, che arruolò (facendo abilmente leva sull'antico antagonismo tra i due popoli) per contrastare la superiorità della cavalleria gallica su quella romana.
I capitoli che seguono – pur con i loro limiti – rappresentano dunque una delle testimonianze più antiche su questo popolo.

(**21**) I Germani hanno costumi molto differenti da questi. Infatti non hanno una casta di sacerdoti come i Druidi che regolino le funzioni religiose e non hanno gran cura dei sacrifici. Stimano come dèi solo quelli che scorgono e che palesemente portano loro giovamento, come il Sole, Vulcano e la Luna; degli altri non hanno neppure sentore. Tutta la loro vita consiste nella caccia e nelle esercitazioni militari; fin da fanciulli si educano alla fatica e alla vita dura. Quelli che per più lungo tempo si astengono dai rapporti sessuali godono di grande lode tra i loro compagni; pensano che ciò favorisca la statura, che rassodi le forze e i nervi. Ritengono cosa turpissima aver rapporti intimi con donne prima dei 20 anni. Però non c'è nessuna preoccupazione di occultare il sesso, perché si lavano promiscuamente nei fiumi e si coprono di pelli o di piccole pellicce, lasciando scoperta gran parte del corpo.
(**22**) Non si curano molto dell'agricoltura e la maggior parte del loro vitto consiste di latte, di cacio e di carne. Nessuno ha una misura determinata di terreno o propri possedimenti, ma i capi e i magistrati di anno in anno attribuiscono a varie famiglie, a complessi d'uomini d'una stessa stirpe e ad altri che siano uniti in società, quanto terreno e nel luogo che ad essi pare opportuno e dopo un anno li costringgono a passare in altro luogo. Di questo costume adducono varie cause: perché presi dalla prolungata abitudine di una dimora non mutino l'ardore del combattere con l'amore dell'agricoltura; perché non pensino a procacciarsi degli altri possedimenti e i più potenti non scaccino dai loro terreni i più umili; perché non edifichino case con troppa cura per evitare il freddo e il caldo; perché non sorga troppa avidità di guadagno, da cui vengano fomentati dissensi e antagonismi; e per mantenere la plebe nella tranquillità d'animo, vedendo ciascuno che i suoi mezzi sono uguali a quelli dei più potenti.
(**23**) Grande gloria è per una popolazione avere per largo tratto intorno a sé delle solitudini, devastando i territori dei vicini. Stimano caratteristica di valore espellere dai campi i loro vicini e che questi se ne allontanino per sempre e che nessuno osi più fermarsi lì vicino; nello stesso tempo credono di essere più sicuri per questo che viene tolto il timore di una improvvisa incursione. Quando una popolazione deve difendersi perché assalita o deve essa stessa portar guerra, si scelgono dei capi che dirigano quella guerra e che abbiano potere di vita e di morte. In tempo di pace non hanno in comune nessun magistrato, ma i capi dei distretti e delle comunità amministrano la giustizia tra i loro dipendenti e ne compongono le controversie. I latrocinii che si fanno fuori del territorio del proprio popolo non portano infamia, anzi dicono che essi servono a tenere in esercizio la gioventù e a diminuire la pigrizia. E quando uno dei capi nell'assemblea proclama che egli si propone di fare una spedizione e che quelli che vogliono seguirlo possono mettersi in nota, coloro che approvano l'impresa e hanno fiducia in lui balzano in piedi e promettono il loro aiuto e ottengono lode dalla moltitudine: ma se di questi poi qualcuno non lo segue, è trattato come disertore e traditore e in nessun caso dopo può godere fiducia. Non è lecito violare l'ospite; chi giunge presso di essi per qualunque ragione è protetto dalle offese, è considerato sacro, tutte le case gli aprono le porte, lo si invita alla mensa familiare.

(trad. di R. Ciaffi)

TESTO 7

Confronto tra il valore dei Galli e quello dei Germani

De bello Gallico VI, 24

Il criterio base che impiega Cesare nell'impostare il confronto tra i due popoli è quello della *virtus*, il valore in guerra, che tanto più si indebolisce quanto più un popolo si fa irretire dalle raffinatezze e mollezze della "civiltà": perciò i Galli, un tempo più valorosi dei Germani, si sono infiacchiti a causa di contatti con civiltà più evolute; i Germani invece hanno mantenuto lo stesso modesto tenore di vita, sono rimasti integri e li hanno superati nella potenza militare.
Il capitolo è interessante anche perché contiene un rapido accenno ad alcune fonti impiegate da Cesare per lo studio del territorio germanico.

Ascia in bronzo con figura di cavaliere alla sommità, VI secolo a.C., Vienna, Museo di Storia Naturale.

(1) Ac fuit antea tempus, cum Germanos Galli virtute superarent, ultro bella inferrent, propter hominum multitudinem agrique inopiam trans Rhenum colonias mitterent. (2) Itaque ea quae fertilissima Germaniae sunt loca circum Hercyniam silvam (quam Eratostheni et quibusdam Graecis fama notam esse video, quam illi Orcynam appellant) Volcae Tectosages occupaverunt atque ibi consederunt; (3) quae gens ad hoc tempus his sedibus sese continet, summamque habet iustitiae et bellicae laudis opinionem. (4) Nunc, quod in eadem inopia, egestate, patientia qua Germani permanent, eodem victu et cultu corporis utuntur. (5) Gallis autem provinciarum propinquitas et transmarinarum rerum notitia multa ad copiam atque usus largitur; (6) paulatim assuefacti superari multisque victi proeliis ne se quidem ipsi cum illis virtute comparant.

1. fuit antea tempus: «ci fu un tempo in cui»; il *cum* ha valore temporale e introduce un congiuntivo obliquo. – **ultro bella inferrent:** «erano loro a muovere guerra» contro i Germani (lett. «spontaneamente muovevano guerra»). – **multitudinem:** «abbondanza». – **colonias mitterent:** «inviavano coloni».

2. ea quae ... sunt loca: corrisponde a *ea loca, quae ... sunt*. – **circum Hercyniam silvam:** «attorno alla selva Ercinia»: si tratta della catena di montagne boscose tra il Reno e i Carpazi (Cesare ne parla diffusamente nei capitoli successivi del libro VI). – **quam ... notam esse video:** proposizione subordinata relativa che introduce un'oggettiva: «che leggo essere nota...». – **Eratostheni:** Eratostene, scienziato e letterato greco, vissuto tra il 280 e il 195 ca. a.C.: direttore della biblioteca di Alessandria, si occupò di astronomia (riuscendo, tra l'altro, a calcolare la circonferenza terrestre), di geografia e di filologia. – **Volcae Tectosages:** «Volci Tettosagi», una popolazione originaria della Gallia Narbonense.

3. quae gens: nesso relativo (= *et ea gens*). – **summam habet ... opinionem:** «gode di una grandissima reputazione».

4. quod ... permanent: subordinata causale. – **patientia:** «resistenza fisica». – **victu:** «tenore di vita» (ablativo retto da *utuntur*).

5. provinciarum propinquitas: «la vicinanza delle province» della Spagna e della Gallia Cisalpina e Transalpina. – **transmarinarum rerum notitia:** «la conoscenza dei prodotti d'oltremare». – **multa ... largitur:** «procura molti beni utili alle comodità della vita».

6. assuefacti: participio congiunto, riferito al soggetto sottinteso (*Galli*), come il successivo *victi*. – **ne se quidem ipsi ... comparant:** «neppure loro stessi osano confrontarsi...». – **virtute:** ablativo di limitazione.

ANALISI DEL TESTO *De bello Gallico* VI, 24

Lessico

1 Un termine si ripete identico nella prima e nell'ultima frase del capitolo: individualo e spiega la funzione che esso assume nello sviluppo del confronto tra Galli e Germani.

2 La discussione intorno a un nome geografico permette a Cesare di citare alcune sue fonti sulla geografia dei territori germanici: individua tale nome e le fonti citate.

3 Ricostruisci la differenza di significato tra queste coppie di termini presenti nel par. 4:
– *inopia/egestate;*
– *victu/cultu corporis.*

Sintassi e stile

4 Il par. 2 è piuttosto articolato dal punto di vista sintattico: ricostruiscine la struttura servendoti anche delle domande seguenti:
a il verbo principale *occupaverunt* quale soggetto ha? A quale altro verbo si coordina?
b oggetto di *occupaverunt* è *ea*, da cui dipende una subordinata: di quale proposizione si tratta? Individuala e descrivine la tipologia.

5 Individua le figure retoriche presenti nelle seguenti espressioni:
– *in eadem inopia, egestate, patientia*
– *ad copiam atque usus* («alle comodità della vita»)

Contenuti

6 Cesare adotta un criterio fondamentale su cui basare il confronto tra Galli e Germani.
a Qual è questo criterio?
b Perché viene scelto?

7 Per quale motivo, secondo l'autore, nel corso del tempo si sono ribaltati i rapporti di forza tra i due popoli? Quale ruolo ha giocato il contatto con le province romane in questo ribaltamento?

8 Ritieni che le osservazioni di Cesare contengano anche un giudizio morale sui costumi di Galli e Germani e su quei fattori che li possono corrompere?

TESTO 8

La Britannia e i suoi abitanti *De bello Gallico* V, 12; 14

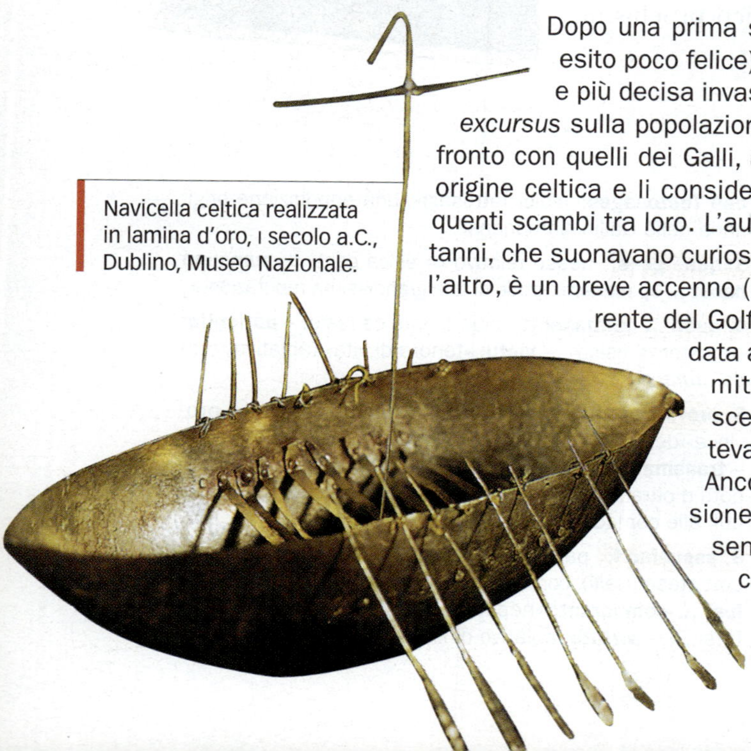

Navicella celtica realizzata in lamina d'oro, I secolo a.C., Dublino, Museo Nazionale.

Dopo una prima spedizione in Britannia effettuata nel 55 a.C. (con esito poco felice), Cesare organizza per l'anno successivo una nuova e più decisa invasione dell'isola. Tale episodio è spunto per un breve *excursus* sulla popolazione locale, i cui costumi sono subito oggetto di confronto con quelli dei Galli, anche perché Cesare non ne riconosce la comune origine celtica e li considera due popoli differenti, pur avendo notizia di frequenti scambi tra loro. L'autore si sofferma in particolare su alcuni usi dei Britanni, che suonavano curiosi e strani alle orecchie dei Romani. Interessante, tra l'altro, è un breve accenno (al termine del cap. 12) ai benefici influssi della corrente del Golfo sulla Britannia meridionale, come anche la ricordata abitudine dei Britanni di dipingersi il volto di blu (tramite il pigmento estratto da una pianta) quando scendevano in battaglia: usanza che, all'inizio, incuteva terrore nei soldati romani.

Ancora una volta, pur nella frammentarietà e imprecisione delle rapide annotazioni, l'opera di Cesare rappresenta un documento importante, che fornisce notizie concrete su una terra e i suoi abitanti, ai tempi ritenuti poco meno che favolosi (*horribiles ultimosque Britannos* li definisce Catullo nel carme 11).

(**12**) La parte interna della Britannia è abitata da coloro che, come essi stessi tramandano, sono autoctoni, la parte marittima da quelli che vi passarono dal Belgio per farvi guerra e bottino e che dopo la guerra vi rimasero a coltivare i campi. Quasi tutti costoro conservano i nomi dei popoli con cui hanno comunità di stirpe e da cui provengono. La popolazione vi è fittissima e numerosissimi sono gli edifici, quasi simili a quelli dei Galli; vi è abbondanza di bestiame. Hanno monete di rame o d'oro o verghette di ferro coniate secondo un certo peso. Nell'interno si trova dello stagno, nelle regioni marittime del ferro, di cui non v'è però grande abbondanza; il rame lo importano. Vi si trova legname d'ogni genere come in Gallia, tranne il faggio e l'abete. Non è per essi cosa lecita mangiare carne di lepre, di gallina e di oca; allevano tuttavia questi animali per loro diletto. Il clima è più temperato che in Gallia, perché il freddo vi è meno rigido.

(**14**) Tra tutti i popoli della Britannia i più civili sono quelli del Canzio,[1] regione tutta marittima, non molto differenti per costumi dai Galli. La maggior parte di quelli che abitano l'interno non seminano frumento, ma vivono di latte e di carne e si vestono di pelli. Tutti i Britanni poi si tingono con guado[2] per cui prendono il colore turchino e diventano di aspetto più orribile in combattimento; hanno capelli lunghi e radono ogni parte del corpo, tranne il capo e il labbro superiore. In dieci o dodici hanno donne in comune, e soprattutto fratelli con fratelli, padri con figli: i figli nati da loro sono ritenuti figli di chi ha introdotta in casa per la prima volta una giovane come sposa.

(trad. di R. Ciaffi)

1. Il *Cantium* è una regione meridionale della Britannia; attualmente corrisponde al Kent.
2. Il guado è una pianta da cui si ricava una tintura turchina.

RIEPILOGO DEL PERCORSO

1 Nel *De bello Gallico* Cesare inserisce alcuni *excursus* di carattere etnografico e geografico. Illustra:
a che cosa si intenda per *excursus* etnogeografico;
b in quali punti della narrazione (riguardante vicende belliche) essi siano inseriti;
c a quali modelli letterari si rifacciano.

2 Analizza lo sguardo che Cesare getta sulla struttura sociale dei Galli.
a Quali sono gli aspetti che colpiscono maggiormente la sua attenzione?
b In particolare, chi erano i druidi e perché l'autore si dilunga su di loro?

3 I Celti rappresentano la radice comune dei Galli e dei Britanni, anche se Cesare considera questi ultimi un popolo totalmente differente.
a Che cosa sappiamo sull'antica civiltà dei Celti?
b Perché e come essa è scomparsa?
c Quali sono le caratteristiche del popolo britannico su cui Cesare maggiormente si sofferma?

4 Nel descrivere brevemente usi e costumi dei Germani, l'autore sottolinea aspetti della loro civiltà che, secondo il suo criterio di giudizio, sono valutati in modo positivo mentre altri in modo negativo:
a prova a evidenziare gli uni e gli altri;
b rileva quale giudizio complessivo emerga dalle parole dell'autore nei confronti di questo popolo.

5 Le credenze e le pratiche religiose dei popoli che Cesare incontra sono esaminate con attenzione, per capire la loro indole e mentalità: quali differenze emergono tra la religione dei Galli e quella dei Germani?

6 Le pagine etnografiche del commentario si caratterizzano per uno sforzo linguistico di Cesare: egli tenta di rendere comprensibili ai lettori latini usi, costumi, istituzioni e religioni completamente diversi da quelli romani:
a quale operazione compie?
b quali strumenti linguistici impiega?

3 La guerra civile: la fine di Pompeo

Ritratto marmoreo di Pompeo Magno, I secolo a.C., Copenhagen, Museo Nazion

Il secondo commentario di Cesare è opera più breve e compatta del *De bello Gallico.* Il *De bello civili,* infatti è strutturato in tre soli libri, che affrontano le vicende politico-militari degli anni 49 e 48 a.C.

Dal punto di vista della struttura, l'opera presenta due nuclei narrativi forti: quello del libro I - ambientato in Italia - che culmina nella discesa di Cesare a Roma alla guida del suo esercito, con l'occupazione della città, e quello del libro III, ambientato in Oriente, che narra le principali vicende belliche, fino alla decisiva battaglia di Farsalo, seguita dalla fuga e dalla morte di Pompeo. Il libro II invece è più frammentato nella narrazione di vicende belliche minori, che si sviluppano su vari fronti (Spagna e Africa).

Proprio gli ultimi episodi della guerra civile sono i protagonisti del percorso: Cesare ha appena vinto lo scontro campale decisivo nella piana di Farsalo, ottiene la resa dei pompeiani, li perdona e li reintegra nell'esercito; intanto il comandante avversario è in fuga e, per ostacolare una sua eventuale riorganizzazione, parte un forsennato inseguimento. Pompeo, braccato, giunge in Egitto, dove un antico legame con la casa regnante dei Tolomei dovrebbe assicurargli ospitalità e perdono: ma proprio qui, per ragioni meschine e con l'impiego di un vergognoso inganno, egli viene trucidato da chi lo dovrebbe ospitare. Non cade vittima di Cesare, dunque, ma degli infidi orientali. Cesare stesso, giunto ad Alessandria d'Egitto (ma troppo tardi), viene accolto in malo modo e resta invischiato in lotte dinastiche che verranno raccontate nel *Bellum Alexandrinum* (probabilmente di mano del suo luogotenente Aulo Irzio). Gli episodi qui raccolti offrono molteplici motivi di interesse: anzitutto vediamo Cesare applicare per la prima volta la sua politica della *clementia* nei confronti del nemico sconfitto (questa volta si tratta di altri soldati romani); quindi assistiamo alla narrazione della morte del suo avversario in due capitoli che, pur estremamente sintetici e sobri, rivelano un atteggiamento profondo del vincitore, che forse non avrebbe voluto una simile fine per il suo avversario. Infine appare sulla scena della grande storia l'affascinante personaggio di Cleopatra, la regina egiziana che conquisterà Cesare stesso e poi Marco Antonio, attraverso il quale forse sognerà di diventare regina di Roma. Ma qui siamo ancora agli inizi della sua ascesa.

LAT	TESTO 1	*De bello civili,* III, 98
ITA	TESTO 2	*De bello civili,* III, 99
ITA	TESTO 3	*De bello civili,* III, 102
LAT	TESTO 4	*De bello civili,* III, 103
LAT	TESTO 5	*De bello civili,* III, 104
ITA	TESTO 6	*De bello civili,* III, 106-107

TESTO 1

La resa dei pompeiani

De bello civili III, 98

Il percorso si apre con la resa definitiva dell'esercito di Pompeo, i cui resti, abbandonati dal comandante in fuga, si erano rifugiati su alture circostanti. All'alba i pompeiani obbediscono agli ordini e, timorosi, chiedono pietà al comandante vincitore. Cesare con poche parole scaccia ogni timore e li tratta con inattesa clemenza, ordinando che non sia fatto loro alcun male e che non siano spogliati dei loro beni. Dietro la decisione di Cesare non c'è solo un atto di mitezza verso il nemico sconfitto, ma anche la considerazione che si tratta di soldati romani, che egli può attirare alla sua causa. È questo uno dei primi esempi di applicazione della politica cesariana della *clementia*.

(**1**) Caesar prima luce omnis eos qui in monte consederant ex superioribus locis in planitiem descendere atque arma proicere iussit. (**2**) Quod ubi sine recusatione fecerunt passisque palmis proiecti ad terram flentes ab eo salutem petiverunt, consolatus consurgere iussit et pauca apud eos de lenitate sua locutus, quo minore essent timore, omnis conservavit militibusque suis commendavit ne qui eorum violaretur neu quid sui desiderarent. (**3**) Hac adhibita diligentia, ex castris sibi legiones alias occurrere et eas quas secum duxerat invicem requiescere atque in castra reverti iussit eodemque die Larisam pervenit.

1. omnis: = *omnes*. – **ex superioribus locis:** «dalle alture». – **arma proicere:** «gettare le armi».

2. Quod ubi ... fecerunt: subordinata temporale introdotta da un nesso relativo: «Dopo che ebbero fatto ciò senza esitazione». – **passisque palmis:** «con le mani tese» in gesto di supplica (ablativo assoluto con valore modale). – **consolatus:** participio congiunto con valore temporale: «dopo averli consolati». – **de lenitate sua:** «circa la sua mitezza», si riferisce alla nota clemenza cesariana. – **quo:** introduce una finale in cui è presente un comparativo. – **omnis conservavit:** «risparmiò la vita a tutti». – **ne qui ... desiderarent:** subordinate completive: «che nessuno di loro venisse maltrattato e che non lamentassero la perdita di qualche loro bene»; *desidero* significa «sentir la mancanza», «rimpiangere» (qualcuno o qualcosa che si è perduto), ed è verbo denominale da *sidus*, *-eris* (stella) con un *de-* sottrattivo, a indicare la «mancanza della possibilità di contemplazione degli astri».

3. diligentia: «scrupolosa disposizione» (all'interno di un ablativo assoluto). – **invicem:** «a loro volta».

TESTO 2

Il tragico bilancio di Farsalo

De bello civili III, 99

Il bilancio della battaglia di Farsalo è tragico, non tanto per il numero elevato di morti, quanto perché questo scontro ha segnato una pagina drammatica di guerra civile. Cesare traccia tale grave contabilità dividendo il capitolo in due parti. Nella prima, con una sorta di costruzione a *climax*, sottolinea il numero limitato delle proprie perdite, ma mette subito in evidenza la dolorosa perdita di trenta coraggiosi centurioni, per puntare infine l'attenzione sulla morte del valoroso Crastino, che aveva guidato l'assalto delle sue truppe con parole di incitamento e di fedeltà al comandante (che qui vengono ricordate). È il tipico atteggiamento di Cesare, che riconosce ed esalta l'eroismo dei suoi uomini, dai quali sa benissimo che dipende la sua conquista del potere: tale gratitudine è qui riassunta nell'elogio postumo al coraggioso Crastino. Nella seconda parte registra in modo più asciutto le perdite dell'esercito pompeiano, anche qui sintetizzandone la drammatica sconfitta nella tragica morte di Lucio Domizio, uno degli ufficiali nemici.

Portatore dell'aquila (vessillifero), I secolo a.C., Chieti, Museo Archeologico Nazionale.

In quella battaglia non perdette più di duecento soldati, ma vennero a mancare circa trenta centurioni, uomini valorosi. Restò ucciso anche Crastino, del quale abbiamo fatto parola sopra, mentre combatteva con grande valore, colpito da un colpo di spada in pieno viso. Né furono vane parole quelle che egli aveva detto nell'atto di partire per la battaglia; Cesare giudicava infatti straordinario il valore di Crastino in quella giornata e riteneva che egli avesse ben meritato tutta la sua riconoscenza. Dell'esercito di Pompeo pareva che fossero caduti circa quindicimila uomini, ma se ne arresero più di ventiquattromila (poiché anche le coorti che erano state di guardia nei fortini si consegnarono nelle mani di Silla), e inoltre molti fuggirono nelle città vicine; furono anche riportate a Cesare dal campo di battaglia centottanta insegne militari e nove aquile. Lucio Domizio, mentre fuggiva dal campo verso il monte, abbandonato dalle forze e sopraffatto dalla stanchezza, fu ucciso dai cavalieri.

(Trad. di M. Bruno)

TESTO 3

L'inseguimento e la difficile fuga di Pompeo

De bello civili III, 102

Il generale vincitore ritiene opportuno non allentare la presa sul nemico sconfitto, perché teme i suoi colpi di coda (le forze fedeli a Pompeo sono ancora numerose nell'impero). Inoltre sa che basta poco a invertire un vantaggio così faticosamente conquistato. Pertanto trascura ogni altra azione e insegue subito lo sconfitto, per non lasciargli la possibilità di riorganizzarsi. Intanto la fuga di Pompeo procede via mare e si rivela subito irta di difficoltà, perché tutte le città si stanno rivolgendo oramai al vincitore. Tocca Anfipoli, in Macedonia, poi Mitilene, sull'isola di Lesbo; raggiunge la Cilicia e, infine, l'isola di Cipro. Ma qui – come pure nella ricca città di Antiochia (che fronteggia l'isola sulle coste della Siria) – gli abitanti ed i cittadini romani residenti lo respingono. Il capitolo, che racconta questo viaggio affannoso, si chiude con una frase ad effetto: Pompeo, prima ancora che da Cesare in carne e ossa, è inseguito e perseguitato dalla fama del vincitore.

Cesare, lasciate da parte tutte le altre faccende, credette necessario inseguire Pompeo in qualunque parte si fosse rifugiato, perché non potesse ricostituire l'esercito e rinnovare la guerra; così ogni giorno faceva tutta la strada che poteva con la cavalleria, mentre una legione era incaricata di seguirlo a tappe più brevi. Era stato pubblicato ad Anfipoli, a nome di Pompeo, un editto secondo cui tutti i giovani di quella provincia, greci e cittadini romani, dovevano raccogliersi per prestare il giuramento militare. Ma non si poteva giudicare se Pompeo lo aveva promulgato per stornare i sospetti e tenere nascosto quanto più a lungo era possibile il suo proposito di fuggire più lontano, o se tentasse di restare padrone della Macedonia con nuove leve, qualora nessuno lo inseguisse. Comunque egli restò all'ancora una notte, e, convocati presso di sé gli amici che aveva ad Anfipoli, e preso a prestito da tutti del denaro per le spese necessarie, quando seppe dell'arrivo di Cesare lasciò quel luogo e in pochi giorni giunse a Mitilene. Trattenuto là due giorni dalla burrasca, aggiunte alcune imbarcazioni leggere, giunse in Cilicia e poi a Cipro. Qui venne a sapere che per decisione unanime degli Antiochesi e dei cittadini romani, che nell'isola esercitavano il commercio, erano state impugnate le armi per impedirgli l'accesso e messaggeri erano stati mandati ai pompeiani che si diceva si fossero rifugiati nelle regioni vicine, perché non venissero ad Antiochia; se lo avessero fatto, avrebbero messo a repentaglio la loro vita. Questa stessa sorte era toccata a Rodi a Lucio Lentulo, che era stato console nell'anno precedente, a Publio Lentulo, ex console, e a parecchi altri; costoro, seguendo Pompeo dopo la rotta, approdati in quell'isola, non erano stati accolti in città e nel porto; e dunque, avendo ricevuto attraverso messaggeri l'ordine di andarsene, salparono loro malgrado. E già arrivava alle città la fama dell'arrivo di Cesare.

(Trad. di M. Bruno)

TESTO 4

In Egitto

De bello civili III, 103

Braccato da Cesare, Pompeo si dirige in Egitto, dove spera di trovare ospitalità e aiuto da parte del re. Detiene il potere il giovane Tolomeo XIV, figlio di Tolomeo Aulete, che aveva ricevuto grandi favori da Pompeo ed era stato proclamato *socius et amicus populi Romani*. La situazione nel regno egiziano è complicata: secondo il testamento del padre, il giovane Tolomeo (nel 48 a.C. aveva circa 13 anni) avrebbe dovuto regnare assieme alla sorella maggiore Cleopatra; ma egli, spinto da *propinqui et amici* (cioè coloro che reggevano effettivamente lo stato, vista la sua giovane età) aveva allontanato la sorella dal potere. Cleopatra era fuggita in Siria, ma ora sta tornando con forze armate e l'esercito del re la attende presso la città di Pelusio, porta dell'Egitto. Fa così la sua comparsa sulla scena un personaggio femminile affascinante ed ambizioso, che sedurrà Cesare (da lui avrà anche un figlio) e poi Marco Antonio, grazie al quale aspirerà a diventare regina di Roma. Ma, nel frattempo, Pompeo sta per cacciarsi in un covo di vipere.

(**1**) Quibus cognitis rebus Pompeius, deposito adeundae Syriae consilio, pecunia societatibus sublata et a quibusdam privatis sumpta et aeris magno pondere ad militarem usum in naves imposito duobusque milibus hominum armatis, partim quos ex familiis societatum delegerat, partim a negotiatoribus coegerat, quosque ex suis quisque ad hanc rem idoneos existimabat, Pelusium pervenit. (**2**) Ibi casu rex erat Ptolomaeus, puer aetate, magnis copiis cum sorore Cleopatra bellum gerens, quam paucis ante mensibus per suos propinquos atque amicos regno expulerat; castraque Cleopatrae non longo spatio ab eius castris distabant. (**3**) Ad eum Pompeius misit, ut pro hospitio atque amicitia patris Alexandria reciperetur atque illius opibus in calamitate tegeretur. (**4**) Sed qui ab eo missi erant, confecto legationis officio liberius cum militibus regis conloqui coeperunt eosque hortari, ut suum officium Pompeio praestarent neve eius fortunam despicerent. (**5**) In hoc erant numero complures Pompei milites, quos ex eius exercitu acceptos in Syria Gabinius Alexandriam traduxerat belloque confecto apud Ptolomaeum, patrem pueri, reliquerat.

1. Quibus cognitis ... milibus hominum armatis: il periodo si apre con una lunga serie di ablativi assoluti (il primo con nesso relativo) che bene riassumono le affannose azioni di Pompeo in fuga; da *armatis*, nell'ultimo ablativo assoluto, dipendono tre subordinate relative, che precisano la provenienza degli uomini di Pompeo. – **adeundae Syriae:** costruzione con il genitivo del gerundivo, dipendente dal sostantivo *consilio* («di raggiungere la Siria»). – **societatibus:** sono le compagnie dei pubblicani, coloro che ottenevano in appalto la riscossione delle tasse ed erano perciò sempre dotate di contante; a queste Pompeo confisca il denaro (*sublata pecunia*), mentre ai privati lo chiede in prestito (*sumpta*). – **ad militarem usum:** «per le necessità militari». – **partim ... partim ... coegerat:** «in parte che aveva scelto tra gli schiavi delle società (di pubblicani), in parte aveva ottenuto dai mercanti». – **Pelusium:** città dell'Egitto presso la foce orientale del Nilo.

2. A Pelusio si fronteggiano i due eserciti di Cleopatra e del giovane Tolomeo, che ha allontanato la sorella dal regno: Pompeo giunge in Egitto in un momento critico e resterà vittima di questa situazione. – **propinquos atque amicos:** sono i consiglieri che avranno un ruolo determinante anche nell'assassinio di Pompeo e nella successiva guerra alessandrina.

3. Ad eum Pompeius misit: «Pompeo gli mandò a chiedere». – **pro hospitio atque amicitia patris:** fa riferimento ai rapporti di amicizia che avevano legato il padre di Tolomeo XIV, Tolomeo Aulete, a Pompeo e al popolo romano; il grande Pompeo si sta umiliando davanti a un re di tredici anni!

4. liberius: «con troppa sincerità» (comparativo assoluto); gli emissari di Pompeo credono di favorire così la richiesta del loro comandante, ma svelano in questo modo la sua situazione disperata e ne affrettano la morte (gli egiziani infatti riterranno poco vantaggioso accoglierlo).

5. Pompei milites: il proconsole romano Aulo Gabinio, per ordine di Pompeo, nel 55 a.C. aveva aiutato Tolomeo Aulete contro una rivolta popolare e aveva condotto ad Alessandria militari romani che poi vi erano rimasti; Pompeo spera di trovare in questi degli alleati, ma l'errore gli sarà fatale.

TESTO 5

La morte di Pompeo

De bello civili III, 104

Moneta con effigie di Pompeo Magno (*recto*). IMP (*imperator*) CN (*Cneus Pompeius*) MAGN (*Magnus*), I secolo a.C., Roma, Musei Capitolini.

I consiglieri del re fingono di accogliere Pompeo, ma ne temono la presenza, perché pensano che possa occupare la città, e soprattutto ne disprezzano la condizione di sconfitto (ritenendo probabilmente che possa attirare su di loro anche l'ira di Cesare). Quindi organizzano una trappola che porta all'uccisione di Pompeo.

Il capitolo, che si presenta apparentemente come scarna cronaca degli eventi, in realtà, attraverso alcune spie linguistiche, lascia trasparire i sentimenti e i pensieri di Cesare di fronte alla morte del grande avversario: una serie di diminutivi (*naviculam parvulam*) e di annotazioni riduttive (*cum paucis suis*) rendono la condizione misera e disperata in cui si trova Pompeo, un tempo potente di Roma e ora costretto a elemosinare protezione; inoltre emerge chiaramente il disprezzo per l'agire subdolo e infido dei consiglieri del re, che apertamente (*palam*) fingono accoglienza, di nascosto (*clam*) meditano il tradimento nei confronti dell'ospite. Alla tradizionale doppiezza che i Romani rinfacciavano agli orientali, si somma qui l'antipatia di Cesare nei confronti di personaggi che, di lì a poco, scateneranno una vera e propria guerra contro di lui, mettendolo in difficoltà (per un'analisi del capitolo vedi anche l'Approfondimento che segue).

(**1**) His tum cognitis rebus amici regis, qui propter aetatem eius in procuratione erant regni, sive timore adducti, ut postea praedicabant, sollicitato exercitu regio, ne Pompeius Alexandriam Aegyptumque occuparet, sive despecta eius fortuna, ut plerumque in calamitate ex amicis inimici exsistunt, iis qui erant ab eo missi, palam liberaliter responderunt eumque ad regem venire iusserunt; (**2**) ipsi clam consilio inito Achillam, praefectum regium, singulari hominem audacia, et L. Septimium tribunum militum ad interficiendum Pompeium miserunt. (**3**) Ab his liberaliter ipse appellatus et quadam notitia Septimi perductus, quod bello praedonum apud eum ordinem duxerat, naviculam parvulam conscendit cum paucis suis; ibi ab Achilla et Septimio interficitur. Item L. Lentulus comprehenditur ab rege et in custodia necatur.

1. amici regis: questi rettori del regno e consiglieri del giovane Tolomeo sono il potente Potino, anima poi della rivolta antiromana (e fatto uccidere da Cesare), Achilla, prefetto regio, e il retore Teodoto di Chio, precettore del re; secondo fonti antiche fu soprattutto quest'ultimo a spingere per l'eliminazione di Pompeo. – **in procuratione erant regni:** «avevano la reggenza del regno». – **sollicitato exercitu ... occuparet:** «che Pompeo, sobillato l'esercito regio, occupasse Alessandria e l'Egitto» (la completiva *ne ... occuparet* dipende da *timore adducti* e presenta la costruzione tipica dei *verba timendi*); questa scusa patriottica verrà sbandierata per nascondere il misfatto, invece Cesare insiste su altre e più meschine motivazioni. – **despecta eius fortuna:** sembra la risposta negativa al *neve eius fortunam despicerent* del cap. precedente (103, 4). – **ut plerumque ... exsistunt:** amara massima che svela i veri motivi dell'omicidio («come nella sventura spesso gli amici diventano nemici»). – **palam:** si contrappone al *clam* successivo.

2. L. Septimium: si tratta di un tribuno militare del contingente romano rimasto in Egitto: proprio la sua presenza dovrebbe rassicurare Pompeo.

3. quadam notitia Septimi perductus: «spinto da una certa conoscenza di Settimio», perché aveva militato sotto Pompeo nella guerra contro i pirati (come il testo spiega subito dopo). – **naviculam parvulam:** da notare la presenza del doppio diminutivo. – **L. Lentulus:** ufficiale di Pompeo e suo compagno nella fuga.

APPROFONDIMENTO

CESARE DI FRONTE ALLA MORTE DI POMPEO

Lo storico Giovanni Ferrara muovendo dall'analisi del capitolo 104 del terzo libro del De bello civili *(che racconta la morte di Pompeo) mostra da quale prospettiva Cesare legga gli eventi di cui fu protagonista in questa guerra fratricida.*

Il tessuto di questo breve racconto è così chiaro e compatto che gli si fa violenza se si tenta di metterne in luce gli intrecci nascosti e i particolari sapienti. Tutto è allusione, tensione, tutto significa, "è segno", di qualcosa d'essenziale. I cortigiani del re, traditori per natura e cultura, il cui postumo pretesto Cesare scansa con sovrano disprezzo – il timore che Pompeo occupasse Alessandria! –, ma la cui vera ispirazione è ben altra, è la bassezza della natura umana, che fa nemici gli amici per chi è in disgrazia; bassezza di cui Pompeo è vittima predestinata, giunto com'è al fondo della sua storia. Achilla, uomo di straordinaria *audacia*, una parola che significa insieme coraggio, sfrontatezza, ignoranza, onestà e rispetto, efferatezza e tradimento; Settimio, il cui solo nome evoca in Pompeo, ormai preda delle ombre, il vago ricordo della grandezza passata: il tempo della guerra contro i pirati, la liberazione del mare romano da una piaga secolare, che nessuno prima di lui era riuscito a sanare. E Pompeo, il grande per definizione; Cnaeus Pompeius Magnus, tutto ridotto al piccolo e al poco: scende in una «barchetta piccolina» – qui il linguaggio è domestico, quotidiano, basso, l'effetto è folgorante – con «pochi dei suoi». Infine, non una nota di strazio, di sangue, ma la pura notizia del fatto: «è ucciso». Su tutto, domina quella massima di banale verità: «per dispregio della sua sciagura, nella sventura spesso gli amici diventano nemici»; la cui valenza è qui formidabile: essa condanna definitivamente quegli Egizi traditori (e tornerà alla mente quando, alla chiusa del libro, sapremo che Potino è fatto ammazzare da Cesare); colloca la vittima nell'ordine supremo e inesorabile della sorte umana; e infine, chi, leggendola, non pensa subito che Cesare, se avesse avuto nelle mani il vinto Pompeo, l'avrebbe risparmiato, o certo, non ucciso in modo così misero e vile?

È una pagina singolare, questa, in cui vibra un sentimento per noi difficile ad intendere, ma, se inteso, pieno di senso storico: la solidarietà romana tra Romani. Quella guerra era affare tra Romani; turpe è l'intrusione dei cortigiani d'Egitto. Un sentimento però anche specificamente cesariano; ché non così aveva sentito, per esempio, un Silla. E questo ci ricorda che la "guerra pompeiana" di Cesare non fu la più feroce ed inespiabile delle guerre civili dell'ultima Repubblica romana. Feroce e inespiabile fu quella di Silla contro i resti irriducibili della democrazia mariana e dell'indipendentismo italico; feroce sarà ancora - la più feroce - la guerra d'Ottaviano contro i ribelli antoniani, anch'essi testimoni (per l'ultima volta) d'una rivolta a Roma, chiusi ed espugnati in Perugia. Là c'è vero odio sociale e politico e selvaggio desiderio di vendetta, gioia inumana di "farla finita". Il clima della "guerra pompeiana" è diverso; e il modo come la penna di Cesare ne realizza il carattere ha la comprensibile e ricca evidenza di un'interpretazione storica.

(G. Ferrara, Introduzione a CESARE, *La guerra civile*, Mondadori, Milano, 1984)

Spada corta romana con fodero, I secolo d.C., Roma, Musei Capitolini.

ANALISI DEL TESTO *De bello civili* III, 104

Lessico

1 Nell'espressione *amici regis* il termine *amici* assume un significato diverso rispetto al linguaggio comune: prova a illustrarne il valore.

2 Qual è il significato originale del termine *procuratione* e quale significato giuridico assume in questo contesto?

3 L'ablativo di qualità *singulari audacia* (riferito al prefetto regio Achilla) è piuttosto ambiguo, perché unisce aspetti positivi (come il coraggio) e negativi (come la sfrontatezza): a tuo parere, quale sfumatura prevale in questo contesto?

Sintassi e stile

4 Nel primo periodo i due correlativi *sive ... sive* introducono due cause, vere o presunte, che hanno spinto al tradimento gli *amici regis* e che vengono espresse tramite una *variatio*: evidenzia tale scelta stilistica.

5 Per esprimere un implicito giudizio negativo dell'azione dei funzionari egiziani, Cesare opera in questo capitolo un attento uso degli avverbi: spiega in particolare quale significato assumano *postea, palam* (par. 1), *clam* (par. 2) e *liberaliter* (par. 3).

6 In quale punto del capitolo i periodi (generalmente ampi e armoniosi) si fanno brevi e secchi? Per quale motivo?

7 Perché, a tuo parere, nell'espressione *naviculam parvulam* l'autore raddoppia il diminutivo («piccola barchettina»)?

Contenuti

8 Utilizzando le osservazioni emerse nell'analisi di lessico, sintassi e stile, prova a illustrare l'atteggiamento che Cesare lascia trasparire, nel narrare questo drammatico episodio, nei confronti di Pompeo e dei funzionari egiziani.

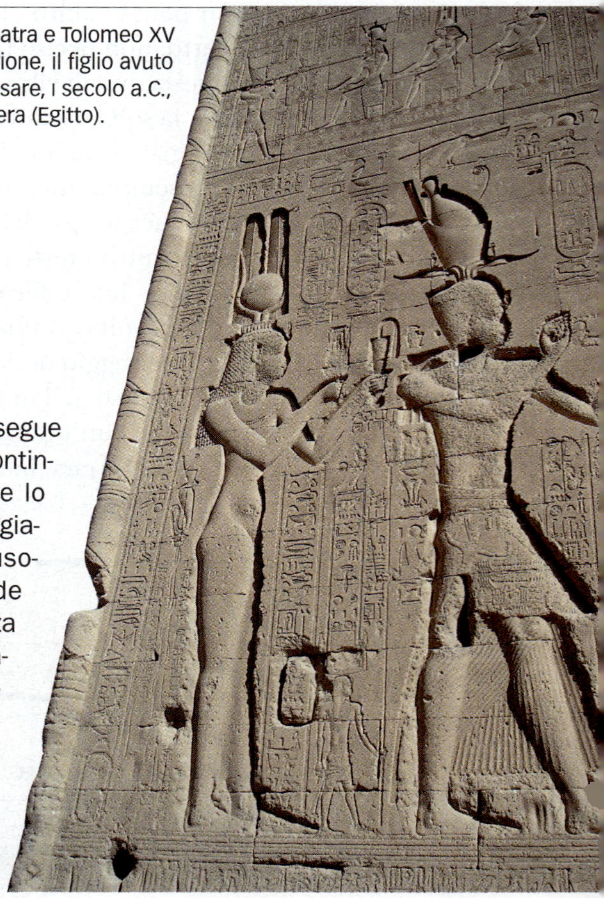

Cleopatra e Tolomeo XV Cesarione, il figlio avuto da Cesare, I secolo a.C., Dendera (Egitto).

TESTO 6

Cesare in Egitto: nuove avvisaglie di guerra

De bello civili III, 106-107

Ancora all'oscuro della morte di Pompeo, Cesare prosegue nel suo inseguimento. Raggiunge l'Egitto con un contingente limitato di soldati, confidando nella fama che lo precede: l'autore stesso sottolinea questo suo atteggiamento psicologico, mettendone presto in luce l'illusorietà. Infatti, giunto ad Alessandria, dove apprende della morte di Pompeo (e l'evento è annotato senza alcun commento), deve subito affrontare l'atteggiamento ostile di soldati egiziani e popolazione, che vedono come un affronto il fatto che egli si faccia precedere dai fasci littori, simbolo del potere consolare (d'altra parte bisogna ricordare che l'Egitto era ancora formalmente un regno autonomo, con un proprio re). Cesare si trova in difficoltà ma agisce rapidamente, come suo solito: chiama rinforzi e convoca al suo cospetto i due contendenti, Cleopatra e Tolomeo, pensando che sia «competenza del popolo romano e sua propria, in qualità di console» ergersi come giudice della questione dinastica. La politica estera romana non interpreta mai il rapporto con un altro stato come rapporto paritario, e qui Cesare non fa eccezione. Ma sull'Egitto si addensano nubi che porteranno a un'appendice della guerra appena conclusa.

(106) Cesare, fermatosi pochi giorni in Asia, avendo udito che Pompeo era stato visto a Cipro, congetturando che fosse diretto in Egitto per i vincoli che lo legavano a quella corte e per le altre opportunità che quel paese gli offriva, con la legione da cui si era fatto seguire dalla Tessaglia, e con un'altra che dall'Acaia si era fatta condurre dal legato Quinto Fufio, con ottocento cavalieri, dieci navi da guerra rodie e poche altre provenienti dall'Asia, giunse ad Alessandria. Queste legioni contavano tremiladuecento uomini; gli altri, per le ferite riportate nelle battaglie e spossati dalla fatica del lungo viaggio, non avevano potuto seguirlo. Ma Cesare, confidando nella fama delle sue imprese, non aveva esitato a partire con così scarse forze, credendo che gli sarebbe stato egualmente sicuro ogni luogo. Ad Alessandria apprende la morte di Pompeo, e appena sbarcato ode le grida dei soldati, che il re aveva lasciato a presidio nella città, e vede la folla riversarsi contro di lui, perché era preceduto dai fasci. Tutto il popolo parlava di quest'atto come di un'offesa alla maestà del re. Sedato il tumulto, nei giorni successivi non cessarono tuttavia gli assembramenti e le agitazioni e parecchi soldati furono uccisi per le strade, in ogni punto della città.

(107) Per far fronte a questa situazione, Cesare si fece condurre dall'Asia altre legioni, che aveva formato coi soldati di Pompeo. Quanto a lui, era impedito nella partenza dai venti etesii, che sono i più contrari a chi fa vela da Alessandria. Frattanto, pensando che le controversie fra i due re fossero competenza del popolo romano e sua propria, in qualità di console, e che tanto più toccava a lui comporle, in quanto proprio sotto il suo precedente consolato era stata conclusa un'alleanza con Tolomeo padre, per effetto di una legge e di un decreto del senato, dichiarò che era suo desiderio che il re Tolomeo e sua sorella Cleopatra sciogliessero i rispettivi eserciti e discutessero delle loro controversie davanti a lui in termini giuridici piuttosto che tra loro stessi con le armi.

(Trad. di M. Bruno)

DENTRO IL TESTO *De bello civili* III, 106-107

Leggere il testo

1 Riassumi le azioni di Cesare fino al suo arrivo ad Alessandria e metti in rilievo il punto in cui si passa dall'inseguimento di Pompeo, alla notizia della sua morte, alla gestione della difficile situazione nella città egiziana: gli eventi sono ampiamente illustrati o vi è un passaggio immediato e privo di commenti?

2 Come affronta Cesare la rivolta nella città?

3 Quale decisione cerca di imporre a Tolomeo e Cleopatra, i due contendenti per il trono egizio?

Riflettere sul testo

4 Per quale motivo Cesare accorre ad Alessandria sia pure con scarse forze? Su che cosa confida?

5 Ritieni che egli stesso giudichi la sua azione come un errore, una scelta avventata?

6 Su quali basi giuridiche sembra che Cesare voglia intervenire negli affari interni dell'Egitto?

Individuare nodi problematici

7 Dalla lettura dei capitoli emerge un giudizio e un atteggiamento di Cesare (ma tipico della mentalità romana) nei confronti del regno orientale e dei suoi rappresentanti: ti sembra che tale giudizio sia positivo o negativo? Pensi che l'atteggiamento sia rispettoso delle prerogative di uno stato straniero? Argomenta la tua risposta.

8 Ti sembra diverso l'atteggiamento che Cesare manifesta nei confronti dei popoli "barbari" occidentali e orientali?

APPROFONDIMENTO

CLEOPATRA ENTRA IN SCENA

Del tutto assente dai Commentarii, *la giovane regina egiziana entra nella politica internazionale da protagonista, prima con Pompeo, di cui appoggia la guerra, poi con Cesare e infine con Marco Antonio. Plutarco racconta il suo ingresso nella vita di Cesare in modo piuttosto scenografico. Ne illustra modi e ragioni Luciano Canfora.*

Nella tradizione "ufficiale" di provenienza cesariana, Cleopatra era una presenza evanescente, sfuocata. Cesare ha voluto che questa figura così importante per la storia dell'Egitto come per quella di Roma restasse ai margini della sua autorappresentazione: da lei abbe un figlio, inoltre Cleopatra è stata a Roma, nella villa di Cesare al di là del Tevere, dal 46 alla morte di Cesare nel marzo del 44, quando fuggì in patria; e tuttavia nella vita pubblica di Cesare è una presenza invisibile.

[...] Il momento in cui Cleopatra rientra in gioco è appunto quello in cui Cesare chiede formalmente ai due fratelli-rivali di comparire al suo cospetto per dirimere lì le controversie davanti alla massima autorità romana. Secondo Plutarco a quel punto Cesare «mandò a chiamare di nascosto Cleopatra». Ovviamente non gli sfuggiva che, nella situazione data, Tolomeo ed i suoi consiglieri, trovandosi in una posizione di forza rispetto a Cleopatra, non avrebbero accettato facilmente una riappacificazione coatta. Non si illudeva su un facile e indolore rientro di Cleopatra nella capitale, ma reputava logico giocare una contro l'altra le forze locali. Anche Cleopatra era ben consapevole dei rischi di un rientro a corte: chi non aveva esitato a pugnalare Pompeo non avrebbe certo avuto riguardi per lei. Perciò accolse l'invito, ma seppe premunirsi. Sul far della notte una piccola imbarcazione si accostò alla reggia (che dava sul mare), inosservata. Poco dopo un uomo, all'apparenza un mercante di tappeti, chiedeva di essere condotto al cospetto di Cesare. Si chiamava Apollodoro, disse, e veniva dalla Sicilia. Una volta ammesso, srotolò il suo fagotto sotto gli occhi divertiti del generale romano. Ne emerse, sdraiata in tutta la sua non eccessiva lunghezza, Cleopatra, che aveva appunto indossato, per mimetizzarsi, un sacco di lino, di quelli usati per

RIEPILOGO DEL PERCORSO

1 Il percorso che abbiamo appena affrontato presenta gli ultimi giorni di vita di Pompeo, in fuga affannosa dopo la sconfitta di Farsalo. Riassumi in una breve cronaca gli eventi che lo riguardano.

2 Come si sviluppa invece l'inseguimento di Cesare? da quali motivazioni è spinto il generale vincitore?

3 Quale atteggiamento assume Cesare nei confronti dei soldati pompeiani che si sono arresi dopo la battaglia? Come si può spiegare tale scelta?

4 Con quali parole il vincitore ricorda i suoi soldati caduti in battaglia? Come spieghi questo forte legame del generale con i suoi militari?

5 Pompeo compie un tragico errore cercando rifugio in Egitto: perché sceglie proprio quel regno per cercare di sfuggire all'inseguimento di Cesare? Quale situazione politico-militare vi trova?

6 L'atteggiamento con cui i consiglieri di Tolomeo accolgono Pompeo è un capolavoro di doppiezza: evidenzia gli elementi che rivelano lo sprezzante giudizio di Cesare nei loro confronti (in particolare, commenta l'affermazione *ut plerumque in calamitate ex amicis inimici exsistunt*).

7 Perché si può parlare, sia pure nei confronti del nemico Pompeo, di "solidarietà romana" da parte di Cesare?

8 Come viene accolto Cesare ad Alessandria? Egli stesso si presenta come un ospite o come un autorevole dominatore? Argomenta le tue risposte.

trasportare tappeti. Cesare rimase affascinato dalla «sfrontatezza della donna» (Plutarco, *Cesare*, 49, 1-3). Secondo Plutarco, Cesare «fu vinto dalla conversazione e dalla grazia» di Cleopatra. [...] Ovvio che Cleopatra, allora ventenne, puntasse sull'effetto che era certa di esercitare su un uomo avanti negli anni, quale il cinquantenne Cesare: il suo obiettivo immediato era, com'è facile immaginare, far dimenticare al vincitore l'aiuto da lei offerto, mesi prima, a Pompeo. Peraltro, da sovrana prudente e già esperta politica, Cleopatra non si avventurò senza preliminari sondaggi in questa scelta di campo. Secondo una fonte certa non benevola verso Cesare, ma spesso bene informata quale Dione Cassio, Cleopatra cercò attraverso intermediari di sondare prima il generale romano soprattutto sul piano caratteriale: «quando capì – prosegue lo storico – che Cesare era "particolarmente aperto alle esperienze d'amore" procedette con mano sicura». [...] è solo dopo queste premesse, che ci forniscono un bell'esempio dell'attività retroscenica e segreta che dobbiamo sempre immaginare vivissima alle spalle dello snodarsi degli eventi visibili, che Cleopatra ha organizzato il "colpo di teatro" dell'arrivo notturno in piena reggia in forma di tappeto.

L. CANFORA, *Cesare, il dittatore democratico*, Laterza, Roma – Bari, 2003[3], pp. 220-222 *passim*

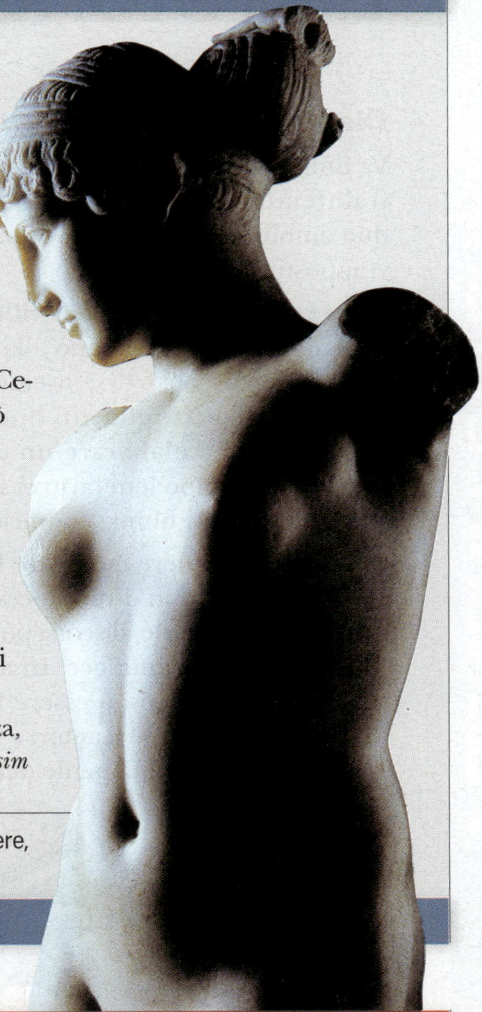

Statua femminile identificata con Cleopatra o Venere, I secolo a.C., Roma, Museo dei Conservatori.

IL GENERE LETTERARIO

Cesare e la storiografia

I *commentarii* di Cesare si ricollegano al grande genere storiografico, che già aveva avuto un lungo sviluppo in Grecia ed aveva assunto caratteri peculiari a Roma. Dopo la lettura dei testi tratti dal *De bello Gallico* e dal *De bello civili*, riprendi la scheda sul genere letterario (pp. 336-341) e rispondi alle domande che seguono:

1 Il sottogenere dei *commentarii*, pur appartenendo al grande alveo della storiografia, presenta caratteristiche sue proprie:
- quando si sviluppa tale sottogenere nella storiografia latina?
- quali caratteristiche presenta? Perché può essere definito un esempio di memorialistica storica?

2 Le due opere di Cesare risentono dell'influenza della storiografia greca (soprattutto di età ellenistica):
- la sua narrazione storica, a tuo parere, può essere accostata maggiormente alla storiografia "drammatica" (dalla narrazione romanzesca) o a quella "pragmatica" di Polibio?
- da quali autori Cesare attinge l'interesse etnografico per i popoli contro cui combatte? Quali finalità hanno i suoi *excursus* etnogeografici?

3 La storiografia latina assume fin dall'inizio caratteri fortemente politici e militanti:
- quali finalità politiche in particolare hanno i *Commentarii* di Cesare?
- emerge anche nella sua opera l'assoluta centralità del popolo romano e della sua storia, rispetto ai popoli con cui viene a contatto?

La retorica

Distinzione fra retorica e oratoria

Va innanzitutto sgombrato il campo dai possibili fraintendimenti mediante una definizione di due ambiti, che spesso sono percepiti come sovrapposti:

- con **retorica** si definisce la **riflessione** sugli elementi che contribuiscono alla capacità persuasiva di un discorso: di conseguenza, la codificazione degli accorgimenti linguistici, stilistici, retorici atti a elaborare un discorso orale o scritto. In campo letterario ci si riferisce in particolare a quest'ultima codificazione;
- per **oratoria** si deve intendere la **capacità** di utilizzare la parola in diverse occasioni pubbliche: orazioni giudiziarie, discorsi politici, commemorazioni, perorazioni, ecc. In ambito letterario l'oratoria viene così a essere l'insieme dei discorsi scritti dai diversi autori e tramandatici mediante un testo, solitamente definito "orazione".

Ancora più sinteticamente potremmo dire che la retorica è la teoria dell'oratoria e l'oratoria è la prassi della retorica.

Nel corso di questa scheda, divisa per comodità in due parti, affrontiamo anzitutto le tappe principali dello sviluppo della retorica e a seguire quelle dell'oratoria, dalle origini fino a Cicerone: la suddivisione è naturalmente fittizia, perché prassi e teoria del discorso si sono sviluppate attraverso un fertile e continuo intreccio.

Il valore della retorica e dell'oratoria presso i Greci e i Romani

Detto questo, dobbiamo ricordare che la retorica presso i popoli antichi greci e romani assunse un **posto centrale** nella vita e nell'insegnamento e da alcuni fu identificata con l'arte del governo. Come scrisse il Norden – filologo tedesco del Novecento – «Il predicatore, l'avvocato, il parlamentare odierno vuole persuadere solo mediante argomenti concreti, ed è per lui del tutto indifferente o solo secondario quanto diletto provi l'uditore; al contrario l'antico oratore oltre che sugli argomenti effettivi contava sulla passionalità e sul senso estetico del suo pubblico: a quella si rivolgeva sollecitando le emozioni, al senso estetico invece mediante un'esposizione artistica che giungerà fino alla raffinatezza, poiché l'antico ascoltatore cercava la *delectatio* non solo in teatro, ma anche nel foro [...]. La retorica non poté, dato il posto centrale che occupava nel pensiero e nella vita antica, restar limitata al discorso parlato, ma di necessità estese nel corso del tempo il suo influsso a tutti i generi letterari, anche alla poesia. Infine la parola *eloquentia* venne ad assumere lo stesso significato che noi diamo a "letteratura"».[1]

All'interno di questa riflessione assume particolare rilevanza il discorso sullo **stile**, che, sempre

1. Il passo, come pure il successivo, è tratto da E. Norden, *La prosa d'arte antica*, Roma, Salerno ed., 1986, pp. 14-21.

Un esempio mitico di discorso persuasivo: Ulisse, ancora vestito da mendicante, parla a Penelope per convincerla della sua identità, V secolo a.C., Parigi, Museo del Louvre.

Allievi a scuola: sulla sinistra lezione di musica, sulla destra uno scolaro recita a memoria un passo dell'*Iliade* scritto sul rotolo in mano al maestro, V secolo a.C., Berlino, Antikensammlung.

secondo Norden, «era un tempo un'arte da imparare, e non se ne potevano trasgredire le regole in nome della propria personalità, e del resto l'antichità, molto più dell'epoca moderna, ha sempre preteso dall'individuo la sottomissione della sua propria originalità all'autorità della tradizione sanzionata da critici eminenti, la mortificazione della genialità. Ne conseguono due fenomeni. Primo: gli individui passano in seconda linea di fronte alle tendenze generali dell'epoca, della quale sono essi stessi i rappresentanti. Secondo: uno stesso scrittore poteva scrivere parallelamente in stili affatto diversi usando ora questa ora quella *idea*[2] a seconda di come essa gli pareva adattarsi all'opera che aveva per le mani».

Il valore e l'importanza assunti dall'oratoria risultano ben chiari a tutti gli oratori greco-romani, tanto che Cicerone le assimilò a una forza che ha contribuito in maniera determinante alla civilizzazione dell'umanità.

L'origine greca della retorica e i suoi legami con il pensiero filosofico

La tradizione vuole la nascita della retorica a Siracusa nella prima metà del V secolo a.C. A quest'epoca infatti risalirebbe un manuale di retorica – il primo del genere a essere redatto – scritto da un certo **Corace** insieme a un suo allievo di nome **Tisia**. Essi dettarono i principi della cosiddetta ***tèchne rhetoriké***, cioè dell'**arte del discorso**, che insegnava come strutturare un'orazione, la successione delle sue parti costitutive, lo stile adeguato alle varie parti, l'opportunità di utilizzare figure di abbellimento del discorso. L'origine fu pragmatica: la retorica nasceva come arte che veniva incontro a esigenze concrete e contingenti, all'interno di un serrato dibattito politico e in una condizione di conflitto sociale piuttosto acuto. I due capostipiti della retorica la intendevano finalizzata alla persuasione "razionale" dell'ascoltatore e fondata sul concetto della "verosimiglianza": non era importante ai fini che si propone un'orazione dimostrare l'inconfutabile verità dei fatti, quanto dimostrare la verosimiglianza delle argomentazioni addotte dall'oratore.

La persuasione basata su prove razionali non costituì però l'unica forma di arte retorica, anzi fin dalle origini si andò sviluppando un modello retorico che fondava la sua ragion d'essere sulla capacità di muovere gli animi mediante la forza della parola: è il cosiddetto **modello "psicagogico"**, che aveva il precipuo scopo di suscitare emozioni e di condurre l'ascoltatore (*psychagogèin* in greco significa appunto «condurre gli animi») sulle posizioni dell'oratore, indipendentemente dal fatto che esse fossero vere e giuste. Sullo sfondo stava la filosofia di **Parmenide** e la sua distinzione tra opinione relativa e verità asso-

2. Il termine è scritto in greco nel testo originale.

Un oratore parla dalla tribuna, V secolo a.C., Parigi, Museo del Louvre.

luta, anche se il primo esempio di retorica psicagogica viene tradizionalmente fatto risalire a **Empedocle**, che in un frammento conservatoci del suo poema *Purificazioni* accomuna oratoria e medicina, entrambe dotate di politropia. Quest'ultima – la **politropia** – era una delle tecniche oratorie individuate da Pitagora e consisteva nella necessità e nella conseguente abilità di adattare il discorso al pubblico e all'argomento trattato. Accanto alla politropia, **Pitagora** riteneva fondamentale la **tecnica dell'antitesi**, valida sia a livello di contenuto sia in ambito di abbellimento retorico. Anche Pitagora è considerato tra i fondatori dell'arte retorica, che egli applicò in numerosi scritti e insegnò nella scuola di Crotone.

Qualunque fosse il modello di riferimento, fu comunque chiaro fin dall'inizio che, essendo scopo principale dell'oratoria quello di persuadere gli ascoltatori, fosse necessario escogitare i mezzi più adatti alla persuasione in relazione all'argomento affrontato. Centrale a questo proposito era il ruolo della parola, a cui veniva assegnato un forte potere di suggestione, come testimoniano l'attività e gli scritti di **Gorgia di Leontini**, retore del V secolo a.C. Nel suo insegnamento, svolto prima a Siracusa e successivamente ad Atene, grande importanza era riservata allo studio delle figure di suono (allitterazione, assonanza, consonanza, omoteleuto, ecc.) e dei traslati (metafora, sineddoche, metonimia, ecc.). Egli gettò le basi di quello **studio degli artifici retorici** di cui si sarebbero avvalsi non solo i suoi contemporanei, ma tutti gli oratori e gli scrittori dei secoli a venire, così che si può affermare che Gorgia abbia messo insieme quel sistema di figure che restò patrimonio della retorica mondiale fino ai nostri giorni.

Lo sviluppo della retorica nella Grecia classica fino ad Aristotele

Nata così in Sicilia, la retorica trovò il modo di svilupparsi pienamente ad **Atene**, favorita anche dal diffondersi del movimento della **sofistica**. Maestri di retorica per professione, i sofisti gettarono le basi del relativismo, di cui si avvalse **Protagora** per sostenere la cosiddetta **antilogia**, un procedimento in base al quale sul medesimo argomento venivano presentati due differenti punti di vista ed era compito dell'oratore rendere più forte il discorso più debole grazie alla personale abilità. Così l'ascoltatore era persuaso ad aderire al discorso ritenuto più utile, anche se questo non coincideva necessariamente con il

La civetta dai grandi occhi, immagine simbolo di Atena, divinità protettrice della saggezza, V secolo a.C., Atene, Museo Archeologico Nazionale.

più giusto. Ai sofisti dobbiamo l'organizzazione del discorso in lunghe concatenazioni di frasi, secondo la struttura che prende il nome di "macrologia".

Osservatore critico della sofistica fu **Platone**, allievo di Socrate, che nei dialoghi giovanili (*Eutidemo* e *Gorgia*) giudicò negativamente la retorica assimilandola alla sofistica. Occorre attendere il *Fedro* per ritrovare un giudizio più articolato. In questo dialogo della maturità, infatti, Platone distingue una retorica falsa, corrispondente alla sofistica, da una positiva, coincidente con la dialettica filosofica. La negatività della retorica "sofistica" consisteva secondo Platone nel fatto che essa si preoccupava esclusivamente dell'aspetto esteriore del discorso, dei suoi abbellimenti, senza badare al contenuto come invece faceva la dialettica.

A dare sistematicità alla teoria retorica fu **Aristotele**, che ne codificò i principi nei tre libri della *Retorica* da lui scritti. In essi Aristotele ripercorre le tappe evolutive di questo genere letterario, descrivendone i diversi generi, gli elementi e gli scopi. Le classificazioni che il filosofo diede sono di fatto quelle in uso ancora adesso. Suo merito è stato anche quello di puntare l'attenzione non tanto sul carattere morale di chi parla o sugli stati d'animo di chi ascolta, quanto sul discorso in sé. In tal modo la retorica diveniva un'arte a sé stante, distinta in modo deciso dall'etica e dalla politica, realtà cui di fatto l'avevano accomunata i teorici e i pensatori precedenti.

Gli studi retorici nell'età ellenistica. Scuole e retori dell'Asia Minore

Dopo Aristotele e fino al I secolo a.C. l'insegnamento dei precetti della retorica ebbe un posto di grande rilievo nel panorama educativo greco, accompagnato da esercitazioni pratiche. Di tutta la produzione retorica ellenistica restano però solo scarsi frammenti che non riescono a dar conto in modo esauriente della vivacità dei dibattiti di quell'epoca. Ricordiamo almeno **Teofrasto**, il diretto successore di Aristotele, al quale risale la classificazione delle quattro qualità dello stile di un discorso (chiarezza, correttezza grammaticale e lessicale, abbellimento stilistico e convenienza), nonché l'individuazione dei **tre livelli stilistici**, cui si ispirò Cicerone. In seguito, Atene si avviò a un inesorabile declino e anche gli studi e la pratica della retorica si arrestarono. Fiorì invece l'**Asia Minore**, regione in cui nacquero diversi poli culturali, che seppero attrarre giovani interessati allo studio retorico. Si affermò così un nuovo tipo di eloquenza che dal luogo di origine prese il nome di "**asianesimo**". Il suo iniziatore è tradizionalmente individuato in **Egesia di Magnesia**, che affermò programmaticamente di imitare lo stile di Lisia (altro fondamentale oratore greco di cui parleremo), mentre in realtà adottò un periodare ampolloso, ricco di ornamenti stilistici, assai lontano dall'asciuttezza e dalla sobrietà dell'oratore attico preso a modello. Queste notizie ci sono pervenute da Cicerone, che scrive che nei seguaci di Egesia le caratteristiche del maestro si accentuarono tanto che l'asianesimo finì per coincidere con un'espressione esuberante e per essere identificato con uno stile volto alle suggestioni emotive.

Ritratto del filosofo Platone, copia romana, I secolo a.C., Monaco, Glyptothek.

L'espressività eccessiva e ridondante dell'asianesimo suscitò un movimento di reazione, che puntava su un'oratoria concreta, semplice, priva di fronzoli. I modelli furono indicati negli oratori attici, primo fra tutti lo stesso Lisia, questa volta però imitato fedelmente, e per questo motivo i retori che fecero parte di questo movimento vennero denominati "**atticisti**". L'atticismo ebbe rapida diffusione a Roma, dove fu apprezzato e seguito da personaggi come Cesare.

A **Rodi**, infine, si costituì un terzo polo culturale e retorico, che vide tra i suoi maestri il filosofo **Posidonio** e il retore **Apollonio Molone**, alla cui scuola si perfezionò Cicerone. A Rodi si propugnavano uno stile sobrio e misurato e un'eloquenza alimentata dalla lettura degli oratori più esemplari. Lo **stile rodio** si collocava pertanto a metà strada tra quello asiano e quello atticista.

La retorica nell'età imperiale

Nel corso del I secolo a.C. il dibattito sulla retorica si spostò a **Roma**, dove si erano andati raccogliendo alcuni importanti retori del momento. La discussione riguardò principalmente le finalità e le forme di questo genere letterario e toccò aspetti tecnici come l'opportunità di utilizzare l'analogia o l'anomalia nello stile: gli analogisti e gli anomalisti si fronteggiarono nel dibattito retorico tardo per lungo tempo, anche a Roma. Le due teorie facevano capo l'una ad Apollodoro di Pergamo e l'altra a Teodoro di Gadara.

Apollodoro, nato a Pergamo e poi giunto a Roma nel periodo della maturità, fu il maestro di Ottaviano, e diede avvio a una scuola di pensiero all'interno dell'atticismo che generò un'intera generazione di retori, denominati "apollodorei" dal nome del loro maestro, di cui seguirono le tracce. Base del pensiero retorico di Apollodoro di Pergamo fu il fatto di riconoscere all'oratoria la sola funzione di dimostrare, negando validità all'altro aspetto messo in evidenza invece da Aristotele, vale a dire la capacità di coinvolgere emotivamente. Egli infatti ritenne la retorica una scienza e non un'arte e andò quindi alla ricerca di precise leggi, nell'ambito dell'analogia, cui l'oratore si sarebbe dovuto attenere, fondando la sua forza persuasiva su riscontri oggettivi piuttosto che su elementi psicagogici. Ad Apollodoro si oppose **Teodoro di Gadara**, anch'egli fondatore di una scuola di retorica a Roma, frequentata tra gli altri dal futuro imperatore Tiberio. Pur muovendosi come il suo avversario all'interno dell'atticismo, Teodoro e successivamente i suoi discepoli – i "teodorei" – sostenevano il principio dell'anomalia di ascendenza accademica e stoica e ritenevano la retorica non una scienza con norme stabili e rigorose, ma un'arte, in cui potessero trovare spazio le qualità personali dell'oratore e la sua abilità nell'adattare di volta in volta il discorso al pubblico e alle circostanze. In questo tipo di oratoria il *pathos* aveva ovviamente largo spazio.

Allievo con corona di alloro e scrittoio chiuso, V secolo a.C., New York, Metropolitan Museum.

Ai tempi del confronto tra apollodorei e teodorei risale il trattato più interessante e originale che il mondo greco produsse sul tema dell'eloquenza. Si tratta del trattato ***Sul sublime***, un'opera giuntaci anonima e incompleta e variamente attribuita dalla tradizione manoscritta a un certo Dionigi o a tal Longino, attribuzioni che gli studiosi ritengono per diversi motivi entrambe inattendibili. L'Anonimo – così viene normalmente indicato lo sconosciuto autore del trattato – imposta l'opera in modo assolutamente nuovo rispetto ad altre analoghe, ponendo innanzitutto l'accento sul concetto generale di "sublime" e sulle modalità per mezzo delle quali esso si può conseguire. Le fonti del sublime sono – a detta dell'Anonimo – cinque: il puntare a pensieri elevati; un atteggiamento passionale, vigoroso e pieno di entusiasmo; una qualificata competenza nel creare figure retoriche; un nobile modo di esprimersi; la collocazione delle parole secondo uno schema elevato. Di queste fonti le prime due sono innate, mentre le altre tre si possono acquisire con la tecnica. A favorire il conseguimento del sublime interviene l'imitazione dei grandi autori del passato, di cui l'Anonimo fornisce una sorta di canone, giudicando ciascuno sulla base della capacità di suscitare *pathos* con i suoi scritti. Lo studio dell'Anonimo si appunta quindi sul lessico, di cui mette in luce le sette componenti che lo rendono sublime: grandezza, bellezza, fascino di una patina antica, dignità, forza, potenza e lustro.

Durante tutto il periodo imperiale si diffusero le **scuole di retorica**, che continuarono ad avere in Atene la sede più prestigiosa. L'insegnamento in queste scuole si fondava principalmente su due aspetti: lo studio degli esercizi propedeutici, che servivano ad allenare l'allievo e a prepararlo alla vera e propria composizione oratoria, e la declamazione di orazioni fittizie di vario tipo, secondo il modello degli oratori attici dei secoli precedenti.

La retorica a Roma

L'ingresso della retorica a Roma fu piuttosto contrastato, almeno all'inizio, come dimostra il *senatusconsultum* del 161 a.C. con il quale si bandirono da Roma retori e filosofi greci. Illuminante è, a tal proposito, un passo del *De Rhetoribus* di Svetonio, il quale sottolinea che lentamente si appresero la dignità e l'utilità della retorica e la necessità della sua conoscenza per organizzare la difesa nei processi. Con l'andar del tempo, però, la retorica diventò parte integrante dell'educazione della classe dirigente, che vide in essa uno strumento essenziale per l'esercizio del potere.

Nel II secolo a.C. la retorica penetrò a Roma grazie all'attività di insegnanti e alla diffusione di opere greche, ma presto subentrò il desiderio di comporre opere originali che potessero misurarsi con la produzione letteraria greca, aspirazione, questa, che toccò tutti i generi letterari. Iniziarono così a fiorire scuole di retorica sotto la guida di retori latini. Nel 92 a.C. i censori L. Licinio Crasso e Gneo Domizio Enobarbo, appartenenti alla *nobilitas*, imposero la chiusura della scuola di **Plozio Gallo**, retore di tendenze politiche democratiche, spinti forse dal timore che la scuola potesse produrre giovani *populares* avvezzi all'arte dell'eloquenza e che ciò potesse sottrarre all'aristocrazia il monopolio dell'esercizio della retorica a fini politici.

Tra il 90 e l'80 a.C. fu composto il primo trattato di retorica del mondo romano, la ***Rhetorica ad Herennium***, nel Medioevo attribuito erroneamente a Cicerone e oggi a Cornificio, retore dell'età sillana. L'opera riprende le teorie di Ermagora di Temno e tratta delle cinque fasi di preparazione di un'orazione: *inventio, dispositio, elocutio, memoria* e *pronuntiatio*. L'autore si preoccupa di elargire precetti di carattere tecnico e di creare una terminologia tecnica latina, ma non si cura affatto di conciliare la *téchne* con la filosofia, cosa che invece era essenziale per Licinio Crasso, che anticipava l'ideale ciceroniano del *perfectus orator*. Il percorso conduce direttamente a **Cicerone** e alle sue opere teoriche (vedi in particolare p. 426): egli si pone come vero collettore delle esperienze precedenti e punto di riferimento per le epoche successive.

Precettore con allievo che apre un rotolo per lo studio di un testo, II secolo d.C., Treviri, Rheinisches Landesmuseum.

L'oratoria

L'oratoria greca e il "canone dei dieci oratori"

L'oratoria, come si è detto (vedi in particolare "Distinzione fra retorica e oratoria" a p. 402), è la **capacità di utilizzare la parola** per tenere un discorso in pubblico: e questo era uno strumento di comunicazione fondamentale nel mondo antico, quando la recitazione e la conseguente fruizione diretta di un discorso era il principale, se non l'unico, canale di comunicazione tra l'uomo politico (o l'avvocato, o il conferenziere) e il suo pubblico.

Non è un caso che l'oratoria fu praticata soprattutto ad Atene, città in cui la vita democratica ebbe un rilievo superiore a quello di tutte le altre città greche, e ad Atene si riconduce l'attività di pressoché tutti gli oratori a noi conosciuti, inseriti dagli studiosi alessandrini nel canone dell'oratoria greca. Questo canone, compilato dallo Pseudo-Plutarco nelle *Vite dei dieci oratori*, contiene dieci nominativi secondo un ordine cronologico: Antifonte, Andocide, Lisia, Isocrate, Iseo, Eschine, Licurgo, Demostene, Iperide e Dinarco. Per ragioni di sintesi facciamo riferimento in questa scheda soprattutto ai tre maggiori, cioè Lisia, Isocrate, Demostene.

La limpida oratoria di Lisia

Alcuni considerarono Lisia come il più grande, l'autentico rappresentante della pura oratoria attica. Molto attivo come logografo,[3] egli seppe adattare le sue orazioni alla personalità di chi avrebbe dovuto pronunciarle nell'aula giudiziaria. Questa capacità, definita "**caratterizzazione mimetica**", è ciò per cui ebbe enorme fama presso i contemporanei e gli studiosi. Nei suoi discorsi rivive l'Atene di quegli anni (le sue orazioni partono dal 404 a.C.) e si rispecchia la vita pubblica e privata del suo tempo, che Lisia seppe rappresentare con finissima perizia narrativa. È questo l'elemento che viene ancora oggi maggiormente apprezzato della sua arte oratoria, mentre agli antichi interessavano soprattutto gli artifici stilistici messi in campo per persuadere l'uditorio e la sapiente architettura geometrica del discorso, rigorosamente strutturato in esordio, esposizione, narrazione, argomentazione, conclusione e perorazione, secondo un'intelaiatura che passerà ai posteri, sarà imitata da molti e diverrà la base della classificazione delle parti costitutive di un'orazione nella retorica greca e romana. Le frasi lisiane risultano sempre chiare, semplici e concise; lo stile è piano, trasparente e mai eccessivamente appesantito da metafore, metonimie e figure.

3. Il termine logografo in greco significa propriamente prosatore. Convenzionalmente, però, a partire dal XIX secolo con questo termine si indicano i primi scrittori greci di storia e di geografia. Logografi sono però detti anche – in modo improprio – coloro che dietro compenso scrivevano per gli imputati discorsi da pronunciare in tribunale. In questa accezione Lisia viene qui definito logografo.

Resti dell'agorà di Atene con, sullo sfondo, il tempio di Efesto.

Il *bouleutérion*, edificio costruito per la discussione dell'assemblea. Al centro delle gradinate un altare, dove stava la tribuna degli oratori, II secolo a.C., Priene.

Isocrate e la *paideia* dell'oratore

Poco più giovane di Lisia fu **Isocrate**, che si può definire una delle pietre miliari della cultura occidentale. Dopo aver insegnato retorica a Chio, nel 392 a.C. Isocrate fondò ad Atene una propria scuola, il cui programma si ritrova nelle orazioni *Contro i Sofisti* e *L'encomio di Elena*. Isocrate propugnava una **retorica utile alla vita politica**, in grado di adattarsi alle circostanze e all'uditorio. Ai suoi allievi l'oratore offriva argomenti di cultura generale, oltre che precetti di carattere più "tecnico", inerenti i temi dell'oratoria, preferendo sempre curare la loro ***paideia***, così che gli scritti avessero sempre un saldo fondamento morale. In tal modo Isocrate reputava di essere un filosofo, anche se in realtà non lo fu veramente mai, dal momento che non propose mai nuovi principi, ma si limitò a divulgare quelli della morale comune.

Opinione di fondo di Isocrate fu che per imparare la retorica occorrono doti naturali e un apprendistato; poiché la retorica non insegna la saggezza e la rettitudine, chi non è fornito di una natura disposta alla virtù difficilmente secondo Isocrate può ricavare vantaggi dagli studi retorici. Queste idee si ritrovano in alcune delle sue orazioni. Isocrate ne scrisse oltre sessanta, trentuno delle quali pervenute fino a noi. Per sostenere le sue tesi Isocrate si avvalse di uno stile diverso da quello degli altri oratori: si tratta di uno **stile complesso**, articolato in molte subordinate, ampio, bilanciato nelle sue parti, curato dal punto di vista ritmico e fonico (Isocrate aveva un vero e proprio orrore per lo iato, vale a dire per lo scontro di suoni, che divenne proverbiale e rimase come patrimonio non solo alla sua scuola, ma all'oratoria successiva). L'estrema cura posta nella costruzione del discorso era naturalmente volta alla persuasione, in modo però che l'effetto prodotto non fosse tanto quello di scuotere o commuovere l'ascoltatore, quanto quello di **convincerlo in maniera razionale**. Nelle pagine di Isocrate si risente l'influsso di Gorgia, ma l'utilizzo delle figure retoriche è più sorvegliato ed essenziale e il periodare è più ampio e disteso. La **cura della forma** è così elevata da far pensare che essa fosse prevalente sugli stessi contenuti. Proprio questo fatto diede origine a critiche anche pesanti nei confronti di Isocrate da parte degli studiosi, che lo accusarono di essere solo un retore e non un pensatore politico.

Oratoria e politica: Demostene

La posizione filomacedone espressa da Isocrate nell'ultimo scorcio della sua vita era condivisa ad Atene da oratori come Eschine e Demàde, avversata da altri come Demostene, Licurgo e Iperide. Con essi l'attività oratoria si intreccia in modo in-

dissolubile con la vita politica; sullo sfondo stava il problema dell'egemonia sulla Grecia, che il partito filomacedone vedeva bene nelle mani di Filippo, purché venisse salvaguardata la libertà greca dai Persiani, mentre la fazione avversaria sognava che tornasse nelle mani di Atene.
Fiero difensore della supremazia ateniese e acerrimo nemico di Filippo, contro il quale scagliò le celebri quattro *Filippiche*, **Demostene** si interessò sia di oratoria giudiziaria sia di quella politica. Di carattere tenace, dopo una carriera di logografo, a trent'anni pronunciò il suo primo discorso politico, cui fece seguito una vera e propria discesa nell'arengo politico a fianco di Eubulo e contro Aristofonte (erano gli anni del conflitto tra Atene e alcune città appartenenti alla seconda lega navale). Via via che si rinforzava il suo impegno politico divenne sempre più chiara e definita la sua posizione contro Filippo di Macedonia, che nelle sue orazioni definì un grumo di barbarie, brutalità e malvagità. Tra i suoi scritti politici val la pena di citare l'orazione *Sulla corona*, che rappresenta una specie di sintesi retrospettiva (la compose all'età di cinquantaquattro anni) di tutta la sua vita politica e un'appassionata difesa di una linea politica che egli aveva ostinatamente perseguito perché la trovava conforme alla posizione degli antenati ateniesi, combattenti fino al sacrificio in più circostanze storiche per la difesa della libertà della patria e per la propria affermazione sulla Grecia. Egli ora sosteneva questa posizione, convinto che il nuovo astro nascente sull'orizzonte greco, il giovane Alessandro Magno, non sarebbe stato nient'altro che un fenomeno passeggero. La sorte sembrò dargli ragione, quando a soli trentatré anni Alessandro morì. La Grecia si sollevò contro i Macedoni, ma la speranza fu breve. Vinta da Antipatro, successore di Alessandro, la lega greca, il vincitore reclamò da Atene i capi della fazione antimacedone. A Demostene non rimase che rifugiarsi nel tempio di Posidone sull'isola di Calaurìa e lì darsi la morte con il veleno.
Di lui ci sono pervenute sessantuno orazioni, oltre ad altri scritti, nelle quali si evidenzia soprattutto la **cura della sonorità delle frasi**, ottenuta attraverso una disposizione gerarchica delle proposizioni così da consentire l'utilizzo dei diversi registri vocali. Altri elementi della sua scrittura sono l'alternanza sapiente di frasi lunghe e brevi, la cura a scansare iati e successioni di sillabe brevi, l'adozione di stili differenti, adatti alle diverse parti del discorso. Diede il meglio di sé nelle orazioni politiche, in cui – come s'è visto – inseguiva una concezione storica anacronistica, tutta chiusa nell'illusione della grandezza di Atene. Proprio per la sua passione politica a difesa di Atene, Demostene fu visto per secoli come lo strenuo difensore della libertà della Grecia, ma nel corso del XIX secolo gli storici compresero che in realtà Demostene aveva sostenuto una posizione poco lungimirante, mettendo di fatto a repentaglio proprio quella libertà che si proponeva di difendere.

Statua ritratto dell'oratore ateniese Demostene, copia romana III secolo a.C., Città del Vaticano, Musei Vaticani.

Origine e sviluppo dell'oratoria romana

Mentre la retorica, diffusasi sulla scia della retorica greca, a Roma si affermò «piuttosto tardi» (così Svetonio), l'oratoria – che a essa si lega strettamente – divenne subito parte integrante della vita pubblica romana. I primi esempi di oratoria furono infatti le ***laudationes funebres*** pronunciate, in occasione dei funerali di cittadini ragguardevoli, da un parente o un amico del defunto. Ne è un esempio l'elogio funebre di Lucio Giunio Bruto, primo console della *Respublica* (cfr. Dionigi di Alicarnasso, *Antiquitates Romanae,* 5,17). Nata dunque in seno alla vita della *nobilitas* subito si legò all'attività politica, di cui divenne strumento fondamentale. Il discorso pronunciato da **Appio Claudio Cieco**, volto a convincere il senato a rifiutare le proposte di pace di Pirro, può forse essere considerata la prima orazione vera e propria. Cicerone, tuttavia, nel *Brutus,* opera in cui traccia una storia dell'eloquenza romana, vede in **Marco Cornelio Cetego**, attivo ai tempi della seconda guerra punica, il primo oratore riconosciuto come tale anche dai suoi contemporanei.

Come abbiamo già visto (pp. 210-222), l'apice dell'oratoria in età arcaica fu raggiunto da **M. Porcio Catone**, il più antico degno di essere citato, a detta di Cicerone (*Brutus,* 15, 61). Catone si impose sulla scena politica e culturale di Roma nella prima metà del II secolo a.C., distinguendosi per il rigore morale che trovava espressione in uno stile asciutto, concreto, teso ed essenziale, apparentemente spontaneo – secondo il suo noto detto *rem tene, verba sequentur* – in realtà fedele ai dettami della *téchne* ellenistica.

Nel vivace clima politico romano del II secolo a.C. i diversi caratteri dell'oratoria distinguevano le opposte fazioni politiche degli *optimates* e dei *populares.* I primi si servivano di forme espressive più pacate e solenni, che si nutrivano di richiami al *mos maiorum* e miravano a risvegliare il senso di responsabilità dell'individuo. I secondi, nel loro intento di trascinare le folle, spesso tendevano all'esuberanza dei toni, vibranti e sferzanti.

Solo dopo l'incontro con la cultura greca l'interesse mostrato dal mondo romano per l'oratoria sfociò nello studio e nell'acquisizione di una tecnica più strutturata. Nasce da qui l'interesse di frequentare una vera e propria scuola di retorica, in cui si distinguono maestri e si pubblicano trattati utili all'insegnamento. Si programmano viaggi d'istruzione in Grecia per migliorare la propria capacità espressiva, facendo riferimento alle scuole atticiste, asiane e rodiensi. Grandi maestri furono **Lucio Licinio Crasso** e **Marco Antonio**, vissuti nell'età di Mario e Silla. L'eloquenza di costoro segue il modello asiano. Quella di Crasso era un'oratoria sostanziata di filosofia, misurata nella gestualità e si avvaleva di uno stile limpido e sorvegliato. Molto più spontanea l'eloquenza di Antonio – specializzato nell'oratoria giudiziaria – capace di catturare l'attenzione del pubblico anche con la sua gestualità efficace e disinvolta. Accanto a questi si colloca **Quinto Ortensio Ortalo**, che fu anche avversario di Cicerone nel processo intentato contro Verre: trascinante nell'esposizione, rigoroso e razionale nelle argomentazioni, straordinario nella *memoria.*

Quando, intorno alla metà del I secolo a.C., si diffuse l'atticismo come reazione all'imperante asianesimo, si affermarono i talenti di personaggi quali **Cesare**, **Asinio Pollione**, **Marco Bruto**. Cesare, più noto come uomo politico e storiografo, fu anche oratore di notevole prestigio: la sua oratoria era caratterizzata dall'*elegantia,* dovuta alla scelta accurata dei termini, non disgiunta da una certa *vis.* Si collega alla sua posizione atticista il trattato *De Analogia,* dedicato a Cicerone, in cui sosteneva la necessità della regolarità della lingua e della sua fedeltà alla norma.

È a questo punto che si colloca l'attività politica e oratoria di **Cicerone**, snodo fondamentale dell'oratoria latina (vedi in particolare p. 412).

Il viaggio di istruzione in Grecia era tipico della formazione dei giovani aristocratici romani. Ritratto di giovane uomo, I secolo a.C., Stabia, Museo Archeologico.

QUOD DECET, HONEST EST ET QUOD HONEST EST, DECET

MARCO TULLIO CICERONE

L'autore

La formazione culturale Marco Tullio Cicerone nacque ad Arpino (oggi in provincia di Frosinone) il 3 gennaio del 106 a.C. da una ricca famiglia equestre, che permise a lui e al fratello Quinto di intraprendere a Roma gli **studi di retorica e filosofia** con i migliori maestri del tempo. Fin da giovane affrontò lo studio del diritto e il tirocinio forense sotto la guida di Lucio Licinio Crasso e Marco Antonio – considerati i migliori oratori della generazione precedente – e di un esperto di diritto come Quinto Mucio Scevola l'Augure. A questi anni giovanili risale anche l'incontro con Tito Pomponio (chiamato poi "Attico" per i suoi lunghi soggiorni ateniesi), che si rivelerà essere un amico prezioso nel corso di tutta la vita. Dopo avere prestato il servizio militare, iniziò la sua **attività di giovane avvocato**: era il primo passo per accostarsi alla vita pubblica, sia verso la carriera forense sia verso quella politica. La sua prima causa documentata è dell'81 a.C. (*Pro Quinctio*), ma il suo nome divenne ben più conosciuto l'anno successivo, quando osò difendere con decisione dalla gravissima accusa di parricidio un cittadino di Ameria contro un potente liberto di Silla (*Pro Sexto Roscio Amerino*). Dopo questo avvio brillante, uniformandosi a una prassi che si andava sempre più diffondendo tra i giovani romani, tra il 79 e il 77 a.C. effettuò un **viaggio culturale in Grecia e in Asia Minore**, per perfezionare gli studi ma anche per motivi di salute e, forse, di opportunità (visto che aveva osato provocare il dittatore Silla, che morì nel 78 a.C.). Ad Atene ritrovò l'amico Attico e studiò filosofia, mentre a Rodi seguì il fondamentale insegnamento del retore Apollonio Molone (vedi a p. 406). Rientrato a Roma, sposò Terenzia, dalla quale ebbe due figli (Tullia nel 76 e Marco nel 65 a.C.) e si preparò per affrontare una carriera politica che, nella fase ascendente, sarebbe stata rapida e brillante.

gli studi

l'inizio dell'attività forense

L'ascesa politica fino al consolato Il primo passo nel *cursus honorum* fu la carica di **questore** in Sicilia, a Lilibeo, nel 76 a.C.: terminato il mandato, poté accedere al senato. La buona impressione che aveva lasciato ai provinciali di Sicilia fece sì che questi si rivolgessero a lui, nel 70 a.C, per accusare l'ex governatore Verre di malgoverno e concussione: il processo fece scalpore e si risolse in

il processo contro Verre

una fulminea e completa vittoria di Cicerone, tanto che il grande oratore Ortensio Ortalo (di lui poco più anziano) rinunciò alla difesa dell'imputato.

la carriera politica

La fama che gliene derivò fu enorme e la sua carriera procedette spedita: fu **edile** nel 69 a.C. e **pretore** nel 66 a.C., carica con cui appoggiò la concessione di poteri straordinari a Pompeo per la guerra contro Mitridate, re del Ponto. A questo punto della sua carriera politica, pur essendo di famiglia equestre e non gentilizia, tentò la candidatura al consolato per l'anno 63 a.C., con l'appoggio del fratello e dell'influente Attico. Nella votazione del luglio 64 a.C. risultò vincitore, battendo anche il nobile Lucio Sergio Catilina (appoggiato da Cesare e dai *populares*) ed ebbe come collega Gaio Antonio, figlio dell'oratore Marco Antonio, suo maestro. Cicerone visse sempre con orgoglio la sua affermazione di *homo novus*, divenuto **console** a soli 43 anni per meriti personali, capace di proporsi come leader di una coalizione politica moderata e conservatrice, cui appartenevano i cosiddetti *boni cives* (o *optimates*), cioè i senatori e i cavalieri che controllavano la vita politica ed economica di Roma.

la congiura di Catilina

Durante l'anno del consolato la sua **politica conservatrice** si esplicò nella difesa degli interessi delle classi che lo avevano condotto al potere e nel mantenimento dello *status quo*: in quest'ottica va letta la sua opposizione alle proposte di riforma agraria propugnate dai rappresentanti dei *populares*, sostenuti da Cesare e Crasso. Tuttavia l'evento culminante del suo mandato fu la scoperta e la **repressione della congiura di Catilina**, che, dopo avere perso nuovamente l'elezione al consolato per l'anno successivo, presentando un programma estremistico (cancellazione dei debiti e la redistribuzione della terre), aveva deciso di tentare un'azione violenta, progettando un colpo di stato appoggiato da persone di varia estrazione, accomunate da un grave scontento politico e da una condizione economica dissestata. Cicerone riuscì a sventare la congiura e si fece proclamare *pater patriae*: fu questo il culmine del suo successo politico ma – come vedremo – anche l'inizio delle sue sventure.

TRA CICERONE E ATTICO

Amici per tutta la vita, anche nelle situazioni più difficili, Cicerone e Tito Pomponio Attico si frequentarono quasi giornalmente con un epistolario intenso, che va dal biglietto di poche righe alle considerazioni più complesse sulla situazione politica o su argomenti di cultura. Attico apparteneva all'ordine equestre, era un uomo colto, che aveva vissuto a lungo in Attica al tempo delle guerre civili (da quel soggiorno deriva il suo appellativo) e, ritornato, era rimasto sempre estraneo ai giochi politici più accesi, pur simpatizzando per i pompeiani. La sua principale occupazione fu la diffusione dei testi letterari, un'attività che si può paragonare a quella di un editore dei nostri giorni. Faceva riprodurre, infatti, a schiavi copisti i testi che decideva di diffondere; egli stesso possedeva una notevole biblioteca e promuoveva il dibattito tra uomini di cultura. È su queste basi che si fondò la stima e la frequentazione tra i due amici, che si concluse dopo la morte di Cicerone con la pubblicazione del loro epistolario e la scrittura di un poema in greco dedicata al consolato dell'oratore.

Statua ritratto di Marco Tullio Cicerone, I secolo a.C., Firenze, Galleria degli Uffizi.

le difficoltà

Anni difficili: l'esilio, la guerra civile Già nel 63 a.C., al termine del consolato, **fu attaccato** dai tribuni della plebe, perché in occasione della repressione della congiura aveva fatto giustiziare cittadini romani senza che questi potessero ricorrere all'appello al popolo (*provocatio ad populum*), secondo il diritto romano. Nello stesso anno fu coinvolto come testimone in una torbida vicenda che gli inimicò il pericoloso Clodio, nobile esponente della *gens* Claudia, che aveva rinunciato alla sua estrazione patrizia per rappresentare meglio, a suo giudizio, le istanze dei *populares*. Clodio si era salvato dalla condanna grazie all'intervento di Cesare, ma da quel momento era divenuto nemico giurato di Cicerone.
In questi anni Cicerone si dedicò anche alla cura e all'**accrescimento del suo patrimonio** privato, aggiungendo una lussuosa villa sul Palatino ai suoi possedimenti di Arpino, Tuscolo, Formia (poi anche Pompei, Anzio e Cuma).
Il 60 a.C. è l'anno dell'accordo segreto tra Cesare, Pompeo e Crasso, cui Cicerone guardò sempre con grande sospetto, in nome della sua fedeltà all'ordinamento repubblicano, tanto da respingere le reiterate richieste dei triumviri ad appoggiare la loro azione. Nel 58 a.C., però, Clodio fu eletto tribuno della plebe e colse l'occasione per vendicarsi dell'ex patrono, ora fiero avversario politico: infatti fece approvare una legge – con valore retroattivo – che comminava l'esilio e la confisca dei beni a chi avesse condannato a morte un cittadino romano senza l'appello al popolo. Il provvedimento era chiaramente *ad personam* e Cicerone conobbe il dolore e l'umiliazione dell'**esilio**. La rabbia di Clodio si scatenò anche contro la sua casa confiscata, che fu rasa al suolo. Egli trascorse sedici mesi lontano da Roma, a Tessalonica, poi a Durazzo, ma la sua parte politica si mosse per ottenere il suo rientro: **nel 57 a.C.** infatti il grande oratore **fu richiamato a Roma**, grazie all'aiuto di Milone (tribuno della plebe, vicino agli *optimates*) e soprattutto di Pompeo. Il suo rientro fu trionfale (lo ricorda con un'orgogliosa autocelebrazione in alcune orazioni) tanto da ottenere anche un parziale risarcimento per i danni subiti. Dovette però difendere a malincuore alcune cause di amici di Cesare e Crasso – pagando una sorta di tributo per l'aiuto che essi gli avevano prestato – avvicinandosi anche alle loro posizioni.

Affresco a *trompe l'oëil* da Pompei, I secolo a.C., Villa dei Misteri, Sopraintendenza Archeologica.

A questo punto le vicende pubbliche subirono un'accelerazione che destabilizzò lo stato ed escluse definitivamente Cicerone dai vertici: nel 53 a.C. morì Crasso nella battaglia di Carre; Cesare e Pompeo iniziarono le prime schermaglie per il controllo del potere. A Roma, in un clima di torbidi e disordini, venne ucciso Clodio in uno scontro con i partigiani di Milone. Cicerone assunse la difesa di Milone, ma la sua orazione, pronunciata in un clima di grande confusione e alla presenza di bande armate, si rivelò fiacca e fallimentare: Milone venne condannato all'esilio. Nel 51 a.C. Cicerone fu costretto a diventare **governatore della Cilicia**, mentre egli non avrebbe voluto allontanarsi da Roma: in quella provincia lontana, però, si mosse con una certa competenza e ottenne anche un piccolo successo militare (su alcune tribù della Cappadocia), per il quale si attendeva il riconoscimento di un trionfo. A Roma, però, ben altri erano i problemi: nel gennaio del 49 a.C. Cesare passò il Rubicone, dando così ufficialmente inizio alla guerra civile. Cicerone, rientrato nell'Urbe, in un primo momento esitò: avrebbe voluto favorire una riconciliazione, oramai impossibile, tra i due contendenti, per salvare la struttura della repubblica. Poi fu travolto dagli eventi e decise di raggiungere Pompeo. Non fu presente, tuttavia, allo scontro decisivo tra i due generali, a Farsàlo (48 a.C.), perché si trovava a Durazzo, ammalato.

L'ultima stagione Dopo la sconfitta, Cicerone tornò a Brindisi, in attesa. Nel 47 a.C., al ritorno di Cesare, ottenne il perdono del vincitore, ma ormai era politicamente fuori gioco: si ritirò allora nelle sue splendide ville (soprattutto in quelle di Formia e di Tuscolo, vicino all'odierna Frascati) e si occupò di studi retorici e filosofici. Unici suoi interventi furono alcune **orazioni** pronunciate davanti a Cesare, perché perdonasse e riaccogliesse a Roma suoi amici (come Marcello) ed ex pompeiani. Seguirono anni di difficoltà anche familiari: nel 46 a.C. divorziò da Terenzia e sposò la giovane Publilia, forse per motivi economici: ma queste seconde nozze durarono poco. Nel 45 a.C. morì di parto la figlia Tullia, alla quale era legatissimo. Solo nel 44 a.C., quando Cesare fu ucciso nella congiura, Cicerone **si ripropose sulla scena politica**, nella speranza di contribuire a restaurare la repubblica. Nei mesi turbolenti che seguirono egli si avvicinò, sia pure tiepidamente, a Ottaviano, credendolo più malleabile tra i nuovi padroni della politica. Comunque **attaccò i cesariani**, in particolare Antonio, contro cui scrisse le sue ultime memorabili orazioni, chiamate *Philippicae.*

LE *PHILIPPICAE*

Il nome delle *Philippicae* deriva a Cicerone dal titolo delle orazioni di Demostene contro il re Filippo di Macedonia. Demostene, uno dei maggiori oratori politici greci, aveva combattuto in Atene nel V secolo a.C. la corrente politica che sperava nell'arrivo di Filippo il Macedone, il quale intendeva riunire le *poleis* greche sotto il suo dominio. Egli vedeva in questo atto la perdita della libertà che aveva da sempre costituito la forza del mondo greco, garantendo l'autonomia e l'ordinamento democratico. Come Filippo, anche Marco Antonio a Roma era desideroso di fondare una monarchia, destituendo l'antica repubblica: proprio in questo consisteva il parallelo con Demostene, che Cicerone stesso intende istituire con il titolo della sua opera. Per difendere la repubblica e la libertà d'azione egli usò l'arma politica della parola.

Ritratto di Filippo II di Macedonia, da una moneta aurea, IV secolo a.C.

la morte

Pagò con la vita questo suo coraggio politico: anche Ottaviano, che si era servito di lui, lo abbandonò, e Cicerone venne raggiunto presso Formia dai sicari di Antonio il 7 dicembre del **43 a.C.**; gli vennero tagliate le mani e la testa, che furono esposte sui rostri, la stessa tribuna dove, da vivo, aveva tenuto le sue celebri orazioni. Al nemico mortale aveva coraggiosamente lanciato l'ultima sfida pronunciando la seconda *Filippica*: *Defendi rem publicam adulescens, non deseram senex; contempsi Catilinae gladios, non pertimescam tuos* (cap. 46), «Ho difeso la repubblica da giovane, non l'abbandonerò da vecchio; non ho avuto paura delle spade di Catilina, non temerò ora le tue!».

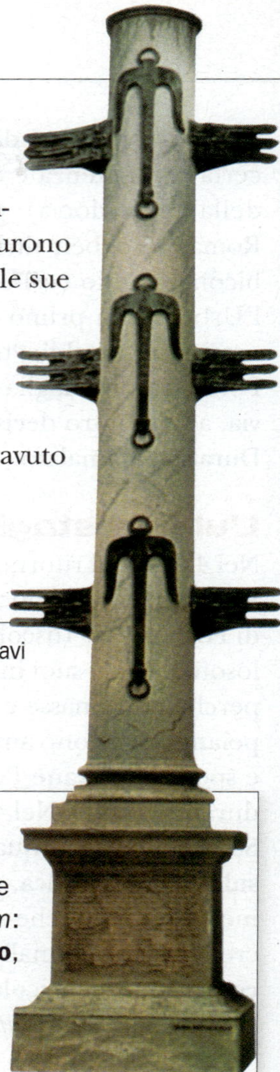

Colonna con i rostri prelevati alle navi romane dopo la vittoria di Milazzo, III secolo a.C., Roma, Museo della Civiltà Romana.

IN SINTESI

- Marco Tullio Cicerone nacque ad Arpino il 3 gennaio del **106 a.C.** da una ricca famiglia equestre; **studiò a Roma diritto** con i migliori oratori dell'epoca. Sostenne la prima causa nell'81 a.C., ma ottenne fama solo l'anno successivo, quando difese Roscio di Ameria contro un potente liberto di Silla (*Pro Sexto Roscio Amerino*).
- Per perfezionare gli studi tra il 79 e il 77 a.C. effettuò un **viaggio di formazione** ad Atene (filosofia) e a Rodi (retorica). Rientrato a Roma, sposò Terenzia, dalla quale ebbe due figli (Tullia e Marco) e si preparò per affrontare la carriera politica: fu **questore** in Sicilia nel 76 a.C. e in seguito poté accedere al senato.
- I Siciliani si rivolsero a lui, nel 70 a.C., per accusare l'ex governatore Verre di malgoverno e concussione: egli vinse brillantemente il processo.
- La sua carriera procedette spedita: fu **edile** nel 69 e **pretore** nel 66 a.C. Si candidò al consolato per l'anno 63 a.C. e vinse le elezioni, proponendosi come leader di una coalizione politica moderata e conservatrice. Come **console** dovette affrontare il tentativo di colpo di stato di Catilina e sventare la sua congiura.
- Già nel 63 a.C., al termine del consolato, **fu attaccato** dai tribuni della plebe per il suo operato. Nello stesso anno fu coinvolto come testimone in una torbida vicenda che gli inimicò il pericoloso Clodio.
- Rifiutò di fare parte dell'accordo segreto tra Cesare, Pompeo e Crasso (60 a.C.).
- Nel 58 a.C. Clodio fu eletto tribuno della plebe e si vendicò di Cicerone, facendo approvare un provvedimento *ad personam*: Cicerone **fu condannato all'esilio**, ma dopo sedici mesi, **nel 57 a.C., fu richiamato a Roma**.
- Dalla morte di Crasso (53 a.C.) la situazione a Roma degenerò: in un clima di disordini venne ucciso Clodio in uno scontro con Milone. Cicerone assunse la difesa di Milone, che tuttavia fu condannato all'esilio.
- Nel 51 a.C. Cicerone divenne **governatore della Cilicia** (egli non avrebbe voluto allontanarsi da Roma). Quando rientrò a Roma, Cesare stava per passare il Rubicone (49 a.C.): Cicerone in un primo momento esitò, poi decise di raggiungere Pompeo (ma non fu presente a Farsàlo). Dopo la sconfitta, Cicerone tornò a Brindisi, in attesa. Nel 47 a.C. ottenne il perdono del vincitore, ma ormai era fuori dal gioco politico: si dedicò allora a studi retorici e filosofici. Seguirono anni di difficoltà familiari: nel 46 a.C. divorziò da Terenzia e sposò la giovane Publilia; nel 45 a.C. morì di parto l'amatissima figlia Tullia.
- Nel 44, quando Cesare fu ucciso, Cicerone **riprese l'attività politica**, per contribuire a restaurare la repubblica: si avvicinò a Ottaviano; attaccò i "cesariani" e in particolare Antonio, contro cui **scrisse le *Philippicae***. Pagò con la vita il suo coraggio politico: venne raggiunto presso Formia dai sicari di Antonio e il 7 dicembre del **43 a.C.** gli furono tagliate le mani e la testa, che vennero esposte sui rostri.

L'opera

Il difensore della repubblica oligarchica Cicerone fu un *homo novus* sulla scena politica di Roma: partito dalla classe equestre, riuscì a giungere al consolato grazie al suo ingegno e alla rete di appoggi che seppe abilmente crearsi soprattutto nel ceto nobiliare, che vide in lui un valido difensore. Egli andò sempre fiero della sua carriera e della sua azione politica (la modestia non era certo una delle sue doti più evidenti): avrebbe voluto giocare sempre un ruolo politico di primo piano nello stato, in cui credette e che difese strenuamente nella sua forma repubblicana e oligarchica, proprio nel momento in cui questa entrava irreversibilmente in crisi. A questa dimensione politica si può dire sia finalizzata gran parte della sua considerevole produzione letteraria. Infatti il famoso avvocato e l'attivo uomo politico fu anche un prolifico scrittore in prosa (orazioni, trattati retorici e filosofici), fu il primo rappresentante del genere epistolare nella letteratura latina e si dedicò anche alla poesia (sia pure in minima parte). Eccellente oratore, ottimo e perspicace avvocato, filosofo eclettico, grande divulgatore a Roma del pensiero greco e dei valori dell'*humanitas*, Cicerone in campo culturale ebbe il merito di rappresentare la **massima espressione della fusione della cultura greca con quella latina**, lasciando un'eredità indelebile.

una produzione con fini politici

Per comprendere più a fondo la portata di questa figura, ci addentriamo ora nello studio della sua **opera**, che abbiamo suddiviso per fini didattici **in sei ambiti**: le orazioni, le opere retoriche, le opere politiche, le opere filosofiche, l'epistolario, le opere poetiche minori.

LE ORAZIONI

Discorsi per il presente e per la gloria futura Il più apprezzato oratore di Roma scrisse e pronunciò **più di 100 orazioni**: durante la sua vita, infatti, Cicerone intervenne, prendendo la parola, in pressoché tutte le cause importanti dibattute nel Foro e in tutte le sedute decisive del senato, in una delle fasi più convulse nella storia delle istituzioni romane. A noi sono giunte 58 orazioni, di cui 28 di argomento politico, le altre giudiziarie. Cicerone stesso **curò la pubblicazione** delle sue orazioni, grazie all'aiuto del fedele e colto schiavo (poi liberto) Tirone, che fungeva da suo segretario, e al contributo dell'amico Tito Pomponio Attico, che può essere definito un vero e proprio "editore": Attico infatti riceveva da Cicerone i testi che faceva riprodurre in molte copie dai suoi schiavi amanuensi. Le orazioni pubblicate non corrispondevano completamente ai discorsi pronunciati in realtà: probabilmente – come era prassi – Cicerone stendeva l'importantissimo esordio, una traccia del corpo del discorso e la conclusione. Dopo aver pronunciato l'orazione risistemava i suoi appunti, procedeva alla stesura, intervenendo anche con modifiche rilevanti, e infine li affidava all'editore. Abbiamo testimonianza di casi clamorosi concernenti orazioni scritte e mai pronunciate (come l'*Actio secunda in Verrem*) e altri di orazioni riscritte e pubblicate in veste totalmente diversa rispetto al discorso tenuto realmente (come la *Pro Milone*).

la pubblicazione delle orazioni

Esamineremo ora le orazioni più significative, in ordine cronologico, suddividendo la sua produzione in cinque fasi.

Prima fase: l'affermazione di un giovane avvocato

la *Pro Sexto Roscio Amerino*

Il debutto in tribunale di Cicerone come *patronus* («avvocato») risale alla fine degli anni 80 a.C., in alcuni processi tra cui spicca la sua prima causa criminale: con la ***Pro Sexto Roscio Amerino*** (80 a.C.) egli difese il giovane Roscio di Ameria (Spoleto), ingiustamente accusato di parricidio da Crisogono, un potente liberto di Silla. Cicerone riuscì a dimostrare che gli accusatori avevano compiuto il delitto per incamerare il patrimonio della vittima, valutato in sei milioni di sesterzi: la causa di per sé non era difficile, ma già molti avvocati avevano rifiutato di opporsi al potente accusatore.

le *Verrinae*

Dopo il viaggio di studio in Grecia e la sua formazione a Rodi presso una scuola di retorica che modificò radicalmente il suo stile, avvenne il vero punto di svolta, che diede al giovane Cicerone grandissima notorietà: fu il processo *de repetundis* («per concussione») intentato dai Siciliani contro Verre, avido e brutale ex governatore della provincia tra il 73 e il 71 a.C. Per affrontare la causa Cicerone svolse un'accurata inchiesta sull'isola e scrisse sette orazioni (chiamate ***Verrinae***), di cui soltanto le prime due vennero effettivamente pronunciate in tribunale. La prima è la *Divinatio in Q. Caecilium*, grazie alla quale l'oratore ottenne che gli fosse affidato il ruolo dell'accusa contro le pretese di un certo Cecilio Nigro che voleva per sé il ruolo di accusatore per favorire l'assoluzione di Verre. La seconda è l'*Actio prima in Verrem*, contenente una rapida e potente sintesi dei capi d'accusa contro l'imputato; segue (solo scritta) l'*Actio secunda*, che contiene l'enorme mole di prove raccolte dall'accusatore; questa orazione fu pubblicata in un secondo tempo e articolata in cinque discorsi: *De praetura urbana* (sui reati commessi da Verre durante la sua

I ROMANI E L'ARTE GRECA

Nelle *Verrinae* Cicerone dice che una quantità impressionante di statue e di opere d'arte furono saccheggiate dal disonesto governatore nel corso del suo incarico, sia nei templi sia nelle città greche della Sicilia. Per quanto paradossale possa sembrare, era questo un segno culturalmente significativo, dal momento che i Romani non seppero apprezzare fin da subito il valore dell'arte greca, riconoscendone il significato, le differenze, le altezze. I saccheggi operati dai generali alla fine della conquista della Grecia avevano portato ai Romani molte opere d'arte, ma esse vennero realmente apprezzate solo molto più tardi. Il gesto di Verre indica quindi un mutato gusto del mondo romano, che ama ora circondarsi della bellezza artistica greca. Peraltro, i Romani fecero costruire anche moltissime copie di opere greche famose, che talvolta possediamo in luogo dell'originale oramai perduto.

Venere Capitolina, copia romana dell'Afrodite di Skopas, IV secolo a.C., Roma, Musei Capitolini.

pretura a Roma nel 74 a.C.), *De praetura Siciliensi* (sui misfatti compiuti nell'amministrare la giustizia in Sicilia), *De frumentis* (sulle frodi nel riscuotere le tasse e i tributi), *De signis* (sui furti di statue e oggetti d'arte) e *De suppliciis* (sulle torture e le condanne a morte inflitte a innocenti siciliani e a cittadini romani). Dopo l'*Actio prima*, Verre lasciò Roma in esilio spontaneo, prevedendo la sicura condanna. Le *Verrinae* sono state ritenute, a partire dagli antichi commentatori, uno straordinario esempio di **brillante eloquenza giudiziaria**, che testimonia le doti di un oratore già maturo e padrone delle tecniche retoriche: la prosa risulta armonica, anche se sintatticamente complessa. Molto efficace è l'arma del sarcasmo, nei ritratti caricaturali di Verre e dei suoi collaboratori e complici nel saccheggio, come anche la capacità di suscitare orrore per le loro azioni empie e disumane.

Seconda fase: i discorsi del console La prima orazione politica di Cicerone pretore fu pronunciata per appoggiare la proposta di attribuire a Pompeo l'*imperium* sui mari perché conducesse la guerra contro Mitridate, re del Ponto, e Tigrane, re d'Armenia (***De imperio Cn. Pompei***, del 66 a.C.). La sua attività come console nel 63 a.C. si apre invece con i quattro discorsi ***De lege agraria*** che intendevano bloccare la proposta di formare una commissione per studiare l'alienazione di beni demaniali e la fondazione di nuove colonie: Cicerone con queste orazioni si schierava in difesa degli interessi degli *optimates*, suoi grandi elettori, in opposizione alle istanze avanzate da una sorta di "riforma agraria", sostenuta dai *populares* e da sempre attesa dai ceti più svantaggiati fin dal tempo dei Gracchi. Certo il vertice più alto delle orazioni consolari è rappresentato dalle quattro ***Catilinarie***. La scoperta della congiura per tentare il colpo di stato mise Cicerone nella necessità di agire in fretta e con decisione, contravvenendo anche alle procedure previste per un processo contro cittadini romani: da questa grave situazione scaturirono i discorsi che il console tenne, in rapida successione, fra il novembre e il dicembre del 63 a.C., il primo e l'ultimo in senato, i due intermedi davanti al popolo. È stato notato (A. Von Albrecht) che le due coppie di discorsi si differenziano per la maggiore asciuttezza delle orazioni rivolte al popolo (cui doveva sostanzialmente illustrare i fatti) e la maggiore argomentazione di quelle rivolte al senato (dove si dovevano prendere le decisioni). Discorsi forti e decisi, sono tra le **orazioni politiche migliori** di Cicerone, in particolare la prima: egli ottenne così la fuga di Catilina, l'immediata condanna a morte dei suoi complici (dopo la drammatica seduta del senato del 5 dicembre, in cui si confrontarono Cesare e Marco Porcio Catone: ne ha lasciato una straordinaria rappresentazione Sallustio nel *De Catilinae coniuratione*), infine la sconfitta delle milizie dei rivoltosi.

Risale al periodo consolare anche la ***Pro Murena***, un'orazione giudiziaria vivace e a tratti spiritosa (nella critica all'eccessivo rigorismo degli stoici), con la quale Cicerone difende il console designato per l'anno successivo dall'accusa di brogli elettorali.

De lege agraria

le *Catilinariae*

la *Pro Murena*

Coppe in argento con scene dell'*Iliade*, I secolo d.C., Copenhagen, Nationalmuseet.

Terza fase: prima e dopo l'esilio, le orazioni della maturità Gli anni che seguirono al consolato videro Cicerone nel mirino dei *populares*, che avevano individuato in lui il rappresentante degli *optimates* e il principale ostacolo per la scalata al potere: tale tensione culminò – come sappiamo – nell'esilio del 58-57 a.C, dal quale ritornò trovando lo scenario politico profondamente mutato. A questo periodo, secondo molti studiosi, risalgono i discorsi più maturi di Cicerone, quelli in cui affrontò una grande varietà di cause e temi politici, con una padronanza oramai perfetta dell'arte oratoria. Ne ricordiamo alcuni, che si distinguono per la loro importanza di contenuti o di stile.

GLI SCONTRI POLITICI A ROMA

Gli scontri tra Clodio e Milone sono un esempio importante per figurarsi la vita politica di Roma, a tutti i livelli. Non vi fu solo infatti il dibattito in senato o nelle case patrizie private; o quello degli accordi segreti che portarono alle congiure, al cosiddetto triunvirato e così via; c'era anche un livello più basso e fazioso che portava alla creazione di bande armate fatte da privati cittadini, per lo più del ceto meno abbiente, che giravano per la città intimidendo la parte avversa sia facendo azione di disturbo durante i discorsi ufficiali, sia scontrandosi direttamente. Il clima di Roma non era dei più tranquilli in quegli anni.

Scena di vita nel foro di Pompei, I secolo a.C., Napoli, Museo Archeologico Nazionale.

Negli anni precedenti all'esilio sicuramente l'orazione più interessante è la ***Pro Archia*** (del 62 a.C.), scritta in difesa del poeta greco Archia di Antiochia, che era accusato di avere usurpato la cittadinanza romana. In questa orazione Cicerone inserisce un *excursus* sul valore della poesia e sull'utilità degli studi letterari, che costituisce la parte più significativa dell'orazione. Gli argomenti portati sul valore della poesia (che, nel caso di Archia, era servita per celebrare la grandezza di Roma) sono una prima riflessione sull'ideale di *humanitas* secondo l'interpretazione ciceroniana e sull'importanza dell'impegno culturale oltreché politico.

la *Pro Archia*

Al ritorno dall'esilio Cicerone scrisse due discorsi di ringraziamento (al senato e al popolo), che contengono un'appassionata difesa del proprio operato, ma anche l'orazione ***De domo sua***, pronunciata nel 57 a.C. di fronte al collegio dei pontefici: infatti Clodio, non contento di avere fatto abbattere la casa di Cicerone sul Palatino, aveva anche consacrato quel terreno con un tempio alla *Libertas*; Cicerone chiese (e ottenne) l'annullamento della consacrazione e la restituzione del terreno. Egli stesso considerò questo discorso tra i suoi migliori e lo propose come modello ai giovani studenti di oratoria.

la *De domo sua*

Orazione giudiziaria è invece la ***Pro Sestio*** (56 a.C.), con la quale l'oratore difese il tribuno della plebe Sestio, che lo aveva favorito nel suo rientro a Roma, dall'accusa di avere organizzato bande armate da contrapporre a quelle di Clodio. Questo discorso si allarga a una visione generale della situazione politica romana e indica il nuovo fine a cui mira il lavoro politico di Cicerone: il conseguimento di quel *consensus omnium bonorum* (accordo di tutti i cittadini moderati) che solo può difendere la repubblica, a suo parere, dai programmi eversivi dei *populares*. Sestio, appoggiato anche da Pompeo, fu assolto.

la *Pro Sestio*

Ancora appartenente a questa fase cronologica è la ***Pro Caelio*** (56 a.C.), un'orazione in difesa di Celio Rufo, in un primo tempo amante, poi nemico della celebre Clodia (probabilmente la Lesbia catulliana, sicuramente la sorella del suo nemico giurato Clodio), accusato dell'assassinio di un tal Dione, capo di un'ambasceria egiziana. Famosi sono i passi in cui Cicerone delinea un ritratto a tinte fosche della donna e dei degenerati costumi di vita dell'epoca, impiegando gli strumenti dell'ironia, poi del sarcasmo, in un crescendo che testimonia anche lo sfogo viscerale dell'oratore. Celio fu assolto.

la *Pro Caelio*

Veniamo quindi ai fatti drammatici che condussero al più importante processo di quegli anni, una vera e propria resa dei conti tra fazioni politiche e bande armate: il 18 gennaio del 52 a.C., lungo la via Appia, in uno scontro tra i seguaci di Milone (filopompeiano) e di Clodio (filocesariano), quest'ultimo rimase ucciso. Contro l'accusa di omicidio Cicerone assunse la difesa dell'amico Milone, che anni prima tanto si era impegnato per farlo tornare dall'esilio; ma il giorno del processo, spaventato dalle intemperanze dei clodiani presenti in aula, pronunciò un'orazione scialba e poco efficace, subendo uno dei pochissimi insuccessi giudiziari. Milone venne così condannato all'esilio e si recò a Marsiglia. Ciò spinse Cicerone a rivedere e riscrivere completamente l'orazione ***Pro Milone*** che, una volta pubblicata, risultò essere uno dei capolavori della sua arte oratoria (con grande rimpianto di Milone): non solo utilizzò tutti gli strumenti tesi a coinvolgere e commuovere l'uditorio (che culminano nella straordinaria perorazione finale), ma condusse un perfetto esempio di difesa «graduata» (A. Von Albrecht): Milone non ha premeditato lo scontro, che è stato innescato dai partigiani di Clodio; dunque non si è trattato di assassinio, ma di legittima difesa; comunque Clodio ha pagato per i suoi delitti e le sue gravissime colpe verso lo stato, tanto che Milone meriterebbe onori divini come tirannicida!

la *Pro Milone*

Quarta fase: le orazioni "cesariane" *Pro Marcello* (46 a.C.), *Pro Ligario* (46 a.C.), *Pro rege Deiotaro* (45 a.C.): sono le tre orazioni definite "cesariane", testimonianza della crisi politica di Cicerone che, da sempre sostenitore della repubblica aristocratica e di Pompeo, dopo la sconfitta di quest'ultimo a Farsalo, fu perdonato da Cesare e in qualche modo tentò di avvicinarsi al dittatore: per questo motivo i tre discorsi rivelano anche accenti scopertamente elogiativi. La prima ringrazia il dittatore per aver richiamato dall'esilio di Mitilene Marco Claudio Marcello, ex seguace di Pompeo; la seconda difende il pompeiano Ligario dall'accusa di alto tradimento da parte di un suo nemico, Elio Tuberone, strappando la grazia di Cesare; la terza, infine, difende un altro pompeiano, Deiotaro, tetrarca della Galazia, dall'accusa di attentato alla vita di Cesare.

la *Pro Marcello*

Fra le tre è la ***Pro Marcello*** a caricarsi di suggestioni e di sfumature più significative: anzitutto è un discorso pronunciato in senato (un ringraziamento) e non un'orazione giudiziaria; inoltre segna per Cicerone la ripresa dell'attività politica dopo un lungo silenzio; infine si nota come nel discorso, oltre a sviluppare l'argomento principale, l'oratore tenti un bilancio della cruenta guerra civile, riflettendo anche sulle ragioni della parte sconfitta (parla quindi anche di sé), e cerchi di guidare Cesare a riportare la concordia nello Stato attraverso il rispetto delle istituzioni repubblicane: un tentativo disperato, come avrebbero mostrato gli eventi successivi.

Quinta fase: l'ultima battaglia Cicerone accolse con gioia la notizia della morte di Cesare: era convinto di poter rientrare sulla scena politica e contribuire a restaurare l'autorità del senato e delle magistrature repubblicane; egli entrò con entusiasmo nella sua ultima battaglia politica, cercando di conquistare alla causa senatoria il giovane Ottaviano (figlio adottivo di Cesare) e individuando in Antonio il nuovo nemico della *libertas* repubblicana. Nascono così le infuocate ***Philippicae*** (2 settembre 44 - 21 aprile 43 a.C.): **quattordici orazioni politiche** scritte contro Antonio, alcune pronunciate in senato, altre di fronte al popolo; altre ancora (come la

LA REPUBBLICA NON DEVE FINIRE

A differenza di Silla, suo avversario all'inizio della carriera politica, un uomo più adulto del giovane Cicerone, Cesare fu per l'oratore un coetaneo, un uomo che viveva contemporaneamente a lui le vicende della politica e della cultura. È con questa "famigliarità" che considera la sua azione: «Cesare era per lui, [...] un vincitore provvisiono, uno che ancora poteva cadere. Non si sarebbe tuffato a capofitto nella lotta politica, alla fine suicida, contro Antonio se non avesse profondamente creduto che la normalità repubblicana poteva ricominciare, nonostante la serie di successi imprevedibili di quel suo coetaneo snob e avventuriero. Non ha capito il passaggio d'epoca, o forse, piuttosto, non si è rassegnato ad accettare che proprio Cesare ne fosse il protagonista e il beneficiario. Per questo non gli è apparsa insensata ma legittima, e soprattutto politicamente plausibile, l'iniziativa omicida dei "liberatori". Era "pronto" per essa».

L. CANFORA, *Cesare, il dittatore democratico*, Laterza, Roma-Bari, 2003[3], pp. 354-355

Statua ritratto di Giulio Cesare, I secolo a.C., Berlino, Altes Museum.

violentissima seconda orazione) circolarono scritte. Sono caratterizzate da **toni violenti, aggressivi e appassionati**: Cicerone incita il senato e il popolo romano a rivendicare la propria libertà contro le mire tiranniche di Antonio. Anche nel loro titolo, imposto ironicamente dall'autore nelle sue lettere, esse richiamano le invettive pronunciate dall'oratore greco Demostene contro Filippo di Macedonia in difesa della libertà della Grecia. Cicerone denuncia apertamente i vizi di Antonio, i suoi misfatti e le sue illegalità, attaccandolo quale tiranno dispotico, ubriacone e corrotto. Per tutta risposta Antonio inserì Cicerone nella lista di proscrizione e inviò i suoi sicari a decapitarlo presso Formia, il 7 dicembre del 43 a.C. Il progetto filosenatorio di Cicerone, che aveva tentato di salvare e ricostruire la vecchia repubblica aristocratica grazie alla *concordia ordinum*, era irrimediabilmente fallito. Tuttavia bisogna riconoscere il coraggio da lui mostrato nel momento più critico della sua vita, allorché, pur comprendendo il fallimento del suo progetto politico, nella terza *Filippica* (cap. 14) preannunciò che avrebbe bevuto con dignità l'amaro calice della sconfitta: «Che se per la repubblica è ormai giunto l'estremo destino, noi, che siamo i capi del mondo intero e di tutti i popoli, facciamo quello che fanno i gladiatori per soccombere con onore, cioè soccombiamo con dignità piuttosto che servire con disonore».

Non hominis nomen sed eloquentiae Il valore indiscusso della prosa oratoria di Cicerone fu efficacemente riassunto dal celebre giudizio di Quintiliano (il grande retore del I secolo d.C.): *Non inmerito ab hominibus aetatis suae regnare in iudiciis dictus est, apud posteros vero id consecutus ut "Cicero" iam non hominis nomen, sed eloquentiae habeatur*, «Meritatamente i suoi contemporanei dissero che egli era il principe del foro, ma presso i posteri egli ha ottenuto questo, che "Cicerone" non viene ritenuto il nome di un uomo, ma dell'oratoria in persona» (*Institutio oratoria* X, 1, 112). In un bilancio, sia pur sintetico, dei punti di forza della sua arte oratoria, bisogna fare riferimento ad alcuni essenziali elementi. Innanzitutto una grande **competenza giuridica** sostenuta da una vasta **preparazione culturale** (filosofica, storica, letteraria, ma anche tecnica in vari ambiti, per affrontare le cause civili), atta a costruire discorsi ben argomentati; a ciò si aggiunge l'**attenzione all'aspetto psicologico** delle cause o delle situazioni affrontate, che gli permette di toccare le corde giuste nei confronti dell'uditorio.

elementi dell'oratoria ciceroniana

Alla competenza tecnica si connette un'approfondita conoscenza e competenza nell'uso degli **strumenti retorici** (come vedremo, egli è stato anche autore di fondamentali opere teoriche a riguardo), finalizzate a raggiungere gli scopi di *docere, delectare* e *movere*, cioè informare e convincere, catturare l'attenzione e commuovere il pubblico o la giuria (vedi a tale proposito l'Approfondimento a p. 428); bene sintetizza M. Von Albrecht, sostenendo che Cicerone è maestro «nel conferire alla totalità del suo discorso una coloritura emotiva e nel sostenere in tal modo l'argomentazione razionale per mezzo di una suggestione che fa leva sugli affetti» (M. VON ALBRECHT, *Storia della letteratura latina*, Torino, Einaudi, 1995, vol. I, p. 573).

gli strumenti retorici

Cicerone, inoltre, impiegò uno **stile vario e duttile**, che andò al di là della schematica distinzione tra lo stile "asiano", rigonfio, e il più moderato stile "rodiese" (vedi p. 406); egli infatti adattò lo stile alla situazione e alternò passaggi magniloquenti e carichi retoricamente ad altri più brevi e stringenti, mostrando sempre una buona capacità di usare **l'umorismo**; sostiene infatti Cicerone: *Is est enim eloquens, qui et humilia subtiliter et alta graviter et mediocria temperate potest dicere* (*Orator*, 100), «Eloquente è colui che sa esprimere sia contenuti modesti con sottigliezza, sia quelli elevati con forza, sia quelli mediocri in tono medio»; l'unico modello stilistico da cui si tiene lontano è il disadorno stile "atticista".

lo stile

la struttura del discorso

Grande, poi, è la cura nell'**architettura formale del discorso**: la sintassi è articolata (prevale l'ipotassi) ma perfettamente gestita; i periodi sono armonici e caratterizzati da parallelismi, simmetrie, compattezza; la posizione delle frasi nel periodo e delle parole nella frase sono sempre studiate con attenzione e caratterizzate dall'**isocolìa** (cioè dalla corrispondenza fra due o più membri di un insieme); frequente è anche l'uso di accumulazioni graduate, che danno origine a *climax* coinvolgenti per l'ascoltatore; l'esito di questa architettura formale è la famosa ***concinnitas*** ciceroniana, cioè un'armoniosa simmetria del periodare.
Infine, emerge nelle sue orazioni l'abilità nell'inserire **digressioni** (come quella sulla letteratura nella *Pro Archia*), che sono sempre finalizzate allo scopo dell'orazione, ma la elevano all'interno di un quadro storico e culturale più ampio (per quanto riguarda l'aspetto ritmico della prosa ciceroniana e l'attenzione alle clausole, rimandiamo all'Approfondimento "*Numerus, clausula* e *cursus*", a p. 490).

IN SINTESI

■ Cicerone scrisse e pronunciò più di **100 orazioni**. Ne possediamo 58, di cui 28 di argomento politico e le altre giudiziarie. L'oratore stesso curò la loro pubblicazione, grazie anche all'aiuto del segretario Tirone e dell'amico Tito Pomponio Attico; le orazioni pubblicate sono però frutto di una successiva revisione del discorso effettivamente tenuto.

■ Il debutto in tribunale di Cicerone risale alla fine degli anni 80 a.C. (***Pro Sexto Roscio Amerino***). Grande notorietà diede al giovane Cicerone la **vittoria nel processo *de repetundis*** («per concussione») intentato dai Siciliani **contro Verre**.

■ Dopo avere sostenuto, come pretore, la necessità di attribuire a Pompeo l'*imperium* sui mari per condurre la guerra contro Mitridate, re del Ponto (***De imperio Cn. Pompei***, del 66 a.C.), la sua attività di console nel 63 a.C. si aprì con **quattro orazioni** che si opponevano a una proposta di riforma agraria, in difesa degli interessi degli *optimates*.

■ Il culmine delle orazioni consolari è rappresentato dalle **quattro *Catilinariae***, con cui svelò la congiura di Catilina, che mirava a un colpo di stato e ottenne la condanna dei congiurati. Discorsi forti e decisi, sono tra le orazioni politiche migliori di Cicerone. Risale al periodo consolare anche la ***Pro Murena***.

■ Nel periodo successivo all'esilio del 58-57 a.C. si collocano alcune tra le orazioni più mature di Cicerone, quelle in cui affrontò una grande varietà di cause e temi politici: la ***Pro Archia*** (del 62 a.C.), che presenta un fondamentale *excursus* sul valore della poesia e sull'utilità degli studi letterari (è un testo che contribuisce allo sviluppo dell'ideale dell'*humanitas*); la ***De domo sua***, pronunciata nel 57 a.C. per riottenere il terreno su cui sorgeva la sua casa, fatta abbattere da Clodio; la ***Pro Sestio*** (56 a.C.), che contiene un esame della situazione politica romana e indica il nuovo progetto politico di Cicerone, intorno al *consensus omnium bonorum* («accordo di tutti i cittadini moderati»); la ***Pro Caelio*** (56 a.C.), in difesa di Celio Rufo, in un primo tempo amante, poi nemico della celebre Clodia (probabilmente la Lesbia catulliana). Infine la ***Pro Milone*** (52 a.C.), riscrittura di una straordinaria orazione giudiziaria, ben diversa dal balbettante discorso che Cicerone pronunciò realmente in tribunale, per difendere Milone dall'accusa di avere assassinato Clodio.

■ Sono invece definite "cesariane" le tre orazioni ***Pro Marcello*** (46 a.C.), ***Pro Ligario*** (46 a.C.) e ***Pro rege Deiotaro*** (45 a.C.), che l'oratore pronunciò davanti a Cesare vincitore nella guerra civile. Nella *Pro Marcello*, che segna per Cicerone la ripresa dell'attività politica, egli tenta un **bilancio della cruenta guerra civile** e cerca di guidare Cesare al rispetto delle istituzioni repubblicane.

■ Dopo la morte di Cesare, Cicerone tentò di contribuire a restaurare l'autorità del senato e delle magistrature repubblicane; nell'ultima sua battaglia politica cercò di conquistare alla causa senatoria il giovane Ottaviano e individuò in Antonio il nuovo nemico della *libertas* repubblicana: nascono così le infuocate ***Philippicae*, quattordici orazioni politiche**.

■ **Punti di forza** dell'arte oratoria di Cicerone sono: una grande competenza giuridica sostenuta da una vasta preparazione culturale (filosofica, storica, letteraria); attenzione all'aspetto psicologico delle cause o delle situazioni affrontate; un'approfondita conoscenza e competenza nell'uso degli strumenti retorici, finalizzati a raggiungere gli scopi di *docere, delectare* e *movere*; l'impiego di uno stile vario e duttile; la capacità di usare l'umorismo; una grande cura nell'equilibrio e nell'architettura formale del discorso (*concinnitas*).

APPROFONDIMENTO

UNA FACCIA CHE PARLA

Maurizio Bettini nel suo studio sulla valenza antropologica dell'apparenza fisica di una persona in Roma, dedica una riflessione sulla bocca, che nel volto di un oratore è un mezzo non trascurabile di comunicazione.

Che cosa "vedevano" i Romani guardandosi l'un l'altro? La risposta non è difficile, in primo luogo essi vedevano una bocca: *os* è infatti l'espressione più comune in latino per designare il volto. La comparazione indoeuropea mostra che il significato primario di *os* è proprio quello di bocca – dunque il valore di *os* come volto costituisce un allargamento metaforico del valore originario. Nella terminologia di Benveniste, potremmo dire che il latino ha tratto la designazione del volto dalla significazione della bocca. Perché ha fatto proprio questa scelta? Dal punto di vista anatomico la bocca costituisce una parte importante del viso, certo: ma non l'unica, e non necessariamente quella che colpisce di più l'attenzione. Se dunque *os* è passato a occupare l'intero spazio semantico del volto, mettendo in ombra gli altri tratti, la spiegazione deve essere cercata al di là della materialità di due mobili labbra e della cavità che esse lasciano intravvedere. Ciò che è in gioco deve essere più il valore culturale di *os*, che quello, puramente anatomico, dell'organo "bocca". In effetti *os* si presenta come una parola fortemente connotata, la sua menzione evoca subito una delle capacità che meglio distinguono l'uomo dal resto dei viventi: il linguaggio. Per i latini, infatti, la connessione tra *os* da un lato e parole come *oro* o *orator* si presentava immediata. Ma anche prescindendo dalle speculazioni etimologiche sul rapporto tra *os* e *oro*, espressioni come *in ore esse* nel significato di "si parla molto di", *uno ore* nel senso "di comune accordo", *aperire ora* nel senso di "parlare", lasciano pochi dubbi a questo proposito: così come al grande quantità di passi in cui *os* viene usato sia nel senso di discorso sia in quello di suono della voce ovvero di pronunzia.
L'*os* prima di tutto è parola. Potremmo dunque suggerire l'ipotesi che il volto per i Romani, corrisponda alla bocca in quanto essa manifesta la capacità di parlare. È la prima parte del viso che mette in ombra tutto il resto e si assume il compito di definire l'apparenza facciale di una persona. Questo valore specificamente parlante del volto umano si comprende ancora meglio se si fa un parallelo tra *os* e la parola che specificamente si usa in latino per indicare il muso o il becco degli animali: *rostrum*. Proprio come nel caso di *os*, anche qui un termine che originariamente indica la bocca viene esteso a tutto il resto del volto, per designarlo in modo, diciamo, invasivo. Ma che tipo di bocca indica propriamente un *rostrum*? Una bocca "mangiante". Questa parola infatti deriva da *rodo*, cioè rodere , il *rostum* è la bocca in quanto *rodit*. In altre parole la bocca degli animali è direttamente ed esclusivamente un organo destinato a masticare cibo. L'animale è concepito come un essere bruto, mangiare è tutto ciò che sa fare: per cui la sua appartenenza facciale corrisponde esclusivamente a un'identità mangiante. Non così nel caso degli uomini, in cui la bocca destinata a designare il volto è la bocca dell'*oratio* e dell'*orator*: è una bocca in primo luogo parlante.

M. Bettini, *Guardarsi in faccia a Roma*, in Idem, *Le orecchie di Hermes*, Einaudi, Torino 2000, pp. 317- 318

Un oratore tiene un discorso, mentre uno degli astanti prende nota, II secolo d.C., Ostia, Museo Archeologico Ostiense.

LE OPERE RETORICHE

Un punto di approdo per la riflessione sulla parola

Il ruolo centrale che giocava la pratica dell'oratoria – cioè del discorso pubblico finalizzato a convincere una giuria, il popolo o il senato – oramai anche a Roma era sostenuto da una trattatistica retorica che già aveva segnato alcune tappe importanti, sulla scorta dei modelli greci: prima fra tutte, quella *Rhetorica ad Herennium* cui Cicerone stesso si era ispirato per comporre il suo giovanile *De inventione* (vedi p. 407). A partire da questi testi, Cicerone scrisse opere di retorica che divennero termine di confronto imprescindibile anche per le generazioni successive; la sua produzione maggiore si concentrò soprattutto in due momenti particolari della sua vita: al ritorno dall'esilio, quando diminuì notevolmente il suo peso politico nello stato, e durante la dittatura di Cesare, quando Cicerone apparve oramai decisamente escluso dal potere. È interessante notare che la sua produzione teorica si è addensata **nei momenti di esclusione dalla vita pubblica**, di sicuro per una sua maggiore disponibilità di tempo da dedicare allo studio e alla scrittura, ma anche nello sforzo – tutto ciceroniano – di migliorare e guidare la società romana attraverso la cultura, quando non era più possibile farlo attraverso l'azione politica.

Il *De oratore*, ovvero la natura dell'oratoria Al 55 a.C. risale la sua opera più originale, il ***De oratore***. È un lavoro vasto ed elaborato, in tre libri, scritto **in forma di dialogo platonico** e ambientato nella villa tuscolana dell'oratore Licinio Crasso, nell'anno 91 a.C. Già questi dati esterni impongono elementi di novità: Cicerone non compone un arido trattato tecnico, ma si ispira al modello del dialogo platonico per immergere la discussione sull'oratoria in un'ambientazione idealizzata, un convito di colti e raffinati oratori della generazione precedente, gli ultimi a vivere entro un clima di stabilità della repubblica (così almeno immaginava Cicerone), prima che esplodesse lo scontro tra Mario e Silla. I due interlocutori principali sono lo stesso Crasso e Marco Antonio, maestri d'eloquenza del giovane Cicerone.

il *De oratore*

IL DIRITTO DI PAROLA

Esprimere la propria opinione pubblicamente non era un privilegio di tutti. In senato chi possedeva l'autorità più alta parlava per primo, senza avere limiti di tempo o dover essere interrotto. Poi seguivano, ad esempio, gli ex consoli, gli ex pretori e così via. Se chiamati in causa, senza essere insigniti di una particolare autorità, si poteva fare un intervento, ma senza diritto di replica. Accadeva così molto spesso che i senatori esprimessero il proprio parere solo spostandosi a piedi da una parte all'altra del senato (*pedarii*) dando così il proprio voto a una o all'altra proposta avanzata da senatori più anziani o autorevoli. Così, dei seicento membri del senato, poteva parlare liberamente solo una decina di persone.

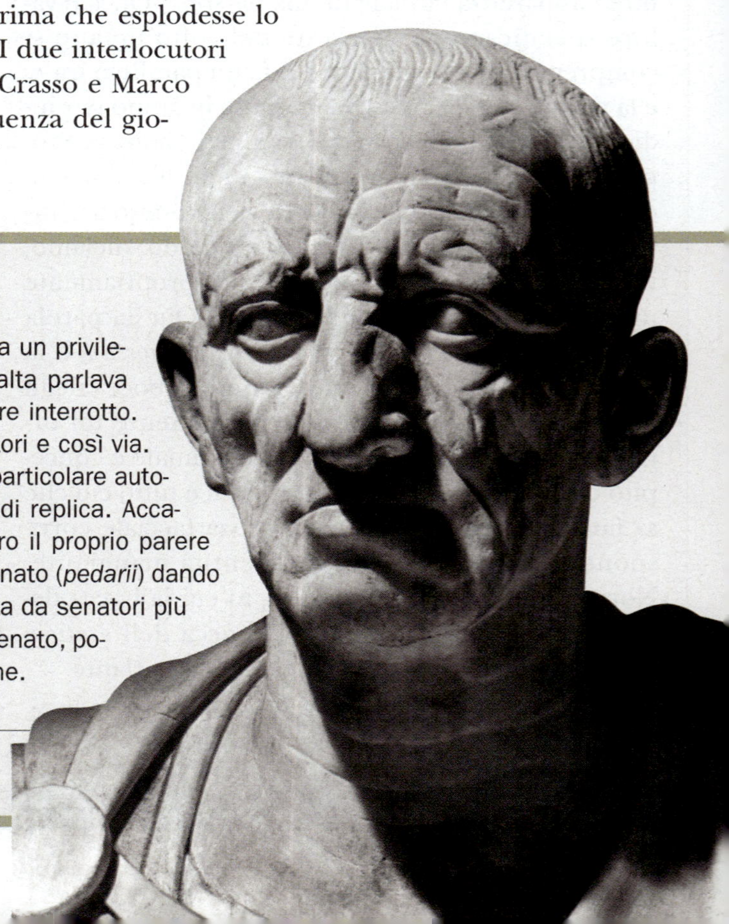

Statua ritratto di patrizio romano, I secolo d.C., Roma, Museo Torlonia.

In sintesi, si può dire che da questo dialogo emerge l'ideale ciceroniano di un oratore che non basa la propria formazione solo sull'acquisizione di una tecnica, ma deve essere **dotato di una cultura versatile e vasta**, che comprende la storia, la filosofia, la giurisprudenza, la letteratura e gli elementi basilari delle discipline più disparate. Questo bagaglio culturale deve però sempre accompagnarsi al possesso, da parte dell'oratore, di virtù tipiche del *mos maiorum*, quali la ***probitas*** e la ***prudentia*** («integrità morale» e «avvedutezza nella vita pratica»), per evitare che egli influisca negativamente e pericolosamente sulle masse degli ascoltatori.
A ben vedere, il ragionamento ciceroniano è profondamente debitore al precetto catoniano, in base al quale l'oratore deve essere un *vir bonus, dicendi peritus* («un uomo onesto, esperto nell'arte del dire»). Attraverso questa via l'oratore ideale coincide con il politico ideale.

I CONTENUTI DEL *DE ORATORE*

Nel I **libro** essi discutono anzitutto sulla **natura dell'*ars dicendi*** e sulle **doti dell'oratore ideale**. La tesi che sostiene Antonio è quella secondo cui l'eloquenza è un dono naturale (*ingegnum*), che può essere arricchito e affinato con l'esperienza, mentre a poco servono la cultura filosofica e quella scientifica. Invece per Crasso – che in maniera più completa rappresenta il pensiero di Cicerone – il vero oratore deve acquisire una **vasta cultura generale**, specialmente politica e filosofica, e deve possedere alcune doti indispensabili accanto all'ingegno naturale, quali una spiccata intelligenza e fantasia, una solida memoria e l'amore per l'arte. In particolare, è fondamentale per la sua preparazione la **filosofia morale**, che da una parte permette di conoscere a fondo la natura umana ed è essenziale per influire con efficacia sull'animo degli ascoltatori, dall'altra è anche un mezzo per educare l'oratore ad apprezzare e a rispettare i principi di valore sui quali è fondato lo stato romano.

Nel **II** e nel **III libro** sono esposte **le tecniche e i principi** dell'arte oratoria: vengono approfonditi i temi dell'*inventio* («rintracciare gli argomenti più adatti»), della *dispositio* («saper elaborare il discorso»), dell'*elocutio* («lo stile»), della *memoria* («la capacità di ricordare»), dell'*actio* (la «recitazione», ovvero la voce e la gestualità, i mezzi per presentare con efficacia le argomentazioni, vedi l'Approfondimento a p. 428). Una particolare e originale attenzione è prestata nel II libro all'uso dell'**ironia** nelle orazioni (*de ridiculis*), che contraddistingue l'oratoria di Cicerone e la differenzia dal suo principale modello, l'oratore greco Demostene; nel III libro, invece, approfondisce anche il tema dell'*ornatus*, cioè l'elaborazione artistica del materiale e l'uso delle figure retoriche.

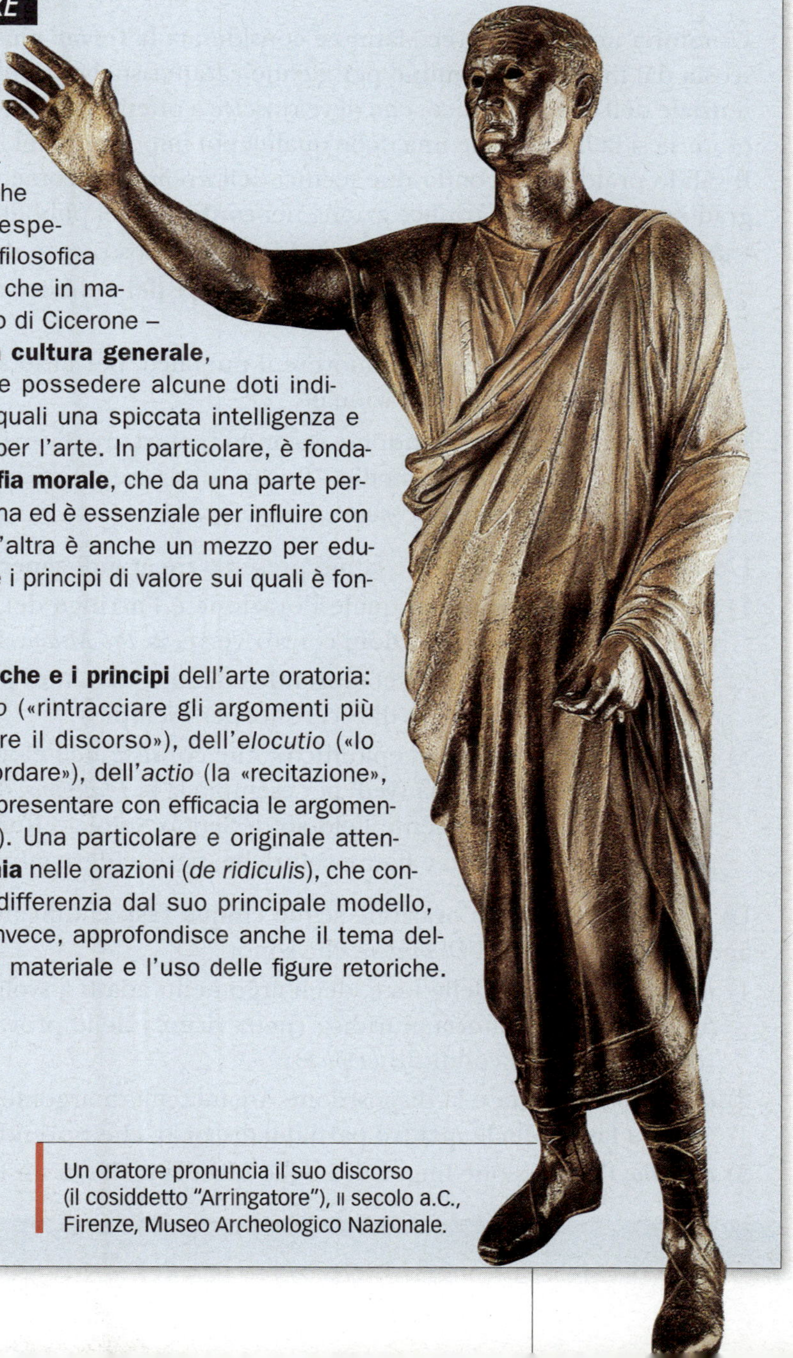

Un oratore pronuncia il suo discorso (il cosiddetto "Arringatore"), II secolo a.C., Firenze, Museo Archeologico Nazionale.

Una storia dell'eloquenza: il *Brutus* Nel 46 a.C. fu composto invece il ***Brutus***, uno **studio sulla storia dell'eloquenza latina**, anch'esso **in forma dialogica** e ambientato nella villa tuscolana di Cicerone, che partecipa al dibattito con l'amico Pomponio Attico e Marco Giunio Bruto (uno dei futuri uccisori di Cesare, nonché dedicatario dell'opera). Il dialogo inizia con un *excursus* sulla storia dell'eloquenza greca, per poi passare allo sviluppo dell'eloquenza romana, dalle origini fino all'epoca a loro contemporanea, ricostruita attraverso sintetiche e acute intuizioni che permettono di cogliere i caratteri di moltissimi oratori latini (ne vengono citati circa 200). Al termine di questo percorso Cicerone pone anzitutto l'opera di Quinto

APPROFONDIMENTO

I GENERI DELL'ORATORIA E LA STRUTTURA DELL'ORAZIONE

L'oratoria nel mondo greco-latino è considerata **la forma più alta di prosa d'arte**: una prosa che si discosta dal linguaggio comune per alcune caratteristiche peculiari. A Roma essa diviene strumento essenziale dell'uomo politico, che deve riuscire a ottenere il consenso attorno alle sue proposte e l'abilità oratoria si fa largo come una delle qualità più importanti del *civis*.

Il valido oratore – secondo due tecnici dell'*ars oratoria* come Cicerone e Quintiliano – deve essere in grado di svolgere una triplice azione nei confronti del pubblico:

- ***docere et probare***, cioè informare l'uditorio e dimostrare in modo convincente la propria tesi;
- ***delectare***, cioè catturare l'attenzione e il favore del pubblico attraverso un discorso piacevole e artisticamente pregevole;
- ***movere*** (o ***flectere***), cioè commuovere il pubblico, per farlo aderire alla tesi esposta a livello emotivo prima ancora che a livello razionale.

A queste tre azioni corrispondono, secondo i retori, tre diversi **livelli stilistici** (uno stile **umile**, dimesso, lineare per *docere*; uno stile **medio**, "fiorito" di figure retoriche, per *delectare*; uno stile **sublime**, capace di muovere le emozioni, per *movere*).

L'oratoria del mondo greco e latino presenta **tre grandi generi** (distinti e descritti da Aristotele):

1) il **genere giudiziario**, nel quale l'orazione è l'arringa del difensore o dell'accusatore (per usare esempi ciceroniani: le orazioni contro Verre, la *Pro Milone*, la *Pro Celio*, la *Pro Sestio*...);
2) il **genere deliberativo**, che comprende i discorsi di natura politica di fronte al senato o al popolo (le *Catilinariae* o le *Philippicae* di Cicerone, per esempio);
3) il **genere dimostrativo** (o epidittico), che consiste nell'elogio di persone vive o morte, benemerite nei confronti della patria (vedi per esempio la IX *Philippica* di Cicerone, che è una vera e propria orazione epidittica contenente l'elogio di Sergio Sulpicio Rufo); ovviamente quest'ultimo è il genere più ricco di ornamenti e figure retoriche, perché deve mirare anzitutto a *delectare*.

La preparazione di un'orazione segue **cinque fasi**, codificate dalla *Rhetorica ad Herennium* e riprese anche da Cicerone nel *De oratore*, che sono:

1) ***inventio***, la ricerca delle idee, degli argomenti adatti a svolgere la tesi prefissata; ha importanza soprattutto per l'oratoria giuridica (nella ricerca delle prove) e spesso attinge a repertori di luoghi (cioè argomenti) codificati (*topica*);
2) ***dispositio***, la scelta e la disposizione organizzata di argomenti e ornamenti all'interno del discorso (questa fase tratta le quattro parti del discorso, che riprenderemo sotto);
3) ***elocutio***, l'espressione linguistica delle idee, la scelta di un lessico appropriato, di un'efficace dispo-

Ortensio Ortalo (che era morto da pochi anni), presentato come il maggiore esponente dell'oratoria in stile «asiano» (vedi p. 405), per poi introdurre se stesso come esito più alto e maturo di questo percorso. Proprio in questo passaggio il dialogo svela un suo scopo implicito: Cicerone, con la sua autoesaltazione, risponde anche alle critiche che gli erano mosse dalla nuova generazione di oratori, che aderivano alla prosa asciutta, razionale ed essenziale della linea «atticista», sul modello di Lisia (vedi p. 408), e rinfacciavano al grande avvocato uno stile troppo legato all'enfasi patetica, all'uso delle figure retoriche e della prosa ritmica. Cicerone risponde **esaltando l'originalità e la libertà del suo stile**, e valorizzando gli aspetti che lo caratte-

Hermes, dio preposto alla comunicazione di messaggi, I secolo a.C., Pompei, casa di Lucrezio Frontone, Soprintendenza Archeologica.

sizione sintattica, di opportuni artifici retorici; su questo passaggio, in particolare, si scontrano diverse correnti di pensiero greche trapiantate a Roma (come asiani e atticisti);

4) ***memoria***, le tecniche di memorizzazione del discorso da recitare (ma finalizzate anche a ricordare le parole degli avversari, per controbatterle);
5) ***actio***, la declamazione del discorso, accompagnata da un'opportuna modulazione della voce e dalla gestualità adeguata.

La seconda fase di preparazione dell'orazione, cioè la *dispositio*, affronta la **struttura del discorso**, che presenta uno schema rigido al quale si è sempre attenuta l'oratoria giudiziaria (mentre gli altri due generi hanno mostrato una maggiore libertà di disegno); le quattro parti del discorso sono:

1) ***exordium***, l'introduzione con cui l'autore cerca di accattivarsi subito l'interesse dell'uditorio (rientra nell'esordio la tecnica della *captatio benevolentiae*); di solito è carico di ornamenti, perché mira a *delectare* e *movere*;
2) ***narratio***, l'esposizione dei fatti, che mira a *docere* l'uditorio, a informarlo dei fatti; è in stile semplice, chiaro; può seguire l'*ordo naturalis* (narrazione degli avvenimenti in ordine cronologico, dall'inizio alla fine della vicenda) oppure l'*ordo artificialis* (con un inizio a effetto *in medias res*, nel cuore della vicenda che viene affrontata);
3) ***argumentatio*** (***demonstratio***), è la dimostrazione delle prove atte a sostenere i fatti ricostruiti o la tesi appena esposta: rappresenta il cuore del discorso, la sua parte più importante, e deve essere la più convincente; di solito comprende due fasi: la *confirmatio*, che è la presentazione degli argomenti addotti dall'oratore a sostegno della propria tesi, e la *refutatio*, cioè la confutazione delle prove e degli argomenti addotti dall'avversario;
4) ***peroratio***, la conclusione del discorso, alla quale è affidato il compito di muovere gli affetti: l'oratore mette qui in gioco tutti i procedimenti atti a sviluppare il *pathos* nell'ascoltatore, e si conclude proprio con un appello ai giudici o al pubblico.

L'oratore spesso ricorreva anche alla tecnica dell'*amplificatio*, che permetteva di amplificare la propria tesi attraverso l'impiego di una serie di *loci communes* (*exempla* storici, riflessioni morali...), codificati in apposite raccolte o nelle orazioni fittizie, di scuola, come le esercitazioni di Seneca il Vecchio (I secolo a.C. - I secolo d.C.).

rizzano: la cura formale, la varietà dei toni, le figure retoriche di pensiero e di parola, l'armonica costruzione del periodare, il ricorso ad argomentazioni filosofiche e storiche, la scelta di un lessico rigoroso e musicale, il giusto ritmo delle clausole (le cadenze armoniose in fine di periodo), nonché l'abilità nel *movere* le emozioni degli ascoltatori. Il suo modello principale è l'altro grande oratore ateniese, Demostene, che non può essere ingabbiato nella definizione di uno stile, ma è libero e flessibile in base alle cause e ai temi che vengono di volta in volta affrontati.

L'*Orator*: un trattato sullo stile Ancora nel 46 a.C. scrive l'***Orator***, un trattato nuovamente dedicato a Bruto e finalizzato all'**esame dello stile oratorio**. Se gli scopi cui l'oratore deve mirare sono tre, cioè *probare* o *docere* («argomentare la tesi in modo adeguato»), *delectare* («intrattenere gli ascoltatori con un eloquio esteticamente apprezzabile»), *flectere* o *movere* («suscitare emozioni»), l'oratore ideale deve conoscere alla perfezione tutti i diversi registri di stile, che si legano in prevalenza ai tre scopi individuati: per argomentare è opportuno impiegare uno stile *humile* («umile»), per intrattenere l'uditorio uno stile *medium* («medio»), mentre per commuovere o infuocare bisogna saper impiegare uno stile *grande* («sublime»), particolarmente utile per la perorazione che chiude l'orazione (su questi temi tecnici vedi anche l'Approfondimento "I generi dell'oratoria e la struttura dell'orazione", a p. 428).

IN SINTESI

■ Cicerone scrisse opere di argomento retorico soprattutto in due momenti particolari della sua vita – dopo il ritorno dall'esilio e durante la dittatura di Cesare – nello sforzo di **migliorare e guidare la società romana** attraverso la cultura, quando non era più possibile farlo attraverso l'azione politica.

■ Al 55 a.C. risale la sua opera più originale, il ***De oratore***, in tre libri: si tratta di un **dialogo platonico** ambientato nella villa tuscolana dell'oratore Licinio Crasso, nell'anno 91 a.C.; i due interlocutori principali sono lo stesso Crasso e Marco Antonio, maestri d'eloquenza del giovane Cicerone.

■ Nel I libro essi discutono sulla **natura dell'*ars dicendi*** e sulle **doti dell'oratore ideale**: contro la tesi secondo cui l'eloquenza è un dono naturale (*ingegnum*), Crasso – portatore del pensiero di Cicerone – sostiene che il vero oratore deve acquisire una **vasta cultura generale**, specialmente politica e filosofica, e deve possedere intelligenza e fantasia, solida memoria e amore per l'arte; in particolare, è fondamentale per la sua preparazione lo **studio della filosofia morale**.

■ Nel II e nel III libro sono esposte **le tecniche e i principi dell'arte oratoria**: vengono approfonditi i temi dell'*inventio* («rintracciare gli argomenti più adatti»), della *dispositio* («saper elaborare il discorso»), dell'*elocutio* («lo stile»), della *memoria* («la capacità di ricordare»), dell'*actio* (la «recitazione», ovvero la voce e la gestualità, i mezzi per presentare con efficacia le argomentazioni).

■ Da questo dialogo emerge l'ideale ciceroniano di un **oratore dotato di cultura versatile e vasta**; ma questo bagaglio culturale deve fondarsi anche sul possesso di virtù tipiche del *mos maiorum*, quali la ***probitas*** e la ***prudentia*** («integrità morale» e «avvedutezza nella vita pratica»).

■ Nel 46 a.C. fu composto il ***Brutus***, uno **studio sulla storia dell'eloquenza latina**, anch'esso **in forma dialogica** e ambientato nella villa tuscolana di Cicerone, che partecipa al dibattito con l'amico Pomponio Attico e Marco Giunio Bruto: al termine di questo percorso storico, Cicerone implicitamente colloca se stesso come esito più alto e maturo dell'oratoria latina. Con questa **autoesaltazione** egli mira a rispondere anche alle critiche che gli erano mosse dalla nuova generazione di oratori "atticisti".

■ Ancora del 46 a.C. è l'***Orator***, un trattato finalizzato all'**esame dello stile oratorio**; l'oratore ideale deve conoscere tutti i diversi registri di stile, che si legano in prevalenza ai tre scopi fondamentali delle orazioni: per argomentare è opportuno impiegare uno stile *humile* («umile»), per intrattenere l'uditorio uno stile *medium* («medio»), mentre per commuovere o infuocare bisogna saper impiegare uno stile *grande* («sublime»).

LE OPERE POLITICHE

Il *De re publica*: i dati esterni Cicerone iniziò a scrivere le sue opere politiche negli anni dell'accordo segreto tra Cesare, Pompeo e Crasso, sotto la spinta degli avvenimenti che si verificarono nello stato romano in seguito all'irreversibile crisi delle sue istituzioni, caratterizzata da atti illegali e da scontri armati fra bande opposte in una situazione di sostanziale anarchia, come dimostrò anche l'uccisione di Clodio da parte di Milone nel 52 a.C. La situazione lo relegava in posizione secondaria nella vita dello stato, ma l'intenso lavoro di teoria politica che egli svolse in quegli anni fu la sua personale **risposta alla grave crisi politica, morale e istituzionale** che si stava verificando nello Stato romano: stava crollando quella *res publica* aristocratica nella quale Cicerone aveva sempre creduto e attraverso i suoi scritti lottò per ribadirne la necessità.

il *De re publica*

Fra il 54 e il 51 a.C. lavorò intensamente per comporre un **trattato di filosofia politica in sei libri**, il ***De re publica*** («Lo stato»), che in forma di dialogo platonico affrontava i problemi dello stato e della costituzione romana, richiamandosi appunto al celebre testo di Platone dal titolo omonimo. L'opera è molto lacunosa: ne rimane soltanto un quarto, nonostante la ricerca approfondita che gli umanisti e gli studiosi delle epoche successive fecero per ritrovarla integra. Solo nel 1820 il gesuita bergamasco Angelo Mai ritrovò un palinsesto – sia pure molto rovinato – nella biblioteca Vaticana di Roma (e Giacomo Leopardi celebrò questa scoperta con la famosa canzone *Ad Angelo Mai*). Sulle parti perdute è importante il contributo di autori cristiani antichi (come Lattanzio e Agostino), che aiutano a ricostruire il contenuto.

I PALINSESTI

Durante il tardo antico e il Medioevo, per la mancanza di carta pergamena accadde che venissero utilizzati codici scritti in precedenza con opere più antiche per scrivervi opere nuove. Veniva eraso l'inchiostro del precedente manoscritto e si scriveva sulla pagina così "ripulita" una nuova opera. Angelo Mai individuò questo procedimento e recuperò il testo del *De re publica* cercando di leggere quanto era scritto nella parte sottostante; dopo questo caso, naturalmente ne vennero altri e si riuscirono a ricuperare molti testi classici.

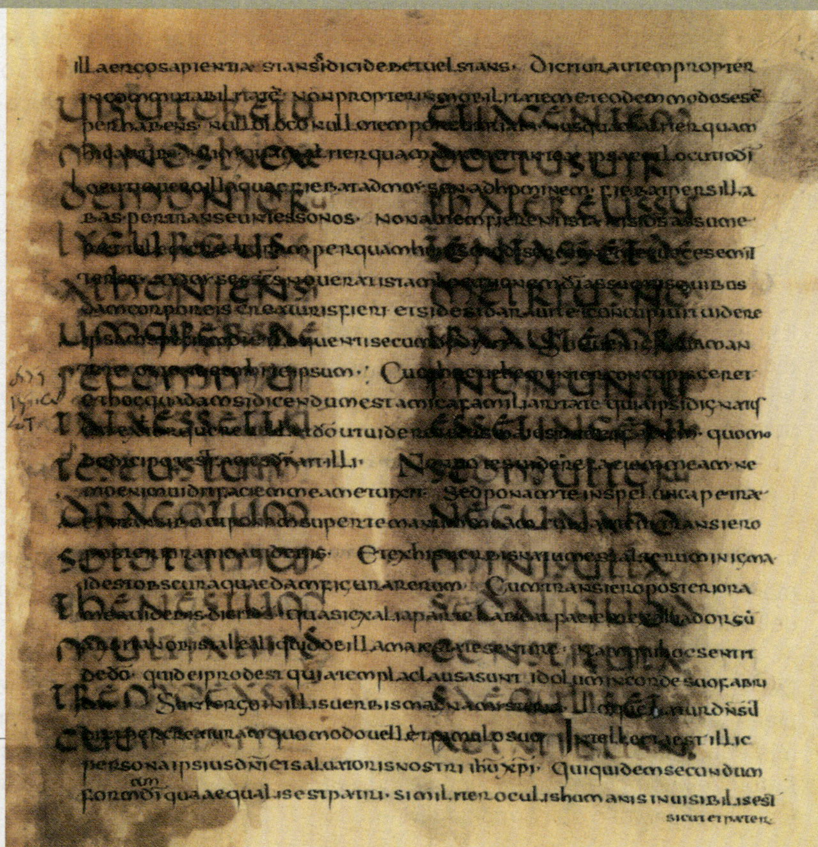

Palinsesto del *De republica* di Cicerone, scoperto da Angelo Mai, Città del Vaticano, Biblioteca Apostolica Vaticana.

un dialogo platonico

Il contenuto dell'opera

Come si è detto, la veste che Cicerone scelse per la sua grande opera politica è quella del **dialogo platonico**, i cui protagonisti e la cui ambientazione non sono di secondaria importanza. Infatti le conversazioni – che sono tre, narrate ognuna in due libri dell'opera – sono ambientate nel 129 a.C. **nella villa suburbana di Scipione Emiliano** e avvengono fra alcuni membri della sua cerchia, come il fidato amico Lelio, Furio Filo, Elio Tuberone, Mucio Scevola l'Augure e altri. Il padrone di casa appare come il vero protagonista dell'opera: l'Emiliano era uno degli uomini politici della storia romana che Cicerone più ammirava, fino a identificare nella Roma dei suoi anni una sorta di "età dell'oro" per le istituzioni repubblicane. Com'è stato notato, anche la data individuata non è casuale: il dialogo è collocato negli ultimi giorni di vita di Scipione Emiliano (una profezia sulla sua prossima morte appare anche nel *Somnium Scipionis* del libro VI), per potenziare il valore del messaggio, quasi a trasformarlo in una sorta di testamento spirituale e politico.
A differenza dell'opera platonica, che verte sullo studio dello stato ideale, il dialogo ciceroniano sviluppa un discorso teorico finalizzato ad affrontare i **concreti problemi istituzionali dello stato** romano. Eccone in breve il contenuto.

I CONTENUTI DEL *DE RE PUBLICA*

Il **I libro** presenta Scipione che, prendendo le mosse dal pensiero aristotelico, delinea le tre **principali forme di governo**, ovvero monarchia, aristocrazia («governo dei migliori») e democrazia, che tuttavia sono giudicate come inevitabilmente soggette a degenerare nelle rispettive forme "estreme" della tirannide, dell'oligarchia («governo dei pochi») e della demagogia o oclocrazia («governo della feccia» del popolo). Per questo la miglior forma di governo è la **costituzione "mista"**, che collega in modo interdipendente le tre costituzioni pure in una forma statale equilibrata, tale da prevenire le tendenze degenerative: lo stato romano rappresenta la migliore realizzazione storica della forma "mista", infatti in esso l'elemento monarchico si rispecchia nel consolato, l'elemento aristocratico nel senato e quello democratico nei comizi popolari.

Nel **II libro** Scipione illustra un'altra ragione fondamentale della superiorità storica della costituzione romana (rispetto, per esempio, a quelle greche), in quanto essa non è opera di un solo uomo, ma si è formata nel corso di più generazioni e grazie al contributo delle più eminenti personalità, in una sorta di grande **realizzazione collettiva**.

Il **III libro** affronta invece il **tema della giustizia**, che è la virtù politica più preziosa, vero fondamento dello stato; a questo punto però Furio Filo espone la tesi del filosofo greco Carneade, secondo cui i Romani, sostenendo la tesi della "guerra giusta", avevano in realtà sottomesso i popoli più deboli e dominato il mondo con l'imperialismo; è Lelio che si occupa di confutare questa posizione.

Il **IV libro** tratta il tema dell'**educazione dei buoni cittadini** e l'integrità dei *mores antiqui*.

Il **V libro**, in gran parte perduto, affronta il delicato **tema del "governante perfetto"**: è una sezione dell'opera molto lacunosa, che ha dato adito a diverse interpretazioni (come vedremo in seguito) a causa dell'introduzione della figura di un *princeps*.

Del **VI libro** è giunta soltanto la parte conclusiva, contenente il celebre ***Somnium Scipionis*** («Il sogno di Scipione»): l'Emiliano vede in sogno l'antenato Scipione l'Africano che gli preannuncia gloriose imprese future e la misteriosa morte, svelandogli la sorte beata che nell'aldilà attende i governanti onesti degli stati, ossia i benefattori della propria patria; infine descrive la struttura del cielo e del sistema planetario, con la terra al centro di un cosmo pervaso dall'armonia divina.

I nodi politici del *De re publica* I temi trattati da Cicerone, che rivelano una notevole profondità speculativa, ma anche una grande attenzione alla situazione concreta, richiedono l'approfondimento di alcuni punti chiave.

il rapporto con Polibio

Anzitutto bisogna osservare che la riflessione sulla forma di governo più durevole e perfetta è ripresa qui dall'opera dello **storico greco Polibio** (vedi p. 340) il quale, a partire dalla teoria aristotelica della degenerazione delle forme semplici di governo (*commutatio* o *anaciclòsi*) aveva individuato la **superiorità della costituzione mista di Roma**: Cicerone sembra coglierne la perfetta realizzazione proprio nell'epoca del cosiddetto "circolo degli Scipioni", di cui i protagonisti del dialogo, l'Emiliano e Lelio (insieme allo stesso Polibio), furono parte attiva. Nel *De re publica,* tuttavia Cicerone corregge la teoria polibiana e sottolinea come l'equilibrio delle tre forze, consolare, aristocratica e popolare, non sia totale: l'elemento popolare infatti è guardato con un certo sospetto, come portatore di irrazionalità e disordini; mentre la garanzia dell'ordine e del funzionamento dello stato dovrebbe poggiare soprattutto sulla collaborazione tra senato e consoli, in una **visione aristocratica e conservatrice**. D'altra parte, già nelle orazioni politiche Cicerone aveva espresso la necessità dell'impegno comune delle classi più alte che, superando le faziosità, dovevano credere nelle magistrature collegiali dello stato, soprattutto nell'autorità del senato e dei consoli. Nella *Pro Cluentio* (66 a.C.) attraverso la formula della *concordia ordinum,* aveva indicato la necessità che le classi sociali maggiori – *optimates* ed *equites* – facessero prevalere l'interesse della collettività a quello proprio, mirando concordemente al comune obiettivo della pace sociale. Qualche tempo dopo, nella *Pro Sestio* (56 a.C.), Cicerone aggiungeva che il mantenimento dell'ordine repubblicano doveva essere raggiunto attraverso il *consensus omnium bonorum,* allargando il concetto di *optimus civis* a tutti coloro che potevano credere nella repubblica oligarchica, pur non necessariamente di estrazione nobiliare. Il progetto politico di Cicerone si è andato quindi costruendo con sempre maggiore specificità, mirando all'impegno civile non solo dell'oligarchia tradizionale, quanto piuttosto dei ceti possidenti, con il chiaro scopo del **mantenimento delle istituzioni repubblicane** attuali.

una visione conservatrice

La cosiddetta "Dea Barberini", probabilmente personificazione di Roma, IV secolo a.C. (rimaneggiato nel XVII secolo), Museo Nazionale Romano.

la giustificazione dell'imperialismo romano

Seconda questione aperta, tanto che Cicerone vi dedica quasi un libro, è quella della **giustizia applicata all'imperialismo romano**: in una famosa conferenza pronunciata Roma nel 155 a.C. durante un'ambasciata, il filosofo accademico Carneade aveva sostenuto proprio la tesi della mancanza di un fondamento naturale per la giustizia: le leggi mutano in base ai popoli e alle epoche; ciò che ciascuno cerca non è la giustizia, ma il meglio per sé (singolo individuo o popolo che sia). Dunque anche la conquista romana nasce dalla sete di dominio, non può essere contemplabile alcuna idea di "guerra giusta". Cicerone, attraverso le parole di Lelio, tenta una risposta articolata a queste accuse, sostenendo l'**esistenza di una base naturale per la giustizia**, nonché l'azione positiva (quindi moralmente accettabile) di un impero che porta leggi civili anche agli altri popoli: una sorta di **giustificazione dell'imperialismo romano**, come si vede, che andrebbe a vantaggio anche delle genti sottomesse.

il tema del *princeps*

Infine, molto delicato appare il **tema del *princeps***, che viene introdotto nel V libro: lo stato frammentario del testo ha spinto gli studiosi a costruire più di una ipotesi per interpretare il ruolo di questa figura. Alcuni hanno espresso la tesi che Cicerone con l'introduzione del *princeps* abbia previsto in qualche modo la svolta "augustea" nel controllo dello stato romano; ma appare più convincente la tesi di chi legge in questa figura (definita da Cicerone anche *optimus rector* o *moderator rei publicae*) l'**incarnazione del governante ideale**, un leader prestigioso (o anche più leader, uniti in una *élite* aristocratica), che guidi rettamente lo stato nella giustizia, per il bene pubblico e non per il proprio interesse personale. Dentro questa visione idealizzata è certo che Cicerone leggesse la figura di Scipione Emiliano, come dimostra il finale "celeste" dell'opera (il *Somnium Scipionis*), ma non è escluso che su questo ritratto cercasse di proiettare anche la propria esperienza di uomo di Stato.

il *Somnium Scipionis*

Quanto poi al ***Somnium Scipionis***, che merita un discorso a sé (vedi il Percorso p. 497), esso si poneva in parallelo al finale della *Repubblica* platonica, che terminava con il racconto del mito di Er, costruendo anche in questo caso una scena visiona-

Commento di Macrobio al *Somnium Scipionis* di Cicerone, V secolo d.C., Parigi, Biblioteca Nazionale.

LE FONTI DI CICERONE

Per affrontare il racconto del *Somnium Scipionis*, Cicerone ha dovuto attingere alla letteratura geografica e astronomica, ma soprattutto a una massiccia produzione filosofica, i cui principali filoni sono la tradizione orfico-pitagorica, Platone soprattutto, ma anche Aristotele e i pensatori stoici.

Il suo abituale atteggiamento eclettico lascia aperte alcune incongruenze o imprecisioni nell'uso di questo materiale, messe in rilievo dai commentatori. Cicerone peraltro non fu mai un sistematico nella trattazione filosofica, ma usò le argomentazioni che di volta in volta gli servivano per conseguire il suo scopo: difendere l'azione dell'uomo politico rivolta al bene dello stato, all'interno di quella *libertas* repubblicana di cui sta per giungere la fine.

ria e filosofica al tempo stesso. Nel corso del sogno Scipione veniva portato in alto a guardare la piccolezza della Terra dalle sfere celesti; il grandioso scenario descritto rendeva possibile il confronto tra l'agire individuale e la struttura dell'universo: quale valore poteva avere in quel contesto la ricerca della gloria personale? A fronte della grandiosità dell'universo, ma anche della precarietà del mondo e della storia, l'ambizione dell'uomo politico si svuotava di senso ed era superabile solo nella **tensione ad aderire all'ordine universale** e a realizzarlo nella ricerca del bene comune e nel servizio alla collettività.
Il dialogo sullo stato trovava così una conclusione alta, che collocava l'agire individuale in relazione all'equilibrio universale e dava una sorta di celebrazione celeste all'uomo politico ideale.

Il *De legibus*: uno studio del diritto romano Negli anni 52-51 a.C. venne scritto l'altro trattato politico ciceroniano, il ***De legibus*** («Le leggi»), che idealmente avrebbe dovuto completare il *De re publica*, così come aveva fatto Platone, scrivendo le *Leggi* dopo la *Repubblica*. Ne sono giunti tre libri, ma **l'opera non fu terminata**. Essa sviluppa un **dialogo** avvenuto nella villa ciceroniana di Arpino fra Cicerone stesso, il fratello Quinto e Pomponio Attico sull'origine naturale del diritto, sull'evoluzione storica della legislazione pubblica, civile e religiosa e sui doveri dei magistrati e dei cittadini. La visione giuridico-politica dell'autore, quale emerge dal dialogo, è quella di un conservatore moderato che, esaminando e commentando molteplici leggi del diritto romano, mostra di apprezzare e amare la civiltà giuridica dei suoi antenati, sulla quale si era fondata la grandezza di Roma.

IN SINTESI

- Cicerone iniziò a comporre le sue opere politiche negli anni della **crisi delle istituzioni** dello stato romano e lottò con i suoi scritti per cercare di difenderlo.
- Fra il 54 e il 51 a.C. compose un trattato di filosofia politica in sei libri, il ***De re publica*** («Lo stato») in forma di **dialogo platonico**, che possediamo con ampie lacune. Protagonista del dialogo è Scipione Emiliano, uno degli uomini politici della storia romana che Cicerone più ammirava. A differenza del modello platonico, che verte sullo studio dello stato ideale, il dialogo ciceroniano affronta i **concreti problemi istituzionali** dello stato romano.
- Cicerone riprende la teoria della degenerazione delle forme pure di governo (*commutatio*) e della **superiorità della costituzione mista di Roma** già presente in Polibio; tuttavia l'equilibrio delle tre forze, nella visione ciceroniana, non è totale: l'elemento popolare è guardato con un certo sospetto, la garanzia dell'ordine e del funzionamento dello stato poggia sulla **collaborazione tra senato e consoli** (visione aristocratica e conservatrice).
- Seconda questione importante affrontata nel *De re publica* è quella della **giustizia applicata all'imperialismo romano**: Cicerone difende Roma dall'accusa di imperialismo egoistico e violento, sostenendo l'**azione positiva della conquista** che porta leggi civili anche ad altri popoli.
- Infine delicato è il **tema del *princeps*** (governante perfetto) che appare nel v libro: probabilmente egli tratteggia l'**incarnazione del governante ideale**, che guidi rettamente lo stato nella giustizia, per il bene pubblico e non per il proprio interesse personale. In quest'ottica bisogna leggere anche il *Somnium Scipionis* che conclude in modo onirico il *De re publica*. Solo chi ha servito lo stato in modo disinteressato, senza cercare la gloria e il potere personali può ritenere compiuto il proprio compito istituzionale.
- Negli anni 52-51 a.C. fu scritto il ***De legibus*** («Le leggi»), completamento ideale del *De re publica*; ne possediamo tre libri (l'opera non fu terminata). È concepito come un **dialogo** fra Cicerone, il fratello Quinto e Pomponio Attico: essi discutono sull'origine naturale del diritto, sull'evoluzione storica della legislazione pubblica, civile e religiosa e sui doveri dei magistrati e dei cittadini. Emerge una **visione politica conservatrice e moderata**.

LE OPERE FILOSOFICHE

Una grande operazione culturale

Nel suo percorso di formazione, negli anni giovanili, Cicerone era stato, sia a Roma sia in Grecia, un appassionato uditore dei maestri delle varie scuole filosofiche dell'epoca, come quella epicurea, stoica, accademica e peripatetica. Tuttavia decise di scrivere personalmente opere filosofiche solo negli anni 45-44 a.C.; unica eccezione furono i ***Paradoxa stoicorum*** («I paradossi degli stoici») trattato scritto nel 46, nel quale tentò di rendere plausibili sei affermazioni stoiche apparentemente in contrasto con il buon senso comune. Escluso questo testo, quindi, la produzione filosofica di Cicerone si concentrò negli anni 45-44, con una grande rapidità e intensità produttiva, visto il numero di opere scritte. Questi sono per lui anni di dolore privato e pubblico: alla morte della amata figlia Tullia (febbraio del 45), per la quale scrive una *consolatio* oggi perduta, si aggiunge il drammatico esito della guerra civile tra Cesare e Pompeo e il forzato accantonamento di Cicerone dalla vita politica, che lo costringe a un *otium* del quale avrebbe fatto volentieri a meno. Gli studi filosofici e la stesura di testi su questi argomenti, dunque, divennero per Cicerone una sorta di luogo ideale, un'**attività con funzione consolatoria** dopo la crisi politica; ma non solo. Per comprendere meglio il rapporto tra Cicerone e la filosofia greca – che egli diffuse nel mondo latino – e quindi per cercare di cogliere il senso della sua ampia produzione filosofica, proviamo a fissare alcuni punti fondamentali, che permettano anche di cogliere la portata di questa sua operazione culturale.

i Paradoxa stoicorum

FILOSOFIA

MEDIABOOK ▸

STOICISMO

Il fine delle opere filosofiche

Come egli stesso dichiara in diversi luoghi (per esempio nel proemio al II libro del *De divinatione*), il suo ritorno a quegli studi filosofici, che già aveva frequentato da giovane, ha diversi **scopi**: anzitutto la **ricerca di una consolazione personale**, attraverso un'attività degna di un uomo come lui (ancora una volta si fa sentire l'alta concezione che Cicerone aveva di sé); ma soprattutto il desiderio di **impiegare il tempo in un lavoro utile** per i giovani, le classi colte, la società romana nel suo insieme e, in ultima analisi, per lo stato stesso: far conoscere, attraverso opere scritte in latino, la riflessione delle grandi scuole filosofiche greche, fino a quel momento chiusa in testi in lingua originale.

un lavoro utile

Scrive Emanuele Narducci a proposito della produzione filosofica di Cicerone: «Anche quando non partecipa direttamente alla conversazione, Cicerone prende direttamente la parola nei proemi, soprattutto per ribadire, di fronte alla diffidenza dei concittadini, senso e valore del proprio impegno filosofico: con più o meno forti spostamenti d'accento da un'opera all'altra, quest'ultimo emerge sia come medicina dell'animo nei confronti dell'afflizione derivante dalle calamità private e dalla chiusura degli spazi di intervento politico, sia come strumento di elevazione culturale della classe dirigente e di rigenerazione delle sue idealità morali, come pedagogia tesa alla formazione di una *élite* politica profondamente rinnovata. Sotto la cappa opprimente della dittatura cesariana, Cicerone vedeva nella scrittura filosofica il modo di continuare, con altri mezzi, il suo impegno di riformatore della società» (E. NARDUCCI, *Introduzione a Cicerone*, Bari, Laterza, 1992, p. 169).

Il genere letterario

Il pubblico che Cicerone vuole raggiungere con la sua opera di divulgazione filosofica è abbastanza ampio, costituito non solo da studiosi, ma anche e soprattutto da quella classe dirigente che, impegnata nel *negotium* pubblico e privato, non aveva a disposizione strumenti culturali specialistici né molto tempo da dedicare all'approfondimento filosofico. Pertanto sceglie il genere del **trattato divulgativo** e soprattutto il **dialogo**, in parte sul modello dei dialoghi

un'opera divulgativa

platonici (come già per le opere politiche), in parte sul modello aristotelico che, attraverso la giustapposizione di lunghi monologhi, portava al confronto di tesi diverse. Il dialogo è sempre **ambientato in una cornice letteraria**, in cui Cicerone colloca le conversazioni filosofiche, ad esempio la biblioteca di Lucullo (*De finibus*, III) o la villa di Tusculo dello stesso Cicerone (*Tusculanae disputationes*). I personaggi coinvolti non sono mai filosofi professionisti, ma uomini nobili che – così come i potenziali destinatari dell'opera – si impegnano in un dibattito indicando, attraverso la loro stessa presenza, il legame tra filosofia e politica, tra speculazione teorica e impegno civile.
La forma espositiva risulta essere elegante, scorrevole, accattivante.

Gli argomenti affrontati Gli ambiti filosofici privilegiati da Cicerone sono quelli che più si adattano alla concreta mentalità latina, poco propensa alla speculazione metafisica; inoltre sono i temi più utili all'educazione di una classe dirigente che deve portare nell'azione pratica la preparazione filosofica. Pertanto gli argomenti affrontati sono soprattutto **etici e teologici** (per il legame profondo che esisteva, secondo Cicerone, tra la religione tradizionale e la saldezza delle istituzioni), con una premessa che mirava a spiegare il senso dell'impegno e la validità del metodo filosofico. Inoltre si nota un continuo sforzo di adattare i concetti della filosofia greca alla realtà della vita e del pensiero romani. In questo senso la filosofia si poneva come **regolatrice dell'azione pratica**, soprattutto se politica, proprio per il fatto che forniva argomentazioni importanti di carattere etico ai principi che regolavano da sempre l'agire del *civis* romano.

temi etici e teologici

LE *VILLAE* DI CICERONE

Cicerone possedeva molte *villae* intorno a Roma e più a Sud, nella zona dell'attuale napoletano; come lui, anche molti altri ricchi romani si facevano costruire una *villa* in cui ritirarsi. Non si trattava di case padronali di campagna che servivano a sorvegliare la produzione agricola, ma di luoghi in cui abitazione e giardino dovevano favorire l'*otium* di studio, di discussione, di piacere estetico e intellettuale, con ambienti lussuosi e curati, giardini artisticamente strutturati, statue, fontane, siepi e alberi. D'altra parte una delle più famose opere filosofiche di Cicerone è ambientata proprio in una sua villa, a Tuscolo: era il luogo stesso a fare parte della discussione, stimolandola con la sua bellezza.

Ricostruzione del cubicolo M della Villa di Fannio (Boscoreale), I secolo a.C., New York, The Metropolitan Museum of Art.

Il "metodo" seguito e il confronto con le scuole ellenistiche

Cicerone non è un filosofo di stampo tradizionale, che cerca anzitutto un metodo sistematico per costruire il suo pensiero: egli piuttosto procede attraverso l'esposizione e il confronto delle teorie espresse dalle principali scuole filosofiche di epoca ellenistica (stoicismo, epicureismo, accademia). Premessa fondamentale è l'adesione alla gnoseologia della nuova Accademia (sulla scia dei suoi maestri Filòne e Antioco), secondo la quale l'uomo si avvia alla ricerca della verità attraverso un procedimento probabilistico: non esistono, cioè, proposizioni assolutamente certe, ma soltanto opinioni più o meno plausibili, probabili e verosimili.

una posizione antidogmatica

Questa è una **posizione antidogmatica**, che permette a Cicerone di indagare in tutte le direzioni e accettare soluzioni ragionevoli e probabili ai diversi problemi umani. Da qui derivano la sua libertà di movimento nel pensiero delle diverse scuole filosofiche, il suo eclettismo e la sua fondamentale tolleranza culturale: la verità è sempre mischiata al falso, ma è importante possedere strumenti culturali che permettano di distinguerli. Non bisogna pensare tuttavia che la posizione di Cicerone sia solo "corrosiva", senza uno sbocco positivo; spesso Cicerone propende per una soluzione affermativa che **ora si rivolge al platonismo, ora – e più spesso – allo stoicismo** moderato di Panezio.

Una corrente di pensiero, però, è esclusa dalla posizione tollerante ciceroniana e subisce continue critiche: è l'epicureismo, filosofia che porta all'individualismo, alla chiusura nei confronti dell'impegno politico e quindi, in ultima analisi, si oppone al sistema di valori tradizionali sui quali si basa la figura del *civis* romano.

FILOSOFIA E POLITICA

Ripercorrendo le pratiche religiose e politiche di Roma antica si vede chiaramente come esse siano interconnesse tanto da risultare inseparabili. Ogni atto politico è preceduto o seguito da uno religioso, una pratica di divinazione, un sacrificio, un'interrogazione oracolare. Era un'osservanza che dava forza e certezza alla comunità, perché rendeva gli atti politici coerenti con la volontà divina, il mondo del sacro. Era quindi una necessità politica non negare la presenza degli dei, senza la quale ogni atto di pace e di guerra sarebbe stato minato dalle fondamenta. La critica radicale operata dall'epicureismo alla religione era quindi per molti romani assolutamente inaccettabile.

Sacrificio pubblico, particolare della conduzione del toro all'altare, II secolo a.C., Monaco, Glyptothek.

Il contributo di Cicerone allo sviluppo del pensiero filosofico Non bisogna chiedere a Cicerone originalità di pensiero filosofico: più importante per lui è il **fine pedagogico** delle sue opere, che devono trasformare la preparazione filosofica in un elemento fondamentale dell'uomo politico romano. Allora le novità apportate da Cicerone risiedono proprio nel nuovo, stretto rapporto che egli instaura tra filosofia e retorica, nella sua capacità di mettere a confronto dottrine diverse, armonizzarle, calarle nella cultura latina.

il fine pedagogico

Un linguaggio filosofico latino Nell'affrontare questo arduo lavoro, Cicerone si imbatte in un ulteriore ostacolo, di natura lessicale e semantica: come riportare nei testi latini – cioè scritti in una lingua priva di tradizione filosofica autonoma – la ricchezza e la complessità della terminologia filosofica greca, riferita a diversi ambiti del sapere e della speculazione. Questo problema viene risolto da Cicerone in modo originale: egli **crea un vocabolario filosofico romano**, senza ricorrere a espedienti che potevano essere i più immediati ed economici, come l'impiego di grecismi o neologismi (inseriti solo in casi eccezionali e spesso accompagnati dalla precisazione *ut Graeci aiunt* o *ut graece appellatur*); piuttosto, egli adotta vocaboli già presenti nella lingua latina e amplia il loro significato, ricorre a perifrasi, crea nuovi modi di dire, nuove espressioni, senza macchiare la purezza della lingua. In questo modo arricchisce enormemente le potenzialità della lingua latina, che si trova così in grado di affrontare argomenti scientifici e filosofici: nella stessa direzione si orienteranno anche Seneca (pur così diverso da lui a livello stilistico) e i pensatori successivi. Cicerone era consapevole e orgoglioso di questa sua felice conquista: per certi aspetti può essere accostato a questo impegno straordinario il lavoro svolto da Lucrezio sulla fisica e la filosofia epicurea nel *De rerum natura*.

un nuovo lessico filosofico

Introduzione alla filosofia Il risultato di questo lavoro speculativo e linguistico portò Cicerone alla stesura di un considerevole numero di opere, che si dispongono a costruire un sistema abbastanza definito; peraltro lo stesso Cicerone in un famoso passo del *De divinatione* (II, 1-4), spiega perché si sia dedicato alle opere filosofiche e quale progetto ideale abbia seguito. Nei paragrafi seguenti ne ripercorreremo le tappe, a partire dalle opere preliminari di carattere introduttivo o protrettico.

Dopo i *Paradoxa stoicorum* (poco più che un'esercitazione retorica) e la *consolatio* per la morte della figlia (opera perduta), la prima opera è un dialogo intitolato ***Hortensius***, che rappresenta appunto un'**esortazione allo studio della filosofia**. Esortazione efficace, se entusiasmò e indirizzò verso tali studi Agostino, come lo stesso pensatore cristiano del IV-V secolo ricorda nelle sue *Confessiones* (III, 4, 7-8): fatto culturale importante, perché è proprio Agostino che cita molti frammenti dell'*Hortensius*, altrimenti perduto. Incompleti sono anche gli ***Academica* o *Academici libri*** («Gli Accademici»), che trattano i **problemi della conoscenza**, esponendo le tesi di un filosofo neoaccademico, Antioco di Ascalona, e di uno scettico, Filone di Larissa. L'opera ebbe una doppia redazione: restano solo un libro della prima e uno della seconda. Funzione degli *Academica* era quella di impostare il problema della conoscenza, preliminare a ogni trattazione filosofica: come abbiamo visto, la soluzione abbracciata fu quella "probabilistica".

l'*Hortensius*

gli *Academica*

Il problema morale Risolte le questioni preliminari, Cicerone affrontò subito i **grandi temi etici**, in due opere composte nel 45 a.C. che sono giunte integralmente: il *De finibus bonorum et malorum* («I termini estremi del bene e del male», in cinque libri) e le *Tusculanae disputationes* («Le discussioni tusculane», in cinque libri).

il *De finibus bonorum et malorum*

Il ***De finibus bonorum et malorum*** (che può anche essere tradotto come «Il sommo bene e il sommo male») consta di **tre dialoghi** distinti: il primo è ambientato nella villa ciceroniana di Cuma e vi sono esposte le **tesi epicuree sul sommo bene**, che è posto nel piacere, **e sul sommo male**, identificato con il dolore. Il secondo dialogo, collocato nella villa tuscolana di Lucullo, introduce la figura di Catone l'Uticense, che espone la tesi stoica secondo la quale **il sommo bene risiede nella virtù**. Infine l'ultima discussione avviene nell'Accademia di Atene, sede originaria della scuola filosofica di Platone, alla presenza di alcuni amici dell'autore, tra cui Pisone e Attico, ma anche del fratello Quinto e del cugino Lucio: vi si tratta, alla luce delle teorie accademiche, del **sommo bene** che **risiederebbe nella salute del corpo e nella perfezione dello spirito**. Come si evince dalla sua struttura, il *De finibus* è opera che imposta le basi teoriche del discorso morale esaminando le diverse proposte delle scuole filosofiche: tra queste viene nettamente scartato l'epicureismo (per il suo edonismo materialistico e per il distacco dalla vita pubblica), mentre più aperto resta il giudizio sulle altre correnti, senza un'adesione definitiva.

le *Tusculanae disputationes*

Le ***Tusculanae disputationes***, ambientate nella villa ciceroniana di Tuscolo, introducono una discussione tra l'autore e un anonimo interlocutore (designato con la sigla *A.* di *auditor*, «ascoltatore») riguardante **diversi argomenti**, uno per ciascuno dei cinque libri, e precisamente: il disprezzo della morte, la sopportazione del dolore, la tristezza, le passioni dell'animo (invidia, rivalità, gelosia, compassione, afflizione) e il rapporto virtù-felicità. Dopo la trattazione teorica del *De finibus*, Cicerone sviluppa problemi concreti, cui applicare i principi dell'etica. In questo testo più forte è il bisogno di consolazione e la ricerca di solide certezze che Cicerone, muovendo dalla drammatica situazione personale, proietta nel cuore di tutti gli uomini. Quest'opera, molto curata stilisticamente, sembra avvicinare Cicerone al rigorismo della dottrina stoica e si conclude con l'affermazione che le virtù morali sono in grado, da sole, di rendere felice il sapiente.

I PROEMI DI CICERONE

Lo studio della filosofia non era una pratica canonica nel percorso formativo di un giovane romano, perciò Cicerone dedica una parte specifica di ogni sua opera filosofica – il proemio – per giustificare ai suoi lettori la necessità di conoscere le idee delle principali scuole del pensiero greco. Era come se volesse consegnare ai giovani romani, alla futura classe dirigente, una base comune di idealità etiche e politiche perché affrontassero con questo bagaglio di riflessione l'attività di governo. Era un orientamento nuovo che Cicerone riteneva indispensabile per riflettere con strumenti complessi sulla dimensione politica, pur non svalutando quelli che ogni giovane riceveva tradizionalmente, come lo studio della retorica o del diritto.

Raffigurazione di un filosofo, forse Demetrio Falereo, I secolo a.C., Napoli, Museo Archeologico Nazionale.

Sacrificio in onore di Diana, fregio affrescato del triclinio della Casa dei Vetii, Pompei, Sopraintendenza Archeologica.

Il problema teologico L'ultimo trattato filosofico del 45 a.C., il ***De natura deorum***, sposta l'attenzione sul piano teologico e affronta il **problema dell'essenza della divinità e dei suoi rapporti con gli uomini**. È un solo dialogo e in ciascuno dei tre libri si espone la dottrina delle tre principali correnti filosofiche (stoica, epicurea e scettica) sui problemi dell'esistenza degli dèi, della provvidenza, della divinazione, della giustizia divina. Vengono confutate sia le tesi epicuree (secondo cui gli dèi vivrebbero disinteressandosi completamente delle vicende umane), sia quelle stoiche (che rappresentano la divinità come una provvidenza che governa il mondo). Tuttavia, in modo inatteso (dato lo scetticismo con cui vengono trattate tutte le posizioni delle diverse filosofie sulla natura del divino), Cicerone conclude affermando di essere «più propenso ad ammettere come verosimile» la dottrina stoica, anche perché gli permette di salvare in qualche modo quella religione tradizionale, alla quale egli certo non credeva, ma che riteneva uno dei pilastri dello stato romano (funzione civile della religione).

il De natura deorum

Legato al tema religioso è anche il ***De divinatione*** («L'arte divinatoria»), scritto in due libri nel 44 a.C. per dimostrare la **falsità della cosiddetta scienza divinatoria**; in esso l'autore dichiara di condividere l'affermazione sarcastica di Catone che sosteneva di stupirsi *quod non rideret haruspex, haruspicem cum vidisset* («del fatto che un aruspice non ridesse, quando avesse incontrato un altro aruspice», II, 24). Anche il lacunoso trattatello ***De fato*** fu scritto nel 44 a.C. e ha come argomento la questione del **rapporto tra fato e libero arbitrio** dell'uomo: in esso l'autore confuta la visione fatalistica dell'esistenza tipica degli stoici. Queste ultime due opere sono tra gli scritti più razionalistici e "illuministici" di Cicerone.

il De divinatione

il De fato

I tesori della vita Più originali e significativi per la comprensione del pensiero ciceroniano sono altri due dialoghi dello stesso anno (44 a.C.), il ***Cato maior de senectute*** («Catone il Maggiore o la vecchiaia») e il ***Laelius de amicitia*** («Lelio o l'amicizia»). Nel primo si tesse l'**elogio della vecchiaia**, età serena e feconda, sull'esempio di come la visse Catone il Censore: essa non indebolisce la mente e non priva l'uomo delle sue doti migliori; l'anziano neppure si deve impensierire per l'avvicinarsi della morte, dato che siamo certi dell'immortalità del-

il Cato maior de senectute

il *Laelius de amicitia*

l'anima. Nel secondo dialogo Cicerone affronta il tema della **natura dell'amicizia** e riflette su quali norme di comportamento la debbano regolare. L'ambientazione (la stessa del *De re publica*) ricostruisce idealmente uno spaccato del famoso "circolo degli Scipioni" attorno al 129 a.C. e le aspirazioni dell'aristocrazia senatoria dell'epoca, condivise pienamente anche da Cicerone. È la stessa natura umana che ci induce a ricercare dei veri amici, che dovrebbero idealmente possedere tre doti: la costanza, la fedeltà e la piacevolezza. L'amicizia più vera è disinteressata e va oltre un semplice legame morale tra uomini; essa è un vincolo fra persone affini non solo per educazione e sentimenti, ma spesso anche per idee politiche: il legame di *amicitia*, infatti, è quello su cui si fonda la coesione tra *boni homines*.

Educare i giovani

il *De officiis*

Dedicato al figlio Marco è l'ultimo testo filosofico ciceroniano, il trattato ***De officiis*** («I doveri»), scritto alla fine del 44 a.C. in tre libri, che rispettivamente illustrano l'*honestum*, l'utile e il rapporto conflittuale eventualmente esistente tra di essi. L'***honestum*** è considerato come l'essenza del dovere morale, il bene supremo fondamentale per un cittadino ideale, mentre l'**utile** è l'applicazione pratica dei precetti morali dell'*honestum*, ossia il conseguimento e la conservazione dei vantaggi necessari alla vita. Cicerone in questo trattato introduce anche il concetto di *decorum*, concepito come armonia tra mente e corpo, ovvero tra pensieri, gesti e parole: proprio questa consapevolezza di ciò che è conveniente e degno di ciascuno obbliga a essere "morali" (*quod decet, honestum est et quod honestum est, decet*: «ciò che è decoroso è morale, e ciò che è morale è decoroso», I, 27). Mentre i primi due libri del *De officiis* sono ispirati alle dottrine del filosofo stoico Panezio di Rodi (II secolo a.C.), il terzo molto probabilmente si rifà alle teorie di Posidonio, suo successore a capo della *stoà*, presentando i possibili contrasti tra *honestum* e *utile*. Cicerone è perentorio nella soluzione del problema: **l'utile e la moralità non possono mai entrare in contraddizione**, poiché *nullo modo videri potest quicquam esse utile quod honestum non sit*, «in nessun modo può sembrare che qualcosa sia utile, se non è onesto» (III, 19). Lo scopo di quest'opera, scritta quando ormai era in corso la lotta contro Antonio, è quello di **fornire ai giovani un modello di comportamento** che sia etico e utile allo stato. Cicerone sta per andarsene: con il suo testamento filosofico vuole contribuire a educare suo figlio e i figli di Roma. Non è tutto: insieme ad altre opere ciceroniane il *De officiis*, con la sua proposta di valori umani e civili, si rivela fondamentale per completare quell'ideale di *humanitas* che la cultura classica ci ha lasciato in eredità e di cui Cicerone è forse il più maturo rappresentante.

Un filosofo e il suo alunno, II secolo a.C., Parigi, Museo del Louvre.

IN SINTESI

■ Negli anni 45-44 a.C., emarginato rispetto alla vita politica romana, **Cicerone ritornò agli studi filosofici** giovanili sia per una consolazione personale, sia per svolgere un'attività ugualmente utile allo stato.

■ Il pubblico che Cicerone vuole raggiungere è ampio: sceglie il genere del **trattato divulgativo** e più frequentemente quello del **dialogo**, in parte sul modello dei dialoghi platonici, in parte sul modello aristotelico.

■ La concreta mentalità latina, poco incline alla speculazione, non predilige tanto la riflessione metafisica, quanto **argomenti etici e teologici utili per l'attività politica**: Cicerone si conforma a questo indirizzo, nel continuo sforzo di adattare i concetti della filosofia greca alla realtà della vita e del pensiero romani.

■ Il metodo filosofico ciceroniano procede attraverso l'esposizione e il confronto delle teorie espresse dalle principali scuole filosofiche di epoca ellenistica (stoicismo, epicureismo, accademia). Premessa fondamentale è l'adesione al procedimento probabilistico della nuova Accademia, secondo il quale non esistono proposizioni assolutamente certe, ma soltanto **opinioni più o meno plausibili**, probabili e verosimili. L'unica corrente di pensiero esclusa dal pensiero ciceroniano è l'epicureismo, filosofia che porta all'individualismo e alla chiusura nei confronti dell'impegno politico.

■ La **finalità** della formazione filosofica è **pedagogica**: essa prepara l'uomo politico romano al suo impegno civile.

■ Nella scrittura delle opere filosofiche Cicerone affronta il problema della mancanza di un linguaggio specifico in latino; egli si trova a creare un **vocabolario filosofico romano**, senza ricorrere a espedienti (come l'impiego di grecismi o neologismi), ma con vocaboli già presenti nella lingua latina, cui amplia il significato.

■ Opere di introduzione alla filosofia: dopo i ***Paradoxa stoicorum*** e la ***consolatio*** (perduta) per la morte della figlia, compose un dialogo intitolato ***Hortensius***, che rappresenta un'**esortazione allo studio della filosofia**, di cui Agostino conserva molti frammenti. Incompleti sono anche gli ***Academica*** o ***Academici libri*** («Gli Accademici»), che trattano i **problemi della conoscenza**, abbracciando la soluzione "probabilistica".

■ I **grandi temi etici** furono affrontati in due opere del 45 a.C., giunte integralmente: il ***De finibus bonorum et malorum*** («I termini estremi del bene e del male», dialogo in cinque libri) e le ***Tusculanae disputationes*** («Le discussioni tusculane», dialogo in cinque libri). Il *De finibus* imposta le basi teoriche del **discorso morale** esaminando le diverse proposte delle scuole filosofiche sul tema del sommo bene e del male: viene nettamente scartato l'epicureismo (per il suo edonismo materialistico e per il distacco dalla vita pubblica), mentre più aperto resta il giudizio sulle altre correnti. Le *Tusculanae disputationes* riguardano diversi problemi concreti, cui applicare i **principi dell'etica**. L'opera sembra avvicinare Cicerone al rigorismo della dottrina stoica.

■ Del 45 a.C. è anche il dialogo ***De natura deorum***, che affronta il problema dell'**essenza della divinità e dei suoi rapporti con gli uomini** (secondo le tre scuole stoica, epicurea e scettica). Legati al tema religioso sono anche il ***De divinatione*** («L'arte divinatoria»), in due libri, che dimostra la **falsità della cosiddetta scienza divinatoria**, e il lacunoso ***De fato***, un trattato sul **rapporto tra fato e libero arbitrio** dell'uomo: in esso l'autore confuta la visione fatalistica dell'esistenza tipica degli stoici.

■ Originali e significativi per la comprensione del pensiero ciceroniano sono altri due dialoghi dello stesso anno (44 a.C.), il ***Cato maior de senectute*** («Catone il Maggiore o la vecchiaia») e il ***Laelius de amicitia*** («Lelio o l'amicizia»). Nel primo si tesse l'**elogio della vecchiaia**, età serena e feconda, sull'esempio di Catone il Censore; nel secondo dialogo Cicerone affronta il tema della **natura dell'amicizia** e riflette su quali norme di comportamento la debbano regolare.

■ Dedicato al figlio Marco è l'ultimo testo filosofico ciceroniano, il trattato ***De officiis*** («I doveri»), scritto alla fine del 44 in tre libri, che rispettivamente illustrano **l'*honestum*, l'utile e il rapporto esistente tra di essi**. Cicerone in questo trattato introduce anche il concetto di *decorum*, concepito come armonia tra mente e corpo, ovvero tra pensieri, gesti e parole. Lo scopo di quest'opera è quello di **fornire ai giovani un modello di comportamento** che sia etico e utile allo stato.

L'EPISTOLARIO E LE OPERE POETICHE

Un documento storico e umano Testimonianza di straordinario valore per conoscere la personalità e il carattere di Cicerone, è l'**epistolario**, composto da ben **864 lettere** (delle quali 90 di suoi corrispondenti) e pubblicato postumo, cioè dopo la morte dell'autore, grazie all'opera dell'affezionato liberto Tirone e dell'amico Attico.

Le raccolte di lettere ciceroniane sono quattro:
– 16 libri di ***Epistulae ad Atticum***, scritte fra il 68 e il 44 a.C.;
– 16 libri di ***Epistulae ad familiares*** (la moglie Terenzia, i figli, amici, e politici come Cesare, Catone, Pompeo), scritte fra il 62 e il 43 a.C.;
– 3 libri di ***Epistulae ad Quintum fratrem*** (il fratello Quinto Cicerone), scritte fra il 60 e il 54 a.C.;
– 2 libri di ***Epistulae ad Marcum Brutum*** (Marco Giunio Bruto, uno degli uccisori di Cesare): 26 lettere, delle quali 9 di Bruto stesso, scritte fra l'aprile e il luglio del 43 a.C.

Cicerone, quando scriveva le sue lettere, già **pensava alla loro futura pubblicazione**, almeno per alcune di esse, quelle "pubbliche" per gli argomenti politici o culturali che affrontano: come la lettera al fratello Quinto (del 60 a.C.) sul buon governo delle province, o quella a Lentulo (del 54 a.C.), che chiarisce la propria posizione di fronte a Cesare e Pompeo.

una testimonianza umana

A confermare il progetto della pubblicazione è Cicerone stesso, che ne parla ad Attico in una lettera del 44 a.C., ma questo intento non sembra aver compro-

APPROFONDIMENTO

SCRIVERE LETTERE A ROMA

L'epistolografia, la scrittura di lettere (dal greco *epistolé*, in latino *epistula*), è un genere letterario antichissimo, caratterizzato da precise regole teoriche e da grande cura formale. La classica *epistula* latina osservava precisi dettami e formule convenzionali, come l'intestazione con il nome del mittente e i saluti al destinatario (per esempio, *Tullius Terentiae suae s[alutem] d[icit]:* «Tullio saluta la sua Terenzia»); formule, spesso siglate, di cortesia (come *S.V.B.E.E.Q.V.*: *Si vales bene est, ego quoque valeo*, «se stai bene, mi fa piacere, anch'io sto bene»); formule di commiato finale (come *cura ut valeas*, «vedi di star bene!», oppure semplicemente *vale!*, «stammi bene!»).
L'impiego sempre più diffuso nella società romana della corrispondenza per comunicare messaggi divenne indispensabile soprattutto quando la potenza politico-commerciale di Roma si affermò dopo la distruzione di Cartagine (146 a.C.), la sua rivale storica. Si servivano di lettere scritte i proprietari terrieri, in genere i latifondisti, per inviare relazioni sulle fattorie visitate in tutta la penisola, i commercianti e i funzionari del fisco (che avevano l'appalto delle tasse), i senatori o i magistrati pubblici che si trovavano a svolgere le loro funzioni nelle province... Le *epistulae* venivano materialmente scritte da un amanuense, chiamato *servus ab epistulis* o *librarius* e in certi casi contenuto e forma del testo risentivano della consapevolezza che molte lettere in seguito sarebbero state pubblicate: questo accadde, per esempio, come si è visto, anche per l'epistolografia di Cicerone, il cui segretario – lo schiavo colto Tirone – conservava una copia delle lettere che il padrone gli dettava (*Ad familiares* VII, 25, 1).
Venivano usati tre tipi di *epistulae*: Cicerone stesso infatti distingue (*Ad familiares* II, 4) fra le pure e semplici lettere di informazione, per mettere al corrente una persona lontana di un particolare evento;

messo **la spontaneità e la freschezza del contenuto e dello stile**, come dimostra l'immagine stessa dell'autore che spesso emerge dagli scritti in modo poco brillante, per via della tendenza all'autocommiserazione o dell'aperta manifestazione di dubbi e debolezze.

Proprio per queste caratteristiche la testimonianza umana offerta dall'epistolario è preziosa e significativa: le lettere private infatti svelano un Cicerone intimo, un uomo con le sue fragilità, il suo umorismo, i suoi odii e i suoi affetti, un Cicerone che tanto turbò Francesco Petrarca – il quale si era fatto di lui un'immagine ideale – quando scoprì l'epistolario nella Biblioteca Capitolare di Verona (vedi l'Approfondimento a p. 532).

un documento storico e politico

Le lettere di Cicerone offrono anche una straordinaria **documentazione sulla vita quotidiana e sulle vicende politiche** dell'epoca: attraverso questi scritti siamo informati sugli ultimi anni della repubblica come su pochi altri periodi della storia romana (con la significativa eccezione dell'anno del consolato, il 63 a.C., per il quale non abbiamo epistole).

la lingua

Anche la **lingua** utilizzata nell'epistolario ha caratteri di originalità rispetto al resto delle opere ciceroniane: è prevalentemente paratattica e fa ricorso a uno stile medio, semplice e piano, per lo più colloquiale, ricco di grecismi, tipici dei testi non ufficiali e del *sermo cotidianus*, usato informalmente tra amici colti. Compaiono anche numerosi neologismi e molti diminutivi (con valore affettivo-sentimentale). «Come ti sembro nelle mie lettere? – scriveva Cicerone a un amico – Non mi rivolgo forse a te con la lingua della gente comune? [...] Nelle lettere facciamo uso delle parole di ogni giorno» (*Ad familiares* IX, 21, 1).

le epistole del *genus familiare et iocosum* (dai toni scherzosi e amichevoli); le lettere del *genus severum et grave* (relative a problemi importanti o per confortare chi aveva eventualmente sofferto un lutto familiare). Nella letteratura latina da Cicerone in avanti l'epistolografia diviene espressione sincera di stati d'animo, mezzo privilegiato per comunicare a distanza (a parenti e amici) turbamenti, angosce, dubbi, sentimenti. Sull'esempio di Cicerone infatti verranno composte altre importanti raccolte di lettere: celebri sono quelle di Plinio il Giovane, di Seneca filosofo e, in epoca cristiana, di Cipriano, Agostino e Girolamo.

Materiale per la scrittura, calamaio, stilo e strumento per raschiare l'inchiostro, I secolo a.C., Napoli, Museo Archeologico Nazionale.

Le opere poetiche Tra le opere perdute di Cicerone, abbiamo notizia di alcuni **testi in prosa**, come una ***Laus Catonis*** (45 a.C.) o il ***De gloria*** (44 a.C.), oltre a tutta la produzione poetica. Sappiamo infatti che egli si cimentò sia nella produzione originale in versi, sia nella traduzione di opere dal greco, ma assai probabilmente con scarso successo, visti i giudizi non lusinghieri che lo accompagnarono.

tre poemi epico-storici

Scrisse **tre poemi epico-storici**: il ***Marius*** (di cui non conosciamo la data di composizione), in cui celebrò il suo famoso concittadino Gaio Mario, *homo novus* e arpinate come lui; il ***De consulatu suo*** (60 a.C.) e il ***De temporibus suis*** (54 a.C.), nei quali esaltò le gesta del suo consolato. Già i contemporanei non apprezzarono Cicerone come poeta, ridicolizzando alcuni suoi versi autocelebrativi, come l'infelice: *O fortunatam natam me consule Romam!* «O Roma fortunata, perché nata quando io ero console!».

alcuni poemetti

Ancora di sua composizione possiamo citare alcuni poemetti, come il ***Glaucus*** (sul mito del pescatore Glauco trasformato in dio marino), il ***Limon*** («Il prato», forse una satura miscellanea comprendente giudizi critici su poeti latini) e il carme scherzoso ***Uxorius*** («Il marito schiavo della moglie»).

le traduzioni dal greco

Per quanto riguarda le **traduzioni artistiche dal greco**, certamente la sua opera in versi più famosa è l'***Aratea***, versione latina dei *Fenomeni* di Arato di Soli (un poema astronomico del III secolo a.C.). Il poema, che ebbe molta fortuna nella cultura romana, anche successivamente all'età di Cesare, venne reso da Cicerone in modo libero, secondo l'abitudine romana di rielaborare molto la traduzione dell'originale. In questo caso (ne rimangono più di cinquecento versi) Cicerone arricchì il testo di Arato con immagini ed elementi descrittivi di grande effetto. Ancora dal greco (ma in prosa), tradusse l'***Economico*** di Senofonte, nonché il ***Protagora*** e il ***Timeo*** di Platone (importanti per la sua formazione filosofica). Dell'*Aratea*, in particolare, restano 600 versi, in cui Cicerone dimostra di tradurre con una certa libertà e una tendenza all'enfasi e al rigonfiamento del modello.

IN SINTESI

■ Testimonianza di grande valore per conoscere la personalità di Cicerone è **l'epistolario**, composto da **864 lettere** (delle quali 90 di suoi corrispondenti). Esso fu pubblicato postumo, grazie all'opera dell'affezionato liberto Tirone e dell'amico Attico. Le raccolte di lettere ciceroniane sono quattro: *Epistulae ad Atticum*; *Epistulae ad familiares*; *Epistulae ad Quintum fratrem*; *Epistulae ad Marcum Brutum*.

■ La scrittura delle lettere fu **destinata alla pubblicazione** da Cicerone stesso, soprattutto quelle di argomento politico o culturale, ma questo non ha compromesso **la spontaneità e la freschezza del contenuto e dello stile** epistolare: la figura dell'autore infatti non sempre esce in modo lusinghiero dalle pagine, da cui traspaiono dubbi e debolezze. Le lettere di Cicerone offrono anche una straordinaria **documentazione sulla vita quotidiana e sulle vicende politiche** dell'epoca.

■ Anche la **lingua** utilizzata nell'epistolario è originale rispetto al resto delle opere ciceroniane: **è paratattica e fa ricorso a uno stile medio**, semplice e piano, per lo più colloquiale, ricco di grecismi, tipici dei testi non ufficiali e del *sermo cotidianus*, usato informalmente tra amici colti.

■ Non ci è stata conservata la produzione poetica di Cicerone, sia originale in versi, sia traduzione di opere dal greco. Egli scrisse **tre poemi epico-storici**: il ***Marius***, sulle imprese di Gaio Mario; il ***De consulatu suo*** (60) e il ***De temporibus suis*** (54), nei quali esaltò le gesta del suo consolato. Già i contemporanei di Cicerone non lo apprezzarono come poeta, ridicolizzando alcuni suoi versi autocelebrativi.

■ Compose anche alcuni **poemetti** ed effettuò **traduzioni**, la più famosa delle quali è l'***Aratea***, versione latina dei *Fenomeni* di Arato di Soli (un poema astronomico del III secolo a.C.); inoltre tradusse dal greco l'***Economico*** di Senofonte, nonché il ***Protagora*** e il ***Timeo*** di Platone.

Lo stile

Varietà e *concinnitas* La prosa ciceroniana si serve di **molteplici registri stilistici**, utilizzando di volta in volta quello peculiare richiesto dal genere letterario tipico delle diverse opere (oratorie, filosofiche, politiche, retoriche, epistolari): per esempio, è più carico e coinvolgente nelle orazioni, che mirano a *docere*, ma soprattutto a *delectare* e *movere*, mentre risulta piano e poco ornato, ma sempre curato, nei trattati e nei dialoghi, che mirano soprattutto a *docere*. Tuttavia il carattere comune dello stile di Cicerone si rivela essere la celebre ***concinnitas***, ovvero l'armonica simmetria del periodare, in grado di esprimere sia la musicalità e il piacere della parola, sia l'efficacia semantica del pensiero: si può forse affermare che è lui a inventare, nella cultura latina, questa struttura articolata ed equilibrata del periodo, che diviene specchio di un pensiero a sua volta articolato e armonico.

la *concinnitas*

La struttura sintattica **privilegia nettamente l'ipotassi**, ossia il collegamento fra proposizioni basato su rapporti di subordinazione, con l'utilizzo di parallelismi del periodare che conferiscono un andamento fluente ed euritmico alla prosa. Quando l'argomento riguarda concetti profondi, la *gravitas* del contenuto trova rispondenza nell'andamento solenne e sostenuto dello stile; quando, viceversa, Cicerone tratta temi disimpegnati o leggeri – come in moltissime *epistulae* – il tono diviene discorsivo e colloquiale, grazie anche all'impiego del *sermo cotidianus*.

La prosa "numerosa" e il lessico Inoltre l'Arpinate dedicò una **cura particolare al *numerus***, la misura ritmica del discorso: un «sistema di regole metriche applicate alla prosa» (Conte), che prevede l'impiego di alternanze di sillabe brevi e lunghe per costituire delle vere e proprie sequenze metriche all'interno del testo in prosa, in particolare nelle *clausulae*, o chiusure di periodo (vedi anche l'Approfondimento a p. 490). Il suo **lessico, ricchissimo**, è costituito da circa 10 000 vocaboli, ovvero un decimo di tutti i termini della latinità; un migliaio risultano i grecismi, idonei anche a rivelare la raffinata cultura dello scrittore, di cui 800 nelle *epistulae* e circa 150 nei trattati politico-filosofici.

Architetture simmetriche, affresco a trompe l'oëil, I secolo a.C., Pompei, Villa dei Misteri, Sopraintendenza Archeologica.

La fortuna

Modello di stile e mediatore di valori Un accenno anche rapido alla fortuna di Cicerone nella cultura occidentale deve partire dalla considerazione che l'Arpinate **fu di volta in volta esaltato o criticato** sotto vari punti di vista: la sua figura umana, quella politica, quella culturale e quella letteraria (soprattutto attraverso un confronto con il suo stile).
Già tra i suoi contemporanei alcuni lo esaltarono, altri invece ne criticarono la figura politica e lo stile, come **Sallustio** e gli oratori "atticisti". Nel primo periodo imperiale, poi, con le novità portate dallo stile franto e nervoso di Seneca, basato sull'*inconcinnitas*, il periodare ciceroniano venne ritenuto superato, ma non per molto: già la restaurazione culturale dell'età flavia (fine I secolo d.C.) lo ripropose come modello stilistico fondamentale, soprattutto attraverso l'opera del grande "professore" **Quintiliano**.
Gli **autori cristiani**, invece, entrarono subito in sintonia sia con la sua riflessione morale sia con il suo stile: così l'apologista Minucio Felice (II-III secolo) e Lattanzio (III-IV secolo). Ancora più grande fu la considerazione in cui lo tennero i padri della Chiesa d'Occidente: Ambrogio cristianizzò il *De officiis*, Agostino apprezzò molto l'*Hortensius*, Girolamo fu addirittura accusato in una visione di essere *ciceronianus, non Christianus*. In generale, si può affermare che il Medioevo apprezzò Cicerone come mediatore dei valori e del pensiero della civiltà antica.

L'uomo e l'oratore L'**Umanesimo** riscoprì anche la sua **dimensione umana** (vedi Petrarca e il ritrovamento dell'epistolario), fra delusione e rinnovato interesse, mentre un'ampia discussione si aprì sullo **stile** ciceroniano (in un'epoca

V. Foppa, *Cicerone bambino che legge*, 1465, Londra, Wallace collection.

che era tornata a scrivere prevalentemente in latino), tra chi sosteneva la necessità di imitare solo quello del grande oratore, ritenuto il vertice della classicità, e chi proponeva modelli più aperti, con apporti vari: così "ciceroniani" come Poggio Bracciolini si opponevano ad "anticiceroniani" come Lorenzo Valla, Poliziano, Erasmo da Rotterdam.
Fu Lutero, il padre della riforma protestante, ad apprezzare di nuovo il contenuto morale dei suoi scritti, fino ad augurarsi che Cicerone fosse in paradiso.
Tracce del pensiero antico filtrato attraverso la rilettura ciceroniana, nonché esplicite citazioni, sono presenti in molti pensatori dell'**epoca moderna**, come Copernico, Hume, Voltaire.
La **rivoluzione francese** lo riscoprì come **oratore**: modello di uno strumento politico di nuovo in auge nelle assemblee del popolo. L'**Ottocento** romantico invece – soprattutto quello tedesco – lo mise da parte, mentre una ripresa dell'attenzione sulla sua figura e i suoi scritti è avvenuta nel secolo appena trascorso: «Il XX secolo riscopre dopo amare esperienze dittatoriali l'oratoria come strumento di confronto degno dell'uomo; i fondamenti filosofici della retorica vengono nuovamente approfonditi da diversi punti di vista: logica, psicologia, etica. Nel corso di questo processo, che non si è ancora concluso, viene in luce il significato europeo di Cicerone, tra Aristotele e Agostino» (M. VON ALBRECHT, *Storia della letteratura latina*, vol. I, 1995, Torino, Einaudi, p. 555).

IN SINTESI

- La prosa ciceroniana spazia tra **molteplici registri stilistici**, tuttavia il carattere comune dello stile di Cicerone è la celebre ***concinnitas***, ovvero l'armonica simmetria del periodare, in grado di esprimere sia la musicalità e il piacere della parola, sia l'efficacia semantica del pensiero.

- La struttura sintattica **privilegia nettamente l'ipotassi**, con l'utilizzo di parallelismi del periodare che conferiscono un andamento fluente ed euritmico alla prosa.

- Inoltre l'Arpinate dedicò una cura particolare al ***numerus***, la misura ritmica del discorso: un «sistema di regole metriche applicate alla prosa».

- Il suo **lessico ricchissimo** è costituito da circa 10 000 vocaboli, ovvero un decimo di tutti i termini della latinità.

- Già **ai suoi tempi** vi era chi lo esaltava, ma anche chi ne criticava la figura politica e lo stile, come Sallustio e gli oratori "atticisti". Nel **primo periodo imperiale** il successo di Seneca e del suo stile franto e nervoso spinse ad accantonare Cicerone. Ma già la restaurazione culturale dell'**età flavia** (fine I secolo d.C.) lo ripropose come modello stilistico fondamentale, soprattutto attraverso l'opera del grande "professore" Quintiliano.

- Gli **autori cristiani**, invece, entrarono subito in sintonia con la sua riflessione morale e con il suo stile (Minucio Felice e Lattanzio). Ancora più grande fu la considerazione in cui lo tennero i padri della Chiesa d'Occidente: Ambrogio, Agostino e Girolamo.

- In generale, si può affermare che il **Medioevo** apprezzò Cicerone come mediatore dei valori e del pensiero della civiltà antica.

- L'**Umanesimo** riscoprì anche la sua dimensione umana attraverso l'epistolario, mentre un'ampia discussione si aprì sul suo stile, tra "ciceroniani" come Poggio Bracciolini e "anticiceroniani" come Lorenzo Valla, Poliziano, Erasmo da Rotterdam.

- **Lutero** si esaltò di nuovo per il contenuto morale dei suoi scritti.

- Tracce del pensiero antico filtrato attraverso la rilettura ciceroniana sono presenti in molti pensatori dell'**epoca moderna**, come Copernico, Hume, Voltaire.

- La **rivoluzione francese** lo riscoprì come oratore; l'**Ottocento romantico** invece – soprattutto quello tedesco – lo mise da parte, mentre una ripresa dell'attenzione sulla sua figura e i suoi scritti è avvenuta nel **secolo appena trascorso**.

INDICAZIONI BIBLIOGRAFICHE

Le edizioni dei testi

Le principali edizioni critiche dell'opera ciceroniana si trovano nelle collane:

Bibliotheca Scriptorum Graecorum et Romanorum Teubneriana (Lipsia e Stoccarda);

Scriptorum Classicorum Bibliotheca Oxoniensis (Oxford);

Corpus Scriptorum Latinorum Paravianum (Torino);

"*Collection des Universités de France*" della "*Association Guillaume Budé*", *Les Belles Lettres* (Parigi, con traduzione francese).

Lettere ai familiari, a cura di C. VITALI, Bologna, Zanichelli, 1973.

Orazioni, a cura di G. BELLARDI, Torino, UTET, 1975-1981.

Opere retoriche, a cura di G. NORCIO, Torino, UTET, 1976.

Le Catilinarie, a cura di L. STORONI MAZZOLANI, Milano, BUR Rizzoli, 1979.

I termini estremi del bene e del male, Discussioni Tusculane, a cura di N. MARINONE, Torino, UTET, 1980.

Lettere (scelta), con introduzione di L. CANALI, traduzione e note di R. SCARCIA, Milano, BUR Rizzoli, 1981.

L'amicizia, con introduzione di E. NARDUCCI, Milano, BUR, Rizzoli, 1985.

Lo stato, Le leggi, I doveri, a cura di L. FERRERO - N. ZORZETTI, Torino, UTET, 1985.

I doveri, con introduzione di E. NARDUCCI, Milano, BUR Rizzoli, 1987.

Difesa di Marco Celio, con introduzione di E. NARDUCCI, Milano, BUR Rizzoli, 1989.

In difesa di Marco Celio, a cura di A. CAVERZERE, Venezia, Marsilio, 1990.

La difesa di Milone, a cura di P. FEDELI, Venezia, Marsilio, 1990.

La vecchiaia, L'amicizia, a cura di N. MARINI - G. PETRONE, Milano, Garzanti, 1992.

Il processo a Verre, con introduzione di N. MARINONE, Milano, BUR Rizzoli, 1992.

Il poeta Archia, con introduzione di E. NARDUCCI, Milano, BUR Rizzoli, 1992.

Il sommo bene e il sommo male, a cura di D. DEMOLLI, Milano, Bompiani, 1992.

Due scandali politici (Pro Murena e Pro Sestio), con introduzione di G. FERRARA, Milano, BUR Rizzoli, 1993.

La vecchiezza, con introduzione di E. NARDUCCI, Milano, BUR Rizzoli, 1993.

Difesa di Archia, Difesa di Milone, a cura di A. BURLANDO - M. SCARSI, Milano, Garzanti, 1993.

Il sogno di Scipione, a cura di F. STOCK, Venezia, Marsilio, 1993.

Le Tusculane, a cura di D. DEMOLLI, Milano, Bompiani, 1993.

Dell'oratore, con introduzione di E. NARDUCCI, Milano, BUR Rizzoli, 1994.

Bruto, con introduzione di E. NARDUCCI, Milano, BUR Rizzoli, 1995.

Il fato, con introduzione di F. ANTONIMI, Milano, BUR Rizzoli, 1995.

Tuscolane, con introduzione di E. NARDUCCI, Milano, BUR Rizzoli, 1996.

Epistole ad Attico, a cura di C. DI SPIGNO, UTET, 1998.

Della divinazione, a cura di S. TIMPANARO, Milano, Garzanti, 1998.

Il sogno di Scipione, Il fato, con introduzione di A. BARABINO, Milano, Garzanti, 2000.

Epistole al fratello Quinto ed altri epistolari minori, a cura di C. DI SPIGNO, Torino, UTET, 2002.

Lo sfondo storico

R. SYME, *La rivoluzione romana*, trad. it. a cura di M. MANFREDI, Torino, Einaudi, 1962.

A.D. LEEMAN, *Orationis ratio. Teoria e pratica stilistica degli oratori, storici e filosofi latini*, Bologna, Il Mulino, 1963.

J.M. ANDRÉ, *L'otium dans la vie morale et intellectuelle romaine des origines à l'époque augustéenne*, Paris, Presses Universitaires de France, 1966.

P.A. BRUNT, *Classi e conflitti sociali nella Roma repubblicana*, trad. it. a cura di V. CALVANI - M. FOLADORE, Bari, Laterza, 1972.

E. GABBA, *Esercito e società nella tarda repubblica romana*, Firenze, La Nuova Italia, 1973.

AA. VV., *Storia di Roma*, a cura di A. MOMIGLIANO - A. SCHIAVONE, Torino, Einaudi, 1988.

E. NARDUCCI, *Le risonanze del potere*, in *Lo spazio letterario di Roma antica. La circolazione del testo*, Roma, Salerno Editrice, 1989, pp. 533-577.

P. CUGUSI, *L'epistolografia. Modelli e tipologie di comunicazione*, in *Lo spazio letterario di Roma antica*, II, Roma, Salerno Editrice, 1989, pp. 379-419.

E. NARDUCCI, *Pratiche letterarie e crisi della società. Oratoria, storiografia e filosofia nell'ultimo secolo della repubblica*, in *Storia di Roma*, Torino, Einaudi, 1990, pp. 885-921.

M.H. CRAWFORD, *Roma nell'età repubblicana*, Bologna, Il Mulino, 1995.

Gli studi

A. TRAGLIA, *Note su Cicerone critico e traduttore*, Roma, Gismondi, 1947.

E. LEPORE, *Il princeps ciceroniano e gli ideali politici della tarda repubblica*, Napoli, Istituto Italiano di Studi Storici, 1954.
G. D'ANNA, *Alcuni aspetti della polemica antiepicurea di Cicerone*, Roma, Edizioni dell'Ateneo, 1965.
M. BELLINCIONI, *Struttura e pensiero del Laelius ciceroniano*, Brescia, Paideia, 1970.
M. POHLENZ, *L'ideale di vita attiva secondo Panezio nel* De officii *di Cicerone*, Brescia, Paideia, 1970.
K. KUMANIECKI, *Cicerone e la crisi della repubblica romana*, Roma, Centro di Studi Ciceroniani, 1972.
S.L. UTCENKO, *Cicerone e il suo tempo*, Roma, Editori Riuniti, 1975.
A. LA PENNA, *Cicerone tra Atene e Sparta*, in *Aspetti del pensiero storico latino*, Torino, Einaudi, 1979.
I. LANA, *I principi del buon governo secondo Cicerone e Seneca*, Torino, Giappichelli, 1981.
G. LOTITO, *Modelli etici e base economica nelle opere filosofiche di Cicerone*, in *Società romana e produzione schiavistica*, III, Roma-Bari, Laterza, 1981, pp. 79-126.
F. BONA, *Cicerone tra diritto e oratoria*, Como, New Press, 1984.
F. TRISOGLIO, *La lettera ciceroniana come specchio d'umanità*, Torino, Giappichelli, 1985.
P. GRIMAL, *Cicerone*, Milano, Garzanti, 1986.
G. BOISSIER, *Cicerone e i suoi amici*, Milano, Rizzoli, 1988.
E. NARDUCCI, *Modelli etici e società: un'idea di Cicerone*, Pisa, Giardini, 1989.
L. PERELLI, *Il pensiero politico di Cicerone. Tra filosofia greca e ideologia aristocratica romana*, Firenze, La Nuova Italia, 1990.
E. NARDUCCI, *Introduzione a Cicerone*, Roma-Bari, Laterza, 1992.
A. GRILLI, *Cicerone*, in *Storia della civiltà letteraria greca e latina*, II, Torino, UTET, 1998, pp. 507-538.
C.J. CLASSEN, *Diritto, retorica, politica: la strategia retorica di Cicerone*, Bologna, Il Mulino, 1998.

Sitografia

Alcuni siti che presentano opere di Cicerone, ma anche altre informazioni o link utili:

The Cicero Home Page (**www.utexas.edu/depts/classics/documents/Cic.html**): ampio sito in inglese su Cicerone, diviso in sezioni: *Texts* (connessioni ai testi latini dell'autore all'interno dello stesso progetto, o link ad altri siti con testi di Cicerone); *Chronology* (cronologia della vita e delle opere di Cicerone); *Bibliography* (bibliografia ciceroniana suddivisa in sezioni tematiche); *Images* (raccolta iconografica).

Cicerone: un profilo per il web (**freeweb.supereva.com/narducci.dadacasa/start.html?p**): materiale didattico, curato da E. Narducci, tratto dai testi M. CITRONI - M. LABATE - E. NARDUCCI, *Il libro della Letteratura Latina*, a cura di E. Narducci (Laterza) e E. NARDUCCI, *Introduzione a Cicerone* (Laterza). Articolato in capitoli: vita e carriera oratoria; opere retoriche; dialoghi politici; opere filosofiche; arte di Cicerone prosatore; opere poetiche; epistolario.

Cicero on the Genres of Rethoric (**www.towson. edu/~tinkler/reader/cicero.html**): presenta una selezione di brani ciceroniani (con introduzione in inglese) sulla retorica, a cura di J.F. Tinkler.

IntraText (**www.intratext.com/X/LAT0146.htm**): presenta il testo originale di tutte le opere ciceroniane con concordanze, liste di parole, indici di frequenza.

Frequency Index of Words Used by Cicero in his Orations against Catilina (**home.worldonline.nl/~varro/catil_en.htm**): presenta le concordanze delle *Catilinarie* con traduzione inglese dei termini.

Siti che presentano i testi (spesso con traduzione a fronte):

The Latin Library (**http://www.thelatinlibrary.com/cic.html**): testo originale delle opere di Cicerone.

Readme (**www.readme.it/cat_opere_2_ClassiciLatini.shtml**): testo originale di alcune tra le maggiori opere ciceroniane (*Brutus, Academica, Commentariolum Petitionis, De senectute, Laelius sive de amicitia, De imperio Cnei Pompeii, In Catilinam, In Verrem, Pro Archia, Divinatio in Q. Caecilium, Pro Caelio, Pro Deiotaro, Pro Murena, Pro Quinctio, Pro Roscio Amerino, Pro Sulla, Philippicae, Tusculanae disputationes, Somnium Scipionis*).

Latin pour grands débutants (**perso.orange.fr/prima.elementa/Tusc2.htm**): presenta il testo delle *Tusculanae disputationes* II, con un vocabolario Latino-Francese.

Latinum vertere (**defaste.altervista.org/cicerone/index.htm**): presenta il testo latino del *Somnium Scipionis* con traduzione italiana a fronte (curato da studenti).

Lector longinquus (**tabula.rutgers.edu/latintexts/cicero**): testo originale di *In Verrem, In Catilinam, Pro Ligario, Pro Archia*.

Perseus (**www.perseus.tufts.edu/cache/perscoll_Greco-Roman.html**): presenta il testo originale di molte opere maggiori di Cicerone, con traduzione inglese.

QUOD DECET, HONEST EST ET QUOD HONEST EST, DECET

PERCORSI ANTOLOGICI

Se è vero che una scelta antologica, oltre a essere arbitraria, rischia sempre di restituire un'immagine parziale di un autore, questa obiezione è quanto mai valida per uno scrittore come Cicerone. Infatti l'ampiezza e la profondità di interessi e competenze, la grande mole di opere prodotte (in gran parte tramandate) assicurano all'avvocato di Arpino un posto centrale non solo nella letteratura latina, ma anche nella storia della cultura occidentale.
Pertanto, qualunque selezione di testi tratti dalle sue opere, per ampia che sia, lascerà sempre l'impressione di avere accantonato un aspetto, un momento, una pagina significativa per comprendere appieno la personalità e la centralità di questo grande maestro della parola.
Nel proporre i percorsi antologici abbiamo seguito la stessa suddivisione dell'opera ciceroniana presentata nella trattazione dell'autore:

- dalle orazioni
  1 I discorsi del console
  2 Prima e dopo l'esilio (le orazioni della maturità)
  3 Dopo la guerra civile: Cicerone parla a Cesare
- dalle opere retoriche
  Il ruolo della parola
- dalle opere politiche
  1 Il "canto del cigno" della repubblica
  2 Il *Somnium Scipionis*, finale "celeste" del *De re publica*
- dalle opere filosofiche
  I valori dell'*humanitas*
- dall'epistolario
  Tra politica e affetti familiari

DALLE ORAZIONI

1 I discorsi del console

Sono tra i più famosi di Cicerone i quattro discorsi che egli tenne nel 63 a.C. (l'anno del consolato) davanti al senato e al popolo, per sventare la congiura ordita da Catilina. Fama non meritata, secondo alcuni studiosi, perché si tratterebbe di orazioni troppo prone al potere detenuto dall'oligarchia senatoria; fama giustificata, invece, per chi le considera il vertice dell'oratoria politica ciceroniana, al culmine del suo *cursus honorum*. Fatto sta che da queste orazioni (e dagli eventi immediatamente successivi) vennero a Cicerone gloria ed esilio, nomea di salvatore della patria e accuse di abuso di potere, alimentate ad arte dai suoi nemici politici di sempre, i *populares*.
La prima *Catilinaria* fu pronunciata di fronte al senato, riunitosi in seduta straordinaria nel tempio di Giove Statore, l'8 novembre del 63 a.C. Cicerone, console in carica, era appena sfuggito a un attentato e, nel clima teso di una città presidiata, con questo primo discorso riversò tutta la potenza, l'abilità dialettica, l'ironia e il sarcasmo di cui era capace contro il capo della congiura, che, come dice Sallustio, aveva osato presentarsi in senato *dissimulandi causa aut sui expurgandi* («per dissimulare o per discolparsi», *De Catilinae coniuratione*, 31).
Sebbene la congiura fosse stata scoperta e le mosse dei congiurati fossero sotto controllo, Cicerone non aveva ancora prove sufficienti per mettere sotto accusa Catilina (infatti basava tutto il suo impianto essenzialmente su alcune delazioni), inoltre temeva la diffusione della congiura, che aveva coinvolto rappresentanti di tutte le classi, persino tra i senatori. Pertanto egli esortò con forza Catilina a uscire da Roma e a mettersi decisamente a capo di quelle truppe che si stavano radunando a Fiesole, spingendolo a una sorta di autodenuncia: un'aperta sfida allo stato, che avrebbe avuto il vantaggio di liberare Roma anche da tutti i suoi soci.

LAT	TESTO 1	*Catilinaria* I, 1
LAT	TESTO 2	*Catilinaria* I, 3
ITA	TESTO 3	*Catilinaria* I, 4
LAT	TESTO 4	*Catilinaria* I, 5
LAT	TESTO 5	*Catilinaria* I, 7
LAT	TESTO 6	*Catilinaria* I, 11
ITA	TESTO 7	*Catilinaria* I, 13

Personaggi mitologici e divinità, fregio del triclinio della Casa dei Vettii, I secolo a.C., Pompei, Sopraintendenza Archeologica.

TESTO 1

Un attacco diretto e violento *Catilinaria* I, 1

L'orazione si apre, *ex abrupto*, con un attacco a Catilina costruito attraverso una serie di domande dirette: fino a quando Catilina pensa di tendere la corda, dal momento che il console e il senato conoscono il suo piano? In altri tempi sarebbe già stato ucciso: se egli è ancora in vita (conclude con un colpo di scena l'oratore), è solo colpa della debolezza dei consoli, quindi di Cicerone stesso! La violenza dell'improvviso attacco è originale nel panorama dell'oratoria antica, che insegnava a introdurre il discorso in tono piano o solenne, cercando anzitutto di accattivarsi la simpatia di giudici o pubblico: qui invece il console impiega questo espediente per rendere tangibile la gravità e l'urgenza del pericolo che le istituzioni stanno correndo. Domande dirette, esclamazioni, accumulazioni e anafore formano un crescendo che conduce l'uditore a condividere lo sdegno dell'oratore, in un grande esempio di oratoria "patetica".

(**1**) Quo usque tandem abutere, Catilina, patientia nostra? Quam diu etiam furor iste tuus nos eludet? Quem ad finem sese effrenata iactabit audacia? Nihilne te nocturnum praesidium Palati, nihil urbis vigiliae, nihil timor populi, nihil concursus bonorum omnium, nihil hic munitissimus habendi senatus locus, nihil horum ora vultusque moverunt? (**2**) Patere tua consilia non sentis, constrictam iam horum omnium scientia teneri coniurationem tuam non vides? Quid proxima, quid superiore nocte egeris, ubi fueris, quos convocaveris, quid consili ceperis quem nostrum ignorare arbitraris? (**3**) O tempora, o mores! Senatus haec intellegit, consul videt; hic tamen vivit. Vivit? Immo vero etiam in senatum venit, fit publici consili particeps, notat et designat oculis ad caedem unum quemque nostrum. (**4**) Nos autem fortes viri satis facere rei publicae videmur, si istius furorem ac tela vitamus. Ad mortem te, Catilina, duci iussu consulis iam pridem oportebat, in te conferri, pestem quam tu in nos omnes iam diu machinaris.

1. Quo usque ...: «Fino a quando...», il più famoso esordio *ex abrupto* dell'oratoria latina: sembra che esploda all'improvviso lo sdegno del console, a lungo trattenuto. – **abutere:** forma contratta del futuro *abuteris*. – **Quam diu ... eludet?:** «Per quanto tempo ancora codesta tua pazzia si farà gioco di noi?». – **Quem ad finem sese ... iactabit:** «A quale termine si spingerà», le tre interrogative dirette iniziali, seguite da altre interrogative, creano subito un crescendo che travolge l'avversario. – **Nihilne te ... moverunt?:** «Per nulla ti hanno turbato?», con anafora di *nihil* e una lunga accumulazione di soggetti interposta fra negazione iniziale + oggetto e predicato finale. – **Palati:** quella notte il senato si era radunato presso il tempio di Giove Statore, sul Palatino, per volere del console, che lo riteneva il luogo più difendibile (infatti le sedute del senato potevano essere tenute in qualsiasi luogo, purché consacrato dagli àuguri). – **vigiliae:** «sentinelle notturne». – **populi:** genitivo soggettivo («il timore che prova il popolo»). – **bonorum omnium:** tutti gli appartenenti al partito dell'ordine costituito e i difensori delle istituzioni repubblicane (cfr. introduzione a *Pro Sestio*: un progetto politico, p. 494). – **habendi:** gerundivo al caso genitivo (retto da *locus*). – **ora vultusque:** «l'espressione del volto», endiadi.

2. Patere: «Sono scoperti», riferito ai piani di Catilina (è infinito retto da *sentis*). – **constrictam iam ... non vides:** «non vedi che la tua congiura è tenuta oramai imbrigliata dal fatto che tutti costoro la conoscono?» (lett. «dalla conoscenza di tutti questi», dove *scientia* è ablativo di causa efficiente); da notare il parallelismo all'interno dell'interrogativa retorica: *non sentis ... non vides*, da cui dipendono due oggettive. – **Quid ... ceperis:** una serie di interrogative indirette dipendenti dall'infinitiva *quem nostrum ignorare*, a sua volta retta dal predicato principale *arbitraris* («pensi che qualcuno di noi non sappia...»).

3. O tempora, o mores!: «O tempi, o costumi!», l'esclamazione di Cicerone è divenuta poi proverbiale per indicare la corruzione e la decadenza dei tempi. – **hic tamen vivit:** «eppure costui è ancor in vita», l'oratore vuole far intendere che la conoscenza di un misfatto come quello ordito da Catilina avrebbe dovuto spingere il console e il senato alla sua immediata eliminazione! – **Vivit?:** efficace ripresa del verbo appena usato (anadiplosi), per correggerlo: segue infatti una serie di azioni di Catilina, accumulate in una *climax* ascendente, che mostrano la sfrontatezza del congiurato. – **Immo vero etiam:** «Anzi addirittura». – **notat et designat oculis:** «sceglie e destina con lo sguardo». – **ad caedem:** «per la strage», complemento di fine.

4. fortes viri: qui è usato in modo ironico. – **satis facere rei publicae:** «di svolgere il nostro dovere verso lo stato» (lett. «di fare abbastanza verso lo stato»). – **Ad mortem te, Catilina:** è la drammatica conclusione di questo travolgente inizio. – **iam pridem oportebat:** «già da tempo sarebbe stato necessario», regge le subordinate soggettive *te ... duci* e *in te conferri*; *oportebat* è un esempio del cosiddetto "falso condizionale". – **pestem:** «rovina».

(5) An vero vir amplissimus P. Scipio pontifex maximus Ti. Gracchum mediocriter labefactantem statum rei publicae privatus interfecit, Catilinam orbem terrae caede atque incendiis vastare cupientem nos consules perferemus? (6) Nam illa nimis antiqua praetereo, quod C. Servilius Ahala Sp. Maelium novis rebus studentem manu sua occidit. (7) Fuit, fuit ista quondam in hac re publica virtus ut viri fortes acrioribus suppliciis civem perniciosum quam acerbissimum hostem coercerent. Habemus senatus consultum in te, Catilina, vehemens et grave, non deest rei publicae consilium neque auctoritas huius ordinis: nos, nos, dico aperte, consules desumus.

5. An vero: «Se dunque». – **Ti. Gracchum ... interfecit:** «benché privato cittadino, uccise Tiberio Gracco, che turbava solo in parte la stabilità dello stato»; *labefactantem* è participio congiunto all'oggetto; *privatus* è complemento partitivo del soggetto; qui Cicerone cita la repressione aristocratica, guidata da Publio Cornelio Scipione Nasica, che mise fine al tentativo di riforma di Tiberio Gracco (133 a.C.); la carica di *pontifex maximus* non era una vera magistratura, ma una carica onorifica (ecco perché Scipione è detto *privatus*). – **orbem terrae:** iperbole, a ingigantire il rischio rappresentato da Catilina. – **cupientem:** «che brama», participio congiunto. – **perferemus:** «dovremo sopportare».

6. illa nimis antiqua: «quegli episodi troppo antichi». – **quod:** «cioè il fatto che», esempio di preterizione: Cicerone finge di tralasciare un episodio al quale invece, in questo modo, conferisce maggiore rilievo. – **C. Servilius Ahala:** nel 493 a.C. questo *magister equitum* uccise personalmente il ricco cavaliere Spurio Melio, accusato di volersi ingraziare la plebe con distribuzioni di grano. – **novis rebus studentem:** «che aspirava a rivolgimenti politici»; evidentemente per il conservatore Cicerone sono accettabili (anzi, auspicabili) questi delitti in difesa dell'ordine costituito!

7. Fuit, fuit: anafora, a indicare la fine della *virtus*. – **ut ... coercerent:** «tanto che ... punivano», subordinata consecutiva. – **senatus consultum:** «una deliberazione del senato», i poteri straordinari affidati ai consoli con la decisione del 21 ottobre del 63 a.C. – **in te:** «contro di te». – **nos, nos:** altra anafora, che chiama in causa se stesso, ma soprattutto il suo collega, che in quell'anno era Marco Antonio Ibrida, notoriamente più vicino a Catilina.

ANALISI DEL TESTO *Catilinaria* I, 1

Lessico

1 Le interrogative incalzanti con cui si apre l'orazione presentano termini incisivi: individua il loro significato originale e quello che assumono in questo contesto:
a *abutere*
b *furor*
c *eludet*
d *effrenata (audacia)*

2 Quale significato assume, nel lessico politico ciceroniano, l'espressione *bonorum omnium*?

3 Un'esclamazione contenuta nel capitolo è divenuta proverbiale e di uso comune:
a di quale esclamazione si tratta?
b qual è il suo significato in questo contesto?

Sintassi e stile

4 Dal punto di vista sintattico, il capitolo presenta un periodare piano e articolato o breve e scandito? Prevale la paratassi o l'ipotassi?

5 Quale effetto crea l'accumulazione di interrogative ed esclamative?

6 Quali sono le figure retoriche di impiego più evidente nel capitolo? Individua alcuni esempi.

7 In particolare, quale parola nel par. 1 viene ripetuta per ben 6 volte? Quale funzione svolge la ripetizione di alcuni elementi nella parte finale del capitolo (*fuit, fuit ... nos, nos*)?

8 A tuo parere, perché Cicerone ripete con insistenza il nome di Catilina?

Contenuti

9 Nel capitolo appare evidente l'intenzione del console di far sentire Catilina sorvegliato e circondato, per soffocare ogni sua velleità.
a In particolare, che cosa dice Cicerone a proposito del luogo dove si è radunato il senato?
b Dove si tenevano di solito le sue sedute?
c Quali altri espedienti utilizza per insinuare in Catilina il dubbio di essere continuamente sorvegliato e spiato?

10 Il richiamo iniziale ai *boni homines* e gli esempi finali di omicidi "mirati" operati da aristocratici rivelano la posizione politica di Cicerone: sapresti illustrarla, sulla base dei tuoi studi?

APPROFONDIMENTO

STILE E STRUTTURA DI UN'ORAZIONE: LA PRIMA CATILINARIA

La forza dell'attacco, che Cicerone rivolge a Catilina nel suo primo discorso e che tiene quasi sempre la tensione a livello del famosissimo *incipit* («*Quo usque tandem abutere, Catilina, patientia nostra?*», I,1), è data da un **ritmo incalzante**, sostenuto da interrogative retoriche, esclamazioni, accumulazioni, *climax* ascendenti, *tricòlon* asindetici (cioè accostamento per asindeto di tre elementi, come per es.: «*non ferar, non patiar, non sinar*», oppure «*tam improbus, tam perditus, tam tui similis*»). L'oratore qui dà fondo a tutte le sue capacità e impiega tutti gli strumenti del mestiere non solo per *probare* i fatti, ma anche per *movere* l'uditorio. Eppure, nonostante queste forti spinte interne, il discorso rimane lucido e controllato, a tratti solenne, quasi a mostrare la serenità di una forza superiore di fronte al caos voluto dai ribelli.
Scrive a questo proposito E. Paratore:
«Le orazioni del consolato rappresentano l'inizio della piena maturità dell'oratoria ciceroniana. I giochi di parole, gli artifici lessicali continuano (...), il periodare permane serrato e incalzante, gli effetti patetici non sono risparmiati; ma subentra maggiore euritmia compositiva, maggiore nitidezza e compostezza di tocco; e i toni pacati, solenni o festosi prevalgono sui truculenti e drammatici, l'ironia sull'invettiva e sulla querimonia» (E. PARATORE, *Storia della letteratura latina*, Firenze, Sansoni, 1981, pp. 197-198).

La **struttura** dell'orazione è risultata così composta:

- ***Exordium*** (capp. 1 e 2): Catilina non continuerà a prendersi gioco delle istituzioni, la sua congiura oramai è svelata; egli osa ancora presentarsi in senato, ma dovrebbe essere messo a morte: molti hanno pagato con la vita crimini di minore gravità commessi contro lo stato.
- ***Narratio*** (capp. 3 e 4): il console conosce i piani di Catilina e li espone dettagliatamente, compresi gli attentati alla sua vita; mostra a Catilina e ai senatori come il rischio sia stato finora rintuzzato.
- ***Argumentatio*** (capp. da 5 a 12): Catilina dunque deve uscire da Roma, dove è circondato dall'odio di tutti; in questo modo libererà la città anche dalla feccia dei suoi seguaci: raggiunga l'esercito di Manlio – un'accozzaglia di sventurati e scellerati – e sveli così la propria colpevolezza.
- ***Peroratio*** (cap. 13): se ne vada Catilina con i suoi seguaci, accompagnato da ogni maledizione: Giove salverà Roma!

Ghirlanda decorativa, I secolo d.C., Casa di Livia, Roma, Sopraintendenza Archeologica.

TESTO 2

Catilina è sorvegliato *Catilinaria* I, 3

Catilina è tenuto costantemente sotto controllo, come dimostrano le informazioni sui movimenti dei congiurati che Cicerone rinfaccia al loro capo. Che cosa aspetta ad andarsene, se ogni sua mossa è riferita al console? In questo passaggio dell'orazione Cicerone continua il suo deciso attacco, per spronare Catilina a uscire dall'Urbe (egli in realtà ha in mano solo prove indiziarie e qualche delazione: troppo poco per una sicura condanna); ma tiene anche d'occhio il pubblico di senatori, tanto che cerca di giustificare la paura e la vile fuga di alcuni di loro ammantandola con un fine nobile.

(**1**) Etenim quid est, Catilina, quod iam amplius exspectes, si neque nox tenebris obscurare coetus nefarios nec privata domus parietibus continere voces coniurationis (tuae) potest, si illustrantur, si erumpunt omnia? Muta iam istam mentem, mihi crede, obliviscere caedis atque incendiorum. (**2**) Teneris undique: luce sunt clariora nobis tua consilia omnia, quae iam mecum licet recognoscas. Meministine me ante diem XII Kalendas Novembres dicere in senatu fore in armis certo die, qui dies futurus esset ante diem VI Kal. Novembres, C. Manlium, audaciae satellitem atque administrum tuae? Num me fefellit, Catilina, non modo res tanta, tam atrox tamque incredibilis, verum, id quod multo magis est admirandum, dies? (**3**) Dixi ego idem in senatu caedem te optimatium contulisse in ante diem V Kalendas Novembres, tum cum multi principes civitatis Roma non tam sui conservandi quam tuorum consiliorum reprimendorum causa profugerunt. Num infitiari potes te illo ipso die meis praesidiis, mea diligentia circumclusum, commovere te contra rem publicam non potuisse, cum tu discessu ceterorum nostra tamen qui remansissemus caede contentum te esse dicebas?

1. Etenim ... exspectes: «E dunque, Catilina, che ragione c'è che tu aspetti ulteriormente» a uscire da Roma e raggiungere l'esercito di congiurati a Fiesole. – **tenebris:** «con le sue tenebre». – **coetus nefarios:** «scellerati convegni». – **si illustrantur:** «se vengono alla luce», da notare l'anafora di *si*. – **istam mentem:** «codesto pensiero». – **obliviscere:** «dimentica», è imperativo presente, regge il genitivo *caedis atque incendiorum*.

2. Teneris undique: «Sei stretto da ogni parte». – **tua consilia omnia:** Cicerone aveva scoperto tutti i piani della congiura attraverso la delazione di una certa Fulvia, amante di Quinto Curio, uno dei congiurati (cfr. Sallustio, *De Catilinae coniuratione*, 23). – **quae iam mecum licet recognoscas:** «che è bene oramai tu richiami alla mente assieme a me», Cicerone passa a elencare alcuni progetti criminali di Catilina già sventati; *recognoscas* dipende direttamente da *licet*. – **Meministine:** «Non ricordi», interrogativa che regge la subordinata oggettiva *me ... dicere*. – **ante diem ... Novembres:** era il 21 ottobre, giorno in cui il senato, udita la relazione del console, decretò i pieni poteri ai consoli per affrontare il pericolo. – **fore in armis ... C. Manlium:** «si sarebbe sollevato in armi Gaio Manlio», ex ufficiale di Silla (Catilina infatti attingeva molti congiurati dalle fila degli ex sillani, scontenti dell'attuale situazione), che divenne uno dei principali collaboratori di Catilina. – **certo die, qui ... Novembres:** «in un giorno stabilito, che sarebbe stato il 27 ottobre» (lett. «il quale giorno sarebbe stato», con anafora di *dies*). – **Num me fefellit ... dies?:** «Forse che, o Catilina, mi è sfuggito non solo un fatto così grave, così orrendo e incredibile, ma, cosa che è molto più notevole, la data?», interrogativa retorica, attraverso cui Cicerone sottolinea come abbia scoperto non solo la preparazione della congiura, ma anche la data degli eventi (vuole dare a Catilina l'impressione di essere costantemente e strettamente sorvegliato).

3. ego idem: «e sempre io». – **contulisse:** «avevi fissato». – **in ante ... Novembres:** cioè per il 28 ottobre. – **principes:** «eminenti cittadini». – **Roma:** moto da luogo. – **non tam ... consiliorum:** «non tanto per salvare se stessi, quanto per sventare i tuoi piani», subordinate finali implicite costruite con *causa* + il genitivo del gerundivo: così Cicerone viene in soccorso ai nobili che erano fuggiti per paura, offrendo loro una scusa. – **infitiari:** «negare», da cui dipende l'infinitiva *te ... commovere ... non potuisse*. – **circumclusum:** «stretto da ogni parte», participio congiunto a *te*. – **cum tu ... dicebas:** subordinata temporale, dalla quale dipende l'infinitiva *contentum te esse*. – **discessu ceterorum:** «nonostante la partenza degli altri», ablativo di causa con sfumatura concessiva. – **nostra ... caede:** «dell'uccisione di noi», ablativo dipendente da *contentum*. – **qui remansissemus:** «che eravamo rimasti», subordinata relativa al congiuntivo per la cosiddetta "attrazione modale" (inoltre è parte integrante del pensiero di Catilina, che viene qui svelato dal console).

(4) Quid? Cum te Praeneste Kalendis ipsis Novembribus occupaturum nocturno impetu esse confideres, sensistin illam coloniam meo iussu meis praesidiis, custodiis, vigiliis esse munitam? Nihil agis, nihil moliris, nihil cogitas, quod ego non modo non audiam sed etiam videam planeque sentiam.

4. Quid?: «E che?», «E che dire del fatto che...», in realtà è formula di passaggio che sottolinea l'ingresso di un nuovo argomento; può essere omesso nella traduzione. – **Cum ... confideres:** «mentre confidavi», subordinata con valore temporale, regge l'infinitiva *te ... occupaturum ... esse*. – **sensistin:** «non ti sei accorto» (*sensistin* = *sensistine*). – **Nihil ... nihil ... nihil:** anafora (con asindeto) che riassume il dibattersi di Catilina, al quale si oppongono, in simmetria, altri tre verbi che testimoniano l'attenta vigilanza del console (*audiam ... videam ... plane sentiam*, in una sorta di *climax* ascendente; il congiuntivo si spiega con il valore consecutivo delle relative improprie).

SCHEDA LESSICALE

Confidere

Composto di *fido*. Si rifà al concetto di *fides* che ha originariamente la doppia accezione di porre la propria fiducia in un altro e contemporaneamente l'inverso; il "possessore" della *fides* diventa così sia depositario di un titolo di fiducia che un altro ripone in lui sia egli stesso richiedente la fiducia di chi gli si affida.

TESTO 3

Una riunione notturna; la congiura in senato

Catilinaria I, 4

Il console finge di rammentare a Catilina – in realtà, con questo espediente, svela agli ascoltatori – la riunione notturna in casa di Marco Leca, dove è stata pianificata da parte dei congiurati la diffusione della rivolta in tutta l'Italia e l'uccisione dello stesso Cicerone. Catilina ha "suddiviso l'Italia", ha pianificato come organizzare la rivolta in Roma, a questa strategia ne corrisponde un'altra, di cui Cicerone parlerà nella *seconda Catilinaria*, quando descrive i congiurati intenti a pensare alla suddivisione delle cariche dopo il colpo di stato: chi sarà console o dittatore o re. Cicerone prepara sapientemente e per gradi un clima carico di sospetto e di allusione. Egli si scaglia inoltre contro alcuni senatori, accusati di fare parte della congiura: ma di essi non rivela i nomi.

Esamina infine con me l'altra notte e ti renderai conto che io veglio alla sicurezza dello Stato con maggior alacrità che tu alla sua rovina. Affermo che l'altra notte ti sei recato in via delle Falci – come vedi non ometto nulla – in casa di Leca. Vi erano convenuti molti che ti sono compagni nel tuo disegno criminoso e dissennato. Osi negare? Perché taci? se neghi, produrrò le prove; anzi, vedo qui in senato alcuni di coloro che si trovavano là insieme a te. Oh, dèi immortali! in qual parte del mondo ci troviamo? quale governo abbiamo? in quale città viviamo? qui, Padri Coscritti, qui, tra le nostre fila, in questo consesso – il più austero, il più insigne del mondo – vi sono uomini intenti a progettare lo sterminio di noi tutti, la rovina di questa città e, di conseguenza, del mondo intero! Io, il console, li ho qui tutti davanti ai miei occhi, sollecito il loro parere sugli affari di Stato: quelli che si sarebbe dovuto sopprimere con la spada, non li ferisco ancora neppure con la parola.
Quella notte dunque, Catilina, ti sei recato da Leca, hai suddiviso l'Italia, hai stabilito per ciascuno il punto dove recarsi, hai scelto quelli che destinavi a restare a Roma e quelli che avresti portato via con te; hai precisato i quartieri della città nei quali appiccare l'incendio; hai confermato che la tua partenza era imminente: ti tratteneva soltanto, hai detto, per poco, il fatto ch'io fossi ancora in vita. E si sono trovati due romani dell'ordine equestre, disposti a sopprimermi la notte stessa, poco prima dell'alba, nel mio letto. La vostra riunione non era ancora sciolta che io già sapevo ogni cosa: ho munito la mia casa, l'ho protetta con un maggior numero di guardie, ho chiuso la porta a quelli che tu m'avevi mandato per ossequiarmi di primo mattino; del resto, avevo già prevenuto molte persone autorevoli che costoro si sarebbero presentati a casa mia e a che ora.

(trad. di L. Storoni Mazzolani)

DENTRO IL TESTO *Catilinaria* I, 3; 4

Leggere il testo

1 Il capitolo è diviso in quattro parti, dal punto di vista del contenuto; individua per ciascuna di esse il punto in cui inizia:
a mosse notturne dei congiurati;
b accusa ai senatori complici;
c relazione sulla riunione segreta;
d provvedimenti di autodifesa del console.

2 In quale passaggio Cicerone torna a rivolgersi con durezza a Catilina? Quale strumento usa?

Riflettere sul testo

3 Alcune parti del capitolo sono corredate di nomi e dati precisi, altre invece sono stranamente reticenti:
a a tuo parere, perché Cicerone svela a Catilina tutto ciò che ha scoperto riguardo alla congiura, con dovizia di particolari?
b perché, invece, tace i nomi dei senatori che ha così duramente accusato?

Individuare nodi problematici

4 Nei testi 2 e 3 Cicerone mostra di essere molto informato sui fatti della congiura.
a Come doveva essere la vita di un uomo di governo in quegli anni così drammatici?
b Di quali mezzi doveva servirsi?
c Erano leciti a tuo giudizio?

5 In questo capitolo, da alcune affermazioni del console, emerge l'idea universalistica di Roma (che poi si affermerà completamente nella successiva età augustea): individua tali affermazioni e, alla luce di questa visione del ruolo di Roma, spiega perché la congiura ordita da Catilina appaia ancora più grave agli occhi di Cicerone.

TESTO 4

Fuori dalla città! *Catilinaria* I, 5

Catilina se ne vada da Roma, ripulisca la città, porti via con sé tutti i suoi complici! Infatti, se pure egli fosse eliminato, rimarrebbero essi a infestare l'Urbe.
Fino a ora l'attacco dei congiurati è stato indirizzato contro il console, ed egli si è difeso personalmente, senza coinvolgere lo stato. Adesso, però, la congiura è un pericolo per tutta la città.
Catilina non aveva manifestato l'intenzione di uscire, per raggiungere l'esercito che Manlio stava raccogliendo? Lo faccia, allora! Scelga l'esilio volontario: il console lo consiglia.
Anche in questo capitolo forte è l'elaborazione stilistica: la prima parte è dominata da un'accumulazione di imperativi che si rovesciano sul cospiratore; il testo prosegue poi con il solito gioco di anafore, triplicazione di elementi, *climax*, che culminano nella lapidaria *sententia* finale *Exire ex urbe iubet consul hostem*, dove Cicerone equipara oramai Catilina a un nemico (esterno) della patria.

(1) Quae cum ita sint, Catilina, perge quo coepisti: egredere aliquando ex urbe; patent portae, proficiscere. Nimiun diu te imperatorem tua illa Manliana castra desiderant. Educ tecum etiam omnes tuos, si minus, quam plurimos; purga urbem. Magno me metu liberaveris, modo inter me atque te murus intersit.

1. Quae ... sint: «Poiché la situazione è questa» (lett. «stando così le cose»); *quae* è nesso relativo. – **perge quo coepisti:** «prosegui sulla strada che hai intrapreso»; il paragrafo iniziale del capitolo è secco, brusco, caratterizzato da imperativi e asindeto. – **imperatorem:** predicativo dell'oggetto. – **tua illa Manliana castra:** detto con disprezzo da Cicerone (cfr. I, 2, 2). – **Educ:** imperativo da *educo*. – **si minus, quam plurimos:** «per lo meno, il maggior numero possibile». – **Magno me metu:** allitterazione. – **modo ... intersit:** «purché tra me e te ci sia un muro».

(**2**) Nobiscum versari iam diutius non potes; non feram, non patiar, non sinam. Magna dis immortalibus habenda est atque huic ipsi Iovi Statori, antiquissimo custodi huius urbis, gratia, quod hanc tam taetram, tam horribilem tamque infestam rei publicae pestem totiens iam effugimus. (**3**) Non est saepius in uno homine summa salus periclitanda rei publicae. Quam diu mihi consuli designato, Catilina, insidiatus es, non publico me praesidio, sed privata diligentia defendi. Cum proximis comitiis consularibus me consulem in campo et competitores tuos interficere voluisti, compressi conatus tuos nefarios amicorum praesidio et copiis nullo tumultu publice concitato; denique, quotienscumque me petisti, per me tibi obstiti, quamquam videbam perniciem meam cum magna calamitate rei publicae esse coniunctam. (**4**) Nunc iam aperte rem publicam universam petis, templa deorum immortalium, tecta urbis, vitam omnium civium, Italiam totam ad exitum et vastitatem vocas. Qua re, quoniam id quod est primum, et quod huius imperi disciplinaeque maiorum proprium est, facere nondum audeo, faciam id quod est ad severitatem lenius, ad communem salutem utilius. (**5**) Nam si te interfici iussero, residebit in re publica reliqua coniuratorum manus; sin tu, quod te iam dudum hortor, exieris, exhaurietur ex urbe tuorum comitum magna et perniciosa sentina rei publicae. Quid est, Catilina? Num dubitas id me imperante facere quod iam tua sponte faciebas? Exire ex urbe iubet consul hostem. Interrogas me, num in exilium. Non iubeo, sed, si me consulis, suadeo.

2. non feram ... non sinam: affermazione categorica costruita attraverso l'anafora della negazione e tre verbi che formano una *climax*. – **habenda est:** «dobbiamo rivolgere» (sott. *nobis*). – **huic ... Statori:** ricordiamo che la seduta del senato si sta svolgendo nel tempio di Giove Statore, per motivi di sicurezza. – **tam ... infestam:** altra triplicazione di elementi: presenta l'anafora di *tam* e una serie di attributi in *climax*. – **totiens iam:** «tante volte ormai».

3. Non est saepius ... periclitanda: «Non deve essere messa in pericolo troppo spesso», dove *saepius* è comparativo assoluto dell'avverbio *saepe*. – **in uno homine:** «riguardo a un solo uomo». – **mihi consuli designato:** dativo dipendente da *insidiatus es*; Cicerone fu designato console nel 64 a.C., superando nelle elezioni proprio Catilina. – **privata diligenta:** «con la mia sorveglianza personale». – **Cum ... voluisti:** subordinata temporale. – **proximis comitiis consularibus:** (ablativo di tempo) si riferisce ai comizi centuriati del 63 a.C., durante i quali Catilina fu ancora superato da altri candidati (D. Silano e L. Murena) e perse la speranza di ottenere il consolato per vie legali; in quell'occasione sembrava che volesse uccidere il console Cicerone, il quale aveva cercato di ostacolare la sua elezione. – **nullo ... concitato:** «senza avere suscitato nessun pubblico tumulto», ablativo assoluto. – **quotienscumque me petisti:** «tutte le volte che mi hai assalito». – **per me:** «con i miei soli mezzi», ma Cicerone sottolinea così che la sua morte avrebbe danneggiato gravemente lo stato.

4. rem publicam universam: «lo stato nel suo insieme». – **templa ... tecta ... vitam ... Italiam ...:** *climax* ascendente, da notare anche la lunga allitterazione *vitam omnium civium, Italiam totam ad exitum*. – **est primum ... proprium est:** «ciò che sarebbe la prima cosa ... ciò che sarebbe prerogativa», sono due "falsi condizionali". – **ad severitatem ... utilius:** «più mite rispetto alla severità, più utile rispetto alla salvezza comune», da notare il perfetto parallelismo delle due parti.

5. sin tu ... exieris: «se invece tu te ne andrai» (*sin* introduce un periodo ipotetico in cui si propone l'ipotesi contraria alla precedente); il futuro anteriore è dettato dalla legge dell'anteriorità. – **exhaurietur:** «si rovescerà fuori completamente»; da notare l'allitterazione *exieris, exhaurietur ex urbe*. – **sentina:** «la feccia» (lett. è la «sentina» della nave, dove si raccolgono le acque di scolo, qui usata metaforicamente). – **Num dubitas ... facere:** «Forse che esiti a fare per mio ordine», dove *num* introduce un'interrogativa retorica e *me imperante* è ablativo assoluto (lett. «se te lo ordino io», con valore condizionale). – **Exire ex urbe:** allitterazione che riprende la precedente. – **hostem:** Cicerone chiama Catilina oramai apertamente «nemico». – **num in exilium:** «se in esilio», Cicerone propone una soluzione a Catilina (l'esilio volontario) che sarebbe stata comoda per tutti: il console, infatti, non aveva i poteri legali di mandare in esilio un cittadino romano.

SCHEDA LESSICALE

Nefarius

L'aggettivo deriva dalla negazione *ne* e dall'indeclinabile *fas*, che indica nell'ambito religioso ciò che è detto (dal verbo *fari*, dire) dagli dei. *Nefarius* è quindi ciò che non è dicibile/lecito secondo la volontà degli dei. In questo contesto è trasferita da parte di Cicerone la valutazione dell'agire di Catilina dall'ambito puramente politico a quello sacrale, come se ciò che accade fosse contrario non solo alla legge dello stato, ma alla volontà degli dei. Per converso, va da sé che l'agire di Cicerone sarebbe entro la *lex* e il *fas*, la legge e la sacralità.

TESTO 5

Il vuoto intorno a Catilina

Catilinaria I, 7

Cicerone introduce a questo punto del discorso una scena di contesto, che permette di individuare l'isolamento di Catilina tra i senatori. Si tratta di un'immagine di grande effetto: quando il cospiratore è entrato nella sala, si è fatto il vuoto intorno a lui, nessuno ha accettato di sedersi accanto al capo della congiura. Cicerone, allora, introduce efficacemente l'uso della prosopopea: come accade nel *Critone* di Platone, dove avviene la personificazione delle leggi, anche qui è la personificazione di un'entità astratta (e suprema) come la patria a parlare in prima persona. È la patria stessa che chiede a Catilina di andarsene e di liberare Roma dall'incubo della sua presenza.

(1) Nunc vero quae tua est ista vita? Sic enim iam tecum loquar, non ut odio permotus esse videar, quo debeo, sed ut misericordia, quae tibi nulla debetur. Venisti paulo ante in senatum. Quis te ex hac tanta frequentia, tot ex tuis amicis ac necessariis salutavit? Si hoc post hominum memoriam contigit nemini, vocis exspectas contumeliam, cum sis gravissimo iudicio taciturnitatis oppressus? (2) Quid? Quod adventu tuo ista subsellia vacuefacta sunt, quod omnes consulares qui tibi persaepe ad caedem constituti fuerunt, simul atque adsedisti, partem istam subselliorum nudam atque inanem reliquerunt, quo tandem animo tibi ferendum putas? (3) Servi mehercule mei si me isto pacto metuerent ut te metuunt omnes cives tui, domum meam relinquendam putarem: tu tibi urbem non arbitraris? Et si me meis civibus iniuria suspectum tam graviter atque offensum viderem, carere me aspectu civium quam infestis omnium oculis conspici mallem: tu, cum conscientia scelerum tuorum agnoscas odium omnium iustum et iam diu tibi debitum, dubitas, quorum mentes sensusque vulneras, eorum aspectum praesentiamque vitare? Si te parentes timerent atque odissent tui neque eos ratione ulla placare posses, ut opinor, ab eorum oculis aliquo concederes.

1. quae ... vita?: «che razza di vita?», chiesto con disprezzo. – **non ut ... sed ut misericordia:** «in modo da sembrare spinto non dall'odio (come dovrei), ma dalla misericordia», subordinate consecutive (il secondo *videar* è sottinteso); *quo* lett. «dal quale (odio)»; *debeo* è "falso condizionale". – **quae ... debetur:** «che non ti è dovuta per nulla», *nulla* è complemento predicativo. – **ex hac ... frequentia:** «tra questa folla tanto numerosa», complemento partitivo. – **tanta ... tot:** si tratta di una *variatio* non priva di significato, perché il primo aggettivo indica l'importanza della folla di senatori, il secondo indica il numero di amici e clienti di Catilina. – **post hominum memoriam:** «a memoria d'uomo». – **cum sis ... oppressus:** «quando sei già stato schiacciato dal pesantissimo giudizio del silenzio», perché aspettare che la condanna diventi esplicita?

2. Quid?: formula di passaggio. – **Quod ... quod:** anafora che introduce due subordinate dichiarative, in particolare rilievo a inizio periodo. – **adventu tuo:** «al tuo arrivo». – **vacuefacta sunt:** «si sono svuotati». – **qui ... constituti fuerunt:** «i quali molto spesso furono da te designati al massacro», *constituti fuerunt* (al posto di *sunt*) per indicare durata nel passato. – **tibi:** qui è complemento d'agente (uso che, in prosa, diverrà più frequente in epoca imperiale). – **nudam atque inanem:** «completamente vuota», endiadi. – **quo tandem ... putas?:** «con quale animo, insomma, pensi di doverlo sopportare?»; qui il dativo d'agente *tibi* è richiesto dalla perifrastica passiva.

3. mehercule: «per Ercole», è un'interiezione frequente, abbreviazione della frase esclamativa *ita me Hercules iuvet!* – **si ... metuerent:** protasi di un periodo ipotetico dell'irrealtà, la cui apodosi è *putarem*. – **isto pacto:** «in questo modo». – **domum meam relinquendam:** perifrastica passiva (sottintesi *esse* e *mihi*). – **urbem:** sottintesi *relinquendam esse*. – **si ... viderem:** «se mi vedessi sospettato tanto gravemente, anche a torto, e odioso agli occhi dei miei concittadini»; *iniuria* è avverbio; *si ... viderem ... mallem*: periodo ipotetico della irrealtà. – **carere me ... mallem:** «preferirei rimanere privo», seguito dall'ablativo di privazione *aspectu*. – **tu:** «tu invece», segna forte contrapposizione. – **cum ... agnoscas:** «pur riconoscendo», *cum* + congiuntivo con valore concessivo, regge la subordinata oggettiva *odium ... debitum* (sott. *esse*). – **conscientia scelerum tuorum:** «per la consapevolezza dei tuoi delitti». – **dubitas:** *dubito* seguito dall'infinito (qui *vitare*) significa «esitare». – **quorum ... vulneras:** «dei quali ferisci l'animo e i sentimenti», prolessi della subordinata relativa (riferita al pronome *eorum*). – **Si ... timerent atque odissent ... neque ... posses ... concederes:** periodo ipotetico dell'irrealtà, che serve a introdurre la prosopopea della patria.

(**4**) Nunc te patria, quae communis est omnium nostrum parens, odit ac metuit et iam diu nihil te iudicat nisi de parricidio suo cogitare: huius tu neque auctoritatem verebere nec iudicium sequere nec vim pertimesces? Quae tecum, Catilina, sic agit et quondam modo tacita loquitur: (**5**) «Nullum iam aliquot annis facinus exstitit nisi per te, nullum flagitium sine te; tibi uni multorum civium neces, tibi vexatio direptioque sociorum impunita fuit ac libera; tu non solum ad neglegendas leges et quaestiones, verum etiam ad evertendas perfringendasque valuisti. (**6**) Superiora illa, quamquam ferenda non fuerunt, tamen ut potui tuli; nunc vero me totam esse in metu propter unum te, quicquid increpuerit, Catilinam timeri, nullum videri contra me consilium iniri posse quod a tuo scelere abhorreat, non est ferendum. Quam ob rem discede atque hunc mihi timorem eripe; si est verus, ne opprimar, sin falsus, ut tandem aliquando timere desinam».

4. parens: «madre», inizia la prosopopea della patria. – **de parricidio suo:** «alla sua distruzione», complemento di argomento; il termine *parricidio* prolunga la metafora della patria come madre di tutti. – **verebere nec ... sequere nec ... pertimesces:** sono tre indicativi futuri che formano una *climax* ascendente. – **Quae:** nesso relativo (riferito alla patria). – **tacita loquitur:** «parla con il suo silenzio», ma *tacita* è predicativo (lett. «parla silenziosa»).

5. iam aliquot annis: «già da alcuni anni». – **nisi per te:** «se non per colpa tua», da qui in avanti pronomi e aggettivi pronominali di seconda persona singolare sono ripetuti con martellante frequenza. – **tibi uni ... tibi:** «solo a vantaggio tuo ... per te», sono dativi di vantaggio. – **impunita fuit ac libera:** «rimasero impunite e immuni», è singolare perché riferito a ognuno dei soggetti elencati: *neces* (uccisione di cittadini romani), *vexatio direptioque* (azioni disoneste compiute da Catilina quando rivestì la pretura in Africa, nel 67 a.C.: nelle indagini che seguirono Catilina riuscì a salvarsi grazie alla corruzione dei giudici). – **ad neglegendas ... valuisti:** *valeo* ha qui significato di «essere in grado» e regge le subordinate costruite con l'accusativo del gerundivo («di trascurare leggi e tribunali, ma anche di rovesciarli e distruggerli»); le *quaestiones* sono commissioni permanenti incaricate di istruire i diversi processi.

6. Superiora illa: «Quei tuoi delitti precedenti». – **quamquam ... non fuerunt:** «benché non fossero da sopportare», subordinata concessiva con perifrastica passiva. – **me ... in metu:** «che io sia completamente nella paura», è la prima di una serie di infinitive che fungono da soggetto a *non est ferendum* (da notare il chiasmo, unito all'antitesi, *me totam ... unum te*). – **quicquid ... timeri:** «che qualunque allarme si sia sparso, si tema Catilina» (lett. «qualunque cosa abbia fatto rumore»). – **nullum videri ... abhorreat:** «che nessuna trama sembri potersi ordire contro di me, che sia disgiunta dalla tua scelleratezza» (Catilina, cioè, partecipa di ogni cospirazione contro lo stato); *quod ... abhorreat* è relativa impropria con valore consecutivo. – **ne opprimar:** «affinché io non sia schiacciata», subordinata finale negativa. – **tandem aliquando:** «finalmente una buona volta».

Rappresentazione dell'origine di Roma attraverso la figura della lupa, V secolo a.C., Roma, Musei Capitolini.

ANALISI DEL TESTO *Catilinaria* I, 7

Lessico

1 Evidenzia i termini che descrivono la condizione di vuoto e solitudine che circonda Catilina al suo arrivo in senato.

2 Quando prende la parola, la patria rivolge una serie di accuse a Catilina; illustra il significato proprio di questi termini che le riassumono:
a *facinus*
b *flagitium*
c *neces*
d *vexatio*
e *direptio*

3 Nella frase *ad neglegendas leges et quaestiones* che cosa significa il termine *quaestiones*? Qual è il suo significato originario?

4 Nell'espressione *quicquid increpuerit* quale significato assume il verbo *increpo*? Qual è il suo significato originario?

Sintassi e stile

5 Ancora una volta la prima parte del capitolo è dominata dalla presenza delle interrogative dirette: con quale scopo le impiega Cicerone in questo passaggio? Quale effetto ottiene?

6 La seconda parte, invece, è caratterizzata dalla figura retorica della prosopopea: perché, a tuo parere, Cicerone dà la parola alla patria?

7 Quali altre figure retoriche caratterizzano il capitolo? Individua alcuni esempi significativi.

8 Il paragrafo 5 rappresenta un ottimo esempio di compattezza ed equilibrio strutturale (*concinnitas*) grazie alla duplicazione di numerosi elementi al suo interno: individua questi elementi doppi.

Contenuti

9 La prosopopea è introdotta da alcune espressioni che fanno riferimento all'idea di patria intesa come "madre comune" di tutti i cittadini: in base alle tue conoscenze, ritieni che questa fosse una concezione presente e viva nella cultura tradizionale romana? Anche ai tempi di Cicerone?

10 L'isolamento dell'avversario è un forte strumento per vincere uno scontro: ti sembra che qui Cicerone riesca a ottenere il suo scopo?

11 Per quale motivo Cicerone agisce in questo modo e non prende direttamente provvedimenti contro Catilina?

TESTO 6

La patria esorta Cicerone ad agire *Catilinaria* I, 11

Anche questo capitolo è segnato dalla figura retorica della prosopopea: l'oratore, infatti, per un attimo lascia di nuovo la parola alla patria personificata, la quale lo esorta ad agire prontamente e con decisione per eliminare il pericolo che incombe sulla città: non basta l'esilio, bisogna mettere a morte Catilina e i suoi complici! Il console non si deve neppure preoccupare delle leggi che sembrano proteggere i congiurati da un'immediata eliminazione, perché di fronte al tradimento dimostrato essi non sono più nemmeno cittadini romani. Dietro a queste forti parole (e all'abile espediente retorico) traspare una qualche apprensione del console, che sa bene come nel suo agire presente e futuro possono trovarsi elementi straordinari ed estranei alle leggi (come la condanna a morte di cittadini senza la *provocatio ad populum*). Proprio qui colpiranno in seguito i suoi nemici politici, accusandolo di avere abusato dei suoi poteri.

(1) Nunc, ut a me, patres conscripti, quandam prope iustam patriae querimoniam detester ac deprecer, percipite, quaeso, diligenter, quae dicam, et ea penitus animis vestris

1. quandam ... querimoniam: «un rimprovero per così dire quasi giusto», l'espressione attenua l'accusa della patria e lascia trasparire la delicatezza del passaggio nell'orazione. – **detester ac deprecer:** è una sorta di endiadi tratta dal linguaggio religioso (il primo verbo ha il significato di «stornare, allontanare» mentre il secondo significa «scongiurare»). – **penitus ... mandate:** «imprimetele profondamente». – **patria ... cuncta Italia ... omnis res publica:** è una *climax* mentibusque mandate. Etenim, si mecum patria, quae mihi vita mea multo est carior, si cuncta Italia, si omnis res publica loquatur: (2) «M. Tulli, quid agis? Tune eum, quem esse hostem comperisti, quem ducem belli futurum vides, quem expectari imperatorem in castris hostium sentis, auctorem sceleris, principem coniurationis, evocatorem servorum et civium perditorum, exire patiere, ut abs te non emissus ex urbe, sed immissus in urbem esse videatur? (3) Nonne hunc in vincla duci, non ad mortem rapi, non summo supplicio mactari imperabis? Quid tandem te impedit? Mosne maiorum? At persaepe etiam privati in hac re publica perniciosos cives morte multarunt. An leges, quae de civium Romanorum supplicio rogatae sunt? At numquam in hac urbe, qui a re publica defecerunt, civium iura tenuerunt. An invidiam posteritatis times? (4) Praeclaram vero populo Romano refers gratiam, qui te, hominem per te cognitum nulla commendatione maiorum tam mature ad summum imperium per omnis honorum gradus extulit, si propter invidiam aut alicuius periculi metum salutem civium tuorum neglegis. (5) Sed, si quis est invidiae metus, non est vehementius severitatis ac fortitudinis invidia quam inertiae ac nequitiae pertimescenda? An, cum bello vastabitur Italia, vexabuntur urbes, tecta ardebunt tum te non existumas invidiae incendio conflagraturum?».

ascendente, che prende la personificazione della patria e la allarga a comprendere l'Italia e l'intero stato.

2. quem ... comperisti: la relativa presenta un perfetto logico («che sai che è un nemico»). – **quem ... sentis:** «che senti essere atteso come comandante», *imperatorem* è predicativo del soggetto della subordinata oggettiva, come anche i successivi *auctorem* («promotore»), *principem* («capo») e *provocatorem* («sobillatore»). – **patiere:** = *patieris*. – **ut ... videatur:** subordinata consecutiva, segnata dalla presenza di antitesi e paronomasia (*emissus ... immissus*): «così che sembri che egli non è stato da te scacciato dalla città ma lanciato contro di essa».

3. Nonne ... imperabis?: l'interrogativa retorica comprende tre elementi in gradazione ascendente (*duci ... rapi ... mactari*). – **mosne maiorum:** sottinteso *te impedit* (come anche nella successiva espressione interrogativa *An leges*, «O forse le leggi», si tratta di una interrogativa disgiuntiva). – **etiam privati:** come ha già ricordato nel cap. I, 5. – **de ... supplicio:** varie leggi (dall'antichissima *lex Valeria* alle più recenti leggi Porcia e Sempronia) conferivano alla sola assemblea popolare, alla quale il cittadino romano condannato si rivolgeva, il potere di confermare la pena di morte o di tramutarla in esilio (*provocatio ad populum*). – **At numquam ... tenuerunt:** l'obiezione di Cicerone è chiara (chi è un traditore non può nemmeno essere considerato cittadino romano), ma non lo salverà dalle critiche e dagli attacchi successivi, come egli prevede subito dopo riferendosi all'*invidiam posteritatis*.

4. Praeclaram ... gratiam: «Davvero una bella riconoscenza tu rendi al popolo romano», espressione ironica. – **hominem ... maiorum:** «uomo conosciuto solo per i tuoi meriti (*per te*) senza alcuna raccomandazione di antenati illustri», questa lunga apposizione di *te* ricorda orgogliosamente la condizione di Cicerone quale *homo novus*. – **tam mature:** la carriera politica di Cicerone fu in effetti rapida, dalla questura nel 75 a.C. al consolato nel 63 a.C.

5. non est ... pertimescenda?: «si deve forse temere maggiormente l'odio che nasce dalla severità e dal coraggio (*severitatis* e *fortitudinis* sono genitivi) piuttosto che quello che nasce da debolezza e viltà?», l'interrogativa retorica contiene una perifrastica passiva. – **cum ... vastabitur ... vexabuntur ... ardebunt:** le tre subordinate temporali accostate per asindeto accrescono il tono patetico nella conclusione del discorso della patria. – **conflagraturum:** sottinteso esse.

TESTO 7

Giove proteggerà Roma

Catilinaria I, 13

Da tempo Roma cova in seno germi di congiura e ora la rivolta sta esplodendo. Non servirebbe eliminare il solo Catilina: sarebbe – sottolinea Cicerone con efficace similitudine – come dare un bicchiere d'acqua fredda a un ammalato grave. Al refrigerio momentaneo seguirebbe una sofferenza maggiore. Escano allora tutti i congiurati, la ribellione sarà evidente e tutti saranno puniti. Giove purifichi e protegga la città, colpisca Catilina e i suoi complici con una maledizione senza fine. È la *peroratio* dell'orazione: viene ripreso lo scopo principale del discorso (l'uscita di Catilina da Roma) e il tutto si conclude in modo solenne, con la chiamata in causa del padre degli dèi (in una visione tradizionalistica della religione di stato e per lo stato), nel tempio del quale si è tenuta questa riunione straordinaria del senato. Il tono è perentorio nella parte iniziale del capitolo, alto in tutto il testo: compito della perorazione finale è quello di scaldare gli animi dei senatori allo sdegno per il delitto macchinato contro la repubblica. La maledizione finale è terribile.

> Da molto tempo infatti, Padri Coscritti, ci troviamo esposti ai pericoli e alle insidie di questa congiura, e tuttavia, non so per quale ragione, i disegni criminosi e la furia sovvertitrice che maturavano da tempo sono esplose nel periodo del nostro consolato. Se uno solo di tanti banditi verrà soppresso, forse per qualche tempo avremo l'impressione d'esser sollevati dall'angoscia e dal timore, ma il pericolo perdurerà, annidato nel sangue, nelle viscere della repubblica. Chi, colpito da grave morbo, è in preda a una febbre ardente, se beve acqua gelata sulle prime sembrerà sollevato, ma poi soffrirà molto più di prima e con maggiore intensità; allo stesso modo, la malattia di cui soffre lo stato sarà attenuata, se costui verrà messo a morte, ma non farà che aggravarsi, se resteranno in vita i suoi complici.
> E perciò, se ne vadano i malvagi, si separino dai buoni cittadini, si riuniscano tutti in uno stesso luogo e infine, come ho già detto più volte, che tra loro e noi ci sia un muro; cessino di attentare alla vita del console in casa sua, di accerchiare il tribunale del pretore urbano,[1] di assediare armati la Curia, di preparare missili incendiari e torce per mettere a fuoco la città; che una buona volta ciascuno porti scritto in fronte quali sono i suoi sentimenti verso lo stato. Vi assicuro, Padri Coscritti, che noi consoli metteremo tanto impegno e, confortati dalla vostra autorità, dal coraggio degli equestri, e il vivo consenso della gente perbene, quando Catilina si sarà allontanato vedrete la congiura scoperta, soffocata, punita. Con questi auspici, Catilina, per la salvezza suprema dello stato e la tua disgrazia, la tua perdizione e lo sterminio di coloro che ti sono complici nel tramare delitti contro la patria, muovi per questa guerra empia e nefanda.
> E tu, Giove, che qui fosti posto da Romolo con gli stessi auspicii con i quali fondò la città, tu, che ben a ragione invochiamo con il nome di Statore dell'Urbe e dell'Impero, tieni lontani quest'uomo e i suoi sgherri dal tuo tempio e dagli altri dell'Urbe, dalle case dei Romani, dalle mura, dalle vite, dai beni di tutti i suoi abitanti; e costoro, nemici della gente onesta, devastatori d'Italia, stretti tra loro da un patto scellerato, infame masnada, dannali vivi e morti a tormenti senza fine!
>
> (trad. di L. Storoni Mazzolani)

1. Era il magistrato incaricato d'istruire i processi per debiti. I congiurati cercavano di intimidirlo.

RIEPILOGO DEL PERCORSO

1 Riassumi brevemente i dati della congiura di Catilina, che fanno da sfondo all'intervento ciceroniano.

2 La prima *Catilinaria* è un discorso pronunciato in senato che presenta alcune particolarità.
- **a** Quali caratteristiche ha l'*exordium* dell'orazione?
- **b** Per quale motivo si distingue dagli *exordia* tradizionali?
- **c** Si può affermare che il discorso, in alcuni passaggi, assomigli a un'orazione giudiziaria piuttosto che a una politica?
- **d** Quali sono questi passaggi?

3 Per quale motivo il console è stato spinto a intervenire in senato con un attacco così violento? Quale scopo si prefiggeva?

4 La prima *Catilinaria* si caratterizza per un ritmo incalzante: quali sono gli strumenti retorici principali impiegati da Cicerone per ottenere tale effetto?

5 La prosopopea della patria – che per due volte prende la parola nella finzione oratoria – rappresenta la stoccata finale rivolta nell'orazione al capo della congiura.
- **a** Sulla base delle tue letture e conoscenze, a quali modelli letterari si ispira Cicerone per l'impiego di un tale espediente retorico?
- **b** Quale scopo mira a ottenere con l'introduzione della prosopopea?

6 La congiura di Catilina, probabilmente, era diffusa in modo più capillare di quanto il console voglia farci credere, soprattutto mostrandoci il sovversivo isolato in senato.
- **a** Sai individuare da quali elementi presenti nell'orazione si può dedurre un coinvolgimento anche della classe senatoria?
- **b** Sulla base dei tuoi studi, sai spiegare quali furono le ragioni storiche e sociali che in qualche modo permisero il sorgere di un simile rischio per le istituzioni?

APPROFONDIMENTO

IL *CURSUS HONORUM* E IL LESSICO DELLA POLITICA

Lo sviluppo, o *iter*, della carriera politica a Roma veniva chiamato ***cursus honorum*** ed era costituito da una serie di tappe successive che culminavano nel consolato.

Tutti coloro che rivestivano le alte cariche civili dello stato (*res publica*) erano chiamati ***magistratus***. Le magistrature del *cursus honorum* vennero stabilite secondo un preciso ordine di successione per importanza, anche se in età repubblicana l'*iter* fu più volte oggetto di revisioni e riforme, riguardanti sia le modalità di elezione, sia i limiti di età per l'accesso alle diverse cariche, sia l'intervallo di tempo che doveva intercorrere tra due nomine. Le revisioni più significative ebbero luogo nel 180 a.C. e nell'età di Silla, che stabilì, ad esempio, l'età minima di 40 anni per la pretura e di 43 per il consolato, con l'intervallo di 10 anni prima della rielezione a una magistratura.

Ecco le tappe del *cursus honorum*.

- ***Quaestores*** (questori): erano eletti dai comizi tributi, inizialmente in numero di due, quindi quattro (due dei quali rimanevano a Roma, *quaestores urbani*, mentre gli altri due seguivano i consoli), poi fino a 20 (sotto Silla); essi rimanevano in carica un anno, si occupavano di inchieste giudiziarie e, in seguito, anche della gestione dell'erario pubblico. La carica poteva essere ottenuta a partire dai 28 anni. I questori seguivano i consoli e i pretori, i proconsoli e i propretori nelle spedizioni militari e nelle province, per curare l'amministrazione (*quaestores militares, provinciales*); uno dei due *quaestores urbani* risiedeva a Ostia (*quaestor Ostiensis*), per sorvegliare le importazioni, soprattutto di grano. Successivamente – in epoca imperiale – i *quaestores Caesaris* saranno i rappresentanti dell'imperatore in senato.

- ***Aediles*** (edìli): erano eletti dai comizi tributi in numero di quattro; essi erano i magistrati preposti alla cura degli edifici pubblici e dei mercati, all'allestimento dei giochi e degli spettacoli e la loro carica durava un anno. In origine vi erano solo due *aediles plebei*, poi (nel 366 a.C.) furono aggiunti due *aediles curules*; più tardi, nel 44 a.C. Cesare aggiunse due *aediles cereales* incaricati dell'approvvigionamento dell'Urbe. L'edilità non era obbligatoria per l'accesso alle magistrature successive, ma, dal momento che i giochi costituivano un potente strumento di propaganda per ottenere il favore popolare, spesso gli uomini politici si facevano eleggere edìli prima di candidarsi a pretori.

- ***Praetores*** (pretori): in origine erano i comandanti dei tre contingenti della legione romana. Con l'istituzione della repubblica due di essi mantennero la funzione militare (e presero il nome di consoli), mentre il terzo fu preposto all'amministrazione della giustizia e mantenne il nome di *praetor*. Questa carica fu poi sdoppiata in *praetor urbanus*, che aveva giurisdizione sui cittadini romani, e *praetor peregrinus*, che aveva giurisdizione sugli stranieri. A questi pretori furono poi affiancati altri colleghi, fino a un numero di 8, eletti per un anno dai comizi centuriati. La carica era accessibile a 40 anni.

- ***Censores*** (censori): erano due magistrati eletti dai comizi centuriati ogni cinque anni, che rimanevano in carica per 18 mesi ed effettuavano il censimento della cittadinanza, ossia registravano i nomi e gli averi dei cittadini romani. Esercitavano anche una funzione di controllo sulla finanza, sugli appalti pubblici e sui costumi dei cittadini (da cui il significato di *censor*, «giudice dei costumi, giudice severo»).

- ***Consules*** (consoli): venivano eletti in numero di due da parte dei comizi centuriati ed esercitavano per un anno il potere esecutivo. Questa era la carica suprema all'interno dello stato repubblicano, tanto

Decoro del sarcofago di un magistrato romano che ha ricoperto tutti i gradi del *cursus honorum*, III secolo a.C., Roma, Musei Capitolini.

che i Romani avevano preso l'abitudine di indicare gli anni attraverso i nomi dei consoli che erano in carica. I consoli in carica erano detti *consules ordinarii*, i nuovi consoli eletti (che entravano in carica circa sei mesi dopo l'elezione) erano i *consules designati*, mentre i *consules suffecti* erano consoli supplenti di consoli morti o eletti illegalmente.

- Alla scadenza del loro mandato sia i consoli sia i pretori potevano essere inviati a governare una provincia per un anno, con il titolo di ***proconsules*** e ***propraetores*** (proconsoli e propretori).

- Anche le principali **cariche religiose** (come quella del ***pontifex maximus***, che presiedeva il collegio dei pontefici, incaricati di controllare il culto ufficiale) erano sentite come cariche politiche e spesso entravano a far parte del *cursus honorum*.

- Oltre alle magistrature ordinarie sin qui esaminate, vi era una magistratura straordinaria, il ***dictator***, che otteneva – in caso di grave pericolo per lo stato – poteri assoluti, sia civili sia militari: per questo motivo, però, la carica durava solo sei mesi.

- Vi erano inoltre (almeno a partire dal 494 a.C.) i ***tribuni plebis*** – il cui numero aumentò da due a dieci – che erano eletti dall'assemblea della plebe e avevano **diritto di aiuto** (difesa dei plebei dai soprusi dei patrizi) e **diritto di veto** sulle decisioni dei magistrati, sulle imposizioni di nuovi tributi, ecc. Questa carica crebbe gradatamente di prestigio e influenza (i *tribuni* potevano anche proporre e far approvare disegni di legge, pensiamo ai tentativi dei fratelli Tiberio e Caio Gracco), tanto che molti uomini politici inserirono anche questo passaggio all'interno del loro *cursus honorum*. Fu Silla, con la sua restaurazione, a ridurne drasticamente l'importanza, togliendo loro ogni possibilità di iniziativa legislativa (inoltre stabilì che i tribuni della plebe non avrebbero più potuto aspirare a magistrature superiori).

3 Prima e dopo l'esilio (le orazioni della maturità)

Nell'ampio catalogo delle orazioni ciceroniane la *Pro Archia* occupa un posto particolare. Anzitutto per l'originalità della causa: nel 62 a.C. Cicerone si trova a difendere il poeta Archia (un greco d'Asia) che da molti anni risiede a Roma, accolto nelle case di importanti famiglie patrizie quale cantore delle glorie gentilizie (era questo un tipo di produzione poetica ricollegabile alla tradizione dei *carmina convivalia*). Il poeta è stato accusato di avere usurpato la cittadinanza romana: un diritto assai ambito, che era stato esteso alle città italiche federate dalla legge Plauzia-Papiria; e Archia, secondo l'accusa, proprio attraverso questa via aveva trovato il modo di conseguire uno *status* che non gli spettava.
Probabilmente la posizione del poeta greco era controversa e permaneva qualche dubbio sulla liceità della cittadinanza, ma Cicerone si trova in posizione forte di fronte a questo processo, grazie alla sua fama – oramai acquisita – di oratore principe, ai successi politici ottenuti e, soprattutto, grazie al fatto che il presidente del tribunale era quasi sicuramente suo fratello Quinto. Pertanto egli decise di impostare in modo originale l'intervento della difesa: dedicò uno spazio limitato agli aspetti strettamente legali della causa, per allargare subito il discorso al valore e alla funzione della poesia e, in generale, della letteratura anche nella vita di una società come quella romana, nonché nella formazione dell'uomo politico. Una posizione, questa, tutt'altro che scontata all'interno di una realtà sociale che continuava a essere ancorata ai principi del *mos maiorum* e che tendeva a svalutare come frivola, superflua, "estranea" l'attività letteraria.
Questa orazione si trasforma quindi in una viva pagina di difesa e di esaltazione della letteratura come strumento di quell'*humanitas* che Cicerone andava delineando attraverso le sue opere (vedi l'Approfondimento a p. 515).

LAT	TESTO 1	*Pro Archia poeta* 12-13
ITA	TESTO 2	*Pro Archia poeta* 14-23 *passim*
LAT	TESTO 3	*Pro Archia poeta* 24-25

Il poeta Euforione, rappresentato probabilmente con il figlio e una donna (forse una poetessa), I secolo a.C., Casa del Bracciale d'oro, Pompei, Sopraintendenza Archeologica.

TESTO 1

La poesia nutre l'oratoria

Pro Archia poeta 12-13

In questo passaggio dell'orazione Cicerone spiega, in un crescendo, quali siano i motivi per cui gli è caro il poeta Archia e, in generale, la sua arte: essa infatti offre anzitutto un angolo di pace e ristoro a chi è travolto dalla vita civile. Non solo: la letteratura fornisce anche materiale per l'oratore, che deve affrontare le più diverse cause; infine costituisce un passatempo ben più fruttuoso e utile di quelli per i quali la gente spesso spreca la propria vita. *Ex his studiis haec quoque crescit oratio et facultas* («da questi studi cresce anche questa capacità oratoria»): così conclude Cicerone, nobilitando definitivamente l'*otium* letterario nella cultura latina e inserendolo di diritto nel percorso di formazione dell'oratore.

(**12**) Quaeres a nobis, Grati, cur tanto opere hoc homine delectemur. Quia suppeditat nobis ubi et animus ex hoc forensi strepitu reficiatur, et aures convicio defessae conquiescant. An tu existimas aut suppetere nobis posse quod cotidie dicamus in tanta varietate rerum, nisi animos nostros doctrina excolamus; aut ferre animos tantam posse contentionem, nisi eos doctrina eadem relaxemus? Ego vero fateor me his studiis esse deditum: ceteros pudeat, si qui se ita litteris abdiderunt ut nihil possint ex eis neque ad communem adferre fructum, neque in aspectum lucemque proferre: me autem quid pudeat, qui tot annos ita vivo, iudices, ut a nullius umquam me tempore aut commodo aut otium meum abstraxerit, aut voluptas avocarit, aut denique somnus retardarit? (**13**) Qua re quis tandem me reprehendat, aut quis mihi iure suscenseat, si, quantum ceteris ad suas res obeundas, quantum ad festos dies ludorum celebrandos, quantum ad alias voluptates et ad ipsam requiem animi et corporis conceditur temporum, quantum alii tri-

12. nobis: è un plurale *maiestatis*. – **Grati:** Grazzio è l'accusatore di Archia, qui interpellato direttamente da Cicerone: non abbiamo altre notizie su di lui; è stato ipotizzato che si fosse prestato per attaccare, attraverso Archia, la famiglia dei Luculli (protettori del poeta) o lo stesso Cicerone. – **cur ... delectemur:** interrogativa indiretta. – **Quia suppeditat nobis ubi...:** «Perché ci offre uno spazio dove...», seguono le due interrogative indirette rette da *suppeditat*: esse introducono l'idea della poesia come luogo di rifugio dalla caotica vita pubblica, ma anche come nutrimento per l'arte oratoria. – **An tu existimas:** «O forse tu pensi che», le due subordinate oggettive dipendenti da *existimas* sono introdotte da *aut ... aut* e seguite da due condizionali, in una costruzione che presenta equilibrio e parallelismo dei membri. – **aut suppetere ... dicamus:** «o potrebbe bastarci ciò che diciamo quotidianamente»; l'infinito è da tradurre con il condizionale (perché apodosi di un periodo ipotetico dipendente); allo stesso modo va impostata la traduzione del membro successivo (*aut ferre animos*...). – **in tanta varietate rerum:** «in una così grande varietà di cause», si riferisce ai diversi provvedimenti che gli avvocati affrontano in tribunale. – **doctrina:** qui assume il significato generale di «cultura», anche se Cicerone si riferisce in particolare alla poesia. – **pudeat:** congiuntivo esortativo (di un verbo con costruzione impersonale). – **si qui ... proferre:** «se qualcuno si è tanto nascosto negli studi letterari da non poter estrarre nulla da quelli per il vantaggio (*fructum*) comune, né da poter esporre in piena luce»; in questo passaggio l'oratore si scaglia contro chi vive l'esperienza culturale come chiusura e isolamento (gli epicurei?), senza pensare che anche da lì può derivare frutto per il bene comune. – **me autem quid pudeat:** «ma di che cosa dovrei vergognarmi io», dove *pudeat* è congiuntivo dubitativo. – **ut a nullius ... retardarit:** subordinate consecutive dipendenti da *ita vivo*: «che né il mio riposo mi ha mai distolto, o il piacere allontanato, o il sonno trattenuto dall'affrontare la situazione difficile (lett. «dalla situazione difficile») o l'interesse di nessun altro»: per lui, insomma, l'*otium* dedicato alla cultura non è distrazione dall'impegno civile, ma suo potenziamento.

13. Qua re ... sumpsero?: il periodo è piuttosto dilatato a causa dell'accumulazione, sottolineata dall'anafora di *quantum*; nella traduzione è preferibile anticipare la frase conclusiva (*tantum mihi egomet ad haec studia recolenda sumpsero*) che dipende dal *si*: «Perciò chi mai potrebbe biasimarmi o indignarsi a buon diritto con me, se io stesso spenderò a mio vantaggio, per riprendere in mano questi studi, tanto tempo quanto dagli altri è dedicato a risolvere i propri affari, quanto è dedicato a celebrare i giorni festivi dei giochi, quanto è dedicato ad altri piaceri e allo stesso riposo dell'animo e del corpo, quanto altri attribuiscono ai lunghi banchetti, quanto infine al gioco dei dadi o al gioco della palla?». – **festos dies ludorum:** durante le festività religiose erano celebrati i *ludi*, che comprendevano spettacoli al circo e a teatro, nonché gare sportive.

buunt tempestivis conviviis, quantum denique alveolo, quantum pilae, tantum mihi egomet ad haec studia recolenda sumpsero? Atque hoc ideo mihi concedendum est magis, quod ex his studiis haec quoque crescit oratio et facultas; quae, quantacumque in me est, numquam amicorum periculis defuit. Quae si cui levior videtur, illa quidem certe, quae summa sunt, ex quo fonte hauriam sentio.

– **tempestivis conviviis:** *tempestivus* indica che qualcosa è iniziato presto (e quindi si protrae nel tempo). – **alveolo:** era la tavoletta su cui si gettavano i dadi. – **recolenda:** Cicerone impiega questo verbo per indicare che "riprende in mano" gli studi letterari dei suoi anni giovanili. – **quod ... facultas:** è il passaggio fondamentale di questa parte dell'orazione: si deve concedere tempo per gli studi letterari, «poiché da questi studi cresce anche questa capacità oratoria» (*oratio et facultas* è un'endiadi). – **quae, quantacumque in me est:** «e questa, per quanto valga» espressione di modestia (lett. «per quanta è in me»); *quae* è un nesso relativo. – **Quae ... videtur:** «E se anche a qualcuno questa sembra piuttosto leggera»; il pronome iniziale è un altro nesso relativo; *levior* è comparativo assoluto. – **illa ... sentio:** dal predicato principale *sentio* dipende l'interrogativa indiretta *ex quo ... hauriam*, che a sua volta regge la relativa *quae summa sunt* («io so bene da quale fonte attinga quei principi che sono i più importanti»).

SCHEDA LESSICALE

Facultas

Si connette alla radice di *facio* (a sua volta relativo alla radice greca *the* di *tìthemi*, verbo greco che indica collocare/fare), che ha valore di porre collocare e di conseguenza fare. Il primo uso del verbo è fare, produrre qualcosa che cade sotto i sensi. La *facultas* risponde quindi alla capacità di compiere un atto (sia fisico, sia intellettuale) che parte dalla propria soggettività o che viene offerto dal di fuori (dare un'occasione). In questo contesto si riferisce all'abilità intellettiva (soggettiva) di produrre parola.

ANALISI DEL TESTO *Pro Archia poeta* 12-13

Lessico

1 A che cosa si riferisce Cicerone con l'espressione *hoc forensi strepitu*?

2 Quale gamma di significati ha assunto il termine *doctrina*? In questo testo quale preciso valore assume?

3 Nell'espressione *tempore aut commodo* i due termini hanno un significato particolare: quale? Sapresti spiegarlo?

4 Nel contesto della domanda che chiude il paragrafo 12, quale differenza c'è fra i termini *otium* e *voluptas*?

5 L'aggettivo *levis* (qui *levior* al comparativo) ha un significato legato alla sfera fisica e uno (traslato) legato alla sfera morale: illustrali.

Sintassi e stile

6 Il testo è caratterizzato dalla presenza di alcuni congiuntivi indipendenti: sapresti individuarli e spiegarne la funzione?

7 Individua nel passo un periodo che ti sembri significativo per illustrare le caratteristiche della *concinnitas* ciceroniana e analizzalo.

8 In quale passaggio sono impiegate le figure retoriche dell'anafora e dell'accumulazione?

9 Rilevi la presenza di endiadi significative? Spiegane la valenza di volta in volta.

10 Spesso l'oratore usa la prima persona plurale: individua i punti in cui si tratta di plurale *maiestatis* e quelli che rappresentano espressioni di modestia. Vi sono anche altri passaggi dove Cicerone impiega una (falsa) modestia?

Contenuti

11 La valorizzazione della poesia (e in generale dell'*otium* letterario) avviene nel brano attraverso un crescendo di affermazioni sempre più alte: prova a individuare e sintetizzare questi gradini.

12 Quale novità comporta la posizione assunta da Cicerone nei confronti della poesia rispetto alla mentalità tradizionale latina?

TESTO 2

Le lettere e la virtù civile

Pro Archia poeta 14-23 *passim*

Nel cuore dell'orazione Cicerone, dopo avere abbandonato gli argomenti prettamente giuridici, amplia il tema fino a scrivere un vero e proprio panegirico sul ruolo della poesia (e, più in generale, della letteratura) in una società civile: sembra quasi che questo sia il vero oggetto della sua arringa, anche se abbiamo notato come le apparenti divagazioni nei suoi discorsi in realtà siano sempre finalizzate alla causa in discussione.
I capitoli di seguito riportati contengono anche un passaggio di originale apertura culturale, che si oppone alla chiusura gretta e provinciale di tanto conservatorismo romano: una difesa della letteratura greca come patrimonio veramente universale, perché letta e compresa ovunque nell'ecumene.

(**14**) Infatti, se grazie agli insegnamenti di molti e a molte letture non mi fossi convinto fin dall'adolescenza che nella vita nient'altro si deve desiderare ardentemente se non la gloria e l'onore, e che nel perseguirli si deve far poco conto di ogni tormento del corpo, di ogni pericolo di morte e di esilio, mai mi sarei esposto per la vostra salvezza a tante e tanto grandi lotte e a questi assalti quotidiani di gente abietta. Ma di esempi sono pieni tutti i libri, piene le voci dei saggi, piena l'antichità: cose che giacerebbero tutte nelle tenebre, se non vi si accostasse la luce delle lettere. Quante immagini – e quanto nette! – ci hanno lasciato gli scrittori sia greci che latini, non solo perché le contemplassimo, ma anche perché le imitassimo! Ed io sempre nel governare lo stato me le ponevo davanti, e modellavo il mio animo e la mia mente proprio con il meditare su quegli uomini eccellenti.
(**15**) Qualcuno chiederà: «Come? Quei grandissimi uomini, le cui virtù sono state tramandate dalle opere letterarie, erano loro stessi nutriti di quella dottrina che tu esalti?». È difficile affermare questo di tutti, ma tuttavia io ho qualcosa di certo da rispondere. Ammetto che ci sono stati molti personaggi di animo e virtù eccellenti e che senza dottrina, proprio per una disposizione naturale quasi divina, si sono rivelati di per sé saggi e autorevoli. Aggiungo anche questo, che per la gloria e la virtù è stata spesso più importante la natura senza la dottrina che la dottrina senza la natura. Ma d'altra parte io sostengo che quando a una natura egregia e splendida si aggiungono una disciplina metodica e la formazione dovuta agli studi, allora si manifesta quel non so che di straordinario e di unico.
(**16**) È il caso di colui che i nostri padri hanno avuto la possibilità di conoscere, il divino Africano, di Gaio Lelio e di Lucio Furio,[1] uomini della più grande temperanza e moderazione, di Marco Catone il vecchio,[2] uomo energico quant'altri mai, e, per quei tempi, coltissimo. Certamente, se le lettere in nulla li avessero aiutati per la conoscenza e la pratica della virtù, mai si sarebbero volti al loro studio. E anche se non si offrisse una così grande utilità e se da questi studi si cercasse solo il diletto, tuttavia, come penso, giudichereste questa occupazione dell'animo come la più degna dell'uomo e la più nobile. Infatti le altre non sono né di tutti i tempi, né di tutte le età, né di tutti i luoghi; mentre questi studi spronano i giovani, dilettano i vecchi, sono un ornamento nella prosperità, nelle avversità offrono rifugio e conforto; in casa sono uno svago, fuori non sono d'ostacolo; vegliano di notte con noi, ci accompagnano nei viaggi, vivono con noi nella tranquillità della campagna. [...]
(**18**) Inoltre, ed è questo un concetto che ci viene da uomini di grandissimo prestigio e cultura, lo studio delle altre discipline è fatto di dottrina generale, precettistica e abilità tecnica, mentre il poeta si vale di un talento del tutto naturale, è mosso dalla potenza della sua mente ed è pervaso come da un afflato divino. Per questo ben a ragione il nostro celebre Ennio[3] chiama «sacri» i poeti, perché sembrano esserci stati affidati quasi per dono benevolo degli dèi.

1. Qui Cicerone si riferisce a Publio Cornelio Scipione Africano Emiliano (184-129 a.C.), nipote adottivo di Scipione Africano Maggiore, vincitore di Annibale. Grande generale (distrusse Cartagine nel 146 a.C. e Numanzia nel 133 a.C.) e uomo politico, fu anche animatore del circolo culturale degli Scipioni, assieme all'amico e collaboratore Gaio Lelio e a Lucio Furio (citati con lui); questi personaggi sono spesso ricordati nelle opere di Cicerone (*De re publica*, *De amicitia*...), che pensa a loro come a un circolo culturale e politico ideale.

2. Marco Porcio Catone il Censore (234-149 a.C.), famoso uomo politico, conservatore e moralizzatore, che lottò sempre in difesa della tradizione e del *mos maiorum*, schierandosi anche contro il circolo degli Scipioni (vedi p. 43). Cicerone ne traccia un ritratto idealizzato nel *Cato maior de senectute*).

3. Quinto Ennio (239-169 a.C.), uno dei massimi poeti dell'età arcaica, originario di *Rudiae*, in Calabria (vedi p. 186).

(**19**) Sia dunque, giudici, sacro presso di voi, uomini coltissimi, questo nome di poeta, che mai nessuna gente, per quanto barbara, ha osato oltraggiare. Le rupi e i deserti rispondono al suono di una voce, spesso bestie feroci si arrestano placate dal canto: e noi, educati dai migliori insegnamenti, non dovremmo sentirci toccati dalla voce dei poeti? I Colofonii dicono Omero loro concittadino, i Chii lo rivendicano per sé, i Salaminii lo reclamano; gli Smirnei,[4] poi, ribadiscono che è loro compatriota, e pertanto gli hanno anche eretto un tempietto nella città; e ancora moltissimi altri se lo contendono con dispute accese. E così queste comunità anche dopo la sua morte reclamano uno straniero, perché era un poeta; e noi vogliamo respingere costui, che è vivo ed è, per sua volontà e per legge, nostro? Tanto più che Archia da gran tempo ha consacrato tutto il suo zelo e il suo talento alla celebrazione della gloria e della fama del popolo romano! [...]
Infatti da giovane affrontò la campagna contro i Cimbri e risultò gradito allo stesso G. Mario che pure si mostrava piuttosto ostico nei confronti di attività del genere (**20**). E infatti nessuno è tanto nemico delle muse da non consentire di buon grado che sia affidato ai versi l'eterno elogio delle proprie gesta. Si racconta che Temistocle,[5] quel grandissimo ateniese, quando gli chiesero quale «virtuoso», – ovvero la voce di chi – ascoltasse con maggior piacere, abbia risposto: «di colui che sa celebrare meglio di tutti il mio valore». [...]

Statua ritratto di Omero, copia romana, I secolo a.C., Parigi, Museo del Louvre.

(**21**) La guerra mitridatica, poi, grande, difficile e condotta con gran varietà di casi per terra e per mare, è stata narrata interamente dal mio cliente; e questi libri danno lustro non solo a Lucio Lucullo, uomo di grandissima energia e gloria, ma anche al nome del popolo romano. Infatti il popolo romano sotto la guida di Lucullo ha aperto la strada verso il Ponto, prima ben difeso dalla potenza dei re e dalla sua stessa posizione geografica; l'esercito del popolo romano, con lo stesso generale, con una schiera di soldati non grandissima, ha sbaragliato le innumerevoli milizie degli Armeni,[6] torna a gloria del popolo romano che la città di Cizico, alleata fedelissima, grazie sempre alla strategia di Lucullo, è stata salvata da ogni assalto del re e strappata dalle fauci spalancate dell'intera guerra. A noi sempre verrà attribuita con gloria quella straordinaria battaglia navale spesso Tenedo[7] – e vi combatteva Lucio Lucullo – quando vennero uccisi i generali nemici e distrutta la loro flotta; nostri sono i trofei, nostri i monumenti, nostri i trionfi. Gli uomini di talento che esaltano queste imprese celebrano la fama del popolo romano.
(**22**) Caro fu al primo Africano[8] il nostro Ennio, e così si crede anche che una sua immagine marmorea sia stata posta nel sepolcro degli Scipioni. Tuttavia da quelle lodi non è onorato solo colui che ne è oggetto, ma anche il nome del popolo romano. [...]
Bene: i nostri antenati accolsero tra i cittadini colui che aveva fatto ciò, un uomo di Rudiae;[9] e noi dovremmo espellere dalla nostra città questo Eracleese[10] reclamato da molte città, e in questa per legge insediato?
(**23**) Infatti, se qualcuno crede che dai versi greci si colga minor frutto di gloria che da quelli latini, sbaglia fortemente, perché le opere greche sono lette in quasi tutti i paesi, mentre quelle latine sono chiuse nei loro angusti confini. Perciò, se le imprese che abbiamo compiuto hanno come confini quelli stessi del mondo intero, dobbiamo desiderare che fin dove sono giunte le armi dei nostri eserciti penetrino la gloria e la fama: infatti, come queste celebrazioni sono importanti per i popoli stessi dei quali si scrive la storia, così per quelli che rischiano la vita per la gloria questo è il più grande incitamento ad affrontare pericoli e fatiche.

(trad. di G. Bertonati)

4. Colofone era una città greca della Ionia (odierna Turchia); Chio è isola dell'Egeo; Salamina è l'isola del golfo Saronico; Smirne è un'altra città greca dell'Asia Minore.

5. Temistocle (530/520 circa – 461 a.C.), celebre politico ateniese di parte democratica, fu l'artefice della vittoria della flotta greca a Salamina contro quella persiana (480 a.C.). Successivamente cadde in disgrazia, e morì in esilio.

6. Cicerone allude alla battaglia di Tigranocerta (capitale dell'Armenia) del 69 a.C., conclusasi con la vittoria di Lucullo su Tigrane, re dell'Armenia, alleato di Mitridate.

7. Si tratta della battaglia navale del 73 a.C. Tenedo è un'isola che si trova davanti alla costa della Troade.

8. Il vincitore di Annibale.

9. Come si è visto, era la patria di Ennio.

10. Archia, greco d'Asia, aveva ottenuto la cittadinanza di Eraclea, città confederata a Roma: proprio attraverso questa via era riuscito a ottenere anche la cittadinanza romana.

APPROFONDIMENTO

PRO ARCHIA: UN'ORAZIONE PARTICOLARE

Così E. Narducci analizza l'impostazione dell'orazione in difesa del poeta greco Archia ed evidenzia l'emergere della riflessione sulla funzione della letteratura nel pensiero ciceroniano (argomento che diverrà centrale in opere successive, come il De oratore*):*

«Anche se il processo era probabilmente già deciso dall'autorevolezza degli appoggi sui quali Archia poteva contare, il suo difensore aveva comunque l'obbligo di riuscire convincente. La relativa sicurezza sull'esito del dibattimento, insieme all'oggettiva debolezza delle argomentazioni tecnico-giuridiche a sua disposizione, spinsero Cicerone a dare alla sua difesa un'impostazione del tutto inconsueta: egli trattò in maniera rapida e sommaria la causa vera e propria, presentando come del tutto ovvio e scontato il diritto legale di Archia alla conservazione della cittadinanza; e dedicò la parte più ampia del suo discorso a illustrare i meriti culturali del suo cliente. [...]
Accennando alla decisione di fare ricorso a un *novum et inusitatum genus dicendi*, Cicerone intende probabilmente indicare l'andamento largamente "epidittico" conferito a tutta la *argumentatio extra causam*,[1] che si risolve in un vero e proprio encomio dell'attività poetica e letteraria. Questo tipo di eloquenza, largamente praticato in Grecia e nei *festivals* dell'Italia meridionale, non aveva a Roma una tradizione consolidata, se non per quanto riguardava gli elogi funebri dei membri delle grandi famiglie. [...] Nella misura in cui sia lecito considerare separabili le due cose, la novità del *genus dicendi* preannunciata nel proemio della *Pro Archia* investe, più che gli aspetti formali, quelli contenutistici: l'encomio degli *studia humanitatis*, praticamente inaudito in un tribunale romano. [...]
Cicerone ha mostrato ai giudici quanto la cultura possa contribuire alla grandezza dell'uomo politico, ma non può essere trascurato neppure il fatto che da essa si ricava il diletto più signorile e raffinato: il concetto, tipico della nuova civiltà dell'*humanitas*, è espresso attraverso una elaborata serie di brevi *cola*[2] manierati, a sicuro effetto (16: *haec studia adulescentiam agunt, senectutem oblectant, secundas res ornant, adversis perfugium ac solacium praebent*, ecc.) che segnano il passaggio alla seconda parte della *argumentatio*, quella che coinvolge direttamente la personalità di Archia. [...] Si capisce, prosegue Cicerone, che uno Stato faccia di tutto per assicurarsi la gloria di avere i più grandi poeti tra i suoi cittadini. La rievocazione della contesa sui natali di Omero, svoltasi tra i diversi capoluoghi dell'Oriente greco, serve a illustrare questo concetto, e contemporaneamente prepara l'elevazione di Archia a poeta nazionale romano: quasi un secondo Ennio, come questi aveva voluto essere l'*alter Homerus*. Il punto sul quale Cicerone farà leva d'ora in poi (19 sgg.) è infatti che Archia ha impiegato il suo talento soprattutto a glorificazione delle gesta del popolo romano: è proprio questo che lo rende in ogni caso meritevole della cittadinanza. Tanto più che il poeta scrive in greco, una lingua che garantisce alla sua opera la più vasta diffusione fino nelle terre più lontane (23): da parte del romano Cicerone, l'affermazione, accompagnata al riconoscimento delle ancora limitate possibilità di penetrazione delle lettere latine, è un notevole segno di emancipazione da qualsiasi gretto provincialismo culturale. L'oratore vede lucidamente come il consenso all'egemonia imperiale di Roma possa essere consolidato da una letteratura "propagandistica" nella lingua più diffusa nei territori sottoposti al suo dominio».

Dal saggio di E. Narducci, *Lettura della Pro Archia*, introduttivo a Cicerone, *Il poeta Archia*, Milano, RCS Libri S.p.A., 2000, pp. 42-66 passim

1. L'espressione si riferisce a una serie di argomentazioni non strettamente giuridiche, che l'oratore inserisce in un'orazione giudiziaria per sostenere maggiormente la propria tesi.
2. I *cola* sono parti di un periodo (in poesia, membri di un verso).

TESTO 3

Omero fu la fortuna di Achille!

Pro Archia poeta 24-25

Nel testo seguente viene ribadito con esempi illustri che la letteratura può celebrare e rendere eterne grandi imprese. Il discorso vale anche per i tempi di Cicerone: la guerra di Pompeo è appena stata narrata dallo storico Teofane di Mitilene, che ha ottenuto in ricompensa la cittadinanza romana... ma l'oratore stesso si aspetta che il poeta Archia canti le imprese da lui compiute durante l'anno del suo consolato!

(**24**) Quam multos scriptores rerum suarum magnus ille Alexander secum habuisse dicitur! Atque is tamen, cum in Sigeo ad Achillis tumulum astitisset: «O fortunate – inquit – adulescens, qui tuae virtutis Homerum praeconem inveneris!» Et vere. Nam nisi Illias illa exstitisset, idem tumulus, qui corpus eius contexerat, nomen etiam obruisset. Quid? Noster hic Magnus, qui cum virtute fortunam adaequavit, nonne Theophanem Mytilenaeum, scriptorem rerum suarum, in contione militum civitate donavit; et nostri illi fortes viri, sed rustici ac milites, dulcedine quadam gloriae commoti, quasi participes eiusdem laudis, magno illud clamore approbaverunt? (**25**) Itaque, credo, si civis Romanus Archias legibus non esset, ut ab aliquo imperatore civitate donaretur perficere non potuit.

24. Quam multos scriptores: Alessandro era seguito nelle sue spedizioni da storici come Anassarco di Abdera, Anassimene di Lampsaco, Nearco di Creta (sono i cosiddetti "storici di Alessandro", per i quali vedi a p. 340), ma anche da poeti come Cherilio di Iaso. – **Sigeo:** aveva questo nome un promontorio a nord-ovest di Troia, dove secondo la tradizione era sepolto Achille con altri eroi omerici. – **Illias illa:** «quella famosa *Iliade*», la tradizione manoscritta tramanda al posto di questi due termini *illi ars*: quella messa a testo è una correzione proposta dai filologi. – **Quid?** è formula di passaggio («E dunque?»). – **Noster hic Magnus:** «Questo nostro Magno», si tratta di Gneo Pompeo, che al momento (siamo nel 62 a.C.) era forse il generale e l'uomo politico più in vista: l'anno prima aveva concluso vittoriosamente la guerra contro Mitridate, re del Ponto. – **Theophanem Mytilenaeum:** Teofane di Mitilene, storico e consigliere di Pompeo, lo accompagnò durante la guerra contro Mitridate e scrisse un'opera (perduta) che narrava quelle vicende; ottenne la cittadinanza romana grazie a Pompeo: per questo motivo è qui ricordato da Cicerone. – **rustici ac milites:** «rozzi e soldati» sono i militari davanti ai quali Pompeo ha conferito la cittadinanza a Teofane.

25. Itaque ... non potuit: «E così credo che, se Archia non fosse cittadino romano secondo le leggi, non avrebbe potuto farsi donare la cittadinanza da qualche generale»; la frase ha valore ironico; da notare la costruzione passiva di *dono*. – **legibus:** Cicerone suggerisce (attraverso l'abile uso di una condizionale irreale) che la cittadinanza romana di Archia sia perfettamente legale e non estorta con un espediente, come vorrebbe l'accusa.

RIEPILOGO DEL PERCORSO

1 L'orazione *Pro Archia* può essere letta a due livelli: quello della causa contingente che Cicerone si trova a difendere e quello, più alto, di un discorso generale sulla funzione della poesia nella società civile:
a sintetizza i termini della causa che Cicerone affronta;
b individua i passaggi in cui emergono le riflessioni sul ruolo della poesia.

2 La particolarità della causa spinge Cicerone a sostenere il suo discorso in modo originale: quale genere di argomentazioni usa?

3 In particolare, dalle sue parole quale genere di rapporto emerge tra poesia e oratoria?

4 Quale ruolo viene attribuito alla poesia nei confronti delle grandi azioni e di chi ne è artefice?

5 L'insistenza di Cicerone nelle sue argomentazioni a favore della poesia mostra indirettamente come fossero ancora forti le resistenze riguardo a questa arte, da coltivare nell'*otium*.
a In base ai tuoi studi, puoi ricostruire la radice di questa resistenza, che nasce dalla mentalità tradizionale più chiusa?
b Quali sono gli elementi di novità introdotti in questa discussione da Cicerone?

3 Dopo la guerra civile: Cicerone parla a Cesare

Orazione politica, la *Pro Marcello* porta in una congiuntura completamente diversa per Cicerone e per Roma stessa: il difensore della *res publica* senatoria, l'orgoglioso "salvatore della patria" si trova a sedere tra i banchi di un'assemblea in gran parte esautorata dal suo potere, di fronte a un dittatore contro il quale ha lottato in prima persona (sia pure controvoglia) e al cui perdono ha dovuto affidarsi.

Delle tre orazioni cosiddette "cesariane", questa è l'unica politica, mentre le altre due (*Pro Ligario* e *Pro rege Deiotaro*) sono di tipo giuridico e mirano a difendere ex compagni di schieramento da accuse mosse al cospetto di Cesare. L'orazione *Pro Marcello*, invece, pronunciata in senato nell'estate dell'anno 46 a.C., è un ringraziamento a Cesare per avere concesso inaspettatamente la grazia al senatore pompeiano Marco Marcello, che viene autorizzato a rientrare dall'esilio. Perciò anche il titolo tradizionale, che fa pensare a un'orazione difensiva, è improprio: più preciso sarebbe *Pro M. Marcelli reditu.*

In realtà l'orazione è importante, perché segna la ripresa dell'attività pubblica di Cicerone dopo un lungo silenzio (*Diuturni silenti, patres conscripti, quo eram his temporibus usus*... I,1) e rappresenta il primo tentativo dell'ex console di indirizzare in qualche modo l'azione dell'uomo che ha in mano il destino di Roma (vedi l'Approfondimento "Dire la verità al principe: dentro la *Pro Marcello*" a pag. 481). Il momento è difficile per Cicerone: qui l'uso della parola si fa più delicato, a tratti ambiguo; gli strumenti retorici vengono impiegati con abbondanza, per cercare un dialogo con il nuovo "padrone" di Roma.

Scena di giudizio, I secolo a.C., Roma, Museo Nazionale, Palazzo Massimo.

TESTO 1

Marcello è perdonato: termina il lungo silenzio

Pro Marcello 1

Cesare ha concesso il perdono a Marco Marcello, che può tornare dall'esilio. Cicerone stesso si sente ancor più reintegrato nella vita della *res publica* e ringrazia Cesare per il suo gesto di clemenza: proprio in questa occasione Marcello ha ricevuto il riconoscimento più grande di tutta la sua vita, attraverso l'intercessione del senato e la stima del dittatore.

(**1**) Diuturni silenti, patres conscripti, quo eram his temporibus usus, non timore aliquo, sed partim dolore partim verecundia, finem hodiernus dies attulit, idemque initium quae vellem quaeque sentirem, meo pristino more, dicendi. Tantam enim mansuetudinem, tam inusitatam inauditamque clementiam, tantum in summa potestate rerum omnium modum, tam denique incredibilem sapientiam ac paene divinam tacitus praeterire nullo modo possum. (**2**) M. enim Marcello vobis, patres conscripti, reique publicae reddito non illius solum, sed etiam meam vocem et auctoritatem vobis et rei publicae conservatam ac restitutam puto. Dolebam enim, patres conscripti, et vehementer angebar virum talem, cum in eadem causa, in qua ego, fuisset, non in eadem esse fortuna, nec mihi persuadere poteram nec fas esse ducebam versari me in nostro vetere curriculo, illo aemulo atque imitatore studiorum ac laborum meorum quasi quodam socio a me et comite distracto. Ergo et mihi meae pristinae vitae consuetudinem, C. Caesar, interclusam aperuisti et his omnibus ad bene de re publica sperandum quasi signum aliquod sustulisti.

1. Diuturni silenti: il genitivo specifica il complemento oggetto *finem*; il termine della sua lunga astensione dalla vita politica (circa sei anni, da quando aveva tentato di difendere Milone) è argomento dell'orazione tanto quanto il ringraziamento per il rientro di Marcello: lo si intende dalla posizione di rilievo che questa espressione assume all'esordio dell'orazione. – **quo eram ... usus:** «che avevo serbato...». – **dolore ... verecundia:** il «dolore» di tutte le sofferenze e i lutti portati dalla guerra civile e il «pudore» di un ex pompeiano graziato da Cesare (mentre molti suoi compagni sono morti o in esilio). – **initium ... dicendi:** «il fatto che ricomincio a esprimere la mia volontà e il mio pensiero, secondo l'antica abitudine», ma lett. «l'inizio del dire» con genitivo del gerundio, seguito da due relative al congiuntivo. – **Tantam enim mansuetudinem...:** si apre un periodo segnato dall'allitterazione e dall'anafora alternata (*tantam ... tam ... tantum ... tam ...*), che accumula le buone qualità del vincitore (appare subito la *clementia*, strumento politico adottato da Cesare nei confronti dei vinti per ricostruire il tessuto sociale e rinsaldare il consenso attorno a sé. – **in summa potestate:** il sommo potere era stato assunto ufficialmente da Cesare nel 46 a.C., quando era stato nominato dittatore dopo la battaglia di Tapso. – **tacitus:** «sotto silenzio», è predicativo del soggetto.

2. M. enim Marcello ... reddito: «Con la restituzione di Marco Marcello...», ablativo assoluto (lett. «essendo stato restituito Marco Marcello»). – **non illius solum:** sott. *vocem et auctoritatem* (endiadi: «autorevole voce»). – **conservatam ac restitutam:** «sia stata salvata e restituita» (sott. *esse*), subordinata oggettiva dipendente da *puto*. – **cum ... fuisset:** «pur essendosi trovato nello stesso partito, nel quale mi ero trovato io»; i due erano stati compagni nella fazione pompeiana. – **non in eadem esse fortuna:** «non aveva la mia stessa sorte»; infatti Cicerone era stato perdonato quasi subito da Cesare; da notare la *concinnitas* del periodo, costruito su una serie di elementi duplicati (*Dolebam ... et angebar, in eadem causa ... in eadem fortuna, nec persuadere poteram ... nec ducebam, aemulo atque imitatore, studiorum ac laborum, socio et comite*): questo andamento binario conferisce equilibrio allo sviluppo del discorso. – **nec ... ducebam:** «e non pensavo che fosse una cosa giusta», ma *fas* è più forte in latino, perché rinvia alla sfera del sacro. – **versari me ... curriculo:** «che io mi ritrovassi nella nostra vecchia carriera», infinitiva che funge da soggetto all'oggettiva *fas esse*. – **illo aemulo ... distracto:** «mentre quell'emulo e imitatore dei miei studi e delle mie fatiche, quasi un compagno fedele, era stato separato da me»; ablativo assoluto, che differenzia la sorte dei due pompeiani (vi è in questo passaggio una certa ridondanza di termini). – **Ergo:** a conclusione del solenne *incipit*, Cicerone si rivolge direttamente a Cesare. – **et his omnibus ... sustulisti:** «sia per tutti questi alzasti per così dire un segnale a ben sperare della sorte dello stato»; qui Cicerone impiega termini tratti dal linguaggio militare (*signum tollere*: «alzare la bandiera») e costruisce una metafora che significa «hai dato qualche segnale concreto e ben visibile...»; *ad ... sperandum* è subordinata finale implicita, costruita con *ad* e l'accusativo del gerundio.

(**3**) Intellectum est enim mihi quidem in multis et maxime in me ipso, sed paulo ante omnibus, cum M. Marcellum senatui reique publicae concessisti, conmemoratis praesertim offensionibus, te auctoritatem huius ordinis dignitatemque rei publicae tuis vel doloribus vel suspicionibus anteferre. Ille quidem fructum omnis ante actae vitae hodierno die maximu cepit, cum summo consensu senatus tum iudicio tuo gravissimo et maximo. Ex quo profecto intellegis quanta in dato beneficio sit laus, cum in accepto sit tanta gloria. (**4**) Est vero fortunatus, cuius ex salute non minor paene ad omnes, quam ad illum ventura sit, laetitia pervenerit; quod quidem ei merito atque optimo iure contigit. Quis enim est illo aut nobilitate aut probitate aut optimarum artium studio aut innocentia aut ullo laudis genere praestantior?

3. mihi ... omnibus: sono due dativi d'agente, usati talvolta anche in prosa (frequenti in poesia); nella traduzione è forse opportuno rendere la frase attiva («Io ho compreso in verità ... ma poco fa tutti hanno compreso...»). – **in multis et ... ipso:** «nel caso di molte persone e soprattutto nel mio stesso caso». – **conmemoratis ... offensionibus:** «soprattutto dopo avere ricordato le offese»; infatti Cesare aveva concesso inaspettatamente il perdono a Marco Marcello dopo avere ricordato gli attacchi da lui subiti. – **te ... anteferre:** infinitiva soggettiva, dipendente da *intellectum est*. – **suspicionibus:** come si vedrà più avanti, Cesare sospettava che si attentasse alla sua vita. – **Ille:** Marco Marcello. – **omnis ... vitae:** «di tutta la sua vita passata»; l'intercessione del senato e il perdono di Cesare saranno, a parere di Cicerone, il più grande riconoscimento per i meriti di Marco Marcello. – **cum ... tum:** «sia ... sia», particelle correlative. – **summo consensu:** «per il concorde consenso». – **gravissimo et maximo:** «autorevolissimo e importantissimo». – **Ex quo:** «Da ciò». – **in dato beneficio:** «nell'avere concesso il beneficio», lett. «nel beneficio dato» (costruito col participio congiunto), come subito dopo *in accepto*: «nell'averlo ricevuto».

4. Est vero ... pervenerit: «È davvero fortunato colui, dalla salvezza del quale è derivata per tutti una gioia non minore di quella che verrà a lui»; periodo piuttosto articolato, per ribadire la gioia di tutti per la salvezza di Marcello (e quindi la stima del senato per l'esiliato); *cuius ... pervenerit* è subordinata relativa al congiuntivo perché presenta sfumatura causale; *ventura sit* perché Marcello si trovava in esilio a Mitilene e sarebbe passato del tempo prima di avere notizia della grazia ricevuta. – **merito atque optimo iure:** «meritatamente e davvero a buon diritto». – **aut ... aut:** l'anafora di *aut* permette all'oratore, attraverso una serie di ablativi di limitazione (o anche di causa), di accumulare le qualità di Marcello. – **optimarum artium studio:** «per amore degli studi più elevati»; le *optimae artes*, o anche *artes liberales*, erano gli studi filosofici e letterari. – **ullo laudis genere:** «per qualche altra lodevole qualità».

TESTO 2

L'impresa più grande è tutta di Cesare

Pro Marcello 2

Per quanto sia quasi impossibile narrare le imprese, le guerre, i paesi, i popoli affrontati da Cesare, la lode militare deve pur essere condivisa con molti collaboratori; e la fortuna stessa, alla fine, rivendica a sé il merito maggiore per una vittoria. Ma concedere il perdono è l'impresa più grande che Cesare possa compiere, e la lode che ne deriva non deve essere spartita con nessuno.

(**1**) Nullius tantum flumen est ingeni, nulla dicendi aut scribendi tanta vis tantaque copia, quae non dicam exornare, sed enarrare, C. Caesar, res tuas gestas possit. Tamen hoc adfirmo et pace dicam tua, nullam in his esse laudem ampliorem quam eam, quam

1. Nullius ... ingeni: «Nessuno ha una così grande ricchezza d'ingegno» (lett. «Di nessuno è un così grande fiume d'ingegno», con il termine *flumen* usato metaforicamente); la stessa costruzione si ripete nella frase successiva: sono iperboli che servono a Cicerone per introdurre le mirabolanti imprese militari di Cesare. – **nulla ... copia:** «nessuno ha tanta forza e tanta abbondanza oratoria e di scrittura» (lett. «di nessuno è tanta forza e tanta abbondanza del parlare e dello scrivere»). – **quae non dicam ... possit:** «che possa non dirò abbellire, ma nemmeno narrare compiutamente le tue imprese, Gaio Cesare»; il relativo *quae* si riferisce sia a *vis* sia a *copia*, la subordinata relativa presenta il congiuntivo perché ha sfumatura consecutiva. – **pace ... tua:** «con tua buona pace». – **laudem ampliorem:** per Cicerone Cesare ottiene gloria più grande attraverso la sua clemenza che attraverso le imprese da lui compiute.

hodierno die consecutus es. (2) Soleo saepe ante oculos ponere idque libenter crebris usurpare sermonibus, omnes nostrorum imperatorum, omnes exterarum gentium potentissimorumque populorum, omnes regum clarissimorum res gestas cum tuis nec contentionum magnitudine nec numero proeliorum nec varietate regionum nec celeritate conficiendi nec dissimilitudine bellorum posse conferri, nec vero disiunctissimas terras citius passibus cuiusquam potuisse peragrari, quam tuis non dicam cursibus, sed victoriis lustratae sunt. (3) Quae quidem ego nisi ita magna esse fatear, ut ea vix cuiusquam mens aut cogitatio capere possit, amens sim; sed tamen sunt alia maiora. Nam bellicas laudes solent quidam extenuare verbis easque detrahere ducibus, communicare cum multis, ne propriae sint imperatorum. Et certe in armis militum virtus, locorum opportunitas, auxilia sociorum, classes, conmeatus multum iuvant, maximam vero partem quasi suo iure fortuna sibi vindicat et, quicquid est prospere gestum, id paene omne ducit suum. (4) At vero huius gloriae, C. Caesar, quam es paulo ante adeptus, socium habes neminem: totum hoc, quantumcumque est, quod certe maximum est, totum est, inquam, tuum. Nihil sibi ex ista laude centurio, nihil praefectus, nihil cohors, nihil turma decerpit; quin etiam illa ipsa rerum humanarum domina, fortuna, in istius se societatem gloriae non offert: tibi cedit, tuam esse totam et propriam fatetur. Numquam enim temeritas cum sapientia conmiscetur nec ad consilium casus admittitur.

2. crebris usurpare sermonibus: «ripetere in frequenti discorsi». – **omnes ... omnes ... omnes ...:** anafora (riferita a *res gestas*) che permette di introdurre, attraverso una serie di genitivi, un termine di paragone iperbolico per definire la grandezza delle imprese di Cesare. – **cum tuis ... posse conferri:** «non potrebbero essere paragonate con le tue»; tra i due elementi vi è una serie di ablativi di limitazione («né per ... né per ...»); *posse* è un esempio del cosiddetto "falso condizionale". – **contentionum magnitudine:** «per la grandezza degli sforzi». – **celeritate conficiendi:** «per la rapidità dell'esecuzione», costruito col genitivo del gerundio. – **dissimilitudine bellorum:** «per la diversità dei tipi di guerra». – **nec vero ... lustratae sunt:** «e che, in verità, terre tanto distanti non avrebbero potuto essere percorse dai passi di chiunque più velocemente di quanto siano state percorse non dirò dai tuoi rapidi spostamenti, ma dalle tue vittorie»; l'infinito *potuisse peragrari* dipende sempre da *soleo ponere idque ... usurpare*; *potuisse* è "falso condizionale"; periodo piuttosto artificioso utile a esaltare la rapidità e la grandezza delle imprese di Cesare: egli conquistava terre più rapidamente di quanto un viaggiatore ci mettesse a percorrerle!

3. Quae quidem ... fatear: «E se io invero non ammettessi che queste imprese sono tanto grandi», protasi di un periodo ipotetico del secondo tipo (l'apodosi è *amens sim*). – **solent ... extenuare verbis:** «sono soliti sminuire nei loro discorsi». – **detrahere ... cum multis:** «sottrarle ai comandanti e metterle in comune con molte persone»; gli infiniti dipendono sempre da *solent*; si tratta di due proposizioni parallele unite per asindeto nel testo latino. – **propriae:** «esclusive». – **in armis:** «nelle guerre»; segue un elenco di fattori che hanno peso nella vittoria. – **maximam vero partem ... vindicat:** «la fortuna poi rivendica a sé, quasi per suo diritto, la gran parte (del merito)». – **quicquid est ... ducit suum:** «stima opera sua tutto ciò che è stato compiuto con esito felice».

4. huius gloriae: la gloria che gli deriva dalla *clementia* verso il nemico sconfitto. – **totum hoc ... maximum est:** «tutto questo merito, per quanto sia grande (e certo è grandissimo)». – **Nihil ... nihil ...:** anafora, a sottolineare il concetto. – **quin etiam:** «e anzi». – **in istius ... non offert:** «non pretende di essere partecipe di codesta gloria» (lett. «non si offre come partecipe di codesta gloria»). – **tuam ... totam et propriam:** «interamente ed esclusivamente tua». – **temeritas:** «la temerarietà», l'avventatezza nell'affrontare le imprese. – **nec ... admittitur:** «né il caso è ammesso alle decisioni ponderate»; Cicerone conclude il capitolo con due sentenze che esaltano la saggezza e la preveggenza di Cesare.

SCHEDA LESSICALE

Fortuna

Il termine deriva dall'espressione tradizionale *forte fortuna*, per caso, che *fors* e *fortuna* costituiscono in una sola locuzione: non si distingue con precisione tra le due parole che sono coordinate tra loro. *Fors* deriva da **forti*, nome di azione, che viene dalla radice di *fero*. *Fero* a sua volta deriva dalla radice **bhr* che non significa solo portare, ma anche comportare, portare via; *fors*, allora, è l'azione del "comportare". Questo nome dunque indica tutto ciò che avviene così come è, comportando conseguenze necessarie. *Fortuna* non è doppione di *fors*, ma rafforza il nome e lo specifica.

APPROFONDIMENTO

DIRE LA VERITÀ AL PRINCIPE: DENTRO LA *PRO MARCELLO*

Il discorso di ringraziamento per il rientro di Marco Marcello viene pronunciato da Cicerone in un contesto nuovo per la storia romana. Non siamo più all'interno di istituzioni repubblicane, dove – anche se dentro i limiti di una gestione del potere saldamente in mano all'oligarchia senatoria – pure avveniva una disputa politica: se Cesare ha lasciato in piedi le strutture e le cariche tradizionali, le controlla però dall'interno, esercitando di fatto un principato. Allora il problema incomincia ad essere quello di «dire la verità al principe», cioè cercare di guidare il suo operato verso quei fini ritenuti "buoni" per la patria: in particolare, nel caso specifico, Cicerone cerca di rafforzare Cesare nella sua politica di *clementia* verso gli sconfitti e lo esorta a un'opera di riparazione ai danni della guerra e di riordinamento dello stato. La sua speranza è che venga favorita la *concordia ordinum* e che vengano rispettate le prerogative del senato. È il tentativo, velleitario e illusorio, di trasformare il dittatore in un riformatore, e soprattutto è il tentativo, da parte di Cicerone, di tornare in gioco, di provare a rivestire di nuovo un'importante funzione politica all'interno dello stato, divenendo consigliere politico del grande condottiero.
Questa orazione ha dato adito a giudizi anche contrastanti, tra chi ne apprezza lo stile e la costruzione e chi sottolinea l'atteggiamento eccessivamente elogiativo nei confronti di Cesare, al quale, per esempio, Cicerone assicura che non ha più nemici in Roma e che la sua vita è sacra per lo stato, salvo poi gioire, pochi mesi dopo, per il suo assassinio (vedi *Ad familiares* VI, 5, pag. 530).
Il tono dell'orazione è pacato e solenne, anche le esortazioni a Cesare vengono sviluppate attraverso un periodare piano ed equilibrato, dominato dalla *concinnitas*.

L'orazione si presenta strutturata in questo modo:
exordium (cap. 1): Cicerone, dopo un lungo silenzio, torna a parlare in senato: ringrazia Cesare per l'atto di clemenza nei confronti di Marco Marcello;
corpo dell'orazione (capp. 2-10): visto il fine particolare del discorso (che si colloca a metà strada fra un'orazione politica e una epidittica), è difficile distinguere nettamente il momento della ***narratio*** da quello della ***argumentatio***; piuttosto è possibile individuare due sezioni, all'interno del corpo dell'orazione, nelle quali prevale ora l'encomio di Cesare (capp. 2-6), ora l'assicurazione che la sua vita è preziosa e necessaria per la repubblica (capp. 7-10);
peroratio (cap. 11): l'orazione si conclude in modo simile all'esordio: Cicerone ripete il ringraziamento a Cesare; il perdono di Marcello porta a compimento i grandi favori rivolti allo stesso Cicerone, che è caro amico del senatore riammesso.

Moneta con effige di Giulio Cesare, I secolo a.C., Roma, Museo Nazionale Romano.

TESTO 3

La *clementia* verso gli sconfitti

Pro Marcello 3

Cesare ha sconfitto nemici terribili, ma quando ha saputo tenere a freno l'ira e il desiderio di vendetta del vincitore, anzi ha saputo perdonare il nemico, reintegrandolo e addirittura amplificando il suo antico onore, ha compiuto un'impresa che lo avvicina agli dèi. Qui Cicerone, dietro l'occasione del ringraziamento per il perdono concesso a Marco Marcello, si rivolge al dittatore rifacendosi chiaramente alla propria vicenda personale.

(**1**) Domuisti gentes inmanitate barbaras, multitudine innumerabiles, locis infinitas, omni copiarum genere abundantes: ea tamen vicisti, quae et naturam et condicionem ut vinci possent habebant. Nulla est enim tanta vis quae non ferro et viribus debilitari frangique possit. Animum vincere, iracundiam cohibere, victo temperare, adversarium nobilitate, ingenio, virtute praestantem non modo extollere iacentem, sed etiam amplificare eius pristinam dignitatem, haec qui faciat, non ego eum cum summis viris comparo, sed simillimum deo iudico. (**2**) Itaque, C. Caesar, bellicae tuae luades celebrabuntur illae quidem non solum nostris, sed paene omnium gentium litteris atque linguis, neque ulla umquam aetas de tuis laudibus conticescet; sed tamen eius modi res, nescio quo modo, etiam cum leguntur, obstrepi clamore militum videntur et tubarum sono. At vero cum aliquid clementer, mansuete, iuste, moderate, sapienter factum, in iracundia praesertim, quae est inimica consilio, et in victoria, quae natura insolens et superba est, audimus aut legimus, quo studio incendimur, non modo in gestis rebus, sed etiam in fictis, ut eos saepe, quos numquam vidimus, diligamus!

1. inmanitate barbaras: «barbare per ferocia», ma è un costrutto che ricalca per simmetria i seguenti (attributo riferito a *gentes* + ablativo); nella traduzione sciogliere in «barbare e feroci». – **locis infinitas:** «sconfinate per luoghi abitati». – **copiarum:** «di mezzi». – **et naturam et condicionem:** «la condizione naturale», endiadi. – **ut vinci possent:** subordinata consecutiva. – **quae ... frangique possit:** subordinata relativa al congiuntivo perché assume sfumatura consecutiva. – **ferro et viribus:** «con la forza delle armi», altra endiadi; da notare come la presenza di endiadi e di altri elementi doppi (come i due predicati) rendano equilibrato e misurato il procedere del discorso. – **Animum vincere ...:** apre una serie di infinitive oggettive anticipate rispetto alla proposizione principale (*non ego ... comparo*) e riprese dal pronome dimostrativo all'interno della relativa (*haec qui faciat*, che presenta anche la prolessi del relativo e il predicato al congiuntivo perché ha sfumatura eventuale); nella traduzione è opportuno riformulare il periodo in modo tale da rispettare la sintassi italiana: «Io non paragono agli uomini più grandi, ma giudico assai simile a un dio colui che compia queste azioni, cioè...». – **victo temperare:** «risparmiare il vinto». – **nobilitate, ingenio, virtute:** ablativi di causa che determinano *praestantem*. – **iacentem:** participio congiunto.

2. illae quidem: «e per di più». – **non solum ... litteris atque linguis:** «non solo dai nostri scritti e discorsi», cioè dalla letteratura storica e dalla tradizioni orale. – **eius modi res:** «le imprese di questo genere». – **etiam cum leguntur:** «anche quando vengono lette», subordinata temporale. – **obstrepi:** «essere disturbate»; l'infinito dipende da *videntur* (in costruzione personale). – **aliquid ... factum:** «qualche gesto compiuto con clemenza, con mitezza, con giustizia, con moderazione, con saggezza» (nel testo latino sono tutti avverbi di modo). – **in iracundia praesertim:** «soprattutto nel momento dell'ira», come poco dopo *et in victoria* «nel momento della vittoria» (in perfetto parallelismo, perché entrambe le espressioni sono seguite da una subordinata relativa): sono due situazioni nelle quali si possono scatenare i peggiori istinti vendicativi dell'uomo, ma Cesare ha saputo tenerli a freno e concedere il perdono. – **quo studio incendimur:** «da quale amore siamo infiammati». – **non modo ... in fictis:** «non solo riguardo a fatti realmente accaduti, ma anche riguardo a fatti inventati». – **ut ... diligamus:** subordinata consecutiva (*ut* «tanto che»).

SCHEDA LESSICALE

Caesar

«*Aesar* è una parola etrusco-latina citata da Svetonio per spiegare il nome di *Caesar*; sarebbe in etrusco il nome del "dio". Lo ritroviamo sotto forme diverse in alcune lingue italiche che sono indoeuropee e che hanno avuto contatti con l'etrusco». E. BENVENISTE, *Il vocabolario delle istituzioni indoeuropee*, vol. 2, Einaudi, Torino 2001[3], p. 433

(**3**) Te vero, quem praesentem intuemur, cuius mentem sensusque et os cernimus, ut, quicquid belli fortuna reliquum rei publicae fecerit, id esse salvum velis, quibus laudibus efferemus, quibus studiis prosequemur, qua benevolentia conplectemur? Parietes, me dius fidius, ut mihi videtur, huius curiae tibi gratias agere gestiunt, quod brevi tempore futura sit illa auctoritas in his maiorum suorum et suis sedibus.

3. Te vero: in posizione di forte rilievo l'oggetto delle proposizioni principali (le tre interrogative dirette *quibus ... efferemus ... prosequemur ... complectemur* sono accostate per asindeto). – **cuius ... cernimus:** «di cui scorgiamo il pensiero, i sentimenti e il volto» (altra triplicazione di elementi). – **ut ... salvum velis:** «cioè la tua volontà che resti salvo tutto ciò che la sorte della guerra ha lasciato allo stato»; Cicerone si riferisce qui al fatto che Cesare ha voluto, almeno apparentemente, mantenere integre le magistrature e l'organizzazione statale repubblicana. – **me dius fidius:** «per il dio della buona sorte», formula di augurio che accompagnava i giuramenti (nella sua versione completa: *me dius fidius iuvet*). – **tibi ... gestiunt:** «smaniano di ringraziarti»; vi è qui la personificazione della curia, un edificio consacrato situato nel foro romano nel quale di volta in volta si riuniva il senato per la discussione degli affari di stato. – **futura sit:** «sarà presente». – **illa auctoritas:** si riferisce a Marco Marcello (astratto per il concreto). – **suorum et suis sedibus:** allitterazione che chiude il capitolo.

ANALISI DEL TESTO *Pro Marcello* 3

Lessico

1 Evidenzia i vocaboli che indicano le caratteristiche dei popoli sconfitti da Cesare.

2 Quali significati assume la parola *vis* nel par. 1?

3 Evidenzia ora tutti i verbi che rappresentano le azioni di un uomo grande nella vittoria.

4 Che cosa significa l'espressione *victo temperare* (par. 1)?

5 Il par. 2 presenta una serie di avverbi che riassumono atteggiamenti dell'animo: individuali.

6 I termini *mentem sensusque et os* (par. 3) si riferiscono a tre diversi aspetti dell'uomo: quali?

7 Quale significato assumono, rispettivamente, i tre termini *laudibus, studiis e benevolentia* (par. 3), che esprimono la gratitudine nei confronti di Cesare?

8 Che cosa significa l'espressione (divenuta formulare) *me dius fidius* (par. 3)?

Sintassi e stile

1 Il par. 1 (soprattutto nella seconda parte) assume un andamento grave e sentenzioso: quali massime filosofiche si possono distinguere?

2 Evidenzia gli elementi che rendono equilibrato e armonico il procedere del discorso (in base alla *concinnitas* ciceroniana), come endiadi, parallelismi, elementi doppi...

3 In quale punto, invece, sono presenti elementi triplicati?

4 Si notano altre figure retoriche (come accumulazioni e allitterazioni)? Dove?

5 Nella parte finale del capitolo (par. 3) vi è un accenno di personificazione: che cosa sembra prendere la parola?

Contenuti

1 Il par. 1 mette a confronto due diverse "vittorie" di Cesare: quali?

2 Che cosa significa la frase *quae et naturam et condicionem ut vinci possent habebant* (par. 1)?

3 Quali sono le azioni che, secondo Cicerone, deve saper compiere un uomo *simillimum deo* (par. 1)?

4 A quale tradizione precedente si riferisce l'espressione *litteris atque linguis* (par. 2)?

5 A parere di Cicerone, quali possono essere le conseguenze negative dell'*iracundia* e della *victoria* (par. 2)?

6 Che cosa differenzia le *res gestae* dalle *res fictae* (par. 2)?

7 Secondo l'interpretazione di Cicerone, quale volontà manifesta Cesare nei confronti dello stato (par. 3)?

TESTO 4

La vera fine della guerra civile

Pro Marcello 5

Il perdono concesso a Marco Marcello assume, in questo passaggio dell'orazione, un valore più ampio: diviene una sorta di conclusione della guerra civile, che sancisce il perdono per quegli avversari che sono stati in realtà fautori di pace e sono stati spinti da errori di valutazione, piuttosto che da brama o ambizione personale. Così Cicerone passa a parlare di se stesso, del suo atteggiamento nei confronti della guerra e dei due contendenti. Se alcuni elogi rivolti a Cesare paiono forzati e ridondanti, soprattutto nel passaggio finale del capitolo, ricordiamo sempre che questa è la prima orazione ufficiale che Cicerone pronuncia in senato di fronte al dittatore, dopo averne ottenuto il perdono e il reintegro nel rango senatorio.

Ora, senatori, considerate tutti la gran portata di questa decisione di Cesare; noi tutti, cioè, che siamo stati spinti alla guerra civile da non so quale rovinosa calamità abbattutasi per volere del destino sul nostro paese, anche se ritenuti in qualche modo colpevoli per essere in quanto uomini usciti dalla retta via, perlomeno siamo stati prosciolti da ogni accusa di tradimento. Quando infatti, sotto la spinta delle vostre preghiere, ha restituito sano e salvo Marcello alla repubblica; quando, senza che nessuno lo pregasse, ha restituito me a me stesso e parimenti alla repubblica, come pure ha restituito a se stesso e alla patria tutti gli altri eminenti cittadini che voi vedete in gran numero e con tutto il loro prestigio sedere in quest'assemblea, egli non ha già voluto portare in senato dei nemici, ma il suo pensiero è stato che i più si erano lasciati indurre a intraprendere la guerra non tanto da ambizione o da crudeltà, quanto piuttosto da ignoranza e da una infondata e vana paura. Durante questa guerra, poi, sono stato sempre dell'opinione che si dovesse porgere orecchio alle proposte di pace, e ho sempre provato dolore vedendo respingere non solo la pace, ma pure le richieste di quei cittadini che la reclamavano; ché io non ho mai preso parte né a questa né ad alcun'altra guerra civile e i miei propositi sono stati sempre rivolti alla pace e alle occupazioni di pace, non già alla guerra e alle armi.

In Pompeo ho seguito l'amico, non il magistrato della repubblica, e il ricordo costante della mia gratitudine ebbe su di me un'influenza così forte che, non solo senza nulla bramare ma nemmeno senza nulla sperare, quasi quasi mi precipitai volontariamente e con piena coscienza incontro alla mia rovina. E questo mio proposito io non l'ho di certo tenuto celato, tutt'altro; ché non solo ho parlato spesso e a lungo di pace in quest'assemblea quando la situazione era ancora impregiudicata, ma pure nel pieno della guerra ho conservato lo stesso punto di vista mettendo a repentaglio anche la mia vita. Di conseguenza, non ci sarà giudice così partigiano degli avvenimenti che possa avere dei dubbi sulle intenzioni di Cesare a proposito della guerra, dal momento che decise immediatamente di graziare i fautori della pace mentre si mostrò alquanto risentito verso gli altri: un atteggiamento, questo, che allora destava forse minor stupore poiché era incerto l'esito e dubbie le sorti della guerra; ma chi, ormai vincitore, si mostra amico dei fautori della pace, proclama senz'ombra di dubbio che egli avrebbe preferito non combattere piuttosto che vincere.

(trad. di G. Bellardi)

Statua ritratto di Cesare, attualmente ritenuta la più antica rappresentazione del suo volto, I secolo a.C., Arles, Museo Civico.

TESTO 5

Un programma politico per Cesare *Pro Marcello* 8, 1-2

I primi due paragrafi del cap. 8 rappresentano un passaggio chiave per comprendere appieno la funzione di questa prima orazione "cesariana": si manifesta infatti il tentativo dell'oratore di affiancare Cesare e di esortarlo a mantenere integre le istituzioni repubblicane, che hanno reso grande lo stato romano. Cicerone vorrebbe spingere il nuovo dominatore della scena politica sulla via della restaurazione delle vacillanti istituzioni repubblicane, nella vana illusione di influenzare il dittatore e tenere ancora lontano quel principato verso cui la storia romana stava correndo. È anche il tentativo – come già si è detto – di rientrare in gioco e presentarsi come autorevole consigliere politico di Cesare. Da notare anche come Cicerone offra abilmente a Cesare una giustificazione, o meglio, una scappatoia per spiegare i disastri causati dalla guerra civile, introdotta significativamente dall'espressione «era inevitabile che lo stato...». Più oltre nell'orazione Cicerone manifesterà anche la preoccupazione (forse per avere sentito voci sulla congiura contro Cesare) che il dittatore resti in vita e continui nella sua opera di garante della pace dopo la guerra civile. Gli dice chiaramente che «la repubblica dev'essere immortale e però essa si sustanzia in te, cioè nell'anima di un unico mortale». Sollecita anche i senatori a vegliare su Cesare e rivolgendosi al dittatore direttamente gli dice di guardarsi dai suoi. Il momento è rischioso, sia per chi usa le parole sia per chi ha pronte le armi. La prospettiva di Cicerone è come sempre complessa: sa da quale situazione lo stato è uscito, sa che cosa si sta giocando nel momento presente. Si pone come consigliere di Cesare, ma conosce anche retroscena ostili al dittatore. Non è facile vivere quei giorni.

> A te solo, Cesare, spetta di rimettere in piedi tutto l'organismo dello stato che tu vedi a terra, completamente rovinato sotto i colpi violenti della guerra, com'era inevitabile; a te spetta riorganizzare l'amministrazione della giustizia, ristabilire il credito, reprimere gli eccessi del malcostume, favorire l'incremento demografico e frenare con una severa legislazione quel disordine generale che è ormai dilagante. In una sì terribile guerra civile, quando gli animi erano così infiammati e gli scontri armati così violenti, era inevitabile che lo stato, qualunque fosse stato l'esito della guerra, ne rimanesse sconvolto e perdesse sia molti elementi del suo prestigio sia molti sostegni della sua stabilità, e che ambedue i capi agissero spesso in guerra come avrebbero impedito di agire in tempo di pace. E tutte queste ferite che la guerra ha inferto sei appunto tu che adesso devi guarirle, e nessuno tranne te potrebbe curarle.
>
> (trad. di G. Bellardi)

DENTRO IL TESTO *Pro Marcello* 5; 8, 1-2

Leggere il testo

1 Secondo il parere di Cicerone, quali compiti attendono ora il vincitore della guerra civile?

2 Quali conseguenze dello scontro sono qui sottolineate dall'oratore?

Riflettere sul testo

3 Perché, a tuo parere, Cicerone esordisce in questa sezione dell'orazione con le parole "A te solo, Cesare..."? Qule grave significato politico assume qui l'aggettivo "solo"?

4 Spiega il significato di questa frase: "che ambedue i capi agissero spesso in guerra come avrebbero impedito di agire in tempo di pace".

Individuare nodi problematici

5 Emerge da alcune espressioni di questo capitolo il tentativo, da parte dell'oratore repubblicano, non solo di indirizzare la politica di Cesare verso una conciliazione nazionale, ma anche di influenzarla in senso oligarchico, limitando le sue tendenze "popolari": individua tali esortazioni e illustrale, sulla base delle tue conoscenze storico-letterarie.

6 È possibile, a tuo parere, avere una posizione univoca in questo momento di grande fluidità politica? Cicerone come si pone rispetto alla necessità di comprendere le trame di tutti coloro che agiscono in città?

TESTO 6

Una riflessione sulla guerra civile

Pro Marcello 10

La guerra civile scoppiò a causa di profonde diversità di vedute tra i cittadini romani. Ma la guerra è terminata e la clemenza di Cesare l'ha chiusa definitivamente. Ora tutti coloro che hanno a cuore il destino dello stato difenderanno la vita di Cesare.

(**1**) Diversae voluntates civium fuerunt distractaeque sententiae. Non enim consiliis solum et studiis, sed armis etiam et castris dissidebamus. Erat obscuritas quaedam, erat certamen inter clarissimos duces; multi dubitabant quid optimum esset, multi, quid sibi expediret, multi, quid deceret, non nulli etiam, quid liceret. (**2**) Perfuncta res publica est hoc misero fatalique bello: vicit is, qui non fortuna inflammaret odium suum, sed bonitate leniret, neque omnes, quibus iratus esset, eosdem etiam exsilio aut morte dignos iudicaret. Arma ab aliis posita, ab aliis erepta sunt. Ingratus est iniustusque civis, qui armorum periculo liberatus, animum tamen retinet armatum: ut etiam ille melior sit, qui in acie cecidit, qui in causa animam profudit. Quae enim pertinacia quibusdam, eadem aliis constantia videri potest. (**3**) Sed iam omnis fracta dissensio est armis, extincta aequitate victoris: restat ut omnes unum velint, qui habent aliquid non sapientiae modo, sed etiam sanitatis. Nisi te, C. Caesar, salvo et in ista sententia, qua cum antea tum hodie maxime usus es, manente, salvi esse non possumus. Qua re omnes te, qui haec salva esse volumus, et hortamur et obsecramus, ut vitae, ut saluti tuae consulas, omnesque tibi, ut pro aliis etiam loquar quod de me ipso sentio, quoniam subesse aliquid putas quod cavendum sit, non modo excubias et custodias, sed etiam laterum nostrorum oppositus et corporum pollicemur.

1. distractaeque sententiae: «contrastanti le opinioni». – **consiliis ... et studiis:** «per progetti politici e desideri». – **obscuritas quaedam:** «una certa oscurità», cioè vi era incertezza nel decidere tra i due comandanti, Cesare e Pompeo (*clarissimos duces*). – **dubitabant ... esset:** «esitavano su quale fosse il partito migliore»; segue l'anafora di *multi*, con variazione finale (*non nulli*); ogni pronome regge una interrogativa indiretta. – **quid ... expediret:** «che cosa convenisse loro»; come è stato giustamente notato da diversi commentatori, vi è qui una scelta raffinata di verbi: i cittadini si interrogano sulla convenienza, sul decoro, sulla liceità delle scelte da effettuare di fronte ai due partiti, in una sorta di *climax* ascendente.

2. Perfuncta ... est: «ha sopportato», regge l'ablativo *hoc misero fatalique bello*. – **is, qui ... odium suum:** «un uomo tale che non doveva rinfocolare il suo odio con la buona sorte», relativa al congiuntivo con valore consecutivo (come le seguenti *sed leniret ... neque iudicaret*). – **dignos:** predicativo (regge i due ablativi *exsilio aut morte*). – **ab aliis ... ab aliis:** parallelismo solo apparente, perché nel primo caso si tratta di un complemento d'agente, nel secondo di separazione. – **ut:** introduce una consecutiva. – **in acie:** «in battaglia». – **in causa:** «per la causa» o «in difesa del suo partito». – **pertinacia:** «ostinazione»; ha senso negativo, contrapposto alla successiva *constantia* (a indicare due opposte valutazioni di chi ha combattuto contro Cesare fino alla fine).

3. Sed iam...: Cicerone, che si era lasciato andare ad una sorta di bilancio delle guerre civili, cercando di spiegare (se non difendendo) l'operato anche dei pompeiani più ostinati, qui sembra chiudere la parentesi e tornare di colpo ad una realtà nella quale vi è un solo dominatore. – **extincta ... victoris:** «spento dalla giustizia del vincitore». – **restat ut ... velint:** «non rimane altro che tutti vogliano la stessa cosa». – **qui habent ... sanitatis:** «almeno coloro che hanno un po' non dico di saggezza, ma almeno di buon senso». – **Nisi te ... manente:** «Se tu non sei salvo e non permani in quel proposito che hai già messo in atto nel passato e soprattutto oggi», cioè l'intenzione di perdonare gli avversari sconfitti, impiegando la *clementia*; da notare che l'espressione è un lungo ablativo assoluto (con valore condizionale), che ingloba una subordinata relativa (*qua ... usus es*); la proposizione principale si trova alla fine del periodo, come conclusione (*salvi esse non possumus*). – **omnes ... qui ... volumus:** «tutti noi, che vogliamo che questa realtà sia salva» e qui l'oratore si riferisce al senato, a Roma, all'impero. – **ut pro aliis ... sentio:** «per dire anche a nome di altri ciò che sento nel mio cuore»; è periodo parentetico. – **subesse aliquid:** «che vi sia qualche congiura nascosta»; torna il timore (non infondato!) di Cesare, che sospetta trame nascoste contro di lui. – **quod cavendum sit:** «da cui tu debba guardarti» (sott. *tibi*). – **oppositus:** «la difesa»; stridono queste parole ufficiali con le missive private in cui Cicerone parlava di Cesare, nei diversi momenti della sua ascesa pubblica, fino all'assassinio del dittatore, che fu da lui accolto come una liberazione.

RIEPILOGO DEL PERCORSO

1 Quando e per quale fine è stata scritta la *Pro Marcello*? Dove è stata pronunciata?

2 Spiega attraverso i testi del percorso il concetto di *clementia*:
a che cosa significa per Cesare perdonare gli avversari?
b Cicerone accetta di porsi nella posizione in cui Cesare lo costringe con il suo atto di *clementia*?

3 Come è strutturata da Cicerone la lode a Cesare? Quale significato ha?

4 Cicerone vuole indirizzare Cesare verso un particolare modo di governare lo stato:
a che cosa significa influenzare il "principe" per Cicerone?
b quale valenza vorrebbe avesse il governo del dittatore dopo la fine delle guerre civili?
c quale ruolo dovrebbe avere l'oligarchia nello stato, pur con la presenza del dittatore?

5 Cicerone intravede il rischio che Cesare non sia fuori pericolo, pur finita la guerra civile: quando e come esprime questa preoccupazione?

IL GENERE LETTERARIO

Cicerone e il genere oratorio

Degli oltre 100 discorsi pubblici che Cicerone pronunciò, sono rimaste ben 58 orazioni, tra politiche e giudiziarie: questo *corpus* fa di lui il più grande e conosciuto oratore della storia di Roma. Dopo la lettura dei percorsi che hanno brevemente attraversato questa sua vasta produzione, riprendi la scheda sul genere oratorio (pagg. 402-411) e rispondi alle domande che seguono:

1 Quale importanza assume per Cicerone, e in generale per tutto il mondo greco-romano, la capacità di utilizzare la parola?

2 Illustra brevemente quale funzione fondamentale abbia la conoscenza dell'oratoria e la sua applicazione concreta nella vita politica prima di Atene, poi di Roma.

3 Quali aspetti formali e stilistici Cicerone riprende dai due più importanti modelli greci, Lisia e Demostene?

4 Quali sono le principali caratteristiche ed esperienze dell'oratoria romana prima di Cicerone?

5 In particolare, che cosa intende insegnare M. Porcio Catone con questo ammonimento rivolto all'oratore: *rem tene, verba sequentur*?

6 A tuo parere Cicerone segue gli insegnamenti di Isocrate sulla *paideia* (=educazione) dell'oratore? Come pensa che si debba preparare il futuro uomo politico per tenere i suoi discorsi pubblici?

7 Dice A. La Penna: «L'oratore deve anche evocare e rappresentare i fatti: l'esigenza della rappresentazione artistica, drammatica e comica non è in Cicerone meno forte delle altre due, ed egli resta anche un efficace evocatore di personaggi e di scene, benché come tale non sia abbastanza apprezzato; ha un suo posto d'onore anche nella ricca galleria degli scrittori satirici in prosa, genere in cui gli si affiancano Catone, Seneca, Girolamo. Il periodo ampio e articolato è adatto anche alla rappresentazione artistica, ma in questa funzione il grande oratore sa piegare la sintassi senza preconcetti, fino alla frase breve, densa, acuminata, o fino alla rapida vivacità del mimo». (A. La Penna, *La cultura letteraria in Roma*, in A. Schiavone, E. Gabba (a cura di), *Storia di Roma*, vol. 4, Einaudi, Torino 1989, p. 794).
a Quali precedenti ha questo modo di intendere la costruzione del discorso?
b Oratoria e gestualità sono molto studiate in teoria e pratica sia dai greci sia dai romani: secondo quali regole?

DALLE OPERE RETORICHE

Il ruolo della parola

Nel gruppo di lavori che Cicerone ha dedicato alla trattazione della retorica spiccano tre opere che diventeranno punto di riferimento per ogni riflessione futura sull'arte della parola e sulla figura dell'oratore. Esse sono il *De oratore*, il *Brutus* e l'*Orator*.
Tutte composte a partire dal 55 a.C. – durante il forzato allontanamento dalla vita politica – queste opere retoriche, insieme ai maggiori scritti politico filosofici, incarnano anche un tentativo di risposta culturale di Cicerone alla crisi della repubblica. È vero che egli cerca conforto nell'attività di studio e nella produzione letteraria, ma essa non è mai fine a se stessa: Cicerone sfrutta anche questa occasione per tentare di difendere un sistema di valori e l'immagine dell'uomo politico portatore di *humanitas* e "perfetto oratore", cioè maestro di una parola che sia strumento di civiltà e di civile convivenza tra gli uomini. Nel contempo difende anche le caratteristiche della propria oratoria di fronte alla nuova moda "neo-atticista".

ITA	TESTO 1	*De oratore* I, 16-20
ITA	TESTO 2	*De oratore* I, 30-34
ITA	TESTO 3	*Orator* 20-23

Moneta in bronzo di Nerone, raffigurante l'imperatore mentre arringa tre soldati; Napoli, Museo Archeologico Nazionale.

TESTO 1

L'oratoria, sintesi di arte e conoscenza

De oratore I, 16-20

Nell'introduzione al primo libro del dialogo *De oratore* prende la parola uno dei protagonisti, Licinio Crasso, grande oratore della generazione precedente e – all'interno dell'opera – portavoce delle idee di Cicerone stesso. Egli espone in maniera sintetica un'interpretazione dell'oratoria che sarà sviluppata nel corso del dialogo, anche attraverso il confronto con Marco Antonio, sostenitore della visione di un'arte basata sul talento e sull'ingegno personale. Crasso invece tende subito a mettere in rilievo come la complessità dell'arte oratoria nasca dalla sua grande ricchezza: essa infatti è il risultato, «la sintesi di molti studi e discipline». Vasta cultura, conoscenza dell'animo umano (che poi si preciserà meglio come conoscenza filosofica), in particolare conoscenza di storia e diritto sono un bagaglio culturale ampio e indispensabile, che deve essere unito alla capacità tecnica di atteggiarsi e modulare la voce (significativo il riferimento al teatro), nonché a una memoria pronta e potenziata, «scrigno di tutte le conoscenze». Ognuna di queste discipline o tecniche richiede studio e applicazione: per questo motivo sono così scarsi i validi oratori.

(16) «Ma quest'arte è veramente qualcosa di più grande di quello che la gente pensa: essa è la sintesi di molti studi e discipline. Che altro, infatti, si può ritenere la ragione della scarsità di oratori, nonostante la moltitudine di studenti, l'elevatissimo numero di maestri, gli ingegni straordinari, la varietà illimitata di cause, i premi ricchissimi offerti dall'eloquenza, se non la vastità pressoché incredibile dell'arte oratoria stessa e le sue difficoltà? (**17**) Si deve infatti possedere una vasta cultura, senza la quale l'oratoria è un vaniloquio futile e ridicolo; e lo stesso stile deve venire ben plasmato non solo con la scelta ma anche con la disposizione delle parole; si devono poi conoscere a fondo tutti i sentimenti e le passioni di cui la natura ha dotato il genere umano; perché tutta la potenza e tutta l'arte dell'eloquenza devono essere impiegate a placare e eccitare l'animo degli ascoltatori. Bisogna inoltre che nel discorso vi sia una certa grazia e arguzia, e poi una cultura degna di un uomo ben nato, prontezza e concisione sia nel replicare sia nell'attaccare, non disgiunte da fine garbo ed eleganza. (**18**) È inoltre necessario conoscere bene la storia del passato e un ricco repertorio di vicende e uomini esemplari. Né deve essere trascurata la conoscenza delle leggi e del diritto civile. E perché dovrei dilungarmi proprio sul modo di porgere, che deve essere sorvegliato nei movimenti, nei gesti, nella mimica e nella giusta e varia modulazione della voce? E di quale importanza sia di per sé solo questo aspetto dell'arte oratoria lo dimostrano chiaramente l'arte frivola dell'attore e il teatro: per quanto tutti si sforzino per controllare la pronuncia, la voce e i movimenti del corpo, chi non sa quanti pochi siano e siano stati coloro che sopportiamo di guardare? E che dire della memoria, scrigno di tutte le conoscenze? Se l'oratore non ne fa la custode delle idee e delle espressioni già trovate e meditate, tutte le sue altre doti per quanto eccelse – lo capiamo bene –, andranno perdute. (**19**) Per questo non dobbiamo più chiederci stupiti il motivo per il quale sono così poco numerosi i buoni oratori, dal momento che l'eloquenza è la sintesi di tutte quelle discipline, ciascuna delle quali esige una grandissima fatica, ma dobbiamo piuttosto esortare i nostri figli e tutti gli altri di cui ci stiano a cuore la fama e il prestigio, a rendersi consapevoli dell'importanza dell'eloquenza e a non ritenersi soddisfatti dei precetti o degli esercizi o dei maestri cui tutti ricorrono, ma ad avere fiducia di poter raggiungere il loro traguardo per altre vie. (**20**) A mio parere, nessuno può essere un oratore compiuto se non ha acquisito la conoscenza degli argomenti e delle discipline più importanti. Infatti il discorso deve sboccare e sgorgare abbondante dal sapere; se non è sotteso un contenuto ben conosciuto e padroneggiato dall'oratore, esso si riduce a un'esposizione per così dire vuota e quasi puerile».

(trad. di E. Narducci)

TESTO 2

La potenza della parola *De oratore* I, 30-34

Siamo ancora nel primo libro del *De Oratore*: per bocca di Crasso stesso, Cicerone tesse in questa pagina una vera e propria esaltazione dell'eloquenza, l'arte più nobile non solo per affrontare il *negotium* politico, ma anche l'*otium*, vissuto secondo l'ideale dell'*humanitas* (vedi anche l'Approfondimento a p. 515).

Cicerone riprende una nota qualità dell'oratoria che già i sofisti greci avevano identificato: si tratta dello *psychagogèin*, ovvero del «condurre l'anima» dell'ascoltatore nella direzione voluta dall'oratore. Chi parla, infatti, deve essere consapevole della possibilità di orientare attraverso l'uso delle parole l'opinione di chi ascolta, in particolare attraverso il controllo delle emozioni, che un buon oratore sa modificare o suscitare per spostare l'ascoltatore verso il consenso, lo sdegno, l'accettazione, il rifiuto e così via.

In secondo luogo Cicerone ricorda che l'uso della parola è quello che nella storia della civiltà umana distingue l'uomo dall'animale e individua come conseguenza dell'affermazione del linguaggio la nascita delle strutture politiche e in seguito la codificazione della legge e del diritto. A questo stesso concetto faceva riferimento anche Lucrezio, nel *De rerum natura*, quando indicava la capacità di parola come propria del genere umano (pur ammettendo un linguaggio anche negli animali), prodotta all'origine della convivenza civile e segno distintivo della civiltà umana.

Sulla base di queste prerogative, Cicerone indica, in conclusione, la necessità di un uso etico della parola per essere in grado di servirsi del discorso (e della sua potenza) per il bene della collettività e non per esprimere un potere individuale.

(**30**) Dopo aver detto che, a suo parere, Sulpicio e Cotta non erano tanto da esortare, quanto piuttosto da lodare, perché, per la grande perizia raggiunta, non solo erano considerati superiori ai propri coetanei, ma venivano anche giudicati eguali agli anziani, così continuò: «In verità, non c'è niente per me di più bello del potere con la parola dominare gli animi degli uomini, guadagnarsi le loro volontà, spingerli dove uno voglia, e da dove voglia distoglierli. Presso tutti i popoli liberi, e soprattutto negli stati tranquilli e ordinati, quest'arte è stata sempre tenuta nel massimo onore e ha sempre dominato. (**31**) Infatti che cosa c'è di più meraviglioso del veder sorgere dall'infinita moltitudine degli uomini uno che da solo o con pochi possa fare quello che la natura ha concesso a tutti? O di più piacevole a conoscere e a sentire di un discorso abbellito e adorno di saggi pensieri ed elevate espressioni? Che cosa è così imponente e sublime quanto il fatto che le passioni del popolo, i sentimenti dei giudici, l'austerità del senato siano modificati dal discorso di un solo uomo? (**32**) Che cosa inoltre è così splendido, così nobile, così liberale quanto il portare aiuto ai supplici, sollevare gli afflitti, dare salvezza agli uomini, liberarli dai pericoli, salvarli dall'esilio? Che cosa è così necessario quanto l'avere sempre pronta un'arma, con cui tu possa difendere te stesso e attaccare gli altri senza tuo danno e vendicarti se provocato? Orbene, per non parlare sempre di foro, tribunali, rostri e senato, che cosa ci può essere, per chi è libero da impegni, di più piacevole o più degno di una persona colta di un discorso arguto e bene informato su qualsiasi argomento? Noi ci distinguiamo dalle fiere, soprattutto per questo, perché sappiamo conversare ed esprimere con la parola i nostri pensieri. (**33**) Perciò chi non ammirerebbe, e a ragione, quest'arte, e non riterrebbe suo dovere studiarla con tutte le sue forze, onde superare gli stessi uomini in ciò in cui gli uomini si distinguono massimamente dalle bestie? Ed ora passiamo al punto più importante della questione: quale altra forza poté raccogliere in un unico luogo gli uomini dispersi, o portarli da una vita rozza e selvatica a questo grado di civiltà, o, dopo che furono fondati gli stati, stabilire le leggi, i tribunali, il diritto? (**34**) Non voglio passare in rassegna tutti gli altri vantaggi, che sono quasi infiniti. Per questo condenserò in poche parole il mio pensiero: io affermo che dalla saggia direzione di un perfetto oratore dipendono non solo il buon nome dell'oratore stesso, ma anche la salvezza di moltissimi cittadini e dell'intera nazione. Perciò continuate, o giovani, la strada intrapresa e attendete con impegno ai vostri studi, affinché possiate essere di onore a voi stessi, di utilità agli amici e di giovamento allo Stato».

(trad. di G. Norcio)

DENTRO IL TESTO *De oratore* I, 30-34

Leggere il testo

1 Crasso, portavoce di Cicerone, in questo brano innalza un vero e proprio inno all'oratore e alla sua funzione.

a Quali sono i risultati a cui può giungere un abile oratore operando all'interno di uno stato ordinato e in pace?

b Perché l'oratoria gioca un ruolo importante anche nella sfera dell'*otium*?

c Più in generale, qual è la funzione che viene attribuita all'eloquenza nella civilizzazione delle comunità umane?

Riflettere sul testo

2 Quale rapporto si instaura tra "parola" e "potere" nel discorso di Crasso?

3 Perché, a suo parere, è fondamentale la saggezza dell'oratore (rifletti in particolare sulla parte conclusiva del brano)?

Individuare nodi problematici

4 A tuo parere, quali implicazioni ha e quali conseguenze comporta il fatto che Cicerone, trattando il tema dell'oratoria, sposti l'attenzione anche sulla sfera privata dell'*otium*?

TESTO 3

Gli stili dell'eloquenza; Demostene e la polemica con gli atticisti *Orator* 20-23

Nell'*Orator* Cicerone sviluppa la teoria dei tre stili dell'eloquenza (*grande* o stile alto, *tenue* o stile umile, *medium* o stile medio) e mostra come il perfetto oratore debba essere in grado di impiegarli tutti e tre, adattandoli all'argomento e, se necessario, mescolandoli tra di loro anche all'interno della stessa orazione.
Maestro e modello di questa *tripartita varietas* (triplice varietà) è Demostene e, con lui, chi segue la sua strada: cioè Cicerone stesso. Egli risponde così anche alla polemica e agli attacchi rivolti alle sue orazioni da parte dei cosiddetti "atticisti", che lo accusavano di adottare uno stile troppo ampolloso, fino a divenire gonfio, ed eccessivamente ritmico.

(**20**) Tre sono in tutto gli stili dell'eloquenza. In ciascuno di essi, preso isolatamente, si sono distinti taluni oratori, ma in tutti nella stessa misura – e questo è l'ideale a cui noi tendiamo – pochissimi. Alcuni infatti hanno avuto uno stile, per così dire, magniloquente,[1] ricco di alti concetti o di solenni parole, vario, copioso, austero, capace e idoneo a commuovere gli animi e a far mutare i loro sentimenti (il che era ottenuto ora con una dizione dura, arida, ispida, priva di armonia e cadenza ritmica, ora con una dizione scorrevole, ordinata e ben cadenzata); altri, al contrario, uno stile semplice e preciso,[2] intenti a spiegare ogni questione e a chiarirla, non a ingrossarla, mediante un linguaggio preciso e conciso: (e tra coloro che hanno usato questo stile alcuni erano abili, ma incolti e ostentanti rozzezza e imperizia, altri pur con la stessa secchezza, sensibili in qualche modo al ritmo, cioè piacevoli e direi anche leggiadri e alquanto eleganti). (**21**) C'è poi una certa categoria di oratori che stanno nel giusto mezzo tra gli uni e gli altri e contemperano, per dir così, le loro qualità:[3] costoro non posseggono l'acutezza dei secondi, né la sovrabbondanza dei primi, sono affini a entrambi, non si distinguono né in un senso né nell'altro, partecipano delle caratteristiche degli uni e degli altri, o, per meglio dire, sono privi di tali caratteristiche. Il loro discorso scorre, come si suol dire, uniformemente, caratterizzato solo da questa sua uniforme speditezza; talvolta presenta qualcosa come i nodi delle ghirlande, distinguendosi per certi piccoli ornamenti di parole e di concetti. (**22**) Chi si afferma in uno di questi stili, preso isolatamente, si acquista una grande rinomanza nell'eloquenza. Ma dobbiamo domandarci: corrispondono costoro sufficientemente all'ideale che ci siamo proposto?
Sappiamo che ci sono stati taluni oratori capaci di parlare con eleganza e solennità e al tempo stesso con varietà e precisione. E volesse il cielo che noi potessimo incontrare un tale tipo di eloquenza tra i Latini! Sarebbe una cosa ottima servirsi di esempi nostrani, senza ricorrere agli stranieri. (**23**) Io stesso però, che in quella conversazione riferita nel *Bruto* ho fatto tante concessioni ai Latini, vuoi per incoraggiare gli altri, vuoi per amore verso i miei connazionali, mi ricordo di avere posto proprio in cima a tutti Demostene, un oratore che, a mio avviso, si adatta bene a quel tipo di eloquenza che ho nella mente, non a quella che io abbia mai visto in qualcuno. Non c'è mai stato un oratore più maestoso, né più fine, né più equilibrato[4] di costui. Dobbiamo quindi ammonire coloro, le cui errate teorie si sono sparse dappertutto, che vogliono essere chiamati attici e pretendono di parlare attico, a prendere come modello soprattutto quest'oratore, di cui nemmeno la stessa Atene credo sia stata più attica. Imparino da lui che cosa sia attico e misurino l'eloquenza dalla robustezza di quest'oratore e non dalla loro meschinità.

(trad. di G. Norcio)

1. Coloro che adottarono uno stile alto.
2. Coloro che adottarono uno stile umile.
3. Coloro che adottarono uno stile intermedio.
4. I tre aggettivi attribuiti a Demostene si riferiscono proprio ai tre stili dell'eloquenza.

APPROFONDIMENTO

NUMERUS, *CLAUSULA* E *CURSUS*

Raffinato decoro con cavalli marini, I secolo a.C., Pompei, Casa dei Vetti, Sopraintendenza Archeologica.

Le due caratteristiche fondamentali della prosa ciceroniana sono la ***concinnitas*** e il ***numerus***.

La prima, com'è noto, consiste in un perfetto equilibrio strutturale della proposizione, del periodo e del discorso, ottenuto attraverso una sapiente alternanza di elementi, attraverso parallelismi e contrapposizioni, in modo da creare strutture bilanciate e dotate di un certo **ritmo**.

Il ritmo è conferito al periodare ciceroniano anche attraverso il ***numerus***, cioè l'impiego di alternanze di sillabe brevi e lunghe, che formano vere e proprie sequenze metriche all'interno del testo in prosa. Ciò permetteva a Cicerone di imprimere ai suoi discorsi un andamento solenne, oppure piano, oppure accelerato e concitato, in base all'argomento e allo scopo peculiare dello scritto.

La posizione privilegiata per l'impiego di queste sequenze ritmiche era la **clausola** (o "chiusura di frase"): infatti tradizionalmente la retorica greca (e poi quella latina) aveva assegnato un ruolo chiave alle parole conclusive di un periodo, o anche di una proposizione che terminasse con una forte pausa. A dire il vero, i Greci hanno lasciato poche annotazioni tecniche sull'uso di precise clausole metriche in prosa (Aristotele, per esempio, consiglia la sequenza data da tre sillabe brevi e una lunga: ∪∪∪–): fu proprio Cicerone ad approfondire questo aspetto, sviluppando una prosa che è stata perciò definita "numerosa".

La maggior parte delle **clausole ciceroniane** – usate prevalentemente nelle orazioni, dove il ritmo giocava un ruolo chiave nell'*actio*, o recitazione pubblica – partivano da un modello base, dato da un cretico[1] (∪–∪) seguito da uno o due piedi trocaici (–∪), oppure da un altro cretico (l'ultima sillaba della clausola, però, è ancipite, cioè può essere considerata breve o lunga); questo meccanismo dava origini a clausole come:

– *non haberémus* (cretico + trocheo),
– *(in)còmmodo civitàtis* (cretico + trocheo + trocheo),
– *céssit audàciae* (cretico + cretico).[2]

1. Per i termini metrici che seguono, vedi "Nozioni di prosodia e metrica", a p. 690.
2. Gli esempi ciceroniani sono tratti da: M.C. Howatson (diretto da), *Dizionario delle letterature classiche*, Torino, Einaudi, 1993, p. 234.

Da questi modelli base Cicerone derivò alcune variazioni, secondo le diverse esigenze di ritmo.
Nella prosa, però, era assolutamente vietata la clausola che corrisponde alla tipica chiusura dell'esametro (dattilo + trocheo o spondeo: *tégmine fàgi*), perché non si doveva creare commistione e confusione tra poesia e prosa. Quintiliano sostiene (*Instit. orat.* X, 2, 18) che la "chiusura di frase" preferita dagli oratori trova la sua origine proprio nell'elaborazione di Cicerone, ed è la clausola del tipo *èsse videàtur*. Interessante è lo **sviluppo medievale** del meccanismo della clausola.
Infatti già nella tarda latinità si perse gradualmente il senso quantitativo delle sillabe, che iniziarono a essere distinte qualitativamente (sillabe toniche, cioè accentate, e sillabe àtone); pertanto, nei testi in prosa, si passò dall'uso delle clausole a quello del ***cursus***, che consisteva in una collocazione particolare delle ultime due parole della frase, in modo da ottenere diversi ritmi attraverso un gioco di accenti.
Nel Medioevo furono codificati quattro tipi di *cursus*, che vediamo attraverso alcuni esempi presi dalle opere in prosa latina e italiana di Dante e dal *Cantico di Frate Sole* di Francesco:[3]
– ***cursus planus***: «*cogitatiòne metìri*», «siàmo suggétti»;
– ***cursus velox***: «*consìlia respondémus*», «desìderan di sapére»;
– ***cursus tardus***: «*prodésse tentàbimus*», «pàrte dell'ànima»;
– ***cursus trispondaicus***: «*opòrtet non-probàre*», «Signòr(e) et rengratiàte».

Il termine **clausola** viene impiegato anche oggi nella critica letteraria, ma indica semplicemente l'elemento finale di un verso (in poesia) o di un periodo.

3. Gli esempi di *cursus* medievale sono tratti da: A. MARCHESE, *Dizionario di retorica e stilistica*, Milano, A. Mondadori, 1978, p. 49.

RIEPILOGO DEL PERCORSO

1 Il breve percorso proposto entro le opere retoriche di Cicerone tocca alcuni punti fondamentali; prova a farli emergere in modo sintetico, sulla base delle seguenti domande:
a quale ruolo gioca l'oratoria nella vita politica e civile di uno stato?
b attraverso quali strumenti culturali l'oratore deve costruirsi una solida base morale, per non trasformare la tecnica oratoria in un'arma pericolosa?
c per quale motivo Cicerone ritiene che l'oratore greco Demostene rappresenti il modello fondamentale da imitare?

2 Cicerone si dedica alla stesura dei trattati sulla retorica in alcuni momenti particolari della vita sua e dello stato romano:
a di quali momenti si tratta?
b per quale scopo egli decide di concentrarsi su questo lavoro teorico?
c egli è spinto solo da considerazioni di ordine generale, o anche da attacchi e critiche personali che ha subito?

3 Dal punto di vista del genere letterario, qual è la veste che assumono le sue opere teoriche? Si presentano come aridi trattati, oppure adottano una nuova modalità (originale per la letteratura latina)?

4 Che cosa si intende quando si afferma che le due caratteristiche fondamentali della prosa di Cicerone sono la *concinnitas* e il *numerus*?

DALLE OPERE POLITICHE

1 Il "canto del cigno" della repubblica

La costruzione di uno stato ideale non avviene, per Cicerone, attraverso un'architettura astratta, disegnata a tavolino, ma attraverso il confronto e la discussione intorno a quello che, a suo parere, è il modello più efficiente di stato che esista nella realtà: lo stato romano. La preparazione teorica dell'autore che precede la composizione del *De re publica* è notevole: il modello platonico della *Repubblica* è determinante (come lo sarà per la seconda opera politica ciceroniana, il *De legibus*, quasi un complemento della prima); attenta è la ripresa di Aristotele e ampia è la preparazione storica (Polibio). Tuttavia lo stato a cui fa riferimento Cicerone non si trova nei libri dei filosofi greci, bensì ha una sua precisa collocazione spaziale e temporale: è la *res publica* del tempo degli Scipioni, una sorta di "età dell'oro" delle istituzioni romane, alla quale Cicerone ama ritornare in un momento in cui la repubblica senatoria è caduta in una crisi irreversibile.

A questo modello guarda Cicerone per studiare l'ideale del "regime misto" e la figura di quel *princeps* che non è il futuro imperatore, ma un leader politico in grado di guidare lo Stato con abilità, dedizione e disinteresse, nel rispetto delle istituzioni repubblicane e, soprattutto, della preminenza del senato (come non pensare che Cicerone avesse in mente proprio se stesso?).

Il percorso che proponiamo muove dalla visione di una compagine sociale ideale che per Cicerone dovrebbe gestire il potere (*Pro Sestio*), affronta l'analisi della costituzione romana "mista" e la sua superiorità rispetto a quelle "semplici" (*De re publica*), infine si sofferma sull'aspetto decisamente conservatore della visione politica ciceroniana (*De legibus*).

ITA	TESTO 1	*Pro Sestio* XLV, 96-98
ITA	TESTO 2	*De re publica* I, 69-70

TESTO 1

Pro Sestio: un progetto politico

Pro Sestio XLV, 96-98

Non deve sorprendere l'inserimento tra le opere politiche di Cicerone di un testo tratto da un'orazione giudiziaria. Infatti nell'arringa scritta per difendere l'amico Sestio (il tribuno della plebe che nel 57 a.C. si era adoperato per farlo tornare dall'esilio) Cicerone inserisce una profonda analisi della situazione romana, facendo riferimento a due concetti che saranno fondamentali per la sua visione politica: la necessità del *consensus omnium bonorum*, cioè di un accordo tra tutti i cittadini moderati per raggiungere la pace sociale, nonché la sua personale visione di una classe di *optimates* allargata, che avrebbe dovuto governare Roma. Egli, infatti, non include tra i «cittadini migliori» solo i nobili (già membri di un'oligarchia dominante), ma anche i cavalieri, i ricchi proprietari terrieri dei municipi, gli uomini d'affari e addirittura i liberti arricchiti: tutti quei gruppi di cittadini, caratterizzati da solidità di patrimonio e desiderio di stabilità, che avrebbero avuto interesse a creare una lega comune contro le pretese dei *populares*. Scopo di questo grande insieme di cittadini diversi è raggiungere l'*otium cum dignitate*, cioè la pace sociale unita alla posizione di superiorità e controllo dello stato che questa aristocrazia allargata dovrebbe mantenere saldamente.

Questo passaggio dell'orazione è uno degli esempi più evidenti di come l'oratoria politica e quella giudiziaria si intreccino profondamente nei discorsi di Cicerone.

(**96**) Sempre in Roma ci furono due categorie di persone, fra coloro che si son dati alla vita politica col proposito di condurvisi nel modo migliore: l'una fu, e volle esser qualificata popolare; l'altra, degli ottimati. Popolari, quelli che attuavano e predicavano le cose che sapevan gradite alla moltitudine; ottimati, quelli che agivano in modo da provocare sulla condotta propria l'approvazione dei cittadini migliori. (**97**) Ma chi sono questi cittadini migliori? Sono, se vuoi saperlo, innumerevoli (senza di che non ci reggeremmo in piedi): sono i più autorevoli membri del senato, son coloro che ne seguono l'indirizzo, coloro che appartengono agli ordini maggiori ed ai quali è aperto l'accesso alla curia, abbondano tra i cittadini romani dei municipi e delle campagne, tra gli uomini d'affari, tra i figli stessi dei liberti. Per quantità, come dissi, dei suoi appartenenti, questa categoria è ampia e diffusa; qualitativamente, per togliere di mezzo ogni equivoco, può esser rapidamente circoscritta e definita. Sono ottimati tutti coloro che non fanno del male, che non sono per natura disonesti o squilibrati, né impacciati da domestiche difficoltà. Son questi, dunque, coloro che formano quella che tu chiamasti «una razza»; uomini integri, moralmente sani, di benestante famiglia. E coloro che nel governo dello Stato secondano la volontà, gli interessi e le opinioni di quelli, fautori degli ottimati e ottimati essi stessi, sono considerati fra i cittadini più autorevoli e illustri, e come i maggiorenti della città. (**98**) Qual è il fine a cui devon tendere questi reggitori della cosa pubblica, quale l'indirizzo del loro cammino? È quello che appare il più nobile, il più desiderabile per ogni uomo di buon senso, probo, fortunato: una vita tranquilla e dignitosa. Quanti vogliono ciò, sono a considerarsi ottimati; quanti lo realizzano, uomini di primo piano e protettori della città. Non conviene, infatti, esser trascinati, nel gestire gli affari, da un senso tale dell'autorità propria che escluda la quiete dello spirito, né aggrapparsi a un amor di quiete siffatto che ripugni alla dignità. Di questa dignità serena, ecco le fondamenta, ecco gli elementi costitutivi, che le persone più elevate debbono difendere anche col rischio della vita; i princìpi religiosi, gli auspici, la funzione dei magistrati, l'autorità del senato, le leggi, la tradizione, i tribunali, la giustizia, la fedeltà agli impegni, le province, gli alleati, il prestigio nazionale, l'esercito, l'erario.

(trad. di G. Giussani)

DENTRO IL TESTO *Pro Sestio* XLV, 96-98

Leggere il testo

1 Nella lettura che Cicerone sviluppa della storia politica di Roma, due gruppi si sono sempre fronteggiati per il controllo del potere.
a Quali sono questi gruppi?
b Quali caratteristiche attribuisce loro l'oratore?

2 Chi sono, invece, i «cittadini migliori» e quali elementi li rendono un gruppo omogeneo agli occhi di Cicerone?

3 Quale compito è assegnato loro nella vita della città?

Riflettere sul testo

4 Per quale motivo Cicerone preme affinché si realizzi il *consensus* («unione, accordo») tra tutti i cittadini moderati?

5 Prova a spiegare che cosa sia l'*otium cum dignitate* (cioè la tranquillità unita alla dignità) che Cicerone indica quale obiettivo che si deve porre la classe dirigente della *res publica*.

Individuare nodi problematici

6 Sulla base dello studio e delle letture svolte, a tuo parere si può affermare che Cicerone stia tentando di costruire un "partito politico"? A quale ruolo ambisce egli, all'interno di tale schieramento?

7 Il testo si conclude con un lungo elenco, che raccoglie gli "elementi costitutivi" che gli ottimati devono difendere: sai spiegare la valenza di significato di ciascuno di essi?

APPROFONDIMENTO

LA POSIZIONE POLITICA DI CICERONE: UN BILANCIO

I due testi critici che seguono focalizzano l'attenzione sulla posizione politica assunta da Cicerone, come emerge dalla sua azione concreta all'interno delle istituzioni e dalla sua riflessione teorica. Nel primo passo Guido Carotenuto riassume la posizione moderata e "centrista" tenuta dal grande oratore, svelando nel contempo la sua profonda e netta opposizione al partito dei populares*; nel secondo e più ampio intervento Emanuele Narducci individua le linee guida della politica ciceroniana a partire dal cruciale anno del consolato: emergono così anche i limiti delle scelte operate e i motivi del fallimento, legato a un eccessivo immobilismo di fronte alle nuove dinamiche del tessuto sociale ed economico di Roma.*

«La posizione politica di Cicerone è sufficientemente chiara: egli fu un conservatore illuminato, diremmo noi, "un uomo di centro", il quale proclamò il rispetto delle libertà formali e dei diritti costituzionali, senza volere intaccare i privilegi e gli interessi di classe, il quale si batté per la *concordia ordinum* e cioè per l'accordo di nobili e ricchi allo scopo di assicurare la prosperità e la pace dello stato, in realtà per soffocare le richieste dei *populares*.

Si è voluto vedere in questa posizione politica un contrasto col pensiero filosofico di Cicerone e con il suo umanesimo. In verità contraddizione non c'è, perché l'umanesimo di Cicerone, come ogni umanesimo che, esaltando i valori della cultura e dello spirito, proclama la superiorità della persona raffinata, colta e non soggetta alle necessità economiche dell'uomo comune, si rivela alla fine un ideale aristocratico e conservatore. D'altra parte non è il caso di scandalizzarsi con Cicerone (come pure è stato fatto) per il suo conservatorismo, in quanto tutta, o quasi tutta, la *intellighenzia* antica è liberale umanistica e conservatrice: una vera cultura alternativa, una coscienza e una posizione veramente democratica popolare e rivoluzionaria è scoperta di tempi piuttosto recenti».

G. Carotenuto, *Letteratura latina*, Treviso, Canova, 1985, p. 252

«La linea politica perseguita da Cicerone nell'anno del suo consolato è nota comunemente sotto il nome di *concordia ordinum*: un'alleanza di *optimates* e ordine equestre, con lo scopo precipuo di porre un argine alle tendenze sovversive che serpeggiavano nella società, e che il movimento catilinario aveva portato drammaticamente alla luce. L'ideale della *concordia* presupponeva l'accordo volontario tra gruppi sociali diversi, eventualmente garantito dall'arbitrato di eminenti uomini di stato: una mediazione volta a favorire soprattutto gli interessi dei ceti possidenti, ovviamente inaccettabile per i *populares*.

Proprio a questa funzione di arbitro Cicerone si sentiva chiamato dalla sua posizione di senatore proveniente dal ceto equestre, col quale aveva conservato legami molto stretti: soprattutto nei giorni del suo trionfo su Catilina egli si convinse di poter costituire il cardine di un'alleanza tra ottimati e cavalieri, garanzia di un equilibrio sociale sufficiente a impedire il ritorno di una dittatura militare di tipo sillano. [...]
Il limite storico di questa concezione sta ovviamente nel suo carattere quasi esclusivamente difensivo nei confronti delle minacce di sovversione, nella condanna di ogni agitazione, e nella totale indifferenza – se non peggio – nei confronti di qualsiasi misura volta a sanare i mali economici e sociali che affliggevano Roma, o ad alleviare la miseria e lo scontento. Ma il giudizio storico non sarebbe equanime se non tenesse conto anche degli elementi di radicale novità contenuti in questo progetto politico, che Cicerone avrebbe continuato ad approfondire negli anni successivi. [...]
La riflessione teorico-politica rese probabilmente Cicerone consapevole del fatto che la sua ascesa era stata guidata, oltre che dalla capacità di atteggiarsi secondo le opportunità del momento, dall'esigenza di rispondere alle aspettative di un blocco sociale composito, ancora alla ricerca di una coscienza politica unitaria: i *boni,* in sostanza i ceti possidenti dell'Italia, considerati in maniera relativamente indipendente dalla loro qualificazione per "ordini". La necessità di consolidare e orientare questo blocco sociale significava di per sé un superamento degli obiettivi tradizionali della politica romana, per lo più prigioniera di una lotta di fazioni e di cricche clientelari: da parte di Cicerone, la divulgazione frequente dei propri discorsi, e successivamente della propria produzione filosofica, è segno di un'attenzione per la formazione di una "pubblica opinione" che trova ben pochi paragoni in *leaders* precedenti o anche contemporanei.
Gli elementi centrali della coalizione auspicata da Cicerone, l'ordine senatorio e l'ordine equestre, restavano tuttavia divisi da conflitti politici e di interesse, destinati a rinfocolarsi una volta passata la necessità di fare fronte comune contro il pericolo catilinario. Negli anni successivi al consolato Cicerone vide perciò rapidamente sgretolarsi il consenso intorno alla propria linea politica. Ciò permise che egli divenisse l'oggetto di attacchi ripetuti, concentrati soprattutto sull'esecuzione sommaria dei complici di Catilina, che appariva avere violato le garanzie giuridiche sulle quali anche i più umili tra i Romani confidavano per la tutela della propria persona. Intanto andava delineandosi la supremazia dei grandi potentati».

E. Narducci, *Introduzione a Cicerone,* Bari, Laterza, 1992, pp. 72-75 *passim*

Decorazione del triclinio della Casa dei Vettii, I secolo a.C., Pompei, Sopraintendenza Archeologica.

TESTO 2

La miglior forma di governo

De re publica I, 69-70

In un passo del I libro del *De re publica* (I, 26-29) Cicerone ha introdotto il tema delle tre forme di governo tradizionali – monarchia, aristocrazia e democrazia – che sono destinate a succedersi ciclicamente, secondo il principio della *commutatio* già presente in Polibio. Rischio costante di queste tre forme di governo "semplici" è la loro degenerazione nelle forme estreme di tirannia, oligarchia e demagogia. Ecco allora che Cicerone nel dialogo, attraverso la voce di Scipione Emiliano, arriva a indicare nella costituzione romana quella forma di governo "mista", equilibrata e stabile, che rappresenta il miglior modello di stato possibile. Da notare, per inciso, che in realtà la repubblica romana rimase sempre sbilanciata in senso oligarchico: Cicerone stesso ne ha percezione, quando individua nelle «gravi colpe degli ottimati» (cap. 69) l'unico rischio che questa forma di governo corra.

(69) Stando così le cose, <di> quelle tre prime forme, a parer mio, è di gran lunga preferibile quella monarchica, e a essa medesima sarà poi superiore quella moderata e contemperata di tutti e tre i migliori tipi di costituzione. Giova infatti che vi sia nel governo alcunché di eminente e regale, e che certi poteri siano deferiti e attribuiti all'autorità degli ottimati, e che certe questioni siano riservate al giudizio e al volere della folla. Tale costituzione presenta in primo luogo una certa eguaglianza, della quale a stento possono fare a meno per troppo lungo tempo dei liberi cittadini, e secondariamente ha stabilità, perché mentre quelle tre prime forme di governo facilmente si volgono ai difetti opposti, sicché dalla monarchia si origina la signoria, dalla oligarchia le fazioni, dalla democrazia perturbamenti e confusione, e queste forme medesime spesso si mutano in forme nuove, ciò invece generalmente non accade in una forma di governo come questa, così complessa e moderatamente mista, a meno che si verifichino gravi colpe da parte degli ottimati. Non v'è infatti motivo di mutamento colà dove ciascuno sta saldamente nel proprio grado e non v'è luogo a precipitare e cadere.

(70) Ma temo, Lelio[1] e voi saggissimi miei amici, che, se ancora a lungo continuo a parlare così, il mio discorso abbia a sembrarvi quasi quello di uno che voglia insegnare e ammaestrare, e non già di chi voglia insieme a voi compiere questa ricerca. Perciò affronterò quegli argomenti che già sono noti a tutti, e che già da tempo hanno fermato la nostra attenzione. Questo infatti dichiaro, questo penso, questo affermo, che nessuna fra tutte le forme di governo o per costituzione o per divisione dei poteri o per disciplina civile può essere paragonata con quella che i nostri padri ci hanno lasciata già avendola ricevuta a lor volta dai loro antenati. La quale io vi dimostrerò, dal momento che voleste ascoltare anche da me quello che voi pure sapevate, e quale essa sia e che è la migliore; e descritta a guisa di esempio la nostra forma di governo adeguerò a essa, se mi sarà possibile, tutto quel discorso che dovrei fare intorno alla migliore costituzione di uno Stato. Se potrò mantenere questo disegno e realizzarlo, esaurirò in tutto il suo complesso, come mi sembra, questo còmpito che Lelio mi ha affidato.

(trad. di L. Ferrero)

1. L'amico e collaboratore di Scipione Emiliano (che sta parlando), animatore con lui del "circolo degli Scipioni".

RIEPILOGO DEL PERCORSO

1 Cicerone si dedica alla stesura delle sue opere politiche in un momento particolare della vita personale, ma anche della vita dello stato romano.
a Di quale momento si tratta?
b Quali finalità si propone con questi dialoghi?

2 In questo breve percorso sono stati evidenziati alcuni elementi che caratterizzano la visione politica di Cicerone, il suo progetto di società e di stato:
a quali sono i gruppi sociali che l'oratore vorrebbe unire nel *consensus omnium bonorum*?
b quali compiti vorrebbe affidare a loro?
c su quale base egli sostiene che la repubblica romana sia la miglior forma di governo?

3 Sulla base delle letture e dei tuoi studi, quale ritratto politico complessivo puoi tracciare di Cicerone?

2 Il *Somnium Scipionis*, finale "celeste" del *De re publica*

Cicerone, dopo avere trattato nel libro v del *De re publica* il tema del *princeps* inteso come politico perfetto e dopo avere esposto quelle che devono essere la sua educazione e le sue caratteristiche morali, ne traccia una vera e propria apoteosi nel libro vi, che si configura anche come finale dell'opera. Infatti, nei capitoli 9-26 del vi libro (gli unici rimasti, oltre a una quindicina di frammenti) Scipione Emiliano, che è il protagonista del dialogo e incarna l'ideale ciceroniano dell'ottimo uomo di governo, narra un sogno occorsogli in gioventù, durante una visita all'anziano sovrano numida Massinissa, che era stato prezioso alleato di Scipione Africano nelle fasi conclusive della seconda guerra punica.

Nel sogno, Scipione Emiliano è elevato in cielo, fino alla Via Lattea, che è la sede dove sono ricompensate con la beatitudine eterna le anime dei benefattori della patria, come gli viene spiegato dalle due anime che lo accolgono: quella del padre, Emilio Paolo, e soprattutto quella dell'illustre avo, Scipione Africano, il vero protagonista del *Somnium* (che, in realtà, aveva adottato l'Emiliano come nipote).

Da questo luogo elevato Scipione Emiliano contempla l'architettura dell'universo e osserva la piccolezza della Terra; qui ascolta un prezioso insegnamento.

Secondo Macrobio (il dotto del V secolo che curò un commento in due volumi al *Somnium* e probabilmente diede origine alla sua tradizione indipendente) il contenuto del racconto è sogno simbolico, oracolo e visione nello stesso tempo. In effetti, esso conferisce una piega inaspettata alla riflessione politica che lo precede: il tema politico è proiettato nella dimensione dell'eterno e viene completato così il ritratto di un uomo politico preparato e disinteressato, quasi ascetico nella sua ricerca della virtù.

Dunque, se il *Somnium Scipionis* è un episodio autonomo all'interno del *De re publica*, è anche vero che questa straordinaria narrazione ne porta a compimento i temi, mostrando come l'ottimo uomo di stato sia colui che è in grado di dare una realizzazione piena e concreta alla virtù. Proprio questo, infatti, aveva postulato Cicerone nel proemio dell'opera: «E invero non basta possedere la virtù come una qualche arte, se non la si mette in pratica; (...) la virtù è tutta posta nella pratica che se ne fa; la più elevata pratica di essa è il governo della città» (*De re publica*, I, 2, 2). Qui sta il contributo più originale di Cicerone, all'interno di una riflessione che attinge a moltissime fonti: nella convinzione che proprio l'uomo politico – che sappia resistere alla tentazione del potere e dell'interesse personale e dia attuazione pratica alla *virtus*, perseguendo il bene della patria – è l'uomo ideale, che unisce nella sua esperienza la vita contemplativa e quella attiva (*otium* e *negotium*) e merita la più alta ricompensa celeste.

Questa tesi centrale richiede di essere sostenuta attraverso una serie di argomentazioni filosofiche, quali: il corpo è prigione dell'anima; la vera vita è quella dello spirito; l'anima è eterna e partecipa della natura divina; i beni terreni sono poca cosa: non bisogna cercare ricompense in questa vita; la virtù deve essere ricercata e praticata per se stessa.

Urania, Musa dell'astronomia, I secolo a.C., Napoli, Museo Archeologico Nazionale.

Il racconto porta con sé anche una straordinaria descrizione astronomica dell'universo e comprende una riflessione sull'origine della musica, nonché sull'idea della palingenesi: temi e aspetti che hanno reso affascinante quest'opera agli occhi anzitutto dei neoplatonici, poi dei pensatori cristiani, e ne hanno sancito la fortuna, che le ha permesso di risalire i secoli e diventare – per prendere un esempio illustre – una delle fonti della *Commedia* di Dante, attraverso il commento di Macrobio.

LAT	TESTO 1	*De re publica* VI, 9
LAT	TESTO 2	*De re publica* VI, 10
LAT	TESTO 3	*De re publica* VI, 13
LAT	TESTO 4	*De re publica* VI, 14
LAT	TESTO 5	*De re publica* VI, 15
ITA	TESTO 6	*De re publica* VI, 16-17
ITA	TESTO 7	*De re publica* VI, 18-19
LAT	TESTO 8	*De re publica* VI, 20
LAT	TESTO 9	*De re publica* VI, 25

TESTO 1

L'incontro con Massinissa

De re publica VI, 9

Il *Somnium* si apre con due capitoli narrativi: Scipione Emiliano ha raggiunto l'esercito in Africa con il grado di tribuno militare al tempo della terza guerra punica (149-146 a.C.): proprio quella guerra – sia detto per inciso – che egli porterà a conclusione con la distruzione di Cartagine, dopo avere ottenuto l'elezione a console con procedura straordinaria per i meriti acquisiti sul campo. In una pausa dell'attività bellica, si reca a trovare il vecchio re dei Numidi Massinissa (oramai novantenne), alleato di Roma contro Annibale e caro amico del nonno adottivo, Scipione Africano.

Cum in Africam venissem M. Manilio consuli ad quartam legionem tribunus, ut scitis, militum, nihil mihi fuit potius quam ut Masinissam convenirem, regem familiae nostrae iustis de causis amicissimum. Ad quem ut veni, complexus me senex conlacrimavit aliquantoque post suspexit ad caelum, et: «Grates» inquit «tibi ago, summe Sol, vobisque, reliqui caelites, quod, ante quam ex hac vita migro, conspicio in meo regno et his tectis

Cum in Africam venissem: sta parlando Scipione Emiliano, che si recò nel territorio di Cartagine nel 149 a.C., all'inizio della terza guerra punica (e prese il comando delle operazioni nel 147, sostituendo proprio Manilio). – **M. Manilio consuli:** «agli ordini del console Manlio Manilio», dativo di vantaggio; Manilio è anche uno degli interlocutori del *De re publica*, comandante militare non brillante, ma valido giurista. – **tribunus:** predicativo del soggetto sottinteso. – **nihil mihi ... convenirem:** «nulla mi fu più gradito che incontrare Massinissa»; re dei Numidi, Massinissa fu in un primo tempo alleato dei cartaginesi in Spagna, ma poi combatté a fianco di Scipione Africano (poiché i Cartaginesi gli avevano preferito Siface, altro sovrano numida), fino a sconfiggere con lui Annibale a Zama (202 a.C.), nella battaglia che concluse la seconda guerra punica; da allora espanse in Africa il suo regno, alleato di Roma, proprio a danno di Cartagine. – **iustis de causis:** «a buona ragione», infatti era stato molto legato a Scipione Africano, che avrebbe poi adottato come nipote l'Emiliano. – **Ad quem ut veni:** subordinata temporale; *ad quem* è nesso relativo. – **complexus ... conlacrimavit:** «abbracciandomi ... scoppiò in lacrime», per l'emozione; *complexus* è participio congiunto; Massinissa è detto *senex* perché aveva superato i 90 anni. – **suspexit ad caelum:** «levò lo sguardo al cielo». – **Grates:** «grazie, ringraziamenti», è termine arcaico (rimasto in formule sacrali), che corrisponde a *gratias*. – **reliqui caelites:** «altri abitatori del cielo»; sono i corpi celesti, divinizzati nella religione numidica; *caelites* è un

P. Cornelium Scipionem, cuius ego nomine recreor ipso: ita numquam ex animo meo discedit illius optumi atque invictissimi viri memoria». Deinde ego illum de suo regno, ille me de nostra re publica percontatus est, multisque verbis ultro citroque habitis ille nobis est consumptus dies.

altro arcaismo e contribuisce con il precedente *grates* ad alzare enfaticamente il tono del saluto; non sembra casuale questo riferimento agli astri, che tanta parte avranno nello sviluppo del *Somnium*. – **ante quam ... migro:** subordinata temporale all'indicativo, mostra che il re numida è oramai certo della morte prossima (che avverrà, in effetti, di lì a pochi mesi); l'idea della morte è espressa attraverso la concezione della trasmigrazione dell'anima (anche questa può essere un'anticipazione della riflessione sull'immortalità dell'anima e sulla sua ascesa al cielo, se degna di ricompensa). – **his tectis:** «in questa casa», è una sineddoche. – **cuius ... recreor ipso:** «dal cui solo nome sono rianimato» (con forte iperbato di *ipso*): viva è la commozione del vecchio re nell'incontrare il nipote dell'uomo con il quale ha vissuto la sua stagione più grande. – **ita:** «tanto che», soggetto della proposizione è *memoria* (posto in chiusura, in posizione di rilievo). – **ego ... ille ... re publica:** parallelismo che comprende soggetto-oggetto-com-plemento di argomento, le due parti sono collegate per asindeto e il predicato è concordato solo con il secondo soggetto (ma si proietta chiaramente anche sul primo); viene resa in questo modo la concitazione affettuosa del dialogo e dello scambio di notizie, rafforzata anche dal successivo *ultro citroque*; da notare anche l'antitesi tra i due termini che indicano le diverse forme di governo, *regno ... re publica*, tanto che qui è forse opportuno tradurre il secondo come «repubblica» e non semplicemente «stato». – **multisque verbis ... habitis:** ablativo assoluto. – **ille ... consumptus dies:** «trascorse per noi quella giornata», dove *nobis* è dativo etico.

TESTO 2

L'apparizione di Scipione Africano

De re publica VI, 10

Nella notte che segue l'incontro con Massinissa, all'Emiliano appare in sogno Scipione Africano. Il meccanismo del sogno-visione ha un antecedente importante nella letteratura latina, qui esplicitamente citato da Cicerone: il sogno di Ennio che, negli *Annales*, racconta come gli sia apparso Omero, il quale gli ha rivelato di essersi reincarnato in lui. Da notare però che Cicerone introduce anche una spiegazione razionalistica, di origine aristotelica, del meccanismo da cui sarebbe sorto il sogno (esso nascerebbe dai pensieri che occupano la mente durante la veglia). Se non di una contraddizione, si tratta comunque di un atteggiamento ambivalente: Cicerone non rinuncia al razionalismo scettico (quale sarà esposto anche nel *De divinatione*), salvo poi trasformare questo sogno in una potente visione profetica.

Il pavone è un animale simbolicamente legato alla rinascita dell'anima (nella filosofia pitagorica), III secolo d.C., Roma, Santa Costanza.

Post autem apparatu regio accepti, sermonem in multam produximus noctem, cum senex nihil nisi de Africano loqueretur, omniaque eius non facta solum sed etiam dicta meminisset. Deinde, ut cubitum discessimus, me et de via fessum et qui ad multam noctem vigilassem, artior quam solebat somnus complexus est.

Post autem: «Poi». – **apparatu regio accepti:** «dopo essere stati ricevuti con sfarzo regale»; *accepti* è participio congiunto al soggetto sottinteso (*nos*, Scipione e Massinissa). – **in multam ... noctem:** «fino a notte fonda». – **cum ... loqueretur ... meminisset:** cum + *congiuntivo* con valore temporale («mentre il vecchio...»); *nihil nisi ... loqueretur* «non parlava di nient'altro che...», a ricordo dello stretto legame che esisteva tra il sovrano africano e il condottiero romano. – **cubitum:** «a dormire», supino attivo con valore finale. – **me ... somnus complexus est:** da notare la costruzione particolare del periodo, che mette in

Hic mihi (credo equidem ex hoc quod eramus locuti; fit enim fere ut cogitationes sermonesque nostri pariant aliquid in sommo tale, quale de Homero scribit Ennius, de quo videlicet saepissime vigilans solebat cogitare et loqui) Africanus se ostendit ea forma quae mihi ex imagine eius quam ex ipso erat notior; quem ubi agnovi, equidem cohorrui; sed ille: «Ades» inquit «animo et omitte timorem, Scipio, et quae dicam memoriae trade».

forte rilievo il complemento oggetto (*me*) della proposizione principale, mentre soggetto e predicato sono in chiusura; in mezzo si trovano le due cause, espresse attraverso una *variatio*: *et de via fessum* (participio congiunto), *et qui ... vigilassem* (relativa al congiuntivo con valore causale); *de* + ablativo ha qui funzione di complemento di causa (come nel cap. precedente *iustis de causis*) ed è un arcaismo; la traduzione potrebbe essere: «sia perché ero stanco a causa del viaggio, sia perché avevo vegliato fino a notte inoltrata, mi prese un sonno più profondo del solito» (*artior* lett. significa «più stretto» e ben si adatta alla metafora introdotta dal verbo, che ha il significato proprio di «abbracciare»); molti critici hanno evidenziato come questo capitolo presenti caratteristiche di *inconcinnitas* (mancanza di equilibrio e simmetria) che lo allontanano dall'abituale equilibrio sintattico ciceroniano. – **Hic mihi ... Africanus se ostendit:** «Allora ... mi apparve in sogno l'Africano»; i due tronconi della proposizione sono spezzati da un lungo inciso, che crea tensione e attesa per l'arrivo del nome del grande avo (Scipione Africano, vincitore di Annibale a Zama, aveva adottato Scipione Emiliano come nipote). – **credo equidem ... cogitare et loqui:** la lunga parentesi introduce una spiegazione razionale del sogno, che Cicerone riprende da Aristotele; questo passaggio ha fatto discutere molto i commentatori: Cicerone vuole presentare una visione credibile, o essa appare subito come un mero espediente retorico per concludere i grandi temi del *De re publica*? Egli crede in ciò che sta per narrare, o vuole ribadire le tesi scettiche già manifestate in altre opere? – **ex hoc ... locuti:** «per ciò di cui avevamo parlato», gli argomenti trattati a lungo durante il giorno tornerebbero così a galla nei sogni. – **pariant ... Ennius:** «producano nel sonno qualcosa di simile a ciò che Ennio scrive di Omero»; il riferimento al famoso sogno di Ennio (nel quale Omero gli avrebbe svelato che la sua anima si era reincarnata proprio in lui: vedi passo a p. 193) svela una delle radici letterarie del *Somnium*, che trova la sua fonte principale in Platone, ma presenta alcuni riferimenti interessanti anche alla letteratura latina, dove il tema del sogno-visione era già penetrato; ricordiamo inoltre che Ennio era poeta amato da Cicerone, che spesso lo cita e del quale ci ha conservato molti versi. – **vigilans:** «da sveglio». – **forma:** «aspetto». – **quae ... erat notior:** «che mi era più noto dal suo ritratto che dall'averlo visto di persona» (lett. «che da lui in persona»), infatti Scipione Africano era morto quando Scipione Emiliano era un bambino di due anni: le sue fattezze, probabilmente, gli erano note attraverso la maschera funeraria in cera (usanza delle case patrizie). – **quem ubi agnovi:** subordinata temporale, *quem* è nesso relativo. – **equidem cohorrui:** «provai davvero un brivido». – **Ades ... animo:** vengono solitamente proposte dai commentatori due interpretazioni di questa espressione (lett. «sii presente con l'animo»), cioè «stai tranquillo», oppure «fai attenzione», tra le quali forse la seconda è da preferirsi (il desiderio di rincuorare il nipote è espresso dal successivo *omitte timorem*). – **memoriae trade:** «tieni a mente», «ricorda».

ANALISI DEL TESTO *De re publica* VI, 10

Lessico

1 Evidenzia i vocaboli che contribuiscono a creare una dimensione onirica e visionaria al capitolo (sfere semantiche del sonno e della visione).

2 Quale significato assumono in questo brano i sostantivi *forma* e *imagine*?

Sintassi e stile

3 Il capitolo presenta alcune scelte stilistiche che si allontanano dalla *concinnitas* ciceroniana.
- **a** Il secondo periodo (*Deinde ... complexus est*) contiene una significativa *variatio*: individuala e spiegala.
- **b** Quale artificio sintattico impiega Cicerone per dilatare il terzo periodo (*Hic mihi ... notior*)?

4 Individua e spiega la figura retorica presente nella frase *artior quam solebat somnus complexus est*.

Contenuti

5 Per quale motivo in questo capitolo vengono citati i due poeti Omero ed Ennio?

6 È stata messa in evidenza dai commentatori l'apparente contraddizione tra la spiegazione razionalistica del sogno e la grande carica "profetica" che a esso Cicerone attribuisce:
- **a** individua nel capitolo tale spiegazione razionalistica e illustrala;
- **b** evidenzia gli elementi che, a tuo parere, rendono solenne la visione sin dall'inizio.

7 Quale valenza hanno i personaggi della famiglia degli Scipioni citati da Cicerone?

TESTO 3

Il destino eterno dei benefattori dello Stato

De re publica VI, 13

Le prime parole di Scipione Africano (nei capp. 11 e 12 qui non riportati) predicono al nipote sia una gloriosa carriera militare e politica, sia un ruolo centrale nel difendere l'ordine e l'autorità dello stato: a patto, però, che riesca a sfuggire a una minaccia di morte che incombe su di lui («se sfuggirai alle empie mani dei tuoi parenti»). Effettivamente Scipione Emiliano morì poco tempo dopo questo fittizio dialogo, nel 129 a.C., in circostanze misteriose. Dopo questo intermezzo dialogico, che evidenzia la grandezza d'animo e lo spirito dell'Emiliano, egli torna sulle parole udite in sogno: Scipione Africano, infatti, invita il nipote a essere solerte nel difendere la patria, perché ai benemeriti nei confronti dello stato è riservata la beatitudine eterna in cielo. Questo è il cuore del *Somnium Scipionis*, il passo che meglio rappresenta lo scopo di una tale "conclusione celeste" del *De re publica*: la contemplazione del premio eterno deve spingere l'uomo politico ad agire rettamente e in modo disinteressato per il bene dello stato. La *summa* delle sue azioni è sintetizzata da Cicerone nella *climax* ascendente dei tre verbi *conservo*, *adiuvo*, *augeo* («mantenere, aiutare, ingrandire» lo Stato).

«Sed quo sis, Africane, alacrior ad tutandam rem publicam, sic habeto: omnibus qui patriam conservaverint, adiuverint, auxerint, certum esse in caelo definitum locum, ubi beati aevo sempiterno fruantur; nihil est enim illi principi deo qui omnem mundum regit, quod quidem in terris fiat, acceptius quam concilia coetusque hominum iure sociati, quae civitates appellantur; harum rectores et conservatores hinc profecti huc revertuntur».

Sed ... sic habeto: «Ma, perché tu, Africano, sia più risoluto a difendere lo stato, sappi questo»; *quo* introduce una subordinata finale che contiene un comparativo (*alacrior*); *ad tutandam rem publicam* è subordinata finale con l'accusativo del gerundivo; *habeto* è imperativo futuro: l'uso di questo modo e tempo verbale (impiegato nelle formule religiose, nelle leggi e nelle massime morali) rende più solenne il discorso dell'avo. – **Africane:** l'avo chiama il nipote con il suo stesso soprannome, perché è stato da lui ereditato, ma anche perché l'avrebbe meritato di lì a poco, portando a compimento la sua opera e distruggendo Cartagine. – **omnibus ... definitum locum:** «per tutti coloro che abbiano mantenuto, aiutato, ingrandito lo stato, è riservato in cielo un luogo determinato»; il pronome relativo *qui* è seguito da tre congiuntivi perfetti (congiuntivi caratterizzanti), accostati per asindeto, a formare una *climax* ascendente (in particolare, il verbo *conservo* richiama la politica di Cicerone, tesa a difendere e mantenere le istituzioni repubblicane: è il tentativo di lanciare un messaggio alto e struggente, in un momento storico in cui tali istituzioni sembrano oramai compromesse); i tre verbi sono anche legati da omeoteleuto; *certum* è attributo del soggetto *locum* (il predicato dell'oggettiva è *esse definitum*). – **ubi ... fruantur:** relativa al congiuntivo, con valore consecutivo-finale; *beati* è predicativo del soggetto; si può tradurre: «dove possano godere di una eterna beatitudine». – **nihil est ... appellantur:** «infatti a quel dio supremo che governa tutto l'universo nulla è più gradito, almeno di quanto accade sulla Terra, degli aggregati politici di uomini uniti sulla base della legge, che vengono chiamati stati»; ricordiamo che secondo il principio stoico l'universo ha una struttura stretta da un principio di necessità, per cui ogni cosa è collegata alle altre. Il governo di uno stato deve avvenire in modo tale da rispettare o rispecchiare quello stesso ordine universale; *illi principi deo* è il dio unico cui si riferisce Platone nel *Timeo*, ma rappresenta anche il *Lògos* degli stoici, al quale i reggitori del mondo si devono ispirare; *concilia coetusque*, endiadi (la definizione che viene data di stati, o *civitates*, richiama quella già espressa nella stessa opera, *De re pub.* I, 39). – **harum:** riferito a *civitates*. – **hinc profecti:** emerge il concetto dell'origine celeste dell'anima (già pitagorico, poi ripreso da Platone). – **revertuntur:** il cielo e la vita beata sono quindi destinati ai benefattori dello stato. Cicerone inserisce qui un concetto filosofico e politico portante. A partire da quanto appena affermato che gli Stati (*civitates*) sono garantiti nella loro unità e aggregazione dal diritto (*ius*), che ha un suo fondamento proprio nell'intuizione del principio del "giusto" che gli uomini possiedono in sé, è importante che coloro che si prendono cura dello Stato riflettano a livello collettivo quello stesso principio di giustizia. Il loro destino individuale sarà di «ritornare da dove sono partiti», in un luogo celeste loro destinato. Cicerone, forse riprendendo dottrine pitagoriche, crede nell'immortalità dell'anima, ma assegna solo ai *rectores* una particolare destinazione dedicata, un "ritorno" all'ordine perfetto da cui sono venuti e che hanno garantito alla comunità.

ANALISI DEL TESTO *De re publica* VI, 13

Lessico

1 Analizza il termine *alacrior* e spiega quale sia il suo significato con riferimento all'azione dell'uomo politico.

2 Nell'espressione *certum esse in caelo definitum locum*, quale significato assumono i termini *certum* e *definitum*?

3 A chi si riferisce Scipione Africano con la definizione *illi principi deo*?

4 Quale significato assumono, in questo contesto, i due sostantivi *rectores et conservatores*?

Sintassi e stile

5 L'Africano all'inizio del discorso usa un modo (e tempo) verbale particolare: individualo e spiega quale effetto miri a conseguire.

6 Nella subordinata relativa *qui patriam conservaverint, adiuverint, auxerint* sono presenti diverse figure retoriche: individuale.

7 Nella definizione che l'Africano fornisce di *civitates* («stati») è presente un'endiadi: quale?

Contenuti

8 Per quale motivo Scipione Africano rivela il destino celeste di beatitudine al nipote?

9 Quali sono le azioni proprie del giusto uomo di stato, secondo l'interpretazione qui offerta?

10 Individua l'articolata definizione di stato che l'Africano presenta in questo passaggio e prova a spiegarla, alla luce della concezione politica ciceroniana.

11 Sempre nell'ottica di tale concezione, ti sembra significativo l'uso del termine *conservatores*?

Risorgente dalle sue ceneri, la fenice è un animale fantastico simbolicamente legato alla vita oltre la morte, IV secolo d.C., Aquileia, Museo Paleocristiano.

TESTO 4

La vera vita *De re publica* VI, 14

Scipione Emiliano vuole sapere se il padre e il nonno vivano ancora. L'Africano risponde ribaltando i termini delle convinzioni umane: la vera vita è quella celeste, non quella che si trascorre sulla Terra. Improvvisamente compare lo spirito del padre, Lucio Emilio Paolo; forte è la commozione dell'Emiliano.
L'idea della morte come ritorno dell'anima alla sua sede originaria è di derivazione pitagorica, poi ripresa da Platone; in questa prospettiva il corpo risulta essere il "carcere dell'anima" (concetto qui espresso dalla frase *e corporum vinclis tamquam e carcere evolaverunt*).

Hic ego etsi eram perterritus non tam mortis metu quam insidiarum a meis, quaesivi tamen viveretne ipse et Paulus pater et alii quos nos exstinctos esse arbitraremur. «Immo

Hic: «Allora», avverbio di tempo. – **etsi eram ... a meis:** subordinata concessiva; *eram perterritus* è predicato nominale; Scipione è rimasto turbato dall'oscura profezia sulla sua morte, che sarebbe stata causata da suoi familiari. – **viveretne ipse**: «se vivesse egli», interrogativa indiretta (la particella enclitica *-ne* ci mostra che si tratta di una domanda reale); si pone la questione dell'immortalità dell'anima. – **Paulus pater:** Lucio Emilio Paolo, padre di Scipione Emiliano: le testimonianze ci parlano di un uomo integerrimo e abile comandante militare, vincitore del re macedone Perseo nella battaglia di Pidna (168 a.C.), episodio cruciale per la conquista della Grecia, che ebbe come conseguenza la massiccia ellenizzazione della cultura romana (avvenuta proprio attraverso la mediazione del circolo degli Scipioni). – **arbitraremur:** la presenza del congiuntivo nella subordinata relativa è rivero» inquit «hi vivunt qui e corporum vinclis tamquam e carcere evolaverunt, vestra vero, quae dicitur vita, mors est. Quin tu aspicis ad te venientem Paulum patrem?». Quem ut vidi, equidem vim lacrimarum profudi, ille autem me complexus atque osculans flere prohibebat.

chiesta dal discorso indiretto (congiuntivo obliquo), infatti la subordinata dipende da un'interrogativa indiretta. – **Immo vero:** «Sicuramente, anzi...». – **hi vivunt qui:** «vivi sono proprio questi che», espressione di grande forza, che serve a introdurre il ribaltamento sulla concezione del tempo della vita. – **evolaverunt:** Platone (nel *Fedone*, 67 cd), ma prima di lui già i pitagorici, aveva parlato del corpo come tomba dell'anima; il predicato, che ricorda l'idea del volo, si richiama al mito orfico-pitagorico dell'anima alata. – **vestra vero ... mors est:** «mentre la vostra, che voi chiamate vita, è morte», forte affermazione ancora di origine platonica, caratterizzata dalla presenza contemporanea di diverse figure retoriche (allitterazione *vestra vero ... vita*, chiasmo *dicitur vita, mors est* e ossimoro *vita-mors*). – **Quin tu aspicis:** «Ma perché non guardi tu stesso», la domanda è introdotta con enfasi: Scipione Emiliano deve rendersi conto del luogo in cui si trova e da chi è circondato. – **venientem:** participio congiunto (da cui dipende *ad te*). – **Quem ut vidi:** subordinata temporale, *quem* è nesso relativo. – **equidem ... profudi:** «da parte mia scoppiai in lacrime» (*vim* indica l'abbondanza del pianto); continua la commozione che caratterizza questi capitoli iniziali del *Somnium*. – **me ... osculans:** «abbracciandomi e baciandomi», participi congiunti che indicano contemporaneità. – **flere prohibebat:** «cercava di calmare il mio pianto».

TESTO 5

Il divieto del suicidio | *De re publica* VI, 15

L'Emiliano vorrebbe rompere gli indugi e raggiungere al più presto i suoi familiari, ma interviene il padre a distoglierlo da ogni idea di suicidio: le anime, infatti, non possono abbandonare i corpi contro il volere del dio; gli uomini anzitutto hanno il dovere di occuparsi della Terra.
«L'ipotesi del suicidio quale immediato raggiungimento di un bene superiore e liberazione dal carcere corporale, formulata già da Cebete nel *Fedone* platonico, era respinta con decisione da Socrate, convinto che l'uomo fosse al servizio della divinità, arbitra suprema del nostro destino. Il rifiuto del suicidio, in aperta polemica con i precetti dello stoicismo, parte dal presupposto della vita concepita come *munus humanum adsignatum a deo*: l'uomo deve assolvere fino in fondo il compito che gli è stato assegnato dalla divinità e non può arrogarsi un diritto che travalica i suoi limiti» (A. Barabino in Cicerone, *Il sogno di Scipione*, Milano, Garzanti, 1995, pp. 69-70).

Atque ego ut primum fletu represso loqui posse coepi: «Quaeso» inquam «pater sanctissime atque optume, quoniam haec est vita, ut Africanum audio docere, quid moror in terris? Quin huc ad vos venire propero?». «Non est ita» inquit ille. «Nisi enim deus is, cuius hoc templum est omne quod conspicis, istis te corporis custodiis liberaverit,

fletu represso: ablativo assoluto. – **pater sanctissime atque optume:** «padre santissimo e ottimo», dove il primo superlativo si ricollega alla sfera del sacro («degno di venerazione») e il secondo ricorda le virtù morali. – **quoniam ... vita:** «poiché questa è la vera vita», subordinata causale; *haec* si riferisce alla vita in cielo (dove ora, nella visione, si trova Scipione Emiliano). – **ut ... docere:** «come sento dire dall'Africano» (lett. «come sento che l'Africano dice»). – **quid moror in terris?:** viene posto qui il problema del suicidio: se la vera vita è questa, perché prolungare oltre l'esistenza terrena (*in terris* «sulla Terra»)? Nel *Fedone* di Platone un personaggio (Cebete) rivolge una domanda simile a Socrate (*Phaed.*, 61 de). – **Quin ... propero?:** «Perché non mi affretto a venire qui tra voi?». – **ita, inquit ille:** allitterazione. – **Nisi ... liberaverit:** «non ti avrà liberato»; l'uomo deve percorrere il suo cammino terreno, sarà dio a stabilire quando sia giunto il momento di interrompere la vita: solo a questo patto potrà aprirsi la sede dei beati per l'anima del giusto; il suicidio, dunque, è condannato (in polemica con i cinici, gli epicurei e soprattutto gli stoici, che lo ammettevano, anzi, lo consigliavano in determinate situazioni, quali ad esempio la perdita della libertà politica): la vita terrena è vista come una palestra in cui l'uomo deve mettere a frutto le sue capacità, mantenere pura l'anima, svolgere il compito al quale la divinità l'ha chiamato (come apparirà chiaro, poco dopo, nelle parole del padre). – **cuius ... conspicis:** «al quale appartiene tutto questo spazio sacro che vedi»; qui *templum* manhuc tibi aditus patere non potest. Homines enim sunt hac lege generati, qui tuerentur illum globum, quem in hoc templo medium vides, quae terra dicitur, iisque animus datus est ex illis sempiternis ignibus quae sidera et stellas vocatis, quae globosae et rotundae, divinis animatae mentibus, circulos suos orbesque conficiunt celeritate mirabili. Quare et tibi, Publi, et piis omnibus retinendus animus est in custodia corporis, nec iniussu eius, a quo ille est vobis datus, ex hominum vita migrandum est, ne munus humanum adsignatum a deo defugisse videamini».

tiene il significato originario di «spazio, area consacrata». – **huc ... non potest:** «non ti può essere aperto l'ingresso a questo luogo». – **hac lege:** «con questa legge», assume funzione prolettica rispetto alla successiva subordinata. – **qui ... globum:** «che abbiano cura di quella sfera», relativa al congiuntivo con valore finale (il tempo imperfetto dipende dalla *consecutio*, ma può essere tradotto con il presente): gli uomini sono chiamati a custodire il mondo, secondo le leggi della natura (come Cicerone afferma anche in altre opere filosofiche, cfr. per esempio *De natura deorum* II, 14, 37). – **quem ... vides:** «che vedi posto al centro in questo spazio celeste»; *medium* è predicativo (di *quem*); il geocentrismo, già anticipato da Anassimandro (quindi da Parmenide e dai pitagorici), sarà teorizzato da Aristotele e confluirà nel sistema tolemaico. – **iisque:** «e a essi», cioè agli uomini. – **ex illis sempiternis ignibus:** «da quei fuochi eterni», dove *ex* + ablativo ha funzione di origine ma anche di materia: molti filosofi, infatti, avevano sostenuto che l'anima fosse composta di materia astrale (Pitagora, Eraclito, Platone, gli stoici...). – **sidera et stellas:** «costellazioni e stelle»; la relativa mostra come sia limitato e impreciso il vocabolario degli uomini per parlare di realtà così alte. – **globosae et rotundae:** «perfettamente sferiche», endiadi (ricordiamo che la sfera era la forma perfetta per i pitagorici e anche per i filosofi successivi). – **divinis animatae mentibus:** «animate da menti divine»; è Platone nel *Timeo* (40 a) a parlare degli astri come esseri divini e viventi, emanazione dell'anima universale. – **circulos suos ... mirabili:** «che con mirabile rapidità compiono il giro delle loro orbite», dove *circulos ... orbesque* è da ritenere un'endiadi: si nota in tutto questo passaggio lo sforzo di Cicerone per costruire un lessico astronomico-filosofico adeguato alle fonti greche. – **Quare ... piis omnibus:** «Perciò sia tu, Publio, sia tutti gli uomini giusti»; sono i soggetti (al dativo d'agente nel testo) delle due perifrastiche passive che seguono: *retinendus ... est ... nec ... migrandum est*; qui l'anima del padre si rivolge affettuosamente al figlio con il *praenomen* Publio. – **in custodia corporis:** «nella prigione del corpo». – **nec iniussu ... datus:** «né senza il consenso di colui dal quale quel corpo vi è stato dato»; è vero, dunque, che il corpo è carcere per l'anima, ma è pur sempre dono divino e non spetta agli uomini sciogliere questo nodo, anche perché essi sono attesi da una precisa missione politica sulla Terra (è la fusione delle dottrine filosofiche greche con il pragmatismo e la concretezza della mentalità latina). – **migrandum:** lo stesso verbo usato da Massinissa nel cap. 9: la morte è una migrazione dell'anima, che cambia sede. – **ne ... videamini:** «perché non sembri che vi siate sottratti al dovere umano assegnato dal dio» (costruzione personale di *videor*).

ANALISI DEL TESTO *De re publica*, VI, 15

Lessico

1 Raccogli tutti i vocaboli e i sintagmi riferiti all'area semantica dell'astronomia.

2 Nelle parole dell'Africano, quali espressioni conferiscono sacralità agli elementi che compongono l'universo?

3 Quale significato assume in questo contesto il verbo *migro*, riferito all'anima?

Sintassi e stile

4 Il periodo centrale *Homines enim ... celeritate mirabili* è articolato in modo equilibrato (secondo i principi della *concinnitas* ciceroniana), soprattutto grazie alla sapiente collocazione delle subordinate relative: analizza tale periodo e ricostruiscine lo schema sintattico.

5 Il capitolo è caratterizzato dalla presenza di alcune endiadi che testimoniano lo sforzo ciceroniano di costruire un lessico astronomico-filosofico: individuale e spiega a quali elementi celesti si riferiscano.

Contenuti

6 Il capitolo si apre con la profonda commozione di Scipione Emiliano.
a Per quale motivo egli ha pianto?
b Che cosa chiede, non appena riesce di nuovo a parlare?

7 Riassumi le argomentazioni impiegate da Emilio Paolo per convincere il figlio ad astenersi dal commettere suicidio.

8 Quale rapporto tra corpo e anima è implicito nelle parole di Emilio Paolo? Quali sono i punti di riferimento filosofici sottesi a questa concezione?

TESTO 6

L'ordine dell'universo

De re publica VI, 16-17

Emilio Paolo invita il figlio a seguire giustizia e pietà nei confronti della patria, esattamente come verso i genitori: questa è la via che conduce al cielo. Quindi gli svela che ora si trova nella Via Lattea, la sede prescelta come dimora celeste dei benefattori. Scipione allora contempla l'universo da quella posizione privilegiata e gli appare la piccolezza della Terra e del dominio romano su di essa. Poiché, a questo punto, Scipione Emiliano si sofferma a guardare con troppa insistenza la Terra, l'Africano lo richiama con forza a contemplare le realtà celesti. Quindi descrive il sistema planetario, costituito da nove sfere inglobate l'una nell'altra.

Questi capitoli del *Somnium* presentano diversi motivi di interesse. Anzitutto emerge qui la concezione escatologica di Cicerone: il premio celeste è riservato agli uomini giusti e pii verso la famiglia e la patria; il cielo non è più dei filosofi, come per Platone, ma di chi sa applicare la virtù alla vita concreta: la forma più alta di questo impegno è la vita politica; ne consegue che gli uomini più grandi sono gli statisti giusti e pii, coloro che in modo disinteressato si sono impegnati in politica per il bene dello stato. La grande visione celeste porta Scipione Emiliano a cambiare prospettiva e valutazione, anche in maniera sorprendente per un romano: se la Terra è così piccola in confronto all'universo e agli astri, quanto è minuscolo e insignificante anche lo stesso impero, orgoglio di Roma!

Nella seconda parte del passo i motivi di interesse sono di ordine astronomico, con tutte le implicazioni filosofiche e teologiche che lo studio del cielo aveva nell'antichità. Scipione Africano inizia la descrizione del sistema planetario secondo la concezione geocentrica: il cielo delle stelle fisse abbraccia tutto l'universo e ruota da occidente verso oriente; all'interno vi sono sette sfere concentriche (che ruotano in senso opposto) dove si trovano i pianeti (Saturno, Marte, Giove, Sole, Venere, Mercurio, Luna); la nona sfera è rappresentata dalla Terra, immobile al centro dell'universo: questo è il sistema planetario di origine pitagorica che, attraverso la teorizzazione di Aristotele e Tolomeo, passerà al Medioevo e confluirà, per esempio, nella *Commedia* di Dante. Il mondo romano aveva da tempo accolto la convinzione che gli astri esercitassero influenze positive o negative sulla vita degli uomini; tali credenze erano di origine orientale (caldea), ed erano penetrate a Roma attraverso il mondo greco; grande sviluppo avranno poi anche nel Medioevo, dove subiranno un processo di cristianizzazione.

Rappresentazione del globo terrestre per fasce, dal Commento di Macrobio al *Somnium Scipionis* di Cicerone, V secolo d.C., Parigi, Biblioteca Nazionale.

(**16**) Ma, Scipione, come questo tuo nonno, come me, che ti generai, così anche tu coltiva la giustizia e la pietà, la quale pur essendo già di grande importanza nei rapporti con i genitori e i familiari, lo è di grandissima nei confronti della patria; una tal vita è la via che porta in cielo e a questa accolta di quelli che già vissero e che, liberati dal corpo, abitano il luogo che vedi (ed esso consisteva in un cerchio lucente di vivissimo candore tra le fiamme degli astri) e che voi chiamate, come apprendeste dagli Elleni, "via lattea"; e a me, che di lì lo contemplavo, tutto il resto mi appariva bellissimo e mirabile. Vi erano infatti quelle stelle che di qui mai abbiamo visto, e tale la grandezza di queste tutte quale mai abbiamo sospettato possibile, poiché la più piccola era quella che, la più lontana dal cielo e la più vicina alla terra, risplendeva di luce non propria. I globi poi delle stelle facilmente superavano la grandezza della terra. Anzi la terra stessa mi sembrò così piccina, da esser quasi scontento di quel nostro impero, col quale ne tocchiamo quasi soltanto un punto.

(**17**) E poiché mi soffermavo a guardarla, «Ti prego», disse l'Africano, «fin quando la tua mente sarà fissata sulla terra? Non vedi in quali templi sei venuto? Tutto è connesso in nove cerchi, o meglio sfere, dei quali uno solo è il celeste, l'estremo, che abbraccia tutti gli altri, esso stesso dio supremo che comprende e contiene gli altri; e in esso sono infisse quelle eterne orbite che sono percorse dalle stelle; e al quale sono sottoposte le sette sfere che ruotano in senso opposto al cielo. Di esse una sfera appartiene a quella stella che in terra chiamano Saturnia. Viene poi quel fulgore favorevole e salutare al genere umano, che è detto Giove; e quindi quello rosseggiante e infausto per la terra, che dite Marte; quindi, interiormente, il sole occupa quasi il mezzo di quella regione, guida e principe e reggitore dei restanti astri, mente e principio regolatore del mondo, e tanto grande da attraversare e riempire tutto della sua luce. A lui tengono dietro come compagni i cerchi di Venere e di Mercurio, e nella sfera più bassa ruota la luna accesa dai raggi del sole. Al di sotto poi non v'è più nulla se non mortale e caduco, a eccezione delle anime, date per dono divino al genere umano, mentre al di sopra della luna tutto è eterno. Quella infatti che sta nel centro e viene per nona, la terra, non si muove ed è la più bassa e verso essa tutte le cose tendono a opera della propria gravità».

(trad. di L. Ferrero)

DENTRO IL TESTO *De re publica* VI, 16-17

Leggere il testo

1 Emilio Paolo mostra al figlio un luogo particolare dell'universo, che ha una funzione precisa: di quale luogo si tratta?

2 Il moto di contemplazione suscitato dal padre porta Scipione Emiliano ad attraversare l'universo con lo sguardo e puntare l'attenzione sulla Terra: quali sono i suoi pensieri, mentre contempla dall'alto il nostro pianeta?

3 Illustra brevemente la struttura geocentrica dell'universo, come è descritta da Emilio Paolo al figlio.

Riflettere sul testo

4 È originale l'interpretazione "escatologica" che Cicerone propone nel *Somnium*: nella sua visione, a chi è riservata la sede celeste dei beati?

5 Per quali motivi, a partire dalla lettura di questi due capitoli del *Somnium Scipionis*, possiamo affermare che l'astronomia era nell'antichità una disciplina con forti implicazioni filosofiche e teologiche?

Individuare nodi problematici

6 Sulla base dei tuoi studi e delle tue letture, sai dire quali esiti avrà, in epoca medievale, la visione geocentrica dell'universo, qui adottata da Cicerone?

7 Come abbiamo visto, questi capitoli del *Somnium* disegnano una sorta di originale paradiso pre-cristiano. Sai ricostruire invece, in base alle tue conoscenze, quale tradizionale visione dell'aldilà avevano i Latini? Ne conosci altre appartenenti al mondo antico?

TESTO 7

La musica del cielo

De re publica VI, 18-19

Dopo la vista, l'udito: Scipione Emiliano è colpito da un suono ineffabile che pervade l'universo celeste. L'Africano allora spiega al nipote quale sia l'origine di questo suono, che gli uomini sulla terra non percepiscono: o meglio, spiega l'origine di ogni suono. Infatti questa sezione, dedicata alla musica del cielo, lungi dall'essere una semplice divagazione filosofica, giunge a toccare «il nodo di tutte le cose»: un'immagine sonora dell'armonia dell'universo che, secondo alcuni commentatori, dovrebbe rappresentare il modello ideale dell'armonia all'interno di uno stato sulla Terra. Non a caso i musicisti possono aspirare alla ricompensa celeste, come i benefattori dello stato (per un chiarimento sulla spiegazione di Scipione l'Africano e sul tema della musica nel *Somnium Scipionis* vedi l'Approfondimento "Cicerone, Dante e il suono del cielo", a pag. 508).

(**18**) Dopo aver osservato questo spettacolo, non appena mi riebbi, esclamai: «Ma che suono è questo, così intenso e armonioso, che riempie le mie orecchie?». «È il suono», rispose, «che sull'accordo di intervalli regolari, eppure distinti da una razionale proporzione, risulta dalla spinta e dal movimento delle orbite stesse e, equilibrando i toni acuti con i gravi, crea accordi uniformemente variati; del resto, movimenti così grandiosi non potrebbero svolgersi in silenzio e la natura richiede che le due estremità risuonino, di toni gravi l'una, acuta l'altra. Ecco perché l'orbita stellare suprema, la cui rotazione è la più rapida, si muove con suono più acuto e concitato, mentre questa sfera lunare, la più bassa, emette un suono estremamente grave; la Terra infatti, nona, poiché resta immobile, rimane sempre fissa in un'unica sede, racchiudendo in sé il centro dell'universo. Le otto orbite, poi, all'interno delle quali due hanno la stessa velocità, producono sette suoni distinti da intervalli, il cui numero è, possiamo dire, il nodo di tutte le cose; imitandolo, gli uomini esperti di strumenti a corde e di canto si sono aperti la via per ritornare qui, come gli altri che, grazie all'eccellenza dei loro ingegni, durante la loro esistenza terrena hanno coltivato gli studi divini.

(**19**) Le orecchie degli uomini, riempite da tale suono, sono diventate sorde. Nessun organo di senso, in voi mortali, è più debole: allo stesso modo, là dove il Nilo, da monti altissimi, si getta a precipizio nella regine chiamata Catadupa,[1] abita un popolo che, per l'intensità del rumore, manca dell'udito. Il suono, per la rotazione vorticosa di tutto l'universo, è talmente forte, che le orecchie umane non hanno la capacità di coglierlo, allo stesso modo in cui non potete fissare il sole, perché la vostra percezione visiva è vinta dai suoi raggi».

(trad. di A. Barabino)

Giovane donna che suona la lira, II secolo d.C., Torino, Museo di antichità

1. Questo nome geografico probabilmente deriva dal verbo greco *katadoupéin*, «cadere con fragore», e indicava il territorio vicino alla seconda cateratta del Nilo, nella Nubia.

APPROFONDIMENTO

CICERONE, DANTE E IL SUONO DEL CIELO

Nei capp. 18 e 19 del *Somnium*, Cicerone riprende la teoria pitagorica sull'origine dei suoni, a sua volta basata sulla concezione tolemaica dell'universo, che pone la Terra immobile al centro dei cieli. Questa dottrina è nata in ambiente pitagorico dallo studio dei rapporti matematici che legano tra di loro i moti degli astri e i diversi suoni; è stata poi ripresa e diffusa da Platone, che ne parla nel *Timeo* e – non a caso – nel decimo libro della *Repubblica*, nel mito di Er.
Il principio fondamentale su cui tale dottrina si basa è quello per cui ogni corpo dotato di movimento produce un suono che ha un'intensità proporzionata alla massa in movimento (per questo i suoni prodotti dai pianeti sono molto intensi) e un tono proporzionato alla velocità di rotazione. In questo modo le sfere superiori, più rapide, hanno una tonalità più acuta, le sfere inferiori, più lente, ne hanno una più grave (fino ad arrivare alla tonalità più grave di tutte che è prodotta dalla Luna). Se si esclude la Terra immobile, otto sono le sfere, disposte da Cicerone secondo l'ordine "caldeo" (stelle fisse, Saturno, Giove, Marte, Sole, Venere, Mercurio, Luna), otto dunque i suoni: ma, come precisa Cicerone, due di queste sfere producono un suono identico per tonalità. Perciò i suoni che compongono l'armonia celeste sono sette: ecco nascere le sette note musicali.
Come si è detto, non è semplice divagazione erudita questa lezione sulla musica del cielo: infatti in un altro passo del *De re publica* (II, 69) Cicerone stesso riprende questo rapporto di analogia tra l'armonia dei suoni e quella che dovrebbe essere la concordia tra gli ordini sociali all'interno di una città ben governata:

> «Come infatti nelle cetre o nei flauti e come nel canto stesso e nel coro di voci si deve ottenere da distinti suoni un pieno concerto... così dagli ordini sociali più elevati e dai più bassi e da quelli intermedi, come con i suoni, la cittadinanza con equilibrata proporzione è in accordo per armonia dei più diversi; e quella che dai musici è detta armonia nel canto, quella nella città è la concordia»
>
> (trad. di A. Roncoroni)

È interessante notare come Dante, nella straordinaria costruzione del suo *Paradiso*, abbia ripreso proprio questa concezione dell'armonia celeste, della musica straordinaria e perfetta che si ode ascendendo ai cieli, in contrasto con la tradizione aristotelica e tomistica (in genere seguita dal poeta fiorentino) che negavano tale teoria. Dante però è esplicito nel canto I del *Paradiso* (vv. 76-84):

Quando la rota che tu sempiterni
desiderato, a sé mi fece atteso
con l'armonia che temperi e discerni,

parvemi tanto allor del cielo acceso
de la fiamma del sol, che pioggia o fiume
lago non fece alcun tanto disteso.

La novità del suono e 'l grande lume
di lor cagion m'accesero un disio
mai non sentito di cotanto acume.

Dante e Beatrice conversano accanto alle sfere celesti, XIV secolo, Londra, British Library.

Dante, evidentemente, accoglie la teoria della musica dei cieli come più poetica e più evocativa della perfezione del Paradiso. E tale teoria è giunta a lui e a tutto il Medioevo attraverso quel commento di Macrobio al *Somnium Scipionis* che ha contribuito a salvare questa sezione finale del *De re publica* di Cicerone.

TESTO 8

Che cos'è la gloria terrena? *De re publica* VI, 20

Perché l'Emiliano continua a rivolgersi verso la Terra? Non si rende conto di quanto sia misera e vana la gloria umana? Tenga piuttosto gli occhi rivolti alle bellezze del cielo e si distacchi dagli interessi terreni.
Questo capitolo del *Somnium* introduce nella trattazione un terzo argomento. Dopo avere affrontato il destino del governante giusto e la struttura del cosmo, l'attenzione ora si sposta su un tema morale: la vanità delle passioni e della gloria terrena. Sono i limiti dello spazio e il trascorrere del tempo a insegnare come questi beni siano caduchi.

Haec ego admirans, referebam tamen oculos ad terram identidem. Tum Africanus: «Sentio», inquit, «te sedem etiam nunc hominum ac domum contemplari; quae si tibi parva, ut est, ita videtur, haec caelestia semper spectato, illa humana contemnito. Tu enim quam celebritatem sermonis hominum aut quam expetendam consequi gloriam potes? Vides habitari in terra raris et angustis in locis, et in ipsis quasi maculis, ubi habitatur, vastas solitudines interiectas, eosque qui incolunt terram non modo interruptos ita esse ut nihil inter ipsos ab aliis ad alios manare possit, sed partim obliquos, partim transversos, partim etiam adversos stare vobis: a quibus exspectare gloriam certe nullam potestis».

Haec ego admirans: «Io, pur ammirando tutto ciò», cioè l'universo, il suo moto armonico e la sua musica (argomenti trattati nei capp. 18-19); il participio congiunto ha sfumatura concessiva. – **identidem:** «di tanto in tanto». – **sedem ... hominum ac domum:** «la sede e la casa degli uomini», cioè la sede a loro assegnata e il luogo dove abitano durante la vita mortale. – **etiam nunc:** «anche ora», dopo avere contemplato l'universo, l'Emiliano non riesce a elevare il suo pensiero e a staccarlo del tutto dalla Terra. – **quae ... ita videtur:** «se quella ti sembra così piccola, come è in realtà»; *quae* è nesso relativo; *si videtur* è la protasi di un periodo ipotetico di primo tipo (*videtur* in costruzione personale). – **haec ... spectato, illa ... contemnito:** i due imperativi futuri (apodosi del periodo ipotetico) danno origine a due costruzioni simmetriche, accostate per asindeto, che evidenziano le due azioni antitetiche: Scipione Emiliano deve contemplare (*spectato*) sempre le realtà celesti (*haec*, vicine a chi parla, ma anche prime per importanza) e non si deve curare (*contemnito*) di quelle terrene (*illa*, lontane da chi parla, ma anche infime per importanza); *contemno* non ha il significato estremo di «disprezzare», perché, per Cicerone (grande estimatore dell'attività politica) le cure terrene possono essere svalutate di fronte alla realtà eterna del cielo, ma non in assoluto; anzi, in ultima analisi, è proprio la contemplazione del cielo e del premio eterno riservato ai benefattori dello stato che deve spingere gli uomini politici ad agire rettamente e disinteressatamente sulla terra. – **quam ... hominum:** «quale celebrità nei discorsi degli uomini» (lett. «del discorso degli uomini»). – **quam expetendam ... gloriam:** «quale gloria degna di essere ricercata», *expetendam* è gerundivo all'accusativo, concordato con *gloriam*. – **Vides ... in locis:** «Vedi che sulla Terra gli uomini abitano in luoghi sparsi qua e là e stretti» (lett. «si abita», perché *habitari* è impersonale, come il successivo *habitatur*). – **et in ipsis ... habitatur:** «e in mezzo a questi stessi luoghi dove si abita, come macchie»; i luoghi occupati dagli uomini sono tanto piccoli e sparsi in spazi immensi che sembrano delle macchie. – **interiectas:** «sono frapposti», sottinteso *esse* (continuano le subordinate oggettive dipendenti dall'iniziale *vides*). – **incolunt:** lezione di Macrobio, sulla quale concorda molta tradizione manoscritta (altri preferiscono la *lectio difficilior incolant*, con il congiuntivo eventuale). – **non modo ... manare possit:** «non solo sono così separati che non possono comunicare tra di loro» (lett. «che nulla può passare dagli uni agli altri»). – **sed ... stare vobis:** (lett. «ma, rispetto a voi, in parte si trovano in posizione obliqua, in parte in posizione trasversale, in parte sono opposti»); rende bene il senso di questa osservazione finale A.R. Barrile, in una traduzione che è anche spiegazione dei termini geografici *obliquos, transversos* e *adversos*: «ma si trovano, rispetto a voi, parte sul meridiano, parte sul parallelo opposto al vostro, parte addirittura agli antipodi» (Cicerone, *Dello stato*, traduzione e note di A.R. Barrile, Bologna, Zanichelli, 1978, p. 197). – **a quibus:** nesso relativo, riferito ai popoli lontani; la conclusione di questa parte del discorso dell'Africano è che la gloria di un uomo può estendersi al massimo a una piccolissima parte della stessa umanità, mentre tutti gli altri non sentiranno mai neppure parlare delle imprese di un grande uomo: dunque essa è di pochissimo valore, di fronte al cielo e alla vita beata; in questa visione, che rispecchia la realtà di un mondo ancora da scoprire e nel quale le comunicazioni erano lente e difficili, siamo ancora ben lontani dal moderno "villaggio globale".

TESTO 9

Solo la virtù dona la gloria celeste

De re publica VI, 25

Se Scipione Emiliano vuole contemplare la sede immortale del cielo, non si preoccupi dei discorsi del volgo e non cerchi i beni terreni, ma piuttosto la virtù, che sola può innalzare alla vera gloria. Il tono del discorso si fa solenne, fino all'ampio chiasmo finale (*obruitur hominum interitu et oblivione posteritatis exstinguitur*), che descrive l'oblio che si stenderà su ogni vana parola umana.

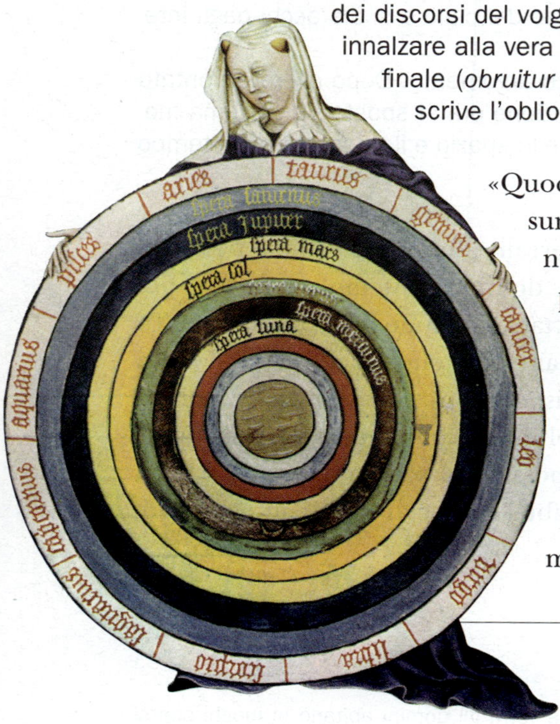

«Quocirca si reditum in hunc locum desperaveris, in quo omnia sunt magnis et praestantibus viris, quanti tandem est ista hominum gloria, quae pertinere vix ad unius anni partem exiguam potest? Igitur alte spectare si voles atque hanc sedem et aeternam domum contueri, neque te sermonibus vulgi dedideris, nec in praemiis humanis spem posueris rerum tuarum: suis te oportet inlecebris ipsa virtus trahat ad verum decus. Quid de te alii loquantur, ipsi videant. Sed loquentur tamen; sermo autem omnis ille et angustiis cingitur his regionum quas vides, nec umquam de ullo perennis fuit et obruitur hominum interitu et oblivione posteritatis exstinguitur».

La filosofa regge una tavola astrologica con la rappresentazione dei cieli, da un codice miniato del *De civitate Dei*, Bruxelles, Biblioteca reale del Belgio.

Quocirca: «Perciò». – **si ... desperaveris:** «se non avrai mantenuto la speranza», protasi di periodo ipotetico del primo tipo. – **in quo ... viris:** «nel quale è posta ogni aspirazione per gli uomini grandi ed eccellenti»; *omnia* lett. «ogni cosa»; *magnis et praestantibus viris* è dativo di vantaggio. – **quanti tandem est:** «che valore ha infine», ove *quanti* è genitivo di stima. – **ista hominum gloria:** «codesta gloria umana», con una sfumatura dispregiativa data dall'uso dell'aggettivo pronominale *ista*. – **quae pertinere ... potest:** «che può estendersi» a occupare solo una parte minima di un solo anno (cosmico); vengono qui riprese e riassunte le argomentazioni sulla gloria umana e la sua estensione, esposte da Scipione Africano nei capitoli precedenti. – **alte spectare si voles:** «se vorrai levare lo sguardo in alto» (*voles* regge anche l'infinito *contueri*). – **neque ... dedideris:** «non prestare attenzione ai discorsi del volgo», imperativo negativo (negazione + congiuntivo perfetto) come il successivo *nec ... posueris*: l'uomo non deve preoccuparsi della fama terrena, che è solo fugace voce del volgo, e neppure deve porre la sua speranza nelle ricompense terrene per le proprie imprese (*rerum tuarum*). – **suis ... ad verum decus:** «è necessario che la virtù, di per se stessa, ti attragga con il suo fascino alla vera dignità»: viene così ripreso l'ideale del *princeps* sviluppato nel *De re publica*: un grande leader politico che ami la virtù per se stessa e sappia agire disinteressatamente per il bene supremo dello stato. – **Quid ... videant:** «Si preoccupino pure gli altri su cosa dire di te» (lett. «Che cosa dicano di te, se la vedano gli altri», con l'interrogativa indiretta anticipata e messa in rilievo e *videant* che è congiuntivo esortativo, inserito in una tipica espressione colloquiale, a indicare disprezzo per le opinioni del volgo). – **Sed loquentur tamen:** «Ma tuttavia (di te) parleranno». – **sermo autem ... quas vides:** «ma tutto il loro discorrere è ristretto entro i limiti di queste regioni che vedi». – **nec ... perennis fuit:** «né è mai stato perenne riguardo a nessuna persona»; *de ullo* è complemento di argomento richiamato da *sermo*. – **et obruitur ... exstinguitur:** «e svanisce con la morte degli uomini e si spegne nell'oblio dei posteri», solenne conclusione, particolarmente curata dal punto di vista stilistico (si vedano, per esempio, l'allitterazione *obruitur ... oblivione*, gli omeoteleuti, la costruzione a chiasmo predicato-complemento/complemento-predicato e, infine, il prolungato polisindeto, che segna tutto il periodo finale del capitolo).

SCHEDA LESSICALE

Virtus

Cicerone spiega il termine *virtus* come somma di tutte le eccellenze umane, quindi forza, vigore, coraggio, capacità. Si connette nel suo etimo a *vir*, che è da intendersi come ciò che rende valore a un uomo: i suoi possessi, come le sue forze fisiche e qualità morali. La *virtus* determina anche il conseguimento dell'*honos*, che in Cicerone rimanda sia a un elemento soggettivo, costituito dalla considerazione in cui un uomo è tenuto, sia a uno oggettivo, ovvero il beneficio e la ricompensa che ottiene con il suo comportamento.

APPROFONDIMENTO

LE ISOLE DEI BEATI

I Campi Elisi, dove bambini giocano con fiori giganteschi. Mercurio, li accompagna, III secolo d.C., Roma, Museo nazionale delle Terme.

Il tema del luogo in cui gli uomini d'eccezione andranno ad "abitare" oltre la vita mortale è molto antico e altrettanto complesso. Nel mondo greco questo luogo era identificato con alcune isole, che erano collocate all'estremo confine del mondo, le Isole dei beati. Esiodo, poeta greco del VII secolo a.C., colloca laggiù i grandi eroi della guerra di Troia, perché non abbiano la stessa fine dei mortali. Si tratta di un luogo perfetto dove il sole splende sempre, la brezza è lieve, il cielo luminoso, non ci sono né il lavoro, né la fatica, né il dolore. Gli alberi maturano sempre frutta nuova su quella vecchia, senza interruzione. I prati sono fioriti. Gli uomini eternamente felici, eternamente in pace. Anche in Virgilio, nel VI canto dell'*Eneide* si parla di una parte dell'oltretomba, i Campi Elisi, in cui il cielo e le stelle sono diversi da quelle che si vedono sulla terra, anche se si è nel sottosuolo. Si tratta di un luogo perfetto, che risponde all'eccezionalità di chi li abita, pur non essendo paragonabile all'eccezionalità degli dei. La Via Lattea del *Somnium Scipionis* riprende immagini antiche e precede quella virgiliana, costituendo un modello che non sfuggirà neanche a Dante quando collocherà gli spiriti magni in un luogo a sé, nell'Inferno: il Castello degli spiriti magni (*Inferno*, IV, 109), luogo di pace, sia pur lontano dalla perfezione del Paradiso cristiano.

RIEPILOGO DEL PERCORSO

1 Il *Somnium Scipionis* si apre con la narrazione di un episodio e di un incontro: riassumi questi elementi "esterni" e spiega la loro connessione con la visione del sogno.

2 Il testo ha una funzione politica e una escatologica: chi, secondo Cicerone, abita il luogo destinato ai beati, e perché?

3 Quali generi di argomentazioni vengono impiegati per sviluppare questa conclusione "celeste" del *De re publica*?

4 Nel dialogo tra Scipione Emiliano e le anime del nonno e del padre vengono affrontati anche i due temi del rapporto tra anima e corpo e del suicidio: quale posizione assume Cicerone su questi gravi argomenti?

5 Per quale motivo Cicerone ha scelto di concludere con questo racconto la sua grande opera politica? Ha seguito qualche modello in questa operazione?

6 Quale ruolo gioca la musica nella visione del *Somnium Scipionis*?

7 La trattazione di temi astronomici e teologici ha spinto Cicerone a lavorare a fondo sul lessico latino, anticipando quel processo di arricchimento semantico che sarà tipico delle sue opere filosofiche. Individua, nei brani letti, alcuni esempi significativi di tale lavoro.

8 La virtù dell'individuo e il bene dello stato sono per Cicerone i due beni supremi: quale significato assume questa loro forte affermazione nel contesto del periodo storico in cui fu scritta?

DALLE OPERE FILOSOFICHE

I valori dell'*humanitas*

Statua raffigurante un letterato (forse Isocrate, oratore greco), copia romana, I secolo a.C., Napoli, Museo Archeologico Nazionale.

Attraverso le sue opere teoriche – trattati retorici, politici, in particolare filosofici – ma anche attraverso alcune orazioni – la *Pro Archia* su tutte – Cicerone appare l'erede del grande ideale dell'*humanitas*, elaborato a Roma intorno alla metà del II secolo a.C. Egli, infatti, completa questa concezione dell'uomo attraverso la sua opera, se ne fa promotore e grande diffusore, innanzitutto attraverso la valorizzazione della filantropia, il sentimento di benevolenza verso gli uomini, che comporta il dovere di fare del bene agli altri. Questo ideale derivava dal cosmopolitismo stoico, ma acquista nell'opera di Cicerone un calore e un'applicazione alla vita concreta che sono di tipica derivazione latina (così in particolare nel III libro del *De officiis*). Anche l'aspetto estetico dell'*humanitas* viene colto dal pensiero ciceroniano: *humanus* è l'uomo colto, raffinato, che sa vivere civilmente e amabilmente i rapporti con gli altri uomini; per realizzare questo modello di comportamento egli deve sempre rispondere alle leggi di armonia, convenienza e misura: è l'ideale del *decorum*, come emerge dal *De officiis*.

Cicerone, inoltre, insiste sulla necessità di una cultura ampia e ricca, che valorizzi in particolare le lettere (*Pro Archia*), la filosofia (*Orator*), la storia e che sia comunicata attraverso un'adeguata preparazione retorica, che, nella visione di Cicerone, è indispensabile non solo nella sfera del *negotium* (o attività pubblica), ma anche in quella dell'*otium* (si veda ad esempio *De oratore*, I, 32: «nel momento dell'*otium* che cosa ci può essere di più piacevole o più vicino all'ideale dell'*humanitas* di un discorso gradevole e mai rozzo?»).

Alcuni principi etici in particolare – alcuni di derivazione stoica – sostengono l'ideale di *humanitas*, come la saggezza (o *prudentia*), la fortezza (o, secondo l'insegnamento di Panezio, la *magnitudo animi*), la giustizia (con accanto la *beneficentia*) e la temperanza: virtù che giungono a completare l'antica concezione della *virtus* guerriera e politica (*De officiis*, in particolare libro I) e, in seguito, passeranno nella cultura cristiana con il nome di "virtù cardinali".

Secondo Cicerone, la costante integrazione tra pratica e teoria, ma anche il profondo legame tra pensiero, parola e azione, devono sempre essere misurate e adeguate alle circostanze (*De oratore* e *De officiis*).

Questi principi regolatori si fanno poi caldo e partecipato discorso in alcuni dialoghi – brevi ma tra le migliori opere filosofiche ciceroniane – che affrontano temi concreti e preziosi per ogni uomo, come la vecchiaia (*Cato Maior de senectute*) e l'amicizia (*Laelius de amicitia*).

LAT/ITA	TESTO 1	*De officiis* I, 15-17
ITA	TESTO 2	*De officiis* III, 21-26
ITA	TESTO 3	*De senectute* 11; *De amicitia* 6

TESTO 1

Il bene morale e le quattro virtù stoiche

De officiis I, 15-17

Nell'economia del *De officiis* il passaggio che presentiamo in traduzione riveste una funzione importante. Infatti appare qui la definizione del bene morale (l'*honestum*) come originato da quattro virtù fondamentali: la sapienza (collegata all'idea di *prudentia*), la giustizia (nella protezione della vita sociale degli uomini), la fortezza (o meglio, la *magnitudo animi*) e la temperanza (che è «ordine e misura in tutto ciò che si fa e si dice»). Sono le quattro virtù stoiche, calate nella cultura latina e messe alla base di un concetto di bene morale che si lega direttamente alla convivenza civile tra gli uomini. Da queste quattro virtù nascono una serie di doveri, importanti, diversi e complementari tra loro: la sapienza implica la ricerca del vero; le altre tre devono «procurare e conservare ciò che serve alla vita pratica», con un accenno alla figura quasi ascetica del *magnanimus*, che si mostra grande nel procurare i beni terreni a sé e ai propri cari, ma ancora più grande nel disprezzare tali cose. Sul piano politico il *magnanimus* è il *princeps*, cioè l'uomo politico ideale, come emerge dai trattati politici.
Nel paragrafo finale appare anche l'ideale del *decorum*, che nasce dall'applicazione pratica di queste virtù e dei doveri conseguenti (in particolare l'ordine e la misura) a tutti gli aspetti che riguardano la condotta di vita.

(15) Formam quidem ipsam, Marce fili, et tamquam faciem honesti vides, quae si oculis cerneretur, «mirabiles amores, ut ait Plato, excitaret» [sapientiae]. Sed omne, quod est honestum, id quattuor partium oritur ex aliqua: aut enim in perspicientia veri sollertiaque versatur aut in hominum societate tuenda tribuendoque suum cuique et rerum contractarum fide aut in animi excelsi atque invicti magnitudine ac robore aut in omnium, quae fiunt quaeque dicuntur, ordine et modo, in quo inest modestia et temperantia. Quae quattuor quamquam inter se colligata atque implicata sunt, tamen ex singulis certa officiorum genera nascuntur, velut in ea parte, quae prima descripta est, in qua sapientiam et prudentiam ponimus, inest indagatio atque inventio veri, eiusque virtutis hoc munus est proprium. **(16)** Ut enim quisque maxime perspicit, quid in re quaque verissimum sit, quique acutissime et celerrime potest et videre et explicare rationem, is prudentissimus et sapientissimus rite haberi solet. Quocirca huic quasi materia, quam tractet et in qua versetur, subiecta est veritas. **(17)** Reliquis autem tribus virtutibus necessitates propositae sunt ad eas res parandas tuendasque, quibus actio vitae continetur, ut et societas hominum coniunctioque servetur et animi excellentia magnitudoque cum in augendis opibus utilitatibusque et sibi et suis comparandis, tum multo magis in his ipsis despiciendis eluceat. Ordo autem et constantia et moderatio et ea, quae sunt his similia, versantur in eo genere, ad quod est adhibenda actio quaedam, non solum mentis agitatio; iis enim rebus, quae tractantur in vita, modum quendam et ordinem adhibentes, honestatem et decus conservabimus.

(15) Tu vedi, Marco, l'aspetto stesso e, per così dire, il volto dell'onestà «che, come dice Platone,[1] se si vedesse con gli occhi susciterebbe un meraviglioso amore [della sapienza]». Ma quanto è compreso nella categoria dell'onesto, si fonda su qualcuno di questi quattro elementi: o riguarda l'intuizione e lo studio della verità; o il mantenimento dell'umana società, la giustizia distributiva e la lealtà degli impegni; o la magnanimità e la forza d'animo di uno spirito eccelso ed invitto; o l'ordine e la misura di quanto si fa e si dice, nel che consistono la moderazione e la temperanza. Questi quattro elementi, sebbene connessi ed impliciti l'uno nell'altro, dànno luogo singolarmente a determinati generi di doveri, come nel primo che abbiamo menzionato e in cui poniamo la sapienza e la prudenza, consiste la ricerca e la scoperta della verità, e questo è il còmpito specifico di questa virtù. **(16)** Chi infatti più acutamente

1. La citazione platonica è tratta da *Fedro*, 250 d.

scorge quello che vi è di più vero in ciascuna cosa, e chi più sottilmente e prontamente può vederne e spiegarne la ragione, questi è di solito considerato il più prudente e il più sapiente. Pertanto il sostrato di essa virtù, e in certo senso la materia da maneggiare e di cui occuparsi, è rappresentata dalla verità. (**17**) Le rimanenti tre virtù presentano l'esigenza di procacciare e conservare quanto occorre alla vita pratica, al fine di assicurare la società e l'unione degli uomini, ed affinché l'eccellenza e la grandezza d'animo abbiano a risplendere sia nell'aumentare le proprie facoltà e nel procurare vantaggi a sé e ai suoi, sia molto di più appunto nel disprezzo di queste stesse cose. Egualmente l'ordine, la coerenza, la moderazione e le altre virtù analoghe, sono comprese in quella categoria che implica una certa attività pratica, e non soltanto intellettuale; adibendo dunque moderazione e ordine in quelle attività pratiche della vita conserveremo l'onestà e la convenienza.

(trad. di L. Ferrero)

TESTO 2

Una lezione di convivenza civile: la filantropia

De officiis III, 21-26

Secondo il principio della filantropia, la colpa più grave di cui si può macchiare l'uomo è danneggiare il proprio simile per ottenere un vantaggio personale: infatti tutti facciamo parte di un solo corpo e, se si danneggia un membro, tutto il corpo ne risente. In ultima analisi, dunque, il danneggiatore danneggia anche se stesso. Attento a questo alto principio di convivenza civile e di altruismo nella vita degli uomini, Cicerone raccoglie l'invito alla filantropia dal cosmopolitismo stoico, salvo sottolinearne gli aspetti pratici, concreti, legati alla legge naturale e civile che regola la vita sociale di tutte le comunità.

(**21**) Ma torniamo alla massima. Sottrarre qualcosa ad altri e incrementare il proprio vantaggio col danno di un altro uomo si oppone alla natura più della morte, della povertà, del dolore, di tutto il resto che possa accadere al corpo o agli oggetti esterni; ciò infatti elimina fin dall'origine ogni base della convivenza e società umana. [Se dunque saremo disposti in modo tale da spogliare o recare violenza a un altro per guadagno proprio, è inevitabile che venga infranta quella società umana che è la cosa più secondo natura]. (**22**) Come se ciascun membro potesse pensare di stare bene assorbendo in sé la salute del membro contiguo, sarebbe fatale l'indebolimento e la morte di tutto l'organismo, così, se ciascuno di noi si prendesse, sottraendolo a chiunque potesse, il vantaggio degli altri, per utilità propria, sarebbe inevitabile il sovvertimento della società e della comunità umana; come infatti ciascuno preferirebbe procacciarsi per sé, anziché per altri, quanto interessa il pratico uso della vita, e ciò è permesso senza difficoltà da parte della natura, allo stesso modo ancora è la natura a non permettere di aumentare le nostre possibilità, le ricchezze, gli averi con le spoglie tolte ad altri. (**23**) Nello stesso modo non soltanto è stabilito dalla natura e dal diritto delle genti, ma anche dalla legislazione positiva dei vari popoli, che tiene connessa l'organizzazione politica dei singoli stati, non essere lecito nuocere altrui per vantaggio proprio. A questo infatti mirano le leggi, questo esse vogliono, che resti intatta la società civile, e raffrenano con la morte, l'esilio, il carcere, le multe quelli che vi attentano.

Questo principio poi trova un ancor maggiore fondamento in quella ragione universale, che è la legge divina e umana; e chi vi voglia obbedire (e vi obbediranno tutti coloro che vorranno vivere secondo natura), mai farà sì di desiderare la roba d'altri e di prendere per sé quello che avrà sottratto ad altri. (**24**) Infatti è molto più secondo natura la magnanimità e la elevatezza d'animo, l'affabilità, la giustizia, la liberalità, che non il piacere, la vita stessa, le ricchezze; poiché il disprezzare questi ultimi oggetti e tenerli in conto di nulla, paragonandoli con l'utilità comune, è proprio di una magnanima nobiltà. [Sottrarre invece a un altro per vantaggio proprio è più contro natura della morte, del dolore, e di tutto quanto è di eguale genere]. (**25**) Del pari è più consentaneo a natura accollarsi le più gravi fatiche e travagli, per la salvezza e il giovamento di tutte le genti, se ciò fosse possibile, imitando quell'Ercole, che la fama degli uomini, memore dei benefici ricevutine, collocò nel concilio dei Celesti, anziché viversene in solitudine non già soltanto senza molestie, ma sia pure anche in mezzo ai maggiori piaceri, abbondando di ogni sorta di mezzi, sì da essere straordinari anche per bellezza e vigore. Adunque chiunque abbia ottimo e splendidissimo ingegno anteporrebbe il primo al secondo genere di vita; onde se ne conclude che l'uomo docile alla natura non può nuocere all'uomo. (**26**) In secondo luogo, chi fa vio-

lenza ad altri, per realizzare qualche vantaggio egli stesso, o non dà nessun peso alla propria azione contro natura, o ritiene che si debbano evitare la morte, la povertà, il dolore, anche la perdita dei figli, dei parenti, degli amici, più che evitare di recare offesa ad alcuno. Se pensa che fare violenza ai propri simili non sia contro natura, a che discuterne con costui che toglie completamente all'uomo ogni umanità? se poi crede che si debba certo fuggire tale colpa, ma quelle altre cose come molto peggiori, cioè la morte, la povertà, il dolore, erra in questo, nel considerare più grave di un difetto dell'animo una deficienza fisica o della forma.
Un solo proposito quindi tutti devono nutrire, che il vantaggio del singolo si identifichi con quello comune, poiché se uno lo assume egoisticamente per sé, ogni umano consorzio ne viene dissolto.

(trad. di L. Ferrero)

APPROFONDIMENTO

CICERONE E L'IDEALE DELL'*HUMANITAS*

Così G. Schiassi riassume la funzione che ha avuto Cicerone nello sviluppo dell'ideale di humanitas*:*

«L'idea dell'*humanitas* già fissata teoricamente come concetto da Panezio e praticamente come atteggiamento di vita da Scipione e dal suo circolo raggiunge la sua pienezza di cultura spirituale con Cicerone. È l'ideale dell'uomo eticamente ed esteticamente perfetto che sa congiungere la cultura dello spirito con la finezza del sentimento, che sa sentire nobilmente e agire fortemente, il cui pensiero e azione sono in perfetta armonia. Panezio aveva al posto del saggio sostituito un uomo ideale, aristocratico di nascita, elevato alla direzione dello stato, che pone tutta la sua cura nel promovimento di quello e nel bene e nella felicità dei governati. Cicerone all'aristocrazia di sangue, come già Platone nella storia dello spirito greco, dal *De re publica* passando al *De officiis*, ha sostituito sempre più l'aristocrazia dello spirito, per cui anche un uomo "nuovo" può essere *humanus*, cioè colto di spirito, generoso e fine di cuore verso i suoi simili nell'ambito della vita sociale. L'antica *virtus*, la virtù per eccellenza, con le altre virtù che le fanno da corona, non basta più al nuovo uomo romano; a essa si unisce perciò l'*humanitas*. Ma mentre questa vale nel campo della vita individuale e privata, cioè nei rapporti tra gli uomini, quella agisce nel campo della vita politica, è il contrassegno del genuino Romano in quanto partecipa e serve alla *res publica*. Quell'individuo che opera come *homo* nell'ambito della società umana col suo nobile sentire, quello stesso opera come *vir bonus* e come *fortis civis* nell'ambito della grande Patria romana saldamente ancorato ai *mores* e alle *virtutes* dei padri».

G. Schiassi, introduzione al terzo libro del *De officiis*, Bologna, Zanichelli, 1954, p. 20

Affresco pompeiano, I secolo d.C., Napoli, Museo Archeologico Nazionale.

TESTO 3

La filosofia della vita: vecchiaia e amicizia

De senectute 11; *De amicitia* 6

Nell'anno 44 a.C., gravido di situazioni nefaste sia sul piano politico sia su quello personale, Cicerone si accinge a scrivere due dialoghi che affrontano temi etici assai concreti e profondamente legati alla condizione comune di tutti gli uomini. Emarginato dalla vita pubblica e afflitto da disgrazie e disavventure in quella privata (morte dell'amatissima figlia Tullia, divorzio da Terenzia, infelice matrimonio con la giovane Publilia), Cicerone sembra interrogarsi su ciò che conta veramente nella vita: ecco perché questi due dialoghi si caricano di una freschezza e di un calore umano che permettono di collocarli tra le più riuscite opere filosofiche dell'arpinate.
Il primo in ordine cronologico è il *Cato Maior de senectute*, una riflessione su che cosa sia la vecchiaia e quale sia la via per affrontare questa stagione della vita nel modo migliore. Cicerone ha sessantadue anni, Attico, l'amico di sempre, il dedicatario dell'opera, ne ha sessantacinque: la vecchiaia non è un'astrazione, ma una condizione reale e pressante, con il suo carico di debolezze e angoscia. Il dialogo si configura allora come una sorta di "consolazione" di fronte a quello che la mentalità comune considera inevitabilmente un male, e si concretizza attorno alla figura idealizzata di Catone il Censore, il "Vecchio" per eccellenza della cultura latina, capace di vivere una vecchiaia attiva e fruttuosa, giovando a se stesso, agli amici e alla patria.

APPROFONDIMENTO

ESSERE VECCHI A ROMA

Nella sua opera La vita quotidiana nella Roma repubblicana, *F. Dupont affronta anche il tema della vecchiaia nell'antica Roma: quando inizia? Quale funzione hanno gli anziani nella società? Come guardavano i Romani a questa età della vita?*

La vecchiaia esiste, ma è ben lontana dall'escludere gli uomini dalle cariche pubbliche, al contrario, è necessaria per ricoprire le magistrature più importanti. In effetti, i Romani non fanno della vecchiaia un ostacolo; le persone anziane hanno un'importante funzione da svolgere, perché senza di loro non ci sarebbe la città. I vecchi, gli uomini di età superiore a quarantasei anni che vanno chiamati anziani, hanno una saggezza derivata dall'esperienza; conoscono la tradizione e hanno perduto quella febbre ambiziosa che rende i giovani così pericolosi. Tutto questo conferisce loro un prestigio particolare, l'*auctoritas* che dà peso al loro parere, che i Romani chiamano gravità. Gli anziani sono trattati con rispetto, e i Romani li onorano salutandoli,

Vecchio sileno si affaccia tra foglie, fiori e frutta, I secolo a.C., Casa del Bracciale d'Oro, Pompei, Soprintendenza Archeologica.

La seconda opera, *Laelius de amicitia*, ha come protagonista Lelio, intellettuale e uomo politico amico di Scipione l'Africano, nonché uno degli animatori del cosiddetto "circolo degli Scipioni", nell'epoca in cui Cicerone individua l'età d'oro della repubblica. Lelio affronta il tema dell'amicizia con i due generi, C. Fannio e Q. Mucio Scevola, che si sono recati a trovarlo pochi giorni dopo la morte del suo intimo amico Scipione l'Africano. Più che un dialogo, il *De amicitia* si configura come un lungo racconto di Lelio, che muove dal ricordo del grande scomparso e sviluppa il tema alternando spunti di riflessione filosofica (l'amicizia era argomento molto caro alle correnti filosofiche ellenistiche) ad aneddoti e brevi quadri di vita, legati a Scipione o ad altri noti personaggi della storia romana. Notevoli sono anche – in questo secondo dialogo – le citazioni tratte dalle commedie di Terenzio, autore profondamente legato al circolo degli Scipioni, che immergono il lettore in quel mondo culturale (esaltato da Cicerone) che ha saputo porre le basi dell'*humanitas*. I dialoghi sono qui esemplificati attraverso due brevi brani: nel primo Catone insegna ai suoi interlocutori (Lelio e Scipione Emiliano) come si debba affrontare la vecchiaia; nel secondo Lelio offre una definizione ricca e articolata dell'amicizia.

> «*Non ci sono forze in vecchiaia.* ma la vecchiaia nemmeno le pretende! E infatti la nostra età è esentata in virtù di leggi e consuetudini da quei compiti che non si possono portate a termine senza la forza fisica. Così, non solo non siamo costretti a fare ciò che non possiamo, ma neppure quanto potremmo fare. Molti vecchi sono però così deboli da non essere in grado di svolgere alcun compito, alcuna attività. Ma un malanno simile non è specifico della vecchiaia, dipende in generale dalle condizioni di salute. Quanto era debole il figlio di Publio Africano, quello che ti ha adottato! Che uomo di salute fragile, o piuttosto, senza salute alcuna! Se così non fosse stato, egli si sarebbe rivelato come il secondo splendore della nostra città: infatti alla grandezza d'animo ereditata dal padre si aggiungeva una più vasta cultura.

cedendo loro il passo, alzandosi in loro presenza, scortandoli, accompagnandoli a casa, consultandoli. Il prestigio degli anziani costituisce tutto il potere del Senato, perché a Roma gli anziani per eccellenza sono i senatori, il cui nome proviene dalla parola *senex*. Questi vecchi magistrati vigilano sulla città e il loro ruolo è quello di conciliatori oltre a quello di depositari della tradizione.

Giovani e vecchi formano nella città una coppia complementare, gli anziani sono la saggezza e la riflessione, i giovani sono l'audacia e l'azione. Tuttavia i vecchi non vengono esclusi dall'azione; il solo limite che conosca l'attività pubblica di un uomo sono le sue forze in declino e soprattutto la stanchezza per la vita politica. A molti la vecchiaia fisica serve da alibi, perché in realtà aspirano al riposo. Ma i migliori continuano ad agire fino all'ultimo respiro. Camillo era uno di questi terribili vecchietti: fu dittatore per la quinta volta a ottant'anni [...].

Sono numerosi i Romani che arrivano a vivere la vecchiaia? Si calcola che il trenta per cento di una generazione raggiunge i quarant'anni, il tredici per cento i sessant'anni, senza distinzioni di sesso. Se si pensa che solo la metà dei bambini diventano adulti, la percentuale degli anziani è elevata. Una volta che sono sopravvissuti ai due flagelli dell'età adulta, la guerra e il parto, gli uomini e le donne vivono a lungo. Roma possiede delle persone centenarie, ed ogni censimento ne registra un solido battaglione; si dice che alcuni siano arrivati fino a centocinquant'anni. ma senza tirare in ballo questi prodigi di longevità, ci sono dei centenari molto famosi come Valerio Corvino, nato nel 371 a.C., che coltivò la terra fino all'ultimo, o come Appio Claudio Cieco, che privo della vista e troppo stanco per camminare, si faceva trasportare in lettiga al Senato quando voleva intervenire contro una politica giudicata dannosa. Catone il Vecchio, a novant'anni, intenta un processo contro Galba. Alcune donne vivono cent'anni e più; Clodia, figlia di Ofilio e contemporanea di Cesare, muore a centotré anni dopo avere avuto quindici figli. Terenzia, la prima moglie di Cicerone, muore alla stessa età. L'attrice di mimo Lucceia recita ancora a cent'anni di età.

F. Dupont, *La vita quotidiana nella Roma repubblicana*, Laterza, Roma-Bari 1997, p. 55-57 *passim*

Perché dunque stupirsi se fra i vecchi ce ne sono alcuni ammalati, quando nemmeno i giovani possono evitare tale rischio? Bisogna resistere alla vecchiaia, caro Lelio e caro Scipione, e bisogna compensare i suoi guai con una condotta attenta; bisogna lottare contro la vecchiaia, così come si fa contro la malattia. Bisogna tenere sotto controllo la salute, praticare esercizi fisici con moderazione, mangiare e bere per ristorare le forze, non per deprimerle. E non bisogna badare solo al corpo, ma anche, e molto di più, allo spirito: esso infatti si va spegnendo con la vecchiaia, come fa una lampada se non ci metti l'olio. Il corpo, in seguito agli sforzi fisici, diventa più debole, lo spirito invece, con l'applicazione, si fa più agile. Infatti quando Cecilio dice "vecchi sciocchi da commedia", vuole raffigurare dei vecchi creduloni, smemorati, trasandati: difetti questi che non appartengono alla vecchiaia in sé, ma ad una vecchiaia inerte, pigra, sonnolenta. Come la sfacciataggine e la sfrenatezza sono tipiche più dei giovani che dei vecchi, non tuttavia di tutti i giovani ma solo di quelli non per bene, così codesta stoltezza senile, che di solito si chiama rimbambimento, è tipica solo dei vecchi umanamente poco solidi, non di tutti!».

(trad. di N. Flocchini)

«L'amicizia non è niente altro che una grande armonia di tutte le cose umane e divine, insieme con la benevolenza e l'affetto; davvero non so se, eccettuata la sapienza, sia mai stato dato all'uomo dagli dèi immortali niente di meglio di essa. Alcuni le preferiscono la ricchezza, altri la buona salute, altri la potenza, altri gli onori e molti anche i piaceri. Quest'ultima cosa si addice alle bestie mentre quelle altre sono vane e incerte; infatti si basano non tanto sul nostro buon senso, quanto sui capricci della sorte. Quelli che pongono il sommo bene nella virtù, certo pensano assai bene, ma proprio questa virtù genera e preserva l'amicizia né senza virtù può esistere in alcun modo l'amicizia (...).
L'amicizia tra simili uomini offre tanti vantaggi, quanti a stento posso dire. Prima di tutto, come può essere "vita vitale", come dice Ennio, quella che non trova rifugio nel reciproco affetto di un amico? Cosa c'è di più dolce che avere qualcuno con cui si osi parlare di tutto come con se stessi? Quale grande vantaggio ci sarebbe nella buona sorte, se non avessi chi ne godesse come te stesso? Sarebbe veramente difficile sopportare le avversità senza qualcuno che le sopportasse persino con maggior pena di te. Infine, le altre cose che si desiderano sono ultili ciascuna a fini speciali: le ricchezze per usarle, il potere per essere onorato, le cariche pubbliche per essere lodato, i piaceri per godere, la salute per tenersi lontani dal dolore e compiere le funzioni del proprio corpo. L'amicizia, invece, racchiude in sé moltissime cose. Dovunque ti rivolga, è pronta; non è esclusa da nessun luogo; non è mai inopportuna, non è mai noiosa. E così non usiamo l'acqua, né il fuoco, come si dice, in più circostanze che l'amicizia. Ora, non parlo dell'amicizia comune e mediocre, che pure anch'essa è gradita e utile, ma di quella vera e perfetta, come fu quella di quei pochi uomini che si ricordano. L'amicizia, infatti, fa più splendida la buona sorte e più lievi le avversità, dividendole e rendendole comuni.

(trad. di E.M. Gigliozzi)

RIEPILOGO DEL PERCORSO

1 Sulla base delle osservazioni e delle letture proposte, spiega in quale senso il trattato ciceroniano *De officiis* offra un contributo fondamentale allo sviluppo dell'ideale dell'*humanitas*.

2 I due passi filosofici si soffermano su alcune virtù che sono fondamentali per la crescita del singolo individuo nel bene morale e per la convivenza civile. Prova a spiegarle sinteticamente:
- a sapienza (*prudentia*)
- b giustizia
- c fortezza (*magnitudo animi*)
- d temperanza

3 Nella prospettiva tracciata da Cicerone, chi è il *magnanimus*?

4 Cicerone ritiene che la filantropia sia frutto della crescita civile di una società o che sia insita nell'uomo per natura?

5 Quale rapporto si instaura tra l'ideale ciceroniano dell'*humanitas* e l'antico sistema di valori basato sulla *virtus* (intesa come valore guerriero) o sul *mos maiorum*?

6 Quando e come affronta Cicerone il tema della vecchiaia?

7 Quale interpretazione ci offre invece dell'amicizia e della sua funzione nella vita individuale e sociale?

DALL'EPISTOLARIO
Tra politica e affetti familiari

Il biografo Cornelio Nepote definisce l'epistolario di Cicerone *historia contexta eorum temporum* (*Vita di Attico* 16): e in effetti le quattro grandi raccolte di lettere giunte sino a noi, integrate da frammenti ed epistole sparse che sono tuttora oggetto di indagine critica, rappresentano la testimonianza diretta di un uomo che si è trovato al centro dei più importanti avvenimenti politici della fine della repubblica, molti dei quali vissuti da protagonista. Non solo: esse – nella spontaneità del dialogo reale, intessuto quotidianamente con amici e parenti – rivelano di Cicerone quello che le cronache e le sue opere ufficiali non dicono. Egli si mostra con tutti i suoi dubbi e le sue indecisioni, soprattutto nei momenti di crisi; si svelano le sue debolezze e i suoi errori di valutazione politica e storica; ma emerge anche il tenero affetto per la moglie e i figli, il profondo legame con gli amici, la sete di conoscere e di studiare, che trapela anche nella corrispondenza privata. Forse Cicerone aveva progettato di revisionare l'epistolario per una sua pubblicazione, ma non fece in tempo a dedicarsi a questo lavoro (gli eventi lo travolsero). La sua tragedia personale, però, ci ha conservato la freschezza e la vivacità di un epistolario che si muove in presa diretta sui piccoli e grandi fatti quotidiani della Roma del I secolo a.C.

Le lettere di Cicerone presentano una notevole varietà: comprendono brevi biglietti inviati ai servi, ai collaboratori o ai familiari, come anche vere e proprie missive politiche, che possono essere strettamente private, con giudizi sferzanti su avversari e alleati, oppure "pubbliche", o meglio, aperte: scritte a influenti uomini politici su temi di scottante attualità, in vista di una diffusione pubblica. Tra le lettere spiccano anche veri e propri piccoli trattati letterari, come la famosa *Lettera a Lucceio* sulla storiografia.

L'ampio epistolario ciceroniano (che non comprende comunque tutte le lettere conosciute e diffuse nell'antichità) è stato conservato grazie alla fedele solerzia del segretario Tirone, nonché dell'amico Attico, che ne ha curato la pubblicazione, ma non dimentichiamo lo straordinario lavoro di recupero filologico messo in atto da Petrarca nel XIV secolo, che ha segnato una vera e propria seconda nascita della raccolta (si veda a p. 532).

Nel percorso antologico presentiamo una serie di epistole che intrecciano i grandi eventi della politica con la sfera intima degli affetti familiari.

LAT	TESTO 1	*Ad Atticum* I, 2
LAT	TESTO 2	*Ad Atticum* I, 18, 1-7
LAT	TESTO 3	*Ad familiares* XIV, 4, 1-3
ITA	TESTO 4	*Ad familiares* XVI, 12
ITA	TESTO 5	*Ad familiares* XIV, 7
ITA	TESTO 6	*Ad Atticum* XI, 6, 3-7
ITA	TESTO 7	*Ad familiares* XIV, 23
ITA	TESTO 8	*Ad familiares* VI, 5
ITA	TESTO 9	*Ad Atticum* XIV, 12

Ritratto di giovane donna aristocratica, II secolo d.C., Roma, Museo Nazionale Romano.

TESTO 1

La nascita del figlio: Cicerone pensa al consolato

Ad Atticum I, 2

Nell'anno 65 a.C. nasce il figlio Marco. Cicerone comunica la lieta notizia ad Attico, ma l'occasione diviene spunto anche per richiamare affettuosamente l'amico ai suoi doveri, nonché per un accenno curioso all'attività forense di Cicerone: egli sta pensando di assumere la difesa di un giovane nobile, accusato di estorsione, che è anche suo avversario nella candidatura al consolato. Questo giovane è Catilina. L'epistola è caratterizzata da periodi brevi e dall'uso di un linguaggio piano; nella seconda parte la sintassi diviene più articolata, quando Cicerone tocca le sue ambizioni politiche e accenna all'aiuto che gli può derivare da Attico di fronte alle difficoltà poste dalla classe nobiliare.

Cicero Attico salutem

(1) L. Iulio Caesare, C. Marcio Figulo consulibus filiolo me auctum scito, salva Terentia. (2) Abs te tam diu nihil litterarum! (3) Ego de meis ad te rationibus scripsi antea diligenter. (4) Hoc tempore Catilinam, competitorem nostrum, defendere cogitamus. (5) Iudices habemus, quos voluimus, summa accusatoris voluntate.

(6) Spero, si absolutus erit, coniunctiorem illum nobis fore in ratione petitionis; sin aliter acciderit, humaniter feremus. (7) Tuo adventu nobis opus est maturo; nam prorsus summa hominum est opinio tuos familiares nobiles homines adversarios honori nostro fore. (8) Ad eorum voluntatem mihi conciliandam maximo te mihi usui fore video. (9) Qua re Ianuario mense, ut constituisti, cura ut Romae sis.

1. L. Iulio ... consulibus: per indicare l'anno venivano solitamente impiegati i nomi dei consoli in carica: siamo nel 65 a.C., cioè il 689 dalla fondazione di Roma. – **filiolo:** ablativo strumentale da *filiolus*, diminutivo di *filius*. – **me auctum** (sott. esse): subordinata oggettiva dipendente dal successivo *scito* (*auctum* deriva da *augeo*). – **scito:** «sappi», imperativo futuro di *scio*. – **salva Terentia:** «Terenzia sta bene» (ablativo assoluto). Terenzia era la prima moglie di Cicerone, sposata nel 77 a.C.; da lei ebbe due figli: Tullia, amata teneramente, che morì nel 45 a.C. gettando il padre in uno stato gravissimo di prostrazione, e Marco Cicerone, la cui nascita viene qui annunciata.

2. Abs te: «Da parte tua» (*abs = ab*). – **nihil litterarum:** «nessuna lettera», con il genitivo partitivo retto da *nihil*.

3. rationibus: «faccende», si trova all'interno di un complemento di argomento (*de meis ... rationibus*).

4. competitorem: «avversario» nell'elezione a console (la massima aspirazione di Cicerone, che di lì a poco si sarebbe realizzata). – **defendere:** si tratta della difesa da un'accusa di estorsione, mossa a Catilina da Publio Clodio; quest'ultimo avrebbe poi ritirato l'accusa in cambio di un'adeguata ricompensa.

5. summa accusatoris voluntate: «con totale accordo da parte dell'accusa»; dalle parole di Cicerone emerge una scelta pilotata dei giudici e una serie di pre-accordi tra accusa e difesa (il sistema giudiziario romano non era certo immune da difetti, che ne minavano l'imparzialità).

6. si absolutus erit: protasi di un periodo ipotetico di primo tipo (della obiettività); Cicerone si mostra certo di vincere la causa. – **coniunctiorem:** «più favorevole» (illusione di Cicerone: Catilina sarà un pericolo per lui e per lo Stato). – **in ratione petitionis:** «in merito alla candidatura». – **sin aliter acciderit:** «se invece le cose andranno diversamente», con il futuro anteriore per la legge dell'anteriorità (rispetto al futuro semplice *feremus*).

7. Tuo adventu ... maturo: «Ho bisogno di un tuo sollecito arrivo»; in questo caso Attico non gli serve solo come consigliere, ma anche come amico influente presso quella classe nobiliare della quale Cicerone deve conquistare la fiducia e vincere la ritrosia, affinché la massima carica dello stato sia assegnata a un *homo novus*. Questo aspetto sarà sempre per Cicerone un motivo di "conflitto" (personale e sociale) per forzare un blocco tradizionale verso i non appartenenti alle *gentes* romane. *Adventu* è ablativo dipendente da *opus est*. – **prorsus ... opinio:** «l'opinione decisamente più accreditata della gente». – **adversarios honori nostro:** «contrari alla mia elezione», ma *honos* significa anche «carica».

8. Ad eorum ... conciliandam: «Per conciliarmi il loro favore», accusativo del gerundivo con valore finale. – **mihi usui:** «saresti per me di grande utilità» (presenta il doppio dativo: *mihi* di vantaggio, *usui* di fine).

9. cura ut: «fa' in modo di»; imperativo, da cui dipende una subordinata completiva.

APPROFONDIMENTO

ATTICO, L'AMICO E L'EDITORE

È impossibile pensare alla figura di Cicerone senza vedere accanto a lui Attico, l'amico di sempre. La vicinanza – la fratellanza, potremmo dire – tra i due uomini non solo fu di grande conforto per Cicerone nei momenti di difficoltà, non solo fornì all'Arpinate un punto di riferimento fisso per avere consigli, per scambiare opinioni su argomenti politici o culturali (tanto che la figura dell'amico appare come personaggio in alcuni trattati o dialoghi del grande scrittore), ma fu anche fondamentale per la conservazione e la pubblicazione delle opere di Cicerone. Ad Attico, infatti, Cicerone era solito inviare orazioni singole o gruppi di orazioni, perché le facesse copiare dai suoi servi copisti e quindi diffondere (era il metodo di "pubblicazione" del tempo); e sempre Attico, con la preziosa collaborazione di Tirone – il colto segretario di Cicerone – pubblicò l'epistolario dell'amico, dopo la sua tragica fine.

Ma chi era questo personaggio? Proviamo a esaminare più da vicino la sua figura.

Tito Pomponio (Attico è il soprannome che gli derivò dal ventennale soggiorno in Atene) nacque nel 110 a.C. da un ricco e colto cavaliere romano e in seguito fu adottato da uno zio ancora più ricco, del quale ereditò il patrimonio. Era amico d'infanzia di Cicerone e profondamente legato alla sua famiglia, anche perché Quinto, il fratello di Cicerone, sposò la sorella di Attico. Nell'85 a.C. Attico lasciò Roma dopo aver venduto al meglio il suo patrimonio in Italia, sfuggendo in tal modo ai disordini civili che prevedeva (si era all'inizio delle lotte tra Mario e Silla), e si stabilì ad Atene. In Grecia egli studiò e fece propria la filosofia epicurea, riuscendo a coniugare la vita tipica dell'*otium* letterario con un enorme successo commerciale e con un grande opportunismo istintivo che lo portò sempre a superare le difficoltà della vita. Il suo interesse culturale lo portò anche a dedicarsi a studi storico-antiquari, che culminarono nella stesura di un *Liber annalis*, che raccoglieva la storia di Roma dalle origini al 54 a.C.: il testo non ci è rimasto ma, dalle testimonianze di Cicerone (che ne parla nel *Brutus*) e di Cornelio Nepote (che scrisse una *Vita di Attico*), pare che si trattasse di una sorta di cronologia ampliata, con la registrazione di tutti gli eventi più importanti. La sua erudizione fu messa anche al servizio delle più importanti famiglie romane, delle quali ricostruì la genealogia. Questa attività porta a scoprire un altro aspetto del carattere di Attico: egli, pur provenendo da famiglia equestre, fu molto vicino alla classe nobiliare e fu dai nobili trattato quasi alla pari: a Cicerone scrisse spesso di schierarsi decisamente con gli *optimates* e Cicerone, a sua volta, chiese la sua intercessione per ottenere gli appoggi giusti e giungere al tanto atteso consolato (si veda l'epistola *Ad Atticum* I, 2, p. 520). Egli non si impegnò mai direttamente in politica, pur aiutando tutti gli uomini politici più prestigiosi allorché si trovassero in difficoltà (come fece con Mario e Ottaviano).

La sua attività di editore, invece, era svolta con criteri che potremmo definire "moderni": infatti non solo si preoccupava di diffondere gratuitamente tra gli amici selezionati le opere di Cicerone e di altri, ma curava anche edizioni per un pubblico più ampio, ricavandone – pare – lauti guadagni. Un precursore dell'industria editoriale, insomma.

Attico morì nell'anno 32 a.C., lasciandosi morire di fame, a causa degli indicibili dolori causatigli da un tumore intestinale.

Materiali per la scrittura: tavolette, stilo, calamaio, volume, I secolo d.C., Napoli, Museo Archeologico Nazionale.

TESTO 2

Una richiesta di aiuto

Ad Atticum I, 18, 1-7

Ancora un'accorata richiesta di aiuto ad Attico: torni a Roma al più presto, Cicerone ha bisogno della sua vicinanza e della sua amicizia! Il contesto, però, è completamente diverso rispetto all'invito rivolto nella lettera precedente: là un Cicerone ambizioso e in piena ascesa aveva bisogno dell'intervento dell'amico, pedina importante per raggiungere l'ultimo e più prestigioso traguardo (il consolato); qui invece troviamo un uomo stanco e sfiduciato, che si sente solo e si rinchiude negli affetti familiari. L'epistola è del 20 gennaio del 60 a.C., quando la situazione politica a Roma è confusa. La sintassi di questa epistola è più articolata e distesa e conferisce al testo un andamento lento e riflessivo; interessante è il lessico, segnato dalla presenza di termini dotti (come l'aggettivo greco *apheléstatos*, «molto sincero») commisti a vezzeggiativi e vocaboli del *sermo cotidianus* (*filiola*, *mellitus*...), a creare un accenno di quel *pastiche* linguistico tipico, in particolare, delle lettere al dotto amico Attico: quasi una specie di lingua cifrata, che solo i due amici riuscivano a interpretare fino in fondo.
Più rilevante è anche la presenza di figure retoriche (come allitterazione, poliptoto, anafora), a indicare una maggiore rielaborazione letteraria del testo rispetto al biglietto precedente.

Cicero Attico salutem

(**1**) Nihil mihi nunc scito tam deesse, quam hominem eum, quocum omnia quae me cura aliqua afficiunt, una communicem: qui me amet, qui sapiat, quocum ego colloquar, nihil fingam, nihil dissimulem, nihil obtegam. (**2**) Abest enim frater *apheléstatos* et amantissimus. Metellus non homo, sed litus atque aer et solitudo mera! (**3**) Tu autem, qui saepissime curam et angorem animi mei sermone et consilio levasti tuo, qui mihi et in re publica socius, et in privatis omnibus conscius, et omnium meorum sermonum et consiliorum particeps esse soles, ubinam es? (**4**) Ita sum ab omnibus destitutus, ut tantum requietis habeam, quantum cum uxore et filiola et mellito Cicerone consumitur.

1. Nihil mihi nunc: l'epistola si apre con un'allitterazione. – **scito:** «sappi», imperativo futuro di *scio*. – **quocum ... una communicem:** «un uomo al quale io possa confidare tutto ciò che mi preoccupa»; proposizione relativa impropria, di valore consecutivo, preannunciata da *hominem eum*, che contiene la subordinata relativa – **qui ... amet, qui sapiat, quocum ... colloquar ... fingam ... dissimulem ... obtegam:** sono tutte subordinate relative consecutive; il periodo è caratterizzato dalla presenza di due anafore (*qui ... qui* e *nihil ... nihil ... nihil*), che stilisticamente evidenziano l'urgenza di avere vicino a sé l'amico.

2. *apheléstatos*: «molto sincero» (aggettivo greco *aphelés* al grado superlativo); viene accentuato il dolore del distacco dal fratello, che nel 60 a.C. era propretore nella provincia d'Asia. – **Metellus:** Quinto Cecilio Metello, console con Lucio Afranio nel 60 a.C. e amico di Pompeo: agli occhi di Cicerone era incapace di iniziative politiche serie per salvare la repubblica. Cicerone espone la sua lettura della figura umana di Metello con grande forza icastica: tre metafore che evocano inconsistenza e isolamento (*litus atque aer et solitudo mera*: «sabbia e vento e pura solitudine»).

3. curam et angorem: «la preoccupazione angosciosa» (la coppia di sostantivi può essere interpretata come endiadi). – **sermone:** «parole di conforto». – **consilio ... tuo:** l'iperbato sottolinea la forza dell'aggettivo pronominale *tuo*. – **qui mihi ... esse soles:** «che per me sei sempre un alleato nella vita politica, un confidente nelle faccende private, e sei sempre messo al corrente di tutte le mie decisioni» (con l'accumulazione, attraverso la ripetizione del polisindeto, a creare un crescendo di affetto di cui ora sente la mancanza). – **ubinam es?:** «dove sei mai?», in posizione forte a chiusura del periodo, dopo che sono state elencate tutte le attenzioni dell'amico Attico nei confronti di Cicerone.

4. sum ... destitutus: «mi trovo abbandonato da tutti» (lett. «sono stato messo da parte da tutti», ma è un perfetto logico); da notare la presenza dell'anastrofe. – **ut ... habeam:** proposizione subordinata consecutiva, introdotta dall'avverbio prolettico *ita* all'inizio del periodo. – **quantum cum uxore ... consumitur:** «quanto ne trascorro con mia moglie, con la piccola figlia e il dolcissimo Cicerone»; è una subordinata comparativa reale (perciò all'indicativo). Nella frase è presente il diminutivo vezzeggiativo *filiola* (riferito a Tullia, che il padre chiamava solitamente *Tulliola*) e l'aggettivo di uso familiare *mellito* (lett. «dolce come il miele»).

SCHEDA LESSICALE

Socius

Lo studio delle radici indoeuropee fa rilevare che in origine la parola doveva riguardare il comportamento amichevole nei confronti di tutti gli appartenenti al gruppo famigliare; solo successivamente venne esteso agli altri gruppi sociali, allargando il sentimento dedicato ai famigliari anche ad altri gruppi sociali.

(**5**) Nam illae ambitiosae nostrae fucosaeque amicitiae sunt in quodam splendore forensi; fructum domesticum non habent. (**6**) Itaque, cum bene completa domus est tempore matutino, cum ad forum stipati gregibus amicorum descendimus, reperire ex magna turba neminem possumus, quocum aut iocari libere aut suspirare familiariter possimus. (**7**) Quare te expectamus, te desideramus, te iam etiam arcessimus: multa sunt enim quae me sollicitant anguntque.

5. Nam illae ... forensi: «Infatti quelle nostre amicizie interessate e false vivono per così dire nel fasto del foro»; le amicizie interessate e false (*ambitiosae* deriva da *ambitus*, «broglio elettorale», e *fucosae* da *fucus*, «belletto», «trucco»), che si coltivano in modo utilitaristico nella vita pubblica, hanno valore solo nella sfera luccicante, tutta apparenze, del foro (*in quodam splendore forensi*), ma non producono alcun frutto tra le pareti di casa (*fructum domesticum non habent*).

6. cum ... domus est: «quando la casa è ben ricolma». – **stipati:** «pressato», è un plurale di modestia. – **quocum ... possimus:** «con cui possa scherzare, oppure sfogarmi senza imbarazzo», relativa impropria di valore consecutivo; prosegue l'impiego del plurale di modestia.

7. te ... te ... te: altra martellante anafora, che accentua il desiderio di Cicerone di incontrare quanto prima l'amico Attico. – **sollicitant anguntque:** «mi preoccupano e mi angosciano».

ANALISI DEL TESTO *Ad Atticum* I, 18, 1-7

Lessico

1 Individua nell'epistola le espressioni che rivelano lo stato d'animo stanco e sfiduciato dello scrivente.

2 Il *sermo cotidianus*, impiegato solitamente nelle epistole da Cicerone, si caratterizza – nel caso delle lettere indirizzate ad Attico – anche per la presenza di un lessico "cifrato", gergale, che solo due intimi amici possono decifrare completamente. In particolare, individua nell'epistola esaminata l'impiego di vezzeggiativi e termini greci.

3 Qual è il significato originale degli aggettivi *ambitiosae* e *fucosae*? Quale significato assumono in questo contesto?

Sintassi e stile

4 Individua nel testo esempi significativi delle seguenti figure retoriche: allitterazione, accumulazione, poliptoto, anafora, polisindeto, metafora.

Contenuti

5 Sulla base dei tuoi studi, ricostruisci il particolare contesto storico nel quale Cicerone invia questa richiesta accorata all'amico Attico.

6 Questa epistola è stata paragonata a una sofferta pagina di diario: condividi questa definizione? Per quale motivo? Giustifica la tua risposta sul piano stilistico e contenutistico.

TESTO 3

Dolore per la famiglia *Ad familiares* XIV, 4, 1-3

Cicerone è a Brindisi; sta per partire per il suo esilio, che durerà sedici mesi. Il 30 aprile del 58 a.C. scrive questa lettera alla famiglia, nella quale emerge il dolore per una vicenda che pesa su di lui ma anche su tutti i suoi cari (ricordiamo che Clodio, non contento dell'esilio e della confisca dei beni comminati all'avversario politico, fece radere al suolo la sua casa sul Palatino). È un'epistola densa di ricordi, rimpianti, sentimenti affettuosi, che si risolve in una sintassi spezzata, con la presenza di numerose proposizioni esclamative, dubitative e interrogative. Sovrana regna sempre la *concinnitas* ciceroniana, anche in questo scritto privato e attraversato dalle passioni.

Tullius s.d. Terentiae et Tulliae et Ciceroni suis

(1) Ego minus saepe do ad vos litteras, quam possum, propterea quod cum omnia mihi tempora sunt misera, tum vero, cum aut scribo ad vos aut vestras lego, conficior lacrimis sic, ut ferre non possim. Quod utinam minus vitae cupidi fuissemus! Certe nihil aut non multum in vita mali vidissemus. Quod si nos ad aliquam alicuius commodi aliquando recuperandi spem fortuna reservavit, minus est erratum a nobis; si haec mala fixa sunt, ego vere te quam primum, mea vita, cupio videre et in tuo complexu emori, quoniam neque dii, quos tu castissime coluisti, neque homines, quibus ego semper servivi, nobis gratiam rettulerunt. (2) Nos Brundisii apud M. Laenium Flaccum dies XIII fuimus, virum optimum, qui periculum fortunarum et capitis sui prae mea salute neglexit neque legis improbissimae poena deductus est, quo minus hospitii et amicitiae ius officiumque praestaret. Huic utinam aliquando gratiam referre possimus! Habebimus quidem semper. Brundisio profecti sumus a.d. II Kal. Mai.; per Macedoniam Cyzicum petebamus.

(3) O me perditum, o afflictum! Quid nunc rogem te ut venias, mulierem aegram et corpore et animo confectam? Non rogem? Sine te igitur sim? Opinor, sic agam: si est spes nostri reditus, eam confirmes et rem adiuves; sin, ut ego metuo, transactum est, quoquo modo potes, ad me fac venias. Unum hoc scito: si te habebo, non mihi videbo plane perisse. Sed quid Tulliola mea fiet? Iam id vos videte; mihi deest consilium. Sed certe, quoquo modo se res habebit, illius misellae et matrimonio et famae serviendum est. Quid?

1. minus ... quam: «meno ... di quanto potrei», subordinata comparativa, con il verbo *possum* che implica il cosiddetto "falso condizionale". – **do ad vos litteras:** «vi scrivo lettere»; in realtà l'espressione completa sarebbe *dare ad tabellarium litteras ad vos*, cioè «consegnare una lettera al corriere per voi». – **propterea quod ... lacrimis:** proposizione subordinata causale (causa oggettiva, quindi espressa all'indicativo); *conficior lacrimis* vale «mi sciolgo in lacrime» (dove *lacrimis* è ablativo di causa efficiente). – **cum ... tum:** «da una parte ... dall'altra poi» (correlativi). – **ut ferre non possim:** proposizione subordinata consecutiva negativa. – **Quod:** elemento che ha semplice funzione di collegamento con quanto precede: nella traduzione si può omettere, o rendere con «e». – **utinam ... fuissemus!:** «magari fossi stato meno avido di vita!», congiuntivo ottativo (desiderio irrealizzabile nel passato) – **non multum:** litote. – **vidissemus:** plurale di modestia. – **Quod si:** «Che se poi», altra formula di collegamento, frequente in Cicerone. – **alicuius ... aliquando recuperandi:** «di recuperare una buona volta qualche bene», gerundivo al genitivo. – **minus ... nobis:** «il mio errore mi risulterebbe meno grave» (lett. «meno si è sbagliato da parte nostra», dove *a nobis* è complemento d'agente). – **fixa:** «definitivi». – **quoniam ... rettulerunt:** «poiché ... ci hanno ricambiato il favore», proposizione subordinata causale (all'indicativo, perché sentita come causa reale); *nobis* è plurale perché si riferisce a Cicerone e ai suoi familiari; sono presenti due allitterazioni (*castissime coluisti* e *semper servivi*).

2. Brundisii: locativo. – **M. Laenium Flaccum:** un amico di Brindisi, che più volte ha ospitato Cicerone. – **fuimus:** torna il plurale di modestia. – **periculum ... sui:** «il pericolo di perdere i beni e la sua vita»; l'amico, infatti, sapeva di rischiare la confisca dei beni e la vita stessa, ospitando un esiliato come Cicerone. – **neque ... deductus est:** «e non si è lasciato dissuadere dalla pena prevista da una legge totalmente ingiusta»; la *lex improbissima* cui fa riferimento Cicerone è la già citata *lex Clodia de exilio Ciceronis*, emanata nel febbraio del 58 a.C. – **quo minus** (= *quominus*)**:** è congiunzione voluta dal verbo di impedimento *deductus est* a introdurre una subordinata completiva «(e non si è lasciato dissuadere) dal». – **utinam ... possimus:** congiuntivo ottativo (desiderio realizzabile nel presente). – **Habebimus ... semper:** «Proverò certo eterna gratitudine per lui» (sott. *gratiam*). – **a.d. II Kal. Mai.:** (= *ante diem secundum Kalendas Maias*) equivalente alla datazione finale della lettera (*Pr<idie> Kal<endas> Mai<as>*: il 30 aprile del 58 a.C.). – **Cyzicum:** in un primo tempo diretto a Cizico (città dell'Asia Minore, fra l'Ellesponto e il Bosforo), Cicerone si rifugiò a Tessalonica, in Grecia (oggi Salonicco).

3. O me ... afflictum!: accusativi esclamativi. In particolare il termine *afflictum* assume un significato pregnante: indica nello stesso tempo, in modo efficace, la debolezza fisica di Cicerone e la depressione psicologica che lo tormenta in questa difficile situazione. – **Quid:** «Perché...?» (corrisponde a *cur*). – **rogem ... Non rogem? ... sim?:** «dovrei pregarti ...? Non dovrei pregarti? ... Dovrei restare?»; sono congiuntivi dubitativi. – **et corpore et animo confectam:** «sfinita nell'animo e nel corpo»; i due sostantivi in ablativo esprimono un complemento di limitazione. – **Opinor, sic agam:** «Credo che farò così». – **confirmes ... adiuves:** «rafforza (la speranza) e favoriscine la realizzazione», congiuntivi esortativi, frequenti nello stile epistolare al posto dell'imperativo. Cicerone spera che la moglie, a Roma, ottenga la revoca dell'esilio per il marito. – **sin ... transactum est:** «se, al contrario, tutto è perduto». – **quid ... fiet?:** «che avverrà della mia piccola Tullia?». – **consilium:** qui significa «decisione». – **quoquo ... habebit:** «comunque vadano le cose», locuzione idiomatica. – **serviendum est:** «occorre prendersi cura», perifrastica passiva. *Servio* (lett. «essere schiavi», «servire») qui regge *et matrimonio et famae*: «del suo matrimonio e della sua buona reputazione»; infatti Cicerone è preoccupato che la sua condanna all'esilio possa compromet-

Cicero meus quid aget? Iste vero sit in sinu semper et complexu meo. Non queo plura iam scribere; impedit maeror. Tu quid egeris, nescio: utrum aliquid teneas an, quod metuo, plane sis spoliata [...]. Pr. Kal. Mai. Brundisio.

tere il matrimonio della figlia Tullia con Gaio Calpurnio Pisone Frugi. – **Cicero meus:** è il figlio Marco, nato nel 65 a.C. (si veda l'epistola *Ad Atticum*, I, 2 a p. 520) che all'epoca di questa lettera aveva sette anni. – **sit:** congiuntivo ottativo (senza la particella *utinam*). – **in sinu ... et complexu meo:** «fra le mie braccia»; i due sostantivi sono da interpretare come un'endiadi. – **Non queo:** «Non posso» (= *nequeo*). – **quid egeris:** interrogativa indiretta dipendente da *nescio*. – **utrum ... an ... sis spoliata:** «se tu possieda ancora qualcosa oppure se tu sia stata privata di tutto», interrogativa indiretta disgiuntiva, ancora retta da *nescio*.

ANALISI DEL TESTO *Ad familiares* XIV, 4, 1-3

Lessico

1 Individua nel testo i diminutivi che sottolineano il rapporto confidenziale tra Cicerone e la sua famiglia.

2 L'epistola è caratterizzata da una forte carica patetica: evidenzia tutte le espressioni legate alla sfera semantica del pianto, dell'angoscia e della morte.

3 Ora poni in evidenza vocaboli ed espressioni legati alla sfera religiosa: in quale punto del testo si trovano? A quale persona sono riferiti?

4 Rintraccia infine i verbi e le espressioni che denunciano l'impotenza di Cicerone di fronte alla situazione di difficoltà che stanno vivendo sia lui sia la sua famiglia.

Sintassi e stile

5 Analizza con attenzione il par. 1, mettendo in rilievo gli elementi che testimoniano lo stato d'animo alterato di Cicerone (esclamazioni, congiuntivi indipendenti...) e gli elementi che testimoniano un controllo formale sempre attento e la conservazione della *concinnitas* (elementi doppi, parallelismi, disposizioni simmetriche, figure retoriche di costruzione...).

6 Osserva la frase *Quod si nos ad aliquam alicuius commodi aliquando recuperandi spem fortuna reservavit* (par. 1): quale figura retorica contiene questo passaggio? Perché Cicerone insiste sull'aggettivo e sull'avverbio indeterminato?

7 Il par. 3 appare invece più spinto verso una sintassi franta e singhiozzante, fatta di frasi brevi, domande angosciose, esclamazioni: quali sono gli strumenti sintattici e stilistici che Cicerone impiega a testimoniare la sua concitazione? Perché, a tuo parere, questo paragrafo risulta il più patetico dell'epistola?

8 Quali figure retoriche sono particolarmente presenti nella lettera?

9 Nell'epistola sono frequenti i congiuntivi indipendenti di vario tipo: individuali e spiega di volta in volta quale sia il loro valore.

Contenuti

10 L'epistola *Ad familiares* XIV, 4 raccoglie le amare parole di Cicerone alla moglie, proprio nel momento della partenza per l'esilio: ricostruisci, sulla base dei tuoi studi, gli eventi che hanno condotto Cicerone a subire questa condanna.

11 Vi sono speranze di un rapido rientro in patria? Da quali affermazioni è possibile dedurlo?

12 La pena dell'esilio era la più dura per un cittadino romano (che raramente, anche se condannato a morte, veniva giustiziato): quale conseguenza poteva esserci per chi avesse aiutato un condannato? Da quale passaggio della lettera lo si deduce?

13 L'uomo politico esiliato teme anche ritorsioni di natura economica: ripensando agli eventi della vita di Cicerone, ti sembra che questo timore si sia concretizzato?

TESTO 4

Cesare ha passato il Rubicone: timori di guerra

Ad familiares XVI, 12

Le epistole di seguito proposte in traduzione ci portano più avanti negli anni, in una temperie storica diversa, ma ancora drammatica: si aprono con l'inizio della guerra civile tra Cesare e Pompeo e seguono lo sviluppo dei rapporti tra Cicerone e il futuro dittatore.
Il 12 gennaio del 49 a.C. Cesare ha passato il Rubicone con le sue legioni: un atto di aperta sfida al senato. Il panico si diffonde in città, i senatori fuggono in Campania. Questa lettera, che segue di due settimane l'azione di Cesare, presenta Cicerone in fuga, che comunica le sue riflessioni e valutazioni politiche e militari al fedele segretario Tirone. Cicerone vuole la pace e cerca di tenere un basso profilo nelle schiere dei pompeiani, affinché i suoi messaggi di conciliazione indirizzati a Cesare possano avere migliore accoglienza. Realisticamente teme la guerra, ma valuta erroneamente le possibili evoluzioni degli eventi. Infatti, secondo lui, Roma corre qualche pericolo, ma alla fine Cesare, che si trova accerchiato da forze fedeli al senato, verrà sconfitto.
La parte finale della lettera mostra le preoccupazioni di Cicerone, in apprensione per la salute e il prossimo viaggio di Tirone, al quale si affretta a comunicare dove si trovi il resto della famiglia.

Tullio saluta il suo caro Tirone
In quale pericolo si trovi la mia vita e quella di tutti gli uomini onesti e dello Stato nel suo complesso, puoi dedurlo dal fatto che abbiamo abbandonato le nostre case e la patria stessa al saccheggio o all'incendio. La situazione è giunta a un punto tale che, se qualche divinità o qualche colpo di fortuna non verrà in aiuto, non potremo salvarci. In verità, da quando sono giunto a Roma, non ho cessato un momento di pensare, dire, fare tutto ciò che mirasse alla concordia; ma un incredibile furore aveva invaso non solo i malvagi, ma anche coloro che sono considerati onesti, così che desideravano combattere, benché io gridassi che non vi è niente di più miserando di una guerra civile. E così, mentre Cesare era rapito come da follia e – dimentico del suo nome e della sua dignità – aveva occupato Rimini, Pesaro, Ancona, Arezzo, noi abbiamo abbandonato la città; con quanta saggezza o con quanto coraggio, non è il caso di discutere. Dunque vedi in quale situazione ci troviamo. In poche parole, egli avanza le sue condizioni: cioè che Pompeo vada in Spagna, che vengano congedate le leve che si sono tenute e sciolti i nostri presìdi; egli consegnerà la Gallia ulteriore a Domizio e la citeriore a Considio Noniano (a questi infatti sono toccate in sorte); verrà a presentare la candidatura al consolato, e non vuole più che si tenga conto di lui mentre è assente: egli di persona farà la triplice richiesta. Abbiamo accettato le condizioni, a patto però che egli tolga i presìdi da quei luoghi che ha occupato, in modo che il senato possa riunirsi a Roma per deliberare su quelle condizioni senza timore. Se egli lo farà, vi è una speranza di pace, non certo onorevole (le condizioni, infatti, sono imposte), ma qualunque cosa è preferibile alla condizione in cui ci troviamo. Se invece egli non vorrà stare ai suoi stessi patti, la guerra è decisa; ma una guerra tale che egli non potrà sostenerla, soprattutto dopo avere rinnegato lui stesso le sue condizioni; basta solo accerchiarlo, affinché non possa avvicinarsi alla città: e speriamo di poterlo fare. Infatti effettuiamo numerosi reclutamenti; inoltre pensiamo che egli tema di perdere le Gallie – che gli sono assai ostili, a eccezione dei Transpadani – qualora intraprendesse una marcia di avvicinamento a Roma; inoltre ha alle sue spalle, dalla Spagna, sei legioni e numerose truppe ausiliarie, comandate da Afranio e Petreio. Sembra dunque che, se impazzirà del tutto, egli possa essere eliminato, solo che la città sia salva. In verità egli ha già subìto un durissimo colpo, poiché Tito Labieno, che aveva grandissima autorità nel suo esercito, non ha voluto essere complice di questo delitto: lo ha abbandonato e sta con noi, e si dice che molti siano sul punto di fare lo stesso.
Io comando ancora la difesa della costa da Formia. Non ho voluto assumere alcun incarico più importante, affinché le mie lettere e le mie esortazioni per la pace abbiano più valore agli occhi di Cesare. Se invece vi sarà la guerra, immagino che assumerò il comando di un campo e di alcune legioni. Soffro anche per il fatto che il nostro Dolabella[1] si trova con Cesare. Ho voluto che questi fatti ti fossero noti, ma non turbarti e non rovinarti la guarigione.

1. Partigiano di Cesare, sposerà Tullia, figlia di Cicerone.

Ti ho raccomandato con grande cura ad A. Varrone,[2] che so essere mio grande amico e tuo estimatore, affinché si preoccupi della tua salute e del viaggio per mare: insomma, affinché ti accolga e ti protegga. Confido che farà tutto ciò: infatti ha accolto le mie richieste e mi ha parlato con grande cordialità. Tu invece, poiché non hai potuto essermi vicino nel momento in cui più ho sentito il bisogno del tuo aiuto e della tua fedeltà, bada ora di non avere fretta e non metterti per mare ammalato, oppure d'inverno. Mai penserò che sarai giunto tardi, se arriverai sano. Fino a ora non ho incontrato nessuno che ti abbia visto dopo M. Volusio,[3] dal quale ho ricevuto la tua lettera; ma ciò non mi stupisce: infatti credo che nemmeno le mie lettere ti siano state portate in un inverno così duro. Ma cerca di stare bene e, se starai bene, navigherai quando potrai farlo tranquillamente. Il mio Cicerone[4] è nel Formiano; Terenzia e Tullia sono a Roma. Stammi bene.
Formia, 27 gennaio del 49 a.C.

(trad. di F. Signoracci)

2. Forse si tratta di A. Varrone Murena, parente di Mecenate.
3. Uomo politico di cui parla anche Valerio Massimo (VII, 5, 8).
4. Si riferisce al figlio; Terenzia e Tullia sono la moglie e la figlia amatissima.

TESTO 5

Cicerone parte per il campo di Pompeo

Ad familiares XIV, 7

Non c'è più tempo per gli indugi. Dopo scambi epistolari intensi con molti uomini politici, Cesare compreso, Cicerone prende infine una decisione definitiva. Pompeo sta organizzando l'esercito in Epiro e anche Cicerone decide di raggiungerlo, in compagnia del figlio Marco. Cogliamo il momento drammatico, nel quale l'uomo politico si schiera decisamente con Pompeo, senza più possibilità di mediazione, attraverso una lettera tenera e intima: sono righe vergate da Cicerone appena è salito a bordo della nave ancorata nel porto di Gaeta. Esprime una serie di raccomandazioni alla moglie, che rimane a Roma con l'amatissima figlia Tullia. La loro permanenza in città è necessaria (per presidiare i beni di famiglia), ma pericolosa. Il linguaggio è familiare e piano, il tono è affettuoso, ma emergono – anche tra le parole scritte alla moglie – il dolore e la preoccupazione per le sorti dello Stato.

Tullio saluta la sua Terenzia
Ho scacciato definitivamente tutti gli affanni e le preoccupazioni a causa delle quali (e ciò mi ha dato grande dispiacere) ho reso assai infelici sia te sia la piccola Tullia, che ci è più cara della vita stessa. Ho capito il giorno dopo avervi lasciate quale sia stata la causa. Durante la notte ho vomitato bile; e subito mi sono sentito sollevato, come se un dio mi avesse dato una medicina. E a questa divinità, cioè ad Apollo ed Esculapio, dedicherai un sacrifico pio e casto, come sei solita fare. Spero di avere a disposizione una nave assai valida. Ti ho scritto queste parole non appena mi sono imbarcato. In seguito scriverò molte lettere ai nostri amici, ai quali raccomanderò con grande cura te e la nostra piccola Tullia. Vi esorterei a essere più forti d'animo, se non sapessi già che siete più forti di qualsiasi uomo. Del resto, spero che la situazione sia tale che la vostra permanenza in quel luogo (a Roma) sia assolutamente tranquilla e che io finalmente possa difendere lo Stato con i miei compagni. Anzitutto vorrei che tu badassi alla tua salute; poi, se ti sembrerà opportuno, usa tra le nostre case di campagna quelle che saranno più lontane dagli eserciti. Nel podere di Arpino potresti trovarti bene con la servitù di città, se i prezzi (a Roma) saranno troppo cari. Il nostro dolcissimo Cicerone ti manda tanti saluti. Ancora una volta addio.
Gaeta, 7 giugno del 49 a.C.

(trad. di F. Signoracci)

DENTRO IL TESTO *Ad familiares* XVI, 12; XIV, 7; *Ad Atticum* VII, 11

Leggere il testo

1 Le tre epistole presentano un crescendo, che parte da un'illusoria speranza e giunge a una decisione dolorosa; ricostruisci le tappe di questo percorso, fatto di eventi esterni, riflessioni di Cicerone e suoi stati d'animo.

a Quale giudizio esprime Cicerone quando viene a sapere che Cesare ha attraversato il Rubicone?

b Come valuta la decisione presa da Pompeo e dai suoi partigiani di abbandonare Roma?

c Perché preferisce tenere un basso profilo all'interno dello schieramento pompeiano?

d Quando Cicerone decide di partire per unirsi all'esercito pompeiano, con quale tono comunica la notizia alla moglie? Appare più fiducioso o preoccupato per le sorti della guerra?

2 Nella prima epistola, quale atteggiamento ha Cicerone nei confronti del segretario Tirone? E quale considerazione nutre per lui?

Riflettere sul testo

3 Nelle tre lettere lo scrivente si rivolge sempre a persone a lui care (Tirone, Attico, la moglie): come si rapporta la grave situazione politica con gli affetti familiari? Ti sembra che i due aspetti siano scissi tra loro, oppure emerge un intreccio tra sfera pubblica e sfera privata?

Individuare nodi problematici

4 Dalla lettura di queste epistole, il ruolo politico che gioca Cicerone ti sembra ancora centrale nella vita dello stato?

5 Sulla base dei tuoi studi, le ipotesi e le previsioni da lui avanzate si riveleranno centrate o errate? Realistiche o utopistiche?

6 Quali dinamiche storiche si sono messe in moto tramite gli eventi che qui Cicerone racconta? E quale sarà il loro esito?

TESTO 6

Pompeo è morto, Cicerone attende il perdono di Cesare *Ad Atticum* XI, 6, 3-7

Pompeo è stato assassinato in Egitto dai sicari di Tolomeo. Ora Roma è in mano a Cesare, con lui si deve confrontare l'ex nemico Cicerone. La lettera ad Attico (riportata quasi per intero) è un interessante spaccato dell'incerta situazione in cui si trova Cicerone: da un lato attende un segnale di benevolenza da parte del dittatore e muove le sue pedine (anche attraverso l'influente Attico) per cercare un riavvicinamento. Dall'altro, non può passare sotto silenzio la morte dell'uomo politico e del militare che per lungo tempo ha ammirato: il suo destino era segnato – osserva Cicerone in un breve epitaffio – ma non si può dimenticare quale uomo sia stato. Piuttosto, chi gli era accanto mostrava, sin dal tempo della lotta, di essere davvero indegno: già i pompeiani progettavano la spartizione dei beni dei partigiani di Cesare. Ricordiamo, infatti, che Cicerone si era convinto a fatica a schierarsi con Pompeo, partito scelto come il minore dei mali, poiché oramai era diventato scettico sul destino della *res publica* e suo personale, chiunque avesse vinto lo scontro.
Accanto alle osservazioni e ai giudizi storico-politici, la lettera – segnata da repentini cambi di tono – contiene un commovente riferimento alla figlia e uno scambio di informazioni circa il fratello Quinto (che aveva sposato la sorella di Attico), anche lui impegnato a rientrare nelle grazie di Cesare.

Cicerone saluta Attico
Ho scritto tutto ciò a Balbo e a Oppio;[1] siccome essi sono del parere che io debba avvicinarmi di più, ho raccomandato loro di riflettere bene sulla cosa. Credo che se la prenderanno a cuore. In concreto mi assicurano che Cesare si prenderà cura non soltanto di salvaguardare il prestigio del mio rango, ma

1. Amici di Cicerone.

addirittura di accrescerlo e mi esortano a stare perfettamente tranquillo e a nutrire le più rosee speranze. Di questo essi si rendono garanti e ne danno conferma. Se io fossi rimasto, tutto ciò sarebbe per me più sicuro, senza ombra di dubbio. Ma io sto rimuginando vicende ormai passate. Presta, dunque, la tua attenzione, te ne prego, a quelle presenti e saggia il terreno con costoro; se tu riterrai, ed essi saranno del medesimo avviso, che ce ne sia bisogno per strappare a Cesare la piena approvazione del mio operato presentato a lui come se fosse frutto del consiglio dei suoi amici, vengano chiamati in causa Trebonio, Pansa[2] e quanti altri vi sono, e scrivano a Cesare che, tutto ciò che ho compiuto, io l'ho fatto per consiglio dei suoi amici.
La malattia e lo stato di prostrazione fisica della mia cara Tullia[3] mi uccidono. Capisco che essa è oggetto delle tue squisite cure, il che mi riesce estremamente gradito.
Circa la fine di Pompeo non nutrii mai dubbi. Realmente una disperazione tanto profonda riguardo alle possibilità d'azione di lui si era fatta strada nell'animo di tutti i re e di tutte le popolazioni, che, dovunque egli fosse andato, io calcolavo una conclusione del genere. Non posso non provare dolore per la sua vicenda: di fatto individuai in lui una personalità di uomo integro irreprensibile, serio. Dovrei confortarti per Fannio.[4] Eppure erano malignità belle e buone quelle che propalava sul suo conto per il fatto che non ti eri spinto oltremare. Poi Lucio Lentulo aveva riservato per sé il palazzo di città di Ortensio, nonché i giardini suburbani di Cesare e la villa di Baia. In generale bramosie di tal genere pullulano analogamente anche da quest'altra parte,[5] sennonché quelle là erano senza limite. In concreto tutti quelli che erano rimasti in Italia erano tenuti in conto di nemici di guerra. Ma di questi problemi vorrei discutere un bel giorno, quando saremo liberi da qualsiasi impaccio.
Sento dire che mio fratello Quinto è partito per l'Asia allo scopo di chiedere grazia in proprio favore. Di suo figlio non ho sentito dire nulla, ma informati da Diocare, liberto di Cesare che io non ho visto: egli è il latore di codesta lettera da Alessandria. Si dice che egli abbia visto mio fratello Quinto nel corso del suo viaggio, oppure quando era già in Asia. Resto in attesa di una tua lettera, secondo come richiedono le attuali circostanze. Ti prego di prenderti cura a che mi sia recapitata il più presto possibile.
Brindisi, 28 novembre del 48 a.C.

(trad. di C. Di Spigno)

2. Influenti uomini politici, che accederanno al consolato (nel 45 e nel 43 a.C.).
3. La figlia di Cicerone.
4. Fannio e Lucio Lentulo furono luogotenenti di Pompeo.
5. Dalla parte di Cesare.

TESTO 7

Arriva il perdono di Cesare

Ad familiares XIV, 23

Cicerone ha atteso a lungo il perdono di Cesare. Infatti, dopo la sconfitta di Farsalo e la morte di Pompeo, egli decide di tornare in patria, scoraggiato ma anche deluso dai suoi compagni di partito. Sbarca a Brindisi e qui si ferma ad attendere le decisioni del vincitore. Finalmente Cesare gli invia una lettera, con la quale apre la strada al suo perdono; Cicerone ne dà notizia brevemente alla moglie, mostrandosi incerto su ciò che sia meglio fare: andare incontro a Cesare, che sta per sbarcare a Taranto dopo la felice campagna militare contro il re Farnace, oppure attenderlo a Brindisi?
Egli infine opterà per la prima ipotesi e verrà accolto benignamente da Cesare (che già aveva inaugurato la sua politica della *clementia*).

Tullio saluta la sua Terenzia
Finalmente mi è stata consegnata una lettera di Cesare dal tono abbastanza cortese; e si dice che egli stesso arriverà prima di quanto si pensi. Quando avrò deciso, ti farò sapere se gli andrò incontro per strada o lo aspetterò qui. Vorrei che mi rimandassi al più presto i corrieri. Stai attenta alla tua salute. Addio.
Brindisi, 12 agosto del 47 a.C.

(trad. di F. Signoracci)

TESTO 8

Cesare è stato ucciso! *Ad familiares* VI, 5

Alle Idi di marzo del 44 a.C. un gruppo di congiurati pugnala a morte Cesare. Lo stesso giorno, appena appresa la notizia, Cicerone scrive un biglietto di congratulazioni e appoggio a L. Minucio Basilio, che era stato luogotenente di Cesare in Gallia, pretore nel 45 a.C. e ora, inaspettatamente, apparso nel gruppo dei cesaricidi.
Quello di Cicerone è un grido di liberazione: è morto il suo nemico politico, il tiranno, il padrone dello stato di fronte al quale si è dovuto umiliare per ottenere il perdono. Il biglietto è brevissimo, composto quasi solo di verbi giustapposti, a testimonianza di una carica emotiva irrefrenabile. Ma questa gioia, come sappiamo, sarà di breve durata.

Cicerone saluta Basilio
Rallegramenti a te: gioia per me. Ti amo: vigilo su ciò che ti riguarda. Voglio che anche tu mi ami e mi tenga informato sulle tue mosse e su quelle degli altri.
Roma, 15 marzo del 44 a.C.

(trad. di F. Signoracci)

TESTO 9

Tutto è stato inutile *Ad Atticum* XIV, 4; 12

Cicerone è amareggiato: la morte di Cesare lo aveva illuso che potessero essere restaurate le istituzioni repubblicane. Tuttavia il cambiamento nella società e nella gestione del potere, dopo la prima fase della guerra civile, è troppo profondo perché tutto torni come prima. Il potere continua a essere gestito da pochi in modo personalistico, senza il rispetto delle istituzioni tradizionali: così Antonio, per il momento arbitro della situazione a Roma, può prendere decisioni che paiono rovinose a Cicerone. La delusione di Cicerone è grande, tanto più che – come si arguisce dagli ultimi paragrafi della lettera – appare sulla scena un altro giovane e ambizioso protagonista: quell'Ottaviano che si porrà come vendicatore del dittatore ucciso e sarà il futuro Augusto.

Cicerone ad Attico
Pensi forse che io venga a sapere di qualche novità qui a Lanuvio? Invece ho il sospetto che tu là apprenda ogni giorno qualcosa di nuovo. La situazione è densa di minacce. Dal momento che Mazio assume quell'atteggiamento, in quali termini pensi si esprimano gli altri? In quanto a me, provo dolore del fatto che il recupero dell'istituto repubblicano non sia avvenuto all'unisono con quello della libertà, cosa, questa, che non è mai avvenuta in nessuna formazione statale. Fa venire i brividi ciò che essi dicono, ciò che minacciano. Ed ho timore anche delle guerre in Gallia, mentre ignoro quali risultati ottiene Sesto (Pompeo).
Ma sebbene i motivi di angoscia si scatenino tutti insieme, le Idi di marzo non sono il nostro conforto. Però i nostri «eroi»[1], tutto ciò che si poté compiere unicamente con il loro impegno, essi lo hanno realizzato nel modo più glorioso e più splendido. Le rimanenti operazioni richiedono mezzi finanziari e partecipazione larga di uomini in armi e noi non ne abbiamo affatto. Queste notizie io ti do; tu, se sei a conoscenza di qualche novità (giacché ogni giorno ne aspetto qualcuna), comunicamela senza indugio ma se non c'è nulla di nuovo, tuttavia, rispettando la nostra consuetudine, non dobbiamo permettere che le nostre lettere subiscano un'interruzione. Io, per conto mio, non oserò farlo.

1. Allude agli uccisori di Cesare, chiamati, come in questo caso eroi, con la parola scritta in greco, oppure *liberatores* o *tyrannoctonii*.

Mio caro Attico, temo che le Idi di marzo non ci abbiano dato nulla tranne che allegria e riparazione delle colpe dell'odio e del dolore. Quali notizie mi vengono recate di costà! Quali storture vedo qua! «O impresa nobile sì, ma priva di effetto!». Tu sai quanto io abbia cari i Siciliani e quanto rispettabili io giudichi quelli come miei clienti. Cesare ha fatto loro molte concessioni e io non mi sono mai opposto (anche se il privilegio del diritto latino era insopportabile; pur tuttavia ha avuto il suo corso). Ma ecco che Antonio, dopo aver ricevuto una grossa somma di denaro, ha fatto affiggere il testo di un disegno di legge «presentato dal dittatore nel corso di un'assemblea», in virtù del quale i Siciliani diventano cittadini romani; di quel disegno, finché il dittatore era vivo, non c'è stata nessuna menzione. [...]
Ottavio è qui con me e mi tratta in modo molto onorifico e con spirito di viva amicizia. I suoi fedelissimi lo salutano col nome di Cesare; Filippo non lo chiama così; perciò neppure io. Per quanto sta in me, affermo che non può essere un buon cittadino. Tanto numerosi sono quelli che lo attorniano, i quali minacciano di morte i nostri amici e dicono che la situazione attuale è insostenibile. Che cosa pensi che faranno quando il «ragazzo» verrà costà a Roma dove i nostri «liberatori» non possono sentirsi al sicuro? Non c'è dubbio che i «liberatori» avranno sempre chiara fama, poi per la consapevolezza del gesto compiuto si sentiranno anche felici; invece noi, se non mi sbaglio, resteremo prostrati. Pertanto desidero intensamente andarmene lontano, «dove mai e poi mai dei Pelopidi ...», come dice il poeta:[2] [...]
Pozzuoli, 22 aprile del 44 a.C.

(trad. di C. Di Spigno)

Statua ritratto di Giulio Cesare (particolare) I secolo d.C., Berlino, Museo Nazionale.

2. Probabilmente è una citazione dall'*Atreus* di Accio.

DENTRO IL TESTO *Ad Atticum* XI, 6, 3-7; XIV, 4; 12; *Ad familiares* XIV, 23; VI, 5

Leggere il testo

1 Le epistole proposte presentano sbalzi di stati d'animo, tra momenti di sollevamento e altri di depressione, legati ai frenetici avvenimenti:
   a quali sono i pensieri di Cicerone alla notizia della morte di Pompeo?
   b con quale stato d'animo accoglie il perdono di Cesare?
   c come reagisce alla notizia della sua uccisione?

2 Quale breve giudizio formula su Pompeo?

3 Quale giudizio viene espresso sui pompeiani?

Riflettere sul testo

4 A tuo parere, che cosa intende dire Cicerone quando afferma che vorrebbe parlare della guerra civile «con animo più sereno»?

5 Anche in queste lettere prevalentemente politiche compaiono affetti e figure care.
   a Chi sono? Come si rivolge a loro l'Arpinate?
   b Alla luce di questa osservazione, ti sembra corretto definire l'epistolario di Cicerone "un documento storico e umano"?

Individuare nodi problematici

6 Sulla base dei tuoi studi, sai spiegare perché Cicerone è deluso dallo sviluppo delle vicende dopo le Idi di Marzo?

7 Nell'ultima lettera proposta appaiono due personaggi che giocheranno un ruolo fondamentale nelle vicende di Roma.
   a Chi sono questi personaggi?
   b Quale posizione nei loro confronti sembra già assumere in questa lettera Cicerone?

APPROFONDIMENTO

UNA SCOPERTA STRAORDINARIA

Francesco Petrarca, a metà del XIV secolo, si impegnò in un assiduo lavoro di ricerca di testi antichi, che poi ricopiava diligentemente, studiava con attenzione e cercava di ricostruire nella loro veste originale. Un grande impegno filologico, che gettò le basi dell'Umanesimo in Europa. E fu proprio il poeta e studioso, nel 1345, a effettuare una straordinaria scoperta nella Biblioteca Capitolare di Verona: rovistando tra i manoscritti, si ritrovò tra le mani una parte cospicua dell'epistolario di Cicerone, che comprendeva le lettere ad Attico, a Quinto e a Bruto.
La raccolta era da tempo immemorabile nascosta in qualche raro codice e non se ne aveva più notizia. Grande fu lo stupore e l'emozione di Petrarca, che subito si diede a trascrivere il testo; ma ancora più emozionante (e conturbante) fu per il poeta italiano scoprire l'umanità di Cicerone, con tutti i suoi difetti e le sue debolezze, come uscivano spontanei dalle lettere. Ne derivò una riflessione amara sul carattere di Cicerone, che Petrarca riportò in una delle sue epistole latine, indirizzata allo stesso Arpinate. La lettera fittizia, che di seguito riportiamo per intero in traduzione, diviene occasione anche per un bilancio (negativo) della parabola politica di Cicerone, nonostante i suoi buoni propositi e la sua preparazione filosofica, che avrebbero dovuto guidarlo sulla via della saggezza:

Francesco saluta il suo Cicerone.
Trovate, dopo molte e lunghe ricerche, le tue lettere là dove meno credevo, le ho lette avidamente. E ti ho inteso dir molte cose, molte deplorare, su molte cambiar parere, o Marco Tullio; e da un pezzo sapevo qual precettore tu fossi agli altri, ora finalmente ho compreso qual tu sia davanti a te stesso. Ora a tua volta, dovunque tu sia, ascolta non un consiglio, ma un lamento, ispirato da vero affetto, che uno dei posteri, di te amantissimo, esprime non senza lacrime. O uomo sempre inquieto e ansioso, o meglio, per dirlo con le tue parole, o vecchio impulsivo e infelice, che hai inteso di fare con tante contese e inutili amicizie? Dove hai lasciato quella calma così conveniente all'età, alla professione, alla fortuna tua? Qual falso splendore di gloria ti spinse vecchio in gare giovanili e dopo averti fatto ludibrio d'ogni fortuna ti condusse a una morte indegna di un filosofo? Ahimè! dimentico dei fraterni consigli e dei tuoi stessi salutari precetti, come un viaggiatore notturno che porta un lume fra le tenebre, mostrasti a chi ti seguiva la via sulla quale miseramente cadesti. Non parlo di Dionisio, né del tuo fratello e del tuo nipote, neppure di Dolabella, che ora con lodi innalzi al cielo, ora colpisci con improvvise ingiurie; tutto questo si potrebbe sopportare. Tralascio anche Giulio Cesare, la cui ben nota clemenza era un rifugio a tutti i maledici; taccio di Pompeo, col quale tutto ti era permesso per diritto di amicizia. Ma qual furore ti spinse contro Antonio?

Altichierio da Zevio: Francesco Petrarca tra altri notabili (particolare), 1376, Padova, Oratorio di San Giorgio.

Credo, l'amore per la repubblica, che vedevi ormai prossima all'estrema rovina. Ma se da pura fede, da amore di libertà eri spinto, perché tanta familiarità con Augusto? E che risponderesti a Bruto? «Se ti piace Ottavio», egli dice «può sembrare non che tu abbia voluto fuggire un padrone, ma trovare un padrone più amico». Questo ti restava, o infelice, questo doveva essere l'ultimo tuo errore: che tu offendessi anche lui già da te tanto lodato, sicché egli fosse indotto, non dico a farti del male, ma a lasciar che altri te ne facessero. Mi dolgo della tua sorte, o amico, e provo vergogna e pietà dei tuoi errori, e insieme col medesimo Bruto «non do nessun valore a quell'arte, nella quale so che tu sei abilissimo». Infatti, che giova ammaestrare gli altri, che giova parlar continuamente con belle parole di virtù, se poi non ascolti te stesso? Ah, quanto meglio sarebbe stato, soprattutto per un filosofo, invecchiare tranquillamente in campagna «meditando», come tu stesso scrivi in un certo luogo, «sulla vita eterna, non su questa terrena così breve», non aver avuto l'onore dei fasci, non aver aspirato a nessun trionfo, non aver messo superbia per alcun Catilina! Ma ormai ogni rimprovero è vano. Addio in eterno, o mio Cicerone.

traduzione tratta da F. PETRARCA, *Opere*, a cura di G. Martellotti, Napoli, Ricciardi, 1955, pp. 1022-1025

Questa lettera, però, fu seguita da un'altra, in cui Petrarca lodava senza riserve la lingua, l'ingegno letterario e lo stile di Cicerone, grande maestro per lui e per tutti gli umanisti.
È importante anche ricordare che la scoperta ebbe interessanti conseguenze dal punto di vista letterario: probabilmente fu proprio studiando l'epistolario di Cicerone che Petrarca progettò di raccogliere le sue lettere latine in un'opera autonoma, inaugurando un nuovo genere letterario. E l'epistolario latino di Petrarca divenne modello per molti studiosi, che trasformarono la lettera in un vero e proprio veicolo di cultura per la diffusione dell'Umanesimo in Europa.

RIEPILOGO DEL PERCORSO

1 L'epistolario ciceroniano rappresenta uno straordinario documento storico, immerso nella spontaneità di una comunicazione reale con amici, parenti, uomini politici; in particolare, il percorso qui proposto ruota attorno a due eventi drammatici per la vita di Cicerone (e di Roma tutta).
   a Come vive e racconta Cicerone l'esperienza della condanna all'esilio?
   b Come si rapporta alla figura di Cesare, nelle varie fasi dell'ascesa del futuro dittatore, della sua vittoria nella guerra civile, e infine della sua morte violenta?
   c Quale giudizio emerge dalle lettere sulla figura di Pompeo?
2 Quali sono gli affetti familiari e le amicizie profonde che vediamo apparire in queste epistole? Come si rivolge a loro Cicerone?
3 In particolare, quali sono gli scopi per cui spesso scrive all'amico Attico?
4 Le lettere proposte presentano uniformità di stile e di tono (tra di loro e al loro interno), o significative variazioni?
5 Che cosa si intende per "impiego del *sermo cotidianus*" nelle epistole?
6 Alla luce delle tue letture e dei tuoi studi storici, come puoi valutare la posizione assunta da Cicerone di fronte alle gravi vicende che hanno portato alla fine della *res publica*?

Rendere visibile la parola: l'Arringatore

MEDIABOOK

L'ARRINGATORE

SCHEDA TECNICA

Denominazione: Arringatore
Data: II-I secolo a.C.
Tecnica: Bronzo; h. 1,80 m
Collocazione: Firenze, Museo Archeologico Nazionale

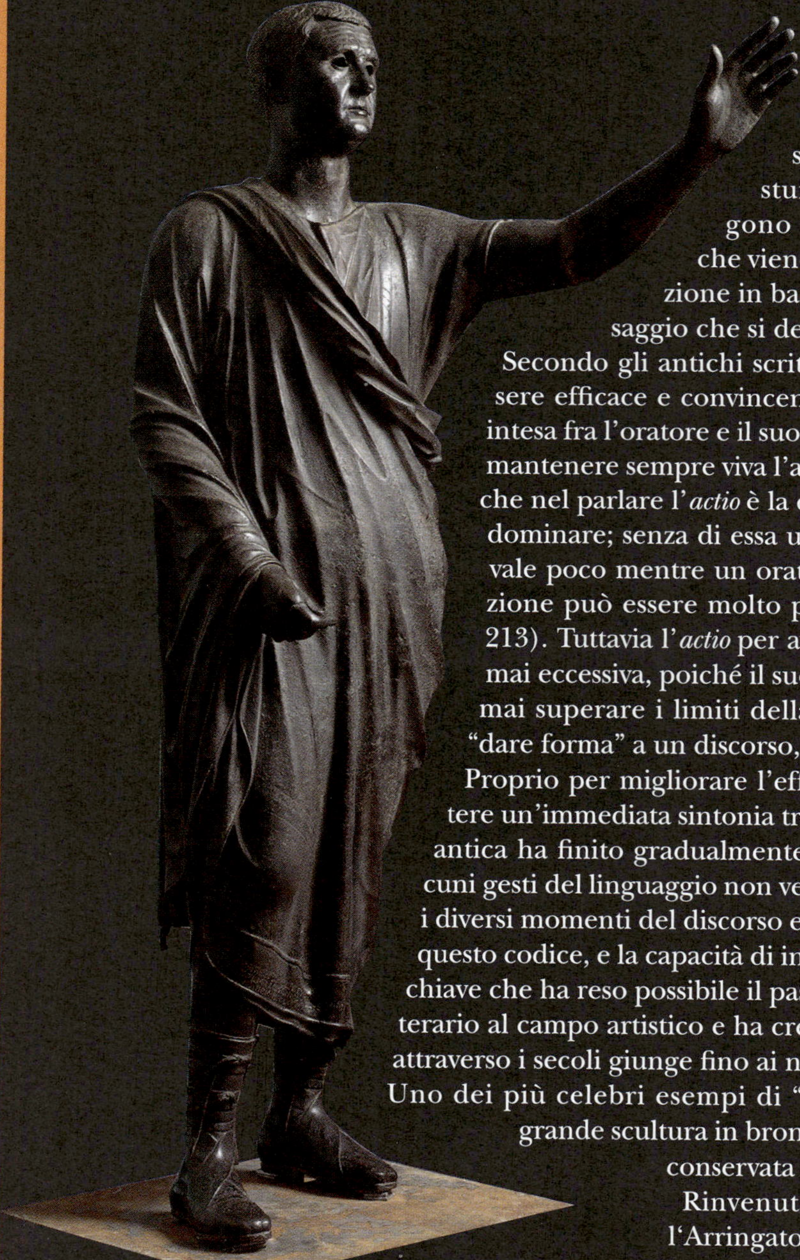

In un celebre passo del terzo libro del *De Oratore*, Cicerone fa pronunciare a uno dei suoi due protagonisti, l'oratore Lucio Licinio Crasso, un importante giudizio su uno degli elementi base dell'arte declamatoria: l'*actio*. L'*actio*, letteralmente *azione* ma possiamo estendere il suo significato a *recitazione*, è il modo di presentare se stessi e l'argomento che si sta sviluppando al pubblico degli ascoltatori. Si caratterizza come un linguaggio non verbale, fatto di gesti ben definiti, dagli sguardi alla mimica del volto, dalla postura al movimento del corpo, che svolgono una funzione di supporto alla voce, che viene modulata con diversi gradi di intonazione in base al significato del discorso e del messaggio che si desidera trasmettere.

Secondo gli antichi scrittori greci e latini, un'orazione per essere efficace e convincente doveva creare un rapporto di forte intesa fra l'oratore e il suo pubblico, una sintonia che ha il fine di mantenere sempre viva l'attenzione, per questo Cicerone osserva che nel parlare l'*actio* è la qualità che meglio l'oratore deve saper dominare; senza di essa un oratore, anche se abile nella parola, vale poco mentre un oratore mediocre, ma capace nella recitazione può essere molto più efficace e persuasivo (*De Orat.* III, 213). Tuttavia l'*actio* per avere successo deve essere equilibrata e mai eccessiva, poiché il suo obiettivo è presentare la realtà, senza mai superare i limiti della verità, riuscendo in questo modo a "dare forma" a un discorso, rendendo "visibile" la parola.

Proprio per migliorare l'efficacia della comunicazione e permettere un'immediata sintonia tra l'oratore e il suo pubblico, la retorica antica ha finito gradualmente per semplificare e standardizzare alcuni gesti del linguaggio non verbale, creando una corrispondenza tra i diversi momenti del discorso e il linguaggio gestuale. La creazione di questo codice, e la capacità di interpretarlo da parte di chi osserva, è la chiave che ha reso possibile il passaggio di questi schemi dal campo letterario al campo artistico e ha creato le basi di un linguaggio visivo che attraverso i secoli giunge fino ai nostri giorni.

Uno dei più celebri esempi di "statua parlante" è l'*Arringatore*, una grande scultura in bronzo, databile tra il II e I secolo a.C., oggi conservata al Museo Archeologico di Firenze.

Rinvenuta nel 1566 non lontano da Perugia, l'Arringatore rappresenta, a grandezza naturale, un uomo di età matura, come indicano le rughe profonde che marcano la fronte, raffigurato in piedi con il braccio destro sollevato e proteso in avanti. L'uomo, che dall'iscrizione posta lungo il bordo inferiore della veste sappiamo essere *Aule Meteli*, figlio di *Vel* e di *Vesi*, veste un tipico abbigliamento romano, una tunica, che aderisce al corpo, coperta da una corta toga (*toga exigua*), che avvolge la spalla e il braccio sinistro, lasciando scoperta la mano sul cui anulare si nota l'anello con castone. Ai piedi indossa degli alti calzari, simili a quelli dei senatori romani, i cui lacci si intrecciano sopra la caviglia per annodarsi a metà gamba. La cura minuziosa dei dettagli è ancor più evidente nell'esecuzione dei tratti del volto, che sono caratterizzati da un forte realismo: gli occhi, oggi perduti, erano probabilmente in avorio o in pasta vitrea, e sono marcati agli angoli esterni da piccole rughe che rendono lo sguardo ancor più penetrante. Due profonde rughe segnano anche i lati della bocca. Le labbra sono chiuse, sottili e ben disegnate; le guance sono curate e prive di barba, mentre i capelli sono corti, aderenti alla testa e pettinati a piccole ciocche, il cui disegno è realizzato con sottili incisioni.

Se nell'aspetto generale *Aule Meteli* si atteggia a cittadino romano, le sue origini sono però etrusche, come rivela l'iscrizione elegantemente incisa lungo la fascia inferiore della toga. Scritta in lingua etrusca, l'iscrizione ricorda come la statua sia stata offerta in onore di *Aule Meteli* al dio *Tece* Padre dalla comunità (pago) di Chisuli. Si tratta dunque di una statua onoraria destinata a un santuario, che celebra un uomo pubblico, che doveva aver rivestito importanti cariche politiche, come sembra indicare l'uso del bronzo, raffigurato in piedi nell'istante che precede l'inizio di un discorso.

Aule Meteli ha infatti la bocca chiusa, ma il movimento che sta eseguendo con la mano destra, con il palmo girato in avanti in direzione di un immaginario pubblico e le dita leggermente aperte, era ben chiaro ad un osservatore antico poiché rientra tra gli schemi propri dell'arte oratoria. *Aule Meteli* sta parlando con il corpo, poiché sta compiendo il gesto del *silentium manu facere*, ovvero è ritratto nel momento in cui, accingendosi a parlare alla folla, chiede il silenzio per prendere la parola; da qui il nome *Arringatore* con cui la statua è generalmente conosciuta.

Tuttavia da solo il movimento della mano destra non basterebbe per interpretare l'opera. É l'insieme dei dettagli che ci offre la chiave di lettura: ad esempio l'abito e l'anello che identificano *Aule Meteli* come un personaggio di rango aristocratico, forse un magistrato, lo sguardo concentrato, la solenne compostezza della sua posa ed infine la pacatezza del gesto che richiama alla mente le parole di Cicerone quando, sempre nel terzo libro, sottolinea come una delle qualità che l'oratore deve possedere sia la misura. Se il successo dell'*actio* deriva dal fatto che essa coinvolge i due sensi attraverso i quali ogni emozione penetra nell'animo, cioè la vista e l'udito, l'oratore dovrà sempre mantenere il controllo delle passioni, per evitare che esse possano turbare la chiarezza del suo messaggio. Come osservava Cicerone, un attore imita la verità, l'oratore la deve dimostrare.

PER SAPERNE DI PIÙ

GIOVANNI COLONNA, *Il posto dell'Arringatore nell'arte etrusca di età ellenistica*, in *Studi Etruschi*, 56 (1989-1990), pp. 99-122.

MAURO CRISTOFANI, *Sul rinvenimento dell'*Arringatore, in *Prospettiva*, 45 (1986), pp. 56-57.

MASSIMILIANO PAPINI, *La posizione dell'Arringatore nell'arte ellenistica*, in *Antichi volti della Repubblica: la ritrattistica in Italia centrale tra IV e II secolo a.C.*, Roma 2004, pp. 335-340.

SUAVE E TERRA MAGNU ALTERIUS SPECTARE LABOREM

TITO LUCREZIO CARO

L'autore

Notizie biografiche Le notizie riguardanti la vita di Lucrezio sono a dir poco scarne: tutto quello che conosciamo di lui è conservato dal *Chronicon* di Girolamo (IV secolo d.C.), che all'anno 94 a.C. registra:

> *T. Lucretius poëta nascitur, qui postea amatorio poculo in furorem versus, cum aliquot libros per intervalla insaniae conscripsisset, quos postea Cicero emendavit, propria se manu interfecit anno aetatis XLIV.*
>
> Nasce il poeta Tito Lucrezio che, condotto alla pazzia per un filtro d'amore, dopo aver scritto nei periodi di lucidità della pazzia alcuni libri, che poi rivide Cicerone, si suicidò a 43 anni d'età.

i pochi dati biografici

Stando a questa testimonianza, dunque, **Lucrezio sarebbe nato nel 94 e morto intorno al 50 a.C.**

Nella sua *Vita di Virgilio*, però, il grammatico Elio Donato scrive che Lucrezio sarebbe morto nell'anno in cui Virgilio indossò la toga virile, quindi nel 55 a.C. Se così fosse, la data di nascita di Lucrezio sarebbe da anticipare al 98 a.C. Per il resto, nulla. Sembra quasi che sulla vita del poeta sia calata una «congiura del silenzio», per usare un'espressione di Alfonso Traina. Persino Cicerone, che a detta di Gerolamo sarebbe stato l'editore del poema lucreziano, non aggiunge nessun dato, limitandosi a un asciutto elogio della poesia di Lucrezio in un'epistola del 54 a.C. indirizzata al fratello,[1] in cui si limita a scrivere:

> *Lucreti poemata, ut scribis, ita sunt, multis luminibus ingeni, multae tamen artis.*
>
> I versi di Lucrezio, come tu scrivi, possiedono molti bagliori di intelligenza poetica, ma anche molta ricercatezza di stile.

le leggende

Ovviamente leggendario è il riferimento al filtro d'amore, notizia che forse è stata costruita a partire da certi passi del poema, in cui l'autore descrive gli effetti devastanti della passione d'amore secondo quanto, peraltro, indica la filosofia epicurea che egli ha seguito.

1. *Epistulae ad Quintum fratrem* II, 9, 3.

Senza fondamento paiono anche le notizie riguardanti la follia e il suicidio, probabilmente nate in ambiente avverso al materialismo lucreziano e costruite in parte su dati interni al poema, in parte sulle affermazioni di Stazio e Lattanzio, che deducono dalla descrizione di incubi, allucinazioni, patologie fisiche e l'idea ossessiva della morte, la presenza di una personalità disturbata, dominata da ansie e stati d'animo depressivi. Da qui alla follia il passo è breve.
Altre notizie non è possibile avere da fonti esterne, né desumere dal poema e dobbiamo rassegnarci a ignorare la condizione sociale del poeta e la sua origine, che secondo alcuni sarebbe campana, dato che il suo *nomen* è attestato in quell'area geografica e che in più di un centro della Campania erano presenti circoli epicurei.

AMORE E FOLLIA

Non è insolito che in letteratura si associ all'amore la follia, al punto da giungere anche al suicidio. La prima a menzionare questa particolare forma di alterazione della mente e del corpo è Saffo, nel carme in cui dice di sentirsi svenire/morire per amore tradito. Dopo di lei anche la tragedia greca ritorna su questo tema e presenta tutta la forza che ha l'amore non corrisposto sulla vita degli uomini e delle donne che ne sono vittima: mancano le forze, non si vuole più cibo, non ci si vuole più occupare di nulla, si cerca la solitudine e a poco a poco si arriva alla morte. I trattati medici la considerano – non da subito, ma nel corso del tempo – come una forma di follia, la melanconia, un eccesso di bile nera; ne suggeriscono metodi di cura, come la distrazione procurata dal vivere in un luogo fresco e piacevole, la compagnia degli amici, l'andare a teatro e così via. Nessuno di questi testi, né medici né letterari, assicura però la guarigione, anzi tutti suppongono che a differenza di altre forme di *manìa*, questa sia incurabile e conduca molto facilmente alla morte. Sarà successo così anche a Lucrezio? Difficile crederlo.

Fedra, malata d'amore, viene assistita dalla nutrice, I secolo a.C., Napoli, Museo Archeologico Nazionale.

L'opera

Il genere didascalico Lucrezio è autore di un unico poema, cui diede il titolo di *De rerum natura*. L'opera si inserisce nel filone della **poesia didascalica**, vale a dire opere che per il loro contenuto scientifico, filosofico o storico possedevano una valenza didattica e divulgativa.

Quando Lucrezio compone il suo poema, la poesia didascalica aveva già una lunga tradizione sia in ambito latino, sia in ambito greco. I primi poemi didascalici in assoluto erano stati opera di **Esiodo**, poeta greco vissuto intorno al 700 a.C., autore della *Teogonia* e delle *Opere e i giorni*. Nella prima opera il poeta rivelava ai suoi ascoltatori la conoscenza delle origini del mondo e degli dèi, che diceva di avere ricevuto direttamente dalle Muse; nel secondo, utilizzando la finzione letteraria,

i primi poemi didascalici

l'autore immaginava di insegnare al fratello Perse una serie di precetti morali e pratici in vari ambiti, dall'agricoltura alla religione alla giustizia. Questa formula risultò vincente e fu imitata anche da filosofi come **Senofane**, **Parmenide** ed **Empedocle**, che si servirono della forma poetica per esprimere le loro dissertazioni. Le ragioni di questa scelta vanno ricercate nel fatto che la poesia fu il primo modo praticato dagli uomini per esprimere il sapere, di qualunque natura esso fosse: dal momento che in origine l'unica forma di trasmissione era quella orale, per conservare e tramandare qualsiasi cosa (formule liturgiche, testi sacri, narrazioni, massime), ci si servì dei versi, che rendevano più agevole la memorizzazione. Quando si diffuse la trasmissione scritta, però, la letteratura didascalica e scientifica abbandonò la poesia e si avvalse della prosa. Dobbiamo giungere in epoca ellenistica per assistere a una rinascita della poesia didascalica, che tornò in auge, probabilmente proprio per emulazione di Esiodo, autore amato dai poeti alessandrini più dello stesso Omero. A partire dal III secolo a.C., quindi, ebbe inizio una nuova e feconda stagione di composizioni poetiche di natura didascalica. Il primo esempio furono i *Fenomeni* di **Arato di Soli**, che trattò in esametri argomenti legati all'astronomia e ai segni premonitori del tempo. **Nicandro di Colofone** dedicò un poemetto agli antidoti contro i veleni degli animali (*Theriaká*) e uno ai rimedi contro gli altri tipi di veleno (*Alexiphármaka*). Da questo momento in poi fu tutto uno sbizzarrirsi di argomenti disparati, che andavano dalla gastronomia alla cosmesi, dall'agricoltura ai diversi campi delle scienze, tanto da poter affermare che l'età ellenistica rappresentò il momento d'oro di questo genere letterario. I **livelli delle diverse opere** furono tra loro differenti: al posto più basso stavano i compendi facilmente consultabili da tutti; a un livello intermedio si collocava l'avviamento elementare a una data disciplina; in cima si poneva il trattato tecnico. In genere, comunque, queste opere non affrontavano tematiche scientifiche profonde, per le quali continuò a mantenersi vivo lo strumento del trattato in prosa, soprattutto se gli argomenti da affrontare avevano natura filosofica.

la seconda stagione della poesia didascalica

I *FENOMENI*

Tra tutti i poemi didascalici d'età ellenistica uno ebbe particolare fortuna e diffusione in ambito romano: i *Fenomeni* di Arato di Soli. Arato (circa 315-240 a.C.) era vissuto inizialmente ad Atene nel corso del IV secolo a.C. e aveva conosciuto gli insegnamenti di Zenone, avvicinandosi allo stoicismo. In seguito si era trasferito in Macedonia e qui, insieme ad altri poeti, era stato accolto a corte da Antigono Gonata. La sua produzione fu molto ampia e varia (tra le altre cose curò anche un'edizione dell'*Odissea*), ma la sua opera più famosa fu un poema didascalico sulle costellazioni, i *Fenomeni* appunto, che venne tradotto in latino da Cicerone, da Varrone Atacino e da Germanico.

Atlante regge sulle spalle la sfera delle costellazioni, copia romana, I secolo a.C., Napoli, Museo Archeologico Nazionale.

la poesia didascalica a Roma

La **moda della poesia didascalica penetrò anche in Roma**, dove vennero lette opere greche in originale o in traduzione, e dove si cominciarono a comporre poemi didascalici in latino. Si ricordino, come esempio illustre, gli *Hedyphagética* e l'*Epicharmus* di Ennio. La differenza rispetto al mondo ellenistico è che se là le opere in genere non avevano grandi pretese scientifiche, a Roma esse furono spesso l'unico strumento di approccio alla scienza e si fusero con la tendenza tipicamente romana alla classificazione e alla catalogazione sistematica, dando origine a quel fenomeno che potremmo definire "enciclopedismo".

Il valore della poesia

la scelta del genere didascalico

La prima metà del I secolo a.C. vide una straordinaria fioritura di poemi didascalici centrati sul **tema della natura**. Si trattò di traduzioni in latino, come quella dei *Fenomeni* di Arato, compiuta integralmente da Cicerone, o di vere e proprie opere originali, come un *De rerum natura* di un certo Egnazio e gli *Empedoclea* di Sallustio. Non stupisce dunque che anche Lucrezio abbia avvertito il fascino del genere didascalico. Nasce tuttavia un problema: la scelta della forma poetica per diffondere a Roma la filosofia epicurea parrebbe contraddittoria rispetto alla condanna del filosofo greco nei confronti della poesia. Si può risolvere la contraddizione ricordando che in realtà Epicuro e altri filosofi epicurei non hanno mai apertamente disprezzato la poesia in sé; la critica mossa alla poesia riguardava soltanto quella mitologica, che faceva credere agli uomini che gli dèi potessero intervenire nelle vicende umane, provocando in loro dei turbamenti.

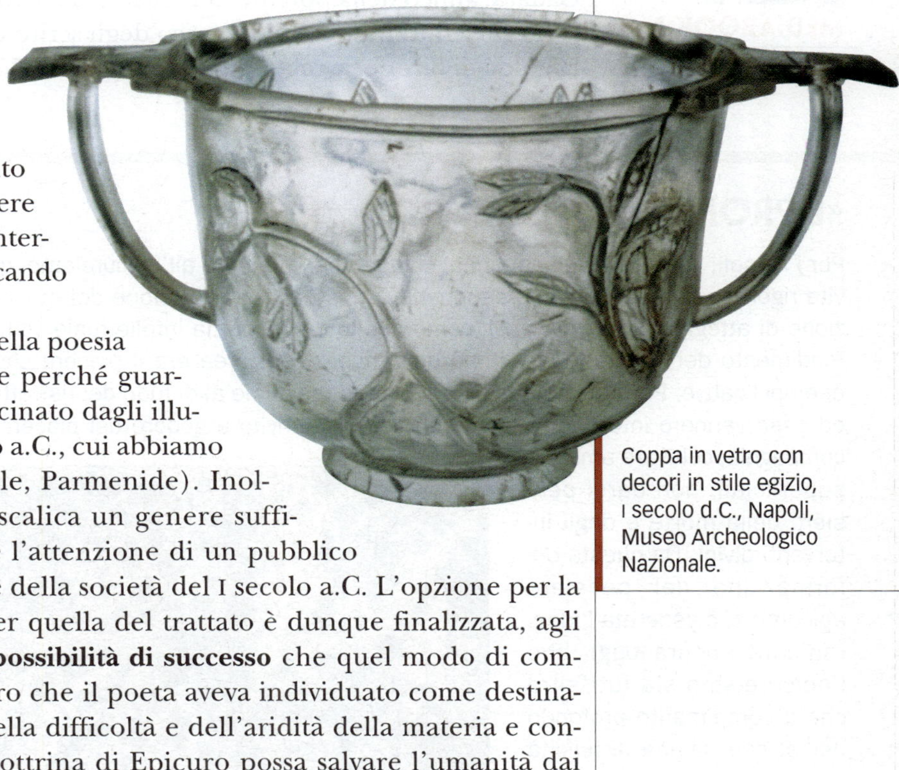

Coppa in vetro con decori in stile egizio, I secolo d.C., Napoli, Museo Archeologico Nazionale.

Se Lucrezio decise di cimentarsi nella poesia didascalica, lo fece probabilmente perché guardava a quel genere letterario affascinato dagli illustri precedenti greci del VI-V secolo a.C., cui abbiamo fatto cenno (Senofane, Empedocle, Parmenide). Inoltre, egli giudicava la poesia didascalica un genere sufficientemente raffinato per attirare l'attenzione di un pubblico colto, costituito dalle classi elevate della società del I secolo a.C. L'opzione per la forma del poema piuttosto che per quella del trattato è dunque finalizzata, agli occhi dell'autore, alla **maggiore possibilità di successo** che quel modo di comporre avrebbe incontrato tra coloro che il poeta aveva individuato come destinatari del suo messaggio. Conscio della difficoltà e dell'aridità della materia e convinto nel contempo che solo la dottrina di Epicuro possa salvare l'umanità dai suoi tormenti, egli vuole percorrere ogni via che ritenga utile allo scopo. Per spiegare la sua intenzione, nel I libro (vv. 935 sgg.) si avvale di una similitudine destinata a divenire celebre in letteratura: Lucrezio pone in relazione l'attività del poeta (filosofo) e quella del medico. Come il medico inganna il bambino ponendo sul bordo della tazza il miele e all'interno la medicina, perché questi la beva e guarisca (l'inganno è solo parziale, perché il fine per cui è fatto è buono), così il poeta attira i lettori verso un contenuto in sé complesso ma indispensabile per raggiungere il fine più alto della salvezza: la poesia diventa il mezzo migliore per raggiungere il solo sapere capace di fare uscire dall'ignoranza e dalla superstizione, la **filosofia**.

un periodo di crisi

la risposta epicurea

FILOSOFIA

MEDIABOOK ▸

EPICUREISMO

Lo sfondo storico-culturale

Nel proemio del *De rerum natura* Lucrezio esprime la speranza che Roma possa godere di un periodo di pace, che consenta agli uomini di dedicarsi agli studi, alla bellezza e alla verità. Così scrivendo, Lucrezio si faceva il portavoce dei desideri di un'intera generazione di intellettuali e cittadini, che cominciava ad avvertire il peso delle **guerre civili**, espressione drammatica della **crisi** che stava consumando la repubblica. Era una crisi politica, ma prima ancora di valori, che determinava un clima di incertezza e di insicurezza. Privati dei punti fondamentali di riferimento, i Romani cercavano **rifugio** nelle sette religiose, nei culti misterici, nella filosofia. Lucrezio vive immerso in questa atmosfera, cerca anch'egli una via di fuga e la trova nella **filosofia epicurea**. In essa vede il mezzo che può liberare l'umanità dalle paure e dai turbamenti psichici e fisici. Questa dottrina filosofica era sorta alla fine del IV secolo a.C., quando Epicuro, ateniese dell'isola di Samo, aveva aperto ad Atene la sua scuola, chiamata «Il Giardino» (306 a.C.). L'epicureismo ebbe rapido successo e circoli epicurei, formati da un maestro e da un gruppo di discepoli legati tra loro da stretti vincoli di amicizia, si andarono moltiplicando non solo in Grecia. Già dalla metà del II secolo a.C. erano sorti circoli epicurei a Ercolano – dove ai tempi di Lucrezio era attivo Filodemo di Gadara, amico della potente famiglia dei Pisoni, nella villa dei quali, non a caso, furono rinvenuti frammenti in greco degli scritti di Epicuro – e a Napoli, dove, sotto la guida di Sirone, avrebbe studiato il giovane Virgilio.

«È PROPRIO UN EPICUREO»

Per i filosofi, i letterati e gli uomini di cultura che aderirono all'epicureismo, questa filosofia implicava un sistema di vita rigoroso e impegnativo, presupponeva una particolare visione del mondo e di se stessi, conduceva all'assunzione di atteggiamenti innovativi, come quello dell'amicizia intellettuale vista come forma di acquisizione e approfondimento del sapere. Fine ultimo della ricerca epicurea era il piacere che veniva riassunto in alcune massime esemplificative. Proprio la diffusione di queste massime al di fuori dei ristretti circoli epicurei generò fraintendimenti ed esse vennero interpretate come un semplice invito a godere dei piaceri più comuni, come mangiare e bere in compagnia, coltivare amicizie superficiali, non darsi pensiero della morte e degli interventi divini. Da questa deformazione del pensiero epicureo si è generata l'idea, radicata ancora oggi, che l'epicureismo sia tutt'altro che il compimento profondo dell'attesa umana di felicità ottenuta attraverso una ricerca seria e faticosa del bene. Ecco perché ancora oggi si sente dire che una persona è «epicurea» se è ... una buona forchetta.

Scena di banchetto all'aperto, I secolo a.C., Palestrina, Museo Archeologico Nazionale.

Scena di sacrificio a divinità agresti, I secolo d.C., Saint Germain en Laye, Museo Nazionale di Antichità.

A Roma, però, il movimento **conobbe all'inizio seri ostacoli**, tanto è vero che a metà del II secolo a.C. due filosofi epicurei – Alceo e Filisco – furono esiliati. Al tempo di Cicerone le cose sembrarono migliorare, benché persistesse ancora un clima di diffidenza. Egli infatti attesta che circolavano trattati in prosa latina di argomento epicureo e che erano molto diffusi tra la gente anche se di scarso valore. La testimonianza di Cicerone va però presa con senso critico. Il sospetto è che, essendo ostile all'epicureismo, egli abbia voluto sottolineare il successo che la nuova dottrina stava ottenendo con intenti preventivi: impedirne un'eccessiva diffusione, considerata pericolosa. In questa opinione Cicerone trovava l'appoggio dei tradizionalisti, agli occhi dei quali l'epicureismo appariva sospetto per almeno tre motivi. Il primo è che, rappresentando gli dèi indifferenti alle vicende umane, la dottrina di Epicuro **minava il sistema politico-religioso romano**, fondato proprio su uno stretto rapporto tra azione umana e volontà divina. Tanto più che – e questo è il secondo motivo di diffidenza – il concetto epicureo di *ataraxía* («mancanza di turbamento») coinvolgeva anche il *negotium*, auspicando la **rinuncia a ogni tipo di attività politica**. Infine i principi della fisica epicurea, sostenendo che tutto, anche gli esseri umani, era generato da un'aggregazione di atomi destinata prima o poi a sciogliersi, negavano forme di vita dopo la morte, escludevano l'esistenza di premi o castighi in una dimensione ultraterrena e ponevano tutti gli uomini sullo stesso piano, **annullando di fatto differenze sociali e morali**. Ciò era avvertito come potenzialmente sovversivo e causa di rivolgimenti in seno alla società, che si sarebbe ritrovata all'improvviso senza alcun tipo di freni. Nonostante dunque molti personaggi illustri della Roma del I secolo a.C., tra cui lo stesso Cesare, avessero aderito all'epicureismo, esso continuava a essere avversato dai ceti più elevati. A loro intende rivolgersi Lucrezio con intenti divulgativi.

Il titolo e la struttura Con *De rerum natura* Lucrezio traduce in latino il greco *Perì phýseos* («La natura»), titolo dato da Epicuro al suo fondamentale trattato sulla fisica, nel quale venivano illustrate le **teorie relative alla nascita e alla struttura dell'universo**. L'opera è definita fondamentale, perché su di essa si fonda l'intero sistema speculativo epicureo: conoscere i meccanismi che governano l'universo, infatti, vuol dire trovare una spiegazione razionale a tutti i fenomeni e, conseguentemente, liberare l'uomo dalle paure e renderlo felice. La fisica, quindi, nel pensiero di Epicuro è anche base dell'etica e funzionale a essa.

l'argomento

Dovendo scegliere per il suo poema un argomento che riuscisse a descrivere al meglio i principi dell'epicureismo, è naturale dunque che Lucrezio si sia orientato sulla **fisica**, anche se è difficile pensare che nei sei libri di cui è costituito il suo poema Lucrezio sia riuscito a condensare i 37 libri del trattato di Epicuro. È più plausibile che egli si sia rifatto a un ampio compendio dell'opera, curato dallo stesso Epicuro.

lo scopo divulgativo

L'intento, come già detto, è **divulgativo**, anche se il poeta non intende rivolgersi al popolo – dove tra l'altro i principi epicurei andavano diffondendosi, pur in una versione deformata e semplificata – ma individua come destinatario il segmento colto della società romana, di cui è emblema quel **Memmio a cui il poema è dedicato**. Si tratta con ogni probabilità di Caio Memmio, un aristocratico, genero di Silla, che esercitò la pretura nel 58 a.C. e governò come propretore la Bitinia l'anno seguente, portando con sé i poeti Catullo ed Elvio Cinna, esponenti della poesia neoterica. Protettore di Lucrezio, fino a quando una vicenda di corruzione non lo costrinse a lasciare Roma, intorno al 54 a.C., il suo nome compare in modo esplicito solo nei primi due libri del poema e nel quinto. Tale circostanza ha fatto supporre che i le-

I CONTENUTI DEL *DE RERUM NATURA*

I libro

All'**inno a Venere**, che apre il poema, segue il primo **elogio di Epicuro**, tratteggiato come un eroe epico che ha saputo liberare gli uomini dalla subordinazione alla *religio*, causa di mostruose azioni, come dimostra l'episodio del sacrificio di Ifigenia. Il I libro prosegue poi con l'esposizione dei principi della fisica epicurea. Vengono riprese le **teorie atomistiche** di Leucippo e Democrito: nulla nasce dal nulla, ma tutto si trasforma; eterna è la sostanza materiale delle cose, che nascono per aggregazione di atomi e cessano di esistere per la loro disgregazione, ma trasformandosi in altre realtà. Gli atomi (*corpuscula minima*) sono indistruttibili, eterni, invisibili e immutabili. La materia e lo spazio sono infiniti, come il cosmo, nel quale esistono infiniti mondi.

II libro

Il II libro si apre con una breve introduzione che esalta la felicità del sapiente epicureo, il quale vive lontano dalle passioni e dai tumulti del mondo. Viene quindi presentata **la teoria dei moti incessanti degli atomi** e della formazione degli aggregati corporei: gli atomi cadono verso il basso per la forza di gravità, ma deviano spontaneamente e casualmente dalla loro normale traiettoria verticale rettilinea. Questa deviazione, detta *clinàmen*, è all'origine della formazione degli oggetti, che non potrebbero ovviamente nascere in uno spazio vuoto in cui gli atomi cadessero sempre in modo rettilineo. Gli atomi sono privi di qualità secondarie: non hanno colore, né sapore, né sensibilità ed essendo infiniti sono sicuramente causa della formazione di altri mondi e altre specie viventi. In tutto il cosmo regna sovrana la legge della natura, secondo la quale ogni realtà vive finché incrementa i suoi elementi atomici costitutivi, e decade quando li perde. Questa considerazione è alla base del finale del libro, in cui si dà conto dell'inevitabile declino del mondo terreno, destinato a disgregarsi.

III libro

Celebrata nuovamente la grandezza del maestro Epicuro, liberatore dell'umanità dalla paura degli dèi, nel III libro Lucrezio tratta della **natura dell'anima**, ossia del principio vitale di ogni corpo, che non è un'entità incorporea, ma una combinazione fortuita di quattro tipi di atomi molto sottili: vento, calore, aria e una «quarta essenza priva di nome». Quest'ultima genera la sensibilità e la riflessione, che hanno sede nell'*animus* – il centro dell'*anima* – il quale si trova nel petto. Anche l'anima è mortale e cesserà di vivere insieme al corpo: infatti non si potrebbe immaginare l'unità di un essere immortale con una realtà mortale. Insensata è la paura della morte e dell'aldilà, poiché non è un male: dopo di essa, infatti, non avremo più alcuna sensibilità.

IV libro

Nel IV libro il poeta espone la dottrina epicurea delle **sensazioni**, prodotte da sottilissime membrane di atomi (*simulacra*) che si staccano dalla superficie delle cose, conservando l'aspetto dell'oggetto da cui si staccano. Que-

gami con il poeta si siano andati affievolendo con il tempo, forse proprio a causa dei fatti in cui fu coinvolto.
Lucrezio dispose la **materia** in sei libri, raccolti a due a due in **diadi**. I libri dispari presentano all'inizio un elogio di Epicuro e sono caratterizzati da un tono più sereno rispetto a quelli pari, in genere più cupi e conclusi con un finale solenne. Un quarto elogio di Epicuro compare anche all'inizio del VI libro.

Uno struzzo aggredito da un orso, IV secolo d.C., Tunisi, Museo Nazionale del Bardo.

ste immagini pervengono così ai nostri occhi, dandoci la visione delle cose. Lucrezio passa poi a descrivere le illusioni ottiche e i miraggi, che sono pure illusioni della ragione umana, in quanto i sensi non ingannano mai, e i **sogni**, che ripropongono le immagini che maggiormente ci hanno colpiti da svegli. Passando in rassegna i diversi tipi di sogno, il poeta descrive quelli di natura erotica e ciò consente il passaggio al **tema dell'amore**, con cui si conclude il libro. La visione dell'amore presentata dall'autore è disincantata e materialistica. Partendo dalla dottrina epicurea, che vedeva nell'eros una forza preposta semplicemente alla procreazione, Lucrezio bolla come insana e folle la passione amorosa, che sovrappone al piano puramente fisico un'esigenza sentimentale immancabilmente votata all'insuccesso e genera inutili tormenti nell'uomo.

V libro

Dopo un nuovo solenne elogio di Epicuro, nel V libro Lucrezio ribadisce che il nostro mondo è prossimo alla fine. Gli dèi esistono, ma la loro esistenza è al di fuori del mondo (nelle loro sedi chiamate *intermundia*), a cui sono totalmente estranei. Il mondo, formatosi casualmente e non per volere divino, finirà perché i suoi elementi costitutivi (terra, acqua e fuoco) sono mortali. Viene quindi grandiosamente e poeticamente ricostruita la **storia dell'umanità e del progresso**: dalla vita selvaggia dei primitivi, alla nascita della convivenza umana e della civiltà quando furono scoperti i linguaggi, il fuoco, i metalli, la tessitura, l'agricoltura, la monogamia. Purtroppo l'avidità di ricchezze, le conseguenti guerre e il timore religioso causarono timori d'ogni tipo e la degenerazione della società. Tutti i fenomeni terreni sono invece determinati da cause naturali e non da interventi divini: gli dèi non si devono temere poiché essi, formati da una sostanza atomica diversa da quella con cui sono formati gli uomini, non hanno alcuna possibilità di interagire con il mondo umano né può accadere viceversa. La paura degli dèi e del soprannaturale non ha pertanto alcun fondamento razionale.

VI libro

In apertura del VI e ultimo libro viene nuovamente ricordato Epicuro, benefattore dell'umanità. Poi si passa a trattare dei singoli **fenomeni naturali**, che per il loro aspetto terribile gli uomini sono soliti attribuire agli dèi: il tuono, il lampo, il fulmine, le nubi, i terremoti, le eruzioni vulcaniche. In realtà essi sono tutti indipendenti da cause divine e spiegabili con cause naturali, come scontri tra atomi particolari di vento e fuoco. Vengono poi esaminati alcuni fenomeni misteriosi, spiegabili anch'essi naturalmente, come le inondazioni del Nilo, le esalazioni mortifere dei laghi Averni, le calamità, le epidemie; con il lungo *excursus* sulla **peste di Atene** del 430 a.C., per cui Lucrezio si rifà al resoconto dello storico greco Tucidide (V secolo a.C.), si chiude il poema.
Ci si potrebbe chiedere che fine abbia fatto l'intenzione, espressa dall'autore nel V libro (vv. 153 sgg.), di terminare l'opera con la rappresentazione delle dimore beate degli dèi. Potremmo supporre che la morte prematura abbia impedito la conclusione progettata, oppure che il poeta abbia mutato nel frattempo parere.

IN SINTESI

■ Dal *Chronicon* di Girolamo apprendiamo che il poeta sarebbe **nato nel 94 a.C.** e sarebbe **morto** suicida **intorno al 50 a.C.**, dopo essere stato condotto alla pazzia da un filtro d'amore. Le notizie citate del filtro d'amore e del suicidio risultano false, nate forse in ambienti avversi al materialismo lucreziano.

■ Lucrezio è autore di un **poema didascalico**, il *De rerum natura.* Sull'esempio dei poemi di Esiodo tale genere si era sviluppato in Grecia, trovando il più ampio impiego in età ellenistica. Le tematiche erano di ambito scientifico, ma la trattazione era piuttosto superficiale. La **poesia didascalica** si diffuse a **Roma**, come genere letterario capace di porsi come approccio alla scienza, pur tendendo all'"**enciclopedismo**". Anche Lucrezio scelse dunque il **genere poetico**, ispirato da filosofi greci come Senofane, Empedocle, Parmenide, che avevano esposto le loro teorie in forma poetica. Il suo scopo era quello di diffondere la filosofia epicurea tra il pubblico colto delle classi elevate.

■ Il **clima politico** all'interno del quale si colloca il poema è quello delle **guerre civili**: Lucrezio cerca e trova una via di fuga dalla situazione presente nella filosofia epicurea, che può liberare l'umanità dalle paure e dai turbamenti fisici e psichici.

■ **Epicuro** aveva fondato una scuola chiamata «Il Giardino» ad Atene, alla fine del IV secolo a.C.; la sua filosofia si era diffusa anche nella penisola italica, già alla metà del II secolo a.C., a Ercolano e Napoli. I motivi per cui l'epicureismo fu **ostacolato dai tradizionalisti** a Roma furono i seguenti: la convinzione che gli dèi fossero indifferenti alle vicende umane minava il sistema politico-religioso romano fondato sul rapporto tra azione umana e volontà divina; il concetto epicureo di *ataraxía* implicava la rinuncia all'attività politica; infine la fisica epicurea, negando l'immortalità dell'anima e la presenza di premi e castighi dopo la morte, rischiava di annullare differenze di ordine sociale e morale fra gli uomini.

■ Il **titolo** *De rerum natura* è la traduzione di *Perì phýsēos*, titolo del trattato in 37 libri di Epicuro sulla fisica. L'intento dell'opera è **divulgativo** e presenta una dedica a Caio Memmio, un aristocratico che esercitò la pretura nel 58 a.C. e governò la Bitinia l'anno seguente.

■ La **materia** è disposta in sei libri, raccolti in **diadi**. Il poema si apre con l'**inno a Venere**, cui segue l'**elogio di Epicuro**, che ha saputo liberare l'uomo dalla subordinazione alla *religio*. Il **I libro** espone i principi della **fisica** epicurea, in particolare la teoria atomistica. Il **II libro** presenta la **teoria dei moti incessanti degli atomi**. Il **III libro** tratta della **natura dell'anima**. Il **IV libro** illustra la dottrina epicurea delle **sensazioni**, all'interno della quale introduce il tema dei **sogni** e la concezione dell'**amore**. Nel **V libro** Lucrezio afferma che il mondo è prossimo alla fine, che gli dèi vivono negli *intermundia* disinteressandosi delle cose umane. Si inserisce qui la **storia dell'umanità e del progresso**. Nel **VI libro**, dopo la menzione di Epicuro, si trattano i **fenomeni naturali**, che hanno cause del tutto naturali e non divine. L'opera si conclude con un lungo *excursus* sulla **peste di Atene** del 430 a.C.

L'apertura del poema

I primi versi del poema di Lucrezio – poema laico, ispirato alla filosofia epicurea e teso a spiegarne i principi – sono **dedicati a una divinità, a Venere generatrice**, madre di tutti i discendenti di Enea, principio di piacere per uomini e dèi (*Aeneadum genetrix, hominum divomque voluptas / alma Venus*). Come si può giustificare ragionevolmente la presenza di una dea in apertura di un poema come questo, senza che appaia in contraddizione con gli ideali filosofici epicurei, che escludevano la relazione tra uomini e dèi?

la dedica a Venere

La presenza di Venere ha in realtà una spiegazione ben precisa, comprensibile alla luce di molti e diversi elementi, primo tra i quali la **tradizione letteraria**, che voleva in apertura di un poema la presenza ispiratrice di una divinità – normalmente le Muse – la quale, in diretta relazione con il poeta, garantisse la veridicità dei versi che sarebbero seguiti. Dunque l'evocazione di una divinità sarebbe giustificabile per aderire ai principi della tradizione poetica epico-didascalica, ma non ancora del tutto chiara; infatti non spiega la scelta di Venere al posto di un'altra divinità o delle stesse Muse. Nel corso del proemio, però, Venere viene **associata alla potenza generatrice della natura** attraverso l'immagine della primavera che coinvolge irresistibilmente ogni aspetto della realtà: Venere allora viene identificata simbolicamente con la

forza creatrice della natura che costituisce appunto l'argomento fondamentale del poema. Inoltre, essa viene **definita come *voluptas***, traduzione del greco *hedoné*, «piacere», che, inteso come cessazione del dolore, risulta essere il principio finale del percorso filosofico epicureo. Venere ha quindi più di una ragione per essere evocata all'apertura del poema, senza contraddire nella sostanza il messaggio filosofico che esso intende comunicare: sarebbe ossequio alla tradizione letteraria, evocazione simbolica tanto dell'argomento del poema, quanto della finalità stessa della filosofia epicurea e, in quanto origine della stirpe latina (Venere, secondo il mito, era madre di Enea), eserciterebbe una *captatio benevolentiae* nei confronti dei lettori e in particolare di Memmio, che aveva in Venere il nume tutelare della sua *gens*.
Nessuna contraddizione dunque, ma ragionata adesione alla tradizione letteraria e alla scelta filosofica.

La funzione di Epicuro Dopo il proemio Lucrezio introduce, attraverso un passaggio importante, la **scelta della filosofia epicurea** come criterio di spiegazione della realtà, ponendola a confronto con la religione tradizionale. Se, infatti, come si è detto attraverso l'immagine proemiale, la natura è l'immenso scenario in cui si svolge tutta la storia umana, nasce spontanea la domanda sulle sue origini. Tradizionalmente esse sono attribuite agli dèi, ma da un'indagine razionale tale attribuzione risulta poco convincente e addirittura contraddittoria rispetto ai principi stessi su cui si basa la natura: ne è esempio uno dei più antichi racconti mitici, quello del sacrificio di Ifigenia, uccisa dal padre per volere di una divinità, che contravviene al più naturale e fondamentale dei rapporti sociali (e naturali) che è quello della conservazione della vita da parte dei genitori.

la giustificazione della scelta epicurea

IL SACRIFICIO DI IFIGENIA

A Ifigenia, figlia di Agamennone e Clitemnestra, toccò un destino tragico. Nel momento della partenza per la spedizione contro Troia, il vento non permetteva alle navi di salpare. Gli indovini rivelarono che ciò accadeva perché Agamennone aveva ucciso una cerva sacra ad Artemide durante una battuta di caccia; l'ira della dea si sarebbe placata se fosse stata sacrificata in cambio della cerva la figlia del re. Agamennone acconsentì suo malgrado e mandò a chiamare Ifigenia, ingannandola: le disse di prepararsi per andare sposa ad Achille, in realtà attendendola all'altare con il coltello sacrificale. La giovane principessa procedette quindi dal palazzo verso il tempio pensando di essere sposa, ma i volti tristi della sua gente le rivelarono a poco a poco un'altra verità. Di qui in avanti il matrimonio-sacrificio si snodò in modo tale che i due riti, quello matrimoniale e quello sacrificale, si fusero: alla dea Artemide, legata alla fecondità e al parto, viene sacrificata una donna pronta per le nozze. Lucrezio sceglie l'episodio con oculata intelligenza per rivelare il carattere dannoso della *religio*.

Sacrificio di Ifigenia, II secolo d.C., Ampurias, Museo Archeologico della Catalogna.

la figura di Epicuro

La religione dunque sarebbe da ritenere empia (nel senso etimologico di «non-pia») perché porterebbe a contraddire i principi sui quali si fondano la natura e la società, mentre la filosofia, nel suo sforzo di spiegare la natura e di regolare i rapporti umani attraverso criteri razionali e dimostrabili, non arriva mai a contraddire quei principi. Non è dunque la filosofia a dover essere posta in dubbio, ma la religione, che non può che essere abbandonata dall'uomo colto. Viene introdotta a questo punto la figura di **Epicuro**, rappresentato come **l'uomo che per primo ha alzato il capo contro il mostro orrendo della religione**, la quale affacciandosi dai cieli tiene i mortali in una condizione di sottomissione, imponendo loro una *falsa superstitio*, piuttosto che un vero atteggiamento di *pietas*. Il rigore con cui Lucrezio rifiuta l'esistenza della religione si allarga, nel corso del poema, a comprendere anche alcuni principi propri del *mos maiorum*, rivelando l'estraneità che con lucida indipendenza filosofica l'autore mantiene rispetto al principio, proprio di molti intellettuali dell'epoca, della *religio* come *instrumentum regni*, che consentiva il mantenimento da parte dell'aristocrazia di alcuni privilegi.

Statua ritratto di Epicuro, copia romana, I secolo d.C., Napoli, Museo Archeologico Nazionale.

Le paure degli uomini Se, dunque, la conoscenza della dottrina epicurea libera gli uomini dalle false credenze, quanto è avvenuto con la religione può capitare nuovamente con altre nozioni false su cui gli uomini fondano molta parte della loro esistenza, come ad esempio la paura degli dèi e della morte, oppure la ricerca della gloria, del potere, della ricchezza. Che gli uomini temano la morte è cosa antica, non solo per ciò che comporta il morire ma anche per il timore di ciò che segue la morte. La paura di dover un giorno sottostare alla malattia e alla morte porta gli uomini a cercare di aggrapparsi nel corso della vita a tutto ciò che vi si oppone, come la ricchezza, il potere o la gloria. Dal tentativo di ottenere ciò che sembra migliorare la propria condizione individuale e sociale e allontanare così il timore della morte, nascono – secondo il poeta – odi, tradimenti, ingiustizie, guerre, rivalse. La risposta filosofica a questa situazione deriva da uno degli insegnamenti fondamentali di Epicuro – il famoso tetrafarmaco – secondo cui **la morte non può fare paura** perché gli uomini, in quanto aggregati di atomi, esistono finché il vortice atomico che li compone è integro; quando esso si interrompe, si concludono anche la sensibilità, la memoria, qualunque forma di esistenza e di percezione. Dunque, «se c'è la morte non ci siamo noi e se ci siamo noi non c'è la morte», per dirla con la celebre massima epicurea. La verità ultima del nostro essere, infatti, non è altro che una materiale associazione di atomi, destinata alla disgregazione: per questo non trovano senso passioni e paure, ricerche esasperate di beni e piaceri, perché la nostra natura si risolve tutta in una dimensione storica e meccanicistica, su cui ragione e conoscenza esercitano liberazione dal timore e lucida serenità.

Nelle sue riflessioni, Lucrezio si riferiva anche ai comportamenti che vedeva diffondersi nelle classi più elevate della società a lui contemporanea, in cui il disagio determinato dalla crisi dei valori tradizionali aveva diffuso un senso di irrequietezza e di noia, con la conseguente ricerca di un piacere appagato dal lusso e dalla vita mondana. Di fronte al *taedium* e all'angosciante vuoto esistenziale dei suoi contemporanei Lucrezio aveva indicato come **via d'uscita l'adesione alla filosofia**.

la paura degli dèi

Anche alla **paura degli dèi** Lucrezio risponde attraverso Epicuro e nuovamente servendosi della teoria atomistica democritea. Gli atomi che compongono le cose di natura, infatti, non sono tutti identici, ma alcuni sono più pesanti – quelli che compongono la dimensione corporea – altri più sottili – quelli che permettono la sensibilità e le facoltà intellettive. Più sottili di tutti, di natura preminentemente eterea, sono gli atomi che compongono gli dèi: proprio questa differenza di sostanza è all'origine della distanza e dell'**incomunicabilità tra mondo umano e divino**. La loro diversa natura atomica rende impossibile che gli dèi influiscano sugli uomini e viceversa che gli uomini possano chiedere l'intervento degli dèi. A partire da questo dato di natura materiale, diventa assolutamente illogica la paura degli dèi, così come il loro culto. Creati dagli uomini in un'età antichissima per esorcizzare i loro timori, gli dèi furono inizialmente figure eterne e perfette, sottratte alla dimensione del tempo e della finitezza. In seguito, essi furono ritenuti causa di tutti quei fenomeni naturali di cui gli uomini non seppero darsi spiegazione, data la loro ignoranza delle leggi di natura. Ora che tuttavia la dimensione naturale dei diversi fenomeni può essere spiegata attraverso la dottrina atomistica, non è più necessario attribuire agli dèi quel potere smisurato e tirannico che avevano ricevuto dagli uomini stessi, anche se la loro presenza non viene negata in assoluto. La spiegazione razionale delle cose e dei fenomeni non libera gli uomini dalla difficoltà del vivere e dalle paure a essa connesse, ma li sottrae alla devozione e al timore degli dèi, dal momento che **con la filosofia si può dimostrare l'inconsistenza della dimensione religiosa**.

IL FARMACO DELL'ANIMA

Filodemo di Gadara riassumeva così in una delle sue massime il tetrafarmaco, la medicina che guariva l'anima dai suoi mali peggiori:
«Un dio non incute timore,
né turbamento la morte,
il bene è facilmente ottenibile,
il male facilmente sopportabile».
Il linguaggio medico scelto per riassumere la massima istituisce un parallelo tra filosofia e medicina da un lato e dall'altro tra vita e malattia, come se la vita occupata dagli impegni sociali, politici, dalle passioni dell'animo fosse un male da cui liberarsi. L'intelligenza della filosofia consentiva di portarsi oltre la malattia, cui la visione tradizionale del mondo condanna la vita umana.

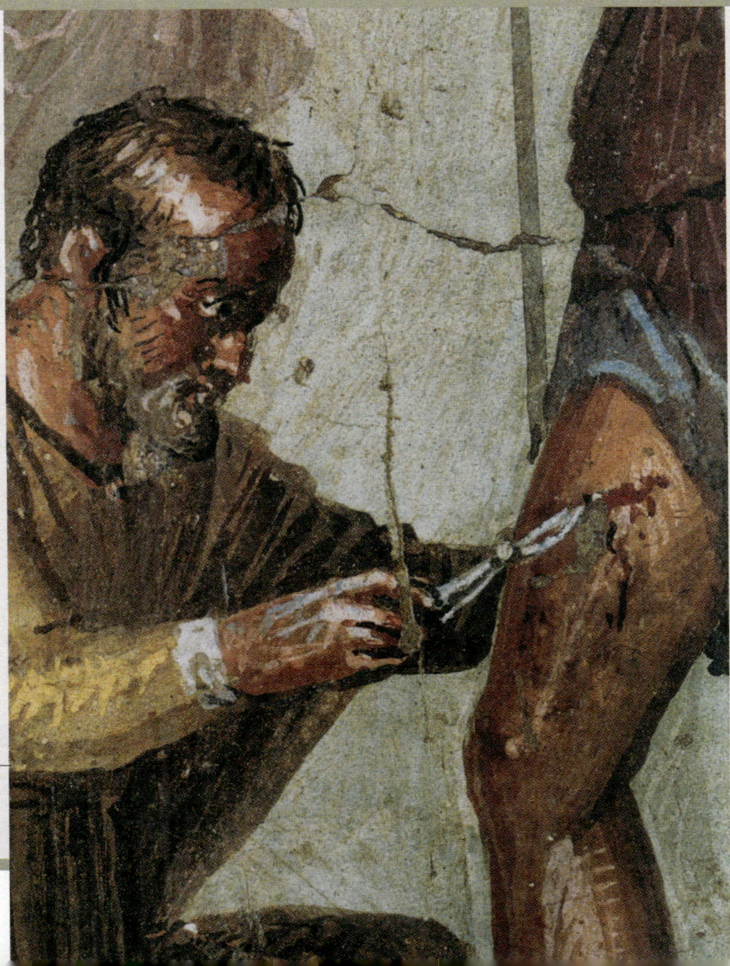

Il medico Iapige cura la ferita di Enea alla gamba, I secolo d.C., Napoli, Museo Archeologico Nazionale.

La storia degli uomini Sgomberato il campo dalle paure fondamentali che tradizionalmente opprimono gli uomini, Lucrezio riconduce il genere umano a se stesso, attraverso la narrazione della sua storia. In polemica con le mitizzazioni dell'età dell'oro operate nei secoli precedenti da vari autori, da Esiodo a Platone ai sostenitori delle dottrine stoiche, Lucrezio si pone sulla stessa linea del pensiero epicureo che, negando la presenza di un'entità divina all'origine del mondo, oppone al mito di un'iniziale condizione di felicità, destinata poi a decadere (la mitica età dell'oro), la **descrizione di un'umanità la cui vita non si discostava molto da quella delle fiere**, in un mondo che offriva dei vantaggi ma sottoponeva gli uomini anche a pericoli spaventosi. È quanto vediamo tratteggiato nel V libro, in cui il poeta cerca di offrire un quadro attendibile delle fasi iniziali della vita umana sulla terra, in coerenza con le sue convinzioni filosofiche. Successivamente la storia del genere umano si sarebbe svolta nel segno di un **continuo progresso**, fatto di acquisizioni scientifiche e culturali. Dal primitivo stato di bisogno, l'uomo avrebbe trovato stimoli sempre nuovi per migliorare le sue condizioni di vita, aggregandosi in gruppi sociali e trovando nella vita collettiva strumenti più validi per difendersi e avanzare culturalmente. Come non vi è nulla di idillico nella descrizione delle origini, a cui il poeta nega quei tratti di perfezione che erano contenuti nei racconti mitici, così non ci sono toni trionfalistici nella descrizione della conquistata civiltà. Essa non è agli occhi di Lucrezio un bene assoluto, ma solo il necessario approdo del progresso e dello sviluppo. Conseguenza di ciò è l'**assenza di contrapposizione tra stato di natura e stato di civiltà**, pure essa patrimonio dei racconti mitologici sulle origini. Alla base di tali racconti, infatti, c'era l'idea che i due stati fossero realtà assolute, chiuse in sé e non intercambiabili; dalla prima condizione – considerata felice – si precipitava irrimediabilmente nella seconda, a causa di qualche colpa più o meno chiarita. La caduta era irreversibile e peggiorava lo stato dell'umanità. Agli occhi di Lucrezio, invece, non esistono realtà chiuse e incomunicabili, ma l'esistenza di un processo continuo di crescita, fondato sul progressivo accumulo di tecniche e legato a successive necessità naturali o storiche. Tuttavia **il progresso non è sentito come neutro**, perché le conoscenze tecniche possono essere utilizzate sia per un fine buono, sia per un fine negativo, come dimostrano ad esempio le tecniche d'uso dei metalli, nate per costruire strumenti per la coltivazione, ma usate poi per le armi e la guerra. Il progresso tecnico, allora, **deve essere sottoposto a una lettura etica**, senza la quale esso risulta pericoloso e potenzialmente involutivo per il genere umano.

l'umanità delle origini

il progresso

Stele funeraria con rappresentazione della fucina e degli attrezzi di un fabbro, II secolo d.C., Aquileia, Museo Archeologico.

Guardare dall'alto

lo scopo della conoscenza filosofica

Detto questo, ci si può domandare **a quale fine** conduca, secondo Lucrezio, la conoscenza che la filosofia produce sulla natura, sugli dèi e sulla storia. Il poeta si serve di un'immagine di grande effetto all'inizio del II libro, in cui l'uomo che si affida ai principi della sapienza filosofica può guardare dall'alto di una roccia il mare in tempesta in cui gli uomini si affannano a cercare la salvezza. Non c'è – dice Lucrezio – compiacimento nel vedere gli altri soffrire; l'immagine rivela unicamente la distanza tra chi sceglie di **affidarsi a un sapere che rende sicuri** – tale è la saldezza di una roccia in opposizione all'infinita e pericolosa imprevedibilità del mare – e chi invece resta legato alle difficoltà e alle contraddizioni dell'esistenza, rischiando di naufragare. Il "naufragio con spettatore", così definito da un famoso saggio di Blumemberg (*Naufragio con spettatore. Paradigma di una metafora dell'esistenza*, Bologna, il Mulino, 2010[5], vedi anche l'Approfondimento, "Naufragio con spettatore", p. 550), che commenta questa metafora, indica la prospettiva finale cui vuole tendere l'opera stessa, ossia il **raggiungimento dell'atarassìa** (imperturbabilità) e la **certezza della conoscenza** che non rende schiavi di falsi saperi.

affidarsi alla conoscenza

l'atarassìa

Secondo la teoria epicurea, infatti, l'animo umano può essere turbato dalle passioni (dimensione emotiva), dalla ricerca del piacere volgare che spesso produce come conseguenza il dolore, dal dolore stesso e dall'amore. L'epicureo deve fare ogni sforzo per liberarsi dal dominio di queste passioni, conoscendole e combattendole al loro insorgere, per raggiungere uno stato di imperturbabilità. È questo per il sapiente il raggiungimento del **piacere (*hedonê*) inteso come assenza di turbamento**: a livello fisico esso consiste nel soddisfare i bisogni materiali, per esempio la fame o la sete, eliminando la sofferenza che deriva dalla loro presenza; a livello psicologico esso si ottiene eliminando tutte le sofferenze che minano la serenità e l'equilibrio. L'atarassia, naturalmente, non è raggiunta una volta per sempre, ma è il **risultato di una ricerca continua** da parte del saggio, il quale sa tuttavia di poter contare sulle forze della sua ragione e sugli insegnamenti della filosofia per non soccombere a se stesso. Sarà dolce allora – dice Lucrezio – osservare dall'alto, dai *templa serena* della saggezza, gli uomini che si affannano costantemente, muovendosi come formiche nel mondo, alla ricerca della propria via; diverso, invece, sarà possedere quel sapere che rende capaci di guardare il mondo nella sua verità.

Pessimismo ambiguo

Non tutto, però, nel poema lucreziano sembra accordarsi con una visione così nitida della conoscenza e dei suoi effetti, in grado di cambiare radicalmente la concezione della natura, della storia o dell'uomo in sé. Sono molte le ombre che Lucrezio individua nell'osservazione della realtà. Foreste, monti, mari, zone coperte di ghiacci e regioni assolate rendono difficile la vita dell'uomo, che riesce a strappare alla natura solo alcune zone a prezzo di un lavoro duro e incessante, che consente a stento la sopravvivenza, sempre minacciata dal pericolo degli animali selvaggi, dalle malattie, dalla morte che arriva inaspettata. Ogni uomo che nasce – dice Lucrezio – è come un **marinaio sbattuto da un naufragio in una terra straniera**: ha un disperato bisogno di tutto per poter sopravvivere, ma non può comunicare.

il naufragio

la peste di Atene

Anche il finale dell'opera, che si oppone all'immagine della primavera collocata in apertura, presenta uno scenario terribile, derivato dal racconto dello storico greco Tucidide: si tratta della pestilenza che si diffuse in Atene durante la guerra contro Sparta, nel corso del V secolo a.C. In un quadro desolato popolato di cadaveri insepolti e di disperati che affollano i templi o si gettano a capofitto nei pozzi per alleviare l'arsura, di parenti che cercano con ogni mezzo di rendere onore ai morti con i pochi roghi che era possibile allestire, il poeta descrive un'umanità che ha smarrito il senso dell'ordine etico e religioso, della giustizia e del decoro.

APPROFONDIMENTO

NAUFRAGIO CON SPETTATORE

Nell'introduzione alla traduzione italiana del saggio di Blumemberg, Naufragio con spettatore, *Remo Bodei, storico della filosofia, propone una sua riflessione critica sulla trasformazione della metafora a partire da Lucrezio, indicando nell'immagine del filosofo che osserva il mare un atto filosofico ben preciso.*

Il secondo libro del *De rerum natura* di Lucrezio si apre con un'immagine potente:

> bello, quando sul mare si scontrano i venti
> e la cupa vastità delle acque si turba,
> guardare da terra il naufragio lontano.
> Non ti rallegra lo spettacolo dell'altrui rovina,
> ma la distanza da una simile sorte.

Poggiando sulla terraferma, uno spettatore contempla il travaglio di un naufragio. Non partecipa agli eventi, gode soltanto della visione che ha dinnanzi. La sua non è una *iocunda voluptas,* sorta immediatamente dalle tribolazioni altrui, verso cui guarda anzi con commosso distacco. La serena gioia che lo pervade scaturisce dal confronto fra la sicurezza della sua posizione e il pericolo e la rovina degli altri. L'immagine lucreziana non è che un'allegoria del saggio epicureo. Questi, simile agli imperturbabili dei degli *intermundia,* è capace di rimirare imperterrito il vorticoso turbinio degli atomi, l'infinito gioco della combinazione e della dissoluzione delle forme. Il suo *solido terreno* è la filosofia di Epicuro, che insegna a vivere senza paure e superstizioni in un universo indifferente alla sorte degli uomini. Il *mare in tempesta* è invece l'intera natura, di cui anche le società umane sono parte. Essa è frutto di una incessante lotta tra elementi, dove il nuovo si genera dal vecchio, servendosi della sua materia e delle sue forme come rottami di grandi naufragi.
In se stesso lo spettacolo non ha niente di gradevole: la natura non è un cosmo, un ordine, in cui ci si senta spontaneamente a proprio agio, a casa. Presenta semmai un aspetto ostile, terribile. Epicuro e Lucrezio cancellano la linea di demarcazione aristotelica tra il «cosmo superiore», perfettamente ordinato e retto da una finalità non ostacolata, e il mondo sublunare in cui ordine e finalità prevalgono di norma, con fatica, sul disordine e il caso. Tutto l'universo lucreziano è lacerato dalle vicissitudini di un ordine labile che sorge dal caso, che si genera e si disintegra continuamente, senza scopo, nello spazio e nel tempo infiniti. Il saggio è colui che sa sottrarsi a tale gioco alterno di creazione e distruzione; che, di fronte ad esso, mantiene ed ostenta la propria costanza, imperturbabilità e serenità. La sua grandezza, il suo dominio sulle tempeste ed i naufragi del mondo, non consiste tanto nella superiorità dell'intelletto, quanto nella forza dell'animo. Ma essa a sua volta dipende dalla *teoria,* e cioè letteralmente, dall'abitudine a contemplare uno spettacolo (è questo uno dei sensi più antichi del verbo *theorein*): lo spettacolo quotidiano di vita e di morte che la natura mette in scena. Un intrattenimento infinito, privo di epilogo, in cui nessuno degli avversari in lotta consegue una vittoria definitiva.

R. BODEI, *Distanza di sicurezza,* introduzione a H. BLUMENBERG, *Naufragio con spettatore,* il Mulino, Bologna 1975 (2010[5]), pp. 7-8

Scena di navigazione e naufragio, II secolo d.C., Copenhagen, Ny Carlsberg Glyptothek.

A fronte della natura e del suo muoversi cieco e incurante, dunque, gli uomini non possono che riconoscere la loro impotenza: quale valore ha, allora, la conoscenza a cui la filosofia permette di accedere?

la contraddizione di Lucrezio

Alcune teorie interpretative recenti hanno voluto riconoscere in queste descrizioni così drammatiche un'espressione contraddittoria rispetto all'intento generale del poema, che voleva dare strumenti utili al raggiungimento dell'*hedoné*, del piacere. In Lucrezio esisterebbe, secondo questi studi, una sorta di **aperta contraddizione**, come se un anti-Lucrezio si affiancasse al Lucrezio filosofo, capace di equilibrio e imperturbabilità. La consapevolezza delle difficoltà dell'esistenza, il potere delle passioni, l'incombere della morte, l'inesorabilità della natura sarebbero evocati da Lucrezio sulla base di una sua particolare **visione pessimistica** delle cose, secondo la quale il principio di *hedoné*, pur intensamente cercato, non riesce a prevalere. Prova di ciò sarebbe anche il modo in cui Lucrezio descrive la peste di Atene, che sembra quasi una sconfessione, una ritrattazione delle teorie epicuree. Su questo finale sono state avanzate anche altre teorie: la peste d'Atene rivelerebbe l'incompiutezza del lavoro lucreziano, che avrebbe avuto certamente un altro finale, oppure sarebbe espressione dell'aggravarsi della malattia depressiva dell'autore, o ancora sarebbe rappresentazione simbolica della vita che non segue i dettami della filosofia epicurea.

Tuttavia sembrerebbe illogico presentare un finale trionfalistico in un testo che non intende indicare una visione in tutto positiva dell'esistenza, ma piuttosto rivelare il meccanismo su cui si regge e organizza la vita universale. Comprenderne la logica non significa annullarne l'impatto negativo che esso ha sull'uomo, che pure viene così liberato dalle false conoscenze. Sta all'uomo stesso **prendere coscienza della propria posizione del tutto marginale in seno all'universo** e convincersi che il mondo non è stato fatto per lui. L'esempio della peste nel finale del poema è a questo proposito quanto mai significativo. Essa, infatti, scoppia nell'Atene del V secolo a.C., universalmente riconosciuta come modello di alta perfezione etica e culturale. Ciò tuttavia non mette l'uomo al riparo dalla natura e dal suo procedere muto, imperfetto, disordinato e violento. Contro l'apparentemente tragica imperfezione della natura non resta che possedere una conoscenza che ponga al di sopra delle cose e permetta di guardarle dall'alto, forti della propria consapevolezza ma non per questo estranei al fatto che nell'infinito aggregarsi e disgregarsi delle cose nulla si crea e nulla si distrugge.

Resti del tempio di Atena Parthenos sull'acropoli di Atene, V secolo a.C.

IN SINTESI

Il poema si apre con l'**inno a Venere**, che ha suscitato qualche perplessità, ma trova varie giustificazioni. In primo luogo risponde alla **tradizione letteraria** che prevede la dedica a una divinità, in secondo luogo la dea assume vari significati simbolici: è associata alla **potenza generatrice della natura**, che costituisce l'argomento del poema, è ***voluptas* (*hedoné*)**, che è il fine del percorso filosofico epicureo; è presentata come **madre degli Eneadi** e dunque della stirpe latina ed è il **nume tutelare della famiglia dei Memmi**, a cui appartiene il destinatario del poema.

L'esaltazione di Epicuro, che per primo ha osato alzare il capo contro la *religio*, risponde all'intento, proprio della filosofia epicurea, di **eliminare la sottomissione degli uomini alla *religio***, intesa sia come superstizione, sia come culto, sia come *instrumentum regni*.

La dottrina epicurea ha come scopo anche quello di **allontanare dagli uomini la paura della morte, degli dèi, nonché la ricerca della gloria, del potere, delle ricchezze**. La filosofia insegna che la morte non può fare paura, in quanto gli uomini, aggregati di atomi, esistono finché il vortice atomico che li compone è integro; quando esso si interrompe, ha fine anche ogni forma di percezione e di esistenza. La paura degli dèi, a cui gli uomini attribuirono fin dalle origini tutti i fenomeni naturali, si può eliminare se si considera che essi sono costituiti da atomi diversi da quelli degli uomini, cosa che rende impossibile il loro influsso sulla vita terrena.

La **concezione della storia** vede Lucrezio in linea con il pensiero epicureo: la vita dell'umanità primitiva era simile a quella delle fiere, dunque positiva per certi aspetti, ma soggetta a pericoli spaventosi. Poi il genere umano ha progredito e ha migliorato le sue condizioni di vita, ma non ha allontanato da sé il male.

La **conoscenza della filosofia** fa in modo che il saggio possa guardare dall'alto di una roccia il mare in tempesta, in cui gli uomini si affannano alla ricerca della salvezza: è questa una metafora dell'**atarassia (imperturbabilità), condizione essenziale del saggio** epicureo. Altro fine del percorso epicureo è il **raggiungimento del piacere (*hedoné*), inteso come assenza di turbamenti**, distacco dalle passioni, che si ottiene attraverso una continua ricerca da parte del saggio.

La posizione lucreziana nei confronti della filosofia non è tuttavia così determinata. Lo testimoniano i vari quadri idillici e tragici che si alternano nel poema e soprattutto il finale dell'opera, con l'immagine della peste di Atene e delle sue drammatiche conseguenze. Alcuni interpreti hanno visto nel poema delle **contraddizioni palesi**, come se un anti-Lucrezio si affiancasse al Lucrezio filosofo e constatasse che il principio di *hedoné* non riesce a prevalere nel mondo. Sta di fatto che il poeta ha voluto rivelare nel suo poema il meccanismo su cui si regge e si organizza la vita universale, contro il quale l'uomo può soltanto **armarsi di una conoscenza** che gli permetta di porsi al di sopra degli eventi e di guardarli con distacco.

La lingua

Scrivere per persuadere

la finalità didascalica

La finalità che caratterizza l'organizzazione generale del poema si ritrova anche nello stile, che, avendo come scopo quello di persuadere, adotta il **modulo proprio dell'insegnamento**. Alla luce di ciò si giustificano le **numerose ripetizioni**, che interessano sia concetti-chiave, sia gli inviti al lettore. Per i primi, Lucrezio sembra seguire il consiglio dello stesso Epicuro, che raccomandava di condensare i concetti fondamentali in brevi formule e riproporli spesso durante la trattazione. Così, per fare un esempio, il principio di fondo secondo cui solo il disaggregarsi degli atomi permette la nascita di nuovi aggregati, cioè che solo la morte consente nuove vite, è ripetuto per quattro volte: I, 670; I, 792; II, 753; III, 519. I ripetuti inviti all'attenzione, invece, danno vita a vere e proprie formule di transizione, che trapuntano in continuazione le pagine del poema.

la vivacità descrittiva

L'intento persuasivo che permea di sé l'intera opera, però, si manifesta a livello stilistico anche attraverso una **notevole vivacità descrittiva**, nella quale si riversa l'entusiasmo lucreziano, di cui già molto abbiamo detto. Immagini vivide, similitudini, esempi esprimono la volontà dell'autore di rendere chiara e accattivante la materia, di per sé difficile e tendenzialmente oscura, e si accompagnano a espressioni efficaci per la loro nitida immediatezza, in un continuo **variare dei registri stilistici**, di volta in volta adattati alla materia trattata. La continua rimodulazione dei registri genera uno stile a tratti severo e tagliente, a tratti elegante e ricco. Mantenendosi sempre fedele al canone della concretezza, che talora sfocia in una specie di densità corporale, Lucrezio riesce a riservare un posto di grande rilevanza alla dimensione dell'immaginario. Senza mai indulgere a esagerazioni ed espressioni magniloquenti, trova il modo di comunicare il suo ardore didattico, il suo sdegno nei confronti della superstizione colpevole, la meraviglia di fronte alla grandiosità del cosmo, la commozione per le sventure umane. È un continuo passare dai toni profetici a quelli sgomenti, dall'allucinazione all'invettiva, grazie anche a una lingua che il poeta piega alle sue esigenze. E proprio sul versante della lingua Lucrezio dovette combattere quella che forse è la sua più ardua battaglia.

la varietà di registri

il lessico

Il primo nemico da affrontare fu la **povertà del lessico latino**, quella che il poeta chiama *patrii sermonis egestas* (I, 831) per rendere adeguatamente i termini greci della filosofia epicurea. Spesso per risolvere il problema Lucrezio ricorre a **perifrasi** o a più ampie descrizioni esplicative. Si pensi a uno dei termini chiave dell'epicureismo, la parola «atomo», per il quale Lucrezio utilizza le espressioni *corpora prima, genitalia materiai corpora, primordia rerum*, o adatta termini latini appartenenti ad altro ambito semantico, come *semina*, o ancora conia veri e propri calchi dal greco, come *homoeomeria*. **Tecnicismi, neologismi e arcaismi sono costantemente presenti** nell'opera. Di questi ultimi il poeta si serve per conferire ai versi un impasto solenne, mantenendosi così nel solco della tradizione poetica latina. Non a caso molti arcaismi si rifanno proprio all'opera enniana, specialmente se si tratta di vocaboli composti (*frugiferens, lanigeras, altivolans, navigerum, suaviloquens*) o perifrasi (*natura animi* per *animus*; *saecla ferarum* per *ferae*), per le quali talora risale le correnti della poesia fino a Omero. Arcaici sono anche gli avverbi in -*im* (*moderatim, acervatim*), gli infiniti passivi in -*ier* (*molirier, mirarier*), la desinenza bisillabica -*ai* nel genitivo singolare della prima declinazione e quella in -*um* nel genitivo plurale della seconda declinazione, al posto di -*orum*. Di ascendenza arcaica sono anche le numerose figure di suono (allitterazioni, assonanze, onomatopee, poliptoti, omoteleuti), che contribuiscono a livello fonico alla realizzazione dei toni patetici spesso presenti nel poema.

il verso

Le figure di suono interferiscono di necessità con la tessitura degli **esametri**, che rappresentano una specie di **cerniera tra la tradizione arcaica e il classicismo** dell'età augustea. Il verso di Lucrezio, infatti, si allontana da quello di Ennio, ma non ha ancora la struttura di quelli che saranno gli esametri di Virgilio o di Orazio. Senza entrare in discorsi troppo tecnici, possiamo affermare che in genere Lucrezio preferisce iniziare il suo verso con un dattilo (—∪∪) anziché con uno spondeo (— —) come era solito fare Ennio. Questo espediente tecnico conferisce una leggerezza maggiore. Alla struttura chiusa o chiastica (AB BA) di quello che sarà l'esametro dei poeti augustei, invece viene opposta una struttura aperta, parallela, in cui le due parti del verso (emistichi) sono tra loro quasi uguali. Così facendo **il ritmo risulta più lineare**, più monotono, ma più adatto all'intenzione didascalica dell'autore.

La fortuna

l'antichità

I **contemporanei** di Lucrezio non tennero molto presente il suo poema, che, ad esempio, non è citato negli scritti filosofici di Cicerone. I **poeti dell'età augustea** (Virgilio, Orazio e Ovidio) invece rivolsero spesso lodi all'autore del *De rerum natura* e si rifecero a lui nelle loro opere. Letto e stimato nell'età imperiale da autori come Seneca e Persio, il *De rerum natura* venne ripreso da Manilio per la composizione di un poema filosofico improntato allo stoicismo, gli *Astronomica*. Lo stile di Lucrezio fu giudicato elegante, ma difficile da **Quintiliano** – che espresse la sua preferenza per Virgilio –, pieno di ardore da **Stazio**, che elogiò la capacità lucreziana di trattare argomenti ardui. La presenza di arcaismi di ascendenza enniana nel lessico lucreziano conquistò **Frontone** e **Aulo Gellio** (II secolo d.C.), ma le posizioni materialistiche alienarono a Lucrezio gli **scrittori cristiani**, che espressero la loro aperta ostilità.

Nel **Medioevo** il poema lucreziano scomparve. Ritornò alla luce nel 1418, quando Poggio Bracciolini rinvenne in Alsazia un codice che lo conteneva. Fu l'inizio di un nuovo interesse di natura filologica e dottrinale verso l'opera, studiata e commentata da numerosi **umanisti**, come il Pontano o il Poliziano, e tenuta presente da Botticelli per la sua *Primavera*.

Nel **Rinascimento** Montaigne citò spesso il poema lucreziano nei suoi *Essais*, mentre Giordano Bruno ne ricavò le teorie sulla pluralità dei mondi. Dal Cinquecento, però, prese avvio un filone antilucreziano, impegnato a confutare le tesi del *De rerum natura* e culminato in un trattato del Cardinale di Polignac (1747).

Le tendenze empiristiche del **Seicento** apprezzarono la dottrina di Epicuro, anche nella versione lucreziana, mentre ambiguo fu l'atteggiamento degli **illuministi**, che non valutarono sempre positivamente il pensiero di Lucrezio. In campo più strettamente letterario il *De rerum natura* venne ripreso da Molière, che nel *Misantropo* adattò il passo sui difetti delle donne contenuto nel IV libro del poema. Tracce dell'opera compaiono anche in Leopardi, che nella *Ginestra* si ispirò al primo elogio di Epicuro (I, 65-66) per comporre i vv. 111-114:

Nobil natura è quella
che a sollevar s'ardisce
gli occhi mortali
incontra al comun fato

S. Botticelli, *La primavera* (particolare), 1478, Firenze, Galleria degli Uffizi.

IN SINTESI

■ Alla finalità didascalica si adatta anche lo **stile**, che si avvale di **ripetizioni** di concetti chiave, di **inviti** al lettore, di **formule di transizione** che costellano il poema. A ciò si aggiungono similitudini, esempi, immagini vivide che intendono rendere accattivante la materia trattata e una grande varietà di toni.

■ Il primo problema che il poeta si trovò ad affrontare fu la **povertà del lessico latino**, la *patrii sermonis egestas* (I, 831), che rendeva difficoltosa l'esposizione della filosofia epicurea. Per risolvere il problema Lucrezio ricorse a **perifrasi**, **tecnicismi**, **neologismi**, accanto ai quali compaiono **arcaismi** di matrice enniana che conferiscono solennità al discorso.

■ Le **figure di suono** si adeguano alla struttura dell'esametro che, se non ha ancora l'armonia di quelli virgiliani e oraziani, non ha più la rigidità di quello enniano.

■ Trascurato dai contemporanei, Lucrezio fu ammirato per svariate ragioni dai poeti dell'età augustea, come Virgilio e Orazio e dagli scrittori di età imperiale, come Seneca e Persio, Manilio, Frontone e Aulo Gellio. Le posizioni materialistiche gli alienarono la simpatia dei cristiani. Dopo la scomparsa in età medievale, il poema ritornò alla luce nel 1418, quando Poggio Bracciolini rinvenne il codice in Alsazia e ridiede vita all'interesse per l'opera. Nel Rinascimento il poema fu citato da Montaigne e Giordano Bruno, ma nacque anche un filone antilucreziano teso a confutare le tesi materialistiche. Gli illuministi non apprezzarono sempre il poema. Dal punto di vista letterario il *De rerum natura* venne ripreso da Molière nel *Misantropo* e da Leopardi nella *Ginestra*.

INDICAZIONI BIBLIOGRAFICHE

Le edizioni dei testi

A. BRIEGER, *T. Lucreti Cari rerum natura libri sex*, Lipsia, Teubner, 1894.

K. BÜCHNER, *Titus Lucretius Carus Welt aus Atomen: lateinisch und deutsch Textgestaltung*, Zürich, Einleitung und Übersetzung von Karl Büchner, 1956.

A. ERNOUT-L. ROBIN, *De rerum natura. Commentaire exégetique et critique*, Parigi, Les belles lettres, 1962².

A. ERNOUT, *De rerum natura*, Parigi, Les belles lettres, 1968.

J. MARTIN, *De rerum natura*, Lipsia, Teubner, 1969.

T. LUCREZIO CARO, *La natura*, testo, traduzione e commento a cura di A. FELLIN, revisione di A. BARIGAZZI, Torino, UTET, 1976².

T. LUCREZIO CARO, *La natura delle cose*, introduzione di G.B. CONTE, traduzione di L. CANALI, Milano, Rizzoli, 1990.

T. LUCREZIO CARO, *La natura*, a cura di G. MILANESE, introduzione di E. NARDUCCI, Milano, Mondadori, 1992.

T. LUCREZIO CARO, *La natura*, introduzione, traduzione e commento di F. GIANCOTTI, Milano, Garzanti, 1994.

Gli studi

E. PARATORE, *L'epicureismo e la sua diffusione nel mondo latino*, Roma, Edizioni dell'Ateneo, 1960.

R. SYME, *La rivoluzione romana*, trad. it. a cura di M. MANFREDI, Torino, Einaudi, 1962.

R. SCARCIA - C. D'ANNA - E. PARATORE, *Ricerche di biografia lucreziana*, Roma, Edizioni dell'Ateneo, 1964.

L. PERELLI, *Lucrezio poeta dell'angoscia*, Firenze, La Nuova Italia, 1969.

P. BOYANCÉ, *Lucrezio e l'epicureismo*, Brescia, Paideia, 1970.

H. BLUMEMBERG, *Naufragio con spettatore. Paradigma di una metafora dell'esistenza*, Bologna, Il Mulino, 1975 (2010⁵).

E. PARATORE, *La problematica sull'epicureismo a Roma*, Roma, Edizioni dell'Ateneo, 1976.

L. PERELLI, *Lucrezio. Letture critiche*, Milano, Mursia, 1977.

G. SASSO, *Il progresso e la morte. Saggi su Lucrezio*, Bologna, Il Mulino, 1979.

L. CANALI, *Lucrezio poeta della ragione*, Roma, Editori Riuniti, 1986³.

I. DIONIGI, *Lucrezio. Le parole e le cose*, Bologna, Patron, 1988.

F. GIANCOTTI, Religio, natura, voluptas. *Studi su Lucrezio*, Bologna, Patron, 1989.

G. MILANESE, Lucida carmina. *Comunicazione e scrittura da Epicureo a Lucrezio*, Milano, Vita e Pensiero, 1989.

E. NARDUCCI, *Le risonanze del potere*, in *Lo spazio letterario di Roma antica. La circolazione del testo*, Roma, Salerno Editrice, 1989, pp. 533-577.

G.B. CONTE, *Insegnamenti per un lettore sublime*, in *Generi e lettori*, Milano, Mondadori, 1991.

L. CANFORA, *Vita di Lucrezio*, Palermo, Sellerio, 1993.

C. SEGAL, *Lucrezio. Angoscia e morte nel* De rerum natura, Bologna, Il Mulino, 1998.

Sitografia

Come per la gran parte degli autori latini non esistono siti specifici su Lucrezio. Per il reperimento del testo latino del *De rerum natura* si può far riferimento a: **http://www.thelatinlibrary.com/luc.html** (che riporta l'intero poema).

SUAVE E TERRA MAGNU ALTERIUS SPECTARE LABOREM

PERCORSI ANTOLOGICI

Se prendiamo in considerazione le motivazioni che hanno spinto Lucrezio a comporre il suo poema e la scelta operata a favore del genere didascalico come forma adatta allo scopo, abbiamo evidenziati gli argomenti che costituiscono la materia dei percorsi caratterizzanti l'opera lucreziana. Essi tendono a porre in luce, innanzitutto, il modo in cui l'uomo si colloca di fronte al divino e alla morte. Per liberare i suoi simili dalle antiche paure, Lucrezio offre loro il messaggio di Epicuro e lo fa attraverso la scelta della veste poetica, indagando la realtà e i segreti della Natura, per poi tornare a esaminare il difficile cammino compiuto dall'umanità.

1 Gli dèi e la paura della morte
2 Il miele delle Muse e la consolazione della filosofia
3 Lo spettacolo della Natura
4 L'avventura dell'umanità

Vitello assalito da una tigre, V secolo d.C., Roma, Musei Capitolini.

1 Gli dèi e la paura della morte

Uno dei motivi per cui Lucrezio scrisse il suo poema è quello di offrire ai lettori strumenti razionali validi per sconfiggere la paura degli dèi e della morte. Gli dei vivono, secondo quanto affermato dalla dottrina epicurea, distaccati completamente dalla vita degli uomini, chiusi nelle loro sedi beate; non interferiscono nelle vicende umane e non intervengono in modo punitivo nei confronti di nessuno. Al di là di queste pacate convinzioni, però, il poeta mostra nei confronti della *religio* un atteggiamento piuttosto aspro, scagliandosi contro le raffigurazioni tradizionali delle divinità, contro le credenze e i culti che attribuiscono ai sacerdoti un potere tirannico sui fedeli. È probabile che a indurre Lucrezio a tale comportamento fosse la particolare realtà romana, in cui religione e potere politico costituivano un'unità indissolubile e detestabile agli occhi del poeta. Nel percorso emergono il quadro iniziale in cui – quasi in contraddizione con se stesso – Lucrezio raffigura la serenità olimpica di Venere e Marte e i versi dedicati a Epicuro, trasformato dalla fantasia poetica lucreziana in un titano che sfida le leggi divine per portare agli uomini il dono della libertà.

LAT	TESTO 1	*De rerum natura* I, 1-43
LAT	TESTO 2	*De rerum natura* I, 62-79
LAT	TESTO 3	*De rerum natura* I, 80-101
ITA	TESTO 4	*De rerum natura* V, 1161-1240
ITA	TESTO 5	*De rerum natura* III, 31-93
ITA	TESTO 6	*De rerum natura* III, 978-1023

TESTO 1

L'inno a Venere *De rerum natura* I, 1-43

Il poema lucreziano si apre con l'invocazione a Venere, che ha i caratteri propri di un inno, come si evince anche dall'insistenza sul pronome personale di seconda persona, riferito ovviamente alla divinità invocata.

L'inno di invocazione (*hýmnos klētikós*) era un genere poetico abbastanza frequente nella letteratura greca sia del periodo arcaico sia di quello ellenistico. La parte centrale di un inno era costituita da una sezione narrativa, in cui venivano enumerate le virtù della divinità (*aretalogia*) e celebrate le sue lodi (*dossologia*), prima di giungere all'enunciazione delle richieste. A questo nucleo narrativo sono riconducibili i vv. 2-19 del brano. I vv. 21-28, invece, rappresentano la conclusione dell'inno e insieme anche la protasi del poema, ripartita in invocazione, argomento e dedica, secondo il canone classico. Se lo schema della protasi è tradizionale, però, non altrettanto si può dire dei contenuti, che presentano significative innovazioni. Ad esempio, nell'invocazione il poeta non richiede alla dea di essere l'ispiratrice dell'opera, il cui argomento – a carattere scientifico – è a lui già noto, bensì di concedervi fascino (*lepos*) eterno. La richiesta si limita dunque all'aspetto formale, artistico dell'opera, grazie al quale Lucrezio desidera "conquistare" il lettore nell'intento di propagare il verbo epicureo. L'argomento è la natura, vista secondo i parametri epicurei, e il titolo dell'opera stessa compare al v. 25. Il destinatario, infine, risulta essere Memmio, un personaggio tradizionalmente identificato con il medesimo C. Memmio di cui parla Catullo nei suoi carmi e che il poeta veronese aveva seguito in Bitinia nel 57 a.C. Notizie poco lusinghiere, che ci pervengono su di lui dalle lettere ciceroniane (cfr. soprattutto *Ad familiares* XIII, 1), lo dipingono come un uomo di dubbia fama, del tutto refrattario all'epicureismo, per cui alcuni hanno messo in dubbio la sua identificazione con il destinatario del *De rerum natura*.

Venere giacente sulla conchiglia, accompagnata da due amorini, I secolo a.C., Casa della Venere in Conchiglia, Pompei, Sopraintendenza Archeologica.

Sotto il profilo stilistico si rilevano già dal proemio alcuni tratti tipici del linguaggio lucreziano: la preferenza per un lessico ricercato e per neologismi e arcaismi di sapore epico (*navigerum*, *frugiferentis*, v. 3; *frondiferasque*, v. 18), l'utilizzo di perifrasi poetiche (*species ... verna diei*, v. 10; *domos avium*, v. 18), l'impiego di anafore, che scandiscono il ritmo e sostengono l'impostazione innologica del discorso (*quae ... quae*, v. 3; *te ... te ... te*, v. 6; *tibi ... tibi*, vv. 7-8), il ricorso a figure di suono come le allitterazioni (*pecudes persultant pabula*, v. 14).

Metro: esametri dattilici –́⏑⏑, –́⏑⏑, –́⏑⏑, –́⏑⏑, –́⏑⏑, –́⏑

Aeneadum genetrix, hominum divomque voluptas,
alma Venus, caeli subter labentia signa
quae mare navigerum, quae terras frugiferentis
concelebras, per te quoniam genus omne animantum

1. Aeneadum genetrix: «Madre degli Eneadi»; *Aeneadum* è genitivo plurale di un sostantivo con suffisso derivato dal greco; da ciò dipende la desinenza in *-um* in luogo di *-arum*, che sarebbe stata poeticamente "pesante". Il poema si apre con una formula solenne, in cui i Romani vengono individuati con il patronimico, in quanto discendenti da Enea; poiché però secondo il mito Enea era figlio di Venere, la dea può essere invocata come «Madre dei Romani». L'attribuzione a Venere del ruolo materno obbedisce inoltre a due altre motivazioni: ella rappresenta il principio fecondatore dell'universo, e quindi può ben definirsi «madre»; la casata di Memmio, il dedicatario dell'opera, aveva in Venere la propria patrona. *Genetrix* è una ripresa, probabilmente voluta, degli *Annales* di Ennio (*Ann.* 52: *te nunc sancta precor Venus, te genetrix patris nostri*). – **hominum ... voluptas:** «piacere degli uomini e degli dèi». L'espressione *hominum divomque* è il calco di una formula omerica, in cui si riconosce l'arcaismo *divom* in luogo di *deorum*; la forma *divom* compare in Lucrezio solo in un altro passo (VI, 54) ed è solitamente propria del linguaggio liturgico. *Voluptas* è termine che si riconduce al concetto epicureo di *hedoné* («piacere»).

2-4. alma Venus: l'aggettivo *alma* deriva dal verbo *alere* «far crescere», «nutrire» e pertanto significa «datrice di vita»; si trova attestato spesso in unione con Venere e con il nome di altre divinità; rinvia al concetto filosofico di «Afrodite datrice di vita» del greco Empedocle. – **caeli ... concelebras:** «che sotto gli astri trascorrenti del cielo riempi il mare solcato da navi e le terre feconde di messi». I *labentia signa* sono i pianeti e le costellazioni, identificati con il participio *labentia* (da *labor*, «scivolo»), perché si muovono lentamente in cielo; il verbo *labor* usato in riferimento ai moti degli astri si ritrova abbastanza frequentemente anche nella traduzione ciceroniana dei *Fenomeni* di Arato (fr. 3: *labuntur celeri caelestia motu*, «i corpi celesti si muovono con moto veloce») e verrà ripreso da Virgilio (*Aeneis* III, 515: *sidera cuncta notat tacito labentia caelo*, «osserva tutti gli astri che si volgono nel cielo silenzioso»). *Quae* è pronome relativo, collocato in anastrofe dopo *caeli ... signa* e ripreso in anafora per dare enfasi alla frase. *Navigerum*, come il successivo *frugiferentis*, è aggettivo composto (*navis* + *gero*) coniato da Lucrezio; *frugiferentis* è forma di accusativo plurale, normale in Lucrezio per i temi in *-i-* della terza declinazione; composto da *frux* e *fero*, rap-

concipitur visitque exortum lumina solis:
te, dea, te fugiunt venti, te nubila caeli
adventumque tuum, tibi suavis daedala tellus
summittit flores, tibi rident aequora ponti
placatumque nitet diffuso lumine caelum.
Nam simul ac species patefactast verna diei
et reserata viget genitabilis aura Favoni,
aëriae primum volucres te, diva, tuumque
significant initum perculsae corda tua vi.

presenta un *hapax*, vale a dire una parola usata una sola volta. Poiché l'aggettivo *celeber* significa «popoloso», «affollato», il verbo etimologicamente collegato *concelebras* indica propriamente «affollare», ma secondo la testimonianza dei commentatori antichi ha in sé anche l'idea di «riempire di vita»; si noti la posizione della parola, isolata a inizio di verso in *enjambement* con il verso precedente, affinché abbia particolare rilievo. – **per te quoniam:** «poiché per te»; *per te* è complemento di mezzo, posto in particolare rilievo dall'anastrofe, a sottolineare il ruolo di Venere come principio di fecondità; *quoniam* è posposto in anastrofe secondo un uso molto frequente in Lucrezio quando sono presenti congiunzioni subordinanti o pronomi relativi. – **animantum:** forma del genitivo plurale neutro del participio presente, adottata da Lucrezio per motivi metrici (*animantium* darebbe origine a un cretico, —∪—, piede che non "entra" nell'esametro); rappresenta una clausola quadrisillabica, cosa piuttosto rara. *Animantia* sono tutti gli esseri dotati di *anima*, cioè di vita e di respiro.

5. concipitur visitque exortum: la serie delle tre forme verbali indica i tre momenti che accompagnano la nascita di un essere vivente: concepimento, nascita e apertura degli occhi; *exortum*, participio perfetto da *exorior*, congiunto con *genus*, ha valore temporale (propriamente: «dopo che è venuto alla luce»). *Visit ... lumina solis* è richiamo di una espressione omerica, già presente, seppur in modo parziale, in Ennio (*Annales* v. 290 Vahlen: *lumine solis*); «vedere la luce del sole» è metafora assai usata per indicare la «vita».

6-7. te ... adventumque tuum: una fitta rete di figure retoriche concentrate sui pronomi personali di seconda persona concorre a collocare Venere al centro di un vasto affresco naturalistico e a celebrarla come il principio datore di vita; si notino, a proposito, l'anafora (*te ... te ... te*), ripetuta nei vv. 7-8 (*tibi ... tibi*), l'allitterazione delle dentali che continua nel verso seguente (*adventumque tuum*), ed è ripresa da *tibi... tibi* dei vv. 78, il poliptoto (*te ... te ... te ... tuum ... tibi ... tibi*). – **suavis:** è accusativo plurale in *-is* (per questo uso cfr. v. 3 e relativa nota); l'aggettivo è caro a Lucrezio, che lo impiega per rendere il greco *hedýs* («dolce»), termine chiave della dottrina epicurea. Ai fini metrici è da considerare bisillabo per sinizesi. – **daedala tellus:** «la terra artefice»; l'aggettivo *daedalus*, di uso poetico e derivato dal greco (*daidállein*, «variare», da cui anche il nome del mitico Dedalo, architetto del labirinto cretese e inventore del volo), racchiude in sé l'idea di «varietà» e di «ingegnosità». In Lucrezio l'aggettivo è tra i più usati e ricorre anche in II, 505; IV, 551; V, 234 e 1451.

8-9. summittit: il verbo è usato abbastanza frequentemente da Lucrezio in unione con «terra» come soggetto e ne indica l'opera produttiva (quindi «produce»); qui però ha in sé anche il significato di totale dipendenza della terra da Venere, come rivela il prefisso *sub*. – **rident ... caelum:** «per te sorridono le distese dei mari e il cielo rasserenato splende di luce diffusa». Una serie di elementi lessicali, fonici e retorici contribuisce a rendere l'effetto di particolare luminosità della scena. Innanzitutto i termini *nitet ... lumine*; poi la frequenza delle consonanti liquide, dei dittonghi e l'incontro di consonanti dal suono non aspro; infine l'anafora *tibi... tibi* dei vv. 78, il ritmo armonico del v. 9 e l'identità delle clausole degli ultimi cinque versi, *lumina solis*, *nubila caeli*, *daedala tellus*, *aequora ponti*, *lumine caelum*, in cui lo spondeo finale coincide con i termini più rilevanti. L'immagine che contiene il verbo *rideo* è stata usata per la prima volta da Eschilo (*Prometeo* 89 s.): «il riso infinito delle onde marine», e ricorre in altri passi lucreziani (II, 559; III, 21 s.). *Aequora* è plurale poetico; *aequor* e *pontus* sono vocaboli propri del linguaggio poetico.

10. Nam ... diei: «Infatti non appena appare l'aspetto primaverile del tempo». La particella *nam* ha valore esplicativo. *Simul ac* introduce una proposizione temporale e indica perfetta contemporaneità. *Patefactast* è aferesi per *patefacta est*; l'uso del perfetto rivela il ripetersi dell'azione. *Species ... verna diei* è perifrasi poetica per *ver*, in cui si riconosce anche l'enallage di *verna* riferito a un elemento diverso (*species*) da quello cui sarebbe logicamente riferibile (*diei*).

11. reserata: propriamente «liberata dai chiavistelli (*serae*)», quindi «dischiusa». – **viget ... Favoni:** «prende vigore il soffio fecondatore del Favonio». L'aggettivo *genitabilis* ha qui significato attivo («fecondatore», «che dà vita») contrariamente al solito, dal momento che il suffisso *-bilis* è di norma passivante. Il Favonio è un vento tiepido che spira da ponente (cfr. Catullo 64, 282 *aura ... tepidi fecunda Favoni*, «lo spirare fecondo del tiepido Favonio»). È detto anche Zefiro. Dal latino *Favonius* deriva il tedesco *Föhn*.

12. aëriae primum volucres: «dapprima gli aerei uccelli». *Aëriae* è un epiteto esornativo. *Primum* è da porre in correlazione con *inde* del v. 14 e con *denique* del v. 17.

13. significant: «annunciano»; il verbo, composto da *signum + facio*, indica propriamente «fare un'indicazione», quindi «indicare», «manifestare». – **initum:** «arrivo», è accusativo singolare di un raro sostantivo della quarta declinazione, sinonimo dell'*adventum* del v. 7 ed equivalente del più usuale *initium*, che non può entrare nell'esametro a causa delle tre brevi iniziali. – **perculsae corda tua vi:** «colpiti nel cuore dalla tua forza». Il verbo *percello*, da cui deriva il participio *perculsae*, indica l'atto di dare un colpo e, in senso metaforico, il provocare una profonda emozione. *Corda* è accusativo di relazione. *Tua vi* è ablativo di causa efficiente.

Inde ferae pecudes persultant pabula laeta
et rapidos tranant amnis: ita capta lepore
te sequitur cupide quo quamque inducere pergis.
Denique per maria ac montis fluviosque rapacis
frondiferasque domos avium camposque virentis
omnibus incutiens blandum per pectora amorem
efficis ut cupide generatim saecla propagent.
Quae quoniam rerum naturam sola gubernas
nec sine te quicquam dias in luminis oras
exoritur neque fit laetum neque amabile quicquam,
te sociam studeo scribendis versibus esse,
quos ego de rerum natura pangere conor
Memmiadae nostro, quem tu, dea, tempore in omni

14. Inde ... laeta: «Allora gli animali feroci saltano per i pascoli rigogliosi». *Inde* è avverbio di moto da luogo, che qui ha valore sia di causa sia di tempo. Per *ferae pecudes* altri intendono «gli animali divenuti feroci», dando a *ferae* il significato di «bestie feroci» e un valore predicativo rispetto a *pecudes*, «branchi». *Persulto* è verbo derivato da *per + salto*, a sua volta frequentativo di *salio*, «saltare». L'accusativo *pabula* è retto dal preverbio *per-* di *persultant*. Si noti l'allitterazione *pecudes persultant pabula*.

15-16. rapidos ... amnis: «passano a nuoto i fiumi vorticosi». *Rapidos* è collegato etimologicamente con la radice del verbo *rapio* e quindi significa «che portano via», «che trascinano». *Amnis* è la consueta forma di accusativo plurale in *-is*. Si noti l'iperbato. – **ita ... pergis:** «così catturata dal tuo fascino ognuna ti segue bramosamente dove tu ti appresti a condurla». Il soggetto della proposizione introdotta da *ita* è un *quaeque*, che in realtà non è esplicitato, ma si ricava dall'oggetto della dipendente. Avviene così un passaggio improvviso dal plurale al singolare: Lucrezio, dopo aver dato il quadro generale degli animali, ora si appresta a descrivere in modo individuale ogni singolo capo di bestiame. *Lepore*, da *lepos*, è un termine fondamentale in Lucrezio, che spesso, come qui, indica il fascino dell'amore. *Quo* è avverbio di moto a luogo e introduce una relativa locativa.

17. rapacis: è accusativo plurale in *-is* come pure *montis* (v. 17) e *virentis* (v. 18). Per il significato e l'origine cfr. *rapidos* del v. 15.

18. frondiferas: aggettivo composto, di stampo tipicamente lucreziano (cfr. *navigerum* e *frugiferentis* del v. 3). In *frondiferas ... domos avium* si ha una perifrasi di ambito poetico per designare il cielo: «le frondose dimore degli uccelli».

20. efficis ... propagent: «fai sì che con desiderio propaghino le generazioni specie per specie». *Cupide* è lo stesso avverbio del v. 16. *Generatim* è avverbio in *-im* di aspetto arcaico, particolarmente significativo all'interno della dottrina epicurea (si veda la Scheda lessicale qui a fianco).

21. Quae quoniam: nesso relativo da intendere come *et quoniam tu*, con inversione della congiunzione causale come usuale in Lucrezio (cfr. v. 4).

22. dias ... oras: «nelle celesti plaghe della luce». L'aggettivo *dius, a, um*, dalla stessa radice di *dies* e di *Iuppiter* (= *Dies pater*), contiene in sé sia l'idea del divino sia quella della luce; l'uso letterario dell'aggettivo deriva da Ennio, come d'altra parte l'espressione *luminis oras* (*Annales*, v. 114 Vahlen).

23. exoritur: «nasce», riprende *exortum* del v. 5. – **neque fit ... quicquam:** «e nulla diviene di fiorente e di amabile». Si noti la ripetizione *quicquam ... quicquam*, in chiasmo (*nec quicquam ... exoritur / neque fit ... quicquam*).

24. te sociam ... esse: «io desidero che tu mi sia alleata nello scrivere i versi». *Socius* nel linguaggio militare è l'«alleato». Il verbo *studeo* racchiude in sé l'idea dello sforzo e insieme quella del desiderio. *Scribendis versibus* è dativo con valore finale; il gerundivo è dipendente da *sociam*. Nel verso si nota l'allitterazione della sibilante (s).

25-26. quos ... nostro: «che io mi sforzo di comporre sulla natura per il nostro discendente dei Memmi». *De rerum natura* è il titolo del poema, ricalcato sul greco *Perì phýseos*, con cui vennero intitolate molte opere di argomento naturalistico dai filosofi fisici ionici, da Empedocle e dallo stesso Epicuro, che diede questo titolo alla sua opera maggiore in 37 libri. *Pangere* significa propria-

SCHEDA LESSICALE

Generatim

L'avverbio *generatim* deriva dal sostantivo *genus*, corrispondente latino del greco *ghénos*, nell'accezione di «famiglia», «genere» di appartenenza. Lucrezio lo utilizza nel v. 20 del Libro I per significare che la vita animale si propaga, sotto l'impulso di Venere, specie per specie, genere per genere. La notazione non è di poco conto, richiamandosi anzi ai principi basilari della fisica epicurea, secondo la quale non è condizione sufficiente che la vita continui, ma è necessario che si trasmetta mantenendo le caratteristiche peculiari di ogni singola specie vivente. In tal modo sarà salvaguardata la "regolarità" della natura ed essa si presenterà come un insieme ordinato, codificato da leggi e perciò conoscibile all'uomo.

omnibus ornatum voluisti excellere rebus.
Quo magis aeternum da dictis, diva, leporem,
effice ut interea fera moenera militiai
per maria ac terras omnis sopita quiescant;
nam tu sola potes tranquilla pace iuvare
mortalis, quoniam belli fera moenera Mavors
armipotens regit, in gremium qui saepe tuum se
reicit aeterno devictus vulnere amoris,
atque ita suspiciens tereti cervice reposta
pascit amore avidos inhians in te, dea, visus
eque tuo pendet resupini spiritus ore.
Hunc tu, diva, tuo recubantem corpore sancto
circum fusa super, suavis ex ore loquellas
funde petens placidam Romanis, incluta, pacem;

mente «conficcare», «configgere»; per metonimia allude all'atto dello scrivere premendo lo stilo nella cera della tavoletta. In *conor* è adombrata la fatica della creazione letteraria. *Memmiadae* è il patronimico, con suffisso greco, del destinatario dell'opera, Memmio. – **tempore in omni:** anastrofe.

27. omnibus ... rebus: «hai voluto che eccellesse, ornato di ogni virtù». Si noti l'accumulo di figure: l'iperbato a cornice, l'allitterazione (*omni / omnibus ornatum*), con *enjambement*, il poliptoto (*omni / omnibus*).

28. Quo... leporem: «Perciò, a maggior ragione, concedi, o dea, eterno fascino alle mie parole». *Quo* è nesso relativo (= *et eo*); *magis*: «a maggior ragione». Si noti l'allitterazione in *da dictis, diva*. Per *leporem* cfr. v. 15.

29. effice: «fa' in modo»; da *effice* dipende la completiva *ut ... quiescant* («che si acquietino»). – **interea:** «frattanto», cioè finché dura il *lepos* della poesia lucreziana. – **fera moenera militiai:** «le feroci imprese della guerra»; è una perifrasi epica per indicare la guerra. *Moenera* è forma arcaizzante per *munera*. *Militiai*, per *militiae*, ha la desinenza arcaica del genitivo singolare, formante spondeo. Questa desinenza è costituita dall'incontro della *a* del tema con la desinenza *i*, modellata sui sostantivi della seconda declinazione. Presente negli autori arcaici, la desinenza *ai* in Lucrezio è forma largamente usata per il genitivo. Il termine *militiai*, che occupa da solo l'ultima parte dell'esametro, ha una posizione enfatica.

30. omnis: accusativo plurale.

31. tranquilla pace: ablativo di mezzo. – **iuvare:** «aiutare».

32-33. mortalis: accusativo plurale. – **quoniam ... regit:** «poiché Marte, signore delle armi, governa le feroci imprese della guerra». *Quoniam* introduce una causale. Per *moenera* cfr. v. 29. *Mavors* è forma arcaica per *Mars*. *Armipotens* è aggettivo composto dello stesso tipo di *omnipotens*; per questo uso di aggettivi composti cfr. v. 3. – **in gremium ... tuum:** «che spesso nel tuo grembo». Per l'anastrofe con pronomi relativi cfr. nota ai vv. 2-4.

34. reicit ... amoris: «vinto dall'eterna ferita d'amore (si) abbandona». Nel verbo *reicit* è insita l'idea di reclinare il capo. Significativo il preverbio di *devictus* (*de-*) che indica la definitiva sconfitta di Marte nei confronti di Venere. I termini presenti nel verso (si noti anche *vulnere*) rimandano all'ambito bellico. Nella descrizione dell'abbandono di Marte tra le braccia di Venere, tanto efficace per la sua plasticità da assomigliare alla rappresentazione di un gruppo marmoreo, alcuni studiosi vedono un valore simbolico: Venere e Marte sarebbero la personificazione di *philía* («amore») e *neíkos* («contesa»), i due principi opposti della dottrina empedoclea, dal cui rapporto equilibrato dipende l'armonia dell'universo.

35. suspiciens ... reposta: «guardandoti con il bel collo piegato indietro». *Tereti* significa propriamente «tornito», «ben lavorato» ed è aggettivo spesso impiegato con i termini «collo» o «cervice». *Reposta* è forma arcaica e colloquiale per *reposita*, utilizzata per ragioni metriche (la sequenza di tre brevi non entrerebbe nell'esametro).

36-37. pascit ... ore: «pasce d'amore i suoi avidi sguardi, anelando verso di te, o dea, e il respiro di lui supino pende dalla tua bocca». *Inhio* vale propriamente «sto con la bocca aperta» ed è normalmente costruito con l'accusativo o il dativo; qui il costrutto *in* + accusativo conferisce maggiore forza al verbo stesso. *Visus* è plurale poetico. L'immagine complessiva è già presente in Terenzio (*Phormio* 85) e sarà ripresa dal Tasso. *Gerusalemme liberata* XVI, ottave 18 e 19. In *avidos ... visus* si noti l'iperbato. *Eque* è uno dei rari casi in cui l'enclitica è aggiunta alla preposizione anziché al sostantivo.

38. Hunc ... recubantem: l'accusativo è retto da *circum fusa* (v. 39); si osservi la posizione di rilievo di *Hunc* in *incipit* di verso e l'accostamento con *tu*.

39. circum fusa: participio con valore medio da *circumfundo*, che implica l'idea di «avvolgere tutto intorno» cui si aggiunge l'avverbio *super*. In *circum fusa* si noti la tmesi. – **suavis:** è accusativo plurale in *-is*, concordante con *loquellas*. Derivando dalla radice di *suadeo*, l'aggettivo avrà qui il significato di «convincenti». È un bisillabo (cfr. nota al v. 7).

40. funde: «effondi»; l'imperativo indica il desiderio che Venere assuma il ruolo di mediatrice tra il popolo romano e il dio della guerra, per ottenere ai suoi protetti la pace. – **placidam ... pacem:** «tranquilla pace». – **incluta:** è forma arcaica per *inclita*.

nam neque nos agere hoc patriai tempore iniquo
possumus aequo animo nec Memmi clara propago
talibus in rebus communi desse saluti.

41. agere hoc: è formula sacrale che significa «dare inizio al rito». – **patriai tempore iniquo:** «in un periodo avverso per la patria». Qualcuno, a partire da questa allusione, ha creduto possibile individuare il tempo di composizione del poema, riferendosi alla guerra civile tra Mario e Silla, alla spedizione mitridatica, alla congiura di Catilina; l'espressione però pare generica. Per *patriai* cfr. nota al v. 29 sull'uso del genitivo arcaico con desinenza *ai*.

42. aequo animo: «con animo sereno»; l'espressione risulta antitetica rispetto a *tempore iniquo* del verso precedente, con cui costituisce un chiasmo. – **clara propago:** «illustre discendenza».

43. talibus ... saluti: «venir meno in tali circostanze alla comune salvezza». *Desse* è forma poetica per *deesse* in cui le due *-e-* si contraggono nella corrispondente vocale lunga. *Communi ... saluti* dipende da *desse*. L'infinito è retto da un *potest* sottinteso.

ANALISI DEL TESTO *De rerum natura* I, 1-43

Lessico

1 Nel lessico scelto da Lucrezio nella stesura del proemio si possono osservare alcune particolarità. Rileggi il testo e rispondi:
a sono presenti arcaismi?
b sapresti individuare i composti dal sapore epico?
c perché Lucrezio cerca, attraverso queste scelte lessicali, un collegamento con Ennio?

2 Quale idea suggeriscono gli aggettivi e gli avverbi impiegati nei vv. 17-20?

3 *Conor* (v. 25): quale significato racchiude in sé questo verbo?

4 *Memmiadae*: di quale forma si tratta? Perché viene usata?

Sintassi e stile

5 Attraverso la cura formale Lucrezio rivela la sua ispirazione al *lepos* e la sua capacità di conseguire un elevato livello stilistico. Individua gli strumenti usati da Lucrezio per ottenere questo effetto. Ad esempio:
a esistono delle assonanze? Dove le ritrovi?
b sono sporadiche o costituiscono una trama solida?
c accanto alle assonanze rilevi altre figure di suono, ad esempio allitterazioni? Dove?
d sono presenti delle anafore? Dove?
e in quale genere letterario ti risulta che siano usuali le anafore?
f sulla base di tutte queste osservazioni, quali conclusioni puoi trarre rispetto al passo in esame?

6 Nel v. 24 l'espressione *scribendis versibus* si presta a una serie di riflessioni sintattiche. Quali?

7 Osserva i vv. 26-27:
a quali figure retoriche riconosci?
b quale relazione hanno le figure retoriche presenti con la citazione del patrono di Lucrezio?

Contenuti

8 La scelta di Venere come dedicataria dell'inno con cui si apre il poema è stata variamente motivata. Quali tesi ricordi? Ad esempio:
a quale relazione c'è tra la dea e la famiglia dei Memmi?
b quali significati simbolici rivestiva la figura di Venere nella filosofia greca?
c quale relazione esiste tra Venere e il concetto epicureo di *hedoné*?
d perché si può affermare che Venere sia in questo passo un'immagine poetica polivalente?
e rispetto a Marte, quale funzione simbolica riveste Venere? Può essere avvicinata a un particolare concetto proprio della filosofia epicurea?

9 Quale relazione ravvisi tra la scelta della forma poetica per illustrare le tesi epicuree e la presenza di Venere all'inizio del poema?

10 Il proemio del *De rerum natura* ha l'aspetto di un inno.
a Quali ne sono le caratteristiche?
b Ricordi quali sono le parti costitutive di un inno?
c Dove si ritrovano esattamente nel testo lucreziano?
d Quali altri esempi di inni precedenti a questo sapresti citare?

APPROFONDIMENTO

LUCREZIO E GLI DÈI

Il proemio del *De rerum natura* suscita nel lettore una perplessità di fondo: perché collocare sotto la protezione di una divinità mitologica un'opera che ha tra i suoi principali scopi quello di liberare gli uomini dalla paura degli dèi e di combattere contro la *religio*? Perché presentare – nella parte finale (vv. 29-61) – addirittura due divinità, Venere e Marte, con gli attributi più tipici delle rappresentazioni mitologiche e implorare da una il dono della pace? Le spiegazioni addotte dagli studiosi a questo comportamento incongruente del poeta sono diverse. Si è detto che molto ha giocato su Lucrezio la tradizione poetica, che le figure di Venere e di Marte vanno lette in chiave allegorica, che a un poeta come Lucrezio non sfugge la consapevolezza della difficoltà di impatto di un poema didascalico nell'ambito della cultura letteraria romana, per cui egli avverte la necessità che venga riconosciuta alla sua opera una grazia (*lepos*) simbolicamente riferita a Venere, e così via. I dubbi peraltro restano e sono gli stessi che si pongono per un altro poeta epicureo, Orazio, di qualche decennio posteriore a Lucrezio, che in più passi delle sue *Odi* sembra rimettere in discussione gli insegnamenti del maestro. D'altra parte l'oscillazione tra rifiuto della religione e accettazione di quelle pratiche religiose che non scadano nella superstizione era già presente nello stesso Epicuro (cfr. *Lettera a Meneceo*), a testimonianza di una mancanza di rigore su questo tema fondamentale già nelle radici stesse del sistema epicureo.

Esemplare di questa tendenza al sincretismo, che nel poema accosta la lotta alla *religio* con l'accettazione di *topoi* mitologici diffusi nella tradizione letteraria e nelle credenze popolari, è la seconda parte del proemio (vv. 29-61), allorché il poeta implora da Venere la pace per sé, per i Romani, per il mondo. La richiesta a Venere è giustificata dal fatto che la dea è – secondo il mito – l'amante di Marte, a sua volta dio della guerra. Ne esce un quadro in cui si fondono realtà appartenenti ad ambiti diversi. Gli amori di Venere e Marte, oltre a essere oggetto delle favole mitologiche, rinviano alle ancestrali e mitiche origini di Roma, che ben poteva rivolgersi a Venere con il titolo di *genetrix*, essendo ella madre del suo fondatore Enea, e a Marte con l'appellativo di *pater*, dal momento che egli aveva generato Romolo. Inoltre si risentono nella descrizione gli echi della filosofia empedoclea incentrata sul continuo contrasto tra *philía* («amore») ed *éris* («lotta»), di cui evidentemente sono figura i due dèi. Tutto ciò prende forma poetica e si concretizza in un'immagine di plastica bellezza, quasi la riproduzione in versi di un'opera scultorea, in cui i placidi amori divini sembrano assurgere a simbolo dell'*ataraxía* epicurea.

Eracle bambino aggredito dai serpenti sotto gli occhi di Giove e Alcmena, I secolo a.C., Casa dei Vettii, Pompei, Soprintendenza Archeologica.

TESTO 2

L'elogio di Epicuro

De rerum natura I, 62-79

Se l'inno a Venere costituisce il proemio a tutta l'opera, il testo qui proposto può essere considerato il proemio al primo libro. In esso viene affrontato il tema dell'avversione alla religione, intesa da Lucrezio come un sistema di riti disumani e credenze irrazionali, teso a incutere paura nell'uomo e a tenerlo schiavo. Poiché la paura che gli uomini hanno degli dèi e della morte deriva – secondo Lucrezio – dall'ignoranza delle leggi naturali, la diffusione della dottrina epicurea porterà alla liberazione dell'umanità. In tal senso il poeta intona un elogio a Epicuro, liberatore degli uomini, a cui sono attribuiti i caratteri di un eroe epico. A questo proposito G.B. Conte (*Insegnamenti per un lettore sublime*, introduzione al *De rerum natura*, ed. BUR, Milano, 1994, pp. 17-47) sostiene che la figura lucreziana di Epicuro ha la sua matrice nel guerriero omerico, citando come modello dell'elogio l'episodio dell'*Iliade* (XVII, 166) in cui Glauco affronta Ettore. L'impresa compiuta da Epicuro, poi, è descritta da Lucrezio secondo lo schema di una gigantomachia; avendo presente l'archetipo della lotta contro il mostro, essa assume dimensione prometeica: come il titano, infatti, anche Epicuro ha saputo sfidare le leggi divine per soccorrere l'umanità smarrita e soggiogata dalla presenza oppressiva della *religio*. Anche in Epicuro era presente questa avversione nei confronti della religione, tuttavia essa non appariva così insistita come in Lucrezio, almeno nei testi epicurei giunti fino a noi. Questa differenza forse è dovuta al peso maggiore che la religione tradizionale aveva in Roma rispetto alla Grecia ellenistica; fatto sta che il tema della *religio* come aberrazione diventa nel *De rerum natura* una presenza ricorrente e mentre in Epicuro l'eliminazione della paura degli dèi aveva come scopo la tranquillità interiore del singolo, in Lucrezio la lotta contro la religione assume un valore sociale universale, è una lotta di liberazione.
Sotto il profilo stilistico il brano si avvale di un potente linguaggio metaforico ed è costruito su un'antitesi fondamentale: l'umanità prima e dopo Epicuro. La descrizione a tinte fosche della condizione umana trova un riscontro nell'utilizzo di suoni aspri. L'impresa titanica di Epicuro è invece sostenuta da un ritmo veloce, frequenza di *enjambements* e marcata da un insistito impiego del lessico militare (*obsistere*, v. 67; *effringere*, v. 70; *refert*, v. 75).

Metro: esametri dattilici ⏑́⏑⏑, ⏑́⏑⏑, ⏑́⏑⏑, ⏑́⏑⏑, ⏑́⏑⏑, ⏑́⏑

Humana ante oculos foede cum vita iaceret
in terris oppressa gravi sub religione,

62-63. Humana ... religione: «Quando la vita umana giaceva davanti agli occhi di tutti ignobilmente prostrata a terra, sotto il peso della religione». Lucrezio accumula termini che rimandano all'ambito della "pesantezza" (*iaceret / in terris oppressa gravi sub*) per accentuare il senso del discorso: la religione grava sull'umanità e la schiaccia con il suo pesante bagaglio di superstizione. Della *religio* il poeta ha intenzione di porre in risalto soprattutto gli elementi negativi che l'assimilavano per l'appunto alla *superstitio*. L'anastrofe della proposizione narrativa e la posposizione del *cum* obbediscono a un uso consueto in Lucrezio (cfr. nota ai vv. 2-4, p. 537); qui servono anche a porre in forte risalto il soggetto (*humana ... vita*). *Gravi sub religione* significa propriamente «sotto la pesante religione».

SCHEDA LESSICALE

Religio

Dal punto di vista etimologico il termine *religio* è stato collegato a radici semantiche differenti. Cicerone nel *De natura deorum* (II, 28, 72) lo connette con il verbo *relegere* nel significato di «coltivare diligentemente» la devozione agli dèi. Altri autori, invece, lo collegano con *religo*, nel senso di «legarsi» agli dèi; a sostegno di questa ipotesi costoro notano come un residuo dell'originario significato insito nella parola sia l'impiego delle *vittae*, cioè delle bende sacrificali, che vorrebbero propriamente rinviare a questo «legame» che si instaura tra i sacerdoti e la divinità durante le pratiche di culto. Lucrezio sembrerebbe propendere per questa seconda ipotesi etimologica, se è vero che la sua lotta contro la *religio* si configura come un'esortazione a *religionum animum nodis exsolvere*, «sciogliere l'anima dai nodi delle religioni» (I, 932). Sotto il profilo strettamente semantico la parola *religio* è una *vox media*, che nella sua accezione positiva vale «devozione agli dèi», mentre in quella negativa assume il valore di «superstizione», «scrupolo religioso».

quae caput a caeli regionibus ostendebat
horribili super aspectu mortalibus instans,
primum Graius homo mortalis tollere contra
est oculos ausus primusque obsistere contra;
quem neque fama deum nec fulmina nec minitanti
murmure compressit caelum, sed eo magis acrem
inritat animi virtutem, effringere ut arta
naturae primus portarum claustra cupiret.
Ergo vivida vis animi pervicit et extra
processit longe flammantia moenia mundi
atque omne immensum peragravit mente animoque,

64. quae ... ostendebat: il ritmo spondaico del verso serve a rallentare il procedere del discorso e a rappresentare anche a livello metrico il concetto di pesantezza della *religio* e di impedimento dell'umanità. Si noti l'allitterazione *caput ... caeli*. Era comune credenza che nel cielo ci fossero misteriose forze in grado di condizionare il destino dell'uomo; non è dunque un caso che proprio «dalle regioni del cielo» si affacciasse come un mostro orribile la religione. L'immagine estremamente plastica è la concretizzazione poetica lucreziana del pensiero epicureo, secondo cui la religione sarebbe nata allorché gli uomini, digiuni di sapere scientifico, attribuirono i fenomeni celesti e atmosferici a potenze superiori.

65. horribili ... instans: «gravando dall'alto sui mortali con orribile aspetto». *Super* è avverbio; in unione con *instans* vale «gravando dall'alto». Servio, nel suo commento a *Eneide*, VIII, 187, vede celato nel nesso *super... instans* il significato di *superstitio* (*secundum Lucretium superstitio est superstantium rerum, id est caelestium et divinarum, quae super nos stant, inanis et superfluus timor*).

66-67. primum: collocato in posizione enfatica, all'inizio di verso, l'avverbio sottolinea la priorità dell'impresa di Epicuro, anche se essa non è storicamente esatta, dal momento che alle teorie epicuree aveva dato un determinante apporto Democrito con la sua dottrina atomistica. L'avverbio costituisce anafora con i successivi *primusque* del v. 67 e *primus* del v. 71. – **Graius homo:** «un uomo greco»; la perifrasi consente al poeta di omettere il nome di Epicuro, che compare una sola volta in tutto il poema (III, 1042). L'uso delle perifrasi, nell'epica, era riservato agli dèi e agli eroi; Epicuro dunque, agli occhi di Lucrezio, assume i caratteri dell'eroe epico. – **mortalis tollere contra:** «osò alzare gli occhi mortali contro e per primo opporsi». *Mortalis*, concordato in iperbato con *oculos*, è la consueta forma dell'accusativo plurale in *-is*. Si noti il poliptoto *mortalibus* (v. 65) ... *mortalis* (v. 66). L'accostamento tra *mortalis* e *homo*, la ripetizione dell'avverbio *contra* in epifora, l'iperbato *est ... ausus*, l'insistenza sul primato di Epicuro (*primum ... primusque*) sono elementi che servono a dare forte rilievo all'azione di Epicuro, connotandola attraverso lessico e figure retoriche con i tratti dell'impresa titanica. In *obsistere* sono insiti insieme i significati di stabilità (*-sistere*) e di opposizione (*ob-*).

68-69. quem: il relativo ha come antecedente *Graius homo*. – **deum:** genitivo plurale con la desinenza arcaica *-um*; si tratta di un genitivo oggettivo («le dicerie sugli dèi»). – **nec minitanti ... caelum:** «né il cielo lo frenò con il suo rimbombo minaccioso». In *minitanti / murmure* si notino l'allitterazione e l'*enjambement*. Il verbo *compressit* richiama *oppressa* del v. 63, derivando dalla medesima radice. – **eo magis:** «tanto più»; la condizione di schiavitù a cui Epicuro, come tutti i mortali, era sottoposto non lo demotiva, ma anzi è uno stimolo in più per intraprendere la sua impresa.

70-71. inritat: è perfetto sincopato per *inritavit*, «stimolò». – **effringere ... cupiret:** «da desiderare di spezzare per primo le strette sbarre della porta della natura». In *effringere ut* si noti l'anastrofe. *Ut* si può intendere come congiunzione consecutiva oppure come completiva («la capacità dello spirito a desiderare...»). *Cupiret* è forma arcaica per *cuperet*, utilizzata per ragioni metriche. L'immagine ha valore metaforico e indica dapprima i lacci della *religio* e dell'ignoranza umana, poi l'audacia di Epicuro che ha saputo spalancare le porte della verità. In particolare la porta riveste un significato sacrale e magico, rappresentando la possibilità o il divieto di accesso alla conoscenza e al divino.

72-73. Ergo ... pervicit: «Perciò la forza vigorosa dell'animo ebbe la meglio». Si noti la persistenza delle allitterazioni in tutto il verso. *Vivida vis* è paronomasia. In *pervicit* il preverbio indica azione compiuta e definitiva. – **et extra ... mundi:** «e andò lontano, oltre le fiammeggianti mura del mondo». *Extra* regge *flammantia moenia*. L'immagine, potentemente poetica, si riallaccia alle dottrine filosofiche antiche, secondo le quali il mondo era finito e circondato dalla sfera del fuoco; Epicuro aveva invece sostenuto che l'universo è infinito e che oltre il cerchio del fuoco vi sono altri mondi. Poiché le dottrine orfico-pitagoriche affermavano che dalla sfera del fuoco derivavano le anime, che poi vi facevano ritorno come loro sede definitiva, dire che Epicuro ha varcato questo limite può implicare una velata polemica con le tesi spiritualistiche sostenute appunto dai pitagorici.

74. omne immensum ... animoque: «attraversò tutto l'infinito con il pensiero e con l'anima». *Immensum* è attributo neutro di *omne* (corrispondente al greco *tò pân*, «il tutto»). *Mente animoque* è espressione sovrabbondante nel sistema concettuale lucreziano per cui i due termini sono sinonimi; si può intendere anche come un'endiadi. Si noti l'allitterazione delle nasali (m, n) in questo e nel verso precedente.

unde refert nobis victor quid possit oriri,
quid nequeat, finita potestas denique cuique
quanam sit ratione atque alte terminus haerens.
Quare religio pedibus subiecta vicissim
opteritur, nos exaequat victoria caelo.

75. unde: «da dove», è avverbio di moto da luogo che introduce una relativa locativa, il cui verbo è *refert* («riporta»). – **victor:** ha valore predicativo. Il termine richiama il mondo militare, come pure il verbo *refert*, che nel linguaggio delle armi significa «portare il bottino». – **quid possit oriri:** «che cosa possa nascere»; è la prima di una serie di interrogative indirette, che prosegue nei versi successivi (*quid nequeat* ... *quanam sit ratione*).

76-77. finita potestas ... haerens: «secondo quale legge insomma vi sia per ciascuna cosa un potere limitato e un confine saldamente fissato». Per *potestas* si intende l'insieme delle qualità proprie di una cosa: l'origine, la durata, lo sviluppo... *Cuique* è dativo di possesso da *quidque*. *Terminus haerens* è immagine tratta dal mondo dell'agricoltura e indica propriamente i paletti di confine infissi profondamente (*alte*) nel terreno. I vv. 75-77 hanno carattere formulare e tornano in I, 594 sgg., V, 88 sgg., VI, 64 sgg. a esprimere la capacità della dottrina epicurea di fissare le leggi che regolano l'esistenza di ogni cosa, escludendo qualsiasi intervento soprannaturale.

78-79. Quare ... caelo: «Perciò la religione, a sua volta messa sotto i piedi, è calpestata, e la vittoria ci eguaglia al cielo». Si rilevino l'*enjambement* e l'asindeto. L'immagine finale ci presenta una situazione capovolta rispetto all'iniziale descrizione della condizione di sudditanza dell'umanità rispetto alla religione; in tal senso la parola chiave del passo è *vicissim*.

ANALISI DEL TESTO *De rerum natura* I, 62-79

Lessico

1 Elenca gli aggettivi che denotano la religione come un mostro.

2 Quali sono i sintagmi che evidenziano lo stato di prostrazione dell'umanità?

3 Molti termini appartengono al campo semantico della lotta e al linguaggio militare: elencali.

4 La lotta di Epicuro ha come esito finale la vittoria o la sconfitta? Da quali parole si evince?

Sintassi e stile

5 Che cosa osservi dal punto di vista metrico nei vv. 62-65? Quale ritmo hanno?

6 Il cielo nel testo è usato con valore proprio e in senso metaforico; individua le espressioni usate per le due circostanze.

7 Quale altra metafora è contenuta nel testo?

8 Riconosci nel brano la presenza di *enjambements*? Dove?

9 Sapresti indicare nel passo le più significative allitterazioni?

Contenuti

10 Qual è il tema fondamentale del testo?

11 Quali sono gli elementi che portano a considerare questo testo come proemio del primo libro?

12 Quali elementi invece consentono di definirlo un elogio?

13 Qual è il valore – a livello di contenuto – delle quattro interrogative indirette dei vv. 75-77?

14 Il tema del passo si dispone in una duplice antitesi concettuale: da un lato si oppongono la coraggiosa affermazione della vita e l'angosciosa paura della morte; dall'altro?

15 Quale valore viene attribuito alla *religio* secondo la prospettiva lucreziana? Leggi la discussione sull'etimologia del termine contenuta alla scheda di pag. 564: quale significato di *religio* sembra preferire Lucrezio?

TESTO 3

Il sacrificio di Ifigenia

De rerum natura I, 80-101

Il racconto della vicenda di Ifigenia, l'infelice figlia primogenita di Agamennone sacrificata ad Artemide perché alla flotta greca fosse consentito di far vela verso Troia, è usato da Lucrezio per dimostrare le aberrazioni a cui può giungere la religione. Il brano ha dunque principalmente una funzione strumentale: serve a confutare l'obiezione di empietà mossa a carico dell'epicureismo e a ribatterla. Non si limita però a questo: diventa un quadro a sé stante, costruito secondo il procedimento descrittivo ellenistico, cui non è estranea una forte componente emotiva e psicologica. Se infatti il mito è rispettato nella sua oggettività e se tra le diverse versioni a disposizione Lucrezio sceglie ovviamente la più tragica, in esso si insinua uno studio attento della psicologia di Ifigenia, che, ingannata dal padre, crede di andare all'altare per sposarsi e invece va a morire. Tutta l'azione è osservata dal punto di vista dell'infelice ragazza, che scopre a poco a poco l'atrocità della sua situazione. Il racconto procede, seguendo questa gradualità, per scene successive e si va arricchendo di toni patetici e fortemente toccanti.

Sotto il profilo stilistico vanno segnalate soprattutto le numerose allitterazioni (tra le più significative: *ductores Danaum delecti*, v. 86; *muta metu*, v. 92; *patrio princeps*, v. 94; *mactatu maesta*, v. 99; *felix faustusque*, v. 100), gli arcaismi (*indugredi*, v. 82; *Triviai*, v. 84; *Iphianassai*, v. 85; *ductores*, v. 86) e le antitesi (*casta inceste*, v. 98; *maesta ... felix*, vv. 99-100).

Metro: esametri dattilici ´◡◡, ´◡◡, ´◡◡, ´◡◡, ´◡◡, ´◡

Artemide cacciatrice, I secolo a.C., Napoli, Museo Archeologico Nazionale.

Illud in his rebus vereor, ne forte rearis
impia te rationis inire elementa viamque
indugredi sceleris. Quod contra saepius illa
religio peperit scelerosa atque impia facta.

80. Illud ... rearis: «Temo a questo proposito che tu pensi per caso». *Illud* ha valore prolettico rispetto alla completiva e risulta pleonastico. *Vereor* ha la costruzione dei *verba timendi* (*ne* + congiuntivo).

81-82. impia ... sceleris: «di introdurti nei principi di una dottrina empia e di intraprendere la strada del delitto». *Impia* è concordato per ipallage a *elementa* anziché a *rationis*. Il termine *ratio* designa qui l'insieme dei principi di una dottrina filosofica. *Indugredi* è forma arcaica per *ingredi*, sinonimo di *inire*. – **Quod:** più che congiunzione causale qui serve a istituire un legame con quanto detto prima; pertanto può anche essere omesso nella traduzione. – **contra:** è avverbio. – **saepius:** comparativo dell'avverbio *saepe*; serve a stabilire un confronto tra la *religio* e la dottrina epicurea. – **illa:** è collegato a *religio* del verso successivo; il forte *enjambement* serve a dare rilievo al valore dispregiativo dell'aggettivo. Il concetto espresso in questi versi si rifà a quanto sostenuto da Epicuro nella *Lettera a Meneceo* 123: «Empio non è chi rinnega gli dèi del volgo, ma chi applica agli dèi le opinioni del volgo».

83. peperit ... facta: «è causa di azioni delittuose ed empie». Si è concluso il ragionamento di Lucrezio, che ha inteso ribaltare l'opinione comune a Roma secondo cui la dottrina epicurea era empia: non essa ma proprio la religione si è fatta protagonista di azioni disumane. La dimostrazione è offerta immediatamente dopo con il racconto del sacrificio di Ifigenia. *Peperit* è da intendersi come perfetto gnomico di *pario* («partorisco»).

Aulide quo pacto Triviai virginis aram
Iphianassai turparunt sanguine foede
ductores Danaum delecti, prima virorum.
Cui simul infula virgineos circum data comptus
ex utraque pari malarum parte profusast,
et maestum simul ante aras adstare parentem
sensit et hunc propter ferrum celare ministros
aspectuque suo lacrimas effundere civis,
muta metu terram genibus summissa petebat.
Nec miserae prodesse in tali tempore quibat,

84-86. Aulide ... virorum: «Così in Aulide i capi scelti dei Greci, fior fiore degli eroi, macchiarono vergognosamente l'altare della vergine Trivia con il sangue di Ifigenia». *Aulide* è ablativo di stato in luogo senza preposizione, secondo un uso poetico. Il mito di Ifigenia fu oggetto di due tragedie euripidee: *Ifigenia in Aulide* e *Ifigenia in Tauride*. Nella prima si narra che la flotta greca, raccolta nel porto di Aulide, sullo stretto dell'Eubea, non poteva salpare verso Troia per i venti contrari suscitati da Artemide; allora l'indovino Calcante rivelò ad Agamennone che solo il sacrificio di sua figlia Ifigenia avrebbe consentito la partenza. Nella seconda tragedia, invece, Artemide sostituisce all'ultimo momento la fanciulla con una cerva. La formula *quo pacto* vale all'incirca «per esempio»; *pactum* significa infatti «patto», ma può voler dire anche «modo». *Quo* serve a collegare la proposizione a quella precedente. *Triviai* conserva la desinenza arcaica del genitivo, come pure *Iphianassai*; l'espediente qui serve anche a rendere più lento e grave il ritmo dell'esametro. Trivia è la dea Artemide o Diana, così chiamata perché venerata sotto la triplice forma di dea lunare, degli Inferi e della caccia; proprio per questo motivo era invocata nei trivii. Lucrezio usa qui il nome *Iphianassa*; tuttavia le fonti tramandano concordemente che la figlia di Agamennone sacrificata in Aulide era Ifigenia, mentre Ifianassa sarebbe un'altra figlia del re atride, di cui parla Omero in *Iliade* IX, 145. *Turparunt* è forma sincopata per *turpaverunt*. *Foede* richiama il *foede* del v. 62. In *ductores Danaum delecti* si noti l'allitterazione; i Greci sono qui chiamati *Danai* dal fondatore di Argo, Danao. La tonalità dell'espressione è epica, come si può osservare nella scelta dei termini (*ductores* in luogo di *duces*), delle forme (*Danaum* con la desinenza del genitivo arcaica). L'insistenza sull'aristocrazia militare greca serve a Lucrezio per rimarcare la vergogna dell'atto compiuto.

87-88. Cui simul ... profusast: «E non appena la benda posta intorno alle chiome verginali le fu fatta scendere in liste uguali da ciascuna guancia». Si noti la precisione meticolosa della preparazione all'atto sacrificale, come dire che gli atti di culto badano solo alla perfezione formale senza accorgersi dell'enormità di quanto sta avvenendo. *Cui* è nesso relativo (= *et ei*). *Simul* corrisponde a *simul ac* e introduce una proposizione temporale (cfr. nota a I, 10 a p. 561). L'*infula* era una fascia bianca di lana, che si poneva sul capo dei sacerdoti e delle vittime durante i sacrifici e dai cui lati pendevano due liste chiamate *vittae*. *Circum data* è tmesi (cfr. v. 39); ha valore medio e regge l'accusativo (*comptus*). Si noti l'espressione poetica *ex utraque ... malarum*, con il genitivo partitivo. *Mala* è propriamente la parte superiore della guancia. *Profusast* è aferesi (*profusa est*).

89-90. et maestum ... ministros: «e non appena si accorse che davanti agli altari stava triste il padre e vicino a lui i sacerdoti nascondevano il pugnale». Si rilevi il polisindeto *et ... et ... que* che scandisce le operazioni cultuali e la presa di coscienza di Ifigenia. *Adstare* ha un valore pregnante («stare ritto davanti»). *Sensit*, collocato in posizione di rilievo, regge le tre successive infinitive. *Hunc propter* è anastrofe; *propter* deriva da *prope* + suffisso comparativo *-ter* e ha qui valore locativo, non causale. *Ferrum* è metonimia per indicare il coltello sacrificale. *Ministros* sono i sacerdoti che assistono Agamennone nel rito.

91. aspectuque ... civis: «e che i soldati alla sua vista spargevano lacrime». *Aspectu* è ablativo di causa con valore attivo. *Civis* è la consueta forma di accusativo plurale; è soggetto dell'infinitiva. Il termine si oppone a *ductores* del v. 86 e indica la gente comune, quindi i «soldati».

92. muta metu: «muta per il terrore»; l'allitterazione marcata serve per accentuare il tono patetico dell'episodio. – **terram ... petebat:** «toccava terra, piegata sulle ginocchia». *Genibus* è formalmente ablativo strumentale. La scena è teatrale e, data la minuzia del resoconto, potrebbe essersi ispirata a una pittura.

93. miserae: è da concordare con un *illi* sottinteso, «a lei infelice»; il dativo si spiega con la reggenza del verbo *prodesse*. – **quibat:** forma di imperfetto del verbo *queo*, attestata piuttosto raramente.

SCHEDA LESSICALE

Hymenaeo

Il riferimento è ai canti nuziali greci, compiuti durante la parte finale della giornata di nozze, quando la sposa veniva fatta salire sul carro per essere accompagnata nella casa del marito. Erano gli amici a cantare fino alla soglia di casa; poi, rimanendo nei pressi durante la notte, riprendevano al mattino successivo, sotto le finestre della camera nuziale, per svegliare la sposa. Il nome del canto deriva dal mito di Imene.

quod patrio princeps donarat nomine regem;
nam sublata virum manibus tremibundaque ad aras
deductast, non ut sollemni more sacrorum
perfecto posset claro comitari Hymenaeo,
sed casta inceste nubendi tempore in ipso
hostia concideret mactatu maesta parentis,
exitus ut classi felix faustusque daretur.
Tantum religio potuit suadere malorum.

94. quod ... regem: «il fatto di aver dato per prima il nome di padre al re». *Quod* introduce una completiva. *Patrio* è aggettivo al posto di un genitivo, secondo un costrutto piuttosto frequente nella lingua arcaica. *Donarat* è forma sincopata per *donaverat*; il verbo è costruito con l'accusativo della persona e l'ablativo della cosa.

95-97. sublata: «sollevata», dal verbo *tollo*. – **virum:** genitivo arcaico in *-um*. – **tremibundaque ... deductast:** «e fu condotta tremante agli altari». *Deductast* è aferesi. L'*enjambement* è qui particolarmente forte. – **non ut ... Hymenaeo:** «non per poter essere accompagnata da un luminoso corteo nuziale, una volta compiuta l'usanza solenne dei riti». *Ut ... posset* è una finale, come pure *concideret* del v. 99. *More ... perfecto* è ablativo assoluto con valore temporale. Viene usato l'aggettivo *claro* perché il corteo nuziale si svolgeva di sera con la luce delle fiaccole; significativo che qui Lucrezio abbia sovrapposto i riti romani a quelli greci. *Comitari* è passivo; nella lingua classica il verbo si trova solo nella forma deponente.

98. casta inceste: «lei pura, turpemente»; la paronomasia vuole sottolineare il drammatico contrasto tra la purezza di Ifigenia e l'esecrabile atto della *religio*; *inceste* deriva da *in + caste*; i due termini costituiscono anche un ossimoro. – **nubendi ... in ipso:** «nel tempo stesso delle nozze».

99. hostia ... parentis: «cadesse vittima triste del sacrificio del padre». *Hostia* è predicativo del soggetto; forma iperbato con *maesta*. *Concideret* da *concido* (*cum + cado*). *Mactatu* è sostantivo della quarta declinazione, coniato da Lucrezio a partire dal verbo *mactare*; *forma* allitterazione con *maesta*. *Maesta* richiama il *maestum* del v. 89, con inversione dei ruoli tra padre e figlia.

100. exitus ... daretur: «perché fosse data una partenza fortunata e favorevole alla flotta». *Exitus ut* è anastrofe. *Felix faustusque* sono termini propri del linguaggio sacrale, con valore beneaugurante; collocati qui, accentuano lo sferzante sarcasmo con cui Lucrezio chiude il suo atto d'accusa.

101. Tantum ... malorum: «A così grandi mali poté indurre la religione». Il verso conclusivo dell'episodio ha la forma dell'epifonema, cioè della sentenza finale. Affinché sia garantita l'efficacia della formula, Lucrezio costruisce il verbo disponendo le parole chiave in *incipit* e in *clausula* (*Tantum ... malorum*) e sostituendo alla forma più consueta *tanta mala* la costruzione poetica con il genitivo partitivo. *Suadeo* qui regge l'accusativo (*Tantum*), anziché il dativo come normalmente.

ANALISI DEL TESTO *De rerum natura* I, 80-101

Lessico

1 Rintraccia nel testo il lessico specifico dell'ambito giuridico e sacrale.

2 Il contenuto dell'episodio fa parte della tradizione mitica ed epica: quali espressioni del lessico possono essere riconducibili a quelle proprie del genere epico?

3 Rintraccia nel testo il linguaggio proprio delle nozze e del sacrificio.

Sintassi e stile

4 Prova a rintracciare la presenza dell'allitterazione nel testo: quanto è insistito l'uso di questa figura retorica? Sapresti indicare quale effetto ottiene?

5 Prova a individuare nel testo il cambio di registro espressivo per indicare: il sarcasmo, il patetico, la commiserazione, l'indignazione.

Contenuti

6 Quale significato ha l'espressione conclusiva *tantum religio potuit suadere malorum*, in relazione al ragionamento che Lucrezio sta esprimendo nell'*incipit* dell'opera?

7 Quale legame di significato esiste tra l'esempio portato dal mito di Ifigenia e il precedente elogio di Epicuro?

8 Quale effetto "patetico" ottiene il sacrificio della vergine Ifigenia sull'altare di Artemide protettrice della maternità (vedi Approfondimento p. 570)?

APPROFONDIMENTO

IL MITO DI IFIGENIA

Il mito di Ifigenia ha un'origine lontanissima. Originariamente Ifigenia era una divinità della natura, il cui culto, diffuso in Grecia, era spesso associato a quello di Artemide. È probabilmente a questo ruolo ancestrale di divinità agreste che va fatto risalire l'accostamento con il rito del sacrificio, da intendere come un rito propiziatorio collegato alla fertilità dei campi. Nonostante la sua origine remota, la versione del mito che noi conosciamo e che aveva nel sacrificio il suo nucleo centrale non pare essere nota a Omero, che nell'*Iliade* dimostra di conoscere Ifigenia ma non la associa a nessun sacrificio. È solo nel V secolo a.C. che la vicenda mitologica fa la sua comparsa in letteratura.

Il primo autore a trattarla è Eschilo, che nell'*Agamennone* la collega alla catena di empietà commesse dagli Atridi, insistendo più sulla colpa del re che sul fatto in sé. Quando il mito viene riaffrontato da Sofocle nell'*Elettra*, il tragediografo tenterà invece una giustificazione all'atteggiamento di Agamennone, sottolineando l'imposizione da parte di Artemide.

È con Euripide, però, che il sacrificio di Ifigenia diviene soggetto di due tragedie: *Ifigenia in Tauride* e *Ifigenia in Aulide*. Euripide introduce nel mito una variante sostanziale, perché il sacrificio umano non si compie: Artemide, infatti, salva Ifigenia e la trasporta in Tauride, dove solo molti anni dopo sarà ritrovata dal fratello Oreste nelle vesti di una sacerdotessa.

Al di là dell'esito della vicenda, nella tragedia si affronta la riflessione se sia o no lecito il sacrificio umano e la risposta che ne scaturisce è che è giusto il sacrificio volontario in nome dell'amor di patria.

Anche la pittura si è interessata a Ifigenia. Si ricordano un celebre dipinto di Timante citato da Cicerone nell'*Orator* (22, 74), da Quintiliano (*Institutio oratoria*, II, 13, 13) e da Plinio il Vecchio (*Naturalis istoria*, XXXV, 36, 22), l'affresco della Casa dei Vettii a Pompei e il bassorilievo del cosiddetto "Altare di Cleomene" a Firenze.

Dopo Lucrezio il mito non appare praticamente ripreso, forse perché il tema risultava scottante. In età moderna solo Racine e Goethe hanno riaffrontato la tematica; il primo nel dramma *Iphigénie en Aulide* (1674), da cui fu tratto un libretto per un melodramma di Gluck, che propone una Ifigenia appassionatamente innamorata di Achille ma insieme serena di fronte alla morte, il secondo con la *Iphigenie auf Tauris* (1786), che vede la protagonista nel ruolo di nobile salvatrice dell'umanità, a cui dona la serenità greca cercando di allontanarla da rozzezza, violenza e follia.

Il sacrificio di Ifigenia, I secolo a.C., Napoli, Museo Archeologico Nazionale.

TESTO 4

L'origine della religione

De rerum natura V, 1161-1240

Prendendo spunto dalle teorie di Democrito, filosofo greco dell'atomismo, Lucrezio cerca di fornire una spiegazione razionale all'origine della religione o, per meglio dire, alla nascita nella mente degli uomini dell'idea che esistano gli dèi. La *deorum opinio*, l'«idea degli dèi», appunto, è posta in connessione con le reazioni psicologiche degli esseri umani, che in certe visioni notturne percepiscono immagini di esseri grandiosi. Esse, formate da atomi di natura sottilissima, sono colte dalla vista e colpiscono l'immaginazione umana. Ne derivano il convincimento che tali esseri sono potenti, felici e che a loro vada attribuita la causa dei fenomeni naturali di straordinaria portata di cui gli uomini non sanno darsi ragione. Il passo verso la nascita di miti, credenze e culti è breve e gli uomini si trovarono così irretiti nei lacci crudeli di una realtà, in cui loro stessi si posero all'origine. Facile concludere che, come vi si sono invischiate, le menti umane possono liberarsi da queste idee; importante è l'uso della ragione. Ciò non deve essere percepito dagli uomini come un atto di empietà, perché la vera *pietas*, secondo Lucrezio, consiste nel contemplare l'universo e la realtà che ci circonda con mente serena e con il totale equilibrio della *ratio*. Si noti nel passo il tono acceso con cui sempre il poeta affronta questo tipo di argomenti e la foga con cui annuncia la sua verità, sorretto dalla fede che con i suoi versi sta offrendo all'umanità il mezzo migliore per affrancarsi.

Giove imperatore, II secolo a.C., Minneapolis, Collezione Miller.

Ora qual causa ha diffuso fra le grandi popolazioni
i numi degli dèi, riempito di altari le città
e fatto sì che venissero accolti i riti sacri
che tuttora si celebrano splendidamente in solenni eventi e sedi,
da dove ancor oggi s'insinua nei mortali il terrore,
che innalza su tutta la terra nuovi templi agli dèi
e costringe la folla a frequentarli nei giorni festivi
non è certo difficile spiegare con chiare parole.
Già dai tempi più remoti le genti mortali
vedevano da sveglie le straordinarie immagini degli dèi
e ancor più in sogno la mirabile altezza del loro corpo.
A esse dunque attribuivano il senso, poiché le vedevano
muovere le membra e pronunciare superbe parole,
degne dei volti sovrumani e del grande potere delle forze.
E assegnavano loro una vita eterna, perché nel perpetuo riprodursi
della loro immagine, la figura restava immutata
ma soprattutto perché ritenevano che forniti di così grande potenza
non era possibile vincerli con alcuna forza.
E ritenevano che fossero molto più fortunati di ogni altra creatura,
poiché nessuno di loro tormentava il timore della morte
e insieme li vedevano in sogno compiere azioni prodigiose
e tuttavia non risentire alcuna fatica.
Scrutavano inoltre l'inflessibile norma del cielo,
la vicenda delle varie stagioni dell'anno,
né potevano comprendere per quali ragioni questo accadesse.

Non avevano dunque altro scampo che affidare ogni cosa agli dèi
e pensare che tutto obbedisse a un loro consenso.
Posero in cielo le sedi e le dimore degli dèi,
perché appaiono volgersi in cielo la notte e la luna,
la luna, il giorno e la notte, e della notte gli astri severi,
le erranti meteore notturne, le fiamme volanti,
il sole, le nubi, le piogge, la neve, la grandine, i venti
i fulmini, i rombi improvvisi, il minaccioso mormorio dei tuoni.
O misera stirpe dei mortali, quando ebbe assegnato
tali effetti agli dèi, e aggiunto loro la collera acerba!
Quanti gemiti procurarono allora a se stessi,
quante sofferenze a noi e lagrime ai nostri figli!
Non v'è alcuna devozione nel mostrarsi spesso con il capo velato,
nel rivolgersi a una statua di pietra e visitare tutti i templi,
nel gettarsi prosternati in terra e nel tendere le palme
davanti ai templi degli dèi, nel cospargere le are
di molto sangue di animali, nel reiterare offerte votive:
devozione è piuttosto poter guardare tutto con mente serena.
Quando leviamo lo sguardo agli spazi celesti
del vasto mondo, e più in alto all'etere trapunto di astri lucenti,
e ci vengono in mente le vie della luna e del sole,
allora un'angoscia sepolta dagli altri dolori nel cuore
comincia a destarsi e anch'essa a levare la testa:
per caso non si mostra a noi un immenso potere divino,
o che volge le stelle lucenti nei loro molteplici moti?
Ignorare le cause assilla le menti dubbiose,
se il mondo abbia avuto davvero un'origine e un giorno natale,
e insieme se avrà un termine, fino a quando le sue mura
reggeranno a questo travaglio di moti impetuosi,
o se, per volere divino provvisti di eterna durata,
potranno durare intatti per evi perpetui,
e spregiare la forza indomabile d'immensi spazi di tempo.
Inoltre a chi non si stringe il cuore per timore degli dèi,
a chi non si ghiacciano le membra per lo spavento,
quando al tremendo colpo del fulmine la terra bruciata sussulta
e un rombo minaccioso percorre il vasto cielo?
Non tremano popoli e genti, e i superbi re
forse non contraggono le membra percossi dal terrore dei numi,
se temono che sia sopraggiunto il gravoso tempo di subire
il castigo di qualche azione empia o parola troppo orgogliosa?
E quando l'estrema violenza d'un vento sfrenato
spazza sulle onde il comandante d'una flotta
con le forti legioni e gli elefanti,
egli non implora atterrito gli dèi con preghiere e con voti
che si acquietino i venti e spirino favorevoli brezze,
ma invano, poiché spesso ghermito dal violento turbine
è ugualmente travolto e sprofondato nei gorghi della morte?
Così una forza sconosciuta calpesta le cose umane
e sembra abbattere e svilire a proprio ludibrio
i nobili fasci e con essi le spietate scuri.
Infine, quando tutta la terra vacilla sotto i piedi,
e le squassate città crollano, o restano in minaccioso bilico,
qual meraviglia se le stirpi mortali spregiano se stesse
e lasciano il mondo all'immaginario grande potere
e alle mirabili forze degli dèi, che governino tutte le cose.

(trad. di L. Canali)

TESTO 5

Le paure umane di fronte alla morte

De rerum natura III, 31-93

Strettamente legato al tema della *religio* è quello della paura della morte, che attraversa ossessivamente l'intero poema, già a partire dai vv. 102 sgg. del primo libro. Anche in Epicuro il tema ritorna spesso, ma viene trattato con una minore drammaticità.
Seguendo le tracce del suo maestro, Lucrezio, che nel terzo libro è impegnato a trattare la natura dell'anima (principio vitale) e dell'animo (sede dell'intelletto), affronta il tema della morte e lo fa sostenendo che la paura di morire spinge l'uomo a coltivare l'ambizione del potere e a cedere all'avidità di ricchezze. Attaccandosi ai beni terreni l'uomo, secondo il poeta, cerca di sviare da sé l'ossessivo timore della morte e di costruirsi l'illusione di vincere la morte stessa, assicurando alla propria vita una felicità destinata a prolungarla. Ne esce, soprattutto al termine del brano, un quadro desolato, in cui sembra di cogliere l'eco della drammatica attualità storica romana di quell'epoca. La sottolineatura dell'*avarities et honorum caeca cupido* (v. 59) tratteggia in modo chiaro e crudo la situazione, riecheggiando, non a caso, pagine del contemporaneo Sallustio.

Rilievo sepolcrale di Tiberio Claudio Dionisio, I secolo d.C., Città del Vaticano, Musei Vaticani.

Poiché dunque ho illustrato quali siano i primordi di tutte le cose,
e quanto diversi fra loro per molteplici forme
volteggino per forza spontanea sospinti in un moto perenne,
e in che modo ogni corpo si possa formare da essi,
sviluppando il mio tema mi sembra si debba chiarire
ormai nei miei versi la natura dell'animo e dell'anima,
e volgere in rapida fuga quel folle timore dell'Acheronte
che tutta dal fondo sconvolge l'umana esistenza,
coprendo ogni cosa del tetro colore della morte,
e non lascia più esistere gioia limpida e pura.
Quanto al fatto che gli uomini spesso proclamano i morbi
e il disonore più temibili che l'Inferno e la morte,
e di sapere che la natura dell'anima è fatta di sangue,
oppure di vento, se per caso pretenda così il loro arbitrio,
e che dunque per nulla abbisognano della nostra dottrina,
di qui tu potrai riconoscere la boria vanesia,
anziché la certezza fondata sull'essenza del vero.

Quelli stessi, banditi dalla patria, cacciati lontano
dal cospetto degli uomini, bollati da un'accusa infamante,
oppressi da tutte le pene, continuano a vivere,
e dovunque essi giungono, miseri, immolano ai loro defunti,
e sgozzano pecore nere, offrono doni votivi
agli dèi tutelari, e nell'ora della sventura rivolgono
con ansia più acerba l'animo verso la religione.
Tanto più è necessario che l'uomo si giudichi nei rischi dubbiosi,
e che la sua qualità si conosca nell'avversa fortuna;
allora gli accenti più veri, infine, dal profondo del cuore,
erompono, la maschera cade, rimane l'essenza.
Infine l'avidità e la cieca brama di onori,
che spingono i miseri uomini a varcare i confini della legge
e talvolta, compagni e ministri di colpa, a cercare
di giorno e di notte con tutte le forze di emergere
a somma potenza: sono queste le piaghe
della vita, in gran parte nutrite dal terrore della morte.
Infatti di consueto il turpe disprezzo e la dura povertà
appaiono remoti da una vita stabile e soave,
e quasi già sostare davanti alla soglia della morte;
per cui mentre gli uomini, costretti da un vano terrore,
vorrebbero esser fuggiti lontano e lontano sottrarsi,
con il sangue civile ammassano beni, la loro ricchezza
raddoppiano avidi, accumulando stragi su stragi;
crudeli gioiscono d'un triste lutto fraterno,
e odiano e temono il desco dei loro congiunti.
In simile modo e spesso per lo stesso timore,
li macera l'invidia che un altro sia potente alla vista di tutti,
e un altro sia rimirato al suo incedere fra splendidi onori,
mentre essi si lamentano di voltolarsi nel fango e nelle tenebre.
Alcuni si struggono per il desiderio di statue e di gloria,
e spesso a tal punto, per timore della morte, afferra
gli uomini l'odio della vita e della visione della luce,
che essi stessi con animo angosciato si danno la morte,
dimentichi che la causa degli affanni è proprio questo timore;
ciò tormenta la dignità, spezza i vincoli dell'amicizia,
e spinge a sconvolgere il sentimento stesso della pietà.
Spesso in passato gli uomini hanno tradito la patria
e i cari genitori per cercare di sfuggire ai templi dell'Acheronte.
Come nelle cieche tenebre i fanciulli trepidano,
spaventati da ogni cosa, così nella luce noi talvolta
temiamo cose che non sono affatto più paurose
di quelle che i fanciulli paventano nelle tenebre, immaginandole imminenti.
Questo terrore dell'animo, dunque, e queste tenebre occorre
che siano dissipate non dai raggi del sole o dai lucenti
dardi del giorno, ma dalla visione e dalla scienza della natura.

(trad. di L. Canali)

TESTO 6

L'oltretomba non esiste

De rerum natura III, 978-1023

Le credenze religiose tradizionali assegnano ai malvagi pene terribili nel regno dei morti. Evidentemente per Lucrezio ciò è frutto di invenzione: come non esiste l'oltretomba, così non vi sono punizioni dopo la morte. La teoria del poeta è che le punizioni infernali siano in realtà una specie di proiezione dei rimorsi che in vita tormentano i colpevoli. Per dimostrarlo, passa in rassegna alcuni tra i più celebri miti, come quello di Tantalo, che rappresenterebbe in realtà la superstizione, o di Tizio, che simboleggerebbe le pene d'amore, oppure di Sisifo, immagine della smodata ambizione politica. All'interno del libro, questa rassegna, molto discussa tra i critici, ha l'aspetto di un *excursus*, poco collegato con quanto affermato immediatamente prima (Lucrezio sta parlando della Natura) ma molto coerente e compatto in sé, che mette profondamente in crisi le credenze del tempo. Risulta significativo che un poeta si muova su un terreno a lui congeniale, quello del mito, per ribadire le sue idee e offrire agli uomini la liberazione dalle paure ataviche in cui sono stretti, se è vero, come dice Servio (*Aen*. II, 715), che *conexa enim sunt timor et religio* («la religione e la paura sono strettamente legate»).

Senza dubbio i tormenti, che si dice vi siano
nel profondo Acheronte, sono in realtà tutti nella nostra vita.
Né Tantalo[1] infelice, come si favoleggia, raggelato da una vano terrore,
teme l'enorme macigno che incombe sospeso nell'aria;
ma piuttosto nella vita lo stolto timore degli dei incalza i mortali
che temono le sventure di cui sarà foriera a ognuno la sorte.
Né gli uccelli penetrano in Tizio disteso nell'Acheronte,
né di certo possono trovare entro il suo vasto petto
qualcosa in cui frugare nell'eternità del tempo.
Per quanto si estenda con l'immensa proporzione del corpo,
e ricopra non solo nove iugeri con le membra divaricate,
ma addirittura l'intera superficie dell'orbe terrestre,
tuttavia non potrà sopportare un eterno dolore
né offrire cibo in perpetuo al proprio corpo.
Ma Tizio[2] è in noi, prostrato nell'amore, gli uccelli
lo straziano, un angosciato tormento lo divora, o per qualche
altra passione lo fanno a brani gli affanni.
Anche Sisifo[3] è qui nella vita davanti ai nostri occhi,
è colui che al pari di un invasato chiede al popolo i fasci e le scuri,
ed è sempre costretto a ritirarsi vinto e afflitto.
Infatti anelare al potere che è vano, e non viene mai dato,
e per esso patire di continuo una dura fatica,
ciò è spingere con tutte le forze un macigno per l'erta d'un monte,
per poi vederlo di nuovo rotolare dalla vetta
e raggiungere a precipizio la superficie della distesa pianura.
Infine, pascere sempre l'ingrata natura dell'animo,
ricolmarla di beni e non riuscire a saziarla mai,
come ci suggeriscono le stagioni dell'anno quando ritornano

1. Tantalo, re della Lidia e figlio di Zeus, pur avendo familiarità con gli dei, arrecò loro diverse offese, tra cui il furto di nettare e ambrosia e quello del cane d'oro custode del tempio di Zeus a Creta. Per tutte queste violazioni, dopo la morte, fu gettato nel Tartaro, dove un grosso macigno incombeva su di lui minacciando di schiacciargli il cranio. Secondo un'altra versione del mito più comune a Roma, il supplizio di Tantalo consisteva nell'essere legato a un albero carico di frutti, senza potersi mai cibare o dissetare.

2. Tizio è un gigante che aveva insidiato Latona e per questo fu ucciso da Apollo. Nel Tartaro era condannato ad avere il fegato continuamente roso dagli avvoltoi.

3. Sisifo, fondatore e primo re di Corinto, era conosciuto come il più scaltro dei mortali. Più volte aveva osato sfidare gli dei con la sua astuzia. Per questo Zeus lo punì condannandolo a spingere un masso dalla base alla cima di un monte. Tuttavia, ogni volta che Sisifo raggiungeva la cima, il masso rotolava nuovamente alla base del monte, costringendolo per l'eternità a ricominciare la sua inutile fatica.

ciclicamente e portano i frutti e le loro varie dolcezze,
e tuttavia non ci saziamo mai dei frutti della vita,
questo, ritengo, è ciò che favoleggiano delle fanciulle
nel fiore dell'età,[4] intente a riempire d'acqua un'urna senza fondo,
che mai per nessuna ragione potrà essere colmata.
Cerbero poi e le Furie e la privazione della luce,
e il Tartaro che erutta dalle fauci orribili vampe,
non sono in nessun luogo, né certo possono esistere.
Ma nella vita è il terrore delle pene per la malvagità compiute,
crudele per crudeli delitti, e l'espiazione della colpa,
il carcere e il tremendo balzo giù dalla rupe,
le frustate, i carnefici, le violenze, la pece, le lamine, le torce;
e anche se tutto ciò è lontano, la mente consapevole dei misfatti
rimordendo applica a sé quei tormenti, brucia sotto la sferza,
e non vede intanto qual termine possa esserci a quei mali,
né qual sia infine l'interruzione di quelle pene,
e teme anzi che le medesime in morte si inaspriscano.
Qui sulla terra s'avvera per gli stolti la via dell'Inferno.

(trad. di L. Canali)

4. Si tratta delle Danaidi, le cinquanta figlie di Danao promesse spose ai cinquanta figli di Egitto. Non volendosi sposare, esse nella prima notte di nozze uccisero i loro mariti e per questo vennero condannate a riempire d'acqua un'urna senza fondo.

RIEPILOGO DEL PERCORSO

1 Qual è il pensiero di Lucrezio riguardo agli dèi e alla *religio*? In particolare:
a com'è nata – a suo parere – l'idea degli dèi negli uomini?
b gli sembra corretta l'opinione che gli uomini hanno degli dèi e della *religio*? Perché?
c quale rapporto ha con il pensiero di Epicuro rispetto al tema della religione?
d perché propone nel suo poema il racconto del sacrificio di Ifigenia? Che cosa vuol dimostrare?
e quale tipo di indagine suggerisce contro i timori religiosi?

2 Perché Lucrezio, presentando la figura di Epicuro, utilizza l'immagine del guerriero? Come si connette questa scelta con il compito che Lucrezio si assume nei confronti dei timori religiosi?

3 Soffermati a spiegare dal punto di vista lessicale il valore del termine *religio*.

4 In ambito stilistico e lessicale il brano del sacrificio di Ifigenia (I, 80-101) si presta a un'analisi significativa.
a Sapresti riconoscere i grecismi? Perché, a tuo parere, sono stati inseriti nel passo? A quale modello vogliono alludere?
b Quali sono le figure retoriche che metteresti in risalto?
c Ti sembra che gli arcaismi presenti accentuino il sarcasmo?
d Oltre al sarcasmo, quali altri sentimenti emergono dal passo? In quale modo essi sono rimarcati dalle figure retoriche e dalle scelte lessicali?

5 Spesso nel poema viene presentato il tema della morte:
a che relazione esiste tra il culto degli dei e la paura della morte?
b quali argomentazioni porta il poeta per liberare l'uomo dalla paura della morte?
c come è descritto da Lucrezio l'oltretomba? In che cosa si differenzia dagli altri poeti che avevano trattato lo stesso tema?

2 Il miele delle Muse e la consolazione della filosofia

Poesia e filosofia rappreseno due poli fondamentali intorno ai quali si organizza la struttura concettuale e formale del *De rerum natura.* Essi sono l'espressione concreta di quell'indissolubile coppia di sentimenti che caratterizza l'autore e che inevitabilmente si riflette nella sua opera: *enthusiasmós* e *ratio.* Se da una parte, come ha modo di ripetere in forma pressoché identica Lucrezio nel I e nel IV libro, egli si sente infiammato dall'ardore della poesia, che lo colpisce come un «tirso acuto», dall'altra riconosce la necessità di esporre *oscura de re* («su un argomento difficile») i suoi *lucida carmina* («versi luminosi»). Come poeta, Lucrezio ha conosciuto la dolcezza della poesia; come seguace di Epicuro ha fatto esperienza di un modo di vivere che trova le sue motivazioni più profonde e la sua serenità proprio nelle teorie che il maestro aveva enunciato. Entrambe le cose Lucrezio vuole offrire agli uomini con i suoi versi.

Cinque muse scolpite su sarcofago, III secolo d.C., Roma, Galleria Borghese.

ITA	TESTO 1	*De rerum natura* I, 921-950
LAT/ITA	TESTO 2	*De rerum natura* II, 1-61
LAT/ITA	TESTO 3	*De rerum natura* III, 1-30

TESTO 1

I *lucida carmina* lucreziani

De rerum natura I, 921-950

Lucrezio, consapevole della portata innovativa della sua poesia, mette in rilievo il fatto di essere il primo a percorrere un terreno ancora inesplorato, quello della poesia filosofica, e, cosciente della difficoltà della materia, si propone di addolcirla con il «liquore dolce e biondo del miele» per renderla gradevole a chi non vi si sia mai accostato e condurlo sulla via della saggezza. Con impianto argomentativo spiega i motivi della novità della sua poesia, che scaturisce dalla scelta della forma poetica con cui rivestire un contenuto filosofico, dal proposito di liberare l'uomo dai vincoli della religione nonché dall'eccezionale impegno stilistico profuso nell'opera. Il testo risente di echi letterari molto significativi, che derivano dalla letteratura greca, ad esempio da Platone (*Leggi* II, 659 e) e dal proemio dell'opera principale del poeta ellenistico Callimaco: «Inoltre, ti esorto anche a questo, a calpestare le vie che non percorrono i carri, a non spingere il cocchio sulle stesse orme di altri, né sulla via maestra, attraverso sentieri non battuti, anche se dovrai guidarlo per una via più angusta» (*Aitia*, I, 25-28).

Ora apprendi ciò che resta e ascolta con maggior chiarezza.
Non sfugge al mio animo quanto la materia sia oscura;
ma una grande speranza di gloria ha percosso il mio cuore con la punta del tirso,[1]
e insieme m'ha infuso nel petto un soave amore delle Muse:
e ora infiammato da esso percorro con mente impetuosa
gli impervi luoghi delle Pieridi[2] mai prima d'ora segnati
da piede mortale. Mi inebria raggiungere le fonti intatte,
e trarne sorsi, mi inebria spiccare nuovi fiori
e trarne al mio capo una splendida ghirlanda di cui mai
ad alcuno, prima di me, ombreggiarono le tempie le Muse
prima, perché di sommi argomenti ragiono e m'adopro
a districare gli animi dai nodi di vane superstizioni,
poi perché su un'oscura materia compongo versi
così limpidi, aspergendo ogni cosa della leggiadria del canto.
Infatti anche ciò non sembra senza ragione;
come i medici, quando cercano di somministrare ai fanciulli
l'amaro assenzio, prima cospargono l'orlo
della tazza di biondo e dolce miele,
affinché l'inconsapevole età dei fanciulli ne sia illusa
fino alle labbra, e frattanto beva l'amaro
succo dell'assenzio, senza che l'inganno le nuoccia,
e anzi al contrario in tal modo rifiorisca e torni in salute;
così io, poiché questa dottrina appare
spesso troppo ostica a quanti non l'abbiano
conosciuta a fondo, e il volgo ne rifugge e l'aborre,
ho voluto esporla a te nel melodioso canto pierio,
e quasi aspergerla del dolce miele delle Muse,
se per caso in tal modo io potessi trattenere il tuo animo
con questi miei versi, fin quando tu attinga l'intera
natura dell'universo, e di quale forma essa consista e si adorni.

(trad. di L. Canali)

1. Il tirso era un piccolo bastone ricoperto con tralci di vite ed edera. Era ornamento di Bacco e delle baccanti.
2. Le Pieridi sono le Muse.

TESTO 2

La serenità del sapiente epicureo

De rerum natura II, 1-61

Nel proemio al secondo libro sono esposti i principi fondamentali dell'etica di Epicuro, che il filosofo aveva espresso nella *Lettera a Meneceo* e nelle prime quattro *Massime Capitali*. La *Lettera a Meneceo* è una sintesi dell'etica epicurea redatta in forma di lettera a un discepolo e comprende quello che Filodemo di Gadara definisce "tetrafarmaco", ossia i quattro rimedi su cui deve fondarsi la vita del saggio: la concezione degli dèi, che secondo Epicuro esistono, sono eternamente beati e completamente distaccati dalle vicende umane, l'eliminazione del timore della morte, la limitazione dei desideri e l'eliminazione della paura del dolore.
La trattazione lucreziana si apre con l'immagine del mare in tempesta, metafora della vita umana affannata e travolta dagli eventi e dalle passioni, a cui si contrappone l'immagine del saggio che osserva tutto ciò – le manovre di guerra, la fatica di chi ricerca posizioni sociali più elevate – dall'alto della sag-

gezza che gli viene dalla sua dottrina, con il distacco che l'equilibrio raggiunto gli consente. Dalla pagina traspare non già un atteggiamento egoistico, come pensavano Voltaire e altri, ma una viva e sentita compassione per l'umanità che rincorre falsi beni, dimenticando stoltamente che le uniche cose veramente importanti sono la lontananza del dolore fisico e la liberazione dagli affanni e dalle paure (vv. 16-19). Vengono qui richiamati due capisaldi della dottrina epicurea: il tema dell'assenza di dolore (*aponía*) e quello della ricerca dei piaceri che non provocano turbamenti all'anima (catastematici).

Proprio sulle tipologie dei desideri e dei piaceri si incentra da questo punto in poi il discorso. Essi vengono suddivisi in desideri e piaceri necessari per vivere (vv. 20-22), che consistono fondamentalmente nell'eliminazione del dolore, desideri e piaceri non necessari (vv. 23-46), che sono la ricchezza e la carriera che dà gloria, a cui Lucrezio contrappone il piacere di una vita semplice, bucolica, la cui descrizione costituirà un modello per i poeti successivi, da Virgilio a Orazio a Tibullo. D'altra parte, le malattie non guariscono se ci si dimena su un letto lussuoso o se si è re e potenti. Le immagini si allargano a considerare la gloria politica e militare, che non allevia l'angoscia. L'unico mezzo possibile per raggiungere la felicità è la *ratio*, ed è su questa strada che il poeta vuol condurre i suoi lettori.

Nel primo quadro la condizione beata del saggio è espressa attraverso la successione anaforica dell'aggettivo *suave*, che traduce il greco *hedýs*, e l'impiego di *voluptas*, che rende il greco *hedoné*, mentre la pietà si esprime stilisticamente attraverso una serie di esclamative e interrogative.

Contraddistingue il passo il contrasto – frequente in Lucrezio – fra la luce e le tenebre: la luce connota la serenità del saggio, con tutte le espressioni positive (*suave* ai vv. 1, 4, 5; *dulcius* al v. 7; *edita ... serena*, v. 8; *iucundo sensu*, v. 19; *gratius*, v. 23; *in luce*, v. 56; *radii solis* e *lucida tela diei*, v. 60); le tenebre si associano all'ottenebramento della mente dell'uomo comune avvolto dai timori e dall'errore.

Albero di abete con uccelli, particolare della parete lunga nel triclinio della Villa di Livia, I secolo d.C., Roma, Museo Nazionale Romano.

Metro: esametri dattilici –⏑⏑, –⏑⏑, –⏑⏑, –⏑⏑, –⏑⏑, –⏑

Suave, mari magno turbantibus aequora ventis,
e terra magnum alterius spectare laborem,
non quia vexari quemquamst iucunda voluptas,
sed quibus ipse malis careas quia cernere suavest.
Suave etiam belli certamina magna tueri
per campos instructa tua sine parte pericli,
sed nil dulcius est, bene quam munita tenere
edita doctrina sapientum templa serena,
despicere unde queas alios passimque videre
errare atque viam palantis quaerere vitae,
certare ingenio, contendere nobilitate,
noctes atque dies niti praestante labore
ad summas emergere opes rerumque potiri.
O miseras hominum mentes, o pectora caeca!
Qualibus in tenebris vitae quantisque periclis

degitur hoc aevi quodcumquest! Nonne videre
nil aliud sibi naturam latrare, nisi utqui
corpore seiunctus dolor absit, mente fruatur
iucundo sensu cura semota metuque?
Ergo corpoream ad naturam pauca videmus
esse opus omnino: quae demant cumque dolorem,
delicias quoque uti multas substernere possint.
Gratius interdum, neque natura ipsa requirit,
si non aurea sunt iuvenum simulacra per aedes
lampadas igniferas manibus retinentia dextris,
lumina nocturnis epulis ut suppeditentur,
nec domus argento fulget auroque renidet
nec citharae reboant laqueata aurataque templa,
cum tamen inter se prostrati in gramine molli
propter aquae rivum sub ramis arboris altae
non magnis opibus iucunde corpora curant,
praesertim cum tempestas adridet et anni
tempora conspergunt viridantis floribus herbas.
Nec calidae citius decedunt corpore febres,
textilibus si in picturis ostroque rubenti
iacteris, quam si in plebeia veste cubandum est.
Quapropter quoniam nil nostro in corpore gazae
proficiunt neque nobilitas nec gloria regni,
quod superest, animo quoque nil prodesse putandum;
si non forte tuas legiones per loca campi
fervere cum videas belli simulacra cientis,
subsidiis magnis et ecum vi constabilitas,
ornatas armis pariter pariterque animatas,
fervere cum videas classem lateque vagari,
his tibi tum rebus timefactae religiones
effugiunt animo pavidae mortisque timores
tum vacuum pectus lincunt curaque solutum.
Quod si ridicula haec ludibriaque esse videmus,
re veraque metus hominum curaeque sequaces
nec metuunt sonitus armorum nec fera tela
audacterque inter reges rerumque potentis
versantur neque fulgorem reverentur ab auro
nec clarum vestis splendorem purpureai,
quid dubitas quin omni(s) sit haec rationi(s) potestas,
omnis cum in tenebris praesertim vita laboret?
Nam veluti pueri trepidant atque omnia caecis
in tenebris metuunt, sic nos in luce timemus
interdum, nilo quae sunt metuenda magis quam
quae pueri in tenebris pavitant finguntque futura.
Hunc igitur terrorem animi tenebrasque necessest
non radii solis neque lucida tela diei
discutiant, sed naturae species ratioque.

È dolce, quando i venti sconvolgono le distese del vasto mare,
guardare da terra il grande travaglio di altri;
non perché l'altrui tormento procuri giocondo diletto,
bensì perché t'allieta vedere da quali affanni sei immune.
È dolce anche guardare le grandi contese di guerra
ingaggiate in campo, senza alcuna tua parte di pericolo.
Ma nulla è più dolce che abitare là in alto i templi sereni
del cielo saldamente fondati sulla dottrina dei sapienti,
da dove tu possa abbassare lo sguardo sugli altri e vederli
errare smarriti cercando qua e là il sentiero della vita,
gareggiare d'ingegno, competere per nobiltà di sangue,
e sforzarsi giorno e notte con straordinaria fatica
di giungere a eccelsa opulenza e d'impadronirsi del potere.
O misere menti degli uomini, o animi ciechi!
In quale tenebrosa esistenza e fra quanto grandi pericoli
si trascorre questa breve vita! Come non vedere
che null'altro la natura ci chiede con grida imperiose,
se non che il corpo sia esente dal dolore, e nell'anima goda
d'un senso gioioso sgombra d'affanni e timori.
Dunque vediamo che al nostro corpo necessitano
ben poche cose che possano lenire il dolore
e in tal modo offrano anche molti soavi piaceri,
talvolta è più gradevole – la stessa natura non soffre
se all'interno dei palazzi non vi sono auree statue
di giovani che reggono con la destra fiaccole accese
per fornire in tal modo luce ai notturni banchetti,
e se l'edificio non brilla d'argento e non risplende d'oro,
né le cetre fanno echeggiare i dorati riquadri dei soffitti –
quando tuttavia fra amici adagiati su molle erba
lungo il corso d'un ruscello sotto i rami d'un alto albero
con modesti agi ristorano gradevolmente le membra,
soprattutto se il tempo sorride e la stagione dell'anno
cosparge ovunque le verdeggianti erbe di fiori.
Né le ardenti febbri si dileguano prima dal corpo,
se tu puoi rigirarti fra drappi trapunti e rosseggiante porpora,
piuttosto che se devi giacere su una coltre plebea.
Dunque poiché i tesori, la nobiltà, la gloria del regno
nulla giovano al nostro corpo, devi stimare
del pari che nulla giovano anche al nostro animo;
a meno che per caso al vedere le tue legioni irrompere
fervide in campo suscitando fantasmi di guerra
rafforzate da forti riserve e da squadroni di cavalli,
allo schierarle equipaggiate d'armi e pari di bellicosi spiriti,
e allo scorgere la flotta veleggiare rapida e spaziare sulle acque,
le superstizioni religiose atterrite da tali spettacoli
non fuggano pavide dal tuo animo, e i timori della morte
lascino allora il cuore libero e scevro da affanni.
Ma se tali argomenti ci appaiono ridicoli e degni di scherno,
e in realtà il timore degli uomini e i persistenti affanni
non temono il fragore delle armi né i colpi mortali,
e si aggirano audacemente fra i re e i potenti della terra,
né hanno alcuna reverenza per il fulgore dell'oro
oppure del luminoso splendore d'una veste purpurea,
come puoi dubitare che questo potere sia tutto della ragione
poiché la vita è sempre e interamente travagliata dalle tenebre?
Infatti come i fanciulli nelle tenebre temono
e hanno paura di tutto; così nella luce noi talvolta

temiamo cose che non sono affatto più spaventose
di quelle che i fanciulli paventano nelle tenebre immaginandole imminenti.
È dunque necessario che questo terrore dell'animo e queste tenebre
siano dissipate non dai raggi del sole né dai fulgidi dardi
del giorno, bensì dall'evidenza della dottrina naturale.

(trad. di L. Canali)

APPROFONDIMENTO

L'EPICUREISMO: UNA FILOSOFIA ASCETICA

Quel poco che conosciamo degli scritti di Epicuro è pervenuto attraverso Diogene Laerzio, che nelle sue *Vite dei Filosofi* ha conservato la *Lettera a Meneceo*, il testo epicureo più famoso. Sotto forma di epistola a un discepolo, lo scritto contiene i principi dell'etica epicurea, riassunti nel cosiddetto "tetrafarmaco", cioè nei quattro componenti della medicina che libera l'uomo dalle paure che lo affliggono e gli precludono la via del piacere. In primo luogo non si devono temere gli dèi, che sono eternamente felici e completamente lontani da ogni preoccupazione per gli uomini; chi pensa che essi possano intervenire nelle vicende umane – sostiene Epicuro – formula un pensiero irreligioso. In secondo luogo non si deve aver paura della morte, perché essa, in ultima analisi, non esiste. Infatti quando ci siamo noi non c'è la morte e quando c'è la morte non ci siamo più noi. Inoltre, non si deve considerare un bene qualsiasi tipo di piacere, perché da alcuni possono derivare dolore o noia. Infine non si deve fuggire ogni dolore, perché alcuni possono essere seguiti dal piacere.
In questo sistema etico, dunque, "principio e fine della felicità" è il piacere, che però deve essere conseguito facendo attenzione a non lasciarsi ingannare da quei desideri che portano a un godimento superfluo e, mentre danno l'impressione di avvicinare alla felicità, in realtà allontanano da essa e sono fonte di dolore. Su questo tema Epicuro si sofferma, catalogando i desideri in tre tipi:

- quelli che sono necessari alla sopravvivenza (per esempio mangiare e bere quanto basta per vivere);
- quelli che corrispondono agli stimoli naturali, pur non essendo necessari alla sopravvivenza (per esempio mangiare e bere cibi e bevande raffinati secondo i propri gusti);
- quelli che non sono necessari alla sopravvivenza e non corrispondono agli stimoli naturali (per esempio mangiare e bere senza freno, per il vizio della gola).

Questi ultimi desideri possono avere conseguenze dannose e trascinare nel vizio; per impedirlo è dunque necessario l'autocontrollo, che si ottiene attraverso l' *áskesis* («esercizio»). Per questo possiamo definire l'epicureismo una filosofia "ascetica".

Dolce ornato con frutta secca o candita, I secolo a.C., Oplontis, Villa di Poppea, Sopraintendenza Archeologica.

TESTO 3

Epicuro, *rerum inventor*

De rerum natura III, 1-30

La seconda diade si apre con un altro elogio di Epicuro, dopo quello che seguiva, nel I libro, l'inno a Venere: il filosofo viene presentato in questo caso come colui che ha illuminato la vita dell'uomo con la luce della sua saggezza. Il libro si apre con il contrasto – usuale in Lucrezio – tra luce e tenebre, termini che sapientemente si dispongono in apertura e chiusura del primo verso. Subito dopo, Epicuro viene identificato come l'*inventor*, l'artefice della libertà dell'uomo, il promotore di quella fede che Lucrezio si propone di diffondere e che permette all'individuo di vedere l'esistenza serena degli dèi e di non vedere le pene dei templi acherontei, che sono frutto solo della superstizione. Il sentimento che pervade l'animo del poeta è duplice: *divina voluptas* e *horror*, emozioni legate alla sfera religiosa che scaturiscono dal senso di vertigine che il poeta prova di fronte alla rivelazione della natura operata dallo stesso Epicuro. Il passo segue i moduli stilistici dell'inno religioso, seguendo in questo l'indirizzo – voluto dallo stesso fondatore – della scuola epicurea, che aveva verso il maestro quasi un sentimento di venerazione. Numerosi sono i tratti tipici dell'innologia: l'anafora del pronome personale (*te* ... *te*) di seconda persona, che si accompagna all'uso della seconda persona del verbo; le espressioni *pater* e *rerum inventor* (v. 9), che esaltano l'operato del maestro; le anafore *omnia* ... *omnia*, *aurea* ... *aurea* (vv. 11 sgg.).

Metro: esametri dattilici ´–∪∪, ´–∪∪, ´–∪∪, ´–∪∪, ´–∪∪, ´–∪

O tenebris tantis tam clarum extollere lumen
qui primus potuisti inlustrans commoda vitae,
te sequor, o Graiae gentis decus, inque tuis nunc
ficta pedum pono pressis vestigia signis,
non ita certandi cupidus quam propter amorem
quod te imitari aveo; quid enim contendat hirundo
cycnis, aut quidnam tremulis facere artubus haedi
consimile in cursu possint et fortis equi vis?
Tu pater es, rerum inventor, tu patria nobis
suppeditas praecepta, tuisque ex, inclute, chartis,
floriferis ut apes in saltibus omnia libant,
omnia nos itidem depascimur aurea dicta,
aurea, perpetua semper dignissima vita.
Nam simul ac ratio tua coepit vociferari
naturam rerum divina mente coortam
diffugiunt animi terrores, moenia mundi
discedunt, totum video per inane geri res.
Apparet divum numen sedesque quietae,
quas neque concutiunt venti nec nubila nimbis
aspergunt neque nix acri concreta pruina
cana cadens violat semper<que> innubilus aether
integit et large diffuso lumine ridet:
omnia suppeditat porro natura neque ulla
res animi pacem delibat tempore in ullo.
At contra nusquam apparent Acherusia templa,
nec tellus obstat quin omnia dispiciantur,
sub pedibus quaecumque infra per inane geruntur.
His ibi me rebus quaedam divina voluptas
percipit atque horror, quod sic natura tua vi
tam manifesta patens ex omni parte retecta est.

Te che primo sapesti da tenebre fonde levare
così splendida luce, e svelare i veri beni della vita,
te, onore dell'Ellade, seguo, e ora i miei passi depongo e
imprimo nelle orme dal tuo piede segnate,
ansioso non già di emularti, ma pieno d'amore,
poiché anelo imitarti; come infatti potrebbe la rondine
gareggiare coi cigni, o un capretto dalle tremule membra
nella corsa eguagliare lo slancio d'un focoso destriero? Tu,
padre, hai scoperto il vero, tu prodighi a noi
paterni precetti; nei tuoi libri, o maestro glorioso,
come l'api sui clivi fioriti delibano tutte le essenze,
parimenti anche noi ci nutriamo delle tue auree parole,
tutte d'oro, per sempre le più degne di eterna durata.
Non appena infatti il tuo senno cominciò a proclamare
a gran voce la natura delle cose, sbocciata nella tua mente divina,
dileguano i terrori dell'animo, le mura del mondo
si infrangono e le cose io vedo prodursi nel vuoto infinito.
Appare il nume degli dèi e le sedi quiete
che i venti non scuotono, né le nubi cospargono di nembi,
né la neve indurita d'aspro gelo bianca
cadendo mai deturpa, e un cielo sempre sereno ricopre,
e sorride d'una luce largamente diffusa. Inoltre la
natura fornisce tutti i beni, nessuna cosa turba la
pace dell'animo in alcun momento.
Invece non appaiono in nessun luogo i templi acherontei,
né d'altra parte la terra impedisce che si scorga tutto ciò
che sotto i nostri piedi si produce nello spazio vuoto.
Davanti a tali cose un certo divino piacere
e un brivido s'impadroniscono di me, poiché per tua forza
d'intelletto la natura si apre a noi svelata in ogni sua parte.

(trad. di L. Canali)

RIEPILOGO DEL PERCORSO

1 Il percorso intende mettere in luce la relazione tra poesia e filosofia nel poema lucreziano. A riguardo della **filosofia**, l'autore indica alcuni particolari punti di riferimento: prova a individuarli attraverso i testi.

a La figura di Epicuro.
Come viene presentata?
Con quali epiteti viene connotata?
Quale funzione ha?
Quale relazione ha con il poeta?

b I principi fondamentali dell'epicureismo.
Quali sono e in quali testi sono citati?
Che cosa significa raggiungere l'assenza di dolore?
Quali e quanti sono i tipi di piacere che Epicuro individua e discute?

2 Per quanto invece concerne la **poesia**, Lucrezio dichiara di averla scelta come il mezzo più adeguato di comunicazione del sapere filosofico. Riprendi:
a la funzione della poesia rispetto alla filosofia;
b in quali modi viene ricercata la bellezza della poesia (fai riferimento alle figure stilistiche che hai osservato);
c quale impegno richiede la stesura di un poema didascalico e in quali passi in particolare Lucrezio parla della fatica del comporre.

3 Riprendi l'uso delle **immagini** metaforiche e simboliche usate in questi testi: elencale (ad esempio la luce, il tirso, ecc.) e prova a spiegarle in senso poetico e filosofico.

3 Lo spettacolo della natura

Il tema del percorso si può considerare un po' come il cuore ideale del poema lucreziano, che è dedicato – come suggerisce lo stesso titolo – alla natura, così come era intesa dalla fisica epicurea. Da qui deriva l'impostazione razionalistica, propria di un poema didascalico di contenuto filosofico che si pone come principale obiettivo la propaganda dei principi dottrinali di Epicuro. Ciò tuttavia non ha come necessaria conseguenza una trattazione arida della materia, che anzi appare quanto mai viva e traboccante di immagini poetiche e metaforiche. L'esito per certi versi inaspettato è dovuto alla sincera convinzione di Lucrezio a proposito dell'importanza e della correttezza del messaggio epicureo per la felicità dell'uomo. Sarebbe insulso – secondo il poeta – far dipendere questa felicità da immagini distorte e falsamente ottimistiche della condizione umana nell'universo. Molto meglio accettare la realtà così come essa è e intanto osservare ammirati il formidabile spettacolo della natura.

LAT/ITA	TESTO 1	*De rerum natura* II, vv. 991-1022
LAT	TESTO 2	*De rerum natura* II, vv. 1144-1174
ITA	TESTO 3	*De rerum natura* II, vv. 195-234

Scena di caccia delle belve, I secolo a.C., Pompei, Casa di Marco Lucrezio Frontone, Sopraintendenza Archeologica.

TESTO 1

L'origine della vita

De rerum natura II, vv. 991-1022

La fisica epicurea, fondata sul casuale aggregarsi degli atomi, non nega un ordine armonico nella natura, organizzata in modo che i singoli esseri vivano tra loro in una specie di reciproco accordo. In quest'ordine trova posto anche la morte, intesa come il disaggregarsi degli atomi, necessario per dare avvio ad una nuova vita. Il passo, testimonianza della serena visione razionalistica di Lucrezio, è esempio di un'alta, commossa poesia, che scaturisce dalla contemplazione dello spettacolo naturale. Considerando la centralità assoluta della natura, il poeta la celebra come *mater* dell'universo, esaltandola per la sua continua fecondità e per essere l'artefice del miracolo sempre rinnovato della vita. Così Lucrezio tenta di stabilire e illustrare un principio di genesi che prescinda da qualsiasi intervento divino. A questo proposito si collega la coppia di termini *pater/mater* presenti nel passo e riferiti rispettivamente a *caelum* e *terra*.

Significativi appaiono gli sforzi di tradurre in forme poetiche i concetti della fisica epicurea, facendo anche i conti con le difficoltà linguistiche incontrate nella trasposizione di termini tecnici dal greco al latino. Si notino a proposito l'uso di *res* per indicare tutto ciò che in natura è materiale, o le perifrasi per rendere il vocabolo greco *átomos*, che si ripetono nel testo: *materiai corpora* (vv. 1002-3), *primordia rerum* (v. 1007), *aeterna corpora prima* (vv. 1010-1), cui si può aggiungere il sostantivo *semen* (v. 991). I concetti di trasformazione, cui si collegano quelli di separazione e di coesione, sono resi da una serie lessicale quanto mai interessante, di cui fanno parte termini quali: *concursus* («incontro»), *motus* («movimento»), *ordo* («ordine»), *figura* («forma»), *coetum* («coesione»), *coniungo* («unisco»), *interimo* («distruggo»), *conficio* («annientamento»), *dissipo* («separo»), *converto* («trasformo»).

Metro: esametri dattilici –́⏖, –́⏖, –́⏖, –́⏖, –́⏑⏑, –́⏓

Denique caelesti sumus omnes semine oriundi;
omnibus ille idem pater est, unde alma liquentis
umoris guttas mater cum terra recepit,
feta parit nitidas fruges arbustaque laeta
et genus humanum, parit omnia saecla ferarum,
pabula cum praebet, quibus omnes corpora pascunt
et dulcem ducunt vitam prolemque propagant;
qua propter merito maternum nomen adepta est.
cedit item retro, de terra quod fuit ante,
in terras, et quod missumst ex aetheris oris,
id rursum caeli rellatum templa receptant.
nec sic interemit mors res ut materiai
corpora conficiat, sed coetum dissupat ollis;
inde aliis aliud coniungit et efficit, omnis
res ut convertant formas mutentque colores
et capiant sensus et puncto tempore reddant;
ut noscas referre earum primordia rerum
cum quibus et quali positura contineantur
et quos inter se dent motus accipiantque,
neve putes aeterna penes residere potesse
corpora prima quod in summis fluitare videmus
rebus et interdum nasci subitoque perire.
quin etiam refert nostris in versibus ipsis
cum quibus et quali sint ordine quaeque locata;
namque eadem caelum mare terras flumina solem
significant, eadem fruges arbusta animantis;
si non omnia sunt, at multo maxima pars est
consimilis; verum positura discrepitant res.
sic ipsis in rebus item iam materiai
[intervalla vias conexus pondera plagas]
concursus motus ordo positura figurae
cum permutantur, mutari res quoque debent.

Infine noi tutti veniamo da un seme celeste;
a tutti è padre comune il cielo da cui
la madre terra nutrice, accolte le limpide gocce di pioggia,
feconda produce le splendide messi, il rigoglio degli alberi,
la stirpe degli uomini e ogni specie di fiere,
poiché prodiga a tutti alimento del quale si pascano

e traggano dolce la vita e propaghino i figli;
a ragione perciò essa ha avuto il nome di madre.
Similmente ritorna alla terra ciò che prima
uscì dalla terra, e ciò che discese dalle regioni dell'etere,
di nuovo, tornato, accolgono gli spazi del cielo.
Né a tal punto la morte distrugge le cose, che i germi
annienti, ma solo disgrega le loro coesioni;
poi torna a congiungerli l'uno con gli altri, e fa in modo
che così tutti i corpi mutino forma e colore,
e assumano il senso, oppure a un istante lo perdano,
affinché tu sappia l'importanza, per i medesimi corpuscoli primordiali,
della qualità e posizione del loro combinarsi in aggregati,
e del genere di moti che reciprocamente imprimono e ricevono,
e non creda che possa risiedere nelle eterne particelle basilari
ciò che vediamo fluire alla superficie delle cose,
e talvolta nascere, talaltra all'improvviso perire.
Anzi, nei miei stessi versi ha somma importanza
con quali altre e in quale disposizione ogni lettera sia disposta;
infatti sono sempre le stesse a indicare il cielo, il mare, le terre,
i fiumi, il sole, le stesse a designare le messi, gli alberi, gli animali;
se non tutte, almeno la più gran parte di esse sono simili:
ma il loro ordine diverso distingue i nomi delle cose.
Ugualmente accade nei corpi: appena variano gli incontri,
i moti, l'ordine, la posizione, le forme della materia,
anche i corpi stessi devono mutare.

(trad. di L. Canali)

Le mura della città (in questo caso un'immaginaria Cartagine) come raffigurazione dei *moenia mundi*, Cod. Vat. Lat. 3225, IV secolo d.C., Città del Vaticano, Biblioteca Apostolica Vaticana.

TESTO 2

La vecchiaia del mondo

De rerum natura II, vv. 1144-1174

Il passo rappresenta la conclusione del secondo libro del poema e assume particolare rilievo, come le sezioni conclusive di tutti gli altri libri, perché vi trovano posto, in forma condensata, i tratti salienti del tema affrontato nel libro. Poiché dunque il secondo libro del *De rerum natura* ha come argomento il moto incessante degli atomi, l'infinità delle loro forme e la varietà delle loro combinazioni, nel finale del libro Lucrezio ripropone la legge universale che – secondo l'epicureismo – regola la realtà dei corpi, legge di aggregazione e di disgregazione. In particolare l'attenzione del poeta si concentra sulla fine del mondo, necessaria secondo la dottrina atomistica come per qualsiasi organismo, di cui sembrano manifestarsi già i primi segni. Essi sono colti nella "vecchiaia" della terra, che non riesce più a produrre la stessa quantità di frutti che produceva in passato. Sotto il profilo stilistico i primi sei versi (1144-1149) sono separati dai restanti perché caratterizzati da un tono cupo e apocalittico, funzionale all'affermazione dell'imminente, catastrofica fine del mondo. Dal v. 1150 domina invece un tono triste, elegiaco, in cui trova posto il tema della terra (*tellus*) come organismo vivente, giunta ormai alla vecchiaia, sfinita e quasi sterile. Fanno da contrappunto le allitterazioni, che segnano i punti di maggiore desolazione, coincidenti con i tristi lamenti del vecchio *arator* (*cum tempora temporibus praesentia confert / praeteritis*, vv. 1166-1167) e del *vitis sator* («viticultore») (*Tristis itam vetulae vitis sator atque <vietae>*, v. 1168).

Metro: esametri dattilici –⏑⏑, –⏑⏑, –⏑⏑, –⏑⏑, –⏑⏑, –⏓

Sic igitur magni quoque circum moenia mundi
expugnata dabunt labem putris<que> ruinas.
Omnia debet enim cibus integrare novando
et fulcire cibus, <cibus> omnia sustentare,
nequiquam, quoniam nec venae perpetiuntur
quod satis est neque quantum opus est natura ministrat.
Iamque adeo fracta est aetas effetaque tellus
vix animalia parva creat quae cuncta creavit
saecla deditque ferarum ingentia corpora partu.
Haud, ut opinor, enim mortalia saecla superne
aurea de caelo demisit funis in arva
nec mare nec fluctus plangentes saxa crearunt,

1144. Sic igitur ... mundi: «Così dunque anche le mura intorno del grande mondo». *Sic* fa riferimento a tutti gli altri tipi di aggregati corporei. L'espressione *moenia mundi* era già apparsa in I, 73, a proposito dell'impresa di Epicuro; propriamente i *moenia mundi* sarebbero la sfera dell'etere che avvolge la Terra, ma qui si tratta di una semplice sineddoche per indicare il mondo. Nel verso si rilevino l'allitterazione (*magni ... moenia mundi*) e l'iperbato.

1145. expugnata: l'immagine delle mura richiama quella delle città prese d'assedio, per cui è facile passare alla metafora dell'espugnazione. – **dabunt ... ruinas:** «andranno in rovina e diverranno polverose macerie». Continua e si amplia la metafora bellica per indicare la fine del mondo. L'avvio della descrizione dà immediatamente l'idea di un formidabile sfacelo. Il verbo *dare* è qui usato con significato analogo a *facere*, come avviene abbastanza frequentemente in Lucrezio. *Labem* si riconnette con la radice di *labor* e indica l'atto del crollo. L'aggettivo *putris* è un accusativo plurale in *-is*; il suo significato si collega all'idea che ancor prima di cadere le mura erano marce, cioè, fuori di metafora, che l'universo è in sé vecchio e avviato allo sfacelo.

1146. Omnia ... cibus: «Il cibo infatti tutto deve reintegrare rinnovandolo». La voce *cibus*, centrale nel brano, è reiterata altre due volte e riporta al tema chiave dell'intero libro: il fluire eterno degli atomi è causa di rinnovamento e di vita. L'immagine del cibo assimila l'universo a un organismo vivente, che segue le fasi di nascita, crescita, deperimento e morte.

1147. fulcire: «rinforzare». – **sustentare:** «sostenere». Nella sequenza degli infiniti retti da *debet* e riferiti ai compiti del *cibus* si vede la consueta ridondanza lucreziana.

1148. nequiquam: «invano»; l'avverbio sanziona l'ineluttabile vanità di ogni sforzo: il mondo è destinato a perire nonostante qualsiasi apporto di atomi nuovi. Le assonanze che si instaurano tra *nequiquam* e altri termini del verso presente (*quoniam*, *nec venae*) e di quello successivo (*quod ... neque quantum ... natura*) concorrono a rinforzare la gravità del ritmo e a rendere fonosimbolicamente la triste riflessione lucreziana sull'impossibilità che vi sia scampo. – **nec venae perpetiuntur:** «né le vene sono in grado di assorbire». Con il termine *venae* continua la metafora dell'organismo vivente: il mondo è vecchio, per cui le sue vene sono molli e non riescono a trattenere l'apporto di atomi freschi; sull'invecchiamento delle vene Lucrezio aveva dissertato nei vv. 1133-1143 del secondo libro. Secondo gli antichi le vene avevano il compito di trasportare sangue e nutrimento; nelle arterie invece scorreva l'aria.

1149. quod satis: «ciò che è sufficiente». – **neque ... ministrat:** «e la natura non somministra quanto è necessario».

1150-1151. Iamque ... aetas: «A tal punto ormai l'età è cadente». *Aetas* può essere intesa sia come l'età del mondo sia l'epoca contemporanea a Lucrezio. – **effeta ...:** «stanca di partorire». L'espressione riferita alla terra (*tellus*) richiama il *topos* della Terra madre, vecchia e sfinita, che non è più in grado di mettere al mondo le creature gigantesche del passato, ma sembra ormai in grado di generare a stento (*vix*, v. 1151) solo piccoli esseri viventi (*animalia parva*, v. 1151). – **animalia parva:** l'espressione indica i «vermi», che secondo antiche credenze nascevano per generazione spontanea dalla terra.

1152. saecla: «specie viventi». – **deditque ... partu:** «partorì»; l'espressione equivale a *peperit*. – **ferarum ... corpora:** l'espressione equivale a *feras ingentes* o a *feras ingentibus corporibus* (ablativo di qualità).

1153-1154. Haud ... in arva: «Non una fune d'oro infatti, come penso, mandò giù dall'alto del cielo le stirpi mortali sulla terra». L'inciso *ut opinor* ha un tono ironico, perché non era certamente Lucrezio a dar credito a queste dicerie; anzi il poeta coglie qui l'occasione per una puntata polemica contro chi riteneva di natura divina l'origine degli esseri umani. L'immagine della fune d'oro deriva da Omero (*Iliade* VIII, 19) e nell'antichità aveva dato origine a diverse interpretazioni: Platone (*Teeteto* 153 c-d) vi ravvisa la forza del sole che diffonde i suoi raggi vitali sulla terra; gli stoici la intendevano allegoricamente come il simbolo della *heimarméne*, la «necessità» che connette la causa e l'effetto e che implica l'origine celeste della vita. *Funis* è qui femminile, secondo un uso poetico, anziché maschile.

1155. plangentes saxa: «che battono gli scogli», riferito ai flutti. Sembra che ora Lucrezio riservi una larvata polemica ad Anassimandro, che riteneva l'acqua origine della vita.

sed genuit tellus eadem quae nunc alit ex se.
Praeterea nitidas fruges vinetaque laeta
sponte sua primum mortalibus ipsa creavit,
ipsa dedit dulcis fetus et pabula laeta;
quae nunc vix nostro grandescunt aucta labore,
conterimusque boves et viris agricolarum,
conficimus ferrum vix arvis suppeditati:
usque adeo parcunt fetus augentque laborem.
Iamque caput quassans grandis suspirat arator
crebrius, incassum magnos cecidisse labores,
et cum tempora temporibus praesentia confert
praeteritis, laudat fortunas saepe parentis.
Tristis item vetulae vitis sator atque <vietae>

1156. alit ex se: «li nutre dal suo seno».

1157-1158. Praeterea ... creavit: «Inoltre essa stessa (la terra) spontaneamente per prima cosa creò per i mortali le splendide messi e le vigne rigogliose». Lucrezio ripropone il mito dell'età dell'oro in chiave razionalistica, utilizzando i termini che nel poema vengono di solito attribuiti alla natura benigna. L'elemento qualificante del mito dell'*aetas aurea* era il fatto che senza bisogno di fatica l'uomo avesse a disposizione i frutti offertigli spontaneamente dalla natura. Qui il poeta insiste su questo aspetto con termini quali *sponte sua*, *primum*, *ipsa*, che formano la consueta ridondanza lucreziana. Il processo di razionalizzazione consiste nel non ritenere che la sovrabbondante produzione della natura dei primordi sia stata causata da eventi miracolosi o religiosi, bensì nell'attribuirla alla giovinezza della terra, più robusta e quindi più capace di generare; ora la terra è vecchia e l'uomo è costretto dall'impoverimento del suolo a lavorare per trarne i prodotti necessari al suo sostentamento: nessun riferimento – come si vede – al tema del lavoro come castigo per qualche colpa commessa ancestralmente dall'uomo.

1159. fetus ... pabula: il primo termine si riferisce ai «frutti» degli alberi; il secondo indica i «pascoli»; *fruges* e *vinea* (v. 1157) rappresentano i tipici prodotti dell'agricoltura, elencati nello stesso ordine con cui Virgilio li disporrà nelle *Georgiche*: grano, vite, frutti arborei, pascoli. – **laeta:** l'aggettivo ricorre spesso nel linguaggio agricolo per rappresentare il rigoglio delle piantagioni o dei pascoli. La clausola *pabula laeta* ricorre più volte in Lucrezio.

1160. quae nunc: «che invece ora»; si tratta di un nesso relativo con valore avversativo; il plurale neutro si riferisce alle quattro categorie di prodotti agricoli elencate sopra. – **nostro ... labore:** «crescono, fatti aumentare dalla nostra fatica». Il ritmo del verso è rallentato da un iperbato accentuato e dal prevalere degli spondei. *Labore* è parola tematica che torna in clausola nei vv. 1163 e 1165.

1161. conterimusque: «logoriamo».

1162. conficimus ... suppeditati: «consumiamo il ferro, a stento ricompensati dai campi». *Conficimus* è legato a *conterimus* del verso precedente da allitterazione; nei due verbi e nell'intera espressione è insito il senso dell'enorme fatica richiesta dalla terra all'uomo, ma anche la sproporzione tra questa fatica e gli esiti. Il verbo *suppedito* è qui costruito con l'ablativo strumentale (*suppeditare aliquem aliqua re*); come *dono* ammette anche l'altra costruzione (*alicui aliquid*), di norma più diffusa.

1163: usque ... fetus: «a tal punto sono avari di frutti». Il verbo *parco* è costruito transitivamente secondo un uso arcaico; il soggetto sottinteso del verbo è *arva*. – **augent ...:** «fanno crescere».

1164. caput quassans: «scuotendo il capo». Il verbo *quasso* è intensivo di *quatio*; unito a *caput* indica il gesto di sconforto di scuotere la testa. – **grandis** (sottinteso *natu*): l'aggettivo si riferisce ad *arator* e ne qualifica l'età. La presenza di questo «vecchio» è intonata con l'atmosfera di generale vecchiezza del mondo e della terra.

1165. crebrius: «sempre più spesso». L'avverbio isolato dall'*enjambement* assume particolare risalto; concettualmente è un segno del peggioramento della situazione, del progressivo invecchiamento della terra e della sua sempre più misera produzione, come ben può attestare chi, per l'età, è in grado di fare un confronto con il passato. – **incassum ... labores:** «che le sue grandi fatiche sono cadute invano». La proposizione infinitiva dipende da *suspirat* (v. 1164). *Incassum* è forma avverbiale da *in cassum* («nel vano»); l'espressione *incassum cadere* è propria del linguaggio colloquiale.

1166. confert: «paragona»; il verbo è il predicato di una temporale che presenta una costruzione studiatissima, caratterizzata dal poliptoto *tempora temporibus*, dal parallelismo *tempora temporibus praesentia / praeteritis*, dalle coppie allitteranti *cum ... confert*, *tempora temporibus* e *praesentia praeteritis*, dal doppio iperbato incrociato e dall'*enjambement*.

1168. item: l'avverbio significa «allo stesso modo». – **vetulae vitis:** «della vecchia vite»; si rilevi l'allitterazione (che comprende anche *<vietae>*) e l'uso del diminutivo, con sfumatura affettiva. – **sator:** propriamente è il «seminatore»; riferendosi qui alla vite possiamo renderlo con «coltivatore». – **<vietae>:** l'aggettivo, che è emendamento di N. Heinsius al *fatigat* riportato dai codici, significa «avvizzita», «rinsecchita»; propriamente è participio del verbo *vieo* («piego») ed è semanticamente connesso a *vimen* («vimine») e *vitta* («benda»), quindi etimologicamente della stessa famiglia di *vitis*.

temporis incusat momen saeclumque fatigat,
et crepat, antiquum genus ut pietate repletum
perfacile angustis tolerarit finibus aevum,
cum minor esset agri multo modus ante viritim.
Nec tenet omnia paulatim tabescere et ire
ad capulum spatio aetatis defessa vetusto.

1169. momen: la voce indica propriamente lo sbilanciarsi del piatto della bilancia, quindi passa a significare il «corso del tempo», l'«andamento delle stagioni». – **saeclumque fatigat:** «e impreca contro l'epoca».

1170. crepat: il verbo *crepo* è proprio della lingua colloquiale e indica il «brontolare» in continuazione. – **ut:** ha funzione di congiunzione dichiarativa. – **pietate repletum:** «piena di devozione».

1171. perfacile ... aevum: «sopportava assai facilmente la vita in luoghi angusti». *Angustis ... finibus* è ablativo di stato in luogo senza preposizione; altri lo interpreta come un ablativo assoluto con valore concessivo («nonostante i luoghi stretti»). *Tolerarit* è perfetto congiuntivo, dovuto al costrutto di *oratio obliqua*.

1172. cum minor ... viritim: «benché prima la misura del campo per ciascuno fosse molto minore». Al *cum* si è dato valore concessivo; altri lo intendono causale o anche temporale. *Ante* è avverbio (= *antea*). *Viritim* è forma avverbiale derivata dalla radice di *vir*; ha valore distributivo e significa dunque propriamente «per ciascun uomo», quindi «a testa».

1173-1174. Nec tenet ... vetusto: «E non si avvede che a poco a poco tutte le cose si consumano e vanno verso la tomba, stremate dal lungo percorso del tempo». *Capulum* è voce popolare per indicare il luogo che riceve e contiene (*capio*) chi è morto; sta quindi per tomba. *Spatio aetatis ... vetusto* è perifrasi per indicare *vetustas*.

ANALISI DEL TESTO *De rerum natura* II, 1144-1174

Lessico

1 Quante volte ritorna nel passo la parola *cibus*? Perché il poeta insiste su di essa? A quale tema è collegata?

2 Quali sono i vocaboli che servono a costruire la metafora della Terra come organismo vivente?

3 I vocaboli presenti al v. 1164 sono quanto mai significativi all'interno del testo: a quale tema appaiono intonati?

Sintassi e stile

4 Dal punto di vista tonale il passo si può dividere in due parti:
a Qual è il tono della prima sequenza (vv. 1144-1149)?
b Quali artifici stilistici sostengono questo tono?
c Il tono della seconda parte, invece, da che cosa è caratterizzato?
d Quali figure retoriche ti sembra concorrano a conferire tale tono?

5 Il passo registra una presenza cospicua di figure di suono:
a Sapresti individuare tutte le assonanze?
b Sapresti riconoscere le allitterazioni?
c In quali passaggi si addensano maggiormente le allitterazioni? Perché?
d Riconosci altre figure di suono?

Contenuti

6 Quale teoria epicurea vorrebbe illustrare il passo?

7 In che cosa si discosta dal pensiero di Epicuro?

8 A che cosa è da attribuire tale scostamento?

9 Perché si può affermare che nel testo trovano posto rimpianti dell'età delle origini che normalmente Lucrezio condanna o non tiene in considerazione?

10 Quale idea veicola l'immagine delle mura del mondo?

11 Quali metafore sono utilizzate da Lucrezio in questo passo? Rintracciale e spiegale.

TESTO 3

Non è l'uomo il centro dell'universo

De rerum natura II, vv. 195-234

Il passo si inserisce nel discorso sulla terra che costituisce l'argomento del V libro. Qui la terra, coincidendo con la natura, viene vista in un modo che sembra anticipare le considerazioni leopardiane sulla natura matrigna, che genera i suoi figli solo per farli soffrire. Più che sferrare un attacco alla natura e alla sua presunta crudeltà, tuttavia, Lucrezio se la prende con la stoltezza degli uomini, che facendo leva sulla loro superbia affermano di essere al centro dell'universo. Anche questo passo consente dunque al poeta di mostrare la sua acredine nei confronti degli ottimisti a tutti i costi e di aprire una serrata polemica contro la filosofia stoica, che pretendeva di asserire che il mondo è stato creato dalla Provvidenza e da lei posto a servizio dell'uomo, e che l'uomo ricopre in questo universo una posizione di privilegio rispetto a tutti gli altri esseri viventi. Basterebbe una delle ultime immagini del passo (vv. 222-227) per comprendere quanto sia lontana da queste idee la mente di Lucrezio: l'umanità, come la intendeva il poeta, infatti, è ben simboleggiata da quel bambino, la cui nascita è paragonata a un naufragio; sbattuto da onde crudeli, impotente e incapace di parlare, nudo e in preda a un pianto disperato egli viene in un mondo cupo e dominato dal dolore. Non dunque una condizione di privilegio quella dell'uomo nel mondo, ma quasi di inferiorità rispetto a qualsiasi altro animale.

Animali feroci nell'arena, I secolo d.C., Roma, Museo Nazionale Romano.

Se anche ignorassi quale sia l'origine delle cose,
tuttavia dalle stesse vicende del cielo ardirei
affermare e dagli altri fenomeni concludere questo:
che non per volere divino è stata per noi generata
la natura del mondo, segnata da pecche sì gravi.
Anzitutto, di quanto ricopre lo slancio immenso del cielo,
una parte la occupano gli avidi monti e le selve abitate dalle fiere,
una parte la ingombrano rupi e desolate paludi
e il mare che vasto separa le rive delle terre.
Inoltre quasi due parti il calore rovente
e l'assidua caduta delle nevi le tolgono ai mortali.
Ciò che resta del suolo, la natura, se lasciata a se stessa,
tuttavia coprirebbe di rovi senza l'opera dell'uomo,
avvezzo, per durare la vita, a patire sul forte bidente
e a fendere la terra affondando nelle sue viscere l'aratro.
Se volgendo con il vomere le zolle feconde e domando il suolo
della terra, non lo sforziamo a destarsi e a elargire i suoi frutti,
questi non potrebbero crescere spontanei nell'aria limpida,
e pure, talvolta, guadagnati con grande fatica,
quando già per i campi ogni cosa frondeggia e fiorisce,
o li brucia l'etereo sole con ardori eccessivi,
o li guastano piogge improvvise e gelide brine,

e raffiche di vento li schiantano con la furia del turbine.
Inoltre le temibili razze ferme, nemiche degli uomini,
perché la natura in terra e in mare le nutre
e le accresce? Perché le stagioni dell'anno
apportano i morbi? Perché la morte prematura imperversa?
Ed ecco il fanciullo, come un naufrago buttato a riva
dalle onde infuriate, giace nudo sul suolo, incapace di parlare,
bisognoso d'ogni aiuto vitale appena la natura lo getta
sulle prode della vita, con doglie del grembo materno,
e riempie lo spazio d'un disperato vagire, come è giusto che faccia
colui cui in vita è serbato il passare per tante sventure.
Invece hanno crescita agevole le greggi, gli armenti, le fiere,
e non hanno bisogno di ninnoli, a nessun loro esemplare
si addice che dolce sussurri e balbetti la cara nutrice,
non cercano vesti diverse secondo i climi del cielo,
né infine abbisognano d'armi o di alte muraglie
per proteggere i loro beni, poiché la terra stessa
e la natura creatrice producono tutto in gran copia per tutti.

(trad. di L. Canali)

RIEPILOGO DEL PERCORSO

1 Il testo 3 "Non è l'uomo il centro dell'universo" (*De rerum natura* II, vv. 195-234) contiene la dimostrazione di Lucrezio circa l'impossibilità che nella creazione del mondo abbia potuto aver parte un intervento divino. A sostegno del suo ragionamento il poeta porta delle prove che si possono definire empiriche; queste prove potrebbero essere raggruppate nelle voci che ti indichiamo. Per ciascuna ricerca nel testo la sequenza o le espressioni corrispondenti:
a condizione di dipendenza dell'essere umano al momento della nascita;
b il lavoro come segno della difficoltà esistenziale dell'uomo in seno alla natura;
c presenza nella natura di elementi ostili all'uomo;
d ostilità degli ambienti naturali nei confronti dell'uomo;
e presenza di imperfezioni strutturali nella realtà naturale.

2 Nel primo brano proposto (II, 991-1022) sono frequenti i termini che si rifanno all'azione degli atomi nella nascita e nella fine di tutto. Individuali e raggruppali secondo le serie indicate di seguito:
a termini che indicano il processo di aggregazione;
b sostantivi che rimandano all'idea di trasformazione della materia;
c verbi che sono connessi al concetto di disgregazione.

3 La rappresentazione della natura è spesso oggetto della trattazione di Lucrezio:
a ti sembra che il modo di rappresentarla segua criteri scientifici oggettivi o no? Motiva la risposta con riferimenti puntuali al testo.
b sai riconoscere nei testi proposti la presenza di metafore? Che funzione hanno nella rappresentazione della Natura?
c i toni con cui il poeta descrive la natura e la condizione dell'uomo in essa rivelano consonanza con il pensiero epicureo? Perché?
d quali espedienti impiega Lucrezio per esprimere in forma poetica fenomeni appartenenti all'ambito meteorologico?

4 Concentrandoti ora sul lessico presente nei testi proposti quali osservazioni potresti fare? Per esempio:
a il lessico ti sembra ridondante? In quali passaggi? Con quali effetti?
b quali sostantivi appaiono maggiormente significativi per individuare fenomeni atmosferici?
c quali invece indicano meglio elementi della natura?

4 L'avventura dell'umanità

Nessun argomento, forse, all'interno del *De rerum natura* testimonia la problematicità lucreziana quanto il modo in cui egli guarda alla storia del genere umano. Evitando di cadere nella scorciatoia di affidare al mito il racconto e il senso profondo della storia dell'uomo sulla terra, Lucrezio osserva tutto con l'occhio chiaro del razionalista, che giudica solo sulla base delle leggi di natura. Così nel racconto delle origini dell'umanità il poeta non mostra più di credere al mito dell'età dell'oro da cui le generazioni umane sarebbero via via decadute, ma piuttosto al progressivo evolvere delle condizioni della vita umana, dai primi solitari individui equiparabili ad animali selvatici alla situazione attuale.
Anche un altro tema molto caro ai poeti, quello dell'amore, è sottoposto all'attento vaglio del razionalismo epicureo, spogliato di ogni elemento sentimentale, valutato nelle sue implicazioni negative e riportato alla sua dimensione naturale.
Al termine del poema, l'episodio della peste di Atene viene utilizzato per comporre una sorta di trionfo della morte, in cui emergono l'immane sofferenza dell'umanità e l'impotenza di fronte a essa della scienza e della religione. Questo aspetto si conforma alla concezione materialistica lucreziana, secondo cui non c'è barriera sociale, religiosa, etica o politica che possa opporsi al corso della natura.

Un orso ferito perde sangue da una zampa, I secolo a.C., Pompei, Casa dell'Orso ferito, Sopraintendenza Archeologica.

LAT	TESTO 1	*De rerum natura* V, 925-1010
LAT	TESTO 2	*De rerum natura* IV, 1121-1159
ITA	TESTO 3	*De rerum natura* VI, 1138-1181; 1225-1286

TESTO 1

L'umanità primitiva

De rerum natura V, 925-1010

Nel passo Lucrezio tratteggia i caratteri dell'umanità primitiva, diversa da quella attuale quanto a vigore e struttura fisica, ben più robusta perché nata dalla dura terra. Gli uomini vivevano allo stato ferino, accontentandosi di ciò che la terra produceva, ghiande e corbezzoli, e dissetandosi presso i ruscelli e le fonti. Non sapevano utilizzare il fuoco, si rifugiavano nelle caverne e nei boschi ed erano avulsi da ogni forma di vita sociale; la loro vita era sottoposta a gravi rischi per la presenza di animali più forti e aggressivi di loro e per l'impossibilità di difendersi da fenomeni naturali improvvisi e violenti. Negli ultimi versi Lucrezio passa al confronto tra il mondo antico e quello moderno, in cui – egli osserva – il numero dei morti è di gran lunga superiore a causa delle guerre, della cupidigia che anima i commerci, dell'eccessiva abbondanza e della malvagità degli uomini, che un tempo per caso si avvelenavano e ora deliberatamente avvelenano gli altri.

Il testo si colloca in polemica con le mitizzazioni dell'età dell'oro operate nei secoli precedenti da vari autori, da Esiodo a Platone ai sostenitori delle dottrine cinico-stoiche. Lucrezio si pone sulla stessa linea del pensiero epicureo che, negando la presenza di divinità generatrici o di una entità provvidenziale, oppone al mito di un'età felice la descrizione di un'umanità la cui vita non si discostava molto da quella delle fiere, in un mondo che offriva dei vantaggi ma sottoponeva gli uomini anche a pericoli spaventosi. Se da una parte Lucrezio si rende conto che lo stato di natura comportava difficoltà notevoli per l'uomo, dall'altra si accorge che il progresso, per quanto necessario in certe sue fasi, ha tuttavia arrecato dei pericoli addirittura maggiori di quelli a cui era soggetta l'umanità primitiva. Su queste considerazioni si conclude il passo che, dal punto di vista stilistico oppone immagini liriche a immagini di crudo realismo, accentuate da figure di suono.

Metro: esametri dattilici ´–⏑⏑, ´–⏑⏑, ´–⏑⏑, ´–⏑⏑, ´–⏑⏑, ´–⏑

At genus humanum multo fuit illud in arvis
durius, ut decuit, tellus quod dura creasset,
et maioribus et solidis magis ossibus intus
fundatum, validis aptum per viscera nervis,
nec facile ex aestu nec frigore quod caperetur
nec novitate cibi nec labi corporis ulla.
Multaque per caelum solis volventia lustra
volgivago vitam tractabant more ferarum.
Nec robustus erat curvi moderator aratri
quisquam, nec scibat ferro molirier arva

925-926. At genus ... creasset: «Ma quel genere umano fu molto più robusto nei campi, come era naturale, poiché l'aveva creato la dura terra». *At* è emendamento del Lachmann in luogo di *et* tramandato dai codici e si giustifica per il fatto che qui Lucrezio, dopo aver negato che sulla terra esistessero giganti o esseri mostruosi, afferma che in realtà la razza degli uomini primitivi era «molto più robusta» di quella attuale. L'aggettivo *durius* è in posizione enfatica grazie all'*enjambement*, all'iperbato e alla sua collocazione in *incipit* di verso. Si rilevi anche il valore del deittico *illud*, riferito a *genus humanum*, che distanzia gli uomini primitivi dalle generazioni successive. La particolare robustezza degli uomini primitivi è diventata un *topos* nelle rappresentazioni dell'età antica dei poeti successivi a Lucrezio, quali Virgilio, Ovidio e Tibullo. *Ut decuit* è proposizione incidentale. *Quod creasset* (= *creavisset*) è una relativa con valore causale, perciò al congiuntivo, ed equivale a *quippe quod*. Altri la considerano una causale subiettiva. Si notino il poliptoto *durius* ... *dura*, l'anastrofe *tellus quod* e l'allitterazione delle dentali.

927-928. et maioribus ... nervis: «costituito internamente da ossa più grandi e più solide, connesso nei suoi organi da robusti tendini». *Solidis magis* è usato in luogo del comparativo *solidioribus* per esigenze metriche e costituisce un'anastrofe. *Aptum* è participio passato del verbo **apio*, disusato. Si rilevi l'uso del linguaggio metaforico tratto dalla sfera semantica dell'architettura per mettere in evidenza la solidità della struttura fisica dell'uomo primitivo. Si noti infine l'allitterazione della *v* e della *s*.

929-930. nec facile ... ulla: «e tale da non essere facilmente colpito dal caldo né dal freddo né dalla novità del cibo né da alcuna malattia del corpo». *Quod caperetur* è relativa con valore consecutivo. *Novitas* ha valore di «inusuale», «strano». Nonostante alcuni manoscritti riportino la lezione *labe*, certi studiosi pubblicano *labi*, secondo un uso frequente in Lucrezio per ragioni metriche. La convinzione che gli antichi fossero più temprati e meno soggetti a malattie accomuna Lucrezio ai pensatori che esaltavano l'età dell'oro; tra questi Dicearco, secondo il quale quell'epoca era esente da malattie. Diversa la posizione di uno scritto ippocratico, *Sulla medicina*, secondo cui gli uomini primitivi erano maggiormente soggetti dell'uomo moderno alle malattie.

931-932. Multaque ... ferarum: «E per molti lustri del sole che si volgevano nel cielo, trascorrevano la vita, secondo l'usanza errabonda delle fiere». Il soggetto sottinteso è *homines*. Si rilevi l'iperbato a cornice (*multaque ... lustra*). *Lustrum*, che originariamente indicava i sacrifici espiatori che si svolgevano ogni cinque anni, ha assunto poi il valore generico di lasso di tempo. *Volventia lustra* è accusativo di tempo continuato; *volventia* è intransitivo. *Volgivago* è aggettivo composto, neologismo lucreziano ed è concordato per enallage con *more* anziché con *ferarum*. *Tracto* è intensivo di *traho*. Si osservi l'allitterazione della *v* in *volventia* ... *volgivago*. Gli uomini vivevano in maniera monotona e ripetitiva, seguendo il ritmo del cosmo.

933-934. Nec robustus ... quisquam: «E non c'era nessun robusto conduttore dell'aratro ricurvo». Si noti la costruzione a incastro *robustus* ... *curvi moderator aratri*. L'immagine ritorna in VI, 1253 e in Virgilio, *Bucoliche* IV, 41 e *Georgiche* I, 494. *Quisquam* è in posizione enfatica in *incipit* di verso in *enjambement* e isolato dal segno di interpunzione. – **molirier:** «dissodare»; infinito medio passivo con desinenza arcaica corrispondente a *moliri*; qui è retto da *scibat* (= *sciebat*); il verbo *molior*, connesso con *moles*, indica un lavoro faticoso.

nec nova defodere in terram virgulta neque altis
arboribus veteres decidere falcibu' ramos.
Quod sol atque imbres dederant, quod terra crearat
sponte sua, satis id placabat pectora donum.
Glandiferas inter curabant corpora quercus
plerumque; et quae nunc hiberno tempore cernis
arbita puniceo fieri matura colore,
plurima tum tellus etiam maiora ferebat.
Multaque praeterea novitas tum florida mundi
pabula dura tulit, miseris mortalibus ampla.
At sedare sitim fluvii fontesque vocabant,
ut nunc montibus e magnis decursus aquai
clarigitat late sitientia saecla ferarum.
Denique nota vagis silvestria templa tenebant
nympharum, quibus e scibant umori' fluenta
lubrica proluvie larga lavere umida saxa,
umida saxa, super viridi stillantia musco,
et partim plano scatere atque erumpere campo.

935. defodere: «piantare».

936. decidere: «potare». – **falcibu':** elisione per *falcibus*. Nei vv. 934 sgg. Lucrezio pone in evidenza il fatto che nell'età primitiva non si conoscesse alcuna tecnica agricola (aratura, trapianto e potatura) né, più in generale, alcuna forma di civiltà e di cultura. Nei vv. 935-6 si rilevino gli iperbati *nova ... virgulta* e *veteres ... ramos* e l'*enjambement altis arboribus*.

937-938. Quod sol ... donum: «Ciò che il sole e le piogge avevano offerto, ciò che la terra aveva prodotto spontaneamente, quel dono bastava a placare i cuori». *Quod ... quod* – in anafora – introducono due proposizioni relative, che costituiscono un prolettico rispetto a *id donum*. *Crearat* è forma sincopata per *creaverat*. Si rilevi l'iperbato *id donum*. Inizia a questo punto la descrizione dell'età dell'oro, durante la quale l'uomo si accontentava dei doni che la terra elargiva, senza chiedere più del necessario, secondo i precetti della morale epicurea.

939. Glandiferas: è aggettivo composto ricavato dalla radice di *fero*. È in anastrofe con *inter* e crea un iperbato a cornice con *quercus*. Le ghiande erano considerate un alimento fondamentale dell'uomo primitivo in tutte le rappresentazioni dell'età dell'oro (cfr. Virgilio *Georgica* I, 8; Ov. *Metamorphoseon liber* I, 106; Tibullo, *Elegiae* II, 1, 38).

940-942. plerumque: è collocato in posizione di rilievo *in incipit* di verso. – **et ... ferebat:** «e quei corbezzoli che ora nella stagione invernale vedi diventare maturi di un colore purpureo, allora la terra produceva più numerosi e ancora più grandi». Si rilevi, al v. 941, l'incrocio di aggettivi e sostantivi, con il verbo collocato al centro del verso. *Arbita*, forma frequente in Lucrezio per *arbuta*, sono i corbezzoli, frutti tipici della macchia mediterranea, che la natura produceva allora più generosamente. *Quae* introduce una proposizione relativa, il cui antecedente è *arbita*. *Hiberno tempore* è forma poetica per *hieme*. *Puniceo ... colore* è ablativo di qualità. Il rosso porpora delle bacche è detto «punico» perché i Fenici producevano la porpora.

943-944. Multaque ... ampla: «Inoltre la giovinezza allora fiorente del mondo produceva molti cibi rozzi, ma sufficienti per i miseri mortali». Il sostantivo astratto *novitas* conferisce al mondo connotazioni antropomorfiche. Si noti il forte iperbato con *enjambement* tra *multa* e *pabula*. *Miseris ... ampla* è una proposizione avversativa asindetica. L'aggettivo *dura* richiama il v. 926. L'epiteto *miseris* accanto a *mortalibus*, nonostante il parere di alcuni, non sembra avere valore puramente esornativo. Se è vero che l'espressione è di ascendenza omerica (cfr. *Odissea* XXII, 31), tuttavia qui sembra connotare le condizioni di vita degli uomini primitivi.

945. At ... vocabant: «Allora, i fiumi e le fonti li invitavano a sedare la sete». Si rilevi la suggestione fonica di questo verso e dei seguenti, con le allitterazioni della sibilante, della *f* e della *m*. La costruzione di *voco* con l'infinito è costrutto desueto e probabilmente di derivazione greca.

946-947. ut nunc ... ferarum: «come ora dagli alti monti lo scorrere delle acque chiama a gran voce da lontano gruppi assetati di fiere». *Ut* introduce una proposizione comparativa. *Montibus* e è un'anastrofe. *Aquai* è genitivo arcaico. *Saecla ferarum* è espressione frequente in Lucrezio (cfr. vv. 967, 982) e indica le varie specie di animali.

948-952. Denique nota ... campo: «Infine abitavano le dimore silvestri delle ninfe, conosciute durante il loro vagabondare, dalle quali sapevano che le correnti d'acqua scivolose lavavano le umide rocce, le umide rocce, stillanti sopra il verde muschio, e in parte scaturivano e prorompevano nell'aperta pianura». *Templa* è termine del linguaggio religioso-sacrale; derivato dal greco *témenos* (dal verbo *témno*, «tagliare»), indica lo spazio delimitato dall'augure nel cielo e sul terreno per individuare e interpretare gli auspici. Indica quindi un'ampia zona di terra destinata alla costruzione di luoghi di culto. *Templa nympharum* qui indica semplicemente le grotte dimore delle ninfe; secondo il Perelli l'espressione è di una preziosità alessandrina. Si rilevino l'anastrofe *quibus e* e

Necdum res igni scibant tractare neque uti
pellibus et spoliis corpus vestire ferarum,
sed nemora atque cavos montis silvasque colebant
et frutices inter condebant squalida membra
verbera ventorum vitare imbrisque coacti.
Nec commune bonum poterant spectare neque ullis
moribus inter se scibant nec legibus uti.
Quod cuique obtulerat praedae fortuna, ferebat
sponte sua sibi quisque valere et vivere doctus.
Et Venus in silvis iungebat corpora amantum;
conciliabat enim vel mutua quamque cupido
vel violenta viri vis atque inpensa libido
vel pretium, glandes atque arbita vel pira lecta.
Et manuum mira freti virtute pedumque
consectabantur silvestria saecla ferarum
missilibus saxis et magno pondere clavae:
multaque vincebant, vitabant pauca latebris.
Saetigerisque pares subus silvestria membra

l'*enjambement* del v. 949. *Scibant* è forma arcaica per *sciebant*. Secondo la scansione metrica *fluenta* concorda con *lubrica*, con cui costituisce un *enjambement*, mentre *proluvie* concorda con *larga*. *Umori'* = *umoris*. *Umida saxa* è ripreso in epanalessi al verso successivo, secondo il gusto alessandrino e neoterico. *Super* con l'ablativo è costrutto poetico; secondo altri è avverbio. L'allitterazione delle liquide al v. 950 ha valore onomatopeico. *Scatere* ed *erumpere* sono infiniti retti da *scibant*. Si noti l'iperbato *plano ... campo*.

953-954. Necdum ... ferarum: in queste condizioni primitive gli uomini non sapevano ancora «trattare le cose con il fuoco», ossia non sapevano servirsi del fuoco né per riscaldarsi né per la cottura degli alimenti né per la lavorazione degli oggetti. Lucrezio continua a sottolineare l'assenza di civiltà. *Pellibus* è ablativo strumentale retto da *uti*, posto in *enjambement*. *Spoliis ... ferarum* è una ridondanza rispetto a *pellibus*: «con pelli di animali».

955. cavos montis: «le caverne dei monti»; *montis* è accusativo plurale in *-is*. – **colebant:** «abitavano».

956-957. et frutices ... coacti: *frutices inter* è anastrofe. Si rilevi l'allitterazione della *v* al v. 957, che sembra riprodurre le sferzate del vento. La rozzezza degli uomini primitivi si colloca in un panorama dominato dalla forza degli elementi.

958-959. Nec commune ... uti: «Non erano capaci di guardare al bene comune né sapevano usare fra loro alcuna consuetudine o legge». Ancora in forma negativa Lucrezio evidenzia l'assenza di istituti sociali, leggi e consuetudini. I *mores* sono le consuetudini non scritte che nello sviluppo civile precedono le leggi scritte e regolano comunque i rapporti interpersonali; le *leges* sono le leggi codificate. Questi uomini erano guidati soltanto dall'istinto di conservazione e dall'egoismo.

960-961. Quod cuique ... doctus: «Quella preda che la sorte aveva offerto a ciascuno, ciascuno prendeva per sé a suo piacimento, ammaestrato a sostenersi e a vivere». *Praedae* è genitivo partitivo dipendente da *quod*, che a sua volta costituisce una prolessi del relativo. *Cuique* e *quisque* costituscono un poliptoto. *Sibi* è dativo di vantaggio. Si noti l'allitterazione *sponte sua sibi*. *Doctus* è costruito con l'infinito. In Lucrezio non vi è alcun accenno alla lotta tra gli uomini primitivi per la sopravvivenza e il possesso, come accade invece in altri scritti di impronta epicurea.

962. Venus: metonimia, simboleggia il piacere, il desiderio amoroso. – **Amantum:** sta per *amantium*.

963-965. conciliabat ... pira lecta: «infatti induceva ogni donna ad acconsentire o l'attrazione reciproca o la forza violenta e la passione sfrenata dell'uomo o un regalo, ghiande e corbezzoli e frutti scelti». Le donne erano indotte all'unione oltre che dalla forza e dalla passione, anche da una ricompensa, segno che i rapporti umani sono regolati dall'interesse, come sostiene la dottrina epicurea. *Quamque* sottintende *feminam*. Si rilevino l'iperbato *mutua ... cupido* e l'allitterazione *violenta viri vis*, accentuata dalla figura etimologica *violenta ... vis*. *Glandes*, *arbita* e *pira* sono apposizioni di *pretium*.

966-968. Et manuum ... clavae: «E confidando nello straordinario vigore delle mani e dei piedi cacciavano fiere selvatiche con pietre da getto e con il grande peso della clava». *Freti* regge *mira virtute*. *Consectabantur* è verbo frequentativo di *consequor* e occupa da solo il primo *hemiepes* fino alle cesura pentemimera. Per *saecla ferarum* cfr. v. 947. In *magno pondere clavae* si rileva l'uso dell'astratto in luogo del consueto aggettivo, «la pesante clava»: ciò rende più evidente l'idea del vigore e richiama probabilmente un costrutto proprio dello stile epico.

969. multaque ... latebris: «molte ne vincevano, poche ne evitavano rifugiandosi nei nascondigli». Si noti la struttura chiastica del verso. *Multa* e *pauca* si riferiscono a *saecla ferarum*.

970-972. Saetigerisque ... involventes: «Simili a setolosi cinghiali affidavano nude alla terra le loro membra

nuda dabant terrae nocturno tempore capti,
circum se foliis ac frondibus involventes.
Nec plangore diem magno solemque per agros
quaerebant pavidi palantes noctis in umbris,
sed taciti respectabant somnoque sepulti,
dum rosea face sol inferret lumina caelo.
A parvis quod enim consuerant cernere semper
alterno tenebras et lucem tempore gigni,
non erat ut fieri posset mirarier umquam
nec diffidere, ne terras aeterna teneret
nox in perpetuum detracto lumine solis.
Sed magis illud erat curae, quod saecla ferarum
infestam miseris faciebant saepe quietem.
Eiectique domo fugiebant saxea tecta
spumigeri suis adventu validique leonis
atque intempesta cedebant nocte paventes
hospitibus saevis instrata cubilia fronde.
Nec nimio tum plus quam nunc mortalia saecla

selvagge, colti dalla notte, avvolgendosi intorno di foglie e di fronde». *Saetigeris* è aggettivo composto coniato da Lucrezio. In *subus* la prima sillaba è lunga, diversamente che in VI, 974 e 977, in cui è breve. Si rilevi l'allitterazione *saetigeris pares subus silvestria*. *Nuda* ha valore predicativo e perciò è isolato in *enjambement* e in *incipit* di verso. *Circum* è avverbio. Il v. 972 è un esametro spondaico. Non c'è molta differenza fra gli uomini e le fiere, come sottolinea l'aggettivo *silvestria* che richiama il *silvestria saecla ferarum* del v. 967.

973-974. Nec plangore ... in umbris: «Né invocavano con grandi lamenti per i campi la luce del giorno e il sole, vagando spauriti nelle tenebre della notte». In questi versi e nei successivi Lucrezio sembra polemizzare con i sostenitori della teoria, riportata da Manilio (*Astronomica* I, 68-69) e Stazio (*Thebais* IV, 282 sgg.) e risalente forse ad Aristotele, secondo cui gli uomini primitivi al calar delle tenebre erano sopraffatti dal timore che la luce del sole non sarebbe più tornata. Si noti l'allitterazione *pavidi palantes*. Il verbo *palor* appartiene al linguaggio militare.

975-976. sed taciti ... lumina caelo: «ma in silenzio e immersi nel sonno aspettavano finché il sole con la sua rosea fiaccola riportasse la luce nel cielo». *Respecto* è intensivo di *respicio* ed esprime, secondo il Giussani, l'attesa che ritorni qualcosa di già conosciuto. *Dum* introduce una proposizione temporale.

977-978. A parvis ... gigni: «Poiché infatti fin dall'infanzia erano abituati a vedere sempre rinascere alternativamente le tenebre e la luce». *Quod*, posposto per anastrofe, introduce una proposizione causale. *Consuerant* sta per *consueverant* e da esso dipende *cernere* che a sua volta regge l'infinito *gigni*. *Alterno tempore* è ablativo di tempo determinato.

979-981. non erat ... lumine solis: «non era possibile che mai accadesse che si meravigliassero né temessero che una notte eterna occupasse per sempre la terra, eliminata la luce del sole». La costruzione del v. 979 è particolarmente elaborata e pesante: *non erat ut* ha valore di «non era possibile che» e regge una proposizione completiva (*posset fieri*). Il verbo *fio* è costruito con gli infiniti *mirarier* – forma arcaica dell'infinito medio-passivo – e *diffidere*, anziché con *ut* e il congiuntivo. A sua volta *diffidere* regge una proposizione completiva, che segue la costruzione dei *verba timendi*. Si rilevi l'iperbato con *enjambement aeterna ... nox*. La locuzione avverbiale *in perpetuum* può riferirsi sia a quanto precede (*teneret*) sia a quanto segue (*detracto lumine*). *Detracto lumine solis* è ablativo assoluto. Lucrezio sostiene che gli uomini primitivi non temevano la scomparsa definitiva del sole sulla base della loro abitudine al ciclo naturale, che fa sempre rinascere il giorno dopo le tenebre.

982-983. Sed magis ... quietem: «Ma piuttosto questo era fonte di preoccupazione, il fatto che le fiere rendessero spesso pericoloso il riposo a quegli infelici». *Illud* è prolettico della proposizione introdotta da *quod*. Per *saecla ferarum* si veda la nota al v. 947. *Curae* è dativo di effetto. *Infestam* ha valore predicativo. Il quadro della natura si incupisce sempre più, secondo un procedimento consueto in Lucrezio.

984. domo: ablativo retto dal prefisso *e-* di *eiecti*.

986-987. atque intempesta ... fronde: «e nel cuore della notte spaventati cedevano i giacigli distesi di fronde ai crudeli ospiti». *Intempesta nocte* è espressione enniana (*Annales*, vv. 102 e 167 Vahlen), usata poi dai poeti dell'età augustea per indicare il momento più cupo della notte, quello in cui «*tempus agendi est nullum*» (Varrone, *De Lingua Latina* VI, 7).

988-989. Nec nimio ... lumina vitae: «Allora non molto più di ora gli uomini abbandonavano con lamenti le dolci luci della vita». Si rilevino l'allitterazione della liquida, che conferisce una straordinaria dolcezza e musicalità ai versi in cui si esprime la malinconia per l'abbandono della vita. Il discorso è inoltre intessuto di immagini preziose: la perifrasi *mortalia saecla*, l'espressione *dulcia ... lumina*

dulcia linquebant lamentis lumina vitae.
Unus enim tum quisque magis deprensus eorum
pabula viva feris praebebat, dentibus haustus,
et nemora ac montis gemitu silvasque replebat
viva videns vivo sepeliri viscera busto.
At quos effugium servarat corpore adeso,
posterius tremulas super ulcera tetra tenentes
palmas horriferis accibant vocibus Orcum,
donique eos vita privarant vermina saeva
expertis opis, ignaros quid volnera vellent.
At non multa virum sub signis milia ducta
una dies dabat exitio nec turbida ponti
aequora lidebant navis ad saxa virosque,
sed temere incassum frustra mare saepe coortum
saevibat leviterque minas ponebat inanis,
nec poterat quemquam placidi pellacia ponti
subdola pellicere in fraudem ridentibus undis.

vitae. Si osservi anche l'opposizione *tum ... nunc*: Lucrezio intende mettere in evidenza che il presente non è molto diverso dal passato. Inizia qui il confronto tra i pericoli cui era soggetto l'uomo primitivo e quelli – ben più gravi – cui è sottoposto l'uomo oggi. Emerge qui tutta la polemica acre di Lucrezio contro le degenerazioni del mondo contemporaneo.

990-993. Unus enim ... viscera busto: «Infatti allora qualcuno di loro, sorpreso più spesso, offriva alle belve un pasto vivo, divorato dalle fauci, e riempiva di gemiti i boschi e i monti e le selve, vedendo le sue carni vive essere sepolte in una tomba viva». La scena, molto cruda e truculenta, è resa ancor più orrorifica dall'idea del corpo vivo e straziato che trova la sua tomba in un altro essere vivente. *Unus ... quisque* è tmesi per *unusquisque*, che ha qui valore di «qualcuno», non di «ciascuno» e si contrappone ai *multa virum ... milia* (v. 999) che oggi perdono la vita per ben altri pericoli. *Magis* sottintende *quam nunc*. *Deprensus* corrisponde a *deprehensus*, con caduta dell'*h* intervocalica e contrazione delle due *e*. *Montis* è accusativo plurale in *-is*. La crudezza della rappresentazione è resa ancor più efficace dall'allitterazione *viva videns vivo ... viscera*, sottolineata dal poliptoto. Si rilevino infine gli iperbati *viva ... viscera*, *vivo ... busto*.

994. servarat: è forma sincopata per *servaverat*. – **corpore adeso:** «con il corpo straziato»; può essere considerato ablativo di qualità o ablativo assoluto con valore concessivo.

995-996. posterius ... Orcum: «in seguito, premendo le mani tremanti sulle piaghe spaventose invocavano l'Orco con grida strazianti». Si rilevi il forte iperbato con *enjambement tremulas ... palmas*. *Accibant* è forma arcaica per *acciebant*. *Orcum* indica sia il dio dell'oltretomba sia l'oltretomba stesso e, per metonimia, la morte.

997-998. donique ... vellent: «finché convulsioni spasmodiche li privavano della vita, privi di aiuto, senza sapere che cosa richiedessero le ferite»; *donique*, emendamento del tradito *denique*, è forma arcaica per *donec* e introduce una proposizione temporale. *Privarant* sta per *privaverant*. Il termine *vermina* è collegato alla radice di *verto*, ma secondo una testimonianza di Festo (*De verborum significatu* 551, 6 L.) «*vermina* sono detti certi dolori del corpo accompagnati da una piccola contrazione, come se fosse lacerato dai vermi»; gli antichi, dunque, collegavano il termine con *vermis*. *Quid* introduce una proposizione interrogativa indiretta dipendente da *ignaros*.

999-1001. At non multa ... virosque: «Ma un solo giorno non mandava a morte molte migliaia di uomini condotti sotto le insegne né la tempestosa distesa del mare infrangeva le navi e gli uomini contro gli scogli». Il v. 999 segna il passaggio alla considerazione del presente, in cui gli uomini trovano più facilmente la morte in guerra e per mare. Il tono è accesamente polemico. L'andar per mare presuppone l'attività commerciale, che per Lucrezio conduce ben lontano dalla saggezza, in quanto implica il desiderio di accumulare ricchezze, beni non necessari. Si rilevi l'iperbato *multa ... milia*. *Virum* è la forma arcaica del genitivo plurale *virorum*. L'espressione aulica *ponti aequora* è collocata in *enjambement*. La forma *lido* è *hapax* e deriva forse dai composti *allido*, *collido*, *elido*. *Navis* è accusativo plurale in *-is*.

1002-1003. sed temere ... inanis: «ma per caso, inutilmente, invano il mare spesso, sollevatosi, infuriava e invano deponeva le vane minacce». Si ha un esempio della ridondanza lucreziana nell'impiego di tre avverbi sinonimici, il cui significato è ripreso ancora da *leviter* e *inanis*. *Saevibat* sta per *saeviebat*.

1004-1005. nec poterat ... undis: «né l'ingannevole lusinga del placido mare poteva trarre qualcuno in inganno con il sorriso delle onde». Si rilevi la struttura a incastro di aggettivo e sostantivo in *placidi pellacia ponti subdola*, in cui vanno rilevati anche l'*enjambement* e l'allitterazione. *Pellacia ... pellicere* costituisce una figura etimologica. *Ridentibus undis* può essere interpretato come ablativo assoluto o ablativo strumentale.

Improba navigii ratio tum caeca iacebat.
Tum penuria deinde cibi languentia leto
membra dabat, contra nunc rerum copia mersat.
Illi inprudentes ipsi sibi saepe venenum
vergebant, nunc dant <aliis> sollertius ipsi.

1006. Improba ... iacebat: «La funesta arte della navigazione allora giaceva nell'ignoranza». Il verso è stato considerato un'interpolazione a partire dal Lachmann, per due motivi, uno di carattere concettuale e uno di tipo linguistico: nulla aggiunge a quanto già affermato e presenta la forma *navigii* del genitivo singolare, che in Lucrezio di solito è contratta in *-i*. Inoltre il termine *navigium* non assume il senso traslato di «navigazione» prima del II secolo d.C.

1007-1008. Tum penuria ... copia mersat: «Allora, inoltre, la penuria di cibo portava alla morte le membra sfinite, ora, invece, le sommerge l'abbondanza». Prosegue la polemica tra l'allora e l'oggi, con un tono che rasenta il sarcasmo. Si rilevi l'*enjambement languentia ... membra* e il *contra*, che segna una forte opposizione tra passato e presente. *Merso* è frequentativo di *mergo*.

1009-1010. Illi ... ipsi: «Quelli per ignoranza spesso si davano da soli il veleno, ora invece più scaltramente lo danno agli altri». Le due proposizioni sono fortemente antitetiche e concludono con un'amara constatazione la riflessione di Lucrezio sui danni della civiltà e del progresso. Si rilevi l'*enjambement*. *<Aliis>* è integrazione congetturale per completare il verso. *Sollertius* è comparativo dell'avverbio e si contrappone a *imprudentes* del verso precedente, così come sono contrapposti i due pronomi che incorniciano il periodo.

SCHEDA LESSICALE

Pontus

Si tratta di un prestito dal greco *póntos*, mare. L'origine della parola è indoeuropea e indica un luogo difficile da attraversare. In greco l'esito della radice è passata a identificare il mare; in latino il mezzo per attraversarlo, ovvero il *pons*, il ponte.

ANALISI DEL TESTO *De rerum natura* V, 925-1010

Lessico

1 A quale sfera semantica appartengono termini quali *fundatum* e *aptum* che ritrovi all'inizio del passo? Che cosa intendono suggerire?

2 Rintraccia nel testo arcaismi, composti epici ed espressioni auliche.

3 La rozzezza degli uomini primitivi è rappresentata anche attraverso il lessico. Individua:
- **a** i termini che indicano i luoghi in cui i primitivi trascorrevano l'esistenza;
- **b** i vocaboli che indicano il cibo;
- **c** le parole riferite alla durezza della vita delle origini.

Sintassi e stile

4 Nel passo si susseguono immagini di diversa tonalità. Sulla base delle osservazioni stilistiche sapresti riconoscere le differenti sezioni? Per esempio:
- **a** in quali passaggi ricorrono immagini liriche?
- **b** dove domina, invece, il patetico?
- **c** sono presenti squarci di sereno? Dove?

5 Nei vv. 990-993 si addensano le figure retoriche.
- **a** Quale figura di suono riconosci?
- **b** Quali altre figure sono presenti?
- **c** Quali effetto producono queste figure retoriche all'interno del testo?

Contenuti

6 Quali sono i due temi fondamentali del passo presentati dai primi sei versi?

7 Perché Lucrezio ritiene che gli uomini primitivi siano stati più robusti?

8 Quale concezione dell'amore compare? È in antitesi con quelle che hai ritrovato in altre parti del poema?

9 Su quali basi vengono comparate l'età primitiva e quella contemporanea al poeta?

10 Quale idea di progresso viene trasmessa nel passo? Quale senso della storia umana ha Lucrezio? Leggi in proposito l'Approfondimento "La visione della storia" alle pagine seguenti e rispondi di conseguenza alla domanda.

APPROFONDIMENTO

LA VISIONE DELLA STORIA

Il testo critico di L. Canali indaga la peculiare visione della storia, che distingue Lucrezio da chi lo aveva preceduto. Discostandosi dalle dottrine ottimistiche e da quelle utopistiche, il poeta del De rerum natura *cerca di risolvere il problema del senso della storia rimanendo nell'alveo del pensiero epicureo. Il tentativo non riesce tuttavia completamente: nella definizione di progresso, infatti, Lucrezio tende a staccarsi dal pensiero del maestro e a sintetizzare una sua personale dottrina.*

Filosofi, storici, poeti si sono sforzati, al di là degli episodi e delle ere, di penetrare il senso della storia. Si sono vagheggiati antichi eldoradi; prefigurati futuri mondi di perfezione, supposti cicli e «grandi età» dell'uomo; investigate, nel caos degli eventi, segrete leggi di armonia; accettate, con mistica rassegnazione o entusiastica fiducia nella ribellione umana, le sciagure individuali e collettive di cui è disseminato il corso dell'esistenza.

Né poteva mancare, in un'opera di vasto impegno, qual è quella lucreziana, il tentativo di risolvere anche un tale problema. Lucrezio, lungo la via segnata dal pensiero epicureo, respinge ogni interpretazione finalistica della storia e ogni suddivisione ciclica di essa. Ciò che muove le azioni degli uomini, e incessantemente li sospinge a perfezionare la tecnica dei mezzi e dei rapporti, oltre che ad accrescere le loro esigenze e quindi la loro infelicità, è l'uso, la necessità, l'esperienza.

Questa visione è fondata su un immanentismo assoluto, che esclude altro intervento nei fatti della storia che non sia quello del libero arbitrio, teoricamente giustificato dal *clinámen* e operante sulla realtà nella misura in cui questa, insieme con il caso, gli offra concrete possibilità di esplicarsi. Il progresso è inteso da Lucrezio come perfezionamento delle condizioni di esistenza e sviluppo delle facoltà intellettuali, ma anche come esasperazione dei problemi psicologici e sociali dell'umanità; il *furor* belluino dei primitivi è superato dalla *ratio* dei civilizzati, ma questa non riesce a tradursi anche in un arricchimento dell'esperienza morale.

Il progredire della tecnica, della scienza e delle condizioni esteriori di vita si accompagna anzi a un progressivo esaurirsi delle energie morali, alla cui restaurazione deve appunto adoprarsi la filosofia. La visione lucreziana della storia è dunque ampiamente problematica, dovuta alla capacità individuatrice di un genio solitario che sa sollevarsi al di sopra degli schemi dottrinari e poetici, e riconoscere e rappresentare la contraddittoria complessità degli eventi.

Animali selvatici in un ambiente incolto, I secolo a.C., Pompei, Casa dei Ceii, Sopraintendenza Archeologica.

Lucrezio fa giustizia sommaria del mito di un'antica beatitudine, tanto caro ai poeti di ogni tempo. I primitivi sono robusti e possenti, ma la loro vita è brutale. Basta poco a saziarli e a ristorarli. Ma anche basta poco – una belva nella notte fonda, un agguato nella foresta –, a precipitarli nel baratro della morte, e a spingerli, con le membra mutilate, urlanti nei loro covi. Tuttavia Lucrezio – ed è qui la sua originalità –, non oppone al mito dell'età dell'oro, il mito contrapposto di un'antica disperazione belluina. Nell'infanzia del mondo gli uomini rischiavano la morte cento volte in un giorno, brancolavano nelle tenebre dell'ignoranza, ignoravano leggi, rimedi, affetti. Ma avevano una loro smemorata felicità continuamente ravvivata dall'incanto delle scoperte e dalla soddisfazione degli istinti.

Per caso fu scoperto il fuoco, e per caso furono rinvenuti i metalli, fusi dagli incendi e dal fulmine nelle vene della terra. I più audaci e ingegnosi indicarono la via del progresso. Crebbero le esigenze, si ingentilirono i costumi, si costituirono le famiglie, si riconobbe l'autorità dei più forti e dei più belli, si affermò il potere dei monarchi. Poi cominciò il dominio dell'oro e della ricchezza, si inventarono le arti, si raffinò l'intelligenza, si crearono i magistrati.

L'idea del progresso è accettata; ma il mito del progresso è respinto, in nome di una concezione storicistica che, pur riconoscendo l'incessante sviluppo della civiltà e della tecnica e la funzione rivoluzionaria dell'intelletto, esclude tuttavia la validità assoluta e antistorica di età più evolute rispetto a epoche arretrate. Ogni periodo storico ha una sua necessità e una sua funzione; e ogni esaltazione o condanna costituirebbe una palese violazione, quasi un'arbitraria interruzione della realtà. Il progresso appare dunque a Lucrezio come necessità del divenire storico. Relatività di sempre nuove soluzioni rispetto alle sempre nuove esigenze dell'esistere umano. Se alla legge della violenza non si fossero sostituite le leggi del raziocinio e del diritto, l'umanità sarebbe stata distrutta. La validità del diritto è intesa quindi nel suo altissimo valore, ma non come conquista metafisica e assoluta, bensì come affermazione ed elaborazione di nuovi rapporti, necessari alla conservazione e all'ulteriore sviluppo della specie. Il giudizio positivo di Lucrezio sul progredire delle arti, delle scienze e delle leggi, implica ossia il riconoscimento di una necessità storica, non di una superiorità morale.

Il progresso è condizione di vita, ma esso non dona necessariamente la felicità. E se un legame accomuna gli uomini di tutti i tempi, al di sotto delle apparenze, questo è, al contrario, l'infelicità derivata dalle passioni e dall'ignoranza.

L. Canali, *Lucrezio poeta della ragione*, Roma, Editori Riuniti, 1986[3], pp. 93-95

TESTO 2

La passione d'amore

De rerum natura IV, 1121-1159

Il brano è parte dell'ampio finale del libro IV e si collega al tema trattato nel libro stesso: la teoria dei *simulacra*. Anche gli impulsi d'amore – nell'ottica lucreziana – dipendono dai veli atomici che si staccano dai corpi belli. Ne consegue che l'amore è un desiderio naturale. Talvolta però esso degenera in passione e chi cade in questa condizione finisce per diventare schiavo della donna di cui è innamorato: scatta allora la condanna lucreziana che, da una parte, riflette la condanna epicurea per ogni forma di passione, ma dall'altra si richiama alla morale tradizionale romana: la passione amorosa compromette patrimonio, doveri e reputazione.

Gli obiettivi della polemica lucreziana riguardano almeno tre ambiti. Il primo è filosofico: Lucrezio vuole demolire la concezione idealistica dell'amore perpetuata dal pensiero platonico; a essa egli contrappone l'insegnamento di Epicuro, secondo cui l'amore è forza fisica tesa alla procreazione. In secondo luogo esprime avversione per il processo di divinizzazione della donna compiuto nelle pagine letterarie soprattutto a opera di Catullo e delle cerchie neoteriche. Infine – sul piano dell'esistenza individuale – viene stigmatizzato il comportamento di chi è accecato dalla passione, dal *furor*, in modo da non riuscire a raggiungere lo stato di *ataraxia*, base del piacere epicureo. L'acredine con cui Lucrezio si scaglia contro la donna e il sesso ha fatto pensare che proprio su questo brano si sia basato Girolamo per trasmettere la notizia che un filtro d'amore aveva causato la pazzia e la morte del poeta. La descrizione a tinte fosche del vizio della carne e della donna si collega a una lunga tradizione letteraria moralistico-satirica, che affonda le sue radici nella diatriba stoico-cinica e trova uno dei suoi maggiori esponenti in un poeta romano dell'età imperiale: Giovenale. Un tratto originale all'interno di questo quadro è però rappresentato dalla constatazione della tristezza e del tedio che colpiscono l'amante in mezzo ai piaceri (vv. 1133 sgg.) e dell'angoscia che corrode l'uomo quando percepisce la vuota inutilità della sua esistenza vanamente riempita di piaceri che stordiscono, ma non concedono la vera felicità.

Sul piano stilistico va annotata soprattutto una varietà tonale, funzionale ai diversi momenti della narrazione: ora prevale il sarcasmo, ora l'intensità descrittiva degli stati d'animo indagati con sicura penetrazione psicologica.

Amorini versano dall'anfora alla coppa, I secolo a.C., Pompei, Casa dei Vettii, Sopraintendenza Archeologica.

Metro: esametri dattilici –⏑⏑, –⏑⏑, –⏑⏑, –⏑⏑, –⏑⏑, –⏓

Adde quod absumunt viris pereuntque labore,
adde quod alterius sub nutu degitur aetas.
Labitur interea res et Babylonia fiunt,
languent officia atque aegrotat fama vacillans.
Unguenta et pulchra in pedibus Sicyonia rident,
scilicet et grandes viridi cum luce zmaragdi
auro includuntur teriturque thalassina vestis
adsidue et Veneris sudorem exercita potat.
Et bene parta patrum fiunt anademata, mitrae,
interdum in pallam atque Alidensia Ciaque vertunt.
Eximia veste et victu convivia, ludi,
pocula crebra, unguenta, coronae, serta parantur,

1121. Adde ... labore: «Aggiungi il fatto che consumano le loro forze e si consumano per la fatica». L'imperativo *adde* regge la dichiarativa *quod absumunt*; la formula *adde quod* è ripetuta all'inizio del verso successivo, formando un'anafora. Lucrezio dice «aggiungi», intendendo alle conseguenze dell'amore di cui ha già parlato nei versi precedenti. *Viris* è il consueto accusativo plurale in *-is*; il termine si riferisce all'aspetto fisico, mentre il successivo *labore* è da intendersi in senso psichico.

1122. alterius ... aetas: «si trascorre la vita sotto la volontà di un altro». *Alterius* ha la *i* breve per ragioni metriche. *Sub nutu* vale propriamente «sotto il cenno»: chi ama perde la libertà e diventa *servus* della persona amata.

1123. Labitur ... fiunt: «Nel frattempo va in rovina il patrimonio e si trasforma in coperte di Babilonia». *Labor* significa «scivolo via». Le coperte di Babilonia erano famose per la loro bellezza e molto costose; giungevano a Roma attraverso i mercati siriani. Il soggetto grammaticale di *fiunt* è singolare (*res*), ma il predicato è al plurale perché attratto da *Babylonia*.

1124. languent officia: «i doveri sono trascurati». – **aegrotat ... vacillans:** «la reputazione ne soffre e vacilla». I tre termini *res*, *officia* e *fama* sono collocati in una sorta di *climax* e indicano valori fondamentali del *mos maiorum*, la cui perdita o il cui deterioramento sono considerati gravi dalla mentalità comune. A differenza dei *neóteroi*, Lucrezio mostra di condividere questi presupposti tradizionali e non considera l'amore elemento centrale dell'esistenza.

1125. Unguenta ... rident: «Splendono profumi e bei calzari di Sicione ai piedi». Il vocabolo *unguenta* indica i profumi in pasta usati dai popoli orientali ma largamente importati a Roma. *Sicyonia* è un neutro sostantivato che indica le preziose e costose calzature provenienti da Sicione, una città del Peloponneso; continua la rassegna di prodotti di lusso, inutili e costosi, acquistati dagli innamorati che sembrano smarrire il senso della misura e perdere l'austerità dei costumi tradizionali romani. *Rideo* è qui usato in senso metaforico per «splendere».

1126. scilicet: «senza dubbio», detto con ironia e corrispondente all'espressione italiana «come no!». – **grandes ... zmaragdi:** «grandi smeraldi dal riflesso verde». Prima della diffusione dei diamanti, che iniziò in età imperiale, gli smeraldi erano considerati le gemme più preziose.

1127. auro includuntur: «vengono incastonati nell'oro». – **teriturque ... vestis:** «si consuma la coperta color del mare». *Thalassina* è aggettivo formato sul termine greco *thálassa* («mare») e rappresenta un *hapax* in latino; richiama il colore del mare o forse la porpora, ottenuta da una specie di conchiglie marine. *Vestis* è da intendersi più come «coperta» che come «veste».

1128. adsidue et: anastrofe; «e continuamente». – **Veneris ... potat:** «logorata, si imbeve del sudore di Venere». Venere sta qui a indicare i convegni d'amore. Lucrezio mostra insieme attrazione e ripulsa per il lusso decadente delle scene che descrive.

1129. Et bene parta ... mitrae: «E le ben guadagnate sostanze dei padri diventano diademi e cuffie». L'espressione è ricalcata su Terenzio, *Phormio* 788, *mei patris bene parta*. *Parta* è participio perfetto di *pario*, «partorisco». Gli *anademata* sono i nastri per i capelli impreziositi di ricami e perle; le *mitrae* sono copricapi di provenienza orientale. Per descrivere questi oggetti di lusso Lucrezio impiega termini di origine greca, che ben si adattano all'eleganza delle classi elevate romane.

1130. interdum ... vertunt: «e talvolta si tramutano in vesti femminili e in stoffe di Alinda e di Ceo». La *palla* era la tunica, aperta sul davanti e lunga fino ai piedi, indossata dalle matrone romane come abito da passeggio. I due neutri *Alidensia* e *Cia* indicano i prodotti di quelle regioni. Alinda è città della Caria; *Cia* (= *Cea*) rinvia a Ceo, una delle isole delle Cicladi, ma è probabile che qui Lucrezio sia incorso in un errore, perché non Ceo bensì Coo, isola delle Sporadi, era famosa per la produzione di stoffe di lusso. Il verbo *verto* è usato intransitivamente.

1131. Eximia veste ... convivia: «Banchetti con raffinati addobbi e cibi». *Veste* indica i rivestimenti della sala del banchetto; con il sostantivo concorda grammaticalmente *eximia*, che può logicamente riferirsi anche a *victu*.

1132. pocula crebra: «bicchieri sempre colmi». Letteralmente *pocula* sono le «tazze» e *crebra* si riferisce al fatto che erano riempite «spesso». – **serta:** «ghirlande»; il sostantivo deriva dalla radice del verbo *sero*, «intrecciare», e vale «corone intrecciate di fiori»; dalla stessa radice proviene anche *sermo*, propriamente «intreccio di parole». Lo stesso elenco (*unguenta*, *coronae*, *serta*) si ritrova in Plauto, *Asinaria* 803.

nequiquam, quoniam medio de fonte leporum
surgit amari aliquid, quod in ipsis floribus angat,
aut cum conscius ipse animus se forte remordet
desidiose agere aetatem lustrisque perire,
aut quod in ambiguo verbum iaculata reliquit,
quod cupido adfixum cordi vivescit ut ignis,
aut nimium iactare oculos aliumve tueri
quod putat in voltuque videt vestigia risus.
Atque in amore mala haec proprio summeque secundo
inveniuntur; in adverso vero atque inopi sunt,
prendere quae possis oculorum lumine operto,
innumerabilia; ut melius vigilare sit ante,
qua docui ratione, cavereque ne inliciaris.

1133. nequiquam: «invano». L'avverbio è parola chiave nel poema, perché vi introduce il tema epicureo dell'inutilità dello sforzo di raggiungere a tutti i costi una meta. La connotazione più propriamente lucreziana consiste nel fatto che il termine viene adattato anche a rappresentare la vanità del tentativo umano di soffocare l'angoscia interiore o la noia che corrode l'anima. – **medio de fonte leporum:** «in mezzo alla fonte dei piaceri». *Lepos* indica qui il «piacere» delle cose materiali, dal cui pieno godimento sembra escluso l'innamorato, nonostante i suoi sforzi nella direzione contraria. Per il significato del termine cfr. anche nota a I, 15 a p. 560.

1134. amari aliquid: «qualcosa di amaro», con il genitivo partitivo. – **quod ... angat:** «che angoscia (l'innamorato) tra gli stessi fiori». *Quod* introduce una relativa con valore consecutivo. *Floribus* sono contemporaneamente i fiori che addobbano il banchetto e, in senso metaforico, i piaceri d'amore. Il verbo *ango* indica il tormento dell'anima, originando in italiano il sostantivo «angoscia» e l'intera famiglia lessicale corrispondente.

1135. cum: introduce una narrativa, a cui può essere attribuito valore causale («perché») o temporale («quando»). Il primo sembra più plausibile se si tiene conto che la correlativa è una causale (*aut quod*, v. 1137). – **conscius ... animus:** «consapevole, lo stesso animo»; *conscius animus* può anche essere reso con «coscienza». – **se forte remordet:** «per caso avverte il rimorso».

1136. desidiose agere aetatem: «trascorrere la vita oziosamente». L'infinitiva è retta da *conscius remordet*. Il primo motivo di rimorso consiste nell'accorgersi di perdere la propria esistenza nell'inerzia; il tema richiama la conclusione del c. 51 di Catullo. – **lustrisque perire:** «e rovinarsi nei bagordi». Il termine *lustris* è connesso etimologicamente con la radice di *lutum*, «fango», e rinvia quindi a un'idea di sporcizia.

1137. in ambiguo ... reliquit: «(la donna amata) dopo aver lanciato una parola ambigua, la lascia nel vago». Participio perfetto femminile di *iaculor* («getto»), congiunto con un sostantivo sottinteso, ma riferito logicamente alla donna amata. Il verbo appartiene al lessico militare, ma viene applicato all'ambito erotico, secondo una consuetudine che avrà ampia attestazione presso gli elegiaci.

1138. quod ... ignis: «(parola) che infissa nel cuore smanioso divampa come fuoco». *Quod* introduce una relativa e ha il suo antecedente in *verbum* (v. 1137). *Cupido ... cordi* è dativo retto da *adfixum*. Continua l'utilizzo di termini e immagini tratti dall'ambito della guerra. *Vivescit* è verbo incoativo; unito a *ut ignis* riporta alla memoria nuovamente un'immagine del c. 51 di Catullo (vv. 9-10).

1139-1140. aut ... risus: «o perché pensa che (la donna) volga in giro troppo gli occhi o guardi un altro, e vede sul volto (di lei) la traccia di un sorriso». *Iacto* è verbo intensivo di *iacio*. Si noti l'insistita allitterazione del v. 1140 (*voltu ... videt vestigia*).

1141. proprio summeque secundo: i due aggettivi sono riferiti ad *amore*; *proprius* significa qui «sicuro», quindi «felice»; l'avverbio *summe* può essere reso con «sotto ogni profilo»; *secundus* vale «favorevole», quindi «fortunato».

1142. adverso ... atque inopi: «sfortunato e senza mezzi»; i due aggettivi rappresentano una coppia oppositiva ai precedenti.

1143. prendere ... operto: il pronome relativo *quae* ha il suo antecedente in (*mala*) *innumerabilia* («ci sono innumerevoli mali»), «che tu puoi cogliere a occhi chiusi». La relativa ha valore consecutivo; *possis* è da considerarsi come un «tu» generico con valore indeterminato.

1144. innumerabilia: l'aggettivo – cui Lucrezio attribuisce un notevole valore concettuale all'interno del discorso che sta conducendo – è in posizione di rilievo ottenuta grazie a una serie di accorgimenti: la notevole distanza dal sostantivo cui si riferisce (*mala*), l'*enjambement*, la collocazione in *incipit* di verso e in chiusa di periodo, il suo stesso essere un polisillabo. – **ut melius ... ante:** «così che è meglio vigilare prima»; proposizione consecutiva.

1145. qua docui ratione: «nel modo che ho suggerito». L'espressione fa riferimento a quanto detto nei vv. 1063-1072, in cui il poeta raccomandava di non lasciarsi irretire dalla passione e di trovare occupazioni alternative all'amore. – **cavereque ne inliciaris:** «e a badare di non essere preso nei lacci». Il precetto è di derivazione epicurea. Il verbo *inlicio* è connesso al sostantivo *lax* («laccio», con il valore traslato di «inganno») e pertanto introduce la metafora della caccia che proseguirà nei versi successivi. *Ne inliciaris* è completiva retta da *cavere*.

Nam vitare, plagas in amoris ne iaciamur,
non ita difficile est quam captum retibus ipsis
exire et validos Veneris perrumpere nodos.
Et tamen implicitus quoque possis inque peditus
effugere infestum, nisi tute tibi obvius obstes
et praetermittas animi vitia omnia primum
aut quae corpori' sunt eius, quam praepetis ac vis.
Nam faciunt homines plerumque cupidine caeci
et tribuunt ea quae non sunt his commoda vere.
Multimodis igitur pravas turpisque videmus
esse in deliciis summoque in honore vigere.
Atque alios alii inrident Veneremque suadent
ut placent, quoniam foedo adflictentur amore,
nec sua respiciunt miseri mala maxima saepe.

1146. vitare ... iaciamur: «evitare di essere gettati nelle reti d'amore». *Plagas in* è anastrofe. *Ne iaciamur* è completiva retta da *vitare*; la prima persona plurale ha qui senso indeterminato.

1147. captum: «una volta catturato»; si ha il singolare concordante a senso con *iaciamur*. – **retibus ipsis:** «dalle stesse reti»; l'ablativo è retto dal preverbio *ex-* di *exire* (v. 1148).

1148. validos ... nodos: «spezzare i tenaci nodi di Venere». Grazie al suo preverbio, *perrumpere* è verbo che indica uno sforzo violento.

1149. implicitus quoque: «anche se sei stato avvinghiato»; *implicitus* è participio perfetto con valore concessivo da *implico*. – **possis:** «potresti»; il verbo regge *effugere* (v. 1150) e rappresenta l'apodosi di un periodo ipotetico della possibilità, la cui protasi è *nisi ... obstes et praetermittas*. – **inque peditus:** «impigliato»; tmesi per *et impeditus*, con l'aggiunta dell'enclitica al preverbio; è un participio congiunto con un soggetto di seconda persona sottinteso e ha valore concessivo, come il precedente *implicitus*.

1150. effugere infestum: «sfuggire al pericolo». *Infestum* è aggettivo neutro sostantivato. – **nisi ... obstes:** «se tu stesso non ti opponessi andando contro di te». Si rilevi il gioco delle allitterazioni che rende evidente l'ambiguo atteggiamento di chi si dibatte tra lo sforzo di liberarsi dai lacci d'amore e la volontà di rimanervi impigliato.

1151. praetermittas ... omnia: «(non) passassi sopra a tutti i difetti dell'anima». – **primum:** «per prima cosa».

1152. quae corpori' sunt: letteralmente: «quelli che sono (i difetti) del corpo». L'innamorato, proprio per la sua posizione, tende a sottovalutare i difetti fisici e morali della donna amata; non vede o vede in maniera deformata i vizi e per questo motivo non riuscirà facilmente a uscire dalla schiavitù amorosa. L'elisione della s finale (*corpori'*) è abbastanza frequente nella poesia arcaica per opportunità metriche. – **eius ... vis:** «di colei che brami e desideri».

1153. faciunt: c'è sottinteso *hoc*: «fanno ciò»; altri intendono il verbo usato in modo assoluto con il significato di «agiscono».

1154. tribuunt ... vere: «attribuiscono (alle donne) quei pregi che in realtà esse non hanno». *His* è dativo di possesso; il pronome si riferisce a un sostantivo sottinteso (*feminis*) e il fatto che venga usato da solo implica un valore dispregiativo.

1155. Multimodis: «In molti modi», «Sotto molti aspetti»; l'avverbio va collegato con gli aggettivi *pravas turpisque* dello stesso verso. – **pravas turpisque:** entrambi gli aggettivi sono da concordare con un *feminas* sottinteso. *Turpis* è il consueto accusativo plurale in *-is*. I due aggettivi preannunciano il tema della ripugnanza fisica che sarà ampiamente trattato nel catalogo di donne contenuto nei vv. 1160-1169. Il tono qui e nel verso successivo è ironico; poi si tingerà di sarcasmo misto a disgusto.

1156. esse ... vigere: «essere oggetto di tenero amore e trattate con il massimo rispetto». L'effetto ironico scaturisce anche dal contrasto tra la solennità dell'espressione *summoque in honore* e la misera realtà delle donne brutte e deformi.

1157-1158. alios alii: «reciprocamente». – **inrident:** «si deridono». – **Veneremque ... placent:** «e si esortano a placare Venere». *Ut placent* è la completiva retta da *suadeo*, sottinteso al quale sta un *aliis* (dativo, secondo la regolare reggenza del verbo). Per ragioni metriche *suadent* è trisillabico. Anche l'accenno alla necessità di compiere riti propiziatori per placare la dea Venere, affinché impietosita liberi l'innamorato da una donna brutta, rientra nel tono ironico e scherzoso del passo. – **quoniam ... amore:** «poiché sono afflitti dall'amore per una donna orribile». La causale ha il congiuntivo perché esprime un punto di vista soggettivo, qui quello degli innamorati.

1159. nec ... saepe: «e spesso, infelici, non vedono i loro mali (d'amore) enormi».

SCHEDA LESSICALE

Nodus

Nodus indica appunto ciò che è legato. È un termine usato anche nel linguaggio proprio del magico, perché ciò che è stretto da un legame e tenuto da chi lega vincola chi è legato a obbedire. Il nodo di Venere è perciò un legame d'amore simile a un incantesimo.

ANALISI DEL TESTO *De rerum natura* IV, 1121-1159

Lessico

1 A quale campo semantico appartiene il lessico utilizzato nei vv. 1146-1152?

2 Sapresti individuare nel passo altri vocaboli appartenenti alla stessa sfera semantica?

3 Quale tradizione richiamano i termini *res*, *officia*, *fama* presenti nei vv. 1123-4?

4 Quale importanza ha l'avverbio *nequiquam*?

Sintassi e stile

5 Il passo varia dal punto di vista dei toni utilizzati, adattandosi alle diverse sequenze.
a In quali passaggi noti un tono sarcastico?
b Dove prevale la descrizione degli stati d'animo?
c Come sono evidenziati gli aspetti psicologici?
d È presente l'ironia? Dove?

6 Concentrandoti sul v. 1150, prova a rispondere.
a Quale figura retorica ti sembra dominante?
b Quale funzione ha questo espediente retorico?

Contenuti

7 Quale concezione dell'amore esprime Lucrezio? In particolare:
a nella prima parte del passo quali argomenti vengono addotti contro la passione amorosa?
b quali effetti psicologici vengono sottolineati?
c Lucrezio segue la dottrina di Epicuro?

8 Lucrezio non esprime nel passo un'alta considerazione della donna.
a In quali passaggi del testo emerge soprattutto il suo giudizio negativo?
b In ciò è originale?
c Esisteva una tradizione letteraria o filosofica che condivideva questa visione negativa?

TESTO 3

La peste d'Atene

De rerum natura VI, 1138-1181; 1225-1286

Il poema si conclude con il lungo *excursus* dedicato alla peste scoppiata ad Atene nel 430 a.C., il secondo anno della guerra del Peloponneso. Al tema della peste Lucrezio giunge seguendo lo schema tradizionale degli antichi trattati di fisica, che ponevano come ultimo argomento della rassegna dei fenomeni naturali le patologie mediche. La descrizione della peste è esemplata su quella contenuta nelle *Storie* di Tucidide (II, 47-53), da cui però Lucrezio a tratti si discosta. Vengono sistematicamente omesse quelle parti del modello in cui si parla di casi di guarigione che – secondo Tucidide – scatenarono scoppi di gioia incontrollabile, e quei passi in cui si accenna alla tendenza ad abbandonarsi a sfrenati godimenti in seguito alla riflessione sull'assoluta precarietà dell'esistenza umana. Le aggiunte consistono soprattutto nell'immissione di dati illustrativi del male, ripresi dagli scritti di Ippocrate. Più consistenti risultano le variazioni. Intanto all'esattezza scientifica che contraddistingue la descrizione tucididea, Lucrezio contrappone una visione magica, poi vengono esasperati i particolari ripugnanti, ingrandite le proporzioni dell'epidemia e sottolineate le ripercussioni degli aspetti fisici della peste sul morale e gli animi degli ammalati. Infine, a differenza di Tucidide che conduce una relazione fredda e distaccata, assolutamente scevra da coinvolgimenti emotivi, Lucrezio dissemina il testo di espressioni intonate alla compassione e alla solidarietà impotente davanti alla devastazione del male, anticipando di secoli accenti e riflessioni che saranno propri del Leopardi della *Ginestra*. La scena è dominata da espressionistiche descrizioni di corpi in sfacelo. Tuttavia questa è la natura, tanto positiva e creatrice quanto insensibilmente distruttrice. Come diceva lo stesso Lucrezio in altri passi del poema, il mondo non è stato fatto per l'uomo.

Questa forma di morbo ed effluvio datore di morte
seminò di cadaveri i campi della terra di Cecrope,
desolò le contrade e vuotò le città di abitanti.
Sorto e venuto dalle estreme regioni d'Egitto,
varcando gran tratto di cielo e fluttuando sulle pianure,
infine gravò sopra tutta la gente di Pandione.

E allora cadevano a mucchi in preda al contagio e alla morte.
Dapprima avevano il capo bruciante di un ardore infuocato,
gli occhi iniettati di sangue per un bagliore diffuso.
E dentro le livide fauci sudavano sangue,
si serrava cosparsa di ulcere la via della voce,
e la lingua, interprete dell'animo, stillava di umore sanguigno,
fiaccata dal male, ruvida al tatto e inerte.
Quando poi il violento contagio attraverso le fauci
invadeva il petto, e affluiva per intero al cuore dolente dei malati,
tutte davvero le barriere della vita vacillavano.
L'alito effondeva dalla bocca un orribile lezzo
come quello che emanano le marce carogne insepolte.
Le forze dell'animo intero e tutta la fibra
del corpo languiva sulla soglia stessa della morte.
Agli atroci dolori era assidua compagna un'ansiosa
angoscia, e un pianto mischiato a continui lamenti.
E spesso un singulto continuo di giorno e di notte,
costringendoli a contrarre assiduamente i nervi e le membra,
tormentava e sfiniva gli infermi già prima spossati.
Né avresti potuto notare alla superficie del corpo
la parte esteriore bruciare di ardore eccessivo,
ma piuttosto offrire alle mani un tiepido tatto
e insieme tutto il corpo arrossato da ulcere simili a ustioni,
come quando il fuoco sacro si sparge su tutte le membra.
Ma l'intima parte dell'uomo ardeva fino in fondo alle ossa,
una fiamma bruciava nello stomaco come dentro un forno.
Non vesti sottili e leggere potevano giovare alle membra dei malati
ma questi cercavano sempre vento e frescura.
Parte, riarsi dalla febbre, abbandonavano il corpo
ai gelidi fiumi, le nude membra distese nelle onde.
Molti piombarono a capofitto nelle acque dei pozzi,
protesi verso di essi con la bocca anelante:
un'arida insaziabile arsura, sommergendo quei corpi,
uguagliava gran copia di liquido a povere stille.
Né vi era una tregua al male, ma i corpi giacevano sfiniti.
In silenzioso timore esitava l'arte dei medici,
e intanto i malati senza posa volgevano lo sguardo
degli occhi sbarrati, riarsi dal male e insonni. [...]
Funerali desolati e deserti si contendevano il passo.
Né era data una forma sicura di comune rimedio;
infatti ciò che a uno aveva permesso di respirare
il soffio vitale dell'aria, e mirare gli spazi del cielo,
ciò stesso era rovina di altri e ne causava la morte.
Ma in tale frangente, questo era più miserabile
e doloroso, che quando ciascuno vedeva se stesso
avvinto dal male, da esserne votato alla fine,
perdutosi d'animo, giaceva con il cuore dolente,
e lì stesso perdeva la vita guardando immagini di morte.
Infatti davvero non cessavano mai di raccogliere
gli uni dagli altri il contagio dell'avido morbo,
come greggi lanose e cornigere mandrie di buoi.
Ciò soprattutto ammucchiava morti su morti.
Quando infatti rifuggivano dal visitare i parenti malati,
troppo cupidi della vita e timorosi della morte,
poco dopo, immolandoli, la stessa assenza di cure li puniva,
derelitti e privi di aiuto, con una morte vergognosa e infame.
Chi invece era stato vicino ai suoi, incorreva nel contagio
e nella fatica che la sua dignità gli imponeva,
tra le fievoli voci degli infermi, miste a lamenti.
Tutti i migliori si esponevano a questa forma di morte.
...

gli uni sugli altri, lottando per seppellire la turba dei loro defunti,
e infine tornavano, spossati dal pianto e dai gemiti;
e gran parte di essi cadevano affranti sui letti.
Né poteva trovarsi nessuno che in questo frangente
non fosse toccato dal male, dalla morte, dal lutto.
Inoltre già il pastore e il guardiano di armenti
e il robusto guidatore di ricurvo aratro
languivano, e dentro il modesto abituro giacevano a mucchi
i corpi dati alla morte dalla miseria e dal male.
Non di rado avresti veduto gli esanimi corpi
dei padri giacere sugli esanimi corpi dei figli,
e al contrario spirare la vita i figli sulle madri e sui padri.
Il contagio in gran parte si diffuse dai campi
nella grande città, portato da una folla sfinita
di bifolchi affluiti da tutte le zone già infette.
Riempivano ogni luogo, ogni asilo, e in tal modo la morte
più facilmente ammucchiava la turba ondeggiante.
Molti, prostrati per via della sete, giacevano
riversi e distesi accanto agli sbocchi delle fonti,
il respiro mozzato dalla dolcezza eccessiva dei sorsi,
e molti ne avresti veduti qua e là per le strade
e nei pubblici luoghi abbattuti con i corpi morenti,
e squallidi e lerci perire, coperti di cenci
e lordure del corpo; sulle ossa soltanto la pelle
quasi tutta sepolta da orribili piaghe e marciume.
La morte aveva colmato persino i santuari degli dèi
di corpi inerti, e tutti i templi dei celesti
restavano ingombri di cadaveri sparsi e ammucchiati,
luoghi che i custodi avevano affollato di ospiti.
Non più si teneva in onore, infatti, il culto divino
e il potere dei numi: il dolore presente vinceva.
Non più resisteva in città quel costume di funebri riti
che da sempre avvezzava le genti a inumare pietose gli estinti;
infatti tutti si affannavano in preda al disordine,
e ciascuno angosciato inumava i suoi cari composti come poteva.
La miseria e l'evento improvviso indussero a orribili cose.
Con alto clamore ponevano i loro congiunti
sulle grandi cataste erette sul rogo degli altri,
appiccandovi il fuoco e spesso lottando fra loro
in zuffe cruente piuttosto che abbandonare i cadaveri.

(trad. di L. Canali)

RIEPILOGO DEL PERCORSO

1 Che cosa sapresti dire a proposito della concezione lucreziana dell'amore? Ad esempio:
- **a** Lucrezio si attiene completamente ai dettami di Epicuro?
- **b** Secondo i principi epicurei quali sono la natura e il fine dell'amore?
- **c** Come vengono precisamente descritti gli uomini e le donne innamorate?
- **d** Noti differenze nel modo di trattare il tema dell'amore rispetto ad altri poeti? Se sì, quali?

2 La lunga descrizione della peste d'Atene conclude il poema. Quali considerazioni si potrebbero fare? Ad esempio:
- **a** quali sono le fonti a cui attinge il poeta? come si colloca rispetto a tali fonti? Perché agisce così?
- **b** la descrizione del quadro patologico si limita a descrivere i sintomi? Perché?
- **c** in che modo rientrano nella trattazione la religione e la medicina?
- **d** ti sembra che trovino spazio nel passo i comportamenti morali? Con quali connotazioni?
- **e** che significato potrebbe avere il quadro finale, considerando che si tratta della chiusura del poema?

LA RELIGIONE DEI ROMANI

L'AUTRICE

Mariachiara Giorda è dottore di ricerca in Sciences Religieuses all'Ecole Pratique des Hautes Etudes della Sorbonne di Parigi, con una tesi sul monachesimo orientale antico. Nel campo della ricerca storico-religiosa, da alcuni anni si occupa di didattica di storia delle religioni, lavorando con studenti della scuola secondaria di secondo grado e universitari; studia in particolare le religioni antiche.
Tra le sue pubblicazioni recenti: *Monachesimo e istituzioni ecclesiastiche in Egitto, alcuni casi di interazione e di integrazione*, Dehoniane, Bologna 2010; *"Il regno di Dio in terra": le fondazioni monastiche egiziane tra V e VII secolo*, Edizioni di storia e letteratura, Roma 2011; con Alessandro Saggioro, *Dio c'è*, Emi, Brescia 2011.

UN'ORIGINE COMPLESSA

TRA ETRUSCHI, GRECI E ITALICI

La religione dei Romani è una religione legata a una città, un popolo, un regno che nel corso dei secoli, insieme alla progressiva espansione nel Mediterraneo, diventa religione dominante e acquista i tratti di una religione universalistica, perché abbraccia tutti i popoli conquistati e sottomessi a Roma.

Dalle sue origini, la cultura religiosa romana subì un **doppio influsso**: da una parte quello delle **colonie greche dell'Italia meridionale** che portarono in area italica il *pantheon* e la mitologia della madrepatria con cui continuarono a restare in contatto, dall'altra quello della **cultura etrusca**, a sua volta frutto di commistioni culturali stratificate nel tempo. Le città etrusche rivelano infatti forme di interferenza religiosa, a partire dal X secolo a.C., con il mondo latino, umbro, sannita e falisco e dopo l'VIII secolo a.C. subirono il fascino della cultura greca, cui si deve aggiungere anche l'influsso della cultura fenicio-punica. Dall'universo latino, umbro e sabino gli etruschi derivarono divinità quali *Maris* (Marte), *Nethunus* (Nettuno), *Menerva* (Minerva), *Satre* (Saturno), *Uni* (Giunone) che furono in seguito ellenizzate per azione delle famiglie dominanti e dei gruppi sacerdotali a quelle legati. Le divinità etrusche furono reinterpretate attraverso il *pantheon* greco: Era offrì le sue forme a *Uni*, Atena a *Menerva*, Poseidone a *Nethunus*, e così esse giunsero a Roma in questa forma già grecizzata.

La chimera, animale mitico ibrido, VI secolo a.C., Arezzo, Museo Archeologico Nazionale.

PRATICHE PER CONOSCERE IL FUTURO

In modo simile, anche il culto venne influenzato dalle pratiche greche, benché furono mantenuti alcuni tratti etruschi, soprattutto nell'elaborazione teorica: è il caso della **divinazione**, il complesso di **forme rituali volte a trasformare in segni carichi di significato, eventi naturali e casuali**; essa non consentiva di prevedere il futuro, ma era un mezzo per orientare e iscrivere l'azione umana entro la realtà del cui ordine gli dei erano garanti; era, per usare le parole di Cicerone (*De divinazione*, I, 1): «un presentimento e una conoscenza del futuro» (dal lat. *divinare*: indovinare, prevedere). I Romani adottarono molte delle pratiche divinatorie etrusche, facendole rientrare nella *disciplina etrusca*; di particolare importanza era l'**auspicazione**, una forma divinatoria che si traduceva in una sorta di "scrittura" rappresentata dai segni della natura e in particolare degli uccelli.

Augure mentre guarda il cielo per osservare il volo degli uccelli, VI secolo a.C. Tomba degli Auguri, Tarquinia, Sopraintendenza Archeologica.

UN PROCESSO DI APPROPRIAZIONE

Soltanto a partire da questo scenario di intrecci cuturali-religiosi si può comprendere lo sviluppo della "religione dei Romani", che si appropriò nel tempo anche degli dei stranieri attraverso l'**evocazione**, una formula rituale di antica origine, conservata negli archivi dei Pontefici e certamente di antica origine indoeuropea. Il comandante la pronunciava davanti alla città nemica per invitare gli dei ad abbandonarla e a recarsi a Roma, benevoli e propizi, dove avrebbero ricevuto onori maggiori. Erano poi sacrificate delle vittime e compiute delle consultazioni delle viscere di animali, dopo l'evocazione era pronunciata la maledizione nei confronti della città nemica e dei suoi eserciti, secondo un rigido formulario.

Calco in bronzo per la divinazione con il fegato delle vittime sacrificali; ogni nome scritto sul calco rappresenta una divinità cui era associata una parte dell'organo.

LO SPAZIO E IL TEMPO

Dai tempi più antichi **le divinità conferivano forma al mondo**, ne stabilivano i **confini spaziali e temporali**, lo ordinavano e **rispondevano alle esigenze del popolo**; nella religione arcaica centrale era la figura di **Giano**, il dio bifronte, che dai poeti augustei è descritto come il primo dei re laziali che precedono la venuta di Enea in Italia. Giano presiedeva alla chiusura e apertura delle porte private e di quelle del tempio a lui dedicato, era il dio della soglia, che come *ianitor* presiedeva ai passaggi e portava in mano, come i portinai, gli *ianitores*, una chiave e un bastone, mentre le due facce vegliavano nelle due direzioni, a custodire entrata e uscita; a lui era dedicato il primo mese dell'anno, Ianuarius: era la divinità che **dava origine al tempo e agli dei** ed era infatti il dio dei *prima*, cioè di ogni forma di inizio. A differenza degli uomini, avendo gli occhi aperti su ciò che sta dietro le spalle e ciò che sta avanti a sé, aveva pieno dominio sul tempo, sul passato e sul futuro. Gli *extrema* (del tempo) spettavano a **Vesta** e alle sue feste, i *Vestalia*, che cadevano il 9 giugno, poco prima che il sole entrasse nella fase decrescente, dividendo l'anno in due parti di sei mesi, come sei erano le sacerdotesse, le vestali. Vesta – tipicamente raffigurata con una lunga stola e con un bastone in mano – dominava lo spazio chiuso della casa e dello stato, aveva la tutela del focolare domestico e concludeva, per opposizione, la funzione innovativa periodicamente avviata da Giano. Dal momento in cui Giano aveva inaugurato il tempo erano nate nel mondo – ordinato dalla scansione del presente, passato e futuro – anche gli spazi della terra e del cielo, con fiumi, boschi, monti, pianure, animali e piante.

Doppio volto di Giano, III secolo a.C., Roma, Museo Archeologico Nazionale.

Statua di Giove (part.), copia romana da originale greco, IV secolo a.C., Napoli, Museo Archeologico Nazionale.

LA TRIADE ARCAICA

I *summa*, le supreme prerogative divine, spettavano invece a **Giove**, a cui erano riservate tutte le *idi*, alla metà del mese, quando la luna raggiunge il suo splendore più completo, alla sommità dell'arco temporale mensile. Giove incarnava il **principio della sacralità e della regalità**.

Giove, **Marte**, antica divinità italica preposta alla sfera militare e **Quirino**, divinità locale dei Romani, formavano la "triade arcaica": sede principale era il tempio inaugurato sul Campidoglio nel 509 a. C., dove Giove riportava l'epiteto di Ottimo Massimo; questo dio godeva di un sapere onnisciente – conosceva cioè ogni cosa –, condizione che lo rendeva **garante dei patti e dei giuramenti** e inviava i suoi messaggi attraverso il volo degli uccelli interpretato dagli auguri.

Marte, a sua volta, occupava gli spazi esterni della città, proteggendola dai nemici esterni. Antica divinità italica agraria, dio del **tuono**, della **pioggia** della **natura** e della **fertilità** e poi preposta alla **sfera militare**, da lui prendeva il nome, a Roma, il primo mese del calendario arcaico, marzo, con cui si apriva la stagione delle campagne militari (Marte è raffigurato con l'elmo, la lancia o la spada, lo scudo e spesso con un'armatura completa).

Quirino, divinità "locale" romana, si configura come il **dio dei romani e cioè di Quiriti**, gli uomini organizzati nelle curie; egli era la divinità tutelare degli uomini adulti. L'appartenenza a una triade, in cui Giove presiedeva lo spazio della sacralità e Marte quello della guerra, induce a collocare Quirino a tutela delle **attività economiche e produttive**, anche se con il tempo subì uno slittamento in senso politico e civico e venne **assimilato a Romolo**.

COME MAI UNA TRIADE?

Il riferimento a una triade non è casuale, ma deriva da una precisa ipotesi proposta da **Georges Dumézil (1898-1986)**. Attraverso la comparazione tra le lingue di derivazione indoeuropea (l'ipotesi di partenza è che un certo numero di lingue europee e asiatiche derivino da un ceppo comune) e la comparazione dei miti di quei popoli, Dumézil mise in luce una struttura narrativa identica tra i racconti tramandati da quei popoli. In base al principio che ogni cultura tende a organizzarsi in un sistema coerente, basato su funzioni che ricorrono in modo costante, ipotizzò che tutti i popoli indoeuropei avrebbero articolato il loro sistema sociale sulla base di tre funzioni (**tripartizione funzionale**): la prima funzione governa il patrimonio mitico e rituale, lo spazio religioso, del sacro, amministra la giustizia e si esprime dell'esercizio del potere (sacralità e sovranità). La seconda funzione si esprime nell'attività bellica o guerriera, alla quale compete la difesa del gruppo sulla quale grava anche l'incombenza di sostenerlo in momenti di espansione; la terza funzione abbraccia le attività produttive, a sostegno delle altre due funzioni. Gli indoeuropei avrebbero organizzato il *pantheon* secondo questa struttura e ciascun popolo lo avrebbe adattato alle proprie esigenze.

LA TRIADE CAPITOLINA

La triade arcaica o pre-capitolina fu sostituita con la "triade capitolina", formata da **Giove**, **Giunone** e **Minerva**, sul modello greco di Zeus, Era ed Atena: le due dee avevano ciascuna una cella nel tempio di Giove sul Campidoglio, Giunone, sposa di Giove, era complementare a lui nella gestione del tempo, ma anche sul piano politico, poiché era venerata come **Giunone Regina**; era rappresentate di tutte le donne, simbolo della **fecondità**. **Minerva** era una divinità di origine etrusca, poco diffusa tra i popoli italici e la sua teologia è identificabile con la funzione di divinità tutelare delle arti e dei mestieri e di chi li pratica; Minerva completa dunque il processo di organizzazione del cosmo in quanto **titolare della cultura**.

Triade capitolina, II secolo d.C., Roma, Museo Antichità Romane.

LE DIVINITÀ MINORI

Al di sotto di queste triadi, al di sotto di Giano e Vesta, operava un numero di **dodici divinità** la cui inferiorità è riconoscibile dal fatto che a loro servizio vi erano dodici flamini – sacerdoti – minori. In questo panorama risalta la figura di **Cerere**, divinità della crescita e della fertilità agraria, identificata con la dea Demetra sin dall'epoca arcaica, dea tutelare della plebe. Inoltre, una miriade di divinità minori popolava la realtà quotidiana degli uomini, presiedendo ciascuna una diversa azione umana: per esempio, nella sola attività della semina molte divinità accompagnavano ciascuna un gesto, quello di prendere il seme dal sacco, gettarlo a terra, farlo cadere nella terra, entrare in essa, germogliare ecc. Erano gli dei *minuti*, ai quali i romani erano legati dalle prime ore della loro vita fino al suo termine.
Tra spinte innovative, assimilazione, istituzione di nuovi culti e riti, una svolta importante avvenne tra il III e il II secolo a.C, quando la religione dei Romani subì una chiara **caratterizzazione antropomorfa**, che portò a una crescita dell'importanza delle divinità del pantheon, sempre più presenti concretamente nella vita quotidiana di ciascun romano, a soddisfare esigenze, rispondere a bisogni. Al fianco di divinità dalla personalità articolata e complessa come Giove o Marte, continuavano a coesistere divinità confinate a una sola funzione, per così dire settoriali, quali appunto Giunone o Cerere, segno di un processo continuo di assimilazione, scambi e stratificazione di elementi religiosi provenienti da culture e tradizioni differenti. Il culto degli dei era il cuore della religione romana.

LARI, PENATI E MANI

Accanto agli dei personali, la religione dei romani possedeva una collettività di esseri extra-umani, come i Lari, i Penati e i **Mani**, questi ultimi riconosciuti come dei già dal V secolo e invocati solo al plurale come collettività cultuale in cui si individuava lo **spirito dei defunti**, divinità delle condizioni di morte. In epoca tardo-repubblicana divennero una sorta di doppio del defunto, da cui quest'ultimo è infine sostituito: i Mani non sono solo le anime dei defunti, ma i defunti divenuti **divinità dell'oltretomba**. I Mani erano oggetto di devozione sia in ambito familiare sia cittadino e le offerte che si indirizzavano loro erano prevalentemente di origine alimentare (vino, latte, miele, pane ecc.) segno evidente di una loro matrice prevalentemente agricola. Due erano le feste principali nelle quali il loro culto era particolarmente sentito: i ***rosaria***, durante i quali le tombe dei defunti venivano ornate con rose e viole e i ***parentalia*** che si celebravano ogni anno dal 18 al 21 febbraio quando si sospendevano gli affari, i matrimoni e venivano chiusi i templi. Il **culto degli antenati** era una delle tradizioni maggiormente sentite nel mondo romano perché nelle *gentes* in cui era organizzato il popolo romano era centrale la garanzia della discendenza patrilineare, garanzia fornita dagli dei e dalla divinizzazione dei defunti. Una delle sue manifestazioni principali erano le *immagines maiorum*, i ritratti dei *patres* della famiglia, esclusivo delle famiglie patrizie fino al III sec. a. C, poi esteso anche alla famiglie plebee. La **funzione delle immagini** era di ricordare ai vivi e di preservare l'immortalità dei defunti, attraverso il **ricordo delle loro** gesta che venivano anche **declamate nell'elogio funebre** da un rappresentante della famiglia all'interno del rituale funerario. L'*imago* era realizzata prima della deposizione del corpo nella tomba attraverso una **maschera di cera** che riproduceva i tratti somatici del defunto. La maschera, riposata in un reliquiario su cui era riportato il nome e i titoli del

Larario in una *taberna* in Via dell'Abbondanza, I secolo a.C., Pompei, Sopraintendenza Archeologica.

defunto, era conservata con cura in un posto visibile della casa, dove insieme alle altre costituiva l'**albero genealogico** della famiglia. Le immagini erano esposte durante i sacrifici pubblici, nella grandi feste religiose ed erano portate in processione durante i funerali di un personaggio importante della famiglia. Il diritto di possedere le immagini spettava ai discendenti e ai consanguinei, in quanto appartenenti alla gens, ma anche le donne portavano con sé le immagini dei propri antenati che erano inseriti nella genealogia della famiglia del marito.

I **Lari**, invocati al plurale, erano i **protettori del territorio**; il loro carattere territoriale emergeva soprattutto in campagna dove essi, in qualità di agri *custodes*, i **custodi dei campi coltivati**, ricevevano un sacrificio purificatorio da ogni proprietario **presso i crocevia** su cui erano installate piccole costruzioni che delimitavano i confini tra le proprietà o segnavano il confine con la natura selvaggia.

Il ***Lar familiaris* tutelava** invece **la *familia***, l'insieme degli uomini liberi e dei servi: i *lares familiares* rappresentavano gli antenati che erano raffigurati con una **statuetta**, di terracotta, legno o cera, chiamata ***sigillum*** (da *signum*, segno, effigie, immagine); in origine i Lari erano le anime dei defunti protettrici della casa e della terra e devolvettero poi nelle divinità del focolare domestico. All'interno della *domus*, tali statuette venivano collocate nella **nicchia di un'apposita edicola detta larario** e, in particolari occasioni o ricorrenze, onorate con l'accensione di una fiammella.

Statuette dei numi tutelari nel larario della Casa del Menandro, I secolo a.C., Pompei, Sopraintendenza Archeologica.

I **Penati** erano gli dei sovrani del cuore della casa, del centro ideologico e teorico di ogni romano: il **focolare domestico**. Rientravano nel patrimonio trasmesso in eredità dal *pater familias* e il loro possesso garantiva la discendenza e lo statuto sociale. I **Penati pubblici**, o del popolo romano, antichi dei troiani portati da Enea, **garantivano la legittimità della discendenza romana da Enea**: la loro sede era nella parte più riposta del tempio di Vesta, il *penus Vestae*, a custodia di tale discendenza. La loro funzione ne rivela il carattere giuridico-sociale e per essi, nonché per Giove, giuravano i magistrati romani al momento di assumere la carica, dopo avere sacrificato ai Penati della propria famiglia e a quelli pubblici.

ESPRIMERE LA VOLONTÀ DIVINA

In questo articolato sistema divino trova luogo anche la nozione di ***numen***, ovvero la **volontà espressa con il capo** e pertanto legata a una divinità individuata con precisione; almeno fino all'epoca di Cicerone il *numen* è sempre personale: si incontrano il *numen* di Giove, di Giunone, ma anche del senato, del popolo di Roma. Al plurale ***numina*** designava gli **dei**, sempre **come espressione della loro volontà**; a partire dall'età augustea *numen* diventa, in una logica estensiva, sinonimo di divinità.

ME, NE DUM VIVO QUIDEM, NECESSA MEIS QUOD PROSIT FACERE

MARCO TERENZIO VARRONE

L'autore

Un vero erudito

il culto del passato

Nel I secolo a.C. gli interessi filologici – modellati sull'esempio greco e alessandrino – e le ricerche erudite di antiquaria crebbero nella cultura latina, incrementando soprattutto gli studi relativi alle origini storico-istituzionali della vita romana: in coincidenza con un'epoca di crisi di valori, dominata dalle guerre civili e dagli odi di classe, la riscoperta del *mos maiorum* e lo studio dei costumi antichi e delle tradizioni romane sembravano proporre alla società un modello ideale cui ispirarsi o le radici a cui tornare per salvarsi dalla crisi. Il personaggio più significativo e quasi simbolico di questo **culto del passato** e di **amore per l'erudizione** fu senza dubbio Marco Terenzio Varrone.

le origini

Chiamato Reatino (di Rieti), in modo da distinguerlo da un *poëta novus* suo omonimo detto invece Atacino (da *Atax* nella Gallia Narbonense), Varrone **nacque nel 116 a.C.** da una famiglia nobile e ricca di latifondisti **e morì novantenne nel 27 a.C.**, dopo una vita spesa in un serrato e appassionato lavoro di studioso e di scrittore, che fa di lui il più fecondo autore della letteratura latina: al suo nome si fanno risalire ben **74 opere**, per complessivi 620 libri. Di questa sterminata produzione restano solo 6 libri, parzialmente mutili, del *De lingua latina*, e una sola opera intera, certo non tra le più importanti del suo catalogo: il trattato agricolo *De re rustica*.

gli studi

Allievo dei migliori grammatici e retori del tempo, fra cui Elio Stilone e Accio (il noto tragediografo), Varrone **studiò anche filosofia**, soggiornando in Grecia, e assunse una posizione filosofica di impostazione eclettica, simile a quella manifestata da Cicerone, con il quale condivise lo schieramento politico.

Fortuna culturale, sfortuna politica

le vicende politiche

Fu collaboratore di Pompeo in Spagna, quindi nelle guerre contro i pirati e Mitridate. Durante la guerra civile ricevette da lui incarichi di responsabilità nella Spagna Ulteriore, ma all'arrivo di Cesare tentennò e si arrese praticamente senza combattere: è Cesare stesso a riportare questi fatti nel II libro del *De bello civili*, e dalle sue parole traspare un sorriso ironico sulle capacità politiche e militari dell'erudito Varrone.
Al termine del conflitto, Varrone si riconciliò con Cesare vincitore e fu da lui incaricato di allestire e dirigere la **prima grande biblioteca pubblica romana**, che

avrebbe dovuto contenere una sezione greca e una latina: giustamente A. Von Albrecht commenta questo tributo all'attività culturale ed erudita affermando che ormai a Roma «dottrina e romanità non sono più concetti contrapposti; di fronte a questo è quasi secondario il fatto che il progetto cesariano della biblioteca non si sia realizzato: la spinta ormai è data».[1]
Alla morte improvvisa di Cesare, Varrone rischiò la stessa fine di Cicerone, dopo esser stato inserito nel 43 a.C. nelle famigerate liste di proscrizione di Antonio e Ottaviano, forse desiderosi di mettere le mani sul suo immenso patrimonio; ma si salvò grazie ai buoni uffici di un amico che aveva in comune con Ottaviano (Fufio Caleno).
Nella parte finale della sua lunga vita riuscì a ingraziarsi Ottaviano, confermando con la sua autorevolezza di erudito la discendenza della *gens Iulia* da Enea e quindi da stirpe divina (nel perduto *De gente populi Romani*).

1. M. Von Albrecht, *Storia della letteratura latina*, Torino, Einaudi, 1994, vol. I, p. 586.

LIBRI NUOVI A ROMA

Raccogliere libri a Roma significò per lungo tempo collezionare volumi greci. Per ciò che sappiamo dalle fonti antiche i rotoli latini dovevano essere stati di pessima qualità fino alla fine dell'età repubblicana; mancavano infatti maestranze che sapessero fare buoni lavori sia per i materiali sia per la grafia della scrittura. Ad ascoltare Catullo, i libri a Roma al suo tempo erano soprattutto palinsesti, ricavati da precedenti scritture e perciò poco chiari; anche Cicerone si lamenta con il fratello Quinto di non sapere dove trovare un libro in città che fosse di qualità non scadente. Proprio da quegli anni, tuttavia, si registra una svolta, testimoniata anche dai ritrovamenti di Ercolano, per cui compaiono anche nel mondo latino volumi curati come i greci sapevano fare, impaginati a colonne strette, con scritture ornate ed eleganti, con i nomi degli autori e dell'opera scritti a conclusione di ogni volume.

Un uomo intento a leggere da un *volumen*, II secolo d.C., Roma, Musei Capitolini.

IN SINTESI

- Nel I secolo a.C. gli interessi filologici e le ricerche erudite di antiquaria crebbero nella cultura latina: l'autore più significativo fu **Marco Terenzio Varrone Reatino**.
- Varrone **nacque nel 116 a.C.** da una famiglia nobile e ricca di latifondisti e **morì novantenne nel 27 a.C.**, dopo una vita spesa in un appassionato lavoro di studioso e di scrittore: a lui sono attribuite **74 opere**, per 620 libri. Di questa produzione restano attualmente solo 6 libri del *De lingua latina* e l'intero trattato agricolo *De re rustica*.
- Allievo dei migliori grammatici e retori del tempo, Varrone **studiò anche filosofia** in Grecia, e assunse una posizione filosofica di impostazione eclettica.
- Fu **collaboratore di Pompeo** in Spagna, quindi nelle guerre contro i pirati e Mitridate. Durante la guerra civile comandava le truppe pompeiane in Spagna Ulteriore, ma all'arrivo di Cesare si arrese senza combattere. Al termine del conflitto, Varrone si riconciliò con Cesare e fu da lui incaricato di **allestire e dirigere la prima grande biblioteca pubblica romana**. Alla morte di Cesare, Varrone fu inserito nel 43 a.C. nelle liste di proscrizione di Antonio e Ottaviano, desiderosi di mettere le mani sul suo immenso patrimonio; ma si salvò grazie ai buoni uffici di un amico.
- Nella parte finale della sua lunga vita **riuscì a ingraziarsi Ottaviano**, confermando con la sua autorevolezza di erudito la discendenza della *gens Iulia* da stirpe divina.

Augure con bastone divinatorio, VI secolo a.C., Roma, Museo del Foro.

L'opera

La produzione varroniana – come abbiamo visto – è **quasi totalmente perduta**. Alcuni elementi – i titoli di molte opere, i numerosi frammenti, i commenti e le citazioni degli eruditi successivi – permettono di tracciare un quadro abbastanza chiaro di questo immenso lavoro, e soprattutto di comprenderne il senso profondo. Accostiamoci ora alle opere di Varrone, suddividendole in grandi aree tematiche.

Antiquaria e filologia a Roma

Anzitutto una premessa: con Varrone giunge a compimento un processo in atto già da tempo nella cultura latina, che vede l'antiquaria staccarsi dalla storia e divenire una disciplina autonoma. Infatti nel I secolo a.C. (in particolare nella cosiddetta "età cesariana") la storiografia si occupa sempre meno di ricostruire le origini mitiche di Roma e si concentra sui tempi più recenti, se non sull'attualità (basti pensare alle perdute *Storie* di Sisenna, ai *Commentarii* di Cesare e alle monografie sallustiane); d'altra parte **l'antiquaria si specializza sempre più come ricerca finalizzata a studiare le tradizioni**, per ricostruire l'origine di istituzioni e costumi romani: Varrone, con la sua opera, incarna proprio questa direzione di ricerca.

Accanto all'antiquaria si sviluppa anche una **filologia latina**, intesa come attività che **mira a ricostruire un testo antico nella sua forma originaria**, a studiarne l'autore e il mondo culturale da cui proviene. L'origine di questa scienza è greca: in particolare in epoca ellenistica furono messe a punto tecniche e metodi filologici nelle due scuole di Alessandria d'Egitto e di Pergamo: a Roma è proprio Varrone che, se non per primo (è preceduto dal suo maestro Elio Stilone), certo in maniera più ampia e consapevole applica queste tecniche alla letteratura latina, nei suoi studi su Plauto.

Tito Pomponio Attico e Publio Nigidio Figulo

Accanto a Varrone, ricordiamo come attento antiquario proprio **Tito Pomponio Attico** (grande amico di Cicerone, vedi p. 502), le cui ricerche erudite sono del tutto perdute, e la particolare figura di **Publio Nigidio Figulo** (morto nel 45 in esilio, perché anti-cesariano), che mosse da studi grammaticali ed eruditi per approdare a studi filosofici e cosmologici, di impostazione neo-pitagorica, che gli procurarono la fama di mago per la loro oscurità.

Opere storico-antiquarie: le *Antiquitates*

È ampio il catalogo dei titoli varroniani di argomento storico-antiquario: tra questi ricordiamo il *De vita populi Romani* (in 4 libri, dedicato ad Attico), sui costumi di vita della società romana antica, il *De gente populi Romani* (ancora in 4 libri, composto fra il 43 e il 42 a.C.), il *De familiis Troianis*, alcuni libri storici e autobiografici. Su tutti spiccano per importanza le ***Antiquitates***, vasta opera divisa in due parti: *Antiquitates rerum humanarum* e *Antiquitates rerum divinarum*. Le due sezioni sono strutturate secondo uno schema simile, qui sotto sintetizzato:

le *Antiquitates*: la struttura

		de hominibus	de locis	de temporibus	de rebus		(totale)
Antiquitates rerum humanarum	1 libro introduttivo	6 libri: personaggi storici	6 libri: geografia	6 libri: cronologia	6 libri: istituzioni		25 libri
Antiquitates rerum divinarum	1 libro introduttivo	3 libri: sacerdoti	3 libri: templi	3 libri: feste	3 libri: cerimoniali	+ 3 libri: le divinità	16 libri

L'opera fu completata da Varrone e dedicata a Cesare, probabilmente nel 46 a.C., quando egli, come pontefice massimo, si accingeva a una revisione del calendario religioso. Già la mole del materiale raccolto e rielaborato, nonché il tentativo di ordinarlo razionalmente dentro un disegno omnicomprensivo, fa comprendere l'importanza che ebbe quest'opera nella storia della cultura latina.
Cicerone stesso commentò la sua pubblicazione con un alto elogio rivolto a Varrone:

> *Nam nos in nostra urbe peregrinantis errantisque tamquam hospites tui libri quasi domum reduxerunt, ut possemus aliquando qui et ubi essemus agnoscere (Academica posteriora, Varro I, 3, 9).*
>
> Infatti tu con i tuoi libri hai, per così dire, ricondotto a casa noi forestieri ed erranti nella nostra città, affinché potessimo finalmente conoscere chi siamo e dove siamo.

gli interessi antropologici

Il tentativo operato da Varrone di raccogliere tutte le tradizioni civili e religiose della cultura latina lascia percepire i suoi **interessi antropologici**: «il suo costituisce il primo studio latino che ha come oggetto specifico la cultura di un popolo, intesa nel suo ampio senso etnografico, vale a dire come il patrimonio di sapere collettivo di una data società, comprendente dunque la morale, il diritto, il costume, la religione, la lingua, la cultura materiale» (M. Bettini). Una sua particolarità in questa operazione: più di molti altri intellettuali latini, egli è propenso ad accettare l'idea secondo la quale **Roma abbia accolto e amalgamato molteplici apporti stranieri** (greci, etruschi e soprattutto italici), fino a formare una sorta di vero e proprio «crogiuolo culturale» (E. Narducci), che ha saputo nobilitare quanto di meglio gli altri popoli abbiano prodotto. Suo precursore su questa linea è Catone il Censore, con l'attenzione mostrata alle genti italiche nelle *Origines*.
Nelle *Antiquitates rerum divinarum* risulta particolarmente interessante l'analisi del fatto religioso, che rivela l'**impostazione scettica e razionalistica** di Varrone. Egli distingue tre modi di concepire il rapporto con la divinità: una religione «favolosa», basata sulla mitologia e sulla rielaborazione che ne hanno fatto i poeti; una religione «naturale», propria dei filosofi, che certo non credono agli dèi della tradizione, ma giungono attraverso il pensiero alle verità più alte; infine una religione «civile», che comprende le divinità e i culti riconosciuti dallo Stato, importanti perché fanno da supporto alla sacralità dello Stato stesso. Pertanto, in una prospettiva elitaria, Varrone ritiene che la teologia «naturale» debba essere riservata a pochi (gli uomini di cultura e di pensiero), perché altrimenti indebolirebbe la fede del popolo nel culto tradizionale, e in ultima analisi anche nello Stato: come Cicerone, dunque, egli ritiene che **i riti tradizionali vadano conservati per la loro funzione educativa e civile**.
Molti frammenti delle *Antiquitates rerum divinarum* sono stati conservati dai Padri della Chiesa (soprattutto Agostino), che le studiavano come grande sintesi della religione pagana, nella prospettiva di conoscerla per criticarla e combatterla.

Coppia di sposi, particolare da un sarcofago etrusco (Cerveteri), VI secolo a.C., Parigi, Museo del Louvre.

Gli studi letterari: filologia plautina e *Imagines*

il *De comoediis Plautinis*

Tra le opere più propriamente filologiche spicca il ***De comoediis Plautinis*** in cui, sulle orme del maestro Elio Stilone, anche Varrone affronta il problema dell'enorme *corpus* di commedie – ben 130 – che la tradizione attribuiva a Plauto. Egli impiega la sua competenza linguistica e la conoscenza approfondita dello stile di Plauto per eliminare 90 commedie come sicuramente spurie, indicarne 19 come dubbie e individuarne 21 come sicuramente autentiche: fu tale l'autorevolezza del suo lavoro, confermato anche dai filologi successivi, che la tradizione manoscritta ha tramandato proprio le 21 commedie "varroniane" (vedi p. 76). Quest'opera capitale portò con sé **altri studi filologico-letterari e sul teatro antico**, come il *De scaenicis originibus*, il *De actionibus scaenicis*, il *De poematis*, la cronologia letteraria *De poetis*. Invece i cinque libri delle *Quaestiones Plautinae* appartengono più precisamente agli scritti linguistici, perché affrontano lo studio di alcune particolari parole in Plauto.

le *Imagines*

Curioso e originale corollario agli studi letterari sono i **15 libri delle *Imagines***, che contenevano 700 ritratti (nel senso vero e proprio di ritratti grafici, disegni di volti) di altrettanti personaggi famosi, greci e latini, che si erano distinti in vari campi culturali, politici, ma anche tecnici: ogni ritratto era accompagnato da un epigramma e da una breve biografia. Si tratta di un vero e proprio **esperimento di "libro illustrato"** – il primo di cui abbiamo notizia nella letteratura latina – e si ricollega in qualche modo, innovandola, alla tradizione aristocratica delle *imagines*, cioè dei ritratti di antenati custoditi nelle case nobiliari, spesso accompagnati da un cartiglio che elencava le loro gesta. L'opera aveva anche il titolo greco di *Hebdomades*, perché i ritratti erano suddivisi a gruppi di sette (questo significa il greco *hebdomàda*); di essa esisteva anche un'epitome (sintesi) in 4 libri.

IN SINTESI

- Con Varrone giunge a compimento un processo che vede l'**antiquaria** staccarsi dalla storia e divenire una disciplina autonoma. Essa si specializza sempre più come ricerca finalizzata a studiare le tradizioni, per ricostruire l'origine di istituzioni e costumi romani. Accanto all'antiquaria si sviluppa (a partire dal modello ellenistico) anche una **filologia** latina, intesa come attività che mira a ricostruire un testo antico nella sua forma originaria, a studiarne l'autore e il mondo culturale da cui proviene.

- Sulle opere varroniane di argomento storico-antiquario spiccano per importanza le ***Antiquitates***, suddivise in *Antiquitates rerum humanarum* (25 libri) e *Antiquitates rerum divinarum* (16 libri): in esse Varrone tenta di raccogliere tutte le **tradizioni civili e religiose della cultura latina**. In questa operazione egli accetta l'idea secondo la quale Roma abbia accolto e amalgamato molteplici apporti stranieri (Greci, Etruschi e soprattutto Italici).

- Nelle ***Antiquitates rerum divinarum*** è interessante l'**analisi del fatto religioso**, che rivela l'impostazione scettica e razionalistica di Varrone. Egli distingue tre modi di concepire il rapporto con la divinità: una religione «favolosa», basata sulla mitologia e sulla rielaborazione poetica; una religione «naturale», propria dei filosofi, che giungono attraverso il pensiero alle verità più alte; infine una religione «civile», che comprende le divinità e i culti riconosciuti dallo Stato, importanti perché lo supportano con la loro sacralità.

- Tra le opere filologiche, il ***De comoediis Plautinis***, affronta il **problema del *corpus* di commedie** – ben 130 – che la tradizione attribuiva a Plauto. Con la sua competenza linguistica e la conoscenza dello stile di Plauto, egli elimina 90 commedie come sicuramente spurie, ne indica 19 dubbie e 21 sicuramente autentiche: sono quelle che la tradizione manoscritta ha in seguito tramandato.

- Originale corollario agli studi letterari sono i 15 libri delle ***Imagines***, che contenevano 700 ritratti (nel senso vero e proprio di ritratti grafici) di altrettanti personaggi famosi, greci e latini, che si erano distinti in vari campi culturali, politici, ma anche tecnici: ogni ritratto era accompagnato da un epigramma e da una breve biografia. È un vero e proprio esperimento di **"libro illustrato"**, che si ricollega alla tradizione aristocratica delle *imagines*, cioè dei ritratti di antenati custoditi nelle case nobiliari.

il *De lingua latina*

Le opere linguistiche: un monumento alla lingua latina Opera di fondamentale importanza, articolata in 25 libri, il *De lingua latina* propone una **trattazione sistematica della lingua di Roma**, che parte dalla sua origine storica per affrontare l'etimologia delle parole e sviluppare la trattazione di morfologia, sintassi e stilistica. Di questo ampio lavoro, completato nel 45 a.C. e dedicato (tutto o in parte) a Cicerone, restano solo sei libri (dal V al X), in una forma mutila e lacunosa: essi testimoniano il metodo tenuto da Varrone nel ricostruire l'etimologia delle parole, con attenzione anche agli apporti italici alla lingua latina, così come avviene per i costumi nelle *Antiquitates*; quindi affrontano il problema della disputa tra anomalisti e analogisti (di origine greca, ma travasatasi a Roma), tra i quali Varrone assume una posizione intermedia e conciliativa.

le etimologie varroniane

Curiose e fantasiose (e spesso errate) sono le **etimologie varroniane**, che si basano su un principio di origine stoica, secondo il quale ogni parola contiene in sé il motivo del suo significato: per usare la terminologia della linguistica moderna, Varrone ritiene che in ogni parola ci sia un preciso e motivato legame tra significante e significato: basta scavare nei vocaboli e nella loro storia per scoprire come l'aspetto, il suono delle parole assomigli in qualche modo al loro contenuto. In particolare, Varrone individua quattro livelli diversi per risalire all'etimo delle parole:

> Ora io tratterò dell'origine delle singole parole, di cui si danno quattro livelli esplicativi. Il grado più basso è quello a cui arriva anche l'uomo comune: chi non vede la derivazione di *argentifondinae* (miniera d'argento) e *viocurus* (ispettore delle strade)? Il secondo grado è quello a cui arrivarono i grammatici antichi, i quali mostrarono in che modo i poeti creassero, componessero, declinassero ciascuna parola [...]. Il terzo grado è quello a cui arrivò a salire la filosofia, che cominciò a spiegare l'etimologia delle parole d'uso comune, come per esempio donde vengano *oppidum* (città), *vicus* (villaggio), *via*. Il quarto è quello in cui si trova il santuario delle origini del nostro linguaggio, risalenti al tempo del re. Se non arriverò a questo livello di conoscenza scientifica, tenterò di procurarmi delle cognizioni per via di congettura, come talvolta, riguardo alla nostra salute, fa anche il medico quando stiamo male.
>
> (V, 8-9, trad. A. Traglia)

L'autorità dello scrittore fece sì che questo modo di operare (e molte delle sue etimologie) si travasassero nella cultura della tarda latinità e medievale.
Al di là di quelli che sono i suoi errori di ricostruzione etimologica, bisogna però riconoscere che Varrone **affrontò con metodo e sistematicità lo studio dei fenomeni linguistici**; inoltre fu tra i primi a studiare il mutamento delle parole nel tempo, le loro derivazioni, i cambiamenti di significato a partire da quelli che erano i termini originali: egli è quindi un vero e proprio **precursore della moderna linguistica**. Anche il suo intervento nella disputa tra anomalisti e analogisti offre un contributo originale: infatti Varrone ritiene che, se l'attribuzione dei nomi alle cose è un'operazione arbitraria e volontaria (lo studioso parla di *declinatio voluntaria* e propone, tra gli altri, l'esempio di Romolo che chiama *Roma* la città), una volta che il vocabolo

Urna cineraria a forma di casa, dagli scavi sul colle Palatino, VIII secolo a.C., Roma, Museo della Civiltà Romana.

è inserito entro il sistema linguistico, deve essere declinato secondo un modello prefissato e razionale (*declinatio naturalis*: *Roma* è sì nome arbitrario, ma una volta accettato deve seguire la I declinazione). Anomalia e analogia allora lavorano entrambe per la formazione della lingua: le innovazioni vanno accettate con molta cautela, ma non ci si deve opporre pregiudizialmente alle modifiche linguistiche introdotte dall'uso.

le altre opere linguistiche

Tra le altre opere linguistiche perdute ricordiamo il *De proprietate verborum*, il *De similitudine verborum* e il *De origine linguae Latinae*.

Opere didascaliche: tra arti liberali e agricoltura

le *Disciplinae*

Le ***Disciplinae*** (o *Disciplinarum libri*) affrontavano in una sorta di enciclopedia le **nove arti liberali**: dialettica, retorica, grammatica, aritmetica, geometria, musica, astronomia, medicina e architettura. Probabilmente anche in questo campo l'autorità di Varrone servì a costruire un canone, anche se autori come Agostino e Marziano Capella,[1] che fungono da cerniera fra età antica e Medioevo, escluderanno le più meccaniche di queste arti (medicina e architettura) e le ridurranno al numero di sette: si formeranno così le arti del trivio, o della parola (dialettica, retorica, grammatica), e del quadrivio, o del numero (aritmetica, geometria, musica e astronomia).

Oltre alle *Disciplinae*, l'elenco delle opere didascaliche di Varrone comprendeva **studi giuridici** (*De iure civili*), **retorici** (*Orationes* e *Laudationes*) e **trattati filosofici** (*De philosophia, De forma philosophiae*). L'unica opera tra queste che è stata tramandata integralmente è il ***De re rustica*** (o *Rerum rusticarum libri*), negli stessi codici che riportavano il *De agri cultura* di Catone il Censore.

L'opera fu completata nel 37 a.C., quando l'autore aveva ottant'anni: strutturata in tre libri, essa affronta in forma dialogica la coltivazione dei terreni (I libro), l'allevamento del bestiame (II libro) e l'allevamento di animali da cortile (III libro), ma anche di specie pregiate, come caprioli, cinghiali, lepri, api, lumache, ghiri: que-

1. Erudito del V secolo che scrisse il *De nuptiis Mercurii et Philologiae*, un trattato sulle arti liberali molto letto e seguito nel Medioevo.

UN GENTLEMAN DI CAMPAGNA

Come non sentire dalle parole di Varrone uno stile ben diverso da quello di cui parlava Catone nel descrivere la vita della villa romana. Catone, duecento anni prima di lui, non si riferiva a una casa lussuosa, con giardini curati per passeggiare tra voliere di uccelli esotici, animali liberi nei boschetti, piscine con pesci colorati, passaggi coperti da graticci di rampicanti e porticati. Erano cambiati i tempi, certo, e si aprivano le porte alle comodità lussuose del principato e dell'impero, in cui una parte considerevole della vita culturale – anche – fu fatta in villa, fuori porta, in piccole isole di bellezza alle quali accedere per un *otium* culturale ed estetico nel quale vivere da nobiluomini, disimpegnati dalla vita politica.

Albero da frutta, particolare, I secolo d.C., Roma, Museo Nazionale Romano.

st'ultimo libro viene presentato da Varrone come una novità nel genere. Sue fonti sono la trattatistica greca, un'opera del cartaginese Magone (molto letta all'epoca) e naturalmente il catoniano *De agri cultura*, sulla cui linea ideale si pone.

il criterio dell'utile

Infatti, come il suo illustre predecessore, anche Varrone si propone come **criterio-guida l'utile**, ossia il guadagno che in diverse forme può derivare dall'attività agricola. In tale prospettiva, naturalmente, fondamentale era l'apporto dato dagli schiavi: l'autore presenta tre tipi di strumenti o attrezzi utili per coltivare la terra:

> Ora dirò dei mezzi con cui si coltivano i campi, mezzi che alcuni dividono in due specie: uomini e attrezzi necessari alla loro lavorazione. Altri li distinguono in tre tipi: vocale (*instrumentum vocale*), semivocale (*instrumentum semivocale*) e muto (*instrumentum mutum*). Al primo tipo appartengono i servi, al secondo i buoi, al terzo appartengono i carri.
> Tutti i campi vengono lavorati da schiavi o da uomini liberi o dagli uni e dagli altri: da uomini liberi, quando i padroni li coltivano da sé, come la maggior parte dei piccoli proprietari, insieme coi loro figli, o servendosi di braccianti allorché si prendono a giornata uomini liberi per effettuare i lavori più grossi, come la vendemmia e la falciatura del fieno, o quelli che sono chiamati da noi *obaerati* (persone che saldavano i debiti contratti attraverso il lavoro), di cui esiste ancora un buon numero in Asia, in Egitto e nell'Illiria.
>
> (I, 17, 1-3, trad. di A. Traglia)

le differenze dal *De agri cultura*

Una descrizione come questa conferma che gli schiavi non erano ritenuti uomini, ma "cose" su cui il padrone aveva diritto di vita e di morte. Tuttavia, rispetto all'atteggiamento spietatamente utilitaristico di Catone (risalente a un secolo e mezzo prima), le pagine di Varrone rivelano la **mutata situazione storica**, che induceva a trattare gli schiavi in modo meno inumano: i lavori più faticosi e snervanti sono da lui assegnati ai lavoratori salariati, e non agli schiavi, ritenuti evidentemente un investimento che deve durare a lungo termine. Importanti sono però le differenze fra l'opera catoniana e il *De re rustica*. Anzitutto cambia il pubblico: se Catone aveva in mente il piccolo-medio proprietario terriero, che risiedeva a Roma, ma spesso si recava nella fattoria per sorvegliare personalmente i lavori, Varrone ha davanti a sé, come lettore ideale, il **grande latifondista** quale lui stesso era; quindi, se da una parte loda i tempi antichi, la vita frugale e la sana moralità, seguendo il modello arcaico, dall'altra non può non tenere conto del lusso e delle comodità di cui si è riempita – per i padroni – anche la vita agreste: quindi descrive ricche cantine, piscine, uccelliere, cucine pronte per raffinati banchetti. Diverso è anche il livello letterario delle due opere: se il *De agri cultura* era uno scarno trattato, quasi un manuale di uso pratico, il *De re rustica* **ha qualche pretesa letteraria**, soprattutto nella scelta della forma dialogica (protagonisti, oltre a Varrone stesso, sono personaggi dai "nomi parlanti", come Publio Agrasio, Agrio, o Gaio Fundanio).

i *Logistorici*

Scritti "creativi": filosofia e satira

Le opere varroniane caratterizzate da maggiore apporto artistico annoveravano anzitutto i ***Logistorici*** (da *logos*, «pensiero», e *historìa*, «ricerca storica»), che trattavano in 76 libri **argomenti di carattere morale**, esemplificati ciascuno da un personaggio famoso, indicato nella doppia titolazione: per esempio, *Marius de fortuna* o *Sisenna de historia*. Non è improbabile il collegamento con le operette ciceroniane *Cato maior de senectute* e *Laelius de amicitia*. Secondo le ricostruzioni dei critici, i *Logistorici* rappresentavano un'esposizione filosofica di carattere piuttosto divulgativo, in forma di brevi trattati o dialoghi.

le *Saturae Menippeae*

La principale opera letteraria di Varrone furono però le ***Saturae Menippeae***, che si proponevano sempre **scopi edificanti, ma in forma di intrattenimento**. Erano raccolte in ben 150 libri, di cui ci restano circa 600 frammenti e molti titoli. Scritte in un ampio arco temporale, fra l'80 e il 46 a.C., sono componimenti misti di prosa e

poesia (prosimetro) di contenuto filosofico e satirico-morale, ispirati allo scrittore e filosofo cinico Menippo di Gadara (Siria, III secolo a.C.) in cui si condannano i vizi moderni, l'immoralità della politica, rimpiangendo i buoni costumi antichi. Originali, estrosi e indicativi del contenuto polemico-satirico risultano i titoli delle singole *Saturae*, latini o greci e spesso doppi, quando a un titolo latino si affianca il corrispettivo greco: troviamo così il *Sesculixes* («Un Ulisse e mezzo»), il *Sexagesis* («Il sessantenne»), vicenda surreale di un romano addormentatosi a dieci anni e risvegliatosi a sessanta, che non riconosce più la società decaduta, il *Tricáranos* («Il mostro a tre teste»), contro il primo triumvirato del 60 a.C. tra Cesare, Pompeo e Crasso, il *Gerontodidáscalos* («Il maestro dei vecchi»), contro le usanze corrotte del mondo presente.
Fra i temi ricorrenti nelle *Menippeae* troviamo la lode del passato e la critica alla corruzione del presente, come in questo frammento tratto proprio dal *Sexagesis*:

> *Romam regressus, ibi nihil offendi quod ante annos quinquaginta, cum primum dormire coepi, reliqui.* (LXXVIII, 489)
>
> Tornato a Roma, non vi trovai nulla di ciò che avevo lasciato cinquant'anni prima, quando iniziai a dormire.

Frequenti erano le critiche ai filosofi e alle loro esasperazioni:

> *Postremo nemo aegrotus quicquam somniat tam infandum, quod non aliquis dicat philosophus.* (XXXI, 133)
>
> In conclusione non si trova un malato che sogni qualcosa di tanto assurdo che non lo dica un filosofo.

SCETTICISMO E SAGGEZZA

Varrone esprime tutta la sua perplessità sulle massime dei filosofi e sulla loro presunta saggezza; anche sulla validità delle loro dispute:

«Gli epicurei dicono che il sommo bene è il piacere, ma delle cose oneste. Donde gli stoici accusano questo piacere del corpo e della gola e affermano che l'imperturbabilità dell'animo, cioè il non temere e il non desiderare nulla, questo è il sommo bene. Donde Varrone dice che tra loro c'è battaglia di parole». «E questa è la differenza tra Epicuro e i nostri ghiottoni, che hanno come norma di vita la cucina».

Non sono da meno neanche le abitudini di vita dei suoi contemporanei, se confrontati con quelli degli antichi.

«Se Numa Pompilio potesse vedere queste cose, si accorgerebbe che delle sue istituzioni non è rimasta neppure la più pallida idea».

Vaso per il vino a forma di testa di cavallo, III secolo a.C., Melfi, Museo Archeologico Nazionale.

Spesso si condensavano in massime morali o suggerimenti di vita, come il seguente, di sapore tradizionalmente misogino, tratto dalla *satura De officio mariti* («Il dovere del marito»):

> *Vitium uxoris aut tollendum aut ferendum est: qui tollit vitium, uxorem commodiorem praestat; qui fert, sese meliorem facit.* (XX, 84)
>
> Un difetto della moglie o va eliminato o va sopportato: chi elimina il difetto rende migliore la moglie, chi lo sopporta rende migliore se stesso.

Oppure presentavano amare riflessioni sulla vita e sulla morte:

> *Sed neque vetulus canterius quam novellus melior, nec canitudini comes virtus.* (I, 2)
>
> Ma un vecchio cavallo da tiro non è migliore di un puledro, e la virtù non è compagna di viaggio dei capelli bianchi.

Con l'esperienza delle *Saturae Menippeae*, soprattutto grazie all'introduzione del prosimetro, Varrone ha segnato un'**evoluzione della satira di Lucilio** e si è posto come modello di un filone particolare che si svilupperà in epoca neroniana, e che comprende l'*Apokolokýntosis* di Seneca e il *Satyricon* di Petronio.

IN SINTESI

■ Opera di fondamentale importanza, in 25 libri, il ***De lingua latina*** propone una **trattazione sistematica della lingua di Roma**, che parte dalla sua origine storica per affrontare l'etimologia delle parole e sviluppare la trattazione di morfologia, sintassi e stilistica. Di questo lavoro restano solo sei libri (dal v al x) mutili e lacunosi: essi testimoniano il metodo tenuto da Varrone nel ricostruire l'etimologia delle parole, quindi affrontano il problema della disputa tra anomalisti e analogisti, tra i quali Varrone assume una posizione intermedia e conciliativa. Le **etimologie** varroniane si basano su un principio di origine stoica, secondo il quale ogni parola contiene in sé il motivo del suo significato. Nello studio dei fenomeni linguistici fu tra i primi a osservare il mutamento delle parole nel tempo.

■ Le ***Disciplinae*** affrontavano in una sorta di enciclopedia le **nove arti liberali**: dialettica, retorica, grammatica, aritmetica, geometria, musica, astronomia, medicina e architettura.

■ Il dialogo ***De re rustica*** è stato tramandato integralmente dagli stessi codici che riportavano il *De agri cultura* di Catone il Censore: l'opera è strutturata in tre libri. Come già Catone, anche Varrone si propone come **criterio-guida l'utile**, ossia il guadagno che in diverse forme può derivare dall'attività agricola. In tale prospettiva fondamentale era l'apporto dato dagli schiavi: tuttavia, rispetto all'atteggiamento spietatamente utilitaristico di Catone, le pagine di Varrone rivelano la **mutata situazione storica**, che induceva a trattare gli schiavi in modo più umano.

■ Importanti sono le differenze fra l'opera catoniana e il *De re rustica*. Varrone ha davanti a sé, come lettore ideale, il **grande latifondista** quale lui stesso era; diverso è anche il livello letterario delle due opere: il *De agri cultura* era quasi un manuale di uso pratico, il *De re rustica* invece ha **qualche pretesa letteraria**, soprattutto nella scelta del dialogo.

■ Opere più creative sono i ***Logistorici***, che trattavano in 76 libri **argomenti di carattere morale**, esemplificati ciascuno da un personaggio famoso, indicato nella doppia titolazione (per esempio, *Marius de fortuna*): essi rappresentavano un'esposizione filosofica di **carattere divulgativo**, in forma di brevi trattati o dialoghi.

■ La principale opera letteraria di Varrone furono però le ***Saturae Menippeae***, che si proponevano **scopi edificanti, ma in forma di intrattenimento**. Erano raccolte in ben 150 libri, di cui restano circa 600 frammenti e molti titoli. Sono componimenti misti di prosa e poesia (prosimetro) di contenuto filosofico e satirico-morale, ispirati allo scrittore e filosofo cinico Menippo di Gadara, in cui si condannano i vizi moderni, l'immoralità della politica, rimpiangendo i buoni costumi antichi.

Lo stile

la lingua

La lingua di un ricercatore

Varrone – più scienziato che letterato – scrive in forme non particolarmente rielaborate: la sua lingua è **essenzialmente ruvida ma chiara**, impastata di arcaismi, popolarismi e termini ricercati ad arte. Nei trattati maggiormente tecnici compaiono moltissimi termini scientifici, mentre nelle opere di maggior creatività (come le *Menippeae*) l'espressione è vivace e colorita, come quando scrive: «Molto spesso i bambini in casa inciampano mentre alzano il capo a contemplare le forme di formaggio appese agli uncini». Nei suoi frammenti troviamo un **lessico vario** e a volte inaspettatamente contrastante, che va dai termini popolari agli arcaismi alle parole raffinate e dotte, mentre lo stile spesso sembra nervoso e spezzato, vicino all'asianesimo.

sintassi e stile

Se osserviamo in particolare le opere rimaste, la sintassi e lo stile sono più trascurati nel *De lingua latina*, mentre appaiono più curati nel *De re rustica* e nei frammenti delle *Saturae*, anche se prevalgono sempre la paratassi, la *brevitas*, i troncamenti che ricordano il modello catoniano, in quello che M. Von Albrecht ha definito «stile da taccuino» (M. VON ALBRECHT, *Storia della letteratura latina*, Torino, Einaudi, 1994, vol. I, p. 586). Un chiaro esempio: *si est homo bulla, magis senex* («se l'uomo è una bolla d'aria, ancor più lo è un vecchio», I, 1).

La fortuna

Un grande "vaso collettore" dell'antichità latina

A fronte del naufragio della sua produzione, abbiamo un giudizio unanime su Varrone che, dai suoi contemporanei agli autori medievali, vedono in lui il ***doctissimus Romanorum***, un vero e proprio monumento all'erudizione. Cicerone, come abbiamo detto, esalta la funzione culturale che ebbero le *Antiquitates*; tra i poeti, Virgilio lesse il *De re rustica* per le sue *Georgiche* e le opere antiquarie per raccogliere notizie sulle antiche genti italiche, che avrebbero popolato la seconda parte dell'*Eneide*; dopo di lui lo consultò a fondo Ovidio. Ancora in età imperiale il filosofo Seneca e il "romanziere" Petronio guarderanno alle sue *Saturae Menippeae*. Lo studio delle opere di Varrone attraversò tutta la linea dell'erudizione antica, da Gellio a Macrobio e Servio, fino ad arrivare – nel Medioevo – a Isidoro di Siviglia.

Lezione di un giurista all'università di Bologna, XIII secolo, Roma, Biblioteca Angelica.

Nel passaggio all'era cristiana, in Varrone fu anche individuata la più alta sintesi della cultura e della religione antiche, da conoscere a fondo anche per attaccare il paganesimo (Agostino, Girolamo). Petrarca, nel *Trionfo della fama*, ne dettò la più alta celebrazione, chiamandolo «terzo grande lume romano» dopo Cicerone e Virgilio.

Oggi è ripreso e studiato per il contributo dato allo sviluppo di scienze come l'antropologia, l'etnologia e la linguistica.

IN SINTESI

■ Varrone scrive in forme non particolarmente rielaborate: **la sua lingua è essenzialmente ruvida ma chiara**, impastata di arcaismi, popolarismi e termini ricercati ad arte. Nei trattati maggiormente tecnici compaiono moltissimi **termini scientifici**, mentre nelle opere di maggior creatività (come le *Menippeae*) l'espressione è vivace e colorita.

■ Tra le opere rimaste, la sintassi e lo stile sono più trascurati nel *De lingua latina*, mentre appaiono più curati nel *De re rustica* e nei frammenti delle *Saturae*, anche se **prevalgono sempre la paratassi, la *brevitas*, i troncamenti** che ricordano il modello catoniano.

■ Dai suoi contemporanei fino agli autori medievali, Varrone fu visto come il ***doctissimus Romanorum***, un vero e proprio monumento all'erudizione. Cicerone esalta la funzione culturale che ebbero le *Antiquitates*; tra i poeti, Virgilio e Ovidio lo lessero per documentarsi. In età imperiale il filosofo Seneca e il "romanziere" Petronio guarderanno alle sue *Saturae Menippeae*. Lo studio delle opere di Varrone attraversò tutta la linea dell'erudizione antica e medievale. Agostino e Girolamo ritennero doveroso studiarlo per criticare il paganesimo. Petrarca lo chiamò «terzo grande lume romano» dopo Cicerone e Virgilio.

INDICAZIONI BIBLIOGRAFICHE

Le edizioni dei testi

A. Reise, *Saturae Menippeae*, Lipsia, Teubner, 1865.
H. Keil, *De re rustica*, Lipsia, Teubner, 1884.
G. Goetz-F. Schoell, *De lingua Latina*, Lipsia, Teubner, 1910 (rist. Amsterdam 1964).
W.D. Hooper-H.B. Ash, *De re rustica*, Londra, Loeb, 1935.
F. Della Corte, *Menippearum fragmenta*, Genova, Istituto di Filologia Classica, 1953.
F. Bücheler-W. Heraeus, *Petronii saturae*, Berlino, Weidmann, 1958[7].
A. Traglia, *Opere*, Torino, UTET, 1974.
R. Astbury, *Saturae Menippeae*, Lipsia, Teubner, 1985.

Lo sfondo storico

R. Syme, *La rivoluzione romana*, trad. it. a cura di M. Manfredi, Torino, Einaudi, 1962.
J. M. André, *L'otium dans la vie morale et intellectuelle romaine des origines à l'époque augustéenne*, Paris, Presses Universitaires de France, 1966.
P.A. Brunt, *Classi e conflitti sociali nella Roma repubblicana*, trad. it. a cura di V. Calvani - M. Foladore, Bari, Laterza, 1972.
E. Gabba, *Esercito e società nella tarda repubblica romana*, Firenze, La Nuova Italia, 1973.
G. Cambiano, *La filosofia in Grecia e a Roma*, Roma-Bari, Laterza, 1983.
Aa. Vv., *Storia di Roma*, a cura di A. Momigliano - A. Schiavone, Torino, Einaudi, 1988.
E. Narducci, *Le risonanze del potere*, in *Lo spazio letterario di Roma antica. La circolazione del testo*, Roma, Salerno Editrice, 1989, pp. 533-577.
M.H. Crawford, *Roma nell'età repubblicana*, Bologna, Il Mulino, 1995.
A. Grilli, *Politica, cultura e filosofia in Roma antica*, Napoli, D'Auria, 2000.

Gli studi

U. Knoke, *La satira romana*, Brescia, Paideia, 1969.
F. Della Corte, *Varrone, il terzo gran lume romano*, Firenze, La Nuova Italia, 1970[2].
Aa. Vv., *Atti del congresso internazionale di Studi Varroniani*, Rieti, Centro Studi Varroniani, 1976.
A. Salvatore, *Scienza e poesia in Roma. Varrone e Virgilio*, Napoli, Guida, 1978.
Aa. Vv., *Studi su Varrone (in onore di B. Riposati)*, Rieti-Milano, Centro Studi Varroniani-Università Cattolica del Sacro Cuore, 1979.
F. Cavazza, *Studio su Varrone etimologo e grammatico*, Firenze, La Nuova Italia, 1981.
F. Della Corte, *La filologia latina dalle origini a Varrone*, Firenze, La Nuova Italia, 1981[2].
F. Zaffagno, *Varrone*, in Aa. Vv., *Dizionario degli scrittori greci e latini*, Milano, Marzorati, 1987, pp. 2311-2329.
M. Salanitro, *Le Menippee di Varrone. Contributi esegetici e linguistici*, Roma, Ateneo, 1990.

Sitografia

Intratext (**www.intratext.com/X/LAT0056.htm**): presenta il testo latino con concordanze, lista delle parole, indici di frequenza di *De re rustica, De lingua Latina, Saturae Menippeae*.
Latin Library (**www.thelatinlibrary.com/varro.html**): testo originale di *De re rustica, De lingua Latina*.
Readme (**www.readme.it/cat_opere_2_ClassiciLatini.shtml**): testo originale di *De re rustica, De lingua Latina*.

NON DUBITO FORE PLEROSQ QUI HOC GENUS SCRIPTU LEVE ET NON

CORNELIO NEPOTE

L'autore

Uomo di cultura, lontano dalla politica

le origini

Cornelio Nepote, di cui è ignoto il *praenomen*, **nacque presumibilmente attorno al 100 a.C. nella Gallia Cisalpina** (a Ostiglia, nel Mantovano, oppure a Pavia). Le scarse notizie sulla sua vita ci provengono da Plinio il Vecchio, che lo dice *Padi accola* (originario dei dintorni del Po). A Roma divenne amico di Cesare, di Cicerone, di Attico e dei *poëtae novi*, alcuni dei quali suoi conterranei: Catullo, in particolare, gli dedicò il *Liber* dei suoi carmi (carme 1, vedi a p. 275), lasciandoci così qualche informazione in più sulla produzione di Nepote. Egli rimase sempre **estraneo alle lotte civili** della sua epoca, preoccupato solo di comporre le sue opere, mantenendo un atteggiamento

BIOGRAFIA E *MOS*

Certe opere della storiografia cosiddetta minore sconfinano nel romanzesco, quando raccontano avventure di guerra e di viaggio, oppure nella morale, quando presentano casi di persone o eventi che sembrano fatti apposta per insegnare qualcosa a chi legge. Le biografie rientrano in queste categorie, insistendo in modo particolare sulla dimensione didascalica e morale. Sappiamo infatti che la definizione del comportamento in ambito latino passa attraverso la replica dei *mores* che vengono attribuiti ai *patres*. La scrittura della biografia non ha quindi un valore unicamente letterario ma anche etico, ponendosi in stretta relazione con la tradizione romana.

Erma bifronte di Omero e Menandro, I secolo d.C., Roma, Museo Nazionale Romano.

non dissimile da quello del suo amico Tito Pomponio Attico: una sorta di modello di vita per Nepote, che gli dedicò la più bella tra le sue biografie.
Così lo descrive Luca Canali, individuando nella sua scelta di vita una prova della difficoltà dei tempi: «La presunta mediocrità di Cornelio Nepote è la matrice non certo della sua inesistente grandezza, bensì della sua umbratile originalità. Egli è già un "umanista" (non è un caso che la parola *humanitas* ricorra così di frequente nella sua prosa) e, pur nella sua vita appartata e nella sua conclamata rettitudine, un cortigiano *ante litteram*, una persona disponibilissima, nel suo distacco dalla politica, all'ossequio del principe: somigliantissimo, per questo aspetto, al suo vero idolo, "il grande camaleonte" Pomponio Attico: così grande, questi, così perfetto, da lasciar piuttosto intendere come splendida generosità il dispendioso acquisto della propria equidistanza. Del resto chi sarebbe così stolto da considerare riprovevole animale il camaleonte, che trascolora insieme col suo ambiente, per sopravvivere in una natura ancestralmente dominata dalla legge del più forte, dalla violenza come condizione continua della vita?» (dalla *Introduzione* di Luca Canali a C. NEPOTE, *Gli uomini illustri*, Milano, Mondadori, 2002, p. VII).
Incerta è anche la data della **morte** di Cornelio Nepote, che viene generalmente fatta risalire a un anno **fra il 30 e il 25 a.C.**

IN SINTESI

- Cornelio Nepote **nacque attorno al 100 a.C. nella Gallia Cisalpina.**
- A Roma **divenne amico di Cesare, di Cicerone, di Attico e dei *poëtae novi***, alcuni dei quali suoi conterranei: Catullo, in particolare, gli dedicò il *Liber* dei suoi carmi (carme 1).
- Egli rimase sempre **estraneo alle lotte civili** della sua epoca, preoccupato solo di poter comporre le sue opere, mantenendo un atteggiamento simile a quello del suo amico Tito Pomponio Attico.
- Incerta è anche la data della **morte** di Cornelio Nepote, **avvenuta fra il 30 e il 25 a.C.**

L'opera

Le opere perdute

Proprio in base alla testimonianza di Catullo sappiamo che Nepote scrisse una ***Cronica* in tre libri**, una sintetica storia universale, oggi perduta, che raccoglieva i **principali avvenimenti di storia greca e romana**. Nel testo del carme 1 (riportato a p. 289), Catullo esalta i meriti di Nepote sia al v. 5 (*unus Italorum*), sia nell'intero v. 6 (*omne aevum tribus explicare cartis*) e mette in rilievo anzitutto l'originalità del compendio di una storia universale di Roma composta dall'amico («unico, primo fra gli Italici»), poi la sua maestria nel concentrare la storia universale (*omne aevum*) in soli tre libri (*tribus cartis*). La serietà di un'opera storica che ha richiesto all'amico erudizione (*doctis*) e una notevole fatica di elaborazione (*laboriosis*), viene contrapposta con un sorriso alle *nugae*, che sono oggetto della dedica di Catullo: sembra fuorviante l'interpretazione di chi ha voluto individuare un intento parodistico nella poesia, sincera appare la stima – e anche l'amicizia – del poeta nei confronti dell'erudito, che risulta così un personaggio non marginale nella vita culturale del I secolo a.C.
Perduti sono gli ***Exempla*** di Cornelio Nepote, una **raccolta di aneddoti e notizie antiquarie** almeno in cinque libri, ordinati secondo gli argomenti (storia, geografia, scienze, costume...); così pure le due **biografie di Catone il Censore e di Cicerone**, la prima delle quali fu poi riassunta nell'opera principale.

Statua ritratto del cosiddetto "Alcibiade", copia romana, I secolo d.C., Città del Vaticano, Museo Chiaramonti.

Il *De viris illustribus* e il genere biografico È questa una raccolta – in 16 o 18 libri – di **biografie di personaggi celebri suddivisi per categorie** (re, generali, storici, grammatici, giuristi, oratori, poeti...): Nepote alterna per ogni gruppo una coppia di libri, il primo relativo a personaggi greci, il secondo a esponenti romani. Egli probabilmente non è stato il primo biografo latino, ma il primo di cui è rimasta parte della produzione. Innovazione tutta sua fu, però, quella di inserire tra le categorie esaminate anche quella dei politici.

Del *De viris illustribus* sono pervenuti solo il libro sui generali stranieri (*De excellentibus ducibus exterarum gentium*) e due succinte biografie fra quelle relative agli storici (*De Latinis historicis*), una su Catone il Censore, l'altra su Pomponio Attico. A quest'ultimo, probabilmente, era dedicata l'intera opera. I condottieri greci di cui l'autore tratteggia il profilo biografico sono 19 (Milziade, Temistocle, Aristide, Pausania, Cimone, Lisandro, Alcibiade, Trasibulo, Conone, Dione di Siracusa, Ificrate, Cabria, Timoteo, Epaminonda, Pelopida, Agesilao, Eumene, Focione e Timoleonte), due sono cartaginesi (Amilcare e Annibale) e uno è persiano (Datame, della Caria). Nepote inoltre dedica anche un sintetico capitolo ai re antichi (*De regibus*).

Il genere della biografia (dal greco *bíos*, «vita» e *graphía*, «scrittura») comprende le opere in prosa relative alle vite dei grandi personaggi storici del passato (ma con Nepote si arriva ai contemporanei, come si vede per la biografia dell'amico Attico), narrate dagli scrittori con scopo diverso da quello storiografico vero e proprio. Infatti il biografo non si preoccupa di riferire compiutamente tutte le imprese compiute dal personaggio di cui scrive, quanto piuttosto di metterne in luce quei comportamenti (talora marginali o estranei rispetto alla storia ufficiale) che maggiormente sono rivelatori del carattere, della virtù o dei difetti. Il biografo, perciò, si rivela **attento alla vita privata**, a particolari anche curiosi, ad aneddoti oppure a episodi di vita significativi anche in prospettiva morale.

Limiti di un lavoro innovativo Il *De viris illustribus* di Cornelio Nepote risponde a queste caratteristiche: in una galleria piuttosto monotona di vizi e di virtù, vuole presentare una **rassegna di tipi umani**, ora negativi, ora positivi, finalizzata a confrontare tra loro i costumi greci con quelli romani (anche se la parte relativa ai condottieri latini è andata perduta). Allo scrittore, in particolare, interessa l'episodio, l'**aneddoto con finalità moraleggianti**, com'era tipico delle biografie ellenistiche.

la finalità moraleggiante

Cornelio Nepote, «uomo colto, non di pensiero» (Riposati), scrisse dunque opere di argomento vario, collocate sempre tra la raccolta enciclopedica e l'insegnamento morale. La sua preparazione letteraria, storica e geografica gli permise di spaziare in diversi campi, attingendo a fonti greche e latine (anche se sono state evidenziate imprecisioni storiche), senza mai toccare le corde profonde delle tematiche affrontate o dei personaggi descritti. Le vite di uomini illustri, che restano di lui, rivelano **discrete capacità narrative**, una certa finezza nel cogliere fatti, aneddoti o aspetti secondari dell'esistenza dei suoi personaggi, senza però arrivare a quello scavo interiore cui avrebbe portato una più profonda preparazione filosofica o una più robusta tempra narrativa. Il *De viris illustribus* risulta essere **opera pedagogica** (nell'esaltare aristocraticamente le virtù dei singoli) e opera **di intrattenimento**, particolarmente adatta alla scuola – che ne assicurò il successo e la tradizione **– ma piuttosto superficiale e meccanica** nella concatenazione degli eventi. L'erudizione, la narrazione gradevole e il rispetto della morale tradizionale hanno la meglio sulla complessità degli eventi storici e dei cuori umani.

i limiti

Alcuni aspetti della sua opera risultano però interessanti e innovativi: nell'attenzione dedicata alle doti del singolo individuo egli si riallaccia alla tradizione ellenistica, ma trova anche un **collegamento con l'antica tradizione aristocratica** delle *laudationes funebres* e degli *elogia* sepolcrali (vedi pp. 25 e 20), innovandola nell'ambito della letteratura latina, proprio come stava facendo il contemporaneo Varrone con le sue *Imagines* (vedi p. 620). Infine bisogna sottolineare come il confronto sistematico che Nepote opera tra i grandi uomini romani e stranieri non si risolva in una meccanica esaltazione della latinità e dei suoi eroi: egli, anzi, riesce a mettere in luce anche le virtù di alcuni grandi condottieri avversari di Roma, primo fra tutti Annibale, il nemico per eccellenza, che appare in una luce positiva per le sue straor-dinarie qualità militari e per la sua scelta di vita, consacrata a una causa perdente, ma perseguita fino alla morte. Soprattutto lascia trasparire un **atteggiamento di rispetto e tolleranza per tradizioni, usi e costumi lontani da quelli romani**, che segnano anche differenze nel sistema di valori: un interesse antropologico per la diversità, insomma. Così scrive Nepote nella *Prefazione*:

> Sono certo, o Attico, che molti riterranno questi miei scritti di scarso momento e non abbastanza degni della persona di uomini sommi, quando leggeranno, da me riferito, chi abbia insegnato la musica a Epaminonda e ricordare tra i suoi pregi che

Statua ritratto di Temistocle, V secolo a.C., Atene, Museo Archeologico Nazionale.

IN SINTESI

- Da Catullo sappiamo che Nepote scrisse una ***Cronica* in tre libri**, una **sintetica storia universale**, oggi perduta, che raccoglieva i principali avvenimenti di storia greca e romana. Sincera appare la stima del poeta nei confronti dell'erudito, che risulta così un personaggio non marginale nella vita culturale del I secolo a.C.

- Perduti sono gli ***Exempla***, una **raccolta di aneddoti e notizie antiquarie** almeno in cinque libri, ordinati secondo gli argomenti (storia, geografia, scienze, costume...); e così pure le due **biografie di Catone il Censore e di Cicerone**, la prima delle quali fu poi riassunta nell'opera principale.

- Il ***De viris illustribus*** è una raccolta – in 16 o 18 libri – di **biografie di personaggi celebri suddivisi per categorie** (re, generali, storici, grammatici, giuristi, oratori, poeti...): Nepote alterna per ogni gruppo una coppia di libri, il primo relativo a personaggi greci, il secondo a esponenti romani. Dell'opera sono pervenuti solo il libro sui generali stranieri e due succinte biografie fra quelle relative agli storici, una su Catone il Censore, l'altra su Pomponio Attico.

- Il genere della biografia comprende le opere in prosa relative alle vite dei grandi personaggi storici del passato, narrate dagli scrittori con scopo diverso da quello storiografico vero e proprio. Infatti il biografo si preoccupa di metterne in luce quei comportamenti (talora marginali o estranei rispetto alla storia ufficiale) che maggiormente sono rivelatori del carattere, della virtù o dei difetti. Il biografo, perciò, si rivela **attento alla vita privata**, a particolari anche curiosi, ad aneddoti oppure a episodi di vita significativi in prospettiva morale.

- Nel *De viris illustribus* Cornelio Nepote vuole presentarci una **rassegna di tipi umani**, ora negativi, ora positivi, finalizzata a **confrontare tra loro i costumi greci con quelli romani**. Le vite di uomini illustri rivelano discrete capacità narrative, una certa finezza nel cogliere fatti, aneddoti o aspetti secondari dell'esistenza dei suoi personaggi, senza però arrivare a quello scavo interiore cui avrebbe portato una più profonda preparazione filosofica o una più robusta tempra narrativa: il *De viris illustribus* risulta essere **opera pedagogica e opera di intrattenimento**, particolarmente adatta alla scuola, che ne assicurò il successo e la tradizione.

- Alcuni aspetti della sua opera sono però interessanti e innovativi: il **collegamento con l'antica tradizione aristocratica** delle *laudationes funebres* e degli *elogia* sepolcrali e l'atteggiamento di rispetto e tolleranza per tradizioni, usi e costumi lontani da quelli romani, che segnano anche differenze nel sistema di valori: un **interesse antropologico per la diversità**, insomma.

sapeva danzare con grazia e suonava con perizia il flauto. Ma si tratterà comunemente di quanti, ignari della cultura greca, nulla giudicheranno giusto se non ciò che si confà ai loro costumi. Costoro, se acquisiranno il concetto che non per tutti le medesime cose sono onorevoli o turpi, ma tutte devono essere valutate secondo la consuetudine degli avi, non si stupiranno se nell'esporre le virtù dei Greci abbiamo seguito i loro costumi. Infatti non fu disonorevole per Cimone, sommo fra gli Ateniesi, prendere in sposa la sorella germana, proprio perché i suoi concittadini praticavano la medesima usanza. Ciò è invece illecito secondo i nostri costumi.

(C. Nepote, *Gli uomini illustri*, trad. di L. Canali, Milano, Mondadori, 2002, p. 5).

Lo stile

una prosa facile e piana

Una prosa per la scuola

La prosa di Nepote si presenta **fluida, facile e piana**, caratterizzata da un **registro stilistico medio**, a metà strada tra l'eleganza del *sermo urbanus* (lingua colloquiale delle classi colte) e la vivacità della lingua parlata (*sermo cotidianus*). Questi elementi hanno indubbiamente favorito nel tempo la fortuna di Nepote come scrittore, adatto alla lettura nelle scuole. A un'analisi linguistica più accurata, la sua prosa appare piuttosto scialba e disadorna, solo qua e là costellata da espressioni colorite o da abbellimenti retorici. Tuttavia l'apparenza di spontaneità non deve trarre in inganno: **molti sono, infatti, i tecnicismi e gli artifici** usati da Cornelio, come chiasmi, zeugmi, anafore e paronomasie, la cui funzione è di impreziosire una lingua di per sé piuttosto dimessa, costruita su un lessico non ricco. Talora sfoggia allitterazioni a effetto, come *modus mensurae medimnus* (*Atticus* 2, 6) oppure *Magnesiae morbo mortuum* (*Themistocles* 10, 4).

Talora sembra che Nepote miri a imitare Cicerone, quando costruisce periodi lunghi e sovraccarichi. A volte, invece, si distacca dal latino classico e anticipa usi linguistici più tardi, come la desinenza in *-i* (anziché in *-e*) dell'ablativo singolare degli aggettivi comparativi; oppure come l'impiego di *multo* (anziché *longe*) per il rafforzamento dei superlativi.

il lessico e la sintassi

È da notare anche l'**uso particolare di certi termini**: da un lato alcuni molto dotti e ricercati come *hiems* per *procella*, «tempesta»; *salum* per *mare*, dall'altro arcaismi come *dispalari* per *dissipari* o *dispergi* «sparpagliarsi»; *parserat* per *pepercerat*. La sintassi, infine, presenta alcune irregolarità, come ad esempio la costruzione del verbo *persuadeo* (con l'infinito) e di *dico* (impiegato al passivo sempre in forma impersonale).

La fortuna

Un modello minore

Le opere perdute di Cornelio Nepote fornirono notizie ad alcuni autori antichi (probabilmente Plutarco e Gellio attinsero informazioni dai *Chronica*), ma ben presto furono soppiantate da altre più ampie e sicure. Le sue biografie, invece, ebbero una forte influenza sui biografi successivi, come Igino, Svetonio e Girolamo. Sulla scia di quest'ultimo, gli scrittori cristiani apprezzarono il suo stile sobrio e la sua moralità. La fortuna di Nepote, come si è detto, fu soprattutto **la lingua**, non brillante ma piana e abbastanza chiara per essere impiegata come strumento didattico nelle scuole. È raccomandato, per esempio, da un grande innovatore come il pedagogista e scrittore ceco Comenio (XVIII secolo). Anche un grande scrittore come Goethe lo ricorda nei suoi studi giovanili, con poco affetto per la sua incapacità di coinvolgere i giovani. Alcuni critici oggi ritengono che Nepote sia autore da riscoprire come importante **complemento ai grandi storici**.

IN SINTESI

■ La **prosa** di Nepote si presenta **fluida, facile e piana**, caratterizzata da un **registro stilistico medio**, a metà strada tra l'eleganza del *sermo urbanus* (lingua colloquiale delle classi colte) e la vivacità della lingua parlata (*sermo cotidianus*); perciò Nepote è stato sempre considerato **scrittore adatto alla lettura nelle scuole**.

■ Tuttavia l'apparenza di spontaneità non deve trarre in inganno: **molti sono, infatti, i tecnicismi e gli artifici** usati da Cornelio, come chiasmi, zeugmi, anafore e paronomasie, la cui funzione è di impreziosire una lingua di per sé piuttosto dimessa, costruita su un lessico non ricco.

■ Talora sembra che Nepote miri a imitare Cicerone, quando costruisce periodi lunghi e sovraccarichi. A volte, invece, si distacca dal latino classico e **anticipa usi linguistici più tardi**.

■ Le opere perdute di Cornelio Nepote fornirono notizie ad alcuni autori antichi. Le sue **biografie**, invece, ebbero una forte influenza sui biografi successivi, come Igino, Svetonio e Girolamo. Sulla scia di quest'ultimo, gli scrittori cristiani apprezzarono il suo stile sobrio e la sua moralità.

■ La fortuna di Nepote, come si è detto, fu soprattutto la **lingua**, impiegata come strumento didattico nelle scuole.

■ Alcuni critici oggi ritengono che Nepote sia autore da riscoprire come **importante complemento ai grandi storici**.

INDICAZIONI BIBLIOGRAFICHE

Le edizioni dei testi

Edizioni critiche:
A.M. GULLEMIN, Parigi, Les Belles Lettres, 1961[2].
E. MALCOVATI, Torino, Corpus Paravianum, 1964[3].
P.K. MARSHALL, Lipsia, Teubner, 1977.
Vite e frammenti, a cura di A. SARTORI, Milano, Rusconi, 1980.
Gli uomini illustri, a cura di L. CANALI, Roma-Bari, Laterza, 1983.
Vite dei massimi condottieri, a cura di C. VITALI, Milano, BUR Rizzoli, 1986.
Vite degli uomini illustri, a cura di G.A. CORNACCHIA, Bologna, Zanichelli, 1989.

Lo sfondo storico

R. SYME, *La rivoluzione romana*, trad. it. a cura di M. MANFREDI, Torino, Einaudi, 1962.
J.M. ANDRÉ, *L'otium dans la vie morale et intellectuelle romaine des origines à l'époque augustéenne*, Paris, Presses Universitaires de France, 1966.
P.A. BRUNT, *Classi e conflitti sociali nella Roma repubblicana*, trad. it. a cura di V. CALVANI-M. FOLADORE, Bari, Laterza, 1972.
E. GABBA, *Esercito e società nella tarda repubblica romana*, Firenze, La Nuova Italia, 1973.
AA. VV., *Storia di Roma*, a cura di A. MOMIGLIANO e A. SCHIAVONE, Torino, Einaudi, 1988.
E. NARDUCCI, *Le risonanze del potere*, in *Lo spazio letterario di Roma antica. La circolazione del testo*, Roma, Salerno Editrice, 1989, pp. 533-577.
M.H. CRAWFORD, *Roma nell'età repubblicana*, Bologna, Il Mulino, 1995.

Gli studi

S. COSTANZA, *Considerazioni relativistiche nella praefatio di Cornelio Nepote*, in «Teoresi», 1955, pp. 131-159.
A. MOMIGLIANO, *Lo sviluppo della biografia greca*, Torino, Einaudi, 1974.
A. LA PENNA, *Mobilità dei modelli etici e relativismo dei valori: da Cornelio Nepote a Valerio Massimo e alla laus Pisonis*, in *Società romana e produzione schiavistica*, vol. III, a cura di A. GIARDINA e A. SCHIAVONE, Roma-Bari, Laterza, 1981.
E. NARDUCCI, *Cornelio Nepote e la biografia romana*, introduzione a CORNELIO NEPOTE, *Vite dei massimi condottieri*, Milano, BUR Rizzoli, 1986.
L. CANALI, *Un uomo di transizione*, introduzione a C. NEPOTE, *Gli uomini illustri*, Milano, Mondadori, 2002.

Sitografia

Bibliotheca Augustana (**www.fh-augsburg.de/%7Eharsch/nep_intr.html**): presenta i frammenti dei *Chronica*, degli *Exempla* e altri frammenti, inoltre il testo originale del *De viris illustribus*.
Intratext (**www.intratext.com/X/LAT0130.htm**): presenta il testo latino con concordanze, lista delle parole, indici di frequenza del *De viris illustribus*.
Latin Library (**www.thelatinlibrary.com/nepos.html**): testo originale di *De viris illustribus*.
Readme (**www.readme.it/cat_opere_2_ClassiciLatini.shtml**): testo originale di *De viris illustribus* e di frammenti dalle opere minori.

GAIO SALLUSTIO CRISPO

L'autore

Un grande storico

Uomo politico chiacchierato, partigiano di Cesare, scrittore dotato di uno stile denso ed efficace, Sallustio visse gli anni centrali di quella guerra civile che avrebbe trasformato Roma in un principato e tentò di esaminare le cause di tale evoluzione attraverso un'originale lettura, che lo colloca **tra i più importanti storiografi dell'antichità**, forse il primo grande storico della letteratura latina.

Nacque il 1° ottobre dell'anno 86 a.C. nella Sabina orientale, ad Amiterno – oggi San Vittorino, nei pressi de L'Aquila – da una famiglia probabilmente plebea, ma agiata.

gli esordi politici

Recatosi a Roma, **intraprese la carriera politica** mettendosi in luce tra i *populares*: primo esponente della sua famiglia a rivestire cariche pubbliche (anche se non giunse mai al consolato), probabilmente fu eletto questore nel 55 (o 54) a.C., mentre nel 52 a.C. divenne tribuno della plebe. Nei torbidi di quegli anni, fu uno dei protagonisti della campagna scatenata contro Milone – l'uccisore del cesariano Clodio – e contro il suo difensore Cicerone (secondo i pettegolezzi, anche a causa di una tresca fra Sallustio e la moglie di Milone, Fausta, figlia di Silla, che era stata scoperta dal marito).

Un uomo politico controverso

Nonostante l'amicizia e l'appoggio di Cesare, che fu il nume tutelare della sua carriera politica, nel 50 a.C. lo colpì

le accuse

la vendetta degli *optimates* ed egli **fu espulso dal senato *probri causa***, cioè «per indegnità»; vi fu riammesso un anno più tardi proprio grazie al suo potente protettore. Durante la guerra civile **fu ufficiale nelle fila cesariane**, con scarso successo sul campo, ma mostrando una certa abilità nell'organizzazione del supporto logistico. Forse fu anche per questo motivo che egli nel 46 a.C. fu sorprendentemente scelto da Cesare, dopo le vittorie in Africa, quale **primo governatore della provincia dell'*Africa Nova***, sorta al posto del regno di Numidia, che si era schierato con Pompeo. Secondo alcuni storici antichi (Cassio Dione), Sallustio si comportò in maniera rapace e al suo ritorno fu **accusato di concussione** (*de repetundis*), per aver sfruttato e rapinato i provinciali. L'accusa, al di là delle motivazioni politiche, pare trovare significativi indizi nelle sue enormi ricchezze, che gli permisero di acquistare i favo-

losi *horti Sallustiani*, fra il Pincio e il Quirinale, e la villa di Cesare a Tivoli.[1] Ancora grazie a Cesare riuscì a evitare il processo a patto di ritirarsi per sempre a vita privata, cosa che fece, dedicandosi allora a scrivere opere storiografiche.
Morì nel 35 (o 34) a.C.

1. Alcuni studiosi pongono in dubbio tali eventi, sostenendo che l'acquisto degli *horti Sallustiani* sia stato operato da un suo discendente indiretto.

GLI *HORTI SALLUSTIANI*

La tradizione attribuisce a Sallustio una villa molto ricca; noi non sappiamo se fosse di Sallustio o meno, tuttavia un'area molto vasta tra il Quirinale e il Pincio era occupata da una villa lussuosa e giardini meravigliosi. Si incominciò a scoprirne le tracce agli inizi del Seicento, quando la famiglia Ludovisi fece costruire in quella stessa area una villa elegantissima. Vennero alla luce così statue, erme e obelischi, che rivelarono effettivamente l'esistenza in quella zona di una lussuosa villa romana con un parco dagli alberi d'alto fusto, alberi da frutto, giochi di architetture con statue e tempietti, laghetti artificiali e forse anche un tempio dedicato a Venere. Le ipotesi di datazione fanno intendere che la villa fosse di poco successiva alla data in cui l'avrebbe potuta abitare Sallustio, ma la leggenda rimane.

Un guerriero galata si trafigge dopo avere ucciso la moglie; copia romana da originale greco, rinvenuta nella zona degli *horti Sallustiani*, I secolo a.C., Roma, Museo Nazionale Romano.

IN SINTESI

- Sallustio **nacque il 1° ottobre dell'86 a.C.** nella Sabina orientale, ad Amiterno, da una ricca famiglia plebea. Recatosi a Roma, **intraprese la carriera politica** mettendosi in luce tra i *populares*: fu eletto questore nel 55 (o 54) a.C., nel 52 a.C. divenne tribuno della plebe.
- Fu uno dei **protagonisti della campagna scatenata contro Milone**, l'uccisore del cesariano Clodio, e contro il suo difensore Cicerone. Nonostante l'amicizia e l'appoggio di Cesare, nel 50 a.C. lo colpì la vendetta degli *optimates* ed egli fu **espulso dal senato *probri causa***, cioè «per indegnità»; vi fu riammesso un anno più tardi proprio grazie al suo potente protettore.
- Durante la guerra civile **fu ufficiale nelle fila cesariane**. Nel 46 a.C. fu scelto da Cesare quale **primo governatore della provincia dell'*Africa Nova***; secondo alcuni storici antichi, Sallustio si comportò in maniera rapace e al suo ritorno fu **accusato di concussione** (*de repetundis*). Ancora grazie a Cesare riuscì a evitare il processo, ma si ritirò per sempre a vita privata. Si dedicò allora a scrivere opere storiografiche. **Morì nel 35 (o 34) a.C.**

L'opera

La monografia storica in Sallustio

Di Sallustio, oltre ad alcune opere di incerta attribuzione (le due *Epistulae ad Caesarem senem de re publica* e l'*Invectiva in Ciceronem*) e a frammenti di un'opera storica di impianto annalistico (*Historiae*), sono pervenute integralmente due monografie alle quali è legata la maggiore fama dell'autore: il *Bellum Catilinae* (o *De Catilinae coniuratione*) in 61 capitoli, e il *Bellum Iugurthinum* in 114 capitoli.

la monografia storica

La **monografia** storica può essere considerata un particolare **sottogenere della storiografia**: essa presenta la **trattazione di un argomento specifico e delimitato**, in genere relativo a un periodo breve e abbastanza recente rispetto all'autore che ne scrive, ottenendo così anche un maggiore coinvolgimento del lettore coevo. Gli esempi più significativi nella letteratura latina sono proprio le due opere di Sallustio (*De Catilinae coniuratione* e *Bellum Iugurthinum*), che trovavano un antecedente forse solo nell'opera perduta di Celio Antipatro (vedi p. 341). Tra i modelli greci, invece, gli studiosi sono concordi nel sottolineare come non abbiano avuto grande influenza su Sallustio gli storiografi di età ellenistica ma piuttosto **Tucidide**, il più grande tra gli storici greci (vedi a p. 338): già Quintiliano lo definiva giustamente *aemulus Thucydidis* (*Inst.*, 10, 1, 101). Sallustio riprese da lui alcuni elementi strutturali delle sue opere, come la presenza di un proemio, gli *excursus* sui fatti precedenti (la cosiddetta archeologia) e i discorsi giustapposti dei contendenti, finalizzati a metterne in luce l'azione e la personalità. Tuttavia, l'eredità più significativa del modello tucidideo sta nell'**elaborazione letteraria delle vicende storiche** e nella **ricerca delle cause dei fatti narrati** (in questo caso relative alla crisi dello Stato romano) che, per lo storico latino, sono anzitutto di natura etico-politica. Nel proemio del *De Catilinae coniuratione*, Sallustio esprime questa scelta metodologica in modo esplicito, affermando di voler raccontare le imprese di Roma ***carptim*** (da *carpere*, prendere, afferrare), ovvero per argomenti, rifiutando la tradizione annalistica che intendeva il racconto storico solo nella logica della narrazione dei fatti ordinati anno per anno per lunghe sezioni cronologiche.

il modello di Tucidide

L'impostazione monografica permette così a Sallustio di affrontare la crisi istituzionale e sociale in cui Roma era caduta attraverso l'analisi di due episodi, forse non tra i più clamorosi, ma a suo parere significativi per comprendere cause e conseguenze di ciò che stava avvenendo ai suoi tempi: nella prima opera affronta un tentativo di congiura nel cuore di Roma, che svela la corruzione morale della città e i problemi della vita politica; nella seconda una guerra "di frontiera", che rende manifesta la paralisi di un'intera classe sociale nelle cui mani era il potere politico, e la necessità di "uomini nuovi" alla guida di Roma.

Statua ritratto dello storico greco Tucidide, III secolo a.C., Toronto, Royal Ontario Museum.

Il *De Catilinae coniuratione*

La prima opera monografica di Sallustio affronta un episodio drammatico della storia repubblicana, cioè il tentativo di colpo di Stato (avvenuto vent'anni prima, nel 63 a.C.) da parte di Catilina e dei suoi complici. Si tratta della stessa congiura della quale Cicerone, che l'affrontò e represse come console, ha lasciato una viva testimonianza attraverso le orazioni *Catilinarie* (vedi p. 419). Ecco in sintesi il contenuto del *De Catilinae coniuratione*.

I CONTENUTI DEL *DE CATILINAE CONIURATIONE*

La monografia si apre con un **proemio** (capp. 1-4) in cui l'autore riflette sul lavoro dello storico; quindi passa a **ritrarre il protagonista** della congiura, Lucio Sergio Catilina (5), uomo dotato di indubbie qualità fisiche e intellettuali, ma di animo corrotto e depravato.

Primo *excursus* (6-13): Sallustio esalta i costumi dell'antica storia di Roma, che prosperò con la virtù e la sobrietà di vita, mentre poi cominciò a decadere con il diffondersi delle ricchezze, del lusso e dell'ambizione per il potere.

Prima fase della congiura (14-36, 1-3): Catilina, che già aveva tentato nel gennaio del 65 a.C. di eliminare i consoli designati, raduna attorno a sé molti seguaci di eterogenea provenienza, ma tutti ostili alla repubblica aristocratica: giovani ambiziosi e corrotti, aristocratici indebitati, nobili decaduti e numerosi gruppi di schiavi, ai quali promette abolizioni di debiti, nuove proscrizioni e confische, magistrature e cariche sacerdotali. La *nobilitas* senatoria, fiutato il pericolo, fa eleggere consoli Gaio Antonio e Cicerone (63), mentre Catilina fa adepti anche tra gli avidi veterani di Silla e coinvolge nella congiura perfino qualche donna, come la corrotta Sempronia. Si raduna a Fiesole un esercito di ribelli, capeggiati da Manlio. Con un discorso abile e appassionato, Catilina esorta alla rivoluzione i complici (fra i quali vi sono personaggi assai noti in politica, come L. Cassio Longino, C. Cornelio Cetego e P. Cornelio Lentulo) e tenta di far uccidere Cicerone che, però, riesce a far arrestare i sicari. Allora Catilina l'8 novembre si reca in senato, dove il console Cicerone lo attacca duramente, costringendolo a lasciare Roma e a unirsi con i ribelli a Fiesole. Il senato decreta nemici pubblici Catilina e Manlio.

Secondo *excursus* (36, 4-39, 5): le condizioni politiche e sociali di Roma.

Seconda fase della congiura (39, 6-49): Cicerone ottiene una prova decisiva contro i congiurati grazie a un'ambasceria di Galli Allòbrogi giunti a Roma per protestare contro i soprusi del loro governatore del 64, L. Murena. Il catilinario Lentulo tenta di guadagnarli alla causa dei congiurati, ma essi si confidano con il loro patrono che avvisa Cicerone: si studia allora un piano per cui i Galli fingono di accettare e si fanno rilasciare una lettera compromettente per i catilinari, che vengono poi arrestati sul ponte Milvio. La lettera è la prova scritta del "colpo di stato" e grazie a essa Lentulo, Cetego e gli altri catilinari vengono arrestati.

La seduta del senato del 5 dicembre 63 (50-53, 1): nonostante il parere contrario di Cesare, il quale, con un discorso ampio e articolato, domanda soltanto l'esilio e la confisca dei beni, nonché il diritto alla *provocatio ad populum* per gli arrestati, contro di essi viene decretata la pena di morte, sostenuta da un discorso altrettanto forte di Catone Uticense. Riflessione sulla grandezza di Roma e **confronto tra Cesare e Catone**.

Conclusione della vicenda (53, 2-61): a sera dello stesso giorno i cinque catilinari vengono strangolati. Catilina e i suoi in armi tentano la fuga dall'Etruria verso la Gallia Transalpina, ma presso Pistoia, nel gennaio del 62, finisce l'avventura rivoluzionaria dei congiurati, che si scontrano militarmente con l'esercito regolare romano comandato da Antonio e Petreio. Dopo una valorosa resistenza, i Catilinari vengono duramente sconfitti, ma Catilina riscatta la sua fama, perché muore combattendo eroicamente.

Frontone, retore del II secolo d.C., ammirando la sapiente costruzione della monografia, affermò che il *De Catilinae coniuratione* era stato scritto *structe*, cioè in modo ben strutturato: in effetti l'opera appare frutto di un curato disegno. Seguiamo dunque un percorso attraverso le "parti" della monografia, soffermandoci a rilevare anche i temi fondamentali e i nodi interpretativi che emergono.

Un proemio problematico I quattro capitoli iniziali a una prima lettura appaiono avulsi dal resto della storia: in realtà essi, oltre a rispondere a un luogo comune della storiografia greca (che apriva le proprie opere con una riflessione teorica di impianto filosofico), permettono di capire il senso del lavoro storiografico secondo Sallustio. Egli si è dedicato alla storiografia solo dopo essersi ritirato dalla vita politica attiva, per le note accuse che gli erano state rivolte: ecco allora che, impossibilitato a "fare storia", si è impegnato a studiare e **scrivere storia**, rivendicando la dignità e l'importanza di questa attività quale **ideale prosecuzione della prassi politica**:

il senso del lavoro storiografico

Verum enim vero is demum mihi vivere atque frui anima videtur, qui aliquo negotio intentus praeclari facinoris aut artis bonae famam quaerit. Sed in magna copia rerum aliud alii natura iter ostendit. Pulchrum est bene facere rei publicae, etiam bene dicere haud absurdum est; vel pace vel bello clarum fieri licet; et qui fecere et qui facta aliorum scripsere, multi laudantur. Ac mihi quidem, tametsi haudquaquam par gloria sequitur scriptorem et actorem rerum, tamen in primis arduum videtur res gestas scribere.

Mentre certamente, infine, mi sembra vivere e godere della vita quello che, intento a qualche attività, cerca la gloria di un'illustre impresa e di una nobile occupazione.

Ma in così grande quantità di opere, la natura mostra ad ognuno un diverso cammino. È bello giovare allo stato; anche non è disdicevole il bene esprimersi; è lecito acquistare fama in pace o in guerra; molti hanno ottenuto gloria operando, molti narrando le imprese altrui. Quanto a me, sebbene non pari gloria segua chi scrive e chi compie le imprese, tuttavia mi sembra oltremodo arduo scrivere storie.

(trad. di L. Canali)

un autorevole giudice dei fatti

G. Garbarino giustamente nota che, per affrontare un tale lavoro, Sallustio deve in qualche modo purificare la propria figura, trasformandosi da uomo politico dal passato non proprio cristallino a serio e autorevole giudice dei fatti narrati, se vuole impostare una visione della storia di stampo moralistico:

Sed ego adulescentulus initio, sicuti plerique, studio ad rem publicam latus sum ibique mihi multa advorsa fuere. Nam pro pudore, pro abstinentia, pro virtute audacia, largitio, avaritia vigebant.

Quae tametsi animus aspernabatur insolens malarum artium, tamen inter tanta vitia imbecilla aetas ambitione corrupta tenebatur; ac me, cum ab reliquorum malis moribus dissentirem, nihilo minus honoris cupido eadem, qua ceteros, fama atque invidia vexabat. Igitur ubi animus ex multis miseriis atque periculis requievit et mihi reliquam aetatem a re publica procul habendam decrevi, non fuit consilium socordia atque desidia bonum otium conterere neque vero agrum colundo aut venando, servilibus officiis, intentum aetatem agere; sed, a quo incepto studioque me ambitio mala detinuerat, eodem regressus statui res gestas populi Romani carptim, ut quaeque memoria digna videbantur, perscribere, eo magis, quod mihi a spe, metu, partibus rei publica animus liber erat.

Ora, fin da giovane, come i più, fui tratto da ambizione alla vita pubblica, e ivi incontrai molte avversità, poiché invece della modestia, della parsimonia, del valore, regnavano sfrontatezza, prodigalità, avidità. Sebbene il mio animo disprezzasse tutto ciò, inesperto tuttavia fra tanti vizi, la mia fragile età, sedotta dall'ambizione, veniva mantenuta in un clima di corruzione; e sebbene dissentissi dai pravi costumi degli altri, tuttavia la medesima cupidigia di gloria mi tormentava esponendomi come gli altri alla maldicenza e all'invidia.

Dunque, allorché l'animo trovò posa fra tante tribolazioni e pericoli, e decisi di trascorrere il resto della mia vita lontano dalle cure pubbliche, non pensai di consumare un tempo prezioso nell'inerzia e nella pigrizia, né spenderlo dedicandomi all'agricoltura o alla caccia, attività da schiavi; ma tornato alla mia passione d'un tempo da cui mi aveva distolto la mala ambizione, decisi di narrare le gesta del popolo romano per episodi, così come mi risultavano degne di memoria, tanto più che avevo l'animo scevro da speranze, timori, passioni politiche.

(trad. di L. Canali)

Così egli crea un narratore ideale delle vicende storiche, che ne sia anche giudice imparziale. Scrivere di storia, dunque, significa fare un'attività equivalente a quella di un politico attivo e al tempo stesso esercitare un'attività di studio letterario, ma non solo. Ancora nel proemio Sallustio porta all'attenzione dei suoi lettori un concetto che egli ritiene fondamentale nella storia, quello relativo all'esercizio della ***virtus***. Seguendo Platone, Sallustio riconosce negli uomini una dimensione fisica che li accomuna agli animali e una dimensione animica che li accomuna agli dèi. Per non trascorrere la propria vita nel silenzio, proni come bestie, schiavi del proprio ventre e del proprio corpo, gli uomini devono usare l'***ingenium*** e compiere opere degne di ammirazione (*egregia facinora*), esercitando così la *virtus*. Dal testo sallustiano, però, emerge che la ***virtus*** non è solo di chi per tradizione e per nascita è supposto possederla, ovvero la classe nobiliare, ma **è dote di tutti**. In questo, il proemio sallustiano è profondamente innovativo e rivoluzionario: spezza la tradizione che voleva nell'appartenenza a una *gens* la premessa necessaria per il possesso della *virtus* e la suppone esistere invece in tutti gli uomini che usano l'*ingenium*, anche gli *homines novi*, ad esempio (come sarà Mario nel *Bellum Iugurthinum*). Peraltro, l'esempio portato da Catilina è la dimostrazione *e contrario* del suo ragionamento: chi è nobile per nascita non è detto che eserciti la *virtus*, anzi dimostra di possederla potenzialmente, ma di non esercitarla. L'uso positivo o mancato della *virtus*, attraverso l'analisi storica, risulterà essere uno dei principali motivi dell'attuale crisi dello Stato.

l'esercizio della *virtus*

UNA CONGIURA DI BASSO PROFILO

Lo storico Gelzer, riprendendo Sallustio per analizzare la storia degli anni intorno all'affermazione di Cesare, ritiene che Catilina fu protagonista di una congiura di basso profilo e che, se per caso Catilina ce l'avesse fatta, né lui né i suoi avrebbero potuto usufruire della vittoria a lungo. Infatti in poco tempo «uno più potente avrebbe tolto loro *imperium et libertatem*», intendendo con questo che la crisi che essi avevano provocato era un passaggio, di corto respiro, tra il governo oligarchico e la futura monarchia, forme di governo più organizzate e stabili di quanto non riuscisse a prevedere il debole e corrotto Catilina. Ben diversa fu la manovra di Cesare, che seppe vedere le conseguenze della sua azione con altra lungimiranza, muovendo uomini e mezzi di tutt'altra portata.

Ares Ludovisi, copia romana da originale greco, Roma, Museo Nazionale Romano.

Catilina "eroe nero" e i ritratti dei protagonisti Il proemio è immediatamente seguito dal ritratto di Catilina (cap. 5), animatore della congiura e protagonista dell'opera. Egli è dipinto da Sallustio a tinte fosche e diviene simbolo del rivoluzionario immorale e depravato, giudicato negativamente, quasi si concentrassero solo in lui e nella sua azione i reali e complessi motivi storico-sociali che stavano causando la crisi irreversibile della *res publica.* Nel contempo egli appare anche dotato di indubbie capacità di seduzione: è uno di quegli uomini che sanno imporre la propria volontà sugli altri. Catilina è ritratto attraverso una serie di violenti contrasti (vedi p. 627) ed emerge, nelle parole di Sallustio, anche una certa ammirazione nei suoi confronti, che diverrà esplicita nel tragico finale della vicenda, quando Catilina morirà combattendo coraggiosamente.

i ritratti

È questo il primo di una **serie di ritratti**, eseguiti con grande perizia artistica, che svolgono una funzione importante nell'opera sallustiana e rispondono alla sua visione di una storia che non è più opera collettiva, ma il risultato dell'**azione di grandi personalità**: le cose a Roma stanno cambiando, la *virtus* che fa la storia non è più quella del *genus* – come evidenzia M. Bettini – ma quella dell'individuo.

Le finalità degli *excursus* Come si può comprendere da quanto detto fino qui, uno degli scopi fondamentali della storiografia per Sallustio non è di ricercare cause economiche o sociali alla radice degli eventi storici, ma piuttosto **leggere la storia attraverso un'ottica di tipo etico**. La visione moralistica della storia emerge soprattutto nei due *excursus* presenti nella monografia, il primo dei quali segue immediatamente il ritratto di Catilina (capp. 6-13) e si modella sulla famosa "archeologia" di Tucidide (vedi p. 338): in questa sezione Sallustio narra in rapida sintesi l'ascesa militare e la decadenza morale di Roma, individuando il punto di svolta nella vittoria su Cartagine. A seguito di quell'evento storico, sarebbe finito per Roma il ***metus hostilis*** (timore del nemico) cioè la consapevolezza dell'esistenza di una minaccia esterna che era stata in grado di compattare il tessuto sociale di Roma. Il dominio sul Mediterraneo e la grande quantità di ricchezze affluite nella città hanno causato il deterioramento degli antichi costumi e della stessa vita sociale, soprattutto tra le fila dell'aristocrazia. È da questo crollo dei costumi e del modello etico-politico tradizionale che può nascere un "frutto malato" come Catilina, non a caso collegato alla drammatica esperienza sillana e all'aristocrazia decaduta.
Il secondo *excursus*, collocato in posizione centrale (capp. 36-39), torna sulle condizioni politiche e sociali di Roma proprio a partire dalla dittatura di Silla (foriera di molte sventure) e giunge a una condanna più equilibrata delle due fazioni che si fronteggiano a Roma. Non solo gli *optimates*, ma anche i *populares* con i loro capi inseguono il successo della propria fazione e quello personale, non certo il bene della collettività; l'avidità di ricchezza e di potere sono i mali che minano la società romana alla radice.
Come si può notare, i due *excursus*, lungi dall'essere parentesi staccate dal contesto della narrazione, **tratteggiano il necessario sfondo** per comprendere la congiura di Catilina e ribadiscono la lettura "morale" che Sallustio offre degli eventi storici.

NO!

Cesare, Catone e l'uomo politico ideale Strettamente collegata ai due *excursus* di carattere morale si colloca l'ampia sezione che Sallustio dedica alle **figure di Cesare e Catone Uticense**, situata cronologicamente a partire dalla seduta del senato del 5 dicembre del 63 a.C.: una sorta di pausa dilatata (e un pezzo di bravura retorica), subito prima che la vicenda corra verso il tragico epilogo. I due uomini politici si confrontano in senato, attraverso due lunghe orazioni, sulla proposta di mettere immediatamente a morte i catilinari catturati. Cesare si fa porta-

due figure complementari

voce di una posizione garantista, legalitaria, che vorrebbe mantenere per gli accusati la *provocatio ad populum* e la condanna all'esilio (pena in cui di solito si commutava la condanna a morte di cittadini romani). Alle lucide, pacate, razionali argomentazioni di Cesare risponde Catone con un discorso ricco di *pathos*, che spinge ad approvare la soppressione dei congiurati per la mostruosità del loro delitto nei confronti dello Stato, in nome del valore supremo della patria e del *mos maiorum*. I due discorsi sono seguiti da un confronto sintetico ma giustamente famoso (capp. 53-54), condotto attraverso la **tecnica alessandrina della *sýnkrisis***, che prevede un'introduzione e lo **sviluppo delle due personalità attraverso l'antitesi**. I due caratteri sono contrassegnati da virtù diverse e complementari: la generosità, la grandezza d'animo, l'operosità in Cesare, l'ordine, l'austerità, il rispetto per i valori tradizionali in Catone.

È evidente come Sallustio – assumendo una posizione equilibrata tra i due – voglia da una parte **scagionare Cesare**, il suo referente politico, dalle accuse di populismo e di coinvolgimento nella congiura (cui pure Catone accenna velatamente nel suo discorso), dall'altra indichi come siano necessarie le qualità e la visione dello Stato espresse da entrambi per formare un **uomo politico ideale**, in grado di risollevare la vita politica e sociale romana da quella prostrazione in cui l'ha gettata la malattia morale (*vis morbi atque uti tabes*, 36,5) descritta negli *excursus*.

In questa prospettiva di lettura della crisi, appare fortemente ridimensionata la figura del console Cicerone, che pure aveva presentato se stesso come il vero salvatore dello Stato: egli è semplicemente l'alto funzionario che ha svolto il suo dovere, tra timori e difficoltà. Altri sono stati i protagonisti della storia.

I tre littori, che precedevano in città i magistrati romani, I secolo a.C., Parigi, Museo del Louvre.

Sallustio storico narratore

In conclusione, alcune osservazioni sulle modalità narrative usate da Sallustio per il racconto della congiura. Nello sviluppo delle vicende, lo storico opera una selezione, puntando la sua attenzione soprattutto su alcuni episodi e personaggi-chiave. Pur senza abbandonarsi agli eccessi patetici della storiografia romanzata di origine greca ellenistica, ne sente in qualche modo l'influenza: anche la sua tecnica narrativa concede qualcosa al gusto del tragico, al fatto straordinario, al particolare raccapricciante o eroico, che possano **catturare l'attenzione del lettore**. Nonostante questo, però, è sempre **molto controllato nei suoi giudizi** e pronto a smontare accuse o dicerie false, oppure a dichiarare la propria impossibilità ad appurare come siano andati realmente i fatti (come avviene al termine del capitolo 22 del *De Catilinae coniuratione*, a proposito del giuramento sacrilego dei catilinari). In questo modo **si contemperano** in lui **le esigenze di una rigorosa ricostruzione dei fatti, per risalire alle cause** di eventi tanto drammatici, **e quelle di un narratore**, che non vuole rinunciare ai colori e ai colpi di scena nel suo racconto.

Scrive a questo proposito Ettore Paratore: «L'attenzione dell'autore è sempre dedicata a ciò che può far colpo sulla fantasia del lettore: così in rapidi tocchi son delineate le mutevoli reazioni della plebe romana alle contrastanti e clamorose notizie che la sommuovono; ha inizio quella tecnica, che culminerà con Tacito, di distribuire gli effetti ora penetrando a fondo nella psiche dei personaggi, ora tracciando suggestive scene di folla. Anche i tratti più inverosimili, ma idonei ad aggiungere un brivido alla scena, non sono trascurati, perché l'autore, come più tardi Tacito, ricorre all'espediente di presentarli sotto forma di *rumores*, di dicerie: così per esempio la voce che Catilina, nella riunione decisiva in casa sua, abbia fatto bere ai congiurati sangue umano misto a vino» (E. PARATORE, *Storia della letteratura latina*, Firenze, Sansoni, 1967, pp. 290-291).

IN SINTESI

- Di Sallustio, oltre ai frammenti di un'opera di storiografia annalistica (*Historiae*), sono pervenute integralmente due monografie: il ***Bellum Catilinae*** (o *De Catilinae coniuratione*) e il ***Bellum Iugurthinum***. La **monografia** è un sottogenere della storiografia che presenta la trattazione di un argomento specifico, relativo a un periodo breve e abbastanza recente rispetto all'autore. L'impostazione monografica permette all'autore di **affrontare la crisi istituzionale e sociale in cui Roma era caduta**: l'analisi di due episodi significativi e circoscritti permette di comprendere cause e conseguenze dell'attuale situazione storica.

- Tra i modelli greci ha influenza su di lui in particolare **Tucidide**, da cui riprende alcuni **elementi strutturali** (un proemio, gli *excursus* "archeologici" e i discorsi giustapposti dei contendenti), ma soprattutto l'**elaborazione letteraria** delle vicende e la **ricerca delle cause** di una situazione storica generale.

- Il *De Catilinae coniuratione* è un'**opera articolata**, che presenta un proemio di taglio filosofico, due *excursus* storici e discorsi diretti, oltre a una narrazione selettiva dei fatti più rilevanti. L'argomento è relativo al tentativo di colpo di stato (avvenuto nel 63 a.C.) da parte di Catilina e dei suoi complici, sventato da Cicerone.

- Nel **proemio** Sallustio rivendica dignità all'attività storiografica quale ideale prosecuzione della prassi politica. Per affrontare una simile prospettiva, Sallustio trasforma la propria immagine da quella di uomo politico chiacchierato a serio e autorevole giudice dei fatti narrati: così egli crea un narratore ideale delle vicende storiche.

- Nel lungo proemio affronta anche il tema della ***virtus***, che per lui non può essere legata solo alla nobiltà dei natali, ma si esprime attraverso la capacità del singolo individuo di compiere azioni positive con l'esercizio del proprio ***ingenium***. La figura di Catilina dimostra appunto che la nobiltà di nascita non è determinante per l'esercizio della *virtus*.

- Il **ritratto** di Catilina in cui si concentrano i motivi storico-sociali che causavano la crisi della repubblica, è il primo di una serie; eseguiti con grande perizia artistica, essi svolgono una funzione importante nell'opera e rispondono a una particolare visione della storia che non è più opera collettiva, ma risultato dell'azione di grandi personalità.

- Il **primo *excursus*** storico, dopo aver evocato il successo internazionale di Roma, fa corrispondere a esso il crollo del modello etico-politico tradizionale: da ciò può nascere un "frutto malato" come Catilina.

- Il **secondo *excursus*** giunge a una condanna più equilibrata delle due fazioni che si fronteggiano a Roma: non solo gli *optimates*, ma anche i *populares* con i loro capi inseguono il successo della propria fazione e quello personale. L'avidità di ricchezza e di potere sono i mali che minano la società romana alla radice.

- Collegata ai due *excursus* è l'ampia sezione dedicata alle **figure di Cesare e Catone Uticense**, che si confrontano in senato sulla proposta di mettere a morte i catilinari catturati. I caratteri dei due personaggi sono contrassegnati da virtù complementari: la generosità, la grandezza d'animo, l'operosità in Cesare, l'ordine, l'austerità, il rispetto per i valori tradizionali in Catone. Sallustio vuole da una parte scagionare Cesare dalle accuse di coinvolgimento nella congiura, dall'altra indicare come siano necessarie le qualità e la visione dello Stato espresse da entrambi per formare un **uomo politico ideale, in grado di risollevare la vita politica e sociale romana**. In questa prospettiva è fortemente ridimensionata la figura del console Cicerone.

- Nello sviluppo delle vicende, lo storico punta la sua attenzione su alcuni episodi e personaggi-chiave. Nella sua trattazione degli eventi si contemperano le esigenze di una rigorosa **ricostruzione dei fatti**, per risalire alle loro cause, e quelle del **narratore**, che non vuole rinunciare alla qualità espositiva nel suo racconto.

Bellum Iugurthinum Anche l'argomento del *Bellum Iugurthinum* trova la sua causa remota nell'**esame della crisi istituzionale della repubblica aristocratica**: l'avvenimento centrale è costituito dalla guerra contro Giugurta, re dei Nùmidi, combattuta stancamente e con alterne vicende dai Romani dal 111 al 105 a.C. Sallustio presenta in primo piano specialmente due personaggi chiave: da un lato il principe barbaro Giugurta, avido di potere e disposto a ogni scelleratezza pur di conseguire il regno, e dall'altro Gaio Mario l'*homo novus* romano, capace di riscattare tanto il prestigio del popolo romano quanto gli interessi dei *populares* e dei mercanti, vincendo una guerra in cui aveva fallito in precedenza il generale Cecilio Metello, appartenente alla *nobilitas*.

Carica delle truppe romane (part.), II secolo d.C., Roma, Museo Nazionale Romano.

I CONTENUTI DEL *BELLUM IUGURTHINUM*

Dopo aver elogiato (nel proemio) la storia che stimola gli animi generosi a emulare la gloria degli antenati (capp. 1-4), l'inizio del *Bellum Iugurthinum* illustra la **situazione del regno di Numidia**: il re Micipsa, padre di Adèrbale e Iémpsale, ha adottato anche il nipote Giugurta, giovane intelligente e ambizioso. Costui, alla morte di Micipsa nel 118 a.C., fa uccidere Iempsale, e sconfigge anche Aderbale, legittimo erede, che chiede aiuto a Roma. Giugurta fa corrompere alcuni influenti uomini politici romani e il senato manda in Numidia alcuni legati per dividere il regno fra i due pretendenti. Giugurta allora attacca Aderbale a Cirta e, malgrado una mediazione romana, s'impadronisce della città, dove uccide il fratellastro e gli Italici che lo avevano seguito. Solo a questo punto Roma interviene militarmente, ma la guerra va per le lunghe a causa della corruzione di alcuni comandanti romani appartenenti alla *nobilitas* (capp. 4-40).
In questa sezione compare un ***excursus* etnogeografico sull'Africa** (capp. 17-19) e, prima di introdurre l'evolvere delle vicende, se ne aggiunge **un secondo sulla corruzione politica di Roma** determinata dal *mos partium et factionum* (il modo di comportarsi delle parti politiche), che ha portato lo Stato alla lacerazione interna.
Riprende la narrazione: dopo le violente proteste della plebe, il senato invia in Africa Cecilio Metello, un aristocratico onesto, e Gaio Mario, *homo novus* che aspira al consolato e che, su plebiscito popolare, subentra al collega nel comando supremo della campagna militare. La guerra prosegue con fortune alterne: nel frattempo Mario, che si è positivamente messo in luce per le sue doti e la forte personalità, torna a Roma, dove viene eletto console nel 107 a.C.: poi rientra in Africa e sconfigge presso Cirta Giugurta con il suo alleato, il re Bocco di Mauritania. Giugurta è catturato in un'imboscata tesagli da Bocco e Silla (che appare sulla scena politico-militare come ufficiale di Mario); quindi viene consegnato a Mario che nel 104 a.C. è rieletto console e celebra il trionfo (capp. 43-116). Nel corso di questa sezione si colloca il **terzo *excursus*** presente nel testo, nuovamente di carattere geografico, **dedicato alla città di *Leptis*** (capp. 78-79).

Uno scenario ampio

La seconda monografia è più lunga e articolata rispetto al *De Catilinae coniuratione*, anche perché le vicende qui esaminate si sviluppano in un arco di tempo più ampio (12 anni circa, contro i pochi mesi della congiura) e su scenari diversi, che dilatano anche lo spazio: è continuo il passaggio tra Roma – dove serpeggia la corruzione e si scatena la lotta per il controllo del potere – e l'Africa, teatro della guerra vera e propria.

Stele raffigurante un cavaliere vittorioso in battaglia, I secolo d.C., Colonia, Museo Romano-germanico.

La **struttura** del testo non è diversa da quella del *De Catilinae coniuratione*, in quanto si ripresenta l'apertura dell'opera attraverso un **proemio** programmatico, vengono introdotti **discorsi** (tra i quali spiccano per la loro importanza quelli del tribuno Memmio e di Mario al popolo) ed ***excursus***. Ci soffermiamo ora in particolare sugli *excursus* dell'opera che, come si è visto attraverso il riassunto dell'opera, sono tre: il **primo** (capp. 17-19) è di carattere geografico ed etnografico e descrive i territori africani dove si svolgono i combattimenti: una necessità per i lettori, invitati a seguire le tappe di una guerra che non ha più uno sviluppo romano e italico come la congiura di Catilina. Il **secondo** *excursus* si trova quasi a metà dell'opera (capp. 41-42) e assume una funzione centrale per l'interpretazione politica delle vicende: nella dura critica alle feroci lotte partitiche, che accomuna aristocratici e democratici, prevale però l'attacco alla classe nobiliare, che oramai è rappresentata come una *lobby* di interesse, corrotta e completamente piegata su se stessa. Il **terzo** *excursus* (capp. 78-79), in modo tipologicamente simile al primo, tratta della posizione geografica e della storia leggendaria della città di *Leptis* (l'odierna Lebda, in Libia), corredato dall'episodio dei fratelli Fileni, singolare esempio di amore patrio: una sorta di pausa nella narrazione, per affrontare in crescendo il drammatico finale, secondo un meccanismo già sperimentato nella prima monografia con la pausa dedicata a Cesare e Catone.

Giugurta, una personalità *in fieri*

Il grande avversario di Roma, in questo caso, è un principe straniero, che ha saputo per lungo tempo tenere in scacco le legioni romane. La figura di Giugurta, delineata a tinte fosche quanto quella di Catilina, incarna la **progressiva degenerazione** di una forte personalità giovanile che, senza freni morali, è destinata fatalmente a divenire malvagia e corrotta: anche in questo caso la negatività del personaggio è ingigantita artificiosamente da Sallustio, per ampliarne la portata esemplare e conferire effetti drammatici alla narrazione. Una tecnica narrativa più matura permette però allo storico di costruire **un ritratto** del principe numida non statico, chiuso in un "medaglione", ma ***in fieri***: Giugurta entra in scena come un giovane e valoroso alleato dei Romani, agli ordini dei quali combatte sotto le mura di Numanzia, guadagnandosi anche la loro ammirazione. Sono i cattivi consiglieri e l'esempio di nobili e corrotti ufficiali romani a gonfiare la sua ambizione: egli diviene così un implacabile e astuto cacciatore di potere, capace di usare la violenza contro i suoi parenti (gli eredi diretti al trono di Numidia) e la corruzione nei confronti di una classe dirigente romana per la quale «tutto è in vendita» (*Romae omnia venalia esse*). Giugurta è spinto da una

la progressiva degenerazione

forte energia (riemerge l'attenzione di Sallustio per la *virtus* individuale), che si colora di inquietudine e presagi di morte nel finale dell'opera. Anch'egli, come Catilina, lotta fino all'ultimo, e deve arrendersi solo di fronte al tradimento (da parte dell'ex alleato, il re Bocco di Mauritania) e all'inganno di un nuovo ufficiale romano, che si presenta già con le caratteristiche dell'astuzia e della spietatezza: è Silla, il futuro dittatore, che esegue la cattura di Giugurta.

Mario: l'allargamento della classe politica Come si è detto, lo scenario dell'opera è duplice e certamente le vicende che hanno per sfondo Roma sono le più importanti e gravide di conseguenze. Nella grande Città, infatti, si afferma la figura di Mario su cui Sallustio impernia un'importante riflessione. Il generale dichiara apertamente nel suo "autoritratto" (vedi p. 659) di non poter esibire immagini di antenati o elenchi di trionfi riportati, ma di poter mostrare, se richiesto, medaglie e decorazioni militari e soprattutto le cicatrici sul petto! È un **nuovo concetto di nobiltà** che si afferma storicamente a Roma, **basata** non più sull'eredità di sangue, ma **sui meriti e il valore personale** (***virtus* individuale**). Certo, l'ammirazione che Sallustio mostra per Mario non è totale e senza limiti: rende più sfumato il suo giudizio la valutazione negativa di quel provvedimento da lui adottato, che permetteva di arruolare nell'esercito come professionisti i *capite censi* (i nullatenenti). Lo storico sapeva per esperienza diretta quante violenze e quante sanguinose e interminabili lotte civili sarebbero derivate, anche a causa dello stesso Mario, dal potere incontenibile dei militari divenuti ceto di governo per la forza delle armi. Si può affermare, però, che nella figura di Mario, scevra dai suoi errori nella riforma militare, Sallustio veda una **possibile via d'uscita dalla crisi istituzionale romana**: era fondamentale per lui l'apporto di una nuova classe politica, che superasse l'antica *nobilitas* senatoria e si fondasse sulla *virtus* individuale, al di là dell'appartenenza di casta. Per Sallustio, quindi, la guerra giugurtina è un chiaro esempio di come l'opposizione antinobiliare dei *populares* e degli *homines novi* fosse finalmente riuscita a dimostrare di poter costituire un'alternativa politica a una classe sociale ricca ormai solo di privilegi e di blasoni ereditati senza meriti.

un nuovo concetto di nobiltà

Le *Historiae*: il ritorno all'annalistica Le *Historiae* sallustiane, un'opera strutturata in 5 libri, abbandonano il genere monografico per trattare invece un **periodo storico ampio**, secondo i canoni della storiografia annalistica tradizionale. Essa probabilmente ricopriva un arco cronologico compreso tra il 78 a.C. (anno della morte di Silla), laddove terminavano i 23 libri di *Historiae* di Lucio Cornelio Sisenna (vedi p. 662), e il 63 a.C., ricollegandosi in tal modo alle vicende esposte nel *De Catilinae coniuratione*.

Attualmente **non possediamo che pochi frammenti delle *Historiae***, la parte più significativa dei quali è costituita da **quattro discorsi** e da **due lettere** tramandati da un codice vaticano. La narrazione doveva imperniarsi su uno scenario ben più vasto di quello delle monografie, rappresentando luoghi del mondo romano e barbaro distanti tra loro geograficamente e culturalmente. Inoltre, ben più complesse e articolate dovevano essere le vicende descritte, che si riferivano a conflitti, ribellioni, tensioni situate contemporaneamente in Roma e in altre parti della repubblica. Nella visione di Sallustio, tuttavia, si veniva a sottolineare l'incapacità a governare dell'aristocrazia senatoria, la corruzione di molti, l'avventura politica di uomini pronti a strumentalizzare forze sociali e politiche a proprio vantaggio. Ad esempio, nelle due lettere rimaste, Sallustio esprime ancora una volta la sua **critica nei confronti dell'oligarchia** e del suo potere, simpatizzando idealmente con gli uomini capaci di virtù, qualunque sia la loro provenienza. Nella **prima** delle due, rifacimento

i contenuti

la prima lettera

retorico di una missiva di Pompeo al senato, finalizzata a ottenere nuovi fondi per la campagna militare contro Sertorio in Spagna, l'atteggiamento del condottiero è superbo e contiene velate minacce verso i senatori, dei quali poi non esiterà a divenire difensore, nella guerra civile contro Cesare. L'arroganza di Pompeo è contrapposta in questo caso alla figura dell'*homo novus* Sertorio, per il quale l'autore manifesta una sincera ammirazione. La **seconda** lettera è ancora più interessante: contiene l'invito di Mitridate, re del Ponto, rivolto ad Arsace, re dei Parti, affinché si allei con lui nella lotta contro i Romani. Sulla scia del discorso di Critognato (presentato da Cesare nel *De bello Gallico*, vedi p. 365) e anticipando quello che sarà il discorso del capo caledone Calgaco (nell'*Agricola* di Tacito), anche questa epistola si colloca tra i testi di accusa all'imperialismo romano e alla sete di conquista che lo anima. Dai frammenti superstiti di quella che doveva essere la sua opera maggiore, emerge una **visione più pessimistica**, forse anche dovuta all'uccisione di Cesare e alla perdita di punti di riferimento politici per lo storico, che amplia i confini della crisi istituzionale e non vede più soluzioni a una politica dominata dall'ambizione e dalla corruzione.

la seconda lettera

Infine, come abbiamo accennato, ricordiamo che a Sallustio sono anche state attribuite dalla tradizione due *Epistulae* indirizzate a Cesare e l'*Invectiva in Ciceronem*, oramai considerate spurie dai critici; come anche è falsa la notizia secondo cui egli avrebbe composto un poema di argomento filosofico intitolato *Empedoclea*.

IN SINTESI

- La **seconda monografia** sallustiana si presenta **più lunga e articolata** rispetto alla prima: le vicende si sviluppano in un arco di tempo più ampio (12 anni) e su scenari diversi (Roma, dove serpeggia la corruzione e si scatena la lotta per il controllo del potere, e l'Africa, teatro della guerra vera e propria). L'avvenimento centrale su cui essa ruota è costituito dalla **guerra contro Giugurta**, re dei Nùmidi, combattuta con alterne vicende dai Romani dal 111 al 105 a.C. Essa si risolve positivamente per Roma solo con l'intervento dell'*homo novus* Mario.
- Strutturalmente riprende le modalità del *Bellum Catilinae*: un **proemio** programmatico, alcuni **discorsi** (tra i quali spiccano per la loro importanza quelli del tribuno Memmio e di Mario al popolo) e **tre *excursus*** di carattere storico ed etno-geografico.
- Il grande avversario di Roma è un principe straniero, Giugurta, che incarna la **progressiva degenerazione di una forte personalità**: dopo l'incontro con la corruzione dei Romani, fatalmente il giovane generale degenera, dimostrando con la sua parabola discendente che l'assenza di un agire improntato a un criterio etico risulta determinante in negativo nella condotta politica.
- Per Sallustio la guerra giugurtina è un esempio utile a dimostrare come l'opposizione antinobiliare dei *populares* e degli *homines novi* fosse finalmente riuscita a costituire un'**alternativa politica all'oligarchia**, tradizionalmente protetta da molti privilegi. Nella figura di Mario, Sallustio vede una possibile via d'uscita dalla crisi istituzionale romana: l'apporto di una nuova classe politica, che superi l'antica *nobilitas* senatoria e si fondi sulla *virtus* individuale, al di là dell'appartenenza di casta.
- Unico limite nella figura politica di Mario è costituito dalla **valutazione negativa del provvedimento** da lui adottato **circa l'arruolamento dei *capite censi*** (i nullatenenti) come professionisti: sanguinose e interminabili lotte civili sarebbero derivate infatti dal potere incontenibile dei militari divenuti ceto di governo per la forza delle armi.
- Le ***Historiae*** sallustiane (in 5 libri) trattavano invece un **periodo storico ampio**, secondo i canoni della storiografia annalistica tradizionale; l'opera ricopriva un arco temporale compreso tra il 78 a.C. (anno della morte di Silla) e il 63 a.C., ricollegandosi in tal modo alle vicende narrate nel *De Catilinae coniuratione*.
- Attualmente **non possediamo che pochi frammenti delle *Historiae***, la parte più significativa dei quali è costituita da **quattro discorsi** e da **due lettere** tramandati da un codice vaticano. Dai testi superstiti delle *Historiae* emerge una **visione più pessimistica**, forse anche dovuta all'uccisione di Cesare e alla perdita di punti di riferimento politici per lo storico.

Lo stile

Uno stile disarmonico e originale Tra i modelli della storiografia sallustiana possiamo riconoscere due autori, uno d'ambito greco e l'altro latino arcaico: Tucidide e Catone il Censore. La loro influenza a livello stilistico è evidente. Ad esempio, il desiderio di dare **densità** e **concisione** ai concetti senza preoccuparsi di scarti bruschi e di improvvise interruzioni è tratto tipico dello stile di Tucidide, che rifiutò sempre uno stile piano e regolare. In ordine a questa caratteristica narrativa, Sallustio scelse un **periodare spezzato e quasi disarmonico** ottenuto con asimmetrie, ellissi, asindeti, troncamento improvviso di alcune espressioni. Non a caso, Quintiliano – il già citato rétore e prosatore dell'età flavia – parlò del nuovo stile sallustiano come caratterizzato da *brevitas et abruptum sermonis genus* («concisione e stile spezzato di prosa», *Inst. or.*, IV, 2, 45). Si rifà ancora all'imitazione di Tucidide l'**uso della *variatio***, ossia il cambiamento di costrutto fra i membri di una stessa proposizione o di uno stesso periodo. Lo scopo è quello di condensare il massimo di significato in poche parole e di tenere desta l'attenzione del lettore con uno sviluppo del periodo mai banale o scontato. L'andamento rapido, conciso e sentenzioso dello stile è lontanissimo dalla fluidità e dalla *concinnitas* di Cicerone, mentre sembra preannunciare lo storico Tacito, anche per certe oscurità di linguaggio e per l'*inconcinnitas* (l'asimmetria, il consapevole rifiuto dell'armonia ritmica del periodo ampio).

i modelli: Tucidide

Da Catone, invece, Sallustio derivò il gusto per l'**arcaismo** sia nella scelta del lessico sia nell'organizzazione della sintassi: alla subordinazione egli preferì infatti la paratassi, che organizza informazioni o riflessioni attraverso blocchi giustapposti. Per quanto riguarda l'uso degli arcaismi, egli riteneva che dessero solennità (*gravitas*) alla sua prosa. Eccone alcuni molto frequenti: gerundivi in *-undus*, anziché in *-endus* (*faciundum* per *faciendum*; *potiundi* per *potiendi*); superlativi in *-umus*, anziché in *-imus* (*maxumus, optumus, pessumus*); nomi e aggettivi della terza declinazione uscenti all'accusativo pl. in *-is* anziché in *-es* (*omnis = omnes; testis = testes; civis = cives; acris = acres*); nomi della seconda declinazione con nominativo singolare in *-os* (anziché *-us*) e accusativo sing. in *-om* (anziché *-um*), come *novos, vivom, vacuos*; vocale *o* anziché *e/u* dopo la consonante *v* (*voster* per *vester*, *divorsus* per *diversus*, *volt* per *vult*, *volgus* per *vulgus*); uso di *forem, fores*... anziché *essem, esses*...; terminazione arcaica in *-ere* anziché in *-erunt* per la terza persona plurale dell'indicativo perfetto (*amavere* per *amaverunt*; *invasere* per *invaserunt*; *fuere* per *fuerunt*).

Catone

Tali scelte influenzano anche il "suono" del periodare sallustiano, sul quale egli lavora non con l'impiego delle *clausulae* metriche ciceroniane (vedi p. 490), bensì con figure retoriche di suono dalla patina arcaica, come allitterazioni e assonanze.

Insomma, uno stile irto, scosceso (*abruptum*, come ha detto Quintiliano), che ben si adatta alla sua visione drammatica e fondamentalmente pessimistica delle vicende storiche e che allontana anche idealmente la sua prosa storica da quella vicinanza all'oratoria che faceva per Cicerone della storiografia un *opus oratorium maxime*.

Strumenti per la scrittura in astuccio ligneo, I secolo d.C., Roma, Museo della civiltà romana.

La fortuna

Sallustio scrive il *De bello Iugurthino*, XV secolo, Parigi, Biblioteca Nazionale.

Modello di storia e di stile La figura e l'opera di Sallustio hanno offerto spunti per un confronto su diversi livelli. Anzitutto sul piano della **coerenza tra vita e opere**: già i suoi contemporanei, di ambiente pompeiano o filosenatorio, lo criticavano per la contraddizione che scorgevano tra il moralismo ostentato nelle sue opere e la condotta di vita. Tracce di questa critica giunsero fino ai primi autori cristiani: Lattanzio (III secolo d.C.), per esempio, si rammaricava del fatto che egli non fosse vissuto in modo conforme al suo pensiero. Anche Macrobio, scrittore pagano del IV-V secolo, lo attaccò, definendolo «il severo critico e censore della dissolutezza altrui» (*Sat.* III, 13,9). Questo tipo di osservazioni critiche, tuttavia, si esaurì e l'attenzione tornò alla sua opera storiografica, sul piano dello stile e dei contenuti. Già **pochi decenni dopo la sua morte**, accanto a chi aveva criticato i suoi arcaismi e la ripresa di Catone (Livio, Asinio Pollione), c'era stato chi lo aveva assunto quale modello di storiografia: Velleio Patercolo, per esempio, e Tacito, il suo erede naturale, che ebbe a definirlo *rerum Romanarum florentissimus auctor* («il più illustre storico romano», *Annales* III, 30). Marziale e Svetonio lo esaltarono come primo grande storico latino e anche Quintiliano, pur essendo così lontano dal suo stile, lo propose come lettura per gli allievi più esperti. Gli arcaisti d'epoca imperiale come Frontone, ovviamente, apprezzarono la sua lingua. **Agostino**, per tornare ai Padri della Chiesa, lodò l'amore per la verità proprio della storiografia sallustiana e tramandò importanti frammenti delle *Historiae*; sulla scia del grande pensatore, tutto il **Medioevo** lo lesse e lo studiò. Agostino influenzò anche il giudizio lusinghiero che ne diede Petrarca. Grande fu poi l'attenzione che gli dedicò il **Rinascimento**, quando Sallustio fu letto anche come studioso del "colpo di stato" (Poliziano), e questa chiave di lettura è stata significativamente ripresa anche in studi più recenti.

Ottocento e Novecento

Dal **Seicento** in avanti i potenti personaggi scolpiti da Sallustio fornirono spunti e materiale anche alle opere di poeti e drammaturghi (per esempio, fu molto amato da Alfieri e si può ritrovare un'eco della ritrattistica sallustiana anche nella costruzione del personaggio in Manzoni). È interessante notare come la "modernità" dello stile sallustiano abbia influenzato anche autori tra l'**Ottocento** e il **Novecento**, che esplicitamente si sono rifatti al suo modo di scrivere: per esempio il filosofo e scrittore tedesco Friedrich Nietzsche e lo scrittore austriaco Hugo von Hofmannsthal.

IN SINTESI

- Modelli stilistici della storiografia sallustiana sono soprattutto Tucidide e Catone il Censore, da cui deriva la tendenza alla **concisione**, l'uso della ***variatio*** e degli **arcaismi lessicali e sintattici**. Lo stile che ne risulta è originale, la costruzione del periodo mai banale o scontata. L'effetto ben lontano dalla *concinnitas* ciceroniana, tant'è che si parla di *inconcinnitas* (asimmetria, consapevole rifiuto dell'armonia ritmica del periodo ampio).

- Tali scelte influenzano anche il "suono" del periodare sallustiano, sul quale egli lavora con figure retoriche come allitterazioni e assonanze. Il risultato è uno **stile irto, scosceso** (*abruptum*, come ha detto Quintiliano), che ben si adatta alla sua visione drammatica e pessimistica delle vicende storiche. Il suo stile venne assunto come **modello di storiografia** soprattutto da Tacito, il suo erede naturale. Quintiliano lo propose come lettura per gli allievi più esperti.

- **Agostino** lodò il suo amore per la verità; tutto il **Medioevo** lo lesse e lo studiò. Agostino influenzò anche il giudizio che ne diede Petrarca; grande fu poi l'attenzione che gli dedicò il **Rinascimento**.

- Dal **Seicento** in avanti i personaggi di Sallustio fornirono spunti alle opere di poeti e drammaturghi (per esempio, fu molto amato da Alfieri). La "modernità" dello stile sallustiano ha influenzato anche autori tra l'**Ottocento** e il **Novecento**.

INDICAZIONI BIBLIOGRAFICHE

Le edizioni dei testi

C. Sallusti Crispi Historiarum reliquiae, a cura di B. MAURENBRECHER, Lipsia, Teubner, 1891-1893 (rist. Stoccarda, 1967).

C. Sallusti Crispi Catilina; Iugurtha; Orationes et epistulae excerptae de historiis, a cura di A.W. AHLBERG, Lipsia, Teubner, 1919.

De coniuratione Catilinae, a cura di L. STORONI MAZZOLANI, Milano, Rizzoli, 1976.

De coniuratione Catilinae, a cura di L. CANALI-R. SCARCIA, Milano, Garzanti, 1982.

Opere di C. Sallustio Crispo, a cura di R. CIAFFI, Milano, Bompiani, 1983.

Opere di C. Sallustio Crispo, a cura di P. FRASSINETTI-L. DI SALVO, Torino, UTET, 1991.

De bello Iugurthino, De Catilinae coniuratione, epistulae ad Caesarem, Invectivae, Historiae, a cura di L.D. REYNOLDS, Oxford, Clarendon Press, 1991.

De coniuratione Catilinae, a cura di G. PONTIGGIA, Milano, Mondadori, 1992.

Bellum Iugurthinum, a cura di L. ZUCCOLI CLERICI, Milano, Mondadori, 1992.

Sallust, The Histories, I, II, a cura di P. MCGUSHIN, Oxford, Clarendon Press, 1992-1994.

Bellum Iugurthinum, a cura di G. GARBUGINO-R. SCARCIA, Milano, Garzanti, 1994.

Lo sfondo storico

R. SYME, *La rivoluzione romana*, trad. it. a cura di M. MANFREDI, Torino, Einaudi, 1962.

J.M. ANDRÉ, *L'otium dans la vie morale et intellectuelle romaine des origines à l'époque augustéenne*, Paris, Presses Universitaires de France, 1966.

P.A. BRUNT, *Classi e conflitti sociali nella Roma repubblicana*, trad. it. a cura di V. CALVANI-M. FOLADORE, Bari, Laterza, 1972.

E. GABBA, *Esercito e società nella tarda repubblica romana*, Firenze, La Nuova Italia, 1973.

AA. VV., *Storia di Roma*, a cura di A. MOMIGLIANO-A. SCHIAVONE, Torino, Einaudi, 1988.

E. NARDUCCI, *Le risonanze del potere*, in *Lo spazio letterario di Roma antica. La circolazione del testo*, Roma, Salerno Editrice, 1989, pp. 533-577.

D. MUSTI, *Il pensiero storico romano*, in *Lo spazio letterario di Roma antica*, I, Roma, Salerno Editrice, 1989, pp. 177-240.

M.H. CRAWFORD, *Roma nell'età repubblicana*, Bologna, Il Mulino, 1995.

Gli studi

B. RIPOSATI, *L'arte del ritratto in Sallustio*, in «Rivista di Cultura Classica e Medievale», X, 1968, pp. 168-189.

R. SYME, *Sallustio*, Brescia, Paideia, 1968.

C. DE MEO, *Ideologia e stile in Sallustio*, Bologna, Patron, 1970.

F. GIANCOTTI, *Struttura delle monografie di Sallustio e Tacito*, Milano-Firenze, D'Anna, 1971.

L. CANFORA, *Il programma di Sallustio*, in «Belfagor», XXVII, 1972, pp. 137-148.

A. LA PENNA, *Sallustio e la "rivoluzione romana"*, Milano, Feltrinelli, 1973.

E. PARATORE, *Sallustio*, Roma, Edizioni dell'Ateneo, 1973.

L. CANFORA, *Storici della rivoluzione romana*, Bari, Dedalo, 1974.

S. MAZZARINO, *Il pensiero storico classico*, Roma-Bari, Laterza, 1974.

A. LA PENNA, *Aspetti del pensiero storico latino*, Torino, Einaudi, 1978.

G. CIPRIANI, *Sallustio e l'immaginario. Per una biografia eroica di Giugurta*, Bari, Adriatica, 1988.

R. ONIGA, *Il confine conteso. Lettura antropologica di un capitolo sallustiano del* Bellum Iugurthinum, 79, Bari, Edipuglia, 1990.

R. ONIGA, *Sallustio e l'etnografia*, Pisa, Giardini, 1995.

Sitografia

Alcuni siti che presentano opere di Sallustio, ma anche altre informazioni o link utili:

IntraText (**www.intratext.com/X/LAT0217.htm e www.intratext.com/X/LAT0042.htm**): presenta il testo originale con concordanze, liste di parole, indici di frequenza di *Catilina, Historiae, Iugurtha* e *Invectiva in Ciceronem.*

Siti che presentano i testi (spesso con traduzione a fronte):

Biblio-Net (**www.biblio-net.com/lett_cla/sallusti.htm**): riporta il testo originale di *Catilina, Historiae, Iugurtha* e *Invectiva in Ciceronem.*

Bibliotheca Augustana (**www.fh-augsburg.de/~harsc/sal_intr.html**): oltre ai testi delle due opere monografiche, riporta *Invectiva in Ciceronem, Epistula ad Caesarem* e alcuni frammenti delle *Historiae.*

The Latin Library (**http://www.thelatinlibrary. com/sall.html**): testo originale delle due opere monografiche e testi di *Historiae* e *Invectiva in Ciceronem.*

Readme (**www.readme.it/cat_opere_2_ClassiciLatini.shtml**): testo originale delle due monografie, dei frammenti delle *Historiae* e dell'*Invectiva in Ciceronem.*

Splash-Latino: (**www.splash.it/latino/?path=/sallustio**) testo originale e traduzione italiana (a cura di alcuni studenti) del *Catilina.*

STATUI RES GESTAS POPULI ROMAN CARPTIM PERSCRI

PERCORSI ANTOLOGICI

Le due monografie sallustiane presentano una serie di caratteristiche simili, sia nella struttura sia nel contenuto, ma è indubbio che tra le due esista una certa evoluzione. La tecnica narrativa si fa infatti più matura nel *Bellum Iugurthinum* ed evolve la visione della storia, sempre più tendente al pessimismo, fino a culminare – per quanto riusciamo a intuire dai frammenti – nelle *Historiae*.

Per questo motivo abbiamo scelto di presentare nel primo percorso una caratteristica delle monografie sallustiane che può dirsi comune alle due opere (l'attenzione e la descrizione dedicata alle forti personalità che fanno la storia), mentre negli ultimi due porremo in rilievo le specificità del racconto storico presenti in ognuna.

1 **Sallustio e l'arte del ritratto**
2 ***De Catilinae coniuratione*: la cronaca di un colpo di stato**
3 ***Bellum Iugurthinum*: ascesa e caduta di un principe ambizioso**

Erma doppia di Tucidide ed Erodoto, II secolo d.C., Napoli, Museo Archeologico Nazionale.

1 Sallustio e l'arte del ritratto

Ritratto di giovane patrizio romano, II secolo d.C., Monaco, Staatliche Antikensammlungen.

Il profilo di Catilina, che Sallustio tratteggia nel cap. 5 del *De Catilinae coniuratione*, è il primo dei grandi ritratti che impreziosiscono le due monografie: seguiranno quelli di Sempronia, di Cesare e Catone (nel famoso confronto del cap. 54) e poi quelli di Giugurta, Metello, Mario, Silla e altri personaggi minori nel *Bellum Iugurthinum*.

La tendenza al ritratto dei protagonisti era già presente nella storiografia greca (in Teopompo, ma soprattutto in Tucidide, grande modello di Sallustio) e si era sviluppata grazie alla progressiva conquista dell'individualismo e del soggettivismo, cui aveva contribuito in maniera determinante la filosofia. A Roma questa tendenza ben si sposa con il culto della personalità di origine aristocratica, tanto che persino storici annalisti come Sisenna e Livio inseriranno ritratti nelle loro opere (così il famoso ritratto di Annibale, che Livio disegna nel libro XXI delle *Storie*). In Sallustio l'arte del ritratto ha un'importanza centrale nella costruzione dell'opera, soprattutto per lo scavo nella personalità dei diversi attori della scena storica e per l'acuta ricerca del rapporto tra l'interiorità e l'esteriorità dell'individuo, tra l'essere e l'apparire, tra aspetto fisico e spirituale, come ha messo bene in luce un saggio di B. Riposati (B. RIPOSATI, *L'arte del ritratto in Sallustio*, in «Rivista di Cultura Classica e Medievale», X, 1968, pp. 168-189). I "medaglioni" sallustiani sono costruiti per giustapposizione di elementi e per antitesi, così da disegnare quadri segnati da forti contrasti di luci e ombre.

Vediamo più da vicino la tecnica del ritratto sviluppata da Sallustio. Anzitutto i medaglioni sono aperti da brevi cenni biografici e dinastici, quasi a creare il preludio per il ritratto vero e proprio. Segue poi la «rappresentazione drammatica» del personaggio, che scava nel suo animo alla ricerca del bene e del male e fotografa il bene e il male nel suo aspetto esteriore: in questo modo i ritratti sallustiani divengono eroici e romanzeschi. Importante è anche la loro collocazione all'interno dell'opera: nel *De Catilinae coniuratione* possono trovarsi all'inizio della narrazione, per illuminare i fatti che seguiranno, oppure al termine (come nel caso del confronto tra la figura di Cesare e quella di Catone), per costruire un bilancio dell'azione di un individuo. Nel *Bellum Iugurthinum*, invece, la tecnica ritrattistica di Sallustio subirà un'evoluzione e i personaggi verranno delineati gradatamente nel corso dell'azione.

LAT	TESTO 1	*De Catilinae coniuratione* 5
LAT	TESTO 2	*De Catilinae coniuratione* 15
LAT	TESTO 3	*De Catilinae coniuratione* 25
LAT	TESTO 4	*De Catilinae coniuratione* 54
LAT	TESTO 5	*Bellum Iugurthinum* 43
ITA	TESTO 6	*Bellum Iugurthinum* 63-64
LAT/ITA	TESTO 7	*Bellum Iugurthinum* 95-96

TESTO 1

Il ritratto di Catilina

De Catilinae coniuratione 5

Il medaglione di Catilina (cap. 5) è breve, ma è un vero capolavoro dell'arte ritrattistica antica, dice Riposati, «tra i più vivi ed espressivi che la storia letteraria conservi». In poche righe c'è tutto: la famiglia di Catilina, le sue qualità e i suoi vizi, la sua ambizione. Ogni cosa è concentrata in una descrizione compatta, segnata dall'asindeto e costruita attraverso chiasmi e antitesi: al vanto della sua nobiltà (decaduta) e della sua prestanza fisica si contrappongono un'indole degenere e un'adolescenza trascorsa nel vizio; al corpo resistente e capace di sopportare le privazioni si contrappone un animo devastato dalle passioni; alla facile eloquenza del personaggio si contrappone una dissennatezza che rasenta la follia. Ne risulta un ritratto straordinario per tecnica costruttiva, dal quale emerge la figura di un pericoloso delinquente, verso il quale però Sallustio nutre una segreta ammirazione: Catilina è una di quelle personalità capaci di costruire la storia, dotate di forza di seduzione sugli altri uomini. Tanto che – ipotizza Riposati – la descrizione della sua morte eroica (cap. 60) è forse «un atto di giustizia che lo storico compie nei confronti del suo personaggio» e contribuisce a completarne il ritratto.

(**1**) Lucius Catilina, nobili genere natus, fuit magna vi et animi et corporis, sed ingenio malo pravoque. (**2**) Huic ab adulescentia bella intestina, caedes, rapinae, discordia civilis grata fuere, ibique iuventutem suam exercuit. (**3**) Corpus patiens inediae, algoris, vigiliae, supra quam cuiquam credibile est. (**4**) Animus audax, subdolus, varius, cuius rei lubet simulator ac dissimulator; alieni adpetens, sui profusus; ardens in cupiditatibus; satis eloquentiae, sapientiae parum. (**5**) Vastus animus inmoderata, incredibilia, nimis alta semper cupiebat. (**6**) Hunc post dominationem L. Sullae lubido maxuma invaserat rei publicae capiundae, neque id quibus modis adsequeretur, dum sibi regnum pararet, quicquam pensi habebat. (**7**) Agitabatur magis magisque in dies animus ferox inopia rei familiaris et conscientia scelerum, quae utraque iis artibus auxerat quas supra memoravi.

1. nobili genere: ablativo di origine (Catilina apparteneva alla *gens Sergia*, di antichissima nobiltà). – **magna vi ... pravoque:** ablativi di qualità; in particolare, *ingenio malo pravoque*: «di indole malvagia e corrotta», dove emerge un forte contrasto fra la nobiltà della famiglia di origine di Catilina e la corruzione morale tipica della maggior parte degli aristocratici.

2. bella intestina ... civilis: l'asindeto copulativo permette a Sallustio di accumulare, in un crescendo, le violente azioni politiche di Catilina, partecipe della guerra civile fra Silla e Mario (*bella intestina*) come partigiano di Silla, poi coinvolto in uccisioni e saccheggi (*caedes, rapinae*) ai tempi delle famigerate proscrizioni, infine negli scontri di piazza tra fazioni diverse (*discordia civilis*). – **fuere:** forma sincopata per *fuerunt*. – **exercuit:** «impegnò».

3. In questo paragrafo e nel successivo è sottinteso *erat*. – **patiens:** «capace di sopportare»; le doti fisiche di Catilina erano riconosciute, sia pure sarcasticamente, anche dallo stesso Cicerone nelle sue famose orazioni di accusa. – **algoris:** è vocabolo poetico. – **supra ... credibile est:** «oltre ogni immaginazione» (lett.: «al di sopra di quanto sia credibile ad alcuno»).

4. varius: «volubile». – **cuius rei lubet:** corrisponde a *cuiuslibet rei* (questa tmesi è tipica del linguaggio poetico ed è sottolineata anche dalla presenza dell'arcaismo *lubet*). – **simulator ac dissimulator:** «capace di fingere il falso e celare il vero», efficacissimo nell'opposizione dei termini latini. – **alieni:** «dei beni altrui»; è pronome neutro sostantivato (come il seguente *sui*). – **sui profusus:** «dissipatore dei suoi beni». – **satis ... parum:** «aveva sufficiente abilità oratoria, ma ben poca saggezza» (vi è sottinteso *ei erat*, a formare un dativo di possesso); da notare il chiasmo avverbio + sostantivo (*satis eloquentiae, sapientiae parum*).

5. Vastus: «Insaziabile»; il termine enfatizza l'ambizione di Catilina.

6. post dominationem L. Sullae: la dittatura di Silla (82-79 a.C.) è sempre citata da Sallustio come momento decisivo della crisi irreversibile della *res publica*; il termine *dominatio* indica potere tirannico. – **lubido maxuma:** arcaismi per *libido maxima*: «una sfrenata ambizione». – **rei ... capiundae:** costruzione con il genitivo del gerundivo (*capiundae* è arcaismo per *capiendae*). – **neque id ... habebat:** la frase principale è posta al termine del periodo (*neque habebat quicquam pensi*) e regge un'interrogativa indiretta e una subordinata di valore condizionale (*quibus modis adsequeretur id, dum sibi regnum pararet*): «e non si preoccupava affatto con quali mezzi ottenesse ciò, pur di raggiungere il potere»; *pensi* è genitivo partitivo del participio perfetto neutro di *pendere* («pesare», «soppesare»); *dum* = *dummodo*; *regnum* ha qui valore di «potere assoluto».

7. inopia rei familiaris: «dalla povertà del patrimonio». – **conscientia scelerum:** «dalla consapevolezza dei delitti» che Catilina aveva già commesso. – **quae utraque:** accusativo neutro plurale riferito ai due nomi precedenti femminili (*inopia* e *conscientia*). – **iis artibus:** «con quei comportamenti» (ablativo strumentale).

(**8**) Incitabant praeterea corrupti civitatis mores, quos pessuma ac divorsa inter se mala, luxuria atque avaritia, vexabant. (**9**) Res ipsa hortari videtur, quoniam de moribus civitatis tempus admonuit, supra repetere ac paucis instituta maiorum domi militiaeque, quo modo rem publicam habuerint quantamque reliquerint, ut, paulatim inmutata, ex pulcherruma atque optuma pessuma ac flagitiosissuma facta sit, disserere.

8. quos: riferito a *mores*. – **luxuria atque avaritia:** soggetti di *vexabant*; sono i due mali *pessuma* (arcaismo per *pessima*) *ac divorsa* (arcaismo per *diversa*: «fra loro contrastanti») che tormentano la vita della città; l'*avaritia* spinge alla brama di possesso che mai si sazia, mentre la *luxuria* favorisce lo sperpero delle ricchezze.

9. Res ipsa ... videtur: «L'argomento stesso sembra invitarmi»; così Sallustio, prendendo spunto dall'ambizione di Catilina e dalla corruzione dei costumi, apre l'*excursus* sull'antica Roma e la sua progressiva degenerazione morale (tale parentesi occuperà i capp. 6-12 della monografia). – **tempus:** «l'occasione». – **admonuit:** «mi ha richiamato» (sott. *me*). – **supra repetere ... disserere:** «riprendere il racconto da lontano ed esporre brevemente...» (*paucis* sottintende *verbis*); da notare che qui *hortor* non regge classicamente una completiva introdotta da *ut*, bensì due infiniti (*repetere* e *disserere*). – **quo modo ... habuerint, quantamque reliquerint, ut ... facta sit:** sono tre subordinate interrogative indirette dipendenti dall'infinito *disserere*, che regge anzitutto l'oggetto *instituta* (esempio di *variatio*: uno stesso predicato regge un complemento oggetto e alcune subordinate); *habuerint*: «abbiano amministrato». – **ut:** introduce la terza interrogativa indiretta e corrisponde a *quo modo*. – **paulatim inmutata:** «trasformandosi a poco a poco», soggetto sottinteso è *res publica*; nel termine *inmutata* il prefisso *in-* ha valore rafforzativo, non negativo.

ANALISI DEL TESTO *De Catilinae coniuratione* 5

Lessico

1 In tutto il capitolo ricorre insistentemente il termine *animus*; evidenzia gli attributi e le connotazioni che lo accompagnano, quindi rispondi.
- **a** Che cosa significa propriamente *animus*? A quale dimensione dell'uomo si riferisce?
- **b** Come si differenzia da *ingenium* (par. 2)?

2 Nell'elenco di violenze e crimini che appare nel par. 2 (*bella intestina, caedes, rapinae, discordia civilis*) spiega quale sia il significato di ogni singolo vocabolo o sintagma.

3 Spiega quale preciso significato abbiano nella lingua latina i seguenti termini o sintagmi (che rappresentano "falsi amici", cioè possono dare origine a fraintendimenti nella traduzione, perché assomigliano a vocaboli italiani):
- **a** *patiens*
- **b** *simulator/dissimulator*
- **c** *vastus animus*
- **d** *conscientia scelerum*
- **e** *divorsa mala*
- **f** *luxuria*
- **g** *avaritia*
- **h** *repetere*

Sintassi e stile

4 La sintassi nella prima parte del capitolo è paratattica e molto scandita: vi sono significativi esempi di ellissi?

5 La sintassi nella seconda parte è più articolata: svolgi, per esempio, l'analisi del periodo dei parr. 6 e 9.

6 Tra le numerose figure retoriche impiegate da Sallustio nel capitolo individua esempi significativi di: allitterazione, antitesi, asindeto, chiasmo.

7 Vi sono anche esempi di *variatio*?

8 Individua ora gli arcaismi che conferiscono un "suono" antico e solenne al testo.

Contenuti

9 La descrizione di Catilina è svolta sotto diversi aspetti (fisico, morale, psicologico, ecc.) che si intrecciano fra loro per dare un quadro completo del personaggio: individua tali aspetti e caratterizzali sulla base della descrizione sallustiana.

10 L'immagine complessivamente negativa del personaggio lascia però trasparire una velata ammirazione, da parte di Sallustio, per taluni aspetti della sua personalità.
- **a** Da quali affermazioni si può dedurre tale ammirazione?
- **b** Nella visione storica di Sallustio, quale ruolo giocano le forti personalità, come quella di Catilina?

11 La personalità di Catilina può essere considerata retaggio di una condizione politica e civile più ampia?

TESTO 2

La turpe giovinezza di Catilina

De Catilinae coniuratione 15

Oltre alla descrizione fisica, sociale e psicologica del protagonista (vedi Testo 1), Sallustio completa il ritratto di Catilina con alcuni rapidi *flash-back*, che lo mostrano all'opera nella sua giovinezza e svelano le radici della sua corruzione morale.
Catilina infatti ama raccogliere intorno a sé giovani dissoluti e pronti a tutto, perché egli stesso ha seguito una sregolata condotta di vita, fino a macchiarsi, negli anni giovanili, di crimini vergognosi. Ciò ha causato in lui un profondo senso di colpa – qui scandagliato da Sallustio – che ha turbato la sua mente e ha contribuito a spingerlo verso i suoi folli proponimenti.
In particolare, il cap. 15 della monografia lascia emergere due osservazioni psicologiche di Sallustio, circa la corruzione morale del protagonista che lo spinge all'azione contro lo Stato e il suo aspetto esteriore che porta il segno della sua indole e della sua condizione morale.

(**1**) Iam primum adulescens Catilina multa nefanda stupra fecerat, cum virgine nobili, cum sacerdote Vestae, alia huiuscemodi contra ius fasque. (**2**) Postremo captus amore Aureliae Orestillae, cuius praeter formam nihil umquam bonus laudavit, quod ea nubere illi dubitabat, timens privignum adulta aetate, pro certo creditur necato filio vacuam domum scelestis nuptiis fecisse. (**3**) Quae quidem res mihi in primis videtur causa fuisse facinus maturandi. (**4**) Namque animus impurus, dis hominibusque infestus, neque vigiliis neque quietibus sedari poterat; ita conscientia mentem excitam vastabat. (**5**) Igitur colos ei exsanguis, foedi oculi, citus modo, modo tardus incessus; prorsus in facie voltuque vecordia inerat.

1. Iam primum adulescens: «Fin dalla prima giovinezza». – **nefanda stupra:** lo *stuprum* indica qui amore illecito e sacrilego («amori sacrileghi»). – **cum ... Vestae:** ignoriamo il nome della fanciulla di origine nobile che ebbe questa relazione con Catilina, mentre sappiamo quello della sacerdotessa della dea Vesta: si trattava di una certa Fabia, sorellastra di Terenzia, la moglie di Cicerone. L'accusa risale al 73 a.C. ed era accusa molto grave, poiché le Vestali avevano l'obbligo assoluto della castità, per quanto durava il loro servizio sacerdotale: la condanna per tale mancanza era la morte (venivano sepolte vive). Sappiamo però che il processo del 73 si concluse con una serie di assoluzioni. – **alia ... fasque:** «altre simili nefandezze contro la legge umana e divina» (lett. *alia huiuscemodi*: «altre cose di questo genere», in senso dispregiativo; l'enclitica -ce rafforza il pronome); mentre lo *ius* è la sfera del diritto umano, il termine *fas* rimanda alla legge divina.

2. captus amore: «accesosi d'amore» (lett. «preso dall'amore», con ablativo di causa efficiente). – **Aureliae Orestillae:** genitivo oggettivo; si tratta della figlia di Cneo Aurelio Oreste (uomo politico conosciuto, pretore nel 77 a.C.), che era già vedova e sposò Catilina poco prima del 63. – **cuius ... laudavit:** «di cui mai persona virtuosa elogiò altro che la bellezza fisica», perifrasi ironica per denunciare l'immoralità della donna. – **dubitabat:** «esitava», regge l'infinito *nubere*. – **privignum adulta aetate:** «temendo il figliastro già adulto»; si tratta del figlio che Catilina aveva avuto dalla prima moglie Gratidia. – **pro certo creditur:** è il predicato principale del periodo, riferito al soggetto sottinteso (Catilina) e costruito personalmente (mentre in italiano è preferibile una resa impersonale: «si ritiene per certo che...»), da esso dipende l'infinitiva *vacuam domum ... fecisse*. – **necato filio:** «con l'uccisione del figlio», ablativo assoluto con valore strumentale. – **vacuam ... fecisse:** «abbia liberato la casa per quelle nozze scellerate»; *vacuam* è predicativo di *domum* (lett. «abbia reso la casa vuota»); *scelestis nuptiis* è dativo di fine.

3. Quae ... maturandi: «E questo misfatto mi sembra essere stato la causa principale (= *in primis*) di affrettare la congiura»: osservazione psicologica di Sallustio, che viene spiegata nel paragrafo successivo. *Maturandi* è genitivo del gerundio; da notare l'allitterazione *fuisse facinus*.

4. dis hominibusque infestus: «nemico degli dèi e degli uomini». – **neque vigiliis ... poterat:** «non poteva placarsi (*quietibus sedari*) né durante le veglie né durante il riposo»; lett. le *vigiliae* sono i turni di guardia notturni delle sentinelle. – **conscientia:** «la cattiva coscienza».

5. colos ... oculi: «aveva (*erat* sottinteso, a costruire con *ei* il dativo di possesso) il colorito pallido, torvo lo sguardo»; si noti il chiasmo *colos exsanguis-foedi oculi*. – **citus ... incessus:** «il passo ora concitato, ora lento», ma nella costruzione latina abbiamo un altro chiasmo (*citus modo-modo tardus*). – **prorsus:** «insomma». – **in facie ... inerat:** «nel volto e nell'aspetto si leggeva la follia interiore» (*inerat* lett. «era presente»); da notare l'allitterazione *voltuque vecordia*. «La rappresentazione che Sallustio ci fa di Catilina, in questo tragico momento della sua vita, è d'un realismo potente e il cospiratore s'erge innanzi a noi, coi segni sul volto dell'ostinato e indomito volere di compiere il male, a ogni costo»: così commenta il capitolo C. Caribotto (in *La congiura di Catilina*, Milano, Signorelli, 1984, p. 36).

ANALISI DEL TESTO *De Catilinae coniuratione* 15

Lessico

1 Illustra il significato che ha, nella sfera dei rapporti amorosi, il termine *stuprum* (più ampio rispetto a quello che assumerà in italiano).

2 Spiega il significato dei termini *ius* e *fas*: a quali aree semantiche si riferiscono?

3 Nel contesto del passo, quale significato assumono gli aggettivi *impurus* e *infestus*?

Sintassi e stile

4 Il cap. 15 è molto elaborato dal punto di vista stilistico, a tratti la sua costruzione appare faticosa, quasi a rendere anche sintatticamente il ritratto di una mente turbata e di un corpo segnato dal vizio: svolgi, come esempio, l'analisi sintattica del par. 2.

5 Quali sono le figure retoriche che caratterizzano questo capitolo? Individua esempi significativi.

6 Si possono rintracciare elementi arcaicizzanti?

Contenuti

7 Attraverso le azioni narrate nel cap. 15 Sallustio fornisce un'immagine precisa della giovinezza di Catilina: prova a illustrarla sinteticamente.

8 Lo storico accenna a un'interpretazione "psicologica" del successivo comportamento di Catilina proprio a partire dai crimini della sua giovinezza: che cosa sostiene a tale proposito Sallustio?

9 Una tale condotta di vita, corrotta e immorale, ha conseguenze anche sull'aspetto fisico di Catilina? Rispondi utilizzando dati ricavati dal testo.

TESTO 3

Il ritratto di Sempronia *De Catilinae coniuratione* 25

Fra le nobildonne depravate e bisognose di denaro che aderiscono alla congiura di Catilina, spicca la figura di Sempronia, della quale Sallustio offre uno straordinario ritratto: affascinante e colta, ma anche spregiudicata e avida di ricchezza, ella incarna l'esatto opposto dell'ideale della *matrona romana*, come viene dipinto dalla tradizione. Sarà proprio Sempronia a mettere a disposizione dei congiurati la sua casa per un incontro con gli ambasciatori dei Galli Allòbrogi, che Catilina cercherà di coinvolgere nella congiura. L'importanza che viene conferita alla figura di Sempronia nelle vicende legate alla congiura e alla sua scoperta da parte delle autorità è un inserto tutto sallustiano (altre fonti non ne parlano). Qualche commentatore ha ipotizzato sottili motivi politici per questa scelta (Sempronia era madre di uno dei futuri cesaricidi e Sallustio in questo modo avrebbe voluto diffamare la famiglia), ma è probabile che il suo ritratto sia funzionale alla rappresentazione della corruzione dei costumi a Roma, che Sallustio più volte denuncia nella sua opera.

(1) Sed in eis erat Sempronia, quae multa saepe virilis audaciae facinora commiserat. (2) Haec mulier genere atque forma, praeterea viro liberis satis fortunata fuit; litteris Graecis et Latinis docta, psallere, saltare elegantius quam necesse est probae, multa alia, quae instrumenta luxuriae sunt.

1. Sed: ancora una volta una congiunzione avversativa usata come formula di passaggio (in particolare qui *sed* ricollega la narrazione alla fine del capitolo 24, dove Sallustio parlava delle donne corrotte nell'ambiente di Catilina: pertanto in *eis* significa «fra queste»). – **virilis audaciae:** «di audacia degna di un uomo», genitivo di qualità.

2. genere ... forma ... viro liberis: «quanto a nobiltà di nascita, a bellezza e anche per il marito e per i figli»; sono ablativi di limitazione; il marito era Decimo Giunio Bruto, console nel 77 a.C. (mentre il figlio, Decimo Giunio Bruto Albino, fu tra gli uccisori di Cesare). – **litteris ... luxuriae sunt:** è necessario sottintendere *erat*, a formare il predicato nominale con *docta*; tale predicato è accompagnato da un ablativo di limitazione (*litteris Graecis et Latinis*), quindi dagli infiniti *psallere*, *saltare* (costrutto raro), infine da *multa alia* (accusativo di relazione): qui agisce a fondo

(3) Sed ei cariora semper omnia quam decus atque pudicitia fuit; pecuniae an famae minus parceret haud facile discerneres; lubido sic accensa ut saepius peteret viros quam peteretur. (4) Sed ea saepe antehac fidem prodiderat, creditum abiuraverat, caedis conscia fuerat, luxuria atque inopia praeceps abierat. (5) Verum ingenium eius haud absurdum: posse versus facere, iocum movere, sermone uti vel modesto, vel molli vel procaci; prorsus multae facetiae multusque lepos inerat.

la tendenza di Sallustio alla *variatio*; la traduzione del periodo potrebbe essere: «era esperta nella letteratura greca e latina, nel suonare la cetra, nel danzare con raffinatezza maggiore di quanto si addica a una donna perbene e in molte altre arti che sono strumenti di piacere»; Sempronia quindi incarna la raffinatezza della cultura ellenistica, penetrata in Roma e causa della corruzione della città, secondo i conservatori come Catone.

3. Si apre un paragrafo spezzettato e segnato dalla presenza di figure retoriche come allitterazione e poliptoto. – **decus atque pudicitia:** «il decoro e la pudicizia», virtù che tradizionalmente il *mos maiorum* attribuiva alla matrona romana; *fuit* è al singolare perché le due qualità citate formano agli occhi di Sallustio un concetto unico. – **pecuniae ... discerneres:** «non si sarebbe potuto facilmente capire se si preoccupasse più per il denaro o per la reputazione»; il congiuntivo potenziale *discerneres* (con valore impersonale) introduce l'interrogativa indiretta disgiuntiva *pecuniae an ... parceret*; *ut ... peteretur*: «che ella cercava gli uomini più spesso di quanto fosse cercata da loro»; subordinata consecutiva che introduce una comparativa (*quam peteretur*); *peteret ... peteretur* è un poliptoto.

4. antehac: prima della sua adesione alla congiura. – **fidem prodiderat:** «aveva tradito la parola data». – **creditum abiuraverat:** «aveva negato un debito con falsi giuramenti». – **conscia:** «complice». – **luxuria atque inopia:** sono ablativi di causa. – **praeceps abierat:** «era precipitata sempre più in basso»; *praeceps* è predicativo del soggetto.

5. Verum: «Tuttavia»; la congiunzione avversativa introduce gli aspetti positivi del carattere della donna. – **haud absurdum:** «non volgare»; è una litote (*absurdus* letteralmente significa «stonato», metaforicamente «fuori luogo», «sgradevole»). – **posse:** infinito storico (= *poterat*), che regge gli altri due infiniti *facere* e *movere*. – **iocum movere:** «suscitare il riso». – **sermone ... procaci:** «tenere una conversazione di tono ora decoroso, ora insinuante, ora sfrontato» (*sermone* è ablativo retto da *uti*). – **multae ... multus:** poliptoto. – **lepos:** «fascino». – **inerat:** predicato al singolare, come spesso accade in Sallustio, perché *facetiae* e *lepos* esprimono un unico soggetto.

ANALISI DEL TESTO *De Catilinae coniuratione* 25

Lessico

1 Che cosa significa il sintagma *virilis audaciae* e in quale luce pone la figura di Sempronia?

2 Quale significato assume, invece, l'espressione *instrumenta luxuriae*?

3 Se riferiti alla figura di una *matrona*, che cosa significano precisamente i due termini *decus* e *pudicitia*? In quale sistema di valori rientrano?

4 Quale significato ha il "falso amico" *absurdum*?

5 Il termine *lepos* che cosa significa propriamente? A quale area semantica si riferisce?

Sintassi e stile

6 La tendenza all'ellissi e all'espressione scorciata – tipica di Sallustio – caratterizza in particolare il par. 2: svolgine l'analisi sintattica e integra gli elementi sottintesi.

7 In questo capitolo compaiono esempi significativi di *variatio*?

Contenuti

8 Come si può notare a una prima lettura, anche il ritratto di Sempronia (come già quello di Catilina, nel cap. 5) è costruito attraverso la giustapposizione e il contrasto di aspetti diversi.
a Come prima operazione, dunque, compila un elenco con le caratteristiche di Sempronia, dividendole in positive e negative.
b Rintraccia ora le caratteristiche: fisiche, morali, sociali, culturali.

9 Quali sono le virtù tradizionali della *matrona* romana, alla cui figura Sempronia si oppone?

10 Pensi che Sempronia possa incarnare la raffinatezza di vita e la corruzione morale dell'aristocrazia romana? Perché?

11 Attraverso un confronto tra la figura di Sempronia (come emerge dalle parole di Sallustio) e quella di Catilina, quali sono a tuo parere gli elementi comuni che collocano i due personaggi nello stesso ambiente sociale, oggetto di critica da parte dello storico?

TESTO 4

Cesare e Catone a confronto

De Catilinae coniuratione 54

Cesare e Catone hanno preso la parola durante la drammatica seduta del senato che si è svolta il 5 dicembre del 63 a.C., quando si è decisa la condanna a morte dei congiurati già incarcerati dal console Cicerone.

Cesare ha cercato di stornare dai catilinari la condanna capitale, sostenendo la sua posizione attraverso un discorso ampio, articolato, di impostazione garantista; Catone, con un intervento più breve ma carico di *pathos* e di richiami ai valori supremi dello stato e della tradizione, ha infiammato l'assemblea, che ha votato la morte (vedi p. 640).

Subito dopo le due lunghe orazioni – e prima di narrare il tragico esito della congiura – Sallustio si sofferma a confrontare le figure di Cesare e Catone in un famoso ritratto comparato, secondo la tecnica letteraria della *sýnkrisis* (lett. «confronto, paragone»). Ne emergono due personalità straordinarie, contrastanti tra loro, che rappresentano anche due modi diversi di concepire l'impegno politico. Nello stesso tempo, essi incarnano virtù complementari, che per Sallustio devono integrarsi fra loro per formare l'uomo politico ideale: un uomo che sia in grado di risollevare la vita politica dell'Urbe dal degrado in cui l'hanno condotta corruzione morale e sete di potere.

(**1**) Igitur eis genus, aetas, eloquentia, prope aequalia fuere; magnitudo animi par, item gloria, sed alia alii. (**2**) Caesar beneficiis ac munificentia magnus habebatur, integritate vitae Cato. Ille mansuetudine et misericordia clarus factus, huic severitas dignitatem addiderat. (**3**) Caesar dando, sublevando, ignoscendo, Cato nihil largiundo gloriam adeptus est. In altero miseris perfugium erat, in altero malis pernicies. Illius facilitas, huius costantia laudabatur. (**4**) Postremo Caesar in animum induxerat laborare, vigilare, negotiis amicorum intentus sua neglegere, nihil denegare quod dono dignum esset; sibi magnum imperium, exercitum, bellum novum exoptabat ubi virtus enitescere posset. (**5**) At Catoni studium modestiae, decoris, sed maxume severitatis erat. (**6**) Non divitiis cum divite neque factione cum factioso, sed cum strenuo virtute, cum modesto pudore, cum innocente abstinentia certabat. Esse quam videri bonus malebat; ita, quo minus petebat gloriam, eo magis illum assequebatur.

1. eis ... fuere: dativo di possesso; *aequalia* è neutro plurale, riferito a nominativi di genere diverso. – **sed alia alii:** «ma di natura diversa per l'uno e per l'altro».

2. Il paragrafo è costruito come un chiasmo (*Caesar*-qualità-qualità-*Cato*), con la posizione di rilievo assunta dai due nomi propri; chiasmo, parallelismo, enumerazione e antitesi sono le figure retoriche che ricorrono nel capitolo. – **Ille ... huic:** cambia il pronome (*variatio*), ma anche il complemento. – **mansuetudine et misericordia:** allitterazione.

SCHEDA LESSICALE

Negotium

La parola è costituita dalla negazione (*nec*) di *otium*, alla lettera "assenza di ozio". Perché una parola negativa diventa positiva, indicando occupazione, lavoro, ufficio, incarico? La comparazione con il greco pone un parallelo identico: *askolía* significa "senza tempo disponibile" ovvero occupazione; esso, dunque, ha guidato la formazione della parola latina.

3. dando: apre una serie di gerundi al caso ablativo. – **malis pernicies:** «rovina per i disonesti». – **facilitas:** «disponibilità».

4. Postremo: «Finalmente». – **in animum induxerat:** «si era prefissato nell'animo»; oggetti sono gli infiniti che seguono. – **negotiis amicorum intentus:** «attento agli interessi degli amici». – **quod ... esset:** «che fosse degno di un dono»; subordinata relativa al congiuntivo perché ha sfumatura consecutiva; *dono* è ablativo retto dall'aggettivo *dignum*. – **imperium:** «comando militare». – **bellum novum:** «una guerra mai tentata» (dal significato originale di *novus* «strano», «straordinario»), come sarà la guerra gallica. – **ubi ... posset:** «dove potesse»; vi è ancora la presenza del congiuntivo caratterizzante (sfumatura consecutiva).

5. At: «Invece». – **studium modestiae:** «la ricerca della giusta misura».

6. Non divitiis ... certabat: una serie di figure etimologiche riassume le qualità nelle quali Catone gareggiava (*certabat*) con i concittadini. – **quo minus ... eo magis:** «quanto meno ... tanto più»; il soggetto sottinteso di *assequebatur* è gloria.

TESTO 5

Metello, un aristocratico onesto e scrupoloso

Bellum Iugurthinum 43

Discendente di una delle più nobili famiglie romane, Quinto Cecilio Metello viene eletto console nel 109 a.C. e, nella divisione degli incarichi con il collega Silano, ottiene la gestione esclusiva della guerra in Numidia. Assume questo compito in un momento critico e umiliante, dopo che l'esercito romano è stato costretto da Giugurta ad una ingloriosa resa, ma affronta l'impresa con scrupolo e decisione. Sallustio, pur introducendo una figura di spicco del partito avverso al suo (Metello era alto rappresentante della *nobilitas*), riconosce in lui doti morali, onestà e cura nell'adempimento delle proprie funzioni, e ne metterà in rilievo anche la positiva azione in Africa; suo unico difetto sarà quello di non concludere rapidamente la guerra, per questo motivo Mario riuscirà a prenderne il posto e a chiudere con decisione la campagna militare, ottenendone grande fama. Il ritratto di Metello qui proposto è molto sintetico, ma il giudizio positivo emerge chiaro: dopo alcune annotazioni sull'indole del console, Sallustio si dilunga (con strumenti di "accumulazione") a descrivere la meticolosa e ragionata preparazione della spedizione: così Metello può partire accompagnato dalle buone speranze di tutti.

(**1**) Post Auli foedus exercitusque nostri foedam fugam Metellus et Silanus consules designati provincias inter se partiverant, Metelloque Numidia evenerat, acri viro et, quamquam advorso populi partium, fama tamen aequabili et inviolata. (**2**) Is ubi primum magistratum ingressus est, alia omnia sibi cum collega ratus, ad bellum, quod gesturus erat, animum intendit. (**3**) Igitur diffidens veteri exercitui milites scribere, praesidia undique arcessere, arma tela equos et cetera instrumenta militiae parare, ad hoc commeatum affatim, denique omnia, quae in bello vario et multarum rerum egenti usui esse solent. (**4**) Ceterum ad ea patranda senatus auctoritate, socii nomenque Latinum et reges ultro auxilia mittundo, postremo omnis civitas summo studio adnitebatur. (**5**) Itaque ex sententia omnibus rebus paratis compositisque in Numidiam proficiscitur, magna spe civium cum propter artis bonas tum maxime quod adversum divitias invictum animum gerebat et avaritia magistratuum ante id tempus in Numidia nostrae opes contusae hostiumque auctae erant.

1. Post ... fugam: Aulo Albino, luogotenente del console Spurio Albino, era caduto in una imboscata dei Numidi e, per tornare libero con le sue truppe, aveva accettato di sfilare ignobilmente sotto un giogo; l'allitterazione *foedus ... foedam fugam* sottolinea la bassezza del patto e della ritirata. – **consules designati**: erano così chiamati i consoli appena eletti che non avevano ancora assunto la carica. – **advorso populi partium**: «avverso al partito popolare», l'aggettivo *advorsus* è seguito dal genitivo *partium*. – **aequabili et inviolata**: «costante e onorata», ma la coppia di aggettivi può anche essere intesa come un'endiadi («costantemente onorata»).

2. alia omnia sibi cum collega ratus: «pensando che aveva tutti gli altri compiti in comune con il collega», decide allora di dedicarsi con cura al compito, suo esclusivo, di riprendere la guerra in Numidia.

3. diffidens veteri exercitui: l'esercito romano già presente in terra d'Africa non si era comportato valorosamente. – **scribere ... arcessere ... parare**: sono infiniti storici, impiegati da Sallustio per elencare le azioni della meticolosa preparazione per la guerra da parte di Metello. – **arma tela**: indicano rispettivamente le armi da difesa (come l'armatura, lo scudo...) e le armi d'attacco (come le armi da lancio); da notare l'accumulazione *arma tela equos et cetera instrumenta*, finalizzata a descrivere questa raccolta di materiale bellico. – **ad hoc commeatum affatim**: «inoltre viveri in abbondanza». – **in bello vario et multarum rerum egenti**: «in una guerra complessa e che richiedeva molti preparativi»; qui il verbo *egeo* regge il genitivo (costrutto arcaico al posto del più classico ablativo).

4. summo studio adnitebatur: il predicato è concordato con l'ultimo soggetto della frase (*omnis civitas*), ma si riferisce anche a tutti gli altri, che «fanno ogni sforzo» per la riuscita della spedizione; *auctoritate* e *mittundo* (arcaismo per *mittendo*) sono tutti ablativi strumentali e formano una *variatio* (ablativo di mezzo e gerundio all'ablativo).

5. ex sententia ... compositisque: ablativo assoluto con valore temporale («preparata e organizzata ogni cosa secondo la sua decisione»). – **magna spe...**: da questo punto tutto il periodo è segnato da *variatio*, *inconcinnitas* e *brevitas*: *cum* + complemento di causa, *tum* + subordinata causale (*quod ... gerebat*: «perché aveva un animo incorruttibile di fronte alle ricchezze»); *et* ha valore enfatico «e proprio»; *nostrae opes contusae hostiumque* (sottinteso *opes*) *auctae erant*: «le nostre forze erano state fiaccate e accresciute quelle dei nemici».

TESTO 6

Mario, *homo novus*

Bellum Iugurthinum 63-64

I capitoli 63-64 del *Bellum Iugurthinum* presentano al lettore la forte personalità di Gaio Mario, figura centrale nella riflessione politica sallustiana. Egli è già comparso sulla scena del conflitto quale ufficiale del console Metello, un nobile, il nuovo comandante della campagna contro Giugurta. È solo a questo punto della narrazione, però, che Sallustio, muovendo da un episodio particolare occorso a Mario (un'entusiasmante profezia), costruisce un ritratto del personaggio che ha le caratteristiche del ritratto "dinamico": infatti le rapide annotazioni descrittive sono qui perfettamente inserite nella narrazione di vicende che avranno importanti conseguenze sulla sorte di Mario e sul destino di Roma stessa. Il racconto non viene interrotto per l'introduzione di un "medaglione", come negli esempi di ritratti fin qui esaminati: Mario è descritto mentre parla, agisce, si muove: la tecnica sallustiana del ritratto ha compiuto una significativa evoluzione.
In questi capitoli il lettore assiste alla nascita di una grande ambizione e al sorgere dei primi contrasti: quelli che Mario ha con il console Metello, comandante integerrimo, ma pieno di quell'orgoglio di casta nobiliare, che gli fa guardare con diffidenza e disprezzo l'ambiziosa scalata politica del suo ufficiale. Mario infatti è uomo che «tranne l'antica nobiltà della famiglia, aveva in abbondanza ogni altra dote» e i successi finora ottenuti nella sua carriera lo spingono a tentare la grande scalata al consolato: egli è il prototipo dell'*homo novus*, dotato di *virtus* e *ingenium*, e capace di realizzare una nuova nobiltà, di conseguire una nuova *gloria*, per meriti personali e non per aristocrazia di natali.
Già da queste pagine si intuisce come il giudizio di Sallustio nei confronti di Mario non sia di totale adesione e approvazione: la sua smodata ambizione lo porta ad agire in modo fazioso (sobilla soldati e commercianti contro Metello) e a fare scelte dall'esito funesto per la successiva storia romana, come quella riforma militare che introdurrà l'esercito di professione, strettamente legato al proprio comandante (vedi anche p. 39).

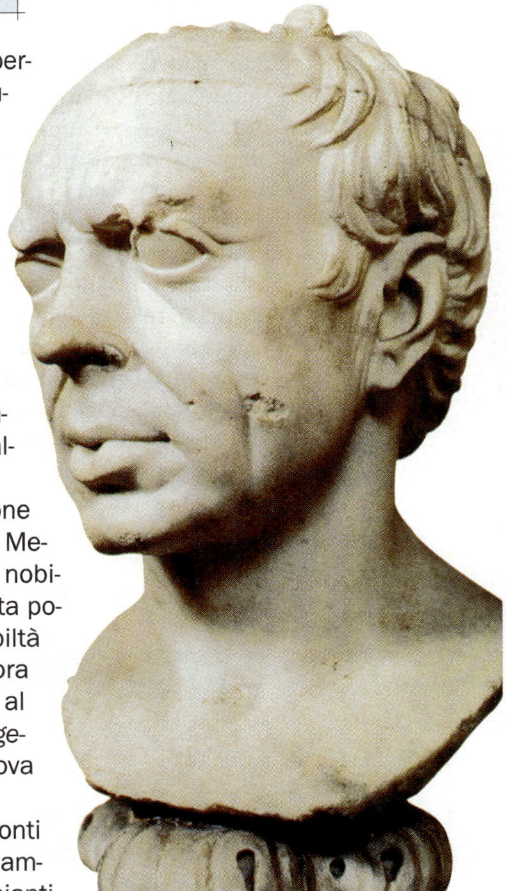

Statua ritratto di Gaio Mario, I secolo a.C., Città del Vaticano, Musei Vaticani.

(**63**) In quello stesso periodo, il caso volle che Gaio Mario, trovandosi a Utica, offrisse un sacrificio agli dèi; l'aruspice gli comunicò che si annunziava per lui un grande e meraviglioso destino: confidasse dunque nell'aiuto degli dèi per tutte le imprese che aveva in animo e tentasse la fortuna molte volte; tutto gli sarebbe riuscito nel migliore dei modi. Veramente già da tempo Mario era divorato dall'ambizione di diventare console e, tranne la nobiltà della stirpe, possedeva tutte le doti necessarie a ricoprire tale carica: energia, rettitudine, grande esperienza militare e un animo indomito in guerra, equilibrato in pace, capace di dominare le tentazioni dei sensi e della ricchezza, avido soltanto di gloria. Nato ad Arpino, dove aveva trascorso tutta la sua fanciullezza, appena fu in età di portare le armi, intraprese la carriera militare, noncurante di eloquenza greca e di raffinatezze cittadine: così, fra quelle sane occupazioni il suo carattere integro maturò precocemente. Perciò quando presentò al popolo la propria candidatura al tribunato militare, benché ai più fosse ignoto il suo aspetto, la sua sola reputazione fu sufficiente a procurargli il voto di tutte le tribù. Dopo quella egli ottenne una carica dietro l'altra e ogni volta esercitò la magistratura in modo tale, da essere considerato meritevole di rivestirne un'altra più importante. Eppure un uomo così eccezionale fino a quel momento – più tardi fu rovinato dall'ambizione – non osava aspirare al consolato: era ancora il tempo in cui la plebe poteva ottenere le altre cariche, ma il consolato passava dalla mano di un nobile a quella di un altro. Non c'era "uomo nuovo", per quanto illustre e di alti meriti, che non venisse considerato indegno di quell'onore e quasi contaminato da qualche infamia.

(**64**) Mario, vedendo allora che le parole dell'aruspice tendevano a quello stesso obiettivo cui lo spingeva la sua ambizione, chiede a Metello il congedo per presentarsi candidato. Ma Metello, che pure era uomo straordinariamente ricco di coraggio, di amor di gloria e di altre doti care agli onesti, aveva però un carattere arrogante e peccava di superbia, male comune della nobiltà. Sorpreso, dapprima, dall'insolita richiesta, si meraviglia del suo proposito e quasi a titolo di amicizia lo invita a desistere da un progetto così malaccorto e a non coltivare ambizioni superiori alla sua condizione. Aggiungeva che non tutto è alla portata di tutti: Mario poteva essere pago del suo stato e doveva insomma guardarsi dal richiedere al popolo romano ciò che a buon diritto gli sarebbe stato negato. Poiché con queste e altre affermazioni simili non riuscì a piegare la volontà di Mario, gli rispose che avrebbe soddisfatto la sua richiesta non appena le esigenze di servizio glielo avessero permesso. Poi, di fronte alle insistenze di Mario, si dice che gli consigliò di non aver fretta di partire, perché sarebbe già stato abbastanza presto per lui chiedere il consolato insieme a suo figlio, il quale prestava allora servizio militare al seguito del padre e aveva circa vent'anni. Questa risposta aveva maggiormente rinfocolato in Mario sia il desiderio della carica cui aspirava sia il risentimento contro Metello. Perciò le sue azioni si ispiravano a due pessime consigliere: l'ambizione e la collera. Non tralasciava alcun gesto o alcuna parola, purché potesse procurargli favore. Trattava i soldati ai suoi ordini nei quartieri invernali con disciplina meno severa rispetto a prima e con i mercanti, presenti in gran numero a Utica, parlava della guerra muovendo critiche e facendo grandi promesse. Diceva che se gli fosse stata data soltanto una metà dell'esercito, in pochi giorni avrebbe avuto Giugurta in catene. Il comandante, invece, protraeva a bella a posta la guerra, perché, uomo vano e superbo come un re, si compiaceva troppo dell'esercizio del potere. Tutte queste critiche parevano loro tanto più fondate, in quanto la lunga durata della guerra aveva danneggiato i loro interessi e per chi è impaziente non si fa mai presto abbastanza.

(trad. di G. Garbugino)

DENTRO IL TESTO *Bellum Iugurthinum* 43; 63-64

Leggere il testo

1 Come viene presentata la figura di Quinto Cecilio Metello? Rifletti e riprendi i dati necessari a riguardo:
a del carattere dell'uomo e della sua fama;
b delle sue scelte strategiche;
c della sua relazione con la *virtus*, elemento essenziale nella visione sallustiana della storia.

2 Un episodio particolare diviene il pretesto che permette a Sallustio di tracciare un breve ritratto di Gaio Mario: di quale episodio si tratta?

3 Come reagisce il nobile Metello quando viene a conoscenza del progetto di Mario, che ambisce al consolato?

4 Il ritratto di Mario che Sallustio tratteggia presenta solo caratteristiche positive o anche negative?

Riflettere sul testo

5 Se la nobiltà senatoria, rappresentata da Metello, si oppone a progetti come quello di Mario, quest'ultimo è abile a coagulare attorno a sé il consenso di altre forze: rileggi con attenzione la parte finale del capitolo e individua a quali gruppi sociali egli si rivolga.

Individuare nodi problematici

6 Mario è il prototipo dell'*homo novus*. Alla luce dei tuoi studi e delle letture fin qui svolte, illustra la lotta sociale e politica che si scatena intorno a questa figura "dirompente" nel panorama della politica: quale immagine di Mario emerge dalla storia?

7 Mario arriva a un esito positivo della guerra, Metello no: pensi sia solo una questione di strategia?

TESTO 7

Silla, il futuro avversario politico

Bellum Iugurthinum 95-96

Nel cap. 95 del *Bellum Iugurthinum* Sallustio introduce un rapido ritratto di Lucio Cornelio Silla, giovane questore nell'anno 108 a.C., che raggiunge l'esercito di Mario in Africa nel 107 a.C., con la carica di proquestore. Tale ritratto si completa con la descrizione del comportamento di Silla al campo (cap. 96). Entra così in scena quello che sarà il futuro avversario politico di Mario, nella prima fase della lunga guerra civile che porterà al collasso le strutture repubblicane dello Stato romano.
La propaganda dei *populares* farà di questo personaggio un mostro, animato da forze demoniache; Sallustio invece, pur militando nel partito avverso a quello che fu di Silla (difensore degli *optimates*), ne riconosce le indubbie doti militari e diplomatiche, fornendo un ritratto più equilibrato, senza nascondere un moto di orrore per le stragi di civili romani che egli perpetrò in seguito.
Ancora una volta l'attenzione dello scrittore si ferma su una delle grandi personalità, che Sallustio ritiene le vere artefici della storia.

Statua ritratto di Lucio Cornelio Silla, I secolo a.C., Monaco, Glyptothek.

(**95**) Ceterum, dum ea res geritur, L. Sulla quaestor cum magno equitatu in castra venit, quos uti ex Latio et a sociis cogeret, Romae relictus erat. Sed quoniam nos tanti viri res admonuit, idoneum visum est de natura cultuque eius paucis dicere. Neque enim alio loco de Sullae rebus dicturi sumus et L. Sisenna, optime et diligentissime omnium, qui eas res dixere, persecutus, parum mihi libero ore locutus videtur. Igitur Sulla gentis patriciae nobilis fuit, familia prope iam extincta maiorum ignavia, litteris Graecis atque Latinis iuxta [atque doctissime] eruditus, animo ingenti, cupidus voluptatum, sed gloriae cupidior; otio luxuriose esse, tamen ab negotiis numquam voluptas remorata, nisi quod de uxore potuit honestius consuli; facundus, callidus et amicitia facilis, ad simulanda negotia altitudo ingeni incredibilis, multarum rerum ac maxime pecuniae largitor. Atque illi felicissimo omnium ante civilem victoriam numquam super industriam fortuna fuit, multique dubitavere, fortior an felicior esset. Nam postea quae fecerit, incertum habeo pudeat an pigeat magis disserere. (**96**) Igitur Sulla, uti supra dictum est, postquam in Africam atque in castra Mari cum equitatu venit, rudis antea et ignarus belli, sollertissimus omnium in paucis tempestatibus factus est. Ad hoc milites benigne appellare, multis rogantibus, aliis per se ipse dare beneficia, invitus accipere, sed ea properantius quam aes mutuum reddere, ipse ab nullo repetere, magis id laborare, ut illi quam plurimi deberent, ioca atque seria cum humillimis agere, in operibus, in agmine atque ad vigilias multus adesse, neque interim, quod prava ambitio solet, consulis aut cuiusquam boni famam laedere, tantummodo neque consilio neque manu priorem alium pati, plerosque antevenire. Quibus rebus et artibus brevi Mario militibusque carissimus factus.

(**95**) In quel frattempo perviene al campo il questore Lucio Silla con una numerosa cavalleria, reclutata presso i Latini e gli alleati: a questo scopo, appunto, era stato lasciato a Roma. Poiché l'argomento mi ha indotto a citare un così illustre personaggio, mi sembra opportuno soffermarmi un poco sulla sua indole e sui suoi costumi; in nessun altro punto, infatti, io tratterò delle imprese di Silla; e d'altro lato Lucio Sisenna,[1] che fra tutti le illustrò nel modo migliore e più accurato, mi pare le abbia esposte con scarsa obiettività. Silla, dunque, era di nobile gente patrizia, ma di un ramo ormai quasi completamente decaduto per indolenza degli antenati: ugualmente erudito, e con estrema raffinatezza, nelle lettere greche e latine: d'animo insaziabile, avido di piaceri ma più avido ancora di gloria; benché dissoluto nei periodi d'ozio, il piacere non lo distolse mai dalle pubbliche occupazioni, eccettuato il fatto che, nei legami coniugali, avrebbe potuto comportarsi più decorosamente;[2] era efficace nel dire, astuto, condiscendente verso gli amici, incredibilmente abile a celare i suoi disegni nel profondo dell'animo; prodigo di molte cose e in modo particolare di denaro. Egli, fortunatissimo fra tutti prima della vittoria nella guerra civile, non conobbe mai fortuna superiore ai suoi meriti; pure molti si chiesero se fosse più meritevole o più fortunato. Il descrivere, infatti, le azioni che commise in seguito, non so se procuri più vergogna o nausea.

(**96**) Silla, dunque, come sopra ho accennato, giunto in Africa e quindi al campo di Mario con la cavalleria, inesperto da prima e ignaro di arte militare, in breve volger di tempo divenne il più abile di tutti. Si aggiunga a ciò il fatto che intratteneva benevolmente i soldati: concedeva favori a molti che gliene chiedevano e spontaneamente ad altri; schivo a riceverne, li ripagava più in fretta dei debiti, da nessuno esigendo di essere ricambiato e tendendo soprattutto a che il maggior numero di persone fossero a lui legate da qualche obbligo di riconoscenza; si intratteneva con i più umili negli svaghi e negli affari; nei lavori di difesa, in marcia, nei turni di guardia era costantemente presente; e tuttavia non disprezzava, come la perversa ambizione suol fare, la dignità del console o di qualunque altro dotato di capacità: soltanto, non sopportava che un altro gli fosse superiore nel senno e nell'attività: sui più eccelleva. Così facendo e comportandosi, divenne in breve carissimo a Mario e a tutti i soldati.

(trad. di P. Fassinetti)

1. Lucio Sisenna fu autore di una storia della guerra sociale e civile, alla quale si collegò Sallustio (per proseguirla) con le sue *Historiae* (vedi p. 615).

2. Infatti Plutarco (*Silla* 6, 14-18) ci narra che egli ebbe cinque mogli.

RIEPILOGO DEL PERCORSO

1 Sallustio inserisce nelle due monografie alcuni ritratti di personaggi coinvolti nelle vicende narrate: essi riguardano solo i protagonisti o anche personaggi secondari? Fai qualche esempio.

2 I ritratti sono costruiti seguendo sempre uno stesso schema o si nota una variazione nella loro struttura?

3 Tra i due "protagonisti negativi" delle monografie si riscontrano caratteristiche comuni, ma anche elementi di differenza: confronta brevemente le immagini che derivano dai ritratti di Catilina e Giugurta.

4 Quale funzione ha, nello sviluppo del *De Catilinae coniuratione*, il ritratto di Sempronia?

5 Che cosa si intende per "tecnica letteraria della *sýncrisis*"? Quale ne è l'esempio più famoso nell'opera sallustiana?

6 Quale finalità ultima si propone Sallustio istituendo il confronto tra due figure complementari come quelle di Cesare e Catone?

7 Pur essendo schierato con i *populares*, Sallustio riconosce le qualità anche di un aristocratico come Metello, nella sua spedizione contro Giugurta: riassumi tali caratteristiche come emergono dal cap. 43 (testo 5), che segna l'entrata in scena del console romano.

8 I ritratti di Mario e Silla sono finalizzati solo allo svolgimento della guerra giugurtina o lasciano presagire le vicende terribili della guerra civile in cui saranno feroci nemici?

9 Abbiamo visto come, nella visione sallustiana della politica, giochino un ruolo fondamentale i concetti di *virtus* e *ingenium* individuale, finalizzati alla formazione di una nuova *nobilitas*, che si basa sul merito e non sui natali: spiega per quale motivo Mario incarni questi valori. Quali sono, invece, i limiti in lui individuati da Sallustio?

2 *De Catilinae coniuratione*: la cronaca di un colpo di stato

«È una cronaca con le sue passioni e contraddizioni, e anche improvvisazioni e superficialità; è lo squillare delle trombe, la delazione suggerita da un'alcova, lo strisciare di un sicario lungo i muri, i solitari scorci notturni, tenebrosi o lunari, o gli scenari mossi e tumultuanti, i bagliori, persino gli splendori della *virtus* dei soldati d'ambo le parti, irriducibili fino alla morte. Squisitamente letterari ne sono l'impasto linguistico, la ricerca degli effetti, i *colores*, quell'aura di mistero e persino di *suspense* di cui Sallustio circonda con alta maestria gli eventi e i personaggi, risarcendo con tale grandezza di scrittore la sua piccola statura d'uomo». Così Luca Canali commenta la parte più squisitamente narrativa del *De Catilinae coniuratione*, mettendo in rilievo qualche limite storiografico da parte di Sallustio, ma valorizzando l'abilità di uno storico-narratore che ha messo a punto un efficacissimo strumento stilistico – a tratti ansiogeno nella sua *brevitas* e nella sua asimmetria – per rappresentare una vicenda drammatica, che ora andremo a seguire nei suoi episodi principali.

LAT	TESTO 1	*De Catilinae coniuratione* 14
LAT	TESTO 2	*De Catilinae coniuratione* 16
LAT	TESTO 3	*De Catilinae coniuratione* 23
ITA	TESTO 4	*De Catilinae coniuratione* 27, 3-28
LAT	TESTO 5	*De Catilinae coniuratione* 31
LAT	TESTO 6	*De Catilinae coniuratione* 32
LAT	TESTO 7	*De Catilinae coniuratione* 58
LAT	TESTO 8	*De Catilinae coniuratione* 59
LAT	TESTO 9	*De Catilinae coniuratione* 60
LAT	TESTO 10	*De Catilinae coniuratione* 61

Scena di riunione in senato, I secolo d.C., Chieti, Museo Nazionale.

TESTO 1

Il seguito di Catilina

De Catilinae coniuratione 14

Dopo un'ampia digressione sui *boni mores* e sulla progressiva decadenza e corruzione della società romana (che occupa i capp. 6-13 dell'opera), Sallustio torna a puntare la sua attenzione su Catilina, che raccoglie attorno a sé ogni genere di delinquenti, di emarginati e soprattutto di giovani, che poteva irretire facilmente assecondandone i vizi.

(**1**) In tanta tamque corrupta civitate Catilina, id quod factu facillumum erat, omnium flagitiorum atque facinorum circum se tamquam stipatorum catervas habebat. (**2**) Nam quicumque impudicus, adulter, ganeo, manu, ventre, pene, bona patria laceraverat, quique alienum aes grande conflaverat quo flagitium aut facinus redimeret, (**3**) praeterea omnes undique parricidae, sacrilegi, convicti iudiciis aut pro factis iudicium timentes, ad hoc quos manus atque lingua periurio aut sanguine civili alebat, postremo omnes quos flagitium, egestas, conscius animus exagitabat, ei Catilinae proxumi familiaresque erant. (**4**) Quod si quis etiam a culpa vacuus in amicitiam eius inciderat, cotidiano usu atque illecebris facile par similisque ceteris efficiebatur. (**5**) Sed maxume adulescentium familiaritates adpetebat; eorum animi molles etiam et aetate fluxi dolis haud difficulter capiebantur. (**6**) Nam ut cuiusque studium ex aetate flagrabat, aliis scorta praebere, aliis canes atque equos mercari, postremo neque sumptui neque modestiae suae parcere dum illos obnoxios fidosque sibi faceret. (**7**) Scio fuisse nonnullos qui ita existumarent iuventutem, quae domum Catlilinae frequentabat, parum honeste pudicitiam habuisse; sed ex aliis rebus magis quam quod cuiquam id compertum foret haec fama valebat.

1. In tanta ... civitate: Roma raggiungeva allora circa mezzo milione di abitanti. – **factu:** supino passivo («a farsi»), retto dal superlativo *facillumum* (arcaismo per *facillimum*). – **omnium ... habebat:** l'espressione *flagitiorum atque facinorum* (lett.: «di delitti e di misfatti»), oltre a presentare un'allitterazione, utilizza l'astratto per il concreto.

2. quicumque ... laceraverat: forte è l'elaborazione stilistica di questo passaggio, come si nota dalla presenza di asindeti e metonimie (non vengono indicati astrattamente i vizi, ma le diverse parti del corpo coinvolte). – **quique ... conflaverat:** «e chi aveva contratto enormi debiti»; *alienum aes* letteralmente significa «denaro altrui». – **quo ... redimeret:** subordinata finale introdotta da *quo*; il riferimento è alla corruzione nei confronti della giustizia, per comprare l'immunità.

3. praeterea ... timentes: l'elenco dei pericolosi seguaci di Catilina prosegue, dopo le perifrasi relative, attraverso soggetti determinati da participi congiunti (esempio di *variatio*). – **undique:** «provenienti da ogni parte», avverbio con valore attributivo. – **convicti iudiciis aut ... timentes:** participi e sostantivi sono disposti a chiasmo. – **ad hoc:** «inoltre». – **(ii) quos ... alebat:** tornano la *variatio* e le perifrasi relative per indicare il gruppo di delinquenti; è presente anche un chiasmo: *manus atque lingua - periurio aut sanguine*; da notare infine che il predicato *alebat* è singolare, a fronte dei due soggetti (*manus* e *lingua*), intesi dallo scrittore come un soggetto unico. – **postremo:** «infine», «insomma»; riassume le varie categorie di amici di Catilina in coloro che erano tormentati da disonore, indigenza e rimorso (*flagitium, egestas, animus*). – **exagitabat:** ancora un predicato singolare a chiudere un elenco di tre soggetti. – **ei Catilinae ... erant:** «tutti questi erano amici intimi di Catilina»; il pronome determinativo iniziale riprende e sintetizza tutti i vari gruppi di delinquenti citati in precedenza.

4. Quod si quis: «E se qualcuno»; *quod* è nesso coordinante. – **etiam a culpa vacuus:** «ancora libero da colpe». – **cotidiano usu atque illecebris:** «con il contatto quotidiano e con le lusinghe». – **par similisque:** «in tutto simile»; è un'endiadi, figura spesso usata da Sallustio per rafforzare il concetto. – **efficiebatur:** «diventava» (lett. «veniva reso»).

5. molles ... fluxi: «malleabili e incostanti per l'età». – **capiebantur:** «venivano attratti».

6. ut ... flagrabat: «secondo la passione per cui ciascuno ardeva per l'età» (subordinata modale); Catilina irretisce i giovani facendo leva sulle loro passioni e i loro vizi. – **scorta praebere:** «procurava donne»; inizia con *praebere* una serie di infiniti storici. – **postremo ... parcere:** «insomma, non si preoccupava né delle spese né del suo onore». – **dum:** sta per *dummodo* e introduce una subordinata condizionale («pur di»). – **obnoxios:** «sottomessi».

7. Scio ... nonnullos: Sallustio si riferisce forse alle accuse mosse da Cicerone nelle *Catilinarie* (I, 4, vedi p. 458), riguardo ai convegni nella casa di Catilina; lo storico mostra prudenza nel valutare queste voci. – **qui ... existumarent:** relativa che presenta un congiuntivo caratterizzante. – **sed ... valebat:** «ma questa diceria trovava credito più in seguito ad altri fatti che in seguito a prove accertate da qualcuno» (lett. «questa diceria valeva più a partire da altri fatti che perché ciò fosse stato scoperto da qualcuno»); *foret* = *esset*; sono dunque le colpe successive a gettare discredito sulla vita di Catilina e dei suoi amici.

TESTO 2

Catilina ordisce la congiura

De Catilinae coniuratione 16

Catilina addestra al delitto i giovani che ha attirato a sé; valutando poi la situazione favorevole (anche gli ex partigiani di Silla potrebbero passare dalla sua parte), ordisce la congiura. Infatti in Italia non vi sono eserciti romani (le forze maggiori erano impegnate in Oriente agli ordini di Pompeo), il senato nulla sospetta di ciò che potrebbe accadere e tutto sembra svolgersi nella più completa normalità. Implicita nelle osservazioni finali, ma forte, è l'accusa nei confronti dell'insipienza e dell'inerzia propria della classe senatoria, cieca di fronte alla situazione di malessere che si era creata e chiusa a difesa del proprio interesse oligarchico.

(**1**) Sed iuventutem quam, ut supra diximus, inlexerat, multis modis mala facinora edocebat. (**2**) Ex illis testis signatoresque falsos commodare; fidem, fortunas, pericula vilia habere, post, ubi eorum famam atque pudorem adtriverat, maiora alia imperabat. (**3**) Si causa peccandi in praesens minus suppetebat, nihilo minus insontis sicut sontis circumvenire, iugulare; scilicet ne per otium torpescerent manus atque animus, gratuito potius malus atque crudelis erat. (**4**) His amicis sociisque confisus Catilina, simul quod aes alienum per omnis terras ingens erat, et quod plerique Sullani milites, largius suo usi, rapinarum et victoriae veteris memores, civile bellum exoptabant, opprimundae rei publicae consilium cepit. (**5**) In Italia nullus exercitus; Cn. Pompeius in extremis terris bellum

1. Sed: qui, come spesso in Sallustio a inizio capitolo, la congiunzione avversativa ha funzione di semplice formula di passaggio. – **inlexerat:** «aveva adescato». – **multis modis mala:** forte allitterazione. – **edocebat:** costruito con il doppio accusativo.

2. Ex illis: corrisponde a *ex iuvenibus*, come si può intendere dal precedente astratto collettivo *iuventutem* (concordanza *ad sensum*). – **testis ... commodare:** «forniva testimoni e firmatari falsi», per la falsificazione di atti legali; *testis* = *testes*; *signator* era chi apponeva il sigillo o la firma (*signum*) al testamento o all'atto ufficiale; *commodare* è infinito storico. – **fidem, fortunas, pericula:** presentano allitterazione e asindeto e sono oggetto di *vilia habere* (dove *vilia* ha valore predicativo: «tenere in scarsa considerazione»); da notare anche *imperabat* seguito dall'infinito (di solito vuole la completiva con *ut*). – **adtriverat:** «era riuscito a distruggere», da *adtero*. – **maiora alia:** è oggetto di *imperabat* che, come si è visto, regge anche la subordinata infinitiva *fidem ... habere*: si tratta di un altro esempio di *variatio*.

3. Si causa ... suppetebat: «Se al momento non si presentava occasione di commettere delitti», dove *in praesens* è locuzione avverbiale di valore temporale («al momento») e *minus* = *non* (espressione propria della lingua popolare). – **insontis sicut sontis:** «colpevoli e innocenti» (arcaismi per *insontes sicut sontes*); nella stessa espressione sono presenti antitesi, figura etimologica e allitterazione. – **circumvenire, iugulare:** «faceva assalire e sgozzare»; infiniti storici con valore causativo. – **per otium:** «nell'ozio». – **gratuito:** «senza ragione» (avverbio). – **potius ... erat:** «preferiva essere...».

4. His amicis sociisque: dativi retti dal participio *confisus*; il participio congiunto è seguito da due causali (*variatio*) e tutta questa sezione del periodo riassume i motivi per cui Catilina si decide a mettere in atto la congiura. – **simul quod ... et quod:** da notare che le due proposizioni causali presentano l'indicativo e quindi, agli occhi di Sallustio, registrano una situazione oggettiva. – **per omnis terras:** «dovunque» (*omnis* = *omnes*). – **largius suo usi:** è una proposizione nominale implicita (*largius* comparativo assoluto di un avverbio). – **opprimundae rei publicae:** «di abbattere lo Stato»; gerundivo al genitivo che presenta la forma arcaica (*opprimundae* = *opprimendae*).

5. Da notare come il paragrafo finale sia composto da frasi brevi, accostate paratatticamente attraverso asindeto, con molte ellissi. – **exercitus:** sott. *erat*. Non vi erano eserciti stanziati in Italia: si trovavano nelle province, specialmente ai confini; infatti un editto di Silla aveva vietato a qualsiasi esercito di rimanere nella penisola a sud del fiume Rubicone. – **Cn. Pompeius:** nel 64 a.C. Pompeo si trovava in Oriente a combattere contro Mitridate, re del Ponto, e Tigrane, re dell'Armenia: il più potente uomo politico del momento non avrebbe potuto quindi intervenire rapidamente in difesa delle istituzioni.

SCHEDA LESSICALE

Facinus

Vox media, da *facio*, indica un'azione, ciò che si è fatto, senza connotazione positiva o negativa. Il suffisso in *-nus* indica una ricaduta sociale dell'atto compiuto o anche la valutazione esterna di un'azione. Dunque, accompagnato dall'aggettivo *malus*, il lemma può avere connotazione negativa e indicare un atto indegno di considerazione sia morale sia fattuale.

gerebat; ipsi consulatum petenti magna spes; senatus nihil sane intentus; tutae tranquillaeque res omnes; sed ea prorsus opportuna Catilinae.

– **ipsi ... magna spes:** «Catilina stesso aveva grande speranza di ottenere il consolato»; *ipsi petenti* è dativo di possesso riferito a Catilina (*petenti* è participio congiunto). Difficile e tormentato è il rapporto di Catilina con il potere politico, alle cui cariche più alte egli cercò di giungere anzitutto per vie legali. Infatti aveva già tentato di presentare la propria candidatura in altre due occasioni (negli anni 66 e 65 a.C.), ma aveva sempre trovato ostacoli insormontabili nella candidatura di altri "uomini forti" e in una serie di pretesti giuridici che erano stati impiegati per tenerlo lontano dal consolato. Ora egli (siamo nell'estate del 64 a.C.) aspira di nuovo alla carica suprema, ma verrà superato nelle elezioni da Cicerone e Gaio Antonio: così la propensione alla congiura e alla sovversione dello stato, che era, per così dire, connaturata in lui (secondo il ritratto che presenta Sallustio) precipita verso la realizzazione del suo piano eversivo. – **nihil sane intentus:** «per nulla preoccupato», dove *nihil* ha valore avverbiale. – **ea:** «tali condizioni». – **prorsus:** «appunto». – **opportuna:** «favorevoli», sott. *erant*.

ANALISI DEL TESTO *De Catilinae coniuratione* 16

Lessico

1 Ricerca il significato letterale, quindi spiega il valore metaforico dei termini seguenti, legati all'azione corruttrice di Catilina:
 a *inlexerat*
 b *adtriverat*
 c *aes alienum*

2 Chi sono i *testis signatoresque* (par. 2)? Quale differenza di significato c'è tra i due termini?

3 Quale significato assumono in questo contesto i sostantivi *famam atque pudorem* (par. 2)?

4 Sallustio spesso impiega termini astratti per indicare elementi concreti: riesci a individuare nel capitolo esempi di questo uso?

Sintassi e stile

5 Sallustio predilige l'uso dell'asindeto, finalizzato (insieme ad altri espedienti retorici) alla costruzione di uno stile conciso e volutamente disarmonico. Individua alcuni esempi nel cap. 16.

6 Nel periodare sallustiano è frequente l'ellissi del verbo *sum*.
 a In quali paragrafi del capitolo ciò avviene in prevalenza?
 b Perché l'autore adotta questa scelta stilistica?

7 Una figura di suono particolarmente utilizzata da Sallustio è l'allitterazione: sapresti evidenziare qualche esempio?

8 Altro espediente retorico molto utilizzato da Sallustio è la *variatio*, che può essere applicata a singoli vocaboli o a costrutti più ampi. Prova a ricercarla nel testo appena analizzato e spiega quali parti del discorso vengano coinvolte.

9 Quali altre figure retoriche rilevanti sono presenti nel cap. 16?

10 Anche l'impiego dell'infinito storico è tipico di Sallustio; in questo brano esso è legato a un aspetto particolare delle attività illecite di Catilina: individuane l'uso e prova a spiegare i motivi di questa scelta stilistica.

Contenuti

11 Esaminiamo ora l'attività dispiegata da Catilina in questo passaggio.
 a In che modo egli tiene in costante tensione i giovani da lui allettati e corrotti?
 b Quali sono i motivi per i quali Catilina ritiene giunto il momento di ordire la congiura?
 c Perché gli ex soldati di Silla avrebbero dovuto appoggiare la congiura?
 d Perché era importante il fatto che Pompeo fosse lontano da Roma (tanto che Sallustio lo cita esplicitamente)?

12 Qual è il significato dell'ultima, lapidaria affermazione: *tutae tranquillaeque res omnes; sed ea prorsus opportuna Catilinae*? Quale implicita accusa rivolge qui Sallustio alla classe dirigente dell'epoca?

TESTO 3

La congiura viene svelata

De Catilinae coniuratione 23

Improvvisamente si diffondono a Roma voci sulla congiura che veniva ordita: causa dell'involontaria delazione è Quinto Curio, nobile radiato dal senato per indegnità e oramai ridotto in miseria, che ne fa parola alla sua amante Fulvia, vantandosene. Fulvia è la seconda donna nominata nel testo da Sallustio, dopo Sempronia. Anche questa donna, evidentemente, è coinvolta nelle relazioni piuttosto vivaci della Roma del tempo, amante di uno dei tanti nobili decaduti che hanno bruciato il loro patrimonio e che sperano con un colpo di stato di poter entrare in possesso di nuove ricchezze. Il clima sociale evocato tra le righe attraverso Quinto Curio e Fulvia è torbido. La minaccia che si profila all'orizzonte spinge i nobili a eleggere al consolato Cicerone, *homo novus* ma l'unico che appaia in grado di tutelare la sicurezza dello stato, visto che Pompeo è lontano. Capitolo interessante il 23, non solo per le rapide osservazioni politiche con cui si conclude, ma anche per il breve ritratto di Curio, che si unisce alla galleria sallustiana: personaggio secondario, poco noto alla cronaca e alla storia, ma dipinto con efficaci tratti dallo storico.

(**1**) Sed in ea coniuratione fuit Q. Curius, natus haud obscuro loco, flagitiis atque facinoribus coopertus, quem censores senatu probri gratia moverant. (**2**) Huic homini non minor vanitas inerat quam audacia; neque reticere quae audierat, neque suamet ipse scelera occultare, prorsus neque dicere neque facere quicquam pensi habebat. (**3**) Erat ei cum Fulvia, muliere nobili, stupri vetus consuetudo; cui cum minus gratus esset quia inopia minus largiri poterat, repente glorians, maria montisque polliceri coepit, et minari interdum ferro, ni sibi obnoxia foret; postremo ferocius agitare quam solitus erat. (**4**) At Fulvia, insolentiae Curi causa cognita, tale periculum rei publicae haud occultum habuit, sed sublato auctore de Catilinae coniuratione quae quoque modo audierat compluribus narravit. (**5**) Ea res in primis studia hominum accendit ad consulatum mandandum M. Tullio Ciceroni. (**6**) Namque antea pleraque nobilitas invidia aestuabat, et quasi pollui consulatum credebant, si eum quamvis egregius homo novos adeptus foret. Sed ubi periculum advenit, invidia atque superbia post fuere.

1. Sed: «Dunque», formula di passaggio. – **haud obscuro loco:** «da famiglia rispettabile», ablativo di origine (con presenza di una litote: *haud obscuro*, «non sconosciuta»). – **probri gratia:** «per indegnità». – **moverant:** «avevano cacciato»; tra i compiti dei censori rientrava anche il controllo della moralità della vita pubblica ed essi potevano espellere dal senato chi fosse ritenuto indegno.

2. Huic homini ... inerat: «Quest'uomo aveva...» (lett. «In quest'uomo c'era»). – **vanitas:** «leggerezza» d'animo (era cioè frivolo e incostante). – **neque ... quicquam pensi habebat:** «e non si dava alcun pensiero» (*pensi* genitivo partitivo), regge gli infiniti *reticere, occultare, dicere, facere*.

3. stupri vetus consuetudo: «una vecchia relazione sessuale», è il soggetto del dativo di possesso *erat ei*. – **cui ... gratus esset:** «e non essendo più nelle sue grazie»; *cui* è nesso relativo inserito in un *cum* narrativo; i vocaboli e le espressioni che Sallustio impiega in questo capitolo indicano il suo disprezzo per i protagonisti di congiure, tradimenti e vita dissoluta. – **largiri:** «largheggiare in doni». – **repente:** indica l'improvviso cambiamento nell'atteggiamento di Quinto Curio, coinvolto nella congiura di Catilina e nelle conseguenti speranze di guadagno. – **montisque:** per *montesque*. – **ni sibi obnoxia foret:** «se non fosse arrendevole con lui» (*foret* = *esset*). – **postremo ... erat:** l'infinito *agitare* (frequentativo di *ago*) è ancora retto dal precedente *coepit*; *quam ... erat* è subordinata comparativa introdotta da *ferocius*.

4. causa cognita: ablativo assoluto temporale-causale. – **haud occultum habuit:** «non tenne nascosto». – **sublato auctore:** «celato il nome dell'informatore», ablativo assoluto. – **quae quoque modo audierat:** «ciò che aveva udito e in quale modo l'aveva udito».

5. Ea res ... M. Tullio Ciceroni: «Quel fatto anzitutto spinse i sentimenti dei cittadini ad affidare il consolato a Marco Tullio Cicerone»; *ad consulatum mandandum*: subordinata finale con il gerundivo.

6. invidia aestuabat: «ribolliva di gelosia»; soggetto è *pleraque nobilitas*, «la maggior parte dei nobili». – **et quasi ... credebant:** «e credeva che il consolato venisse per così dire macchiato», dove la *variatio* presenta un predicato plurale (mentre prima abbiamo incontrato *aestuabat* riferito allo stesso soggetto); la terminologia usata contribuisce a gonfiare la superbia nobiliare. – **quamvis egregius:** «per quanto valido», espressione concessiva. – **homo novos** = *homo novus*. – **adeptus foret:** «lo avesse ottenuto» (*foret* = *esset*). – **post fuere:** «passarono in secondo piano» (*fuere* = *fuerunt*).

TESTO 4

Agguato al console Cicerone

De Catilinae coniuratione 27, 3-28

Prima di scatenare il colpo di stato in armi, Catilina ha tentato ancora una volta di accedere al potere per vie legali: ha infatti presentato per la seconda volta la sua candidatura al consolato, per l'anno 62 a.C. Ma la sua candidatura non è stata nemmeno accettata dai magistrati che presiedono alle elezioni ed egli decide di passare alle vie di fatto, mettendo in moto la macchina che già aveva predisposto. Il primo ostacolo da eliminare è il console Cicerone che, avendo già avuto notizia della congiura, ostacola in tutti i modi il piano di Catilina. Due congiurati si offrono per eseguire l'omicidio; ma il console oramai ha le sue spie tra gli stessi catilinari (Fulvia e il suo amante Curio, già presentati nel cap. 23, vd. pag. 667) e l'attacco viene prontamente sventato. Intanto, fuori Roma, l'esercito di Catilina viene ingrossato da gente scontenta e da figuri poco raccomandabili.
Appare evidente in questo passaggio come Sallustio, pur tendendo a limitare l'importanza di Cicerone nella vicenda, ne riconosca l'efficace azione in difesa delle istituzioni.

(**27, 3**) Nonostante questo intenso lavorìo, le cose non avanzavano d'un passo; in piena notte, Catilina torna a convocare da M. Porcio Leca i capi del complotto, deplora a lungo la loro inerzia, li informa d'aver mandato avanti C. Manlio ad assumere il comando degli uomini che aveva addestrati alle armi, e altri in luoghi opportuni, con l'ordine di dare inizio alle operazioni. Quanto a lui, ardeva dal desiderio di raggiungere l'esercito, ma prima doveva toglier di mezzo Cicerone, il quale, con le misure adottate, rappresentava un grosso ostacolo ai suoi piani.
(**28**) Ed ecco, mentre gli altri esitano impauriti, un cavaliere romano, C. Cornelio, che già aveva offerto il suo braccio, e con lui un senatore, L. Vargunteio, decidono di presentarsi la notte stessa, di lì a poco, con uomini armati, a Cicerone, con il pretesto di salutarlo, e, prendendolo alla sprovvista, trucidarlo in casa sua. Non appena si rende conto del pericolo che incombe sul console, Curio subito lo fa avvisare da Fulvia dell'attentato che si prepara, così quelli non riescono a oltrepassare la porta di Cicerone; e l'essersi assunti un delitto così grave fu invano. Manlio intanto in Etruria andava sobillando i plebei; li rendevano avidi di mutamenti l'indigenza e il risentimento per le iniquità subite quando avevano perduto i campi e tutti i loro averi sotto la dittatura di Silla; inoltre, fece appello a banditi di tutte le specie, numerosi in quella regione, e ad alcuni coloni sillani, ai quali, per la vita lussuriosa e dissipata, non era rimasto nulla di tutto quello che avevano dissipato.

(trad. di F. Signoracci)

TESTO 5

Un drammatico confronto

De Catilinae coniuratione 31

A Roma si diffonde il panico. Catilina non può contare sull'elemento sorpresa, ma non desiste dalle sue operazioni; anzi, forse per discolparsi, forse per celare le sue vere intenzioni, osa presentarsi in senato. Qui subisce il violentissimo attacco di Cicerone (che in questa occasione recita la sua prima *Catilinaria*) e tenta di difendersi dissimulando, ricordando la sua antica nobiltà e ironizzando su quell'«inquilino di Roma» che osa ergersi a difensore della patria.
L'assemblea però è con Cicerone e si levano grida contro Catilina: egli allora getta la maschera ed esce di scena lanciando una terribile minaccia.
Da notare lo scarso spazio assegnato da Sallustio all'orazione di Cicerone, una delle più famose e importanti dell'Arpinate, forse perché era inutile dilungarsi su un testo ben conosciuto all'epoca (e qui Sallustio stesso ne registra la pubblicazione a opera dell'autore), ma anche perché lo storico tende continuamente a sminuire il ruolo del console in carica nello sviluppo delle vicende. Ampio spazio è concesso invece alla replica di Catilina, presentata attraverso il discorso indiretto, quando egli tenta di discolparsi, e diretto, nelle gravi ed esplicite minacce finali.

(**1**) Quibus rebus permota civitas atque inmutata urbis facies erat. Ex summa laetitia atque lascivia, quae diuturna quies pepererat, repente omnis tristitia invasit: (**2**) festinare, trepidare, neque loco nec homini cuiquam satis credere, neque bellum gerere, neque pacem habere, suo quisque metu pericula metiri. (**3**) Ad hoc mulieres, quibus rei publicae magnitudine belli timor insolitus incesserat, adflictare sese, manus supplicis ad caelum tendere, miserari parvos liberos, rogitare, omnia pavere, superbia atque deliciis omissis sibi patriaeque diffidere. (**4**) At Catilinae crudelis animus eadem illa movebat, tametsi praesidia parabantur et ipse lege Plautia interrogatus erat ab L. Paulo. (**5**) Postremo, dissimulandi causa aut sui expurgandi, sicubi iurgio lacessitus foret, in senatum venit. (**6**) Tum M. Tullius consul, sive praesentiam eius timens, sive ira commotus, orationem habuit luculentam atque utilem rei publicae, quam postea scriptam edidit. (**7**) Sed ubi ille adsedit, Catilina, ut erat paratus ad dissimulanda omnia, demisso voltu, voce supplici postulare a patribus coepit ne quid de se temere crederent; ea familia ortum, ita se ab adulescentia vitam instituisse ut omnia bona in spe haberet; ne existumarent sibi patricio homini, cuius ipsius atque maiorum pluruma beneficia in plebem Romanam essent, perdita re publica opus esse, cum eam servaret M. Tullius, inquilinus civis urbis Romae. (**8**) Ad hoc maledicta alia cum adderet, obstrepere omnes, hostem atque parricidam vocare.

1. Quibus rebus: «Da queste notizie», nesso relativo in ablativo (di causa efficiente); sono le preoccupanti voci sulla congiura che si sono diffuse in città, nonché la notizia delle decisioni prese dal senato. – **inmutata ... erat:** «era mutato l'aspetto della città»; il prefisso *in-* ha valore rafforzativo. – **lascivia:** «spensieratezza»; il termine non ha significato negativo. – **quae ... pepererat:** «che un lungo periodo di pace aveva procurato»; *quae* è pronome neutro plurale riferito a due sostantivi femminili (*laetitia atque lascivia*); in effetti la pace interna durava dalla fine della dittatura di Silla (circa un ventennio, dall'82 a.C. al 63 a.C.). – **omnis:** per *omnes*.

2. festinare, trepidare ... credere ... gerere ... habere ... metiri: una lunga serie di infiniti storici con valore impersonale (tranne l'ultimo, che ha però come soggetto l'indefinito *quisque*); attraverso questo espediente la descrizione della confusione che regnava a Roma è resa in modo più concitato; *credere*: «fidarsi»; *suo ... metiri*: «ciascuno misurava i pericoli dal proprio timore».

3. Ad hoc: «Inoltre». – **quibus ... incesserat:** «per le quali la paura di una guerra era divenuta insolita a causa della potenza dello Stato»; infatti dopo lungo tempo ora la guerra rischia di arrivare fin dentro Roma. – **adflictare:** si apre una nuova serie di infiniti storici. – **superbia ... omissis:** ablativo assoluto. – **diffidere:** regge i due dativi *sibi patriaeque*.

4. eadem ... movebat: viene sottolineata l'ostinazione di Catilina. – **tametsi:** introduce due subordinate concessive. – **et ipse ... ab L. Paulo:** «ed egli fosse stato messo sotto accusa da Lucio Paolo in base alla legge Plozia», promulgata nell'89 a.C. proprio contro i perturbatori dell'ordine pubblico, per i quali era previsto l'esilio (il processo rimase però alla fase dell'istruttoria, perché la situazione precipitò).

5. dissimulandi ... expurgandi: finali con il genitivo del gerundivo: vengono avanzate delle ipotesi per capire come mai Catilina, nonostante il clima a lui sfavorevole, si fosse ugualmente recato in senato; Catilina partecipava ai lavori del senato in qualità di ex pretore. – **foret:** = *esset*.

6. Tum M. Tullius consul: fu proprio durante la seduta del senato dell'8 novembre del 63 a.C. che Cicerone pronunciò la prima delle sue quattro orazioni contro Catilina. – **luculentam:** «splendida» (vi è nell'aggettivo la radice di *lux*); come si vede da questa valutazione e dalle osservazioni conclusive del cap. 23, Sallustio, pur essendo avversario di Cicerone, ne riconosce le doti e le qualità oratorie. – **quam ... edidit:** Cicerone stesso raccolse e pubblicò le orazioni del consolato nel 60 a.C.

7. ut erat paratus: «preparato com'era»; regge la finale costruita con il gerundivo *ad dissimulanda omnia*. – **ne ... crederent:** completiva retta da postulare (lett. *quid de se*: «alcuna cosa su di lui»). – **ea familia ortum:** «discendeva da una famiglia tale»; si apre un discorso indiretto (il discorso difensivo di Catilina), introdotto da un *verbum dicendi* sottinteso. – **vitam instituisse:** «aveva condotto la vita». – **ut ... haberet:** subordinata consecutiva; Catilina non smonta le accuse ma lascia intendere di non avere alcun bisogno della violenza per ottenere ciò che vuole. – **ne existumarent:** «e non pensassero»; all'interno del discorso indiretto questo congiuntivo assume valore esortativo (*existumarent* è arcaismo per *existimarent*). – **sibi ... urbis Romae:** il periodo, ampio e articolato (retto da *ne existumarent*), si risolve in un tentativo di *captatio benevolentiae* nei confronti del senato; *opus esse* è infinitiva oggettiva retta da *ne existumarent*; *perdita re publica* (lett.: «dello stato rovinato») è espressione in ablativo retto da *opus esse*; *cum servaret* ha valore avversativo; *inquilinus* è Cicerone nelle sarcastiche parole di Catilina: infatti egli non solo è *homo novus*, ma è pure originario di Arpino, quindi non un Romano autentico.

8. maledicta: «ingiurie» (all'interno di un *cum* narrativo con valore causale). – **obstrepere ... vocare:** sono infiniti storici, utilizzati per descrivere la violenta reazione al maldestro discorso di Catilina. – **parricidam:** «assassino della patria».

(**9**) Tum ille furibundus: «Quoniam quidem circumventus – inquit – ab inimicis praeceps agor, incendium meum ruina restinguam».

9. circumventus ... ab inimicis: «circondato da nemici», participio congiunto. – **praeceps agor:** «vengo spinto a precipizio»; *praeceps* ha funzione predicativa. – **incendium ... restinguam:** «estinguerò il mio incendio con una immensa rovina»; la terribile minaccia finale rivela le vere intenzioni di Catilina. L'espressione – segnata da una forte allitterazione – si spiega con il fatto che nelle città antiche (e nella stessa Roma), dove interi quartieri di edifici erano costruiti in legno e materiale infiammabile, per estinguere gli incendi che scoppiavano furiosi, talvolta era necessario intervenire radendo al suolo alcuni isolati, formando così una barriera per il fuoco che non avrebbe trovato di che alimentarsi. Con questa cupa immagine Catilina chiude per sempre la sua presenza nel senato romano. Da notare che essa rappresenta anche – per maggiore efficacia – l'unico intervento di discorso diretto all'interno del capitolo.

ANALISI DEL TESTO *De Catilinae coniuratione* 31

Lessico

1 Qual è il significato letterale dei participi *permota* e *inmutata*? Quale significato assumono nel contesto di una città terrorizzata?

2 Quale significato hanno in questo contesto i due gerundivi *dissimulandi causa aut sui expurgandi*, riferiti a Catilina?

3 L'orazione pronunciata da Cicerone è definita da Sallustio *luculentam*.
a Quale origine ha questo aggettivo?
b Che cosa significa, se è riferito a un discorso?

4 Catilina definisce con disprezzo Cicerone *inquilinus civis* della città di Roma.
a Che cosa intende dire con questa espressione?
b Quale "difetto" rinfaccia al console?

Sintassi e stile

5 La concitazione della città terrorizzata è resa da Sallustio attraverso l'impiego ripetuto di un particolare modo verbale: quale? Individua gli esempi più significativi.

6 Come abbiamo visto, Sallustio riporta la prima parte del discorso di Catilina (tentativo di discolparsi) attraverso il discorso indiretto e la seconda (minacce ai senatori) con quello diretto: a tuo parere, perché opera questa scelta? Quale effetto raggiunge?

7 Nelle parole finali pronunciate da Catilina sono presenti alcune figure retoriche del suono: prova a individuarle.

Contenuti

8 Quale atteggiamento ti sembra che assuma Sallustio nei confronti di Cicerone, in questo capitolo e, in generale, in tutta la monografia?

9 Sulla base delle letture fin qui svolte, sai spiegare quali siano i motivi di un tale atteggiamento nei confronti del console?

10 Con quali argomenti Catilina tenta per l'ultima volta di ingraziarsi il senato e, nel contempo, di gettare discredito sul console? Quale effetto sortisce?

TESTO 6

Catilina lascia Roma *De Catilinae coniuratione* 32

Questo breve capitolo ci mostra le conseguenze immediate del duro scontro in senato tra Catilina e Cicerone. Visto che i suoi piani sono bloccati, Catilina decide di uscire da Roma per raggiungere l'accampamento di Manlio, lascia istruzioni per i congiurati rimasti in città, assicura un suo rapido ritorno al comando di ingenti forze. Ma in questo modo il console Cicerone (come sappiamo dalla sua prima *Catilinaria*, vedi a pag. 459) ha ottenuto il suo scopo: quello di allontanare dalla città il capo della congiura, in una sorta di autodenuncia, che farà sentire il senato più libero di proclamarlo "nemico della patria".

(1) Deinde se ex curia domum proripuit. Ibi multa ipse secum volvens, quod neque insidiae consuli procedebant et ab incendio intellegebat urbem vigiliis munitam, optumum factu credens exercitum augere ac, prius quam legiones scriberentur, multa antecapere quae bello usui forent, nocte intempesta cum paucis in Manliana castra profectus est. (2) Sed Cethego atque Lentulo ceterisque, quorum cognoverat promptam audaciam, mandat, quibus rebus possent, opes factionis confirment, insidias consuli maturent, caedem, incendia aliaque belli facinora parent: sese prope diem cum magno exercitu ad urbem accessurum.

1. Deinde ... proripuit: soggetto è Catilina. – **multa**: «molti pensieri». – **insidiae consuli**: «gli attentati al console», narrati nei capp. 27-28 (vedi pag. 668). – **ab incendio intellegebat urbem vigiliis munitam**: «e si rendeva conto che la città era protetta dall'incendio da sentinelle notturne», espressione tra realistica e figurata: Catilina infatti progettava di incendiare zone della città per gettarla nel caos, ma nello stesso tempo, con il termine *incendio*, ci si riferisce al colpo di stato. – **optumum factu**: «la cosa migliore da farsi», costruzione con il cosiddetto supino passivo. – **antecapere**: «provvedere in tempo». – **quae ... forent**: «che fossero di utilità alla guerra», relativa al congiuntivo perché esprime il pensiero di Catilina; *bello usui* presenta la costruzione del doppio dativo; *forent=essent*.
2. Cethego atque Lentulo: i congiurati rimasti in città. – **mandat**: «ordina che», dal predicato principale dipendono le completive *opes ... confirment, ... maturent, ... parent*, introdotte senza *ut*. – **quibus rebus possent**: «con tutti i mezzi possibili», prolessi della subordinata relativa; da notare nelle subordinate del periodo l'alternanza irregolare dei tempi del congiuntivo (imperfetto nella relativa, ma presente nelle completive). – **sese ... accessurum:** discorso indiretto (è sottinteso un *verbum dicendi*). – **prope diem**: «in breve tempo».

TESTO 7

Catilina parla al suo esercito

De Catilinae coniuratione 58

Ci troviamo in una situazione completamente diversa rispetto al primo discorso, che Catilina aveva tenuto ai congiurati nel nascondimento della sua casa: la congiura è stata svelata, i complici catturati a Roma sono stati messi a morte. Catilina, che ha raggiunto le truppe raccolte da Manlio in Etruria, al sopraggiungere dell'esercito regolare cerca di fuggire verso la Gallia Transalpina. Quinto Metello Celere, però, gli taglia la strada e alle sue spalle sopraggiunge l'esercito di Antonio. La battaglia è inevitabile e appare subito come uno scontro impari. A questo punto Catilina prende la parola per l'ultima volta. Dopo un esordio generico sulla *virtus*, egli illustra ai suoi uomini la situazione in cui si sono venuti a trovare dopo il fallimento della rivolta cittadina: l'unica possibilità di salvezza è ora affidata alle armi. Se vinceranno, otterranno salvezza e sicurezza; se fuggiranno, tutto si ritorcerà contro di loro; se perderanno, che almeno lascino all'esercito del console una vittoria sanguinosa e dolorosa. Non la stessa necessità spinge i due eserciti: le truppe regolari combattono per la salvaguardia della potenza di pochi – quell'oligarchia senatoria contro cui si è schierato Catilina – mentre i ribelli combattono per la libertà e la vita. Il discorso, elaborato dal punto di vista letterario e sostenuto nel tono, riassume le ragioni dei congiurati e presenta il volto coraggioso e fiero del loro capo, che dominerà la scena fino alla fine.

Combattimento tra romani e italici (part.), I secolo a.C., L'Aquila, Museo Nazionale d'Abruzzo.

(1) «Compertum ego habeo, milites, verba virtutem non addere, neque ex ignavo strenuum, neque fortem ex timido exercitum oratione imperatoris fieri. (2) Quanta cuiusque animo audacia natura aut moribus inest, tanta in bello patere solet. Quem neque gloria neque pericula excitant, nequiquam hortere; timor animi auribus officit. (3) Sed ego vos quo pauca monerem advocavi, simul uti causam mei consili aperirem. (4) Scitis equidem, milites, socordia atque ignavia Lentuli quantam ipsi nobisque cladem attulerit, quoque modo, dum ex urbe praesidia opperior, in Galliam proficisci nequiverim. (5) Nunc vero quo loco res nostrae sint iuxta mecum omnes intellegitis. (6) Exercitus hostium duo, unus ab urbe, alter a Gallia obstant. Diutius in his locis esse, si maxume animus ferat, frumenti atque aliarum rerum egestas prohibet. (7) Quocumque ire placet, ferro iter aperiundum est. (8) Quapropter vos moneo uti forti atque parato animo sitis et, cum proelio inibitis, memineritis vos divitias, decus, gloriam, praeterea libertatem atque patriam in dextris vostris portare. (9) Si vincimus, omnia nobis tuta erunt; commeatus abunde, municipia atque coloniae patebunt. (10) Si metu cesserimus, eadem illa advorsa fient, neque locus neque amicus quisquam teget quem arma non texerint. (11) Praeterea, milites, non eadem nobis et illis necessitudo impendet: nos pro patria, pro libertate, pro vita certamus; illis supervacaneum est pugnare pro potentia paucorum. (12) Quo audacius adgredimini, memores pristinae virtutis.

1. Compertum ego habeo: «Io so bene», perifrasi costruita con il participio perfetto di *comperio* e *habeo* (da costrutti come questo nascerà il passato prossimo italiano: in latino invece mettono in rilievo l'effetto perdurante di un'azione compiuta); il pensiero di Catilina, con cui si apre l'orazione, è tratto da una nota massima dello storico greco Senofonte (nella *Ciropedia* III), a dimostrazione dell'elaborazione retorica del brano. – **neque ... neque...:** gli elementi che seguono alle due negazioni sono disposti a chiasmo (*ex ignavo strenuum, fortem ex timido*).

2. Quanta ... patere solet: «Di solito emerge tanto coraggio in guerra, quanto se ne trova nell'animo di ciascuno per natura o per educazione»; *natura aut moribus* sono ablativi di causa. – **Quem ... excitant:** prolessi del relativo (= *eum quem*). – **nequiquam hortere:** *hortere* = *horteris*, seconda persona, con valore impersonale, del congiuntivo potenziale. – **auribus officit:** «impedisce di ascoltare» (*officio* seguito dal dativo: «ostacolare, opporsi», lett. «ostacola le orecchie»).

3. quo ... monerem: subordinata finale introdotta da *quo*; *pauca* è accusativo di relazione. – **simul uti...:** introduce una nuova finale (*aperirem*), in *variatio* con il precedente *quo*. – **mei consili:** «della mia decisione».

4. socordia ... attulerit: subordinata interrogativa indiretta, retta da *scitis*; Lentulo aveva avventatamente confidato i piani della congiura a stranieri (gli ambasciatori degli Allobrogi, capp. 39 sgg.). – **quoque modo ... nequiverim:** altra interrogativa indiretta (sempre dipendente da *scitis*), che racchiude una subordinata temporale (*dum ... opperior*: il presente si spiega con la presenza di *dum*).

5. quo loco ... sint: «a che punto ... siano», interrogativa indiretta dipendente dal successivo *intellegitis*. – **iuxta mecum:** «al pari di me».

6. si maxume ... ferat: «se anche lo volessimo» (lett. «l'animo lo sopportasse», con valore concessivo).

7. Quocumque ... aperiundum est: «Dovunque vogliamo andare, la strada deve essere aperta con le armi»; sentenza lapidaria che chiude efficacemente il quadro della difficile situazione in cui si trovano i catilinari (*aperiundum est*, perifrastica passiva, per *aperiendum est*).

8. uti: (= *ut*) introduce le due completive *sitis et ... memineritis* (congiuntivo perfetto con valore di presente). – **forti atque parato animo:** ablativo di qualità. – **divitias ... patriam:** enumerazione che raccoglie ideali e promesse di Catilina ai suoi soldati (quasi identico l'elenco presente nel discorso ai congiurati, nel cap. 20).

9. Si vincimus: protasi di un periodo ipotetico della realtà; Catilina vuole credere a questa eventualità e soprattutto vuole che ci credano i suoi uomini. – **commeatus abunde:** «(avremo) rifornimenti in abbondanza». – **patebunt:** «ci apriranno le porte»; *municipia* erano le città italiche sottomesse, ma dotate di autonomia amministrativa, *coloniae* erano le colonie fondate dai Romani o dagli alleati latini (ed erano amministrate come Roma).

10. neque locus ... texerint: «nessun luogo, nessun amico proteggerà chi non avrà saputo difendersi con le armi» (lett. «colui che le armi non abbiano protetto»); altra massima solenne e incisiva, impiegata da Catilina per infondere coraggio ai suoi (da notare il poliptoto *teget ... texerint*).

11. eadem ... necessitudo: i catilinari e l'esercito regolare non sono spinti (anzi, «sovrastati», come si deduce dal verbo *impendet*) dalla medesima urgenza: i primi si battono per la vita, gli altri per il potere di pochi (da notare l'uso del termine *necessitudo*, che solo arcaicamente aveva il significato di «necessità»: qui rende più solenne l'affermazione, quasi proiettandola nella sfera religiosa). – **pro ... pro ... pro:** anafora, ripresa poco più avanti da *pro potentia paucorum*, dove è presente anche una forte allitterazione.

12. Quo ... adgredimini: «Perciò attaccate con maggiore coraggio». – **pristinae virtutis:** infatti molti di loro avevano già combattuto sotto Silla.

(**13**) Licuit vobis cum summa turpitudine in exilio aetatem agere; potuistis nonnulli Romae, amissis bonis, alienas opes expectare. (**14**) Quia illa foeda atque intoleranda viris videbantur, haec sequi decrevistis. (**15**) Si haec relinquere voltis, audacia opus est; nemo nisi victor pace bellum mutavit. (**16**) Nam in fuga salutem sperare, cum arma quibus corpus tegitur ab hostibus avorteris, ea vero dementia est. (**17**) Semper in proelio eis maxumum est periculum qui maxume timent; audacia pro muro habetur. (**18**) Cum vos considero, milites, et cum facta vostra aestumo, magna me spes victoriae tenet. (**19**) Animus, aetas, virtus vostra me hortantur, praeterea necessitudo, quae etiam timidos fortis facit. (**20**) Nam multitudo hostium ne circumvenire queat prohibent angustiae loci. (**21**) Quod si virtuti vostrae fortuna inviderit, cavete inulti animam amittatis, neu capti potius sicuti pecora trucidemini quam virorum more pugnantes cruentam atque luctuosam victoriam hostibus relinquatis».

13. Licuit ... potuistis: «Vi sarebbe stato lecito ... avreste potuto»; sono cosiddetti "falsi condizionali".

14. intoleranda: «intollerabili»; è gerundivo con funzione predicativa (con *videbantur*). – **viris:** «per uomini veri».

15. Si ... opus est: Catilina insiste sull'audacia, perché sa che i suoi stanno per affrontare una lotta impari (*voltis* = *vultis*). – **nemo ... mutavit:** nuova sentenza che eleva il tono del discorso (da notare l'uso del perfetto gnomico *mutavit*, da tradurre con un presente).

16. salutem sperare: Sallustio introduce un concetto ripreso da Senofonte (*Ciropedia* III). – **cum ... avorteris:** *cum* narrativo con valore temporale (*avorteris* = *averteris*), che comprende una subordinata relativa (*quibus corpus tegitur*, lett. «dalle quali il corpo viene protetto»).

17. Altra sentenza, con la quale Catilina conclude questa parte dell'orazione. – **maxumum ... maxume:** poliptoto. – **audacia ... habetur:** «il coraggio è il vero baluardo»; ancora una volta Sallustio si ispira a Senofonte (*Ciropedia* III) e riprenderà questa stessa espressione nel *Bellum Iugurthinum* (85, 50).

18. Cum ... cum: anafora. – **me ... tenet:** «mi prende...».

19. Animus, aetas, virtus: enumerazione attraverso asindeto.

20. Nam ... loci: la frase principale e la subordinata completiva di senso negativo sono qui ben intrecciate; costruzione: *Nam angustiae loci prohibent ne multitudo hostium queat circumvenire*; Catilina confida sui luoghi scoscesi per non farsi circondare dai nemici più numerosi.

21. Quod si: «E se». – **fortuna inviderit:** «la sorte si opporrà» (ma in latino troviamo il futuro anteriore per la legge dell'anteriorità); da notare *virtuti vostrae ... inviderit*, allitterazione. – **cavete ... amittatis:** «badate di non perdere la vita invendicati»; in *animam amittatis* allitterazione. – **neu ... trucidemini:** la subordinata completiva è ancora retta da *cavete*. – **potius ... quam ... relinquatis:** subordinata comparativa («piuttosto che lasciare...»); la faticosa articolazione della parte finale del discorso testimonia l'angoscia per l'approssimarsi di uno scontro che appare definitivo e funesto.

ANALISI DEL TESTO *De Catilinae coniuratione* 58

Lessico

1 L'orazione rivolta da Catilina ai suoi è connotata dal tema dell'esortazione al coraggio: quale lessico si riferisce a quest'area semantica?

2 Alla conclusione del discorso, temendo la sconfitta, Catilina si augura per i nemici una vittoria *cruentam atque luctuosam*.
a Che cosa significano questi aggettivi?
b Rappresentano un'esortazione, o servono a gettare un'ombra sulla battaglia incombente?

Sintassi e stile

3 Il testo è caratterizzato da frasi brevi e incisive, che talvolta si presentano come massime: prova a individuarne alcune (per esempio, par. 7).

4 Nel discorso di Catilina compaiono alcune accumulazioni (per lo più composte da tre elementi), che sono sempre riferite ai propri uomini: individuale e spiega quale funzione abbiano.

5 Quali altre figure retoriche caratterizzano il brano (chiasmo, *varatio*...)?

Contenuti

6 L'orazione è strutturata (secondo i canoni retorici del tempo) in un proemio, una narrazione (che riassume gli eventi principali), una dimostrazione (sulla necessità della battaglia) e una perorazione finale. Attraverso un'attenta lettura, indica la scansione delle parti.

APPROFONDIMENTO

LE RAGIONI SOCIALI DEL FALLIMENTO DI CATILINA

Nel testo critico seguente Luca Canali tenta un bilancio storico della congiura di Catilina, esaminando in particolare il panorama sociale in cui si è svolta: qui stanno i fattori che hanno permesso il suo sorgere, ma anche le carenze e le improvvisazioni che non ne hanno consentito il successo. Su ben altro livello di consapevolezza e pianificazione si muoverà l'azione sovversiva delle istituzioni promossa da Cesare e dagli altri triumviri.

«Ma cos'era davvero la congiura di Catilina? Tentiamo un approccio: essa era in primo luogo basata su un movimento di scontenti e di esasperati di tutti i ceti, e, a un livello superiore, di emarginati dall'*establishment* politico ed economico romano. Dovevano farne parte soprattutto sottoproletari, proletari, piccoli artigiani della città, braccianti e piccoli proprietari della campagna, nobili rovinati e matrone corrotte (di cui Sallustio parla con tanta ferocia ma anche con tanto compiacimento): ma questi nobili aderivano perché decaduti o perché generosi, o semplicemente desiderosi di un potere che non possedevano più? Di tali esemplari, i movimenti rivoluzionari di ogni tempo si sono sempre gloriati come di una prova di largo consenso. Lo stato maggiore dell'organizzazione era costituito da magistrati intermedi, personalità di scarso rilievo, che semplicemente eseguivano gli ordini di Catilina, e che in casi decisivi si comportarono con estrema leggerezza, come quando si lasciarono convincere a consegnare alla delegazione dei Galli Allòbrogi (insufflati da Cicerone) una lettera siglata per Catilina. Che le cose stessero così, e che si trattasse di un movimento debole, e con una insufficiente strategia di azione, è provato dalla relativa facilità della repressione, anche se per compierla fu emanato il *senatus consultum ultimum* che proclamava lo stato di emergenza e mobilitava tutte le forze dello stato contro un grave pericolo che lo minacciasse. È tuttavia innegabile che la macchinazione avesse radici profonde nel popolo e forse in parte motivata, socialmente, e persino istituzionalmente, se si ricordano le due bocciature di Catilina in successive edizioni consolari per brogli orchestrati da Cicerone. Non per nulla, come si è detto, dietro di essa, e forse a reggerne le fila, erano quasi certamente personaggi come Cesare e Crasso, i quali avrebbero proseguito su ben altro piano, e con ampia strategia, l'azione catilinaria, anzitutto depurandola dell'"infantilità dell'estremismo".

[...] Partire contro tutti i ricchi (i *boni*) indiscriminatamente, senza l'appoggio dei ceti medi e dell'esercito, fu la ragione del fallimento di Catilina e delle sue bande armate: cause di cui Sallustio non si avvide, nel suo moralismo esclusivo, o non volle avvedersi, per comporre la sua "cronaca", in parte falsa, in parte tendenziosa, ma stupendamente orchestrata sul registro della tragedia».

L. Canali, Prefazione a *De coniuratione Catilinae*, a cura di L. Canali-R. Scarcia, Milano, Garzanti, 1982, pp. xxxvi-xxxvii

Figura di giovane aristocratico romano, I secolo d.C., Moregine, Edificio dei Triclini.

TESTO 8

Preparativi per la battaglia

De Catilinae coniuratione 59

Dopo avere pronunciato di fronte ai suoi uomini una breve ma intensa orazione (vedi Testo 7) – secondo la prassi seguita da ogni comandante prima della battaglia – Catilina sfrutta l'onda emotiva causata dalle sue parole, conduce le truppe nella pianura e schiera subito l'esercito, per uno scontro che appare disperato. Eppure non lascia nulla al caso: sceglie con cura la posizione, per evitare l'accerchiamento da parte di forze superiori per numero, fa allontanare tutti i cavalli (per eliminare la speranza di fuga e legare tutti in un comune pericolo), seleziona coorti e comandanti e si colloca egli stesso al centro dello schieramento, accanto all'aquila che si diceva essere stata di Mario. Nella descrizione delle sue mosse si notano le scelte e gli atteggiamenti di un generale attento e accorto: questo capitolo inizia a preparare il terreno per la morte eroica del protagonista, che sul campo di battaglia sa fornire un esempio di *virtus* non indegna.
Nel campo avverso il console Antonio – forse adducendo una scusa, visto che nel passato aveva stretto rapporti con Catilina – affida il comando a Petreio, luogotenente di lunga esperienza militare.

(**1**) Haec ubi dixit, paulùlum commoratus, signa canere iubet atque instructos ordines in locum aequom deducit. Dein, remotis omnium equis quo militibus exaequato periculo animus amplior esset, ipse pedes exercitum pro loco atque copiis instruxit. (**2**) Nam uti planities erant inter sinistros montes et ab dextra rupem asperam, octo cohortis in fronte constituit, relicuarum signa in subsidio artius conlocat. (**3**) Ab eis centuriones, omnis lectos et evocatos, praeterea ex gregariis militibus optumum quemque armatorum in primam aciem subducit. G. Manlium in dextra, Faesulanum quendam in sinistra parte curare iubet: ipse cum libertis et colonis propter aquilam adsistit, quam bello Cimbrico G. Marius in exercitu habuisse dicebatur. (**4**) At ex altera parte G. Antonius, pedibus aeger, quod proelio adesse nequibat, M. Petreio legato exercitum permittit.

Soldato romano di fanteria, con tunica corta, elmo, scudo e lancia, II secolo a.C., Roma, Museo di Villa Giulia.

1. paululum commoratus: «dopo un attimo di pausa»; *commoratus* è participio congiunto; la prima parte del capitolo è strutturata in periodi brevi e incalzanti, a evidenziare la concitazione dell'azione che segue all'orazione di Catilina. – **signa:** «il segnale d'attacco». – **in locum aequom:** «sul terreno pianeggiante» (*aequom* = *aequum*). – **quo ... esset:** «affinché i soldati avessero più coraggio di fronte al pericolo uguale per tutti», subordinata finale introdotta da *quo* e contenente un ablativo assoluto (*exaequato periculo*, lett. «reso uguale il pericolo»); *militibus ... esset* è dativo di possesso. – **pedes:** «a piedi», come tutti gli altri; è mossa psicologica che è impiegata anche da Cesare contro gli Elvezi (*De bello Gallico* I, 25). – **pro loco atque copiis:** «in base al terreno e alle caratteristiche dei soldati».

2. in subsidio: «come riserva». – **artius:** «a file più serrate».

3. omnis ... evocatos: «tutti uomini scelti e veterani» (come gli ex soldati di Silla, che militavano ora nelle fila di Catilina); *omnis* = *omnes*. – **optumum quemque armatorum:** «tutti i meglio armati». – **Faesulanum quendam:** «uno di Fiesole», non meglio identificato da Sallustio. – **curare iubet:** «affida il comando». – **bello Cimbrico:** i Cimbri furono pesantemente sconfitti da Mario nella battaglia dei Campi Raudii (presso Vercelli) nel 101 a.C. – **G. Marius:** l'attaccamento all'aquila appartenuta all'esercito di Mario ha un valore simbolico e politico per Catilina.

4. pedibus aeger: «ammalato ai piedi», o anche «sofferente di gotta»; lo storico Cassio Dione (*Storia romana* XXXVII) avanza l'ipotesi che l'attacco di gotta fosse una scusa per non scontrarsi con Catilina, un tempo amico del console.

(5) Ille cohortis veteranas, quas tumulti causa conscripserat, in fronte, post eas ceterum exercitus in subsidiis locat. Ipse equo circumiens unumquemque nominans appellat, hortatur, rogat ut meminerint se contra latrones inermos pro patria, pro liberis, pro aris atque focis suis certare. (6) Homo militaris, quod amplius annos triginta tribunus aut praefectus aut legatus aut praetor cum magna gloria in exercitu fuerat, plerosque ipsos factaque eorum fortia noverat; ea commemorando militum animos accendebat.

5. in subsidiis: «di riserva» (vedi sopra par. 2). – **unumquemque nominans appellat:** «chiama ciascuno per nome»; *nominans* è participio congiunto con il soggetto. – **contra latrones inermos:** «contro briganti male armati»; dalle parole del legato emerge il disprezzo per il raccogliticcio esercito di Catilina.

6. Homo militaris: «Era un militare di carriera». – **tribunus aut praefectus aut legatus aut praetor:** sono predicativi che indicano le tappe della brillante carriera militare di Petreio (*cum magna gloria*), efficacemente riassunte attraverso un'enumerazione. – **noverat:** «conosceva bene» la maggior parte dei suoi uomini e le loro azioni coraggiose. – **ea commemorando:** si riferisce a *facta fortia*; gerundio al caso ablativo.

TESTO 9

La battaglia e la morte di Catilina

De Catilinae coniuratione 60

Al segnale, i due eserciti si affrontano in uno scontro cruento, che passa subito al corpo a corpo; le truppe dei ribelli resistono più valorosamente di quanto si potesse sospettare. Petreio decide allora di lanciare la coorte pretoria all'assalto, proprio nel centro dello schieramento nemico: le fila dei catilinari vengono scompaginate e le sacche di resistenza eliminate a una a una. Catilina, visto che tutto è perduto, si getta nella mischia dove più fitti sono i nemici e muore eroicamente.
La battaglia è descritta con annotazioni essenziali, la narrazione assume un ritmo incalzante: tutta la lunga preparazione di quest'atto finale si risolve in poche parole e nell'immagine di Catilina trafitto.

(1) Sed ubi omnibus rebus exploratis Petreius tuba signum dat, cohortis paulatim incedere iubet; idem facit hostium exercitus. (2) Postquam eo ventum est unde a ferentariis proelium committi posset, maximo clamore cum infestis signis concurrunt; pila omittunt, gladiis res geritur. (3) Veterani, pristinae virtutis memores, comminus acriter instare; illi haud timidi resistunt: maxuma vi certatur. (4) Interea Catilina cum expeditis in prima acie versari, laborantibus succurrere, integros pro sauciis arcessere, omnia providere, multum ipse pugnare, saepe hostem ferire; strenui militis et boni imperatoris officia simul exsequebatur. (5) Petreius, ubi videt Catilinam contra ac ratus erat magna vi tendere,

1. Sed: ancora una volta è formula di passaggio (può essere omessa nella traduzione). – **omnibus rebus exploratis:** «dopo avere passato tutto in rassegna», ablativo assoluto.

2. Postquam eo ventum est: «Dopo che si giunse a una distanza tale», espressione impersonale (*eo* introduce la relativa consecutiva *unde ... posset*). – **a ferentariis:** soldati armati alla leggera, che lanciavano sassi (con fionde) e altri dardi per scompigliare le prime fila nemiche. – **cum infestis signis:** «con le insegne rivolte contro il nemico», cioè in formazione d'attacco (gergo militare). – **gladiis res geritur:** «si combatté con le spade»; è un combattimento aspro, corpo a corpo, che resta a lungo incerto (finché non interviene la coorte pretoria); la descrizione della battaglia è concitata e avviene attraverso frasi brevi e spezzettate.

3. comminus acriter instare: *instare* è infinito storico. – **haud timidi:** litote.

4. cum expeditis: «con i soldati armati alla leggera» (altro termine tecnico). – **versari:** «si aggirava»; è il primo di una serie di infiniti storici. – **laborantibus:** «ai soldati in difficoltà» (sott. *militibus*); il dativo è richiesto dal verbo *succurrere*. – **integros ... arcessere:** «rimpiazzava i feriti con uomini freschi». – **strenui ... imperatoris:** Sallustio, nel momento critico, riconosce le doti di coraggio, sprezzo del pericolo e capacità di sacrificio di Catilina, che combatte sia come soldato semplice sia come generale.

5. Catilinam ... magna vi tendere: subordinata oggettiva retta da *ubi videt*. – **cohortem praetoriam:** una coorte di soldati scelti, guardia del corpo del comandante. – **in me-**

cohortem praetoriam in medios hostis inducit, eosque perturbatos atque alios alibi resistentis interficit; deinde utrimque ex lateribus ceteros adgreditur. (6) Manlius et Faesulanus in primis pugnantes cadunt. (7) Catilina postquam fusas copias seque cum paucis relictum videt, memor generis atque pristinae suae dignitatis, in confertissumos hostis incurrit ibique pugnans confoditur.

dios hostis: «nel bel mezzo dello schieramento nemico» (*hostis* = *hostes*). – **eosque ... interficit:** «e dopo averli scompigliati li massacra mentre cercano di resistere sparpagliati»; lo schieramento di Catilina oramai è frantumato e si avvicina la fine (*perturbatos* è participio congiunto).

6. pugnantes: participio congiunto con il soggetto.

7. memor ... dignitatis: «memore della stirpe e della sua antica dignità». – **in confertissumos ... incurrit:** «si lanciò dove i nemici erano più folti», per cercare una morte eroica (*confertissumos* = *confertissimos*).

ANALISI DEL TESTO *De Catilinae coniuratione* 60

Lessico

1 Nella narrazione dello scontro svolgono un ruolo importante alcuni gruppi di soldati; spiega chi siano precisamente i *ferentarii*, i *veterani*, la *cohors praetoria*.

2 Che cosa significa l'espressione *strenui militis et boni imperatoris officia* che viene riferita a Catilina?

3 Individua i vocaboli e i sintagmi che descrivono la sconfitta dei catilinari.

Sintassi e stile

4 Osserva la struttura sintattica del capitolo.
a Nella narrazione della battaglia prevale l'ipotassi o la paratassi?
b Le frasi sono lunghe e articolate o brevi e scandite dalla punteggiatura?
c Quale ritmo ottiene con queste scelte Sallustio?

5 Attraverso l'uso di quali modi e tempi verbali Sallustio ottiene la rapidità dell'azione?

6 Nel capitolo vi sono esempi significativi di figure retoriche (allitterazioni...)?

Contenuti

7 Nella battaglia finale Catilina sembra riscattare la sua vita corrotta con un comportamento eroico, guardato con simpatia da Sallustio: quali sono i passaggi del testo che evidenziano tale simpatia?

8 Per quale motivo Sallustio qui mostra Catilina «memore della sua stirpe e della passata dignità» (par. 7)?

TESTO 10

Il campo di battaglia dopo il massacro

De Catilinae coniuratione 61

L'opera si conclude con un quadro agghiacciante: il campo è coperto di cadaveri di ribelli, tutti colpiti di fronte e caduti nel punto dove hanno combattuto: segno che nessuno è fuggito. Lo stesso Catilina è raccolto in mezzo ai nemici, isolato (come si conviene all'eroe negativo della storia), ancora spirante fierezza. Anche nell'esercito regolare molti sono i caduti e i feriti. Inoltre i soldati vincitori, riconoscendo tra gli avversari morti nemici personali ma anche conoscenti, parenti e amici, mischiano la gioia per la vittoria alle lacrime. Non c'è esaltazione per la vittoria, non c'è trionfo: è stato versato sangue romano. Con queste note cupe si chiude la prima monografia, che getta la sua ombra sui drammatici eventi successivi, che segneranno la sorte della repubblica: eventi di cui, vent'anni dopo, Sallustio sarà spettatore e in parte attore.

(**1**) Sed confecto proelio, tum vero cerneres quanta audacia quantaque animi vis fuisset in exercitu Catilinae. (**2**) Nam fere quem quisque vivos pugnando locum ceperat, eum amissa anima corpore tegebat. (**3**) Pauci autem, quos medios cohors praetoria disiecerat, paulo divorsius, sed omnes tamen advorsis volneribus conciderant. (**4**) Catilina vero longe a suis inter hostium cadavera repertus est, paululum etiam spirans ferociamque animi, quam habuerat vivos, in voltu retinens. (**5**) Postremo ex omni copia neque in proelio neque in fuga quisquam civis ingenuus captus est: (**6**) ita cuncti suae hostiumque vitae iuxta pepercerant. (**7**) Neque tamen exercitus populi Romani laetam aut incruentam victoriam adeptus erat; nam strenuissumus quisque aut occiderat in proelio aut graviter volneratus discesserat. (**8**) Multi autem, qui e castris visendi aut spoliandi gratia processerant, volventes hostilia cadavera, amicum alii pars hospitem aut cognatum reperiebant; fuere item qui inimicos suos cognoscerent. (**9**) Ita varie per omnem exercitum laetitia, maeror, luctus atque gaudia agitabantur.

1. Sed: «Dunque» (formula di passaggio, può essere omessa nella traduzione). – **tum vero cerneres:** «allora davvero si sarebbe potuto vedere»; *cerneres* è congiuntivo potenziale, la seconda persona ha valore indeterminato; introduce un'interrogativa indiretta.

2. Il paragrafo presenta la prolessi del relativo: *Nam quisque, amissa anima, fere tegebat corpore eum locum quem vivos ceperat pugnando*; *amissa anima* è ablativo assoluto (segnato da una allitterazione); *vivos* (= *vivus*) è predicativo del soggetto; *pugnando* è gerundio in ablativo («combattendo»); attraverso questa immagine Sallustio riconosce il coraggio dei catilinari: almeno la loro morte è stata eroica.

3. quos ... disiecerat: «che la coorte pretoria aveva diviso nel mezzo», subordinata relativa (si riferisce all'episodio decisivo della battaglia (vedi cap. 60, 5 a p. 676). – **advorsis volneribus:** «con ferite ricevute di fronte»; non hanno voltato le spalle al nemico (= *adversis vulneribus*).

4. Catilina si staglia ancora una volta isolato, non più nella sua follia di sovvertitore dello Stato, ma come eroe guerriero: la descrizione del campo di battaglia e della morte del protagonista della vicenda assume connotazioni epiche. – **ferociamque ... retinens:** «e mentre manteneva impressa sul volto la fierezza d'animo che aveva avuto da vivo»; *vivos* = *vivus* (ha funzione di predicativo); *retinens* è participio congiunto con valore temporale (come il precedente *spirans*).

5. civis ingenuus: «cittadino libero» (dalla radice di *gigno*, quindi «nato da genitori liberi»).

6. ita cuncti ... pepercerant: «a tal punto tutti avevano avuto ugual riguardo della vita propria e dei nemici», cioè avevano combattuto con disprezzo della vita.

7. exercitus populi Romani: così viene definito l'esercito regolare inviato dal senato. – **adeptus erat:** «aveva conseguito». – **volneratus:** ha funzione predicativa (= *vulneratus*).

8. qui ... processerant: «che avevano lasciato il campo per vedere o per depredare» i nemici morti delle armi (come era abitudine dopo una battaglia vinta); la subordinata relativa contiene due finali (*gratia* + genitivo del gerundio). – **amicum ... hospitem:** con questa scena, terribile sintesi di una guerra civile, e con i sentimenti contrastanti che ne conseguono, Sallustio chiude la sua opera; nell'espressione sono presenti la *variatio* (*alii pars*) e il chiasmo (*amicum alii pars hospitem*). – **inimicos suos:** «i propri nemici personali».

9. laetitia, maeror, luctus atque gaudia: i quattro sostantivi, accumulati attraverso asindeto, presentano termini antitetici disposti a chiasmo. – **agitabantur:** «si intrecciavano».

RIEPILOGO DEL PERCORSO

1 Prova a ricostruire schematicamente lo svolgersi (e l'intrecciarsi) degli eventi, attraverso i brani affrontati nel percorso.

2 Alcuni personaggi secondari causano lo svelamento della congiura.
 a Chi sono tali personaggi? Lo storico li nomina soltanto o si sofferma a tracciarne un ritratto?
 b Quale ruolo giocano questi personaggi nel fallito attentato a Cicerone?

3 Catilina e Cicerone si scontrano duramente in senato: quali immagini ci dà Sallustio dei due contendenti?

4 Quali sono le conseguenze immediate dello scontro avvenuto al cospetto del senato riunito?

5 Analizza il comportamento tenuto da Catilina sul campo di battaglia.
 a Come prepara lo scontro?
 b Come si comporta nel combattimento? Quale gesto compie, quando si accorge che tutto è perduto?
 c Per quale motivo il ritrovamento del suo cadavere ingigantisce ulteriormente la figura di Catilina?

6 Quale interpretazione complessiva di Catilina emerge dalla monografia, secondo la sua concezione di *virtus*?

4 *Bellum Iugurthinum*: ascesa e caduta di un principe ambizioso

Dopo avere affinato gli strumenti storici e narrativi nella prima monografia, Sallustio adotta lo stesso impianto per il *Bellum Iugurthinum*, dando vita però a un'opera più complessa e matura. La guerra contro l'ambizioso principe numida, combattuta tra il 111 e il 105 a.C., apparentemente è un secondario conflitto di natura coloniale, di importanza relativa per l'Impero. In realtà diversi sono i motivi per cui Sallustio sceglie di puntare l'attenzione proprio su questo evento bellico: anzitutto si tratta, secondo lui, di una guerra «grandiosa, accanita e di esito incerto» (*bellum magnum et atrox variaque victoria*, come afferma nel cap. 5); inoltre egli osserva come nelle vicende interne di Roma – ma legate all'andamento del conflitto – «per la prima volta si osò marciare contro la superbia dei nobili», tanto che il vero eroe della guerra, per la parte romana, risulterà essere l'*homo novus* Gaio Mario; infine questa guerra si colloca all'inizio di un problematico periodo storico – l'ultimo secolo della repubblica, l'origine della guerra civile con lo scontro tra Mario e Silla – la cui indagine è il vero scopo delle monografie sallustiane.
Protagonista negativo dell'opera è Giugurta, personalità straordinaria e straordinariamente ambiziosa, che in questo percorso seguiamo nelle fasi iniziale e finale della sua parabola: la formazione del giovane principe, che ambirà a un trono che non gli spetta; la sua sconfitta e cattura, dopo che è riuscito a impossessarsi violentemente del potere e ha tenuto a lungo in scacco i Romani, grazie alle arti dell'inganno e della corruzione.

LAT	TESTO 1	*Bellum Iugurthinum* 6
ITA	TESTO 2	*Bellum Iugurthinum* 7-9,3
LAT	TESTO 3	*Bellum Iugurthinum* 13
ITA	TESTO 4	*Bellum Iugurthinum* 78-79
LAT	TESTO 5	*Bellum Iugurthinum* 113
LAT	TESTO 6	*Bellum Iugurthinum* 114

Resti della città di Leptis Magna (foto aerea degli scavi archeologici).

TESTO 1

Il ritratto del giovane Giugurta *Bellum Iugurthinum* 6

La prima presentazione di Giugurta avviene con un "medaglione" che presenta il giovane principe «che cresce gagliardo di corpo e d'ingegno, bello e affascinante, disdegna il lusso e l'ozio, cavalca e tira d'arco, giostra con gli eguali, caccia le fiere, è eroico senza ostentazioni; è un valoroso e un intelligente, e si guadagna le simpatie dei Numidi» (B. Riposati, *L'arte del ritratto in Sallustio*, in «*Rivista di Cultura Classica e Medievale*», x, 1968, pp. 168-189). È la presentazione che si potrebbe dedicare a un eroe giusto, che secondo i canoni tradizionali epici deve essere egualmente positivo sia nell'animo sia nel corpo, forte e nobile, dedito a tutte le attività degli aristocratici (la caccia, l'ozio, il tiro con l'arco ecc.), ma capace anche di guadagnare la stima di un popolo. Questa è solo la prima tappa dell'evoluzione di un personaggio, il cui carattere è presentato *in fieri* da Sallustio (vedi anche l'Approfondimento a p. 682). Eppure già qui la personalità dirompente del giovane desta sospetti e preoccupazioni nel vecchio re Micipsa, suo zio, che ha due figli in tenera età (Iempsale e Aderbale) e incomincia a temere per la sua successione.

(**1**) Qui ubi primum adolevit, pollens viribus, decora facie, sed multo maxume ingenio validus, non se luxu neque inertiae corrumpendum dedit, sed, uti mos gentis illius est, equitare, iaculari, cursu cum aequalibus certare et, cum omnis gloria anteiret, omnibus tamen carus esse; ad hoc pleraque tempora in venando agere, leonem atque alias feras primus aut in primis ferire: plurumum facere, minumum ipse de se loqui. (**2**) Quibus rebus Micipsa tametsi initio laetus fuerat, existumans virtutem Iugurthae regno suo gloriae fore, tamen, postquam hominem adulescentem exacta sua aetate et parvis liberis magis magisque crescere intellegit, vehementer eo negotio permotus multa cum animo suo volvebat. (**3**) Terrebat eum natura mortalium avida imperii et praeceps ad explendam animi cupidinem, praeterea opportunitas suae liberorumque aetatis, quae etiam mediocris viros spe praedae transvorsos agit, ad hoc studia Numidarum in Iugurtham accensa, ex quibus, si talem virum dolis interfecisset, ne qua seditio aut bellum oriretur, anxius erat.

1. Qui: «Questi», Giugurta (nesso relativo). – **ubi ... adolevit:** «non appena crebbe», subordinata temporale. – **pollens ... validus:** una serie di qualità espresse attraverso la consueta *variatio*. – **non se ... dedit:** «non si lasciò corrompere dal lusso e dall'inerzia»; *corrumpendum* è gerundivo accompagnato dai due dativi d'agente (*luxu* è forma contratta per *luxui*), lett. «non diede se stesso da essere corrotto...»; qui è implicita la polemica, frequente in Sallustio, contro la mollezza e la corruzione della gioventù nobile di Roma. – **equitare ... certare:** serie di infiniti storici, che riassumono le attività nelle quali Giugurta temprò la propria giovinezza. – **et ... carus esse:** *cum* narrativo con significato concessivo; *esse* è un infinito storico. – **ad hoc:** «inoltre». – **agere:** apre una nuova serie di infiniti storici. – **primus aut in primis:** «per primo o tra i primi». – **plurumum ... loqui:** «era molto attivo, ma parlava pochissimo di sé» (*plurumum* = *plurimum*), tocco di modestia che conclude il ritratto estremamente positivo del giovane Giugurta: proprio queste sue qualità susciteranno il sospetto e l'invidia del re, che teme la concorrenza per i propri figli.

2. Quibus rebus ... fuerat: «Benché in un primo momento Micipsa fosse stato contento di tali qualità»; subordinata concessiva che si apre con un nesso relativo (*quibus rebus*) con valore causale. – **gloriae fore:** «sarebbe stata motivo di gloria»; subordinata oggettiva retta dal participio congiunto *existumans* (= *existimans*). – **postquam ... intellegit:** subordinata temporale, che regge l'oggettiva *hominem adulescentem ... magis magisque crescere*. – **exacta ... liberis:** ablativo assoluto. – **eo negotio:** «per quella situazione».

3. Terrebat eum...: la breve riflessione sulla natura umana (affidata nel testo ai pensieri di Micipsa, il vecchio sovrano numida) è tutta di Sallustio: egli aveva sperimentato in prima persona la rovina cui conduce una sfrenata ambizione e ne aveva fatto oggetto di molte critiche nelle sue opere. – **praeceps ... cupidinem:** «e sempre pronta a soddisfare la brama dell'animo»; *ad explendam ... cupidinem* è una finale con l'accusativo del gerundivo; *cupido* anziché *cupiditas* è un arcaismo. – **praeterea ... aetatis:** «inoltre l'opportunità che offriva l'età sua e quella dei figli», opportunità, per Giugurta, di impadronirsi del potere scalzando un re vecchio e dei successori troppo giovani. – **mediocris:** «mediocri» (= *mediocres*). – **transvorsos agit:** «travia» (lett. «spinge fuori dalla retta via»); *transvorsus* è un arcaismo per *transversus*. – **studia:** «simpatie». – **ex quibus:** riferito a *studia*. – **dolis:** «a tradimento». – **ne ... anxius erat:** «temeva che»; *ne* introduce di regola la completiva dopo i *verba timendi* o le espressioni di simile significato.

ANALISI DEL TESTO *Bellum Iugurthinum* 6

Lessico

1 Il primo paragrafo presenta un'immagine positiva del giovane principe:
a individua il lessico che indica le qualità di Giugurta;
b raccogli ora i predicati o i sintagmi verbali che indicano le attività cui il giovane si dedicava, primeggiando tra i coetanei.

2 Quali sono invece i verbi che esprimono le meditazioni preoccupate del vecchio sovrano Micipsa?

Sintassi e stile

3 Nella descrizione iniziale di Giugurta, Sallustio impiega alcuni suoi tipici strumenti retorici; individua la presenza di:
a *variatio*
b infinito storico
c antitesi
d asindeto

4 Il secondo paragrafo, che introduce il rovello interiore di Micipsa, è anche più articolato dal punto di vista sintattico: ricostruiscine la struttura attraverso l'analisi del periodo.

Contenuti

5 Quali sono le qualità del giovane Giugurta messe in luce da Sallustio? Ti sembrano già segnate da un'astuzia e una malvagità latenti?

6 I sospetti di Micipsa nascono sia dalla constatazione di un dato di fatto, sia da una considerazione generale (pessimistica) sulla natura umana: spiega queste riflessioni.

7 A tuo parere, nel far osservare al suo personaggio che la natura umana è *avida imperii et praeceps ad explendam animi cupidinem*, Sallustio opera anche una riflessione autobiografica?

TESTO 2

Giugurta al seguito di Scipione *Bellum Iugurthinum* 7-9,3

A seguito dei suoi sospetti, Micipsa decide di porre Giugurta a capo del contingente di Numidi che combatterà agli ordini di Scipione Emiliano contro Numanzia: la speranza è che il suo ardore e la voglia di mettersi in mostra lo conducano alla morte in battaglia. Le cose si risolvono diversamente: al termine dell'assedio, Scipione rimanda in patria Giugurta con una lusinghiera lettera per il sovrano, che tornerà ad avere caro il nipote. L'esperienza di Numanzia, però, non è solo positiva per il giovane numida: da alcuni nobili e corrotti ufficiali romani gli viene instillato nel cuore il germe dell'ambizione e dell'avidità; essi gli fanno intendere che, con gli opportuni appoggi a Roma, alla morte del vecchio zio egli sarebbe potuto diventare il solo re di Numidia, scalzando dal trono i figli di Micipsa. Inoltre gli stessi nobili corrotti (qui la polemica sallustiana si fa feroce) insegnano a Giugurta che «a Roma tutto si può comprare» (*Romae omnia venalia esse*, 8, 1). Scipione, che aveva intuito qualcosa di queste trame, ammonisce in privato il giovane Giugurta a non lavorare di nascosto, ma a meritarsi apertamente la stima e l'amicizia del popolo romano. Le sue parole, però, resteranno inascoltate.

(**7**) Fra tante difficoltà, non potendo né con la forza né con l'inganno eliminare quell'uomo così gradito al popolo, pensò, sapendo Giugurta temerario e desideroso di gloria militare, di tentare la fortuna con l'esporlo ai pericoli. Durante la guerra numantina, dunque, Micipsa, nell'inviare truppe ausiliarie di cavalleria e di fanteria ai Romani, lo mise a capo del contingente numidico distaccato in Spagna, sperando che facilmente o per far mostra del proprio valore o per la ferocia dei nemici avrebbe trovato la morte. Ma gli avvenimenti delusero le sue aspettative. Pronto e astuto com'era, Giugurta, quando conobbe il carattere di Publio Scipione, che allora comandava l'esercito romano, e la tattica dei nemici, con la sua attività incessante e la sua grande diligenza, e inoltre obbedendo scrupolosamente e affrontando spesso i pericoli, si conquistò in breve tale reputazione, che divenne ai nostri carissimo, terribile agli occhi dei Numantini. E veramente egli si distingueva, cosa che assai raramente si verifica, per coraggio in battaglia e per saggezza nelle decisioni, mentre nei più l'una, per eccesso di prudenza, genera timore, l'altro, per troppa audacia, temerarietà. Scipione, perciò, si valeva di Giugurta per quasi tutte le imprese più rischiose, lo voleva tra i suoi amici e lo apprezzava di giorno in giorno sempre di più, vedendo che nessuna delle sue decisioni e delle sue iniziative aveva cattivo esito. A queste doti Giugurta univa un animo generoso e un'intelligenza vivace, grazie a cui aveva stretto una familiare amicizia con molti Romani.

(**8**) In quel tempo nel nostro esercito v'erano molti, sia "uomini nuovi" che nobili, i quali apprezzavano assai più le ricchezze della rettitudine e dell'onestà, influenti in patria, potenti presso gli alleati, famosi più che stimati. Questi infiammavano l'animo già tutt'altro che umile di Giugurta, promettendogli spesso che, se fosse venuto a mancare il re Micipsa, il regno di Numidia sarebbe toccato a lui solo: d'altronde egli aveva tutte le qualità necessarie e a Roma tutto era in vendita.

Ma quando, distrutta Numanzia, Publio Scipione decise di congedare le truppe ausiliarie e di ritornare in patria, dapprima al cospetto dell'esercito ricompensò e lodò splendidamente Giugurta, poi, condottolo nel pretorio, in privato gli consigliò di coltivare l'amicizia del popolo romano pubblicamente piuttosto che privatamente e di non abituarsi a elargire denaro ad alcuno: è un rischio comprare da pochi ciò che appartiene a molti. Se avesse continuato nella via intrapresa, gloria e regno gli sarebbero venuti da soli; se invece avesse avuto troppa fretta, proprio il suo denaro lo avrebbe fatto cadere in rovina.

(**9**) Parlatogli così, lo congedò con una lettera per Micipsa, il cui tenore era questo: «Il valore del tuo Giugurta nella guerra di Numanzia è stato davvero senza pari: il che, sono certo, ti farà piacere. Egli mi è caro per i suoi meriti e sarà mia cura che lo sia altrettanto al Senato e al popolo romano. Per l'amicizia che ci lega, mi congratulo con te, perché hai un uomo veramente degno di te e di Massinissa, suo avo».

Ora, poiché il re vide che le voci già pervenutegli erano confermate dalla lettera di Scipione, vinto ormai dal valore ma anche dalla popolarità del nipote, mutò il suo proposito: volle cattivarsi Giugurta con benefici. Così l'adottò immediatamente e nel testamento lo nominò suo erede alla pari dei figli.

(trad. di G. Garbugino)

APPROFONDIMENTO

GIUGURTA, UNA FIGURA COMPLESSA

Il ritratto di Giugurta è per molti aspetti simile a quello di Catilina nella prima monografia sallustiana. Tuttavia è grande la differenza tra i due personaggi sul piano della loro vita interiore: mentre Catilina, pur rivelando doti straordinarie, ha in sé un'indole malvagia, la malvagità di Giugurta non è innata. Anzi, all'inizio il numida è presentato da Sallustio come un giovane forte, coraggioso, dalla sana educazione, capace di catturare la simpatia dello zio, il re Micipsa, e la stima di Scipione. In seguito saranno proprio gli insegnamenti e l'istigazione dei nobili romani corrotti a insinuare in lui il germe dell'ambizione e dell'avidità: così Giugurta si trasformerà in feroce assassino e astuto corruttore:

«È certamente errato credere che Sallustio quasi si sforzi di attenuare le responsabilità di Giugurta per aggravare quelle della nobiltà romana: è vero che il seme della corruzione è gettato in lui da nobili e *homines novi* romani sotto Numanzia (8, 1): ma quando il seme si è rapidamente sviluppato e dà i suoi frutti, lo storico non ha per Giugurta nessuna attenuante. S'intende che, come di fronte a Catilina, così di fronte al re barbaro Sallustio non nasconde l'ammirazione: se non per l'astuzia, la perfidia, per quell'energia inquieta, instancabile, indomabile, che è una dimensione della grandezza umana, che è *virtus* [...]. Il fatto che, a differenza di quella di Catilina, la natura del barbaro non sia corrotta fin da principio ma si corrompa attraverso un processo (di Catilina abbiamo un ritratto, di Giugurta uno spiegarsi dinamico dell'*ethos* attraverso le azioni) rende ancora più chiara l'ammirazione del moralista. Eppure nel *Bellum Iugurthinum* poco sensibile è lo sforzo di illuminare la situazione dal punto di vista di Giugurta, di rendersi conto delle ragioni dell'avversario. [...] Ma quel che importa è che scarsi sono i tentativi di capire la politica di Giugurta verso Roma. [...] Nel *Bellum Iugurthinum* questo motivo è molto raro: solo nel discorso che precede la battaglia del Muthul (39, 2) e nelle trattative con Bocco (81, 1) compare l'accusa contro l'*avaritia* e la *lubido imperitandi* dei Romani: Giugurta non è l'eroe dell'indipendenza e della grandezza numidica, ma un règolo dall'ambizione smisurata, perfido e senza scrupoli: la giustizia dell'imperialismo è così ovvia che non si sente il bisogno di discuterne».

A. La Penna, *Sallustio e la rivoluzione romana*, Milano, Feltrinelli, 1968, pp. 185 sgg.

TESTO 3

Giugurta incendia l'Africa e corrompe a Roma

Bellum Iugurthinum 13

Si diffonde in tutta l'Africa la notizia dell'assassinio di Iempsale, il più giovane figlio del defunto re Micipsa, da parte dei soldati di Giugurta. I Numidi si dividono in due fazioni e subito Sallustio mette in evidenza che, se la maggioranza si schiera con Aderbale, fratello maggiore di Iempsale e legittimo pretendente al trono, i più forti e spregiudicati passano dalla parte di Giugurta. Lo scontro armato si risolve rapidamente a favore di Giugurta e Aderbale è costretto a fuggire a Roma, dove chiede protezione e aiuto per riconquistare il regno. Giugurta teme l'intervento dell'esercito romano, ma confida in un'arma potente: la corruzione. Invia così suoi ambasciatori nell'Urbe con molto oro, per comprare i favori della *nobilitas* più avida. Il senato si appresta ad ascoltare le ragioni dei due contendenti. Il capitolo, oltre a mettere in luce le qualità di Giugurta come leader spietato, rapido ed efficace nel suo agire, introduce l'amaro tema della corruzione dilagante a Roma.

(**1**) Ceterum fama tanti facinoris per omnem Africam brevi divolgatur. Adherbalem omnisque, qui sub imperio Micipsae fuerant, metus invadit. In duas partis discedunt Numidae: plures Adherbalem sequuntur, sed illum alterum bello meliores. (**2**) Igitur Iugurtha quam maximas potest copias armat, urbis partim vi alias voluntate imperio suo adiungit, omni Numidiae imperare parat. (**3**) Adherbal tametsi Romam legatos miserat, qui senatum docerent de caede fratris et fortunis suis, tamen fretus multitudine militum parabat armis contendere. (**4**) Sed ubi res ad certamen venit, victus ex proelio profugit in provinciam ac deinde Romam contendit. (**5**) Tum Iugurtha patratis consiliis, postquam omni Numidia potiebatur, in otio facinus suum cum animo reputans timere populum Romanum neque advorsus iram eius usquam nisi in avaritia nobilitatis et pecunia sua spem habere. (**6**) Itaque paucis diebus cum auro et argento multo Romam legatos mittit, quis praecipit, primum uti veteres amicos muneribus expleant, deinde novos adquirant, postremo quaecumque possint largiundo parare ne cunctentur. (**7**) Sed ubi Romam legati venere et ex praecepto regis hospitibus aliisque, quorum ea tempestate in senatu auctoritas pollebat, magna munera misere, tanta conmutatio incessit, ut ex maxuma invidia in gratiam et favorem nobilitatis Iugurtha veniret.

1. tanti facinoris: si riferisce all'uccisione di Iempsale. – **plures ... meliores**: il popolo Numida si divide in due fazioni, la costruzione presenta un chiasmo, dove *illum alterum* (riferito a Giugurta) esprime un certo disprezzo; *meliores bello*: «i più forti in guerra».

2. urbis ... adiungit: «aggiunge città al suo dominio, in parte con la forza, in parte di loro volontà», *urbis* = *urbes*; *partim ... alias* è una *variatio*.

3. qui ... docerent: relativa con valore finale. – **fortunis suis**: «della sua difficile situazione». – **fretus multitudine militum**: «contando sulla superiorità numerica», aveva infatti un esercito più numeroso di quello di Giugurta.

4. in provinciam: il territorio di Cartagine era divenuto provincia romana dopo la distruzione della città avvenuta nel 146 a.C.; qui si rifugia Aderbale, prima di raggiungere Roma.

5. patratis consiliis: «attuati i suoi propositi» di controllare tutta la Numidia (è ablativo assoluto). – **potiebatur**: l'uso dell'imperfetto in questa frase esprime il perdurare dell'effetto dell'azione compiuta. – **facinus ... reputans**: «ripensando nell'animo al suo delitto». – **timere ... habere**: infiniti storici. – **avaritia**: «avidità, brama di possesso».

6. quis: sta per *quibus*. – **uti** = *ut*. – **postremo ... ne cunctentur**: costruzione *ne cunctentur parare largiundo quaecumque possint* («infine che non esitino a procurarsi con elargizioni qualunque cosa possano»), è un'altra completiva dipendente da *praecipit* (*largiundo* è gerundio all'ablativo strumentale, letteralmente «con l'elargire»).

7. venere = *venerunt* (come il successivo *misere* = *miserunt*). – **ex praecepto regis**: «secondo le istruzioni del re», Giugurta ha usurpato il trono, ma è di fatto re. – **quorum ... auctoritas pollebat**: «la cui autorità in quel frangente aveva influenza nel senato», perché in quella sede sarà discussa la causa tra Aderbale e Giugurta. – **ex maxuma invidia**: «dalla massima ostilità» la *nobilitas* corrotta diventa favorevole a Giugurta.

(**8**) Quorum pars spe, alii praemio inducti singulos ex senatu ambiundo nitebantur, ne gravius in eum consuleretur. (**9**) Igitur ubi legati satis confidunt, die constituto senatus utrisque datur.

8. Quorum: nesso relativo riferito a *nobilitas* (plurale perché *nobilitas* è nome collettivo: costruzione a senso). – **pars ... alii**: *variatio*. – **singulos ... ambiundo**: «circuendo i singoli senatori» (*ambiundo* gerundio strumentale). – **ne ... consuleretur**: «che non si prendessero provvedimenti troppo gravi contro di lui», *gravius* è comparativo assoluto. **9. senatus ... datur:** «è data udienza ad entrambi in senato».

ANALISI DEL TESTO *Bellum Iugurthinum* 13

Lessico

1 I termini *vi ... voluntate* (par. 2) indicano due modi di agire e due disposizioni d'animo differenti: spiegali, tenendo presente il contesto in cui sono inseriti.

2 Nell'ablativo assoluto *patratis consiliis* (par. 5) è presente il participio del verbo arcaico *patrare* (che poi degenerò in significati volgari): sai risalire al suo significato originario?

3 Quale significato proprio ha in latino il termine *avaritia* (così importante in questa vicenda) e come può essere tradotto precisamente in italiano?

4 Che cosa significa originariamente il verbo *pollebat* (par. 7), tradotto liberamente in nota «aveva influenza»?

5 Il verbo *ambio* (*ambiundo*, par. 8) che cosa significa letteralmente? Quale ulteriore connotazione negativa assume in un contesto politico?

Sintassi e stile

6 Sono presenti nel brano esempi di arcaismi?

7 Individua nel capitolo proposto esempi delle seguenti figure retoriche, di uso frequente in Sallustio:
a allitterazione
b chiasmo
c *variatio*
d endiadi

8 Tra le forme verbali implicite impiegate nel capitolo svolgono un ruolo importante gli infiniti storici e i gerundi strumentali: individua i principali.

9 Attraverso quale scelta stilistica Sallustio rende la fulminante vittoria campale di Giugurta su Aderbale e la fuga precipitosa del rivale?

Contenuti

10 Ti sembra che Aderbale sia davvero fiducioso di poter vincere lo scontro con l'usurpatore Giugurta? (Osserva in particolare il par. 3)

11 Dopo la rapida conquista del potere, Giugurta ha un momento di esitazione: da quali pensieri è causato? Come progetta di affrontare il problema che gli si pone?

12 Il piano di intervento che Giugurta studia per sostenere le sue ragioni a Roma sembra avere successo?

TESTO 4

Un *excursus*: Leptis e i fratelli Fileni

Bellum Iugurthinum 78-79

Ancor più che nella prima monografia, Sallustio nel *Bellum Iugurthinum* cura attentamente la struttura dell'opera nel suo complesso, attraverso una sapiente alternanza di narrazione e pause riflessive e descrittive. Si avvale, per fare ciò, di alcuni *excursus*, deviazioni dalla narrazione principale che sono finalizzate a suddividere in blocchi unitari lo sviluppo delle vicende oppure a creare una pausa, una sospensione che aumenti la tensione prima del precipitare delle vicende. È questo il caso dell'ultimo *excursus* presente nella monografia, quello dedicato alla città di Leptis e alla storia sconvolgente dei fratelli Fileni.

Le vicende belliche hanno portato l'esercito romano vicino alla città di Leptis (di cui restano grandi rovine presso l'odierna Lebda): i suoi abitanti, che si sono sempre mostrati fedeli a Roma, ora invocano l'aiuto del console Metello per risolvere problemi di disordini interni, e il console volentieri li soccorre. Questo evento marginale offre lo spunto a Sallustio per fermarsi a parlare brevemente della città e soprattutto a descrivere la sua posizione geografica, collocata tra le due Sirti (i grandi golfi libici). Con un collegamento, che viene presentato quasi come un involontario accostamento di idee, Sallustio inserisce un'altra divagazione, narrando l'episodio dei fratelli Fileni che si è svolto in quelle terre («è stato il luogo a ricordarmelo»): una storia nello stesso tempo gloriosa e crudele di amore patrio, che ha come protagonisti due fratelli cartaginesi entro una disputa territoriale tra Cartagine e la colonia greca di Cirene.
Il primo scopo di questa doppia digressione – come si è detto – appare quello di creare una pausa nella narrazione: una sorta di rincorsa per affrontare la parte conclusiva (e convulsa) del conflitto contro Giugurta. Ma, a ben guardare, sia l'elemento geografico sia quello narrativo dell'*excursus* non sono così estranei alla vicenda principale: infatti la descrizione geografica permette a Sallustio di tratteggiare agli occhi dell'ignaro lettore romano gli aridi e impervi territori dove si svolsero gli eventi bellici, dominati da una natura ostile e pericolosa, ai margini dell'impero, abitati da popolazioni infide e crudeli (qui verranno spinte ad incagliarsi le navi di Enea nel racconto virgiliano dell'*Eneide*; qui era sorta la grande nemica Cartagine...): un *locus horridus*, ferino e barbarico, al di fuori del *limes*, che si contrappone idealmente alla natura amica, armonica e razionalmente controllata del mondo romanizzato. Invece la vicenda vera e propria dei fratelli Fileni – una sorta di sacrificio umano – lascia dietro di sé un'eco di angoscia che sembra preludere agli eventi più drammatici della guerra. Il finale della digressione, proprio al vertice emotivo della storia, è brusco e repentino («Ora torno all'argomento»).

(**78**) Leptis fu fondata da profughi di Sidone che, secondo la tradizione, erano giunti per mare in quei luoghi in seguito a discordie civili. La città si trova tra le due Sirti, il cui nome deriva dalla natura del luogo. Si tratta di due insenature che si trovano all'estremità dell'Africa, diverse per grandezza ma di uguale natura. In queste insenature le zone più vicine alla riva sono profondissime, mentre le altre variano secondo i momenti: a volte profonde, a volte, col cambiare del tempo, piene di bassifondi. Quando il mare incomincia a ingrossarsi e diventa tempestoso sotto la furia dei venti, i flutti trasportano fango, sabbia e grossi macigni: l'aspetto del luogo perciò muta col mutare del vento, e il nome Sirti è connesso con "trascinare". In quella città solo la lingua ha subito mutamenti per il contatto con i Numidi; la maggior parte delle leggi e delle consuetudini di vita invece sono ancora quelle di Sidone, e per gli abitanti era tanto più facile conservarle perché vivevano lontani dall'influenza diretta del re. Tra loro e la parte popolosa della Numidia si estendevano vaste distese deserte.
(**79**) Ma poiché le vicende degli abitanti di Leptis ci hanno condotto a parlare di questi luoghi, mi sembra valga la pena di raccontare il mirabile episodio di due Cartaginesi; è stato il luogo a ricordarmelo. Al tempo in cui i Cartaginesi dominavano la maggior parte dell'Africa, anche Cirene era una città grande e potente. Tra le due città c'era una uniforme zona sabbiosa, senza un fiume o un monte che segnasse i loro confini, fatto questo che aveva provocato lunghe e continue guerre tra loro. Dopo sconfitte terrestri e navali subite da entrambe le parti e dopo un lungo periodo di reciproco logoramento, temendo che un giorno o l'altro qualcuno approfittasse del loro sfinimento per assalire vinti e vincitori, fecero una tregua e stabilirono un patto: in un giorno stabilito sarebbero partiti dalle due città degli incaricati: il punto in cui si fossero incontrati sarebbe stato il confine tra i due popoli. I due fratelli inviati da Cartagine, che si chiamavano Fileni, si affrettarono a compiere il percorso, mentre quelli di Cirene furono più lenti. Non è ben chiaro se ciò fosse dovuto a pigrizia o al caso, anche perché le tempeste che si scatenano da quelle parti impediscono di procedere non meno delle burrasche in mare. In effetti quando in quei luoghi uniformi e privi di vegetazione si leva il vento e solleva da terra la sabbia, essa turbinando vorticosamente riempie la bocca e gli occhi e il viaggiatore, non riuscendo più a vedere, è obbligato a fermarsi. Quando i Cirenesi capirono di essere alquanto distanziati, temendo di essere puniti in patria per aver condotto male l'impresa, accusarono i Cartaginesi di essere partiti dalla loro città prima del tempo stabilito: cercarono di confondere le cose e si dissero pronti a tutto piuttosto che darsi per vinti. Ma quando i Cartaginesi chiesero un'altra condizione purché equa, i Greci offrirono loro la scelta: o essere seppelliti vivi nel punto in cui rivendicavano i confini della loro terra, oppure permettere loro di avanzare alle stesse condizioni, fin dove vorranno. I Fileni, approvata la condizione, diedero la vita per la patria e furono seppelliti vivi. I Cartaginesi eressero in quella località altari dedicati ai fratelli Fileni e istituirono per loro altre cerimonie in patria. Ora torno all'argomento.

(trad. di L. Zuccoli Clerici)

TESTO 5

La cattura di Giugurta *Bellum Iugurthinum* 113

Osserviamo ora il punto finale della vicenda di Giugurta. Dopo la sconfitta militare, il sovrano numida, maestro di corruzione e di inganni, finisce tradito da un suo stesso alleato, Bocco, re dei Mauri. Alla reggia di quest'ultimo si trovano Silla, legato di Mario, che chiede la consegna del nemico, ma anche gli ambasciatori di Giugurta, che pretendono da Bocco la consegna dello stesso Silla, affinché divenga un prezioso ostaggio per intavolare le trattative con i Romani. Bocco, in una vera e propria scena da commedia, oscilla indeciso tra le due richieste, facendo promesse ora all'uno ora agli altri. Alla fine obbedisce alle richieste di Silla e Giugurta è catturato in un'imboscata e consegnato ai Romani. A questo punto cala di colpo il sipario sul re numida, protagonista di una guerra tanto lunga e tormentata (Giugurta sarà poi condotto a Roma in catene e qui giustiziato, ma Sallustio non ne fa cenno).

(**1**) Haec Maurus secum ipse diu volvens tandem promisit; ceterum dolo an vere cunctatus, parum comperimus. Sed plerumque regiae voluntates ut vehementes sic mobiles, saepe ipsae sibi advorsae. (**2**) Postea tempore et loco constituto, in conloquium uti de pace veniretur, Bocchus Sullam modo, modo Iugurthae legatum appellare, benigne habere, idem ambobus polliceri. Illi pariter laeti ac spei bonae pleni esse. (**3**) Sed nocte ea, quae proxuma fuit ante diem conloquio decretum, Maurus adhibitis amicis ac statim immutata voluntate remotis ceteris dicitur secum ipse multum agitavisse, voltu et oculis pariter atque animo varius; quae scilicet tacente ipso occulta pectoris patefecisse. (**4**) Tamen postremo Sullam accersi iubet et ex illius sententia Numidae insidias tendit.
(**5**) Deinde, ubi dies advenit et ei nuntiatum est Iugurtham haud procul abesse, cum paucis amicis et quaestore nostro quasi obvius honoris causa procedit in tumulum facillumum visu insidiantibus. (**6**) Eodem Numida cum plerisque necessariis sui inermis, uti dictum erat, adcedit, ac statim signo dato undique simul ex insidiis invaditur. (**7**) Ceteri obtruncati, Iugurtha Sullae vinctus traditur et ab eo ad Marium deductus est.

1. Maurus: è Bocco, re della Mauritania, descritto da Sallustio come personaggio infido: in un primo tempo alleato di Giugurta (del quale aveva sposato una figlia), poi pronto a stringere la pace con i Romani, ma sempre indeciso e oscillante tra le due parti in lotta. – **promisit:** Giugurta aveva chiesto a Bocco di consegnargli Silla, luogotenente di Mario, come garanzia per stringere i patti con i Romani; Bocco promette. – **ceterum ... parum comperimus:** «del resto, se abbia esitato per inganno o sinceramente, non sappiamo bene»; *dolo an vere* è una *variatio*. – **ipsae sibi advorsae:** «contraddittorie».

2. in conloquium ... veniretur: subordinata finale (*uti* = *ut*). – **Sullam modo, modo Iugurthae:** da notare la posizione chiastica degli elementi. – **appellare:** apre una serie di tre infiniti storici. – **idem ambobus polliceri:** promette a Silla la consegna di Giugurta, all'ambasciatore di Giugurta la consegna di Silla. – **pleni esse:** altro infinito storico.

3. adhibitis ... voluntate: i due ablativi assoluti accostati mostrano ancora il continuo tentennamento di Bocco. – **dicitur ... agitavisse:** «si dice che molto abbia riflettuto tra sé». – **voltu ... varius:** «oscillante nell'aspetto esterno come nell'animo» (*voltu et oculis* lett. «nel volto e nello sguardo»). – **quae ... patefecisse:** *quae* è nesso relativo; *tacente ipso* ablativo assoluto causale-temporale; *patefecisse* è infinito perfetto dipendente da *dicitur*.

4. accersi iubet: «fa chiamare». – **ex illius sententia:** «secondo il suo parere»; la decisione finale di Bocco è quindi favorevole ai Romani.

5. quasi ... honoris causa: «come per rendergli onore». – **facillumum visu insidiantibus:** *facillumum* = *facillimum*; *visu* è supino passivo.

6. inermis: «senz'armi» (è ablativo plurale riferito ai *necessariis* di Giugurta, dalla forma dell'aggettivo *inermus*). – **undique ... invaditur:** «da ogni parte contemporaneamente avviene l'assalto dai nascondigli»; *invaditur* è impersonale.

7. Il periodo conclusivo è breve e secco: con poche parole Sallustio chiude la narrazione di una guerra lunga e atroce, senza più preoccuparsi del destino di Giugurta (l'ultimo capitolo, infatti, avrà come protagonista Mario). «Qui Sallustio abbandona la narrazione: non una parola sulla sorte di Giugurta, che gli avrebbe offerto una chiusa piena di effetto; non una parola sull'ordinamento dell'Africa dopo la conclusione della guerra: altri avvenimenti incalzano: popoli barbari venuti da settentrione minacciano la vita stessa di Roma: v'è ancora bisogno dell'*homo novus* che, vincendo l'orgogliosa opposizione della nobiltà, ha così bene risposto alla fiducia della patria: altri consolati, altre vittorie, altri trionfi per lui si apparecchiano. L'astro di Mario sale all'orizzonte» (E. Malcovati, *Prefazione* a *Bellum Iugurthinum*, Torino, Paravia, 1971, p. 261).

TESTO 6

Mario torna vincitore *Bellum Iugurthinum* 114

L'ultimo capitolo della monografia è dedicato alla preoccupante situazione che si è creata a nord di Roma: le legioni romane sono state pesantemente sconfitte dai Cimbri in terra gallica e un nuovo pericolo, ancora più grave di quello africano, sembra apparire all'orizzonte. Mario, l'*homo novus*, il vincitore di Giugurta, è subito rieletto console (con procedura straordinaria) ed è chiamato ad affrontare la nuova minaccia: così, sulla sua figura e sulle speranze in lui riposte, si chiude la monografia sallustiana: in una luce sinistra, perché una nuova guerra si preannuncia.

(**1**) Per idem tempus advorsum Gallos ab ducibus nostris Q. Caepione et Cn. Manlio male pugnatum. (**2**) Quo metu Italia omnis contremuerat. Illique et inde usque ad nostram memoriam Romani sic habuere, alia omnia virtuti suae prona esse, cum Gallis pro salute, non pro gloria certari. (**3**) Sed postquam bellum in Numidia confectum et Iugurtham Romam vinctum adduci nuntiatum est, Marius consul absens factus est et ei decreta provincia Gallia, isque kalendis Ianuariis magna gloria consul triumphavit. Et ea tempestate spes atque opes civitatis in illo sitae.

1. ab ducibus ... male pugnatum: «i nostri comandanti ... furono sconfitti»; Quinto Servilio Cepione e Cneo Manlio Massimo furono sconfitti nel 105 a.C. dai Cimbri, popolazione di origine germanica che si era spostata in Gallia.

2. Quo metu: «Per la paura derivata da quella sconfitta», ma in latino è espressione brachilogica (lett. «Per quella paura»). – **Illique ... Romani:** «Sia i Romani di allora sia i posteri, sino al nostro tempo». – **sic habuere:** «così pensarono» (*habuere* = *habuerunt*). – **alia omnia ... prona esse:** «che tutte le altre imprese erano agevoli».

3. absens: «pur assente»; era nomina straordinaria, non solo per l'assenza di Mario, ma anche perché venne eletto subito per la seconda volta: in pratica, gli venne prolungato il potere consolare per altri tre anni. – **in illo sitae:** nella grave situazione causata dalla sconfitta in Gallia, Mario è visto come salvatore della patria: a lui si affida Roma per sconfiggere il nuovo pericoloso nemico che si profila a nord. Così la monografia sallustiana si conclude con la figura di Mario che campeggia sulla scena.

IL GENERE LETTERARIO

Sallustio e il genere storiografico

Le opere di Sallustio, sia pure caratterizzate da scelte particolari dell'autore, appartengono tutte al genere storiografico. Dopo la lettura dei testi tratti dal *De Catilinae coniuratione* e dal *Bellum Iugurthinum*, riprendi la scheda sul genere (pagg. 336-341) e rispondi alle domande che seguono:

1 Il modello di Tucidide (vedi p. 338) è per Sallustio un riferimento importante. Prova a stabilire un confronto tra i due autori riguardo a:
   a l'uso del proemio;
   b la cosiddetta "archeologia" (sintesi e studio degli anni precedenti ai fatti affrontati);
   c la scelta di scrivere su un solo argomento (monografia), non frequente nella tradizione latina;
   d la scelta di inserire i discorsi dei protagonisti della storia.

2 A quale autore latino, invece, si ispira Sallustio per le sue scelte stilistiche?

3 Quale finalità ha la storia per Sallustio? Trova nell'evoluzione del genere letterario punti di contatto con altri autori descritti dalla scheda sul genere o incontrati nello studio della letteratura latina.

4 Quando avviene lo spostamento della storiografia latina su un piano fortemente politico e militante?

5 Qual è il compito dello storico nell'età di Cesare? Riprendi quanto hai imparato dallo studio di Cesare e Sallustio e rifletti: perché un intellettuale sceglie questo genere letterario per dialogare con i lettori del suo tempo?

RIEPILOGO DEL PERCORSO

1 I brani proposti nel percorso presentano, nella prima parte, la giovinezza di Giugurta.
a Per quale motivo si può parlare di un ritratto *in fieri*?
b Quali sono le prime qualità che emergono nel ragazzo di famiglia reale?
c Quali sono le cause che scatenano in lui l'ambizione?
d Come si trasforma il suo animo?

2 Vi sono due persone più anziane e mature che osservano il giovane Giugurta e riflettono sul suo destino, ma con atteggiamento diverso tra loro: il vecchio re Micipsa, zio di Giugurta, e Scipione Emiliano, suo comandante sotto le mura di Numanzia. Quali sono i pensieri dei due a proposito del giovane principe?

3 Un gruppo di ufficiali romani, conosciuti a Numanzia, contribuisce a corrompere l'animo di Giugurta.
a Quale immagine dà di loro Sallustio?
b A quale classe sociale appartengono?
c Attraverso loro, quale critica muove lo storico alla società e alla classe politica del tempo?
d È una critica che Sallustio estende anche alla sua epoca?

4 Con quale atteggiamento affronta Giugurta la contesa per il regno con i cugini? Come può essere descritto il suo modo di agire?

5 Con quale strumento il giovane principe numida progetta di affrontare le difficoltà che gli verranno poste da Roma? Con queste osservazioni quale luce getta lo storico sulla città e sulla sua classe politica?

6 Quale ruolo svolge, nella struttura della monografia, il doppio *excursus* sulla citta di Leptis e sulla storia dei fratelli Fileni? Questi due argomenti sono semplici divagazioni o si ricollegano alla vicenda principale?

7 Nella seconda parte del percorso è presentata la fine dell'avventura di Giugurta.
a Quale ruolo giocano l'inganno e il tradimento nella sua cattura?
b Quale ambigua partita gioca in una notte il re Bocco?
c Qual è, invece, il ruolo di Silla nella cattura di Giugurta?

8 Il capitolo finale si conclude con riflessioni positive e toni trionfalistici, oppure già si profilano nuove minacce per i Romani?

9 Sulla base dei tuoi studi, puoi sostenere che Giugurta sia il vero protagonista della monografia sallustiana e l'Africa il teatro degli eventi principali, oppure protagonista e luoghi significativi per l'azione sono da ricercare altrove? Argomenta la tua risposta.

Appendice

- Nozioni di prosodia e metrica
- Glossario di retorica e stilistica
- Repertorio di autori della letteratura greca
- Indice degli autori e dei generi letterari

Nozioni di prosodia e metrica

Prosodia

Viene definito **prosodia** l'insieme delle regole riferite all'accentazione delle parole e alla quantità delle sillabe.

Nelle parole latine l'accento non risale mai oltre la terzultima sillaba (**legge del trisillabismo**) e la sua posizione è regolata dalla quantità della penultima sillaba (**legge della penultima**), nel senso che l'accento cade sulla terzultima se la penultima sillaba è breve, cade sulla penultima se questa è lunga.

Una sillaba può essere breve (◡), lunga (–) o ancipite (⏓), cioè sia breve sia lunga.
È **breve per natura** la sillaba che contiene una vocale breve seguita da altra vocale o da consonante semplice: *dĕa, bĕne.*
È **lunga per natura** la sillaba che contiene una vocale lunga o un dittongo: *āla, aūra.*
È **lunga per posizione** la sillaba che contiene una vocale breve seguita da due o più consonanti, da consonante doppia (*x, z*) e da *i* semiconsonante: *mēns, āxis, Trōia.*
Si ricordi che la *h* non ha, ai fini prosodici, valore di consonante e che il gruppo *qu* forma una sola sillaba con la vocale seguente.
Una sillaba con vocale breve seguita da consonante muta + liquida può essere usata in poesia sia come sillaba breve, sia come sillaba lunga (***positio debilis***); se ne ha un significativo esempio in VIRGILIO, *Aeneis* II, 663: *Gnatum ante ora pătris, pātrem qui obtruncat ad aras.*
È breve all'interno di parola una sillaba terminante in vocale immediatamente seguita da altra vocale (***vocalis ante vocalem corripitur***), salvo particolari casi, quali la *e* del genitivo e dativo della quinta declinazione (*diēī*), la *i* del genitivo singolare pronominale (*unīus*), la *i* del verbo *fio,* nelle forme in cui non compare la *r* (*fio, fiam,* ma *fierem*).

Le principali figure prosodiche

Apocope: caduta di una vocale finale davanti a parola che inizia per consonante.

Sincope: caduta di una vocale breve all'interno di parola. Il fenomeno è frequente soprattutto quando la vocale è a contatto con una consonante liquida (es.: da *calidus* si ha *caldus*).

Sinalefe: fusione nella pronuncia di una sillaba finale di parola terminante in vocale o in *-m,* quando la parola successiva inizia per vocale o per *h.* Se la parola che segue è una voce del verbo *esse* iniziante per *e-*, in luogo della sinalefe si ha l'**aferesi**, vale a dire la caduta della *e-* iniziale e la fusione della forma verbale con la parola precedente (es.: da *certum est* si ha *certumst*; da *visa es* si ha *visas*).

Iato: è un fenomeno prosodico che consiste nel mantenimento delle vocali e nella loro collisione durante la pronuncia, anche quando ricorrerebbero le condizioni per la sinalefe. I poeti vi ricorrevano per ottenere particolari effetti fonici o onomatopeici. Più frequente nella poesia arcaica, lo iato andò scomparendo in quella classica, nella quale vigeva il cosiddetto *horror iati.*

Sineresi (o **sinizesi**): fenomeno per cui due vocali contigue, che non costituiscono dittongo, vengono considerate, ai fini metrici, un'unica sillaba. L'inverso della sineresi è la **dieresi**; in questo caso due vocali che normalmente costituiscono dittongo vengono pronunciate come suoni distinti. Attenzione a non confondere la dieresi prosodica con quella metrica, che consiste in un particolare tipo di cesura (si veda più avanti, sotto il paragrafo dedicato alla cesura).

Cenni generali di metrica

La versificazione latina ha carattere quantitativo, cioè si fonda sull'alternanza di sillabe di misura diversa (brevi, lunghe, ancipiti), a differenza di quella italiana, che ha invece carattere accentuativo, cioè si basa sulla successione di sillabe toniche e sillabe atone.

L'accento ritmico della metrica latina si definisce ***ictus*** (/). Un insieme di sillabe di misura uguale o diversa riunito sotto un *ictus* viene definito **piede**. Nel piede la sillaba segnata dall'*ictus* (parte forte) si chiama **arsi**, l'insieme delle altre sillabe (parte debole) prende il nome di **tesi**. L'unità di misura del piede è la breve (∪). La lunga (—) ha durata doppia della breve, secondo l'equivalenza — = ∪∪.

I principali piedi sono:
- piedi di tre unità: tribraco (∪∪∪); trocheo (—∪); giambo (∪—)
- piedi di quattro unità: proceleusmatico (∪∪∪∪); dattilo (—∪∪); anapesto (∪∪—); spondeo (——)
- piedi di cinque unità: peone primo (—∪∪∪); peone secondo (∪—∪∪); peone terzo (∪∪—∪); peone quarto (∪∪∪—); cretico (—∪—); bacchìo (∪——); palimbacchìo (——∪)
- piedi di sei unità: ionico *a minore* (∪∪——); ionico *a maiore* (——∪∪); coriambo (—∪∪—); antispasto (∪——∪); molosso (———).

Sono **ascendenti** i piedi che cominciano con la tesi e finiscono in arsi; gli altri si dicono invece **discendenti**.

L'unità di misura del verso è il **metro**, che può essere costituito da un solo piede o da due piedi (**dipodia**).

Una serie di metri costituenti un'unità ritmica indipendente si dice **verso**; normalmente il verso si conclude con una sillaba ancipite. Si definisce *emistichio* il mezzo verso.

Due o più versi uniti in un'unità organica si definiscono **sistema metrico**. Un sistema metrico formato da un solo verso si dice **monostico**; **distico** se formato da due versi; **tristico** da tre; **tetrastico** da quattro; **pentastico** da cinque.

I versi che terminano con un piede intero si chiamano **acatalettici**; quelli in cui il piede finale manca di una o più sillabe si chiamano invece **catalettici** e, più precisamente, **catalettici *in syllabam*** se terminano con una sillaba, **catalettici *in disyllabum*** se finiscono con due sillabe.

All'interno del verso si ha una pausa ritmica, che cade alla fine di una parola, ma nel mezzo di un piede, che viene definita **cesura**. Se la cesura coincide con la fine di un piede viene detta **dieresi**.
La cesura **maschile** è quella che cade dopo una sillaba in arsi; la cesura **femminile** è quella che cade dopo una sillaba in tesi.

L'esametro dattilico

Modellato su quello greco, l'esametro dattilico è un verso catalettico *in disyllabum*, costituito da sei metri o piedi dattilici secondo lo schema seguente:

–́⏑⏑, –́⏑⏑, –́⏑⏑, –́⏑⏑, –́⏑⏑, –́⏑

L'ultimo piede assume la forma del trocheo (–⏑) o quella dello spondeo (––), essendo l'ultima sillaba ancipite. Il quinto piede è di norma un dattilo; se il dattilo viene sostituito dallo spondeo in questa sede, allora si ha un esametro spondaico e in questo caso il quarto piede è un dattilo.
Le principali cesure dell'esametro latino sono: la **pentemimera**, l'**eftemimera** e quella del **terzo trocheo**. La cesura pentemimera o semiquinaria cade dopo la sillaba in arsi del terzo piede (cesura maschile), vale a dire dopo il quinto mezzo piede (da cui il nome):

Ut belli signum || Laurenti Turnus ab arce
(VIRGILIO, *Aeneis* VIII, 1)

La cesura eftemimera o semisettenaria cade dopo la sillaba in arsi del quarto piede (cesura maschile), vale a dire dopo il settimo mezzo piede (da cui il nome):

extemplo turbati animi, || simul omne tumultu
(VIRGILIO, *Aeneis* VIII, 4)

La cesura del terzo trocheo cade dopo la prima sillaba breve del terzo piede (cesura femminile), che deve dunque essere necessariamente un dattilo:

erigitur summique || ferit laquearia tecti
(VIRGILIO, *Aeneis* VIII, 25)

Il pentametro dattilico

Il pentametro dattilico è un verso composto da due membri catalettici *in syllabam*, corrispondenti ciascuno alla prima parte di un esametro dattilico fino alla cesura pentemimera, secondo lo schema:

–́⏓⏓, –́⏓⏓, –́ || –́⏑⏑, –́⏑⏑, ⏑́

Il distico elegiaco

È un sistema metrico formato da due versi (distico), il primo dei quali è un esametro dattilico e il secondo un pentametro:

–́⏑⏑, –́⏑⏑, –́⏑⏑, –́⏑⏑, –́⏑⏑, –́⏑
–́⏑⏑, –́⏑⏑, –́ || –́⏑⏑, –́⏑⏑, ⏑́

I versi della commedia

Si riportano alcuni dei versi maggiormente ricorrenti nei testi dei commediografi latini antologizzati:

- senario giambico:

⏒⏑́⏑, ⏒⏑́⏑, ⏒⏑́⏑, ⏒⏑́⏑, ⏒⏑́⏑, ⏑⏑́

- settenario trocaico:

⏑́⏑⏒, ⏑́⏑⏒, ⏑́⏑⏒, ⏑́⏑⏒, ⏑́⏑⏒, ⏑́⏑⏒, ⏑́⏑⏒, ⏑́

- ottonario giambico:

⏒⏑́⏑, ⏒⏑́⏑, ⏒⏑́⏑, ⏒⏑́⏑, ⏒⏑́⏑, ⏒⏑́⏑, ⏒⏑́⏑, ⏑⏑́

I principali metri lirici

Viene qui proposta una sintetica rassegna dei principali metri utilizzati da Catullo e mutuati dalla tradizione lirica greca:

- endecasillabo falecio:

  –́
  ⏑⏓, –́⏑⏑, –́⏑, –́⏑, –́⏓

- trimetro giambico ipponatteo (coliambo o scazonte):

  ⏓–́⏑–́, ⏓–́⏑–́, ⏑–́–́⏓

- strofe saffica minore, composta da tre endecasillabi saffici e un adonio:

  –́⏑–́⏓, –́⏑⏑, –́⏑–́⏑
  –́⏑–́⏓, –́⏑⏑, –́⏑–́⏑
  –́⏑–́⏑, –́⏑⏑, –́⏑–́⏑
  –́⏑⏑, –́⏓

Glossario di retorica e stilistica

Adýnaton (= impossibile): procedimento con cui, per sottolineare l'impossibilità che un fatto possa realizzarsi, lo si subordina all'avverarsi di uno o più fatti contrari alle leggi della natura. Es. VIRGILIO, *Bucolica* I, 59 sgg.: *Ante leves ergo pascentur in aethere cervi... / quam nostro illius labatur pectore vultus.*

Allitterazione: effetto fonico con funzione onomatopeica o fonosimbolica ottenuto con la ripetizione, in principio o anche all'interno di parole successive, di un medesimo fonema, generalmente una consonante. Es. ENNIO, *Annales*, fr. 62 Traglia: *O Tite, tute, Tati, tibi tanta, tyranne, tulisti.*

Anadiplòsi: ripetizione dell'ultima o delle ultime parole di un verso o di una frase all'inizio del verso o della frase successivi. Es. LUCREZIO, *De rerum natura* V, 949 sg.: *... lavere umida saxa, / umida saxa, super viridi stillantia musco.*

Anàfora: ripetizione della stessa parola o dello stesso gruppo di parole all'inizio di versi o di frasi. Es. CATULLO, carme 76, 13 sg.: *difficile est longum subito deponere amorem; / difficile est, verum hoc, qua lubet, efficias.*

Anàstrofe: inversione nell'ordine consueto delle parole, molto frequente tra la preposizione e il sostantivo. Es. *haec inter* per *inter haec.*

Antìtesi: accostamento di idee o espressioni opposte. Es. SALLUSTIO, *De Catilinae coniuratione* 52: *domi industria, foris iustum imperium, animus in consulundo liber, neque* [...] *obnoxius.* [...] *habemus* [...] *publice egestatem privatim opulentiam.*

Antonomàsia: figura che consiste nell'impiego di un nome comune o di una perifrasi in luogo di un nome proprio, o anche ("antonomasia vossianica") nel sostituire un nome comune con un nome proprio che evidenzi la qualità o la caratteristica fondamentale dell'individuo. Es. del primo tipo: QUINTILIANO, *Institutio oratoria* VIII, 6, 30: *eversor Carthaginis et Numantiae* (Scipione) e *Romanae eloquentiae princeps* (Cicerone). Esempi del secondo tipo potrebbero essere le espressioni "un Catilina" per indicare un sovversivo, "un Giuda" per indicare un traditore.

Apòstrofe: consiste nel rivolgersi direttamente, con il vocativo, a un interlocutore – una persona o una cosa personificata – interrompendo il normale procedere del discorso. Comporta il passaggio del verbo alla seconda persona singolare o plurale. Es. VIRGILIO, *Aeneis* III, 56 sg.: *Quid non mortalia pectora cogis, / auri sacra fames!*

Aprosdóketon: è un procedimento tipico di certi componimenti poetici (epigramma, satira), che consiste nel concludere la poesia con un'espressione inaspettata che colpisce il lettore, il cui orizzonte di attesa viene piacevolmente deluso; l'effetto è comico. L'espressione latina corrispondente è *fulmen in clausula.*

Arcaismo: forma, vocabolo o espressione appartenente a un periodo anteriore a quello in cui l'autore scrive; è usato per esigenze metriche o per conferire al discorso una patina solenne.

Asìndeto: assenza di congiunzioni in una serie di termini o frasi. Es. SVETONIO, *De vita Caesarum, Divus Iulius* 37: *veni, vidi, vici.*

Brachilogìa: estrema concisione nell'espressione, ottenuta per mezzo dell'ellissi. È uno dei mezzi per ottenere la *brevitas* stilistica. Es. VIRGILIO, *Aeneis* IV, 324: *hoc solum nomen quoniam de coniuge restat.*

Chiasmo: consiste nella disposizione a croce delle parole, secondo lo schema AB BA. Es. SALLUSTIO, *De Catilinae coniuratione* 5: *satis eloquentiae, sapientiae parum.*

Climax (o gradatio): disposizione delle parole o delle espressioni in ordine di intensità crescente. La disposizione in ordine decrescente prende il nome di ***anticlimax*** o ***climax* discendente**. Es. CICERONE, *Catilinariae* I, 5, 10: *non ferar, non patiar, non sinam.*

Du-Stil: termine tedesco che significa propriamente «stile-tu»; il testo in cui si usa questo procedimento stilistico prevede la presenza di un interlocutore, reale o fittizio.

Ékphrasis: descrizione di un luogo o di un'opera d'arte o di un oggetto che assume il carattere di digressione nel racconto. Cfr. per esempio la descrizione della coperta che ricopre il talamo di Peleo e Teti in CATULLO, carme 64, 50 sgg.

Enàllage: consiste nello scambio di funzioni fra le parti di un discorso (ad esempio, un aggettivo può essere usato in funzione di avverbio). Es. VIRGILIO, *Aeneis* IV, 609: *nocturnisque Hecate triviis ululata per urbes.* Viene usata anche per indicare il caso in cui un aggettivo si riferisca grammaticalmente a un sostantivo e logicamente a un altro. Es. VIRGILIO, *Georgica* IV, 521: *nocturnique orgia Bacchi.*

Endìadi: uso di due espressioni coordinate per definire un unico concetto. Es. ORAZIO, *Carmina* III, 29, 15: *sine aulaeis et ostro*; CICERONE, *Somnium Scipionis* 3, 5: *concilia coetusque hominum.*

Enjambement: si verifica quando non c'è coincidenza tra frase e verso, per cui una proposizione continua nel verso successivo. Il procedimento mette in rilievo la parola che si trova alla fine del verso precedente o all'inizio di quello successivo. Es. ORAZIO, *Carmina* II, 6, 13 sgg.: *ille terrarum mihi praeter omnes / angulus ridet.*

Epìfora: è la ripetizione della stessa parola in fine di verso o di membri di un periodo. Es. *Rhetorica ad Herennium* IV, 13: *Poenos populus Romanus iustitia vicit, armis vicit, liberalitate vicit.*

Epizeusi (o epanalessi): ripetizione di una stessa parola o espressione in posizione contigua o a distanza nella medesima frase. Es. VIRGILIO, *Bucolica* III, 79: *Et longum «formose, vale, vale» inquit «Iolla».*

Eufemismo: attenuazione di un'espressione o di un termine ritenuti eccessivamente crudi o realistici.

Figura etimologica: accostamento di parole aventi la stessa radice. Es. PLAUTO, *Pseudolus* 524: *istam pugnam pugnabo.*

Hápax (legómenon): termine che compare una sola volta in un dato autore o in assoluto in una lingua.

Hýsteron próteron: consiste nello spostamento dell'ordine cronologico delle azioni, per cui si dice prima l'azione che avviene dopo. Es. VIRGILIO, *Aeneis* II, 353: *moriamur et in media arma ruamur.*

Inversione: vedi **anastrofe**.

Ipàllage: vedi **enallage**.

Ipèrbato: consiste nel distacco di due termini sintatticamente collegati – spesso aggettivo e sostantivo – attraverso l'interposizione di altre parole. L'artificio serve a mettere in rilievo i termini e a conferire eleganza al discorso. Es. ORAZIO, *Carmina* I, 9: *deprome quadrimum Sabina, / o Taliarche meum diota.* Sono frequenti anche il doppio iperbato intrecciato (es. VIRGILIO, *Bucolica* I, 2: *silvestrem tenui musam meditaris avena*) e l'iperbato a cornice, in cui aggettivo e sostantivo sono disposti *in incipit* e *in explicit* di verso (es. VIRGILIO, *Bucolica* I, 83: *maioresque cadunt altis de montibus umbrae*).

Ipèrbole: esagerazione di un concetto oltre i limiti della credibilità. Es. VIRGILIO, *Aeneis* IV, 322: *qua sola sidera adibam / fama prior.*

Iterazione: ripetizione a breve distanza di una o più parole. Es. VIRGILIO, *Georgica* III, 284: *sed fugit interea, fugit inreparabile tempus.*

Litòte: consiste nell'affermare un concetto negandone il contrario. Es. CATULLO, carme 43, 1 sgg.: *Salve, nec minimo puella naso / nec bello pede nec nigris ocellis / nec longis digitis nec ore sicco.*

Metàfora: uso di un vocabolo con significato traslato in base a un rapporto di analogia. Es. ORAZIO, *Carmina* IV, 13, 12: *capitis nives* per indicare i capelli canuti; VIRGILIO, *Georgica* I, 397: *vellera lanae* per indicare le nuvole.

Metonìmia: sostituzione di un termine con un altro con il quale abbia un rapporto di contiguità, che può essere di varia natura: 1) causa-effetto: *Vergilium legere* per «leggere l'opera di Virgilio»; 2) materia-oggetto: *Drusum ferro sustulerat*; 3) contenente-contenuto: *venient ad pocula*; 4) astratto-concreto: *iuventus* per *iuvenes*.

Omeoteleuto o omoteleuto: figura di suono che nasce dall'accostamento di parole aventi la stessa terminazione. Es. *Rhetorica ad Herennium* IV, 28: *vivis invidiose, delinquis studiose, loqueris odiose*.

Onomatopea: consiste nell'imitazione di suoni naturali attraverso artifici linguistici. Es. VIRGILIO, *Bucolica* I, 55: *saepe levi somnum suadebit inire susurro*; CATULLO, carme 3, 10: *ad solam dominam usque pipiabat*.

Ossimoro: consiste nell'accostamento di parole di senso opposto. Es. CATULLO, carme 68, 18: *dulcis amarities*.

Paronomàsia: accostamento di parole di suono simile ma di significato diverso. Es. TERENZIO, *Andria* 218: *inceptiost amentium, non amantium*.

Perìfrasi: giro di parole usato per esprimere un termine o un concetto di per sé sintetico; è proprio dello stile elevato e ha funzioni ornamentali. Es. VIRGILIO, *Aeneis* I, 254: *Hominum sator atque deorum*.

Personificazione (= prosopopea): consiste nel presentare cose concrete e inanimate o concetti astratti come persone che parlano e agiscono. Es. ORAZIO, *Carmina* I, 4, 13: *pallida Mors aequo pulsat pede pauperum tabernas / regumque turris*.

Poliptòto: ripetizione dello stesso termine in casi diversi. Es. VIRGILIO, *Aeneis* IV, 628: *Litora litoribus contraria, [...] / arma armis*.

Polisìndeto: sequenza di più congiunzioni coordinanti con funzione accumulante. Es. VIRGILIO, *Aeneis* IV, 605: *implessemque foros flammis natumque patremque*.

Preterizione: figura retorica attraverso la quale si finge di non voler parlare di un argomento di cui in realtà si tratta per attirare l'attenzione su di esso. Es. CICERONE, *Catilinariae* I, 14: *praetermitto ruinas fortunarum tuarum*.

Sinafia: elisione che si viene a determinare tra la sillaba finale di un verso e quella iniziale del successivo, quando ne ricorrano le condizioni. In latino tali condizioni sono le medesime che determinano la sinalefe. Es. CATULLO, carme 11, 19-20: ... *sed identidem omnium / ilia rumpens*.

Sinèddoche: rientra nella metonimia e consiste nell'indicare la parte per il tutto o viceversa. Es. VIRGILIO, *Aeneis* VIII, 359: *Talibus inter se dictis ad tecta subibant*.

Sinestesìa: associazione di sensazioni provenienti da sfere sensoriali diverse. Es. VIRGILIO, *Aeneis* X, 895: *clamore incendunt coelum*.

Tmesi: separazione di una parola composta nelle due parti che la compongono. Es. VIRGILIO, *Georgica* III, 381 sg.: *Septem subiecta trioni / gens*.

Variatio: variazione nelle costruzioni sintattiche per evitare la *concinnitas*. È tipica dello stile di Sallustio e di Tacito. Es. SALLUSTIO, *De Catilinae coniuratione* 25: *Litteris Graecis et Latinis docta, psallere, saltare elegantius quam necesse est probae, multa alia...*

Zeugma: figura in cui due o più termini dipendono grammaticalmente da un elemento – di solito un verbo – che si adatta a uno solo di essi. Es. VIRGILIO, *Aeneis* IX, 279: *seu pacem seu bella gerant*.

Repertorio di autori della letteratura greca

Alceo poeta lirico di Mitilene, nell'isola di Lesbo, vissuto tra il VII e il VI secolo a.C. Si veda p. 247.

Anacreonte poeta lirico di Teo, nella Ionia, del VI secolo a.C. Si veda p. 247.

Anassagora filosofo greco nato a Clazomene, vissuto tra il 499 e il 428 a.C.; ad Atene fu maestro di Pericle. Elaborò la teoria delle "omeomerie", le infinite particelle presenti nel caos originario, da cui, secondo il progetto di un'intelligenza divina, si sarebbero originate le varie forme del reale.

Anassimandro filosofo greco nato a Mileto nella prima metà del VI secolo a.C., allievo di Talete. Compose un trattato *Sulla natura*, che sembra essere il primo trattato filosofico in prosa.

Andocide nacque ad Atene nel 440 ca. a.C. da nobile famiglia. Andato in esilio a Cipro, dopo essere stato coinvolto nel processo per la mutilazione delle erme, tornò in patria nel 402. Di lui sono tramandate tre orazioni: *Sul ritorno*, *Sui misteri*, *Sulla pace*. Morì nel 390 a.C.

Anite poetessa greca di Tegea, vissuta tra il IV e il III secolo a.C., appartenente alla cosiddetta "scuola peloponnesiaca". Fu autrice di epigrammi in dialetto dorico, di argomento agreste o funerario, che sono stati conservati nell'*Antologia Palatina*.

Anonimo del *Sublime* trattato di estetica di straordinaria importanza composto nel I secolo d.C. e attribuito erroneamente a Longino. L'opera rivoluziona la concezione greca dell'arte, secondo la quale l'arte è *téchnē*, cioè capacità di produrre opere o oggetti secondo leggi prefissate. Per il *Sublime* l'arte non è soggetta ad alcuna regola e scaturisce dal sentimento dell'autore, è dunque attività irrazionale. L'opera godette di ampia fama tra il Settecento e l'Ottocento, quando nell'arte vennero rivalutati l'elemento irrazionale e quello passionale.

Antifonte di Ramnunte, vissuto tra il 480 e il 411 ca. a.C. È il più antico oratore attico, oggi dai più identificato con Antifonte sofista. Autore di circa 60 orazioni, delle quali solo 35 considerate autentiche. Di queste sono pervenute tre tetralogie e tre orazioni per omicidi: *L'assassinio di Erode*, *Sul coreuta*, *Contro la matrigna*.

Antigono scrittore e scultore greco di Caristo, del III secolo a.C. Compose una serie di biografie di filosofi e una *Raccolta di storie sorprendenti*.

Antimaco poeta di Colofone, del V secolo a.C. Autore di due poemi, la *Tebaide*, di ispirazione omerica e la *Lide*, opera in forma di catalogo di contenuto erotico-mitologico in metro elegiaco. Nonostante Callimaco lo criticasse, in realtà Antimaco anticipò alcune movenze della poesia alessandrina. La sua *Tebaide*, inoltre, costituì un modello per l'omonimo poema di Stazio.

Antipatro di Sidone, vissuto nel II secolo a.C., autore di epigrammi confluiti nell'*Antologia Palatina*.

Antologia Palatina raccolta di epigrammi di poeti vari, contenuta in un manoscritto della Biblioteca Palatina di Heidelberg, scoperto nel XVI secolo. Il primo nucleo di tale raccolta è costituito dalla *Ghirlanda* di Meleagro di Gadara (70 a.C.), a cui si aggiunsero le sillogi di Filippo di Tessalonica (40 a.C.) e di Agatia (metà del VI secolo d.C.), messe insieme nel X secolo da Costantino Cefala. I testi sono 3700 e sono suddivisi in 15 libri a seconda dell'argomento. Un sedicesimo libro, detto *Appendix Planudea*, è costituito dai 388 epigrammi non compresi nell'*Antologia Palatina* che il monaco Massimo Planude inserì nel 1299 nella cosiddetta *Antologia Planudea*.

Apollodoro di Pergamo, retore del I secolo a.C., fu maestro di Ottaviano. Compose una *Téchnē* non pervenutaci, che fu tradotta in latino da C. Valgius Rufus.

Apollonio Rodio poeta epico nato ad Alessandria nel III secolo a.C., dove diresse la Biblioteca, si trasferì più tardi a Rodi. Si veda p. 37.

Arato poeta di Soli, in Cilicia, vissuto tra il 315 e il 240 circa a.C., ospite e quasi poeta ufficiale della corte di Antigono Gonata, re di Macedonia. Autore di inni, elegie, epicedi raccolti sotto il titolo di *Cataleptòn*, a noi non pervenuti, legò la sua fama al poemetto didascalico intitolato *Fenomeni*, che riprendeva in forma poetica le teorie dell'astronomo Eudosso di Cnido. Il poemetto fu oggetto di traduzione da parte di molti autori latini, il più famoso dei quali è Cicerone, ed esercitò una notevole influenza sulle *Georgiche* di Virgilio.

Archia poeta di Antiochia (118-45 a.C.) vissuto a Roma, dove compose poemi che celebravano le imprese di Mario, Lucio Licinio Lucullo e Quinto Cecilio Metello. Nel 62 a.C. Cicerone assunse le sue difese per fargli ottenere la cittadinanza romana, come testimonia l'orazione *Pro Archia*.

Aristòfane il più illustre poeta comico dell'antica Grecia, vissuto tra il 445 circa e il 385 a.C. Si veda p. 73.

Aristosseno di Taranto (IV secolo a.C.), discepolo di Aristotele. Molto copiosa la sua produzione, di cui restano ampi frammenti. Ricordiamo gli *Elementi armonici*, in cui elaborò una teoria musicale di origine pitagorica e gli *Elementi ritmici*.

Aristòtele filosofo greco nato a Stagira, in Macedonia, nel 384 a.C. e morto a Calcide, nell'isola di Eubea, nel 322 a.C. Ad Atene frequentò per vent'anni l'Accademia di Platone. Nel 343-342 a.C. fu precettore di Alessandro, figlio di Filippo II di Macedonia. Nel 335 a.C., dopo l'ascesa al trono del suo discepolo, si trasferì ad Atene, dove fondò il Liceo, definito scuola peripatetica, per l'abitudine del maestro di tenere le sue lezioni mentre passeggiava con gli allievi. Ad Atene compose la maggior parte delle sue opere. Quando ad Atene, dopo la morte di Alessandro (323 a.C.), prevalse il partito antimacedonico, Aristotele, accusato di empietà, lasciò la città e si rifugiò a Calcide, dove morì nel 322 a.C. Gli scritti di Aristotele si dividono in tre gruppi: 1) opere essoteriche, di carattere divulgativo: *Grillo ovvero sulla retorica, Eudemo o sull'anima, Protreptico, Sulla filosofia;* 2) raccolta di appunti della scuola: *Didascalie* (notizie sulle rappresentazioni tragiche e comiche realizzate ad Atene), *Problemi omerici, Politeiai*; 3) trattati filosofici e scientifici, che comprendono scritti di logica (*Categorie, Analitici primi*, sul sillogismo, *Analitici secondi*, sulla conoscenza attraverso la dimostrazione), scritti di filosofia della natura (*Fisica, Sul cielo, Meteorologia, Sull'anima*), e inoltre la *Metafisica*, la *Politica*, la *Retorica* e la *Poetica* e scritti di etica (*Etica Nicomachea, Etica Eudemia*). Vasti e di ampio respiro sono gli ambiti trattati dal filosofo, che fornì una sintesi del sapere che nel Medioevo avrebbe costituito la base della filosofia scolastica. Le sue opere furono introdotte a Roma nell'84 a.C. da Silla ed ebbero una notevole influenza sulla cultura romana (il *Protreptico*, ad esempio, costituì un prezioso modello per Cicerone).

Callimaco di Cirene, vissuto tra il 320/315 e il 240 a.C., fu il poeta alessandrino che esercitò la più grande influenza sulla poesia romana a partire da Ennio e Lucilio. Si veda p. 37. Fu autore di numerose opere, tra le quali ricordiamo gli *Aitia*, i *Giambi*, i *Carmi*, gli *Epigrammi* e gli *Inni*. La poetica callimachea, fondata sulla raffinatezza formale ottenuta attraverso un assiduo *labor limae*, il gusto per la mitologia e per l'erudizione, la *brevitas* e la preziosità delle scelte linguistiche e stilistiche, influenzò soprattutto la poetica neoterica, nonché Virgilio, Orazio, Properzio, Tibullo e Ovidio.

Callino poeta di Efeso, del VII secolo a.C. È considerato il primo poeta elegiaco; in particolare le sue elegie sono di argomento guerresco: in esse il poeta esorta i giovani alla battaglia, secondo una concezione di vita eroica.

Carnèade filosofo greco nato a Cirene nel 215 circa e morto ad Atene nel 129 circa a.C., fondò la Nuova o Terza Accademia. Nel 155 a.C. fu mandato per un'ambasceria a Roma, insieme con il filosofo peripatetico Critolao e il filosofo stoico Diogene. Secondo la tradizione, in quella circostanza tenne due orazioni sul tema della giustizia in ciascuna delle quali sostenne due tesi opposte, per dimostrare la sua teoria del probabilismo e la validità della retorica, il cui scopo è quello di persuadere. Non lasciò alcuno scritto, ma il suo pensiero è stato tramandato attraverso l'opera di Clitomaco, cui attinse anche Cicerone.

Cassio Dione storico greco del II-III secolo d.C., entrò a far parte del senato romano sotto i Severi. Oltre a una biografia di Arriano, stilò una *Storia romana* in 80 libri che narrava gli avvenimenti dall'arrivo di Enea all'età a lui contemporanea, non pervenutaci integralmente.

Cecilio di Calatte (Sicilia), retore vissuto nel I secolo a.C., discepolo di Apollodoro di Pergamo. Tra le sue opere spiccano: *Sui dieci oratori*, in cui, forse per la prima volta, venne stilato il canone dei dieci oratori migliori; *In che differisce lo stile attico da quello asiano*; *Contro i Frigi*; a queste si aggiunge una storia della guerra servile in Sicilia.

Clitomaco filosofo accademico vissuto nel II secolo a.C., scrisse più di 400 opere, in alcune delle quali tramandò il pensiero di Carneade. Ricordiamo: *Sulla sospensione dell'assenso*, *Sulle sette filosofiche* e una *Consolazione* ai Cartaginesi per la distruzione della città.

Corace di Siracusa, vissuto nel V secolo a.C. È, insieme con **Tisia** (vedi), il fondatore della retorica come scienza a sé stante. Insieme hanno scritto il primo *Manuale di retorica* di cui si abbia notizia.

Cratino poeta comico ateniese esponente della commedia antica, vissuto nel V secolo a.C. Le sue commedie contengono attacchi diretti a Pericle, a filosofi e letterati, polemiche nei confronti della religione e dei costumi licenziosi. Scrisse ventotto commedie e ottenne nove volte il primo premio nei concorsi comici. La sua ultima commedia, *La bottiglia* (*Pytíne*), riportò la vittoria sulle *Nuvole* di Aristofane (423 a.C.)

Demàde nato nel demo di Peania intorno al 380 a.C., fu un politico filomacedone. Fu condannato a morte nel 319. Le sue orazioni non sono pervenute; restano soltanto degli *apophtégmata* («motti») a lui attribuiti.

Demetrio Falereo uomo politico ateniese vissuto tra il 350 e il 280 d.C. Governò in Atene per un decennio, poi fu bibliotecario presso la Biblioteca di Alessandria. I suoi interessi spaziarono dalla filosofia di stampo peripatetico alla retorica alla storia alla politica. Tra gli scritti si ricordano opere esegetiche sui poemi omerici, oltre a *Sulle costituzioni di Atene*, *Sul decennio del suo governo*.

Demostene oratore ateniese vissuto nel IV secolo a.C. Si veda p. 399.

Dicearco di Messene, filosofo peripatetico greco discepolo di Aristotele, autore di molte opere di argomento vario di cui restano solo frammenti: opere filosofiche, politiche (*Vita della Grecia*, *Costituzioni*), geografiche (*Descrizione della terra*), letterarie (*Vite* di Platone e altri filosofi). Costituì una fonte autorevole per gli autori successivi.

Dinarco di Corinto, nato verso il 360 a.C., studiò ad Atene alla scuola di Teofrasto. Fu apprezzato logografo. Delle 60 orazioni ritenute autentiche secondo Dionigi di Alicarnasso, ne restano tre: *Contro Demostene*, *Contro Aristogitone*, *Contro Filocle*.

Dionigi di Alicarnasso retore e storico greco dell'età augustea, resse a Roma una scuola di retorica. Modello di stile erano per lui gli oratori attici del V e IV secolo a.C. Tra le opere storiche ricordiamo la *Storia arcaica di Roma* in 20 libri, tra quelle retoriche i trattati *Sugli antichi oratori*, *Su Dinarco*, *Su Tucidide*, *Sulla composizione delle parole*.

Egesia di Magnesia, vissuto nel III secolo a.C., retore e storico, è considerato l'iniziatore dell'asianesimo. Fu anche autore di una *Storia di Alessandro*.

Empedocle di Agrigento, filosofo, scienziato, poeta e medico del V secolo a.C., autore di due poemi in esametri, uno cosmologico, *Sulla natura*, e l'altro, *Purificazioni*, in cui è espressa la teoria della metempsicosi.

Epicuro di Samo (IV-III secolo a.C.), fondatore della scuola filosofica che da lui prende il nome di epicureismo. Autore di un trattato *Sulla natura* in 37 libri; di lui restano soltanto tre *Lettere*, *A Erodoto* sulla fisica, *A Pitocle* sulla meteorologia e *A Meneceo* sull'etica, e una raccolta di sentenze, dal titolo *Massime capitali* (*Kýriai dóxai*), oltre a numerosi frammenti. Fondamentale nella fisica di Epicuro è la teoria atomistica, in base alla quale tutta la realtà è intesa come materia costituita da atomi perennemente in movimento, che si combinano tra loro obbedendo al principio della *parénklisis* (che Lucrezio tradusse in latino con *clinamen*), cioè a una spontanea "deviazione" degli atomi, che consente una certa libertà nell'atto della creazione. La logica epicurea ricerca la saggezza più che la verità e postula tre mezzi per raggiungerla: le sensazioni (*aisthḗseis*), le presupposizioni (*prólēpsis*) e le emozioni (*páthē*). Sul piano etico Epicuro afferma che la filosofia è una specie di farmaco, anzi un *tetraphármakos*, perché guarisce l'uomo dai quattro principali mali della vita: la paura degli dèi, la paura della morte, il desiderio di ogni tipo di piacere, la fuga da ogni tipo di dolore. La filosofia epicurea a Roma, dove ebbe una certa diffusione, trovò la sua massima espressione nel poema lucreziano *De rerum natura*. Vi sono evidenti tracce di epicureismo nelle opere virgiliane e oraziane.

Eraclito di Efeso, filosofo del VI-V secolo a.C., teorizzatore del concetto del divenire (*pánta rêi* «tutto scorre»), secondo il quale ogni cosa esiste in quanto si trasforma in un eterno divenire.

Eratostene di Cirene, filologo e direttore della Biblioteca di Alessandria. Fu autore di molte opere di argomento vario, di cui restano frammenti e tra cui ricordiamo la *Geografia*, *Sulla misurazione della Terra*, in cui calcola la circonferenza terrestre, i poemetti *Ermes* in esametri ed *Erigone* in distici elegiaci di contenuto eziologico e astronomico e un'opera di critica letteraria, *Sulla commedia antica*.

Ermagora di Temno, retore del II secolo a.C., autore del trattato *Arte retorica*, diviso in 6 libri, del quale restano solo frammenti. Le sue teorie influenzarono retori posteriori, come Ermogene e Quintiliano.

Ermippo scrittore di Smirne, del III secolo a.C., autore di biografie di filosofi e scrittori ricche di aneddoti fantastici, conosciute da Plutarco.

Ermogene di Tarso, retore vissuto tra il II e il III secolo d.C., autore dei trattati: *Sulla stilistica*, in 2 libri, che tratta delle qualità dello stile, *Sui mezzi dello stile forte*, *Sul reperimento della materia*. Di dubbia attribuzione sono i *Progymnasmata*.

Eroda poeta di Cos, del III secolo a.C., contemporaneo di Callimaco, pressoché sconosciuto fino al 1891, quando fu rinvenuto un papiro che riportava i suoi *Mimiambi*, poesie in forma drammatica in coliambi che rappresentavano quadretti vivaci di vita quotidiana.

Erodoto di Alicarnasso, storiografo greco vissuto nel V secolo a.C. Si veda p. 323.

Eschilo fu il primo tra i poeti tragici greci; nacque ad Eleusi nel 525 a.C. circa e morì a Gela nel 456 a.C. Si veda p. 71.

Eschine oratore attico vissuto tra il 389 e il 314 circa a.C., avversario di Demostene, soprattutto in relazione alla questione macedone. Restano di lui tre orazioni, conosciute dai critici di età romana: *Contro Timarco*, *Sulla corrotta ambasceria*, *Contro Ctesifonte*, scritte in uno stile elegante e sostenuto.

Esiodo di Ascra, in Beozia, vissuto intorno al 700 a.C. È il primo poeta di cui abbiamo notizia. Autore della *Teogonia*, un poema che illustra l'origine e le genealogie degli dèi, e di *Le opere e i giorni*, una serie di precetti morali e pratici in vari ambiti, dall'agricoltura alla religione alla giustizia. Molto apprezzato in età alessandrina, fu tenuto presente da Virgilio nelle *Georgiche*.

Èupoli uno dei tre grandi rappresentanti della commedia antica ateniese. Vissuto tra il 446 circa e il 411 a.C., fu dapprima amico e collaboratore di Aristofane, poi suo acceso avversario a causa di reciproche accuse di plagio. Compose 17 commedie, tra le quali *L'età dell'oro*, *Il maricante* («Il dissoluto»), *I battezzatori*, *Le città*, *I demi*, ecc., riportando varie volte la vittoria. I suoi attacchi si appuntano contro gli uomini politici, i letterati, i sofisti. Rimangono della sua opera circa 450 versi.

Euripide è l'ultimo dei tre grandi tragici ateniesi del V secolo a.C. Si veda p. 72.

Fileta o Filita di Cos, erudito e poeta greco di età ellenistica (IV-III secolo a.C.). Ad Alessandria fu investito del ruolo di precettore del futuro Tolomeo II Filadelfo. Tornato in patria, diede vita a una sorta di cenacolo poetico cui presero parte Ermesianatte, Zenodoto e Teocrito. Oltre a una raccolta di *Glosse alla rinfusa*, lessico di parole desuete e difficili, scrisse epigrammi, elegie d'amore (si ricorda *Battide* o *Bittide*, in onore della donna amata), *Páignia* («poesie leggere»), sempre in metro elegiaco, ed epilli: *Telefo*, *Demetra*, *Ermete*. Di tutta la sua produzione resta una cinquantina di versi. Fu molto ammirato dagli alessandrini, insieme con Callimaco, per la raffinatezza della sua poesia. I poeti elegiaci romani, soprattutto Properzio e Ovidio, lo considerarono un modello.

Filino storico di Agrigento, del III secolo a.C., autore di una monografia sulla prima guerra punica di parte filocartaginese, fonte di Polibio e di Diodoro Siculo.

Gorgia di Leontini, vissuto nel V secolo a.C., celebre sofista e maestro di retorica. Fu a capo di un'ambasceria ad Atene nel 427 a.C. e in quell'occasione ebbe al suo seguito Tisia. Tra le sue opere pervenuteci, ricordiamo: *L'encomio di Elena*, sull'importanza del *logos*; *In difesa di Palamede*; *Sul non essere o sulla natura*; un frammento dell'*Epitafio* per i caduti della guerra del Peloponneso.

Iperide vissuto tra il 390-389 e il 322 a.C. Nato nel demo attico di Collito, fu il logografo più elegante dopo Lisia. Attivo in politica fin da giovane, assunse una posizione fortemente antimacedone. Gli furono attribuiti 77 discorsi, di cui poco più di 50 furono riconosciuti autentici. Ritrovamenti papiracei tra la seconda metà dell'Ottocento e gli inizi del Novecento hanno restituito ampi frammenti di 6 orazioni: *Contro Filippide, Per Licofrone, Per Eusenippo, Contro Atenogene, Contro Demostene, Epitafio.*

Ippocrate medico di Cos (460-370 circa a.C.), autore di scritti di medicina fondati sul metodo empirico, che costituiscono il *Corpus Hippocraticum.*

Ipponatte poeta giambico del VI secolo a.C. Si veda p. 246.

Iseo di Calcide, vissuto nella prima metà del IV secolo a.C., fu logografo e oratore attivo ad Atene. Delle 64 orazioni che gli erano state attribuite, delle quali 50 autentiche, ne restano 10 intere, una mutila e un frammento tramandato da Dionigi di Alicarnasso.

Isocrate oratore ateniese vissuto tra il 436 e il 338 a.C. Si veda p. 399.

Leonida poeta di Taranto del III secolo a.C., autore di raffinati epigrammi funebri confluiti nell'*Antologia Palatina*, dai quali traspare un senso tragico della vita.

Licurgo di Atene (390-324 ca. a.C.), uomo politico antimacedone, fu noto per la sua incorruttibilità. Delle 15 orazioni giudiziarie considerate autentiche, presenti nel catalogo dello Pseudo-Plutarco, ci è pervenuta soltanto quella *Contro Leocrate.*

Lisia nato ad Atene intorno al 440 a.C., si trasferì a circa quindici anni a Turii, colonia della Magna Grecia voluta da Pericle, dove fu probabilmente allievo di Tisia. Nel 412 fece ritorno ad Atene, dove morì dopo il 380 a.C. Si veda p. 398.

Meleagro poeta di Gadara, del I secolo a.C., autore di circa 130 epigrammi di gusto raffinato e di satire menippee, perdute. Pubblicò la prima silloge di epigrammi, la *Ghirlanda*, che costituisce il nucleo più antico dell'*Antologia Palatina.*

Menandro il maggior poeta greco della commedia "nuova", vissuto ad Atene tra il 342 e il 291 circa a.C. Si veda p. 74.

Menippo filosofo cinico di Gadara, vissuto tra il IV e il III secolo a.C., sulla cui vita sono state tramandate notizie fantasiose. È l'iniziatore del genere della "satira menippea", animata da un atteggiamento irridente nei confronti della società.

Mimnermo poeta lirico elegiaco di Colofone, del VII secolo a.C. autore di elegie in dialetto ionico raccolte in 2 libri, uno dei quali intitolato *Nannò*, in omaggio alla donna amata, secondo un uso che sarebbe stato assunto dai poeti elegiaci latini. Temi delle elegie sono la caducità della giovinezza e della vita e il terrore della vecchiaia, cui si accompagna l'invito a godere delle fugaci gioie della vita.

Molone o Apollonio Molone di Rodi, vissuto tra il II e il I secolo a.C., fu retore e grammatico, esponente della scuola retorica di Rodi. Scrisse orazioni, un'opera di carattere storico intitolata *Contro i Giudei* e il trattato *Contro i filosofi.*

Nicandro poeta di Colofone, del II secolo a.C., autore di due poemetti didascalici in esametri, i *Theriaká*, sui veleni delle piante e degli animali, e gli *Alexiphármaka*, sugli antidoti ai veleni. Scrisse anche le *Metamorfosi* in cinque libri, che costituiranno un modello per Ovidio, le *Georgiche*, i *Pronostici* e *Sull'apicoltura*, che saranno tenuti presenti da Virgilio nella composizione delle *Georgiche.*

Omero presumibilmente il più antico poeta greco, autore dei poemi che diedero avvio alla letteratura greca, l'*Iliade* e l'*Odissea.* Si veda p. 34 sgg.

Panèzio filosofo stoico greco di Rodi, del II secolo d.C. Formatosi a Pergamo e ad Atene, andò a Roma, dove conobbe Polibio, sulle cui concezioni storico-politiche ebbe una certa influenza, e frequentò il "circolo degli Scipioni", in seno al quale formulò i principi dell'*humanitas.* Trascorse gli ultimi anni della sua vita ad Atene, dove diresse la scuola stoica. Panezio è, insieme con Posidonio, la figura più rappresentativa del cosiddetto "stoicismo di mezzo", una forma di stoicismo meno rigoristico rispetto alla *stoà* antica, che diffuse nel mondo romano. A lui sembra aver attinto anche Cicerone nella stesura del *De officiis.* Delle sue opere restano pochi frammenti.

Parmenide di Elea, filosofo del V secolo a.C., rappresentante con Zenone della Scuola Eleatica, autore di un poema didascalico in esametri *Sulla natura*, di cui restano 160 versi e in cui espone la sua teoria dell'essere, che influenzerà il pensiero greco successivo.

Partenio poeta di Nicea, del I secolo a.C. Fu portato a Roma come prigioniero di guerra nel 73 a.C. e qui diffuse la poetica alessandrina, che avrebbe avuto una notevole influenza sui poeti neoterici. Divenne amico di Cornelio Gallo e di Virgilio; scrisse elegie mitologiche, epicedi, poemetti epici, storie d'amore in prosa, brevi romanzi.

Pìndaro poeta nato a Cinocefale, in Beozia, nel 518 a.C. e morto ad Argo nel 438 a.C. Discendente della nobile famiglia dorica degli Egidi, ebbe tra i suoi maestri, in patria, le poetesse Mirtide e Corinna, e ad Atene Laso d'Ermione e Agatocle. Avvertì molto anche l'influenza di **Simonide** (vedi). Fu il più importante esponente della lirica corale grazie alla produzione di inni, epinici, peani, ditirambi, treni, parteni, prosodi, encomii, divisi in 17 libri dal grammatico alessandrino Aristofane di Bisanzio. Sono conservati interamente solo gli *Epinici*, in 4 libri: odi *Olimpiche*, *Pitiche*, *Istmiche* e *Nemee*; del resto sono pervenuti solo frammenti. Le poesie pindariche si legano all'attività sportiva. Gli *Epinici*, infatti, erano dedicati ai vincitori degli agoni panellenici e avevano come scopo la celebrazione dell'*aretḗ* («virtù»), che per il poeta ha origine divina. Di qui il ricorso al mito, subito dopo l'accenno al vincitore e al genere di vittoria. Affermatosi in patria, viaggiò molto e soggiornò presso casate aristocratiche prima in Macedonia alla corte di Alessandro I, poi in Sicilia, dove intrattenne rapporti con Gerone di Siracusa e Terone di Agrigento. Quando tornò dalla Sicilia la sua fama era al culmine, tanto che la sua opera poetica venne richiesta in ogni parte della Grecia. Tra i suoi committenti si ricordano Arcesilao IV, re di Cirene, e i signori delle *poleis* più rinomate del mondo ellenico, desiderosi di celebrare le loro origini e le loro vittorie negli agoni (Rodi, Corinto, Egina, Locri, ecc.). L'attività poetica si concluse tardi, pochi anni prima della morte. Molto studiato in età alessandrina, fu preso a modello dai poeti dell'età augustea – soprattutto Orazio – per il suo stile dal periodare ampio e fluente, elevato e solenne e per l'uso della *gnṓmē* («sentenza»), espressione di una saggezza antica. Molto più tardi riscosse l'ammirazione anche di poeti come Goethe, Hölderlin, Foscolo e Carducci.

Pitagora filosofo di Samo, del VI secolo a.C.; trasferitosi a Crotone, in Magna Grecia, vi fondò una setta filosofico-religiosa. A Pitagora risalgono importanti teorie in campo filosofico, come la metempsicosi, matematico, geometrico, medico, musicale e astronomico. Non ha lasciato scritti, ma il pitagorismo ben presto si diffuse ed ebbe una notevole fortuna anche a Roma, come si può vedere in Ennio e più tardi in Ovidio, nelle *Metamorfosi*.

Platone filosofo greco (Atene 427-347 a.C.), discepolo di Socrate. Dopo la condanna a morte del maestro, lasciò Atene e si trasferì a Megara. Nel 387 a.C. circa, ritornato ad Atene, vi fondò l'Accademia, sul modello delle scuole pitagoriche che aveva conosciuto in occasione dei suoi viaggi nella Magna Grecia e nello stesso tempo scuola filosofica erede della tradizione socratica. Le opere di Platone possono essere suddivise in 4 gruppi: 1) dialoghi socratici: *Apologia di Socrate*, *Critone*, *Eutifrone*, *Ippia Minore*, *Ione*, *Lachete*, *Liside*, *Carmide*, *Protagora*, *Repubblica*; 2) dialoghi sofistici: *Gorgia*, *Menone*, *Menesseno*, *Cratilo*, *Eutidemo*; 3) *Fedone*, *Fedro*, *Simposio*, *Repubblica* (libri II-X); 4) dialoghi tardi: *Parmenide*, *Teeteto*, *Politico*, *Timeo*, *Crizia*, *Leggi*. Il pensiero platonico si nutre di varie correnti filosofiche e religiose presenti nel mondo greco e costituisce un momento fondamentale dello sviluppo del pensiero filosofico occidentale. Platone fu il primo a usare la forma del dialogo, le cui caratteristiche fondamentali sono la pluralità dei punti di vista che denota la problematicità del reale nonché la rappresentazione dell'indole dei singoli interlocutori. La prosa platonica è molto vivace e duttile, capace di adattarsi alle situazioni, all'argomento e alle intenzioni dell'autore. L'influenza del pensiero platonico nel mondo romano – si pensi soltanto alle opere dialogiche di Cicerone – e poi in quello medievale fu notevole e si esercitò sia attraverso le opere sia attraverso l'Accademia, che fu attiva fino al 529 d.C.

Plutarco di Cheronea, vissuto nel I-II secolo d.C., autore di scritti etici, religiosi, antiquari. Uomo dai molteplici interessi, che spaziavano dalla filosofia alla religione alle scienze alla retorica alla letteratura, legò la sua fama soprattutto alle *Vite parallele*, opera biografica in cui mise a confronto la vita di un grande uomo greco con quella di un illustre uomo romano. Attraverso la comparazione recuperò il valore della tradizione greca, non inferiore a quella romana – gli uomini politici greci gli apparvero come i più rappresentativi della grandezza e della dignità umane – esaltò le virtù suscitandone l'emulazione e deplorò i vizi, e trovò l'occasione per celebrare la gloria del passato ormai lontana dalla meschinità del mondo contemporaneo. L'opera ebbe un grande successo per la vivacità della narrazione e la ricchezza degli aneddoti ed esercitò una notevole suggestione anche sulla letteratura europea moderna, da Shakespeare, Corneille, Racine ad Alfieri, Goethe, Schiller e in generale agli autori romantici, che ammirarono la drammaticità, il *pathos*, il senso tragico della vita e l'aspirazione dei suoi "eroi" alla libertà.

Polibio storico greco nato a Megalopoli nel 203 circa a.C. e morto nel 120 circa a.C. Si veda p. 326.

Posidonio filosofo stoico di Apamea, vissuto tra il 135 e il 50 a.C. Si occupò di scienze naturali, di storia e di filosofia, come testimoniano le sue opere, delle quali sono noti 25 titoli, tra cui *Sull'Oceano*, *Sulla grandezza del sole*, di carattere scientifico, e le *Storie dopo Polibio*, che trattano il periodo che va dal 146 a.C. (anno in cui si concludono le *Storie* di Polibio) all'età di Silla. Esercitò una notevole influenza su Cicerone e sugli storici dell'età cesariana, augustea e imperiale, come Sallustio e Tacito.

Protagora di Abdera, vissuto nel V secolo a.C., fu sofista attivo ad Atene. Redasse il codice legislativo per la città di Turii, colonia della Magna Grecia voluta da Pericle. Tra le sue opere: *Sugli dèi*, *Sulle cose dell'Ade*, *Sull'essere*, *Sullo stato primitivo*, *Antilogie*.

Saffo poetessa greca del VII-VI secolo a.C., esponente della lirica monodica. Si veda p. 246 sg.

Satiro grammatico di Callatis, del III secolo a.C., autore di biografie di personaggi famosi, quali re, politici, oratori, poeti e filosofi, che influenzeranno il genere biografico a Roma.

Senofane poeta e filosofo greco, nato a Colofone e vissuto nel VI secolo a.C. soggiornando in varie città della Magna Grecia. Secondo la tradizione, durante questi viaggi avrebbe fatto il rapsodo, cantando i propri versi, in metro dattilico, giambico ed elegiaco. L'opera più importante è costituita dai *Silli*, poesie satiriche in esametri e giambi, in cui il poeta svolge una critica della mitologia e della teologia antropomorfica presenti in Omero e in Esiodo. A suo nome sono stati tramandati i titoli di due opere epico-storiche, non pervenute: la *Fondazione di Colofone* e la *Colonizzazione di Elea*. Sono pervenuti invece alcuni frammenti di un suo presunto poema *Sulla natura*.

Senofonte ateniese del demo di Erchia, storiografo e scrittore vissuto nel V-IV secolo a.C. Si veda p. 325.

Simonide di Cèo, esponente della lirica corale ed elegiaca, vissuto nel VI-V secolo a.C. Svolse la sua attività poetica presso i signori del tempo: Ipparco ad Atene, poi gli Scopadi e gli Aleuadi in Tessaglia. In occasione delle guerre persiane (490 a.C.), ad Atene, celebrò i caduti di Maratona e di Platea e i vincitori dell'Artemisio e di Salamina. Si cimentò in tutti i generi della lirica: scrisse gli *Epinici*, treni, elegie ed epigrammi, la gran parte dei quali è di dubbia paternità. Della sua produzione rimangono circa 200 versi, oltre a una quindicina di elegie e a un'ottantina di epigrammi, in gran parte spuri. La sua poesia ha come tema centrale la constatazione dell'infelicità umana, che raggiunge la sua più alta espressione nell'epitaffio per i morti alle Termopili. Influssi della sua poesia si avvertono nella lirica oraziana.

Socrate filosofo greco (Atene 469-399 a.C.). Da giovane era stato scultore; accusato di empietà e corruzione dei giovani all'epoca dei Trenta Tiranni, pur potendo evadere dal carcere, rifiutò, accettando di bere la mortale cicuta per consacrare il rispetto delle leggi. La sua dottrina filosofica, in assenza di testi scritti, venne tramandata dai discepoli Platone e Senofonte (lo storiografo autore, fra l'altro, dell'*Anabasi* e della *Ciropedia*). Socrate reagì allo scetticismo dei sofisti, fondando la conoscenza sul concetto, ovvero sull'idea universale. Privilegiò l'etica e la ricerca della virtù e della conoscenza interiore (celebre la sentenza «Conosci te stesso!»). Il suo metodo era induttivo (dal particolare all'universale) e utilizzava la tecnica della *maièutica* (arte dell'ostetrica): con abili domande egli aiutava l'interlocutore a chiarire il suo pensiero. Tutta la filosofia greca e occidentale ricevette dal pensiero di Socrate un influsso determinante.

Sofocle poeta tragico greco, nato a Colono tra il 497 e il 496 a.C. morto ad Atene nel 406 a.C. Si veda p. 71.

Solone legislatore di Atene, del VII-VI secolo, nonché poeta, autore di elegie di argomento politico-morale, giambi ed epodi, di cui restano circa 300 versi.

Strabone storico e geografo di Amasea, vissuto tra il I secolo a.C. e il I d.C. Compì molti viaggi, di cui restano tracce nella *Geografia,* opera in 17 libri in cui si descrisse il mondo allora conosciuto, dalla Spagna all'Asia Minore, visto secondo l'ottica universale dell'impero di Augusto. L'opera è stata e continua a essere una preziosa fonte di notizie. Nei *Commenti storici,* opera perduta, proseguiva le *Storie* di Polibio fino al 27 a.C.

Teocrito poeta greco di Siracusa, del III secolo a.C. vissuto a Siracusa, Cos e Alessandria, dove pare sia stato ospitato alla corte di Tolomeo Filadelfo. È considerato il fondatore del genere bucolico, che sarà poi codificato da Virgilio a Roma. Il Codice Ambrosiano 104 tramanda un *corpus* di 30 *Idilli* e gli epigrammi, a cui si aggiungono un carme figurato, la *Zampogna,* di paternità incerta. Gli *Idilli* si possono suddividere per argomento in carmi bucolici, mimi, epilli, encomi e poesie dell'amore efebico. Tra i carmi bucolici – una decina in tutto, ambientati in una natura idealizzata – ricordiamo *Tirsi, I mietitori, Il ciclope, L'amore di Cinisca,* di argomento amoroso, *Le Talisie,* che celebrano il sentimento della natura e *Komos,* una serenata ad Amarillide. I carmi teocritei influenzarono tutta la poesia bucolica successiva a partire da Virgilio.

Teodoro di Gadara, vissuto nel I secolo d.C., fu maestro di retorica a Rodi. Scrisse orazioni, opere storico-geografiche, filosofiche, grammaticali e retoriche.

Teofrasto filosofo e scienziato di Ereso, nell'isola di Lesbo, del IV-III secolo a.C., allievo di Aristotele e poi suo successore nella direzione della Scuola Peripatetica. La sua fama è legata a un'opera originale, *I caratteri,* in cui traccia trenta ritratti di tipi umani con arguzia e fine penetrazione psicologica. Non si tratta di un'opera di carattere morale, ma di un repertorio di vizi e virtù che ebbe una grande fortuna anche nei secoli successivi. Tra le altre opere ricordiamo due trattati di botanica, *Ricerche sulle piante* e *Cause delle piante.* Alle sue opere attinse Plinio nella stesura della *Naturalis historia.*

Teognide poeta di Megara, del VI-V secolo a.C., autore di due libri di elegie, la cosiddetta *Silloge teognidea,* in parte spuria. Rivolgendo precetti morali al giovane Cirno, il poeta espone principi dell'etica aristocratica.

Tirteo poeta di Sparta del VII secolo a.C., che partecipò attivamente alle guerre messeniche. Compose elegie parenetiche (esortative), rivolte ai giovani perché combattessero strenuamente, e guerresche, che venivano intonate dai soldati in marcia come canti di guerra.

Tisia vissuto nel V secolo a.C., fu discepolo di **Corace** (vedi) e pare sia stato a sua volta maestro di Lisia.

Tucidide storico di Atene, del V secolo a.C. Si veda p. 324.

Zenone filosofo di Cizio (Cipro), vissuto tra il 333 e il 263 a.C. Fondò ad Atene la scuola filosofica stoica, tenendo lezioni – a partire dal 300 – sotto la *Stoà Pecile,* il famoso Portico Dipinto istoriato dal pittore Polignoto. Della sua vasta produzione filosofico-letteraria, suddivisa nelle tre sezioni di logica, fisica ed etica, quasi nulla, purtroppo, ci è pervenuto.

Indice degli autori e dei generi letterari